国家“十二五”规划重点图书

国家出版基金资助项目

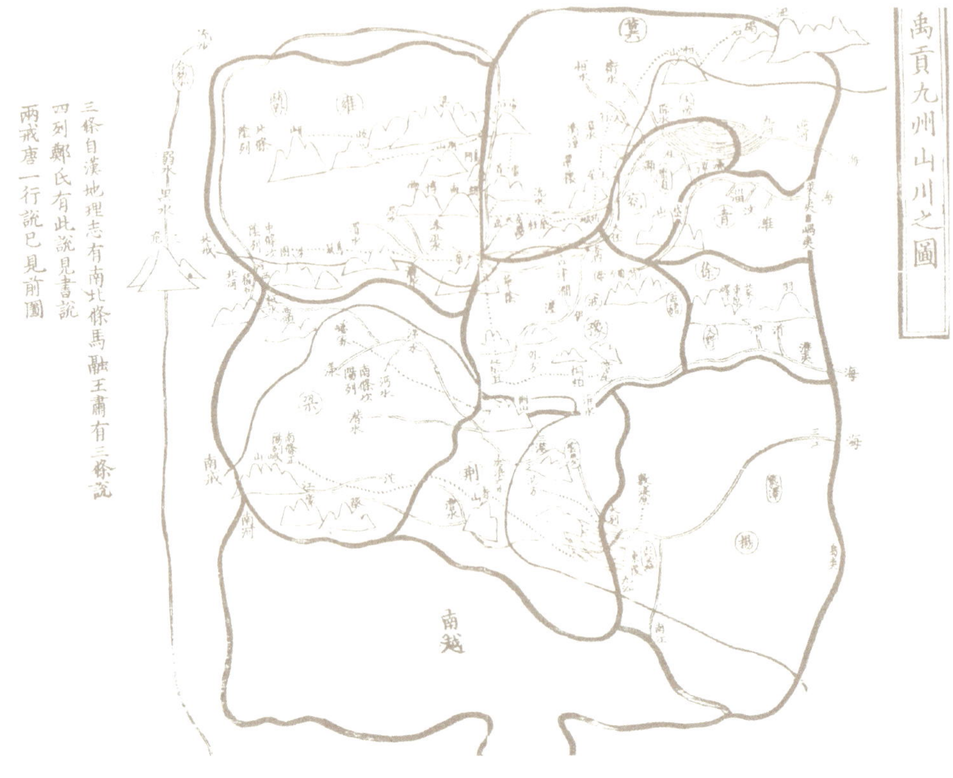

国家出版基金项目
NATIONAL PUBLICATION FOUNDATION

国家自然科学基金项目　国家社会科学基金项目
上海市社会科学重大项目

周振鹤◎主编

中國行政區劃通史

明代卷

郭红　靳润成　著

復旦大學出版社

中国行政区划通史

周振鹤　主编

总论　先秦卷	周振鹤　李晓杰　著
秦汉卷	周振鹤　李晓杰　张　莉　著
三国两晋南朝卷	胡阿祥　孔祥军　徐　成　著
十六国北朝卷	牟发松　毋有江　魏俊杰　著
隋代卷	施和金　著
唐代卷	郭声波　著
五代十国卷	李晓杰　著
宋西夏卷	李昌宪　著
辽金卷	余　蔚　著
元代卷	李治安　薛　磊　著
明代卷	郭　红　靳润成　著
清代卷	傅林祥　林　涓　任玉雪　王卫东　著
中华民国卷	傅林祥　郑宝恒　著

全书简介

本书研究自先秦至民国时期的中国行政区划变迁史。这一研究不仅是传统的关于历时政区沿革的考证（纵向），而且对同一年代各政区并存的面貌作出复原（横向），在条件许可的情况下相关的复原以详细至逐年为尺度。全书在总论外，分为十三卷，依次是先秦卷、秦汉卷、三国两晋南朝卷、十六国北朝卷、隋代卷、唐代卷、五代十国卷、宋西夏卷、辽金卷、元代卷、明代卷、清代卷及中华民国卷。

在掌握传世与出土历史文献的基础上，本书充分吸收前人的研究成果，力求最大可能地反映历史真实。全书以重建政区变迁序列、复原政区变迁面貌为主要内容，而由于历史时期中国行政区划的变化很大，在正式政区以外又有准政区的形式存在，加之政区层级、幅员及边界在不同时期的变迁程度不一，因此各卷又独立成书，其考证过程和编写结构有各自的侧重点。

本书是中华人民共和国成立以来第一部学术意义上的行政区划变迁通史。各卷作者在相关领域有长期的学术积累，全书的写作也倾注了十余年之功，希望能成为中国行政区划变迁史研究的重要参考著作。

作者简介

郭红，1973年生，山西永济人。1995年本科毕业于山西大学历史系，1998年获山西大学历史学硕士学位，2001年获复旦大学中国历史地理研究所历史学博士学位。现为上海大学历史系副教授。主要研究方向为中国历史人文地理。在《中华文史论丛》、《历史地理》、《九州学林》等刊物上发表论文多篇。

靳润成，1953年生，河北饶阳人。1982年毕业于天津师范大学历史系并留系任教。1992年获南开大学历史学硕士学位，1994年获复旦大学中国历史地理研究所历史学博士学位，1996年在华东师范大学中国行政区划研究中心博士后出站。现为天津师范大学教授，兼任中国地理学会历史地理专业委员会副主任。主要研究方向为中国历史政区地理和中国城市发展。著有《明朝总督巡抚辖区研究》、《中国政区地理》（合著）、《中国社区地理》（合著）等，发表有关中国历史地理方面的论文数十篇。

明代卷 提要

本卷依据《明史》、《明实录》、《明会典》、《大明一统志》、《寰宇通志》等史书及大量的地方志、文集、笔记等资料，对明代地方行政区划的主要构成即作为正式政区的布政司系统，以及作为非正式政区的都司卫所、总督巡抚的设置和辖区变迁进行了详尽的考证，尤其是首次全面复原了明代特殊的“军管型政区”——都司卫所的设置全貌。

全卷共分三编，在考证政区设置过程的基础上，对其变化趋势及特点作出归纳总结。

第一编对明代正式的高层政区——布政使司，即通常所谓的“两京十三省”及其所属的府州县进行考证，揭示其设置过程及各级政区的沿革，指出从元代行省基础上发展起来的明代布政使司奠定了清代乃至近现代中国高层政区的边界基础。

第二编考证由五军都督府统领的都司、行都司及其所属卫所的设置和沿革，指出明代的都司卫所除“总方面之兵”外，也兼有行政区划的意义，尤其是实土、准实土都司卫所是极具特色的非正式政区，成为明代有效避免地方割据的主要因素。

第三编考证明代宣德以后为加强对地方尤其是部分省份边界地带的控制而设置的总督巡抚制，揭示其置废析并的变迁过程，论述明代后期总督巡抚由临时设置变为长期设置并有固定的管辖区域，既治军又理民，虽然终明一代未成为正式政区，但实际起着行政区划的作用。

本卷附有沿革表和多幅地图，展示了不同类型政区在不同阶段的置废分合与地理变化，更直观地表现出明代政区的特点与变迁趋势。

目　　录

第二编 明代都司卫所建置

第三编 明代总督巡抚辖区建置

绪　言

中国历史上，各朝中央政府都重视行政区划设置，而其政权的衰败与灭亡则与行政区划设置不当有一定的关联。西汉郡国并行导致的“七国之乱”，东汉末年与唐末高层政区的专权引起的长期分裂割据，宋朝复式的路制使国家过度“强干弱枝”以致丧失御侮能力，元代行省的大而不当，这些教训无不为后世敲响警钟。明代的行政区划体系即体现了对前代行政区划经验与教训的总结，这一体系对后世影响甚巨，清代乃至今天中国的行政区划制度也有许多方面是从明朝延续而来的。另外，许多地区在明清时期的发展也与明朝行政区划制度密切相关。因此，明朝实行的地方行政制度的基本特点与运行机制及其对后世的影响值得关注，而进行地方行政制度研究的前提就是复原明代政区变迁过程的全貌。

一、研究内容与意义

明代政区的一个显著特点是高层政区三司分治，都指挥使司（简称都司）、布政使司（简称布政司）、按察使司（简称按察司）分掌地方军事、行政、监察之权。三司分治虽有宋代路制的影子，但又有明显的不同。明代的三司职能与相互之间的关系、地域划分等都不同于宋代的路。宋代分路主要为使地方上相互牵制，从而使地方权力分散以便于高度中央集权，但同时却过度弱化了地方权力，导致管理效率低下的弊病。明代吸取了宋代路制的经验教训，既把地方上的权力分散于三司手中，又使三司相对能够对地方实施有效的管理。三司中以布政使司及下辖的府州县为明代正式的地方行政区划，即通常所谓的“两京十三省”，而都司卫所除“总方面之兵”外①，也兼有行政区划意义，可称之为“军管型政区”，尤其在实土、准实土的都司、行都司、卫、所方面表现更为突出，是极具特色的非正式政区。明代宣德以后，为了更有效地对地方实施控制，尤其是加强部分省份边界地带的治安，又开始实行总督巡抚制，于是总督

---

① 《明太祖文集》卷4《都指挥使诰》。

巡抚辖区逐渐发展成为一种实际上的政区。因此本卷由"明代两京及布政使司政区建置"、"明代都司卫所建置"、"明代总督巡抚辖区建置"三编组成，以分别研究三个类型政区的变迁过程。按察司及其下的分巡道、兵备道为监察区划，除山东按察司兼管山东布政司及辽东都司外，其余十二按察司的监察区与十二布政司相当①，本卷不将其列为主要研究内容。

朱元璋建立政权之初，在总结元代政区得失的基础上，不断进行改革。明代政区制度"远稽汉唐，略加损益，亦参以宋朝之典"②，虽然至洪武九年(1376)六月行省才改为承宣布政使司，但在洪武元年前后明代政区的层级已经确定下来，元代复杂的多级层级被简化为行省—府—州—县，洪武二年之后明朝所统辖的区域均以此划分政区层级；在洪武三年至四年各地设置都卫之际，都卫(洪武八年改都司、行都司)—卫—所的基本统辖关系也已形成。洪武十三年正月确立以五军都督府统领各都司、行都司之后，由朱元璋奠定的明代政区的两个基本系统——布政使司系统与都司卫所系统均已稳定。此后的变化主要在政区的数量方面。明代后期内忧外患，原本临时设置的总督、巡抚变为长期设置，有了固定的管辖区域，职权上既治军又理民，总督巡抚辖区成为三司之外的另一种高层政区。终明一代，督抚辖区始终未成为正式政区，但在明朝后期，它的确起着行政区划的作用。

明初形成的布政使司系统与都司卫所系统的分立是它得以避免地方割据的主要因素之一，同时两个系统的并存又避免了宋代过分的强干弱枝。明代大多数布司与同名都司的管辖边界都有不一致之处，相邻布司、都司之间常常是犬牙交错，甚至有多处军事飞地。明代布司与同名都司治所都同在一城。边境之地或几省交界之处设有行都司。在有府州县设置之地，都司、行都司只负责其相应卫所的军事活动及人口管理，在无府州县的实土都司、行都司或实土卫所地，都司、行都司、卫所也行使民政管理权。明代在边远地区的政区设置，进一步加强了当地与中央的关系。贵州在明代始设贵州都司、布政司，卫所与府州县的逐步设置，使明王朝在这里的统治得到了加强，同时也促进了当地经济与文化的发展。沿海与内陆边疆卫所的设置，也为当地的发展奠定了基础。

明朝正式的高层政区——布政使司，数量少，变化小。宣德三年(1428)至明亡，在长达二百多年时间里，不但布政使司名称、数量不变，而且各布政司的辖区也变动极小，府、州、县的变动也不大。都司卫所在宣德以后的变动也较

---

① 永乐五年(1407)至宣德二年(1427)还曾设有交阯按察司，其按察区域与交阯布政司辖区同。
② 《太祖实录》卷129洪武十三年春正月癸卯。

小。总督巡抚辖区和布政司、都司辖区则不相一致，有时甚至有很大参差，有一总督、巡抚辖数布政司，也有一布政司境内有数巡抚者。此外，督抚也不一定与布政司同驻一地，督抚辖区本身变动也很大，因此，搞清督抚辖区的演变是研究明朝中后期政区变迁的关键所在。

明代高层政区奠定了清代乃至近现代中国高层政区的边界基础。明代布政使司是在元代行省的基础上发展而来的，但是在明初，明政府根据自然地理大势和历史上政区的边界，重新划分省界，使高层政区的边界及幅员更符合统治需求，并因此使大多数省级政区的边界被清朝所沿用。

二、明代的疆域变迁与本卷研究的范围

对明代政区变迁全过程进行复原，是深入探讨明代行政区划制度的基础，只有在了解变迁全过程的基础上进一步探寻变迁的原因，才能总结其规律，为现今我国行政区划制度改革在政区层级、幅员、运行机制、省与省之间的协调，政区与军区之间的关系，政区设置与地区发展，政区与边疆治理等方面提供思路。

元末群雄纷争，朱元璋起于江淮，在消灭了陈友谅、张士诚、方国珍等割据势力之后，开始了统一全国的征战。洪武元年初，朱元璋已拥有浙江、江南、湖广、江西四分省，南部达今福建境，福州已下，福建各地渐降。明军在西南攻至永州城；西北方向则至南阳，邓愈正领兵进取南阳及其以北未附州县；北部徐达攻至益都。随着军队的不断推进，至洪武四年八月平定四川①，内地征伐暂告一段落，其间陆续设置了山东、河南、北平、福建、山西、陕西、广东、广西、四川九行省。此后至洪武十四年八月，明朝军事重点放在北方和西北元朝遗兵的追剿上，直辖面积并无多大扩展。洪武十四年九月，明朝大军出征云南，至十五年三月，云南悉平，设云南布政司。

洪武二十年，以冯胜为征虏大将军的明朝军队出兵进取塞外大宁等地，随即设立大宁都司(北平行都司)。洪武二十年至建文元年(1399)是明朝直辖疆域最大的时期，东北至辽东都司，北部至山西行都司、北平行都司北界，西北以嘉峪关为限，居延海以南也曾一度为明军控制，西南达四川行都司，南至南海。

洪武二年明朝军队攻占开平，边墙以北陆续有开平、兴和、大宁等府州县和卫所设置。由于明初元遗兵时常南下侵扰，战事不断，边墙外的府州县旋即被废除，但卫所仍存。洪武二十年设置大宁都司后至建文元年，明王朝疆域的

---

① 《太祖实录》卷 67 洪武四年八月庚子条载，“江夏侯周德兴等克保宁……蜀地悉平”。

北界为狼山、阴山至潢河一线。

建文元年，靖难兵起，朱棣为解后顾之忧先取北平边墙之外的大宁，北平行都司的军队和封于大宁的宁王及其护卫一起南撤，这是明王朝疆域变迁史上的重大事件，是其弃塞外、守边墙之始。建文四年至永乐元年(1403)，山西边墙外的东胜诸卫、独石口外的开平诸卫或迁于北平周围戍守，或被废除，只余离边墙不远的兴和守御千户所孤守。永乐二十年，兴和所迁治于宣府。永乐四年重新迁回塞外的开平卫于宣德五年又移治于独石口，于是北部边墙外再无卫所。宣德五年之后，明王朝北部直辖疆界为边墙。边墙外原大宁、开平、东胜等地不断派有军队巡视，成为蒙古诸部与明朝之间的缓冲地带。

东胜诸卫内迁或废除后，蒙古诸部开始进入河套地区，并以此为根据地不断骚扰延绥、宁夏、大同，渐成明朝大患。成化以后，明王朝在陕西的北界实为延绥至宁夏的边墙。

洪武年间明军多次扫荡居延海周围，曾设威虏卫、威远所、白城子所，永乐三年前，卫所尽废，退守边墙。

永乐四年，明军出兵安南，永乐五年于今越南中北部设交阯布政司，并在其境广设府州县。至宣德二年明朝退出之前，交阯归明王朝直辖。

明朝在东北一度设有辽阳府，与定辽都卫(后改辽东都司)共处。洪武十年罢辽阳府后，当地由辽东都司管辖。辽东都司的东界是明代直辖疆域的东北界。

《明史》卷40《地理志一》记载明疆域“东起辽海，西至嘉峪，南至琼崖，北抵云朔”，基本是永乐以后明朝的直辖疆域。在这块区域之外，又有许多地方属明朝羁縻之地，其中一些地方在洪武时曾属明朝直辖。

明朝在青藏高原设朵甘、乌思藏二都司以实施羁縻控制，祁连山脉—西宁卫—河州卫—洮州卫—松潘卫—天全六番招讨司—四川行都司西界一线是二都司与明政府直辖区的分界。

云南布政司名义上的管辖区域非常辽阔，明朝早期在今缅甸、泰国及老挝中北部曾设有大量土府、宣慰使司、宣抚司、安抚司、长官司等，与明朝关系较松散，嘉靖后多归入缅甸。万历后期云南布政司南界已缩至孟艮府。

永乐年间，东北少数民族各部首领陆续入贡，明政府封以卫指挥、千户所千户等职。永乐七年闰四月设置奴儿干都司以统领东北一百三十余羁縻卫所，管辖辽东都司以东至苦兀(库页岛)，北至外兴安岭，南达鸭绿江的广阔区域。都司全盛时曾领有三百余卫。永乐、宣德时期是奴儿干都司与明中央关系最密切的时期。万历后努尔哈赤崛起，至17世纪30年代辽东都司大部及奴儿干都司地尽归后金。

明朝曾在嘉峪关至罗布泊之间设置了安定等八羁縻卫，由于受到吐鲁番部的不断侵扰，成化之后，诸卫或内迁或散亡，至嘉靖年间已不复存在①。

以明朝为中央政权的时期，在吐鲁番以西有察合台后裔所建的别失把里（1418 年改为亦失把里）、叶尔羌，东北 1616 年努尔哈赤建立有后金，塞外有鞑靼、瓦剌等蒙古诸部，嘉靖以后台湾岛曾出现有林道乾、林凤、颜思齐、郑芝龙及郑成功等建立的政权，以及大顺、大西等农民军政权，明亡后 1644—1683 年存在的南明各政权，这些政权都曾有各具特点的地方行政管辖制度。本卷只述及 1644 年之前明王朝直辖和羁縻控制疆域内的布政使司、都指挥使司、总督巡抚辖区三种政区体系的沿革。

三、明代政区的研究状况

20 世纪初至 80 年代之前，对明代行政区划制度进行全面研究的著述不多。仅有王文山《明代地方行政制度之研究》②、孙祖绳《明代之府州县制》③、郑师许《明代初年地方政治之整理》④、杨联陞《明代地方行政》⑤、叶伯棠《明代地方行政制度》⑥、鹤见尚弘《明初の地方行政區劃、府州縣の沿革》⑦等几篇论文对明代政区制度进行了一定的论述。其中，以八卷本《中国历史地图集》第七册明代部分对明代政区研究的贡献最大，图集以万历十年（1582）为断限，绘制了明代政区分布、幅员、边界等基本要素，将明代政区研究带入了一个全新的阶段，成为后人研究明代政区史的必备参考书。但是只有一个标准年代并不能表现整个明朝政区详细繁复的变化过程，为了将明代政区研究引向深入，必须对其进行全过程的动态研究。

近 20 年来，出现了靳润成《明朝总督巡抚辖区研究》⑧、牛平汉《明代政区沿革综表》⑨、柏桦《明代州县政治体制研究》⑩等有关明代政区的著作，各省政区沿革著作及大量论述政区沿革的论文也涉及明代政区。其中，《明代政区沿革综表》对明代布政使司系统的政区沿革及治地进行了详细考述，对都司卫

① 参见王玉祥：《浅说明朝的关外卫》，《甘肃社会科学》2000 年第 4 期。
② 《经世》1937 年第 1 卷第 6、7、8 期。
③ 《政治建设》1940 年第 3 卷第 3 期。
④ 《当代论坛》1943 年第 9 期。
⑤ 《食货》1976 年第 5 卷。
⑥ 《宪政评论》1979 年第 9 卷第 11 期。
⑦ 《山梨县立女子短大纪要》1974 年第 7、8 期。
⑧ 天津古籍出版社，1996 年。
⑨ 中国地图出版社，1997 年。
⑩ 中国社会科学出版社，2003 年。

所系统的考述则显薄弱。《明朝总督巡抚辖区研究》是研究明朝总督巡抚的权威著作，被认为是"一项难度很大又具有学术意义的研究"①，该书是本卷第三编的基础。顾诚《明帝国的疆土管理体制》②一文对都司卫所为明代政区系统之一作了权威论述，进一步确立了都司卫所在明代政区史上的地位。

周振鹤《中国地方行政制度史》③对中国历代政区进行了精辟的论述，是研究政区制度的纲领性的著作，其中有关明代政区的论述是本卷对明代政区进行复原的理论基础。

---

① 周振鹤：《〈明朝总督巡抚辖区研究〉序》，见靳润成：《明朝总督巡抚辖区研究》。
② 《历史研究》1989 年第 3 期。
③ 上海人民出版社，2005 年。

第一编　明代两京及布政使司政区建置

第一章　概　　论

本编的内容是对明代两京及诸布政使司及其下属府州县进行考订复原。

明代正式的高层政区在洪武初年经历了行省、分省—行省—承宣布政使司(即布政使司)的变化过程。行省的名称是从元代行省制沿袭而来,分省则是元末朱元璋政权将一些元代面积较大的行省分割开来设置的高层政区,洪武二年(1369)河南分省改为河南行省,从此再无分省之称。到洪武九年行省改为布政使司,明代高层政区之名才得以最后确定。朱元璋在《承宣布政使诰》中言道"朕有天下,更行省为承宣布政使司,所以承者,朕命也;宣者,代言之也;布者,张陈之也;所以政者,军民休戚、国之利病;所以使者,必去民之恶,而导民之善"①,以布政使司来实现政令下达、管理民众的目的。在明代历史上共出现过15个布政使司,其中洪武时期设置了13个,永乐元年(1403)改北平布政司为京师(或称北直隶),永乐十二年设置贵州布政司,永乐五年至宣德二年(1427)一度设置有交阯布政司,宣德三年至明末则一直稳定为13布政司。加之北京与南京,明代中后期共有15个高层政区。

明初对高层政区的改革,首先是将元代的行省划小。明朝中央政府直接控制的地域范围没有元朝大,但布政使司的数目却较元代的行省为多。这个变化主要发生在元代中书省辖区和河南江北、江西、湖广、江浙四行省(参见表1)。由于中书省和河南江北行省管辖面积过大,被分为几块;而南方的江西、湖广、江浙三行省则跨越五岭,南北过长,同样不利于行政管理,在明初被横切,分为两个或三个布政司。明初的高层政区都是在明军占领当地之初就基本设置,管辖地域在整个明朝变化不大,这说明元朝末年行省管辖范围过大而带来的弊病已被人们充分认识。较元代行省而言,明初高级政区的划界更多地考虑了"山川形便"的原则,以山西、广东、福建等布政使司的边界表现最为突出。明代高级政区的划界奠定了清代乃至当代许多省级政区的边界基础。

---

① 《明太祖文集》卷4《承宣布政使诰》。

表 1 元朝部分行省与明朝布政使司地域对应关系

元代行省①	明代布政使司
中书省	山西、北直隶、山东
江西行省	江西、广东
四川行省	四川
陕西行省	陕西
江浙行省	浙江、福建、南直隶南部
湖广行省	湖广南部、广西、贵州
河南江北行省	南直隶中北部、河南、湖广中北部
云南行省	云南

元代的政区层级有两个特点：一是层级多，二是层级之间存在着复式的统辖关系②。减少层级，使政区体系更加简化是明初政区改革的一个中心，这项改革主要集中在统县政区上。

首先是改路为府，明初行省直辖府，从而省掉了一级政区。元代的府数目较少，大多归路管辖，也有部分直隶于行省，朱元璋一开始便在能控制到的地方全部改路为府，对原元末的府则根据地域大小、县数多少，或仍设为府，或改为其他府下的属州。

元末拥有大量的直隶州，明初在改路为府的同时，废除了大部分直隶州。多数直隶州被降为府下的属州，少数地域过小的则降为县。元代大量无辖县的属州在明初则降为县。

洪武九年之后，明朝三级与四级并存的复式政区层级已完全确立，见下图。

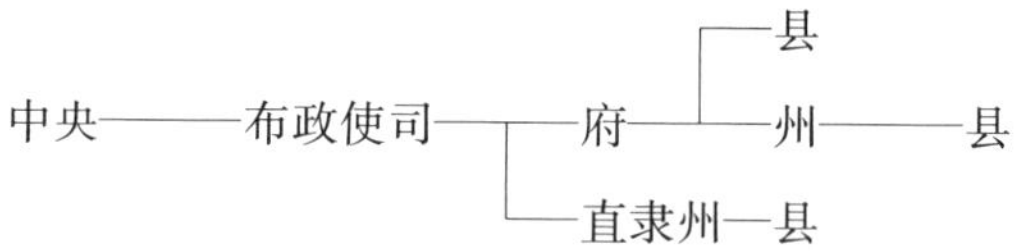

明朝复式政区层级示意图

明初的县大多继承元县而来，在其基础上有所省并。元代行省、路、府、州多有附郭县，明初改路为府后，直隶州、府下属州的附郭县被废除，原附郭县管辖的地域多省入州或相邻县下。这使得地方行政管理效率得以提高。

---

① 以至顺元年(1330)行省为标准。此后，在元灭亡的前几年行省还有所变化。
② 周振鹤：《中国地方行政制度史》，第 74 页。

元代有一些县级的政区飞地，以中书省中南部为多，如河间路下所辖的齐东、临邑、青城 3 县，广平路威州的飞地井陉县，真定府飞地涉县，大名路飞地清河县，德州直隶州飞地齐河、清平 2 县，曹州直隶州飞地禹城县，东昌路飞地丘县，濮州直隶州飞地临清、馆陶 2 县等，也有诸如湖广行省归州直隶州等统县政区飞地，不过数目极少。洪武初年这些飞地都被并入相邻的府州之中，洪武中期后除广西布政司外，其余地区都不存在县级或县级以上的政区飞地。

明代对府州县的大规模调整主要集中在洪武时期。洪武之后，除永乐年间设置贵州布政司、交阯布政司引起局部地区布政司辖区及府州县数目大的变动外，其余地区府州县相对稳定，置废较少。即使是在明中后期新增县较多的东南地区，新增数目也很有限。据《太祖实录》洪武四年十二月的记载，"乙酉，吏部奏天下府州县通一千三百四十六……府一百四十一……州一百九十二……县一千一十三"①，这之后仍有一定的变化，且此时西南云贵地区尚未纳入明朝版图。至明末崇祯十三年（1640）时明朝共有 162 府（包括军民府）、255 州（包括直隶州、属州、土州）、1 173 县②（详见表 2）。

表 2　明末各布政司府州县数目

高层政区	府	直隶州	属州	县	时间断限③
京　师	8	2	17	116	万历末年
南　京	14	4	17	97	嘉靖二十一年(1542)
浙江布政司	11	—	1	75	正德元年(1506)
云南布政司④	22	4	39	31	崇祯十三年
四川布政司	13⑤	6	16	111	万历三十七年(1609)
陕西布政司	8	1	20	95	万历二十三年
山西布政司	5	3	16	78	万历四十三年
山东布政司	6	—	15	89	弘治二年(1489)

① 《太祖实录》卷 70。
② 《明史·地理志》所记载的各布政司府州县的详细变迁基本是以该布政司政区在明代的最后变化时间为断限的，而在整个地理志的卷首所记"为直隶者二，曰京师，曰南京，为布政使司者十三……其分统之府百有四十，州百九十有三，县千一百三十有八，羁縻之府十有九，州四十有七，县六"，与其后详细记载中的府州县数目并不相等。本编这里之所以用崇祯十三年后的数字，是因为本编最迟的断限标准为崇祯十三年的云南布政司。
③ 明代两京十三省在各自时间断限之后的府州县数目、隶属关系及名称再无变化。
④ 云南 22 府包括 14 府、6 军民府、2 御夷府；4 州包括 1 直隶州、3 御夷州。
⑤ 包括 9 府、4 军民府。

续 表

高层政区	府	直隶州	属州	县	时间断限
江西布政司	13	—	1	77	万历六年
湖广布政司	15	2	14	110	崇祯十二年
河南布政司	8	1	11	96	万历三年
贵州布政司	10①	—	9	14	崇祯四年
广西布政司	11	9	37	50	万历三十八年
广东布政司	10	1	8	77	崇祯十一年
福建布政司	8	1	—	57	万历八年
共　　计	162	34	221	1 173	崇祯十三年

明代复杂的土府、土州、土县、宣慰司、宣抚司、安抚司、长官司等土司以西南地区最为集中，它们或隶于布政司、府、州、县，或隶于都司卫所，设废、隶属变化多端。明中后期有小部分改土归流。对于这些土司，根据其隶属情况的变化，有的放于各布政司中加以考述，有的则在相关都司卫所中考述。

对明代布政司系统政区的复原，必须以《明史·地理志》为基础。《明史·地理志》对明代政区的记载是相当完备的，许多政区的设置日期、隶属变化都来自《明实录》，《明史·地理志》中记载有政区设置月份的一般都能在《明实录》中找到相应记载。《大明一统志》及明代诸地方志对府州县尤其是其在元末明初的设置及隶属变迁的记载非常简单，而《明史·地理志》虽然对各布政使司的记载均以明代后期的某一时间为断限，但是对府州县在明初的变化都有所回顾，为研究明代政区提供了一个清晰的提纲和参考。但是《明史·地理志》也有许多瑕疵，诸如数字统计不准确、前后矛盾、记载有遗漏、缺乏对每个布政司及府州变迁的全面回顾等。而且《明史·地理志》中的错误多被清代《续通典》、《续通志》等所继承，对后世影响较大。

《明实录》关于明代早期政区变迁的记载相当详细，是我们研究元末明初政区的第一手资料。本编在考述过程中能够讲明月份及具体日期的叙述基本上都来自《明实录》，为了节省篇幅，对于这一类的叙述除比较重要的或涉及变迁原因者在文中加注外，其余均不加注。读者如有需要，只需寻《明实录》中的相关年代即可得知。

① 包括7府、3军民府。

本编在考述过程中还参考了《大明一统志》、《寰宇通志》、《明会典》、《大清一统志》、《读史方舆纪要》等对府州县变迁有所记载的文献和明清地方志。

牛平汉编著的《明代政区沿革综表》[①]是研究明代政区的重要著作，是本编参考的今人主要研究成果。另外本编还参考了龚荫所著《中国土司制度》[②]，以及已出的各省政区沿革类书籍及地名字典。

本编中提到的现代地名以 2015 年《中华人民共和国行政区划简册》[③]为准。

另外，需要说明的是，本编各章中在该章时间断限之前已经废除或改隶其他府州(司)者均在原属各处以仿宋体列出。

---

① 中国地图出版社，1997 年。
② 云南民族出版社，1992 年。
③ 中华人民共和国民政部编，中国地图出版社，2015 年。

第二章　京　　师

从明正统六年(1441)十一月起,在经过“行在”、“京师”的几度名称变化后,洪武年间曾称作北平布政司的高层政区最后定名为京师,历史上又称为“北直隶”。正统六年之后的北直隶管辖区域是在洪武二十年(1387)之前基本固定下来的。该区域于洪武元年四月分属河南、山东二行省,洪武二年三月癸丑置北平等处行省(又称北平行省),治北平。原先属于山东、河南的北平府等府州县俱改属北平行省。

洪武二年北平行省设置之初,领有北平、保定、河间、真定、顺德、广平、大名、平滦、顺宁、开平 10 府,此时北平行省的辖区并不像洪武二十年之后的北平布政司、行在、京师那样只辖有外长城以南的地域,而是因开平府和顺宁府的设置辖有了后来所修的外长城以北及居庸关以西的广阔地域。洪武三年至五年间,北平行省辖区的最大变化就发生在这一区域。洪武三年开平府被废,但是其南部的四州三县改属北平府,北平行省只失去了开平府的中北部;同年改开平府以西的原元代兴和路为兴和府。由于当时塞外仍是战争不断,“密迩虏境,虽已招集来归,未见安土乐生”①,所以洪武四、五年间,居庸关以西的顺宁、兴和 2 府及州县陆续废除,当地的人口被迁移到内地,至永乐十二年、十三年重设隆庆、保安 2 州之前,这一带没有政区设置。

洪武四年平滦府改名为永平府,永平府在洪武初年辖有山海关以东原属于大宁路的瑞州。

洪武九年六月甲午改北平行省为北平承宣布政使司。洪武十二年十一月,明朝大军平定大宁,设置大宁府与其所属州县,归北平布政司管辖。洪武二十年设置大宁都司之前府州县被废除,北平布政司退回山海关之内。

明代永乐以后,居庸关以西及山海关以东的大部分地区没有府州县设置,而是归实土的山西行都司、万全都司、辽东都司的卫所管理,加之洪武初年这一带的府州县存在时间很短,史书又缺乏记载,当地在明初的政区设置极易为

---

① 《太祖实录》卷 62 洪武四年三月乙巳。

人忽视。

大宁府废除后，北平布政司领有北平（永乐元年改顺天）、保定、河间、真定、顺德、广平、大名、永平 8 府，直至明末未改。

永乐元年（1403）二月庚戌建北京于顺天府，改布政司为“行在”。十九年正月初一改北京行在为京师。洪熙元年（1425）三月戊戌，仍称行在。正统六年十一月甲午罢称行在，定为京师。

永乐十二、十三年在居庸关西重新设置隆庆（隆庆元年改名延庆）、保安 2 州，直隶于北直隶。

在北直隶地区，明初针对元代的政区弊病采取了几项措施。首先是废除府辖州的附郭县。这是因为元代的州级政区辖区不大，无需附郭县；许多元代的州因地位下降，管辖的地域与人口都与县相去不远，所以在洪武初年大量的州改为县；元代行省南部政区边界混乱，有的地方犬牙相入过甚，又有众多的飞地，所以明初另一项重要措施是调整府级政区的边界与辖区，使之有利于有效的地方管理。

正德九年（1514）之后，北直隶“府八，直隶州二，属州十七，县一百一十六”[①]，这个数目至明末未变。万历中东明县改隶开州，此后北直隶的府州县隶属也再未变化。以下即以万历末年为断限叙述北直隶各府州县的变迁。

府

（一）顺天府

洪武元年八月，明朝军队在徐达的率领下进入大都城，元朝残部北退，古北口以南迅速平定。为了加强对大都附近的管理，当月，明朝改元大都为北平，设北平府以辖地方行政，十月，以北平府属山东行省，而其以南的河间、大名、真定诸府俱属河南分省，山东行省与北平府地理上并不相连，这当是刚刚攻下北平后的权宜之计。

洪武年间北平府的管辖范围以下属的州县治地而言，与元朝大都路相同。根据资料推测，洪武元年底北平府共有 12 府辖县、5 州、11 州辖县，比元代大都路州县总数有所减少，主要是范阳、渔阳、潞、益津 4 个与州同治一城的附郭县被废，东安、固安、顺、檀 4 州被改为县。东安等 4 州改为县与州的地位下降有密切关系，元代部分不辖县的州地位已与县级政区相等，所以洪武元年底对

① 《明史》卷 40《地理志一》。

这种州进行了整理,“时廷议以各处州治有连辖数县、有不辖县而亲隶民事者,于体未善。诏从其议,于是凡州之不辖县治而改为县者六十有五”①。洪武元年底北平府州县如下。

府辖县:大兴县、宛平县、良乡县、固安县、永清县、东安县、宝坻县、顺义县、密云县、怀柔县、昌平县、新城县。

州及州辖县:通州——三河县,漷州——香河县、武清县,霸州——文安县、大城县、保定县,涿州——房山县,蓟州——玉田县、丰润县、遵化县、平谷县。

当时北平府直接管辖的县主要分布在北平的北部与东南,其中宝坻县与北平城被漷州、通州隔开,调整漷、通2州,使北平府的管辖在地域上更加合理,就成为洪武中北平府变化的关键。

洪武元年底至永乐元年北平府改顺天府之间,北平府居庸关以东、古北口长城以南的州县变化不大。其中影响较大的是漷州及与其相关的几县的隶属变化。洪武十年,原直隶于府的宝坻县与隶于漷州的武清县改属通州;原隶于漷州的香河县废入漷州,洪武十三年复置后改直属于府,漷州下再无属县,管辖地域缩小,洪武十四年改为通州下的漷县。这几次调整理顺了通州、漷州、宝坻县的地域关系,使直隶于府的县、州的分布趋于合理。

霸州保定县与蓟州平谷县分别在洪武七年、十年废入霸州、三河县,怀柔县也一度废除,十三年十一月3县得以复置。

洪武初年北平府辖区及州县最大的变化是洪武三年七月开平府下兴州、云州、宜兴州、隆庆州及望云县、兴安县、怀来县的归属。这一年开平府因远在塞北、人口稀少而被废除,其下靠近北平府的这四州三县改属北平府。洪武五年七月,又因这些地方位于边界,战事不断,人民无法安生,明政府下令废除四州三县,全部人口内迁至居庸关以东安置。

洪武六年五月,新城县改属保定府,八年四月至十年五月间静海县属北平府。

洪武十四年漷州改县后,北平府有府辖县11、州4、州辖县12,即正德《明会典》卷17所录《诸司职掌》记载的洪武中期的“顺天府”。

永乐元年朱棣建北京,改北平府名为顺天府。此后至正德元年之前的百年间,顺天府的州县设置与隶属没有发生过变化。

昌平县是明朝永乐之后历代皇帝灵寝所在,与灵寝有关的各项杂役众多,“供亿滋烦,民不聊生”②。正德元年七月,在当时的南京吏部尚书林瀚奏请下,

---

① 《太祖实录》卷37洪武元年十二月丙戌。
② 《武宗实录》卷111正德九年四月己亥。

直隶于顺天府的昌平县改为昌平州，府下的顺义、密云、怀柔3县改由昌平州管辖，以分摊杂役，并废除了原昌平县养马的杂差。既而宛平、大兴2县也以差役过重要求免除养马，太仆寺以为此例不可开，于是朝廷下令恢复昌平的各项差役，并于正德三年十二月癸未仍改州为县①，与顺义等3县一起又改直属于顺天府。正德九年，昌平县丞又以百姓差役过重、生活困苦上奏，四月朝廷下令仍复置州②，顺义等3县再次改属其下。昌平州的设置使得北京以北的各县不再直隶于顺天府。正德九年之后至明亡，顺天府下的州县再无变化，这期间顺天府的22县中，只有北京城南、东南的良乡、宛平、固安、东安、大兴、永清、香河7县直属于府。

顺天府(北平府参见)，洪武元年八月壬午改元大都路为北平府③。十月庚寅属山东行省④。二年三月癸丑改属新设的北平行省，九年六月属北平布政使司。永乐元年正月辛卯升为北京，二月庚戌改北平府为顺天府。府治在今北京。

正德九年之后府领州5、县22，其中府直辖县7。

大兴县，倚。治在明代北京城东南。

宛平县，倚。治在明代北京城西南宛平。

良乡县，治在今北京西南良乡。

固安县(固安州参见)，元固安州。洪武元年十二月丙戌降为县。治在今河北固安县。

永清县，治在今河北永清县。

东安县(东安州参见)，元东安州，洪武元年十二月丙戌降为县。原治在今廊坊西旧州，洪武三年徙治于今河北廊坊市东南旧安次。雍正《畿辅通志》卷13记东安州“中统四年(1263)升为东安州，属大都路。明洪武九年改为东安县，属北平府，后属顺天府”，与《太祖实录》洪武元年十二月“丙戌改顺州为顺义县，东安、固安及河南辉州、淇州俱为县”⑤及《明史·地理志》的记载不符。

香河县，元属漷州。洪武十年二月己未省县入州。十三年十一月庚戌复置县，改直属府。治即今河北香河县。

1. 通州(潞县参见)

元通州领潞县(附郭)、三河县，洪武初，省潞县。洪武十年、十四年，武清

---

① 《武宗实录》卷45。
② 《武宗实录》卷111。
③ 《太祖实录》卷34。
④ 《太祖实录》卷35。
⑤ 《太祖实录》卷37。

县、宝坻县、漷县相继属本州，州遂领 4 县。州及潞县治即今北京市通州区。

三河县，治即今河北三河市。

武清县，元属漷州，明初依旧。洪武十年二月己未来属通州。治在今天津市武清区西北城关镇。

漷县（漷州参见），元漷州，明初仍为州，依旧领香河、武清 2 县。洪武十年二月废香河县。十四年二月乙未降州为漷县，改为通州属县。漷州、漷县治在今北京市通州区漷县镇。

宝坻县，元直隶大都路，洪武元年直隶北平府。洪武十年二月改属通州。治在今天津市宝坻区。

2. 霸州（益津县参见）

洪武初，以州治益津县省入，州领文安、大城、保定 3 县。保定县洪武七年至十三年一度被废。州与益津县治在今河北霸州市。

文安县，治在今河北文安县。

大城县，治在今河北大城县。

保定县，洪武七年九月省入霸州。十三年十一月复置。治在今河北文安县西北新镇。

3. 涿州（范阳县参见）

元涿州，领范阳（附郭）、房山 2 县，洪武初省范阳县入州。州及范阳县治在今河北涿州市。

房山县，治即今北京市房山区城关镇。

4. 昌平州（昌平县参见）

元昌平县，直隶大都路。明初依旧设县，直隶北平府，后隶顺天府。正德元年七月癸卯升为昌平州，三年十二月癸未又降州为县，九年四月己亥再升为州。旧治白浮图城，景泰元年（1450）筑永安城于东，二年迁县治于此，即今北京市昌平区。领县 3。

顺义县（顺州参见），元顺州。洪武元年十二月丙戌改为顺义县，直属府。正德元年七月癸卯改属昌平州，三年十二月癸未改直隶顺天府，九年四月己亥又改属昌平州。治在今北京市顺义区。

怀柔县，洪武元年十一月省入檀州，十二月复置，直属府。《太祖实录》洪武十三年十一月庚戌又记置怀柔县，则县在此前曾被废，具体时间不明。正德元年七月后隶属变化同顺义县。治在今北京市怀柔区。

密云县（檀州参见），元代檀州置密云县为附郭县。洪武元年十一月省县入州，十二月丙戌复置县，废州，县改直属北平府。正德元年七月后隶属变化同顺义县。檀州及密云县治在今北京市密云县。

5. 蓟州(渔阳县参见)

洪武初,以附郭的渔阳县省入州,州领玉田、丰润、遵化、平谷4县。平谷县洪武十年二月至十三年十一月间一度废除。蓟州及渔阳县治在今天津市蓟县。

玉田县,治在今河北玉田县。

丰润县,治在今河北唐山市丰润区。

遵化县,治在今河北遵化市。

平谷县,洪武十年二月己未革县,省入三河县。十三年十一月庚戌复置。治在今北京市平谷区。

新城县,洪武六年五月前属北平府,详见保定府。静海县,洪武八年四月至十年五月间属北平府,详见河间府。兴州、云州、宜兴州、隆庆州、望云县、兴安县、怀来县属北平府,洪武三年七月至五年七月,详见开平府。

(二)保定府

明初的保定府是洪武元年在元朝的保定路基础上设置的,但有所变化。根据史书的各种记载推测,洪武元年底保定府的州县结构如下。

府辖县:清苑县、满城县、唐县、庆都县、遂县、行唐县、曲阳县、新安县。

州及州辖县:安肃州,易州——定兴县、涞水县,雄州——归信县、容城县,完州,祁州——博野县、蒲阴县、深泽县、束鹿县,安州——葛城县、高阳县。

洪武元年,保定府共有8直隶县、6州、10州辖县。洪武二年三月之前,保定府属河南分省。

元代的保定路与真定路犬牙交错,保定路的深泽、束鹿和行唐、曲阳分别向南、西南伸入真定路境,洪武元年设置保定府时继承了这种交错之势。为了统治上的便利,第二年便进行了调整。原属于保定府的曲阳、行唐改属真定府,而真定府蠡州则改属保定府,保定府只剩下深泽、束鹿依然伸入真定府。

洪武二年保定府隶属州县的另一个大的变化是改安肃州、完州为县,而归信、蒲阴、葛城3县被废,这与洪武元年底易县被废除的原因是一样的。元末明初,经过战争洗涤的河北平原人口大量减少,洪武初年各府"所属州县户量多不及数"①,许多州因此被降为县,而其附郭县则多省并入州。这种省并的趋势一直延续至洪武十三年之前。洪武七年雄州降为雄县,八年蠡州降为蠡县,在这两年中容城县、新安县、遂县、高阳县相继被废,十年满城县废,后5县

① 《太祖实录》卷112洪武十年五月戊寅。

并不是州的附郭县，其地并入附近的雄县等县，使得雄县等的管辖地域大增，管理不便，所以洪武十三年十一月除遂县外，其余4县均得以复置。

由于原属于各州的县不断改直隶于府，保定府下直辖县的数目在洪武初是不断上升的。洪武元年初设府时，府下直辖县多在府治以西地区，洪武二年起府治以东原隶于各州的县纷纷改直隶于府。洪武十三年十一月之后直至明亡，保定府的州县再也没有发生过变化，府下有12直辖县，3个州下仅辖有5县。

保定府，元保定路，直隶中书省。洪武元年九月为府，十月属河南分省，二年三月来属北平行省，后隶北平布政司及京师。治在今河北保定市。洪武十三年十一月后领州3、县17。

清苑县，倚。治在今河北保定市。

满城县，洪武十年五月戊寅省入庆都县。十三年十一月庚戌复置。治在今河北满城县。

安肃县(安肃州参见)，元保定路安肃州，洪武二年七月己亥降州为县，直隶保定府。治在今河北徐水县。

定兴县，元属保定路易州，明初属保定府易州。洪武六年五月壬寅改直属府。治在今河北定兴县。

新城县，元属保定路雄州，洪武初改属北平府，洪武六年五月壬寅改属保定府。治在今河北高碑店市东南新城镇。

雄县(雄州、归信县参见)，元保定路雄州，领归信(附郭)、容城、新城3县。洪武元年州属保定府，新城县改属北平府。洪武二年七月己亥省附郭归信县，州只领容城县。七年四月甲寅降州为县，直隶保定府。雄州、雄县、归信县治在今河北雄县。

容城县，元属雄州，明初依旧。洪武七年四月甲寅省入雄县，十三年十一月庚戌复置，直属于府。旧治在拒马河南，景泰二年迁于河北，即今河北容城县。

唐县，治在今河北唐县。

庆都县，治在今河北望都县。

博野县，元末直隶保定路，洪武元年改属保定府祁州，六年五月壬寅改直属府。治本在今河北蠡县，洪武元年迁今河北博野县。

蠡县(蠡州参见)，元真定路蠡州，洪武元年十月起属真定府，二年七月己亥改属保定府，洪武六年五月至八年正月间高阳县曾隶于本州。八年正月辛未降州为县，直隶于府。治在今河北蠡县。

完县(完州参见),元保定路完州,洪武元年属保定府。洪武二年七月降州为县。治在今河北顺平县。

遂县,元为保定路遂州,洪武初降为县,直隶于府。八年二月己亥省入安肃县。治在今河北徐水县遂城釜山村。

曲阳县、行唐县见真定府。

1. 祁州(蒲阴县参见)

元末祁州领蒲阴(附郭)、深泽、束鹿3县,洪武元年九月州隶保定府,博野县改隶州下,州领4县。二年七月己亥省蒲阴县入州,六年五月壬寅博野县也改直隶于府。此后,州下余深泽、束鹿2县。州及蒲阴县治在今河北安国市。

深泽县,治在今河北深泽县。

束鹿县,治本在今河北辛集市东北旧城,天启二年(1622)徙东南新城。

2. 安州(安县、葛城县参见)

元末安州领葛城(附郭)、高阳2县,洪武元年九月州隶保定府,领县依旧。洪武二年七月己亥省葛城县入州。六年五月高阳县改直隶于府。七年七月丁卯降州为安县,直隶于府。十三年十一月庚戌复升为州,高阳、新安2县来属。安州、安县、葛城县治在今河北安新县西南安州。

高阳县,元属安州,明初依旧。洪武六年五月壬寅改直属保定府,寻属蠡州。八年正月辛未省入蠡县。十三年十一月庚戌复置,仍属安州。旧治在今河北高阳县东旧城化龙村,洪武三年圮于水,迁于今高阳县。

新安县,元直隶保定路,洪武初直隶保定府。洪武七年七月丁卯省入安县。十三年十一月庚戌复置县,来属安州。治在今河北安新县。

3. 易州(易县参见)

元易州领易(附郭)、定兴、涞水3县。洪武元年九月州隶保定府,十二月丙戌省易县入州。洪武六年五月壬寅定兴县改直属府,此后州只领涞水县。州及易县治在今河北易县。

涞水县,治在今河北涞水县。

(三) 河间府

根据《明史》卷40《地理志一》记载,明朝洪武十三年十一月之后,除无棣县于永乐元年因避朱棣的讳改名庆云外,河间府的10直辖县、2州、6州辖县再也没有发生过大的变化。河间府的主要设置变化都发生在洪武十三年十一月之前。

明朝的河间府是在元代河间路基础上设置的,最初隶属于河南分省,洪武二年三月改隶北平行省。洪武元年设河间府时从辖区上废除了元代河间路下所辖的具有飞地性质的齐东、临邑、青城3县，并将南部的陵州、乐陵县划入山东济南府与济宁府，同时废除了清州兴济县。洪武元年年底，河间府有3直辖县、5州、14州辖县，与洪武十三年十一月之后的形势完全不同，如下所示。

府辖县：河间县、肃宁县、宁津县。

州及州辖县：献州——交河县、乐寿县，景州——蓨县、吴桥县、东光县、故城县、阜城县，莫州——莫亭县、任丘县，清州——会川县、静海县，沧州——清池县、南皮县、盐山县。

河间府直辖地除肃宁和附郭的河间2县外，还有位于府南界的宁津县，在地理上宁津县并不与河间、肃宁2县相连。

洪武二年，河间府沧州、景州、清州、莫州、献州的清池、蓨、会川、莫亭、乐寿5附郭县被废除。这之后的主要变化发生在洪武七、八年，这两年中，随着献州、清州被改为县和莫州的废除，它们所辖的任丘、交河2县与景州阜城县改直隶于府，静海县一度改隶于北平府，景州东光县则被废。交河县在洪武十年被废，静海县又改直属河间府。十三年十一月交河县、兴济县与洪武七年被废的景州东光县一起复置。这之后，河间府的州县再无大的变化。

河间府，元河间路，直隶中书省。洪武元年十月为河间府，属河南分省，二年三月改属北平行省。洪武十三年十一月后领州2、县16。府治在今河北河间市。

河间县，倚。治在今河间市。

献县（献州、乐寿县参见），元河间路献州，领乐寿（附郭）、交河2县，洪武元年十月州隶河间府。二年省乐寿县入州。八年四月辛丑降州为县，直隶于府。献州、献县、乐寿县治在今河北献县。

阜城县，元属河间路景州，明初属河间府景州。洪武七年七月庚辰改直属府。治在今河北阜城县。

肃宁县，治在今河北肃宁县。

任丘县，元属河间路莫州，洪武元年随州属河间府。洪武七年七月庚戌改直属府。治在今河北任丘市。

交河县，元属献州，洪武初依旧。洪武八年四月改直属府。十年五月戊寅省入献县。十三年十一月庚戌复置，仍直隶于府。治在今河北泊头市西交河。

青县（清州、会川县参见），元为河间路清州，领会川（附郭）、靖海、兴济3

县。洪武初州属河间府，废兴济县，改靖海县为静海县。二年废会川县。八年四月辛丑降州为清县，寻改清为青。清州、青县、会川县治在今河北青县。

兴济县，元属清州。洪武初省，十三年十一月庚戌复置，直属府。治在今河北沧州市北兴济镇。

静海县，元为清州靖海县，洪武初更名静海。八年四月辛丑改直属北平府，十年五月戊寅改直属河间府。治在今河北静海县。

宁津县，治在今山东宁津县。

1. 景州(蓨县参见)

元末河间路属州，辖蓨(附郭)、故城、阜城、东光、吴桥5县。洪武初景州属河间府，二年省蓨县入州。七年七月庚辰阜城县改直属府，省东光县入之。十三年十一月又复置东光县。此后州领3县。州及蓨县治在今河北景县。

吴桥县，治在今河北吴桥县东吴桥镇。

东光县，洪武七年七月庚辰省入阜城县，十三年十一月庚戌复置。治在今河北东光县。

故城县，治在今河北故城县东北故城镇。

2. 沧州(清池县参见)

元末为河间路属州，辖清池(附郭)、乐陵、南皮、无棣、盐山5县。洪武元年州隶河间府，废无棣县，乐陵县改隶济南府。二年省清池县入州。洪武六年六月复设无棣县，永乐初改名庆云县。此后州领3县。沧州旧治在今河北沧县东关，洪武二年六月“迁沧州治于长芦”①，即今河北沧州市。

南皮县，治在今河北南皮县。

盐山县，治本在今河北海兴县，洪武九年移于今河北盐山县。

庆云县(无棣县参见)，《明史》卷40《地理志一》言“洪武六年六月析山东乐安州北地置，来属”，《太祖实录》洪武六年六月乙卯亦曰“置山东乐安州，以所属之地……北析为庆云县，隶沧州”②，据《大清一统志》卷17，“明永乐初避讳改曰庆云，仍属沧州”，庆云之地本为元代无棣县，洪武六年六月所设应为无棣县，至永乐元年避朱棣之讳改名庆云县。根据洪武六年六月设县的情况推断，在此之前无棣县应被废除。元代沧州无棣县在今盐山县庆云东北，洪武六年所设无棣县及庆云县治在今盐山县东南庆云。

乐陵县、青城县见“山东布政司”。

---

① 《太祖实录》卷43。
② 《太祖实录》卷83。

莫州(莫亭县参见),元河间路属州,领莫亭(附郭)、任丘2县。洪武元年州属河间府,二年省莫亭县入州。洪武七年七月庚戌废州,任丘县改直隶于府。莫州、莫亭县治即今任丘市北莫州。

(四) 真定府

洪武元年十月开设的真定府是在元代真定路的基础上设置的。元代的真定路下有犬牙突入保定府的蠡州和飞地涉县,北部有只领2县的中山府,另外西侧还有一广平路的飞地井陉县。洪武二年明朝就开始对真定府的州县进行调整,正月即改中山府为定州,四月划出涉县改属他府,而纳井陉县入本府,七月蠡州改属保定府,而保定府与真定府交错的行唐县、曲阳县改属真定府。洪武元年赵州附郭的平棘县,二年冀州附郭的信都县、晋州附郭的鼓城县、深州附郭的静安县,三年定州附郭的安喜县都相继废除。通过这些调整,真定府的辖区与政区结构趋于合理,并且基本稳定下来,奠定了明代真定府的地域基础。

洪武四年之后真定府只有无极县和赵州隆平县发生过变化。明初被废的无极县洪武四年七月重置,隶定州,七年四月改直隶于府,隆平县则于六年九月废入柏乡县,十三年十一月复置。这之后至明末除隶于定州的行唐县在正统十三年(1448)改直隶于府外,真定府的州县数目及隶属情况再未发生过其他变化。

真定府,元真定路,洪武元年十月为府,属河南分省。二年正月属山东行省,三月癸丑改属新设的北平行省,九年六月属北平布政使司,后属京师。治在今河北正定县。洪武十三年十一月后领州5、县27。以下为正统十三年之后的州县。

真定县,倚。治在今河北正定县。

井陉县,元为广平路威州的飞地井陉县。《明史》卷40《地理志一》载县"洪武二年来属",根据《太祖实录》洪武二年四月甲戌所载"改……广平府之威州俱为县"①,井陉县当是此时改属真定府。治在今河北井陉县西井陉。

获鹿县,治在今河北石家庄市鹿泉区。

元氏县,治在今河北元氏县。

灵寿县,治在今河北灵寿县。

藁城县,治在今河北石家庄市藁城区。

栾城县,元朝时即为真定路属县,明朝属真定府。《明史》卷40《地理志

---

① 《太祖实录》卷41。

一》载，“县北有故城，今治洪武初所徙”，据《大清一统志》卷 18，“栾城县城……明洪武十年土筑”，至迟在洪武十年县治已由北部迁到了今石家庄市栾城区治所在。

无极县，元属中山府，洪武元年裁县，地入中山府。洪武四年七月戊辰“置汝宁府汝阳县、真定府定州无极县”①，复置县，属定州。洪武七年四月辛酉“以定州无极县隶真定府”②。县治在今河北无极县。

平山县，治在今河北平山县。

阜平县，治在今河北阜平县。

行唐县，元属保定路。洪武二年改属真定府定州，正统十三年十月戊午直隶真定府。治在今河北行唐县。

涉县，元代为真定府飞地，洪武二年四月甲戌“改……真定府涉县隶磁州”，不再隶于真定府。治在今河北涉县。

1. 定州(中山府、安喜县参见)

元末真定路中山府，领安喜(附郭)、新乐、无极 3 县。洪武元年依旧为府，裁无极县。因当时明朝刚刚占领华北，还未来得及对元代复杂的多级政区进行全面调整。至洪武二年正月癸亥“改中山府为定州，隶真定府，复以真定府隶山东”③，定州领安喜(附郭)、新乐、行唐、曲阳 4 县。洪武三年省安喜县入州。四年复置无极县，在洪武七年四月前该县隶于定州。行唐县正统十三年十月戊午改直隶真定府。此后州下余新乐、曲阳 2 县。中山府、定州、安喜县治即今河北定州市。

新乐县，元中山府属县，洪武二年正月起隶定州。治在今河北新乐市东北新乐镇。

曲阳县，元属保定路，洪武元年底属保定府。《明史》卷 40《地理志一》言，“洪武二年来属”，改属真定府定州。治在今河北曲阳县。

2. 冀州(信都县参见)

元末冀州，领信都(附郭)、南宫、枣强、武邑、新河 5 县，明初州隶真定府，领县仍旧。《明史》卷 40《地理志一》言，“洪武二年以州治信都县省入(冀州)”，此后州领 4 县。冀州、信都县治即今河北冀州市。

南宫县，原治即今河北南宫县西旧城，成化十六年(1480)后治即今南

① 《太祖实录》卷 67。
② 《太祖实录》卷 88。
③ 《太祖实录》卷 38。

宫市。

新河县，治在今河北新河县。

枣强县，治在今河北枣强县。

武邑县，治在今河北武邑县。

3. 晋州(鼓城县参见)

元末晋州，明初属真定府，仍领鼓城(附郭)、安平、饶阳、武强 4 县。《明史》卷 40《地理志一》言，“洪武二年以州治鼓城县省入”，州始领 3 县。晋州、鼓城县治即今河北晋州市。

安平县，治在今河北安平县。

饶阳县，治在今河北饶阳县。

武强县，治在今河北武强县西南武强。

4. 赵州(平棘县参见)

元末赵州，明初属真定府，领平棘(附郭)、宁晋、隆平、临城、柏乡、高邑、赞皇 7 县。《明史》卷 40《地理志一》言，“洪武元年以州治平棘县省入”，州始领 6 县，其中隆平县在洪武六年九月至十三年十一月间一度被废。赵州、平棘县治即今河北赵县。

柏乡县，治在今河北柏乡县。

隆平县，洪武六年九月“甲寅，并真定府赵州隆平县于柏乡县”①，十三年十一月庚戌“复置……真定府赵州之隆平县”②。治在今河北隆尧县。

高邑县，治在今河北高邑县。

临城县，治在今河北临城县。

赞皇县，治在今河北赞皇县。

宁晋县，治在今河北宁晋县。

5. 深州(静安县参见)

元末深州，明初属真定府，领静安(附郭)、衡水 2 县。《明史》卷 40《地理志一》言，“洪武二年以州治静安县省入”，深州、静安县治原在今河北深州市南古静安，永乐十年迁州治于今深州市。

衡水县，《明史》卷 40《地理志一》言，“故城在县西南，永乐十三年迁于今治”，原治在今河北衡水市西南旧城，永乐十三年后治即今衡水市。

蠡州，洪武二年七月前属真定路，见保定府。

---

① 《太祖实录》卷 85。
② 《太祖实录》卷 134。

(五) 顺德府

洪武元年设置的顺德府下的9县与元代顺德路的9县完全相同，除广宗县曾在洪武十年六月至十三年十一月间一度废除外，明代顺德府的县数与名称再未发生过变化。

顺德府，元顺德路，直隶中书省。洪武元年为府，十月庚寅与真定府等同属河南分省①。二年三月改属北平行省。治在今河北邢台市。洪武十三年十一月后领县9。

邢台县，倚。治在今邢台市。

沙河县，《明史》卷40《地理志一》言，“弘治四年(1491)以沙壅迁县于西山小屯。十八年六月复还旧治”，“旧治”即今河北邢台沙河市北沙河城，“小屯”在沙河市西新城。

南和县，治在今河北南和县。

任县，治在今河北任县。

内丘县，治在今河北内丘县。

唐山县，治在今河北隆尧县西尧城。

平乡县，治在今河北平乡县西南平乡。

巨鹿县，治在今河北巨鹿县。

广宗县，洪武十年六月庚申“革顺德府广宗县，以其地分隶平乡、巨鹿二县”②。十三年十一月庚戌复置③。治在今河北广宗县。

(六) 广平府

明代的广平府是在元代广平路的基础上设置的，是北直隶面积较小的府。元末广平路有直辖县5、州2、州辖县5(威州的洺水县至元年间废)，其中威州的井陉县是一块飞地，远在真定府的西边。

洪武元年设置广平府，府属河南分省。在设府的同时，磁州的邯郸县改直隶于府，同时废除了成安县。广平府的最大变化发生在洪武二年，三月府改隶北平行省；四月间，威州改为威县，其下的飞地井陉改属真定府，而磁州改隶于彰德府，同时废滏阳县。广平府此时只有永年、曲周、鸡泽、肥乡、广平、威、邯郸7个直隶于府的县，府下至明末再未设州。

洪武四年复设成安县，直隶于府。六年九月改属广平府的清河县本是大

---

① 《太祖实录》卷35。
② 《太祖实录》卷113。
③ 《太祖实录》卷134。

名府在外的一块飞地。从此至明末广平府一直领有9县。

广平府,元广平路,直隶中书省。洪武元年改为广平府。十月属河南分省。二年三月改属北平行省。治在今河北永年县东南永年。洪武六年九月后领9县。

永年县,倚。治在今河北永年县东南永年。

曲周县,治在今河北曲周县。

肥乡县,治在今河北肥乡县。

鸡泽县,治在今河北鸡泽县。

广平县,治在今河北广平县。

成安县,元属磁州。《明史》卷40《地理志一》记"洪武初废",洪武四年六月"己亥,置广平府成安县"①,直隶于府。治在今河北成安县。

威县(威州参见),元广平路威州,领洺水(附郭)、井陉2县。《明史》卷40《地理志一》载"至正间,省州治洺水县入州",洪武二年四月甲戌"改……广平府之威州俱为县"②,威县直隶于河间府,井陉县改隶真定府。威州及威县治在今河北威县。

邯郸县,元属磁州。洪武元年属广平府。治在今河北邯郸市。

清河县,元属大名路。洪武元年属大名府,洪武六年九月"丙辰,以大名府清河县隶广平府"③。治在今河北清河县西城关。

井陉县,洪武二年四月前属广平府威州。沿革见真定府。

磁州、武安县、滏阳县,武安县、滏阳县元朝为广平路磁州属县,洪武元年与州同隶广平府,洪武二年四月甲戌"以广平府磁州及武安县隶彰德府……并……滏阳县于磁州"。滋州及滏阳县治在今河北磁县,武安县治在今河北武安市。

(七)大名府

大名府是明代北直隶最南端的府,伸入河南、山东之间,为犬牙交错之地。大名府是在元代大名路的基础上设置的,甚至元代大名路的飞地清河县在明初也仍隶于大名府,明代大名府辖域变化主要是由于洪武六年九月清河县改属广平府引起的。

洪武元年大名府下共有开州、浚州、滑州3州。浚州在元末便没有属县,所以洪武二年四月即降为浚县。滑州下的附郭县白马县洪武二年被废后,州

---

① 《太祖实录》卷66。
② 《太祖实录》卷41。
③ 《太祖实录》卷85。

下仅有一远在大名府中部的内黄县，为了便于管理，洪武七年三月内黄县与开州清丰县同时改直隶于府，滑州也降为滑县。此后至明末，大名府下州只有一个开州。开州本有4县，附郭的濮阳县洪武二年四月废，北部的清丰县洪武七年三月改直隶于府，东明县洪武十年五月废入长垣县，弘治三年重设时隶属于府，所以洪武十年之后直到万历年间东明县重新隶于开州之前，开州只有长垣1县。

本是大名府下附郭的大名县在洪武十年至十五年间也一度被废。

万历以后大名府下有8直辖县，开州1州，开州下有2县。

大名府，元大名路，洪武元年为府，十月属河南分省。二年三月改属北平行省。治本在河北大名南旧治，洪武三十一年迁今大名。弘治三年后领州1、县10。

元城县，倚。在元代即为大名路附郭县，洪武三十一年城圮于卫河，与府徙至今大名。

大名县，元代与元城县同为大名路附郭县，洪武十年五月戊寅"并大名县入魏县"①，十五年二月辛未"置大名府大名县"②，复置县。县原与府同治于今河北大名县南旧治，洪武三十一年同迁至今大名，永乐九年迁回原治。

魏县，旧治在今河北魏县西南，洪武三年迁于今魏县。

南乐县，治在今河南南乐县。

清丰县，元属大名路开州，明初属大名府开州。洪武七年三月"丁丑，以滑州内黄县、开州清丰县俱隶大名府，寻改滑州为滑县"③。治在今河南清丰县。

内黄县，元属大名路滑州。洪武初年属大名府滑州。洪武七年三月丁丑改直属大名府。治在今河南内黄县。

浚县(浚州参见)，元为大名路浚州，洪武二年四月甲戌"改大名府之浚州……俱为县"④。《明史》卷40《地理志一》载"治在浮丘山之西。洪武二年四月降为县，徙治于山东北之平坡。嘉靖二十九年(1550)复徙城于山巅，即今治也"，嘉靖二十九年之后的县治即今河南浚县。

滑县(滑州、白马县参见)，元代大名路滑州，下有内黄县和附郭的白马县，洪武元年州隶大名府。洪武二年四月甲戌，"并……白马县于滑州，俱隶大名府"⑤。七年三月丁丑降滑州为滑县。明代滑州、白马县、滑县治在今河南滑县东南城关镇。

---

① 《太祖实录》卷112。
② 《太祖实录》卷142。
③ 《太祖实录》卷88。
④⑤ 《太祖实录》卷41。

1. 开州(濮阳县参见)

元末大名路开州,下有濮阳(附郭)、东明、长垣、清丰4县。洪武元年州属大名府。洪武二年四月甲戌"并濮阳县于开州……俱隶大名府"①。洪武七年三月清丰县改直隶大名府。这之后开州领2县。州治在今河南濮阳市。

长垣县,旧治在今河南长垣县东北柳冢,洪武二年以河患迁于古蒲城,即今长垣县。

东明县,洪武十年五月戊寅"以……州县户粮多不及数,凡州改为县都十二,县并者六十……大名府开州析东明县二乡入长垣县"②,同时废东明县。弘治三年九月戊寅复置县,改直属府。万历中,仍改属开州。其旧治在今山东东明县南东明集镇。洪武初,向西迁徙,据《大清一统志》卷22,"明洪武初徙治云台集,寻废,今曰西东明集,在县西十五里",清代东明县治即今山东东明县,则洪武至弘治三年前的县治在今县西"十五里"。弘治三年始徙于今治。

清河县,洪武六年九月改属广平府,见广平府。

(八) 永平府

元代的永平路在洪武二年被改为平滦府,四年三月改为永平府。除元代大宁路的瑞州在洪武七年七月之前属永平府外,明永平府下的州县数目变化仅发生在滦州义丰县上,作为滦州的附郭县,该县洪武二年九月被废除。洪武七年七月后至明亡,永平府始终领有4直辖县、1州、1州辖县。

洪武七年七月瑞州的废除,使得永平府的辖境退入山海关以内。

永平府(平滦府参见),元代中书省永平路,洪武二年六月乙丑"以……崔文耀署平滦府事,文耀先守平滦,以其州县来降,故有是命"③,是改永平路为平滦府,四年三月壬寅"改北平平滦府为永平府"④。治在今河北卢龙县。洪武七年七月后领州1、县5。

卢龙县,倚。治在今河北卢龙县。

迁安县,治在今河北迁安市。

抚宁县,《明史》卷40《地理志一》记"旧治在阳河西,洪武六年十二月所徙,十三年又迁于兔耳山东",这里的"旧治"指洪武六年十二月至十三年之间的县治,根据《大清一统志》卷14所载"抚宁故城,今抚宁县治。……旧志明洪

① 《太祖实录》卷41。
② 《太祖实录》卷112。
③ 《太祖实录》卷43。
④ 《太祖实录》卷62。

武十三年移治县西北兔耳山东，永乐三年于故县置抚宁卫，成化三年议者请复县于旧址，乃于卫东立县，合为一城，即今治也”推断，抚宁故城即金至明代洪武六年十二月之前的县治与成化三年之后的县治同在一地，即今河北抚宁县，在洋河之东。成化十三年之前县治发生过两次变动，即洪武六年十二月迁治于洋河西岸，十三年又迁往兔耳山东。

昌黎县，治在今河北昌黎县。

1. 滦州（义丰县参见）

元末滦州领有义丰（附郭）、乐亭 2 县，洪武二年九月“戊申，并义丰县于滦州，以乐亭县隶之”①，后州一直领乐亭县。滦州、义丰县治在今河北滦县。

乐亭县，治在今河北乐亭县。

瑞州，元代瑞州属大宁路，明初属永平府。《明史》卷 41《地理志二》载“广宁前屯卫，元瑞州，属大宁路，洪武初属永平府，七年七月州废”，《太祖实录》载洪武七年七月“辛卯，革永平府之瑞州”②。州下无属县。治在今辽宁绥中县西南前卫。

直隶州

(一) 延庆直隶州（龙庆州、隆庆州参见）

据《明史》卷 40《地理志一》，“元龙庆州，属大都路。洪武初，属永平府。三年三月属北平府，寻废。永乐十二年三月置隆庆州，属北京行部”，“永平府”应为“开平府”。《太祖实录》洪武五年七月记“戊辰，革妫川、宜兴、兴、云四州，徙其民于北平附近州县屯田”③，妫川在河北怀来县东南怀来，明初有龙庆州怀来县，且他史在记载明初历史时均未提及“妫川州”，应是《太祖实录》误记，这里应指龙庆州，州和所属怀来县在洪武五年七月与兴、云等州同时废除。永乐十二年设置的隆庆州为直隶州，领永宁县。隆庆元年（1567）因避讳改州名延庆，州治在今北京市延庆县。

永宁县，永乐十二年三月丁丑“设隆庆州并永宁县，隶北京行部。隆庆，古缙云氏所都之地，金置缙山县，元仁宗生于县东，改为龙庆州，国初移民入关内，州遂废。至是上以其当要冲而土宜稼穑，改为隆庆州。又于州东团山下设永宁县隶焉，而以有罪当迁谪者实之”④。治在今延庆县永宁镇。

---

① 《太祖实录》卷 45。
② 《太祖实录》卷 91。
③ 《太祖实录》卷 75。
④ 《太宗实录》卷 149。

怀来县，元属龙庆州。《明史》卷40《地理志一》言，“洪武二年属永平府。三年三月属北平府，寻废”，“永平府”当为“开平府”，洪武三年七月随龙庆州一起改属北平府，五年七月州废，人口内迁，县应于此时一同废除。治在今河北怀来县东南怀来。

（二）保安直隶州（保安州参见）

元属上都路之顺宁府，明初仍为顺宁府保安州，领永兴县。洪武四年三月乙巳“中书右丞相魏国公徐达奏：山后顺宁等州之民密迩虏境，虽已招集来归，未见安土乐生，恐其久而离散，已令都指挥使潘敬、左傅高显徙顺宁、宜兴州沿边之民皆入北平州县屯戍，仍以其旧部将校抚绥安集之，计户万七千二百七十四，口九万三千八百七十八。上可其奏”①，保安州、永兴县与顺宁其他州县一起废除。永乐十三年正月壬戌复置为直隶州。旧州城在西南山下，在今河北涿鹿；景泰二年移于雷家站，即今怀来县西北新保安。

永兴县，元代保安州下仅有永兴县1县，明初依旧，洪武四年三月州县俱废。治在今河北涿鹿县。

洪武三年后其他被废府、州、县

元朝在隆庆、怀来以西，大都路以北有上都路、大宁路等设置，洪武初年随着明朝军队的推进，这里的行政区划发生了很大的变化。

（一）顺宁府

隆庆、怀来以西、以北是元代上都路顺宁府之地，洪武四年三月之前这一带尚处于元兵与明军来回争战之地，明朝洪武二年占领顺宁之后依元朝旧置而设的顺宁府的统治并不稳定，所以洪武四年三月乙巳徐达奏请将这一带的居民内迁，当地的府州县俱废。顺宁府在元代隶中书省上都路，洪武二年三月癸丑置北平等处行中书省，顺宁府应属北平行省。根据《元史·地理志》、《明史·地理志》、《太祖实录》等推测顺宁府在明初的变化如下。

顺宁府，元属上都路。洪武四年三月府废。治在今河北宣化县。洪武四年三月之前领宣德、顺圣、宣平3直辖县，保安州、蔚州2州，保安州下有永兴县，蔚州下有灵仙、广昌、灵丘、广灵4县。

宣德县，倚。洪武四年三月废。治在今河北宣化县。

---

① 《太祖实录》卷62。

顺圣县，洪武四年三月废。治在今河北阳原县东北东城。

宣平县，洪武四年三月废。治在今河北怀安县左卫西。

1. 保安州

永兴县，考证见前文“保安直隶州”。

2. 蔚州

《明史》卷40《地理志二》大同府蔚州条言，“元属上都路之顺宁府。至大元年(1308)十一月升为蔚昌府，直隶上都路。洪武二年仍为州。四年来属”，即明初仍设蔚州，属顺宁府，洪武四年三月顺宁府被废时，州改属山西大同府，治在今河北蔚县。元代州下有灵仙(附郭)、灵丘、飞狐、定安、广灵5县，其中定安县明代未设，灵仙县洪武四年废，飞狐明代更名为广昌。

灵仙县，倚。《明史》卷41《地理志二》记载洪武四年蔚州改属大同府时，“以州治灵仙县省入”。治在今河北蔚县。

广昌县，本元代飞狐县，明代更名为广昌县。治在今河北涞源县。

灵丘县，治在今山西灵丘县。

广灵县，治在今山西广灵县。

(二) 开平府

明朝永乐以后的北部边界绝大多数情况下是以外长城为界，长城以外是蒙古游牧之地，开平卫所在的独石堡以南宣府镇一带没有府州县设置，卫所均为实土。但是在洪武二年之后一段短暂时间内，长城南北一度在元上都路的基础上设置过开平府，管辖上都路原有的部分州县，其中开平县直隶于府，另有云州、宜兴州、兴州、龙庆州4州和望云、兴安、怀来3州辖县。洪武三年七月前开平府废，开平县也随之废除，其他的州县则全部改隶北平府。

开平府，《明史》卷40《地理志一》记“开平卫，元上都路，直隶中书省。洪武二年为府，属北平行省，寻废府置卫”，明军洪武二年六月克开平，应是此时改元上都路为开平府。据嘉靖《宣府镇志》载，洪武二年常遇春克开平，“因置开平卫指挥使司”，则卫亦于洪武二年设置，所以府只存在了很短的时间。《明史》卷40中提到洪武二年兴州、宜兴州、云州、延庆州及其属县“属永平府”，应为“开平府”。这几州县都是在洪武三年七月改属北平府的，则开平府应在这之前废除。府治在今内蒙古多伦县西北。

开平县，倚。元为上都路附郭县，明初变化史书无载，但是明初的许多设置是依元之旧，所以开平府应也设有开平县。洪武三年七月前与府同时废除。

1. 云州(望云县参见)

元属上都路。洪武二年改上都路为开平府时，云州当依旧开设。至洪武三年七月辛卯"以古北口外云州、兴州隶北平府"[①]，改隶北平府。五年七月"戊辰，革妫川、宜兴、兴、云四州，徙其民于北平附近州县屯田"[②]。元末州领有望云县，《大清一统志》卷24记"明初州县俱废"，县当亦于洪武五年七月被废。州治在今河北赤城北云州，望云县在今赤城县西南龙关。

2. 兴州(兴安县参见)

元属上都路。洪武二年兴州依旧设置，属开平府。洪武三年七月辛卯改属北平府。五年七月废。元末兴州下有兴安县，明初当依旧设置，洪武五年七月同州一起废除。州治在今河北承德市滦河镇西南，兴安县为兴州附郭县。

3. 宜兴州

元属上都路。洪武二年依旧设置。根据《明史》卷40载州"属永平府，三年三月属北平府。……五年七月，州废"。"永平府"当为"开平府"，"三年三月"应为"三年七月"，州明初本属开平府，后与兴、云2州一起改属北平府，洪武五年七月同时废除。州治在今河北滦平县北兴洲。

4. 龙庆州、怀来县

洪武三年七月前属开平府，沿革见前文"延庆直隶州"。

元末上都路下尚有松州、桓州，明初设置不明。

(三)兴和府

洪武三年明在北部依元朝兴和路设置了兴和府，管辖4直隶县和1州，洪武四年府州县俱废。

元末为兴和路，《明史》卷40《地理志一》言，"洪武三年为府，属北平布政司。四年后，府废"，"四年后"应指洪武四年，因兴和府南的顺宁府在洪武四年三月裁撤，兴和府也当于此时废除。元末兴和路下有4县、1州，即高原县、威宁县、天成县、怀安县，宝昌州，洪武三年当依旧设置。洪武四年之后州县俱废。府治在今河北张北县。

高原县，倚。洪武三年设，四年废。治在今河北张北县。

威宁县，洪武三年设，四年废。治在今内蒙古兴和县西北。

天成县，洪武三年设，四年废。治在今山西天镇县。

怀安县，《明史》卷40《地理志一》言，"洪武三年属兴和府，改属山西大同府，寻废"，改属大同府当在洪武三年设兴和府后不久。洪武四年怀安以东的

---

① 《太祖实录》卷54。
② 《太祖实录》卷75。

顺宁府及以北的兴和府俱废，怀安县亦当于此时废除。治在今河北怀安县东南旧怀安。

宝昌州

洪武三年设，四年废。治在今内蒙古太仆寺旗西南。

（四）大宁府

明初大宁一带战事不断，其南部瑞州早已为明军控制，改为永平府瑞州，而其北部一直到洪武十二年十一月才彻底平定。平定之后，改大宁路为大宁府，属北平布政司。史书对于明初大宁府及其下州县的记载甚少，疑除瑞州外，基本沿袭元代的设置。洪武二十年设大宁都司之前府州县俱废。

大宁府，元末为大宁路，属辽阳行省。《明史》卷 40《地理志一》言“洪武十三年为府，属北平布政司，寻废”，明朝军队洪武十二年十一月平大宁，大宁府当于此后设置。元末大宁路下有 7 县、7 州，其中瑞州在洪武初年设置之后改归永平府，洪武十三年设府时亦当继承了瑞州以外的部分州县，但州县的名称与数量已不可考。洪武二十年八月置大宁都司之前大宁府及其下的州县已废。府治在今内蒙古宁城县西大名城。

大宁县，元末为附郭县。明洪武十三年至二十年之间设置情况不明，存疑。治在今内蒙古宁城县西大名城。

惠和县，存疑。治在今辽宁建平县建平镇北。

武平县，存疑。治在今内蒙古敖汉旗东白塔子村。

和众县，存疑。治在今辽宁凌源市西。

龙山县，存疑。治在今辽宁喀喇沁左翼蒙古族自治县南公营子村。

金源县，存疑。治在今辽宁朝阳县西北喀喇沁。

富庶县，存疑。治在今辽宁建平县东。

高州，存疑。治在今内蒙古赤峰市西北。

锦州，存疑。治在今辽宁锦州市。

利州，存疑。治在今辽宁喀喇沁左翼蒙古族自治县。

惠州，存疑。治在今河北平泉县南察罕城。

川州，存疑。治在今辽宁北票市东北。

建州，属大宁路。洪武中，州废。治在今辽宁朝阳市西南喀喇城。

第三章　南　　京

明朝南京的政区管辖范围是在洪武元年(1368)之前逐步形成的,在丙申年(1356)七月朱元璋已在应天府设置了江南行中书省。但是由于平定各地的时间相差很大,江南行省初置时的辖区还很小。随着各地的相继平定,元末各路相继改设为府,江南行省的管辖范围不断扩大,至洪武元年八月己巳罢行省设南京时,周围归其管辖的府有 17 个,元代河南江北行省东半部及江浙行省北部尽归其下。洪武十一年正月改南京为京师,永乐十九年(1421)正月改称南京,洪熙元年(1425)三月戊戌仍为京师,正统六年(1441)十一月甲午复改称南京。

洪武元年之后除广兴府于洪武四年改为直隶州,湖州府和嘉兴府洪武十四年改隶浙江布政司外,其他府及直隶州的变化都与临濠府(后改中立府、凤阳府)有关。和州、徐州、滁州先是从其他的府改属临濠府,后又陆续划出改为直隶州;寿州、泗州则是经历了划入—划出—再划入的过程。洪武二十二年滁州改直隶州后,南京的府级政区固定了下来。

明代南京县级政区大多是沿用元末的县,元末众多的散州也都被降为县。洪武二十二年之后,南京新设置的县寥寥无几。南京直辖的政区与周边布政司的边界除凤阳府与河南布政司交界处因州县改属在洪武年间发生过大的变动外,其余基本在洪武元年已经确定下来。嘉靖二十一年(1542)后,南京有府 14、直隶州 4、属州 17、县 97,下文以此为时间断限叙述南京府州县变迁。

府

(一) 应天府

朱元璋于丙申年三月辛卯改元江浙行省集庆路为应天府,仍领集庆路下的上元(附郭)、江宁(附郭)、句容 3 县与溧水、溧阳 2 州。当年七月己卯以应天府为江南行中书省治。洪武元年八月己巳明朝在应天府建都,称南京。

洪武二年,溧水、溧阳 2 州降为县。九年三月随着江浦县的设置,应天府开始向江北扩展。二十二年二月扬州府六合县的改属使应天府在江北进一步发展。弘治四年(1491),从溧水县析出高淳县,此后应天府一直领8直辖县。府治在今江苏南京市。

上元县,倚。太祖丙申年迁县治于今南京市东南的淳化镇,第二年复还治南京。

江宁县,倚。治在今南京市。

句容县,治在今江苏句容市。

溧阳县,元集庆路溧阳州,丙申年三月隶应天府,洪武二年降州为县。治在今江苏溧阳市。

溧水县,元集庆路溧水州,丙申年三月隶应天府,洪武二年降为县。治在今江苏南京市溧水区。

高淳县,弘治四年以溧水县高淳镇置,治在今江苏南京市高淳区。

江浦县,洪武九年三月乙丑"置江浦县,割滁、和二州及六合县之地属之,隶应天府"①。治在南京西北蒲镇,洪武二十五年七月己酉移于今江苏南京市浦口区。

六合县,元为扬州路真州属县,明初仍属真州。洪武二年废真州,六合县改直隶扬州府。洪武二十二年二月丙辰"以扬州府六合县属应天府"②,治在今江苏南京市六合区雄州街道滁河北岸。

(二) 凤阳府

作为朱元璋的故乡,凤阳府的设置受到了极端的重视。洪武前的吴元年(1367)凤阳府的前身临濠府得以设置,虽然《明史》卷40《地理志一》记载该府是在元安丰路濠州的基础上设置的,但是由于寿州、泗州等州的归属,使吴元年临濠府的管辖范围与州县数目远远超过了元濠州,它占有了元末安丰路全部、淮安路西部。洪武六年九月府名改为中立府,七年八月又改为凤阳府。

洪武四年二月癸酉,朱元璋以"临濠为朕兴王之地,今置中都,宜以傍近州县通水路漕运者隶之",于是"以原寿、邳、徐、宿、颍、息、光、六安、信阳九州,五河、怀远、中立、定远、蒙城、霍丘、英山、宿迁、睢宁、砀山、灵璧、颍上、泰和、固始、光山、丰、沛、萧一十八县悉隶中都"③,隶于信阳州的罗山县也随州改隶临濠府。洪武五年泗州由直隶州重新隶于临濠府;七年,滁州、和州改隶本府。虽然在洪武十三年前信阳州、光州划归汝宁府,也新设或废除了一些县,但洪武七年至十

---

① 《太祖实录》卷105。
② 《太祖实录》卷195。
③ 《太祖实录》卷61。

三年仍是凤阳府管辖面积最大、州县最多的时期。洪武十三年和州改直隶京师。这一年年底,凤阳府共有6直辖县、9州、18州辖县。管辖范围相当于今天安徽省北部、河南东南部、江苏省北部与西部,徐州、滁州等军事重地尽归其下。

但因凤阳府的管辖范围过大,一些州县距府城较远,事务处理不便。另外,当明朝的统治逐渐稳固下来后,在南京北部控制交通要道之地设置面积如此之大的凤阳府也不利于政权的稳定。所以从洪武七年起,一些州县逐渐从凤阳府中划出,或归周边各府,或改直隶州。洪武二十二年滁州改直隶州后,凤阳府只余下6直辖县、4州、8州辖县,管辖范围大大缩小,但仍是南京下面积最大的府。

弘治九年颍州亳县升为州。此后至明末,凤阳府有6直辖县、5州、7州辖县。

凤阳府(临濠府、中立府参见),元安丰路濠州,太祖吴元年升为临濠府,隶江南行省,后直隶南京。洪武六年九月戊午改为中立府,七年八月庚子又改为凤阳府。初治在今安徽凤阳县东北临淮关,洪武八年十月丙申迁于今凤阳县府城镇。弘治九年十月后领州5、县13。

凤阳县,倚。洪武七年八月庚子析临淮县地置。初治在今凤阳县东北临淮关,洪武八年十月丙申迁于今凤阳县府城镇。

临淮县(钟离县、中立县参见),元为濠州附郭的钟离县。洪武二年九月改名中立县,三年十一月改名临淮。洪武八年十月前相继为临濠府、中立府、凤阳府附郭县。治在今凤阳县东北临淮关。

怀远县,治在今安徽怀远县。

定远县,治在今安徽定远县。

五河县,元淮安路泗州属县,太祖吴元年随泗州改属临濠府,洪武二年九月随泗州改直隶南京。五年三月乙酉泗州还属临濠府,五河县则改直隶于府。旧治在今安徽五河县南浍河南岸,永乐元年圮于水,徙治西北。嘉靖二十五年迁于浍河北,即今五河县治。

虹县,元淮安路泗州属县,太祖吴元年随泗州改属临濠府,洪武二年九月随泗州改直隶南京,五年三月乙酉又随泗州还属临濠府。洪武七年七月己丑"以泗州所属虹县直隶中立府"①,治在今安徽泗县。

1. 寿州(寿春府、寿州直隶州、寿春县、下蔡县、安丰县参见)

元安丰路,属河南江北行省,下直辖寿春(附郭)、安丰、下蔡、霍丘、蒙城5

① 《太祖实录》卷91。

县和濠州，濠州下领钟离、定远、怀远3县。太祖丙午年(1366)改安丰路为寿春府，隶江南行省，所领州县依旧。吴元年濠州升为临濠府，寿春府则降为寿州，属临濠府，领寿春(附郭)、安丰、下蔡、霍丘、蒙城5县。洪武二年九月癸卯“以临濠之泗州、寿州直隶中书省”①，是改州为直隶州。洪武四年二月癸酉还属临濠府，寻以州治寿春县省入。安丰、下蔡2县于洪武中废，州下余霍丘、蒙城2县。寿春府、寿州、寿春县治在今安徽寿县，下蔡县在今安徽凤台县，安丰县在今寿县南板桥集东安丰塘北岸。

霍丘县，丙午年隶寿春府，吴元年起隶临濠府寿州，洪武二年九月隶寿州直隶州，四年二月仍隶临濠府寿州，后随州隶中立府、凤阳府。治在今安徽霍邱县。

蒙城县，隶属变迁同霍丘县。治在今安徽蒙城县。

2. 泗州(泗州直隶州、临淮县参见)

元淮安路泗州，下辖临淮(附郭)、虹、五河、盱眙、天长5县。丙午年属淮安府，太祖吴元年属临濠府。洪武二年九月州改直隶中书省，为直隶州。五年三月乙酉又“以泗州隶临濠府”②，五河县改直隶于府，州治临淮县省入州。洪武七年七月虹县改直隶于府，州下余盱眙、天长2县。泗州、临淮县治在今江苏盱眙县西北洪泽湖中。

盱眙县，吴元年起隶临濠府泗州，洪武二年九月隶泗州直隶州，五年三月仍隶临濠府泗州，后随州隶中立府、凤阳府。治在今盱眙县。

天长县，隶属变迁同盱眙县。治在今安徽天长县。

3. 宿州

元属归德府，领灵璧县。洪武元年改归德府为开封府归德州，宿州亦改直隶开封府，仍领灵璧县。洪武四年二月癸酉改属临濠府。州治在今安徽宿州市。

灵璧县，洪武元年隶开封府宿州，四年二月隶临濠府宿州，后随州隶中立府、凤阳府。治在今安徽灵璧县。

4. 颍州

元属汝宁府，领太和、颍上、沈丘3县。洪武元年依旧设汝宁府颍州，废沈丘县。洪武四年二月癸酉，颍州与颍上、太和2县改隶临濠府。洪武六年至弘治九年十月间亳县隶于本州。州治在今安徽阜阳市。

---

① 《太祖实录》卷45。
② 《太祖实录》卷62。

颍上县，洪武元年隶汝宁府颍州，四年二月随州改隶临濠府，后随州隶中立府、凤阳府。治在今安徽颍上县。

太和县，隶属变迁同颍上县。治在今安徽太和县。

5. 亳州（亳县、城父县、谯县参见）

元属归德府，领谯县、鹿邑、城父3县。洪武元年改归德府为开封府归德州，亳州则降为县，与鹿邑县同隶于归德州，同年废谯县和城父县。六年亳县改属临濠府颍州。弘治九年十月癸卯复升为州，隶凤阳府，下无属县。治在今安徽亳州市。

信阳州及所属罗山县洪武四年至七年，息州及息县、光州及所属固始、光山2县洪武四年至十三年一度属于凤阳府，详见“河南布政司”。邳州及所属宿迁、睢宁2县和六安州及英山县洪武四年至十五年属凤阳府，分别详见淮安府邳州、庐州府六安州。和州洪武七年至十三年间隶凤阳府，详见和州直隶州。滁州及其所属2县洪武七年至二十二年曾隶于凤阳府，详见滁州直隶州。徐州及所属4县洪武四年二月至十四年十一月属临濠府、中立府、凤阳府，详见徐州直隶州。

（三）淮安府

明太祖丙午年四月大军克淮安，改元河南江北行省淮安路为淮安府，淮安路下的山阳（附郭）、清河、盐城、桃园4直辖县和海宁州（下辖朐山、沭阳、赣榆3县）、泗州（下辖临淮、虹、五河、盱眙、天长5县）、安东州尽归府下。府治在今江苏淮安市。

吴元年泗州及所辖5县改属临濠府。洪武初，海宁州改名为海州，附郭的朐山县被废除，沭阳县改直隶于府。洪武二年安东州降为县。桃园县在洪武初改名为桃源县。洪武十五年，邳州及所辖宿迁、睢宁2县自凤阳府来属，此后，淮安府一直领6直辖县、2州、3州辖县。

山阳县，倚。治在今江苏淮安市。

清河县，县治本滨黄河，在今淮安市淮阴区西旧县。崇祯末，迁治于县东南之甘罗城，在今江苏淮阴西南。

盐城县，治在今江苏盐城市。

安东县（安东州参见），元淮安路安东州，明初属淮安府，洪武二年正月甲子降为县。治在今江苏涟水县。

桃源县，元淮安路桃园县，洪武初改名桃源。治在今江苏泗阳县西南城厢。

沭阳县，元淮安路海宁州属县，洪武初改直隶于淮安府。治在今江苏沭阳县。

1. 海州(海宁州、朐山县参见)

洪武初改元淮安路海宁州为海州，以州治朐山县省入，沭阳县改直隶于淮安府。州下余赣榆县。州治在今江苏连云港市西南海州。

赣榆县，治在今江苏连云港市赣榆区西北赣马镇。

2. 邳州(下邳县参见)

元邳州属归德府，领下邳(附郭)、宿迁、睢宁 3 县。洪武元年，归德府降为河南开封府归德州，邳州也变为开封府属州，并省下邳县。洪武四年二月邳州与所属宿迁、睢宁 2 县改隶临濠府，六年九月隶中立府，七年八月隶凤阳府。十五年邳州由凤阳府改属淮安府。州及下邳县治在今江苏邳州市西南古邳。

宿迁县，随州变迁。治在今江苏宿迁市。

睢宁县，随州变迁。治在今江苏睢宁县。

泗州及所属五县沿革见临濠府。

(四) 扬州府(淮海府、维扬府参见)

丁酉年(1357)十月甲申朱元璋改元扬州路为淮海府，辛丑年(1361)十二月戊寅改为维扬府，丙午年正月又改为扬州府。治在今江苏扬州市。

元末扬州路所属州县俱隶扬州府。辛丑年，元末被废的江都县得以复置。洪武元年闰七月高邮府降为扬州府属州。泰州附郭的海陵县，通州附郭的静海县，滁州来安、全椒及附郭的清流县，高邮附郭的高邮县都在洪武元年被废除。洪武二年废真州，改扬子县为仪真县，与六合县及崇明州改设的崇明县直隶于府。此时扬州府的辖区基本与元末扬州路相当。

洪武七年，滁州改属凤阳府，后改为直隶州；八年，崇明县改属苏州府；二十二年六合县改直隶于应天府。这几次改动，使扬州府的面积不断缩小，只余 3 直辖县、3 州、4 州辖县，州县数目无法同元扬州路相比。

江都县，倚。元末废。太祖辛丑年复置。治在今扬州市。

泰兴县，治在今江苏泰兴市。

仪真县(真州、扬子县参见)，本为元扬州路真州，辖扬子(附郭)、六合 2 县。洪武二年，州废，改扬子县名为仪真县，与六合县一起改直隶于扬州府。真州、扬子县、仪真县治在今江苏仪征市。

1. 高邮州(高邮府、高邮县参见)

元为高邮府，领高邮(附郭)、兴化、宝应 3 县。太祖丁酉年亦设高邮府，领县依旧。洪武元年闰七月丙辰降府为州，隶扬州府，以州治高邮县省入州。州只领兴化、宝应 2 县。治在今江苏高邮市。

宝应县，治在今江苏宝应县。

兴化县，治在今江苏兴化市。

2. 泰州(海陵县参见)

元为扬州路属州，辖海陵(附郭)、如皋2县。洪武初，以州治海陵县省入州。州仅领如皋县。州、海陵县治在今江苏泰州市。

如皋县，治在今江苏如皋市。

3. 通州(静海县参见)

元为扬州路属州，辖静海(附郭)、海门2县。洪武初，以州治静海县省入。州领海门县。州、静海县治在今江苏南通市。

海门县，旧治在今南通市东，圮于海，正德七年(1512)徙治余中场，在今江苏海门县东北。嘉靖二十四年八月迁于金沙场以避水患，在今南通市东南。

崇明州、崇明县洪武八年前属扬州府，沿革见苏州府太仓州。滁州及所属县洪武七年前属扬州，见滁州直隶州。六合县洪武二年前属扬州府真州，后改直隶扬州府，洪武二十二年二月改直隶应天府，详见应天府。

(五) 苏州府

吴元年九月乙酉改元江浙行省平江路为苏州府，隶江南行省，后隶南京，府治在今江苏苏州市，仍领平江路下的吴县、长洲2县及吴江、昆山、常熟、嘉定4州。洪武二年4州降为县。八年崇明县自扬州府来属。弘治十年正月设太仓州，以崇明县隶于州。从此至明末，苏州府领6直辖县、1州、1州辖县。

吴县，倚。治在今江苏苏州市。

长洲县，倚。治在今苏州市。

吴江县(吴江州参见)，元平江路吴江州，明初属苏州府，洪武二年降为县。治在今江苏苏州市吴江区。

昆山县(昆山州参见)，元平江路昆山州，明初属苏州府，洪武二年降为县。治在今江苏昆山市。

常熟县(常熟州参见)，元平江路常熟州，明初属苏州府，洪武二年降为县。万历末因避明光宗朱常洛讳，一度改县名为尝熟。治在今江苏常熟市。

嘉定县(嘉定州参见)，元平江路嘉定州，明初属苏州府，洪武二年降为县。治在今上海市嘉定区。

太仓州

弘治十年正月己巳置州于太仓卫城，析昆山、常熟、嘉定3县地益之，领1县。治在今江苏太仓市。

崇明县(崇明州参见)，元扬州路崇明州，明初属扬州府，洪武二年降为县，八年改属苏州府，弘治十年正月来属太仓州。县治因海岸崩塌，屡次迁移，旧治在县东北东沙，为海所圮，永乐十九年，嘉靖八年、三十三年三迁，亦俱圮于水。万历十三年(1585)迁于平洋沙巡检司。

(六) 松江府

元松江府直隶江浙行省，领华亭、上海 2 县，明太祖吴元年正月元官员出降，仍设为府，领县依旧，府隶江南行省，后隶南京。嘉靖二十一年增设青浦县，后废，万历元年复设。府治在今上海市松江区。

华亭县，倚。治在今上海市松江区。

上海县，治在今上海市老城厢。

青浦县，嘉靖二十一年四月辛酉置，三十二年废为青龙镇，治即今上海市青浦区北旧青龙镇。万历元年复于唐行镇置县，即今上海市青浦区。

(七) 常州府(长春府参见)

太祖丁酉年三月丁亥改元常州路名为长春府，同月己丑又改为常州府，隶江南行省，后隶南京。常州路下的武进、晋陵 2 县改名为永定、京临，与无锡、宜兴 2 州仍隶于府。寻省京临县。壬寅年(1362)永定又改名为武进。吴元年，江阴直隶州降为县，改属于府。洪武二年，无锡、宜兴 2 州也降为县。成化七年(1471)增设靖江县。此后，府领 5 直辖县。万历末，因避讳改为尝州府。府治在今江苏常州市。

武进县(晋陵县、永定县、京临县参见)，倚。晋陵县元代时与武进县同治一城。太祖丁酉年三月己丑改武进县名为永定，晋陵县名为京临。寻以京临省入永定。壬寅年六月甲戌仍改永定为武进。武定、永定、晋陵、京临县治均在今常州市。

无锡县(无锡州参见)，元常州路无锡州，明初属常州府，洪武二年四月甲戌降为县。治在今江苏无锡市。

宜兴县(宜兴州、建宁州参见)，元常州路宜兴州，太祖戊戌年(1358)十月戊寅改名建宁州，寻复为宜兴州。洪武二年降为县。治在今江苏宜兴市。

江阴县(江阴直隶州、连洋直隶州参见)，元为江阴直隶州，直隶江浙行省。太祖甲辰年(1364)改名连洋州，寻复名江阴州，直隶江南行省。吴元年四月壬申“改江阴州为县，隶常州府”①，治在今江苏江阴市。

靖江县，成化七年闰九月辛亥以江阴县马驮沙置。治在今江苏靖江市。

(八) 镇江府(江淮府参见)

元镇江路，属江浙行省，领丹徒(附郭)、丹阳、金坛 3 县。丙申年三月己亥

---

① 《太祖实录》卷 23。

改名江淮府，十二月丙午又改为镇江府，仍领3县。府隶江南行省，后隶南京。府治在今江苏镇江市。

丹徒县，倚。治在今镇江市。

丹阳县，治在今江苏丹阳市。

金坛县，治在今江苏金坛市。

(九) 庐州府

甲辰年(1364)七月己卯改元河南江北行省庐州路为庐州府，置江淮中书行省于此，寻罢行省，府隶江南行省，后隶南京。庐州路下的合肥、舒城、梁3县及无为州(下辖无为、庐江、巢3县)、六安州(下辖六安、英山2县)、和州(下辖历阳、含山、乌江3县)仍隶于本府。府治在今安徽合肥市。

洪武元年，梁县、无为县、和州及所辖含山、乌江2县俱废，历阳与庐江2县改直隶于府。二年，改历阳县为和州。洪武四年废六安县，六安州与英山县改隶临濠府，十五年改回。洪武七年和州改隶凤阳府，后改为直隶州。弘治二年，六安州下增设霍山县。此后至明末庐州府领3直辖县、2州、3州辖县。

合肥县，倚。治在今合肥市。

舒城县，治在今安徽舒城县。

庐江县，元属庐州路无为州。洪武初，改直属府。治在今安徽庐江县。

梁县，元为庐州路属县，洪武初废。治在今安徽肥东县东北梁园。

1. 无为州(无为县参见)

元为庐州路属州，辖无为(附郭)、庐江、巢3县。洪武中，以州治无为县省入州，庐江县改直隶于庐州府，州下只领巢县。州及无为县治在今安徽无为县。

巢县，治在今安徽巢湖市。

2. 六安州(六安县参见)

元为庐州路属州，辖六安(附郭)、英山2县。明初属庐州府，洪武四年二月改属中都临濠府，以州治六安县省入州。十五年又改属庐州府。弘治二年增设霍山县。州及六安县治在今安徽六安市。

英山县，随州隶属。县治本直河乡，崇祯十二年(1639)徙于西北之章山，十六年又迁于北境之添楼。

霍山县，弘治二年设县。治在今安徽霍山县。

和州及所辖县洪武七年前属庐州府，详见和州直隶州。

(十) 安庆府(宁江府参见)

元末安庆路，属河南江北行省，领怀宁(附郭)、宿松、望江、太湖、桐城、潜山 6 县。辛丑年八月壬寅改路为宁江府，壬寅年四月癸未改名安庆府，仍辖 6 县。府隶江南行省，后隶南京。府治在今安徽安庆市。

怀宁县，倚。治在今安庆市。

桐城县，治在今安徽桐城市。

潜山县，元末废，洪武初复置。治在今安徽潜山县。

太湖县，治在今安徽太湖县。

宿松县，治在今安徽宿松县。

望江县，治在今安徽望江县。

（十一）太平府

元末江浙行省太平路，领当涂（附郭）、芜湖、繁昌 3 县。乙未年（1355）六月丁巳改路为太平府，丙申年七月属江南行中书省，后隶南京。府仍领 3 县，府治在今安徽当涂县。

当涂县，倚。治在今当涂县。

芜湖县，治在今安徽芜湖市。

繁昌县，治在今安徽繁昌县。

（十二）池州府（九华府参见）

元末江浙行省池州路，领贵池（附郭）、青阳、建德、铜陵、石埭、东流 6 县。辛丑年八月壬寅改名九华府，寻改为池州府，仍领 6 县。府隶江南行省，后隶南京。府治在今安徽池州市。

贵池县，倚。治在今池州市。

青阳县，治在今安徽青阳县。

铜陵县，治在今安徽铜陵县。

石埭县，治在今安徽石台县东北广阳镇。

建德县，治在今安徽东至县东北梅城。

东流县，治在今安徽东至县西北东流镇。

（十三）宁国府（宣城府、宣州府参见）

元江浙行省宁国路，领宣城（附郭）、南陵、泾、宁国、旌德、太平 6 县。丁酉年四月丁卯改为宁国府，辛丑年四月辛巳改名宣城府，丙午年正月辛卯又名为宣州府，吴元年四月壬申仍为宁国府。府治在今安徽宣城市，领 6 县。

宣城县，倚。治在今安徽宣城市。

南陵县，治在今安徽南陵县。

泾县，治在今安徽泾县。

宁国县,治在今安徽宁国市西南城关镇。

旌德县,治在今安徽旌德县。

太平县,治在今安徽黄山市东北仙源镇。

(十四) 徽州府(兴安府参见)

元末江浙行省徽州路,领歙(附郭)、休宁、祁门、黟、绩溪5县和婺源州。丁酉年七月乙酉改名兴安府,吴元年又改为徽州府。洪武二年正月婺源州降为县,此后府一直领6县。府隶江南行省,后隶南京。府治在今安徽歙县。

歙县,倚。治在今歙县。

休宁县,治在今安徽休宁县。

祁门县,治在今安徽祁门县。

黟县,治在今安徽黟县。

绩溪县,治在今安徽绩溪县。

婺源县(婺源州参见),元婺源州,明初依旧。洪武二年正月甲子降为县。治在今江西婺源县。

直隶州

(一) 徐州直隶州

元为归德府属州,下领萧县,吴元年丰、沛、砀山3县改属本州。洪武元年归德府降为河南开封府归德州,徐州也变为开封府属州,洪武四年二月徐州改属中都临濠府,十四年十一月丁亥直隶京师。州治在今江苏徐州市。洪武元年至二年七月济宁府鱼台县一度改属本州。

萧县,旧治在今安徽萧县西北,万历五年徙今萧县。

沛县,元属济宁路济州,太祖吴元年废济州,县改属徐州。治在今江苏沛县。

丰县,元属济宁路,太祖吴元年来属。治在今江苏丰县。

砀山县,元属济宁路,太祖吴元年来属。治在今安徽砀山县。

鱼台县,洪武元年至二年七月属徐州,详见“山东布政司”兖州府。

(二) 滁州直隶州(清流县参见)

元末扬州路属州,辖清流(附郭)、来安、全椒3县。明初属扬州府。洪武初,省3县。七年州改属凤阳府,十三年十一月庚戌复置全椒、来安2县。二十二年二月戊午直隶京师。州与清流县治在今安徽滁州市。

全椒县,洪武初省,十三年十一月庚戌复置。治在今安徽全椒县。

来安县，洪武初省，十三年十一月庚戌复置。治在今安徽来安县。

（三）和州直隶州（历阳县、乌江县参见）

元末庐州路属州，辖历阳（附郭）、含山、乌江3县。明初隶庐州府。洪武元年废州入历阳县，废乌江县、含山县，历阳县直隶于府。二年九月乙巳因"时历阳县知县陈善言，历阳县为和州，今以为县，隶庐州，公务期会遥远不便"①，复改历阳县为和州，州仍属庐州府。七年州改属凤阳府，十三年十一月庚戌其下复置含山县，寻州改直隶京师。州与历阳县治在今安徽和县，乌江县治在今和县北乌江镇。

含山县，洪武元年省，十三年十一月庚戌复置，随州改隶。治在今安徽含山县。

（四）广德直隶州（广兴府、广德州、广德县参见）

元末江浙行省广德路，领广德（附郭）、建平2县。丙申年六月乙卯改为广兴府，隶江南行省，后隶南京。洪武四年十月乙未府降为广德直隶州。十三年四月乙丑以州治广德县省入州，州下只领建平县。广兴府、广德州、广德县治均在今安徽广德县。

建平县，治在今安徽郎溪县。

湖州府、嘉兴府洪武十四年十一月前隶南京，详见"浙江布政司"。

---

① 《太祖实录》卷45。

第四章　山东布政司

山东在元代直隶中书省，洪武元年(1368)四月置山东等处行中书省。治益都，即今山东青州市。洪武九年六月改山东行省为山东承宣布政使司，移治济南。

元末除山东半岛外，在今山东各地的路、直隶州交错纵横，大小相去甚远，边界互相纠合，其间又有数处飞地，管理较为混乱。朱元璋的军队于吴元年(1367)攻入山东后，就开始对当地的行政区划进行调整，重新布置府州县，逐步奠定了明代山东省的政区与范围。

面对元末遗留下的复杂的政区，明政府首先取消路制，以府代替路，重新划分府界，迅速废除了直隶州、飞地，使其变成各府的一部分。至洪武九年形成了以济南府、济宁府(后改兖州府)、东昌府、青州府、莱州府、登州府 6 府控制整个山东的局面，改变了洪武元年初 5 府、11 直隶州交错的混乱形势。

明代对山东府、直隶州的调整均发生在洪武十八年济宁府改兖州府之前。除了山东半岛的登、莱、宁海之地外，山东的濮、德、曹、恩、冠、淄川、高唐、泰安 8 个直隶州在洪武元年至四年间或废或改县或改为府下的属州。洪武七年前山东还曾有一个只辖有 6 县的东平府，后被改为济宁府下的属州。

山东半岛在洪武元年至六年间俱属莱州府管辖，六年改为由宁海、莱、登 3 直隶州分别统辖。洪武九年五月，“上以登、莱二州皆濒海，为高丽、日本往来要道，非建府治、增兵卫不足以镇之”①，划山东半岛为登州府和莱州府，至明末未变。

明代山东省的政区有以下特点。

第一，洪武九年之后再无直隶州。

第二，属州众多。《明史》卷 41《地理志二》记山东“属州十五”，这是弘治二年(1489)之后的情况。洪武初年山东先后共拥有过 26 个属州，主要是由于元末的许多直隶州也被改成了属州。但是一些属州下无县或只有一二县，很

① 《太祖实录》卷 106。

快就被废除了。洪武二十二年设平度州时只剩下13州，加上正统十年(1445)和弘治二年分别设置的曹州、临清州，共15属州，如下所示。

济南府——德州、泰安州、武定州、滨州，兖州府——济州、东平州、曹州、沂州，东昌府——高唐州、临清州、濮州，青州府——莒州，莱州府——胶州、平度州，登州府——宁海州。

第三，与元代当地政区相比，明代山东政区最大的变化发生在府一级上，6府的设置，使得政区设置更为合理。

第四，在山东半岛地区，登、莱二府与其下的州县和沿海的卫所一起对地方施行行政管理。

第五，洪武十八年后县级政区非常稳定。洪武十八年之前，县的变化较大，主要表现在：直隶州的附郭县被废，部分州降为县，县的隶属变化复杂。洪武十八年任城县废除后，山东的县的名称与数目已和《明史》卷41《地理志二》中所载的“县八十九”相同。此后变化仅发生在正统十年、弘治二年设曹州、临清州时，曹、定陶、馆陶、丘4县由直隶于府改为州辖县。

下文以弘治二年为时间断限，叙述山东布政司府州县的变迁(见图1)。

(一) 济南府

史书在记载明初济南府的设置时，总提到它是由元代济南路发展而来的，实际明代济南府的辖地要比济南路广阔得多。元末济南路仅有4直辖县、2州、7州辖县，而明代洪武十三年之后的济南府在经过明初的调整后拥有15直辖县、4州、11州辖县，是元末济南路、德州直隶州、泰安直隶州和般阳路、济宁路、河间路、曹州直隶州各一部分共同形成的。15个直辖县中齐河、齐东、禹城、临邑、青城5县在元末是政区中的飞地。通过调整，元末济南路扭曲的边境也不复存在。

济南府，元代为中书省济南路。吴元年改为济南府，洪武元年四月起隶山东行省。府治在今山东济南市。明代中后期领州4、县26。

历城县，倚。治在济南市历城区。

章丘县，治在今山东章丘市北绣惠镇。

邹平县，治在今山东邹平县。

济阳县，治在今山东济阳县。

淄川县(淄川直隶州参见)，元代为般阳路治，吴元年改路为淄川直隶州，元末般阳路下的登、莱2州亦变为直隶州，故淄川州下仅有原般阳路直辖的淄川(附郭)、长山、新城、蒲台4县。洪武元年四月起州直隶山东行省。洪武二年七月戊戌，州废，“以淄川州长山、新城、淄川三县……隶济南府……淄川州

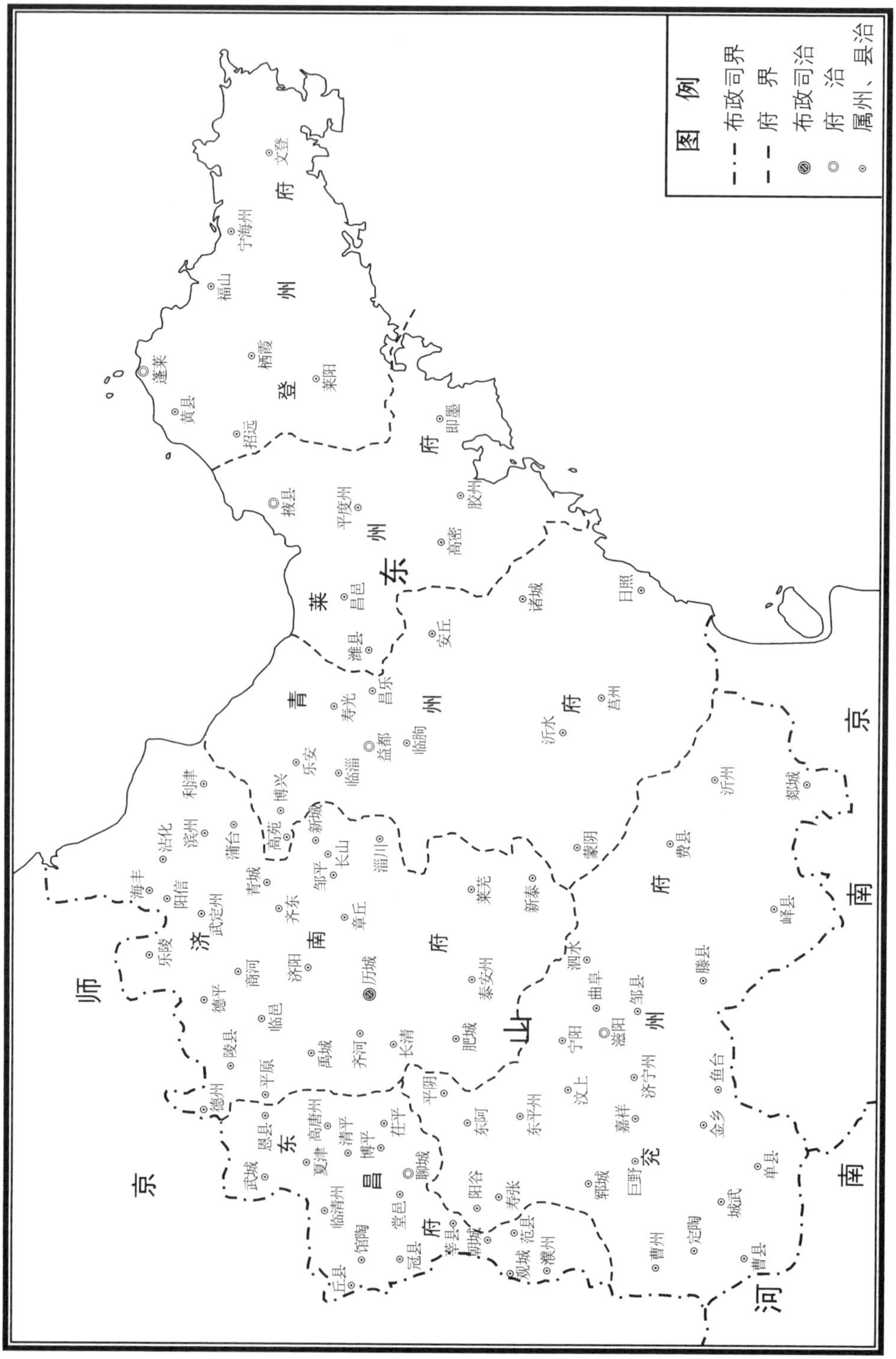

图1 弘治二年(1489)后山东布政司图

之蒲台县隶滨州”[1]。州及淄川县治在今山东淄博市西南淄川。

长山县,元属般阳路。吴元年起隶淄川直隶州。洪武二年七月戊戌改直隶济南府。治在今山东邹平县东长山镇。

新城县,元属般阳路。吴元年起隶淄川直隶州。洪武二年七月戊戌改直隶济南府。七年十二月癸丑“革济南新城县,析其地入长山、高苑二县”[2],后复置。嘉靖《山东通志》卷2建置沿革上记新城县“洪武十二年改属济南府”,疑县于洪武十二年复置。治在今山东桓台县西新城镇。

齐河县,元代属德州直隶州的飞地。洪武元年属济南府德州。洪武二年七月戊戌“德州齐河县、济宁肥城县俱隶济南府”[3],治在今山东齐河县。

齐东县,元代是河间路在外的一块飞地。洪武初改属山东济南府。治在今山东邹平县西北。

禹城县,元属曹州直隶州的飞地。《明史》卷41《地理志二》、嘉靖《山东通志》卷2均记“洪武二十年”县由曹州改属济南府,但是明朝对元代中书省遗留的飞地在洪武元年、二年间绝大部分已处理,禹城县当也不例外,况曹州在洪武四年废为济宁府曹县,所以禹城县应是在洪武初已改属济南府。治在今山东禹城市。

临邑县,元代为河间路飞地。明初这一带政区上的飞地多在洪武元年改正,临邑县当在此间改属济南府。治在今山东临邑县。

长清县,元属泰安直隶州,洪武元年属济南府泰安州。洪武二年七月戊戌“泰安州长清县……俱隶济南府”[4],治在今山东济南市长清区。

肥城县,元属济宁路。吴元年设济宁府,县属之。洪武二年七月戊戌改属济南府。治在今山东肥城市。

青城县,元代与齐东县一起为河间路在外飞地,当于洪武元年改隶济南府。洪武二年省入邹平、齐东2县。十三年十一月庚戌“复置……济南府青城、陵二县”[5],治在今山东高青县西青城。

陵县,元为河间路陵州。洪武元年降州为陵县,改属济南府。二年七月“以……陵县隶德州”[6]。七年七月“庚辰……革德州陵县,就于陵县置德州治”[7]。十三年十一月复置陵县,直隶济南府。洪武七年七月前陵县治在今山东德州市,十三年十一月复置后的县治在今山东德州市陵城区。

---

①③④⑥ 《太祖实录》卷43。
② 《太祖实录》卷95。
⑤ 《太祖实录》卷134。
⑦ 《太祖实录》卷91。

1. 泰安州(奉符县参见)

元末泰安州直隶中书省,领奉符(附郭)、长清、莱芜、新泰4县。洪武元年改隶山东济南府,以州治奉符县省入州,而莱芜县改直隶济南府。洪武二年七月戊戌长清县改直隶济南府,莱芜县又改隶于州。此后,泰安州只领新泰、莱芜2县。治在今山东泰安市。

新泰县,治在今山东新泰市。

莱芜县,《明史》卷41《地理志二》记"洪武初改属济南府。二年仍来属",嘉靖《山东通志》卷2则记为"洪武元年直隶济南府,三年改隶泰安州",应是在长清改隶于府后不久,莱芜重新划归州。治在今山东莱芜市。

2. 德州(安德县、清平县参见)

元末德州,治安德县,直隶中书省,下有安德(附郭)、齐河、清平、平原、德平5县。洪武元年德州改隶济南府,省安德县入州,清平县改属恩州;洪武二年七月戊戌齐河县改直隶济南府,而济南府陵县改隶于州;洪武七年七月陵县省。从此,明代德州只领德平、平原2县。原治在今山东陵县,洪武七年七月移州于故陵县,即今山东德州市。

德平县,治在今山东临邑县北德平。

平原县,治在今山东平原县。

3. 武定州(乐安州、厌次县、无棣县参见)

本为元棣州,属济南路,领厌次(附郭)、阳信、商河、无棣4县。洪武元年废无棣县和附郭的厌次县,洪武二年七月乐陵县由直隶济南府改隶于州。《太祖实录》洪武六年六月乙卯记"置山东乐安州,以所属之地南析为海丰县,隶滨州,北析为庆云县,隶沧州"①,应是改棣州为乐安州,领乐陵、阳信、商和3县,后海丰县也改属本州。宣德元年(1426)八月因平汉王之乱,改名为武定州。州与厌次县治在今山东惠民县。

阳信县,治在今山东阳信县。

海丰县,洪武六年六月乙卯置,属滨州,后改属本州,改属时间不明。《宣宗实录》宣德元年四月提到"山东济南府乐安州及阳信、商河、海丰、乐陵四县"②,可见在此之前海丰县已改属乐安州。治在今山东无棣县。

乐陵县,元属沧州,洪武元年改直属济南府,洪武二年七月戊戌改属棣州。旧治在咸平镇,在今山东乐陵西南,洪武二年移治富平镇,即今乐陵市。

---

① 《太祖实录》卷83。
② 《宣宗实录》卷16。

商河县，治在今山东商河县。

4. 滨州（渤海县参见）

元末济南路滨州下有渤海（附郭）、利津、沾化 3 县，洪武元年，废附郭的渤海县；二年七月戊戌“淄川州之蒲台县隶滨州”①；洪武六年六月新置海丰县，不久改归乐安州。此后，滨州一直领利津、沾化、蒲台 3 县。州治在今山东滨州市。

利津县，治在今山东利津县。

沾化县，治在今山东滨州市沾化区西古城镇。

蒲台县，本属淄川直隶州，洪武二年七月戊戌改属滨州。治在今滨州市南浦城。

洪武五年至七年十二月青州府沂州及其下的郯城、费县一度改属济南府，详见青州府。

（二）兖州府

明代兖州府是在洪武十八年封鲁王于兖州后改济宁府设置的。济宁府前身为元末的济宁路，洪武初年又陆续划入曹州、东平路一部分和益都路东南部，经过一系列复杂的州县调整，逐渐形成了明初的济宁府。到洪武十七年，济宁府已有 12 直辖县、2 州、9 州辖县，如下所示。

直辖县：任城县、郓城县、巨野县、滕县、峄县、金乡县、鱼台县、单县、嘉祥县、城武县、曹县、定陶县。

州辖县：兖州——曲阜县、宁阳县、邹县、泗水县，东平州——汶上县、东阿县、平阴县、阳谷县、寿张县。

洪武十八年鲁王就封兖州，移府治于兖州，并改府名为兖州府。由于兖州本为济宁府下辖有 4 县的属州，州改府之后，这些县的隶属也要重新调整，从而引起了州县隶属的大变化。沂州及其属县则从青州府来属。明末兖州府有 11 直辖县、4 州、12 州辖县，除曹州是正统十年设置外，其他均是在洪武十八年设兖州府时确定下来的，如下所示。

直辖县：滋阳县、曲阜县、宁阳县、邹县、泗水县、滕县、峄县、金乡县、鱼台县、单县、城武县。

州辖县：曹州——曹县、定陶县，沂州——郯城县、费县，东平州——汶上县、东阿县、平阴县、阳谷县、寿张县，济宁州——郓城县、巨野县、嘉祥县。

洪武七年之前，山东行省一度设置过东平府，其沿革见东平州条。

兖州府（兖州参见），元代兖州，属济宁路。吴元年济宁路改济宁府，州仍

① 《太祖实录》卷 43。

隶之。洪武十八年封鲁王于兖州，升州为府，改济宁府为兖州府下属州。治在今山东济宁市兖州区。正统十年后兖州府领州4、县23。

滋阳县，倚。元为兖州嵫阳县，洪武元年省县入州。洪武十八年复置，直属兖州府。成化年间，改名滋阳。治在今济宁市兖州区。

曲阜县，本属兖州，洪武十八年直属兖州府。治在今山东曲阜市。

宁阳县，本属兖州，洪武十八年直属兖州府。治在今山东宁阳县。

邹县，元属益都路滕州，吴元年属青州府滕州，洪武二年七月戊戌以“滕州邹县隶兖州”①。洪武十八年直属兖州府。治在今山东邹城市。

泗水县，本属兖州，洪武十八年直属兖州府。治在今山东泗水县。

滕县(滕州参见)，元益都路滕州，领滕(附郭)、邹2县。吴元年为青州府滕州，洪武二年七月戊戌“寻改滕州、单州俱为县，隶济宁”②，滕县与邹县改直属济宁府。洪武十八年直属兖州府。治今山东滕州市。

峄县(峄州参见)，元峄州，属益都路。吴元年益都路改为青州府，州属之。洪武二年降州为县，改属济宁府，洪武十八年起直属兖州府。治在今山东枣庄市南峄城镇。

金乡县，元属济宁路。吴元年属济宁府，洪武十八年起直属兖州府。治在今山东金乡县。

鱼台县，元属济宁路济州。吴元年直属济宁府，洪武元年改属徐州，二年七月戊戌“徐州之鱼台县隶济宁”③，直属济宁府。洪武十八年起直属兖州府。治在今山东鱼台县西南鱼城镇。

单县(单父县参见)，元济宁路单州。吴元年属济宁府。洪武元年省附郭的单父县入州。二年七月戊戌降州为县，直属济宁府。洪武十八年起直属兖州府。旧城在南，正德十四年(1519)五月因河决改迁今山东单县。

城武县，元为曹州直隶州属县。明初亦属曹州，洪武四年州废，县改直属济宁府。洪武十八年起直属兖州府。县城在今山东成武县。

1. 济宁州(济宁府、任城县参见)

元末为济宁路，治任城县，即今山东济宁市。济宁路下有巨野、郓城、肥城、金乡、砀山、虞城、丰县7直辖县和济州(领任城、鱼台、沛县3县)、单州(领单父、嘉祥2县)、兖州(领嵫阳、曲阜、泗水、宁阳4县)3州。吴元年改路为济宁府，废济州，任城、鱼台2县改直隶于府，沛县改隶徐州。

吴元年至洪武十八年之间，济宁府的州县变化复杂：吴元年至洪武二年间，

①②③ 《太祖实录》卷43。

砀山、虞城、丰、沛、鱼台 5 县改属河南开封府归德州、徐州，鱼台县后又改回；洪武元年单州与兖州附郭的单父、嵫阳 2 县被省，定陶县由隶曹州改直隶于府；洪武二年肥城县改属济南府，当年七月单州降为单县，与其下嘉祥县改直隶于府，同时峄县、滕县也来属府，邹县来属兖州；洪武四年城武县、曹县改直属于府；洪武元年至五年沂州及郯城、费县一度属于济宁府；洪武七年十一月府下又增加了东平州及其属县。洪武十八年济宁府降为州，以附郭的任城县省入州，除嘉祥、巨野、郓城 3 县外，府下其余 8 直辖县、2 州、9 州辖县俱改隶兖州府。

嘉祥县，元属济宁路单州。洪武二年七月单州改单县，嘉祥县改直隶于济宁府，洪武十八年属济宁州。治在今山东嘉祥县。

巨野县，元末为济宁路属县。吴元年隶济宁府，洪武十八年隶济宁州。治在今山东巨野县。

郓城县，变迁同巨野县。治在今山东郓城县。

2. 东平州（东平府、须城县参见）

元东平路，直隶中书省，下有须城（附郭）、汶上、阳谷、东阿、平阴、寿张 6 县。吴元年改为东平府，洪武元年四月起隶山东行省，下仍领 6 县。洪武三年，寿张县废。洪武七年十一月戊寅“改山东东平府为州”①，属济宁府，省附郭的须城县，州共领 4 县。洪武十三年复置寿张县，自此，东平州一直领 5 县。洪武十八年起州属兖州府。治在今山东东平县。

汶上县，治在今山东汶上县。

东阿县，故城在今山东东阿县南旧城，洪武八年徙于今山东平阴县西南东阿镇。

平阴县，治在今平阴县。

阳谷县，治在今山东阳谷县。

寿张县，洪武三年省入须城、阳谷 2 县，十三年十一月庚戌复置。元时县治在今山东梁山县北寿张集。洪武十三年徙置王陵店，即今阳谷县寿张镇。

3. 曹州（曹州直隶州、济阴县、楚丘县参见）

元曹州，直隶中书省，下有济阴（附郭）、城武、定陶、楚丘、禹城 5 县，明初仍为直隶州。洪武元年“以水患徙治安陵镇，省济阴、定陶、楚丘□□（当为“三县”二字）入州”②，实省济阴、楚丘 2 县，定陶改直隶济宁府，同时在外的飞地禹城县改直隶济南府，所以到洪武四年州废之前，只余有城武 1 县。洪武元年

① 《太祖实录》卷 94。
② 嘉靖《山东通志》卷 2。

治今山东菏泽西南安陵。二年，州治自北徙于盘石镇，即今山东曹县。洪武四年州降为曹县，与城武县俱属济宁府。正统十年十二月丁未复置州，隶兖州府，以曹县、定陶县属州。这之后，曹州一直领2县。

曹县，洪武四年曹州降为曹县，属济宁府。正统十年十二月复置州，以县属之。治在今山东曹县。

定陶县，元属曹州，洪武元年改属济宁府。十年五月戊寅"山东并济宁之定陶县入城武县"①，十三年十一月庚戌复置，仍属济宁府。十八年直属兖州府。正统十年十二月改属曹州。治在今山东定陶县。

禹城县见济南府。

4. 沂州（临沂县参见）

元属益都路，领临沂（附郭）、费2县。吴元年州属益都路改设的青州府。洪武元年省附郭的临沂县入州，另设郯城县，州改属济宁府。五年2县随州改属济南府。七年十二月癸丑"以沂州及郯城、费县属青州府"②。十八年后属兖州府。治在今山东临沂市。

郯城县，嘉靖《山东通志》卷2记"洪武元年置郯城"，属沂州。治在今山东郯城县。

费县，治在今山东费县。

砀山、丰、沛3县详见南直隶徐州，虞城县详见"河南布政司"归德府。

（三）东昌府

元东昌路，直隶中书省，下领聊城（附郭）、堂邑、莘、茌平、博平、丘6县。洪武元年改设为东昌府，下仍领6县。洪武元年至三年间临清、馆陶、冠县、清平4县相继改直属府，原本直隶行省的高唐州、濮州也改属于府，2州之下经过明初的变革，也各领3县，所以在弘治二年正月之前，东昌府下有10直辖县、2州、6州辖县。

弘治二年正月，临清县改州，丘、馆陶2县改属其下，这之后东昌府领7直辖县、3州、8州辖县。

东昌府，洪武元年改元东昌路为府。治在今山东聊城市。弘治二年正月后领3州、15县。

聊城县，倚。治在今聊城市。

堂邑县，治在今聊城市西北堂邑。

---

① 《太祖实录》卷112。
② 《太祖实录》卷95。

博平县，洪武三年三月省，寻复置。治在今山东茌平县西博平。

茌平县，治在今茌平县。

莘县，治在今山东莘县。

清平县，元属德州。洪武元年改属直隶山东行省的恩州，二年恩州降为县，七月戊戌清平县改属东昌府高唐州。三年三月省，寻复置，改直属东昌府。治在今山东高唐县西南清平镇。

冠县（冠州直隶州参见），元冠州，直隶中书省，洪武元年直隶山东行省。洪武三年降州为县，改直属东昌府。治在今山东冠县。

1. 临清州（临清县参见）

元濮州临清县。洪武二年七月戊戌改直属东昌府。弘治二年正月丙戌升为州。旧治在今山东临清西南，洪武二年徙治临清闸，景泰元年（1450）又于闸东北三里筑城，即今临清市。领2县。

丘县，元直隶东昌路。明初隶东昌府，弘治二年正月改属临清州。治在今河北邱县南丘城镇。

馆陶县，元属濮州。洪武元年仍属濮州，洪武二年七月改直属东昌府，三年三月省，寻复置，仍属东昌府。弘治二年正月改属临清州。治在今山东冠县北馆陶镇。

2. 高唐州（高唐县参见）

元高唐州，直隶中书省，领高唐（附郭）、夏津、武城3县。洪武元年以州治高唐县省入，州改属东昌府。洪武二年恩县、清平县改属高唐州，三年三月夏津县、清平县曾一度被省，但不久即复置，清平县改直隶于府，所以明代大多数时间内高唐州领恩、夏津、武城3县。高唐州及高唐县治在今山东高唐县。

恩县（恩州直隶州参见），元恩州，直隶中书省，下无属县。洪武元年仍为山东行省恩州直隶州。洪武二年降为县，改属东昌府高唐州。原治在山东平原县西旧城，洪武七年七月徙于许官店，即今平原县西恩城。

夏津县，洪武三年三月省，寻复置。治在今山东夏津县。

武城县，治在今山东武城县。

3. 濮州（濮州直隶州、鄄城县参见）

元濮州，直隶中书省，下领鄄城（附郭）、朝城、馆陶、临清、观城、范6县。洪武元年直隶山东行省。洪武二年以附郭的鄄城县废入州，州改隶东昌府，七月临清、馆陶2县改直隶东昌府。洪武三年三月后州下的朝城、观城、范3县曾被废，不久即复置。这之后，濮州一直领此3县。州治本在今山东鄄城县北旧城镇，景泰三年以河患迁于王村，即今河南濮阳东濮城。

范县，洪武三年三月省，寻复置。治本在今山东范县东南旧范县，洪武二十五年城圮于河，迁今山东阳谷县南古城镇。

观城县，洪武三年三月省，寻复置。治在今山东莘县西南观城镇。

朝城县，洪武三年三月省，寻复置。治在今莘县西南朝城镇。

（四）青州府

青州府的前身是元朝的益都路，益都路在元末有益都（附郭）、临淄、高苑、乐安、寿光、临朐 6 直领县，潍、胶、密、莒、沂、滕、峄、博兴 8 州，8 州下另有 15 个州辖县。洪武元年沂州及其下郯城、费县改属济宁府，五年改属济南府，七年十二月至十八年间沂州一度又改属青州府，后属兖州府；洪武二年滕、峄 2 州改直属济宁府，密州被废，博兴州改为直隶于青州府的博兴县；胶州、潍州于洪武九年改属莱州府。洪武十八年之后，青州府只有莒州 1 州。

洪武元年潍州昌乐县改直隶于府，洪武二年博兴州改为博兴县，加之密州下的诸城、安丘 2 县和原属莒州的蒙阴县，青州府在明朝洪武十八年之后共领 11 直辖县、1 州、2 州辖县。

青州府，元益都路。太祖吴元年为青州府，洪武元年四月属山东行省。治在今山东青州市。洪武十八年起领州 1、县 13。

益都县，倚。治在今青州市。

临淄县，治在今山东淄博市东临淄区。

高苑县，治在今山东高青县东南高城。

乐安县，治在今山东广饶县。

寿光县，治在今山东寿光市。

临朐县，治在今山东临朐县。

博兴县（博兴州参见），元益都路博兴州，下无属县。吴元年为青州府博兴州。洪武二年降州为县，直隶于府。治在今山东博兴县。

昌乐县，元末为潍州属县。洪武元年改直属青州府。西北有故城，洪武中，徙于今山东潍坊市昌乐县。

诸城县（密州参见），元益都路密州下有诸城（附郭）、安丘 2 县。吴元年州隶青州府。洪武二年七月戊戌“密州安丘、诸城二县俱隶青州”[①]，州废，2 县改直属青州府。密州、诸城县治在今山东诸城市。

安丘县，元为密州属县。洪武二年七月戊戌，州废，县改直属青州府。治在今山东安丘市。

---

① 《太祖实录》卷 43。

蒙阴县，元莒州属县，洪武二年七月戊戌改直属府。治在今山东蒙阴县。

莒州（莒县）

元属益都路莒州，下有莒（附郭）、日照、蒙阴、沂水 4 县。吴元年州属青州府。洪武元年以州治莒县省入州。蒙阴县于洪武二年七月改直隶于青州府，州遂领 2 县。治在今山东莒县。

沂水县，治在今山东沂水县。

日照县，治在今山东日照市。

（五）莱州府

元般阳路莱州，领掖（附郭）、胶水、招远、莱阳 4 县。洪武元年升为府，同时宁海州、文登县、登州及其下的黄县、福山、栖霞 3 县改隶莱州府。六年莱州府降为州，直隶山东行省。登州、宁海州也同时改为直隶州。九年五月壬午复升莱州为府，招远、莱阳 2 县割隶于新设的登州府，文登县改属登州府宁海州，而以原属于青州府的潍州、胶州和昌邑、高密、即墨 3 县充入莱州府，高密、即墨 2 县最初直隶于莱州府，不久即成为胶州属县。潍州于洪武十年改为县，二十二年与直隶于府的昌邑县一起改隶于由胶水县改设的平度州。

洪武二十二年之后，莱州府下有 1 直辖县、2 州、4 州辖县。

莱州府（莱州参见），元般阳路莱州，洪武元年升为府。六年降为州，直隶山东行省。九年五月壬午复升为府。洪武二十二年之后领 2 州、5 县。治在今山东莱州市。

掖县，倚。洪武元年属莱州府，六年属莱州直隶州，九年五月后仍属莱州府。治在今莱州市。

1. 平度州（胶水县参见）

元莱州下有胶水县，洪武元年莱州府仍设胶水县，六年县属莱州直隶州，九年五月后仍属莱州府，洪武二十二年正月改置为平度州。治在今山东平度市。领 2 县。

潍县（潍州、北海县参见），元潍州，属益都路，领北海（附郭）、昌乐、昌邑 3 县。吴元年属青州府，洪武元年以州治北海县省入州，昌乐县改直属青州府。洪武九年五月潍州改属莱州府，十年五月“莱州府以即墨县隶胶州，改潍州为潍县，以昌邑县并入之”①，降潍州为直隶于府的县，其下的昌邑县同时废除。二十二年正月县改属平度州。治即今山东潍坊市。

昌邑县，元潍州属县，明初依旧。洪武十年五月戊寅省入潍县，二十二年

① 《太祖实录》卷 112。

正月复置，改隶于平度州。治在今山东昌邑市。

2. 胶州(胶西县参见)

元属益都路，下领胶西(附郭)、即墨、高密3县。吴元年隶青州府，洪武初以州治胶西县省入州。洪武九年五月州改属莱州府，即墨、高密2县改直隶莱州府，寻复隶于州。此后，胶州一直领这2县。治在今山东胶州市。

高密县，元属胶州。吴元年属青州府胶州。洪武九年五月改直属莱州府，寻复属州。治在今山东高密市。

即墨县，元属胶州。吴元年随州属青州府。洪武九年五月直属莱州府，十年五月戊寅仍属州。治在今山东即墨市。

(六)登州府(莱州府登州、登州直隶州参见)

元般阳路登州，下领蓬莱(附郭)、黄、福山、栖霞4县。洪武元年改属莱州府，附郭的蓬莱县当于此年废除。六年直隶山东行省。九年五月壬午"改登州为府，置蓬莱县。时上以登、莱二州皆濒海，为高丽、日本往来要道，非建府治、增兵卫不足以镇之，遂割莱州府文登、招远、莱阳三县益登州为府，置所属蓬莱县，复以青州府之昌邑、即墨、高密三县补莱州府"①。府领直属县6、州1、州辖县1。治在今山东蓬莱市。

蓬莱县，倚。洪武元年废。九年五月复置。治在今蓬莱市。

黄县，洪武元年属莱州府登州，六年属登州直隶州，九年五月起属登州府。治在今山东龙口市城关镇。

福山县，隶属变迁同黄县。治在今山东烟台市福山区。

栖霞县，隶属变迁同黄县。治在今山东栖霞市。

招远县，洪武元年属莱州府，六年属莱州。洪武九年五月壬午来属登州府。治在今山东招远市。

莱阳县，变迁同招远县。治在今山东莱阳市。

宁海州(宁海直隶州、牟平县参见)

元为直隶州，下领牟平(附郭)、文登2县。洪武元年州改属莱州府，以附郭的牟平县省入州，文登县也改直隶于莱州府。洪武六年莱州府改莱州后，宁海州也改直隶山东行省。洪武九年五月改属新设的登州府，仍领文登1县。州治在今山东烟台市牟平区。

文登县，元属宁海州。洪武元年改直属莱州府，九年五月仍属登州府宁海州。治在今山东威海市文登区。

---

① 《太祖实录》卷106。

第五章　山西布政司

洪武二年(1369)四月明朝置山西等处行中书省，治于太原府(见图 2)。九年六月改为山西承宣布政使司。明代山西的府州县设置简单，变化也较小。洪武二年时行省共有太原、平阳、大同 3 府，泽、沁、辽、潞 4 直隶州，九年又升太原府汾州为直隶州。这 3 府、5 直隶州的格局一直保持到嘉靖八年(1529)。嘉靖八年潞州直隶州升为潞安府，万历二十三年(1595)汾州直隶州也升为府，万历二十三年至三十二年间沁州曾一度改属于汾州府。万历三十二年之后，山西布政司一直领太原、平阳、大同、潞安、汾州 5 府，泽、沁、辽 3 直隶州。

山西表里山河，受地形的束缚，明代山西布政司的边界东、西、南三面没有大的变化。北部在洪武初年曾一度在长城以外设置州县，后全部废除。宣德至正统年间又复设了一些州县，由于战争不断，也很快废除。所以在明朝大部分时间，外长城就是山西布政司的北部边界。东北部由于洪武四年蔚州改隶于大同府，成为一块伸入北直隶境内的地域。洪武九年潼关、大庆关划入陕西，使西南角边界稍有变化。

万历四十三年灵石县改直隶平阳府后，山西布政司的府州县再无变化。下文以万历四十三年为时间断限，叙述山西布政司府州县的变迁(见图 3)。

府

(一) 太原府

明代洪武九年之前的山西行省太原府管辖范围基本与元冀宁路相同，但州县却有较大的变化。元末冀宁路下共有 10 直辖县、14 州、9 州辖县。14 州中，临州、盂州、管州、代州、崞州、台州、坚州、岚州、兴州、保德州 10 州下无属县，洪武初太原府的主要调整对象便是这 10 州。洪武二年，临州、盂州、管州、代州、崞州、台州、坚州、岚州、兴州俱降为县；七年，保德州也降为县。汾州、石州下附郭的西河、离石 2 县也在洪武二年被省。到洪武七年加上新置的岢岚县，太原府下共有 21 直辖县、4 州、6 州辖县。

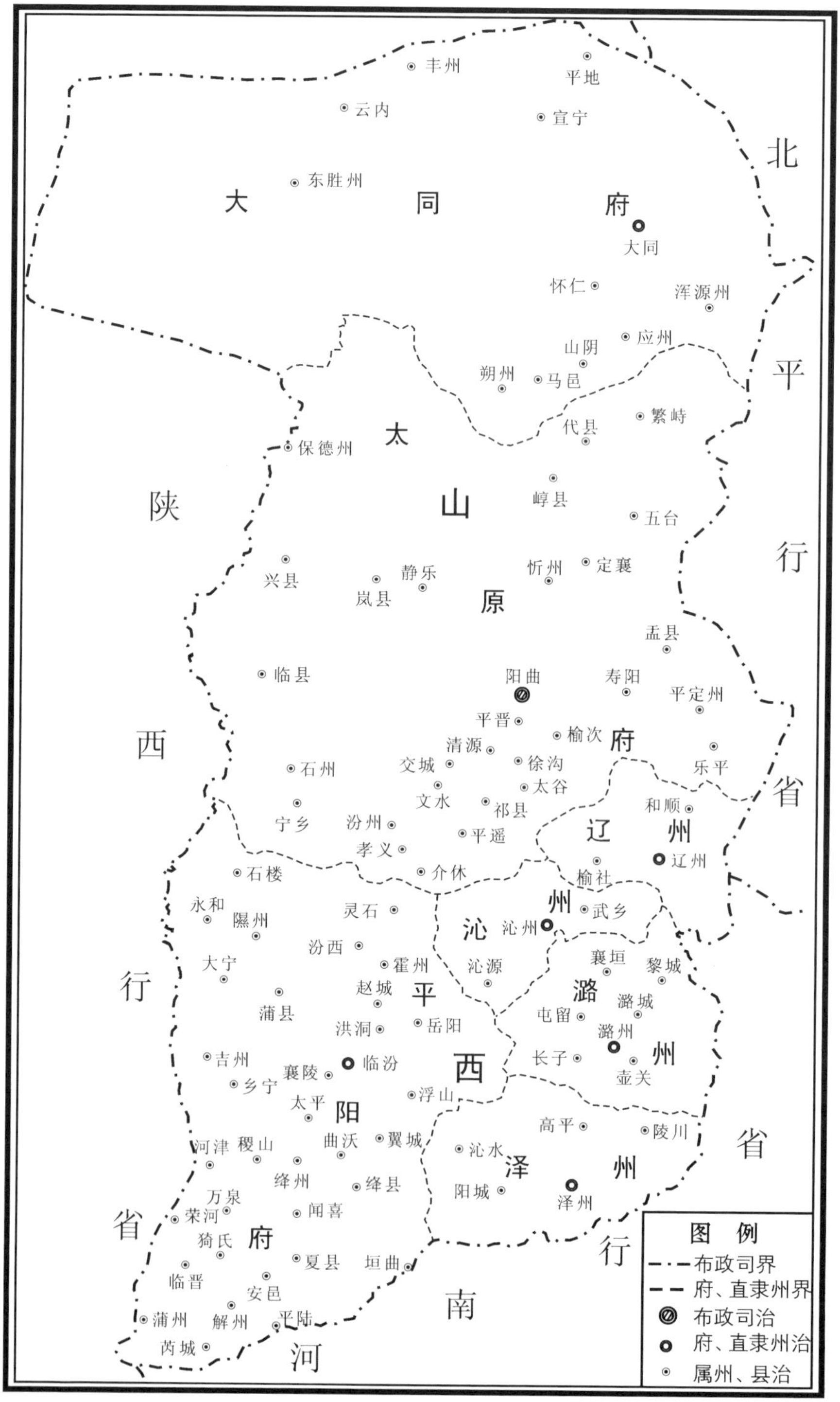

图 2　洪武二年(1369)山西行省图

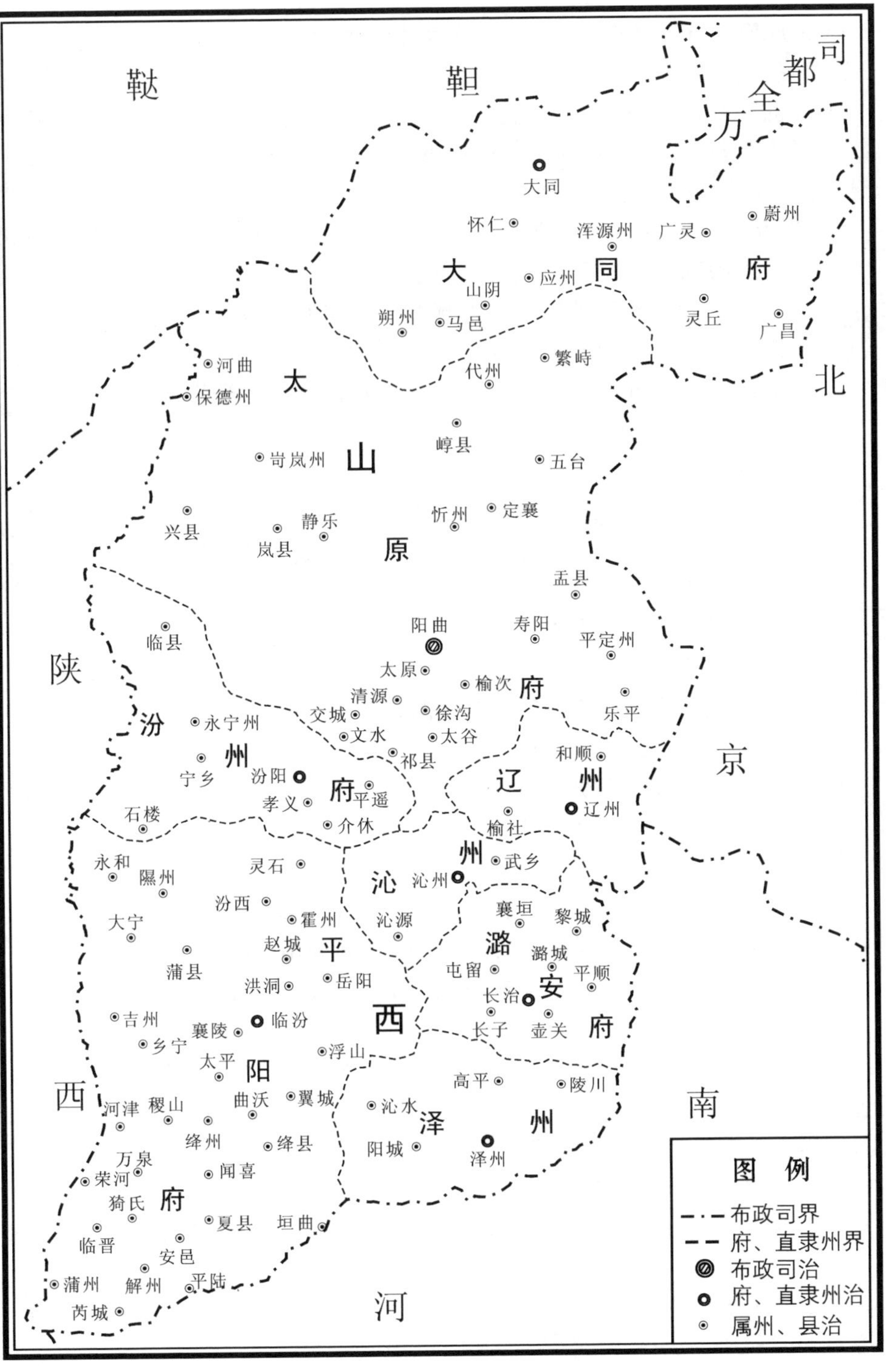

图3 万历四十三年(1615)后山西布政司图

太原府下直领县数过多，为更有效地管理地方，洪武八年代县又升为代州，辖崞、五台、繁峙3县；岢岚县升为岢岚州，辖岚、兴、保德3县。洪武九年保德县也升为州。3州仍属太原府。

明代对太原府辖区影响较大的是洪武九年汾州改为直隶州，其下孝义、平遥、介休3县也不再属于太原府。

洪武十三年十一月置河曲县，此后至万历二十三年之前，太原府的州县再无变化，仅隆庆元年(1567)石州改名为永宁州。

万历二十三年，南部的汾州直隶州升为汾州府，临县、永宁州及所属宁乡县改隶其下。太原府下余13直辖县、5州、7州辖县。

太原府，洪武元年十二月改元冀宁路为太原府。万历二十三年后领州5、县20。治在今山西太原市。

阳曲县，倚。治在今太原市。

太原县(平晋县参见)，洪武元年底为平晋县，治在今太原市晋源区东北。洪武四年移于今晋源，八年二月己亥"改太原府平晋县为太原县"①。

榆次县，治在今山西晋中市榆次区。

太谷县，治在今山西太谷县。

祁县，治在今山西祁县。

徐沟县，治在今山西清徐县东南徐沟。

清源县，治在今山西清徐县。

交城县，治在今山西交城县。

文水县，治在今山西文水县。

寿阳县，治在今山西寿阳县。

盂县，洪武二年降元盂州为盂县，治在今山西盂县。

静乐县，洪武二年改元管州为静乐县。治在今山西静乐县。

河曲县，洪武十三年十一月置，治在今山西河曲县东南旧县。

1. 平定州

元为冀宁路属州，领乐平县。洪武元年隶太原府，仍领乐平县。州治在今山西平定县。

乐平县，治在今山西昔阳县。

2. 忻州(秀容县参见)

元忻州，领秀容(附郭)、定襄2县。洪武元年底忻州隶太原府，秀容县废

---

①《太祖实录》卷97。

入州。州及秀容县治在今山西忻州市。

定襄县，治在今山西定襄县。

3. 代州（代县参见）

元代州，洪武二年降为县，直隶太原府。八年二月壬子"改太原府代县为州，以崞、繁峙、五台三县属之"①，州仍属太原府。州治在今山西代县。

五台县，洪武二年改元台州为五台县，直属太原府，八年二月壬子改属代州。治在今山西五台县。

繁峙县，洪武二年改元坚州为繁峙县，直属太原府，八年二月壬子改属代州。治在今山西繁峙县。

崞县，洪武二年改元崞州为县，直属太原府，八年二月壬子改属代州。治在今山西原平县崞阳镇。

4. 岢岚州（岢岚县参见）

洪武七年十月丙辰"置岢岚县，隶太原府"②，八年十一月戊寅"改山西太原府岢岚县为州，以兴、保德二县属之"③，加上岚县，州下共有 3 县。九年正月丙寅保德县升为州。岢岚州下余 2 县。州治在今山西岢岚县。

岚县，洪武二年降元岚州为县，直属太原府，洪武八年十一月属岢岚州。治在今山西岚县北岚城。

兴县，洪武二年降元兴州为县，直属太原府，洪武八年十一月属岢岚州。治在今山西兴县。

保德县见保德州。

5. 保德州（保德县参见）

元设保德州，无属县。洪武二年依旧设州，隶太原府。洪武七年州降为县，直隶太原府。八年十一月属岢岚州，九年正月丙寅"复以太原府保德县为州，仍隶太原府"④。治在今山西保德县。

石州、永宁州、汾州及宁乡县、临县沿革见汾阳府。

（二）平阳府

明代平阳府是在元末晋宁路的西部设立的。元末晋宁路东部有泽、沁、辽、潞 4 州及所属县，西部有 6 直辖县、河中府、6 府辖县、5 州、22 州辖县，明

---

① 《太祖实录》卷 97。
② 《太祖实录》卷 93。
③ 《太祖实录》卷 102。
④ 《太祖实录》卷 103。

代泽、沁、辽、潞 4 州及其属县不隶于平阳府，平阳府只辖有山西西南部。洪武二年，改河中府为蒲州；省废隰州、蒲州、解州、绛州、霍州 5 州附郭的隰川县、河东县、解县、正平县、霍邑县；绛州曲沃、翼城、隰州蒲县改直隶于府。三年，绛州太平县、霍州赵城县改直隶于府。此后，直到万历二十三年之前，平阳府的 11 直辖县、6 州、18 州辖县没有发生过变化。

万历二十三年，灵石县改隶新设的汾州府，四十年石楼县也改隶汾州府，四十三年，灵石县又改直隶平阳府。

明末平阳府下共有 12 直辖县、6 州、16 州辖县。

平阳府，洪武元年改元晋宁路为平阳府。万历四十三年后领州 6、县 28。治在今山西临汾市。

临汾县，倚。治在今临汾市。

襄陵县，治在今山西襄汾县西北襄陵。

洪洞县，治在今山西洪洞县。

浮山县，治在今山西浮山县。

赵城县，洪武初年属平阳府霍州，洪武三年改直隶平阳府。治在今洪洞县北赵城。

太平县，洪武初年属平阳府绛州，洪武三年改直隶于府。治在今襄汾县西南汾城。

岳阳县，治在今山西古县。

曲沃县，元晋宁路绛州属县，洪武二年改直隶平阳府。治在今山西曲沃县。

翼城县，元晋宁路绛州属县，洪武二年改直隶平阳府。治在今山西翼城县。

汾西县，治在今山西汾西县。

蒲县，元晋宁路隰州属县，洪武二年改直隶平阳府。治在今山西蒲县。

灵石县，洪武初年起为平阳府霍州属县。万历二十三年五月乙未改属汾州府，四十三年六月丁丑改直属平阳府。治在今山西灵石县。

1. 蒲州(河东县参见)

洪武二年改元晋宁路河中府为蒲州，省附郭的河东县，州下辖临晋、荣河、猗氏、万泉、河津 5 县。治在今山西永济市西蒲州。

临晋县，治在今山西临猗县西南临晋。

荣河县，治在今山西万荣县西南宝井。

猗氏县，治在今山西临猗县。

万泉县，治在今山西万荣县西南万泉。

河津县，治在今山西河津市。

2. 解州（解县参见）

元晋宁路解州，洪武二年属平阳府，附郭的解县省入州，州领安邑、夏、闻喜、平陆、芮城5县。治在今山西运城市解州镇。

安邑县，治在今山西运城市东安邑。

夏县，治在今山西夏县。

闻喜县，治在今山西闻喜县。

平陆县，治在今山西平陆县西南平陆城。

芮城县，治在今山西芮城县。

3. 绛州（正平县参见）

洪武二年隶平阳府，附郭的正平县省入州，太平、曲沃、翼城3县改直属于府，州下余稷山、绛、垣曲3县。治在今山西新绛县。

稷山县，治在今山西稷山县。

绛县，治在今山西绛县。

垣曲县，治在今山西垣曲县古城镇。

4. 霍州（霍邑县参见）

洪武二年隶平阳府，省附郭的霍邑县入州，州领赵城、灵石2县。洪武三年赵城改直隶于府。嘉靖二十三年五月灵石县改属于汾州府。此后州无领县。治在今山西霍州市。

5. 吉州

洪武二年隶平阳府，领乡宁县。州治在今山西吉县。

乡宁县，治在今山西乡宁县。

6. 隰州（隰川县参见）

洪武二年隰州隶平阳府，附郭的隰川县省入州，蒲县改直隶于平阳府，州领大宁、石楼、永和3县。石楼县万历四十年改属汾州府。州、隰川县治在今山西隰县。

大宁县，治在今山西大宁县。

永和县，治在今山西永和县。

石楼县见汾州府。

（三）汾州府

汾州府（太原府汾州、汾州直隶州参见），元为冀宁路汾州，领西河（附郭）、孝义、平遥、介休4县。洪武二年起隶太原府，省西河县。洪武九年汾州改直隶山西布政司。万历二十三年五月乙未升州为府，除原有孝义、平遥、介休3县外，又置附郭的汾阳县，本隶于太原府的临县、永宁州及所属宁乡县，隶于平阳府霍州的灵石县，沁州及所辖沁源、武乡二县也改隶于汾州府。万历三十二年沁州又改为直隶州，四十年石楼县由平阳府隰州改直隶于汾州府，四十三年灵石县则改直隶于平阳府。这之后，汾州府下有6直领县、1州、1州辖县。汾州、汾州府治在今山西汾阳市。

汾阳县（西河县参见），倚。元末汾州附郭县为西河县，洪武二年省入汾州。万历二十三年五月置汾州府附郭县，改名汾阳。治在今汾阳市。

孝义县，洪武九年前隶太原府汾州，九年后隶汾州直隶州，万历二十三年五月隶汾州府。治在今山西孝义市。

平遥县，变迁同孝义县，治在今山西平遥县。

介休县，变迁同孝义县，治在今山西介休市。

石楼县，洪武二年随隰州隶平阳府，万历四十年改直属汾州府。治在今山西石楼县。

临县，洪武二年降元临州为县，直隶太原府，万历二十三年五月改属汾州府。治在今山西临县。

永宁州（石州、离石县参见）

洪武二年改元冀宁路石州隶太原府，省附郭的离石县，州下仅辖宁乡1县。隆庆元年改名永宁州。万历二十三年五月州改隶汾阳府。治在今山西吕梁市离石区。

宁乡县，随州改属。治在今山西中阳县。

沁州及所辖沁源、武乡二县万历二十三年五月至三十二年属汾州府，详见沁州直隶州。

灵石县万历二十三年至四十三年隶于汾州府，详见平阳府。

（四）潞安府（潞安直隶州参见）

洪武二年改元晋宁路潞州为直隶州，省附郭的上党县，领长子、屯留、襄垣、潞城、壶关、黎城6县。嘉靖八年二月甲午升为潞安府，增设长治、平顺2县。治在今山西长治市。

长治县（上党县参见），倚。洪武二年省潞州附郭的上党县入州，嘉靖八年二月再置潞安府附郭县，改名长治。治在今长治市。

长子县，洪武二年属潞州直隶州，嘉靖八年二月起隶潞州府。治在今山西长子县。

屯留县，变迁同长子县。治在今山西屯留县。

襄垣县，变迁同长子县。治在今山西襄垣县。

潞城县，变迁同长子县。治在今山西潞城市。

壶关县，变迁同长子县。治在今山西壶关县。

黎城县，变迁同长子县。治在今山西黎城县。

平顺县，嘉靖八年二月析潞城、壶关、黎城3县地置。治在今山西平顺县。

（五）大同府

洪武二年改元大同路为府，当年直领大同（附郭）、怀仁、云内、平地、宣宁5县，东胜、丰、浑源、应、朔5州，山阴、马邑2州辖县，元末的弘州、武州及白登、金城、鄯阳3县被废。

塞外的东胜州、丰州、平地县、宣宁县、云内县之地明初一直受到元遗兵的骚扰，人烟稀少，洪武四五年间陆续被废除。洪武四年三月原顺宁府蔚州及所属广灵、广昌、灵丘3县改属大同府，兴和府下的天城、怀安2县也改隶于大同府，不久2县即废。这之后，大同府领大同、怀仁2直辖县，蔚、浑源、应、朔4州，山阴、马邑、广灵、灵丘、广灵5州辖县。宣德初至正统十四年（1449）一度复置丰州及云内县。府治在今山西大同市。

大同县，倚。治在今大同市。

怀仁县，治在今山西怀仁县。

1. 浑源州

洪武二年隶大同府，治在今山西浑源县。

2. 应州（金城县参见）

洪武二年隶大同府，省附郭的金城县。州领山阴1县。治在今山西应县。

山阴县，治在今山西山阴县东南山阴城。

3. 朔州（鄯阳县参见）

洪武二年隶大同府，省附郭的鄯阳县。州领马邑县。州治在今山西朔州市。

马邑县，治在今朔州市东北马邑。

4. 蔚州（灵仙县参见）

洪武二年设蔚州，隶顺宁府，辖灵仙、广灵、广昌、灵丘4县，详见本编第二章顺宁府。洪武四年改属大同府，省附郭的灵仙县。州领3县。州治在今河北蔚县。

广灵县，随州隶属，治在今山西广灵县。

广昌县，洪武二年改元飞狐县为广昌县，随州隶属。治在今河北涞源县。

灵丘县，随州隶属，治在今山西灵丘县。

天成县，洪武初属兴和府，洪武四年五月丙子“以北平兴和府天城、怀安二县隶山西大同府”①,不久即废。治在今山西天镇县。

怀安县,变迁同天城县。治在今河北怀安县。

丰州,洪武中废。《明史》卷41《地理志二》记州宣德元年(1426)复置,正统十四年废,《明实录》对此无记载,疑《明史》卷41《地理志二》有误。治在今内蒙古呼和浩特市东南白塔村。

云内县(云内州参见),云内州为元大同路属州,洪武二年降为云内县,五年废。《明史》卷41《地理志二》载宣德元年复置县,属丰州,正统十四年废,《明实录》对此无记载,疑《明史》卷41《地理志二》有误。治在今内蒙古土默特左旗东南。

平地县,洪武二年属大同府,五年废。治在今内蒙古乌兰察布市集宁区南。

宣宁县,洪武二年属大同府,寻废除。治在今内蒙古凉城县岱海东北。

东胜州,洪武二年属大同府,四年正月废。治在今内蒙古托克托县。

白登县,元大同路属县,洪武初废。

弘州,元大同路属州,洪武初废。

武州,元大同路属州,洪武初废。

直隶州

(一) 泽州直隶州(晋城县参见)

洪武二年改元晋宁路泽州为直隶州,省附郭的晋城县入州,州领高平、阳城、陵川、沁水4县。州治在今山西晋城市。

高平县,治在今山西高平市。

阳城县,治在今山西阳城县。

陵川县,治在今山西陵川县。

沁水县,治在今山西沁水县。

(二) 沁州直隶州(铜鞮县参见)

洪武二年改元晋宁路沁州为直隶州,省附郭的铜鞮县入州,州下辖沁源、武乡2县。万历二十三年五月2县随州改属汾州府,三十二年划出,仍为直隶州。治在今山西沁县。

沁源县,治在今山西沁源县。

武乡县,治在今山西武乡县东南故城。

① 《太祖实录》卷65。

（三）辽州直隶州（辽山县参见）

洪武二年改元晋宁路辽州为直隶州，省附郭的辽山县入州，州下辖榆社、和顺 2 县。治在今山西左权县。

榆社县，治在今山西榆社县。

和顺县，治在今山西和顺县。

汾州直隶州详见汾州府，潞安直隶州详见潞安府。

第六章　河南布政司

明朝洪武元年(1368)五月在开封设置中书分省,又称河南分省,二年四月始设河南行省,九年六月改为河南承宣布政使司。河南分省、行省与布政司最初只拥有元河南江北行省的西北部,经过明初的调整,洪武十三年后,河南的管辖区域除磁州外,基本与今日之河南省相似。

洪武元年明大军占领河南,明朝立即开始进行政区调整,设置开封、河南、汝宁、南阳、怀庆、卫辉、彰德7府及信阳直隶州,刚刚攻下元中书省而设的保定府、河间府、真定府、广平府、顺德府、大名府也归于河南,这是河南分省面积最大的时期,北到保定,东至邳州。

洪武二年,保定等6府归北平行省;四年,汝宁府及开封府东部划归中都,河南行省的面积大大缩小。洪武十三年,光州重新改归汝宁府后,河南布政司的辖区基本确定了下来。洪武二十四年,湖广安陆、德安、襄阳3府曾改属河南,但很快又改回。

洪武四年,信阳直隶州改隶临濠府,虽然于洪武七年改回,但不再是直隶州;成化十二年(1476),南阳府汝州升为直隶州;嘉靖二十四年(1545)开封府归德州升为府。此后,河南布政司下一直领开封、河南、汝宁、南阳、怀庆、卫辉、彰德、归德8府,汝州1直隶州。

《明史》卷42《地理志三》记载的河南布政司8府、1直隶州及属县是万历三年钧州改名禹州后的情况。下文以此为断限,叙述河南布政司府州县的变迁。

府

(一) 开封府

开封府是明代河南布政司变化最大的政区(见图4)。洪武初年的开封府由元代汴梁路与归德府合并而成。元末汴梁路有直辖县17、州5、州辖县21,归德府有直辖县4、州4、州辖县8,虽然吴元年(1367)至洪武元年一些县和各

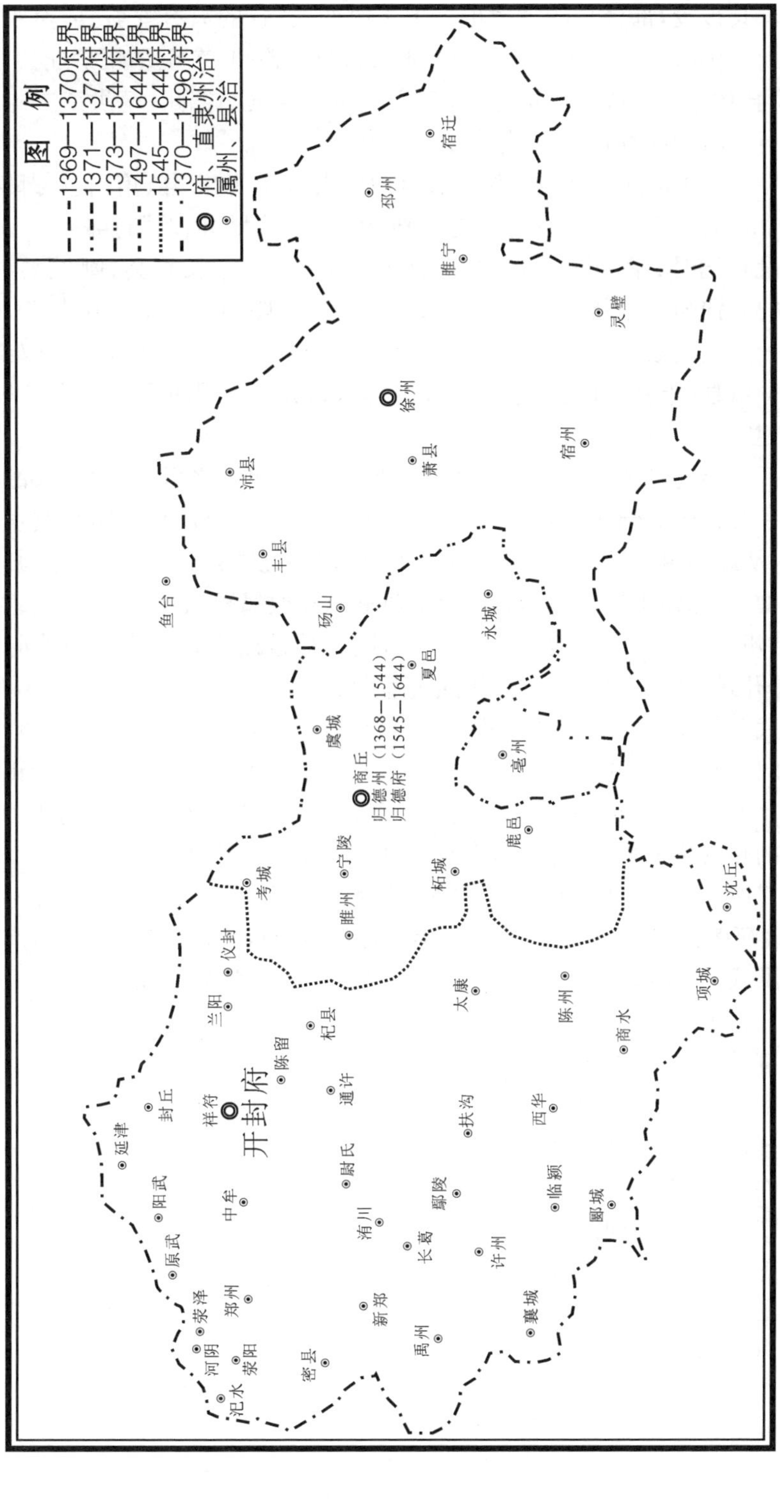

图4　明代开封府府界主要变化示意图

州的附郭县被废，部分县的隶属也发生了改变，新置的只有安城县，至洪武元年末开封府仍有直辖县16、州9、州辖县26，西至钧州，东至邳州宿迁县，地域辽阔，州县众多。洪武二年正月，济宁府虞城县改隶归德州，至洪武二年四月设河南行省时，开封府的政区结构如下。

府辖县：祥符县、陈留县、杞县、通许县、太康县、尉氏县、洧川县、鄢陵县、扶沟县、中牟县、阳武县、原武县、封丘县、延津县、安城县、兰阳县。

州及州辖县：陈州——西华县、项城县，许州——长葛县、郾城县、临颍县、襄城县，钧州——新郑县、密县，郑州——荥阳县、荥泽县、河阴县、汜水县，归德州——夏邑县、宁陵县、鹿邑县、亳县、永城县、虞城县，睢州——仪封县，徐州——萧县、丰县、沛县、砀山县、鱼台县，宿州——灵璧县，邳州——宿迁县、睢宁县。

洪武二年七月鱼台县改属山东济宁府。洪武四年之后，有两次大的变化影响到了开封府的辖区。洪武四年二月，徐、邳、宿3州及其下属县改隶中都临濠府，从此不再隶于河南，开封府的东界西缩。嘉靖二十四年六月，归德州升为归德府，原州下属县除亳县早已于洪武六年改属颍州外，其余5县隶于归德府，睢州及其下洪武中复置的考城、柘城2县也改隶归德府。归德府的设立，使得开封府的东界比元末汴梁路还靠西。

洪武四年复设的商水县和弘治十年(1497)复置的沈丘县俱隶陈州，仪封县、新郑县分别在洪武十年和隆庆五年(1571)改直隶于府，安城县则于正统年间废除。万历三年(1575)钧州因避万历皇帝朱翊钧的名讳而改为禹州，此后，开封府的州县再未发生过变化，有直辖县17、州4、州辖县13。

开封府，元河南江北行省汴梁路，洪武元年五月辛卯“改汴梁路为开封府”①，隶河南分省，为省治。洪武二年四月隶河南行省，九年六月隶河南布政使司。洪武元年八月至十一月为明“北京”。万历三年后领州4、县30。治在今河南开封市。

祥符县，倚。治在今开封市。

陈留县，治在今开封市陈留镇。

杞县，治在今河南杞县。

通许县，治在今河南通许县。

太康县，治在今河南太康县。

尉氏县，治在今河南尉氏县。

① 《太祖实录》卷32。

洧川县，原治在今尉氏县洧川镇南，洪武二年以水患迁今洧川镇。

鄢陵县，治在今河南鄢陵县。

扶沟县，治在今河南扶沟县。

中牟县，原治在今河南中牟县东，天顺中迁今中牟县城。

阳武县，治在今河南原阳县。

原武县，治在今原阳县西南原武。

封丘县，治在今河南封丘县。

延津县，治在今河南延津县。

兰阳县，治在今河南兰考县。

仪封县，元属汴梁路睢州，《太祖实录》洪武十年五月戊寅条载“改睢州为睢县，以仪封县隶南阳”[①]，仪封去南阳甚远，应是改属开封府。原治在今兰考仪封北，洪武二十二年二月黄河冲圮城池，迁于今兰考县东仪封。

新郑县，洪武元年起为开封府钧州属县，隆庆五年七月乙丑改直属于府。治在今河南新郑市。

1. 陈州（宛丘县参见）

元末为汴梁路属州，领宛丘（附郭）、商水、西华、项城、南顿 5 县。洪武元年隶开封府，省商水县、南顿县和附郭宛丘县。洪武四年七月复置商水县。弘治十年复设沈丘县，改隶陈州。这之后州一直领商水、西华、项城、沈丘 4 县。陈州及宛丘县治在今河南淮阳县。

商水县，洪武元年废，四年七月己巳“置陈州商水县”[②]。治在今河南商水县。

西华县，治在今河南西华县。

项城县，原治在今河南沈丘县，宣德三年（1428）迁于今河南项城市南老城。

沈丘县，元为汝宁府颍州属县，洪武元年废。弘治十年复置，改属开封府陈州，治在今河南沈丘县东南老城镇。

南顿县，洪武元年废，治在今项城市西南南顿镇。

2. 许州（长社县参见）

元末为汴梁路许州，领长社（附郭）、长葛、郾城、襄城、临颍 5 县。洪武元年属开封府，省附郭的长社县，州下余 4 县。治在今河南许昌市。

临颍县，治在今河南临颍县。

① 《太祖实录》卷 112。
② 《太祖实录》卷 67。

襄城县,治在今河南襄城县。

郾城县,治在今河南漯河市郾城区。

长葛县,治在今河南长葛市东北老城。

3. 禹州(钧州、阳翟县参见)

元末为汴梁路钧州,领阳翟(附郭)、新郑、密县3县。洪武元年为开封府钧州,省阳翟县,只领新郑、密县2县。隆庆五年七月乙丑,新郑县改直属于府。万历三年四月庚辰"以钧州犯御名"①改名禹州。治在今河南禹州市。

密县,治在今河南新密市城关镇。

4. 郑州(管城县参见)

元末为汴梁路郑州,领管城(附郭)、荥阳、河阴、汜水4县。洪武元年为开封府属州,省管城县,而原直隶于汴梁路的荥泽县则改隶于州。治在今河南郑州市。

荥阳县,治在今河南荥阳县。

荥泽县,元末直隶于汴梁路,洪武元年改隶郑州。原治在今郑州市西北古荥镇附近,洪武八年又向南徙,成化十五年正月戊寅徙治于今古荥镇。

河阴县,原治在大峪口,洪武三年因水患迁于今荥阳北广武镇。

汜水县,明代县治因黄河水患屡次迁移,都大约在今荥阳县汜水镇附近。

开封县,元代为汴梁路附郭县,洪武元年省。治在今开封市。

安城县,洪武初置,正统中废②,直隶开封府,治在今河南原阳县原武镇东南。

徐州及其下萧、沛、丰、砀山4县,宿州及灵璧县,邳州及宿迁、睢宁2县在洪武四年二月前属开封府,详见"南京"。鱼台县在洪武元年至二年七月间属徐州,详见"山东布政司"兖州府。归德州及其下诸县洪武元年至嘉靖二十四年六月属开封府,永城县在洪武元年五月至十一月曾直隶于开封府,嘉靖二十四年六月前睢州及其下属县隶开封府,详见归德府。

(二) 河南府

元末的河南府路东西狭长,领有1州、12县,其中洛阳(附郭)、宜阳、永宁、登封、巩县、孟津、新安、偃师8县直隶于府,陕县、渑池、灵宝、阌乡4县则隶于陕州。洪武元年河南府路改河南府时,除陕州附郭的陕县被废和渑池县

① 《神宗实录》卷37。

② 《明史》卷42《地理志三》。

改直隶于府外，其他州县情况依旧。

洪武二年四月南阳府嵩州降为县，改直隶于河南府；三年三月，南阳府下的卢氏县改隶陕州，万历初直隶于河南府。万历以后，河南府下有直辖县11、州1、州辖县2。

河南府，洪武元年改元河南江北行省河南府路为河南府。万历以后领州1、县13。治在今河南洛阳市。

洛阳县，倚。治在今洛阳市。

偃师县，治在今河南偃师市东南老城。

巩县，治在今河南巩义市东北老城。

孟津县，原治在今河南孟津县老城东，嘉靖十四年七月丙寅迁至今孟津县老城。

宜阳县，治在今河南宜阳县。

永宁县，治在今河南洛宁县。

新安县，治在今河南新安县。

渑池县，治在今河南渑池县。洪武初年由陕州改直隶河南府。

登封县，治在今河南登封市。

嵩县（嵩州参见），洪武元年为南阳府嵩州，所领卢氏县改直隶于南阳府。洪武二年四月甲戌“改南阳府嵩州为嵩县，隶河南府”①。治在今河南嵩县。

卢氏县，元末为南阳府嵩州属县，洪武元年四月癸亥“以陕州（应为嵩州）卢氏县隶南阳府”②。洪武三年三月甲辰“割南阳府之卢氏县隶陕州”③。万历初年改直属河南府，治在今河南卢氏县。

陕州（陕县参见）

元属河南府路，洪武元年隶河南府，省附郭的陕县，渑池县则改直隶河南府，陕州下只领灵宝、阌乡2县。治在今河南陕县旧城。

灵宝县，治在今河南灵宝市东北老城。

阌乡县，治在今灵宝市西北文乡。

（三）归德府

明初改元归德府为开封府归德州，嘉靖二十四年六月州升为归德府。元归德府下有睢阳（附郭）、宁陵、下邑、永城4直辖县及徐、邳、宿、亳4州，宿州

---

① 《太祖实录》卷41。
② 《太祖实录》卷31。
③ 《太祖实录》卷50。

下有灵璧县，邳州下有下邳(附郭)、宿迁、睢宁3县，徐州下有萧县，亳州下有谯(附郭)、鹿邑、城父3县。明太祖吴元年(1367)丰、沛、砀山3县改属徐州。洪武元年归德府改为开封府归德州时，城父县和各附郭县被废；徐、邳、宿3州也改直属于开封府；亳州则降为县，和鹿邑县直隶于归德州；下邑改名为夏邑。归德州只领宁陵、夏邑、永城、鹿邑、亳5县，洪武二年正月，济宁府虞城县改隶于州。六年亳县改隶于颍州。

嘉靖二十四年六月，归德州升为府，除原有宁陵、夏邑、永城、鹿邑、虞城5县外，新设商丘县为府附郭县，以睢州为属州，考城、柘城2县随州改属本府。府下共有6直辖县、1州、2州辖县。

归德府(归德州参见)，洪武元年五月“戊戌，改归德府为州，隶开封府”①。嘉靖二十四年六月庚子州又升为府。嘉靖二十四年六月后府领州1、县8。治在今河南商丘市南。

商丘县(睢阳县参见)，倚。元朝时名为睢阳县，洪武元年五月省。嘉靖二十四年六月庚子复置县，改名商丘。治在今商丘市南。

宁陵县，洪武元年五月戊戌起为开封府归德州属县，嘉靖二十四年六月庚子隶归德府。治在今河南宁陵县。

鹿邑县，元属归德府亳州，洪武元年改属开封府归德州，嘉靖二十四年六月改属归德府。治在今河南鹿邑县。

夏邑县，元下邑县，洪武元年改名夏邑，属开封府归德州，嘉靖二十四年六月改属归德府。治在今河南夏邑县。

永城县，元末为归德府属县，洪武元年五月改直隶开封府，十一月改属归德州，嘉靖二十四年六月属归德府。治在今河南永城市。

虞城县，元济宁路虞城县，洪武二年正月“甲辰，复以济宁府虞城县隶归德州”，县随州属开封府。嘉靖二十四年六月属归德府。原治在今河南虞城县北旧县西南，弘治九年移治今虞城县旧县，今名利民镇。

睢州(襄邑县、睢县参见)

元为汴梁路属州，领襄邑(附郭)、仪封、考城、柘城4县。洪武元年州属开封府，以襄邑县省入州，并废考城、柘城2县，州下仅余仪封县。四年八月复置考城、柘城2县，直隶于开封府。十年五月戊寅“改睢州为睢县，以仪封县隶南阳(应为开封)”②，十三年十一月复升睢县为州，仍属开封府，同时复置后的考

① 《太祖实录》卷32。
② 《太祖实录》卷112。

城、柘城 2 县改隶于州。嘉靖二十四年六月 2 县随州改属归德府，治在今河南睢县。

考城县，洪武元年废。洪武四年八月癸巳“置开封柘城、考城二县，时人民逋逃者皆归复业故也”[①]，直隶开封府。洪武十年五月戊寅“开封府之考城县(省)入归德州，柘城县(省)入宁陵县”[②]，十三年十一月复置 2 县，改属睢州。原治在今河南民权县东，正统十三年迁今民权县东北葛冈北。

柘城县，变迁同考城县，治在今河南柘城县。

亳县洪武六年前隶于归德州，见“南京”亳州。仪封县详见开封府。

(四) 汝宁府

明初汝宁府位于河南行省东南部，与中都临濠府为邻，州县变化较为复杂。洪武元年始设汝宁府时，因战乱人口损失或逃亡，汝阳、上蔡、新蔡、沈丘 4 县被废，光州附郭的定城县亦废，信阳州则改为直隶州，经过调整，洪武元年底，汝宁府只余西平、确山、遂平 3 直辖县，颍、光、息 3 州，真阳(隶息州)、光山(隶光州)、固始(隶光州)、太和(隶颍州)、颍上(隶颍州)5 州辖县。

洪武四年是汝宁府辖区变化最大的一年，这一年朱元璋立中都，汝宁府下的颍、光、息 3 州及所属州县除息州真阳县被废入汝阳外，全部改归中都临濠府，汝宁府下加上当年复置的汝阳、上蔡、新蔡 3 县，只有 6 直辖县，辖区只相当于元末汝宁府的西北部(见图 5)。

洪武七年至十三年间，光州、信阳州所属州县及由息州改置的息县陆续又改隶于汝宁府，其中信阳州洪武七年与罗山县一起改直隶于府，后信阳州又降为县。经过一系列设废变化，到洪武十三年底，汝宁府下有 8 直辖县(西平县、确山县、遂平县、汝阳县、上蔡县、新蔡县、信阳县、罗山县)、1 州(光州)、3 州辖县(光山县、固始县、息县)。

洪武十四年至成化十一年前，汝宁府的州县没有发生过变化。

成化十一年，信阳县又升为汝宁府信阳州，罗山、确山 2 县改属于州，同年新置光州商城县。弘治二年，确山县改直隶于府。弘治十八年，复置真阳县，直隶于府。此后，汝宁府一直领 7 直辖县、2 州，另有 5 州辖县(见图 6)。

汝宁府，洪武元年设，弘治十八年十二月后领州 2、县 12。治在今河南汝南县。

汝阳县，倚。洪武元年废，洪武四年七月戊辰“置汝宁府汝阳县”[③]，直隶

①③　《太祖实录》卷 67。
②　《太祖实录》卷 112。

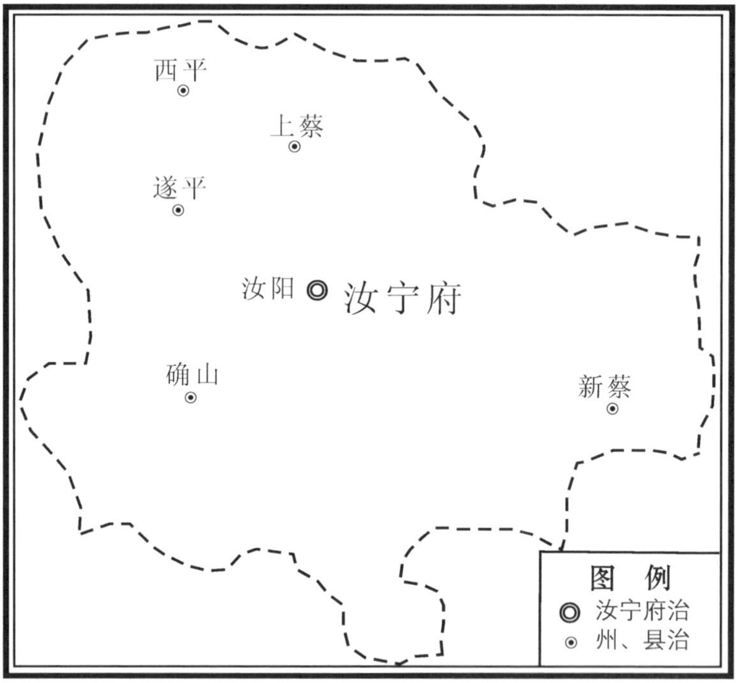

图5　洪武五年(1372)至七年汝宁府界

于府。治在今汝南县。

真阳县,元汝宁府息州属县,洪武初依旧,四年省入汝阳县。弘治十八年十二月丁丑复置县,直隶于府。治在今河南正阳县。

上蔡县,洪武初废,四年五月戊午“置汝宁府上蔡、新蔡二县”①,直隶于府。治在今河南上蔡县。

新蔡县,元汝宁府息州属县,洪武初废,四年五月戊午复置,改直属府,治在今河南新蔡县。

西平县,治在今河南西平县。

确山县,洪武元年直隶汝宁府。十年五月戊寅“并确山县入汝阳县”②,十三年十一月庚戌复置。成化十一年九月辛未改属汝宁府信阳州。弘治二年八月庚寅又改直属府。治在今河南确山县。

遂平县,治在今河南遂平县。

① 《太祖实录》卷65。
② 《太祖实录》卷112。

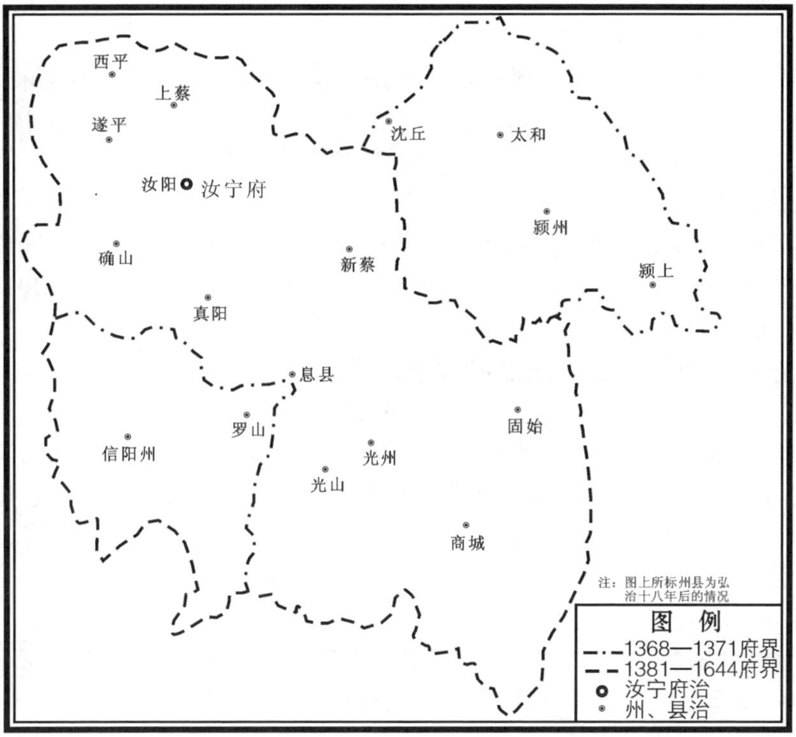

图 6　洪武元年(1368)至四年、洪武十四年至崇祯十七年(1644)汝宁府示意图

1. 信阳州(信阳直隶州、信阳县参见)

元有信阳州，下辖信阳(附郭)、罗山 2 县。洪武元年十月丙戌“置信阳州及罗山县，隶河南分省”①，废附郭的信阳县，州为直隶州。四年二月癸酉“上谓中书省臣曰：临濠为朕兴王之地，今置中都，宜以傍近州县通水路漕运者隶之。于是省臣议以原寿、邳、徐、宿、颍、息、光、六安、信阳九州，五河、怀远、中立、定远、蒙城、霍丘、英山、宿迁、睢宁、砀山、灵璧、颍上、泰和、固始、光山、丰、沛、萧一十八县悉隶中都”②。罗山县也随信阳州改隶于临濠府。洪武七年八月庚申“以罗山去凤阳远，命隶河南汝宁府”③，则是改信阳州及罗山县属汝宁府。十年五月戊寅“改汝宁府信阳州为信阳县”④，罗山县与信阳县一起改直

① 《太祖实录》卷 35。
② 《太祖实录》卷 61。
③ 《太祖实录》卷 92。
④ 《太祖实录》卷 112。

隶汝宁府，并未废除。成化十一年九月辛未复升信阳县为州，仍领罗山县。州及信阳县治在今河南信阳市。

罗山县，洪武元年十月属信阳直隶州。四年二月至七年八月随州改隶临濠府。七年八月至十年五月随州隶汝宁府。十年五月州废后，直隶汝宁府。成化十一年九月辛未后隶汝宁府信阳州。治在今河南罗山县。

2. 光州（定城县参见）

洪武元年为汝宁府光州，省附郭定城县，只领光山、固始2县。洪武四年二月癸酉2县随州改隶中都临濠府，十三年仍归属汝宁府，息县归于其下。成化十一年增设商城县，此后州领4县。州治在今河南潢川县。

光山县，随州改隶。治在今河南光山县。

固始县，随州改隶。治在今河南固始县。

息县（息州参见），元末为汝宁府息州，领真阳县、新蔡县。洪武元年废新蔡县。洪武四年二月息州改属中都临濠府，真阳县省入汝阳县，寻改息州为息县，六年改属中都临濠府颍州，七年改属光州，十三年随光州一起改隶汝宁府。治在今河南息县。

商城县，成化十一年四月癸未分固始县地设。治在今河南商城县。

颍州元末属汝宁府，领太和、颍上、沈丘3县。洪武元年依旧设州，沈丘县废入太和县。洪武四年二月癸酉，颍州与颍上、太和2县改隶临濠府。详见“南京”。

（五）南阳府

洪武元年依元旧制设南阳府，原有的2直辖县、5州、11州辖县中，卢氏县洪武元年由嵩州改直隶于府，三年又改隶河南府陕州，嵩州也于洪武二年改隶河南府。卢氏县与嵩州的改属，使南阳府的北界南缩。其余邓、裕、汝、唐4州的穰、方城、梁、泌阳4个附郭县在洪武元年、二年相继废除。

洪武三年设唐州唐县；十年废镇平县；十三年复置泌阳、穰、镇平3县，废唐州，唐县改直隶于府；十四年穰县再次被废。这之后，在相当长的一段时期内南阳府的州县没有发生变化，结构如下。

府辖县：南阳县、镇平县、唐县、泌阳县。

州及州辖县：邓州——内乡县、新野县，裕州——舞阳县、叶县，汝州——鲁山县、郏县。

成化六年增设邓州淅川县，十一年新置汝州宝丰县。成化十二年汝州改为直隶州，其下鲁山、郏、宝丰3县随之划出，南阳府在西北部边界有所缩小；同年，南阳府下新置桐柏、南召2县。此后，明代南阳府的州县再无变化，领6直辖县、2州、5州辖县。

南阳府，洪武元年设，成化十二年十二月后领州 2、县 11。治在今河南南阳市。

南阳县，倚。治在今南阳市。

镇平县，洪武十年五月戊寅并镇平县入南阳县，十三年十一月复置。治在今河南镇平县。

唐县，洪武三年置，初隶唐州，洪武十三年十一月州废，县改直隶于府。治在今河南唐河县。

泌阳县，元为南阳府唐州附郭县，洪武元年依旧，洪武二年二月壬辰“并泌阳县于唐州，穰县于邓州”①。洪武十三年十一月，唐州废，复置泌阳县，直隶于府。原治在今唐河县，洪武十三年十一月复置后治在今河南泌阳县。

桐柏县，成化十二年十二月己丑分唐县地置，治在今河南桐柏县。

南召县，成化十二年十二月己丑分南阳县地置，治在今河南南召县东云阳。

1. 邓州（穰县参见）

元南阳府邓州，领穰（附郭）、内乡、新野 3 县。洪武元年依旧。二年二月壬辰，省穰县入州。十三年十一月复置穰县，十四年五月庚寅“革邓州之穰县”②。成化六年增设淅川县，此后州领 3 县。州治在今河南邓州市。

内乡县，治在今河南内乡县。

新野县，治在今河南新野县。

淅川县，成化六年十一月甲午分内乡县地置。治在今河南淅川县西南老城。

2. 裕州（方城县参见）

元末南阳府属州，领方城（附郭）、舞阳、叶 3 县。洪武元年省方城县入州后，州领 2 县。州治在今河南方城县。

舞阳县，治在今河南舞阳县。

叶县，治在今河南叶县城关镇。

唐州，元末南阳府唐州，领泌阳（附郭）县，明初依旧。洪武二年二月泌阳县废，三年增设唐县。十三年十一月州废，唐县改直隶于府。治在今河南唐河县。

嵩州，洪武二年四月前属南阳府。所领卢氏县洪武元年四月改直属于府，

① 《太祖实录》卷 39。

② 《太祖实录》卷 137。

三年改属河南府陕州。沿革见河南府。

汝州及所辖县沿革详见汝州直隶州。

(六) 怀庆府

洪武元年十一月庚寅以元中书省怀庆路为怀庆府,隶河南分省①,怀庆路下原有的河内(附郭)、修武、武陟 3 直辖县,孟州及所属河阳(附郭)、济源、温 3 县,除孟州附郭的河阳县被废外,其余州县依旧设置。洪武十年五月孟州降为县,与济源、温 2 县一起改直隶于府。自此,怀庆府下有 6 直辖县。府治在今河南沁阳市。

河内县,倚。治在今沁阳市。

济源县,元怀庆路孟州属县,洪武元年十一月后随州隶怀庆府,洪武十年五月戊寅“改怀庆府之孟州为孟县,以温、济源二县隶怀庆”②。治在今河南济源市。

修武县,治在今河南修武县。

武陟县,治在今河南武陟县西南阳城。

孟县,洪武十年五月戊寅以孟州改置。治在今河南孟州市。

温县,元孟州属县,隶属变化同济源县。治在今河南温县。

孟州(河阳县附),元末怀庆路属州,下辖河阳(附郭)、温、济源 3 县,洪武元年十一月隶怀庆府,废河阳县。洪武十年五月降州为孟县。州及河阳县治在今孟州市。

(七) 卫辉府

洪武元年八月癸巳“改卫辉路为府,以获嘉隶之”③,十月属河南分省。路下原有的汲、胙城、新乡、获嘉 4 县仍属于府,淇州、辉州则改为同名之县,直隶于府。洪武十年五月至十三年十一月间,胙城、获嘉一度被废。此后,卫辉府直领 6 县。府治在今河南卫辉市。

汲县,倚。治在今卫辉市。

胙城县,洪武十年五月戊寅“河南卫辉府胙城县并入汲县,获嘉县入新乡县”④,十三年十一月复置。治在今河南延津县北胙城。

新乡县,治在今河南新乡市。

---

① 《太祖实录》卷 35。
② 《太祖实录》卷 112。
③ 《太祖实录》卷 34。
④ 《太祖实录》卷 112。

获嘉县，洪武十年五月戊寅省入新乡县，十三年十一月复置。治在今河南获嘉县。

淇县(淇州参见)，洪武元年九月癸丑"置卫辉府之辉州、淇州，彰德府之林州及安阳、汤阴、临漳三县"①，这几个州县元时皆有，此时应是依旧设置。十二月丙戌改河南辉州、淇州俱为县。治在今河南淇县。

辉县(辉州参见)，变迁同淇县。治在今河南辉县市。

(八) 彰德府

洪武元年闰七月改元中书省彰德路为彰德府，十月属河南分省，路下原有的安阳、临漳、汤阴 3 县和林州俱归于府下。洪武二年林州降为县，同时广平府磁州及所属武安、涉 2 县改隶本府。此后，府下共领 4 直辖县、1 州、2 州辖县。府治在今河南安阳市。

安阳县，倚。洪武元年九月置县。治在今安阳市。

临漳县，洪武元年九月置县。治在今河北临漳县。

汤阴县，洪武元年九月置县。治在今河南汤阴县。

林县(林州参见)，洪武元年九月置林州，隶彰德府。二年四月甲戌"以广平府磁州及武安县隶彰德府，真定府涉县隶磁州，改彰德府林州……俱为县……"②，县直隶于府。治在今河南林州市。

磁州

洪武元年十一月甲辰"置磁州及武安县，隶广平府"③，武安县隶磁州。洪武二年四月甲戌，州县改隶彰德府，同时真定府涉县隶磁州。治在今河北磁县。

武安县，洪武元年十一月甲辰置，隶广平府磁州，二年四月甲戌随州隶彰德府。治在今河北武安市。

涉县，洪武元年十一月置，隶真定府，二年四月甲戌改属彰德府磁州。治在今河北涉县。

直隶州

汝州直隶州

元末为南阳府汝州，领梁(附郭)、鲁山、郏 3 县。洪武元年仍旧设南阳府

---

① 《太祖实录》卷 35。
② 《太祖实录》卷 41。
③ 《太祖实录》卷 36 上。

汝州，梁县废。成化十一年四月析置宝丰县。十二年九月乙卯改汝州为直隶州，十二月己丑置伊阳县，自此，汝州领鲁山、郏、宝丰、伊阳 4 县。治在今河南汝州市。

鲁山县，治在今河南鲁山县。

郏县，治在今河南郏县。

宝丰县，成化十一年四月置，治在今河南宝丰县。

伊阳县，成化十二年十二月己丑置，治在今河南汝阳县。

另，洪武二十四年六月后襄阳、德安、安陆 3 府及随州曾在短暂时间内隶河南布政司，其沿革见“湖北布政司”。

广平府、真定府、保定府、河间府、顺德府、大名府及所属州县在洪武二年三月前属河南分省，沿革见“京师”。

第七章　陕西布政司

明朝洪武二年(1369)四月置陕西等处行中书省,治西安府。九年六月改为陕西承宣布政使司。陕西的政区经过洪武初年的调整后,相对比较稳定,变化较小。

随着明军的推进,洪武二年至三年间在元代陕西行省和甘肃行省东部设置了西安府、凤翔府、延安府、庆阳府、巩昌府、临洮府、平凉府、汉中府、宁夏府9府,归陕西行省管辖。宁夏府于洪武五年废除,其地人口全部迁往关中,从此这一带归由卫所管辖。此后除洪武六年至十二年间一度增设过河州府外,陕西行省及后来的陕西布政司一直领西安等8府。元末陕西行省的直隶州在明初或改为属州,或降为县,在万历二十三年(1595)汉中府兴安州升为直隶州之前,陕西布政司没有一个直隶州。陕西布政司的县绝大多数在洪武年间已确立。

万历二十三年兴安州升为直隶州后,陕西布政司下有8府、1直隶州、20属州、95县。

万历三十九年西安府耀州富平县改直隶于府,这是明末陕西布政司政区最后一次变化。下文以此年为时间断限,叙述陕西布政司府州县的变迁。

府

(一) 西安府

明代西安府是在元奉元路与邠州直隶州的基础上设置的。

洪武二年设西安府后,原奉元路下的11个直辖县除郿县改属凤翔府外,其他10县直隶于西安府。府下另有华、商、同、耀、乾、邠6州,除邠州附郭的新平县被废外,其余州辖县依旧。洪武二年底西安府管辖州县隶属结构如下。

府辖县:长安县、咸宁县、咸阳县、泾阳县、兴平县、临潼县、蓝田县、鄠县、盩厔县、高陵县。

州及州辖县：华州——华阴县、蒲城县、渭南县，耀州——富平县、三原县、同官县，乾州——醴泉县、武功县、永寿县，同州——朝邑县、郃阳县、韩城县、澄城县、白水县，商州——洛南县，邠州——淳化县。

洪武中至成化末西安府的主要变化皆是由商州的废除与复置引起的。洪武七年五月，商州降为商县，其下的洛南县改隶于华州。成化十三年(1477)三月，复升商县为州，并新置商南县。景泰三年(1452)和成化十二年分别设置的直隶于府的镇安县与山阳县改隶于商州。

弘治三年(1490)至万历三十九年间，华州渭南县，耀州三原、富平 2 县，乾州醴泉县改直隶于府。加上邠州成化十四年四月析置的三水县和万历十一年三月析置的长武县，明末西安府下有 14 直辖县、6 州、17 州辖县。

西安府，洪武二年三月改元奉元路为西安府，四月隶陕西行省，九年六月起隶陕西布政司。万历三十九年后领州 6、县 31。府治在今陕西西安市。

长安县，倚。治在今西安市。

咸宁县，倚。治在今西安市。

咸阳县，治在今陕西咸阳市。

泾阳县，治在今陕西泾阳县。

兴平县，治在今陕西兴平市。

临潼县，治在今西安市临潼区。

渭南县，洪武二年为西安府华州属县，嘉靖三十八年(1559)十一月己卯改直属于西安府。治在今陕西渭南市沈河东。

蓝田县，治在今陕西蓝田县。

鄠县，治在今陕西户县。

盩厔县，治在今陕西周至县。

高陵县，治在今陕西西安市高陵区。

富平县，洪武二年为西安府耀州属县，万历三十九年四月丙申改直属府，治在今陕西富平县。

三原县，洪武二年为西安府耀州属县，弘治三年十一月戊戌改直属府，治在今陕西三原县。

醴泉县，洪武二年为西安府乾州属县，嘉靖三十八年十一月己卯改直属府，治在今陕西礼泉县。

1. 华州

洪武二年为西安府属州，领华阴、蒲城、渭南 3 县。洪武七年五月至成化十三年三月洛南县属华州。嘉靖三十八年十一月渭南县改直属府。此后，州领华阴、蒲城2县。州治在今陕西华县。

华阴县，治在今陕西华阴市华阴。

蒲城县，治在今陕西蒲城县。

2. 商州（商县参见）

洪武二年为西安府商州，领洛南县。洪武七年五月甲申“改陕西商州为商县，隶西安府，洛南县隶华州”①。成化十三年三月丁亥商县复升为州，领商南、洛南、山阳、镇安4县。州治在今陕西商州市。

商南县，成化十三年三月置，治于层峰驿，在今陕西商南县南。成化十七年迁治沭河西②，即今商南县。

洛南县，洪武二年至七年五月属商州，之后改属华州。成化十三年三月又改属商州，治在今陕西洛南县。

山阳县，成化十二年十二月己丑置，直隶西安府，十三年三月改属商州。治在今陕西山阳县。

镇安县，景泰三年置，直隶西安府，治在今陕西柞水县南夜珠坪，天顺七年（1463）二月迁治谢家湾，即今陕西镇安县。成化十三年改属商州。

3. 同州

洪武二年属西安府，领朝邑、郃阳、韩城、澄城、白水5县。治在今陕西大荔县。

朝邑县，治在今大荔县朝邑。

郃阳县，治在今陕西合阳县。

韩城县，治在今陕西韩城市。

澄城县，治在今陕西澄城县。

白水县，洪武二年治在今陕西白水县古城村，洪武四年迁治于今白水县。

4. 耀州

洪武二年属西安府，领同官、三原、富平3县。弘治三年十一月戊戌三原县改直隶于府，万历三十九年四月丙申富平县也改直隶于府。州治在今陕西铜川市耀州区。

同官县，治在今陕西铜川市印台区北城关。

5. 乾州

洪武二年属西安府，领醴泉、武功、永寿3县，州治在今陕西乾县。嘉靖三十八年十一月己卯醴泉县改直属府。

---

① 《太祖实录》卷89。

② 乾隆《直隶商州总志》卷一。

武功县，治在今陕西武功县西北武功镇。

永寿县，治在今陕西永寿县西北永平乡。

6. 邠州

元为直隶州，洪武二年属西安府，同时省附郭的新平县入州，州只领淳化县。成化十四年四月添设三水县，万历十一年三月添设长武县，之后州领3县。州治在今陕西彬县。

淳化县，治在今陕西淳化县。

三水县，成化十四年四月癸卯析淳化县地置，治在今陕西旬邑县。

长武县，万历十一年三月乙巳以邠州宜禄镇置，治在今陕西长武县。

（二）凤翔府

洪武二年三月因元凤翔府设府。元末凤翔府下的凤翔、岐山、宝鸡、扶风、麟游5县与直隶于奉元路的郿县隶于明初的凤翔府，元代的陇州直隶州及所属的汧阳县也改隶于府。洪武三年至八年三月间，庄浪州也隶于本府，是一块飞地。嘉靖三十八年十一月，汧阳县改直隶于府。

嘉靖三十八年十一月之后，凤翔府有7直辖县、1州。府治在今陕西凤翔县。

凤翔县，倚。治在今凤翔县。

岐山县，治在今陕西岐山县。

宝鸡县，治在今陕西宝鸡市。

扶风县，治在今陕西扶风县。

郿县，元属奉元路，洪武二年直隶凤翔府。治在今陕西眉县。

麟游县，治在今陕西麟游县。

汧阳县，洪武二年起属凤翔府陇州，嘉靖三十八年十一月乙卯直属府。旧治在今陕西千阳县西，嘉靖二十七年迁治今千阳县。

陇州

洪武二年为凤翔府属州，领汧阳县。嘉靖三十八年十一月乙卯汧阳县改直属于府。州治在今陕西陇县。

洪武三年至八年三月庄浪州为凤翔府属州，详见平凉府。

（三）汉中府

明军洪武三年五月攻占兴元路，即设兴元府，六月乙酉改兴元府为汉中府。元代兴元路下的洋州降为县，与南郑、城固、褒城、西乡4县一起直隶于府，凤州、金州则为属州，原属于四川行省的沔州改属于本府，其下附郭的铎水县省入州，略阳县则随州改隶于府。至洪武三年底，汉中府下共有5直辖县、3州、1州辖县。

明代汉中府变化最大的是金州。洪武五年，原属于四川行省大宁州的平利、石泉、洵阳、汉阴4县改隶于金州，使汉中府的东南部有所扩展。成化十三年，湖广郧阳府的白河县也改隶于金州。正德七年(1512)州下析增紫阳县，此后州共领6县，统辖着汉中府的东部。嘉靖三十八年石泉、汉阴2县改直隶于府，但到万历十一年随着金州改名为兴安州，2县又改隶于州。

万历二十三年，兴安州升为直隶州，其下的6县也不再隶于汉中府，这使得汉中府的辖区大大缩小。

汉中府下的凤、沔2州则在洪武七年降为县，略阳县亦改直隶于府。成化二十二年七月府下新置宁羌州，略阳县与沔县改隶于州。嘉靖三十八年沔县又改直隶于府。

正德七年至万历十一年是汉中府辖区最大与州县数目最多的时期。万历十一年府下共有7直辖县、2州、7州辖县。万历二十三年兴安州改为直隶州后，府下余7直辖县、1州、1州辖县。

汉中府(兴元府参见)，洪武三年五月设兴元府，六月乙酉“改陕西兴元府为汉中府”①。治在今陕西汉中市。万历二十三年后领州1、县8。

南郑县，倚，治在今汉中市。

褒城县，洪武十年六月丁卯“以汉中府褒城县并入南郑县，沔县入略阳县，洋县入西乡县，汉阴县入石泉县，平利县入金州”②，寻复置。治在今陕西勉县褒城村。

城固县，治在今陕西城固县。

洋县(洋州参见)，元兴元路洋州，洪武三年降为县，十年六月省入西乡县，寻复置。治在今陕西洋县。

西乡县，治在今陕西西乡县。

凤县(凤州参见)，元兴元路凤州，洪武三年为汉中府属州，七年七月丁卯“改汉中府沔、凤二州皆为县”③。治在今陕西凤县东北凤州乡。

沔县(沔州、铎水县参见)，洪武三年沔州属汉中府，附郭的铎水县省入州，略阳县仍隶于州。七年七月丁卯州降为县，十年六月丁卯省沔县入略阳县，后复置。成化二十二年七月辛酉改属汉中府宁羌州，嘉靖三十八年十一月己卯复直隶于府。治原在今陕西勉县勉阳镇旧州村，洪武四年迁武侯镇莲水村。

---

① 《太祖实录》卷53。
② 《太祖实录》卷113。
③ 《太祖实录》卷91。

宁羌州

成化二十二年七月辛酉置，属汉中府，领略阳、沔2县。嘉靖三十八年十一月己卯沔县改直隶汉中府。州治在今陕西宁强县。

略阳县，洪武七年略阳县由隶沔州改直隶汉中府。成化二十二年七月辛酉改属宁羌州，治在今陕西略阳县。

金州、兴安州、平利县、石泉县、洵阳县、汉阴县、白河县、紫阳县详见兴安直隶州。

(四) 延安府

洪武二年至十三年间引起明代延安府州县变化的是葭州及所属3县的设废。元末战争过后，葭州一带人口损失较大，洪武六年神木、府谷2县废；七年葭州降为县，与吴堡县一起改隶于绥德州。洪武十年，绥德州曾短暂被废，吴堡县亦废。十三年葭县又升为州，同时复置吴堡、神木、府谷3县。这之后，延安府完全恢复了元代延安路8直辖县、3州、8州辖县的州县设置，如下所示。

直辖县：肤施县、安塞县、甘泉县、安定县、保安县、宜川县、延长县、延川县。

州及州辖县：绥德州——青涧县、米脂县，鄜州——洛川县、中部县、宜君县，葭州——吴堡县、神木县、府谷县。

嘉靖四十一年绥德州青涧县改直隶于府。此后，延安府下有9直辖县、3州、7州辖县。

延安府，洪武二年五月改元延安路为延安府。嘉靖四十一年后领州3、县16。州治在今陕西延安市。

肤施县，倚。治在今延安市。

安塞县，治在今陕西安塞县南碟子沟村。

甘泉县，治在今陕西甘泉县。

安定县，治在今陕西子长县西安定。

保安县，治在今陕西志丹县。

宜川县，治在今陕西宜川县。

延川县，治在今陕西延川县。

延长县，治在今陕西延长县。

青涧县，洪武二年属延安府绥德州。洪武十年五月乙未“革绥德州，以其地益延安府”[1]，州短暂废除，这一段时间内青涧县直隶于府。不久，复置绥德

① 《太祖实录》卷112。

州，县又改隶州。嘉靖四十一年县改直属府。治在今陕西清涧县。

1. 鄜州

元延安路属州，洪武二年属延安府，仍领洛川、中部、宜君3县。州治在今陕西富县。

洛川县，治在今陕西洛川县东北旧县镇。

中部县，治本在今陕西黄陵县。

宜君县，治在今陕西宜君县。

2. 绥德州

洪武二年属延安府，领青涧、米脂2县。洪武七年十一月葭县、吴堡县改属本州。洪武十年五月乙未后州短暂被废。不久州复置后，青涧、米脂、葭县3县仍隶于州。十三年十一月葭县改州，以吴堡县隶之。嘉靖四十一年青涧县改直隶于府。此后，绥德州领米脂1县。州治在今陕西绥德县。

米脂县，洪武二年属延安府绥德州。洪武十年五月乙未废州后改直隶于府。不久复置州，仍属于州。治在今陕西米脂县。

3. 葭州（葭县参见）

洪武二年州隶延安府，领神木、府谷、吴堡3县。六年，神木、府谷2县废。七年十一月戊寅“改延安府葭州为葭县，并吴堡县俱隶绥德州”①。十年五月乙未绥德州短暂被废时，葭县直隶延安府，后仍属于州。洪武十三年十一月庚戌“升……陕西延安府葭县为葭州……复置……陕西延安葭州吴堡、神木、府谷三县”②，州仍属延安府。治在今陕西佳县。

吴堡县，洪武二年属延安府葭州，七年十一月改属绥德州，十年废。十三年十一月复置，再隶葭州。治在今陕西吴堡县东北吴堡城。

神木县，洪武六年省，十三年十一月复置，属葭州。治在今陕西神木县，正统五年(1440)迁至今神木县店塔镇杨城村西北，成化中迁今县治。

府谷县，洪武六年省，十三年十一月复置，属葭州。治在今陕西府谷县。

(五) 庆阳府

洪武二年五月因元庆阳府设府，隶陕西行省。元末庆阳府只领有合水1县，洪武二年明朝增设了安化县(附郭)，同时降元环州直隶州为环县，隶于府，宁州直隶州也改为庆阳府属州。万历二十九年宁州下的真宁县改直隶于府。此后，庆阳府领安化、合水、环、真宁4县和宁州。府治在今甘肃庆

---

① 《太祖实录》卷94。
② 《太祖实录》卷134。

阳市。

安化县，倚。洪武二年置。治在今庆阳市。

合水县，治在今甘肃合水县东北城关乡。

环县，洪武二年降元环州直隶州为环县，属庆阳府。治在今甘肃环县。

真宁县，洪武二年属庆阳府宁州，万历二十九年改直属庆阳府。治在今甘肃正宁县西南罗川乡。

宁州

洪武二年改元宁州直隶州为庆阳府属州，领真宁县。万历二十九年真宁县改直隶于庆阳府。州治在今甘肃宁县。

（六）平凉府

明代平凉府是在元代平凉府和镇原、泾、开成、静宁、庄浪5直隶州的基础上形成的。

洪武三年五月明因元旧设平凉府时，镇原直隶州降为镇原县隶于府；泾州直隶州则改为府下属州，泾州附郭的泾川县被废，州只领灵台县；开成州被废，其下的开成县直隶于府；静宁州及其下隆德县也改隶于府。洪武八年凤翔府庄浪州降为县后改隶于平凉府静宁州，而静宁州下原有的隆德县则于嘉靖三十八年改直隶于府。弘治十五年升开成县为固原州。嘉靖三十八年后，平凉府有直领县5、州3、州辖县2。府治在今甘肃平凉市。

平凉县，倚。治在今平凉市。

崇信县，治在今甘肃崇信县。

华亭县，治在今甘肃华亭县。

镇原县（镇原州参见），洪武三年元镇原州降为县，属平凉府。治在今甘肃镇原县。

隆德县，元静宁州属县，洪武三年起属平凉府静宁州，嘉靖三十八年十一月己卯改直属府。治在今宁夏隆德县。

1. 泾州（泾川县参见）

洪武三年改元泾州直隶州隶平凉府，省附郭的泾川县入州，州只领灵台县。州治原在今甘肃泾川县泾水河北岸，洪武三年徙于皇甫店，即今泾川县。

灵台县，治在今甘肃灵台县。

2. 静宁州

洪武三年静宁州属平凉府，下有隆德1县。八年三月庄浪县来属。嘉靖三十八年十一月隆德县改属府。州治在今甘肃静宁县。

庄浪县（庄浪州参见），洪武三年改元庄浪直隶州隶凤翔府，八年三月丙戌

“以凤翔府庄浪州为庄浪县，隶平凉府静宁州”①。治在今甘肃庄浪县西北南湖乡。

3. 固原州

弘治十五年五月丙申升开成县为固原州，属平凉府，治在今宁夏固原市。

开成县，元开成州开成县，洪武三年仍设开成县，直属平凉府，治在今固原市南开成。成化三年城废，徙县于今固原市，弘治十五年五月升为固原州。

开成州、广安州，洪武三年省。

（七）巩昌府

洪武二年四月徐达师至巩昌，元军出降，因元巩昌元帅府设巩昌府，但是明代巩昌府只相当于元代巩昌元帅府的中南部。明代设府之初，州县众多，有5直辖县、6州、3州辖县，统辖结构如下。

直辖县：陇西县、通渭县、伏羌县、宁远县、漳县。

州及州辖县：安定州，会宁州，西和州，成州，秦州——秦安县、清水县，徽州——两当县。

洪武四年明军攻占阶、文等州，阶州、文州降为巩昌府属县。十年，安定、会宁、西和、成、徽5州也降为县，徽州两当县在州改县时废，寻又与州一起复置。阶县在洪武十年又升为州，文县改隶其下。洪武二十三年至成化九年间文县一度被废除。

成化九年秦州下增设了礼县。此后，巩昌府下有9直辖县、3州、5州辖县，嘉靖年间又一度设有岷州。

巩昌府，洪武二年四月因元巩昌元帅府设巩昌府。治在今甘肃陇西县。成化九年后领州3、县14。

陇西县，倚。治在今甘肃陇西县。

安定县（安定州参见），洪武二年为巩昌府安定州，十年降为县，直属府。治在今甘肃定西市。

会宁县（会宁州参见），洪武二年为巩昌府会宁州，十年降为县，直属府。治在今甘肃会宁县。

通渭县，治在今甘肃通渭县。

漳县，原治在今甘肃漳县西南五里，正统中迁于今漳县。

宁远县，治在今甘肃武山县。

伏羌县，治在今甘肃甘谷县。

西和县（西和州参见），洪武二年为巩昌县西和州，十年降为县，直属于府。

---

① 《太祖实录》卷98。

治本在今甘肃西和县西南白石镇,洪武中迁今西和县。

成县(成州参见),洪武二年为巩昌府成州,十年降为县,直属于府。治在今甘肃成县。

1. 秦州(成纪县参见)

元属巩昌总帅府,洪武二年为巩昌府秦州,省附郭的成纪县入州,州领秦安、清水2县。成化九年十二月又增设礼县,共领3县。州治在今甘肃天水市秦州区。

秦安县,治在今甘肃秦安县。

清水县,治在今甘肃清水县。

礼县,成化九年十二月癸酉置县,治在今甘肃礼县。

2. 阶州(阶县参见)

洪武四年傅友德率军克阶、文诸州,阶州当年便降为县,属巩昌府。十年六月庚申"以巩昌府阶、文二县为阶州"①。原治在今甘肃陇南市武都区东南,洪武五年迁到今武都区城关镇。洪武十年六月后领文县。洪武二十三年至成化九年十二月间文县被废,后复置。

文县(文州参见),元为吐蕃宣慰司文州,洪武四年降为县,改直属巩昌府,洪武十年六月改属巩昌府阶州。洪武二十三年四月丁巳"省阶州文县"②,成化九年十二月癸酉复置,仍属州。治在今甘肃文县。

3. 徽州(徽县参见)

洪武二年为巩昌府徽州,领两当县。十年六月庚申"以……徽州及两当县为徽县"③,直属府。寻升县为徽州,仍设两当县。州治在今甘肃徽县。

两当县,洪武二年属徽州,十年六月庚申省入徽县,寻复设徽州及两当县。治在今甘肃两当县。

岷州,嘉靖二十四年置,"隶巩昌府"④。嘉靖四十年闰五月废。治在今甘肃岷县。

(八)临洮府

洪武二年九月戊戌"立临洮府,以金、兰、狄道、渭源等县隶之"⑤。金、兰2县元末为金州、兰州,洪武二年均降为县。成化九年十二月置河州,属

①③ 《太祖实录》卷113。
② 《太祖实录》卷201。
④ 《明史》卷330《西域传二》。
⑤ 《太祖实录》卷45。

于府，府的辖区有所扩大。成化十四年兰县升为兰州，金县改隶其下。此后，临洮府有狄道、渭源2直辖县，兰、河2州，兰州下领金县。府治在今甘肃临洮县。

狄道县，倚。治在今临洮县。

渭源县，治在今甘肃渭源县。

1. 兰州（兰县参见）

洪武二年九月降元兰州为县，改属临洮府。成化十四年四月癸卯复升为州，领金县。兰州及兰县治在今甘肃兰州市。

金县（金州参见），洪武二年九月降元金州为金县，改属临洮府。成化十四年四月癸卯属兰州。治在今甘肃榆中县。

2. 河州（河州府参见）

洪武六年正月庚戌“置河州各府州县”①，十二年七月丁未“革河州府”②。成化九年十二月癸酉置河州，属临洮府。洪武六年正月至十二年七月间河州府曾领宁河县、安乡县。河州、河州府治在今甘肃临夏市。

宁河县，洪武三年废，六年正月复置，属河州府，十二年七月罢。治在今甘肃和政县。

安乡县，置废同宁河县。治在今临夏市北。

直隶州

兴安直隶州（金州参见）

元兴元路金州，明初属汉中府。万历十一年八月改名兴安州，二十三年升为直隶州。旧治在汉水北，后迁汉水南，万历十一年又迁故城南三里许，在今陕西安康市南。万历十一年八月后领县6。

平利县，洪武三年置，属四川大宁州，五年二月改属汉中府金州。十年六月丁卯“以汉中府……平利县入金州”③，不久复置。治在今陕西平利县西北老县区。

石泉县，洪武三年置，属四川大宁州，五年二月改属汉中府金州。嘉靖三十八年十一月己卯改直隶汉中府。万历十一年还属兴安州。治在今陕西石

① 《太祖实录》卷78。
② 《太祖实录》卷125。
③ 《太祖实录》卷113。

泉县。

洵阳县，洪武三年置，属四川大宁州，五年二月改属汉中府金州。治在今陕西旬阳县。

汉阴县，洪武三年置，属四川大宁州，五年二月改属金州，十年六月省入石泉县，寻复置。嘉靖三十八年十一月己卯改直隶汉中府。万历十一年还属兴安州。治在今陕西汉阴县。

白河县，成化十二年十二月分洵阳县地置，属湖广郧阳府，十三年九月戊辰改属汉中府金州。治在今陕西白河县。

紫阳县，正德七年十一月己亥分金州置。治在今陕西紫阳县。

灵州，元末有灵州，洪武初废。弘治十三年九月曾置灵州，十七年八月革。治在今宁夏灵武市。

宁夏府，洪武三年设府，五年废。

元应里州、鸣沙州及元代甘肃行省的其他政区设置俱在洪武初废除。

积石州、贵德州，洪武初废。

第八章　四川布政司

洪武四年(1371)七月丙子置四川等处行中书省,治成都。九年六月改四川承宣布政使司。

洪武十五年之前,明代四川行省及四川布政使司的辖区基本在元四川行省的基础上进行调整,向西伸入了松州、茂州、黎州、六番招讨司地,北部由于沔州及平利、石泉等县改归汉中府而有所南缩,南界则由于云南普定路土司及湖广行省播州宣慰司等地的早早归属伸入了元代云南及湖广二行省境内。洪武十四年时,四川布政司下共有成都、保宁、顺庆、夔州、重庆、叙州、马湖 7 府和普定军民府,另有潼川、雅州、黎州、泸州、嘉定、眉州、松州 7 直隶州。

洪武十五年随着对元湖广行省西部今贵州省一带和云南行省的征服,明朝在这里进行了相应的行政与军事设置。云南北部的建昌、德昌、会川、乌蒙、乌撒、芒部、东川 7 府陆续归属了四川布政司,使川、贵、云之间的犬牙交错之势更加明显。

明代四川的军事基本由四川都司、行都司控制。四川行都司是明代实土行都司之一。洪武二十五年至二十七年间,建昌、会川、德昌 3 府及云南栢兴府逐渐废除,其地设立实土卫所,统归四川行都司管辖。所以明代四川政区在地域上是由四川布政司和四川行都司共同构成的。

四川南部的乌蒙、乌撒、芒部、东川 4 府和洪武年间一度存在的普安、普定 2 府为军民府,与马湖府一起皆属土司掌控,是为土府。明代中后期,曾在部分府中实行改土归流,但只有靠北的马湖府于弘治十二年(1499)获得成功。其他府中有的设有少数流官。改土归流较成功的还有四川北部的龙州宣抚司和东南的播州宣慰司,分别改为龙安府、遵义军民府。

明代初期,四川布政司一度伸入今贵州省西部,当地的许多土司及州县曾一度隶于四川布政司或四川都司,洪武十五年以后,逐渐改归贵州都司或贵州布政司。

万历三十七年(1609)镇雄军民府去"军民"二字后,四川布政司共有成都、保宁、顺庆、夔州、重庆、叙州、马湖、龙安、镇雄 9 府,乌蒙、乌撒、东川、遵义 4

军民府，潼川、雅州、邛州、泸州、嘉定、眉州6直隶州。明末，四川共有16属州、111县[1]，其中绝大部分属州与县的设置在洪武时已确定。下文以万历三十七年为时间断限，叙述四川布政司的政区沿革。

除府州县外，明代四川布政司还有宣抚司、招讨司、宣慰司、长官司等土官设置，另有部分府州县为土府、土州、土县，“大小土司三百余家”[2]，变化复杂。下文仅将《明史》卷43《地理志四》等文中提到的、在明代影响较大者加以叙述，其详细情况可参考龚荫的著作《中国土司制度》。

府

（一）成都府

明代成都府是在元末成都路基础上设置的。元末成都路共有成都、华阳、新都、郫、温江、双流、新繁、仁寿、金堂9县及彭州（辖濛阳、崇宁2县）、汉州（辖雒、什邡、德阳、绵竹4县）、安州（辖石泉县）、灌州、崇庆州（辖晋原、新津、永康、江源4县）、威州（辖保宁、通化2县）、简州、资州8州，其中汉州雒县，崇庆州永康、江源2县，威州保宁县与资州皆是在明玉珍时期设立。明洪武四年设成都府时，江源、永康、晋原、雒、通化5县与新划入成都府的茂州汶山县被废除，同时资州、安州、灌州降为县，石泉县与彭州崇宁县、潼川府绵州（辖罗江、彰明2县）改直隶于成都府，当年还新设了内江县。洪武四年底成都府基本政区结构如下所示。

直辖县：成都县、华阳县、双流县、郫县、温江县、新繁县、金堂县、新都县、仁寿县、资县、安县、内江县、崇宁县、石泉县、灌县。

州及州辖县：彭州——濛阳县，崇庆州——新津县，汉州——什邡县、绵竹县、德阳县，绵州——罗江县、彰明县，茂州——汶川县，威州——保宁县，简州。

洪武六年至十三年十一月是成都府州县变化较大的一个时期，由于元末战争使得人口损失严重，简、彭、绵3州降为县，另有8县在洪武十年被废，罗江县和新置的井研、资阳2县也遭省废，洪武十三年十一月，有9县得以复置，绵州也再度升为州。另外此间还新设了威州保县。

洪武二十年威州保宁县废，此后至成化元年(1465)之前的七十八年内，成

① 《明史》卷43《地理志四》四川卷首记明末为“属州十五，县百十一”，但其文中记载为16属州。
② 龚荫：《中国土司制度》，云南民族出版社，1992年，第172页。

都府的州县没有发生过变化。成化元年后成都府的变化也很少，至嘉靖四十五年石泉县改隶龙安府后，成都府领 16 直辖县、6 州、9 州辖县。

成都府，洪武四年改元成都路为府，属四川行省。嘉靖四十五年后领州 6、县 25。治在今四川成都市。

成都县，倚。治在今成都市。

华阳县，倚。治在今成都市。

双流县，洪武四年属府，十年五月戊寅“成都府并新繁县入成都县，双流县入华阳县”①，十三年十一月庚戌复置。治在今成都市双流县城关镇。

郫县，治在今四川郫县。

温江县，治在今四川成都市温江区。

新繁县，洪武十年五月戊寅省入成都县，十三年十一月庚戌复置。治在今四川新都县西北新繁镇。

新都县，治在今成都市新都区。

彭县（彭州参见），元末为成都路彭州，下领濛阳、崇宁 2 县。洪武四年为成都府彭州，崇宁县改直属府。洪武十年五月戊寅“改彭州为彭县”②，以濛阳县并入之。彭县直隶于成都府。彭州、彭县治在今四川彭州市。

崇宁县，元为成都府彭州属县，洪武四年改直属府，十年五月戊寅省入灌县，十三年十一月庚戌复置。治在今郫县西北唐昌镇。

灌县（灌州参见），元为灌州，洪武年间降为灌县。治在今四川都江堰市。

金堂县，洪武四年直属成都府，十年五月戊寅并入成都县，十三年十一月庚戌复置。治在今成都市青白江区城厢镇。

仁寿县，治在今四川仁寿县。

井研县，洪武六年十二月甲寅“以四川之云阳、荣山、万三州为县，又开设州县九，井研、资阳地（应为隶）成都府，荣州、迂（应为威）远、浦江、丹棱隶嘉定府，荣昌、永川隶重庆府，芦山隶雅州，九姓长官司隶永宁宣抚司，并罗江县入绵州，以�连等县隶之”③。十年五月戊寅省井研县入仁寿县，十三年十一月庚戌复置。治在今四川井研县。

资县（资州参见），洪武四年降州为县，直隶成都府。治在今四川资中县。

内江县，洪武四年设，直隶成都府。治在今四川内江市。

安县（安州参见），洪武四年降元安州为安县，直隶成都府。治本在今四川

①② 《太祖实录》卷 112。
③ 《太祖实录》卷 86。

北川羌族自治县安昌镇北，洪武七年迁治今安昌镇。

石泉县，洪武四年至嘉靖四十五年直隶成都府，见龙安府。

1. 简州（简县参见）

洪武四年为成都府简州，无属县。洪武六年降州为县，正德八年（1513）又升为州。除资阳县正德八年起隶于本州外，正德九年至嘉靖元年乐至县也属本州。原治在今四川简阳县绛河北，正德八年后徙治河南，即今简阳市。

资阳县，洪武六年十二月甲寅置，直隶成都府。十年五月省入简县，成化元年七月己酉复置。正德八年改属简州。治在今四川资阳市。

乐至县，洪武四年废，成化元年复置，正德九年至嘉靖元年属成都府简州，详见潼川直隶州。

2. 崇庆州（晋原县、江源县参见）

元末崇庆州，辖晋原（附郭）、新津、江源（明玉珍置）3 县。洪武四年州属成都府，省江源县①和晋原县。崇庆州及晋原县治在今四川崇州市，江源县治在今崇州市江源镇。

新津县，治在今四川新津县。

3. 汉州（雒县参见）

元末汉州，领雒县（附郭，明玉珍设）、什邡、绵竹、德阳 4 县，洪武四年以汉州隶成都府，省雒县入州。州及雒县治在今四川广汉市。

什邡县，洪武四年隶汉州，十年五月戊寅省入绵竹县，十三年十一月庚戌复置，仍隶州，治在今四川什邡县。

绵竹县，治在今四川绵竹市。

德阳县，洪武四年隶汉州，十年五月戊寅省入汉州，十三年十一月庚戌复置，仍隶州。治在今四川德阳市。

4. 绵州（绵县参见）

元末为潼川府绵州，洪武四年属成都府，领罗江、彰明 2 县。六年十二月，罗江县省入州。十年五月戊寅降州为绵县，直隶于府。十三年十一月庚戌复升为绵州，仍设罗江、彰明 2 县。绵州及绵县治在今四川绵阳市。

罗江县，洪武四年为成都府绵州属县，六年十二月甲寅省入绵州，十三年十一月庚戌复置，仍隶绵州。治在今绵阳市西南罗江县。

彰明县，洪武四年为成都府绵州属县，十年五月戊寅省入绵县，十三年十

① 《明史》卷 43《地理志四》记江源县“明玉珍复置，洪武初省”，明朝洪武四年取四川，废江源县当在此年或稍后。

一月庚戌复置。治在今四川江油市西南彰明镇。

5. 茂州（汶山县参见）

元吐蕃宣慰司茂州，下领汶山（附郭）、汶川 2 县。洪武四年州隶成都府，省汶山县入州。洪武六年曾复置汶山县，寻废。除汶川县外，洪武七年五月至十一年间州尚领有 5 长官司。州及汶山县治在今四川茂县。

汶川县，洪武四年起为成都府茂州属县。治本在今四川汶川县，宣德三年(1428)徙治于今汶川县西南绵虒镇。

静州长官司、岳希蓬长官司、陇木头长官司，洪武七年五月癸巳置，本属茂州，洪武十一年设茂州卫后，改属于卫。静州司治在今茂县东北静州村，岳希蓬司治在今茂县西南水西村，陇木头司治在今茂县东北陇木司。详见“四川都司”。

汶山长官司、汶川长官司，《太祖实录》卷 89 洪武七年五月癸巳记置二司，《明史》卷 43《地理志四》的记载来源于《太祖实录》。二司他史记载甚少，当在设置不久即废除。二司初应亦隶于茂州。汶山司治在茂县西北，汶川司治在今汶川县西南绵虒镇。

6. 威州（保宁县参见）

洪武四年前威州领保宁（附郭，明玉珍置）、通化 2 县。洪武四年起州隶成都府，省通化县。六年析置保县。二十年五月庚戌“革四川成都府之保宁县，以其地属威州”①，州只领保县。州治原在今汶川县西北，宣德三年六月壬寅迁于今县城岷江西岸，十年六月己酉又迁于江东岸，即今汶川县政府所在威州镇。

保县，洪武六年析保宁县地置。治在今四川理县薛城。

濛阳县，明初为彭州属县，洪武十年五月戊寅并入彭县。治在今四川彭州市东南濛阳镇。

通化县，元末属威州，《明史》卷 43《地理志四》记县洪武三年废。治在今理县通化。

（二）保宁府

明洪武四年将元末的广元路划为保宁、广元 2 府，保宁府辖广元路南部一小块地方，只有阆中、苍溪、南部、通江 4 县，其余广元路地除沔州划入汉中府外，尽归广元府所有。广元府设置之初拥有绵谷、昭化 2 县和剑州（下辖普安、梓潼 2 县）、巴州（下辖化城县）。广元路的其他州县尽被废除。

洪武九年四月，广元府降为保宁府属州，之后又经过一系列设废变化，到洪武二十二年六月以广元州为广元县时，保宁府共有 7 直辖县、1 州、2 州辖

① 《太祖实录》卷 182。

县，如下所示。

直辖县：阆中县、苍溪县、南部县、通江县、广元县、昭化县、巴县。

州及州辖县：剑州——江油县、梓潼县。

此后至正德九年，保宁府的州县未发生过变化。

正德九年巴县又升为州，通江县改属其下，十一年又增设了南江县。

嘉靖四十五年江油县改属龙安府后，保宁府至明末一直领5直辖县、2州、3州辖县。

保宁府，洪武四年以元广元路保宁府置，直隶四川行省。治在今四川阆中市。领州2、县8。

阆中县，倚。治在今阆中市。

苍溪县，洪武四年为保宁府辖县，洪武十年五月戊寅省入阆中县，十三年十一月庚戌复置，仍隶府。治在今四川苍溪县。

南部县，变迁同苍溪县。治在今四川南部县。

广元县(广元府、广元州、绵谷县参见)，洪武四年改元广元路为广元府，下直辖绵谷、昭化2县和剑州(下辖普安、梓潼2县)、巴州(下辖化城县)。原元末广元路下的保宁府洪武四年改直隶四川行省，沔州(下辖铎水、大安、略阳3县)洪武三年已改属汉中府，龙州及巴州下的曾口县被废。六年普安县废。九年四月甲午“改……广元府为州，革所属剑州、绵谷县，改巴州为县，隶保宁府”①，广元州仅领昭化县。十三年十一月复置广元州绵谷县。二十二年六月癸卯“革四川保宁府绵谷县，以其地并入广元县”②，即废广元州为县，同时废绵谷县入广元县。广元县改直隶保宁府。广元府、州、县与绵谷县治均在今四川广元市。

昭化县，洪武四年属广元府，九年四月隶广元州，十年五月戊寅省入广元州，十三年十一月庚戌复置，直隶保宁府。治在今广元市西南昭化镇。

1. 剑州(普安县参见)

洪武四年为广元府属州，领普安(附郭)、梓潼2县。六年省附郭的普安县。洪武九年四月甲午废州，梓潼县改直隶于保宁府。十三年十一月复置剑州，属保宁府，梓潼县又复隶于州。洪武十三年十一月至嘉靖四十五年江油县隶于本州。州及普安县治在今剑阁县普安镇。

梓潼县，洪武四年至九年隶于广元府剑州，九年至十三年十一月前直隶保宁府，十三年十一月起又改隶剑州。治在今四川梓潼县。

---

① 《太祖实录》卷105。
② 《太祖实录》卷196。

2. 巴州(巴县、化城县、曾口县参见)

洪武四年起为广元府属州,领化城县(附郭),废曾口县。九年四月甲午改巴州为县,省化城县入巴县,巴县直属保宁府。正德九年又升县为州,领通江县。正德十一年增设南江县。巴州、巴县、化城县治在今四川巴中市巴州区政府所在地,曾口县治在今巴中市东南曾口场。

通江县,洪武四年起直属于保宁府,正德九年改直隶巴州。治在今四川通江县。

南江县,正德十一年新设,隶巴州。治在今四川南江县。

龙州洪武九年至十四年为保宁府属州;江油县从洪武九年至十三年隶于龙州,洪武十三年十一月至嘉靖四十五年隶于剑州。详见龙安府。

(三) 顺庆府

元代的顺庆路在洪武四年分为顺庆府和广安府,西北南充、西充及蓬州(辖营山、仪陇 2 县)属顺庆府,东部渠江、岳池 2 县和渠州(辖大竹县)属广安府。洪武九年四月,广安府降为顺庆府属州,渠州则降为县,与大竹、岳池、渠江 3 县一起为广安州下属县。此时顺庆府的管辖范围与元末顺庆路基本一致。

洪武十年五月,因户粮不及数,西充、营山、仪陇、渠江 4 县被废,前 3 县洪武十三年十一月复置。此后至明末,除成化元年增设广安州邻水县外,顺庆府的州县再未发生过变化。成化元年以后,顺庆府有 2 直辖县、2 州、6 州辖县。

顺庆府,洪武四年改元顺庆路为顺庆府。成化元年后领州 2、县 8。府治在今四川南充市。

南充县,倚。洪武年间起治在今南充市。

西充县,洪武十年五月戊寅省县入南充县,十三年十一月庚戌复置,仍隶顺庆府。治在今四川西充县。

1. 蓬州(相如县参见)

元末为顺庆路属州,领相如(附郭)、营山、仪陇 3 县。洪武四年为顺庆府属州,省相如县入州。洪武十年五月营山、仪陇俱废,十三年十一月复置。蓬州及相如县治在今四川蓬安县锦屏镇。

营山县,洪武四年为顺庆府蓬州属县,十年五月戊寅省入州,十三年十一月庚戌复置。治在今四川营山县。

仪陇县,变迁同营山县。治在今四川仪陇县金城镇。

2. 广安州(广安府、渠江县参见)

元顺庆路广安府,洪武四年为广安府,直隶四川行省,领渠江(附郭)、岳池

2 直辖县，渠州和其下的大竹县。九年四月甲午“改广安府为州，渠州为县，隶顺庆府”①，州为顺庆府属州，渠县、大竹县归本州，十年五月戊寅省渠江县入州。成化元年七月新增邻水县，此后州共领岳池、渠、大竹、邻水 4 县。府、州及渠江县治在今四川广安市。

渠县(渠州参见)，元末本为渠州，领大竹县。洪武四年至九年四月，州隶于广安府，仍领大竹县。洪武九年四月渠州降为县，隶新设的顺庆府广安州。县治在今四川渠县。

大竹县，洪武四年至九年四月隶广安府渠州，之后隶广安州。治在今四川大竹县。

邻水县，成化元年七月己酉置，隶顺庆府广安州。治在今四川邻水县。

岳池县，洪武四年至九年四月隶广安府，之后隶广安州。治在今四川岳池县。

(四) 夔州府

明初夔州府是洪武四年在元夔州路基础上设置的，夔州路下奉节、巫山 2 直辖县，达州及所属通川县，梁山州及所属梁山县，万州，云阳州，大宁州归夔州府，施州、开州、万州武宁县尽废，施州建始县直隶于府，达州原有的新宁县改隶于重庆府，大宁州下则新设了平利、石泉、汉阴、洵阳 4 县，但 4 县洪武五年俱改隶于汉中府金州。

洪武六年八月复设开州，九月降为县。十二月，云阳州、万州降为县；梁山州废，梁山县改直隶于府。洪武六年底，夔州府下有 7 直辖县、2 州、1 州辖县，如下所示。

直辖县：奉节县、巫山县、建始县、云阳县、万县、梁山县、开县。

州及州辖县：达州——通川县，大宁州。

洪武九年四月，夔州府降为重庆府属州，大宁州、达州降为县，夔州附郭的奉节县与达州通川县俱废，州下辖巫山、建始、云阳、万、梁山、开、大宁、达 8 县。十年五月夔州升为直隶州，梁山县改隶重庆府忠州。

洪武十三年十一月，夔州直隶州又升为府，奉节县得以复置，梁山县也由忠州改隶于府；同时新置了大昌、新宁 2 县。洪武十四年至二十三年施州一度复置，建始县隶于其下。

永乐以后，夔州府的变化较小。成化元年新设了东乡县，直隶于府。正德九年改隶于由达县所改的达州。正德十年达州下新增太平县。此后，夔州府再无变化，一直辖 10 直辖县、1 州、2 州辖县。

---

① 《太祖实录》卷 105。

夔州府(重庆府夔州、夔州直隶州参见),洪武四年改元夔州路为府。九年四月甲午“改夔州府之大宁州、达州为县,革所属奉节县,隶重庆府”①,即改夔州府为重庆府夔州,十年五月戊寅州直隶四川布政司,十三年十一月又升直隶州为府。治在今重庆奉节县。正德十年后领州1、县12。

奉节县,倚。洪武四年至九年四月隶夔州府,九年四月省入夔州,十三年十一月复置,隶夔州府。治在今奉节县。

巫山县,洪武四年至九年四月隶夔州府,九年四月隶重庆府夔州,十年五月至十三年隶夔州直隶州,十三年十一月起又隶夔州府。治在今重庆巫山县。

大宁县(大宁州参见),元夔州路大宁州,洪武四年州隶夔州府,辖新设的平利、汉阴、洵阳、石泉4县。五年4县改隶汉中府金州。九年四月甲午降大宁州为县,隶重庆府夔州,十年五月起隶夔州直隶州,十三年十一月隶夔州府。治在今重庆巫溪县。

大昌县,洪武十三年十一月置,直隶夔州府。治在今巫山县西北大昌镇。

云阳县(云阳州参见),元夔州路云阳州,洪武四年隶夔州府,无属县。六年十二月甲寅改州为县,仍隶夔州府。九年四月后隶属变化同大宁县。治在今重庆云阳县云阳镇。

万县(万州参见),元夔州路万州,辖武宁县,洪武四年州隶夔州府,省武宁县。六年十二月甲寅改万州为万县,仍隶夔州府。此后隶属变迁同大宁县。治在今重庆市万州区太白岩街道一带。

开县(开州参见),元为夔州路开州,洪武四年废。六年八月“戊戌,置四川夔州府开州”②,九月己亥“改夔州府开州为开县”③,隶夔州府,九年四月后隶属变迁同大宁县。治在今重庆开县。

梁山县(梁山州参见),元梁山州,领梁山县(附郭)。洪武四年县随州属夔州府。六年十二月甲寅州废,县直隶于府。九年四月梁山县属重庆夔州,十年五月戊寅改属重庆府忠州,洪武十三年十一月起直隶夔州府。治在今重庆梁平县。

新宁县,元达州属县,洪武四年改直隶重庆府。十年五月戊寅省入梁山县,十三年十一月复置,改直隶夔州府。治在今四川开江县。

建始县,元施州建始县,洪武四年改直隶夔州府,九年四月隶重庆府夔州,

① 《太祖实录》卷105。
② 《太祖实录》卷84。
③ 《太祖实录》卷85。

十年五月隶夔州直隶州，十三年十一月隶夔州府。十四年五月改属施州。二十三年废施州，建始县再直隶于夔州府。治在今湖北建始县。

达州（通川县、达县参见）

洪武四年依元旧设达州，隶夔州府，辖通川（附郭）县，新宁县改直隶重庆府。洪武九年四月降州为达县，省通川县，达县隶重庆府夔州，十年五月隶夔州直隶州，十三年十一月隶夔州府。正德九年又升达县为达州，领东乡县，正德十年增设太平县。达县、达州、通川县治在今四川达州市。

东乡县，成化元年七月己酉置，直隶夔州府，正德九年改隶达州。治在今四川宣汉县。

太平县，正德十年析东乡县地置。治在今四川万源市。

平利、洵阳、石泉、汉阴四县洪武五年二月前属大宁州，后改隶于陕西汉中府金州，见“陕西布政司”汉中府。

施州，元施州，洪武四年省。洪武十四年五月辛卯“复置夔州府施州，以建始县隶之”①。二十三年裁州。治在今湖北恩施市。

万州武宁县，洪武四年省。治在今重庆万州区武陵镇。

（五）重庆府

洪武四年设立的重庆府是在元重庆路、绍庆路的基础上设置的。元末重庆路在明玉珍时新设和废除了一些县，洪武四年设重庆府时也废除了几县，洪武四年底重庆府下领有巴、江津、南川、綦江、大足、黔江、彭水、新宁 8 直辖县与合州（领铜梁、定远 2 县）、忠州（领酆都、垫江 2 县）、涪州（领武龙县）、泸州（领江安、纳溪、合江 3 县），其中彭水、黔江 2 县元末为绍庆路辖县。

洪武四年之后，重庆府州县及辖区的变化主要发生在洪武六年和九年。洪武六年泸州改为直隶州，使重庆府西南部缩小；洪武九年四月，夔州府降为重庆府属州，使重庆府的辖区一度扩展到了巫峡，但如此大的辖区很快就由于夔州改为直隶州而恢复了原样。经过一系列设废、隶属变化，洪武十四年六月之后重庆府有 9 直辖县、3 州、6 州辖县，此后只于成化十七年和十九年增置了安居、璧山 2 直辖县。

重庆府，洪武四年改元重庆路为府。治在今重庆市。成化十九年三月后领州 3、县 17。

巴县，倚。治在今重庆市。

江津县，治在今重庆市江津区。

---

① 《太祖实录》卷 137。

璧山县，成化十九年三月丙辰析巴县地置。治在今重庆市璧山区。

永川县，洪武六年十二月甲寅置县。治在今重庆市永川区。

荣昌县，洪武六年十二月甲寅置县。治在今重庆荣昌县。

大足县，明玉珍置，属合州。洪武四年改直属重庆府。治在今重庆市大足区。

安居县，成化十七年九月庚寅分铜梁、遂宁 2 县地置。治在今重庆市铜梁区北安居镇。

綦江县，明玉珍置，洪武四年直隶重庆府。治在今重庆市綦江区。

南川县，洪武四年直隶重庆府，十年五月戊寅省入綦江县，十三年十一月庚戌复置，仍隶府。治在今重庆市南川区。

长寿县，洪武六年九月己亥“置重庆涪州长寿县”①，寻即改直隶重庆府。治在今重庆市长寿区。

黔江县，元为绍庆路属县，洪武四年路废，县改属重庆府。洪武五年十二月庚辰“罢重庆府之黔江县，并入彭水县”②。十四年六月癸未“置黔江县，初黔江之地元季陷入蛮夷，国朝立千户所招谕其民，至是渐复故业，遂置县以安抚之”③，仍属重庆府。治在今重庆市黔江区。

1. 合州(石照县参见)

元重庆路合州，领石照(附郭)、铜梁、定远 3 县。明玉珍省石照县入州，置大足县。洪武四年州隶重庆府，大足县改直隶于重庆府，州下领铜梁、定远 2 县。州及石照县治在今重庆市合川区涪江北岸。

铜梁县，洪武四年随州隶重庆府。治在今重庆市铜梁区。

定远县，洪武四年随州隶重庆府。原治在今四川武胜县南旧县，嘉靖三十年迁今中心镇。

2. 忠州(临江县参见)

元末为重庆路属州，领临江(附郭)、丰都、垫江、南宾 4 县。洪武四年省临江县入州，废南宾县，忠州只领丰都、垫江 2 县，属重庆府。洪武十年至十三年梁山县一度隶于忠州。州及临江县治在今重庆忠县。

酆都县，元时名丰都，洪武四年起为重庆府忠州属县，十年五月省入涪州，十三年十一月复置，改名酆都，仍属忠州。治在今重庆丰都县名山镇。

垫江县，明玉珍时置县，属忠州，洪武四年依旧。治在今重庆垫江县。

---

① 《太祖实录》卷 85。
② 《太祖实录》卷 77。
③ 《太祖实录》卷 137。

南宾县,元末为忠州属县,洪武四年省,治在今丰都县龙河镇。

梁山县洪武十年至十三年一度隶于忠州,见夔州府。

3. 涪州

元末重庆路涪州,领武龙县。洪武四年州与县属重庆府。十年彭水县改隶于州。州治在今重庆市涪陵区。

武隆县,本名武龙,洪武四年起隶重庆府涪州,十年五月省入彭水县。十三年十一月复置,更名武隆。治在今重庆武隆县西北土坎镇。

彭水县,洪武四年废元绍庆路,附郭的彭水县改直隶重庆府。十年五月改属重庆府涪州。治在今重庆彭水县。

泸州及所属江安、纳溪、合江三县洪武六年前属重庆府,见泸州直隶州。夔州及所属县洪武九年四月至十年五月属重庆府,详见夔州府。

(六) 遵义军民府

元为湖广行省播州宣慰司,洪武五年正月乙丑"播州宣慰使杨铿……等来朝,交方物……仍置播州宣慰司"①,改属四川行省,十五年二月己卯改属贵州都司,二十七年四月又改属四川布政司。万历二十九年四月丙申改设为遵义军民府,领州1、县4。治在今贵州遵义市。

遵义县,洪武五年正月改播州总管为播州长官司,万历二十九年四月改为县,与府同治白田坝,在今遵义市。

桐梓县,万历二十九年四月置。治在今贵州桐梓县。

真安州(真州长官司参见)

明玉珍设真州,明洪武十七年置真州长官司,隶播州宣慰司。万历二十九年四月改为真安州,领绥阳、仁怀2县。州治在今贵州道真县南旧城区。

绥阳县,万历二十九年四月置。治在今贵州绥阳县。

仁怀县,万历二十九年四月置。治在今贵州赤水市。

(七) 叙州府

洪武六年六月戊戌改元叙州路为府,元末长宁州、戎州、珙州、高州分别改为长宁县、戎县、珙县、高县,永宁路飞地筠连州也降为县,5县俱直隶于府,加上叙州路原有的宜宾、庆符、南溪3县以及由富顺州所改的富顺县,府下共有9直辖县。此后,叙州府的属县也有一些设废变化,但到洪武十三年十一月后,府下仍辖9县。从此一直到正德十三年四月高县改高州才有所变化。高

---

① 《太祖实录》卷71。

县升高州后，筠连、珙2县改隶于州。嘉靖四十五年底府下析置隆昌县，万历二年戎县改名兴文县。此后，府下领7直辖县、1州、2州辖县。

天启三年(1623)永宁宣抚司地归叙州府。

叙州府，元为叙州路，洪武六年六月戊戌“四川请设叙州府治，俱从之”①，改叙州府。万历二年后领州1、县9。治在今四川宜宾市。

宜宾县，倚。治在今宜宾市。

南溪县，治在今四川宜宾市南溪区。

庆符县，洪武十年五月省入宜宾县，十三年十一月复置。治在今四川高县庆符镇。

富顺县(富顺州参见)，洪武六年改元富顺州为县。治在今四川富顺县。

长宁县(长宁州参见)，洪武五年降长宁州为县，洪武六年属叙州府。治在今四川长宁县双河镇。

兴文县(戎县参见)，洪武四年降元戎州为戎县，洪武六年属叙州府。万历二年二月辛亥改名兴文县。治在今四川兴文县僰王山镇。

隆昌县，嘉靖四十五年十二月壬辰“设四川隆昌县于泸州、富顺、荣昌县之中，属叙州府”②。治在今四川隆昌县。

高州(高县参见)

洪武五年降元高州为高县，洪武六年属叙州府。正德十三年四月丙戌升县为州。治本在今四川高县怀远寨，正德十三年迁今高县文江镇。领县2。

筠连县(筠连州、腾川县参见)，洪武六年降永宁路筠连州为县，直属叙州府，废州下原有附郭的腾川县。十年五月省筠连县入高县，十三年十一月复置。正德十三年四月改属高州。筠连州、筠连县、腾川县治在今四川筠连县。

珙县，明玉珍改元下罗计长官司为珙州，洪武四年降珙州为县，直隶叙州府，十年五月省，十三年十一月复置。正德十三年四月改属高州。治本在今四川珙县老堡寨，天顺八年(1464)迁今珙县珙泉镇，明末迁上罗场。

宣化县，元叙州路属县，洪武四年省。

(八) 龙安府(龙州直隶州、保宁府龙州、龙州宣抚司参见)

洪武六年十二月丙午“立四川龙州，以土官薛文胜为知州”③，直隶四川行

---

① 《太祖实录》卷83。
② 《世宗实录》卷566。
③ 《太祖实录》卷86。

省,领江油县。州为土州。九年四月州改属保宁府,十年五月废江油县,十四年正月乙未改龙州为松潘安抚司,二十年正月乙丑“改四川松潘安抚司为龙州”①,二十二年九月辛未“改四川龙州为军民千户所”②,后得设龙州,宣德九年十月丙辰改州为宣抚司③,直隶布政司,嘉靖四十五年十二月壬辰升为龙安府,江油、石泉2县改属其下,府改设流官。万历十八年新设龙安县,后改名平武。州治本在今四川青川县清溪镇,洪武二十二年迁治于今四川平武县。

《明史》卷43《地理志四》记“(洪武)二十年正月仍改为龙州。二十二年九月改龙州军民千户所。二十八年十月升龙州军民指挥使司,后复曰龙州。宣德七年改龙州宣抚司,直隶布政司”。按《太祖实录》洪武二十八年十月“诏总兵官左都督杨文置龙州军民指挥使司,调驯象卫官军筑城守御”④,驯象卫属广西都司,距离四川龙州甚远,且《寰宇通志》、《大明一统志》都未提到四川龙州改军民指挥使司一事,则这里的“龙州”应指广西龙州,因为此时都督杨文正在广西南丹、奉议一带讨伐⑤,《明史》卷43《地理志四》误把广西龙州改军民指挥使司当作四川龙州军民千户所改军民指挥使司。且按《宣宗实录》卷113龙州改宣抚司当在宣德九年十月丙辰。

平武县,倚。万历十八年四月甲午置龙安县,十九年改名平武。治在今平武县。

江油县,元末省,明玉珍复置,明初隶龙州。洪武十年五月省入梓潼县,十三年十一月复置,属剑州。嘉靖四十五年十二月壬辰改属龙安府。治在今四川江油市东北武都镇。

石泉县,本属安州,洪武四年废州,县改直属成都府。嘉靖四十五年十二月壬辰改属龙安府。治在今四川北川羌族自治县治城。

(九)马湖府

洪武四年十二月壬辰“四川马湖路总管安济遣其子仁来朝,贡方物……诏改马湖路为马湖府,以安济为知府,世袭其官”⑥。府属四川行省,领泥溪、平夷、蛮夷、雷坡4长官司和沐川州,不久沐川州改为长官司。雷坡长官司于洪

---

① 《太祖实录》卷180。
② 《太祖实录》卷197。
③ 《宣宗实录》卷113宣德九年十月丙辰记“以龙州为龙州宣慰司,升土官知府薛忠义为宣抚”,万历《四川总志》、《大明一统志》、《明会典》、《土官底簿》等均为“龙州宣抚司”,今从后者。
④ 《太祖实录》卷242。
⑤ 《明史》卷3《太祖纪三》。
⑥ 《太祖实录》卷70。

武二十六年废。万历十七年改泥溪长官司为屏山县，仍隶于府。府本为土府，弘治八年(1495)改为流官知府[①]。府治在今四川屏山县。

屏山县(泥溪长官司参见)，倚。洪武四年十二月置泥溪长官司，万历十七年三月丙辰改屏山县。治在今屏山县屏山镇。

平夷长官司，洪武四年十二月置。治本在今屏山县新安镇东，万历中移至今新安镇。

沐川长官司(沐川州参见)，洪武四年十二月改沐川长官司为沐川州，寻复为长官司。治在今四川沐川县。

蛮夷长官司，洪武四年十二月置。治在今屏山县新市镇。

雷坡长官司，洪武四年十二月置，二十六年省。治在今四川雷波县。

(十) 镇雄府(芒部府、芒部军民府参见)

洪武十五年正月己未，改元茫部路为芒部府[②]，是为土府，属云南布政司，领益良州、强州。十六年正月辛未"以云南所属乌撒、乌蒙、芒部三府隶四川布政使司，先是乌撒等部诸蛮复叛……至是悉平，以其地近四川，故割隶之"[③]，府改隶四川布政司。十七年五月辛丑"割云南东川府隶四川布政使司，改乌撒、乌蒙、芒部为军民府"[④]。寻废二州。正德十六年十一月设白水江簸酬长官司。嘉靖五年四月己未改芒部军民府名为镇雄，改设流官，增设怀德、威信、归化、安静4长官司。嘉靖九年后复设土知府。万历三十七年五月去"军民"二字。治本在今云南镇雄县北芒部镇，成化中徙今县治。

白水江簸酬长官司，正德十六年十一月置。治在今云南彝良县北。

怀德长官司，本劫佐寨，嘉靖五年四月置。治在今彝良县东南陆角寨。

威信长官司，本母向赛，嘉靖五年四月置。治在今镇雄县母享乡。

归化长官司，本夷良寨，嘉靖五年四月置。治在今彝良县。

安静长官司，本落角寨，嘉靖五年四月置。治在今镇雄县西北六角平。

益良州、强州，元茫部路属州，洪武十五年正月属芒部府，十七年后废。益良州治在今彝良县，强州在今彝良县东北。

(十一) 乌蒙军民府

洪武十五年正月改乌蒙路为乌蒙府，是为土府，属云南布政司，领归化州，

---

① 《明史》卷311《四川土司传一》记"弘治八年土知府安鳌有罪伏诛……遂改马湖府为流官知府"。
② 《太祖实录》卷143。
③ 《太祖实录》卷151。
④ 《太祖实录》卷162。

州寻废。十六年正月辛未改属四川布政司。十七年五月改为军民府。治在今云南昭通市西北旧圃镇。

归化州，洪武十五年三月置，属乌蒙府，寻废。治在乌蒙军民府北。

（十二）乌撒军民府

洪武十五年正月改元乌撒路为府，是为土府，属云南布政司。十六年正月辛未改属四川布政司。十七年五月升为军民府。治在今贵州威宁县。

（十三）东川军民府

洪武十五年正月改元东川路为府，是为土府，属云南布政司，三月己未起领姜、会理、麻龙、通安 4 州。十七年正月升为军民府，属四川布政司。当年麻龙县由会川府改属麻龙州。二十一年六月因“东川诸蛮据乌山路劫寨而叛”[①]，府州县俱废。二十六年五月丁已“复置东川军民府，以土官摄赛为知府”[②]。府治在今云南会泽县。

姜州，元属会川路，治在今四川会东县西南姜州；会理州，元属会川路，治在今会东县；麻龙州，元属会川路，治在今四川会理县东；通安州，元属会川路，治在今会理县南通安镇。洪武十五年三月 4 州俱改属东川府。又有麻龙县，本属会川府，洪武十七年改属麻龙州，治在今会理县附近。洪武二十一年后 4 州、1 县俱废。

直隶州

（一）潼川直隶州（潼川府、郪县参见）

元末为四川行省潼川府，直领郪（附郭）、中江、射洪、盐亭 4 县，并有遂宁州（领小溪县、蓬溪县）、绵州（领彰明县、罗江县），小溪县于明玉珍时省。洪武四年依旧设府，增设普州，领安岳县，而绵州及所辖 2 县改隶成都府。洪武九年四月甲午“改……潼川府为潼川州，革所属郪县，改遂宁州为县”[③]，潼川州为直隶州，遂宁县与蓬溪县一起隶于州。同年普州废，安岳县改隶于潼川州。成化元年州下增设乐至县，此后州领县 7。潼川府、州、郪县治在今四川三台县。

射洪县，洪武四年属潼川府，九年四月属潼川直隶州，十年五月省入盐亭

---

① 《太祖实录》卷 191。
② 《太祖实录》卷 227。
③ 《太祖实录》卷 105。

县，十三年十一月复置。治在今四川射洪县金华镇。

中江县，洪武四年属潼川府，九年四月属潼川直隶州，十年五月省入州，十三年十一月复置。治在今四川中江县。

盐亭县，洪武四年属潼川府，九年四月属潼川直隶州。治在今四川盐亭县。

遂宁县(遂宁州参见)，元潼川府遂宁州，领小溪(附郭)、蓬溪2县。小溪县明玉珍时省。洪武四年依旧设州，领蓬溪县。九年四月州降为县，属潼川直隶州。治在今四川遂宁市。

蓬溪县，洪武四年为潼川遂宁州属县，九年四月直属潼川直隶州，十年五月省入遂宁县，十三年十一月复置。治在今四川蓬溪县。

安岳县，洪武四年置县，隶潼川府普州，九年州废，县直隶潼川州。治在今四川安岳县。

乐至县，成化元年七月己酉置，属潼川州。正德九年改属成都府简州，嘉靖元年四月壬寅还属潼川州。治在今四川乐至县。

普州，洪武四年为潼川府属州，领安岳县(附郭)。九年州废。治在今安岳县。

(二) 眉州直隶州(眉州、眉县参见)

元为嘉定府路属州，领彭山、青神2县。洪武四年属嘉定府，领县依旧。九年四月甲午"改四川嘉定府为嘉定州，革所属龙游县，改邛、眉、荣三州俱为县"，眉县与彭山、青神2县俱隶嘉定直隶州。十三年十一月升眉县为直隶州，彭山、青神、丹棱3县改隶其下。眉州、眉县治在今四川眉山市。

彭山县，洪武四年为眉州属县，九年四月改隶嘉定直隶州，十年五月省入眉县。十三年十一月复置，隶眉州直隶州。治在今四川眉州市彭山区。

青神县，洪武四年为眉州属县，九年四月改隶嘉定直隶州，十年五月省入州。十三年十一月复置，隶眉州直隶州。治在今四川青神县。

丹棱县，洪武六年十二月甲寅"开设州县九……浦江、丹棱隶嘉定府"[①]，九年四月属嘉定直隶州，十年五月省入眉县，十三年十一月复置，改属眉州直隶州。治在今四川丹棱县。

(三) 邛州直隶州(邛县参见)

元为嘉定府路属州，领大邑县。洪武四年属嘉定府，领县依旧。九年四月降为邛县，与大邑县同属嘉定直隶州。成化十九年二月乙丑升为直隶州，大邑县与蒲江县隶之。治在今四川邛崃市。

---

① 《太祖实录》卷86。

大邑县，洪武四年属邛州，九年四月属嘉定直隶州，十年五月省入邛县，十三年十一月复置。成化十九年二月改属邛州直隶州。治在今四川大邑县。

蒲江县，洪武六年十二月甲寅置，属嘉定府，九年四月属嘉定直隶州。成化十九年二月改属邛州直隶州。治在今四川蒲江县。

（四）嘉定直隶州（嘉定府、龙游县参见）

洪武四年改元嘉定府路为嘉定府，仍直领龙游（附郭）、夹江、峨眉、犍为4县和眉州（领彭山县、青神县）、邛州（领大邑县）。六年十二月增置荣州和丹棱县、蒲江县、威远县。九年四月降府为直隶州，同时省去附郭的龙游县，眉、邛、荣3州降为县，与彭山县、青神县、大邑县一起隶于嘉定州。此时嘉定州共领12县。

洪武十年五月彭山县、青神县、大邑县、丹棱县、威远县同时被废除，十三年十一月又复置5县，彭山、青神、丹棱3县改隶新设的眉州直隶州。成化十八年增设洪雅县；十九年二月大邑县、蒲江县改属由邛县设置的邛州直隶州。此后，嘉定州下余6县。嘉定府、州、龙游县治在今四川乐山市。

峨眉县，洪武四年隶嘉定府，九年四月起隶嘉定直隶州。治在今四川峨眉山市。

夹江县，隶属变化同峨眉县。治在今四川夹江县。

犍为县，隶属变化同峨眉县。治本在清溪镇，洪武九年迁今四川犍为县（玉津镇）。

洪雅县，成化十八年五月甲申“以……夹江县洪川等六乡去所治远，山林险恶，流民猥多”[①]而置。治在今四川洪雅县。

荣县（荣州参见），洪武六年十二月甲寅置荣州，属嘉定府。九年四月降州为县，属嘉定直隶州。治在今四川荣县。

威远县，洪武六年十二月甲寅置，属嘉定府。九年四月属嘉定直隶州。十年五月省入荣县，十三年十一月复置。治在今四川威远县。

（五）泸州直隶州（重庆府泸州参见）

元泸州属重庆路，洪武四年属重庆府，仍领江安、纳溪、合江3县。六年改直隶四川行省。州治在今四川泸州市。

纳溪县，洪武四年隶重庆府泸州，六年起属泸州直隶州。治在今四川泸州市纳溪区。

---

① 《宪宗实录》卷227。

江安县，隶属变化同纳溪县。治在今四川江安县。

合江县，隶属变化同纳溪县。治在今四川合江县。

（六）雅州直隶州（严道县参见）

洪武四年改元雅州直属四川行省，省百丈县和附郭的严道县，州只领荣经、名山2县。洪武六年置芦山县。洪武十年至十三年十一月名山县一度被废。雅州及严道县治在今四川雅安市。

名山县，洪武四年属雅州直隶州，十年省入州，十三年十一月复置。治在今四川雅安市名山区。

荣经县，明玉珍省，洪武初复置县。治在今四川荥经县。

芦山县，洪武六年十二月置。治在今四川芦山县。

百丈县，元雅州属县，洪武四年废。治在今雅安市名山区东北百丈镇。

直辖长官司

万历三十七年之时，四川布政司下尚直辖有平茶洞、溶溪2长官司。

第一，平茶洞长官司，洪武八年正月丙子置，本属酉阳宣抚司，十七年直隶布政司。治在今四川秀山县西北司城街。

第二，溶溪芝麻子坪长官司，洪武八年置，属湖广思南宣慰使司。十七年五月辛丑改直隶四川布政司。治在今秀山县西北溶溪。

其他政区设置

其一，明初管辖云、贵较迟，设置布政司也较晚，当地一些由于归附较早而设的政区、土司在洪武、永乐年间曾一度属于四川行省及四川布政司。

1. 普定军民府

元为普定路，洪武五年普定土官来朝，设普定府，后改军民府，隶四川行省。十八年七月己巳罢。洪武十五年三月己未起辖有习安、安顺、镇宁、永宁4州。府为土府，治在今贵州安顺市东南扬武。

习安州，洪武十五年三月属普定府，后废。

2. 安顺直隶州、镇宁直隶州、永宁直隶州（安顺州、镇宁州、永宁州参见）

3州俱于洪武十五年三月设，隶四川布政司普定府。十八年七月己巳府废后俱改直隶四川布政司，二十五年八月乙丑改隶贵州都司普定军民指挥使司。正统三年八月改直隶贵州布政司。

3州下洪武年间有宁谷寨、西堡、十二营、康佐、慕役、顶营6长官司,俱洪武十九年置,随州隶四川布政司。二十五年八月乙丑随州改隶贵州都司普定军民指挥使司。

3州及6长官司的变迁详见“贵州布政司”。

3. 普安军民府

元普安路,属云南行省,洪武十五年三月己未为府,属云南布政司,寻升军民府,二十七年四月改属四川布政司,永乐后废。治在今贵州盘县东旧普安。

普安州(贡宁安抚司、普安安抚司、普安直隶州参见),建文中置贡宁安抚司,属普安军民府。永乐元年正月改普安安抚司,属四川布政司。永乐十三年十二月丙戌改为普安州,直隶贵州布政司。详见“贵州布政司”。

4. 贵州宣慰司

洪武五年正月至永乐十二年三月前属四川行省及四川布政司。其下永乐十二年三月前存在的贵竹、水东、中曹蛮夷、龙里、白纳、底寨、乖西蛮夷、养龙、扎佐、青山等长官司俱随宣慰司一起隶于四川。详见“贵州布政司”。

5. 金筑安抚司(金筑长官司参见)

洪武五年三月置金筑长官司,属四川行省。十年正月改安抚司。十九年十二月属广西布政司。二十七年仍属四川布政司。二十九年属贵州卫。正统三年八月直隶贵州布政司。详见“贵州布政司”广顺州。

6. 都匀安抚司

洪武十九年十二月戊申置都匀安抚司,属四川布政司。二十三年十月丙寅改为都匀卫,属贵州都司。详见“贵州布政司”都匀府。

7. 思南宣慰司

洪武四年至五年六月前属四川行省。其下的水特姜、洪安、化济、思印江、施秉蛮夷、乌罗等在洪武五年六月之前已设置的长官司都曾随思南宣慰司隶四川行省,镇远州在洪武五年六月前亦随司隶四川。思南宣慰司及其下安抚司、长官司沿革详见“贵州布政司”。

其二,永宁、黎州、播州一带也有诸多的土官设置,它们都是在明朝末年或废,或改府州县,或改千户所。

1. 永宁宣抚司(永宁长官司参见)

元永宁路,领筠连州,州下有腾川县。洪武六年,筠连州降为县,直属叙州府,腾川县则废。洪武七年设永宁长官司,隶四川行省。八年正月甲子升宣抚司。天启三年(1623)废,地属叙州府。故城在西,即今四川叙永县叙永镇,洪武初徙治永宁河东。领长官司2。

九姓长官司，洪武六年十二月丙午置，隶永宁宣抚司。天启三年永宁司废后，六年改属泸州。治在今叙永县西北古宋西。

太平长官司，元大坝军民府，洪武中废。成化四年四月癸丑“改大坝为太平川，设太平长官司”①。天启三年废。治在今叙永县西大坝。

2. 黎州直隶州、黎州长官司、黎州安抚司

洪武五年依元黎州而设黎州，直隶四川行省，废附郭的汉源县。洪武九年七月甲戌改置为黎州长官司。十一年六月戊申升安抚司，直隶布政司。万历二十四年降为千户所，直隶都司。治在今四川汉源县北清溪镇。

3. 播州宣慰司

元播州宣抚司，属湖广行省。洪武五年正月乙丑改属四川行省。十五年二月己卯改属贵州都司。二十七年四月庚辰改属四川布政司。万历二十九年四月丙申改置遵义军民府。治在今贵州遵义市。永乐四年后领 3 安抚司、6 长官司，成化十三年至二十三年一度增设安宁安抚司及其下怀远、宣化 2 长官司。

黄平安抚司，洪武七年十一月丁亥置，属播州宣慰司。万历二十九年四月改为黄平州。治在今贵州黄平县西北旧州镇。

草塘安抚司，洪武十七年六月丁丑置，属播州宣慰司，万历二十九年四月省入瓮安县。治在今贵州瓮安县东北草塘。

瓮水安抚司，《大清一统志》卷 393 记“明洪武十七年土酋犹恭以地归附，授安抚司”，万历二十九年四月改为瓮安县。治在今瓮安县西北瓮水司村。瓮水安抚司在明代无朝廷正式的官印，《明会典》等文献未记载该司。

播州长官司，元播州总管，洪武五年正月改为播州长官司，属播州宣慰司。万历二十九年四月改遵义县。治在今遵义市。

余庆长官司，洪武十七年置，属播州宣慰司。万历二十九年四月改为余庆县。治在今贵州余庆县西北余庆司。

白泥长官司，洪武十七年置，属播州宣慰司，万历二十九年四月省入余庆县。治在今余庆县。

重安长官司，永乐四年九月丙寅置，属播州宣慰司，万历二十九年四月省入瓮安县。治在今贵州黄平县西南重安江。

容山长官司，洪武中置，属播州宣慰司。万历二十九年四月省入湄潭县。治在今贵州湄潭县东。

---

① 《宪宗实录》卷 53。

真州长官司，见遵义军民府真安州。

安宁宣抚司，《宪宗实录》成化十三年二月戊戌记“设四川安宁安抚司并怀远、宣化二长官司，以二司隶安宁，属播州宣慰司管辖”①，但《明史》卷43《地理志四》却记此时所立为安宁宣抚司。查明代《椒邱文集》卷32《奏议集略》等奏章中皆记为安宁宣抚司，今从《明史》。安宁宣抚司及二长官司地皆在播州宣慰司境，应归播州宣慰司管辖。《明史》卷312《四川土司传二》播州宣慰司条提到正德十二年时“安宁已革，不可复”，而《见素集》中记安宁宣抚司的废除是早在距正德五年“二十余年”前，当在成化二十三年何乔新处置安宁宣抚司时废除了该司及2长官司②。《椒邱文集》卷32《奏议集略》记载安宁司是由播州重安长官司湾溪地析置，重安司治在今黄平县西南重安江沿岸，安宁司当距此不远。

怀远长官司、宣化长官司，俱成化十三年二月与安宁宣抚司同时置。怀远长官司治在天坝干一带，《御批历代通鉴辑览》卷106记天坝干“蛮寨名，地在今遵义府播州废司境”，播州长官司治在今遵义市。怀远司治当在其附近。《椒邱文集》卷32《奏议集略》记宣化长官司乃析容山长官司地置，容山司治在今湄潭县东，宣化司治当在此附近。

其三，洪武至永乐初四川还有其他一些存在时间很短的州及土官设置。

1. 酉阳直隶州

明玉珍时改元酉阳州为沿边溪洞军民宣慰司。洪武五年四月庚子仍置酉阳州，属四川行省，同时兼置酉阳宣慰司。州为土州，洪武八年正月宣慰司改宣抚司前州已废。治在今四川酉阳县。

2. 松州直隶州

洪武四年设，隶四川行省。二十年正月罢州。治在今四川松潘县。

3. 天全六番招讨司

元六番招讨司。洪武六年十二月丙午改置天全六番招讨司，直隶四川布政司。二十一年二月庚午改隶四川都司。治在今四川天全县始阳镇。

其四，四川行都司辖区内明初存在的政区亦属于四川布政司。

1. 建昌府

元建昌路，属罗罗斯宣慰司。洪武十五年正月为府，属云南布政司，兼置建昌卫，属云南都司。府设土知府。洪武十五年十月壬辰，“割云南建昌府所

① 《宪宗实录》卷162。
② 相关事宜可参考(明)何乔新：《椒邱文集》。

属建安、永宁、泸、礼、里、阔、邛部、苏八州、中、北舍、泸沽三县，德昌府所属德昌、威、龙、普济四州，会昌府所属武安、黎溪、永昌三县，俱隶四川布政使司"①，建昌府亦改隶四川布政司。二十五年六月，升建昌卫为军民指挥使司，废府。府治在今四川西昌市。

建安州、永宁州、泸州、里州、阔州，元俱属建昌路，洪武十五年三月俱属建昌府，二十五年六月废。建安、永宁 2 州治在今西昌市，泸州治在今西昌市南，里州治在今四川布拖县特里木镇，阔州治在今四川宁南县东南华弹镇。

邛部州（邛部军民府、邛部长官司参见），元属建昌路。洪武十五年三月属建昌府，二十五年六月属建昌军民指挥使司。二十七年四月升军民府，仍属四川布政司，寻仍为州，属越嶲卫。永乐元年五月改为长官司，仍属越嶲卫。治在今四川越西县北大屯。

礼州（泸沽县参见），元礼州，领泸沽县，属建昌路。洪武十五年三月属建昌府，仍领泸沽县。二十五年六月属建昌军民指挥使司。二十七年后，州县俱废。州治在今西昌市西北礼州，泸沽县治在今四川冕宁县南泸沽。

苏州，元属建昌路，洪武十五年三月属建昌府。二十五年六月，州废。治在今冕宁县。

中县，元属建昌路。洪武十五年三月改属永宁州。十七年改属苏州，后废。治在今四川昭觉县东中回甸。

北社县（碧舍县参见），元属建昌路，洪武十五年三月因之，寻改为碧舍县，后废。治在今昭觉县南坪乡汉呷老城。

隆州，洪武十五年三月属建昌府，寻废。治在今四川德昌县北。

2. 德昌府

元有德昌路，下有昌、德、威龙、普济 4 州。洪武十五年三月改为德昌府，仍领 4 州，属云南布政司，十月壬辰改属四川布政司，洪武二十七年后，府州俱废。治在今四川德昌县。

昌州，元属德昌路。洪武十五年三月属德昌府。洪武二十七年废州。永乐二年七月改置昌州长官司，属建昌卫。治在今德昌县王所乡昌州所。

威隆州，元威龙州，属德昌路。洪武十五年三月以"龙"为"隆"，属德昌府。洪武二十七年废州。永乐二年七月改置威龙长官司，属建昌卫。治在今四川米易县东北威龙村。

普济州，元普济州，属德昌路。洪武十五年三月属德昌府。洪武二十七年

① 《太祖实录》卷 149。

废州。永乐二年七月改置普济长官司，属建昌卫。治在今米易县普威。

德州，元德州，属德昌路。洪武十五年三月属德昌府。洪武二十七年废州。治在今德昌县德州镇。

3. 会川府

元会川路，属罗罗斯宣慰司，领武安、永昌、会理、黎溪、麻龙、姜州、通安7州。洪武十五年三月为府，属云南布政司，增设麻龙县，改姜州、通安州、会理州与麻龙州属东川府[①]。十月壬辰府改属四川布政司。二十六年四月丙子，府废。二十七年四月复置府，九月丁未复废。治在今四川会理县城关镇。

永昌州（永昌县参见）、武安州（武安县参见）、黎溪州（黎溪县参见），元俱属会川路，洪武十五年三月俱属会川府，十月俱改为县，二十四年二月复为州。二十七年后，府州俱废。永昌州、永安县治在今会理县南，武安州、武安县治在今会理县，黎溪州、黎溪县治在今会理县西南黎溪。

麻龙县，洪武十五年三月设，属会川府，十七年改属东川府麻龙州，洪武二十一年后废。治在今会理县东。

姜州、会理州、麻龙州、通安州详见东川府。

① 《太祖实录》卷143。

第九章　江西布政司

明代的江西布政司北界长江，南靠南岭，东西处于武夷、罗霄二山脉之间，辖区与今日之江西省大体相当。明代江西行省及布政司与元代的江西行省有沿承关系，但二者的辖区差距很大。元代江西行省南北狭长，北依长江，南面包含了今天的江西大部分及广东省，直抵南海。壬寅年(1362)正月朱元璋在取得吉安后，设置江西行省，二月迁治洪都，即今江西南昌。在与陈友谅的不断战争中，朱元璋逐渐控制了赣州路以北的地域，陆续改元路为府，江西行省至洪武初已有南昌、九江、南康、临江、瑞州、袁州、抚州、建昌、吉安、南安、赣州、饶州、广信 13 府。

明初江西 13 府中元末遗留下的属州都被改为县，元末直隶江浙行省的铅山直隶州和直隶江西行省的南丰直隶州也降为县。洪武九年(1376)六月改江西行省为江西承宣布政使司。直到弘治十六年(1503)宁县改宁州之前，江西布政司政区一直为布政司—府—县三级制。宁州是明代洪武以后江西布政司历史上唯一的属州。

洪武九年之后，除宁县改宁州以及陆续增设的 10 县外，江西布政司的政区再无变化。后来新设的县中，只有嘉靖四十一年(1562)五月至四十二年正月间属于江西布政司的平远县使江西的辖区稍有变化。万历六年(1578)增设泸溪县后，江西布政司下有 13 府、1 属州、77 县。下文以此为时间断限，叙述江西布政司府州县的变迁(见图 7)。

(一) 南昌府

元末的龙兴路下有南昌(附郭)、新建(附郭)、进贤、奉新、靖安、武宁 6 县，富州、宁州 2 州及隶于宁州的分宁县。壬寅年正月在取得龙兴路后，改路为洪都府，州县数目及隶属关系依旧。癸卯年(1363)八月洪都府改名为南昌府。

明代南昌府州县主要的变化都和 2 州有关。洪武二年宁州与分宁县一起改为宁县，九年十二月富州降为丰城县，至此府下共领有 8 县。弘治十六年七月宁县重新升为宁州，这之后至明末，南昌府的 7 县、1 州再未发生过改变。

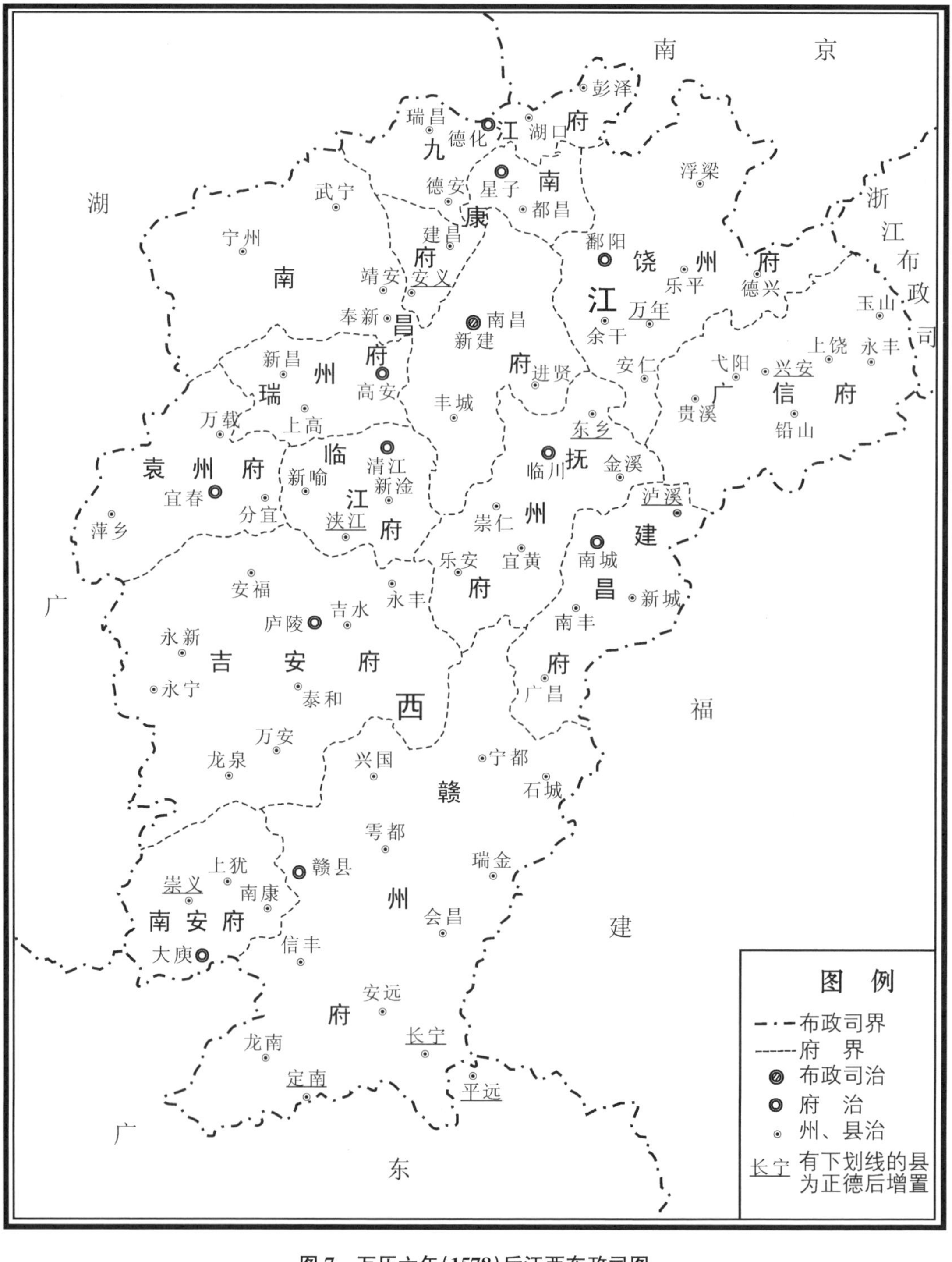

图 7　万历六年(1578)后江西布政司图

南昌府(洪都府参见),元龙兴路,属江西行省。壬寅年正月戊辰"改龙兴路为洪都府"①,癸卯年八月壬戌"复改洪都府为南昌府"②。弘治十六年七月后领州1、县7。治在今江西南昌市。

南昌县,倚。《明史》卷43《地理志四》记"故城在东。今城,明太祖壬寅年改筑",《太祖实录》载壬寅年二月"辛卯,上既定洪都,乃经度城守,以旧城西面临水,不利守御,命移入三十步,东南空旷,复展二里余"③,明代县城比元代城址靠东,都在今南昌市。

新建县,倚。治在今南昌市。

丰城县(富州参见),元末为龙兴路富州。明初仍为州,洪武九年十二月己卯"改江西南昌府富州为丰城县"④。治在今江西丰城市。

进贤县,治在今江西进贤县。

奉新县,治在今江西奉新县。

靖安县,治在今江西靖安县。

武宁县,治在今江西武宁县。

宁州(分宁县、宁县参见)

元末有宁州,下有附郭的分宁县。雍正《江西通志》卷19载"宁州署……明洪武二年改州为县",即废宁州、分宁县,设宁县。弘治十六年七月甲午"升江西南昌府宁县为宁州,仍隶本府"⑤。治在今江西修水县。

(二) 瑞州府

明代瑞州府是在元末瑞州路的基础上改设的,高安、上高2县依旧,新昌州降为新昌县。洪武二年之后瑞州府一直领此3县。

瑞州府,元瑞州路,属江西行省。瑞州路周围的龙兴、袁州诸路皆是在壬寅年改设为府的,瑞州路改府也当在这一年,正德《瑞州府志》记"洪武二年改路为府"⑥,实误。领县3。治在今江西高安市。

高安县,倚。治在高安市。

上高县,治在今江西上高县。

新昌县,元新昌州。洪武二年降为县。治在今江西宜丰县。

---

①③ 《太祖实录》卷10。
② 《太祖实录》卷13。
④ 《太祖实录》卷110。
⑤ 《孝宗实录》卷201。
⑥ 正德《瑞州府志》卷1《建置沿革》。

(三) 九江府

元代江州路领有德化(附郭)、德安、瑞昌、湖口、彭泽5县,辛丑年(1361)江州路改九江府后[①],仍领这5县。府治在今江西九江市。

德化县,倚。治在今九江市。

德安县,治在今江西德安县。

瑞昌县,治在今江西瑞昌市。

湖口县,治在今江西湖口县。

彭泽县,治在今江西彭泽县。

(四) 南康府(西宁府参见)

元末南康路下有星子(附郭)、都昌2县及建昌州。朱元璋于辛丑年八月攻取南康,当月"甲辰,遣兵取南康,克之,改为西宁府"[②],壬寅年四月癸未"复以西宁府为南康府"[③]。府治在今江西九江市星子县。

洪武二年建昌州降为建昌县,正德十三年(1518)二月从建昌县又析出安义县,所以《明史》卷43《地理志四》记南康府"领县四"。

星子县,倚。治在今江西星子县。

都昌县,治在今江西都昌县。

建昌县(建昌州参见),元建昌州,雍正《江西通志》卷3记建昌州"洪武二年仍改为县"。治在今江西永修县西北艾城。

安义县,正德十三年二月癸酉析建昌县安义等五乡置。治在今江西安义县。

(五) 饶州府

饶州府是在元末饶州路的基础上设置的。辛丑年八月朱元璋刚取得饶州路时,一度改其为鄱阳府,寻改饶州府,元末饶州路下的鄱阳(附郭)、德兴、安仁3县与乐平、余干、浮梁3州依旧。洪武初年3州陆续改为同名的县,府下为6县。

正德七年八月增设万年县,自此,饶州府下共有7县。

饶州府(鄱阳府参见),元饶州路,属江浙行省。《明史》卷43《地理志四》记"太祖辛丑年八月为鄱阳府",根据《太祖实录》这一月戊申条[④]记载,当时陈友谅的部下吴宏以饶州降朱元璋,朱元璋仍命吴宏守饶州,当是此时改饶州路为鄱阳府,寻又改名饶州府。初隶江南行省,壬寅年正月置江西行省后隶江西。治今江西鄱阳县。正德七年八月后领县7。

---

① 《明史》卷43《地理志四》记"太祖辛丑年为九江府"。

②④ 《太祖实录》卷9。

③ 《太祖实录》卷11。

鄱阳县，倚。治在今鄱阳县。

余干县（余干州参见），元余干州。《大清一统志》卷240余干县条记洪武四年改州为县。治在今江西余干县。

乐平县（乐平州参见），元乐平州。《大清一统志》卷240乐平县条记洪武四年改州为县。治在今江西乐平市。

浮梁县（浮梁州参见），元浮梁州。《大清一统志》卷240浮梁县条记洪武四年改州为县。治在今江西浮梁县。

德兴县，治在今江西德兴市。

安仁县，治在今江西余江县东北锦江镇。

万年县，正德七年八月庚午“新设东乡、万年二县，东乡隶抚州，万年隶饶州……以二县地广盗多……从总制都御史陈金请也”[①]。治在今江西万年县西南城厢镇。

（六）广信府

元末信州路下有上饶（附郭）、玉山、弋阳、贵溪、永丰5县，庚子年（1360）闰五月“甲申，改信州路为广信府”[②]，仍领上述5县。洪武二年直隶于江西行省的铅山州降为铅山县，属广信府。嘉靖三十九年八月又从弋阳、上饶等县分置兴安县，此后，广信府共领7县。府治在今江西上饶市。

上饶县，倚。治在今上饶市。

玉山县，治在今江西玉山县。

弋阳县，治在今江西弋阳县。

贵溪县，治在今江西贵溪市。

铅山县（铅山直隶州参见），元铅山州，直隶江浙行省，治在八树岭之南。壬寅年正月属江西行省。嘉靖《广信府志》卷1《地舆志》载“复铅州为县，实洪武二年也”，改直隶州为县，并迁治于今江西铅山县东南永平镇。

永丰县，治在今江西广丰县。

兴安县，嘉靖三十九年八月丁巳“初设江西兴安县，属之广信府。先是上饶、弋阳二县之间有横峰窑者，咸四方民流寓其间，以陶为业，呰窳偷生，无所积聚，一遇凶年，辄鼓噪行劫，郡中官吏远，不能制，居民苦之，至是抚臣何迁请割二县地，设县其中，以便弹压。……从之”[③]。以弋阳县之横峰寨置兴安县，

---

① 《武宗实录》卷91。
② 《太祖实录》卷8。
③ 《世宗实录》卷487。

析上饶、贵溪2县地益之。治在今江西横峰县。

(七) 建昌府

壬寅年正月改建昌路为肇昌府①,寻府名仍改为建昌。府继承了元末路下的南城(附郭)、新城、广昌3县,原本直隶于江西行省的南丰州洪武二年降为县,亦改隶于本府。广昌县本是建昌府在外飞地,洪武二年南丰直隶州改为县后,才与府境相连。

万历六年十二月,增设泸溪县。此后建昌府共领5县。

建昌府(肇昌府参见),元建昌路,属江西行省。太祖壬寅年正月"乙卯,改抚州路为临川府,建昌路为肇庆(应为昌)府,未几皆复其旧"②。治在今江西南城县。万历六年十二月后领县5。

南城县,倚。治在今南城县。

南丰县(南丰直隶州参见),元南丰州,直隶江西行省。明初仍直隶江西行省。"洪武二年改州为县"③,改隶建昌府。治在今江西南丰县。

新城县,治在今江西黎川县。

广昌县,治在今江西广昌县。

泸溪县,万历六年十二月庚子"建江西泸溪地方县治,即以泸溪名县"④。治在今江西资溪县。

(八) 抚州府(临川府参见)

元末抚州路下有临川(附郭)、崇仁、金溪、宜黄、乐安5县,壬寅年正月乙卯抚州路被改为临川府⑤,寻又改为抚州府,5县依旧。府治在今江西抚州市。

正德七年八月庚午,抚州府下增设东乡县。此后,府领6县。

临川县,倚。治在今抚州市。

崇仁县,治在今江西崇仁县。

金溪县,治在今江西金溪县。

宜黄县,治在今江西宜黄县。

乐安县,治在今江西乐安县。

---

① 正德《建昌府志》卷1《沿革》记为"肇昌府",《明史》卷43《地理志四》和《太祖实录》卷10误为"肇庆府"。

②⑤ 《太祖实录》卷10。

③ 正德《建昌府志》卷6。

④ 《神宗实录》卷82。

东乡县，正德七年八月庚午以临川县孝冈置县，析金溪、进贤、余干、安仁4县地益之。治在今江西东乡县。

(九) 吉安府

元末吉安路共领庐陵(附郭)、永丰、万安、龙泉、永宁5县及吉水、安福、太和、永新4州。壬寅年十二月明军取吉安，改路为吉安府，州县依旧。

洪武二年正月，4州一起被降为县，太和改泰和。自此后，吉安府领9县。

吉安府，元吉安路，属江西行省。《明史》卷43《地理志四》记“太祖壬寅年”设吉安府，这一年正月癸酉，吉安土军孙本立等降①，吉安路改府当在此后。治在今江西吉安市。洪武二年正月后领9县。

庐陵县，倚。治在今吉安市。

泰和县(太和州参见)，元吉安路太和州。明初隶吉安府。洪武二年正月甲子“改……江西之吉水、泰和、永新、安福州俱为县”②。治在今江西泰和县。

吉水县(吉水州参见)，元吉安路吉水州。明初隶吉安府。洪武二年正月甲子降为县。治在今江西吉水县。

永丰县，治在今江西永丰县。

安福县(安福州参见)，元吉安路安福州。明初隶吉安府。洪武二年正月甲子降为县。治在今江西安福县。

龙泉县，治在今江西遂川县。

万安县，治在今江西万安县。

永新县(永新州参见)，元吉安路永新州。明初隶吉安府。洪武二年正月甲子降为县。治在今江西永新县。

永宁县，治在今江西井冈山市宁冈东北新城。

(十) 临江府

朱元璋在癸卯年改元朝的临江路为临江府③，路下的清江县(附郭)和新淦、新喻2州属府。府治在今江西樟树市临江镇。

洪武二年，2州降为县。嘉靖五年四月，从新淦县析出峡江县。从此，临江府领4县。

清江县，倚。治在今江西樟树市临江镇。

新淦县(新淦州参见)，元新淦州。洪武二年降为县。治在今江西新干县。

---

① 《太祖实录》卷10。
② 《太祖实录》卷38。
③ 《明史》卷43《地理志四》记“太祖癸卯年为府”。

新喻县(新喻州参见),元新喻州,隆庆《临江府志》卷4“国朝洪武二年改州为县”。治在今江西新余市。

峡江县,嘉靖五年四月甲子“增设峡江县于江西临江府,以地方多盗故也”[1]。治在今江西峡江县。

(十一)袁州府

明代袁州府是庚子年由袁州路改设的,元代袁州路下的宜春(附郭)、分宜、万载3县,萍乡州依然隶于袁州府。

洪武初年,萍乡州降为县。自此,袁州府领4县。

袁州府,元袁州路,属江西行省。《明史》卷43《地理志四》记“太祖庚子年为府”,庚子年九月徐寿辉旧将殴普祥以袁州降,应在此时设府。治在今江西宜春市袁州区。洪武二年后领4县。

宜春县,倚。治在今宜春市袁州区。

分宜县,治在今江西分宜县南。

萍乡县(萍乡州参见),元萍乡州。洪武二年降为县。治在今江西萍乡市。

万载县,治在今江西万载县。

(十二)赣州府

元末赣州路下有赣、兴国、信丰、雩都4县及会昌、宁都2州,会昌州下有瑞金县,宁都州下有安远、龙南、石城3县。乙巳年(1365)改路为赣州府[2]时州县依旧。府治在今江西赣州市。

洪武初,2州被降为县,和其下原有的县一起改直隶于府。嘉靖至万历年间,赣州府又陆续增加了平远、定南、长宁3县,其中平远县嘉靖四十一年设置后,四十二年正月即改隶广东。所以万历四年三月设长宁县后,赣州府下有12县。

赣州府东南与福建、广东接界,山峦崇峻,明中后期一直是流民啸聚之地,嘉靖至万历年间增设的县都是为安抚流民而设。

赣县,倚。治在今赣州市。

雩都县,治在今江西于都县。

信丰县,治在今江西信丰县。

兴国县,治在今江西兴国县。

会昌县(会昌州参见),元赣州路会昌州,明初属赣州府。洪武二年降为县。治在今江西会昌县。

---

① 《世宗实录》卷63。

② 《明史》卷43《地理志四》记“太祖乙巳年为府”。

安远县，元属宁都州。洪武二年改直属府。治在今江西安远县。

宁都县（宁都州参见），元赣州路宁都州，明初属赣州府。洪武二年降为县。治在今江西宁都县。

瑞金县，元属会昌州。洪武二年改属府。治在今江西瑞金市。

龙南县，元属宁都州，明初随州属赣州府。洪武二年州废后，县改直属府。治在今江西龙南县。

石城县，元属宁都州。洪武二年州废后，县改直属府。治在今江西石城县。

定南县，隆庆三年（1569）三月戊午“增设定南县于赣州龙南县之莲塘，割龙南、安远、信丰三县丁粮与之”①。治在今江西定南县南老城。

长宁县，万历四年三月乙未“以江西赣州民叶楷之乱分割安远县马蹄冈为长宁县”②。治在今江西寻乌县。

平远县，嘉靖四十一年五月乙巳“设平远县治于程乡县之太平营，隶江西赣州府，从南赣都御史陆稳奏也”③，四十二年正月丁未“大臣上言……新设平远县远隶江西，不便”④，改属广东潮州府。治在今广东平远县北仁居。

（十三）南安府

元末南安路下有大庾（附郭）、南康、永清 3 县，乙巳年路改为府，领县依旧。洪武初改永清县名为上犹。

正德十四年三月丁酉为安定地方而设崇义县，自此南安府领 4 县。府治在今江西大余县。

大庾县，倚。治在今大余县。

南康县，治在今江西赣州市南康区。

上犹县（永清县参见），元永清县。洪武初更名上犹。治在今江西上犹县。

崇义县，正德十四年三月丁酉“添设江西崇义县……先是提督南赣等都御史王守仁言：上犹、大庾、南康三县相去三百余里，贼巢盘据其中，无虑八十所。大盗虽平，逋逐易集，其横水、大巢原属上犹县崇义里，适当三县之冲，宜即其地立新县，属南安府……而地方可安”⑤，遂置崇义县。治在今江西崇义县。

---

① 《穆宗实录》卷 30。
② 《神宗实录》卷 48。
③ 《世宗实录》卷 509。
④ 《世宗实录》卷 517。
⑤ 《武宗实录》卷 172。

第十章　湖广布政司

明代的湖广布政司是在元代河南江北行省南部和湖广行省北部基础上形成的，大致相当于今日湖南、湖北二省，地域辽阔，治于武昌府。元代时这里有着复杂且数量众多的不同层级政区，在长江以南尤其如此。在明代湖广布政司辖境内，元末路与路、路与府之间的辖区及路府州下属县的数目相差甚远，像汉阳府只有 2 县，而天临路却有 6 州、6 县；部分直隶州和属州没有属县，管辖范围很小。甲辰年(1364)二月乙卯[①]置湖广等处行中书省后，明初对湖广行省(见图 8)政区的调整主要集中在统县政区上，措施主要有二。

一是废除大部分直隶州。多数直隶州被降为府下的属州，耒阳、常宁、茶陵等无属县的直隶州则直接降为县。

二是部分辖区小、县数少的府相继被改为其他府的属州。明军占领湖广之初，元末的路无论大小、所辖州县无论多少，全部改成了府。洪武元年(1368)时，湖广的府数多达 24 府。从洪武九年开始对湖广的府进行了大规模合并，武冈府变为宝庆府武冈州，道州府、全州府分别成为永州府下的道州、全州，沅州府成为辰州府沅州，澧州府变为常德府澧州，兴国府降为州后属武昌府。

洪武九年六月改湖广行省为湖广承宣布政使司。洪武十四年，明初湖广行政区划大的调整基本结束，布政司下拥有武昌、汉阳、黄州、岳州、荆州、常德、衡州、长沙、辰州、襄阳、德安、永州、宝庆 13 府，沔阳、安陆、靖州、郴州、镇远 5 直隶州，桂阳、沅、道、全、武冈、澧、兴国、均、蕲、夷陵、归、随、荆门 13 属州。全州洪武二十七年改属广西，沔阳直隶州成化十二年(1476)改属郧阳府，成化十八年改茶陵县为州，明末湖广共有 14 属州，《明史》卷 44《地理志五》言“属州十七”是错误的。洪武年间的调整奠定了湖广明代统县政区的基本数量与地理范围。这之后，只有成化十二年从襄阳府分出郧阳府时和嘉靖十年(1531)改安陆直隶州为承天府时引起过较大的变化。

---

① 《太祖实录》卷 14。

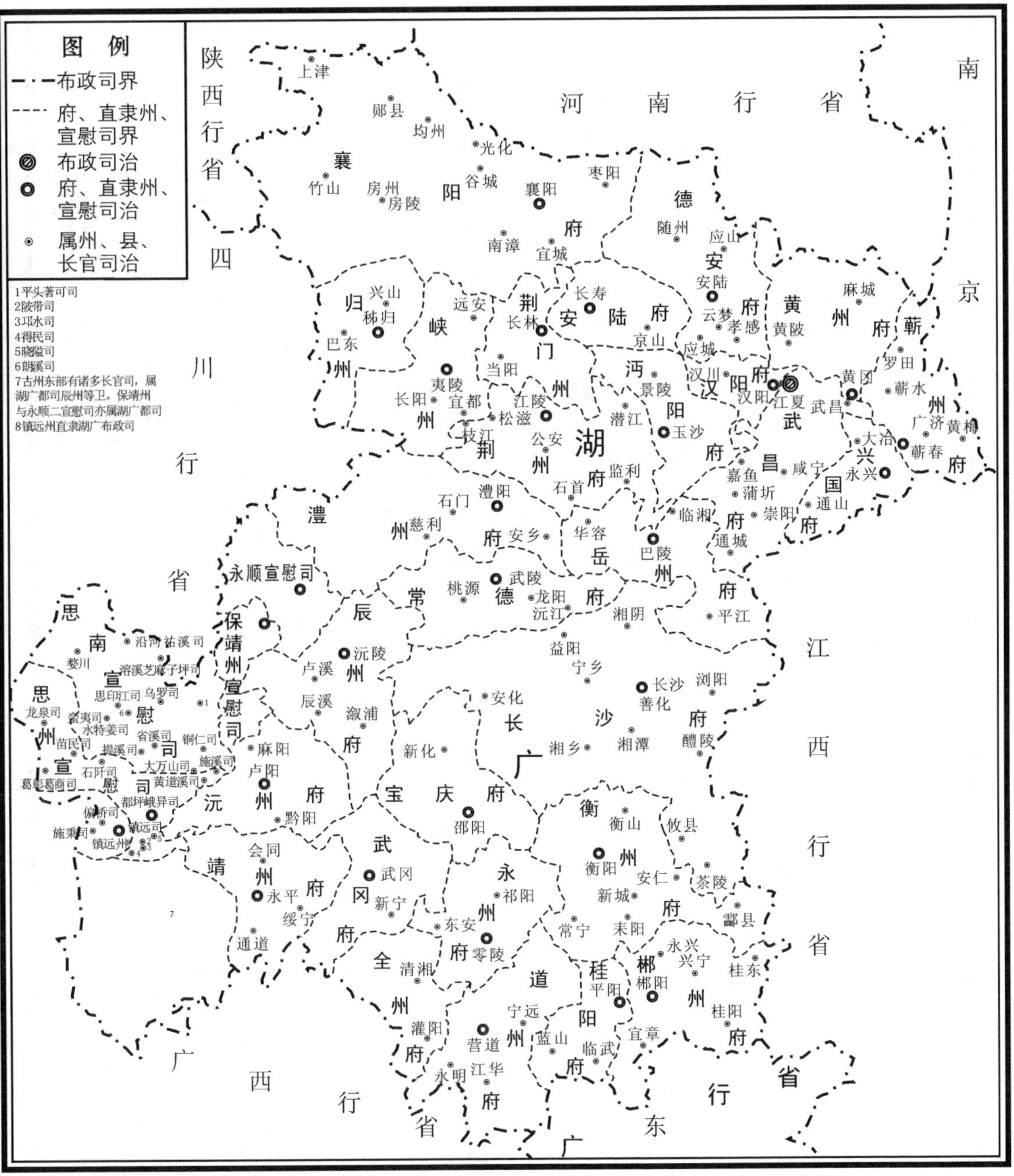

图 8　洪武八年(1375)湖广行省图

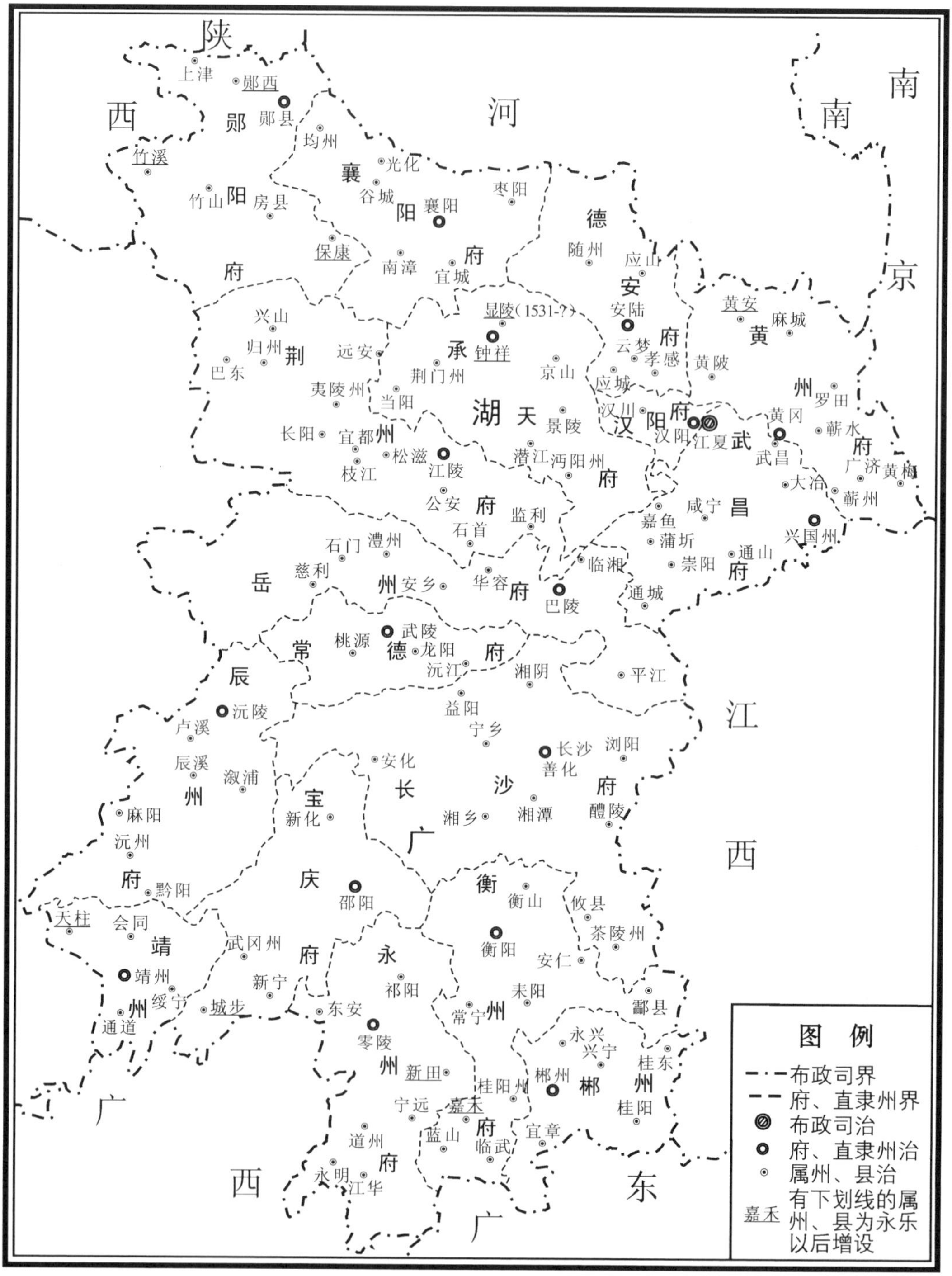

图9　崇祯十二年(1639)湖广布政司图

明代湖广的土司主要分布在西部及西南地区。洪武前后，各土司相继归附，明政府在这里设置了大量的宣慰司、宣抚司、安抚司、长官司等官职，名目繁多。最初这些土司或隶四川行省，或隶湖广行省，后又有隶于都司的，隶属情况复杂。洪武至永乐年间，明政府对湖广的土司也不断进行调整，减少数目，改变隶属关系。至永乐以后，湖广的土司绝大多数改隶湖广都司管辖。在《明史》卷44《地理志五》中有确切记载的土司都放在本卷第二编第五章第一节“湖广都司建置沿革”里加以考述。

《明史》卷44《地理志五》湖广部分记载的为明崇祯十二年(1639)之后的府州县，在卷首记载的县数“一百有八”有误，应为110县。下文即以崇祯十二年为断限，考述湖广布政司下府州县的变迁(见图9)。

府

(一) 武昌府

武昌府是甲辰年在元末武昌路基础上设置的，最初只领原武昌路下的江夏、咸宁、嘉鱼、蒲圻、崇阳、通城、武昌7县。洪武九年四月，兴国府降为武昌府兴国州，其下大冶、通山2县也随州隶府；同时汉阳府也改为武昌府下的汉阳州，汉阳、汉川2县随之改隶，这是明代武昌府面积最大、州县最多的时期，有直辖县7、州2、州辖县4。

洪武十三年五月，汉阳州又升为府，汉阳、汉川2县改属于汉阳府。武昌府从此有直辖县7、州1、州辖县2。

武昌府，元武昌路，甲辰年二月乙卯立湖广行省时改路为武昌府。治在今湖北武汉市武昌。洪武十三年五月后领州1、县9。

江夏县，倚。治在今武汉市武昌。

武昌县，治在今湖北鄂城市。

嘉鱼县，治在今湖北嘉鱼县。

蒲圻县，治在今湖北赤壁市。

咸宁县，本治今湖北咸宁市，陈友谅盘踞时改治于金水北岸，洪武年间又迁回今咸宁市。

崇阳县，治在今湖北崇阳县。

通城县，治在今湖北通城县。

兴国州(兴国府、永兴县参见)

元兴国路，领永兴(附郭)、大冶、通山3县。甲辰年二月设湖广行省时改路为兴国府，仍领3县。洪武九年四月“甲午……改兴国府为州，隶武昌府，革所属永兴县”①，州下大冶、通山2县随州隶武昌府。兴国府、州，永兴县治在今湖北阳新县。

大冶县，甲辰年二月至洪武九年四月属兴国府，之后属武昌府兴国州。治在今湖北大冶市。

通山县，变迁同大冶县。治在今湖北通山县。

洪武九年四月至十三年五月间汉阳州及所属汉阳、汉川2县属武昌府，详见汉阳府。

(二) 汉阳府

汉阳府(汉阳州参见)，元末为湖广行省汉阳府，下辖汉阳(附郭)、汉川2县。甲辰年仍设府。洪武九年四月甲午降府为武昌府属州，2县亦随州改属。十三年五月辛卯“复以湖广汉阳州为汉阳府”②，仍领2县。州治在今武汉市汉阳区。

汉阳县，倚。甲辰年二月至洪武九年四月属汉阳府，九年四月至十三年五月间属武昌府汉阳州，之后仍属汉阳府。治在今武汉市汉阳区。

汉川县，变迁同汉阳县。治在今湖北汉川市。

(三) 黄州府

甲辰年初设黄州府时，下领元末河南江北行省黄州路下的黄冈、麻城、黄陂3县。洪武九年四月，蕲州府降为黄州府蕲州，其下的蕲水、罗田、广济、黄梅4县随州改属；德安府降为德安州，其下的云梦、孝感、应城3县与州一起改属黄州府，原属于德安府的随州降为随县后，与原属随州的应山县改直隶黄州府。这是黄州府面积最大、州县最多的时期，共领5直辖县、2州、7州辖县。洪武十年五月，应城、随、孝感3县被废。十一年十月蕲水、罗田改直隶于府。

洪武十三年五月复升德安州为府，云梦县、应山县及重设的随州、应城县、孝感县改隶德安府。嘉靖四十二年黄州府下添设黄安县，直隶于府。此后，黄州府共领6直辖县、1州、2州辖县，再未添设州县。

黄州府，甲辰年改元末河南江北行省黄州路为湖广行省黄州府。治在今湖北黄冈市。嘉靖四十二年后领州1、县8。

黄冈县，倚。治本在今黄冈市南，洪武初迁至治今黄冈市。

麻城县，治在今湖北麻城市。

---

① 《太祖实录》卷105。
② 《太祖实录》卷131。

黄陂县，治在今武汉市黄陂区。

黄安县，嘉靖四十二年三月辛卯"诏设湖广黄安县，割麻城、黄冈、黄陂三县地益之，隶黄州府"①。治在今湖北红安县。

蕲水县，甲辰年至洪武九年四月前属蕲州府，之后改隶黄州府蕲州。十一年十月"以蕲水、罗田二县隶黄州府"②，改直隶于府。治在今湖北浠水县。

罗田县，变迁同蕲水县。治在今湖北罗田县。

蕲州（蕲州府、蕲春县参见）

元河南江北行省蕲州路，领蕲春（附郭）、罗田、蕲水、广济、黄梅 5 县。甲辰年改路为湖广行省蕲州府，领县依旧。洪武九年四月甲午"改蕲州府为蕲州，隶黄州府，革所属蕲春县"③。十一年十月，蕲水、罗田改直隶于黄州府，蕲州下仅余广济、黄梅 2 县。蕲州府、蕲州、蕲春县治在今湖北蕲春县西南蕲州镇。

广济县，甲辰年至洪武九年四月前属蕲州府，之后改隶黄州府蕲州。治在今湖北武穴市北梅川镇，崇祯末年迁治于江中的中洲，不久又迁回。

黄梅县，变迁同广济县。治在今湖北黄梅县。

德安州及云梦、孝感、应城、随县、应山县详见德安府。

（四）承天府

嘉靖十年之前治在今湖北钟祥的统县政区为安陆直隶州，它本是元末河南江北行省的安陆府，朱元璋在乙巳年（1365）将府改隶于湖广行省，当时府下只有京山 1 县。洪武三年设附郭的长寿县。洪武九年四月安陆府改直隶州时，长寿县又被废。

洪武二十四年安陆直隶州曾一度改隶河南布政司。

弘治四年（1491）之后兴王府迁于安陆，嘉靖皇帝便出于这一支，他视安陆为自己的龙兴之地，于嘉靖十年改安陆州为承天府，新设钟祥县为附郭县，同时增设显陵县，荆州府荆门州及其下的当阳县、沔阳直隶州及所属景陵县、直属荆州府的潜江县俱归本府。承天府下有 4 直辖县、2 州、2 州辖县，辖区比安陆州广阔。明末废显陵县。

承天府（安陆府、安陆直隶州参见），乙巳年改元末河南江北行省安陆府属湖广行省。洪武九年四月甲午"改安陆府为安陆州，革所属长寿县"，州为直隶

① 《世宗实录》卷 519。
② 《太祖实录》卷 120。
③ 《太祖实录》卷 105。

州。二十四年六月丙子“诏以襄阳、德安、安陆三府(注：安陆应为州)及随州隶河南……未几，复以襄阳等四府州顺流下武昌为便，复隶湖广”①。嘉靖十年八月辛丑改州为承天府，“附郭县曰钟祥，割荆州之荆门州，当阳、潜江二县及沔阳州、景陵县隶之”②。明末显陵县废后，府领州 2、县 5。治在今湖北钟祥市。

钟祥县(长寿县参见)，倚。元为安陆府附郭的长寿县，元末废，洪武三年复置，九年四月又废。嘉靖十年八月复置，改名钟祥。治在今钟祥市。

京山县，治在今湖北京山县。

潜江县，本属荆州府，嘉靖十年八月改属承天府。治在今湖北潜江市。

显陵县，嘉靖十年八月置，明末废除。治在今钟祥市东北明显陵。

1. 荆门州(荆门州直隶州、荆门县、长林县参见)

甲辰年二月乙卯改元代河南江北行省荆门州直隶湖广行省，仍领长林(附郭)、当阳 2 县。洪武九年四月改州为荆门县，省长林县入之，荆门县与当阳县俱改直隶于荆州府。十三年五月辛卯“升荆门县为州，以当阳县属焉”③，州属荆州府。嘉靖十年八月州改属承天府，仍领当阳县。荆门州、荆门县及长林县治在今湖北荆门市。

当阳县，甲辰年至洪武九年四月前属荆门直隶州，九年四月至十三年五月改直隶荆州府。十三年五月后隶于荆州府荆门州。嘉靖十年八月随州隶承天府。治在今湖北当阳市。

2. 沔阳州(沔阳府、沔阳直隶州、玉沙县参见)

元河南江北行省沔阳府，下辖玉沙(附郭)、景陵 2 县。明初依旧设府，改隶湖广行省，领县如故。洪武九年四月甲午“改沔阳府为沔阳州，革所属玉沙县”④，州直隶湖广行省及后来的湖广布政司，领景陵县。嘉靖十年八月改隶承天府。治在今湖北仙桃市西南沔城。

景陵县，洪武九年四月前属沔阳府，之后隶沔阳直隶州。嘉靖十年八月随州改隶承天府。治在今湖北天门市。

(五) 德安府

洪武元年依元旧设德安府，改隶湖广行省，仍领安陆(附郭)、云梦、应城、

① 《太祖实录》卷 209。
② 《世宗实录》卷 129。
③ 《太祖实录》卷 131。
④ 《太祖实录》卷 105。

孝感4直辖县，随州及所属随县、应山县。二年废随县。

洪武九年四月德安府降为黄州府属州，附郭的安陆县被废；同时随州降为随县后与应山县改直隶于黄州府，德安州下仅余云梦、孝感、应城3县。洪武十年五月应城、孝感废。

洪武十三年德安州又升为府，安陆、应城、孝感3县得以复置。府下重设随州，应山县也重隶于随州。从此，德安府下领4直辖县、1州、1州辖县。

洪武二十四年，德安府曾一度改属河南布政司。

德安府（德安州参见），洪武元年十月庚寅"以德安府隶湖广"①，九年四月甲午"改德安府为德安州，随州改随县，隶黄州府"②，十三年五月辛卯"复以……德安州为德安府"③，属湖广布政司。二十四年六月改属河南布政司，不久改回。府治在今湖北安陆市。洪武十三年后府领州1、县5。

《太祖实录》洪武九年十一月戊申记"以德安州隶武昌府"④，但十年五月戊寅又记应城、孝感隶黄州府⑤，且他史无德安州曾属武昌府的记载，《太祖实录》的记录有误。

安陆县，倚。洪武元年属德安府，九年四月德安府改黄州府属州后废县，十三年五月"复设德安府孝感、安陆、应城三县及随州应山县"⑥。治在今安陆市。

云梦县，洪武元年至九年四月属德安府，九年四月起为黄州府德安州属县，十三年五月直隶德安府。治在今湖北云梦县。

应城县，洪武元年至九年四月属德安府，九年四月起为黄州府德安州属县，十年五月"以……户粮多不及数……湖广并黄州府之随县入应山县，应城县入云梦县，孝感县入德安州"⑦。十三年五月重设，直隶德安府。治在今湖北应城市。

孝感县，变迁同应城县。治在今湖北孝感市。

随州（随县参见）

元德安府随州，下辖随（附郭）、应山2县。洪武元年依旧，二年正月甲子"并随县于随州"⑧。九年四月"改随州为随县"⑨，与应山县一起改直隶黄州府。十年五月省随县入应山县。十三年五月重设随州，属德安府，领应山1

① 《太祖实录》卷35。
②⑨ 《太祖实录》卷105。
③⑥ 《太祖实录》卷131。
④ 《太祖实录》卷110。
⑤⑦ 《太祖实录》卷112。
⑧ 《太祖实录》卷38。

县。随州、随县治在今湖北随州市。

应山县，洪武九年四月前为随州属县，之后直隶黄州府。十三年五月又改属德安府随州。治在今湖北广水市。

（六）岳州府（岳州直隶州参见）

甲辰年改元末湖广行省岳州路为府，仍领巴陵（附郭）、临湘、华容 3 县及平江州。洪武三年平江州降为县。九年四月甲午“改岳州府为岳州，革所属巴陵县……俱隶湖广行省”①，岳州为直隶州，领临湘、华容、平江 3 县。十四年正月戊子“复改湖广岳州为岳州府”②，同时复置巴陵县。洪武三十年，原属常德府的澧州及所属安乡、石门、慈利 3 县归属本府。府下共有 4 直辖县、1 州、3 州辖县。岳州府、岳州治均在今湖南岳阳市。

巴陵县，倚。甲辰年至洪武九年四月属岳州府，九年四月省县入岳州，十四年正月复置，仍隶岳州府。治在今岳阳市。

临湘县，甲辰年至洪武九年四月属岳州府，九年四月至十四年正月隶岳州直隶州，十四年五月之后仍隶岳州府。治在今湖南临湘市西北陆城。

华容县，变迁同临湘县。治在今湖南华容县。

平江县（平江州参见），元为岳州路平江州，甲辰年为岳州府平江州。洪武三年改州为县，九年四月至十四年正月平江县隶岳州直隶州，十四年五月之后仍隶岳州府。治在今湖南平江县。

澧州（澧州府、澧阳县参见）

甲辰年改元末澧州路为澧州府，领澧阳（附郭）、石门、安乡 3 直隶县和慈利 1 州，废柿溪州。洪武二年降慈利州为县。九年四月甲午“改澧州府为澧州，隶常德府，革所属澧阳县”③，州领石门、安乡、慈利 3 县。三十年三月“己未，以常德府澧州隶岳州府”④。元末澧州府、澧阳县治移于新城，在旧治“东南三十里”⑤，洪武五年还旧治，即今湖南澧县。

安乡县，甲辰年至洪武九年四月属澧州府，九年四月至三十年三月属常德府澧州，三十年三月后随州改属岳州府。治在今湖南安乡县。

石门县，变迁同安乡县。治在今湖南石门县。

慈利县（慈利州参见），甲辰年为澧州府属州，洪武二年降为县，九年四月至

①③ 《太祖实录》卷 105。
② 《太祖实录》卷 135。
④ 《太祖实录》卷 251。
⑤ 《大清一统志》卷 287。

三十年三月属常德府澧州，三十年三月后随州改属岳州府。治在今湖南慈利县。

（七）荆州府

荆州府，元为河南江北行省中兴路，下领江陵（附郭）、公安、石首、监利、松滋、枝江、潜江7县，甲辰年改荆州府，属湖广行省，领县依旧。洪武九年四月，峡州直隶州改名夷陵州，和其下的长阳、宜远、远安、秭归、兴山、巴东6县来属本府（兴山、巴东原属于归州，九年四月归州降为秭归县后，3县一同隶于夷陵州），同时，荆门直隶州降为荆门县，与原属荆门州的当阳县俱改直隶于荆州府。是时荆州府下有9直辖县、1州、6州辖县，辖区基本为元末中兴路、峡州路、归州直隶州、荆门直隶州之和。

洪武十年五月，枝江县废，秭归改名长宁县。洪武十三年五月，复置枝江县，改长宁县为荆州府归州，兴山县改直属州；同时升荆门县为荆州府荆门州，以当阳县属州。

嘉靖十年八月，潜江县、荆门州及当阳县改属新设的承天府。隆庆四年(1570)巴东县改隶于本府归州。此后，府有直辖县6、州2、州辖县5。府治在今湖北荆州市。

江陵县，倚。治在今荆州市。

公安县，原治在今湖北公安县西北油口，崇祯元年迁于今公安县西南祝家冈故县城。

石首县，元末治在楚望山北，洪武中迁于今湖北石首市。

监利县，治在今湖北监利县。

松滋县，治在今湖北松滋市西北老城。

枝江县，洪武十年五月“复并荆州府之枝江县入松滋县”①，十三年五月复置。治在今湖北枝江市东南枝城。

1. 夷陵州（峡州府、峡州直隶州、夷陵县参见）

甲辰年改元河南江北行省峡州路为峡州府，隶湖广行省，仍领夷陵（附郭）、长阳、宜都、远安4县，九月乙酉“寻改夷陵为峡州”②，即改府为直隶州。洪武九年四月甲午“改峡州为夷陵州、归州为秭归县，隶荆州府”③，同时废除附郭的夷陵县，长阳、宜都、远安3县则随州隶荆州府，秭归县和原属归州的兴山、巴东3县改属夷陵州。十年三月乙未秭归县改名为长宁县。十三年五月

---

① 《太祖实录》卷112。
② 《太祖实录》卷15。
③ 《太祖实录》卷105。

辛卯复设归州，废长宁县，兴山县改属归州，夷陵州领长阳、宜都、远安、巴东4县。隆庆四年，巴东县改属归州。此后，夷陵州领3县。峡州府、夷陵州、夷陵县治在今湖北宜昌市。

长阳县，甲辰年九月前属峡州府，甲辰年九月至洪武九年四月属峡州直隶州，九年四月之后属荆州府夷陵州。治在今湖北长阳县。

宜都县，变迁同长阳县。治在今湖北宜都市。

远安县，变迁同长阳县。治本在今湖北远安县西北旧县镇，成化四年迁于今远安县治，崇祯十三年迁于今县西鸣凤山。

2. 归州（归州直隶州、秭归县、长宁县参见）

元湖广行省归州直隶州是一块飞地，领秭归（附郭）、兴山、巴东3县。甲辰年州依然直隶湖广行省，3县依旧。洪武九年四月废州，3县改属荆州府夷陵州。十年三月乙未改秭归县名为长宁县，十三年五月辛卯以……长宁县为归州，州隶荆州府，领兴山1县。兴山县正统九年（1444）三月至弘治三年五月一度被废。隆庆四年巴东县改属归州。此后，州领兴山、巴东2县。据《明史》卷44《地理志五》，归州“旧治江北，后治白沙南浦。洪武初徙治丹阳，四年徙长宁，在江南楚王台下，嘉靖四十年复还江北旧治”，经过多次变动，嘉靖四十年后治在今湖北秭归县。

兴山县，甲辰年至洪武九年四月属归州直隶州，九年四月至十三年五月属荆州府夷陵州，十三年五月起改属荆州府归州。正统九年三月癸亥省入归州，弘治三年五月戊午因“民言远役不便故也”①，复置县，仍属州。治在今湖北兴山县。

巴东县，甲辰年至洪武九年四月属归州直隶州，九年四月起属荆州府夷陵州。隆庆四年改属归州。治在今湖北巴东县。

潜江县嘉靖十年八月前属荆州府，详见承天府。荆门州及当阳县亦见承天府。

（八）襄阳府

襄阳府，乙巳年改元河南江北行省襄阳路为湖广行省襄阳府，仍辖襄阳（附郭）、宜城、南漳、枣阳、谷城、光化6直领县，均州及所属武当（附郭）、郧2县，房州及其下房陵、竹山2县。府治在今湖北襄阳市。

洪武二年省均州附郭武当县。八年置上津县，直隶于府。十年五月，枣阳、光化、上津、房陵、竹山5县一起被废除；同时，房州降为房县，直隶于府。

① 《孝宗实录》卷38。

枣阳县寻即复置，光化、上津、竹山也于洪武十三年五月复设，复置后的竹山县改直隶于府。这次变动并未改变襄阳府的辖区。洪武十三年五月起府共领9直辖县、1州、1州辖县。

洪武二十四年六月丙子府改属河南，寻改回。

襄阳府辖区大的变化发生在成化十二年，该年十二月为加强对荆襄山区流民的控制而划出襄阳府的西部，增设了郧阳府，襄阳府下的上津、房、竹山、郧4县归郧阳府。襄阳府下只余6直辖县、1州。

襄阳县，倚。治在今襄阳市。

宜城县，治在今湖北宜城市。

南漳县，治在今湖北南漳县。

枣阳县，洪武十年五月戊寅"襄阳府光化县并入谷城县，枣阳县入宜城县，上津县入郧县，改房州为房县，以竹山县并入之"①，寻复置枣阳县。治在今湖北枣阳市。

谷城县，治在今湖北谷城县。

光化县，洪武十年五月戊寅省入谷城县，十三年五月辛卯"复设……襄阳府上津、光化、竹山三县"②。旧治在今湖北老河口市光化镇西北，隆庆末年迁至今光化镇。

均州（武当县参见）

元代襄阳路均州，领武当（附郭）、郧2县。乙巳年均州属襄阳府，仍领2县。洪武二年七月丁未"并武当县入均州"，州下只余郧县。成化十二年十二月郧县割隶于新建的郧阳府。州及武当县治在今湖北丹江口市西北关门岸。

郧县、房州、房陵县、房县、竹山县、上津县一度也属于襄阳府，具体见郧阳府。

（九）郧阳府

成化十二年十二月乙丑分襄阳府郧、房、竹山、上津4县置郧阳府，同时增设郧西、竹溪、白河3县。十三年九月白河县改属汉中府金州。弘治十年十一月设保康县，从此府领7县。治在今湖北十堰市郧阳区。

郧县，倚。乙巳年起隶襄阳府均州。成化十二年十二月改属郧阳府。治在今十堰市郧阳区。

房县（房州、房陵县参见），元襄阳路房州，乙巳年起隶襄阳府，领房陵（附

---

① 《太祖实录》卷112。

② 《太祖实录》卷131。

郭)、竹山2县。洪武十年五月戊寅省房陵县,又改房州为房县,省竹山县入房县。房县直属襄阳府,成化十二年十二月改属郧阳府。治在今湖北房县。

竹山县,洪武十年五月前隶襄阳府房州,十年五月戊寅省入房县,十三年五月辛卯复置,直隶襄阳府。成化十二年十二月改属郧阳府。治在今湖北竹山县。

竹溪县,成化十二年十二月设府时置。治在今湖北竹溪县。

上津县,元朝无此县,《大清一统志》卷272记“洪武八年复置,属襄阳府”,指在唐代上津县基础上重置县。洪武十年五月戊寅省入郧县,十三年五月辛卯复置。成化十二年十二月改隶郧阳府。治在今湖北郧西县上津镇。

郧西县,成化十二年十二月分郧县置。治在今郧西县。

保康县,弘治十年十一月乙丑“开设湖广郧阳府保康县”①,分房县地置。治在今湖北保康县。

白河县详见“陕西布政司”兴安直隶州。

(十)长沙府(潭州府参见)

甲辰年改元湖广行省天临路为潭州府,领天临路原有的长沙(附郭)、善化(附郭)、衡山、宁乡、安化5县和由湘乡州改设的湘乡县,以及湘阴、湘潭、浏阳、醴陵、攸、益阳6属州,元末的茶陵直隶州也降为了潭州府属县。府6属州皆无属县,管辖范围又小,所以在洪武四年之前,陆续改为同名的县。衡山县于洪武初改属衡州府。洪武五年六月“戊戌改潭州府为长沙府”②时,府下共有12县。成化十八年十月茶陵县升为长沙府属州后,府领州1、直领县11。治在今湖南长沙市。

长沙县,倚。治在今长沙市长沙老城。

善化县,倚。洪武十年五月戊寅善化县入长沙县,十三年五月辛卯复设。治在今长沙市长沙老城。

湘阴县(湘阴州参见),元为天临路湘阴州,甲辰年属潭州府,洪武元年降为县,五年六月起隶长沙府。治在今湖南湘阴县。

湘潭县(湘潭州参见),元为天临路湘潭州,甲辰年属潭州府,洪武三年三月甲辰“改……湖广之龙阳州、湘潭州、常宁州、攸州俱为县”③,五年六月起县隶长沙府。治在今湖南湘潭市雨湖区。

---

① 《孝宗实录》卷131。
② 《太祖实录》卷74。
③ 《太祖实录》卷50。

浏阳县(浏阳州参见),元为天临路浏阳州,甲辰年属潭州府,洪武二年降为县,五年六月起隶长沙府。治在今湖南浏阳市。

醴陵县(醴陵州参见),元为天临路醴陵州,甲辰年属潭州府,洪武二年降为县,五年六月起隶长沙府。治在今湖南醴陵市。

宁乡县,甲辰年属潭州府,洪武五年六月起隶长沙府。治在今湖南宁乡县。

益阳县(益阳州参见),元为天临路益阳州,甲辰年属潭州府,洪武元年降为县,五年六月起隶长沙府。治在今湖南益阳市。

湘乡县(湘乡州参见),元为天临路湘乡州,甲辰年降为县,属潭州府,洪武五年六月起隶长沙府。治在今湖南湘乡市。

攸县(攸州参见),元为天临路攸州,甲辰年属潭州府,洪武三年三月降为县,五年六月起隶长沙府。治在今湖南攸县。

安化县,甲辰年属潭州府,洪武五年六月起隶长沙府。治在今湖南安化县东南梅城镇。

茶陵州(茶陵县参见)

元为直隶州,下无属县。甲辰年降州为茶陵县,属潭州府。洪武五年六月起隶长沙府。成化十八年十月丁丑"升湖广茶陵县为州,巡抚都御史马驯奏茶陵卫官军恃强虐民,县官职卑,莫敢与抗,乞升县为州……从之"①,仍属长沙府。治在今湖南茶陵县。

衡山县在洪武初一度隶于长沙府,见衡州府。

(十一) 常德府

甲辰年改元湖广行省常德路为府,仍领原路下的武陵县(附郭)、桃源州、龙阳州及其所属沅江县,府治在今湖南常德市。洪武二、三年间,桃源州、龙阳州相继降为县,与沅江县一起直隶于府,府下共领 4 县。洪武九年四月,澧州府降为州,与其下的安乡、石门、慈利 3 县改属于本府,洪武三十年三月又改隶于岳州府。洪武十年五月至十三年五月间沅江县一度被废。洪武三十年三月后府仍领 4 县。

武陵县,倚。治在今常德市。

桃源县(桃源州参见),甲辰年依元例设桃源州,隶常德府,洪武二年降州为县。治在今湖南桃源县。

龙阳县(龙阳州参见),甲辰年依元例设龙阳州,隶常德府,下辖沅江县。

---

① 《宪宗实录》卷 233。

洪武三年三月甲辰降州为县，与沅江县一起改直隶常德府。原治在今湖南汉寿县东，景泰元年(1450)十二月迁于今汉寿县。

沅江县，洪武三年三月前属常德府龙阳州，后直隶于常德府。十年五月省入龙阳县，十三年五月复置。治在今湖南沅江市。

洪武九年四月甲午至三十年三月澧州及其下的安乡、石门、慈利3县隶常德府，见岳州府。

(十二) 衡州府

甲辰年改元衡州路为衡州府，仍领原路下的衡阳(附郭)、安仁、酃、新城4县，府治在今湖南衡阳市。洪武初衡山县自潭州府来属。洪武三年，耒阳、常宁2直隶州降为县，改直隶于府。洪武十年五月省新城县入衡阳。洪武十三年五月，桂阳州及所属临武、蓝山2县归于本府。从此，明代衡州府的辖区再无大的变化，面积基本是元末衡州路与常宁、耒阳、桂阳3直隶州之和。崇祯十二年，桂阳州下又添设了嘉禾县，至此府下共有6直辖县、1州、3州辖县。

衡阳县，倚。治在今衡阳市。

衡山县，元属天临路，甲辰年隶潭州府，洪武年间改属衡州府。治在今湖南衡山县。

耒阳县(耒阳直隶州参见)，元为湖广行省直隶州，甲辰年依旧为直隶州，洪武三年三月降为耒阳县，隶衡州府。治在今湖南耒阳市。

常宁县(常宁直隶州参见)，元为湖广行省常宁直隶州，甲辰年依旧为直隶州，洪武三年三月州降为常宁县，隶衡州府。治在今湖南常宁市。

安仁县，治在今湖南安仁县。

酃县，治在今湖南炎陵县。

新城县，《明史》卷44《地理志五》记“又东有新城县，元末置，洪武十年五月省为新城市”，《太祖实录》洪武十年五月戊寅亦载“(并)新城县入衡阳县”①。治在今耒阳市北新市。

桂阳州(桂阳府、平阳县、桂阳县参见)

洪武元年改元桂阳路为桂阳府，下领平阳(附郭)、临武、蓝山3县。九年四月甲午“……改郴州府为郴州，罢桂阳府，以其地益之”②，同时省除平阳县，临武、蓝山改属郴州。十三年五月于原桂阳府地置桂阳州，改隶衡州府，临武、

① 《太祖实录》卷112。
② 《太祖实录》卷105。

蓝山2县隶于州。崇祯十二年又增置嘉禾县。桂阳府、桂阳县、桂阳州、平阳县治均在今湖南桂阳县。

临武县，洪武九年四月前属桂阳府，九年四月至十三年五月属郴州，之后属衡州府桂阳州。治在今湖南临武县。

蓝山县，隶属变迁同临武县。治在今湖南蓝山县。

嘉禾县，崇祯十二年分临武县及桂阳州地置。治在今湖南嘉禾县。

（十三）永州府

洪武元年设永州府时，仅领零陵（附郭）、祁阳、东安3县。九年四月道州府与全州府同时降为永州府下属州，道州下的宁远、江华、永明3县及全州下的灌阳县一起随州改隶于府。洪武二十七年八月位于湖广、广西交界处的全州及灌阳县改隶于桂林府。此后，永州府下领3直辖县、1州、3州辖县。崇祯十二年，道州下新设新田县，《明史》卷44《地理志五》记永州府“州一，县七”，即指崇祯十二年之后而言。

永州府，洪武元年改元湖广行省永州路为永州府。治在今湖南永州市零陵区。崇祯十二年后领州1、县7。

零陵县，倚。治在今永州市零陵区。

祁阳县，治本在今湖南祁阳县西，景泰元年迁于今县治。

东安县，治在今湖南东安县西南紫溪市。

道州（道州府、营道县参见）

洪武元年改元道州为道州府，领营道（附郭）、宁远、江华、永明4县。洪武九年四月甲午“改道州府为道州，隶永州府，革所属营道县”①，州下辖宁远、江华、永明3县，崇祯十二年增设新田县。道州府、道州、营道县治在今湖南道县。

宁远县，洪武元年至九年四月属道州府，之后属永州府道州。治在今湖南宁远县。

江华县，变迁同宁远县。治本在江华县沱江镇东南，天顺六年（1462）迁今湖南江华自治县治（沱江镇）。

永明县，变迁同宁远县。治在今湖南江永县。

新田县，崇祯十二年分宁远县新田堡置。治在今湖南新田县。

全州（全州府、清湘县参见），洪武元年改元全州为全州府，领清湘（附郭）、灌阳2县。洪武九年四月甲午“改全州府为全州，隶永州府，革所属清湘县”②，州下只领灌阳县。洪武二十七年八月壬申全州及灌阳县改属广西桂林府。详见

---

①② 《太祖实录》卷105。

"广西布政司"。

(十四) 宝庆府

洪武元年改元宝庆路为宝庆府,仍领邵阳(附郭)、新化2县,府治在今湖南邵阳市。洪武九年四月,武冈府降为州,与其下的新宁县一起隶于宝庆府。弘治十六年三月府下增设城步县。此后,府下州县再无变化,领3直辖县、1州、1州辖县。

邵阳县,倚。治在今邵阳市。

新化县,治在今湖南新化县。

城步县,弘治十六年三月丁亥"开设湖广城步县,隶宝庆府……以备苗寇"①。治在今湖南城步自治县。

武冈州(武冈府、武冈县参见)

洪武元年改元武冈路为武冈府,领武冈(附郭)、新宁、绥宁3县。绥宁县于洪武三年改属靖州府。九年四月甲午"改武冈府为武冈州,隶宝庆府,革所属武冈县"②,州下仅余新宁县。武冈府、州、县治在今湖南武冈市。

新宁县,洪武元年至九年四月属武冈府,之后属宝庆府武冈州。治本在今湖南新宁县东,景泰二年迁于今新宁县。

绥宁县见靖州直隶州。

(十五) 辰州府

甲辰年改元辰州路为辰州府,依旧领沅陵(附郭)、辰溪、卢溪、溆浦4县,府治在今沅陵县。洪武九年四月,沅州府改沅州,与其下黔阳、麻阳2县一起改隶于辰州府。从此,辰州府下有直辖县4、州1、州辖县2。

沅陵县,倚。治在今湖南沅陵县。

卢溪县,治在今湖南泸溪县武溪镇。

辰溪县,治在今湖南辰溪县。

溆浦县,治在今湖南溆浦县。

沅州(沅州府、卢阳县参见)

甲辰年改元沅州路为府,领卢阳(附郭)、黔阳、麻阳3县。洪武九年四月甲午"改沅州府为沅州,隶辰州府,革所属卢阳县"③,州领黔阳、麻阳2县。州治在今湖南芷江县。

黔阳县,甲辰年至洪武九年四月属沅州府,之后属辰州府沅州。治在今湖

---

① 《孝宗实录》卷197。
②③ 《太祖实录》卷105。

南洪江市。

麻阳县，变迁同黔阳县。治在今湖南麻阳自治县西南锦和镇。

直隶州

(一) 郴州直隶州(郴州府、郴阳县参见)

洪武元年改元郴州路为郴州府，领郴阳(附郭)、永兴、宜章、兴宁、桂阳、桂东6县。洪武九年四月甲午“改郴州府为郴州，罢桂阳府，以其地益之，革所属郴阳县”①，郴州为直隶州，桂阳府下临武、蓝山改属郴州直隶州。十三年五月临武、蓝山2县又改归新置的衡州府桂阳州。郴州直隶州领永兴、宜章、兴宁、桂阳、桂东5县。郴州府、郴州、郴阳县治在今湖南郴州市。

永兴县，洪武元年至九年四月属郴州府，之后属郴州直隶州。治在今湖南永兴县。

宜章县，变迁同永兴县。治在今湖南宜章县。

兴宁县，变迁同永兴县。治在今湖南资兴市。

桂阳县，变迁同永兴县。治在今湖南汝城县。

桂东县，变迁同永兴县。治在今湖南桂东县。

临武、蓝山2县见衡州府。

(二) 靖州直隶州(靖州军民安抚司、靖州府、永平县参见)

乙巳年七月庚辰“置靖州军民安抚司……皆隶湖广行省”②。洪武元年改为靖州直隶州，领永平(附郭)、通道、会同3县。洪武三年升州为府，武冈府绥宁县来属。九年四月甲午“改靖州府为靖州，革所属永平、通道二县”③，州直隶湖广行省。洪武十三年五月复设通道县，万历二十五年(1597)增设天柱县，此后靖州共领会同、通道、绥宁、天柱4县。靖州府、靖州及永平县治即今湖南靖州自治县。

会同县，洪武元年至三年隶靖州直隶州，三年至九年四月隶靖州府，之后隶靖州直隶州。治在今湖南会同县。

通道县，洪武元年至三年隶靖州直隶州，三年至九年四月隶靖州府，九年四月县废，十三年五月复置，隶靖州直隶州。治在今湖南通道县西北县溪镇。

绥宁县，洪武元年至三年隶武冈府，三年改隶靖州府，九年四月起隶靖州

①③ 《太祖实录》卷105。
② 《太祖实录》卷17。

直隶州。治在今湖南绥宁县西南在市。

天柱县(龙塘县参见),万历二十五年析绥宁、会同2县地置天柱县。治本在今贵州天柱县,崇祯十年迁东塘,改名龙塘县。后东迁雷寨,不久迁回旧治,又改名天柱县。

镇远直隶州及所属洪武五年六月至永乐十二年三月间隶湖广行省及布政司,详见"贵州布政司"镇远府;思南宣慰司及所属洪武五年至永乐十二年三月间隶湖广,详见"贵州布政司"思南府;思州宣慰司及所属永乐十二年三月前属湖广,详见"贵州布政司"思州府;黎平府及所属县、长官司万历二十九年十一月至三十一年四月间隶湖广布政司,详见"贵州布政司"黎平府。

第十一章　浙江布政司

元末，朱元璋于戊戌年(1358)十二月丙戌“置中书分省于婺州”①，设浙东分省，治宁越府，即今浙江金华。

癸卯年(1363)二月戊寅“命移置浙江行省于严州。时张士诚屡寇严及诸全，行省发兵应援，往往以道远不能即达。于是徙省治于严，分金华军戍之”②。浙江行省应指浙东分省。

丙午年(1366)十二月“己未，罢浙东行省，开浙江等处行中书省于杭州”③，置浙江行省，治在杭州府。洪武九年六月改浙江行省为浙江承宣布政使司。

吴元年(1367)之前，朱元璋的军队与张士诚、方国珍的军队在苏南、浙江一带战争不断，屡有进退，所以尽管朱元璋戊戌年在金华设置浙东分省，丙午年又设浙江行省，并不断地改路为府，但是这些府州县并不是一直控制在朱元璋手上。直到吴元年十月朱元璋的军队攻陷温州，才算彻底控制了浙江。

洪武元年(1368)，浙江行省有杭州、严州、金华、处州、衢州、明州、绍兴、台州、温州 9 府，洪武十四年北部原属于京师的湖州、嘉兴 2 府改属浙江，从而领有 11 府。湖州、嘉兴 2 府的归属是明代浙江在管辖地域上的一次最大的变化。

洪武元年浙江行省共有 7 州、50 县，经过多次变动，至正德元年(1506)后浙江布政使司拥有 74 府辖县、1 州、1 州辖县。其中在宣德五年(1430)后，陆续增设 11 个县。以下即以正德元年为断限，叙述浙江布政司各府州县的变迁(见图 10)。

(一) 杭州府

明代杭州府是朱元璋在丙午年十一月攻下杭州之后由元杭州路改设的。杭州路下有 1 州、8 县，明朝洪武二年改海宁州为县，此后杭州府一直领有 9

① 《太祖实录》卷 6。
② 《太祖实录》卷 12。
③ 《太祖实录》卷 21。

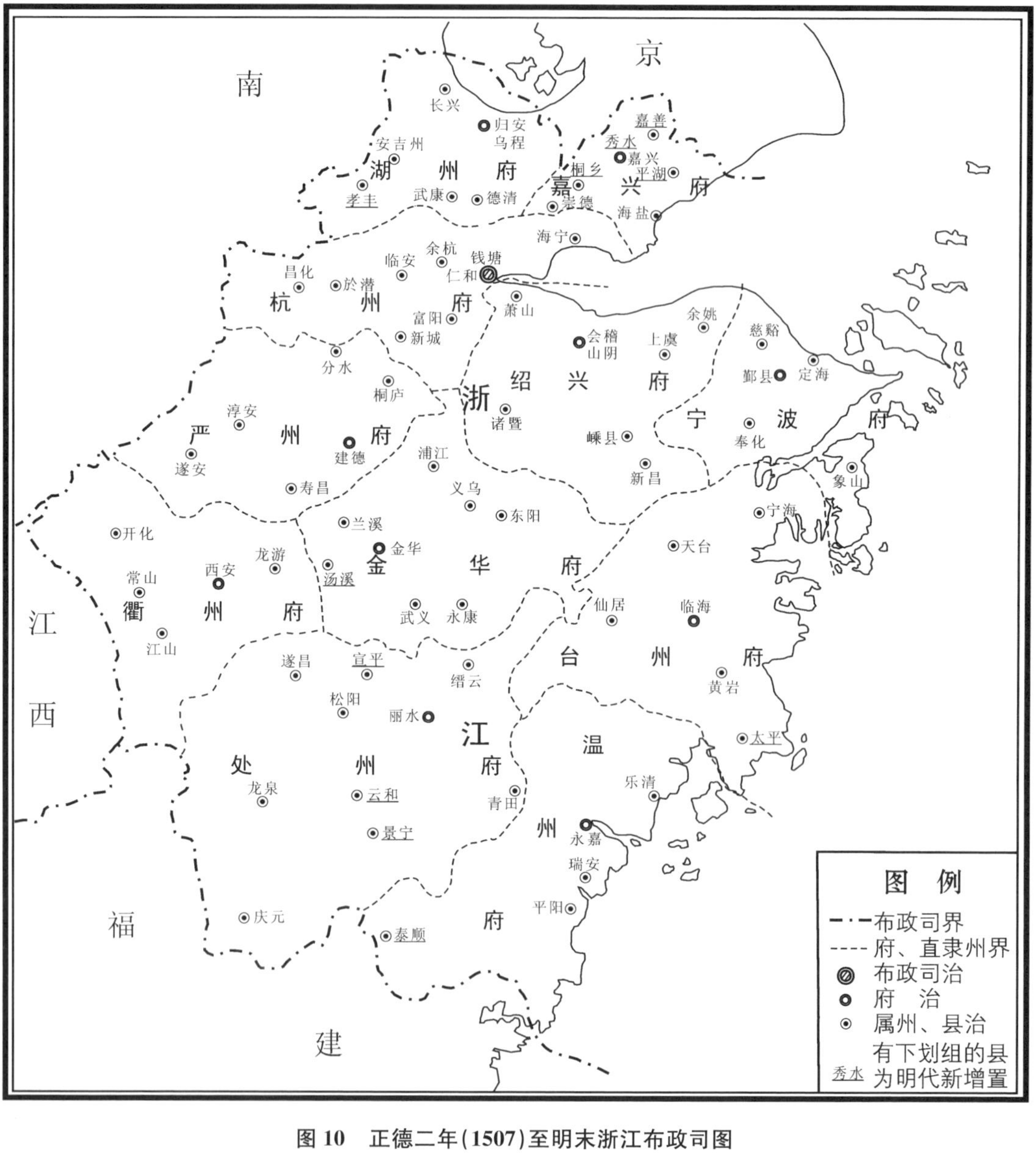

图10 正德二年(1507)至明末浙江布政司图

县。府治在今浙江杭州市。

钱塘县，倚。治在今杭州市。

仁和县，倚。治在今杭州市。

海宁县（海宁州参见），元杭州路海宁州。明初属杭州府，洪武二年降为县。治在今浙江海宁市西南盐官。

富阳县，治在今浙江杭州市富阳区。

余杭县，治在今杭州西余杭镇。

临安县，旧治在今浙江临安市苕溪北岸西墅街一带，洪武元年徙至今临安。

於潜县，治在今临安市西於潜镇。

新城县，治在今富阳市西南新登镇。

昌化县，治在今临安市西昌化镇。

（二）严州府（建德府、建安府参见）

元代江浙行省建德路领有建德（附郭）、淳安、遂安、桐庐、分水、寿昌 6 县，戊戌年三月壬戌“改建德路为建安府”①，“寻曰建德府”②，壬寅年（1362）二月丁丑“改建德府为严州府”③。府治在今浙江建德市东北梅城镇。明代一直领 6 县。

建德县，倚。治在今建德市东北梅城镇。

桐庐县，治在今浙江桐庐县。

淳安县，治在今浙江淳安县西新安江水库中。

遂安县，治在今淳安县西南新安江水库中。

寿昌县，治在今建德市西南寿昌镇。

分水县，治在今桐庐县西北分水镇。

（三）嘉兴府

明代嘉兴府是丙午年十一月由元朝江浙行省嘉兴路改设的，相继隶于江南行省及南京。元末嘉兴路的嘉兴县和崇德、海盐 2 州在明初隶于府。洪武二年，2 州降为县。洪武十四年十一月丁亥“复以直隶嘉兴、湖州二府隶浙江”④，改隶浙江布政司。宣德五年三月戊辰“增置嘉兴府秀水、嘉善、桐乡、平湖四县。先是巡抚苏松等处大理寺卿胡概言：‘嘉兴府所属嘉兴等三县，

---

① 《太祖实录》卷 6。
② 《明史》卷 44《地理志五》。
③ 《太祖实录》卷 10。
④ 《太祖实录》卷 140。

为里一千九百三十有九，民二十九万六千三百户，税粮八十五万石，课程军需等项，视他府加数倍，政繁事冗，宜增设县治，建官管理。'上命在吏部员外郎奈亨往同浙江布政司、按察司相度其地，询访其民，计议以闻。至是，亨还，奏：'嘉兴县宜分置二县，一于附郭，一于魏塘镇。崇德宜分置一县于凤鸣乡。海盐宜分一县于当湖镇。'上从之。命嘉兴附郭置秀水县，魏塘镇置嘉善县，凤鸣乡置桐乡县，当湖镇置平湖县。吏部除官，礼部给印"①，加上原有的 3 县，嘉兴府在宣德五年三月之后领有 7 县。府治在今浙江嘉兴市。

嘉兴县，倚。治在今嘉兴市。

秀水县，倚。宣德五年三月丁卯增设。治在今嘉兴市。

嘉善县，宣德五年三月戊辰置。治在今嘉兴市嘉善县。

崇德县(崇德州参见)，元崇德州。洪武二年降为县。治在今浙江桐乡市西南崇福镇。

桐乡县，宣德五年三月戊辰以崇德县之凤鸣乡置。治在今桐乡市。

平湖县，宣德五年三月戊辰以海盐县之当湖镇置。治在今浙江平湖市。

海盐县(海盐州参见)，元海盐州。洪武二年降为县。治在今浙江海盐县。

(四) 湖州府

元末江浙行省湖州路下有乌程(附郭)、归安(附郭)、安吉、德清、武康 5 县，长兴 1 州，丁酉年(1357)三月乙亥长兴州改名为长安州，甲辰年(1364)九月甲申又改回长兴。

丙午年十一月改湖州路为湖州府，直隶于江南行省及南京，所属州县依旧。洪武二年长兴州降为县，湖州府这一年起领有 6 县。洪武十四年十一月丁亥改隶浙江。

成化二十三年(1487)十一月甲辰分安吉、长兴 2 县的部分乡村设立孝丰县，隶于湖州府。正德元年十一月辛丑安吉县升为安吉州，孝丰县改属于州。从此，湖州府领有 5 直辖县、1 州、1 州辖县。府治在今浙江湖州市。

乌程县，倚。治在今湖州市。

归安县，倚。治在今湖州市。

长兴县(长兴州参见)，元长兴州。太祖丁酉年三月乙亥"改长兴州为长安州"②，甲辰年九月甲申"改长安州为长兴州"③。洪武二年降为县。治在今湖

---

① 《宣宗实录》卷 64。
② 《太祖实录》卷 5。
③ 《太祖实录》卷 15。

州市长兴县。

德清县，治在今湖州市德清县东城关镇。

武康县，治在今湖州市德清县治武康镇。

安吉州（安吉县参见）

元安吉县，明初依旧为县。正德元年十一月己丑"改浙江湖州府安吉县为安吉州"[①]。《明史》卷44《地理志五》载"西南有故城。洪武徙于今治"，"故城"即今浙江安吉县安城镇西安城村，明朝安吉县治即今安城镇。州领1县。

孝丰县，成化二十三年十一月甲辰"开设浙江湖州府孝丰县，割安吉县之九乡及长兴县之三乡隶之"[②]。《明史》卷44记载设县"属府。正德二年改属州"，县改属州当在正德元年十一月设安吉州之时。治在今安吉县西南丰城镇。

（五）绍兴府

丙午年十二月己未改绍兴路为绍兴府。元末绍兴路的山阴、会稽、上虞、萧山、嵊县、新昌6县和余姚、诸全2州除诸全州改为诸暨县外，没有其他变化。府治在今浙江绍兴市。

洪武二年余姚州降为余姚县，自此至明末，绍兴府一直领8县。

山阴县，倚。治在今绍兴市。

会稽县，倚。治在今绍兴市。

萧山县，治在今浙江杭州市萧山区。

诸暨县（诸暨州、诸全州参见），元诸暨州，明太祖己亥年（1359）正月庚申改名为诸全州，丙午年十二月己未降全州为诸暨县。治在今浙江诸暨市。

余姚县（余姚州参见），元余姚州。《大清一统志》卷226记"明洪武二年复降为县"。治在今浙江余姚市。

上虞县，治在今浙江绍兴市上虞区东南丰惠镇。

嵊县，治在今浙江嵊州市。

新昌县，治在今浙江新昌县。

（六）宁波府（明州府参见）

朱元璋吴元年十二月乙卯"改庆元路为明州府"[③]，元末庆元路下的鄞县（附郭）、象山、慈溪、定海4县和奉化、昌国2州依旧隶于明州府。洪武二

---

① 《武宗实录》卷19。
② 《孝宗实录》卷6。
③ 《太祖实录》卷28。

年2州降为县。洪武十四年二月改名宁波府，仍领6县。府治在今浙江宁波市。

明初东南沿海已受到倭寇的不断侵扰，为防止海岛居民与倭寇勾结，洪武二十年六月废除了设于舟山的昌国县，其居民全部迁回大陆。由此至明末，宁波府一直领鄞县、象山、慈溪、定海、奉化5县。永乐十六年(1418)慈溪改名为慈谿。

鄞县，倚。治在今宁波市。

慈谿县，元名慈溪县，明初依旧，永乐十六年改“溪”为“谿”。治在今宁波市江北区慈城镇。

奉化县(奉化州参见)，元奉化州，洪武二年降为县。治在今浙江奉化市。

定海县，治在今宁波市镇海区。

象山县，治在今浙江象山县。

昌国县，本元昌国州，洪武二年降为县，二十年六月“丁亥，废宁波府昌国县，徙其民为宁波卫卒，以昌国濒海，民尝从倭为寇，故徙之”①。治在今浙江舟山市。

(七) 台州府

明初改元末台州路为台州府，府治在今浙江临海市。元台州路下的临海(附郭)、仙居、宁海、天台4县和黄岩州归台州府。洪武三年三月甲辰黄岩州降为县。成化五年十二月壬申“析浙江台州府黄岩县地设太平县。先是知府阮勤奏：‘黄岩县地广民嚣，素号难治，兼濒海居民去县治远，恃险恣肆，遇有征逋捕亡，往往旅拒。其太平乡居民颇稠，宜分本县三十都至五十都民隶之，于此设立县治，名以太平。’户部议如所请。从之”②。自此至明末，台州府一直领有临海、仙居、宁海、天台、黄岩、太平6县。

临海县，倚。治在今浙江临海市。

黄岩县(黄岩州参见)，元黄岩州，洪武三年三月甲辰“改金华府之兰溪州、台州府之黄岩州……俱为县”③。治在今浙江台州市黄岩区。

天台县，治在今浙江天台县。

仙居县，治在今浙江仙居县。

宁海县，治在今浙江宁海县。

---

① 《太祖实录》卷182。
② 《宪宗实录》卷74。
③ 《太祖实录》卷50。

太平县，成化五年十二月壬申里。治在今浙江温岭市。

（八）金华府（宁越府参见）

元末本为婺州路，戊戌年十二月改为宁越府，庚子年（1360）正月乙卯，复改名金华府，府治在今浙江金华市。婺州路下的金华（附郭）、东阳、义乌、永康、武义、浦江 6 县和兰溪州由金华府管辖。洪武三年三月兰溪州降为兰溪县。

成化七年正月设汤溪县。自此，明代后期的金华府一直领 8 县。

金华县，倚。治在今金华市。

兰溪县（兰溪州参见），元兰溪州，洪武三年三月甲辰降州为县。治在今浙江兰溪市。

东阳县，治在今浙江东阳市。

义乌县，治在今浙江义乌市。

永康县，治在今浙江永康市。

武义县，治在今浙江武义县。

浦江县，治在今浙江浦江县。

汤溪县，成化七年正月"癸卯，开设浙江金华府汤溪县。割金华府之金华、兰溪，衢州府龙游，处州府之遂昌四县地以隶之"①。治在今金华市西汤溪。

（九）衢州府

元末本为衢州路，己亥年（1359）九月丁未改路为龙游府，丙午年又改为衢州府。治在今浙江衢州市。元末衢州路下有西安、龙游、江山、常山、开化 5 县，明代衢州府所辖依旧。

西安县，倚。治在今衢州市。

龙游县，治在今浙江龙游县。

常山县，治在今浙江常山县。

江山县，治在今浙江江山市。

开化县，治在今浙江开化县。

（十）处州府

元末本为处州路，己亥年十一月辛亥改路为安南府，寻又改为处州府。治在今浙江丽水市。元末处州路下的丽水（附郭）、龙泉、松阳、遂昌、青田、缙云、庆元 7 县归属处州府。洪武三年三月至十三年十一月间庆元县一度

---

① 《宪宗实录》卷 87。

省废。

正统十二年(1447),当地土人叶宗留聚众抄掠,至景泰初才平定,景泰三年(1452)五月在兵部侍郎孙原贞奏请下分丽水、青田等县设置云和、宣平、景宁3县。从此至明末,处州府领有丽水、龙泉、松阳、遂昌、青田、缙云、庆元、云和、宣平、景宁10县。

丽水县,倚。治在今丽水市。

青田县,治在今浙江青田县。

缙云县,治在今浙江缙云县。

松阳县,治在今浙江松阳县。

遂昌县,治在今浙江遂昌县。

龙泉县,治在今浙江龙泉市。

庆元县,洪武三年三月己亥省,十三年十一月庚戌复置。治在今浙江庆元县。

云和县,景泰三年五月析丽水县浮云、元和2乡地置。治在今浙江云和县。

宣平县,景泰三年五月改丽水县宣慈等3乡为县。治在今浙江武义县西南柳城。

景宁县,景泰三年五月析青田县置。治在今浙江景宁自治县。

(十一) 温州府

明初改温州路为温州府,原路下的永嘉、乐清2县,平阳、瑞安2州归属温州府统辖。洪武二、三年间,2州降为县。景泰三年五月从瑞安县分设泰顺县。自此,温州府下辖5县。府治在今浙江温州市。

永嘉县,倚。治在今温州市。

瑞安县(瑞安州参见),元瑞安州,洪武二年降为县。治在今浙江瑞安市。

乐清县,治在今浙江乐清市。

平阳县(平阳州参见),元平阳州,洪武三年降为县。治在今浙江平阳县。

泰顺县,景泰三年五月以瑞安县罗洋镇置。治在今浙江泰顺县。

第十二章　福建布政司

朱元璋吴元年(1367)十二月平陈友定,陆续将福建的各路改设为府,洪武二年(1369)五月癸丑仍置福建行省,治福州府,"以福、汀、漳、泉、建宁、邵武、兴化、延平八府隶之"①,8 府共领 47 直隶于府的县、1 州、2 隶于州的县。当年八月将福州府的福宁州改为县,与其下属的宁德、福安 2 县俱改直隶于府,行省下共有 50 县。

洪武九年六月改福建行中书省为福建承宣布政使司。福建布政司的辖区在明代没有大的变化,府州县的设置变化也很小。从洪武三年至成化九年(1473)之前只增加了永安、寿宁、归化、漳平 4 县,其间还省掉了兴化县。成化九年福宁县复改为直隶州,领宁德、福安 2 县,福宁州是明代历史上福建布政司唯一的直隶州。此后至嘉靖四十五年(1566)间又陆续增设了永定、大田、平和、海澄、宁洋 5 县,万历八年(1580)废除怀安县。至此,福建布政司领 8 府、1 直隶州、55 个直属府的县、2 个属州的县,即《明史》卷 45《地理志六》所言"属县五十七"。以下以万历九年为时间断限,叙述福建布政司府州县的变迁(见图 11)。

府

(一) 福州府

吴元年,改元末的福州路为福州府。元末福州路领有 9 直辖县、2 州、2 州辖县,福州府所辖依旧。洪武二年三月与八月,福清、福宁 2 州相继改为县,与原福宁州下的宁德、福安 2 县一起改直隶于府。至成化九年三月福宁县改为福建布政司的直隶州,宁德、福安 2 县也重新改属福宁州之前,福州府共管有 13 县,是辖县最多的一个时期。福宁直隶州的设置,使得福建府的管辖范围大大缩小,下辖 10 县。

---

① 《太祖实录》卷 42。

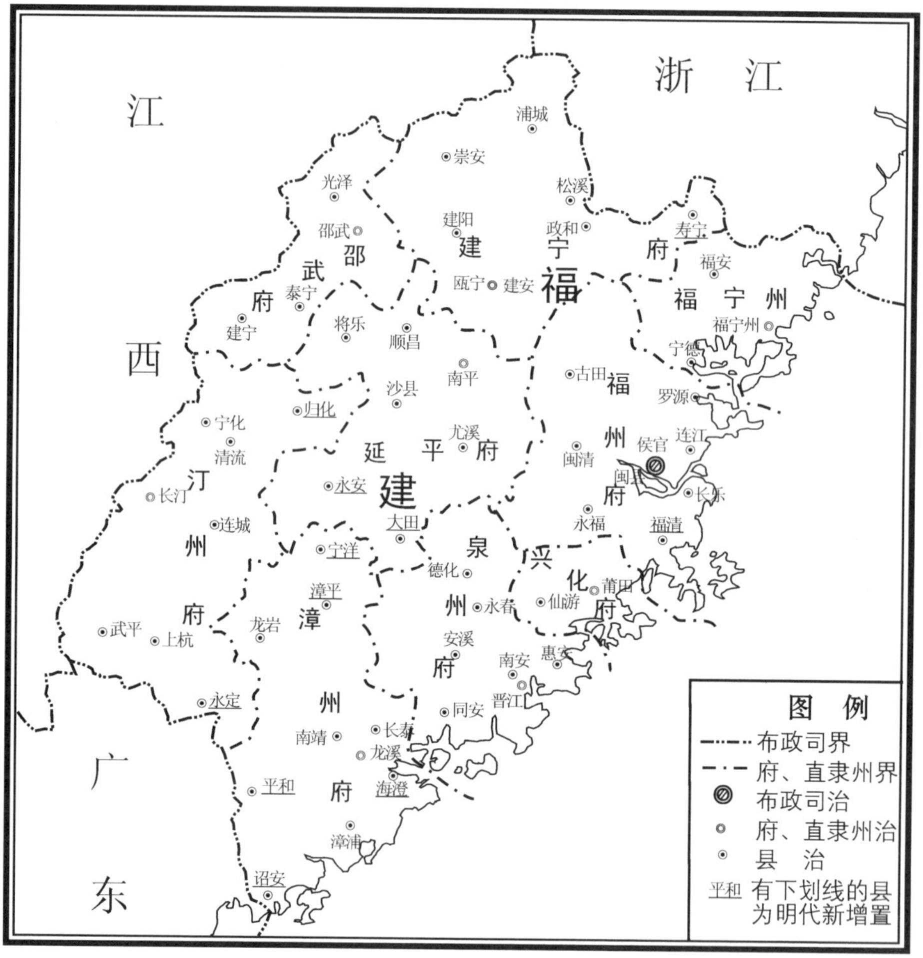

图 11　万历九年(1581)至明末福建布政司图

万历八年九月怀安县被废后，福州府领闽、侯官、长乐、福清、连江、罗源、古田、闽清、永福 9 县。

福州府，元福州路。吴元年改为府，治在今福建福州市。万历八年九月后领县 9。

闽县，倚。治在今福州市。

侯官县，倚。治在今福州市。

长乐县，治在今福建长乐市。

福清县（福清州参见），元福州路福清州，吴元年起隶福州府。洪武二年三月庚子改州为县,直隶福州府。治在今福建福清市。

连江县,治在今福建连江县。

罗源县,治在今福建罗源县。

古田县,治在今福建古田县东北,已为水库淹没。

闽清县,治在今福建闽清县。

永福县,治在今福建永泰县。

怀安县,侯官县西北有怀安县,治本在今福州市闽江西,洪武十二年移入福州城内,与闽、侯官2县同治,万历八年九月癸未省。

福宁州、福宁县、宁德县、福安县成化九年三月壬寅前属福州府,沿革见福宁直隶州。

(二) 兴化府

正统十三年(1448)四月之前,兴化府属县即元代兴化路所领的莆田(附郭)、仙游、兴化3县。正统十三年四月省兴化县。

兴化府,元兴化路,洪武元年为府。治在今福建莆田市。正统十三年四月后领县2。

莆田县,倚。治在今莆田市。

仙游县,治在今福建仙游县。

兴化县,正统十三年四月庚申并入莆田、仙游2县。治在今莆田市北新县镇。

(三) 建宁府

洪武元年改元末的建宁路为建宁府,仍领建宁路原有的建安(附郭)、瓯宁(附郭)、浦城、建阳、崇安、松溪、政和7县。景泰六年(1455)八月"以其地险远,不便征输"①,从政和县、福州府福安县析出寿宁县。

建宁府,元建宁路,洪武元年为府。治在今福建建瓯市。景泰六年八月后领县8。

建安县,倚。治在今建瓯市。

瓯宁县,倚。治在今建瓯市。

建阳县,治在今福建南平市建阳区。

崇安县,治在今福建武夷山市。

浦城县,治在今福建浦城县。

松溪县,治在今福建松溪县。

---

① 乾隆《福建通志》卷2。

政和县，治在今福建政和县。

寿宁县，景泰六年八月戊辰“命开设寿宁县于福建建宁府溪北山下杨梅村……割政和、福安二县地共二十四里隶焉”[①]。治在今福建寿宁县。

（四）延平府

元代延平路本领南平（附郭）、将乐、沙县、尤溪、顺昌5县，洪武元年改路为府时，5县依旧。景泰二年十月、嘉靖十五年三月分别增设了永安、大田2县，嘉靖十五年后延平府领7县。大田县乃析永安县及泉州府德化县、漳州府漳平县地设置，使延平府南部的边界有所变化。

延平府，元延平路，洪武元年为府。治在今福建南平市延平区。嘉靖十五年三月之后领县7。

南平县，倚。治在今南平市延平区。

将乐县，治在今福建将乐县。

沙县，治在今福建沙县。

尤溪县，治在今福建尤溪县。

顺昌县，治在今福建顺昌县。

永安县，景泰二年冬十月“以福建沙县地广民稠，设永安县于沙县浮流，割沙县二十四都至三十二都、尤溪县四十都至四十三都隶之”[②]，隶延平府。治在今福建永安市。

大田县，嘉靖十五年三月乙亥置，析永安、漳平、德化3县地益之。治在今福建大田县。

（五）汀州府

元代汀州路本领长汀（附郭）、宁化、上杭、武平、清流、莲城6县，洪武元年改路为府时，6县依旧。成化七年正月、十四年分别增设归化、永定2县，所以明朝后期汀州府共领8县。归化县的部分地域原属于延平府的将乐、沙县2县，它的设置使得汀州府在东北有所扩展。

汀州府，元汀州路，洪武元年为府。治在今福建长汀县。成化十四年后领县8。

长汀县。倚。治在今长汀县。

宁化县，治在今福建宁化县。

上杭县，治在今福建上杭县。

---

① 《英宗实录》卷257。
② 《英宗实录》卷209。

武平县，治在今福建武平县。

清流县，治在今福建清流县。

连城县，本名莲城县，洪武十七年后改"莲"曰"连"。治在今福建连城县。

归化县，成化七年三月乙亥以清流县之明溪镇置，析将乐、沙县、宁化 3 县地益之。治在今福建明溪县。

永定县，成化十四年十二月庚寅"巡抚福建右佥都御史高明又奏言：上杭县太平、溪南、金丰、丰南四里，去县治三百余里，地界接连江西、广东，山深地僻，人民顽梗，盗贼屡发……今宜即其地析为永定县……诏可"[1]。治在今福建龙岩市永定区。

（六）邵武府

吴元年底朱元璋攻下福建后，邵武路改为邵武府，依然领有元末路下的邵武（附郭）、光泽、泰宁、建宁 4 县，至明末始终未变。

邵武府，元邵武路。太祖吴元年为府。治在今福建邵武市。领县 4。

邵武县，倚。治在今邵武市。

光泽县，治在今福建光泽县。

泰宁县，治在今福建泰宁县。

建宁县，治在今福建建宁县。

（七）泉州府

洪武元年改泉州路为泉州府，依然领有元末路下的晋江（附郭）、南安、惠安、同安、永春、安溪、德化 7 县，至明末始终未变。

泉州府，元泉州路，洪武元年为府。治在今福建泉州市鲤城区。领县 7。

晋江县，倚。治在今泉州市。

南安县，治在今福建南安市东丰州镇。

同安县，治在今福建厦门市同安区。

惠安县，治在今福建惠安县。

安溪县，治在今福建安溪县。

永春县，治在今福建永春县。

德化县，治在今福建德化县。

（八）漳州府

元末漳州路下有龙溪（附郭）、漳浦、龙岩、长泰、南靖 5 县，洪武元年路改

① 《宪宗实录》卷 185。

漳州府时 5 县依旧。成化六年七月、正德十四年(1519)六月、嘉靖九年十二月分置漳平县、平和县、诏安县。嘉靖四十五年十二月又设海澄、宁洋 2 县,其中宁洋县乃分延平府大田、永安 2 县地置,使漳州府辖区有所扩展。

漳州府,元漳州路,洪武元年为府。治在今福建漳州市。嘉靖四十五年十二月之后领县 10。

龙溪县,倚。治在今漳州市。

漳浦县,治在今福建漳浦县。

龙岩县,治在今福建龙岩市。

长泰县,治在今福建长泰县。

南靖县,旧治在今福建南靖县东北靖城,嘉靖四十五年北徙大帽山麓,万历二十三年复迁旧治。

漳平县,成化六年七月丁酉以龙岩县九龙乡置。治在今福建漳平市。

平和县,正德十四年六月庚辰以南靖县地置,析漳浦县地益之。治在今福建平和县西南九峰。

诏安县,嘉靖九年十二月己卯置县。治在今福建诏安县。

海澄县,嘉靖四十五年十二月甲午"设福建海澄、宁阳(洋)二县,以其地多盗故也"①,海澄县析龙溪县、漳浦县地置。治在今福建龙海市东南海澄镇。

宁洋县,嘉靖四十五年十二月甲午置。治在今福建漳平市北双洋。

直隶州

成化九年三月之前,福建布政司无直隶州。成化九年三月福州府福宁县改为福宁直隶州。

福宁直隶州(福宁县参见)

元福州路福宁州,明初福州府下依旧设州,领宁德、福安 2 县。洪武二年八月州降为福宁县,与 2 县直属福州府。成化九年三月壬寅升为州,直隶布政司,仍领宁德、福安 2 县。治在今福建霞浦县。

宁德县,明初隶福州府福宁州,洪武二年八月直属福州府。成化九年三月改属福宁直隶州。治在今福建宁德市。

福安县,隶属变化同宁德县。治在今福建福安市。

---

① 《世宗实录》卷 566。

第十三章　广东布政司

洪武元年(1368)明朝军队平定岭南，逐步设置府州县。二年四月改元朝时广东道宣慰司为广东等处行中书省，治广州府。六月又将在元海南海北道政区基础上所设的府州县划归广东行省，从而确定了明代广东的基本辖区。九年六月广东行省改为广东承宣布政使司。

元末广东道和海南海北道是由路与直属道的州组成的，洪武初年广东政区的变化主要是设府，废直属于道的州。原归于海南海北道的海南岛经过调整，洪武三年也形成了以琼州府统辖 3 州、13 县的政区形式。至洪武十四年重设廉州府后，广东有 10 府。万历五年(1577)又设罗定直隶州，这是明代中后期广东唯一的直隶州。

与其他布政司相比，广东政区有一个显著的特点，即永乐以后添设了众多的州县，共计增加 2 州、21 县，时间上主要集中在成化至明末。这一方面是由于广东布政司虽然在洪武年间添设了一些州县，但从地理分布而言，还是相当稀疏的，如潮州府在洪武末年只有 4 县。成化以后广东各地“盗贼”不断，在平定之后，政府重新考虑当地州县设置，在州县稀疏或较偏远的地方增设新的政区，以加强国家的控制能力。成化以后添设的新县大多集中在广州、潮州、惠州、肇庆 4 府。潮州府与惠州府北部新设的县都是由于“深山穷谷，屡为盗据”①，潮州府南部的新县则是为了防倭之需。另一方面县的大量增加也说明了明代中后期广东人口增多，经济获得了一定的发展。

明初在广东沿海设置了大量卫所以为守备，县则相对较少。广东的土官主要分布在少数民族集中的北部山区和海南岛，名目众多，但大多职衔不高，仅海南岛上的部分州县一度设有土知州、土知县。

《明史》卷 45《地理志六》记广东“县七十五”和其后关于县的详细记载不符，其关于县的详细记载是明崇祯十一年(1638)后的情况，为 10 府、1 直隶州、8 属州、77 县。明末广东布政司(见图 12)的政区结构如下。

① 《世宗实录》卷 17 嘉靖元年八月癸未。

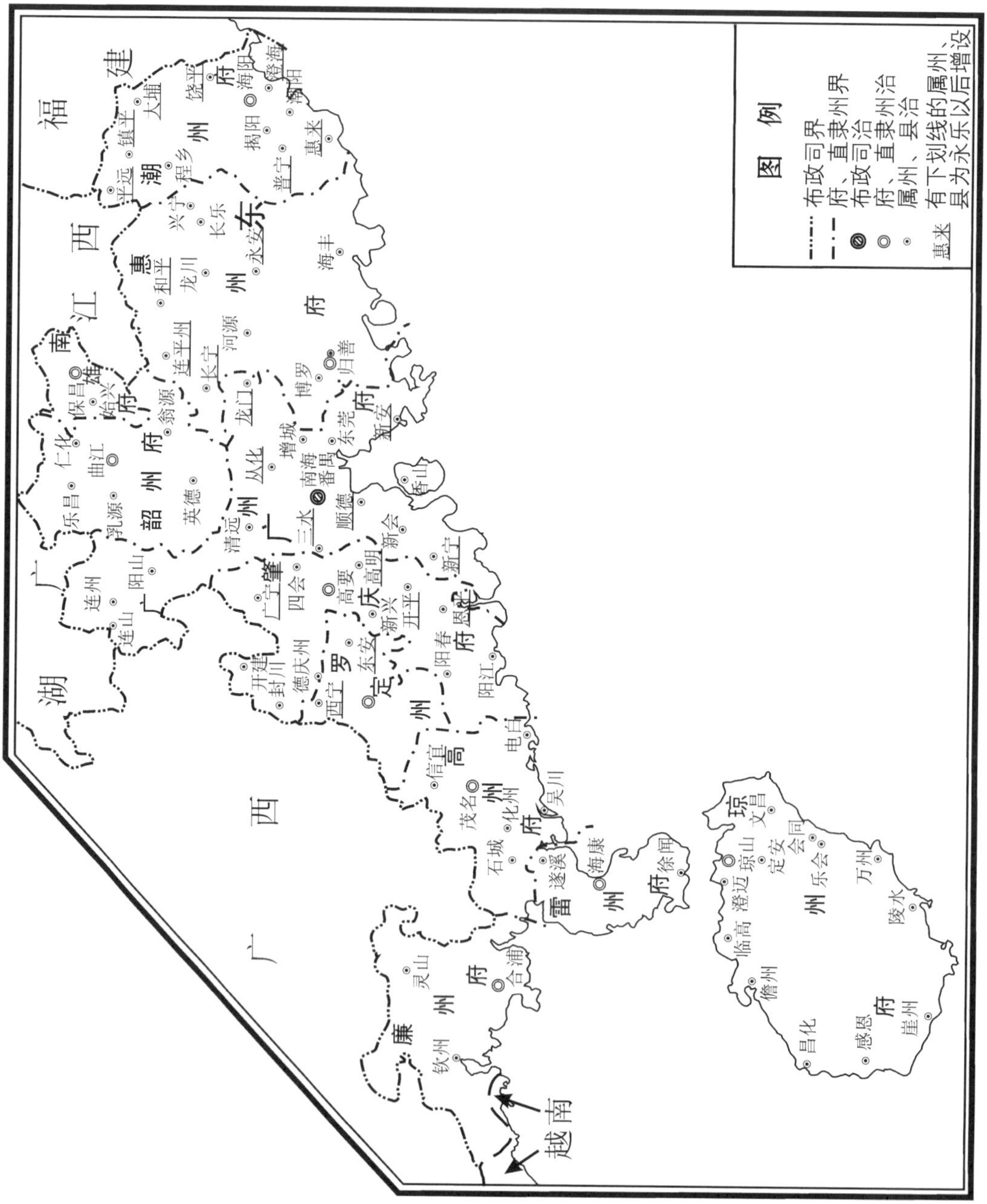

图12 崇祯十一年(1638)后广东布政司图

广州府——南海县、番禺县、东莞县、增城县、香山县、清远县、新会县、龙门县、顺德县、新安县、三水县、新宁县、从化县，连州——连山县、阳山县。

肇庆府——高要县、高明县、四会县、新兴县、阳江县、阳春县、开平县、恩平县、广宁县，德庆州——封川县、开建县。

韶州府——曲江县、乐昌县、英德县、翁源县、乳源县、仁化县。

南雄府——保昌县、始兴县。

惠州府——归善县、博罗县、长宁县、永安县、海丰县、龙川县、长乐县、兴宁县，连平州——河源县、和平县。

潮州府——海阳县、潮阳县、揭阳县、程乡县、饶平县、惠来县、镇平县、大埔县、平远县、普宁县、澄海县。

高州府——茂名县、信宜县、电白县，化州——吴川县、石城县。

雷州府——海康县、遂溪县、徐闻县。

廉州府——合浦县，钦州——灵山县。

琼州府——琼山县、澄迈县、临高县、定安县、文昌县、会同县、乐会县，儋州——昌化县，万州——陵水县，崖州——感恩县。

罗定直隶州——东安县、西宁县。

下文考述崇祯十一年之前广东布政司府州县的变迁。

府

（一）广州府

元末广州路下有南海（附郭）、番禺（附郭）、东莞、增城、香山、新会、清远 7 县，洪武元年路改广州府时，7 县隶于府。

对广州府辖区影响比较大的是洪武十四年四月重设的连州的归属。原韶州府的阳山县与洪武十三年十一月复置、直隶于广东府的连山县也改属连州，成为广州府的州辖县。连州的归属，基本确定了明代广州府的辖区。与元代政区相比，洪武十四年四月之后的广州府辖区面积实际上是元末广州路、桂阳州、连州的总和，新设的几个县对府的辖境影响较小。

景泰三年（1452）之后，广州府陆续析置了顺德、从化、龙门、新宁、三水、新安 6 县。至万历元年新安县设置之后，府下共 13 直辖县、1 州、2 州辖县。

广州府，元江西行省广州路，洪武元年改设为府，二年四月属广东行省，为省治。治在今广东广州市。万历元年后领州 1、县 15。

南海县，倚。治在今广州市。

番禺县,倚。治在今广州市。

顺德县,景泰三年以南海县大良堡置,析新会县地益之。治在今广东佛山市顺德区。

东莞县,治在今广东东莞市。

新安县,万历元年设县。治在今广东深圳市宝安区。

三水县,嘉靖五年(1526)五月癸未"诏设广东三水县于广州、肇庆二府之间,仍属广州府管辖"①。治在今广东佛山市三水区西三水镇。

增城县,治在今广东广州市增城区。

龙门县,弘治八年(1495)九月辛丑"开设龙门县于番禺、增城二县之交"②。治在今广东龙门县。

香山县,治在今广东中山市。

新会县,治在今广东江门市新会区。

新宁县,弘治十一年八月丁卯置,以新会县德行都之上坑荫置,析文章等五都地益之。治在今广东台山市。

从化县,弘治二年二月甲辰置。以番禺县横潭村置,析增城县地益之,治在今广州花都区狮岭一带。弘治八年九月辛丑"迁广东广州府从化县、从化守御千户所于番禺之马场田"③,即今广东广州市从化区。

清远县,治在今广东清远市。

连州(桂阳州参见)

元广东道有连州、桂阳州,2州同治今广东连州市。连州领连山县,桂阳州领阳山县。洪武元年2州依旧设置,洪武二年三月"己酉,以……阳山县隶连州,寻并……桂阳州于连州"④,四月甲戌"罢连州,以所辖阳山、连山二县隶韶州府"⑤。洪武十四年四月甲申"改阳山县为连州,寻复置阳山县隶之"⑥,重置连州,改属广州府,领2县。

阳山县,元属桂阳州。洪武二年三月桂阳州废,县属连州。四月,连州废,县属韶州府。十四年四月改县为连州,寻复置县,属连州。治在今广东阳山县。

连山县,元属连州,洪武二年四月连州废,连山县改属韶州府。三年九月

① 《世宗实录》卷64。
②③ 《孝宗实录》卷104。
④ 《太祖实录》卷40。
⑤ 《太祖实录》卷41。
⑥ 《太祖实录》卷137。

甲辰“并韶州府连山县入阳山县”①。洪武十三年十一月“庚戌……复置……广东广州连山县”②,县直隶广州府。十四年四月改属广州府连州。旧治在今广东连山自治县太保镇西北钟山,永乐元年(1403)徙西程山下,天顺六年(1462)又徙小坪,即今连山自治县东北旧城。

(二) 肇庆府

洪武元年在元末肇庆路基础上设置了肇庆府,初只辖路原有的高要、四会2县。

洪武二年四月,南面的新州直隶州被废,其下的新兴、阳江、阳春3县改直隶于肇庆府。

洪武九年四月,东面的德庆府降为肇庆府的属州,其附郭的端溪县当即废除,其下的封川、开建、泷水3县随州改属。此时,肇庆府下有5直辖县、1州、3州辖县。

成化十一年(1475)之后,府下陆续增设了高明、恩平、广宁、开平4县。

万历五年五月在平定地方之后,升泷水县为罗定直隶州,不再隶属肇庆府。

《明史》卷45《地理志六》记府“领州一,县十一”,即指9直辖县、德庆州及其下2县,是万历五年五月后的数目。

肇庆府,元肇庆路,洪武元年为府。治在今广东肇庆市。万历五年五月后领州1、县11。

高要县,倚。治在今肇庆市。

高明县,成化十一年十二月壬辰“析广东高要县地置高明县于高明巡检司”③。治在今广东佛山市高明区。

四会县,治在今广东四会市。

新兴县(新州参见),元为新州附郭县。洪武元年仍设新州直隶州,南恩州阳江、阳春2县亦改属新州,州领3县。二年四月甲戌“割广东新州之新兴、阳江、阳春三县隶肇庆府”④,废州。治在今广东新兴县。

阳江县,元南恩州治此,领阳江、阳春2县。洪武元年,南恩州废,阳江、阳春2县改属新州。二年四月,新州废,阳江县改直属肇庆府。治在今广东阳

① 《太祖实录》卷56。
② 《太祖实录》卷134。
③ 《宪宗实录》卷148。
④ 《太祖实录》卷41。

江市。

阳春县，元属南恩州。洪武元年属新州。二年四月，新州废，县改直属肇庆府。治在今广东阳春市。

开平县，崇祯十一年改恩平县之开平屯为县，析新兴、新会2县地益之。治在今广东开平市西北苍城。

恩平县，成化十四年六月“甲午，设广东肇庆府恩平县。先是广西流贼侵轶广东，其路率由阳江县恩平巡检司。总督两广都御史朱英请于地设立县治。从之。至是，始析肇庆之新兴、阳江，广州之新会三县地为恩平县”①。治在今广东恩平市。

广宁县，嘉靖三十八年十月戊戌“添设广东广宁县，隶肇庆府……用以据险守要，防遏夷酋”②，以四会县地置。初治在今广东广宁县东南潭圃山下，后迁大圃村福星山下，即今广东广宁县。

德庆州(德庆府、端溪县参见)

元德庆路，洪武元年为府，领有泷水县及附郭的端溪县。洪武二年三月，废封州，其下的封川、开建2县改直属于德庆府。洪武九年四月甲午“改广东德庆府为德庆州，革所属端溪县，(州)隶肇庆府”③。德庆州领泷水、封川、开建3县。治在今广东德庆县。万历五年五月，泷水县升罗定直隶州。

封川县(封州参见)，元封州领封川(附郭)、开建2县，明初仍设封州直隶州，领县依旧。洪武二年三月“己酉，以封州之封川、开建二县隶德庆府”④，州废。洪武九年四月封川、开建2县随德庆州隶肇庆府。治在今广东封开县南封川。

开建县，元末属封州，洪武二年三月封州废后，县改直隶德庆府，洪武九年四月随德庆州隶肇庆府。治在今封开县东北南丰。

泷水县见罗定直隶州。

(三)韶州府

明代韶州府的设置比较简单。洪武元年设府时，元末江西行省韶州路下曲江(附郭)、乐昌、仁化、乳源4县依旧属府。二年三月，南部的英德直隶州废

① 《宪宗实录》卷179。
② 《世宗实录》卷477。
③ 《太祖实录》卷105。
④ 《太祖实录》卷40。

为县，所属的英德、翁源2县改直隶于韶州府；四月，连州废，阳山、连山2县归府；三年九月连山县并入阳山县，十三年十一月复置，改属广州府；十四年四月阳山、连山2县并属重设的广州府连州。从此，韶州府下辖曲江、乐昌、仁化、乳源、英德、翁源6县，辖区基本上是元末韶州路与英德州之和。

韶州府，元韶州路，属广东道宣慰司。洪武元年为府。治在今广东韶关市。洪武十四年四月后领县6。

曲江县，倚。治在今韶关市。

乐昌县，治在今广东乐昌市。

英德县（英德直隶州参见），元英德州，直隶广东道，领翁源县。洪武元年州县依旧，洪武二年三月癸丑"改英德州为县，隶韶州府"①。治在今广东英德市。

翁源县，元属英德州，洪武二年三月州废，县改直隶韶州府。故城在西北，洪武初迁治长安乡，即今广东翁源县西翁城。

仁化县，治水西村，后迁城口村，即今广东仁化县。

乳源县，本治虞塘，洪武元年迁于洲头津，即今广东乳源自治县。

（四）南雄府

明洪武元年所建的南雄府完全是在元末南雄路的基础上设置的，依旧辖保昌（附郭）、始兴2县，至明末未变。

南雄府，元南雄路，属广东道，洪武元年为府。治在今广东南雄市。领县2。

保昌县，倚。治在今南雄市。

始兴县，治在今广东始兴县。

（五）惠州府

明代惠州府的辖区是明初在元末惠州路和循州基础上形成的。洪武元年设府时，原惠州路下的归善、博罗、海丰、河源4县属府；二年四月，循州直隶州废，其下的龙川、长乐、兴宁3县改属于府。

正德末年，江西、广东交界的山脉之中，流民啸集，在平定地方之后，正德十三年（1518）八月在都御史王守仁建议下，增设了和平县。隆庆三年（1569）正月，又因"地广多盗"②增设了长宁、永安2县。至此，府下辖10县。崇祯六年，设连平县，寻升为州，河源、和平2县改属州。明末，惠州府下有8直辖县、

---

① 《太祖实录》卷40。
② 《穆宗实录》卷28。

1州、2州辖县。

惠州府，元惠州路，洪武元年为府。治在今广东惠州市。崇祯六年后领州1、县10。

归善县，倚。治在今惠州市东江东岸。

博罗县，治在今广东博罗县。

长宁县，隆庆三年正月“辛未，以广东惠州府河源县、归善县地广多盗，增建长宁县于鸿雁洲，永安县于安民镇”①。万历元年徙治君子峰下，在今广东韶关市新丰县。

永安县，隆庆三年正月以归善县安民镇置，析长乐县地益之。治在今广东紫金县。

海丰县，治在今广东海丰县。

龙川县(循州直隶州参见)，元循州治此，州隶广东道，辖龙川(附郭)、兴宁、长乐3县。洪武元年州为直隶州，领县依旧，洪武二年四月，州废，3县改属惠州府。州及龙川县治在今广东龙川县西南陀城。

长乐县，元属循州。洪武二年四月来属府。旧治在紫金山北，洪武初徙于今广东五华县西北华城。

兴宁县，元属循州。洪武二年四月来属府。治在今广东兴宁市。

连平州(连平县参见)

崇祯六年以和平县惠化都置连平县，直隶于府，析长宁、河源2县及韶州府翁源县地益之，寻升为州。治在今广东连平县。领县2。

河源县，旧直属惠州府，崇祯六年改属连平州。故城在西南，洪武二年徙于寿春市，万历十年又稍作迁移，都在今广东河源市。

和平县，始设于正德十三年八月戊寅，“增设广东惠州府和平县，割龙川、河源之地隶之”②。嘉靖元年八月确立，“建立广东惠州府和平县……先是都御史王守仁奏：惠州府龙川、河源等县和平都浰头等处皆深山穷谷，屡为盗据，今幸剿平，宜建立县治，以绝祸萌。报可，至是户部以县名请，并乞选官铸印，遂有是命”③。县直属府，崇祯六年改属连平州。治在今广东和平县。

(六)潮州府

洪武二年潮州府始设时，有海阳(附郭)、潮阳、揭阳、程乡4县，前3县为

---

① 《穆宗实录》卷28。
② 《武宗实录》卷165。
③ 《世宗实录》卷17嘉靖元年八月癸未。

元潮州路属县，程乡县乃梅州直隶州辖县，洪武二年四月州废，地入潮州府，县相应改隶于府。所以潮州府是由元末潮州路、梅州地合并而置。

潮州府至成化十二年前，一直只领这4县。成化十二年十月起，相继增设饶平、惠来、大埔、平远、普宁、澄海、镇平7县，府下共为11县。最后一个县是崇祯六年设置的镇平县，故《明史》卷45《地理志六》"领县十一"是崇祯六年之后的情况。

潮州府北部共有4县，位于福建、江西、广东交界的山区。府南部明末有7县，明初只有海阳、潮阳、揭阳3县，"地境广阔，难于管束"①，所以成化十二年后不断增设新县。

潮州府，元潮州路，洪武二年为府。治在今广东潮州市。崇祯六年后领县11。

海阳县，倚。治在今广东潮州市。

潮阳县，治在今广东汕头市潮阳区。

揭阳县，治在今广东揭阳市。

程乡县(梅州直隶州参见)，元梅州治此，直隶广东道，州领程乡(附郭)1县。洪武元年仍然设梅州直隶州，辖程乡县。洪武二年四月甲戌"罢梅、循二州……程乡县隶潮州府"②。州、县治都在今广东梅州市。

饶平县，成化十二年十月甲申"析广东海阳县地置饶平县。先是巡抚都御史朱英奏：海阳县地境广阔，难于管束，欲于弦歌等都地名左岭开设一县……至是立县名饶平"③。治在今广东饶平县三饶。

惠来县，嘉靖三年十月庚戌"增设广东惠来县，割潮阳、海丰二县地属之……以总督张岭言其地阻山海，人习顽犷，二县不便约束故也"④。治在今广东惠来县。

镇平县，崇祯六年设，析平远、程乡2县地益之。治在今广东蕉岭县。

大埔县，嘉靖五年以饶平县大埔村置。治在今广东大埔县北茶阳镇。

平远县，嘉靖四十一年五月丁未以程乡县地置，析福建之武平、上杭，江西之安远，惠州府之兴宁4县地益之，属江西赣州府。四十二年正月还武平、上杭、安远3县割地，仅以兴宁、程乡地属县，改属潮州府。治在今广东平远县北仁居。

普宁县，嘉靖四十二年正月"丁未，提督两广都御史……各条陈广东善后事宜，户部覆行三事：一潮州海阳之关望为倭奴入寇门户，宜设一全县以增潮

---

①③ 《宪宗实录》卷158。
② 《太祖实录》卷41。
④ 《世宗实录》卷44。

南之藩篱……潮阳之滅水宜设裁减一县,以控扼海丰、惠来、长乐三县之要冲……上允行,乃设澄海县于关望所,普宁县于滅水"[①]。普宁县治初在今广东普宁市东贵屿,万历十年移治黄坑,在今普宁市北洪阳镇。

澄海县,嘉靖四十二年正月丁未设县,析海阳、揭阳、饶平 3 县地益之。治在今广东汕头市澄海区。

(七) 高州府

高州府洪武二年六月由广西改属广东行省,七年十一月改高州直隶州之前,高州府一直领元末高州路所有的茂名、电白、信宜 3 县。改直隶州时,附郭的茂名县被废。

洪武九年四月复设府后,化州直隶州降为化县,与原州下的吴川、石城 2 县俱改直隶于府。时府辖 5 县。

洪武十四年五月,复置茂名县,又改化县为化州,同时吴川、石城复隶州,从此,高州府领茂名、电白、信宜 3 直隶县,化州 1 州,吴川、石城 2 州辖县。

洪武九年后,高州府的辖区是元末高州路、化州路之和。

高州府(高州直隶州参见),元高州路,属海北海南道,洪武元年改设为府,二年三月属广西行省,六月戊子"以广西海南、海北府州隶广东省"[②],高州府改属广东行省。七年十一月壬戌"改广东钦、廉、高、化四府为州,革安远、合浦、茂名、石龙四县"[③],高州为直隶州。洪武九年四月甲午"复高州为高州府,改化州为化县,并吴川、石城二县俱隶高州府"[④]。高州府本治电白,明初徙治茂名,即今广东高州市。洪武二十七年后领州 1、县 5。

茂名县,倚。洪武元年起隶高州府,洪武七年十一月壬戌省,洪武十四年五月"丁亥……化州隶高州府……以吴川、石城二县隶化州……又置茂名县,隶高州府"[⑤],复置县。治在今高州市。

信宜县,洪武元年至七年隶高州府,洪武七年十一月至九年四月隶高州,洪武九年四月之后隶高州府。治在今广东信宜市南镇隆。

电白县,隶属变迁同信宜县。原治在今高州市东北高凉山南,后治本神电卫,成化三年九月壬午"移置广东电白县于神电卫。巡抚都御史韩雍议:高州府电白县城内居民仅三五十家,瘴疠毒甚。岁调守官军十亡四五,损军费粮,

---

① 《世宗实录》卷 517。
② 《太祖实录》卷 43。
③ 《太祖实录》卷 94。
④ 《太祖实录》卷 105。
⑤ 《太祖实录》卷 137。

其所治德善上下、保宁三乡皆濒于海，而神电卫城适当县中，请以电白县移置神电卫城，而以茂名县地下博乡隶之……从之”①。神电卫治即今广东茂名市电白区东电城镇。

化州(化州府，化州直隶州、石龙县、化县参见)

元化州路，属海北海南道，领石龙(附郭)、吴川、石城3县。洪武元年为府，仍领3县。七年十一月降府为直隶州，以州治石龙县省入。九年四月甲午又降直隶州为县，来属高州府。十四年五月丁亥复为州，仍属府，领吴川、石城2县。治在今广东化州市。

吴川县，元属化州路。洪武元年至七年十一月属化州府，七年十一月至九年四月属化州直隶州，洪武九年四月直属高州府。十四年五月改属高州府化州。治在今广东吴川市西南吴阳。

石城县，隶属变迁同吴川县。治在今广东廉江市。

(八) 雷州府

元雷州路，属海北海南道宣慰司，领海康(附郭)、遂溪、徐闻3县。洪武元年改为雷州府，领县依旧。洪武二年三月属广西，六月隶广东行省。洪武九年四月至十四年五月廉州及所属钦县、灵山县、石康县属府。洪武十四年五月后府仍领原有3县。府治在今广东雷州市。

海康县，倚。治在今雷州市。

遂溪县，治在今广东遂溪县。

徐闻县，治在今广东徐闻县。

廉州及所属钦县、灵山县、石康县详见廉州府。

(九) 廉州府

洪武七年十一月之前，廉州府辖元代廉州路下的辖合浦(附郭)、石康2县。七年十一月改府为廉州直隶州，省合浦县。九年四月州隶雷州府，领石康县、由钦州改设的钦县及原属于钦州的灵山县。十四年五月又改设廉州府，钦县升为属州，灵山县属钦州，同时复置合浦县。此后廉州府领合浦、石康2直辖县，钦州1州，州下领灵山县。成化七年十二月石康县因人少废入合浦县。

廉州府(廉州直隶州参见)，元廉州路，属海北海南道宣慰司。洪武元年为府。二年三月属广西，六月隶广东。七年十一月降为直隶州。九年四月属雷州府。十四年五月复为府。成化七年十二月后领州1、县2。治在今广西合

---

① 《宪宗实录》卷46。

浦县。

合浦县，倚，隶廉州府。洪武七年十一月省，十四年五月复置。治在今合浦县。

石康县，洪武元年至七年十一月隶廉州府，七年十一月至九年四月隶廉州直隶州，九年四月随廉州隶雷州府，十四年五月起仍隶廉州府。成化七年十二月“戊寅，并广东石康县于合浦县，从左布政使张瑄等县邻广西，频年为瑶贼杀掠，民物稀少”①。治在今合浦县东北新村。

钦州（钦州府、钦州直隶州、钦县、安远县参见）

元钦州路，属海北海南道，领安远（附郭）、灵山 2 县。洪武二年为府，领县依旧。二年三月属广西，六月隶广东。七年十一月降府为直隶州，以州治安远县省入。九年四月降为钦县，与灵山县一起改属雷州府廉州。十四年五月复为州，属廉州府，仍领灵山县。治在今广西钦州市。

灵山县，元属钦州。洪武元年至七年十一月属钦州府，七年十一月至九年四月属钦州直隶州，九年四月属雷州府廉州，十四年五月改属廉州府钦州。治在今广西灵山县。

（十）琼州府

元代海南岛属湖广行省海北海南道宣慰司，有乾宁安抚司和南宁、万安、吉阳 3 军。洪武元年十月丁酉，在乾宁安抚司治设琼州府，管辖整个海南岛，原有的 3 军改为儋、万、崖 3 州。洪武二年三月琼州府属广西行省，六月属广东。同年，琼州府被降为直隶州，其下的 3 州也各改直隶州，洪武三年复升琼州为府，统辖依旧，其府州县结构如下。

直辖县：琼山县、澄迈县、临高县、定安县、文昌县、乐同县、乐会县。

州及州辖县：儋州——昌化县、宜伦县、感恩县，万州——陵水县、万安县，崖州——宁远县。

正统四年（1439）六月，因地狭民少，儋、万、崖 3 州的宜伦、万安、宁远 3 附郭县被废。正统五年感恩县改属崖州。此后，琼州府下共 7 直辖县、3 属州、3 州辖县。

琼州府（琼州直隶州参见），元末乾宁安抚司，属海北海南道宣慰司。洪武元年十月丁酉“改琼州乾宁安抚司为琼州府，崖州吉阳军、儋州南宁军、万化（应为安）军俱为州，隶琼州府，南建州为安定（应为定安）县”②。二年三月府

① 《宪宗实录》卷 99。
② 《太祖实录》卷 35。

属广西行省，六月属广东。同年降府为广东行省琼州直隶州。三年仍升为府。正统五年后领州 3、县 10。治在今海南海口市琼山区。

琼山县，倚。治在今海口市琼山区。明代琼山县一度设有土知县。

澄迈县，治在今海南澄迈县东北老城。

临高县，治在今海南临高县。

定安县（南建州参见），洪武元年十月降元末南建州为定安县。治在今海南定安县。

文昌县，治在今海南文昌市。

会同县，元至元二十九年（1292）六月置。治在今海南琼海市东北塔城。

乐会县，治在今琼海市。

1. 儋州（儋州直隶州、宜伦县参见）

元南宁军，属海北海南道宣慰司，领宜伦（附郭）、昌化、感恩 3 县。洪武元年十月改为儋州，属琼州府，领县依旧。洪武二年一度为直隶州，三年仍属琼州府。正统四年六月“庚寅，省广东琼州府儋州附郭县宜伦县、崖州附郭宁远县、万州附郭万宁（应为安）县，俱入本州……从本府知府程莹言三州地狭民少故也”[①]。正统五年分感恩县隶崖州。此后只领昌化县。州治在今海南儋州市西北新州。明代儋州一度设有土知州。

昌化县，旧城即今海南昌江县西北昌城。正统六年五月甲寅“广东昌化县去昌化守御千户所十里许，运粮者必三渡河然后至所，县有急，所亦不能赴援，至是徙县治及儒学于所城”[②]，在今昌江县昌化。

感恩县见崖州。

2. 万州（万州直隶州、万安县参见）

元万安军，属海北海南道，领万安（附郭）、陵水 2 县。洪武元年十月改为万州，属琼州府，领县依旧。洪武二年一度改为直隶州，三年仍属琼州府。正统四年六月以州治万安县省入州。此后州领陵水 1 县。治在今海南万宁市。

陵水县，旧县城在今海南陵水自治县东北。正统间迁于南山守御千户所同治，即今陵水自治县。

3. 崖州（崖州直隶州、宁远县参见）

元吉阳军，属海北海南道宣慰司，领宁远县（附郭）。洪武元年十月改为崖州，属琼州府，仍领宁远县。洪武二年一度为直隶州，三年仍属琼州府。正统

① 《英宗实录》卷 56。
② 《英宗实录》卷 79。

四年六月以州治宁远县省入。正统五年儋州感恩县归崖州。治在今海南三亚市西北崖城。

感恩县，旧属儋州。正统五年改属崖州。治在今海南东方市南感城。明代一度设有土知县。

直隶州

罗定直隶州（泷水县参见）

元为泷水县，属德庆路。洪武元年属德庆府，九年四月起隶肇庆府德庆州。万历五年五月丙午“命升泷水县为罗定州”①，州直隶布政司。领县2。治在今广东罗定市。

东安县，万历五年十一月“戊寅，时罗定议立县治，总督凌云翼以县名请，命东山南乡为东安，西山大峒为西宁，俱属罗定新州管辖”②，东安县以泷水县东山黄姜峒置，析德庆州及高要、新兴2县地益之。治在今广东云浮市。

西宁县，万历五年十一月以泷水县西山大峒置，析德庆州及封川县地益之。治在今广东郁南县南建城。

① 《神宗实录》卷62。
② 《神宗实录》卷69。

第十四章　广西布政司

洪武二年(1369)三月癸丑设广西行省之初,其管辖的地理范围包括元末广西行省及海北海南道宣慰司地,雷州半岛、海南岛、钦廉之地的高州、雷州、钦州、廉州、琼州5府俱属广西。当年六月,5府改归广东行省,自此明代的广西行省成了内陆省。洪武九年六月改广西行省为广西承宣布政使司。行省及布政司治在今广西桂林。

元代广西拥有多个直隶州,洪武二年时,大多数直隶州变为了府下的属州。洪武二年底,广西行省有静江、平乐、浔州、梧州、南宁、庆远、田州、来安、镇安、思明、太平、柳州12府,奉议州1直隶州。

12府中,除来安府于洪武七年被废,静江府洪武五年改名为桂林府,田州府在嘉靖七年(1528)改为田宁府,八年又改田宁府为田州直隶州外,其他9府直至明末没有发生变化。在明朝二百多年中,广西布政司只在正统四年(1439)增设了一个府级政区——思恩府。嘉靖八年之后,广西布政司下有11府。

从洪武七年至嘉靖年间,除奉议州外,广西先后增设过11个直隶州,其中思恩州后升为府,利州在嘉靖二年废除,而奉议州也于嘉靖六年改属思恩军民府,此后广西有田州、龙州、思陵、都康、泗城、向武、凭祥、归顺、江州9个直隶州。

与内地政区成熟、稳定的省份不同,广西在洪武之后直至嘉靖、万历年间,仍不断地对政区进行调整。虽然与贵州相比,广西的政区在明代相对成熟得多,但毕竟地处西南边疆,土司众多,所以广西政区在明代仍处于不断调整适应的过程之中。

明代广西除设布政司进行行政管理外,广西都司的卫所也具有一定的行政管辖权,尤其在设立土官衙门的地方表现更为突出。虽然从《明史》卷45《地理志六》等文献的记载来看,明代广西的土府、土州、土县、长官司名义上皆属布政司管辖,但“争论词讼就所近卫所理之”①,所以明代广西的行政实际上

① 《宣宗实录》卷84。

是由布政司与都司共同掌控的。

万历三十八年(1610)之后广西布政司的政区基本没有变化,下文以此为时间断限叙述其沿革。《明史》卷45《地理志六》广西卷首记明末广西州"四十有八",实际明末有9直隶州、37属州,共46州,《明史》误将宣德年间废入安南的西平州、禄州也计算在内。

府

(一)桂林府

洪武二十七年之前的桂林府继承了元代静江路的临桂(附郭)、兴安、灵川、阳朔、永福、古、义宁、理定、荔浦、修仁10县,除古县于洪武十四年改名为古田县外,其余9县均无变化。洪武二十七年之后的桂林府政区经历了两次较大的变化,都引起了管辖区域的改变。

为了管理上的便利,洪武二十七年七月湖广永州府全州及其下的灌阳县改属桂林府,使本府的辖区在东北有了很大的扩展。

弘治四年(1491),荔浦、修仁2县改属平乐府,桂林府的东南界缩减。成化十三年(1477)二月至弘治五年六月间,永安州及后由其改设的永安长官司一度属于桂林府,后也改隶平乐府。

除此之外,桂林府辖区内的县也有一些小的变化。正统五年九月理定县省。隆庆五年(1571)古田县升为永宁州,永福、义宁2县改属其下。此后桂林府的州县再无变化,领4直辖县、2州、3州辖县。

桂林府,洪武元年改元静江路为静江府,二年三月属广西行省,五年六月戊戌改名为桂林府。治在今广西桂林市。隆庆五年三月后领州2、县7。

临桂县,倚。治在今桂林市。

兴安县,治在今广西兴安县。

灵川县,治在今广西灵川县东北三街镇。

阳朔县,治在今广西阳朔县。

1. 全州(全州府、清湘县参见)

洪武元年为府,领清湘(附郭)、灌阳2县,属湖广行省。九年四月甲午"改全州府为全州,隶永州府,革所属清湘县"[①],州下只领灌阳县。洪武二十七年八月壬申全州及灌阳县改属广西桂林府。全州府、全州、清湘县治在今广西全

① 《太祖实录》卷105。

州县。

灌阳县，洪武元年属湖广全州府，九年四月起属永州府全州。洪武二十七年八月属桂林府全州。县治在今广西灌阳县。

2. 永宁州(古田县参见)

元古县，洪武十四年改为古田县，直隶桂林府。隆庆五年三月丙戌升为永宁州。旧治在今广西永福县西北古城，洪武初，南移八里，即今永福县西北白果；成化十八年又移治今永福县西北寿城。永宁州领县2。

永福县，原直隶于桂林府，隆庆五年三月丙戌改属永宁州。治在今广西永福县。

义宁县，变迁同永福县。治在今广西临桂县西北五通。

理定县，本直隶于桂林府，正统五年九月丙辰省。治在今广西鹿寨县东北里定。

修仁县、荔浦县、永安州、永安长官司一度属桂林府，后皆改属平乐府。见平乐府。

(二) 平乐府

洪武元年因元平乐府设府，治在今广西平乐县。元代府下的平乐(附郭)、恭城、龙平、立山4县设置依旧。

洪武二年贺州怀集县改直隶于本府，它是平乐府在外的飞地，与府的大块辖区之间隔着浔州府贺州。十年五月，贺州降为县，寻与富川县一起改隶于平乐府，但同时怀集县改隶梧州府。贺县、富川县的改隶以及弘治四年修仁县、荔浦县的改属使平乐府的辖区大为扩展。

成化十三年划归桂林府的永安州是在洪武十八年所废的立山县地基础上设置的，弘治五年重归本府。龙平县也于洪武十八年被废除，万历四年四月于其地设昭平县。万历四年四月之后，平乐府下领7直辖县、1州。

平乐县，倚。治在今广西平乐县。

恭城县，治在今广西恭城自治县。

富川县，元属贺州，洪武二年九月戊申隶浔州府贺州，十年五月戊寅改直属浔州府，后属平乐府。旧治在今广西钟山县，洪武二十九年十一月癸巳移治靏石山下，即今广西富川自治县。

贺县(贺州、临贺县参见)，元末为贺州直隶州，领临贺(附郭)、富川、怀集3县。洪武二年九月戊申贺州改属浔州府，以州治临贺县省入，怀集县改直隶平乐府。十年五月戊寅降州为贺县，后改属平乐府。贺州、临贺县、贺县治在今广西贺州市东南贺街。

荔浦县,旧属桂林府,弘治四年改属平乐府。旧治在今广西荔浦县西林塘,景泰七年(1456)移于后山,即今县治。

修仁县,旧属桂林府,弘治四年改属平乐府。旧治在今荔浦县西三里,景泰初迁今荔浦县城南三里,成化十五年迁于五福岭,即今荔浦县西南修仁。

昭平县(龙平县参见),本龙平县,元直属府,洪武元年依旧,洪武十八年废。万历四年四月乙亥析平乐、富川二县地置昭平县。二县治均在今广西昭平县。

永安州(立山县、永安长官司参见)

元立山县,直属府。洪武初依旧,十八年废为立山乡,属桂林府荔浦县。成化十三年二月甲申置州,名永安,属桂林府。弘治三年九月戊寅改为永安长官司,五年六月甲辰复为州,改属平乐府。治在今广西蒙山县。

怀集县,洪武二年九月至十年五月属平乐府,详见梧州府。

(三) 梧州府

元代梧州路的设置非常简单,只领附郭的苍梧县,管辖面积也较小。洪武元年在苍梧县基础上改元梧州路为府,治在今广西梧州市。洪武二年十月梧州府以南的藤州、郁林州、容州 3 州及其辖县改属本府,使梧州府的管辖范围大为扩大。此时除苍梧县外,府下有 3 州,以及岑溪、北流、陆川、兴业、博白 5 州辖县。

洪武十年五月,藤州、容州降为县,岑溪县改直隶于府,北流、陆川 2 县改隶郁林州,原隶于平乐府的怀集县也于同时改直隶本府。此后,明代梧州府的 5 直辖县、1 州、4 州辖县再未发生过变化。

苍梧县,倚。治在今梧州市。

藤县(藤州、镡津县参见),元藤州直隶州,领镡津(附郭)、岑溪 2 县,洪武二年九月省州治镡津县入州,十月戊寅藤州改属梧州府。十年五月戊寅降为县,直隶梧州府。治在今广西藤县。

容县(容州、普宁县参见),元容州直隶州,领普宁(附郭)、北流、陆川 3 县。洪武二年九月戊申省普宁县入州,十月戊寅容州改属梧州府。十年五月戊寅降为容县,直隶梧州府。治在今广西容县。

岑溪县,元属藤州,洪武二年十月属梧州府藤州。十年五月废州后,岑溪县改直属梧州府。治在今广西岑溪市。

怀集县,元属贺州,洪武二年九月戊申改直隶属平乐府。十年五月改属梧州府。治在今广东怀集县。

郁林州(南流县参见)

元为直隶州,领南流(附郭)、兴业、博白 3 县。洪武二年九月以州治南流县省入，十月州改属梧州府。洪武十年五月容州降为县后，其下的北流、陆川2县改属郁林州，郁林州下遂领4县。州、南流县治在今广西玉林市。

博白县，隶属随州变化。治在今广西博白县。

兴业县，隶属随州变化。治在今玉林市西北兴业县。

北流县，元属容州，洪武二年十月属梧州府容州，十年五月戊寅改属郁林州。治在今广西北流市。

陆川县，隶属变迁同北流县。治在今广西陆川县。

（四）浔州府

洪武元年改元浔州路为府，治在今广西桂平市，仍领桂平（附郭）、平南2县。二年十月贵州直隶州降为县，与贺州及所属富川县、横州及所属永淳县一起改属本府。洪武十年五月横州降为县，改属南宁府，其下的永淳县省入横县；贺州降为县，与富川县不久也改隶平乐府。此后至成化三年前府下领桂平、平南、贵3县。成化三年至万历末年府下一度设武靖州。明末仍领3县。

桂平县，倚。治在今广西桂平市。

平南县，治在今广西平南县。

贵县（贵州直隶州参见），元为贵州直隶州，洪武二年十月戊寅降州为县，改属浔州府。治在今广西贵港市。

武靖州，成化三年置，万历末废，为土州。治在今桂平市北武靖。

贺州、富川县洪武中一度属本府，见平乐府。横州、永淳县一度属本府，见南宁府。

（五）柳州府

明代的柳州府是在元柳州路和融州、象州、宾州3直隶州的基础上形成的。洪武元年改元柳州路为府，洪武二年十月3州及所属6县即改隶于柳州府，加上从元代柳州路继承而来的马平（附郭）、洛容、柳城3县，柳州府拥有的3州、9县数及辖区是元柳州路所无法相比的。此后，柳州府的辖区再也没有大的变化。

洪武十年五月，融州降为县，与原属于州的罗城县改直隶于府，怀远县被废，象州来宾县也改直隶于府。十三年十一月复置怀远县，直隶于府。这之后除武仙县于宣德六年（1431）改名武宣外，柳州府的7直辖县、2州、3州辖县再无变化。

柳州府，洪武元年改元柳州路为府。府治在今广西柳州市。洪武十三年十一月后府领州2、县10。

马平县，倚。洪武元年徙府治于县，在今柳州市。

洛容县，旧治白龙岩，在今广西鹿寨县中渡附近。天顺中，徙于朱峒，在今鹿寨县西北中渡。正德时，为瑶、僮所据，嘉靖三年十一月复县。万历四年正月迁于灵塘，即今鹿寨县西南洛容。

柳城县，旧治龙江南，在今广西柳城县南凤山柳江西岸，洪武元年迁治今凤山。

罗城县，洪武二年十月戊寅以罗城乡置，属柳州府融州。十年五月戊寅，融州降为县，罗城县则改直隶于府。治在今广西罗城自治县。

怀远县，元属融州直隶州，洪武二年十月戊寅属柳州府融州，十年废县，十三年十一月复置，改直隶于府。初治于今广西三江自治县，洪武十三年十一月复置县时，治在今三江自治县南古堡，万历十九年迁治三江自治县南丹洲镇。

融县（融州直隶州、融州、融水县参见），元为融州直隶州，领融水（附郭）、怀远2县。洪武二年十月戊寅州改隶于柳州府，以州治融水县省入州，同时新置罗城县。十年五月戊寅降州为融县，怀远县废，融县与罗城县改直隶于府。融州、融水县、融县治在今融水自治县。

来宾县，元属象州直隶州，洪武二年十月戊寅属柳州府象州，十年五月戊寅改直隶于府。治在今广西来宾市东南城厢村。

1. 象州（阳寿县参见）

元末为象州直隶州，领阳寿（附郭）、来宾、武仙3县。洪武二年九月戊申阳寿县省入州，十月戊寅州改隶于柳州府。十年五月来宾县改直隶于府，州下仅领武仙县。宣德六年改武仙县名为武宣。州、阳寿县治在今广西象州县。

武宣县，元名武仙，隶象州直隶州。洪武二年十月起隶柳州府象州。宣德六年更名为“武宣”。旧治阴江，在今广西武宣县东南旧县，宣德六年三月徙于高立，即今武宣县。

2. 宾州（岭方县参见）

元为宾州直隶州，领岭方（附郭）、上林、迁江3县。洪武二年九月戊申以州治岭方县省入州，十月戊寅州改属柳州府。治在今广西宾阳县东北宾州镇。

迁江县，元末宾州直隶州，洪武二年十月起隶柳州府宾州。治在今广西来宾市西南迁江镇。

上林县，隶属变迁同迁江县，为土县。治本在今广西上林县南，万历间迁今上林县东北上林旧治。

（六）庆远府

明代庆远府是在元末庆远南丹安抚司的基础上设置的。元代庆远南丹司的土州、土县数目众多，至洪武元年开设庆远府时，许多州县被废，根据《明史》卷45《地理志六》等文献推测，洪武初年庆远府至少还有宜山（附郭）、天河、忻城、河池、思恩5直辖县，西兰、安习、忠、文、永、銮、福、延8州，洪武元年还在元那州、地州基础上新设了那地州。洪武七年七月设南丹州时，永、銮、福、延省入南丹州；十二年设东兰州时，西兰、安习、忠、文4州省入。洪武十二年设东兰州后，庆远府有5直辖县，那地、南丹、东兰3州，此后府的州县变化较小。

除洪武十七年、二十一年增设过荔波县、程县外，府下再未新设过县。程县于宣德元年改隶泗城直隶州。弘治十七年河池县升为州，正德元年(1506)思恩、荔波2县改隶其下。弘治年间府下还析置永顺、永定、永安3长官司。弘治九年以后，庆远府下领3直辖县、4州、2州辖县、3长官司。隆庆三年至万历六年一度设置的八寨长官司亦应属于本府。

庆远府，洪武元年改元庆远南丹安抚司为府。二年正月壬戌改府为庆远南丹军民安抚司。三年六月庚午复为庆远府。治在今广西宜州市。弘治九年以后领州4、县5、长官司3。

宜山县，倚。治在今广西宜州市。

天河县，县治旧在高寨，即今广西罗城自治县天河镇西；洪武二年迁于兰石，正统七年又迁甘场，都在今罗城自治县西；嘉靖十三年又迁福禄镇，在今罗城自治县天河镇西南；万历十九年始移天河镇。

忻城县，治在今广西忻城自治县，县官员土流兼用。

1. 河池州（河池县参见）

河池县为元庆远司属县，明初依旧。弘治十七年五月甲寅升为州。县旧治在今广西河池市河池镇北，天顺六年(1462)迁屏风山，在河池镇东；成化十三年还旧治；嘉靖四年又迁凤仪山南，在河池镇北。正德元年后领思恩、荔波2县。

思恩县，旧属庆远府，正德元年二月庚申改属河池州。旧治在今广西环江自治县城关，永乐末迁于今县东南清潭，宣德三年十一月迁于白山寨，成化八年迁于欧家山，即今环江自治县。

荔波县（荔波州参见），元为荔波州，洪武初省入思恩县，洪武十七年九月癸卯析思恩县地置荔波县，直属府。正统十二年二月甲辰改属南丹州。成化十一年九月己未又直属府。正德元年二月庚申属河池州。治在今贵州荔波县北旧县。

2. 南丹州

洪武七年七月甲戌置，二十八年废，寻复置。州为土州，正统十二年二月至成化十一年九月曾领荔波县。治在今广西南丹县。

3. 东兰州

洪武十二年置，省元末西兰、安习、忠、文 4 州入州。州为土州，州治在今广西东兰县。

4. 那地州

洪武元年改元那州、地州置。州为土州，治在今南丹县那地。

5. 永顺长官司、永定长官司

2 司皆弘治六年五月戊寅析宜山县地置。永顺司治在今广西宜州市西龙头乡，永定司治在今宜州市南石别镇三寨村。

6. 永安长官司

弘治九年九月壬子析天河县十八里地置。治在今宜州市东北后甫。

程县，洪武至宣德初曾隶于庆远府，详见泗城直隶州。

永州、銮州、福州、延州，元庆远司属州，洪武初隶庆远府。洪武七年废入南丹州。

西兰、安习、忠、文 4 州，元庆远司属州，洪武初隶庆远府。洪武十二年废入东兰州。

八寨长官司，隆庆三年设，万历六年废。治在今广西忻城县南，应隶于庆远府。

（七）南宁府

洪武元年改元南宁路为南宁府，路下的宣化(附郭)、武缘 2 县归于府下。明代南宁府由于不断有周边其他府的州县的改隶，辖区渐渐扩大。

洪武中南宁府辖区的扩大主要是由于东面横州的归属。洪武十年五月横州降为县后改属本府。十三年横县又升为州，同时其下复置永淳、宁浦 2 县，宁浦县寻废。此后至弘治十七年底，南宁府下的州县没有发生变化。

弘治十七年十二月之后，周边思明府和田州府下的上思、归德、果化、忠州 4 州相继归属本府。嘉靖四十三年镇安府下雷峒地归本府，万历十八年在此设下雷州，成为南宁府的飞地。这些州的改属使南宁府的辖区逐渐增大。

嘉靖十二年、隆庆六年府下析置隆安县和新宁州。万历五年武缘县划归思恩府。万历十八年设下雷州后，南宁府的 2 直辖县、7 州、1 州辖县再无变化。

南宁府，洪武元年改元南宁路为府。治在今广西南宁市。万历十八年后领州 7、县 3。

宣化县，倚。治在今南宁市。

隆安县，嘉靖十二年四月丙申析宣化县那久地置。治在今广西隆安县。

1. 横州（横县、宁浦县参见）

元末为横州直隶州，领宁浦（附郭）、永淳2县。洪武二年九月戊申改属浔州府，宁浦县省入州，州下只领永淳县。十年五月戊寅降州为横县，改属南宁府。十三年十一月复为州，仍置宁浦县、永淳县隶于州，寻废宁浦县。横州、横县、宁浦县治在今广西横县。

永淳县，元末属横州直隶州，洪武二年九月属浔州府横州，十年五月省入横县，十三年十一月复置，属南宁府横州。治在今横县西北峦城。

2. 新宁州

隆庆六年二月己丑以宣化县定禄洞地置。治在今广西扶绥县。

3. 上思州

元末属思明路，洪武初废。洪武二十一年正月复置，属思明府。弘治十七年十二月己巳改属南宁府。治本在今广西上思县明江南岸，弘治十七年十二月迁于今上思县。本为土州，弘治十八年改土归流。

4. 归德州

元末属田州路，洪武二年属田州府。弘治十八年改属南宁府。州为土州，治在今广西平果县东北归德。

5. 果化州

元末属田州路，洪武二年属田州府，《明史》卷45《地理志六》记州“嘉靖九年十二月来属（南宁府）”，《世宗实录》这一月辛巳提到州改属南宁府。州为土州，治在今平果县西北大平屯。

《粤西文载》中的《左江土司志》及《大清一统志》卷364等均言弘治年间改归南宁府，误。

6. 忠州

元末属思明路，洪武初废。洪武二十一年正月复置，属思明府。万历三年九月丁未改属南宁府。州为土州，治在今扶绥县西南旧城。

7. 下雷州

元末为镇安府下雷州，洪武初因失印降为峒，地属镇安府。嘉靖四十三年改属南宁府。万历十八年升为州，为土州。治在今广西大新县西北下雷。为南宁府在外的一块飞地。

武缘县，万历五年十月前属南宁府，见思恩军民府。

（八）思恩军民府（思恩州、思恩直隶州、思恩府参见）

本为元田州路思恩州，洪武二年属田州府，永乐二年八月丙子直隶广西布政司。正统四年十月丙戌升为思恩府，十一年十一月甲申升军民府。本为土府，弘治十七年改土归流。旧治在今广西平果县东北旧城，正统七年迁今广西马山县西南乔利，嘉靖七年七月又迁今广西武鸣县北府城。

思恩州、思恩府均为土州、土府，府下本无州县，改土归流后至正德六年始设凤化县，嘉靖八年即废。嘉靖、万历年间，周边奉议州、上林县、武缘县相继改属本府，万历三十二年新设上映州也属本府，思恩府的管辖范围逐步扩展。万历三十二年之后，府下领 2 直辖县、2 州。

上林县，元属田州路，洪武二年属田州府。嘉靖七年七月改属思恩军民府。县为土县，治在今广西田东县思林镇南、右江南岸。

武缘县，元属南宁路，洪武元年属南宁府。万历五年十月乙未改属思恩军民府。治在今广西武鸣县。

1. 奉议州（奉议直隶州参见）

元末为直隶州，明初依旧，洪武五年省入来安府，七年二月己亥复置，直隶广西行省。二十八年复废，寻复置，直隶广西布政司。嘉靖六年二月己巳改属思恩军民府。本为土州，明末改设流官。洪武初迁治于今广西田阳县西南奉议旧城。

2. 上映州

元属镇安路，明初属镇安府。洪武五年废为峒，地属镇安府。万历三十二年复置州，为土州，属思恩军民府，为飞地。治在今广西天等县西上映。

凤化县，正德六年七月癸酉置，嘉靖八年十月丙子废。初治在今广西马山县西南乔利，为思恩军民府附郭县，嘉靖七年迁于今广西上林县东北三里镇。

（九）太平府

洪武二年七月丁未改元太平路为太平府，领崇善（附郭）、陀陵、罗阳、永康 4 直辖县和左、养利、太平、思城、安平、万承、全茗、镇远、茗盈、龙英、结安、结伦、都结、上下冻、思同、龙 16 州。除龙州是由元龙州万户府改设，上下冻州由龙州万户府改隶本府外，其余 4 县、14 州均为元太平路旧有。洪武九年龙州改直隶州，此后至万历十六年前除永康县于成化八年改名为同正县外，太平府的州县再未发生过其他变化。

万历二十八年思同州被废，同年同正县升为永康州。万历十六年和三十八年，思明府思明州、上石西州相继改隶于太平府。万历三十八年后府领 3 直辖县、17 州。府治本在今广西崇左县东北驮卢镇，洪武二年徙于今崇左市太平镇。

崇善县，倚。元太平路属县，明初属太平府。县设土知县，宣德三年改设流官。旧县治在府西北，在今崇左县西北新和，嘉靖十九年迁入府郭内，即今崇左市太平镇。

陀陵县，元太平路属县，明属太平府。县为土县，治在今崇左县东北那隆。

罗阳县，元太平路属县，明属太平府。县为土县，治在今广西扶绥县西北中东镇旧城屯。

1. 左州

元太平路属州，明属太平府。州本为土州，设有黄姓土知州，成化十三年改设流官。州治本在崇左县东北左州镇东，成化十三年迁于思崖村，正德十五年迁于今崇左县东北左州。

2. 养利州

元太平路属州，明属太平府。州本设有土知州，宣德初改设流官，治本在今广西大新县北，弘治年间迁至今大新县。

3. 永康州(永康县、同正县参见)

元永康县，属太平路，明属太平府。成化八年改名同正县，万历二十八年六月丙戌升为永康州。永康县、同正县设有土知县，成化十八年改设流官。原治在今扶绥县中东镇北旧县，万历中迁于扶绥县北中东镇。

4. 上石西州

元属思明路，明初属思明府。洪武末省，永乐二年复置，仍属思明府。万历三十八年改属太平府。本设土官知州，成化十三年正月改设流官知州。州治在今广西凭祥市东南上石。

5. 太平州

元太平路属州，明属太平府。州为土州，治在今大新县西南雷平镇太平街。

6. 思城州

元太平路属州，明属太平府。州为土州，治在今大新县西南思城。

7. 安平州

元太平路属州，明属太平府。州为土州，治在今大新县西南安平。

8. 万承州

元太平路属州，明属太平府。州为土州，治在今大新县东北龙门。

9. 全茗州

元太平路属州，明属太平府。州为土州，治在今大新县北全茗。

10. 镇远州

元太平路属州，明属太平府。州为土州，治在今广西天等县东北进远。

11. 茗盈州

元太平路属州，明属太平府。州为土州，治在今大新县东北旧茗盈。

12. 龙英州

元太平路属州,明属太平府。州为土州,治在今广西天等县西南龙茗镇龙英街。

13. 结安州

元太平路属州,明属太平府。州为土州,治在今广西天等县东北结安。

14. 结伦州

元太平路属州,明属太平府。州为土州,治在今广西天等县东北进结镇。

15. 都结州

元太平路属州,明属太平府。州为土州,治在今广西隆安县西都结。

16. 上下冻州

元属龙州万户府。洪武初改属太平府。州为土州,治在今广西龙州县西北下冻。

17. 思明州

元属思明路。洪武二年属思明府,万历十六年四月辛酉改属太平府。治在今广西宁明县。州为土州。

思同州,元太平路属州,洪武元年属太平府。万历二十八年六月省入永康州。州为土州,治在今扶绥县西北思同。

龙州,洪武二年七月至洪武九年属太平府,后改直隶州。详见龙州直隶州。

(十) 思明府

根据《明史》卷45《地理志六》关于广西布政司的记载和其他文献推测,洪武二年七月设思明府时,应有上石西、下石西、西平、禄、思明、江、思陵7州,原有的忠州、上思州当年被废除。洪武三年西平州、禄州、思陵州也被省废,加上新置罗白县,当年府下共有1县、4州,辖区基本与元思明路相当。

洪武三年之后,思明府的辖区不断缩小,"日割月蹙"①,其下州县或弃入安南,或改为直隶州,或改隶周围他府,宣德二年明朝退出安南时,放弃了复置的西平州、禄州;江州,思陵州,永乐二年新设的凭祥县改州后皆改为直隶州,罗白县也随江州划出;忠州、上思州相继改属南宁府,上石西州、思明州则在万历年间改归太平府。万历三十八年之后,思明府只余下石西州1州。

思明府,洪武二年七月丁未改元思明路为府,直隶广西行省。九年直隶广西布政司。府为土府,治在今广西宁明县东明江镇。万历三十八年后领州1。

下石西州

元属思明路。洪武二年属思明府。州为土州,治本在今广西凭祥市夏石

① 《粤西文载》卷57《思明府土官论》。

南旧州，万历间迁今夏石。

西平州，元属思明路。洪武二年属思明府，三年省。永乐二年复置。宣德二年与安南。治在今越南谅山北。

禄州，元属思明府。洪武二年属思明府，三年省。二十一年正月复置，寻没于交阯。永乐三年复置。宣德二年与安南。治在不明。

江州、罗白县、思陵州、凭祥县明初一度属思明府，详见下文直隶州。上思州、忠州见南宁府。思明州、上石西州见太平府。

(十一) 镇安府

元镇安路，洪武二年为镇安府。领上映州，元安德、归顺等州俱废。洪武五年上映州亦废。这些州的废除对镇安府的辖区影响不大。府为土府，治本在今广西那坡县，洪武二年徙于废冻州，即今广西德保县。

弘治九年八月至嘉靖初，复置后的归顺州曾隶于镇安府，后改为直隶州。嘉靖四十三年下雷峒地改属南宁府，成为南宁府飞地，万历三十二年之后上映州地改归思恩府，也是一块飞地。

归顺州见归顺直隶州，上映州见思恩府，镇安州见南宁府。

除以上提到的府级政区外，明代广西行省及广西布政司下还曾设有来安府、田州府、田宁府、高州府、雷州府、廉州府、钦州府、琼州府。田州府、田宁府见田州直隶州，高州、雷州、廉州、钦州、琼州5府见“广东布政使司”。

来安府，洪武二年七月丁未改元来安路为府，七年省入田州府。府治在今广西田阳县。《元史》卷63《地理志六》对来安路的属州没有记载，根据《明史》卷45《地理志六》等中相关资料可知元代来安路下州数众多，除泗城州、利州确定在明代设置过外，其他属州或在洪武初年被废，或明初虽设，但洪武七年随府一起省入田州府。泗城州见泗城直隶州。

利州（利州直隶州参见），土州。元属来安路，洪武初属来安府，洪武七年十一月辛卯直隶布政司，正统六年五月徙治泗城州古那甲，嘉靖二年废。治在今广西田林县东利周。

直隶州

(一) 田州直隶州(田州府、田宁府、田州参见)

元田州路，洪武二年七月丁未为田州府，领上林县、上隆州、恩城州、都康州、归德州、果化州、思恩州、向武州及所属富劳县、武林县，府治在今广西田阳县。府设土官。富劳县与都康州在洪武中为“夷僚”所据，向武州也于洪武二十八年废，建文中俱复置，向武、都康 2 州复置后改为直隶州，武林、富劳 2 县永乐初被废入向武州。永乐以后至嘉靖七年之前，田州府下的思恩州改为直隶州，归德州改隶南宁府，上隆州、恩城州则废。至嘉靖七年六月丙午田州府降为州，徙治八甲，而置田宁府于府城，七月上林县改隶思恩军民府，田宁府余田州、果化州。嘉靖八年十月，田宁府废，以田州为直隶州，复还故治，果化州后改隶于南宁府。

上隆州，元属田州路，洪武二年属田州府。成化三年徙治浔州府东北，更名武靖州，改属浔州府。州为土州，治在今广西百色市龙川。

恩城州，元属田州路，洪武初属田州府，弘治五年废，地入田州。州为土州，治在今广西平果县北榜圩南。

向武州、都康州、富劳县、武林县洪武年间一度归田州府，详见下文。归德州在弘治十八年前、果化州在嘉靖九年前属田州府、田宁府，详见南宁府。思恩州在永乐二年前、上林县在嘉靖七年七月前属田州府，详见思恩军民府。

（二）归顺直隶州（归顺州参见）

元属镇安路，洪武初废为峒。弘治九年八月壬寅复置州，属镇安府。嘉靖初，改直隶布政司。州为土州，治所本在今广西靖西县南旧州圩，天启间移治今靖西县城。

（三）泗城直隶州（泗城州参见）

元属来安路，洪武五年归明朝，设土官。初属来安府，洪武七年直隶广西行省。九年直隶布政司。旧州在今广西凌云县西南，洪武六年移于今凌云县。

程县，洪武二十一年以泗城州之程丑庄置，属泗城州，寻属庆远府，宣德初，还属州。正统中流官为土司所逼弃官逃走，县已名存实亡，嘉靖元年正式废除。治在今凌云县东北。

安隆长官司永乐后一度属泗城州，详见下文。

（四）向武直隶州（向武州参见）

元属田州路，洪武二年七月属田州府，领富劳、武林 2 县。二十八年州废，富劳县也为“夷僚”所据。建文二年(1400)复置州，直隶布政司。州为土州，旧州治在今广西天等县西北，万历四十五年迁于乃甲，在天等县西北向都。

富劳县，元属田州路，洪武二年属田州府向武州，寻为“夷僚”所据，建文四年复置，寻并入向武州。县为土县，治在今广西天等县向都东北。

武林县,元亦属田州路,洪武二年属田州府向武州,洪武二十八年改直属田州府。永乐初省入富劳县。治在今广西天等县西北宁干。

(五) 都康直隶州(都康州参见)

元属田州路,洪武二年属田州府,后为“夷僚”所据。建文元年复置,直隶布政司。州为土州,治在今广西天等县西北都康。

(六) 龙州直隶州(龙州参见)

元龙州万户府,洪武二年七月丁未仍为州,属太平府。九年六月壬子直隶布政司。州为土州,治在今广西龙州县。

(七) 江州直隶州(江州参见)

元属思明路,明初属思明府,洪武二十年直隶布政司。明朝时设土知州,为土州。治在今广西崇左县南江州。领罗白县。

罗白县,洪武三年置,属思明府,后来属本州。县为土县,治在今崇左县东南罗白。

(八) 思陵直隶州

元属思明路,洪武三年省入思明府,二十一年正月丁亥复置,直隶布政司。州为土州,治在今广西宁明县东南思陵。

(九) 凭祥直隶州(凭祥县参见)

永乐二年五月以思明府之凭祥镇置凭祥县,属思明路。成化十八年升为州,直隶布政司。县、州相继有李姓土知县、土知州。治在今广西凭祥市。

长官司

安隆长官司

洪武三十五年十二月辛酉置安隆长官司,属泗城州,后直隶布政司。治在今广西隆林县。

上林长官司,永乐七年以上林洞置,直隶布政司。万历中,省入泗城州。治在今广西田林县东南老街。

金筑安抚司,洪武十九年十二月至二十七年属广西布政司,详见“贵州布政司”贵州军民府。

第十五章 云南布政司

洪武十五年(1382)初,明朝军队刚刚平定云南,二月乙卯置云南等处承宣布政使司,治在今云南昆明。明政府参照元代云南行省设置,按照内地渐趋完善的政区制度对云南进行了政区调整。根据《太祖实录》卷143的记载,洪武十五年三月己未立府"五十有二"、州"六十有三"、县"五十有四","六十有三"州中漏掉了临安府阿迷、宁远2州,且普定府4州应属四川布政司。加上在此前后设立的云南府,鹤庆府及其下剑川县,广南府及其下富州、安宁州、罗佐州和只存在了几天的景东府、顺宁府,洪武十五年云南布政司共计设置过56府、63州、55县,63州均为府下的属州,55县主要集中在中北部的21府中。

洪武十五年初设立的云南布政司与元代的云南行省在北界与东界上大体一致,西南及南部由于各土司的归附时间不同而变化较大。洪武年间是云南政区变化最大的一个时期。在洪武十五年至十七年间,北部的建昌、会川、德昌、普安、乌撒、乌蒙、芒部、东川8府划归四川布政司,南部的柔远、太公、木邦、蒙怜、蒙莱、蒙庆、孟绢、木桉、孟杰、孟养(云远府改)、南甸、镇西、平缅、麓川、通西、谋粘、木连、木朵、孟隆、孟爱、芒施、木来、蒙光、木兰共24府陆续被废除。南部被废除的这些府均为土府,其下皆无属州、属县,应为羁縻府。经过一系列的变化,至洪武中期之后,云南布政司的府州县主要集中在孟定、元江、临安3府以北,其以西以南则以各个羁縻控制的宣慰司、宣抚司、安抚司、长官司为主,嘉靖、万历年间,西南的部分土司归入缅甸。

明朝中后期云南布政司的府州县有所调整,据正德《明会典》卷18载,云南布政司正德时有"府一十四,州三十九,县三十四……军民府七,宣慰司八,宣抚司三",其中14府指12府与2御夷府,39州中有2直隶州。嘉靖、万历年间,云南的府州县与各级土官又有所变化,天启二年(1622)之后基本为14府、6军民府、2御夷府、1直隶州、3御夷州、39属州、31县、8宣慰司、4宣抚司、2御夷长官司,另外还有诸多的安抚司和长官司。崇祯十三年(1640)芒市御夷长官司改为安抚司。《明史》卷46《地理志七》记载的云南布政司的府州县及土官基本为天启二年后的情况,但其在卷首言明末领"府十九"、"县三十”，与其后记载的20府与军民府、31县不合。

下文考述崇祯十三年之前云南布政司的政区变迁。由于云南南部、西南部的土司众多，以下仅列出一些影响较大且文献记载较多的宣慰司、宣抚司、安抚司、长官司。

府、军民府、御夷府

(一) 云南府

洪武十五年二月设云南府，时共有4州、11县，与元末中庆路所辖相同，其统辖结构如下①。

直辖县：昆明县、富民县、宜良县。

州及州辖县：嵩盟州——杨林县、邵甸县，晋宁州——呈贡县、归化县，昆阳州——三泊县、易门县，安宁州——禄丰县、罗次县。

嵩盟州的邵甸县在洪武年间废除，成化十七年(1481)杨林县又废，成化十八年州改名为嵩明州时已无属县。弘治十三年(1500)八月安宁州罗次县改直隶于府。此后，云南府的4直辖县、4州、5州辖县再未发生过变化。

云南府，洪武十五年二月乙卯“改中庆路为云南府”②。弘治十三年八月后领州4、县9。治在今云南昆明市。

昆明县，倚。元中庆路属县，洪武十五年三月己未属云南府。治在今昆明市。

富民县，元中庆路属县，洪武十五年三月己未属云南府。初治在云南富民县螳螂川北，嘉靖中徙河南，万历中复移河北，寻迁至土主峰东，万历四十二年(1614)又迁回河北旧址，即今云南富民县城。

宜良县，元中庆路属县，洪武十五年三月己未属云南府。治在今云南宜良县。

罗次县，元中庆路安宁州属县，洪武十五年三月己未属云南府安宁州。弘治十三年八月壬辰改直隶于府。永乐元年(1403)起设有杨氏土知县。县治在今云南禄丰县西北碧城。

1. 晋宁州

元中庆路属州，洪武十五年三月己未属云南府，下辖归化、呈贡2县。州

---

① 《太祖实录》卷143有详细记载。
② 《太祖实录》卷142。

治在今云南昆明市呈贡区西南晋城。

归化县,元中庆路晋宁州属县,洪武十五年三月己未属云南府晋宁州。治在今昆明市呈贡区马金铺。

呈贡县,隶属变化同归化县。治在今昆明市呈贡区。

2. 安宁州

元中庆路属州,洪武十五年三月己未属云南府,下辖禄丰、罗次2县,弘治十三年八月壬辰罗次县改直隶于府。州设有土知州。州治在今云南安宁市。

禄丰县,元中庆路安宁州属县,洪武十五年三月己未属云南府安宁州。治在今云南禄丰县。

3. 昆阳州

元中庆路属州,洪武十五年三月己未属云南府,下辖三泊、易门2县。州治本在今云南晋宁县城,崇祯七年西迁至今晋宁县西大新城,清顺治五年(1648)后又迁回县城。

三泊县,元中庆路昆阳州属县,洪武十五年三月己未属云南府昆阳州。治在今云南安宁市西南县街。

易门县,隶属变化同三泊县。治在今云南易门县南庄,万历三年迁今易门县。

4. 嵩明州(嵩盟州参见)

元中庆路属州,洪武十五年三月己未属云南府,下辖杨林、邵甸2县,不久邵甸县废,成化十七年十月乙巳又废杨林县。成化十八年州改名为嵩明。治在今云南嵩明县。

邵甸县,元中庆路嵩盟州属县,洪武十五年三月己未属云南府嵩盟州,寻废。治在今嵩明县西南白邑。

杨林县,元中庆路嵩盟州属县,洪武十五年三月己未属云南府嵩盟州,成化十七年十月乙巳废。治在今嵩明县南杨林。

(二) 寻甸府(仁德府、仁德军民府、寻甸军民府、为美县、归厚县参见)

洪武十五年三月依元旧设仁德府,仍领为美、归厚2县,2县不久即废。十六年十月辛未府改为仁德军民府,丁丑改为寻甸军民府。成化十二年又改为寻甸府。府从明初设有安氏土知府,至成化十二年始改设流官知府。

府旧治在今云南寻甸自治县东中古城,嘉靖七年(1528)十月丁卯朝廷准徙今县治,嘉靖十二年筑成新城。为美县治在今寻甸自治县东中桥北三里一带,归厚县治在今寻甸自治县西古城。

(三) 临安府

明代云南临安府位于边陲之地，洪武十五年初设府时，其下有 4 州、5 县、1 千户所，当年府下还设置了 2 长官司及宁远州。洪武十五年底临安府统辖结构如下。

直辖县：通海县、嶍峨县、蒙自县、河西县。

州等及属县：建水州，石并州，阿迷州，宁州——西沙县，宁远州，捨资千户所，教化三部长官司、王弄山长官司。

捨资千户所不久改为安南长官司。宁州西沙县寻即废除。

洪武十七年废西部的和泥府入临安府，其下纳楼茶甸、思佗甸、落恐甸、左能寨、亏容甸、溪处甸 6 长官司改隶于临安府。

宣德元年(1426)宁远州废入安南。此后至正德六年(1511)之前临安府的 4 府辖县、4 州、9 长官司没有发生过变化。正德《云南志》卷 4 记临安府所领与此数相同。

正德六年至天启二年间安南长官司一度被废除。万历十九年，府下新设新平县，新化直隶州也于此年改属于府。万历十四年至四十八年间从建水州中一度析置宁远州。

天启二年后，临安府有 5 直辖县、5 州、9 长官司。

临安府，洪武十五正月庚戌改元临安路为府。天启二年后领州 5、县 5、长官司 9。府治本在今云南通海县，洪武十五年正月移治今云南建水县。

通海县，洪武十五年三月己未直隶于临安府。治在今通海县。

河西县，洪武十五年三月己未直隶于临安府。治在今通海县河西镇东南螺髻上村，成化中迁河西镇。

嶍峨县，洪武十五年三月己未直隶于临安府。明代设有禄氏土知县。县原治在今云南峨山自治县东登云村，正德六年迁今县城。

蒙自县，洪武十五年三月己未直隶于临安府。明代设有禄氏土知县，至正德六年四月起增设流官知县，土流兼用，嘉靖二年九月裁土官，仅用流官知县。县治在今云南蒙自市。

新平县，万历十九年置，直隶于府。治在今云南新平自治县西旧城，崇祯七年迁今新平县治。

1. *建水州*

倚，洪武十五年三月己未隶于临安府。治在今云南建水县。

2. *石屏州*

洪武十五年三月己未为石并州，隶于临安府，后改名石屏。治在今云南石屏县。

3. 阿迷州

洪武十五年三月己未设州，隶于临安府。州为土州，设有普氏土知州，成化十二年改设流官，正德二年后仍设土知州。治在今云南开远市。

4. 宁州（西沙县参见）

洪武十五年三月己未隶于临安府，下辖西沙县，寻废西沙县。州为土州，设有禄氏土知州。州治原在今云南江川县东南旧州，洪武二十三年徙治今云南华宁县。西沙县治在今华宁县西二里。

5. 新化州（马龙他郎甸长官司、新化直隶州参见）

洪武十七年四月甲戌置马龙他郎甸长官司，直隶布政司。弘治十四年八月丙辰改为新化州，为直隶州，改设流官。万历十九年州改属临安府。治在今云南新平自治县西北新化镇。

宁远州，洪武十五年属临安府，宣德元年废入安南。治在今越南莱州。

宁远州，万历十四年析建水州置，四十八年废。治在今云南建水县附近。

6. 教化三部长官司

洪武十五年置。治在今云南文山市西南旧城。

7. 王弄山长官司

洪武十五年置。治在今文山市西回龙。

8. 思佗甸长官司（和泥府参见）

洪武十五年三月己未设和泥府，领纳楼千户所和伴溪、七溪、阿撒三蛮部。十七年府废后改置思佗甸长官司，隶临安府。治在今云南红河县西南思陀。

9. 纳楼茶甸长官司（纳楼千户所参见）

洪武十五年三月己未置纳楼千户所，属和泥府。十七年四月改为纳楼茶甸长官司，改属临安府。治在今建水县西南官厅。

10. 亏容甸长官司

洪武十五年置，按其地理位置，初应属和泥府，十七年和泥府废后改属临安府。治在今红河县东南下亏容。

11. 溪处甸长官司

洪武十五年置，初应属和泥府，十七年和泥府废后改属临安府。治在今红河县南溪处。

12. 左能寨长官司

洪武十五年置，初应属和泥府，十七年和泥府废后改属临安府。治在今红河县西南左能。

13. 落恐甸长官司

洪武十五年置，初应属和泥府，十七年和泥府废后改属临安府。治在今红河县西南乐恩。

14. 安南长官司(捨资千户所参见)

洪武十五年临安府依元临安路之旧设捨资千户所，寻即改为安南长官司，正德六年省入蒙自县，天启二年复置。治在今云南蒙自市老寨村东南。

(四) 澂江府

洪武十五年三月己未改元澂江路为澂江府，府下有河阳、江川、阳宗 3 直辖县及新兴、路南 2 州，新兴州下有普舍、研和 2 县，路南州下有邑市县，与元澂江路所领相同。府治不断变迁，洪武中迁于锈毬山顶，弘治中在金莲山，正德十三年又迁旸溥山脚下，嘉靖二十年又迁金莲山南，隆庆四年(1570)又迁舞凤山下，都在今云南澄江县附近。普舍、研和 2 县洪武中废，邑市县弘治三年九月亦废。此后澂江府领 3 直辖县、2 州。

河阳县，倚，洪武十五年三月己未依元旧设。县治随府治不断变迁。

江川县，洪武十五年三月己未依元旧设。原治在今云南江川县东北江城南三里，崇祯七年城圮于水，迁于今云南江城自治县。

阳宗县，洪武十五年三月己未依元旧设。治在今澄江县东北阳宗镇。

1. 新兴州(普舍县、研和县参见)

洪武十五年三月己未设澂江府新兴州及所属普舍、研和 2 县，2 县寻废。州治在今云南玉溪市，普舍县治在今玉溪市北北城，研和县治在今玉溪市南研和。

2. 路南州(邑市县参见)

洪武十五年三月己未设澂江府路南州及所属邑市县。弘治三年九月戊寅废邑市县。路南州治在今云南路南县，邑市县治在今云南宜良县东北古城。

(五) 广西府

洪武十五年三月己未改元广西路为广西府，仍领师宗、弥勒、维摩 3 州。府始设有昂氏土知府，成化十七年七月改设流官知府。府治在今云南泸西县。

1. 师宗州

洪武十五年三月己未依元旧设。明代本设有珑氏土同知，天启后改设流官。治在今云南师宗县。

2. 弥勒州

洪武十五年三月己未依元旧设。明代本设有赤氏土知州，弘治六年十一月改设流官。治在今云南弥勒市。

3. 维摩州

洪武十五年三月己未依元旧设。明代本设有资氏土知州,弘治六年改设流官。原治在今云南砚山县东北阿猛,宣德以后迁至西北维摩,万历年间迁今云南丘北县北马者龙,崇祯四年迁于丘北县西旧城。

(六) 广南府

洪武十五年十一月,“革故元广西南路宣抚司,置广南府,以土酋侬朗为同知”[①],领富、安宁、罗佐 3 州,寻废安宁、罗佐 2 州。府治在今云南广南县。

富州,洪武十五年十一月起隶广南府,为土州,设有沈氏土知县。治在今云南富宁县治,后南迁至皈朝。

安宁州,洪武十五年十一月起隶广南府,寻省入富州。治在今富宁县。

罗佐州,洪武十五年十一月起隶广南府,寻废。治在今富宁县东北。

(七) 楚雄府

洪武十五年三月己未设府,府治在今楚雄市,领 6 州、5 县,如下所示。

直辖县:楚雄县、定远县、碍嘉县。

州及辖县:镇南州——定边县,南安州——广通县,威远州,景东州,开南州,远干州。

定边、广通 2 县后改直属于府,开南州、远干州则很快被废除。洪武十七年,威远、景东 2 州皆升为府。此后,明代楚雄府有 5 直辖县、2 州。

楚雄县,洪武十五年三月己未设。治在今云南楚雄市。

广通县,洪武十五年三月己未属楚雄府南安州,寻改直隶于府[②]。治在今云南禄丰县广通镇。

定远县,洪武十五年三月己未设,直属于府。治在今云南牟定县。

定边县,洪武十五年三月己未设,属楚雄府镇南州。寻改直属府[③]。治在今云南南涧自治县。

碍嘉县,洪武十五年三月己未设,直隶于府。治在今云南双柏县碍嘉镇。

1. 南安州

洪武十五年三月己未设,隶于楚雄府。本领广通县,寻县改直隶于府。州治在今楚雄市西南云龙。

---

① 《太祖实录》卷 150。

② 《大清一统志》卷 379 记为“明洪武中改属楚雄府”。

③ 《明史》卷 46《地理志七》记“洪武中改属”。

2. 镇南州

洪武十五年三月己未设，隶于楚雄府。本领定边县，后县改直隶于府。州治在今楚雄市南华县。

威远州，洪武十五年三月己未设，隶于楚雄府，十七年升为威远府。治在今云南景谷自治县。

开南州，洪武十五年三月己未设，隶楚雄府，寻省。治在今云南景东自治县北。

景东州，洪武十五年闰二月己酉设，三月降为楚雄府景东州，十七年正月壬子又升为景东府。治在今景东自治县。

远干州，洪武十五年三月己未设，隶楚雄府，寻省。治在今云南镇沅自治县。

(八) 武定府(武定军民府参见)

洪武十五年正月庚戌“改武定路为武定军民府”①，设有土知府。万历中罢“军民”，改设流官。洪武十五年初领和曲、禄劝2州，和曲州下有南甸、元谋2县，禄劝州下有易笼、石旧2县。易笼县洪武中废，南甸县成化十二年改直属府，正德元年七月南甸、石旧2县同时废除。正德之后府下余和曲、禄劝2州和元谋县。府原治在今云南武定县东旧城，隆庆三年闰六月己酉迁于今武定县。

1. 和曲州

倚，洪武十五年三月己未隶于武定府，明代设有豆氏土知州。原治在今武定县西南旧州，隆庆三年十二月徙与府同治，即今武定县城。

元谋县，洪武十五年三月己未隶和曲州。本是土、流兼用，洪武二十七年只设土知县。县治曾迁移，嘉靖二十二年迁于今马头山，隆庆初迁今云南元谋县治南老城。

南甸县，洪武十五年三月己未隶和曲州，成化二十年改直属府，正德元年七月庚子裁县入州。治在今武定县东上旧城。

2. 禄劝州

洪武十五年三月己未隶武定府。治在今云南禄劝自治县。

易笼县，洪武十五年三月己未隶禄劝州，十七年省入州。治在今禄劝自治县北云龙。

石旧县，洪武十五年三月己未隶禄劝州，正德元年七月庚子省入州。治在今禄劝自治县东旧城。

---

① 《太祖实录》卷141。

(九) 景东府(景东州参见)

洪武十五年闰二月己酉设府,三月降为楚雄府景东州,十七年正月仍为府。明代景东府为土府,设有土知府。治在今云南景东自治县。宣德五年六月孟缅长官司属本府,后改直隶布政司。

孟缅长官司详见顺宁府。

(十) 镇沅府(镇沅直隶州参见)

洪武三十五年十二月丙辰置镇沅州,直隶于云南布政司。永乐四年四月己卯升为府。永乐十年后领禄谷寨长官司。明代相继设有刀氏土知州、土知府。府治在今云南镇沅自治县旧城。

禄谷寨长官司,永乐十年四月丙辰置,治在今镇沅自治县古城乡河口村。

(十一) 大理府

洪武十五年三月己未改大理路为大理府时,共有4州、4县,如下所示。

直辖县:太和县、云南县。

州及辖县:邓川州——浪穹县、凤羽县,蒙化州,赵喜州,顺宁州。

顺宁、蒙化2州分别于洪武十七年、正统十三年(1448)六月升为府。赵喜州在洪武年间改名为赵州,十七年云南县改隶其下。邓川州凤羽县在洪武年间省废。洪武十七年云龙甸军民府改为云龙州,属本府。弘治六年四月府下析置宾川州。此后,大理府州县再无变化,领太和1直辖县,邓川、赵、云龙、宾川4州,邓川州下领浪穹县,赵州下领云南县,另有洪武年间设置的十二关长官司。

大理府,洪武十五年三月己未设府。弘治六年后领4州、1直辖县、2州辖县、1长官司。治在今云南大理市。

太和县,倚,洪武十五年三月己未隶大理府。治在今大理市。

1. 赵州

元为赵州,洪武十五年三月己未改为赵喜州,寻又更名赵州。初治在今大理市下关东北凤仪镇东北,洪武十七年迁凤仪镇。洪武十七年后领云南县。

云南县,洪武十五年三月己未改元云南州为县,直隶大理府,十七年改属赵州。治在今云南祥云县。

2. 邓川州

洪武十五年三月己未隶大理府,是为土州,设有阿氏土知州。州治在明代多次迁移,都在今邓川坝子,崇祯十四年迁治今云南洱源县东南新州。本领浪穹、凤羽 2 县，后省凤羽县。

浪穹县，洪武十五年三月己未隶邓川州。治在今洱源县。

凤羽县，洪武十五年三月己未设，隶邓川州。寻省入浪穹县。治在今洱源县南凤羽镇。

3. 宾川州

弘治六年四月壬寅析赵州及太和、云南 2 县地置。治在今云南宾川县南州城。

4. 云龙州

洪武十七年改设元云龙甸军民府为云龙州，属大理府，是为土州，设有段氏土知州。正统年间改属蒙化府，后又改回。万历四十八年改设流官。原治在今云南云龙县西南旧州，崇祯年间徙治县南宝丰。

蒙化州，洪武十五年三月己未置，属府。正统十三年六月庚申升为府。治在今云南巍山自治县。

顺宁州，洪武十五年三月庚戌置顺宁府，己未改为大理府顺宁州。十七年正月壬子升为顺宁府。治在今云南凤庆县。

5. 十二关长官司

洪武中置，直属大理府。治在今云南宾川县东北旧十二关，嘉靖元年五月甲戌徙于县西南楚场。

(十二) 永宁府(永宁州参见)

洪武十五年三月己未设永宁州，属北胜府。十七年州改属鹤庆府，二十九年改属澜沧卫。永乐四年四月癸未升为府，领 4 长官司。明代相继设有阿氏土知州、土知府。治在今云南宁蒗县西北永宁。

剌次和长官司，永乐四年四月甲戌置，隶永宁府。治在今四川木里县西北。

革甸长官司，永乐四年四月甲戌置，隶永宁府。治在今四川稻城县南。

香罗甸长官司，永乐四年四月甲戌置，隶永宁府。治在今四川木里县西北。

瓦鲁之长官司，永乐四年四月甲戌置，隶永宁府。治在今木里县西北。

《太祖实录》洪武十五年三月己未记“中、北社属永宁州”[1]，中县、北社(亦作舍)县当属建昌路，距永宁州很远。详见“四川布政司”。

---

① 《太祖实录》卷 143。

（十三）蒙化府

洪武十五年三月己未置蒙化州，属大理府。正统十三年六月庚申升为府。明代相继设有土知州、土知府。治在今云南巍山自治县。正统年间大理府云龙州曾属本府。

云龙州详见大理府。

（十四）顺宁府

洪武十五年三月庚戌置顺宁府，己未降为顺宁州，属大理府。十七年正月壬子又升为府。万历二十五年云州来属，州下有孟缅长官司。

府设有猛氏土知府，万历中改设流官。府治在今云南凤庆县。

云州（大侯长官司、大侯御夷州参见）

永乐元年正月乙未析麓川平缅地置大侯长官司，直隶都司。宣德三年五月升为大侯御夷州，直隶布政司。万历二十五年更名云州，改隶顺宁府。大侯州及云州均设有土知州。云州领1长官司。原治在今云南云县罗闸河南岸，万历三十年徙治于今云县。

孟缅长官司，宣德五年六月置，属景东府，后改直隶布政司，万历二十五年改属云州。治在今云南临沧市临翔区。

（十五）曲靖军民府

明代曲靖府是在元曲靖路基础上设置的，洪武十五年三月己未设府时有5州、8县，均为元曲靖路旧有州县，如下所示。

直辖县：南宁县。

州及辖县：陆凉州——芳华县、河纳县，越州，罗雄州——亦佐县，马龙州——通泉县，霑益州——交水县、石梁县、罗山县。

洪武二十七年四月庚辰府升为军民府。

洪武十五年三月后至永乐初，交水、石梁、罗山、芳华、河纳、通泉6州辖县及越州陆续被废除，罗雄州下的亦佐县则于永乐初改直隶于府。此后，除万历十五年罗雄州改名罗平外，曲靖军民府的州县再无变化，有2直辖县、4州。

曲靖军民府（曲靖府参见），洪武十五年三月己未改元曲靖路为曲靖府，二十七年四月庚辰改为军民府。永乐初年之后领4州、2县。府治在今云南曲靖市。

南宁县，倚。洪武十五年三月己未隶于曲靖府。治在今曲靖市。

亦佐县，洪武十五年三月己未依元旧设，属曲靖府罗雄州，永乐初改直隶于府。明代设有土知县。治在今云南富源县东南亦佐。

1. 霑益州(交水县、石梁县、罗山县参见)

元曲靖路旧州,洪武十五年三月己未隶于曲靖府,仍辖交水、石梁、罗山3县,洪武十五年当年即废3县。明代为土州,设有安氏土知州。土官驻地在今云南宣威市榕城镇东河东营,流官知州治在今榕城镇,天启三年流官移于今云南沾益县。交水县治在今沾益县,石梁县治在今宣威东北五十里,罗山县治在今富源县。

2. 陆凉州(芳华县、河纳县参见)

元曲靖路旧州,洪武十五年三月己未隶于曲靖府,仍辖芳华、河纳2县,永乐初废2县。州本设有资氏土知州,至万历中废。州治在今云南陆良县东北旧州,芳华县治在今陆良县北芳华,河纳县在今陆良县南贞元堡。

3. 马龙州(通泉县参见)

元曲靖路旧州,洪武十五年三月己未隶于曲靖府,仍辖通泉县,永乐初废通泉县。州本设有安氏土知州,至弘治七年四月改设流官知州。州治在今云南马龙县,通泉县治在今马龙县西南旧县。

4. 罗平州(罗雄州参见)

罗雄州为元曲靖路旧州,洪武十五年三月己未隶于曲靖府,新设亦佐县,县于永乐初县改直隶于府。万历十五年四月四日己卯更州名为罗平。州本设有者氏土知州,至万历十五年改设流官。州治本在今云南罗平县中街乡土官城,万历十四年迁今县城。

越州,元曲靖路旧州,洪武十五年三月己未隶于曲靖府,二十八年正月甲子裁入南宁县。州设有龙氏土知州。州治在今曲靖市越州。

(十六) 元江军民府(元江府参见)

洪武十五年三月己未设元江府,永乐三年七月辛亥改为军民府。明代设有那氏土知府。府治在今云南元江自治县。洪武中府下有他郎寨、因远罗必甸2长官司。嘉靖年间2长官司改为奉化、恭顺2州。

奉化州(因远罗必甸长官司参见),倚。洪武十八年四月戊戌置因远罗必甸长官司,嘉靖中改为奉化州。治在今元江自治县。

恭顺州(他郎寨长官司参见),明初设他郎寨长官司,嘉靖中改为恭顺州。治在今云南墨江自治县碧溪。

(十七) 姚安军民府(姚安府参见)

洪武十五年三月己未改元姚安路为府,领姚州及姚州大姚县,大姚县不久改直隶于府。二十七年四月庚辰改府为军民府。府治在今云南姚安县。

大姚县，洪武十五年三月己未属姚州，寻改直隶于府。治在今云南大姚县。

姚州

倚，洪武十五年三月己未属姚安府。本领大姚县，后县改直隶于府。州治在今姚安县。

(十八) 鹤庆军民府(鹤庆府参见)

洪武十五年三月辛亥设鹤庆府，三十年十一月乙亥“改云南鹤庆、丽江二府为军民府，时西平侯沐春奏二府地属远方，州县人民多义兵土军，聚则为兵，散则为民，卒难调用，宜立百夫长领之，改为军民府为便。制可”①。府治在今云南鹤庆县。府在明代设有高氏土知府，正统八年十月改用流官。

设府之初，只领剑川县。洪武十七年正月升县为州。同年北胜府降为北胜州，与其下顺州、蒗渠州、永宁州一起改属于鹤庆府。丽江府兰州洪武年间也一度改属鹤庆府。这是鹤庆府面积最大、辖州最多的时期。洪武二十九年蒗渠州、永宁州、北胜州改属澜沧卫。府下仅余剑川州、顺州。

1. 剑川州(剑川县参见)

洪武十五年三月己未因元旧设剑川县，直隶鹤庆府。十七年正月壬子升为州。初州治屡有迁移，洪武二十三年后治在今云南剑川县。明洪武十七年至二十年设有杨氏土知州。

2. 顺州

洪武十五年三月己未设顺州，属北胜府。十七年改属鹤庆府。治在今云南永胜县西南顺州。

北胜州、蒗渠州详见北胜直隶州，永宁州见永宁府。兰州见丽江军民府。

木桉州、副州，元为鹤庆路属州，洪武十五年废。

(十九) 丽江军民府(丽江府参见)

洪武十五年三月己未设丽江府，三十年十一月乙亥改为军民府，本领通安、宝山、兰、巨津 4 州，巨津州下有临西县。兰州洪武年间一度改属鹤庆府，正统二年临西县被废。明中后期，丽江府领 4 州。丽江府在明代设有木氏土知府。府治在今云南丽江市。

1. 通安州

倚。洪武十五年三月己未隶属丽江府，三十年十一月起属丽江军民府。

---

① 《太祖实录》卷 255。

治在今丽江自治市。

2. 宝山州

隶属变迁同通安州。明代设有土知州。治在今丽江市东北宝山。

3. 兰州

洪武十五年三月己未隶属丽江府，寻改属鹤庆府，后仍属丽江府。三十年十一月起属丽江军民府。州在明代设有罗氏土知州。州治在今云南兰坪自治县东南金顶镇。

4. 巨津州

隶属变迁同通安州。治在今丽江市西北巨甸。

临西县，洪武十五年三月己未属巨津州，正统二年废县入州①。治在今云南维西自治县西北小维西。

(二十) 永昌军民府(永昌府参见)

洪武十五年三月己未为永昌府，领永平县。十七年依元石甸长官司设施甸长官司。二十三年十二月庚申废府，府地及永平县、施甸长官司入金齿军民指挥使司。

嘉靖元年十月辛巳废金齿军民司，重置永昌军民府。除永平县、施甸长官司外，原金齿司下的潞江、镇道、杨塘、瓦甸 4 安抚司，凤溪、茶山 2 长官司亦改隶于府。嘉靖三年，府下设保山县和腾越州。府治在今云南保山市。

保山县，倚。嘉靖三年三月戊子设县。治在今保山市。

永平县，洪武十五年三月己未设，隶永昌府。二十三年十二月庚申隶金齿军民司，嘉靖元年十月辛巳隶永昌军民府。治在今云南永平县。

1. 腾越州(腾冲府、金齿司腾越州、腾越直隶州)

洪武十五年三月己未设腾冲府，寻废。宣德五年六月戊子又于其地置腾越州，属金齿军民司，后直隶布政司。正统三年五月壬寅又属金齿军民司，十年三月庚戌裁州。嘉靖三年十月丙辰复置腾越州，属永昌军民府。宣德五年后曾设土知州。治在今云南腾冲县。

2. 潞江安抚司(柔远府、潞江长官司参见)

洪武十五年三月己未设柔远府，后废。永乐元年正月乙未析置潞江长官司，直隶都司。十六年六月辛巳升安抚司。宣德元年六月安抚司改直隶布政司②，正统三年五月壬寅属金齿军民司，嘉靖元年属永昌军民府。治在今

---

① 乾隆《云南通志》卷 26 记“正统二年为番人所据，仅存一寨”。

② 《宣宗实录》卷 18。

保山市西南怒江坝。

3. 镇道安抚司、杨塘安抚司

永乐四年正月乙未置，属金齿军民司。嘉靖元年属永昌军民府。二司在今云南怒江自治州境。

4. 瓦甸安抚司

宣德二年置瓦甸长官司，属金齿军民司，九年二月直隶都司①。正统三年五月壬寅仍属金齿军民司。五年十一月升为安抚司。嘉靖元年属永昌军民府。治在今腾冲县东北瓦甸。

5. 凤溪长官司

洪武二十三年十一月置，属金齿军民司。嘉靖元年改属府。治在今保山市北凤溪。

6. 施甸长官司

元石甸长官司。洪武十七年五月己酉更名，属府。二十三年属金齿军民司。嘉靖元年仍属府。治在今云南施甸县东北。

7. 茶山长官司

永乐五年析孟养地置，属金齿军民司。嘉靖元年属府。治在今缅甸境内，在高黎贡山以西。

(二十一) 孟定御夷府

元至元三十一年(1294)四月置。洪武十五年三月己未改元孟定路为孟定府，后废，洪武三十五年十二月复置。领1安抚司。府设有土知府。治在今云南耿马自治县西孟定。

耿马安抚司，万历十三年五月析孟定地置。治在今耿马自治县。

(二十二) 孟艮御夷府

永乐三年七月癸丑置，直隶云南都司②，后直隶布政司。府设有土知府。治在今缅甸掸邦景栋。

直隶州、御夷州

(一) 北胜直隶州(北胜府、北胜州参见)

洪武十五年三月己未设北胜府，属云南布政司，下辖蒗渠、永宁、顺3州。

---

① 《宣宗实录》卷108。
② 《太宗实录》卷44。

府于洪武十七年降为州，与3州一起改属鹤庆府。二十九年北胜州改属澜沧卫，正统七年九月乙丑直隶布政司。明代设有高氏土知州。治本在今云南永胜县北旧州城，弘治九年迁今永胜县城。

蒗渠州，洪武十五年三月己未为北胜府属州，北胜府改州后，蒗渠州改隶鹤庆府，二十九年改属澜沧卫。天启中废。州设有土知州。治在今云南宁蒗县衙门村。

顺州见鹤庆府，永宁州见永宁府。

广邑州（广邑直隶州参见），《明史》卷46《地理志七》记州"本金齿军民司之广邑寨。宣德五年五月升为州。八年十一月丁未直隶布政司。正统元年三月徙于顺宁府之右甸"，《明实录》对其变化均有记载。州为土州，他史记载不多，正德《云南志》等均不记其为直隶州，顺宁府下也不记该州。广邑寨在今云南昌宁县西南广益，正统元年三月所迁之地即今昌宁县。

潞江直隶州，宣德八年六月置，为直隶州，正统二年五月废。治在今保山市怒江坝。

（二）威远御夷州（威远御夷府、威远州参见）

元威远州，属威楚路，后改威远蛮棚府。洪武十五年三月己未仍为威远州，属楚雄府。十七年升为府，后废。三十五年十二月复置州，直隶布政司。州、府皆设土官。治在今云南景谷县。

（三）湾甸御夷州（湾甸县、湾甸长官司参见）

《明史》卷314记"洪武十七年置湾甸县"，元代湾甸地属镇康路，洪武十七年镇康府降为直隶州，湾甸县当隶于镇康州。永乐元年正月乙未废湾甸县，析麓川平缅地置湾甸长官司，直隶都司。三年四月甲申升为州，直隶布政司。设有刀姓土知州。治在今云南昌宁县西南湾甸。

（四）镇康御夷州（镇康府参见）

元镇康路。洪武十五年三月己未为府。十七年降为直隶州。永乐三年四月甲申裁入湾甸州。永乐七年七月戊子复置，直隶布政司。设有刀姓土知州。州治在今云南永德县东北永康旧城。

宣慰司、宣抚司、长官司

（一）车里军民宣慰使司（车里军民府参见）

洪武十五年闰二月乙巳改元车里路为车里军民府。十七年八月丙子改军民宣慰使司。永乐中废。宣德六年复置。治在今云南景洪市。

(二) 缅甸军民宣慰使司(缅中宣慰使司参见)

洪武二十七年六月甲申置缅中宣慰使司,寻废。永乐元年十月丙辰复置,改为缅甸军民宣慰使司。治在今缅甸阿瓦。领长官司1。

东倘长官司,宣德八年九月"置云南东倘长官司,仍隶缅甸宣慰司"①。治在今缅甸掸邦境。

(三) 木邦军民宣慰使司(木邦府参见)

洪武十五年三月己未改元木邦路为木邦府,后废。三十五年十二月丙辰复置。永乐二年六月癸酉改军民宣慰使司。治在今缅甸新维。

(四) 八百大甸军民宣慰使司

洪武二十四年六月改元八百等处宣慰使司为八百大甸军民宣慰使司。治在今泰国清迈。

(五) 老挝军民宣慰使司

永乐二年四月置。治在今老挝琅勃拉邦。

(六) 大古剌军民宣慰使司

永乐四年六月壬午置②。治在今缅甸勃固。

(七) 底马撒军民宣慰使司

永乐四年六月壬午置③。治在今缅甸勃固东南毛淡棉。《明史》卷46《地理志七》其下记有5长官司。

小古剌长官司、茶山长官司、底板长官司、孟伦长官司、八家塔长官司,俱永乐四年六月壬午置④。茶山司治在今缅甸克钦邦恩梅开江畔,其余4司也在今缅甸境内。

(八) 底兀剌宣慰使司

永乐二十二年三月己卯置⑤。治在今缅甸勃固西北。

(九) 南甸宣抚司(南甸府、南甸直隶州参见)

洪武十五年三月己未改元南甸路为南甸府,后废。永乐十二年正月己亥置州,直隶布政司,设有土知州。正统三年五月壬寅改属金齿军民指挥使司。九年六月癸未升宣抚司,仍直隶布政司。治本在今云南梁河县与腾冲县交界

---

① 《宣宗实录》卷106。
②③④ 《太宗实录》卷55。
⑤ 《太宗实录》卷269。

处的大地，正统九年十二月迁于今梁河县九保街。

(十) 干崖宣抚司(镇西府、干崖长官司参见)

洪武十五年三月己未改元镇西路为镇西府，属麓川平缅司，后废。永乐元年正月乙未析置干崖长官司，直隶都司，后属金齿军民指挥使司。宣德五年六月复属都司。正统三年五月复属金齿军民指挥使司，九年六月升宣抚司，直隶布政司。治在今云南盈江县城关。

(十一) 陇川宣抚司

正统九年九月置陇川宣抚司。治陇把，在今云南陇川县西南弄巴。

(十二) 孟密宣抚司(孟密安抚司参见)

元为孟并长官司，成化二十年六月庚午析木邦地置孟密安抚司，直隶布政司，后改隶木邦军民宣慰使司，弘治六年八月仍改直隶云南布政司[①]。万历十三年五月"升孟密安抚司为宣抚司，添设安抚司二，曰蛮莫，曰耿马；长官司二，曰猛脸，曰猛养"[②]。治在今缅甸掸邦西北蒙米特。

(十三) 钮兀御夷长官司

宣德八年十月庚戌[③]以和泥之钮兀、五隆 2 寨置，治在今云南江城县。

明末其他隶于布政司的长官司、安抚司

(一) 者乐甸长官司

永乐元年正月乙未析麓川平缅地置，直隶都司，后改隶布政司。治在今云南镇沅县东北恩乐镇民江村。

(二) 孟琏长官司

旧为麓川平缅司地，后属孟定府。永乐四年四月置孟琏长官司，直隶都司。嘉靖中废，万历十三年五月复置，又称猛脸[④]。治在今云南孟连县。

(三) 孟养长官司(云远府、孟养府、孟养军民宣慰使司参见)

元云远路，洪武十五年三月己未为云远府。十七年改为孟养府，后废。三十五年十二月复置。永乐二年六月癸酉改军民宣慰使司，后废，永乐十四年四

① 《孝宗实录》卷 79。
② 《神宗实录》卷 161。
③ 《宣宗实录》卷 106。
④ 见《明史》卷 315、《神宗实录》卷 161。

月复置。正统十三年废。万历十三年五月改置长官司,又作猛养①。治在今缅甸喀钦邦孟养。

(四) 蛮莫安抚司

万历十三年五月析孟密地置,治在今缅甸孟养东曼莫。

(五) 猛卯安抚司

万历二十六年置猛卯安抚司,治于今云南瑞丽市平麓城遗址。

(六) 芒市安抚司(芒市御夷长官司、芒施府参见)

元芒施路,洪武十五年三月己未为芒施府,后废。正统八年四月丁亥改置为御夷长官司,属金齿军民指挥司,后直隶布政司。崇祯十三年升为安抚司②。治在今云南芒市。

其他被废府、宣尉使司

洪武十五年之后一段时间内,云南布政司下众多的府被废除,西南部的宣慰使司等土司变化也很大,其中一部分在上文已涉及,其余考述如下。

(一) 栢兴府(栢兴直隶州、闰盐县参见)

元栢兴府,领闰盐县(附郭)、金县,属罗罗斯宣慰司。洪武十五年三月己未属云南布政司。寻废金县。洪武二十四年二月庚申降府为直隶州,省闰盐县入州。二十六年六月癸卯,州废。治在今四川盐源县卫城。

金县,元属栢兴府,洪武十五年三月己未因之,十七年后废。治在今盐源县北。

(二) 太公府

洪武十五年三月己未改元太公路为府,后废。治在今缅甸北部达冈。

(三) 蒙怜府、蒙莱府

元均置为路,洪武十五年三月己未俱为府,后俱废。二府都在今缅甸北部勐卯西。

(四) 蒙庆府

洪武十五年三月己未置府,寻废。治在今泰国清莱府北昌盛。

---

① 见《神宗实录》卷161。
② 见龚荫:《中国土司制度》,第646页。

（五）孟绢府

洪武十五年三月己未改元孟绢路为府，寻废。治在今泰国清迈以南。

（六）木按府、孟杰府

元俱置路，洪武十五年三月己未俱为府，寻俱废。治在今泰国清迈东北。

（七）木来府

元置，洪武十五年三月己未因之，寻废。治在今缅甸掸邦景栋北。

（八）木兰府

《太祖实录》洪武十五年三月己未记载的新设府中有木兰府，当不久即废。治地不明。

（九）木朵府、孟隆府

元泰定三年九月置木朵路、孟隆路，洪武十五年三月己未俱为府，寻废。2府治在今缅甸景栋东北，孟隆府治在今景栋东北孟伦。

（十）孟爱府

元为孟爱等甸军民府，洪武十五年三月己未为府，寻废。在今景栋东北孟开。

（十一）通西府

洪武十五年三月己未改元通西军民总管府为通西府，寻废。治在今缅甸新维西。

（十二）谋粘府

洪武十五年三月己未改元谋粘路为谋粘府，寻废。治在今云南耿马县。

（十三）木连府

洪武十五年三月己未改元木连路为木连府，寻废。治在今云南孟连县。

（十四）蒙光府

元有蒙光路军民府，《太祖实录》洪武十五年三月己未记载的新设府中有蒙光府，当不久即废。治在今缅甸孟拱。

（十五）车里靖安宣慰使司

永乐十九年正月置车里靖安宣慰使司，宣德九年十月省入车里军民宣尉使司。治在今云南景洪市东勐养。

（十六）八百者乃军民宣慰使司

永乐二年五月分八百大甸地置，后废。治在今泰国清莱。

（十七）平缅宣慰使司（平缅府、平缅军民宣慰使司参见）

洪武十五年闰二月乙巳改元平缅路为平缅宣慰使司。三月己未又改为平缅府，寻废。十七年八月丙子设平缅军民宣慰使司，同月又改为麓川平缅军民宣慰使司。治在今云南陇川县。

（十八）麓川平缅军民宣慰司（麓川府参见）

洪武十五年三月己未改元麓川路为麓川府，寻废。十七年八月甲午设麓川平缅军民宣慰司。正统中土司思任发叛，明朝大军于正统六年十二月获其虎符印信，司废[1]。治在今云南瑞丽市平麓城遗址。

---

① 《明史》卷314《云南土司传二》。

第十六章　贵州布政司

贵州布政使司是在明代十三省中设置最迟的。从洪武十五年(1382)设置贵州都司至永乐十二年(1414)贵州布政司的设立,当地的行政统辖比较复杂,或归四川、湖广、云南三布政使司,或由湖广、贵州、四川三都司的卫所进行管理,有着众多的实土卫所和土司。

永乐十一年二月辛亥起开始筹设贵州布政司①,以加强对当地的管理。至十二年三月乙亥布政司下共设黎平、新化、石阡、铜仁、乌罗、镇远、思州、思南8府②,原隶于四川布政司的贵州宣慰使司也改属于贵州布政司。这8府、1宣慰司和贵州都司的卫所一起构成了明代贵州省的雏形。

初设的8府均位于贵州东部,这和设立布政司的始因有关。永乐十一年之所以要设布政使司,就是因为东部的思南、思州2宣慰司互相攻杀,中央要"更置府州县,而立布政司总辖之"③。贵州的中、西部除贵州宣慰使司管辖的众多长官司地外,其余多归贵州都司卫所管辖。布政司俱用流官,府的官员则是流官与土官相参。贵州布政司初设时,县只有思南府婺川县1县。

永乐十二年之后,随着对贵州统治的逐步稳固,一些原隶于卫的州、安抚司改直隶于贵州布政司,而乌罗、新化2府则相继废入铜仁、黎平2府。至成化十二年(1476)之前,贵州布政司下直辖有黎平、石阡、铜仁、镇远、思州、思南6府,贵州宣慰使司,安顺、永宁、镇宁、普安4直隶州,以及金筑安抚司。成化十二年至明末,贵州新增了程番府、都匀府、平越军民府、安顺军民府。程番府后改为贵阳府,万历二十九年又改为贵阳军民府。都匀、平越2府是在都匀军民指挥使司、平越等卫、播州宣慰司部分土地的基础上设置的。至崇祯四年(1631)之后,贵州布政司共有7府、3军民府、1宣慰使司、9属州、14县、76长官司。14县中的多数是弘治年间或万历以后添设,长官司则多是从元朝继承而来或是在明初设置。下文考述崇祯四年之前贵州布政司的府州县沿革。

---

① 《太宗实录》卷137。

② 《太宗实录》卷149对隶于各府的县、长官司有明确记载。

③ 《太宗实录》卷137永乐十一年二月。

一直到明末，贵州布政司的行政统辖体系都没有内地布政司那样完整、成熟，许多卫所的地位高于当地的府州县，“卫所为主，郡邑为客，缙绅拜表祝圣皆在卫所”①。

（一）贵阳军民府（程番府、贵阳府参见）

成化十二年七月壬子分贵州宣慰司地置程番府，治程番长官司，领金筑安抚司和上马桥、大龙番、小龙番、程番、方番、韦番、卧龙番、洪番、小程番、卢番、罗番、金石番、卢山、木瓜、大华、麻响16长官司。府治本在今贵州惠水县，隆庆二年（1568）六月己卯移入布政司城，在今贵州贵阳市。隆庆三年三月丁未改府名为贵阳。万历十四年（1586）设新贵县、定番州，府下的16长官司改隶于定番州。万历二十九年四月丙申升为军民府。三十六年六月析置贵定县，三十九年改金筑安抚司为广顺州。崇祯四年十一月添设开州，此时，贵阳军民府下有州3、县2、长官司16。

新贵县（贵竹长官司参见），倚。洪武五年正月改元贵州等处军民长官司为贵竹长官司，属贵州宣慰司。万历十四年二月丁丑改设为新贵县，改隶本府。治在今贵阳市。

贵定县，倚。万历三十六年六月戊午析新贵县及定番州地置。治在今贵阳市。

1. 开州

崇祯四年十一月置。治在今贵州开阳县。

2. 广顺州（金筑长官司、金筑安抚司参见）

洪武五年三月壬戌置金筑长官司，属四川行省。十年正月己亥改安抚司。十九年十二月改属广西布政司。二十七年仍属四川布政司。二十九年属贵州卫。正统三年（1438）八月直隶贵州布政司，贵州卫下的木瓜、麻响、大华3长官司改归其下。成化十二年七月壬子与3长官司俱改直隶程番府。隆庆三年三月隶贵阳府。万历三十九年改置广顺州，改土归流。治在今贵州长顺县西北广顺。

3. 定番州

万历十四年三月乙卯置州。领长官司16。治在今贵州惠水县。

程番长官司，倚。洪武五年三月壬戌置，属贵州卫。正统三年八月属贵州宣慰司。成化十二年七月壬子属程番府，为府附郭。隆庆二年六月己卯府治移入布政司城。万历十四年三月乙卯程番长官司改属定番州。治在今惠水县

---

① （明）王士性：《广志绎》卷5。

南程番。

小程番长官司，元小程番安抚司，洪武六年正月改置长官司，属贵州卫。正统三年八月属贵州宣慰司。成化十二年七月壬子属程番府，隆庆三年三月隶贵阳府，万历十四年三月属定番州。治在今惠水县东北旧司。

上马桥长官司，洪武十五年六月置。隶属变迁同小程番长官司。治在今惠水县东北上马司。

卢番长官司，元卢番静海军安抚司，洪武六年正月改置为卢番长官司。隶属变迁同小程番长官司。治在今惠水县东北卢番。

韦番长官司，元韦番蛮夷长官司，洪武十五年六月改置为韦番长官司。隶属变迁同小程番长官司。治在今惠水县西南韦番。

方番长官司，元方番河中府安抚司，洪武五年改置为方番长官司。隶属变迁同小程番长官司。治在今惠水县南方番坡。

洪番长官司，元洪番永盛军安抚司，洪武六年正月改置为洪番长官司。隶属变迁同小程番长官司。治在今惠水县西南洪番。

卧龙番长官司，元卧龙番南宁州安抚司，洪武五年改置。隶属变迁同小程番长官司。治在今惠水县南卧龙。

小龙番长官司，元小龙番静蛮军安抚司，洪武六年正月改置。隶属变迁同小程番长官司。治在今惠水县南小龙。

大龙番长官司，元大龙番应天府安抚司，洪武五年改置。隶属变迁同小程番长官司。治在今惠水县南大龙。

金石番长官司，元金石番太平军安抚司，洪武五年改置。隶属变迁同小程番长官司。治在今惠水县西南下金石。

罗番长官司，元罗番大龙遏蛮军安抚司，洪武五年改置。隶属变迁同小程番长官司。治在今惠水县南罗番。

卢山长官司，元卢山等处蛮夷军安抚司，洪武六年正月改置。隶属变迁同小程番长官司。治在今惠水县西南芦山镇。

木瓜长官司，元木瓜等处蛮夷军民长官司，洪武五年改置，属贵州卫。正统三年八月属金筑安抚司。成化十二年七月属程番府，隆庆三年三月隶贵阳府，万历十四年三月乙卯属定番州。治在今贵州长顺县西南睦化。

麻响长官司，洪武七年六月置。隶属变迁同木瓜长官司。治在今长顺县西南麻响。

大华长官司，洪武七年六月置。隶属变迁同木瓜长官司。治在今长顺县西南代化。

（二）贵州宣慰使司

元置贵州宣慰使司，属湖广行省，司治在今贵州贵阳市。明朝洪武五年正月乙丑改属四川行省，九年六月属四川布政司。永乐十二年三月改属贵州布政司，当时“领长官司十来属”①，即贵竹、水东、中曹蛮夷、龙里、白纳、底寨、乖西蛮夷、养龙坑、札佐、青山10长官司。正统三年八月原属于贵州卫的程番、上马桥、大龙番、小龙番、方番、韦番、卧龙番、洪番、小程番、卢番、罗番、金石番、卢山13长官司改属贵州宣慰司，成化十二年七月这13长官司又一起改属程番府。万历十四年贵竹长官司改为新贵县，改隶贵阳府。札佐、青山2长官司则于崇祯三年改为卫所，隶于贵州都司。崇祯三年之后，贵州宣慰司下余7长官司。

水东长官司，本元水东寨长官司，洪武五年改置水东长官司，属贵州宣慰司，后废。永乐元年六月戊午复置，属贵州都司，寻又改属贵州宣慰司。治在今贵阳市东北水田。

中曹蛮夷长官司，本元中曹白纳等处长官司，洪武五年正月乙丑改置中曹蛮夷长官司，属贵州宣慰司。治在今贵阳市西南中曹司。

龙里长官司，本元龙里等寨长官司，洪武五年改置，属贵州宣慰司。治在今贵州龙里县。

白纳长官司，洪武五年并元茶山、白纳等处长官司入中曹蛮夷长官司，永乐四年五月壬子置白纳长官司，属贵州宣慰司。治在今贵州惠水县东北。

底寨长官司，本元底寨等处长官司，洪武五年改置，属贵州宣慰司。治在今贵州息烽县西南底寨。

乖西蛮夷长官司，本元乖西军民府，洪武五年改置，后废。永乐元年六月戊午复置，属贵州都司，寻属贵州宣慰司。治在今贵州开阳县西北乖西司。

养龙坑长官司，本元养龙坑、宿征等处长官司，洪武五年改置，属贵州宣慰司。治在今息烽县东北养龙。

札佐长官司，洪武五年改元落邦、札佐等处长官司置，属贵州宣慰司。崇祯三年改置敷勇卫，属贵州都司。治在今贵州修文县东北札佐。

青山长官司，洪武五年改元青山、远地等处长官司置，属贵州宣慰司。崇祯三年改置于襄守御千户所。治在今贵州息烽县青山乡九庄。

贵竹、程番、上马桥、大龙番、小龙番、方番、韦番、卧龙番、洪番、小程番、卢番、罗番、金石番、卢山14长官司详见贵阳军民府。

---

① 嘉靖《贵州通志》卷上。

（三）安顺军民府（安顺州、安顺直隶州）

元安顺州，属普定路。洪武十五年三月属四川布政司普定府。十八年七月己巳普定府废，州改直隶四川布政司，十九年起领宁谷寨、西堡、十二营、康佐、慕役、顶营6长官司。洪武二十五年八月乙丑州与6长官司改属贵州都司普定卫。永乐年间设有土知州。

正统三年八月癸丑安顺州直隶贵州布政司，宁谷寨、西堡2长官司仍隶于州。州原治在今贵州安顺市东旧州，成化中徙州治于普定卫城，即今安顺市。

万历三十年九月辛巳①升州为安顺军民府，镇宁直隶州及其下十二营、康佐2长官司，永宁直隶州及其下慕役、顶营2长官司，以及普安直隶州俱改属府下。府下共3州、6长官司，结构如下。

直隶长官司：宁谷寨长官司、西堡长官司。

州及辖长官司：镇宁州——十二营长官司、康佐长官司，永宁州——慕役长官司、顶营长官司，普安州。

宁谷寨长官司，洪武十九年置，属安顺州。二十五年八月属普定卫。正统三年八月仍来属安顺州，万历三十年九月起隶于安顺军民府。治在今安顺市东南宁谷。

西堡长官司，建置年代、隶属变化同宁谷寨长官司。治在今贵州六枝县北。

1. 镇宁州（镇宁直隶州参见）

元至正十一年（1351）四月以火烘夷地置，属普定路。洪武十五年三月属四川布政司普定府，十八年七月己巳升为直隶州，直隶四川布政司。二十五年八月乙丑州改属贵州都司普定卫。正统三年八月癸丑州直隶贵州布政司，领十二营、康佐2长官司。万历三十年九月改属安顺府。州治原在今贵州紫云自治县西南火烘，后侨治普定卫城，即今安顺市，嘉靖十一年（1532）六月丙午徙州治安庄卫城，即今贵州镇宁自治县。

十二营长官司，洪武十九年置，属安顺州。二十五年八月属普定卫。正统三年八月改属镇宁州。治在今镇宁自治县北桂家一带。

康佐长官司，建置年代、隶属变化同十二营长官司，治在今紫云自治县西南火烘罗黎寨。

2. 永宁州（永宁直隶州参见）

元以打罕夷地置，属普定路。洪武十五年三月属四川布政司普定府。十

---

①　《神宗实录》卷376。

八年七月己巳升为直隶州，直隶四川布政司。二十五年八月乙丑属贵州都司普定卫。正统三年八月癸丑直隶贵州布政司，领慕役、顶营 2 长官司。万历三十年九月改属安顺府。州治原在今贵州关岭自治县永宁北，嘉靖十一年六月移至今关岭自治县，万历四年移于今贵州晴隆县，天启年间移治今关岭自治县永宁。

慕役长官司，洪武十九年置，属安顺州。二十五年八月隶普定卫。正统三年八月来属。治在今关岭自治县西南花江。

顶营长官司，建置年代、隶属变化同慕役长官司。治在今关岭自治县西顶营。

3. 普安州（贡宁安抚司、普安安抚司、普安直隶州参见）

建文中置贡宁安抚司，属普安军民府。永乐元年正月甲辰改普安安抚司[①]，属四川布政司。十三年十二月改为州，直隶贵州布政司。万历三十年九月属安顺府。治本在今贵州盘县城关镇西北大屯，万历十四年二月徙治普安卫城，即今盘县城关镇。

（四）都匀府（都匀安抚司参见）

洪武十九年十二月戊申置都匀安抚司，属四川布政司。二十三年十月丙寅改为都匀卫，属贵州都司。二十九年四月升军民指挥使司。永乐十七年所属都匀、邦水、平浪、平洲六洞、合江洲陈蒙烂土、丰宁、九名九姓独山州 7 长官司改属贵州布政司，寻还属。弘治七年（1494）五月戊申置都匀府于卫城，除九名九姓独山州长官司升为独山州外，原平越卫麻哈长官司升为州，与乐平、平定长官司一起改隶于都匀府。府治在今贵州都匀市。此后，府一直领州 2、县 1、长官司 8，结构如下。

直隶长官司：都匀长官司、邦水长官司、平浪长官司、平洲六洞长官司。

州及属县、长官司：麻哈州——乐平长官司、平定长官司，独山州——清平县、合江洲陈蒙烂土长官司、丰宁长官司。

都匀长官司，元为都匀等处军民长官司，洪武十六年更名为都匀长官司，属都匀安抚司，洪武二十三年后相继属都匀卫、都匀军民指挥使司。永乐十七年改直隶贵州布政使司，寻还属都匀军民司。弘治七年五月起属都匀府。治在今都匀市东南都匀司。

邦水长官司，元中都云板水等处军民长官司，属管番民总管，洪武十六年更名为邦水长官司。在明代的隶属变化同都匀长官司。治在今都匀市西北。

---

① 《太宗实录》卷 16。

平浪长官司，洪武十六年置，隶属变化同都匀长官司。治在今都匀市西南平浪。

平洲六洞长官司，洪武十六年置，隶属变化同都匀长官司。治在今贵州平塘县。

1. 麻哈州（麻哈长官司参见）

洪武十六年置麻哈长官司，属平越卫。弘治七年五月戊申升为麻哈州，改属都匀府。州设有土官，州治在今贵州麻江县下司镇。领长官司 2。

乐平长官司，洪武二十四年五月置，属平越卫。弘治七年五月属都匀府麻哈州。治在今麻江县乐坪。

平定长官司，洪武二十二年置，属平越卫，三十年改属清平卫。弘治七年五月来属都匀府麻哈州。治在今麻江县东南平定。

2. 独山州（九名九姓独山州长官司参见）

洪武十六年置九名九姓独山州长官司，十九年属都匀安抚司，二十三年起属都匀卫，永乐十七年属贵州布政司，寻还属。弘治七年五月升为独山州，属都匀府。州设有土官，州治在今贵州独山县。领县 1、长官司 2。

清平县（清平长官司参见），本清平长官司，洪武二十二年置，属平越卫，三十年属清平卫。弘治七年五月改为县，初属麻哈州，后改属独山州。治在今贵州凯里市西北清平镇。

合江洲陈蒙烂土长官司，洪武十六年置，十九年属都匀安抚司，二十三年起属都匀卫，永乐十七年属贵州布政司，寻还属。弘治七年五月属州。治在今贵州三都自治县西南烂土乡。

丰宁长官司，洪武二十三年置，属都匀卫。永乐十七年属贵州布政司，寻还属。弘治七年五月属州。治在今贵州独山县西南上司。

（五）平越军民府

万历二十九年四月丙申置平越军民府于平越卫城，属贵州布政司。领州 1、县 3、长官司 2。府治在今贵州福泉县。《明史》卷 46《地理志七》将清平卫、兴隆卫也归入平越军民府下，但《神宗实录》万历二十九年四月丙申[①]记平越军民府时并未记有 2 卫，且在明代历史上没有其他卫隶于府的记载，盖 2 卫在平越军民府境内，《明史》卷 46《地理志七》误以 2 卫隶于平越军民府。《神宗实录》万历二十九年四月丙申记安化县隶于平越府，此时安化县尚未设立，且万历三十三年设的安化县属于思南府，《神宗实录》的记载有误。

---

① 《神宗实录》卷 358。

黄平州(黄平安抚司参见)

洪武七年十一月置黄平安抚司,属四川播州宣慰司。万历二十九年四月改为州,改属平越军民府。治在今贵州黄平县西北旧州镇。

余庆县(余庆长官司参见),洪武十七年置余庆长官司,属播州宣慰司。万历二十九年四月改为县,改属黄平州。治在今贵州余庆县。

瓮安县(瓮水安抚司参见),洪武初置瓮水安抚司,属播州宣慰司。万历二十九年四月改为县,改属黄平州。治在今贵州瓮安县。

湄潭县,万历二十九年四月以播州湄潭地置,属黄平州。治在今贵州湄潭县。

凯里长官司(凯里安抚司参见),嘉靖八年二月分播州宣慰司地置凯里安抚司,属清平卫。万历二十九年属黄平州,三十五年六月壬子改为长官司。治在今贵州凯里市。

杨义长官司,洪武初置,属平越卫。万历二十九年四月改属黄平州。治在今贵州福泉市西杨仪。

(六)黎平府

本为思州宣慰司地。永乐十二年三月乙亥置黎平府于五开卫城,属贵州布政司,领福禄永从、潭溪、八舟、洪州泊里、曹滴洞、古州、西山阳洞7长官司。宣德九年(1434)新化府废,其下所领的湖耳等7长官司俱归黎平府。正统六年福禄永从长官司改为永从县。此后府一直领县1、长官司13。万历二十九年十一月己酉府改属湖广,三十一年四月己酉还属贵州。府本与五开卫同治,弘治十年南迁稍许,都在今贵州黎平县。

永从县(福禄永从蛮夷长官司参见),本元福禄永从军民长官司,洪武中改置福禄永从蛮夷长官司,后废。永乐元年正月甲辰复置,属贵州卫。十二年三月改属黎平府。正统六年九月乙巳改为永从县。治在今黎平县永从。

潭溪蛮夷长官司,洪武三年正月改元潭溪长官司置,属湖广辰州卫,三月改属湖广靖州卫,后废。永乐元年正月甲辰复置,属贵州卫。十二年三月改属黎平府。治在今黎平县东北潭溪。

八舟蛮夷长官司,洪武五年改元八舟军民长官司置,后废。永乐元年正月甲辰复置,属贵州卫。十二年三月来属黎平府。治在今黎平县北八舟。

洪州泊里蛮夷长官司,洪武初改元洪州泊里军民长官司置,后废。永乐元年正月甲辰复置,属贵州卫。十二年三月来属黎平府。治在今黎平县东南洪州。

曹滴洞蛮夷长官司,洪武初改元曹滴等洞军民长官司置,后废。永乐元年正月甲辰复置，属贵州卫。十二年三月来属黎平府。治在今贵州从江县西北朝利村。

古州蛮夷长官司，洪武三年正月元古州八万洞军民长官司改置，属湖广辰州卫，三月改属湖广靖州卫，后废。永乐元年正月甲辰复置，属贵州卫。十二年三月来属黎平府。治在今黎平县西北罗里。

西山阳洞蛮夷长官司，洪武初置，后废。永乐元年正月甲辰复置，属贵州卫。十二年三月来属黎平府。治在今从江县东南西山镇顶洞村。

新化蛮夷长官司（新化府参见），洪武三年正月改元新化长官司置，属湖广辰州卫，三月改属湖广靖州卫，后废。永乐元年正月甲辰复置，属贵州卫。十二年三月置新化府于此，领湖耳、亮寨、欧阳、新化、中林验洞、龙里 6 蛮夷长官司和赤溪湳洞长官司。宣德九年十一月，府废，以所领俱属黎平府。治在今贵州锦屏县东南新化。

湖耳蛮夷长官司，洪武三年正月改元湖耳洞长官司置，属湖广辰州卫。三月改属湖广靖州卫，后废。永乐元年正月甲辰复置，属贵州卫。十二年三月属新化府，宣德九年十一月府废，改属黎平府。治在今锦屏县东南姜桥村。

亮寨蛮夷长官司，洪武三年正月置八万亮寨蛮夷长官司，其后设废、隶属变化同湖耳蛮夷长官司。治在今锦屏县东南亮司。

欧阳蛮夷长官司，洪武三年正月改元欧阳寨长官司置，其后设废、隶属变化同湖耳蛮夷长官司。治在今锦屏县东南欧阳。

中林验洞蛮夷长官司，洪武初置，后废。永乐元年正月甲辰复置。十二年三月属新化府，府废，改属黎平府。治在今锦屏县西南钟灵。

赤溪湳洞蛮夷长官司，变迁同中林验洞蛮夷长官司。治在今贵州剑河县南明村。

龙里蛮夷长官司，变迁同中林验洞蛮夷长官司。治在今锦屏县西南隆里司。

（七）思南府（思南宣慰司、思南宣慰使司参见）

元末地属湖广行省，洪武四年设思南宣慰司，改属四川行省。五年六月改属湖广行省。六年十二月乙卯升为思南道宣慰使司，仍属湖广行省，后属湖广布政司。永乐十二年三月乙亥改为思南府，属贵州布政司，领水德江、蛮夷、思印江、沿河祐溪 4 长官司和婺川县。正统三年五月朗溪蛮夷长官司又改属本府，弘治七年六月思印江长官司改为印江县，万历三十三年水德江长官司改为安化县。明末府领县 3、长官司 3。初治在今贵州镇远县，洪武二十三年迁至水德江，即今贵州思南县，隆庆四年三月乙酉徙治平溪卫，即今贵州玉屏自治县，寻复迁今思南县。

安化县（水特姜长官司、水德江长官司参见），倚。本为水特姜长官司，洪武二十二年改为水德江长官司，属思南宣慰使司。永乐十二年三月属思南府。万历三十三年改置安化县，以原水德江长官司张氏为土县丞。治在今思南县。

婺川县，元属思州安抚司，洪武五年属镇远州。十七年后仍属思州宣慰使司。永乐十二年三月来属思南府。治在今贵州务川自治县。永乐初曾设有土官知县，后改用流官。

印江县（思印江长官司参见），明初为思印江长官司，属思南宣慰使司。永乐十二年三月属府。弘治七年六月丁丑改为印江县，以原长官司土官为土县丞。治在今贵州印江自治县。

蛮夷长官司，倚。洪武七年十月庚申置，属思南宣慰使司。永乐十二年三月属府。治在今思南县城西。

沿河祐溪长官司，洪武七年十月庚申置，属思南宣慰使司。永乐十二年三月属思南府。治在今贵州沿河自治县。

朗溪蛮夷长官司，洪武七年十月庚申置，属思南宣慰使司。永乐十二年三月改属乌罗府。正统三年五月庚申乌罗府废，长官司改属思南府。治在今印江自治县东朗溪。

厥溪蛮夷长官司，洪武七年十月庚申置，属思南宣慰使司，寻废。治在今思南县城西。

洪安长官司、化济长官司，明初置，属思南宣慰使司。洪武二十六年五月丙辰革。在今思南县附近。

镇远州、镇远溪洞金容金达蛮夷长官司、施秉蛮夷长官司、偏桥中寨蛮夷军民长官司、邛水十五洞蛮夷长官司、铜仁长官司、省溪长官司、提溪长官司、大万山长官司、乌罗长官司、答意长官司、治古寨长官司、平头著可长官司明初一度属思南宣慰司，详见镇远府、铜仁府。

溶溪芝麻子坪长官司，洪武十七年五月前属思南宣慰使司，后改直隶四川布政司。详见“四川布政司”。

（八）思州府（思州宣慰司参见）

洪武二年六月思州土官向明朝廷进贡①，思州宣慰司当设于此时，隶湖广行省。永乐十二年三月乙亥改为府，属贵州布政司。领长官司 4。治在今贵州岑巩县。

---

① 《太祖实录》卷 43。

都坪峨异溪蛮夷长官司，倚。洪武六年置，属思州宣慰司，二十五年省入黄道溪长官司。永乐十二年三月复置，属府。治在今岑巩县。

都素蛮夷长官司，永乐十二年三月置，属府。治在今岑巩县西北都素司。

施溪长官司，元施溪样头长官司，洪武五年改名，属湖广沅州卫，“六年改隶思州宣慰使司”①。永乐十二年三月属思州府。治在今贵州铜仁市漾头。

黄道溪长官司，洪武五年改元黄道溪野溪坪等处蛮夷军民长官司置，隶思州宣慰司。永乐十二年三月属府。治本在今贵州玉屏自治县北茅坡，洪武二十五年迁于今万山黄道。

葛彰葛商长官司、龙泉坪长官司、石阡长官司、苗民长官司一度属思州宣慰司，见石阡府。

团罗、得民、晓隘、陂带、邛水5长官司洪武年间一度属思州宣慰司，见镇远府。

婺川县，洪武十七年至永乐十二年三月属思州宣尉司，见思南府。

（九）镇远府（镇远州、镇远直隶州）

洪武四年降元镇远府为镇远州，属思南宣慰司。五年六月直隶湖广行省，后隶湖广布政司。永乐十二年三月乙亥置镇远府于州治，属贵州布政司，领偏桥、邛水十五洞、臻剖六洞横坡等处3长官司，镇远州，以及镇远州所领镇远溪洞金容金达、施秉2长官司。正统三年五月丁亥省州入府，其下2长官司改直隶于府，后改为镇远、施秉2县。镇远府设有土官，府治在今贵州镇远县。

镇远县（镇远溪洞金容金达蛮夷长官司参见），倚。本镇远溪洞金容金达蛮夷长官司，洪武二年二月置，后属思南宣慰司。永乐十二年三月属镇远府镇远州。正统三年五月丁亥改直属镇远府。弘治七年十月乙未改为镇远县。治在今镇远县。

施秉县（施秉蛮夷长官司参见），本施秉蛮夷长官司，洪武五年置，属思南宣慰司。永乐十二年三月属镇远州。正统三年五月丁亥改直属镇远府。正统九年七月改为施秉县，天启元年（1621）四月省，崇祯四年十一月复置。治在今贵州施秉县。

偏桥长官司，洪武五年改元偏桥中寨蛮夷军民长官司置，属思南宣慰司。永乐十二年三月来属本府。治在今施秉县东偏桥。

邛水十五洞蛮夷长官司（团罗、得民、晓隘、陂带、邛水5长官司参见），洪武五年改元邛水县置团罗、得民、晓隘、陂带、邛水5长官司，属思州宣慰司。二十九年以团罗、得民、晓隘、陂带4司并入邛水司，属思南宣慰使司。永乐十

① 弘治《贵州图经新志》卷4《公署》。

二年三月属镇远府。治在今贵州三穗县司前村。

臻剖六洞横坡等处长官司(臻剖、六洞、横坡3长官司参见),本臻剖、六洞、横坡3长官司,洪武二十二年置,属镇远卫,后并为1司。永乐十二年三月属府。治在今施秉县西北。

(十)铜仁府

永乐十一年二月乙亥置铜仁府,领铜仁、省溪、提溪、大万山4长官司。正统三年五月乌罗府废,其下乌罗、平头著可2长官司改属铜仁府。万历二十六年铜仁长官司改为县。此后府领县1、长官司5。府治在今贵州铜仁市。

铜仁县(铜仁长官司参见),倚。洪武初,改元铜人大小江等处蛮夷军民长官司置铜仁长官司,属思南宣慰使司。永乐十二年三月隶于铜仁府。万历二十六年四月庚午改为铜仁县。治在今铜仁市。

省溪长官司,洪武初改元省溪坝场等处蛮夷长官司为省溪长官司,属思南宣慰使司。永乐十二年三月属铜仁府。治在今贵州江口县西北省溪。

提溪长官司,洪武初改元提溪等处军民长官司为提溪长官司,属思南宣慰使司。永乐十二年三月属铜仁府。治在今江口县西南提溪村。

大万山长官司,洪武初改大万山苏葛办等处军民长官司为大万山长官司,属思南宣慰使司。永乐十二年三月属铜仁府。治在今贵州万山。

乌罗长官司(乌罗府参见),洪武初改元乌罗龙干等处长官司为乌罗长官司,属思南宣慰使司。永乐十二年三月置乌罗府,领朗溪蛮夷、乌罗、答意、治古寨、平头著可5长官司。正统三年五月庚寅府与答意、治古寨2长官司废,乌罗、平头著可2长官司改属铜仁府,朗溪蛮夷长官司改属思南府。乌罗府及乌罗长官司治在今贵州松桃自治县西南乌罗。

平头著可长官司,洪武七年十月庚申改元平头著可通达等处长官司置平头著可长官司,属思南宣慰司。永乐十二年三月属乌罗府,正统三年五月府废,改属铜仁府。治在今松桃自治县平头村。

答意长官司、治古寨长官司,俱永乐三年七月置,《太宗实录》卷44永乐三年七月丁酉记2司"隶贵州宣慰司"、《明史》卷46《地理志七》记2司"属贵州宣慰司",但是2司距贵州宣慰司很远,且周围的长官司俱隶于思南宣慰司,2司应也属于思南宣慰司,《明史》和《太宗实录》的记载应误。永乐十二年三月二司改属乌罗府,正统三年五月俱与府同废。2司在今松桃自治县境。

(十一)石阡府

本为思州宣慰司地,永乐十二年三月置石阡府,领石阡、龙泉坪、苗民、葛彰葛商 4 长官司。万历二十九年龙泉坪长官司改为龙泉县。府治在今贵州石阡县。

龙泉县(龙泉坪长官司参见),洪武七年七月戊辰置龙泉坪长官司,属思州宣慰司。永乐十二年三月改属石阡府。万历二十九年四月丙申改为龙泉县,以原长官司头目为土县丞。治在今贵州凤冈县。

石阡长官司,倚。洪武初改元石阡等处军民长官司为石阡长官司,属思州宣慰司。永乐十二年三月为石阡府治。治在今石阡县。

苗民长官司,洪武七年十月庚申置,属思州宣慰司。永乐十二年三月属府。治在今思南县塘头镇北尧民里。

葛彰葛商长官司,洪武中属思州宣慰司。永乐十二年三月属府。治在今石阡县西河坝场。

第十七章　交阯布政司

交阯布政司是明朝永乐五年(1407)六月至宣德二年(1427)十一月间在安南(今越南中北部)建立的省级行政区划。永乐四年明朝出兵安南，五年六月癸未明成祖下诏在此设置布、都、按三司，并按照明朝内地的政区设置为交阯布政司制定了完整的府州县系统。根据《太宗实录》对这一诏令的记载，当时下令在交阯布政司下共设立15府、5直隶州、36属州、56府直辖县、29直隶州辖县、125属州辖县，共15府、41州、210县。见下表3。

表3　永乐五年六月交阯布政司初设时府州县表①

府、直隶州	隶　属　州　县
交州府	东关县、慈廉县
	威蛮州　山定县、清威县、应平县、大堂县
	福安州　保福县、芙蒥县、清潭县
	三带州　扶隆县、安朗县、扶宁县、安乐县、立石县、元郎县
	慈廉州　丹山县、石室县
	利仁州　清廉县、平陆县、古榜县、古者县、古礼县、利仁县
北江府	嘉林县、超类县
	嘉林州　安定县、细江县、善才县
	武宁州　仙游县、武宁县、东岸县、慈山县、安丰县
	北江州　新福县、善誓县、安越县
谅江府	清远县、古勇县、凤山县、那岸县、陆那县
	谅江州　清安县、安宁县、古陇县、保禄县
	南策州　青林县、至灵县、平河县
	上洪州　唐濠县、唐安县、多锦县

① 《太宗实录》卷68永乐五年六月癸未。

续表

府、直隶州	隶属州县
三江府	洮江州　山围县、麻溪县、清波县、夏华县
	宣江州　东栏县、西栏县、虎岩县
	沱江州　陇拔县、古农县
建平府	懿安县、安本县、平立县、大湾县、望瀛县
	长安州　威远县、安谟县、安宁县、黎平县
新安府	峡山县、太平县、多翼县、河瑰县、西关县
	东潮州　东潮县、古费县、安老县、水棠县
	靖安州　同安县、支封县、安立县、安和县、新安县、大渎县、万宁县、云屯县
	下洪州　长津县、四岐县、同利县、清沔县
建昌府	俸田县、建昌县、布县、真利县
	快　州　仙吕县、施化县、东结县、芙蓉县、永涸县
奉化府	美禄县、胶水县、西真县、顺为县
清化府	古滕县、古弘县、东山县、古雷县、永宁县、安定县、梁江县
	清化州　俄乐县、细江县、安乐县、磊江县
	爱　州　河中县、统宁县、宋江县、支俄县
	九真州　古平县、结悦县、缘觉县、农贡县
镇蛮府	新化县、廷河县、古兰县、神溪县
谅山府	新安县、如敖县、丹巴县、丘温县、镇夷县、渊县、董县
	七源州　水浪县、琴县、脱县、容县、披县、平县
	上文州　杯兰县、庆远县、库县
	下文州
	万崖州
	广源州
	上思朗州
	下思朗州
新平府	福康县、衙仪县、知见县
	政平州　政和县、古邓县、从质县
	南灵州　丹裔县、左平县、夜度县

续 表

府、直隶州	隶属州县
演州府	演　州　千冬县、芙蔷县、芙蓉县、琼林县
乂安府	衙仪县、丕禄县、古杜县、支罗县、真福县、土油县、偈江县、土黄县
	南靖州　河黄县、磐石县、河华县、奇罗县
	驩　州　石塘县、东岸县、路平县、沙南县
顺化府	顺　州　巴阆县、利调县、安仁县
	化　州　利蓬县、士荣县、乍今县、茶偈县、思蓉县、蒲苔县、蒲浪县
太原州	富良县、司农县、武礼县、洞喜县、永通县、宣化县、弄石县、大慈县、安定县、感化县、太原县
宣化州	旷县、当道县、文安县、平原县、底江县、收物县、大蛮县、杨县、乙县
嘉兴州	笼县、蒙县、四忙县
归化州	安立县、文盘县、文振县、水尾县
广威州	麻笼县、美良县

交阯的县数可谓空前之多，明朝的两京十三省任何一个省级政区都无法与之相比。如此多的县并不利于管理，而且交阯各地反抗不断，所以从永乐六年起除新设宁化直隶州、乂安府茶笼州和设升华府时增设的 4 属州、13 县外，交阯政区设废变化主要是在县一级。加上永乐十七年废除的宁化州赤土县，永乐六年至宣德二年十一月明朝撤兵之前共废除了 132 县，形成了永乐六年、十三年、十七年三次废县高潮，宣德二年时交阯名义上仍有 92 县。

太原、宣化 2 州永乐六年升为府，而演州府则于永乐十三年降为直隶州，加上后设的宁化直隶州、升华府，交阯布政司永乐五年的 15 府、5 直隶州到永乐十三年后变为 17 府、5 直隶州，属州数为 40。

宣德二年十一月，明宣德皇帝下诏“交阯都司、布政司、按察司、卫所、府州县文武官吏旗军人等各带家属回还”①，从交阯撤军，所有设置全部废除。

下文以宣德二年十一月为时间断限叙述交阯布政司的府州县变迁，并在每个府、直隶州下附上在宣德之前已被废除的州县。治所所在地参考牛平汉编著《明代政区沿革综表》中交阯布政司部分。

① 《宣宗实录》卷 33。

府

(一) 交州府

永乐五年六月癸未初设交州府时，府下有 2 直辖县、5 州、21 州辖县，其中山定、保福、扶隆、清廉 4 县永乐六年十月已卯废，古礼、古榜、古者、元郎、大堂、丹山 6 县永乐十三年八月丁亥废，清潭、芙蓾、安朗、扶宁、清威、利仁 6 县永乐十七年九月乙卯废。至宣德二年十一月明军撤退前交州府有 2 直辖县、5 州、5 州辖县。

交州府，治在今越南河内。

东关县，治在今河内。

慈廉县，治在今河内市慈廉县。

1. 威蛮州

永乐五年六月辖山定、清威、应平、大堂 4 县，六年十月废山定县，十三年八月废大堂县，十七年九月废清威县，此后只领应平县。州治在今越南河西省应和县。

应平县，治在今河西省应和县、彰美县。

2. 福安州

永乐五年六月辖保福、芙蓾、清潭 3 县，六年十月废保福县，十七年九月废清潭、芙蓾 2 县。州治在今河西省常信县。

3. 三带州

永乐五年六月辖扶隆、安朗、扶宁、安乐、立石、元郎 6 县，六年十月废扶隆县，十三年八月废元郎县，十七年九月废安朗、扶宁 2 县。州治在今越南永富省永安县。

安乐县，治在今永富省永乐县。

立石县，治在今永富省立石县。

4. 慈廉州

永乐五年六月辖丹山、石室 2 县，十三年八月废丹山县。州约在今越南山西省和河东省。

石室县，治在今河西省石室县。

5. 利仁州

永乐五年六月辖清廉、平陆、古榜、古者、古礼、利仁 6 县，六年十月废清廉县，十三年八月废古榜、古者、古礼县 3 县，十七年九月废利仁县。州治在今越南南河省清廉县。

平陆县,治在今南河省平陆县。

永乐五年六月癸未交州府还设置过以下16县,在永乐年间陆续被废除。

山定县,隶威蛮州,永乐六年十月己卯废。治在今河西省应和县南。

清威县,隶威蛮州,永乐十七年九月乙卯废。治在今河西省清威县。

大堂县,隶威蛮州,永乐十三年八月丁亥废。治在今河西省美德县。

保福县,隶福安州,永乐六年十月己卯废。治在今河西省常信县。

芙葍县,隶福安州,永乐十七年九月乙卯废。治在今河西省富川县。

清潭县,隶福安州,永乐十七年九月乙卯废。治在今河内市青池县。

扶隆县,隶三带州,永乐六年十月己卯废。治在今永富省永安县南。

安朗县,隶三带州,永乐十七年九月乙卯废。治在今永富省安朗县。

扶宁县,隶三带州,永乐十七年九月乙卯废。治在今永富省扶宁县。

元郎县,隶三带州,永乐十三年八月丁亥废。治在今永富省封州县。

丹山县,隶慈廉州,永乐十三年八月丁亥废。治在今河西省丹凤县。

清廉县,隶利仁州,永乐六年十月己卯废。治在今南河省清廉县。

古榜县,隶利仁州,永乐十三年八月丁亥废。治在今南河省金榜县。

古者县,隶利仁州,永乐十三年八月丁亥废。治在今南河省皇仁县。

古礼县,隶利仁州,永乐十三年八月丁亥废。治在今南河省维先县。

利仁县,隶利仁州,永乐十七年九月乙卯废。治在今南河省清廉县。

(二) 北江府

永乐五年六月初设北江府时,府下有2直辖县、3州、11州辖县,其中安定、仙游、新福、安丰、武宁、安越6县在永乐六年十月被废除。至宣德二年十一月明军撤退前北江府有2直辖县、3州、5州辖县。府治在今越南河北省顺城县。

超类县,治在今河北省顺城县。

嘉林县,治在今河北省嘉林县。

1. 嘉林州

永乐五年六月辖安定、细江、善才3县,六年十月废安定县。州约在越南今海兴省。

细江县,治在今海兴省文江县。

善才县,治在今海兴省宁清县。

2. 武宁州

永乐五年六月辖仙游、武宁、东岸、慈山、安丰5县,六年十月废仙游、安丰、武宁 3 县。州约在今越南河北省。

东岸县，治在今河内市东英县。

慈山县，治在今河北省桂武县东。

3. 北江州

永乐五年六月辖新福、善誓、安越 3 县，六年十月废新福、安越 2 县。州治在今越南河北省北宁市。

善誓县，治在今河北省安誓县。

永乐五年六月癸未北江府还设置过以下 6 县，在永乐六年十月被废除。

安定县，隶嘉林州，永乐六年十月废。治在今海兴省普赖县。

仙游县，隶武宁州，永乐六年十月废。治在今河北省仙山县。

武宁县，隶武宁州，永乐六年十月废。治在今河北省桂武县西。

安丰县，隶武宁州，永乐六年十月废。治在今河北省安丰县。

新福县，隶北江州，永乐六年十月废。治在今永富省福安县。

安越县，隶北江州，永乐六年十月废。治在今河北省越安县。

(三) 谅江府

永乐五年六月初设谅江府时，府下有 5 直辖县、3 州、10 州辖县，其中清安、青林、唐濠 3 县在永乐六年十月被废除，南策州与所属至灵、平河 2 县永乐十三年八月丙戌改隶新安府，永乐十三年八月丁亥废除古勇县，凤山、清远、那岸、安宁、保禄、古陇、唐安、多锦 8 县永乐十七年九月乙卯被废除。至宣德二年十一月明军撤退前谅江府有 1 直辖县、2 州。府治在今越南东北部。

陆那县，治在今越南河北省陆那县。

1. 谅江州

永乐五年六月辖清安、安宁、古陇、保禄 4 县，六年十月废清安县，十七年九月废安宁、保禄、古陇 3 县。州治在今河北省谅江市。

2. 上洪州

永乐五年六月辖唐濠、唐安、多锦 3 县，六年十月废唐濠县，十七年九月废唐安、多锦 2 县。治在今越南海兴省西北部。

永乐五年六月癸未谅江府还设置过以下 1 州、14 县，其中南策州及所属至灵县、平河县永乐十三年八月丙戌改隶新安府，其余属县在永乐年间陆续被废除。

清远县，直隶谅江府，永乐十七年九月废。治在今河北省陆那县西南。

古勇县，直隶谅江府，永乐十三年八月废。治在今河北省安勇县。

凤山县，直隶谅江府，永乐十七年九月废。治在今河北省陆那县西南。

那岸县,直隶谅江府,永乐十七年九月废。治在今河北省陆那县。

清安县,隶谅江州,永乐六年十月废。治在今河北省安世县。

安宁县,隶谅江州,永乐十七年九月废。治在今河北省安勇县北。

古陇县,隶谅江州,永乐十七年九月废。治在今谅山省古陇县。

保禄县,隶谅江州,永乐十七年九月废。治在今河北省谅江县。

唐濠县,隶上洪州,永乐六年十月废。治在今海兴省美豪县。

唐安县,隶上洪州,永乐十七年九月废。治在今海兴省平江县。

多锦县,隶上洪州,永乐十七年九月废。治在今海兴省锦平县。

南策州,本隶谅江府,领青林、至灵、平河3县,六年十月废青林县。永乐十三年八月州与至灵、平和2县改隶新安府。治在今海兴省海阳市。

青林县,隶谅江府南策州,永乐六年十月废。治在今海兴省南策县。

至灵县,隶谅江府南策州,永乐十三年八月随州改隶新安府。治在今海兴省至灵县。

平河县,隶谅江府南策州,永乐十三年八月随州改隶新安府。治在今海兴省清河县。

(四)三江府

永乐五年六月初设三江府时,府下有3州、9州辖县,其中山围、东栏、陇拔3县在永乐六年十月被废除,虎岩县永乐十三年八月丁亥废除,清波、麻溪、古农、西栏4县永乐十七年九月乙卯被废除。至宣德二年十一月明军撤退前三江府有3州、1州辖县。府治在今越南北部。

1. 洮江州

永乐六年五月辖山围、麻溪、清波、夏华4县,六年十月山围县废,十七年九月清波、麻溪2县废,州下仅余夏华县。约在今越南永富省。

夏华县,治在今永富省夏华县。

2. 宣江州

永乐六年五月辖东栏、西栏、虎岩3县,六年十月东栏县废,十三年八月虎岩县废,十七年九月西栏县废。约在今越南永富省北、宣光省南。

3. 沱江州

永乐六年五月辖陇拔、古农2县,六年十月陇拔县废,十七年九月古农县废。约在今越南山东省西、富寿省东。

永乐五年六月癸未三江府还设置过以下8县,在永乐年间陆续被废除。

山围县,隶洮江州,永乐六年十月废。治在今永富省临洮县。

东栏县,隶宣江州,永乐六年十月废。治在今永富省端雄县。

陇拔县，隶沱江州，永乐六年十月废。治在今越南河西省巴维县。
虎岩县，隶宣江州，永乐十三年八月废。治在今宣光省安山县。
麻溪县，隶洮江州，永乐十七年九月废。治在今永富省富寿市锦溪。
清波县，隶洮江州，永乐十七年九月废。治在今永富省清华县。
西栏县，隶宣江州，永乐十七年九月废。治在今永富省端雄县富轩社。
古农县，隶沱江州，永乐十七年九月废。治在今永富省三农县。

(五) 建平府

永乐五年六月初设建平府时，府下有 5 直辖县、1 州、4 州辖县，其中威远县永乐六年十月己卯废，平立、安谟 2 县永乐十三年八月丁亥废除，望瀛、大湾、黎平 3 县永乐十七年九月乙卯被废除。至宣德二年十一月明军撤退前建平府有 2 直辖县、1 州、1 州辖县。府治在今越南东北部。

懿安县，治在今越南南河省懿安县。

安本县，治在今南河省务本县。

长安州

永乐五年六月辖威远、安谟、安宁、黎平 4 县，六年十月威远县废，十三年八月安谟县废，十七年九月黎平县废。治在今越南宁平省宁平市。

安宁县，治在今越南宁平省宁平市西南。

永乐五年六月癸未建平府还设置过以下 6 县，在永乐年间已陆续被废除。
大湾县，直隶建平府，永乐十七年九月废。治在今南河省义兴县。
望瀛县，直隶建平府，永乐十七年九月废。治在今南河省懿安县西南。
威远县，隶长安州，永乐六年十月废。治在今宁平省宁平市黎会总。
安谟县，隶长安州，永乐十三年八月废。治在今宁平省安谟县。
平立县，直隶建平府，永乐十三年八月废。治在今南河省务本县。
黎平县，隶长安州，永乐十七年九月废。治在今宁平省宁平市威远总。

(六) 新安府

永乐五年六月初设新安府时，府下有 5 直辖县、3 州、16 州辖县。其中东潮、同安、长津 3 县永乐六年十月己卯废；大渎县永乐九年八月乙卯废；多翼、太平 2 县永乐十三年八月丙戌改属镇蛮府，而谅江府南策州、至灵县、平河县同时改隶新安府；安立、西关、河瑰 3 县永乐十三年八月丁亥废除；至灵、水棠、四岐、清沔、支封、云屯 6 县永乐十七年九月乙卯被废除。至宣德二年十一月明军撤退前新安府有 1 直辖县、4 州、7 州辖县。府治在今越南东北太平省，永乐十三年人月迁镇夷卫，在今谅山境。

峡山县,治在今越南海兴省荆门县。

1. 东潮州

永乐五年六月辖东潮、古费、安老、水棠4县,六年十月东潮县废,十七年九月水棠县废。州治约在今越南广宁省东潮县。

古费县,治在今海兴省金城县。

安老县,治在今越南海防市安海县。

2. 靖安州

永乐五年六月辖同安、支封、安立、安和、新安、大渎、万宁、云屯8县,六年十月同安县废,九年八月大渎县废,十三年八月废安立县,支封、支屯2县十七年九月废,州下余3县。州约在今越南广宁省。

安和县,治在今广宁省安兴县。

新安县,治在今广宁省汪秘市。

万宁县,治在今广宁省海宁县。

3. 下洪州

永乐五年六月辖长津、四岐、同利、清沔4县,六年十月长津县废,十七年九月四岐、清沔2县废。州约在今越南长津县。

同利县,治在今越南海宁省宁清县南。

4. 南策州

永乐五年六月属谅江府,辖青林、至灵、平河3县,六年十月废青林县。永乐十三年八月州与至灵、平河2县改隶新安府,十七年九月废至灵县。州治在今越南海兴省海阳市。

平河县,治约在今海兴省清河县。

永乐五年六月癸未新安府还设置过14县,永乐十三年八月至十七年九月间至灵县随南策州改属本府,在宣德之前这15县已陆续被废除。

太平县,直隶新安府,永乐十三年八月改属镇蛮府。治在今越南太平省太平市。

多翼县,直隶新安府,永乐十三年八月改属镇蛮府。治在今太平省琼父县北。

河瑰县,直隶新安府,永乐十三年八月废。治在今太平省琼父县。

西关县,直隶新安府,永乐十三年八月废。治在今太平省前海县。

东潮县,隶东潮州,永乐六年十月废。治在今广宁省东潮县。

水棠县,隶东潮州,永乐十七年九月废。治在今海防市水源县。

同安县,隶靖安州,永乐六年十月废。治在今广宁省鸿基市。

支封县,隶靖安州,永乐十七年九月废。治在今广宁省安兴县。

安立县,隶靖安州,永乐十三年八月废。治在今广宁省安兴县。

大渎县，隶靖安州，永乐九年八月废。治在今广宁省盖占岛。

云屯县，隶靖安州，永乐十七年九月废。治在今广宁省东夸岛。

长津县，隶下洪州，永乐六年十月废。治在今海兴省思禄县。

四岐县，隶下洪州，永乐十七年九月废。治在今海兴省圻策县。

清沔县，隶下洪州，永乐十七年九月废。治在今海兴省宁清县。

至灵县，本隶谅江府南策州，永乐十三年八月随州改隶新安府，十七年九月废。治在今海兴省芝灵县。

（七）建昌府

永乐五年六月初设建昌府时，府下有 4 直辖县、1 州、5 州辖县，其中俸田、仙吕、施化 3 县永乐十三年八月丁亥废除，布、芙蓉、东结 3 县永乐十七年九月乙卯被废除。永涸县于永乐十五年六月丙戌改直属于府。至宣德二年十一月明军撤退前建昌府有 3 直辖县、1 州。府治在今越南太平省太平市。

建昌县，治在今太平省太平市。

真利县，治在今太平省建昌市。

永涸县，本隶快州，永乐十五年六月丙戌改直属于府。治在今越南海兴省金诗县西南。

快州

本领仙吕、施化、东结、芙蓉、永涸 4 县，仙吕、施化、东结、芙蓉 4 县永乐中相继废除，永涸县也于永乐十五年六月改直隶于府。州治约在海兴省境。

永乐五年六月癸未建昌府还设置过以下 6 县，在永乐年间已陆续被废除。

俸田县，直隶于府，永乐十三年八月废。治在今太平省太平市北。

仙吕县，隶快州，永乐十三年八月废。治在今海兴省扶先县南。

施化县，隶快州，永乐十三年八月废。治在今海兴省金诗县东北。

东结县，隶快州，永乐十七年九月废。治在今海兴省朱江县。

芙蓉县，隶快州，永乐十七年九月废。治在今海兴省扶先县北。

布县，直隶于府，永乐十七年九月废。治在今太平省武书县。

（八）奉化府

永乐五年六月初设奉化府时，府下有 4 直辖县，至宣德二年十一月明军撤退前仍保持 4 县。府治在今越南南河省东北部。

美禄县，治在今南河省平禄县。

胶水县，治在今南河省春水县。

西真县，治在今南河省南宁县。

顺为县，治在今南河省平禄县东南。

(九) 清化府

永乐五年六月初设清化府时，府下有 7 直辖县、3 州、12 州辖县，其中古弘、河中、统宁、缘觉、结悦 5 县永乐十三年八月丁亥废除，安定、梁江、东山、安乐、俄乐、磊江、宋江、农贡 8 县永乐十七年九月乙卯被废除。演州府葵州于永乐十五年正月庚戌改直属于清化府。宣德二年十一月明军撤退前清化府有 3 直辖县、4 州、3 州辖县。府治在今越南清化省。

古滕县，治在今清化省弘化县。

古雷县，治在今清化省寿春县。

永宁县，治在今清化省永禄县。

1. 清化州

本领俄乐、细江、安乐、磊江 4 县，安乐、俄乐、磊江 3 县于永乐十七年九月废。州约在今清化省境。

细江县，治在今清化省石城县西。

2. 爱州

本领河中、统宁、宋江、支俄 4 县，河中、统宁 2 县永乐十三年八月丁亥废，宋江县永乐十七年九月乙卯废。州约在今清化省境。

支俄县，治在今清化省河中县东北。

3. 九真州

本领古平、结悦、缘觉、农贡 4 县，缘觉、结悦 2 县永乐十三年八月丁亥废，农贡县永乐十七年九月废。州约在今清化省境。

古平县，治在今清化省静嘉县。

4. 葵州

永乐十三年四月壬申演州府下增设葵州，八月演州府降为直隶州，此后至十五年正月前葵州的隶属不明。永乐十五年正月庚戌改直属于清化府。治在今越南义安省义坛县。

永乐五年六月癸未清化府还设置过以下 13 县，在永乐年间陆续被废除。

古弘县，直隶于府，永乐十三年八月废。治在今清化省弘化县。

河中县，隶爱州，永乐十三年八月废。治在今清化省河中县。

统宁县，隶爱州，永乐十三年八月废。治在今清化省厚禄县。

结悦县，隶九真州，永乐十三年八月废。治在今清化省静嘉县北。

缘觉县，隶九真州，永乐十三年八月废。治在今清化省广昌县。

宋江县，隶爱州，永乐十七年九月被废。治在今清化省峨山县。

安乐县,隶清化州,永乐十七年九月被废。治在今清化省石城县东。

磊江县,隶清化州,永乐十七年九月被废。治在今清化省锦水县。

俄乐县,隶清化州,永乐十七年九月被废。治在今清化省玉乐县。

安定县,直隶于府,永乐十七年九月被废。治在今清化省天安县。

梁江县,直隶于府,永乐十七年九月被废。治在今清化省兆山县。

东山县,直隶于府,永乐十七年九月被废。治在今清化省东山县。

农贡县,隶九真州,永乐十七年九月被废。治在今清化省农贡县。

(十) 镇蛮府

永乐五年六月初设镇蛮府时,府下有 4 直辖县,其中新化、神溪 2 县永乐十三年八月丁亥废除,同月丙戌新安府太平县、多翼县改直隶于本府,此后府下仍辖 4 县,至宣德二年十一月废。府治在今越南太平省北部。

廷河县,治在今太平省兴和县。

古兰县,治在今太平省扶翼县西南。

太平县,本隶新安府,永乐十三年八月丙戌改隶镇蛮府。治在今太平省太平市。

多翼县,隶属变迁同太平县。治在今太平省扶翼县。

永乐五年六月癸未镇蛮府还设置过以下 2 县,永乐十三年被废除。

新化县,直隶于府,永乐十三年八月丁亥废。治在今太平省兴和县南。

神溪县,直隶于府,永乐十三年八月丁亥废。治在今太平省琼父县东。

(十一) 谅山府

永乐五年六月初设谅山府时,府下有 7 直辖县、7 州、9 州辖县,其中庆远、库、容、披、平 5 县永乐七年正月乙丑废,新安、如敖、董、水浪、琴、杯兰 6 县永乐十三年八月丁亥废除,下文州、下思朗州、脱县永乐十七年九月乙卯被废除。宣德二年十一月明军撤退前谅山府有 4 直辖县、5 州。府治在今越南谅山。

丹巴县,治在今谅山省定立县。

丘温县,治在今谅山省谅山市西南。

镇夷县,治在今谅山省芝陵县。

渊县,治在今谅山省文关县。

1. 七源州

本领水浪、琴、脱、容、披、平 6 县,容、披、平 3 县永乐七年正月乙丑废,水浪、琴二县永乐十三年八月丁亥废,脱县永乐十七年九月废。州治在今谅山省长定县。

2. 上文州

本领杯兰、庆远、库 3 县,庆远、库 2 县永乐七年正月乙丑废,杯兰县永乐十三年八月丁亥废。州治在今谅山省同登县。

3. 万崖州

治在今谅山省北山县。

4. 广源州

治在今越南高平省广和县。

5. 上思朗州

治在今高平省重庆县。

永乐五年六月癸未谅山府还设置过以下2州、12县,永乐年间相继被废除。

容县,隶七源州,永乐七年正月乙丑废。治在今谅山省文朗县西南。

平县,隶七源州,永乐七年正月乙丑废。治在今谅山省平嘉县东北。

披县,隶七源州,永乐七年正月乙丑废。治在今谅山省长定县。

庆远县,隶上文州,永乐七年正月乙丑废。治在今谅山省文关县西。

库县,隶上文州,永乐七年正月乙丑废。治在今谅山省北山县东。

水浪县,隶七源州,永乐十三年八月丁亥废。治在今谅山省文朗县北。

董县,直隶于府,永乐十三年八月丁亥废。治在今谅山省右陇县南。

新安县,直隶于府,永乐十三年八月丁亥废。治在今谅山省禄平县。

如敖县,直隶于府,永乐十三年八月丁亥废。治在今谅山省定立县西北。

琴县,隶七源州,永乐十三年八月丁亥废。治在今谅山省文关县北。

脱县,隶七源州,永乐十七年九月乙卯废。治在今谅山省同登县西。

杯兰县,隶上文州,永乐十三年八月丁亥废。治在今谅山省龙浪县北。

下文州,永乐十七年九月乙卯废。治在今谅山省文关县南。

下思朗州,永乐十七年九月乙卯废。治在今高平省茶陵县。

(十二)新平府

永乐五年六月初设新平府时,府下有3直辖县、2州、6州辖县,其中知见、政和、古邓、从质、丹裔、夜度6县永乐十三年八月丁亥废除,福康、左平2县永乐十七年九月乙卯被废除。宣德二年十一月明军撤退前新平府有1直辖县、2州。府在今越南广治省、广平省境。

衙仪县,治在今广平省丽水县。

1. 政平州

本领政和、古邓、从质3县,3县永乐十三年八月俱废。州治约在广平省境。

2. 南灵州

本领丹裔、左平、夜度3县,丹裔、夜度2县永乐十三年八月废,左平县永乐十七年九月乙卯废。州治在今广治省广灵县。

东岸县,隶骓州,永乐十七年九月废。治在今义安省英山县。

支罗县,直隶于府,永乐十七年九月废。治在今河静省德寿县。

真福县,直隶于府,永乐十七年九月废。治在今义安省义禄县。

土油县,直隶于府,永乐十七年九月废。治在今义安省清漳县。

偈江县,直隶于府,永乐十七年九月废。治在今义安省清漳县北。

土黄县,直隶于府,永乐十七年九月废。治在今河静省香溪县。

磐石县,隶南靖州,永乐十七年九月废。治在今河静省西河县西北。

奇罗县,隶南靖州,永乐十七年九月废。治在今河静省锦川县。

(十四)顺化府

永乐五年六月初设顺化府时,府下有 2 州、10 州辖县。其中巴阆、利调、安仁、利蓬、思蓉、蒲苔、蒲浪及永乐六年七月增设的石兰共 8 县永乐十七年九月乙卯被废除。宣德二年十一月明军撤退前顺化府有 2 州、3 州辖县。府约在今越南顺化。

1. 顺州

本领巴阆、利调、安仁 3 县,后增置石兰县,永乐十七年九月 4 县俱废。州治在今越南广治省海陵县。

2. 化州

本领利蓬、士荣、乍今、茶偈、思蓉、蒲苔、蒲浪 7 县,永乐十七年九月利蓬、思蓉、蒲苔、蒲浪 4 县废。州约在今顺化省境。

茶偈县,治在今顺化市北清良村。

士荣县,治在今顺化省香富县。

乍今县,治在今顺化市东。

永乐五年六月癸未顺化府还设置过以下 7 县,永乐年间相继被废除。

巴阆县,隶顺州,永乐十七年九月废。治在今广治省潮海县东南。

利调县,隶顺州,永乐十七年九月废。治在今广治省甘露县。

安仁县,隶顺州,永乐十七年九月废。治在今广治省海陵县东北。

利蓬县,隶化州,永乐十七年九月废。治在今顺化省香富县西北。

思蓉县,隶化州,永乐十七年九月废。治在今顺化省富禄县。

蒲苔县,隶化州,永乐十七年九月废。治在今顺化省光田县。

蒲浪县,隶化州,永乐十七年九月废。治在今顺化省香茶县。

石兰县,隶顺州,永乐六年七月之后增设,永乐十七年九月废,治在今广治省向化县。

（十五）宣化府（宣化直隶州参见）

永乐五年六月初设宣化直隶州时，领有 9 县。六年十月己卯州升为宣化府。文安县、乙县永乐十七年九月乙卯被废除。宣德二年十一月明军撤退前宣化府有 7 县。府约在今越南宣光省境。

旷县，治在今宣光省北光县。

当道县，治在今宣光省山阳县。

平原县，治在今越南河江省渭川县。

底江县，治在今宣光省山阳县中区。

收物县，治在今越南安沛省安平县。

大蛮县，治在今宣光省霑县。

杨县，治在今宣光省山阳县西南。

永乐五年六月癸未宣化州还设置过以下 2 县，永乐年间相继被废除。

文安县，永乐十七年九月废。治在今宣光省威安县。

乙县，永乐十七年九月废。治在今越南永富省山阳县东南。

（十六）太原府（太原直隶州参见）

永乐五年六月初设太原直隶州时，领有 11 县。六年十月己卯州升为太原府。司农、洞喜、大慈 3 县永乐十七年九月乙卯被废除。宣德二年十一月明军撤退前宣化府有 8 县。府约在今越南北太省境。

富良县，治在今北太省富良县。

武礼县，治在今北太省武崖县。

永通县，治在今北太省白通县。

宣化县，治在今北太省定化县。

弄石县，治在今北太省定化县。

安定县，治在今北太省定化县。

感化县，治在今越南高平省银山县。

太原县，治在今北太省太原市。

永乐五年六月癸未太原州还设置过以下 3 县，永乐年间相继被废除。

大慈县，治在今北太省大慈县。

洞喜县，治在今北太省洞喜县。

司农县，治在今北太省富平县。

（十七）升华府

永乐十三年四月壬申设升华府及其下 4 州、11 州辖县。府约在今越南广南省、广义省境。

1. 升州

永乐十三年四月壬申设。治在今广南省境。领3县。

黎江县,治在今广南省升平县。

都和县,治在今广南省潍川县。

安备县,治在今广南省桂山县。

2. 华州

治约在今广南省三岐市。领3县。

万安县,治在今广南省三岐市。

具熙县,治在今广南省三岐市。

礼悌县,治在今广南省三岐市。

3. 思州

治约在今广义省境。领县2。

持平县,治在今广义省平山县。

白乌县,治在今广义省山静县。

4. 义州

治约在今广义省境。领3县。

义纯县,治在今广义省思义县。

鹅怀县,治在今广义省思义县西南。

溪锦县,治在今广义省慕德县。

直隶州

(一) 演州直隶州(演州府参见)

永乐五年六月初设演州府时,府下领演州和4州辖县。永乐十三年四月府下增设葵州,八月丁亥府降为演州直隶州时,千冬县、芙蓉县废除。十五年正月葵州改隶清化府。茶清县于永乐十七年九月乙卯被废除。宣德二年十一月明军撤退前演州直隶州余2直辖县。府约在今越南义安省境。

芙留县,治在今义安省琼瑠县北。

琼林县,治在今义安省琼瑠县北。

永乐五年六月癸未后演州府还设置过以下1州、3县,永乐年间相继被废除。

演州,约在今义安省境。

千冬县,永乐五年六月至十三年八月属演州府,十三年八月府改直隶州时县废。治在今义安省安城县。

芙蓉县，隶属同千冬县。治在今义安省安城县。

茶清县，设置时间不明，永乐十七年九月废。治在今义安省演州。

葵州，详见清化府。

（二）广威直隶州

永乐五年六月初设广威直隶州时，领 2 县。其中美良县永乐十七年九月乙卯废。州约在今越南河西省境。

麻笼县，治在今河西省山西市西。

永乐五年六月至十七年九月州下还有美良县。

美良县，永乐十七年九月乙卯废。在今河西省美德县。

（三）嘉兴直隶州

永乐五年六月初设嘉兴直隶州时，领 3 县。其中笼县、蒙县永乐十七年九月乙卯废。州约在越南永富省和山萝省境。

四忙县，治在今山萝省木州。

永乐五年六月至十七年九月州下还有笼县、蒙县。

笼县，永乐十七年九月乙卯废。治在今永富省青山县。

蒙县，永乐十七年九月乙卯废。治在今山萝省木州西北。

（四）归化直隶州

永乐五年六月初设归化直隶州时，领 4 县。其中安立县永乐十七年九月乙卯废。州约在今越南安沛省、老街省境。

文盘县，治在今老街省文盘县。

文振县，治在今安沛省文振县。

水尾县，治在今老街省老街市。

永乐五年六月至十七年九月州下有安立县。

安立县，永乐十七年九月乙卯废。治在今越南永富省安立县。

（五）宁化直隶州

永乐九年十二月己巳设宁化直隶州及所属东来、赤土 2 县。其中赤土县永乐十七年九月乙卯废。州约在今越南和平省境。

东来县，治在今和平省乐山县东来社。

永乐九年十二月至十七年九月州下有赤土县。

赤土县，永乐十七年九月乙卯废。治在今越南宁平省嘉远县。

第十八章　明初辽东都司地区的府州县

洪武初年在辽东地区元代辽阳路境内也曾有过短暂的府州县设置，因史书缺乏记载，这些府州县的数目、隶属情况已不明确，现依据《明史》卷41《地理志二》、《太祖实录》等进行分析。《明史》卷41《地理志二》记洪武十年辽阳府及辽阳县罢，在此之前所设置的州县当皆属辽阳府。废府之后仍然存在的州、县推测应属辽东都司管辖。

辽阳府，元置辽阳等处行中书省，治辽阳路。洪武六年六月戊戌定辽都卫奏请设置辽阳府，洪武十年罢府。治在今辽宁辽阳市。

辽阳县，元辽阳路属县，洪武四年罢，六年六月戊戌复置，十年复罢。治在今辽阳市。

海州，洪武初置于旧澄州城。二十八年四月乙亥废州。治在今辽宁海城市。

盖州，元辽阳路盖州，洪武四年废。五年六月丙戌复置，二十八年四月乙亥废。治在今辽宁盖州市。

复州，洪武五年六月丙戌置，二十八年四月乙亥州废。治在今辽宁瓦房店市西北复州。

金州，洪武五年六月丙戌置，二十八年四月乙亥州废。治在今辽宁大连市北金州。

懿州，元属辽阳路。永乐八年州废。治在今辽宁阜新市东北塔子营村。

奉集县，洪武初置县，寻废。治在今辽宁沈阳市东南奉集堡。

兀者野人乞例迷女直军民府，洪武二十年十二月始设，与三万卫同治斡朵里，在今珲春江地区[1]。洪武二十一年三月迁卫于开元，罢府。府当为羁縻府。

---

① 李治亭等：《明代辽东都司及其卫的研究》，《社会科学辑刊》1980年第6期。

第二编　明代都司卫所建置

第一章　概　　论

本编主要研究明代都司卫所的设置、演变过程，包括各都司、行都司幅员与边界及其下的卫所数目、分布的变化及特点。

第一节　都司卫所的研究状况

都司卫所制度是明朝在总结以前历代边疆行政管理制度与兵制的基础上产生的，是明代的基本军事制度。都司卫所有一套完整的管理体系，同时作为一种与驻扎地域紧密结合的军事组织形式，是军事制度与地方行政管理制度在地理上相结合的产物，在明朝历史上不仅有军事镇守的功能，还和地方上的行政管理、文化与经济的发展存在着千丝万缕的联系。这种联系在拥有实土的都司卫所中表现更为突出。明代，人们已经认识到都司卫所在地方尤其在边疆地区发展中的重要作用，将其与正式的政区相拟。周振鹤在《体国经野之道——新角度下的中国行政区划史》一书①中用“军管型政区”来定义中国历史上以军事机构管理地方行政的特殊地方行政区划类型，明代都司卫所制度便是其中最为典型的一类。军管型政区不是明代专有的现象，但历代类似性质的政区皆不如明代都司卫所制度之完善、严密及分布之广泛。明代都司卫所制度不仅在明朝的地方行政制度史上留下了引人注目的一笔，还为清代乃至现代诸多地域的发展奠定了基础。

20 世纪二三十年代学术界曾经出现过一次卫所研究的小高潮，因当时日本入侵满洲，研究者出于爱国热情多重视东北的辽东都司。谭其骧著《释明代都司卫所制度》②是从政区意义上分析卫所制的发端。20 世纪 80 年代以来，涉及都司卫所制的论著多是地域性的，以杨旸等编著《明代奴儿干都司及其卫所研究》③、

---

① 中华书局(香港)，1990 年。

② 《长水集》(上)，人民出版社，1987 年，第 150～158 页。

③ 中州书画社，1982 年。

鲁人勇等著《宁夏历史地理考》[①]最为扎实;论文则以顾诚的《明帝国的疆土管理体制》[②]一文最为突出,该文讨论了不同类型的卫所与疆土管理的关系,明确指出明代的整个疆土是分六部—布政司—府—县、五军都督府—都指挥使司—卫(守御千户所)—千户所两大系统。对都司卫所这一类具有军事与行政区划双重作用的非正式政区,前文所述,周振鹤首先提出的"军管型政区"这一概念,使人们更容易从政治地理角度理解卫所制。

作为中国历史上非正式政区的一个重要组成部分,目前对明代的都司卫所的研究尚处于起始阶段。本编将对明代五军都督府下所有在外都司卫所进行全面、细致的考述,以复原其设置、演变过程,为进一步研究都司卫所奠定基础。

都司卫所制是明代创设的特殊制度,以军事组织的形态出现,遍布全国。由于其数目众多,性质复杂,有必要对本编的研究对象进行界定。明代都司卫所隶属复杂,有的直隶于兵部,有的隶于五军都督府,也有在边疆地区建立的羁縻都司卫所。其中隶于五府的卫所又可分为在京、在外两种,在京的南京与北京诸卫所变化复杂,与地方关系疏远,在职能和影响上都与在外卫所不同;王府仪卫司、群牧所等性质及功能也较特殊。因此本编研究的对象为与地方关系密切的在外卫所及它们隶属之都司和诸羁縻都司卫所,包括明初变化较多的王府护卫。亲军卫、在京卫所、王府仪卫司、群牧所则不在本编研究范围之内。

本编研究的目的首先在于弄清明代诸都司卫所的数量、层级、幅员与统辖关系。由于明中后期都司卫所制度已渐趋颓败,因此相关记载比较零碎,更有许多相互矛盾之处,必须通过爬梳、整理、排比、考订,才能够列出其在有明一代近三百年的准确变化历程,并分析各个都司卫所与地方行政区划之间的关系。各都司、行都司、留守司的边界及其变化也是本编研究的对象,对此只有通过其下属卫所的考证才可以大致搞清楚其基本变迁状况。卫所的边界除少数文献记载比较详细可绘出外,大多已无法搞清,因此对于单个卫所则只研究其在时间轴上的置废与隶属变化。

第二节 都司卫所的设置及特点

一、都司卫所的设置

卫所在明代出现的时间较早,虽然卫所的军数、职责是在洪武初年确定

① 宁夏人民出版社,1993年。
② 《历史研究》1989年第3期,第135~150页。

的，但是早在洪武之前随着朱元璋的征伐进程各地已经在逐步设置卫所；并随着其对全国的征服，卫所制在推行的过程中亦逐渐趋于完善。这种制度的名称与世守一地、寓兵于农的驻守方式并不是朱元璋首创的，而是对唐、宋、元等时期的一些制度的继承和发展。而作为省一级军事组织的都卫及后来的都司则出现较晚。洪武十三年(1380)正月以五军都督府统都司卫所的制度确立以后，都司卫所这一影响明朝近三百年的基本军事制度才算稳定了下来。

在明代大多数时间里，都司卫所是隶于五军都督府的，但在最初并非如此。军事组织的隶属关系在洪武之前及洪武初年由于中央、地方制度的变化亦发生过改变。在洪武之前，卫所制尚处于萌芽阶段。当时整个国家机器还处于调整时期，最初中央由枢密院管辖军事，辛丑年(1361)枢密院改为大都督府，诸卫所归属其下。当时受元朝军事制度的影响，守御地方的军队管理机构名目繁多，有元帅府、千户所、万户府、总管府等。在大都督府与地方军事机构之间逐渐设立了省一级的管理机构，亦是名目不一，有称“行都督府”的，也有称“兵马司”的，都在不断调整之中。洪武三年、四年省一级军事机构基本全部改称“都卫”、“行都卫”，而卫所也逐渐成为基层军事机构的统一名称。至洪武八年九月，“都卫”、“行都卫”又更名为“都指挥使司”、“行都指挥使司”，简称“都司”、“行都司”。十三年正月中央废大都督府，改设五军都督府，各都司、行都司归左、右、中、前、后各都督府统辖。至此，都司卫所制度的管辖体系完全确定。

甲辰年(1364)四月“立部伍法……至是下令曰：‘……其核诸将所部有兵五千者为指挥，满千者为千户，百人为百户，五十人为总旗，十人为小旗。’”①这是最初对卫所军数的规定。洪武七年八月“定兵卫之制，大率以五千六百人为一卫，而千、百户、总、小旗所领之数则同。遇有事征调则分统于诸将，无事则散还各卫”②。一卫 5 600 人，一千户所 1 100 人，一卫 5 所，这是此后二百多年间朝廷规定的卫所基本兵数。但实际上，由于各卫所驻扎地的军事情况不同，并不严格按照规定执行。像守御山海关的山海卫有 10 个千户所，而内地一些军卫往往只有 2～3 个千户所。宣德以后，军士逃亡严重，许多军卫兵士不足千人。

而且，都司、行都司、留守司所领的卫所数目相差很大，陕西都司在嘉靖初

① 《太祖实录》卷 14。
② 《太祖实录》卷 92。

仍有 49 个卫所(这里的所仅指守御千户所),而福建行都司仅有 10 个卫所,这与当地的军事地理位置密切相关。

世守一地、家属同守与寓兵于农是卫所制与驻地联系紧密的三大主要因素。绝大多数卫所的驻地从设置伊始便固定了下来。从最初设立卫所,军士、军余人等便是携带家属同赴守地的,这从《太祖实录》早年的记载中便可窥得一二,朱元璋常令送战争中死亡的军人的孤寡妻儿还乡。大部分军人、家属及其后裔在驻地世世生息,人口众多。以云南都司广南卫为例,该卫初设于洪武二十八年,发展到正统七年(1442)时已达"男妇六万余口"①,成为一个庞大的社会群体。都司卫所不仅统辖军士和军余,还要管理数目更为巨大的家属群,拥有实土的都司卫所还要管辖辖区内的普通百姓。另外,早在甲辰年正月庚午朱元璋就曾言"吾欲以两淮、江南诸郡归附之民,各于近城耕种,练则为兵,耕则为农,兵农兼资,进可以取,退可以守,仍于现两淮之间馈运可通之处,积粮以俟,兵食既足,观时而动……此长策也"②,可见朱元璋一开始即有寓兵于农的思想,到永乐初卫所的屯田制已相当完善。正是这些特点决定了都司卫所与驻守地域的密切关系。

绝大部分都司、行都司在洪武年间已设立,而且各司下的大部分卫所在洪武时也已设置。只有万全都司、湖广行都司和永乐五年(1407)至宣德二年(1427)一度存在的交阯都司设立较迟。永乐以后虽然卫所的战斗力下降,军镇兴起,明朝的军事制度也在逐渐发生改变,但都司卫所制度本身并未发生崩溃危机,就北方与西部边疆、东南沿海来讲,正德至嘉靖、万历年间蒙古人的内侵,西南少数民族不断起事,东南的倭寇,又引起了小的卫所设置高潮。所以直至明末,虽然这一制度已是弊病累累,明政府仍把它看做是基本的军事制度。

卫所本身数量及设废变化的趋势是很明显的。永乐二年之前是卫所设废的高潮期,变动频繁。洪武年间随着对各地的征服而向全国推行卫所制,都司辖区、卫所治地、数量尚处于不断变动时期,以山西行都司为例,初设大同都卫时仅 5 卫,在洪武年间一度达到 30 余卫所,北部东胜诸卫治地亦在调整,这些都说明政府尚在寻求军事防守地域、力量的平衡,至洪武末年各地卫所已趋于平稳。建文中由于政局的动荡,许多卫所被废,到永乐初,大多被废的卫所又得以重新设置,部分都司的辖区也重新调整。从此直至明

① 《英宗实录》卷 94。
② 《太祖实录》卷 14。

末虽然不断有新的卫所设置，但数目很小，分布又零散，是卫所数目及地理分布的平稳期。

卫所种类在洪武时也已全部具备。始置各都卫时，除卫下的普通千户所外，一般多设直隶于都卫的守御千户所，防守一方。隶于卫的守御千户所则多是在卫设立之后，在其辖区内某个紧要之地增置。

地域上，都司卫所制首先在东南地区推行，这里是朱元璋最早控制的地区。洪武十六年前①，卫所制随着明军征讨的进程向全国推进，边远的少数民族的朝贡又使得都司卫所制的一种特殊形式——羁縻都司卫所在周边地区推行。

王府护卫是一种特殊的军卫。洪武五年正月定王府护卫制，一王府设3护卫。朱元璋本意是让自己的子孙各自坐镇一方。但是在明朝历史上洪武年间封的亲王及其继承者有护卫，永乐以后新封诸王则绝大多数没有护卫，这与燕王朱棣拥兵起事有直接的关系，朱棣及其后的皇帝都意识到，亲王拥有兵力无疑会对朝廷构成威胁，因此永乐以后王府护卫所剩无几。

二、都司卫所的层级

作为地方军事组织，卫所制有自己的管理层级，且这个层级在洪武初稳定后，一直到明末二百七十余年间未发生过改变。若不考虑百户所及其下的机构，都司卫所为三级制，基本层级为都司—卫—千户所，与政区层级相似，但并不完全一致。

都司卫所制中的都司一级包括了都司、行都司、留守司，是与布政使司相对的省级机构。卫、军民指挥使司、王府护卫、直隶于都司的守御千户所等为与府、直隶州相对的二级机构。

明代诸史书把直隶于都司或五军都督府的千户所和部分隶于卫的千户所这两种不同层级的所俱称为守御千户所，是从不同角度上分类的。本编把直隶于都司、五府的守御千户所称为一级守御千户所，隶于卫的守御千户所为二级守御千户所，卫下的普通千户所为三级所。一级所是从层级上言，它与卫同级，皆位于军事重地，只是在兵力上不及后者，它的军事辖区亦是相对独立，与周边的卫属平等关系。二级所是从地域上而言的，它隶于卫，管理上应亦与卫下一般的左、右、中、前、后等千户所无异。但《明会典》及各地方志多把其同一级所不加区分地同时列出，显然是把二者看作是同一类

① 明军于洪武十五年平定云南，设云南都司、贵州都司。

的，隆庆《云南通志》及天启《滇志》则称其为“隶于卫的守御千户所”，以和其他一般的千户所相区别。之所以出现这种现象，是因为绝大多数二级所虽隶于卫又在卫辖境内，但不与卫同治，一般治于重要的军事关口，有单独的驻地是它与一级所的共同点，也是人们称其为“守御千户所”的主要原因。如云南都司临安卫通海二所，为临安卫前前所、右右所，云南方志称其为“隶于卫的守御千户所”或“通海御”或“通海守御千户所”。《大明一统志》在每省卷首不列二级所，《明史》卷90《兵志二》录洪武二十六年的卫所亦不载，可见并不把这些所同卫、一级所同等看待。二级所一般以其治地命名，与卫不同名，但也有一些与卫同名。极少数与卫同治的二级所如金齿千户所、永昌千户所亦有自己的名称。

对于隶于卫的守御千户所与直隶于都司的守御千户所之间的关系，明末的人认为“祖制其□（原文无法辨认，疑为“曰”）千户所则隶其州卫分，直曰守御千户所则直隶都司，犹各省之有直隶州”[①]，这种分析是合理的，但过于简单化。根据现有的文献分析，在明代早期官方对两种等级的卫所记载是比较清晰的，即直隶于都司的为守御千户所，隶于卫，但不与卫同治，又以千户所治地命名的所即称为某某千户所（某某指千户所治地名），《太祖实录》中便是如此，但也有混淆的情况。《大明一统志》卷32在陈述陕西都司卫所时只列出了凤翔、金州、灵州、文县4千户所，即4直隶于都司的守御千户所，但是在其后诸府的公署条下隶于卫的千户所亦被称为“守御某某千户所”或“某某守御千户所”，可见人们对两种千户所的等级还是清楚的，只是在名称上二者已趋于一致。后世遂成惯例，以至于朝廷亦对其默认了，到修《明会典》时，在“兵部”条下，两种千户所已不加区分地同时列于都司之下。但是在明后期对于二者的不同还是基本清楚的，即二者虽名称相同，但等级不同，嘉靖《陕西通志》卷7、《雍大记》卷1在罗列陕西都司卫所时还是只给出直隶于都司的千户所。

守御百户所与普通的百户所之间的区别亦在于前者不与其隶属之千户所、卫同治，如隶于雅州守御千户所的碉门守御百户所，延安卫下的安定、塞门、保安3百户所。

明代布政司政区与都司卫所的统辖结构见下图。

---

① 见《明经世文编》卷116《杨石淙文集三・为经理要害边防保固疆场事》一文注。

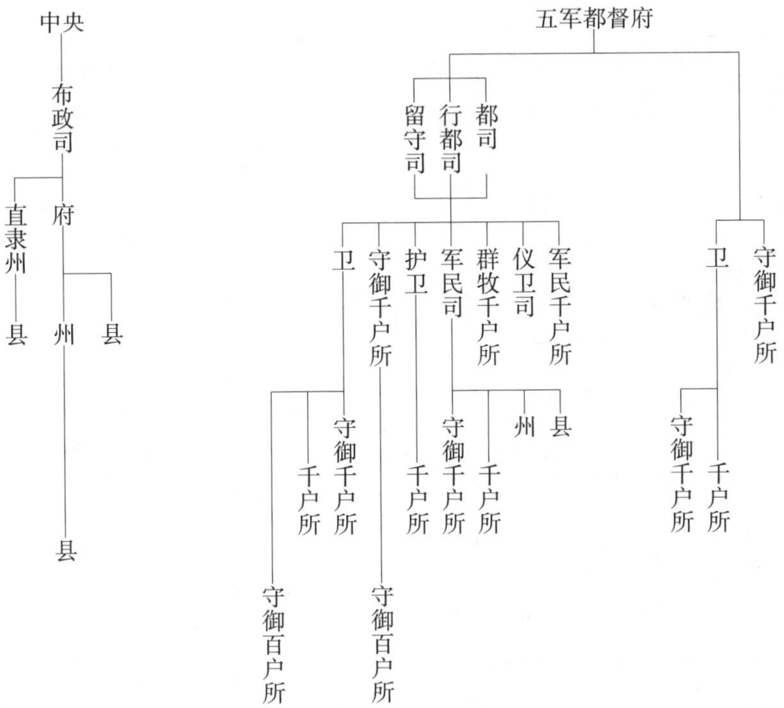

明代布政司与都司卫所统辖结构比较图

三、都司的隶属规律及在地域上的变化

明制都司、行都司、留守司皆隶于五军都督府，其隶属关系变化见表 4。永乐十八年以前的五府指南京五府。永乐元年在北京设留守行五府，十八年时改为五府，与南京五府并存。宣德时曾一度改回，但时间极短。成祖以后以北京为政权的根基，北京五府控制了全国绝大多数卫所，南京五府只管南京城中诸卫及周围少数几个卫。

表 4　明代都司、行都司隶属关系变化表

都司 年代	山西	山西行	北平	北平行	万全	山东	辽东	浙江	广东	陕西	陕西行	四川	四川行	贵州	云南	江西	河南	湖广	湖广行	福建	福建行	广西	总　数
洪武十三年 (1380)	后	后	后	—	—	左	左	左	左	右	—	右	—	—	—	右	中	前	—	前	前	前	13 都司、 2 行都司

续 表

年代＼都司	山西	山西行	北平	北平行	万全	山东	辽东	浙江	广东	陕西	陕西行	四川	四川行	贵州	云南	江西	河南	湖广	湖广行	福建	福建行	广西	总 数
洪武二十六年(1393)	后	后	后	后	—	左	左	左	前	右	—	右	—	右	右	前	中	前	—	前	前	右	15 都司、3 行都司
正德四年(1509)	后	后	—	后	后	左	左	左	前	右	右	右	右	右	右	前	中	前	前	前	前	右	16 都司、5 行都司

说明及资料来源：

1. 表格中的左、右、中、前、后指五军都督府。建文年间设的河北都司、湖广行都司，永乐年间的交阯都司，存在时间极短，又处于战争期间，实际所起的作用亦不大，故不计在内。

2. 洪武十三年资料来源于《太祖实录》卷 129；洪武二十六年资料来源于正德《明会典》卷 108 所引《诸司职掌》，未计当年复置的陕西行都司；正德四年资料来源于正德《明会典》卷 108。

3. “—”表示当年该(行)都司不存在。

4. 北平行都司永乐元年改名为大宁都司。

5. 永乐至宣德初，右军都督府下有交阯都司。

根据正德《明会典》所录《诸司职掌》关于洪武二十六年前都司卫所隶属情况的记载来看，诸都司在当时已按地域分隶于五府，但是在洪武十三年刚由大都督府改五军都督府制时却并非如此。按《太祖实录》这一年正月①的记载，当时广东、山东、辽东、浙江 4 都司属于左军，江西与陕西、四川同属于右军，广西与湖广、福建、福建行同属于前军②，各个都督府所辖诸都司地域相隔。洪武十三年初朱元璋刚刚处理了胡惟庸、汪广洋案，他认为原来设置的中书省、大都督府、御史台容易导致奸臣窃持国柄以谋不轨，遂改制，军事上废大都督府设五军都督府分领诸军，以做到“权不专于一司”③，不按地域划分都司的归属亦是分散兵权的一种措施。但是这种措施又导致管理上的不便，不久就调整为以地域为主体的隶属关系。大致是后军都督府管辖华北，左军都督府管辖华东、东北，右军都督府管辖西部，前军都督府管辖华南、华中，中军都督府管辖河南及徐州以南、杭州湾以北，除左军都督府辖区被中军都督府南京以东诸卫所切断外，其他都督府所辖都司的地域性都很强。

除留守司、直隶于五军都督府诸卫所及隶于兵部的亲军卫外，其他卫所皆

①③ 《太祖实录》卷 129。

② 辑于嘉靖年间的《皇明诏令》卷 2《太祖高皇帝中·罢中书省及都府诏》中的记载，与《太祖实录》有所出入，其所载左军下都司为广西、山东、辽东、浙江，右军为江西、陕西、四川，前军为广东、湖广、福建、福建行；嘉靖刻本《皇明诏制》卷 1《更定五府六部诏》载左军下为山东、辽东、江西，右军为陕西、四川、广西，前军为湖广、福建、福建行、广东，后军为山西、北平、山西行。今从《明实录》。

分属于都司、行都司。明朝共有过北平行都司、福建行都司、湖广行都司、四川行都司、陕西行都司、山西行都司 6 个行都司，其他除辽东、万全、大宁 3 都司外，大多一省一都司。行都司在层级上与都司是平等的，对自己所属的都督府负责。其设置的主要原因是便于管理，但也有地域差异。内陆边地的北平、陕西、山西、四川 4 行都司是为了防止因同名的都司军事管辖幅员过大而引起不便。西安都卫（陕西都司）一度控制了潼关以外的整个西北地区，后置西安行都卫（陕西行都司）以分领；明初北部边防线向外推出很远，仅靠山西都司、北平都司来管理，则有鞭长莫及之嫌，故设山西行都司（大同都卫）、北平行都司以扼塞外；四川行都司治理之地是彝族等聚居地，位于西南角，北有大渡河同四川盆地相阻隔，洪武二十五年鲁帖木儿之乱时朝廷深感军队调动的不便，故于二十七年设行都司。另外，湖广、福建行都司位于湖广、福建的一角，皆为三省交界之地，流民啸聚，易于为乱，遂设行都司专治一方。设置原因的地域差异又引起卫所性质的差异，为缩小位于边地的过大的都司幅员而设的行都司以实土卫所为主，而为控制流民而设的行都司，其卫所则皆为非实土。

按都司的名称与辖区来看，明初是按一布政司一都司的构想来布置的，行都司的设置打破了这种格局。行都司的军事区与同名布政司的地域关系可分为三种：一是完全独立，如四川行都司与四川布政司、洪武二十六年后的陕西行都司与陕西布政司、永乐元年前的北平行都司（大宁都司）与北平布政司；二是部分重合，如永乐元年前的山西行都司与山西布政司；三是行都司位于布政司内，如福建行都司、湖广行都司与福建、湖广布政司的关系即是如此，这两个行都司只占了二省一隅之地。

永乐以后的都司辖区与洪武时的辖区有很大的不同，这是因为明初在许多地方继承了元代高级政区的边界，后根据实际需要对布政司、都司、行都司边界进行了大规模调整，遂使高级军事辖区形成了后世的状况。如四川行都司本是元代云南行省罗罗斯宣慰使司地，洪武十五年初平云南时，当地府州、卫所尚属云南，十六年改属四川布政司和四川都司，二十七年归四川行都司。从细部来看，这种调整使得各都司、行都司的军事边界与布政司的行政边界在许多地方都不重合，从而与相邻的都司、布政司如锯齿般咬合一起，犬牙相错，使高层政区、军事区相互制约，更有利于中央集权。如瞿州、德州、归德、五开、铜鼓、清浪、平溪、镇远、偏桥诸卫及汝宁、平定、嘉兴等诸守御千户所之所以为明史上引人注目的卫所，都是因为它们所在地的军事与行政不归属于同名布司、都司管辖。此外都司间还有一些军事飞地，如潼关卫、宁山卫、九江卫等，位于两个都司交界处，却直隶于五军都督府。边界与管辖上的犬牙相错及飞地现象虽然在洪武时已有所显露，但大多还是在永乐年间形成的，这是成祖夺得皇位之后加强统治的一大措施。

四、卫所地理分布的几种模式

由于各地所处的地理位置和面临的威胁不同，本编所涉及的都司、行都司、留守司，其卫所分布各有自己的特点。华北及西北的卫所属“重镇型”，尤其在卫所密集的北部地区表现更为突出。在明代，北方诸卫所面对的敌人主要来自边墙之外的蒙古诸部，都司治地或卫所密集地俱为军事重地，重要的卫所与长城呈平行状分布，以明代边镇为中心连成一片，故称为“重镇型”。而离边地较远的卫所数目少，且分布零散，大多位于府、州治地。

陕西行都司、贵州都司、四川行都司、四川都司西部及云南都司东部的卫所俱呈“交通型”分布，即分布在交通要道上。这几个都司都在边远地区，同内地联系不便，府州县较少，中央控制较弱，卫所以实土、准实土居多。陕西行都司的卫所皆位于河西走廊的绿洲上，贵州、四川行、云南 3 都司的“交通型”卫所俱在出入云南的几条道路上，四川都司呈此特点的卫所都在边远少数民族同内地交往的交通线上。与北方卫所不同的是，它们的防御对象主要来自辖区内部或四周，朱元璋在洪武十五年七月《敕谕颍川侯傅友德、永昌侯蓝玉、西平侯沐英》中言，立云南、贵州各卫所“军士势排在路上，有事会各卫官军剿捕。若分守各处，深入万山，蛮人生变顷刻，道路不通，好生不便”①，由此可知“交通型”卫所是为了互相联络、援助。

除了北方蒙古的威胁外，另一个长期困扰明朝的外患是倭寇。与内地诸卫所相比，山东半岛直至北部湾的卫所分布明显呈“海岸型”。为了防御倭寇和海盗，在漫长的海岸线上布列着诸多的卫所，尤以山东都司、浙江都司、福建都司、广东都司沿海最为典型。洪武初年，明朝在沿海卫所的设置并未充分考虑海防的需要，洪武二十年左右朝廷开始派重臣在东南沿海大规模督造卫所，当时汤和在浙江、周德兴在福建、花茂在广东，经过洪武中期的营建，沿海卫所初具“海岸型”的防守形势。

这里所指的“重镇型”、“交通型”、“海岸型”是一种相对的关系，从军事地理角度来讲，这三个因素是相互渗透的，可以说所有的卫所治地本身都既是军事重地又是交通枢纽，只不过是在某一方面表现更为突出而已，而在北部与西

① 天启《滇志》卷 18《艺文志》。

部决定此点的便是卫所与防御对象所处的地理位置关系。内地诸多卫所的设置也考虑到了当地的军事与交通情形，不过它们分布相对零散，没有显著的地理特点。

第三节 都司卫所与地方行政区划的关系

由于划分的标准不同，明代以来对卫所的类型也就有了多种多样的分法。

从中央政权角度来讲，都城是全国的政治中心，《明会典》以都城为中心，将五军都督府下的卫所（南京五府卫所除外）分为在京、在外两种，在京即指治所在京城的卫所（以卫为主），在外则包括直隶于五府及隶于各都司、行都司、留守司的卫所。这样的划分不仅基于地理位置上的不同，明代中央的许多政策和诏令中对待两种卫所都是有区别的。

顾诚依据所处地域和不同的功用将卫所分为沿边卫所、沿海卫所、内地卫所、在内卫所四类①。

明代以来还有一种分法，即按照是否领有实土将其分为“实土”、“无实土”②两种，这种分法和地方行政区划关系密切。“实土”一词早已有之，指某一地方行政机构辖有一定范围的土地、人口。对于具有地方行政区划意义的卫所来说，人们亦借用此词来界定其与当地设有布司府州县的卫所。实土卫所即指设置于未有正式行政区划（明代表现为布司、府、州、县）的地域的卫所。这些卫所有一定的辖区，在此辖区内管军治民，除军事职能及上下隶属系统不同外，其他功能与府州县相似，是军管型的政区。正如谭其骧所说，“实际所谓实土卫所指的是设置于不设州县处的卫所，无实土卫所则指设于有州县处”③，周振鹤则称之为“军管型的特殊地方行政区划”④。

在明代，用“实土”一词来表示卫所的情况其实并不多见，但是人们对某些卫所领有实土却是很清楚的。《寰宇通志》、《大明一统志》都在每省的卷首列出都司、行都司所有的卫、军民司、一级所，并在该省卷末陈述该地的实土卫所，其叙述方法略同府州县，亦列出其建置沿革、郡名、形胜、风俗、山川、土产、学校、关梁、寺观、人物等方面，而对位于府州县境内的卫所（即传统所谓无实土卫所）则只是在所在府州县条下的公署栏里提到其衙门建筑时间。明代各

① 顾诚：《明帝国的疆土管理体制》，《历史研究》1989 年第 3 期，第 135～150 页。

② 《明史》卷 40《地理志一》中提到“卫所有实土者附见，无实土者不载”。

③ 见靳润成《明朝总督巡抚辖区研究》一书影印谭其骧致作者的一封信。

④ 周振鹤：《中国地方行政制度史》，第 333 页。

永乐五年六月癸未新平府还设置过以下8县,永乐年间相继被废除。

知见县,直隶于府,永乐十三年八月废。治在今广平省春和县。

政和县,隶于政平州,永乐十三年八月废。治在今广平省广泽县。

古邓县,隶于政平州,永乐十三年八月废。治在今广平省布泽县。

从质县,隶于政平州,永乐十三年八月废。治在今广平省景阳县。

夜度县,隶于南灵州,永乐十三年八月废。治在今广治省犹灵县。

丹裔县,隶于南灵州,永乐十三年八月废。治在今广治省边海县南。

左平县,隶于南灵州,永乐十七年九月废。治在今广治省犹灵县南。

福康县,直隶于府,永乐十七年九月废。治在今广治省潮海县。

(十三) 乂安府

永乐五年六月初设乂安府时,府下有8直辖县、2州、8州辖县。永乐十三年四月壬申增设茶笼州及所属玉麻县,同年八月丁亥河黄、沙南、路平3县废除。支罗、真福、土油、偈江、土黄、东岸、磐石、奇罗8县永乐十七年九月乙卯被废除。宣德二年十一月明军撤退前乂安府有3直辖县、3州、3州辖县。府治在今越南乂安省。

衙仪县,治在今越南河静省宜春县。

丕禄县,治在今河静省干禄县。

古杜县,治在今河静省香山县。

1. 南靖州

本领河黄、磐石、河华、奇罗4县,永乐十三年八月河黄县废,十七年九月磐石、奇罗2县废。州治约在今河静省境。

河华县,治在今河静省奇英县。

2. 驩州

本领石塘、东岸、路平、沙南4县,永乐十三年八月沙南、路平2县废,十七年九月东岸县废。州约在今乂安省境。

石塘县,治在今乂安省南坛县。

3. 茶笼州

永乐十三年四月壬申设州,领玉麻县。州约在乂安省西部。

玉麻县,永乐十三年四月壬申置。治约在乂安省西部。

永乐五年六月癸未乂安府还设置过以下11县,永乐年间相继被废除。

河黄县,隶南靖州,永乐十三年八月废。治在今河静省石河县。

路平县,隶驩州,永乐十三年八月废。治在今乂安省兴元县。

沙南县,隶驩州,永乐十三年八月废。治在今乂安省南坛县南。

省通志亦多在“建置沿革”一卷中列出实土卫所的沿革。明中期以后的许多地图中实土卫所都是另外标出的，如桂萼《广舆图叙》在“凡例”中言“两京十三省各府、州、卫所并大小土官衙门但系统有地方、直隶两京府部及各省布政司、都司者俱大书于图；若卫所寄治有司城池、原无统辖地方者虽直隶不书”，即在图中只标出实土卫、一级所；图例亦不同，府州县为椭圆，实土卫所为菱形，颜色上也有差异，“各图内但系军卫有司衙门俱青地金书……其余山川地名及夷方则素地墨书而已”。而且明代的许多都司、卫所都有自己的方志，除沿海卫所志书外，西部的实土卫所亦多有志书①，《明史》卷97《艺文志二》尚载有包节著《陕西行都司志》12卷②。由此可知，明代人们对都司卫所的“实土”意义已有充分认识，至清朝修《明史・地理志》时也明言“卫所有实土者附见，无实土者不载”。

实际上，位于府州县境内的传统上称为“无实土”的卫所有些亦辖有部分土地和人口。对此，谭其骧认为：

> 这种卫所确是搞不清楚的，当时应有册籍，但不见于《明史》、《明会要》，估计《明实录》里也不会有这种材料，地方志里有的可能有些记载，也不会完备，有的可能也不予记载，所以要搞清楚某一卫所所管的土地的范围，看来决不可能，我们还是只能分成其地有无州县两种……但边区很可能有些处所既有州县又有相当地域属于卫所……③

从这段话可以看出，谭先生已经认识到传统的无实土卫所中还有一些卫所亦具有实土卫所的特征，且位于边疆地区，本编将其定义为“准实土卫所”，这类卫所有一定的行政区划意义。准实土卫所主要分布在沿海和内陆边疆地区，名义上在府州县境内，但又占有大片的土地、人口，足以同府州县相颉颃。山西行都司永乐元年(1403)后的云山卫、大同左卫、大同右卫、玉林卫、天城卫、镇虏卫、阳和卫、高山卫、平虏所、威远卫都属此类。按明代诸《山西通志》对大同府辖区的描述，永乐以后诸卫治地均位于大同府内，但是由于明初这些地方原有的人口大多内迁，军士、余丁及庞大的家属群为主的军事人口在当地繁衍生息，以屯田或其他耕种方式附着在土地上，且每一卫所都有一定的防守地域，成为地方上实际的管辖机构。清朝时这些卫所都被改置为正式的政区，

① 《明史・艺文志》载有张最《岷州卫志》1卷、李玑《洮州卫志》5卷、郭伸《甘州卫志》10卷等，但明代卫所志大多亡佚，所存无几。现存卫志多为清代编纂。

② 此书已佚，《四库全书总目提要》卷74史部地理类存目三也提到此书。

③ 见《明朝总督巡抚辖区研究》一书影印谭其骧致作者的一封信。

左云、右玉、天镇、阳高、平鲁诸县皆源于此。这类准实土卫所是在正式的统县政区中占有一隅相当于县但又不与其下的县同治的独立地域，东南沿海的许多卫所都是如此。还有一类准实土卫所与府州县同治，如陕西的绥德卫与绥德州同治，占有的人口、土地都超过了绥德州，在实际的地方控制中亦扮演重要角色。这些地方“卫所为主，郡邑为客，缙绅拜表祝圣皆在卫所”①。由于资料缺乏，判断某卫所是否为“准实土”是困难的，但是不能因此就否定这一类卫所的行政区划意义。在这一类卫所所在地区，地方行政控制是由府州县和卫所共同进行的。

实土卫所与准实土卫所多分布于边区或少数民族聚居地，洪武初年这些地方都曾一度设过府州县，但其统治是不稳固的，朝廷临时选派大军征剿又非长治久安之计，只有设置卫所作为常驻军事力量，既理民政又管军事以为折中之举。不管是实土还是准实土的卫所，一旦设置了，都会成为驻扎地的新主人，对当地产生深刻的影响。

从传统的对卫所种类划分上来讲，本编定义的准实土卫所亦属无实土卫所，但是它对地方的作用更接近于实土卫所。为了更清晰地认识卫所与地方行政区划的关系，本编将准实土卫所亦作为一种卫所类型，将明代的卫所分为实土、准实土、无实土三种。这里的无实土卫所是从狭义上而言的，即卫所治地有府州县，且后者的土地和人口占有绝对优势，主要包括内地、在京及部分沿海、边地卫所。这些卫所有的与府州县同治，有的另立城池，辖有的土地多以军屯或卫所城池周围部分土地为主，土地比较分散，有跨越数县的，亦有跨布政司的，城池周围的辖区也不会很大。这类卫所不能作为地方行政区划来看，即“不属于行政系统的地理单位”②，但其下有自己的人口，且数目亦不为少，仍不失为明朝版图内的一种国土管理方式。因此本编同意顾诚“明代一半以上的疆土归军事系统管辖”③的说法。永乐以后，这些与府州县地域交错的卫所土地、人口都有“民化”倾向。

正因为如此，顾诚认为明朝疆土分别隶属于六部—布政司—府—县、五军都督府—都指挥使司—卫(守御千户所)—千户所两大系统，而后者即是本编考述的重点。

明代布、都、按三司分治，明显带有宋代路制将地方分权而治的特点，但也

① (明)王士性：《广志绎》卷5。
② 顾诚：《明帝国的疆土管理体制》，《历史研究》1989年第3期，第140页。
③ 同上书，第141页。

有不同之处。除边疆与湖广、福建之外，明朝基本是一布政司配套一相同名称的都司，二司同治一城，辖区基本一致，只在少数地方有所出入。但最引人注目的还是那些布司与都司不一致的地区，这些地区与政区的关系更加明显。"实土卫所之外还有实土都司"①，辽东都司、永乐元年前的北平行都司（大宁都司）、洪武二十六年后的陕西行都司、洪武二十七年后的四川行都司、永乐十一年前的贵州都司为实土都司，陕西都司、万全都司、湖广都司、四川都司、永乐元年前的山西行都司和北平都司、永乐十一年后的贵州都司为部分实土都司，另外，大部分都司、行都司下都有准实土卫所。

不同地区卫所设置有不同的出发点。北方的实土卫所和大多数卫所一样被称为卫指挥使司、守御千户所②，在西部则多称为军民指挥使司、军民千户所，这与初设时当地土著人口数量与成分有极大关系。北方诸实土、准实土卫所治地经过明初的战乱，人口损失严重，而且洪武时曾把大批边民迁于内地，在设置卫所后的大部分时间里，军士、军余、家属及相关人口是其主要控制对象，防御目标来自外部，宣府、大同、宁夏都有这种现象。西南少数民族聚居，是军队的主要控制对象，与北方相比更需强调军民共管，故加"军民"二字。

军民指挥使司、军民千户所全部设在西南、西北少数民族聚居的边疆地区。四川行都司、贵州都司大部分的军卫，陕西都司、行都司、四川都司、云南都司、广西都司部分军卫及这些都司一小部分守御千户所在明史很长一段时间内以军民指挥使司或军民千户所的名称存在。各军民司、所兼用部分少数民族官员和土兵，但绝大部分官吏及军士还是从内地派来的或是其后裔。关于这一点，顾诚认为"云南、贵州等地一些卫所由于辖区内民户太多，卫的名称就相应地将某某卫指挥使司改为某某卫军民指挥使司"③，但在一些地方却并非如此，以金齿军民指挥使司为例，洪武二十三年革永昌府改金齿卫为军民指挥使司的理由恰是"居民鲜少"④，少数民族聚居是在这里设置军民指挥使司的主要原因。军民司、军民所和隶属于布政司的军民府虽都位于少数民族聚居地，但性质是不同的，军民府体现的是一种地方自治方式，其官员多由土著担任，无权控制驻扎在其境内的卫所军兵。

---

① 周振鹤：《中国地方行政制度史》，第355页。

② 北方大同都卫在洪武初亦一度控制过官山等处军民千户所，为安置蒙古降人设，存在时间极短，这里不计。

③ 顾诚：《明帝国的疆土管理体制》，《历史研究》1989年第3期，第149页。

④ 《太祖实录》卷206。

当对地方的控制趋于稳定时，或是由于军民司官员横暴，欺压百姓，就会有开设府、州，由朝廷派流官治理地方的建议，政府便会酌情改军民司为卫，剥夺它对普通百姓的管辖权，并在地方设立府州县，或是在原来的军民司境内不断设立属于布政司的府州县，使军民司的辖区一层层渐少，最终废司为卫。前者如嘉靖元年(1522)罢废的金齿司、嘉靖二十四年罢废的岷州司，后者如弘治九年(1496)罢废的澜沧司。

从地理上来言，军民司大多处于羁縻的土司与府州县之间，是一种边远的少数民族聚居地域由羁縻控制向府州县转化的过渡型的管理方式。由于军民司、军民所亦隶于都司、行都司，实质上是实土卫所的一种特殊表现形式，故明代诸史书大多是把其与普通卫所不加区分地统称为某某卫/所。

都司卫所与地方行政区划的关系不仅表现在明朝，对清朝政区也颇有影响，边地及沿海的实土、准实土卫所在清代多改为府州县，是清代这些地区地方行政区划的基础。清代山西北部的左云、右玉、天镇、阳高、平鲁等县城都是明代山西行都司军卫治地，左云是大同左卫、云川卫共同治地，清代各取一字，改称左云，其他几地也是如此。沿海卫所一般附近有大的府州县城，但卫所仍有自己独立的城池，在明代以前尚默默无闻的这些城池所在地在经过明代的发展之后，到了清代大都变成了县级政权驻地或当地主要的城镇。如今天上海东南的金山卫为清代金山县治所在，是雍正三年(1725)在明金山卫城基础上设置的；山东靖海卫，"明魏公徐达平定东牟，草创卫治，洪武三十一年始筑石城"①，即今山东靖海卫；浙江观海卫是在明初设卫时才在海边塗田建造的，即今浙江慈溪观城镇。这种例子不胜枚举。

第四节 都司卫所考证的几个问题

一、关于都司卫所的辖区

对洪武时期各都司卫所的隶属情况最为完整的记载当属洪武十三年正月设五军都督府时颁布的诏令②及洪武二十六年刊行的《诸司职掌》，所以对洪武年间都司卫所的隶属与变化只能依据它们和《太祖实录》及其他相关史料进

① 康熙《靖海卫志》卷1。

② 《皇明诏令》卷2《太祖高皇帝中·罢中书省及都府诏》。《太祖实录》卷129洪武十三年正月也有相同记载。

行推断。

由于我们无法得知都司、行都司、留守司辖区的具体边界，本编中辖区是依据其下卫所的设置地点及相应的布政司辖区作出的大致推测。每一个卫、所也有自己的管辖区域，根据方志等文献记载的其辖下堡塞、墩台的位置可以绘制边界，但是这个工作过于细致，本编对卫所的辖区未予以考证。

二、资料存在的主要问题

《明史·兵志》对明代都司卫所的记载主要有两个资料来源①。洪武二十六年的都司卫所资料抄自于正德《明会典》卷108，而正德《明会典》则是根据洪武二十六年的《诸司职掌》得来。本编对洪武时期卫所的考证发现，正德《明会典》所录《诸司职掌》的记载是有问题的，其所录的各都司卫所没有一个时间断限，一些洪武二十六年前已经设置的军卫和守御千户所未列入其中；《明史·兵志》中"后定天下都司卫所"的资料却是正德《明会典》卷108与万历《明会典》卷124的糅合，也没有明确的时间断限。有一些正德时存在而万历时已废的卫所在《明史·兵志》中又出现了，《明会典》中的许多错误也被继承，同时还出现了许多新的错误。如潼关卫，在正德《明会典》卷108中属中军都督府在外直隶军卫，这是正确的，万历《明会典》卷124却将其置于后军都督府下，而《明史·兵志》则在中军与后军下皆列潼关卫。

《大明一统志》对卫所的沿革，除实土卫所放在每省卷末加以记录外，其余都放在每卷的"公署"条，综合明代方志等资料关于卫所衙门及城池的建筑时间的记载，我们不难发现《大明一统志》的缺陷，即其关于卫所的时间大多都是衙门或城池的建筑时间，而不是朝廷下令设置的时间。有些卫所的衙门是用元朝的旧建筑，或者在明初有其他用途，使得它们的建筑时间远比卫所设置时间要早。由于《大明一统志》的巨大影响，明朝中期以后乃至清代的许多方志都沿用其记载的内容和方式。这使得在考证卫所沿革之时，不得不加以仔细分辨。

《明实录》的记载是研究都司卫所相对可信的资料，其他史料中会有与《明实录》相差一年的记载，这是因为设置每一个卫所都需要一定的时间，朝廷下令设某卫所后，要派官、调兵，还要建造城池与营房，总需一段时日。有些史料以最终官、兵、房屋俱备的时间为设置卫所的时间，而《明实录》则多是按朝廷最初下令设卫所的时间记载的，但是在《明实录》中也常常会发现一两年内两次记载某一卫所的设置的情况。

---

① 《明史》卷90《兵志二》。

虽然记载都司卫所相关事务的著作较多，但其中涉及都司卫所沿革，尤其是它们在明朝初期的变化的史料并不多，而且许多是从其他文献中抄录而来，所以对其一些变迁只能加以推测。

总之，本编以《明实录》为研究的基本史料，以《大明一统志》、各省通志、地方志为辅，同时兼查政书、兵书、奏折、文集、金石等，以及清代早中期的著作，对于史料有阙之处，则提出来以作存疑。

第二章　后军都督府都司卫所建置沿革

第一节　山西行都司建置沿革

明代中后期的北部边防相对来说以宣大、蓟镇地段最为重要。在正统十四年(1449)土木危机之前,宣大的防守无疑处于更重要的地位,而山西行都司与万全都司及其下的卫所是这一地区基本的军事力量,同时还负责府州县以外区域的行政管理。万全都司是宣德五年(1430)设立的,其地域内的卫所在该都司建置前多半属于山西行都司(东部的几个属北平都司)。所以在明代早期,宁武、雁门以北,永宁以西,黄河以东的广大地域内的众多卫所皆归山西行都司所辖,虽然有大同府及其州县,但其所辖的范围与整个行都司军事管辖区域相比要小得多。洪武时期这一带居民尽数内徙,所以州县拥有的人口与卫所军士及其家属相比,后者也占绝对优势。另外,由于与蒙古各部战争不断,此地的军事性更显突出,军事职能凌驾于行政职能之上。这些都说明山西行都司是明初这一地带的主要管理机构。

明清时期对山西行都司卫所有过系统记载的文献较多,如《明会典》、《续文献通考》、《清朝文献通考》、《大明一统志》、《寰宇通志》、《山西通志》、正德《大同府志》、《读史方舆纪要》、《肇域志》、《明史·地理志》等。其中《明会典》,成化、万历《山西通志》对明中后期卫所数目记载尚为正确,其余皆是简单罗列名称,或粗略考证而已。永乐、宣德以后,卫所战斗力下降,军镇兴起,山西行都司逐渐为大同镇的声名所掩盖,一些重要的地方史籍,如《宣大山西三镇图说》、《三云筹俎考》等,对卫所的建置沿革鲜有涉及。

清末以降,研究卫所的学人几乎无人涉及这一地域。一直到近几十年来,才有几部有关各省区的历史政区地理著作,如《山西历史地名录》①、《山西历

① 刘伟毅编,山西地名领导组和《地名知识》编辑部,1979 年。

史政区地理》[1]、《内蒙古历史地理》[2]。这些著作以今天的政区为基础，只述及目前各有关省范围内的卫所沿革，不但忽视了明史上这一地区的整体性，且语焉不详。《山西历史政区地理》除泛泛谈到总的卫所制度及山西行都司外，对其下属卫所则一字不提。

对于一个曾经跨及今山西、内蒙古、河北三省，拥有诸多实土卫所的行都司来说，考察其卫所的沿革变迁及与山西布政司大同府和大同、宣府2镇在地理上的关系，是对卫所进行深入研究的基础工作。

一、大同都卫及其卫所的设置

大同都卫是山西行都司的前身。洪武八年(1375)之前，山西并无都司、行都司之称，而是以太原、大同2都卫来统辖卫所。

山西曾是元将王保保盘踞之地。洪武元年九月徐达越过太行山开始攻打山西，十二月攻下太原，王保保北退，后“遂走甘肃”[3]，明朝军队迅速向北推进，到洪武三年初，已经攻下东胜、兴和。但是在明初的二十多年，宁武以北一直处于连绵战事之中，北退的元人各部不断南下，力图恢复统治，匿藏于晋西北山地以“四大王”为首的元残余势力，也是相机行事，对明朝在北方统治的稳固造成了很大的威胁。为此，徐达、常遇春、李文忠等将领经常率重兵在北边巡视。

随着元人的北退，其对宁武以北地区的地方行政管辖也土崩瓦解了。早在洪武二年，明政府已开始设立大同府及州县，试图进行有效的管理。据《太祖实录》洪武四年春正月记载“戊申，山西丰州、东胜州、太原府、兴县以去年旱灾诏免其田租”[4]，可见最初其区划基本沿袭元末之制，依然有丰州、东胜等州。但是明初由于战争损耗，“荒残累年”[5]，加之政府不断把居民徙于内地，这里的人口大大减少，据《太祖实录》载，洪武六年十月“丙子，上以山西弘州、蔚州、定安、武、朔、天城、白登、东胜、丰州、云内等州县北边沙漠，屡为胡虏寇掠，乃命指挥江文徙其民居于中立府，凡八千二百三十八户，计口三万九千三百四十九”[6]，十一月，又“送边民寡妇及遗弃人口六十一户至京师”[7]，朱元璋

---

① 张纪仲著，山西人民出版社，1992年。
② 周清澍主编，内蒙古大学出版社，1994年。
③ 《太祖实录》卷37。
④ 《太祖实录》卷60。
⑤ 《太祖实录》卷61。
⑥ 《太祖实录》卷85。
⑦ 《太祖实录》卷86。

令以卫所统辖士卒、安抚边民，废掉了许多州县建置。所以明初除了在这一带临时驻守的大批将士外，在地方上也推行了卫所制度，但是由于连年战争，地方不靖，这种兵农结合的方法并未迅速在此地普遍施行。一直到洪武二十五年以前，大同的卫所设置都是相对稀疏的。

大同一带设立最早的卫所为洪武三年正月始置的蔚州卫和大同左、右2卫，八月又在"为云中之唇齿、屹然北峙，全晋之巨防"①的朔州置朔州卫。当年九月，故元宗王扎木赤等自官山来降，明设立了官山等处军民千户所，官山在今内蒙古自治区察哈尔右翼中旗，距大同很远。该所后隶于官山卫，因《太祖实录》洪武八年三月明确记载官山卫属大同都卫，则官山所也应隶于大同都卫，为都卫辖区北界。洪武四年正月，故元枢密都连帖木儿等自东胜州来降，遂置失宝赤、五花城、斡鲁忽奴、燕只、瓮吉剌5千户所，5所治地不明，应在东胜附近，《明史》卷41《地理志二》把这5所归入大同都卫（山西行都司）。因有羁縻性质，史书对这蒙古6所缺乏记载。洪武四年正月还设立了东胜卫。至当月，新立的大同都卫下应辖有蔚州、朔州、大同左、大同右、东胜5卫及官山等6所。《太祖实录》洪武六年六月载"癸酉，赐山西大同都司（"司"应为"卫"）左、右五卫及陕西河、兰、北平等卫将士皮裘战袄"②，大同都卫下辖5卫即东胜等5卫。

洪武初年由于人口内迁、战争损耗，大同府下各级地方行政机构所辖人口无几，一直到洪武二十四年，朔、蔚2州的口数才达15 807③；但是以一户3人来计算，二卫军士及其家属应不少于33 000人，是州口数的2倍。根据《太祖实录》洪武四年三月癸巳的记载，当月朱元璋下令："山北口外东胜、蔚、朔、武、丰、云、应等州皆极边沙漠，宜各设千百户所统率士卒，收抚边民。无事则耕种，有事则出战。所储粮草，就给本管，不必再设有司，重扰于民。"④此时东胜、武、丰、云内诸州已废，东胜卫为实土卫所，而朔州卫、蔚州卫也是当地更为有效的管辖机构。一直到洪武二十五年大同地区的元残余势力被扫尽后，开始大规模籍军立卫，地面宁寂，州县行政职能才得以凸显。

《太祖实录》洪武四年五月载，"以北平兴和府天城、怀安二县隶山西大同府"⑤，则此时大同府应在怀安—黄河、大同县—朔州之间。而大同都卫在大

① 《读史方舆纪要》卷44。
② 《太祖实录》卷83。
③ 资料来源于成化《山西通志》卷8。
④ 《太祖实录》卷62。
⑤ 《太祖实录》卷65。

同以北的辖区北至官山、西达东胜卫。

洪武七年二月"置大同前卫"①。七月，诏立察罕脑儿卫指挥使司，以安置蒙古降人，这是大同都卫最北的羁縻卫，尚在官山之外。

洪武八年三月，故元知院乃儿不花等来降，"于是诏置官山卫指挥使司，隶大同都卫，以乃儿不花为指挥同知"②，该卫为羁縻卫。

洪武八年十月，改太原都卫为山西都指挥使司，大同都卫相应改为山西行都指挥使司。

二、山西行都司及其卫所的设置

山西行都司是明代山西北部的重要机构，一直存在至清初。改名之始，行都司领有蔚州、朔州、东胜、大同左、大同右、大同前 6 卫及官山卫、察罕脑儿卫、失宝赤诸所。从洪武八年起，行都司卫所设废频繁，可将其分为三个发展阶段，这三个阶段也是与行都司统辖面积的伸缩变化相适应的。

从洪武八年至建文初，是山西行都司卫所设置的鼎盛期。行都司下大部分卫所都形成于这一阶段，这二十多年也是其控制面积向东延伸最多的时期。

最初，洪武九年四月，"官山卫指挥乃儿不花叛入沙漠……追及白寺塔滩，获其辎重，乃儿不花遁去"③，卫废。该卫的存在说明洪武早期的军事控制能力较强，是后世缩于长城之内所无法比拟的。但是卫及官山所存在时间短，尤其是官山卫只存在一年时间，犹如昙花一现，且为羁縻性质，距长城很远，极易被人忽视，正德《大同府志》，成化、万历《山西通志》皆未提到该卫。

洪武十二年九月，置广昌守御千户所。设此所与广昌所处的军事地理位置有关。广昌位于蔚州之南，东临太行山浮图峪、插箭峪、紫荆关等隘口，是通往北平的要冲。蔚州卫偏北，不足为凭，只有再增设卫所守备。该所于永乐六年(1408)同蔚州卫一起划归直隶留守行后军都督府，其中一个主要原因也是因为这里是北直隶西部的门户，对京畿的重要性胜于对山西的作用。正德《明会典》卷 108、《明史》卷 90《兵志二》在罗列洪武年间行都司卫所时都未提到该所，而是把其归入山西都司门下，实为谬误。广昌本为蔚州属县，隶大同府，在洪武时卫所异属尚不多见，广昌所也应与蔚州卫一起同属于行都司，且成化

---

① 《太祖实录》卷 87。
② 《太祖实录》卷 98。
③ 《太祖实录》卷 105。

《山西通志》卷3亦言其“原隶山西行都司”。

从洪武十二年起，一直到二十五年之前，除羁縻卫所外，行都司只拥有6卫、1守御千户所。洪武中，北方不断遭受蒙古人的进攻，大同一带降人也常常为乱，其附近仍驻防了其他军队，或由朝廷临时派将领兵出击，卫所并不是主要的军事力量。洪武二十余年后，形势趋于稳定，卫所更适合于该地的日常防守，这样便开始广置卫所。

洪武二十五年八月，太祖命大批官员前往山西各府州县籍民，“阅民户四丁以上者籍其一为军，蠲其徭役，分隶各卫，赴大同等处开耕屯田”①，并打算用这些兵于“东胜立五卫，大同在城立五卫，大同迤东立六卫”②，期望造成“尔等立屯既成，率十万众，飚驰雷击，猎虏庭，耀张威武，不亦壮哉”③的局面。按《太祖实录》卷223洪武二十五年十二月对这次籍民的统计，其抽丁范围涉及山西宁武以南的各州县，共籍了十六卫的军，约8万余人，而这一月全国的在外军士共有992 154人④，这次所籍占其8%有余。二十六年二月，“置大同后卫及东胜左、右，阳和，天城，怀安，万全左、右，宣府左、右十卫于大同之东；高山、镇朔、定边、玉林、云川、镇虏、宣德七卫于大同之西，皆筑城置兵屯守”⑤，则是用这次所籍16卫兵与原东胜卫军士立17卫，其中大同西及东胜立9卫，大同城1卫，其东立7卫，与最初籍民为军时的打算不尽相同。当年还设立了宣府前卫。这是行都司历史上置卫最多的一年（见图13）。

早在洪武二十四年，朱桂改封代王，二十五年就藩大同府，设左、右、中3王府护卫，其中中护卫由大同左卫改。

正德《明会典》卷108、《明史》卷90《兵志二》载明初卫所，言为“洪武二十六年定”⑥，但二十五年至二十六年新设之卫、护卫皆未列入其内，早期设置的东胜卫、广昌守御所及羁縻卫所亦无载。

诸多卫所的设立，使得山西行都司辖区向东扩展至宣府，长城南边卫所林立。

洪武二十八年，谷王朱橞改封宣府，并于同年就藩。其原有的兴州中护卫改为宣府中护卫，宣府左、右2卫也变为左、右2护卫。同时，为了保障代府的

---

①② 《太祖实录》卷220。
③ 《太祖实录》卷223。
④ 资料来源于《太祖实录》卷223。
⑤ 《太祖实录》卷225。
⑥ 《明史》卷90。

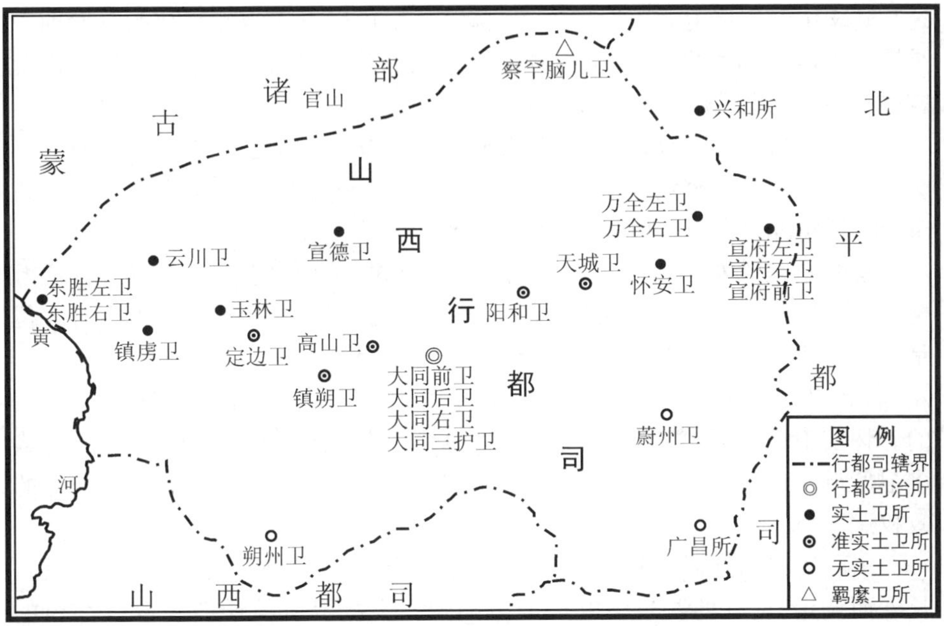

图 13　洪武二十六年(1393)山西行都司图

粮食供给,“以纾转运之劳”①,在大同置左、右、中、前、后 5 屯卫。此年行都司有卫 20、护卫 6、屯卫 5、守御千户所 1、羁縻卫 1、羁縻千户所 5。

洪武三十年,为了增加东胜的防守,又调韩府、沈府护卫官军立安东中屯卫。既有中屯,也许还应有左、右或前、后等屯卫,但史书无载,只能作为一个推测。这一年是行都司历史上卫所数最多的一年,见载的有 6 屯卫,其他同于二十八年。

建文元年(即洪武三十二年,1399 年),代王桂被废为庶人,大同 3 护卫及 5 屯卫相应废除。其余大部分卫所一直到洪武三十四年皆稳定无变。但是在靖难之乱中对塞外的控制放松,虽然史书缺乏记载,但可以估计宣德卫、察罕脑儿卫皆于此间不废而亡,使得行都司北界向南大大收缩。

这一阶段记载中的问题即宣府诸卫在永乐以前的归属情况。《明史》卷 41《地理志二》把其归入山西行都司,但也有史书把其列入北平都司、北平行都司。今查《太祖实录》洪武三十五年九月载“命都督陈用、孙岳、陈贤移山西行都司所属诸卫官军于北平之地设卫……其天城、阳和、宣城前三卫仍复原处”,

① 《太祖实录》卷 241。

这是建文中调用诸卫兵丁所带来的变动，从中可以看出当时存在的宣府前卫是属于山西行都司的，那么宣府城中的其他卫及其以西诸卫也应同属。因此《明史》卷41《地理志二》所载是正确的。

在第一阶段中，前后设立的卫所数不低于46个次，是行都司的建置期。

洪武三十五年至洪熙元年(1425)是山西行都司的废迁期，卫所的迁徙、改隶、废、置情况复杂，行都司辖区大大缩小。

首先是东胜左、右，云川，玉林，高山，镇朔，镇虏，定边，宣府左、右及万全左、右共12卫全部迁往北京，改为直隶留守行后军都督府。其中前8位是洪武三十五年直接迁走的，宣府左、右2卫是当年重设并迁徙的，而万全左、右2卫则是先于洪武三十三年徙往蔚州，永乐元年才移治通州并改隶的。怀安卫虽未迁，但也改直隶留守行后军都督府。朱棣把山西行都司诸多卫所调至京畿，无疑是要加强其统治中心的防守，以稳固刚刚夺得的政权。

东胜诸卫内迁后，对失宝赤5所也丧失了控制；宣府3护卫因谷王改封长沙而调走；塞外的安东中屯卫调至朔州。大批卫所的迁徙使得行都司的防守力量大为削弱，不得不在永乐元年重设大同左、右2卫(大同右卫洪武三十五年被废)，但是这一年又复代王旧封，再次将左、右2卫改为护卫。如此，则永乐二年至五年，山西行都司仅存蔚州卫、朔州卫、大同前卫、大同后卫、阳和卫、天城卫、安东中屯卫、广昌守御千户所7卫、1所及大同左、右、中3护卫。详见下图。

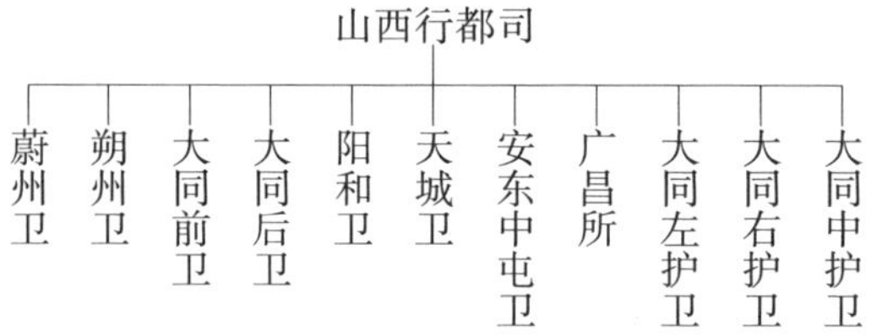

永乐五年(1407)山西行都司卫所统辖结构图

永乐六年，蔚州卫及广昌所亦改直隶后军都督府，行都司包括护卫只剩9卫，是行都司历史上卫所数较少的年份。

蔚州、广昌改属后，行都司的军事辖区稳固了下来，东至天城卫境，与怀安卫相接，西至黄河，南北以内外长城为限，东南则不包括蔚州卫、广昌所境。一直到明末，其辖境未发生过改变。

从图14中可以看出，在大批卫所迁、罢之后，行都司剩下的卫所主要分布在大同城及其东部、南部，以大同为支点，呈“⌜”状，且大同城本身就拥有5卫，东、南二向各有2卫。永乐初，北部蒙古人极少南下，且明朝卫所战斗力还很强，这种分布尚能维持防守。但整个大同西部无兵可守，尤其是东胜一带暴露于外，无疑是一大隐患。

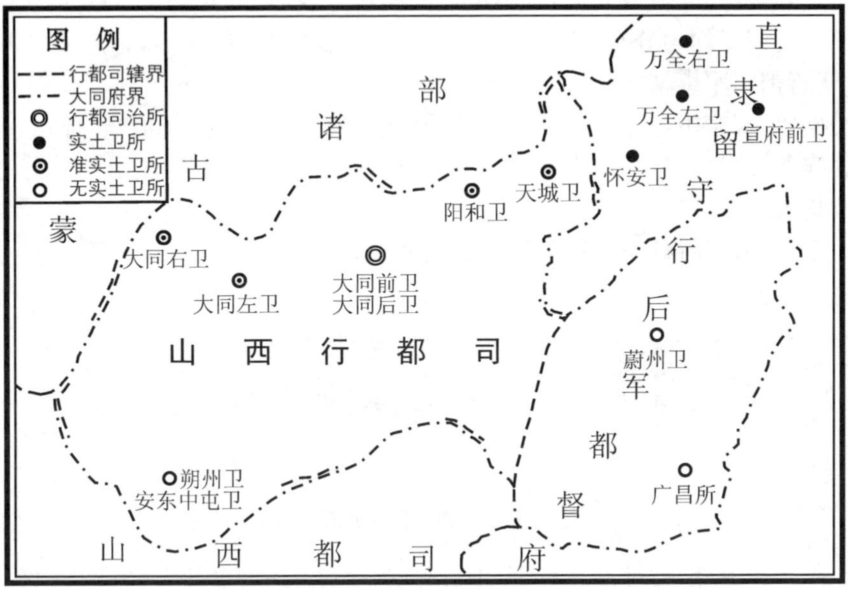

图14　永乐七年(1409)山西行都司图

东胜诸卫本为山西、陕西塞外防守重地，与大同、榆林互为犄角。其迁徙使黄河以南神木、榆林一带压力增大，洪武初神木每岁从绥德卫调兵防守，“遂罢神木戍兵，今东胜卫率调永平、遵化，神木虽如旧戍守，兵少不足以制寇”①，“兵屯东胜，故不但榆林无镇，即延绥亦无兵焉”②，“东胜存则山陕有变应而甘肃之左臂伸”③。这些都说明了诸卫对陕北的重要性，没有东胜诸卫，河套之利也丧失了。对山西自身来说，与东胜相唇齿的偏头、宁武、雁门一线便“独当其冲”④，成为重险，史称“内边”。

东胜与大宁都司大宁诸卫的内迁，揭开了明北边军事政策由攻向守转变的序幕。

① 《太宗实录》卷54。
② （清）梁份：《秦边纪略》卷1。
③ （明）陈际泰：《已吾集》卷10。
④ （明）魏焕：《皇明九边考·大同镇·保障考》。

明朝统治者不久后也意识到大同西部军事布防的空虚，又开始增设军卫。永乐七年，革代府3护卫，左、右2护卫改为大同左、右2卫，调至原镇朔、定边卫地防守(即今左云、右玉)。永乐十六年，又复建代府3护卫。洪熙元年仁宗死后，宣宗将高山、镇虏、玉林、云川4卫迁回行都司，其中高山卫调与阳和卫同治，镇虏卫与天城卫同治，玉林卫迁大同右卫城，云川卫迁大同左卫城，大同东西一线诸卫均匀分布，军事实力大增。虽然增加了这4卫，但皆在长城以南，于行都司军事辖区则无甚变更。

同年，安东中屯卫治地由朔州迁至应州，其下5所分别于应州、怀仁、浑源三地守备，这是在行都司内部的调动。该卫的迁移使得本地区卫所的分布更趋于均匀。

至宣德初，行都司所辖卫所如下图所示。

- 山西行都司
  - 朔州卫
  - 大同左卫
  - 大同右卫
  - 大同前卫
  - 大同后卫
  - 阳和卫
  - 天城卫
  - 高山卫
  - 玉林卫
  - 云川卫
  - 镇虏卫
  - 安东中屯卫
  - 大同左护卫
  - 大同右护卫
  - 大同中护卫

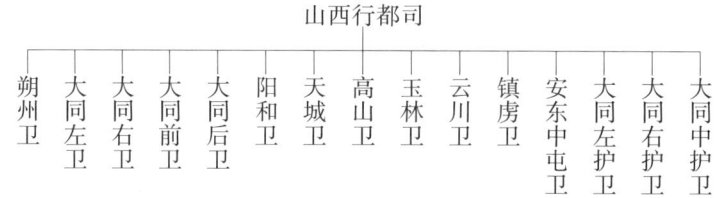

宣德初山西行都司卫所统辖结构图

除3护卫外，行都司共有12卫。《宣宗实录》宣德七年九月载“参政沈固上言四事：……其二山西行都司所辖12卫，俱临极边”[①]，也证明了这一点。

从宣德元年始，山西行都司卫所进入稳定期，除3王府护卫于成化十年(1474)前被废外，其他再无废迁，只是增设2卫与3守御千户所，皆是为了增加中西部防守。

永乐以后，大同西南部的防守因塞外东胜诸卫的内移而显得重要起来。宣德七年，“郑亨奏：‘山阴、马邑二县虽在大同之南，实虏寇必至之地，旧城久废，每有边警，官民辄携家弃走，请修筑二城，各置千户所屯守为便。’上从之”[②]，因置山阴、马邑2千户所。正统三年，陈怀等言“大同净水坪系鞑贼出没要地，宜设军卫”[③]，立威远卫。此时除护卫外，行都司有13卫、2所，一直延续到成化十六年未变，即天顺时修撰的《大明一统志》在卷19里提到的山西行都司卫所。正统以降，瓦剌、孛来、毛里孩等诸部相继南下骚扰，威远卫以南直

① 《宣宗实录》卷95。
② 《宣宗实录》卷90。
③ 《英宗实录》卷40。

至老营堡未设卫所，不利日常守备，成化十七、二十年又分置平虏卫、井坪守御千户所，以与朔州声势联络，“乃河、老营等堡有急亦可相援”①。

成化二十年之后，山西行都司下再未设过卫、守御千户所，一直到明末将近一百六十余年中，其卫所稳定在 14 卫、3 所，即正德《明会典》卷 108、万历《明会典》卷 124、万历《山西通志》卷 25 所载之卫所。

宣德以后，大同一带卫所的设置趋于缓慢，这一方面固然是由于已有众多卫所，数量已近饱和，另一方面也与卫所战斗力下降、行都司地位日衰的情况相关。

从永乐初始，山西行都司长城以北再无卫所，其所属卫所皆分布于内外两道长城之间，使得行都司防区成为一个独立的军事地理单元。在其内部，沿外边长城以南一线卫所最多，其余则大多分布在大同南下的通道上。

三、大同都卫、山西行都司及所辖卫所沿革考述

大同都卫、山西行都司是其所防卫地区的高层军事管理机构，又为边防重地，曾拥有大量卫所，情况复杂。

（一）大同都卫及其卫所沿革考述

大同都卫置于洪武四年正月。《太祖实录》此月丁未载“置大同卫都指挥使司”②，但很多史书皆不云大同卫，实际上只有都卫才能与都指挥使司并称，一般的卫不能与都指挥使司并提。《明实录》其后亦多次提到“大同卫”，但其官员耿忠、曹兴等俱为都指挥使，故四年所置实为大同都卫，而非大同卫。《明史》卷 41 载四年置“大同都卫”③，是正确的。

《太祖实录》载洪武八年十月“癸丑，以在外各处所设都卫并改为都指挥使司。……太原都卫为山西都指挥使司……大同都卫为山西行都指挥使司”④，《国榷》、《明史》亦作此载。

《明史》卷 41 山西行都司条载大同都卫治于白羊城，洪武二十五年以后行都司才迁往大同府。成化《山西通志》白羊城条言，“府城西一百四十里，即大同卫旧城”⑤，也说明了这一点。按正德《大同府志》卷 3 公署条载，大同左卫、云川卫“俱大同城西白羊城”，2 卫治在今山西左云县城，可见白羊城在今左云

① 《宪宗实录》卷 254。
② 《太祖实录》卷 60。
③ 《明史》卷 41《地理志二》。
④ 《太祖实录》卷 101。
⑤ 成化《山西通志》卷 7《古迹》。

县附近。

大同都卫除羁縻卫所外，曾拥有 6 卫，逐个考述如下。

1. 蔚州卫

蔚州卫的归属经历了大同都卫、山西行都司—直隶后军都督府—万全都司三个阶段。

《太祖实录》载洪武三年春正月“置蔚州卫指挥使司”①。《读史方舆纪要》卷 44 载卫置于“洪武七年”，实误，《大清一统志》沿袭了这种说法。光绪《蔚州志》金石志下所引《明重修蔚州城楼记》言“甲寅始设卫所”，甲寅即为洪武七年。乾隆《蔚县志》艺文志中所录明代《创建鼓楼记》载“洪武七年正月，怀远将军周公房掌蔚州卫”②。查成化《山西通志》卷 3 城池条亦言，“蔚州城……七年设卫”。诸条皆与城池修建有关。按《宣大山西三镇总图说》卷 2《大同镇图说》，该城“砖包于洪武七年”，这一年，周房开始修建城池，卫治亦迁于城内，所以诸书将此作为卫设立的时间，引起人们的误解。这种以城当卫的说法，在另一方面也说明了蔚州卫的重要性。

此卫先隶大同都卫及山西行都司。

《太宗实录》载永乐六年十月“戊子，改蔚州、德州二卫及乐安守御千户所俱隶后军都督府”③，从此该卫不再归山西行都司。对永乐六年改隶的情况除《明实录》、《明史》有记载外，各史书多不言。

成化《山西通志》载卫“永乐七年改隶万全都司”④，但此时万全都司尚未设立，是将改归后军都督府误为归万全都司，且时间上也有误差。实际上该卫由直隶后军都督府改归万全都司是在宣德五年，《读史方舆纪要》卷 44 载该卫“宣德五年改隶万全都司”是正确的。

虽然蔚州卫屡次改属，但是其治所在明代蔚州，洪武四年三月后在行政区划上一直属于大同府，即今河北蔚县。

该卫介于大同、宣府之间，南有紫荆、倒马，“山川险固，关隘深严，控燕晋之要冲”⑤。

2. 大同左卫

《太祖实录》载洪武三年春正月“置大同左、右二卫”⑥，二十五年九月“改

①⑥　《太祖实录》卷 48。
②　乾隆《蔚县志》卷 170。
③　《太宗实录》卷 84。
④　成化《山西通志》卷 4《公署》。
⑤　《读史方舆纪要》卷 44。

大同左卫为大同中护卫，以代王分封其地故也”①。初该卫和大同都卫一起治于白羊城，洪武二十五年后迁往大同城。

《明史》卷41《地理志二》言该卫置于洪武二十五年八月，查《明实录》这一年本是准备在大同城立5卫，实际上次年二月只立了大同后卫1卫。

永乐元年九月“丁亥，设大同左、右二卫”②，重置该卫，治大同城。

《太宗实录》永乐七年四月载“敕镇守大同江阴候吴高曰：‘……所奏欲徙前大同左、右二护卫于定边、镇朔备御，可即行之’”，又载五月“改大同左、右二护卫为大同左、右二卫”，所以在永乐元年至七年间，大同左卫应有所变化，但是史书缺乏记载。按代王于永乐元年复旧封，重设护卫，应是又将新置的大同左、右2卫改为护卫。永乐七年，新设的大同左卫治原镇朔卫城，即今山西左云县治。成化《山西通志》把这作为建卫时间。

3. 大同右卫

该卫建置时间、地点与大同左卫同。《明史》卷41《地理志》言“三十五年罢”，永乐元年九月重新设卫。同左卫一样，永乐初改为代府护卫。永乐七年五月改大同右护卫为大同右卫。这以后卫治原定边卫城，即今山西右玉城镇，在右玉县北部，外临长城。

4. 大同前卫

《太祖实录》载洪武七年二月“置大同前卫”③，所载与《明史》卷41《地理志》同。该卫治所变化同大同左卫。

嘉靖二年(1523)九月前下辖左、右、中、前、后5所，此时又“于高山设中右所，隶大同前卫”④，所以这以后该卫辖6所。高山即今山西大同市西高山站。

5. 朔州卫

《太祖实录》载洪武三年八月“丙寅，置朔州卫”⑤，万全《山西通志》卷24武备条也载“洪武三年，指挥郑遇春开朔州卫”。

6. 东胜卫

《明史》卷41《地理志二》东胜卫条言“洪武四年正月州废，置卫”，《太祖实录》这一月载“升东胜卫指挥佥事程暹为巩昌卫指挥使”⑥，可见该卫此时的确

① 《太祖实录》卷221。
② 《太宗实录》卷23。
③ 《太祖实录》卷87。
④ 《世宗实录》卷31。
⑤ 《太祖实录》卷55。
⑥ 《太祖实录》卷60。

存在。卫始隶大同都卫。卫治在今黄河东岸托克托附近。

《明史》卷41《地理志二》言“二十五年八月分置东胜左、右、中、前、后五卫，属行都司，二十六年二月罢中、前、后三卫”①。今查《太祖实录》，二十五年八月令冯胜等在山西各地籍民，准备在大同立16卫，其中东胜立5卫，次年二月共设17卫，他地置15卫，东胜只立左、右2卫，则2卫军士为原东胜卫和这次所籍一卫之民。

永乐四年九月，太宗“敕宁夏总兵官左都督何福曰：‘尔奏欲立东胜卫，此策甚喜，须俟镇虏、定边诸卫皆定，然后立之，则永远无虞。’”②由此知，此时欲复立该卫，但未实施。《明史》卷41《地理志二》东胜卫条言“正统九年复置，后仍废”，他书无载。

大同都卫还曾拥有过2羁縻卫、6羁縻千户所。由于蒙古人的游牧习惯，再加上永乐以后明朝对山西长城以北实际已丧失控制，所以关于边墙外的羁縻卫所记载不多，无法知其详细变迁情况。

1. 官山等处军民千户所

《太祖实录》载洪武三年九月“己丑，故元宗王扎木赤……等……自官山来降……立官山等处军民千户所”，其后变化史书无载，疑洪武八年三月编入官山卫。

官山在今内蒙古自治区察哈尔右翼中旗一带。

2. 失宝赤、五花城、斡鲁忽奴、燕只、瓮吉剌5千户所

《太祖实录》洪武四年春正月载“故元枢密都连帖木儿等自东胜州来降，诏置失宝赤千户所一，百户所十一，五花城千户所一，百户所五，斡鲁忽奴千户所一，百户所十，燕只千户所一，百户所十，瓮吉剌千户所一，百户所六”③，其治皆在东胜州附近，属大同都卫。

诸所废弃年代史书缺载，应是在建文末东胜诸卫内迁后失去控制。

3. 察罕脑儿卫

《太祖实录》洪武七年七月载“诏立察罕脑儿卫指挥使司，以塔剌海等二人为指挥佥事，以来降副枢撒里答答为卫镇抚”④，察罕脑儿元时建有行宫，治在今内蒙古察汗淖附近，此卫的隶属情况鲜有记载，按其位在天城卫正北，应隶大同都卫、山西行都司。该卫亦为羁縻性质，设置后的变化情况不详，在建文

① 《明史》卷41《地理志二》。
② 《太宗实录》卷59。
③ 《太祖实录》卷60。
④ 《太祖实录》卷91。

末东胜诸卫内迁前已不存在。

4. 官山卫

《太祖实录》洪武八年三月载“故元知院不颜朵儿只等来降，赐罗绮衣服有差，不颜朵儿只者即元国公乃儿不花也，于是诏置官山卫指挥使司，隶大同都卫，以乃儿不花为指挥同知”①。官山等处军民千户所亦可能编入该卫。九年四月，“官山卫指挥同知乃儿不花叛入沙漠，大同卫指挥使周立率大同、振武等卫将士讨之，追及白寺塔滩，获其辎重，乃儿不花遁”②，卫灭。卫在今内蒙古自治区察哈尔右翼中旗一带。

（二）山西行都司及其卫所沿革考述

洪武八年十月大同都卫改为山西行都司，《太祖实录》此月载“癸丑，以在外各处所设都卫并改为都指挥使司。……太原都卫为山西都指挥使司……大同都卫为山西行都指挥使司”③，《明史》卷41《地理志二》载其治于白羊城，二十五年徙治大同府城。隶后军都督府。

《读史方舆纪要》卷9言山西行都司置于洪武四年，是把大同都卫设立视为其建置之始。

山西行都司卫所设废频繁，其中蔚州卫、朔州卫、大同左卫、大同右卫、大同前卫、东胜卫及官山、察罕脑儿、失宝赤等羁縻卫所在前已述，现将其他卫所分地域分类考述如下。

宁武以北、天城卫以西(包括天城卫)、黄河以东的地域在行都司的历史上尽归其守御，洪武八年大同都卫改山西行都司后直至宣德元年前，该地设立了大批卫所。

1. 广昌守御千户所

《太祖实录》载洪武十二年九月“丙申，置山西广昌守御千户所”④，始与蔚州卫同隶于山西行都司。卫治广昌县在今河北涞源县。

成化《山西通志》卷3言“广昌守御千户所……原隶山西行都司，永乐六年改直隶万全都司”，当时万全都司还未设立，应是与蔚州卫一起改为直隶行后军都督府。宣德六年二月，“以直隶广昌守御千户所隶万全都司。初万全都司奏广昌千户所寓治万全(指该所在都司军事辖境内——作者注)，城中军马粮料皆从本司行移支给，乞令就本司为便。上谕行在兵部尚书许廓曰：‘万全即

---

① 《太祖实录》卷98。
② 《太祖实录》卷105。
③ 《太祖实录》卷101。
④ 《太祖实录》卷126。

立都司，广昌千户所岂可不受节制，其改隶之。’”①

2. 东胜左卫、东胜右卫

《太祖实录》洪武二十六年二月记置东胜左、右 2 卫②，属山西行都司，左卫治东胜，即今内蒙古托克托；右卫治在今准格尔旗十二连城遗址。洪武三十五年，“命……东胜左卫于永平府，东胜右卫于遵化县”③，《太宗实录》卷 17 永乐元年二月载改 2 卫直隶留守行后军都督府。

3. 宣德卫

《太祖实录》载洪武二十六年二月立宣德卫于大同之西，所记与《明史》卷 41《地理志二》相同。按《明史》卷 41《地理志二》，其治在元宣宁县，成化《山西通志》卷 7 古迹条言，“宣宁废县，在大同府城西北八十里，本宣德县……元同之，国朝省”，具体地点应在今内蒙古凉城境内。该卫废弃年代不详，疑建文末东胜等卫内迁时被废，但史书无载。

4. 大同后卫

《太祖实录》记洪武二十六年二月置该卫，《明史》卷 41《地理志二》言“洪武二十五年八月置……寻罢，二十六年二月复置”，《太祖实录》所载二十五年八月籍民本是要“大同在城立五卫”④，实际上大同前、左、右 3 卫已存在，且二十六年只提到置后卫 1 卫，所以该卫确切而言置于二十六年。

对于后卫治所，《明史》卷 41《地理志二》载，“治行都司东，后仍徙于行都司城”，盖治于城东时间极短，所以《大明一统志》等书无载。

嘉靖二年九月前大同后卫下辖左、右、中、前、后 5 所，此时“于聚落设中左所，隶大同后卫”⑤，所以这以后该卫辖 6 所。聚落在大同东。

5. 阳和卫

《太祖实录》载洪武二十六年二月立该卫，属山西行都司。对此，明代诸书记载相同。卫本治于“白登之阳”⑥，即今山西阳高县南，“洪武三十一年废白登，命中山王徐达筑阳和城”⑦，即今阳高县治所在，卫也迁至此地。

6. 天城卫

洪武二十六年置，治于今山西天镇县，隶山西行都司。

---

① 《宣宗实录》卷 76。
② 《太祖实录》卷 225。
③ 《太宗实录》卷 12 下。
④ 《太祖实录》卷 220。
⑤ 《世宗实录》卷 31。
⑥ 正德《大同府志》卷 14《艺文志·阳和庙学记》。
⑦ 雍正《阳高县志》卷 1。

乾隆《天镇县志》卷1沿革言“明初仍为天城县，洪武三十一年改为天城卫”，查《宣大山西三镇图说》卷2天城条载“本城砖建于洪武三十一年”，前者实把建城时间当作立卫之日。

7. 高山卫

洪武二十六年二月置，属山西行都司，治“在大同府城西八十里”①，即今山西大同高山镇一带。洪武三十五年九月，迁“高山卫于保定府”②，改直隶留守行后军都督府。永乐末洪熙时，在大同总兵官郑亨屡次奏请下，该卫于洪熙元年十一月迁回至阳和卫治地屯守，并“改高山、玉林、镇虏、云川四卫经历司隶山西行都司……复调大同左、右、天城、阳和屯守”③。治在今山西阳高县。

8. 玉林卫

洪武二十六年置，属行都司。治在今山西右玉县西边墙外不远。三十五年，迁“玉林卫于定州”④，改直隶行后军都督府。洪熙元年十一月，调至大同右卫城，仍属行都司，治在今右玉县北右玉城镇。

《明史》卷41《地理志二》言该卫“宣德元年还旧治……正统十四年徙治旧定边卫城，与大同右卫同治”，而《宣宗实录》卷11洪熙元年十一月记玉林诸卫是“复调大同左、右、天城、阳和屯守”，成化《山西通志》卷7亦言“宣德初以卫调附大同右卫城”，所以该卫是直接调至大同右卫城的。查《英宗实录》正统七年二月载“大同参将都指挥石亨奏：‘奉敕分守西路兼督屯种，然大同右卫屯堡皆临极边，耕获之时，军士散处，莫为保障。看得忙牛岭外有玉林故城，相去右卫五十里，与东胜单于城相接。其地有险可据，又水草便利，乞拨军官筑立烽墩哨瞭，仍于故城择取一隅，修为营垒，以驻往来哨马。既得以保障边方，亦可以防护屯种。’”⑤可见此时玉林故城已无兵屯守，所以该卫不可能是正统十四年才内迁的。但是在明中后期便有玉林、云川诸卫为正统十四年再次内徙的说法，杨时宁《宣大山西三镇图说》卷2便有“正统后玉林卫内徙附焉”、“正统后云川卫内徙附焉”之语。

9. 云川卫

该卫设置、变迁年代、隶属变化俱同玉林卫。原治今内蒙古和林格尔西北，洪武三十五年徙“云川卫于雄县”⑥，改直隶行后军都督府。洪熙元年十一月，移回大同左卫城，又属行都司。治即今山西左云县。

---

① 万历《山西通志》卷14。
②④⑥ 《太宗实录》卷12下。
③ 《宣宗实录》卷11。
⑤ 《英宗实录》卷89。

10. 镇虏卫

该卫变迁同高山卫。洪武二十六年置于和林格尔南，属山西行都司。三十五年徙“镇虏卫于涿州”①，改直隶行后军都督府。洪熙元年十一月，移至天城卫城，又属行都司，治即今山西天镇县。

镇虏卫，清《续通典》作“镇远卫”，又称“镇鲁卫”。

11. 镇朔卫

洪武二十六年置，治在今山西左云县，隶山西行都司。三十五年，移“镇朔卫于蓟州”②，永乐元年二月改直隶留守行后军都督府③。

《大明一统志》、《读史方舆纪要》言卫建于永乐间，应为移治。

12. 定边卫

该卫变迁同镇朔卫。原治在后来大同右卫地，即今山西右玉县北右玉城镇。与镇朔卫同年徙往通州④，永乐元年二月改直隶留守行后军都督府⑤。

13. 大同中卫

《明史》卷41《地理志二》载“洪武二十五年八月置，与行都司同城，后罢”，但《明史》卷90《兵志二》、正德《明会典》卷108在洪武二十六年行都司卫所中都未提到该卫，成化《山西通志》、《大明一统志》也均无记载，所以应是与东胜中、前、后3卫一样准备立而实际未立之卫，存疑。

天城以东、怀来以西的地域永乐元年前隶于山西行都司，共设有6卫。

1. 怀安卫

《太祖实录》载洪武二十六年二月辛巳置该卫。治在宣府城西元怀安废县，即今河北怀安县南部怀安城(今怀安县治为明代柴沟堡)。永乐元年前隶山西行都司。

民国《怀安县志》卷1记卫始建时“以北平都指挥使司领之”，是不正确的。从地理上看，此卫尚在宣府、万全等卫西，且洪武四年“以北平兴和府天城、怀安二县隶山西大同府”⑥，在此立的卫应属山西行都司，《明史》卷41《地理志二》所载是正确的。

《太宗实录》卷17提到永乐元年二月怀安卫改隶北京留守行后军都督府，宣德五年改隶万全都司。

---

①② 《太宗实录》卷12下。

③⑤ 《太宗实录》卷17。

④ 《大明一统志》卷124《公署》，《明史》卷41《地理志二》都提到卫治在通州。

⑥ 《太祖实录》卷65。

《畿辅通志》卷17载“洪武初废怀安县为卫，属万全都指挥使司”。按洪武三年县废，卫立于二十六年，已是洪武中后期之事。其对卫所隶属的记载也不完全正确，忽略了其中的变化。

王圻《续文献通考》中提到该卫初为守御千户所，永乐十六年才改为卫，与《明实录》、《宣府镇志》、《大明一统志》所记洪武二十六年置卫不同，他史也未提及。

2. *万全左卫、万全右卫*

《太祖实录》载洪武二十六年二月“辛巳置……万全左、右卫”①，2卫在永乐元年前隶山西行都司，治所在今河北怀安县东左卫。

《明史》卷40《地理志》记2卫“三十五年徙治山西蔚州。永乐元年二月徙治通州，直隶后军都督府”，《大明一统志》亦载“后调蔚州，又调通州”。但《明史》所言徙治蔚州的时间有误，今查道光《万全县志》卷8艺文中所引明嘉靖朱藻所作《重修万全右卫文庙记》言，“按志万全右卫洪武二十六年设，三十三年调蔚州，永乐元年始复之”，所以2卫应于洪武三十三年改调，永乐元年又调通州。

按《明史》卷40《地理志二》载，2卫调通州后“寻改故治”，又移回万全。史籍对这次变化的年代记载模糊，《大明一统志》、《寰宇通志》记为永乐元年，且《大明一统志》、乾隆《万全县志》、《明史》卷41《地理志二》均载永乐二年万全右卫又移治至德胜口，可见2卫永乐元年二月移至通州并于当年移回，但仍直隶留守行后军都督府。右卫治所在之德胜口即今河北万全县。

宣德五年，2卫改属万全都司。

3. *宣府左卫、宣府右卫*

《太祖实录》载洪武二十六年二月“置……宣府左、右二卫于大同之东”②，2卫在洪武二十八年四月前属山西行都司，治今河北宣化。

洪武二十八年四月“（改）宣府左、右二卫为谷王宣府左、右二护卫”③，三十五年十一月“改宣府护卫为长沙护卫，仍隶谷王府，以宣府所余官军设宣府左、右二卫，左卫于保定卫屯守，右卫于定州屯守”④，2卫重设后调往京畿，改直隶留守行后军都督府。

宣德元年三月，太子太保薛禄奏“左、右二卫今屯定州，请令复还宣府”⑤，宣宗谓行在兵部尚书张本“定州畿内地，以宣府两卫屯彼者，永乐初权宜耳，宜

①② 《太祖实录》卷225。
③ 《太祖实录》卷238。
④ 《太宗实录》卷14。
⑤ 《宣宗实录》卷15。

今复旧"①,可知2卫永乐初都改调定州屯守。宣德元年军士陆续返回宣府。至宣德二年冬十月,"命宣府左、右二指挥卫官还宣府。永乐中以二卫官军屯定州,后以口外少军守备,令悉还宣府,而二卫掌印指挥、千、百户、经历等官、新收太原护卫官军三千人尚皆在定州,至是指挥黄辅等言不便行事,遂命俱还宣府莅事"②,至此2卫官军俱回。《明史》卷40《地理志二》言其"宣德五年六月还故治",实误。迁回后2卫仍直隶留守行后军都督府。

宣德五年六月改属万全都司。

4. 宣府前卫

《明史》卷40《地理志二》宣府前卫条言"洪武二十六年置,治宣府城,属山西行都司。永乐元年二月直隶后军都督府。宣德五年六月改属"。《寰宇通志》卷4、《大明一统志》亦言其置于洪武二十六年,但《太祖实录》此年无载。宣德元年三月,薛禄奏"宣府临边重镇,洪武中置六卫戍守,后皆改调,惟存宣府前一卫……"③,可见该卫的确是洪武中置,今从《明史》。

宣府前卫于永乐元年二月改隶北京留守行后军都督府,宣德五年又改隶万全都司,其治一直都在宣府,即今河北宣化。

王圻《续文献通考》卷165载宣府3卫为"洪武十六年建",漏"二"字,应为"二十六年"。

除以上军事性质的卫所外,这一地域还设置了一些屯卫,可考的有6个。

1. 大同中屯卫、大同左屯卫、大同右屯卫、大同前屯卫、大同后屯卫

《太祖实录》载洪武二十八年九月"置大同中、左、右、前、后五屯卫"④,目的是为了解决代王府的粮食供应问题,"上以代王之国大同,粮饷艰远,复命立卫屯种以纾转运之劳"⑤。

对于永乐前5屯卫的废弃情况,史无确载。按洪武三十二年,"代王桂有罪,废为庶人"⑥,5屯卫应于此时废。

《太宗实录》载洪武三十五年十一月"复……大同、沈阳二屯卫,俱隶北平都司"⑦,根据《寰宇通志》中屯卫"在(河间)府治西,俱永乐元年建"⑧,应是复

①③ 《宣宗实录》卷15。
② 《宣宗实录》卷32。
④⑤ 《太祖实录》卷241。
⑥ 《明史》卷4《恭闵帝纪》。
⑦ 《太宗实录》卷14。
⑧ 《寰宇通志》卷2。

设中屯卫，治于河间府，改隶北平都司。永乐元年起北京周围的卫所改直隶留守行后军都督府，大同中屯卫应同时改隶，正德、万历《明会典》俱记该卫为后军都督府在外直隶军卫。

2. 安东中屯卫

该卫始置年代、地点各史书皆无载。查《太祖实录》洪武三十年夏四月载，“置安东、沈阳二郡牧千户所，时韩府、沈府护卫官军先往东胜立卫，特置二所隶之”①，应即是调二卫官军在东胜立安东中屯卫等，所以设卫时间在洪武三十年左右。《应州志》卷2言卫“初为东胜州”，《宣宗实录》又载“朔州卫军士白荣言：‘大同、蔚、朔，古云中之地，西北皆沙漠。国朝设行都司于大同，又设东胜、高山等十卫缘边守御。建文中诸卫皆入内地，惟留安东中屯卫于朔州’”②，可以推测卫治始在塞外东胜州。同时还可能设有左屯卫、右屯卫等，史书缺载。

《太宗实录》载洪武三十五年十一月“复安东中屯卫，大同、沈阳二屯卫，俱隶北平都司”③，与上引白荣所言相对照，可知该年卫由塞外迁至朔州，“俱隶北平都司”仅指后两卫而言，此卫则仍属于山西行都司。从永乐元年至洪熙元年，其治一直在朔州，但下辖的5千户所却是分调各处。永乐二十一年八月，怀仁县城修缮完毕，大同镇总兵官奏“宜拨安东中屯卫军一千屯守”④，得到批准。成化《山西通志》卷4载“后所守怀仁县”；二十二年十一月，又“分安东中屯卫之左、右二千户所守应州，中、前二千户所守浑源州”⑤。随后，卫治也于“洪熙元年改调本州”⑥，迁往应州。从此以后，其治所稳定了下来。

宣德元年以后，行都司卫所趋于稳定，只添置过2卫、3所。

1. 威远卫

《英宗实录》载正统三年三月“丙戌，设大同威远卫。先是行在刑部尚书魏源、兵部左都督陈怀等言：‘大同净水坪系鞑贼出没要地，宜设军卫。’事下行在兵部议行。适巡按监察御史陈谷奏平定州、蒲州二守御所军有全伍，今又增寄操军千四百六十余人，宜调补他处。兵部遂请以二所多余军调净水坪立威远

① 《太祖实录》卷252。
② 《宣宗实录》卷5。
③ 《太宗实录》卷14。
④ 《太宗实录》卷262。
⑤ 《仁宗实录》卷1下。
⑥ 万历《应州志》卷2。

卫。从之”[①]，治于净水坪，即今山西右玉县威远堡镇。《明史》卷41《地理志二》所载设卫时间与《英宗实录》相同。

2. 平虏卫

《宪宗实录》载成化十七年三月“设山西平虏卫”[②]，以“大同地方自威远城历老军营、奶河堡以至老营堡，俱路当要冲”[③]而置，万历《山西通志》、《明史》卷41《地理志二》所载与之同。《明史》卷41《地理志二》又言卫“与行都司同城，嘉靖中徙今治……领千户所一”，查正德《大同府志》卷2城池条载“平虏卫城，成化十七年筑”，且太监汪直奏立该卫时就要求在威远城与老军营之间设卫，所以该卫从设立起，就应治于今山西朔州市平鲁区北部的平鲁城镇。

平虏卫清朝时又称“平鲁卫”。

3. 山阴守御千户所、马邑守御千户所

《宣宗实录》载宣德七年五月“大同总兵官武安侯郑亨奏山阴、马阴二县虽在大同之南……请修筑二城，各置千户所屯守为便。上从之”[④]。山阴所治即今山西山阴县东南山阴城，马邑所治在今山西朔州市东北。万历《山西通志》卷25言山阴所立于宣德三年、马邑所立于宣德九年，皆误。

4. 井坪守御千户所

《宪宗实录》载成化二十年七月“设山西井坪守御千户所。初总督军务户部尚书余子俊奏偏头关东路地名井坪堡，北到平虏六十里，南到朔州五十里，于此设千户所，不惟于平虏、朔州声势连络，而乃河、老营等堡有急亦可相缓。事下兵部议。从之”[⑤]。《明史》卷41《地理志二》所记相同。治即今朔州市平鲁区所在地。

万历《山西通志》卷2言“成化二十二年又加设井坪守御千户所”，实误。

除以上卫所外，山西行都司还曾拥有过以下6个王府护卫。

1. 大同三护卫

《太祖实录》载洪武二十五年八月“乙卯，命徐膺绪为大同护卫世袭指挥佥事”[⑥]，九月“改大同左卫为大同中护卫，以代王分封其地故也”[⑦]，二十六年元

---

① 《英宗实录》卷40。

②③ 《宪宗实录》卷213。

④ 《宣宗实录》卷90。

⑤ 《宪宗实录》卷254。

⑥ 《太祖实录》卷220。

⑦ 《太祖实录》卷221。

月“置大同左护卫”①，则前一年八月徐氏所在应为右护卫。

《明史》卷4《恭闵帝纪》载建文元年(1399)夏四月“代王桂有罪，废为庶人”，此年三护卫俱废。永乐元年正月“复……代王桂旧封”，又复三护卫。永乐七年，左、右二护卫调至定边、镇朔，改为大同左、右卫，按《明史》卷117《诸王传二》载“已复有告其不轨者……召入朝，不至，再召，至中途，遣还，革其三护卫及官属”，此事应发生在永乐七年。永乐十六年四月，“复代府护卫”②。至于这三护卫最终何时被废，史书无载，万历《山西通志》在提到山西各王府护卫时言“惟护卫独沈府有之，余皆以事削去”③，查成化《山西通志》卷4宗藩条在讲到代府僚署时未提到三护卫，成化《山西通志》修于成化十年，所以代府护卫应在此之前已被废。

2. 宣府三护卫

《太祖实录》载洪武二十八年四月“宣府左、右二卫为谷王宣府左、右二护卫”④，《明史》卷102《诸王世表》记“谷……洪武二十八年就藩宣府”⑤，所以应是在就藩时立二护卫。洪武时规定一王府三护卫，则谷王原有的兴州中护卫改为宣府中护卫⑥。当时宣府诸卫皆隶于行都司，这三卫也应同属。三护卫治在今河北宣化县。

《太宗实录》载洪武三十五年十一月“改宣府护卫为长沙护卫，仍隶谷王府”⑦，即谷王迁长沙时带走了三护卫。

四、山西行都司卫所的性质

山西行都司所设的众多卫所，除羁縻卫所和王府护卫外，按其治地与地方行政区划之关系可分为实土、准实土、无实土三类。

1. 实土卫所

洪武四年以后，顺宁府及塞外的东胜州、云内州、丰州陆续废除，此后东胜卫，宣德卫，以及永乐内迁前的东胜左卫、东胜右卫、玉林卫、镇虏卫、云川卫、安东中屯卫、怀安卫、万全左卫、万全右卫、宣府左卫、宣府右卫、宣府前卫诸卫皆为实土。永乐元年后，除宣德至正统年间塞外一度设置丰州、云内县外，行

---

① 《太祖实录》卷224。
② 《太宗实录》卷199。
③ 万历《山西通志》卷11。
④ 《太祖实录》卷238。
⑤ 《明史》卷102《诸王世表三》。
⑥ 《太祖实录》卷238载洪武二十八年四月“改兴州中护卫为宣府中护卫”。
⑦ 《太宗实录》卷14。

都司军事辖界与大同府边界基本重合，所以名义上再无实土卫所。

2. 准实土卫所

此类卫所名义上虽无实土，但远离府州县治地，实际上有一定的辖区。阳和卫，天城卫，永乐元年以前的镇朔、定边2卫，永乐七年后的大同左、右2卫，及洪熙元年调回的玉林、云川、高山、镇虏诸卫，正统、成化间添设的威远卫、平虏卫、井坪守御所，均是此类卫所。大同左、右、前卫在洪武二十五年前治于距大同府城西一百四十里的白羊城，除军事职能外，也是当地的主要行政管理机构，所以3卫在洪武二十五年前为准实土卫所。宣德以后，蒙古各部入侵不断，这些卫所的职能更加突出。嘉靖桂萼所著《广舆图叙》在凡例中言其所录"卫所并大小土司衙门但系统有地方……若卫所寄治有司城池，原无统辖地方者虽直隶不书"，可见图中所标卫所应有一定辖区，具有实土性质，在山西图中，该书绘出大同左、大同右、威远、平虏、阳和、天城诸卫，由此可知虽名义上大同府西到右卫边墙，东至天城东，但辖区广阔，洪武初人口大量内迁，一直到永乐中仍是"居民鲜少"①，偏远卫所军士、家属成为所在地的主要人口，各个卫所又有自己的管辖范围，其职能相当于县级政区，所以山西行都司中不与府、州、县同治的卫所实际上也具有实土性质，这当然与其为边疆地区有很大关系。

山西行都司实土及准实土卫所各自为实土的时间参见表5。

表5 山西行都司实土及准实土卫所实土时间表

卫所	实土时间	备注
东胜卫	洪武四年至二十五年	
东胜左卫	洪武二十六年至三十五年	
东胜右卫	同上	
定边卫	同上	
镇朔卫	同上	
玉林卫	洪武二十六年至三十五年，洪熙元年至明末	
云川卫	同上	
高山卫	同上	
镇虏卫	同上	

① 《太宗实录》卷124。

续 表

卫 所	实 土 时 间	备 注
安东中屯卫	洪武二十六年至三十五年	
宣德卫	洪武二十六年至三十五年?	
大同左卫	洪武三年至二十五年,永乐七年至明末	
大同右卫	同上	
大同前卫	洪武七年至二十五年	
阳和卫	洪武二十六年至明末	
天城卫	同上	
威远卫	正统三年至明末	
平虏卫	成化十七年至明末	
井坪所	成化二十年至明末	
万全左卫	洪武二十六年至三十三年,永乐元年至明末	永乐元年改直隶留守行后军都督府
万全右卫	同上	同上
宣府左卫	洪武二十六年至二十八年,宣德元年至明末	同上
宣府右卫	同上	同上
宣府前卫	洪武二十六年至明末	同上
怀安卫	洪武二十六年至明末	同上

3. 无实土卫所

蔚州卫,朔州卫,洪武二十五年至永乐七年间的大同左、右 2 卫(这之间有过废置变化),二十五年后的大同前卫、后卫,内迁后的安东中屯卫及后设的山阴、马邑 2 守御所均属这一类,地方民事由州县管理。

虽然行都司卫所大致可以分为这三类,但由于皆为边地卫所,普通居民又少,各个卫所在当地的管辖职能都很重要。

山西行都司曾经置废过大批卫所,故行都司军事辖区也随之盈缩,如本节第二部分所述,边界变化主要发生在其北部和东部。在盈缩过程中,其东界曾与北平都司、直隶(留守行)后军都督府、万全都司相接,时间如下:洪武中至三十五年,与北平都司相接;永乐元年至宣德四年,与直隶(留守行)后军都督府诸卫所相接;宣德五年至六年,与万全都司、直隶留守后军都督府蔚州卫、广昌所相接;宣德七年至明亡,与万全都司相接。

其中向东扩展最多的是在与北平都司接界的时期,其界在今河北宣化以东。永乐元年,天城卫以东怀安、万全诸卫尽归留守行后军都督府。从此,除了永乐六年蔚州卫、广昌所划出去外,行都司东界再无大的变化。

行都司的军事辖区与大同府的行政辖区在大多数地方是重叠的,但二者边沿并不完全吻合。洪武早中期,其卫所属于初创,分布零星。经过洪武二十六年设立大批卫所之后,行都司辖区才稳定下来。至永乐前,与大同府相比,行都司北面、东面都要更为辽阔,北面主要是东胜诸卫,东面则是怀安、万全、宣府诸卫,都不在大同府内。永乐元年至五年,二辖区完全重合。永乐六年由于蔚州卫、广昌所改属,行都司在东南部少了这一卫一所管地。宣德至正统年间塞外一度设置丰州、云内县,属山西行都司辖地。景泰以后山西行都司辖区再无变化。

至明中后期,大同镇的声名盖过了山西行都司。

第二节　山西都司建置沿革

明代山西的军事管理可以分为两个区域,即山西都司、山西行都司两区,二者以偏头—宁武—雁门一线的长城为界,形成了两个不同特色的地带。山西行都司一直处于北防前沿,防御蒙古各部的不断侵扰是其主要职责。相对而言,离边防较远的山西都司,正统十四年(1449)之前卫所的驻防大多数情况下只是维护当地治安,由于其分布的区域都有府州县设置,所以卫所均无实土。且与行都司相比,山西都司卫所数目很少,置废变化也相对简单了许多。

明代所修山西宁武以南地域的地方志很多,但流传下来的却没有几部,有些只能在《山西古方志辑佚》中看到一鳞半爪,现存的《永乐大典》所引明初《太原志》和万历《太原府志》等书对卫所沿革记载极为简略,清初所修地方志即使言及卫所,错误也较多。因此,《寰宇通志》,《大明一统志》,成化、万历两部《山西通志》便成了重要资料来源。但四部书最大的问题是把卫所的设置年代同公署的建筑时间,甚至是治地城池的修筑时间混淆在一起,需要与其他资料相参做出判断。《明史·地理志》对雁门至偏关一线的守御千户所都有记载,但对太原及其以南卫所言之甚少,盖因俱为无实土,又非关隘要地之故。

一、山西都司卫所建置过程

洪武元年(1368)九月徐达与冯宗异、汤和等分兵,一路由太行山碗子关进入山西，西下泽州、潞州，攻取晋西南平阳、猗氏等地，另一支则从固关进取太原。到洪武二年初，宁武以南已基本为明军占领，但是以“四大王”为首的元人遗兵聚众于静乐、岢岚一带山中，仍不断为乱，与明朝相对抗。相对来讲，晋西南、东南则要平静许多，很少有旧元遗人作乱，所以适应日常防守的卫所制度首先在这里推行。

卫所在山西南部的推行与交通线路有极大的关系。以太原为中心，沿汾河，经潞、泽二州南下自古便是通往关陕、河洛的要道。洪武元年在攻占潞州后立刻设立的潞州卫和四年开置的泽州守御千户所，皆位于晋东南两大府治所在，控制了河南与太原间的交通；洪武二年所立之蒲州守御千户所、平阳卫与四年所立之平阳左卫分别位于晋南盆地的南端及汾河谷地，是山西、陕西、河南联系的孔道。

这些卫所守御的太原以南，明代除嘉靖年间外，很少遭受蒙古南下诸部的侵扰。无警无险的实际情况，使得这些地方设立的卫所甚少，除洪武十一年增置沁州守御千户所外（泽州所于此年升为宁山卫，改隶河南都司），一直至明亡都再无卫所设置。

太原府是山西面积最大的府级政区，东西界于黄河与太行山之间，北抵宁武关，在这一广大的区域内，除内长城沿线外，所设卫所也极为零疏。洪武三年仅设立了太原左、右、前 3 卫。

洪武四年太原都卫设置之初，整个宁武以南仅有 6 卫、1 都司辖守御千户所、1 卫辖守御千户所，结构如右图。

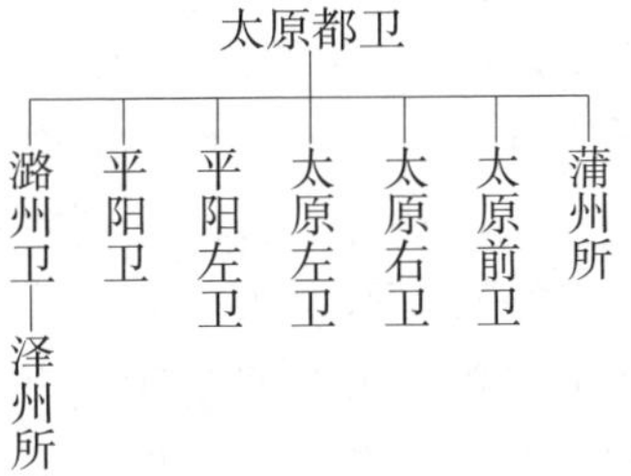

洪武初年太原都卫统辖结构图

太原都卫设立之后，卫所发展极为缓慢。到洪武八年十月都卫改山西都司时，仅增加了振武与镇西 2 卫。由于不断有元将南下侵扰宁武雁门一带，朱元璋“诏山西都卫于雁门关、太和岭并武朔等州县山谷冲要之处凡七十有三，俱设戍兵以防胡寇”①，于是洪武六年时修代州城池，置振武卫以控制雁门一带。此时四大王仍然在岢岚山中盘踞，为了消灭这股负隅顽抗的力量，并守备刚刚收复的保德州、河曲县（两地为故元将普贤奴攻陷，洪武六年复），七年又设镇西卫于岢岚。

从洪武九年至明末，除晋府、沈府护卫及汾州卫外，山西都司再无卫的设

① 《太祖实录》卷 82。

置,增置的俱为守御千户所。洪武九年至宣德初是都司辖区变化最大的时期。山西表里山河,地理上具有封闭性,在明史上山西布政使司的统辖范围一直大致遵守这个界线,但是作为地方高层军事组织的山西都司的辖区在西南、东、东南有很大的变化。

洪武九年设潼关卫后,与其一河之隔的蒲州所改归其下,不再隶于山西都司,永乐六年(1408)所随卫俱改直隶中军都督府,成为陕西、河南、山西3都司间一块军事"飞地"。东南部泽州所于洪武十一年改为宁山卫后,先隶河南都司,永乐七年直隶后军都督府,是山西、河南2都司之间的一块特殊地域。洪武二十四年设置的平定守御所也于永乐十七年改直隶后军都督府,又从东部划去一块。但是都司的军事辖区在东南部却有一定的伸展,主要是洪武二十三年在河南磁州设立的磁州守御所隶于山西潞州卫。

诸多位于高层地方行政区划地域边缘的卫所的隶属变化,使得山西都司、河南都司、后军都督府直隶卫所在军事上相互牵制,原本平缓的军事边界变得犬牙相错。至于蒲州所与平定所后又改直隶中军及后军都督府,乃以2所皆位于各省交界要地,无疑是为了增强中央对地方的控制。这也是卫所制度发展到永乐中期已趋完善的标志之一。

除以上述及卫所外,洪武后期至宣德初山西都司还增加了宁化所、沁州所、雁门所、汾州所。宁化所位于静乐县北,设置的目的还是为了对付四大王,"初,山西既平,唯静乐县余孽四大王遁入芦芽山中,数出寇掠,为居民患","为捕灭之计"①,于洪武十一年建所,由此可见当时设立该所只是从地方控制的角度出发,并无抗击外来入侵的职能,到嘉靖、隆庆年间,俺答部多次内犯,这一带"颇遭荼毒,必须防守严密,庶可保障无恐"②,防备外患成为其主要任务。洪武十二年设置振武卫雁门守御千户所的原因与宁化所相似。至于洪武十一年设立的沁州所与二十四年开置之汾州所,也是为地方治安而设,其中沁州所位于太原至潞安的道路上。

洪武十五年晋王府的太原左、右、前三护卫改由都司兼管,宣德二年(1427)由于晋王济熿暗通高煦谋反被废,3护卫亦罢。洪武二十五年潞安沈府设中护卫,该护卫一直维持到了明末。

平阳府远离边关,北有太原诸卫,属腹地,当政权稳固之后已经没有必要在这里设两个卫,永乐元年平阳左卫废。

① 与前句皆引自《太祖实录》卷121。
② 《宣大山西三镇图说》卷3《山西镇图说》。

至宣德二年底，山西都司仅有 7 卫、3 都司辖守御千户所、2 卫辖守御千户所、1 王府护卫，如下图所示。

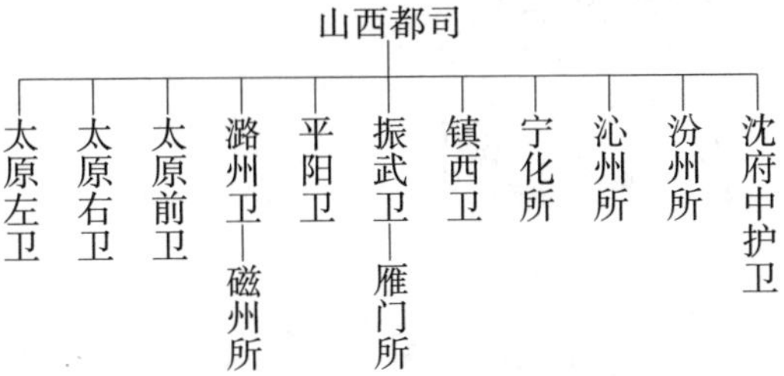

宣德初山西都司卫所统辖结构图

宣德中至嘉靖之间除弘治七年(1494)将汾州所改为汾州卫外，又增设了保德所、偏关所、宁武所、八角所、老营堡所 5 守御千户所。永乐十七年平定所改直隶后军都督府后，山西都司的军事辖区稳定了下来(见图 15)，这之后所设的 1 卫、5 所皆是在其内添补，5 所均分布于内长城一线。

从宣德以后所设各所的位置可以看出宁武以南的防守形势较太祖、成祖时已发生了改变。在明代早期，政府有军事实力，蒙古人只能在大同以北边墙以外剽掠，“初，三关不置卫，无经略，倚同(指大同)也”①。东胜诸卫内迁后，保德、偏关一带成为防御前沿。正统末，宁武、雁门诸隘口也成为蒙古人南下的突破口。这种情况愈演愈烈，弘治、嘉靖、隆庆年间尤甚，蒙古诸部曾多次进犯河曲、岢岚、宁化一带，隆庆初俺答部竟分掠太原、平阳之境，一个月后才撤走，使得保德至雁门，再经倒马关、紫荆关到居庸关成为真正的“内边”、“次边”。

5 所之中保德守御千户所设立最早。起初保德由镇西卫分兵戍守，其外黄河对岸的府谷县“田野荒芜，人烟稀少”②，虽绥德卫有兵在此，但兵力不足，防御能力不强，一到冬天蒙古骑兵便可踏冰过河，进犯河曲、保德。宣德七年，“时镇守山西都督佥事李谦奏保德州治逼临黄河，正当边境要冲，每至河冻则驱沿河居民依山入堡，其远有百余里者，民甚苦之，州旧有城，堕坏已久，若修筑置军屯守，则边备可图，居民亦免迁徙。上从之”③，于是置守御千户所。

永乐后，偏关、老营堡孤悬西北边境，其中偏关在明初也属镇西卫戍守，

① 《三关志・序三关志》。
② 《太祖实录》卷 145。
③ 《宣宗实录》卷 87。

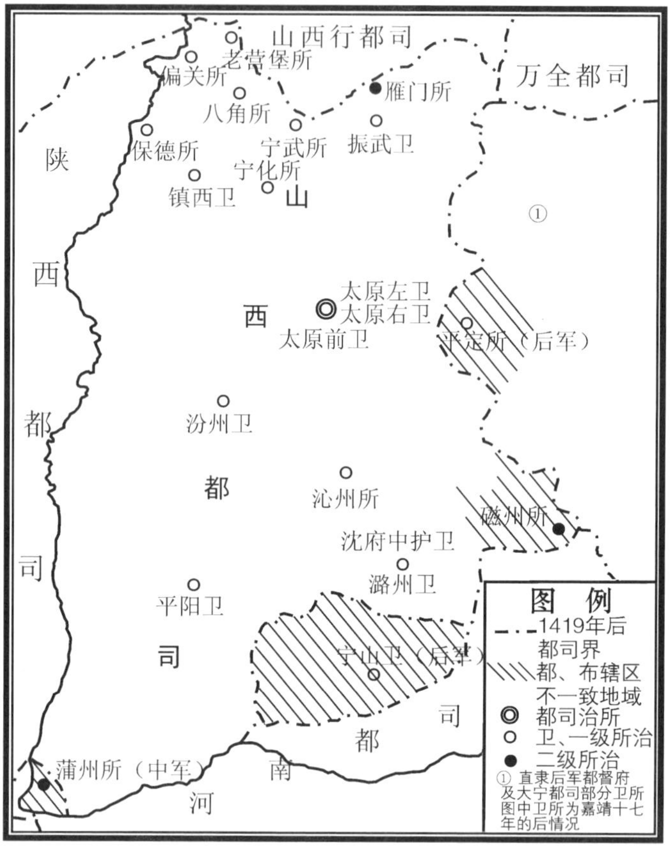

图15 永乐十七年(1419)后山西都司辖区及卫所图

"山谷错杂，瞭望难周，防守不易"①，于成化十一年(1475)设所。老营堡所立于嘉靖十七年(1538)，是设置最迟的守御所，时"巡抚山西都御史韩邦奇言偏头关地被边，而老营堡又孤悬关外，往时设游兵三千以备缓急，及须雁门、宁武等处征发，其兵取之腹里振武等卫所，分番戍守，人无固志，且既给月米，复有行粮。请募土著为兵，筑垣缮室，使得常居听发，而班军遣归，兼得省月粮费，因请于堡内设守御千户所，以领率诸戍卒。兵部称其计便。从之"②。

弘治十一年所设宁武所与雁门所相比，地理位置更显突出，经宁武关是大同、朔州南下太原最方便的路径。该关位于偏关、雁门之间，开始并不被重视，

① 《读史方舆纪要》卷39。
② 《世宗实录》卷217。

“至明中世而始为要地，遂称重镇，盖至正统己巳后虏数侵轶，于是置关屯守”[①]。

八角堡所设于嘉靖三年，治所靠南，防守地位略次于偏关、宁武诸所，但是如果蒙古人从乃河堡、贾家堡犯五寨等处，必定由其所辖诸山口南下。

这5所与振武卫、雁门所一起构成了一道并不坚固的防线，明在此修筑了边墙，其中偏关、宁武、雁门与居庸、紫荆、倒马内三关相对称为“外三关”，“论山西疆里大势，盖以大同为藩篱，以三关为门户，以岢岚一带为庭除，以藩省诸郡县为堂室”[②]。正统十四年之后，大同这个藩篱有了露洞，如果再不守住外三关一线，蒙古骑兵便要登堂入室了，事实上明中后期这样的事屡有发生，以至于本在腹里的山西都司变成了边关。

嘉靖十七年之后，除沈府中护卫外，山西都司稳定在8卫、7一级所，2二级所，正是万历《明会典》卷124与万历《山西通志》卷25所载之8卫、9所。

需要说明的是，《太祖实录》中所出现的“太原都卫”与“山西都卫”、“太原卫”几个称谓之间的关系。在该书洪武六年五月一条记载的“山西都卫”即指太原都卫[③]。至若“太原卫”，按所记诸条分析，则有的指太原都卫，有的指太原左、右、前3卫。《太祖实录》载洪武五年九月“以晋府左傅谢成兼太原都卫都指挥使”[④]，六年八月又载“册晋王左傅兼太原卫都指挥使谢成女为晋王㭎妃”[⑤]，这里的“太原卫”应指都卫；六年三月所言“命太原卫都指挥使王臻经理代国城池”[⑥]，也是指都卫。四年闰三月“命太原卫指挥军士林日、韩伍儿等为百户”[⑦]，十七年八月“太原卫言山水暴涨”[⑧]等条中的“太原卫”指左、中、前3卫。从各种资料来看，明初并未设过太原卫，《永乐大典》所引早期《太原志》中也只记有左、右、前3卫。

正德、万历《明会典》[⑨]与《明史》卷90《兵志二》皆言洪武时期都司所辖卫所中有“广昌守御千户所”，这条记载应是错误的。万历《明会典》与《明史》卷90《兵志二》有此记载，都是受到正德《明会典》卷108所引洪武时期《诸司职掌》一书将广昌所列入山西都司条下的误导。今依成化、万历《山西通志》，《读

① 乾隆《宁武府志》卷1《形势》。
② 万历《山西通志》卷24《武备上》。
③ 《太祖实录》卷82。
④ 《太祖实录》卷76。
⑤ 《太祖实录》卷84。
⑥ 《太祖实录》卷80。
⑦ 《太祖实录》卷63。
⑧ 《太祖实录》卷164。
⑨ 正德《明会典》卷108、万历《明会典》卷124。

史方舆纪要》,《肇域志》等书将广昌所归入山西行都司。

二、山西都司卫所沿革考述

洪武三年十二月“置河南、西安、太原、武昌四都卫指挥使司”①,其中太原都卫治太原府,隶于大都督府。八年十月改“太原都卫为山西都司”②。十三年正月革大都督府,设五军都督府,山西都司改归后军都督府。该都司外尚有山西行都司、万全都司,又有黄河屏蔽,防守上处于次要地位,所设卫所不多,分布稀疏。

在洪武八年十月太原都卫改山西都司之前当地共设立过8卫、2所,其中泽州所属潞州卫。其地卫所具体沿革如下。

1. 潞州卫

这是宁武以南设立最早的卫,《大明一统志》卷21载卫署“洪武元年建”,当年九月冯宗异、汤和等攻下潞州,应是九月之后置卫。卫治于潞州府。洪武三年起属太原都卫,八年属山西都司。

2. 平阳卫

《太祖实录》载洪武二年六月“置平阳卫”③,治于平阳府城。洪武三年起属太原都卫,八年属山西都司。

成化《山西通志》言卫“在府治东南三里,洪武四年建,永乐元年以平阳左卫改建”④,与万历《山西通志》卷25记“洪武四年建”⑤,《大明一统志》卷20言“永乐元年建”⑥相对应,皆指左卫卫署建筑于“洪武四年”,永乐元年改为平阳卫署。

3. 太原左卫、太原右卫

2卫最早同时设立于洪武三年二月,《太祖实录》这一月载“立太原左、右卫”⑦。皆治于太原府城内。卫署也建于这一年,对此,万历《山西通志》卷25、《大明一统志》卷19所载相同。

《太祖实录》洪武四年闰三月又载“置太原左、右二卫指挥使司”⑧,设卫需

---

① 《太祖实录》卷59。
② 《太祖实录》卷101。
③ 《太祖实录》卷43。
④ 成化《山西通志》卷4。
⑤ 万历《山西通志》卷25《武备下》。
⑥ 《大明一统志》卷20《公署》。
⑦ 《太祖实录》卷49。
⑧ 《太祖实录》卷63。

一定时间，此记载也不为误。

乾隆《宁武府志》言“洪武二年设太原五卫”①，不仅年代错误，且太原城只立过左、右、前 3 卫。

4. 太原前卫

《太祖实录》载洪武四年五月“壬申，置太原前卫指挥使司”，但是成化《山西通志》卷 4、万历《山西通志》卷 25、《大明一统志》卷 19 皆言洪武三年设置卫署，盖此卫与左、右 2 卫同时始设于洪武三年，至洪武四年完成设置。卫治于太原府城内。

5. 平阳左卫

关于此卫记载甚少，洪武五年七月平阳左卫指挥同知章存道死，《太祖实录》回顾说章存道于“(洪武)四年转平阳左卫”②，又平阳卫条所引成化《山西通志》卷 4 言平阳左卫署始建于洪武四年，推测左卫大致应设于该年。卫治在平阳府城，始属太原都卫，八年属山西都司。

永乐元年左卫署改平阳卫署，卫当在此之前废除，但具体年代无考。

6. 振武卫

成化《山西通志》卷 4、万历《山西通志》卷 25 载卫署“在代州，洪武六年建”，卫应在此年前后设置。治于代州城，隶山西都司。

7. 镇西卫

该卫置于洪武七年，据《永乐大典》载“岢岚州……洪武七年立镇西卫”③，成化、万历《山西通志》，万历《太原府志》，《大明一统志》对此均无异议。

卫治于岢岚州城内，隶山西都司。

8. 蒲州守御千户所

《大明一统志》卷 20 公署条载“洪武二年建，初隶山西都司，后改属直隶潼关卫”，此处虽言所治建筑时间，但因平定山西南部已是洪武元年底，所以这里的“二年”也应是设所时间。所治于蒲州。

万历《明会典》亦言所“旧属山西都司，后改”④，可知该所最初的确是属于太原都卫及山西都司的。洪武九年潼关千户所改为潼关卫，仅一河之隔的蒲州所改隶潼关卫，随卫归于河南都司，永乐六年卫与所俱改直隶中军都督府。

---

① 乾隆《宁武府志》卷 1《沿革》。
② 《太祖实录》卷 75。
③ 《永乐大典》卷 5200《太原》。
④ 万历《明会典》卷 124。

9. 泽州守御千户所(宁山卫参见)

成化《山西通志》卷4载宁山卫“在泽州城内东北隅怀仁坊,洪武四年初置泽州千户所,属潞安卫。十一年改立今卫,属河南都司……永乐七年改直隶后军都督府”。按《太祖实录》洪武十一年七月“癸未,置宁山卫指挥使司”①,永乐七年正月“改河南宁山卫隶北京行后军都督府”②,《明史》卷90《兵志二》等关于河南都司洪武二十六年卫所时又有该卫,所以成化《山西通志》的记载应是无误的。

《肇域志·山西五》言“十一年徙大梁,(所)官军始改为卫”,实际上卫治并没有迁徙过,仍治于泽州。

山西都司设立后到宣德七年之前(不包括七年)卫所变化复杂,共设过6守御千户所、4护卫,6所中雁门所与磁州所属二级所。在这期间也有卫所废除或改隶。

1. 宁化守御千户所

该所最早置于洪武十一年,《太祖实录》这一年十一月载“置宁化守御千户所。初山西既平,唯静乐县余孽四大王遁入芦芽山中,数出寇掠,为居民患,六年千户唐城吉率兵于瓦沟、椽坊山捕其党哈剌张,送京师斩之。至是复于宁化镇筑城、设千户所,为捕灭之计”③。成化《山西通志》卷4亦言“洪武十一年革巡检司,改建所,隶山西都司”,《三关志》亦作此载④。所治在今山西宁武县南宁化。

明代的宁化城最早建于洪武二年,“因旧城东畔依山坡改筑”⑤,千户所此时并未设立。但是《大明一统志》卷19把宁化城的建立时间误为所治的建筑时间,以至于《读史方舆纪要》卷40、《明史》卷41《地理志二》均延续了这种说法。

2. 沁州守御千户所

成化《山西通志》卷4、《大明一统志》卷21记所“洪武十一年建”,虽所言是公署建筑年代,但也是关于沁州所的最早记载,所以取此说。

万历《山西通志》卷25言“洪武二十一年特设千户所守御沁州”,与前人所

① 《太祖实录》卷119。
② 《太宗实录》卷87。
③ 《太祖实录》卷121。
④ 《三关志·宁武关地里总考》。
⑤ 成化《山西通志》卷3《城池》。

载不符。

3. 雁门守御千户所

置于洪武十二年十一月,《太祖实录》这一月载"壬子,置雁门守御千户所"①。所治在代州北雁门关。

《太宗实录》永乐二十二年三月提到"山西振武卫雁门守御千户所"②,成化《山西通志》载"置振武卫,又置守御所于雁门,隶本卫"③,万历《山西通志》载"振武卫增中后及雁门守御所"④,可知该所隶于振武卫。

《明史》卷41《地理志二》所记年代与《明实录》相同,只是将"十一月"误为"十月"。

万历《太原府志》卷19、万历《山西通志》卷25、《读史方舆纪要》卷40、《三关志·雁门关地里总考》将所立时间定为洪武七年,查成化《山西通志》卷3城池条言"雁门守御所城,洪武七年筑",诸书应是把关城的修筑时间误为设所时间。至于《大明一统志》卷19公署条言"二十七年建",应是指卫治建筑时间。

由于雁门所是卫下辖守御千户所,所以成化《山西通志》卷1、万历《山西通志》卷2在叙述山西都司所辖卫所时皆未提及该所。

4. 磁州守御千户所

该所最早置于洪武二十二年,嘉靖《彰德府志》言所"洪武二十二年设,二十三年千户陈泰建(公署)……"⑤,由于卫所的设置从朝廷下令到真正建立都需一定的时间,所以《太祖实录》二十三年三月载"置磁州守御千户所,隶潞州卫"⑥。

卫治于河南彰德府磁州,从设置之始便隶于山西潞州卫。

5. 汾州守御千户所(汾州卫参见)

所、卫皆治于汾州城内。先设为守御千户所,洪武二十四年八月"置汾州、平定州二守御千户所"⑦,成化、万历《山西通志》的记载与之相同。

《孝宗实录》弘治七年七月载"升山西汾州守御千户所为汾州卫"⑧。万历《山西通志》卷25记所"弘治五年改为卫",而和刻本《大明一统志》言"正德中

① 《太祖实录》卷127。
② 《太宗实录》卷269。
③ 成化《山西通志》卷1。
④ 万历《山西通志》卷25《武备下》。
⑤ 嘉靖《彰德府志》卷3《建置志》。
⑥ 《太祖实录》卷200。
⑦ 《太祖实录》卷211。
⑧ 《孝宗实录》卷90。

升为卫”,皆误。

6. 平定州守御千户所

该卫与汾州所同时置于洪武二十四年八月[①],万历《山西通志》言所“在州下城北隅,洪武二十四年建,隶山西都司,永乐十七年改属后军都督府”[②],记载的设卫年代与《太祖实录》相同。万历《明会典》亦言“旧属山西都司,后改”[③],所以《山西通志》的记载应是正确的。

卫治于平定州城内。

从宣德七年始,除汾州卫外,新设的5所都位于内边一线。汾州卫在汾州守御千户所中已考述。

1. 保德州守御千户所

设于宣德七年二月,《宣宗实录》这一月载“甲寅,设保德州守御千户所……属山西都司”[④],万历《山西通志》卷2《建置沿革》保德州条亦言“宣德七年置千户所守焉”,《宣大山西三镇图说》卷3《山西镇图说》保德州城条所载与《山西通志》相同。

成化《山西通志》卷4、万历《山西通志》卷25所言“宣德八年建”,指保德州城重修于这一年[⑤],所治也是千户戴锐建于此时[⑥]。

《全边纪略》言“宣德六年设保德州守御千户所”[⑦],实误。

2. 偏关守御千户所

又名偏头关所、偏头所,《三关志·偏头关地里总考》载“(成化)十一年刑部侍郎杜铭奏立守御千户所,给印,隶山西都司”。万历《山西通志》、万历《太原府志》、《明史》卷41《地理志二》、《偏关志》等对此均无异议。所治在今山西偏关县。

3. 宁武守御千户所

置于弘治十一年,《宣大山西三镇图说》载“弘治十一年添设守御千户所”[⑧],《三关志》亦言“弘治十一年都御史侯公恂议请如雁门、偏头例置守御千

---

① 《太祖实录》卷211。
② 万历《山西通志》卷25《武备下》。
③ 万历《明会典》卷124。
④ 《宣宗实录》卷87。
⑤ 成化《山西通志》卷3《城池》。
⑥ 康熙《保德州志》卷9《附记·保德所》。
⑦ 《全边纪略》卷2。
⑧ 《宣大山西三镇图说》卷3《山西镇图说》。

户所，募军增实，隶山西都司"①，万历《山西通志》卷 2《建置沿革》所记与之相同。所属山西都司，治于宁武关，即今山西宁武县。

4. 八角守御千户所

置于嘉靖三年七月，《世宗实录》这一月载"初，设山西八角守御千户所，从巡抚山西都御史毕昭奏也"②。万历《山西通志》卷 2《建置沿革》、《明史》卷 41《地理志二》所记与之同。

八角守御千户所隶山西都司，治在八角堡，即今山西神池县西北八角镇。

《读史方舆纪要》卷 40 记为"嘉靖二年建所"，实误。《三关志・偏头关地里总考》载"(嘉靖)四年都御史胡公锭以地方中直虏冲，请设守御千户所，隶山西都司"，与《明实录》、《山西通志》不符。

5. 老营堡守御千户所

置于嘉靖十七年十月，《世宗实录》载巡抚山西都御史韩邦奇奏"请于堡内设守御千户所，以领率诸戍卒"，"兵部称其计便，从之"③。万历《明会典》卷 124 亦言所"嘉靖十七年添设"。老营堡守御千户所山隶西都司，治在今偏关县东北老营镇。

万历《太原府志》与《山西通志》皆言嘉靖十五年置所④，误。

山西都司还曾兼管过 4 王府护卫。

1. 沈府中护卫

该卫为沈王府护卫，朱模洪武二十四年封王，开府于沈阳，二十五年五月置护卫，《太祖实录》这一月载"丁酉置韩、沈、安三王府护卫，沈府为沈阳中护卫……"⑤永乐六年改封山西潞州，护卫随迁山西。治在今山西长治。此护卫一直存在到明亡，是明初诸王府中存在时间最长的护卫之一。

2. 太原左护卫、太原中护卫、太原右护卫(太原护卫参见)

晋王同燕王、秦王同时分封于洪武三年四月，开府太原，五年正月"置西安、太原、广西三护卫"⑥。

后规定一王府要设 3 护卫，所以晋府逐渐变为 3 护卫。洪武十一年四月，

① 《三关志・宁武关地里总考》。
② 《世宗实录》卷 41。
③ 《世宗实录》卷 217。
④ 分别见于万历《太原府志》卷 19《武备》、万历《山西通志》卷 2《建置沿革》。
⑤ 《太祖实录》卷 217。
⑥ 《太祖实录》卷 71。

“置太原右护卫指挥使司，改太原护卫为太原中护卫”①，十一月“癸未置太原左护卫指挥使司”②。3护卫开始与都司并无隶属关系，洪武十五年规定王府护卫由各都司兼管后，改归山西都司。

《宣宗实录》宣德三年四月提到“先是太原三护卫内五千户所官军随侍平阳、广昌、永和、宁化、庆成五王，后革各护卫”③，可知3护卫在宣德三年前被废。又《太宗实录》在永乐十九年七月还提到3护卫④，按《献征录》载晋王济熿因勾结高煦谋反等罪，“辞王爵及护卫”⑤，济熿被废发生在宣德二年，3护卫应同时罢除。其后虽仍有晋王之封，但不再设护卫。

三、山西都司卫所的性质

山西都司的卫所俱为无实土。偏关、宁武、老营堡、八角诸所虽然也远离州县治地，而且清初的偏关、宁武等县是在千户所的基础上建立的，但是根据成化、万历《山西通志》来看，在明代它们所拥有的军事人口并不像大同左卫、右卫那样在当地占绝对优势，所以不能算作准实土卫所。

与隶属于后军都督府的其他都司、行都司相比，山西都司除了直辖的守御千户所外，还有卫辖的守御千户所，这在明版图内的其他地域是一种普遍现象，但在华北却为数不多。

宁山卫治山西泽州，其屯田大多分布在大名诸府州县，卫隶河南时，布、按、都三司之间还可以协调，改直隶后军都督府后，河南、山西二都司都无权管理，“屯卒散居，卫官巡视不及，往往纵恣为盗”。正统三年七月巡按河南监察御史丁璿上奏“请以宁山或隶河南，或隶山西，且将散居屯卒编之成屯庶卫军，得以不时巡督”，但兵部认为宁山卫直隶后府，就是为了“控制河南、山西二都司”，且“规划已久”⑥，否定了丁璿的建议。这种犬牙交错的军事统辖关系所带来的弊病，在全国都有表现。

同宣大一样，到明中后期山西都司上又叠加了一个军事管理机构——山西镇，太原以北地域大多归于其下，其地卫所又由各级镇官统辖，但日常事务仍由都司管理。

---

① 《太祖实录》卷118。
② 《太祖实录》卷121。
③ 《宣宗实录》卷41。
④ 《太宗实录》卷239。
⑤ 《献征录》卷1《晋王传》。
⑥ 这一段所引皆出自于《英宗实录》卷44。

第三节　大宁都司(北平行都司)建置沿革

大宁都司(北平行都司)是明初设立在长城以北的都司之一。洪武初年,元人尽数北退,其设在塞外的大宁路、上都路、全宁路在经历了战争破坏之后,原有的行政体系已尽行崩溃。新败的蒙古军势力虽已削弱,却仍然不断南下骚扰,为了拱卫北方,随着战争发展向北不断推行的卫所制度也在这里得到应用。明初这里曾有过短暂的府州县政区设置,但很快被废除,加之这里人烟稀少,绝大多数的居民为卫所军士及其家属,由都司管理军民事务,都司及卫皆为实土。《大明一统志》、《明会典》、《读史方舆纪要》、《明史》等书都对大宁都司及诸卫所的置废情况有过记载,但或过于简略,或矛盾互出。杨守谦《大宁考》及《明经世文编》等中的一些文章虽对大宁都司及诸卫所有所触及,但绝大多数情况下只是对其内迁所造成的军事上的后果加以评述。

一、大宁都司(北平行都司)卫所的基本设置情况及层级关系

大宁都司建立于洪武二十年(1387)。《太祖实录》载洪武二十年九月“置大宁都指挥使司及大宁中、左、右三卫,会州、木榆、新城等卫悉隶入……调各卫兵二万一千七百八十余人守其城”,都司治于大宁,为元大宁路治所在,即今内蒙古自治区宁城西大明城。于洪武二十一年九月又“置北平行都司于大宁”①,当是第二年即改名为北平行都司,与北平都司相呼应。

《太宗实录》永乐元年(1403)三月记北平行都指挥使司内迁至保定,并改“行都指挥使司为大宁都指挥使司”。《读史方舆纪要》将徙治时间作建文三年(1401)②,与《明实录》、《明史》诸书异。考《明史稿·兵三》载,建文元年七月,靖难役起,九月,朱棣以计入大宁城,拨大宁之众俱南下,大宁徒有空城而已。至建文三年,朱棣所占城邑,兵去旋为南京所有,仅据北平、保定、永平三府,当于这时以大宁都司军据守保定,而至永乐元年正式放弃塞外大宁地。故顾氏以建文三年徙治,似更切近实际。《寰宇通志》卷2保定府大宁都司条下记为“(洪武)三十四年(即建文三年)始迁于此”,与顾氏所断相同。《万历会计录》所载大宁都司内迁时间为“永乐二年”③,实误。

---

① 《太祖实录》卷192。
② 《读史方舆纪要》卷12。
③ 《万历会计录》卷38。

都司内迁前属后军都督府，永乐元年属北平留守行后军都督府，五月朱棣听闻大宁都卫官军多逃，就已敕北平留守行后军都督府查问[①]。永乐十八年，留守行后军都督府又改为后军都督府，所以史籍中俱称其隶于“后军都督府”，忽略了这一变化情况。

大宁都司辖境在元末时为中书省大宁路全部、全宁路南部、辽阳行省宁昌路西部、上都路东部兴州、松州一带。经过战争，这一带人烟稀少，洪武二十年都司建立时这里已无府州县。在大宁都司徙治之前，由于其辖地原有的府州县尽废，所设卫所俱为实土。以下即分析内迁前的卫所设置情况。

在都司建立之前，其地已设置了一个卫，即大宁卫，治于元大宁城。洪武二十年正月，冯胜率兵出征纳哈出，三月“（出）松亭关，城大宁、宽河、会州、富峪”[②]，四月纳哈出降，五月命其本官将士“各照原地方居住，顺水草以便牧放，择膏腴之地以便屯种，如北平潮河川。大宁、全宁、口南、口北旧居之人立成卫分，与汉军杂处”[③]八月，朱元璋又命其在辽阳、海州、盖州、复州、金州、崖头、大宁一带居住[④]，为了加强对其控制，设置了大宁卫，“以将士有罪者往戍焉”[⑤]。九月都司成立时，该卫分立为大宁左、中、右 3 卫。所以在始立之时，大宁都司共有 6 卫，即大宁左、中、右 3 卫，会州卫，木榆卫，新城卫。其西为北平都司开平卫、宜兴守御千户所辖地，东与辽东都司相连，南隔长城与北平都司密云诸卫相援，北部潢河以北为蒙古部落居地。一直到建文元年，其辖区无大的变化。

洪武二十一年七月，又设大宁前卫、大宁后卫，俱以故元降将为指挥佥事，“仍领所部”[⑥]；同时，修筑了自山海关通往大宁的驿站。此年，大宁都司更名为北平行都司。

洪武二十二年正月，故元国公老撒率其部属入朝，“言知院捏怯来等愿于大宁等处居住屯种”[⑦]，朝廷让其所部将校于全宁、应昌随便居住。大量的蒙古人入居，迫使明政府在此设立更多卫所，以增强京师防卫，二月在行都司南部设置了富峪、宽河 2 守御千户所。同年四月将来降的蒙古人编立为全宁卫。二十四年富峪千户所改为富峪卫。

---

① 《太宗实录》卷 20 下。
② 《明史》卷 3《太祖纪三》。
③ 《太祖实录》卷 182 洪武二十年五月。
④⑤ 《太祖实录》卷 184 洪武二十年八月。
⑥ 《太祖实录》卷 192。
⑦ 《太祖实录》卷 195。

洪武二十四年五月，明太祖封子朱权为宁王，设立了营州中护卫，作为宁王的王府护卫，但此时宁王还未就国。到二十六年，宁王就国，改大宁后卫为营州中护卫。洪武二十四年朱元璋又封子朱橞为谷王，设立兴州中护卫。

此外，为了增加东部防守，洪武二十五年八月又设立了营州后屯卫。

《太祖实录》载二十五年十月"北平行都司奏大宁左等七卫及宽河千户所今岁屯种所收谷麦凡八十四万五百七十余石"[①]，按此时共有11卫、1所(不包括王府护卫)，大宁前、后，全宁3卫为安置蒙古降人所设，营州后屯卫八月才设，本年无屯田收入，则其余卫、所为大宁左、中、右卫，会州卫，新城卫，木榆卫，富峪卫，宽河千户所，与所载7卫、1所相合。

洪武二十六年又增加了营州左、右、中、前4屯卫。在南部也设置了兴州左、右、中、前、后5屯卫，但具体年代史载不详，据《太祖实录》二十六年三月"庚戌，以施异为兴州左屯卫指挥佥事……"[②]可知该5卫的设立时间不迟于洪武二十六年。

洪武二十八年，"调大宁左、右二卫为宁王营州左、右二护卫"，同时"改兴州中护卫为宣府中护卫"[③]，不再隶于北平行都司。

至建文元年，北平行都司共有17卫、1守御千户所、3护卫。

建文元年，靖难兵变，朱棣以"大宁军马牵制吾后"[④]，首攻大宁。攻下大宁城之后，"拨大宁之众及宁王权皆回北平"，大宁徒有空城，这是行都司内迁之肇始。

建文年间，诸卫所军兵随燕王作战，驻扎之地不定，处于混乱时期。但是北防的重要性并未因之减弱，在夺取政权之后，朱棣曾力图恢复原大宁一带的卫所建置，洪武三十五年(即建文四年)十月"命兵部复设大宁、营州、兴州3卫，凡各卫官军先调辽东等处及在京并有坐事谪戍边者皆令复原卫屯田"[⑤]，实际上此令并未得到实施。五个月后，北平行都司及卫所正式内迁。

靖难之役中，行都司部分卫所曾与保定原有诸卫守御重镇保定，洪武三十五年朱棣曾"升北平行都司都指挥佥事张忠为都指挥使，营州中护卫指挥使朱琉为都指挥佥事，旌其守城功也，保定左卫指挥使王刚、保定中卫指挥使潘礼、

① 《太祖实录》卷222。
② 《太祖实录》卷226洪武二十六年三月。
③ 《太祖实录》卷238洪武二十八年四月。
④ 《太宗实录》卷2永乐元年七月。
⑤ 《太宗实录》卷13洪武三十五年十月。

保定前卫指挥使尹整俱为北平行都司指挥佥事，初刚等守行都司，与敌相距四十余日，卒完其城”①。至永乐元年，正式放弃塞外之地，置行都司于保定，并将其名回改为“大宁都司”。

内迁后，大宁都司原辖卫所或迁或废。其中全宁卫、木榆卫、新城卫3卫被废，营州左、右2护卫改为隆庆左、右卫，中护卫改为宽河卫，与兴州5屯卫、大宁前卫、大宁中卫、会州卫、富峪卫俱内迁至京畿附近，不再隶于大宁。只有营州5屯卫、宽河所内迁后仍属大宁都司，但全部变为无实土卫所。永乐元年三月又增保定左、右、中、前、后5卫，“设保定左、右、中、前、后五卫，俱隶大宁都司，调营州左屯卫于顺义，右屯卫于苏州，中屯卫于平峪，前屯卫于香河，后屯卫于三河。卫设左、右、中、前、后五所，仍隶大宁都司”②。洪武六年所设的紫荆关守御千户所亦归其统辖。内迁初，都司共有10卫、2所。景泰三年(1452)又置茂山卫，所以景泰以后大宁都司共有11卫、2所。

《清朝续文献通考》及《中国历史地图集》第七册《明时期》北平行都司图把开平卫，开平左、右、中、前、后5屯卫，兴和千户所，宜兴千户所俱归入北平行都司辖境内。开平卫设于洪武二年，在大宁都司成立前应有所归属，《明史》卷40《地理志一》开平卫条即言：“洪武二年为府，属北平行省，寻废府置卫，属北平都司。”若其后属于大宁都司，明代史书也应有所记载，因为该卫地位非常重要。宜兴卫、宜兴千户所成立亦很早。但实际上正德《明会典》在洪武年间“计定天下卫所”③中列北平、大宁2都司卫所时皆未提到宜兴卫、所，给人们留下了疑团。

今查明代基本史料，并无开平等卫所隶属于北平行都司或大宁都司的记载，从一些零星资料中所反映的情况分析，开平6卫，宜兴卫、所应属北平都司。上文所提到的洪武二十五年北平行都司屯田的7卫、1所，不包括设立很早的开平卫、宜兴所、兴和所。据《太祖实录》卷249洪武三十年正月载“先是上命中军都督同知盛熙调用山海卫五所官军往开平立卫，发北平都司属卫军士城之，至是讫工，复命熙分调北平等都司军马屯守……”又《北中三路志》记“洪武二年兵至开平……置开平卫指挥使司，三年取云州，诸县皆附，废诸县，隶北平都司”④，说明洪武初年该卫属北平都司。洪武二十九年八月又“置开平左、右、前、后四屯卫指挥使司。初，诏立开平中屯卫，至是北平

① 《太宗实录》卷15洪武三十五年十二月。
② 《太宗实录》卷18。
③ 正德《明会典》卷108《兵部三》。
④ 转引自乾隆《赤城县志》卷1。

都指挥使司奏已立中屯卫于沙峪，今议立左屯卫于七合营，右屯卫于军台，前屯卫于偏岭，后屯卫于石塔，俱从之”①，当年九月，户部尚书郁新言“近置开平卫军士粮饷皆仰给于北平”②，可见开平诸卫的设立、屯守及日常军需与北平都司关系密切。此时大宁都司已成立多年，若开平隶属于它，则应从大宁调兵。《太祖实录》载洪武三十一年正月“上谕户部尚书郁新曰：‘大宁、开平二卫盐粮若储已多，则令商人输粟于东胜、西河以备军饷。’新言：‘大宁储粟六十二万余石，开平止二万五千八百石。……’上曰：‘大宁姑罢，若开平储至四十万，亦宜止之……’”③这段对话也说明了这一情况，当时大宁卫已不存在。又据周振鹤《明代卫所屯田的典型实例》④一文所提到的广宁诸卫中原额粮食最多的是广宁左卫，为二万多石，以此为例，即使加上朝廷所输之粟，一卫要储六十二万石也是很难的，所以此处应指大宁诸卫，即行都司辖下所有卫分，开平则还包括诸屯卫。行都司诸卫与开平诸卫同提，可见二者并无隶属关系。

兴和所亦是如此，洪武三十年正月“庚辰，置兴和、怀来二守御千户所，调大兴左卫、永清右卫官军守之”⑤，兴和所应与大兴左卫、永清右卫同属北平都司。

按《明史》卷 40《地理志一》在提到北平都司时曾说“卫所有实土者附见，无实土者不载”，与此同时，开平及诸屯卫、兴和千户所、宜兴千户所条下均是“距都司××里”，而行都司条下其他卫所皆为“距行都司××里”（宽河所条下漏“行”字），由此我们可以推知开平诸卫及二所是作为北平都司的实土卫所附在文后的。由上所述大致可以推定，在洪武时期，北平行都司西界在开平左屯卫、宜兴千户所辖地之东。明清两代一些文献之所以把北平行都司与开平 6 卫、宜兴所、兴和所混在一起，这 6 卫、2 所与行都司同时内迁是一个因素，更重要的是它们处于同一地理形势之下，内迁后都造成极大影响，明中后期的文人在文章中经常把其放在一起大加感叹，久而久之，后人就误以为二者有隶属关系了。

嘉靖杨守谦《大宁考》⑥甚至把卢龙卫、东胜卫亦归入大宁都司，卢龙卫永

① 《太祖实录》卷 246。
② 《太祖实录》卷 247。
③ 《太祖实录》卷 256。
④ 载《中华文史论丛》第 51 辑，1993 年。
⑤ 《太祖实录》卷 249。
⑥ 《中国野史集成》第 25 册《大宁考》，巴蜀书社，1993 年。

乐四年建，直隶后军都督府，东胜卫则属山西行都司，永乐初改直隶后军都督府，可见时人对卫所隶属关系已不大清楚了。

《万历会计录》卷38载“永乐二年……徙大宁都司于保定府，领卫所十二”，其徙治年代误，但领有卫所数是正确的。

大宁都司西面的开平卫、宜兴卫设于洪武二年，东部在洪武四年已置定辽都卫，设置了一系列卫所，为什么元大宁路附近这一较狭长地带的卫所设立较迟呢？洪武初年，此地尽管已归明所有，并一度置过府州县，但是北退的元人及纳哈出等部仍不断骚扰。所以明曾在此驻扎大军，多变的环境尚不容许设立卫所。洪武二十年纳哈出降，一些故元官员、蒙古部落相继降附，战事大大减少，地面逐渐安宁，乃设都司及卫所进行常规防守与管理。

关于内迁的原因，在明代史籍中有朵颜、泰宁、福余三蒙古卫在靖难兵变时追随朱棣作战，立下功劳，成祖遂以北平行都司地与之的说法，这是不成立的。景泰年间，三卫乞居大宁废城，“不许，令去塞二百里外居住”①，说明在此之前三卫虽已在大宁一带活动，但仍是非法的，明朝廷仍要他们回到潢河以北。内迁的主要因素在前文已提到过，是因为建文初朱棣起兵时，“兵克大宁，招诸部及护卫官校戍卒皆从，遂空其地”②。永乐初，战事停休，但是政权尚不稳固，主要威胁来自内部，成祖把政权中心放在起兵之地——北京，为了保证其安全，尤其是出于军事重镇保定的防守，便把都司迁到了保定。全部卫所皆处于北直隶境内，不再领有实土。且北平都司已于同年撤销，再称为北平行都司已不合适，所以改用洪武二十年的旧名——大宁都司。

因为两次更名，人们遂不分时代，将北平行都司与大宁都司混称，又因内迁前都司治大宁，亦有用“大宁卫”代替都司之称的(详见下文之大宁卫考)。

内迁前北平行都司在最盛时有17卫、1守御千户所、3护卫，明规定一卫5 600人、一所1 100人，明初卫所处于始建阶段，人员配置较严，大宁又在蒙古威胁之下，是拱卫北平的重地，其军士数目不应与规定之数相差太远，则大宁都司军士不少于10万人。由于明制卫所军士应携家属前往驻地，如一个核心家庭至少3口，则在内迁前都司下辖人口已达30万。作为实土机构，北平行都司及所属卫所不仅负责军事防守，还要管理这30多万人口及地方居民(包括汉人及蒙古内附人口)，而成为特殊的地方行政组织。建文元年其统辖关系如下图所示。

① 《明史》卷40《地理志一》。
② 《明史稿·兵志三》。

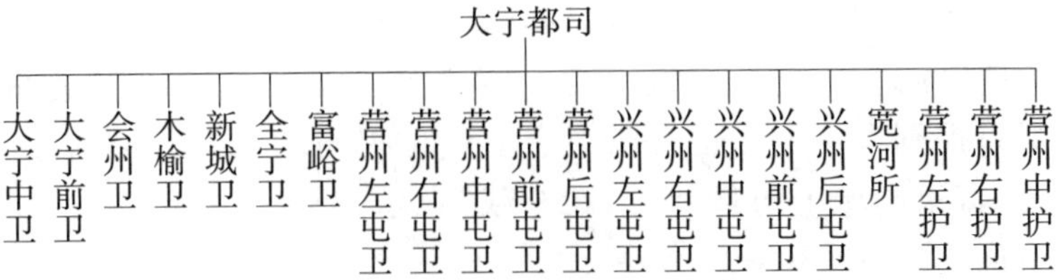

建文元年(1399)大宁都司卫所统辖结构图

二、大宁都司(北平行都司)卫所沿革考述

永乐内迁前，北平行都司前后共设立过21实土卫、2实土守御千户所、4王府护卫。

(一) 都司初设时的卫所沿革

1. 大宁卫

《太祖实录》载洪武二十年八月“辛未，置大宁卫指挥使司，以将士有罪者往戍焉”，诸史对此记载无异。该卫是在都司建立之前成立的。此时，西至开平卫界，东至辽东都司，南至长城，仅此一卫。卫治在今内蒙古宁城县西大明城。

《明史》卷90《兵志二》、正德《明会典》卷108在列洪武后期北平行都司卫所时皆未提到大宁卫，《太祖实录》在言及都司设立时，只说“置……大宁左、中、右三卫”①，亦未及该卫。因此，《明史》卷40《地理志一》载“(洪武)二十年八月置卫，九月分置左、右、中三卫”是合理的。

《太宗实录》载洪武三十五年“命兵部复设大宁、营州、兴州三卫，凡各卫官军先调辽东等处及在京并有坐事谪戍边者皆令复原卫屯田……”②明朝当在此时曾欲恢复大宁卫，但并未来得及实施，第二年行都司即迁移。

尽管该卫存在时间很短，由于其先于都司而设，且后来的大宁左、中、右、前、后5卫同治于大宁城，因此后世习惯于把大宁城称为大宁卫。《明史》卷43《地理志四》南昌条提到“永乐初，宁王府自大宁卫迁此”，朱权洪武二十六年就藩大宁时，大宁卫已不存在。《太祖实录》在行都司建立后仍有几处提到“大宁卫”，笔者认为这是指大宁的其他卫，如洪武二十三年正月“赐大宁卫指挥使沙不丁……俱自滦河来归，故有是赐”③，按沙不丁二十一

---

① 《太祖实录》卷185。
② 《太宗实录》卷13。
③ 《太祖实录》卷199。

年七月被授为大宁后卫指挥佥事，领其蒙古降部，在此之间并无升他为“大宁卫指挥使”的记载，此处应为后卫。《清朝续文献通考》卷230在北平行都司条下则只提到大宁卫。也有以大宁卫代称都司的，这在《明实录》中有所反映。清《直隶疆域屯防备详考》卷2载“永乐元年……以大宁卫侨治保定府”，即指都司内徙。

2. 大宁左卫

《太祖实录》载洪武二十年九月“置大宁都司及大宁中、左、右三卫”，三卫与都司同时设置，并同治大宁城。

正德《明会典》载“卫后改为营州左护卫”①，《太祖实录》载洪武二十八年四月北平行都司调“大宁左、右二卫为宁王营州左、右二护卫”②，则该卫于此年改为宁王王府护卫。

3. 大宁右卫

其设置变迁基本同大宁左卫，与左卫同时改为宁王王府护卫。

4. 大宁中卫

其设置与大宁左卫同。《明史》卷40《地理志一》载“永乐元年二月……又徙中、前二卫于京师，直隶后军都督府”，大宁中卫遂改为后军都督府在京军卫③，不再隶于大宁都司。

5. 会州卫

《太祖实录》载洪武二十年九月置大宁都司时“会州、木榆、新城等卫俱隶之”，则会州卫至迟在二十年九月已成立，《明史》便把此作为卫的设置时间。会州在今河北平泉县南。

《明史》卷40《地理志一》载该卫“永乐元年废”，实际上永乐元年行都司内迁，卫也随之移至北京，改为后军都督府在京军卫，不再隶于大宁都司。

6. 新城卫

《太祖实录》载洪武二十年九月置都司，“会州、木榆、新城等卫俱隶之”。新城即当时所筑大宁新城。《明史》卷40《地理志一》记新城距行都司六十里，《大清一统志》卷28大宁故城条言“在平泉州东北一百八十里”，新城“在平泉州北一百里”，则卫位于大宁都司治西南，约在今内蒙古宁城县西老哈河西岸。又据《明史》载新城卫“永乐元年废”，盖卫将士随成祖南下，于永乐元年正式废弃。

---

①③ 正德《明会典》卷108。
② 《太祖实录》卷238。

7. 木榆卫

洪武二十年九月前设立。《清朝续通典》、《清朝续文献通考》记载的卫名与《明实录》同，俱作“木榆”。《明史》作“榆木”。其治无考。

（二）洪武二十一年至建文元年设立的卫所沿革

1. 大宁前卫

《太祖实录》载洪武二十一年七月“庚寅，以故元将阿速为大宁前卫指挥佥事……仍领所部”，当于此时设卫以安抚蒙古降人。卫与行都司同治大宁城。

《明史》卷40《地理志一》载“永乐元年二月……又徙中、前二卫于京师，直隶后军都督府”，该卫改为后军都督府在京军卫。

2. 大宁后卫

《太祖实录》载洪武二十一年七月“庚寅，以故元将……沙不丁为大宁后卫指挥佥事，仍领所部”，所以该卫与前卫同时建立，与行都司同治。

《明史》卷40《地理志一》载此卫与左卫、右卫皆改置为宁王护卫。查《太祖实录》洪武二十四年五月在宁王未就国前去临清练兵时已提到置“宁王营州中护卫”①，二十六年宁王就国，此后当用后卫代替或充入原来的营州中护卫。

3. 营州后屯卫

该卫是营州5屯卫中设立最早的一卫。《太祖实录》载洪武二十五年八月“置营州后屯卫”②，《明史》卷40《地理志一》、《清朝续文献通考》对此记载与之相同。史籍对其治记载不明，按营州即今辽宁朝阳，唐时为营州，元为兴中州州城，后屯卫先于其他4卫而设，疑即治兴中州城，乾隆《热河志》卷63便提到了这一点。

永乐元年行都司内徙，《太宗实录》载当年三月“调……后屯卫于三河，设左、右、中、前、后五所，仍隶大宁都司”。明代三河县即今河北三河市。

4. 营州左屯卫

《太祖实录》载洪武二十六年二月“壬辰，置营州……左屯卫于塔山北”，与前、中、右3屯卫同时设置，《明史》卷40《地理志一》对设卫年代的记载与之相同。治在今辽宁建平县北，位于大宁东南。

《太宗实录》载永乐元年三月“调营州左屯卫于顺义……仍隶大宁都司”，治即今北京市顺义区。

---

① 《太祖实录》卷208洪武二十四年五月戊戌。
② 《太祖实录》卷220。

5. 营州中屯卫

《太祖实录》载洪武二十六年二月“壬辰,置营州……中屯卫于山县”,与前、中、右3屯卫同时设置。元末塞外并无“山县”,只有龙山县。《明史》即载其治为元龙山县,该县属大宁路,位于大宁城东南,在今辽宁喀喇左翼县南公营子村。

《太祖实录》载永乐元年三月壬午“调营州中屯卫于平峪……仍隶大宁都司”。《明史》卷40《地理志一》对卫的设置、变迁记载与之相同。平峪应为平谷,在北平东北平谷县。《读史方舆纪要》卷11作“在平谷县治东,永乐二年移治于此”,二年应为元年。

6. 营州前屯卫

《太祖实录》载洪武二十六年二月“壬辰,置营州前屯卫于兴州”,与前、中、右3屯卫同时设置。《明实录》载永乐元年三月“调……前屯卫于香河……仍隶大宁都司”,与《寰宇通志》、《大明一统志》、《读史方舆纪要》记载相同。

《明史》卷40《地理志一》解释“兴州”为元上都路之兴州(即兴州5屯卫设立之地),按营州指今辽宁朝阳,唐时为营州,元至元七年(1270)后为兴中州,属大宁路,洪武五年废,营州前屯卫应治在此州,《明实录》漏掉“中”字。《清朝续文献通考》亦作上都路之兴州,实误。乾隆《大清一统志》卷28兴中故城条言“明初改置五卫(指营州5屯卫)”,乾隆《热河志》卷63也认为其治应在兴中州。

卫后徙治香河县。《天下郡国利病书》卷3载“营州前屯卫永乐初开屯”,指其永乐初迁于香河县。

7. 营州右屯卫

《太祖实录》载洪武二十六年二月“置营州……右屯卫于建州”,元建州属大宁路,洪武中废,即今辽宁朝阳市西南喀喇城。

《太宗实录》载永乐元年三月“调营州右屯卫于蓟州”,仍隶大宁都司,《明史》卷40《地理志一》所载与之相同。《太宗实录》在永乐元年十二月还提到“复营州右屯卫”[1],应是设卫有一过程,该卫至此才完全设置。

《读史方舆纪要》记为“在(蓟)州治北,本在大宁卫境,永乐二年移建成于此”,二年应为元年。

根据乾隆《热河志》“承德府属建置沿革表”,营州诸卫辖境相当于清建昌县、朝阳县地。

---

① 《太宗实录》卷26。

8. 兴州前屯卫

《明史》卷40《地理志一》载兴州左、右、中、前、后5屯卫“洪武中置”，正德《明会典》、《明史》卷90《兵志二》在洪武二十六年初定天下卫所中皆未提到此5屯卫，所以具体设置时间不详。据《太祖实录》二十六年三月“庚戌，以施昇为兴州左屯卫指挥佥事……”①可知该5卫的设立不迟于洪武二十六年。原治上都路兴州，《大清一统志》卷28兴州故城条言“在滦平县西南”，即今河北承德市西南滦河镇附近。《读史方舆纪要》卷18兴州卫条言“（洪武）四年州废。改立左右中前后五卫。永乐初移入内地”，5卫即指此5屯卫。

《明史》卷40《地理志一》载卫“永乐元年徙治丰润县，直隶五军都督府”，《太宗实录》卷17永乐元年二月亦载改兴州5屯卫隶北京留守行后军都督府，当是此时随大批卫所内迁至京畿，不再属大宁都司。《大明一统志》、《读史方舆纪要》作永乐二年建，指公署建筑时间。

9. 兴州后屯卫

设置情形与前屯卫相同。《明史》卷40《地理志一》载“永乐元年二月徙治三河县，直隶后军都督府”，不再属大宁都司。

10. 兴州中屯卫

设置情形与前屯卫相同。《明史》卷40《地理志一》载“永乐元年二月徙治良乡县，直隶后军都督府”，不再属大宁都司。《大明一统志》作“永乐四年建”，《读史方舆纪要》言“永乐四年移至于此”，今从《明史》。

《寰宇通志》卷1言兴州中屯卫治“在良乡县东二里”，即今北京良乡城东。

11. 兴州左屯卫

设置情形与前屯卫相同。《明史》卷40《地理志一》载“永乐元年二月徙治玉田县，直隶后军都督府”，不再属大宁都司。《寰宇通志》、《大明一统志》、《读史方舆纪要》俱作治“在玉田县东南百四十里”，《明史》卷40《地理志一》玉田条下亦称“东南有兴州左屯卫”，可见该卫不与县治同在一城，明代玉田县治即今河北玉田县，卫当在其东南。

12. 兴州右屯卫

设置情形与前屯卫相同。《明史》卷40《地理志一》载“永乐元年二月徙治迁安县，直隶后军都督府”，不再属大宁都司。《古今图书集成·方舆汇编·职方典》永平府条下亦言其治在迁安县城。但其与《大明一统志》、《读史方舆纪要》、康熙《永平卫志》俱把移建时间定为永乐三年，今从《明史》。

---

① 《太祖实录》卷226。

根据乾隆《热河志》“承德府属建置沿革表”，兴州诸卫辖境相当于清承德府本境、滦平县、丰宁县大部分(西北境为开平卫地)。

13. 富峪卫

《明史》卷40《地理志一》载该卫“本富峪守御千户所，洪武二十二年二月置，二十四年改为卫，永乐元年二月徙置京师，直隶后军都督府，路行都司一百二十里”。《太祖实录》二十四年三月亦载“置富峪卫及左、右千户所”①。其治原“在平泉州北”②，约在今河北平泉县境，永乐元年迁北京城，改为后军都督府在京军卫。

14. 全宁卫

《太祖实录》载洪武二十二年四月“诏置全宁卫，遣使赍印，往命捏怯来为指挥使，失烈门以下俱授以武职有差”，《明史》卷40《地理志一》所载设卫时间与之相同。《国榷》误写为“置大宁卫”③。卫治于元全宁路，约今内蒙古翁牛特旗境④。辖境只包括元全宁路潢河以南地，南与大宁卫相连，西与开平诸卫相接，到达了清口北三厅东北境⑤。《明史》卷40《地理志一》记卫“永乐元年废”，行都司内迁时废。

15. 富峪守御千户所

《太祖实录》载洪武二十二年二月“置北平富峪、宽河二千户所”，与《明史》卷40《地理志一》所载相同。二十四年三月改为富峪卫。

16. 宽河守御千户所

与富峪千户所同时设置。治本“在平泉州南一百十里，喜峰口外。明初筑，置卫。永乐初废，今其故城周四里，四门，无楼橹，土人称之为宽城”⑥，即今河北宽城县。《明史》卷40《地理志一》载“永乐元年二月徙治遵化县”，并载其初改时仍属大宁都司，《寰宇通志》卷1、《大明一统志》记载同，正德《明会典》大宁都司条下有该所。

万历《明会典》、《明史》卷90《兵志二》载宽河所位于后军都督府在外卫所条下，与《明史》卷40《地理志一》、正德《明会典》等的记载不同，疑前者错记。

---

① 《太祖实录》卷208。
② 《大清一统志》卷28。
③ 《国榷》卷9洪武二十二年四月。
④ 周清澍主编：《内蒙古历史地理》，内蒙古大学出版社，1994年，第142页。
⑤ 《口北三厅志》卷1《地舆》。
⑥ 乾隆《大清一统志》卷28《承德府三》。

17. 营州左护卫

为宁王王府护卫之一。《太祖实录》载洪武二十八年四月北平行都司调"大宁左、右二卫为宁王营州左、右二护卫"①，宁王府位于大宁，则护卫也应治于此。靖难时，该卫随宁王内迁，永乐元年二月"营州左护卫为隆庆左卫，右护卫为隆庆右卫，中护卫宽河卫"②，不再属于大宁都司。

18. 营州右护卫

设置变迁见营州左护卫。

19. 营州中护卫

为宁王王府护卫之一。《太祖实录》载洪武二十四年五月"戊戌，命汉、卫、谷、宁、岷六王往临清训练军士，各置护卫……宁王营州中护卫……"③，此时护卫并不驻大宁，二十六年宁王就国，后改大宁后卫为中护卫。永乐元年二月改为宽河卫(见营州左护卫)，不再属于大宁都司。

20. 兴州中护卫

《太祖实录》载洪武二十四年五月"戊戌，命汉、卫、谷、宁、岷六王往临清训练军士，各置护卫……谷王兴州中护卫"④，万历《明会典》卷124、《明史》卷90《兵志二》都认为其属于北平行都司。治在元兴州。洪武二十八年四月"改兴州中护卫为宣府中护卫"⑤，不再隶于北平行都司。

(三) 内迁后皆无实土的新附各卫所设置情况

1. 保定左、右、中、前、后5卫

《太宗实录》载永乐元年三月置此5卫。治于保定府。但是《太宗实录》洪武三十五年十二月已提到保定左、中、前3卫，其中变化情况不明。

2. 茂山卫

弘治《易州志》载该卫景泰三年自保定府移建，治在易州州治东南。《大明一统志》、《读史方舆纪要》记该卫为景泰元年移建，今从弘治《易州志》。

3. 紫荆关千户所

洪武六年四月，根据镇守北平的华云龙建议，在此设立了守御千户所⑥，《明史》卷40《地理志一》也记"(易州)西有紫荆关，洪武中置千户所于此"。紫荆关在正统十四年(1449)被也先突破，所废，景泰元年五年重新设置，这一月

---

①⑤ 《太祖实录》卷238。
② 《太宗实录》卷17。
③④ 《太祖实录》卷208。
⑥ 《太祖实录》卷81。

“设紫荆关、倒马关、白羊口三守御千户所……俱从内官武艮言也”①。治在今河北易县紫荆关。

《大明一统志》卷2《公署中》记为“守御紫荆关中千户所”，根据《西关志·紫荆》卷1沿革条，“景泰二年复增城池，调保定左卫中千户所官军守御本关”，可见所在景泰以后由保定左卫中所改设。

所原应隶燕山都卫，洪武八年隶北平都司，《太祖实录》卷17所记永乐元年改归行后军都督府的卫所中并无该所，可见此时隶于内迁的大宁都司。

三、大宁都司(北平行都司)在明史中的地位

明初，太祖极力开拓，新败的蒙古军势力薄弱，于是塞北大片土地尽归明王朝控制，在这里设置了大宁都司(北平行都司)以及开平、东胜、玉林、云川、宣德等卫所。北平行都司诸卫在密云长城以北，护翼京师，确保了塞内的安全，并兼控辽东及开平(见图16)。如果明王朝一直加强这里卫所的经营，增大军事力量，宣德以后北边防守将会是另一番景象，不至于蒙古诸部经常突入长城，威胁京畿。但是，从永乐初年起，北平行都司及其他卫所逐渐内迁，沃土尽失，致使山西、北直隶防守日见窘迫。

内迁前北平行都司所守之地与兀良哈朵颜、福余、泰宁三卫地“外边山势连亘千里，山外彻江环绕，诚自然之险也，北虏不敢内侵三卫在此”②。永乐初，成祖弃其地，“失地险”③，开平、山西行都司塞外诸卫丧失了声势之援，孤城难守，或废或迁。北平行都司大宁诸卫内迁使明王朝塞外的险要之地丧失几尽，北京及北直隶地区只剩下长城防线，使得“内边”变成了“外边”。其北朵颜三卫开始还能听命于明朝，接受羁縻统治，但土木之变以后，三卫逐渐与入侵的蒙古各部勾结，“自三卫与北虏连合，不复为我藩篱，虏骑一驰，可至遵化之界，倏忽不及措手”④。京畿的防御日益紧迫。开平卫徙往独石，“宣辽声援绝矣”⑤，“弃地三百余里，龙冈、滦河之险皆失据”⑥。东胜诸卫内移后，河套失守，偏头、宁武、雁门外三关便“独当其冲”⑦，成为重险。外长城成为整个华北的边防线。

① 《英宗实录》卷192。
②③ 《明经世文编》卷248魏焕：《巡边总议一·蓟州志》。
④ 《明经世文编》卷278《葛端肃公文集·与郭一泉论边事》。
⑤ 《明经世文编》卷460《李文节公文集·宣府镇总图说》。
⑥ 《中国野史集成》第25册《大宁考》。
⑦ 《皇明九边考·大同镇·保障考》。

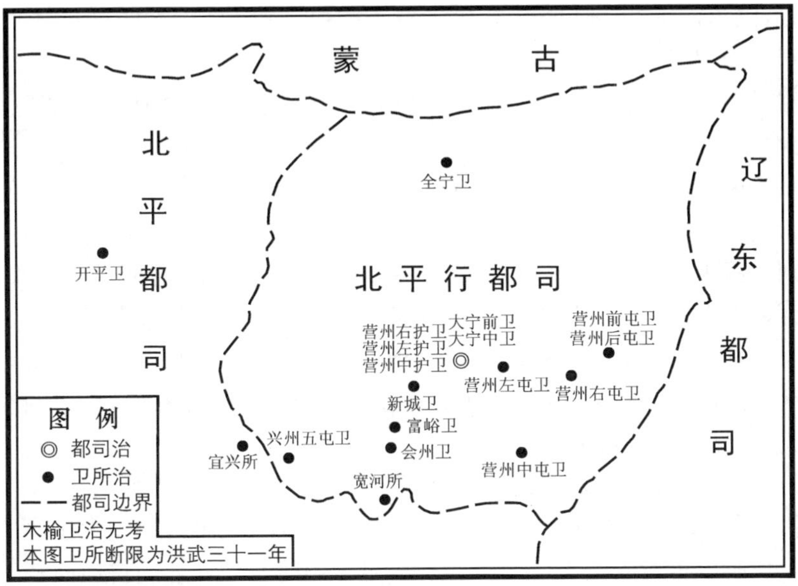

图 16　洪武后期北平行都司辖区及卫所图

北平行都司的内迁，虽然在一定程度上增强了明长城以南的防守力量，尤其是军事重镇保定的防御力量，但从整个明代的军事防御来看，其带来的不利因素是显而易见的。尤其在永平、蓟州一带，“因掣去大宁都司并所属卫所，再无藩篱，所以与胡虏止隔一山”①。行都司内迁使得地理形势上的攻防地位发生了根本改变。洪武、永乐年间，明实际处于“攻”的位置，太祖在塞外建立众多卫所，虽然其目的只是固守封疆，但是其时武力强盛，足以震慑敌人。成祖虽内迁卫所，但仍锐意开拓边疆，“六师屡出，漠北尘清”②。他率军亲征曾三次驾临开平，因其“极边，又无险可恃”③，戒卫所军士“昼夜严守备寇来”④。当时兀良哈三卫未敢反叛，也是慑于明军威。由于行都司首先内移，仁、宣以后，采取了以防御为主的策略。一直到明末，虽然也曾有皇帝御驾北征，但无法与永乐时的规模相比，成祖的威风不复再来，北部塞外之地也不再为明所有。塞外诸卫本是气势联络，东接辽东，西连陕甘，互相声援，在地理上，对华北、陕、辽都有屏障作用。屏障既失，丧失了缓冲地带，内庭直接暴露于外，成为烽烟不息的战场。虽后屡有提议还大宁诸卫于故地者，“以其东接大同，西

① 《明经世文编》卷64《马端肃公奏疏三·为经略近京边备以防虏患事疏》。
② 《明史》卷7《成祖纪三》。
③④ 《太宗实录》卷155。

接宁夏,以为声援”[1],但都得不到实施。丧失了有利地形,明就处于防守的地位了。嘉靖庚戌以后,俺答从古北口径薄京城,蓟镇战火日多,造成“边患无穷时”[2]。明时就有人认为这是“国初弃大宁地与之,畀其为吾藩屏,而今乃至此”[3]。

对于诸卫内迁,永乐以后,尤其是在正统十四年土木之变后,明人便深切地认识到其严重后果。明末陈际泰面对当时形势,追思往昔,遗憾地写道:“大宁存则宣蓟无阻隔,而辽东之右臂伸;东胜存则山陕有变应,而甘肃之左臂伸。今尽弃之而退守内边,此往事何可悔哉!”[4]顾祖禹也认为都燕京必须留住塞外诸卫,否则京师的安全便无从保证,他在《读史方舆纪要》中说道:“都燕京而弃大宁、弃开平,委东胜于榛芜,视辽左如秦越,是自翦其羽翼而报其股肱也,欲求安全无患,其可得哉?”[5]

另一方面,大宁诸卫同长城以南卫所一样,都是且屯且守,军士及家属的辛勤耕作,改变了塞外的荒凉景象。洪武二十五年,北平行都司大宁等 7 卫及宽河千户所屯种所收谷麦为 84 万余石,可见当时塞外开垦的耕地面积是极大的。卫所内迁后,良田尽抛、土地荒芜。且内迁之地,经过明初的开发,人口增长,土地已多被开垦,屯田面积无法保障,大部分卫所不得不依靠京运或民运为生,增加了中央和百姓的负担。洪武二十三年以后,北平行都司儒学设立,促进了塞外文化的发展,而内迁后,当地成为文化荒漠。

内迁之后,原辖区至明末一直为蒙古游牧之地,再无地方行政组织,直到清初这种情况才得以改变,“明弃大宁,视为外域,我国家抚临,函复中外一家,设厅分置以来,久成都会,复改设府州县,规制不殊内地”[6],在空缺了二百年之后,清朝在此地又设置了地方政区,同明初大宁都司不同的是,它不再具有军事性质。

第四节 万全都司建置沿革

万全都司是明代成立较晚的一个都司,始置于宣德五年(1430)六月,从怀安直至居庸关间的众多卫所皆归其统辖。这些卫所处于北防的前沿,又都在交通要道上。这些要道或为蒙古人南下的隘口,或是京畿与大同镇东西来往

① 《明经世文编》卷 54《李西涯文集·西北备边事宜状》。
②③ 《明经世文编》卷 327《张文忠公集·答方金湖计服三卫属夷》。
④ 陈际泰:《已吾集》卷 10《边防议》。
⑤ 《读史方舆纪要·北直隶方舆纪要序》。
⑥ 乾隆《热河志》卷 55《建置沿革一》。

的主要道路，越过居庸关便是明皇陵与北京城。因此该都司实为京畿门户，军事地理位置非常重要。洪武初尽徙该地区人民于内地，“州县俱废”①，后来虽有蔚州、保安州、隆庆州之设，但都司所辖的其他大部分地方未设地方行政区划，所以万全都司又是宣府一带诸卫所人口的管理机构。在万全都司成立之前，其地卫所虽名义上直隶后军都督府，但宣府已常设有总兵官之职，它们的大部分事务实际上由其督理。都司设立之后，总兵官凌驾于都司之上，再加上宣府是明代军事重地，二者相比，军镇的作用更大。宣府镇赫赫声威，万全都司掩盖其下，为后世所忽视。明清以来，虽然有多部书籍简单罗列其卫所沿革，但错误甚多，近世则少人研究。

一、万全都司及其卫所建置过程

万全都司守备的地域早在洪武初年已有卫所设置，在都司初立之时，居庸关外的广阔土地上已有众多卫所。宣德五年六月，“时关外卫所皆隶后军都督府，上以诸军散处边境，猝有缓急无所统一，乃命于宣府立都司……宣府等十六卫所皆隶焉”②。设立万全都司除利于统一管理外，还有另一个因素在起作用，即开平诸卫的内迁。洪武时，边墙外沿有东胜、开平诸卫及北平行都司，宣府一带尚属内边，永乐元年(1403)前后东胜诸卫与北平行都司内迁，开平诸卫也随之迁至京畿，但开平卫不久即归，在丧失两翼的情况下一直维持到宣德年间。从宣德元年起开平卫便开始陆续向独石迁徙，到宣德五年彻底移回。这样一来，宣府诸卫所直面蒙古诸部，军事地位骤然上升，但这些卫所全部直隶后军都督府，管理不便，作为一个相对独立的地理单元，有必要在居庸关外再设一都司来对卫所的日常事务进行管理，万全都司便应运而生。

据《宣宗实录》宣德五年六月所载，万全都司设置之初应有16卫所，这一年十月又记“万全都司奏所辖卫所一十六处皆临极边……”③，可见16是一确切数字。这16卫所应为居庸关外已有的14卫、2所：万全左卫、万全右卫、宣府前卫、宣府左卫、宣府右卫、怀安卫、开平卫、保安卫、保安右卫、蔚州卫、永宁卫、怀来卫、隆庆左卫、隆庆右卫、兴和守御千户所、美峪守御千户所。

前面已经提到这些卫所在宣德五年都司成立之时全部直隶后军都督府，是依据军事管辖关系而言的。正德、万历《明会典》，《明史·兵志》，《明

① 《大明一统志》卷5。
② 《宣宗实录》卷67。
③ 《宣宗实录》卷71。

史稿·兵三》俱言都司“分直隶及山西等处卫所添设”，是从府州县地方行政区划上而言的，保安卫、美峪所所在之保安州，隆庆左、右卫，永宁卫所在之隆庆州属北直隶，蔚州卫所在之蔚州属山西大同府。卫所与所在州县实际上并无隶属关系，因此三书所言不够确切，应表述为“分直隶后军都督府部分卫所添设”，才算准确。

万全都司从设立之初到明末共领属过 15 卫、7 守御千户所，初立时所属的 14 卫、2 所一直存在，换言之，在这以后只添设过 1 卫、5 所，其中除广昌守御千户所是从都司境外划来的，使都司在西南稍有扩展外，其他 1 卫、4 所皆增设于都司内部，未影响到其管辖幅员。可以说，万全都司从设立之初起辖区便基本稳定下来，东至居庸关，西与山西行都司天城卫相邻，北接边墙，南至保安州南部，是明代幅员变化最小的都司之一。

宣德六年二月，“以直隶广昌守御千户所隶万全都司。初，万全都司奏广昌千户所寓治万全，城中军马粮料皆从本司行移支给，乞令就本司为便，上谕行在兵部尚书许廓曰：万全即立都司，广昌千户所岂可不受节制，其改隶之”[①]，可见该千户所在都司设立之后，名义上虽直隶后军都督府，实际已由万全都司兼理。广昌所正式改属后，万全都司的辖区与宣府镇范围完全一致。

宣德六年七月又因总兵谭广奏而设龙门卫、龙门守御千户所，自此万全都司再未添设过任何卫，所以《大明一统志》、《明会典》、《明史》、《读史方舆纪要》等书皆记其辖 15 卫，即指宣德六年七月以后的情况。《英宗实录》正统四年五月载“……其后宣府陆续添设保安等卫所，通旧八卫，共一十九卫……”[②]此处的“卫”指卫和守御千户所，“十九卫”即指正统间万全都司下的 15 卫、4 守御所。

土木之变前后，宣府一带成为瓦剌出入的通途，龙门卫、所，永宁卫等官军纷纷弃城而逃。景泰初在恢复了这些卫所之后，朝廷深感加强宣府北部日常防守的重要，景泰四年(1453)于龙门卫北置云州千户所，又名新军千户所；弘治三年(1490)与七年又设长安千户所、四海治千户所。从此，万全都司一直到明末都维持这 15 卫、7 所的建置(见图 17)。

《皇明九边考》卷 4、《全边略记》卷 3 言都司统卫 19，《罪惟录》卷 6 载领 11 卫，皆误。

在万全都司所属卫所中，开平卫是一个很特殊的卫。该卫原治于明长城以北，属北平都司，永乐元年都司废后，改直隶北京留守行后军都督府，后直隶

① 《宣宗实录》卷 76。
② 《英宗实录》卷 55。

后军都督府，于宣德五年六月迁往独石以后又改隶万全都司。洪武、永乐间开平卫很受重视，洪武三十年(1397)筑城，永乐帝北征时亦屡次驻扎于此，均把其视为北边的前哨。它是明长城以北地区(不包括东北)设立最早、坚持最久的卫。永乐以前，它和东胜、大宁诸卫声势联络，成为东北与西北地区的臂膀。永乐初诸卫皆内迁，但开平不久即迁回原处，成祖以“孤城临边，极边又无险可恃”①，不断强调开平的防守。当时开平与独石间有凉亭诸驿，是其与内地联系的主要线路。但是该卫孤悬塞外，距独石亦很远，洪熙元年(1425)起朝廷便有了内徙之意，终于宣德五年六月迁于独石。

开平卫内迁，“弃地盖三百里……而边陲斗绝也”②，使得明朝丧失了北方塞外最后一个防守据点，整个北边防线随之南移。但是直到正统末为止，原开平城并未完全废弃，每年仍有军队轮班哨备。

开平迁独石后，在地理上仍处于一个突出的地位。

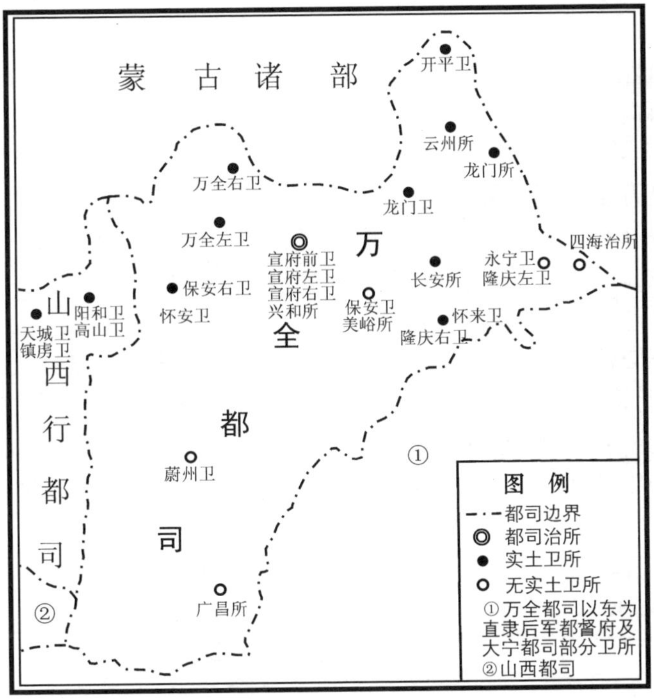

图 17　弘治七年(1494)后万全都司辖区及卫所图

---

① 《太宗实录》卷 155。
② 《明史纪事本末》卷 20。

二、万全都司卫所沿革考述

万全都司设于宣德五年六月，“时关外卫所皆隶后军都督府，上以诸军散处边境，猝有缓急无所统一，乃命于宣府立都司”①。九月，“万全都指挥马升奏：办设万全都司，未有治所，请以宣府前卫为之，而以故都督马兴居第为宣府前卫，从之”②，可见从一开始都司便治于宣府城。都司隶后军都督府。

《续文献通考》、《大明一统志》、《寰宇通志》、《全边略记》、《皇明九边考》、《读史方舆纪要》都把洪武二十六年作为都司建立时间，查《太祖实录》卷230洪武二十六年任命各都指挥使，并未提到万全都司，应是错把此年建立的万全左、右2卫当为都司设置之始。

万全都司诸卫所的沿革相对比较简单，且万全左、右2卫，宣府前、左、右3卫，怀安卫，蔚州卫，广昌所已在山西行都司一节中作过详细考述，此不赘言，只将其他相关卫所加以考述。

除万全左、右2卫，宣府前、左、右3卫，怀安卫，蔚州卫外，万全都司设立时已有卫所的沿革：

1. 开平卫

此卫是万全都司中最早建立的卫。嘉靖《宣府镇志》载洪武二年常遇春克开平，“因置开平卫指挥使司”。此时，“属北平都司”③。开平，即元上都路，在今内蒙古正蓝旗滦河北岸，遗址已被发掘。

《明史》卷40《地理志一》载“永乐元年二月徙卫治京师，直隶后军都督府，四年二月还旧治”，据《太宗实录》，永乐元年二月开平卫确是同大批卫所一起内迁，改隶北京留守行后军都督府④。也许是这一迁移时间短的缘故，明代史书大多未见记载，所以治地不明。

永乐四年迁回原地后，该卫仍为后军都督府在外军卫，至宣德五年改隶万全都司。

永乐以后，大宁、兴和皆弃不守，开平孤悬塞外，“运道难远”⑤，洪熙元年七月阳武侯薛禄便言，“开平与独石相距五站，城垣不坚，且使命往来道路荒远”⑥，

① 《宣宗实录》卷67。
② 《宣宗实录》卷70。
③ 《明史》卷40《地理志一》。
④ 《太宗实录》卷17。
⑤ 《中国野史集成》第25册《大宁考》。
⑥ 《宣宗实录》卷4。

请移卫于独石。宣德元年又言“开平官军家属众多，月给为难，宜于独石筑城……移开平卫于此，俾其人自种自食……”①第二年五月，“开平备御都指挥唐铭等又奏：孤城荒远，薪刍并难，猝遇寇至，别无应援，请添拨官军神铳守备。下其事，太师英国公张辅及文武大臣议，皆以为欲添官军愈难馈给，宜准阳武侯薛禄初奏于独石筑城立开平卫，以开平备御家属移民新城。……命俟秋成后为”②，可见当时移卫乃众心所愿，已开始筹备。宣德五年独石等城筑完，六月太祖命“以兵护送开平卫所印信及军士及家属置于独石等城堡，且屯且守”③，这样卫才彻底迁至独石，即今河北赤城县独石口，改隶万全都司。《明史稿》载“永乐中，开平徙独石”④，这种说法是错误的。永乐十二年九月，成祖以开平“孤城临边”⑤，还要求加强防守，并无内迁之意。此后，成祖北征时，也多次驾临开平。

开平卫内徙主要是由三个因素造成的：一是独石以北前除东胜、大宁两地卫所外，开平附近尚有开平5屯卫、宜兴所、兴和所，永乐元年除兴和所与中屯卫内迁外，其余4屯卫、1所尽废，使得开平卫在军事上处于孤立无援的地位；二是按明制，开平卫军士带有家属同住，上万人在如此荒凉之地生存，最紧要的问题便是粮食供给，在诸屯卫或废或迁后，该卫的供给主要靠从内地运输，道路艰险，极其困难；三是朱棣在位时重视开平，兵力尚盛，还可支撑，一旦他去世，再无强有力的人支持该卫的存在，只因事情重大，关系到整个边防线的退缩，所以当时宣宗认为“废置非易事，当徐议”⑥，但内迁的趋势是无法阻扼的。

2. 怀来卫(保安左卫、怀来守御千户所参见)

该地最初设立的是怀来守御千户所，《太祖实录》载洪武三十年正月“置兴和、怀来二守御千户所，调大兴左卫、永清右卫官军守之”⑦。永乐十五年保安左卫立，这一年《太宗实录》载“新设保安左卫五所居怀来者俱有家，宜于每所拨五百户往守四堡”⑧，其卫军士及家属多在怀来，即可推知怀来为卫治所在。怀来所的官军充入其中，所废，因此《大明一统志》卷5、《明史》卷40《地理志

① 《宣宗实录》卷18。
② 《宣宗实录》卷28。
③ 《宣宗实录》卷67。
④ 《明史稿·兵志四》。
⑤ 《太宗实录》卷155。
⑥ 《宣宗实录》卷4。
⑦ 《太祖实录》卷249。
⑧ 《太宗实录》卷188。

一》皆言千户所改保安左卫。怀来所原隶北平都司，永乐初都司废，所与后来的保安左卫皆直隶留守行后军都督府。

《太宗实录》载永乐十六年十月“改保安左卫为怀来卫”①，仍直隶留守行后军都督府。

《大明一统志》卷 5 言“本朝洪武初县废，置守御千户所，永乐十五年改左卫，十六年改为怀来卫”，未言明是由保安左卫改，以至于《明史》卷 40《地理志一》及清代《畿辅通志》以为是由“怀来左卫”改，《读史方舆纪要》卷 18 更是错误地记为“怀来右卫”。

宣德五年六月改属万全都司。

卫治即今河北怀来县东南怀来。清康熙三十二年(1693)改为怀来县。

3. 隆庆左卫、隆庆右卫(即延庆左、右 2 卫)

置于永乐元年二月，《太宗实录》这一月载“(改)营州左护卫为隆庆左卫，右护卫为隆庆右卫”②，《西关志》记为“永乐元年，添设隆庆左、右二卫……俱直隶京师”③。《大明一统志》卷 5 言“旧在居庸关”，是 2 卫初与隆庆卫一起治居庸关，直隶留守行后军都督府，其他史籍对此无异议。后直隶后军都督府。

据《西关志》记载，宣德四年，在尚书赵云翰建议下，调左卫于永宁，右卫于怀来④。《大明一统志》卷 5 记右卫公署为“宣德五年移建”，今查《宣宗实录》五年三月“宣府总兵官都督谭广等奏永宁卫永宁县皆在平川，又有隆庆卫军相杂屯住……”⑤此处即指左卫，可见五年初已迁徙完毕。当年六月，卫改隶万全都司。嘉靖《隆庆志》卷 2 载左卫“在永宁城东南隅”，即今河北延庆县永宁镇。右卫则“在怀来卫城内东北”⑥，即今河北怀来县东南怀来。

除左、右 2 卫外，尚有隆庆卫，该卫治于居庸关，一直直隶后军都督府。《英宗实录》卷 49 正统三年十二月“给万全都司隆庆卫弓三百”，此处之隆庆卫指隆庆左、右 2 卫，因为一个月前李庸曾奏称隆庆左等卫缺军器。

隆庆元年(1567)，因避讳 2 卫改名为延庆左、右卫。

天顺《大明一统志》卷 5 载左卫治“在居庸关”，忽视了宣德年间治所的变化。

《明史》卷 40《地理志一》把右卫记为“永乐二年”置，误。

---

① 《太宗实录》卷 205。
② 《太宗实录》卷 17。
③④ 《西关志·居庸关》卷之一《沿革》。
⑤ 《宣宗实录》卷 64。
⑥ 《寰宇通志》卷 7。

4. 永宁卫

关于此卫建置年代，明代的史书上众说纷纭。《太祖实录》卷126载洪武十二年九月“丙辰，置北平永宁卫指挥使司及古北口守御千所”，可知洪武时此卫曾立，《明史》卷40《地理志一》亦把此作为置卫时间。但是《太宗实录》永乐十四年十二月又提到“设永宁卫以统戍口北长安岭等处刑徒”①，说明永宁卫曾撤销过，但其变迁已无从考订。《大明一统志》卷5记为“永乐十五年置”，指卫公署建立时间。

嘉靖《宣府镇志》和《隆庆志》记为“永乐十三年”，皆误。

卫治即今北京延庆县东北永宁镇，为居庸关外防御重地。永乐元年前卫隶北平都司；之后，改隶留守行后军都督府，后直隶后军都督府。宣德五年隶万全都司。

5. 保安卫

设于永乐十二年，这一年闰九月《太宗实录》卷156载“设保安卫及经历司并五千户所，命工部筑卫城”，治在元保安州废城，即今河北涿鹿。其时宣府诸卫已直隶行后军都督府，该卫也不例外。

宣德五年，改隶万全都司。

永乐十三年复置保安州于卫城，景泰二年州移治今河北怀来西北新保安，卫也相应迁往新州治北。《寰宇通志》卷7载卫“在州治西北，景泰二年自旧城移建于此”，《大明一统志》卷5、《宣府镇志》对此变迁都有记载，查《英宗实录》载正统十年八月“巡抚大同、宣府右副都御史罗亨信言：宣府至怀来几二百里，其间空阔无城壁，而保安卫仍在鸡鸣山南二十里，阻隔大河，美峪千户所又在卫南六十里……乞于驿路沙城西、雷家店东，移保安卫及美峪所合为一城，而保安州就附其间，诚为便利。……上曰：……其言移城及设关事，兵部移文宣府、独石总兵等官熟议可否……”②可见此年已筹划徙卫，一直到景泰二年才迁走。

《明史》、《畿辅通志》把置卫时间记为“永乐二年闰九月”，与《太宗实录》、嘉靖《宣府镇志》不符，“二”当为“十二”。清代《保安州乡土志》记作“十三年”，是把复设保安州的时间当作了卫设立时间。

6. 保安右卫

王圻《续文献通考》载“本朝永乐十五年以天策卫为保安右卫，治顺圣川”，《寰宇通志》、《大明一统志》所载与其相同，《宣府镇志》更记其“治顺圣东城”，

---

① 《太宗实录》卷183。
② 《英宗实录》卷132。

即今河北阳原东北东城。清朝林盛在《保安卫考》中亦言“维时州县废后，人民稀少，各卫皆抽内地余丁实之，而保安右卫则调天策右卫充”。卫直隶行后军都督府，宣德五年改属万全都司。

《大明一统志》卷5载卫城永乐“十七年调西沙城，二十年移建于此(指怀安)”，可见该卫又迁徙了两次，到怀安卫城固定了下来。

《太宗实录》永乐十四年十一月载，成祖发现汉王高煦有异志，“革其左、右二护卫，其官军悉调居庸关北，立保安左、右二护卫以处之”①，第二个“护”应为衍字，因保安左、右二卫皆立于永乐十五年，而且当时保安并无封王，所以高煦二护卫军士应调改为二卫兵。

明代的保安州离顺圣东城很远，至于卫名保安，只因该城在元末的保安州境内。

7. 兴和守御千户所

建于洪武三十年，《太祖实录》载这一年正月“庚辰，置兴和、怀来二千户所，调大兴左卫、永清右卫官军守之”②，《明史》卷40《地理志一》所载与之同。原隶北平都司，永乐元年改直隶行后军都督府③，治于元兴和路，即今河北张北县。

永乐二十年，所徙于宣府城内，《宣府镇志》、《明史》卷40《地理志一》对此记载相同。宣德五年，所改隶万全都司。

《寰宇通志》卷7、《大明一统志》卷5皆言该所是“永乐元年移大兴左卫所建于此”，这里的“此”指宣府，谬甚。

8. 美峪守御千户所

设于永乐十三年，《太宗实录》载这一年十二月“设美峪守御千户所，并置吏目一员，隶北京留守行后军都督府。初上置保安卫，立五千户所，命于隘口择地别设守御千户所，以聚兵为守，从之”④。所治在旧保安州南美峪岭，永乐十六年移于附近之董家庄。所直隶行后军都督府。宣德五年，改属万全都司。

《明史》卷40《地理志一》言“十六年二月徙于董家庄，景泰二年又移于此，与山西蔚州界”，《太宗实录》记永乐十六年二月“徙美峪巡检司于董家庄”⑤，盖时同移千户所于此，应在旧保安卫南“南六十里”⑥，与美峪岭相距不远；又

① 《太宗实录》卷182。
② 《太祖实录》卷249。
③ 《太宗实录》卷17。
④ 《太宗实录》卷171。
⑤ 《太宗实录》卷197。
⑥ 《英宗实录》卷132。

该所应是于景泰二年移于雷家店东，与新保安州治相隔不远。天顺《大明一统志》卷5载“在(保安)卫西，景泰二年建”，可见该所治在卫附近，而《明史》卷40《地理志一》中的“此”指保安州南与山西蔚州接界之地，其言为误。嘉靖《宣府镇志》也载“后于州北二十里城漯家店，移卫并美峪所治焉”，这里的漯家店应即雷家店。

《明史》卷40《地理志一》、《宣府镇志》又载所与保安卫同置于永乐十二年，按《太宗实录》所记立卫时便筹建所，但真正设立是在第二年。

万全都司建立之后新置的1卫、4所沿革：

1. 龙门卫、龙门守御千户所

俱建于宣德六年，隶万全都司。《宣宗实录》这一年七月载“总兵官左都督谭广奏：比者副总兵都督佥事方政言故龙门县及李家庄地当要冲，宜于故龙门县立一卫，李家庄堡立一千户所，修筑城池并烟墩十五座，分兵屯守，命复勘之，政所言实便利”，宣宗听取了他的建议，敕其“设龙门卫于龙门县，以山西护卫官军调在大同宣府者各一千往守之；设龙门守御千户所于李家庄，以山西护卫官军在宁化千户所者五百七十五人、在代州振武者内拨五百人往守之”①。这便是龙门卫、所设置之始，二者皆隶万全都司。龙门县在今河北赤城县西南龙关，卫治此；所治即赤城东，今仍名龙门所。

2. 云州守御千户所

嘉靖《宣府镇志》载“景泰四年置云州守御千户所于废州”②，今河北赤城县北云州，元代设为州，明初废，所当设于此。所隶万全都司。

《明史》卷40《地理志一》云州堡条言当地“景泰五年置新军千户所”，应即指云州所，今时间从《宣府镇志》。《明史》卷90《兵志二》、《明会典》录有“云川千户所”，当为“云州千户所”。

3. 四海治守御千户所

《宣府镇志》载“(弘治)七年，徙永宁卫中左千户所治四海治”，此即守御千户所设立之时。所隶万全都司，在今河北延庆县东北四海。

4. 长安守御千户所

嘉靖《宣府镇志》载“弘治三年置长安守御千户，治枪竿岭”，清康熙《龙门县志》卷8武略条所记年代与之相同。所隶万全都司。治在今河北怀来县北

① 《宣宗实录》卷81。
② 嘉靖《宣府镇志》卷1《制置考》。

长安岭。

《明史》卷40《地理志一》置所时间作“弘治二年”，误。

三、万全都司卫所的性质

万全都司史上的15卫、7守御千户所全部为边卫，除少数卫所位于保安州、隆庆州、蔚州范围内，其他卫所治地均无地方行政区划，所以说该地区以实土卫所为主（见图18）。

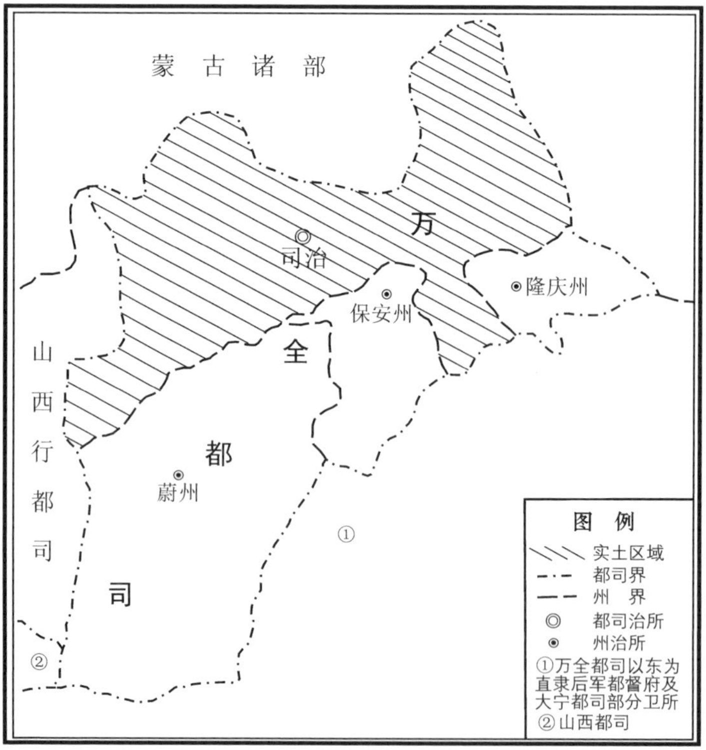

图18　万全都司实土辖区图

在都司设立之前，由于卫所与州县设置时间有前有后，情况比较复杂，需加以具体分析。隆庆州置于永乐十二年[①]，所以在此之前隆庆左、右2卫，永宁卫皆为实土。隆庆州及永宁县建立后，各卫为无实土。宣德五年后隆庆右卫调至怀来，又成为实土卫所。弘治年间建立的四海治所也在隆庆州境内，为

① 《太宗实录》卷149。

无实土。

保安卫只比保安州早设置了三个月，为实土时间极短。美峪所位于该州境内，是设州后所立，为无实土。永乐十三年后这 2 卫所虽不是实土，但是军士及家属的人数也超过了编户人口。

都司设立前的万全左、右卫，怀来卫，隆庆右卫，保安右卫，宣府前、左、右卫，怀安卫，开平卫，兴和所均为实土，宣德五年后置的龙门卫、龙门所、长安所、云州所也为实土。其诸卫所为实土的时间如表 6 所示。

表 6　万全都司诸卫所实土时间表

卫　所	实土时间	备　　注
开平卫	洪武二年至永乐元年 永乐四年至明末	宣德五年六月起属万全都司
万全左卫	洪武二十六年至三十三年 永乐元年至明末	同上
万全右卫	同上	同上
宣府左卫	洪武二十六年至二十八年 宣德元年至明末	同上
宣府右卫	同上	同上
宣府前卫	洪武二十六年至明末	同上
怀安卫	洪武二十六年至明末	同上
保安右卫	永乐十五年至明末	同上
怀来卫	永乐十六年至明末	同上
隆庆右卫	宣德四年至明末	同上
兴和所	洪武三十年至明末	同上
保安卫	永乐十二年至十三年	永乐十三年保安州立。宣德五年六月起属万全都司
龙门卫	宣德六年至明末	宣德六年置，属万全都司
龙门所	同上	同上
云州所	景泰四年至明末	景泰四年置，属万全都司
长安所	弘治三年至明末	弘治三年置，属万全都司

都司设立之后实土卫所的数量虽有所增加，但其分布的区域却没有改变，这是因为在都司的军事辖区内除蔚州、保安州、隆庆州及其所属诸县之外，当地再无府州县政区设置，只要是设于三州之外的卫所皆为实土。

清代这一区域内的万全县、怀安县、怀来县、龙门县等都与明代当地的实土卫所有承继关系。

第五节 北平都司建置沿革

明朝洪武元年(1368)攻占北平之后很长一段时间内,当地一直处于蒙古军的不断威胁之下,是早期北防的重点。在朱棣把这里作为其政权统治中心之前,北平附近及迤北地区的卫所由北平都司(前身为燕山都卫)、北平行都司控制。在洪武二十年北平行都司前身大宁都司设立之前,燕山都卫及其继承者北平都司是怀来以东边境地区唯一的一个高层地方军事组织,不但要守备北平附近地区,古北口外大片地带也是其巡视范围。经过连年激烈的战争,这里人口损失比较严重,所辖的大部分区域内人烟稀少,洪武初把山后边民移入北平附近州县卫所,同时从山西等地大批移民,使得都司成为“谨烽火、远斥堠、按守要害”[①]之地。洪武二十年大宁都司设立之后,北平都司所辖开平卫、兴和、宜兴守御千户所一带仍是形势紧要,密云、永平、山海关一线的军事作用也未因行都司的设置而削弱,整个都司还是洪武中后期北征的兵马粮草基地。由于该都司设置时间短,且正德《明会典》卷108、《明史》卷90《兵志二》所引《诸司执掌》所载北平都司卫所极不准确,再加上建文时周围地区卫所设置混乱,使人们对洪武时北平都司卫所的设置变迁印象极为模糊。

一、燕山都卫及北平都司卫所建置过程

北平为元大都,攻取它既是彻底消灭元政权关键的一步,也是明大军北征朔漠与辽东、西征山西王保保之前首先要解决的问题。其军事地理位置极其重要,居庸、古北、山海等关隘是通往宣府一带及塞外的要道。当时的元政府已经没有什么抵抗能力,徐达所领军队迅速攻占直沽、通州,洪武元年八月庚午,进入大都,从此在附近陆续设置卫所,随后相继建立燕山都卫、北平都司对其进行管理,成为洪武中太行山以东主要的地方军事机构。按《太宗实录》所载,一直到永乐元年(1403)二月才正式废除北平都司[②],但是从实际情况来看,自建文元年(1399)燕王起兵始,北平都司已名存实亡。各卫所在相继归朱棣控制之后,追随其北征南战,早已不再需要通过一个中介来指挥;另外燕王

---

① 《太祖实录》卷148。
② 《太宗实录》卷17。

为巩固统治，还设置了许多新的卫所驻扎重地进行防守，同时把山西行都司、北平行都司的大批卫所调至北平周围，永乐元年该地区改隶北京留守行后军都督府的60余卫、守御千户所中，只有16卫、1所为北平都司旧属，剩下的全部为建文元年至永乐元年间新置或移设。建文帝为抵挡朱棣，又设置了所谓“河北都司”，使得卫所隶属更加混乱。所以在追述北平都司发展过程时，只能比较清晰地述至建文元年（即洪武三十二年）。

攻占大都之后最紧要的两件事，一是守住其地，防止元军反扑；二是使北平成为稳固的后方，以便大军从这里进取山西，如此便有必要在当地迅速建立一些军卫，以作日常防守之用。洪武元年八月，在攻下大都的当月朱元璋就诏徐达改大都路为北平府，并设置了燕山左卫、燕山右卫、大兴左卫、大兴右卫、永清左卫、永清右卫6卫，分布于北平城内，“以守御北平”①。6卫都是由从征的飞熊、淮安、济宁等卫直接改置，所以设立速度才能如此之快。

徐达攻下大都伊始，派傅友德、薛显等将兵侦逻古北诸隘口，九月遣将“发北平，取未下州县”②，然后十一月即率兵取山西。但是北平6卫及留守的少许军马既要巡边，又要守城，“北平守兵单寡，通州城中亦不满百人”③，显然不足以守备。洪武二年二月故元丞相了速侵通州，屯兵白河，守将曹良臣便言“吾兵少，不可以战”④，只有用计退兵。这次危机及蒙古兵复欲入寇的消息使得朱元璋开始注意增强北平的军力，他一面派常遇春北讨“余寇”，一面加紧设置卫所，所以二年、三年是该地在洪武时卫所设立较多的年份。

这两年中所建立的诸卫所可以根据地理位置及军事作用的不同分为三类。

第一类是随着常遇春北征在燕山山脉北端所建立的开平卫、宜兴卫。2卫皆设于洪武二年，其中宜兴卫在三年六月改设为守御千户所。在明初期的历史上，开平卫的地位是其他卫所无法比拟的，它设在元上都城，“山川纠纷，地险而狭，气势完固，素号易守”⑤，更为重要的是开平卫的存在说明明朝在军事上仍处于主动进攻的态势。太祖、成祖都非常重视开平，所以该卫也是塞外诸卫所中最后内迁的一卫。宜兴卫、所守备之地位于古北口北，虽无法同开平卫相比，但也位于塞外进入北平的通道上。

第二类是设立在北平西北部及东北部的卫所，即密云卫、永平卫。二者

---

① 《太祖实录》卷34。
② 《太祖实录》卷35。
③④ 《太祖实录》卷39。
⑤ 《全边略记》卷3。

紧临边墙，位于蒙古诸部南下的重要隘口或交通要道上，面对的是明初政权的主要敌人。二年三月了速退兵之后立即设立了密云卫，该卫及其北部诸隘口在地形上向北突出，此时仍是北防前沿。永平卫立于三年正月，主要防范从东北南下的敌人，与前者相似之点是二者背后都有宽阔的河谷同北平腹地相连。

第三类是设在北平城的燕山前、后卫，彭城卫，济阳卫，济州卫及附近的通州卫、真定卫。7 卫同设于洪武三年。前 5 卫设于八月，是为了增强北平在城的防守，这样北平城内便有了 7 卫，军事实力大增。通州是运河上的要冲，真定卫位于陆路要道上，都为保证北平城与南部的联系而设。

这三类卫所从北向南构成三个防御带，永乐元年前北平都司所属卫所都可以归入三类之中。

到洪武三年底北平及附近地区已经拥有 16 卫、1 守御千户所，有必要建立高一层地方军事组织来管理，十二月北平都司的前身燕山都卫成立。其始设时统辖结构如下图所示。

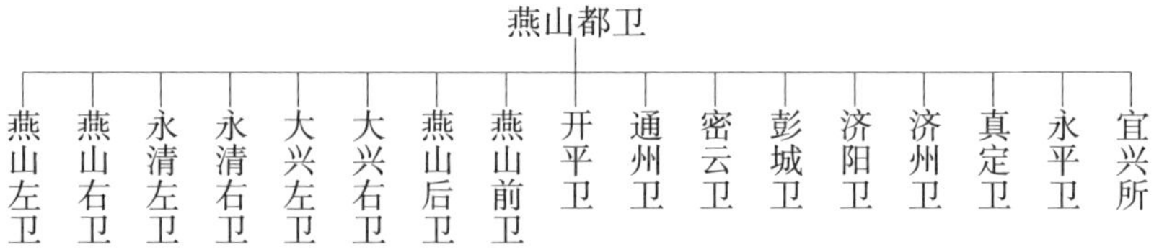

洪武三年(1370)底燕山都卫卫所统辖结构图

从诸卫所的治地来看，当时都卫辖区西至居庸关外，西北至开平，北到宜兴，东北达山海关，南则以北平布政司河间府为限，与青州都卫相接，后来北平都司的范围也是以此为基础，所设卫所只是在这个区域内添补。

在《太祖实录》中多次提到“燕山卫”，如“燕山卫指挥朱杲”①、“燕山卫指挥曹兴”②等，实际上当时二人皆为都卫的都指挥使，所以“燕山卫”即指都卫。

为了充实卫所的兵力，朱元璋派商暠收取故元汉军，“按籍凡十四万一百十五户，每三户令出一军分隶北平诸卫”③，仅这次就得军 4 万余人。另外，在取得燕山山脉以北的大片土地之后，明朝开始把当地百姓大批南迁至北平腹地，其中一部分也用来充军。洪武四年徐达奏“山后顺宁等州之民密弥虏境，

① 《太祖实录》卷 87。
② 《太祖实录》卷 96。
③ 《太祖实录》卷 63。

虽已招集来归，未见安土乐生，恐其久而离散，已令都指挥潘敬、左傅高显徙顺宁、宜兴州沿边之民皆入北平州县屯戍”①，朱元璋很赞同他的行为，徙民速度加快，根据《太祖实录》该年六月的记载，徐达这次共移 197 027 口，或籍为军，或安为民，置屯 254 处②，大大充实了已有卫所的军力，促进了北平一带的繁荣。洪武五年之后又相继革掉隆庆、宜兴、兴、云、瑞诸州，民之近边者皆徙内地，“少壮者隶各卫”③。所以北平诸卫军士在早期以北方人居多，洪武九年开始才“选江淮军参之”④。

与明朝军事实力上升相对的是蒙古军进攻的削弱，所以在都卫设立之后，其地卫所的设置大大放慢了脚步，从洪武四年至二十八年间共新设 5 卫、3 所：四年二月设蓟州卫，五年设居庸关守御千户所，六年设紫荆关守御千户所，十年置遵化卫，十二年设永宁卫、古北口守御千户所，十四年设密云中卫、山海卫。其中蓟州、遵化、密云中 3 卫及古北口 1 所与原有卫所像屏障一样均匀分布在燕山南麓。山海卫倚山面海，为“边郡之咽喉，京师之保障”⑤，是当时辽东同京师联系的孔道，女真等部与高丽入贡也要经过此关。至于居庸关的军事地位则是不言自明的，它“切近京师，天险莫比”⑥。紫荆关为太行山上山西与北平间一个重要的隘口。永宁卫则是北平都司在居庸关外的第一个军卫，设立不久便被废除。

朱元璋派燕王朱棣坐镇北平，先立燕山护卫，洪武十一年后相继改设为左、右、中 3 护卫，并废大兴右卫、燕山后卫军为护卫军。初护卫“俱无统属”⑦，洪武十五年始由都司兼管。

燕山都卫改名北平都司是在洪武八年，伊始都司辖有 17 卫、3 所，只比洪武三年底多了蓟州 1 卫。《太祖实录》在记载都卫改都司时还言“北平卫为燕山前卫指挥使司”⑧，但燕山前卫早在洪武二年已设，且诸史从未提过所谓“北平卫”，所以推测这是指北平城一些卫署的调整。

除 3 护卫外，北平都司从洪武十四年到二十八年保持 19 卫、4 守御千户所的设置，由此可以看出正德《明会典》、《明史》卷 90《兵志二》在开列洪武年间北平都司卫所时遗漏了开平卫、密云中卫、宜兴所、古北口所、紫荆关所。

---

① 《太祖实录》卷 62。
② 《太祖实录》卷 66。
③ 《太祖实录》卷 80。
④ 《太祖实录》卷 108。
⑤ 《读史方舆纪要》卷 10。
⑥ 《明经世文编》卷 59《叶文庄公奏疏·边关紧要疏》。
⑦ 《太祖实录》卷 143。
⑧ 《太祖实录》卷 101。

洪武二十年之后在北平都司北部设立了北平行都司(大宁都司)及诸多卫所,都司的压力减轻,但是其所辖独石以北地区长期以来只有开平一卫戍守,且守地居民早已尽数内迁,一卫孤悬塞外,家属众多,由于路途艰远,粮食供应困难是一直存在的问题,所以二十九年后军都督府请立五屯卫于此,以缓和军士粮草供应及守军的缺乏,立刻得到批准。五月开平左、右、中、前、后五屯卫迅速建立起来,分布在开平卫周围地区。

兴和(今河北张北)位于塞外通往宣府、怀安、万全的要道上,明初的几年中,明军与元遗兵在这里展开了拉锯战,直到洪武七年四月才算彻底控制了该地区。但是在这之后的一段时间内,其南面阳和、天城、万全、怀安、宣府一带没有一个卫所,居民稀少,所以兴和也没有设兵守备的必要。洪武二十六年起南部建立了众多的卫所,以北又增加了开平五屯卫,兴和作为交通孔道,骤然重要起来,所以三十年正月置兴和守御千户所于此。同时居庸与宣府之间也设置了怀来守御千户所。为了增加古北口的防守,这一年还将密云卫及古北口所取消,改在古北口设密云后卫。

至洪武三十年初,北平都司统辖结构如下图所示。

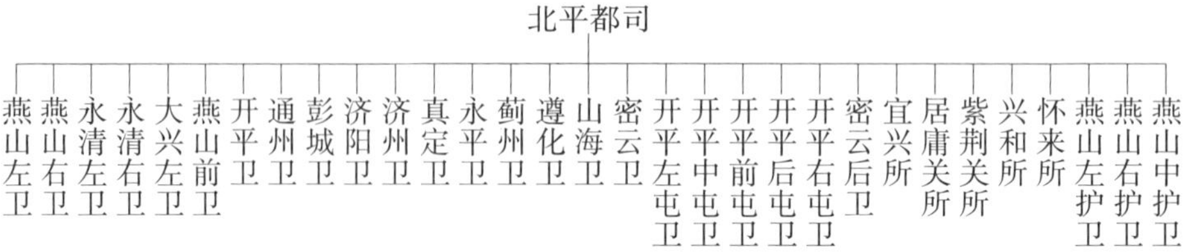

洪武三十年(1397)初北平都司卫所统辖结构图

这是北平都司发展的鼎盛期。

洪武三十一年朱元璋去世,惠帝即位,第二年(即建文元年)燕王起兵,北平都司、行都司,山西行都司许多卫所卷入战争,追随作战南北,几年中北平都司原辖地内新设和迁置了众多卫所,虽然《明史》卷40《地理志一》把它们都归入北平都司,但实际上都司的统治已名存实亡,而且这几年中卫所变迁极为混乱,又有"河北都司"①的设置,另由于资料缺乏,虽然都司是在永乐元年二月正式废除,对于北平都司卫所的变迁只述及洪武三十一年为止(见图19)。该地其他卫所将放在后文"后军都督府在外直隶卫所建置沿革"一节中论述。

① 关于河北都司只有一条资料:《太宗实录》卷10下载洪武三十五年七月"革建文中所设河北都司、湖广行都司",它和北平都司的关系无从可知。

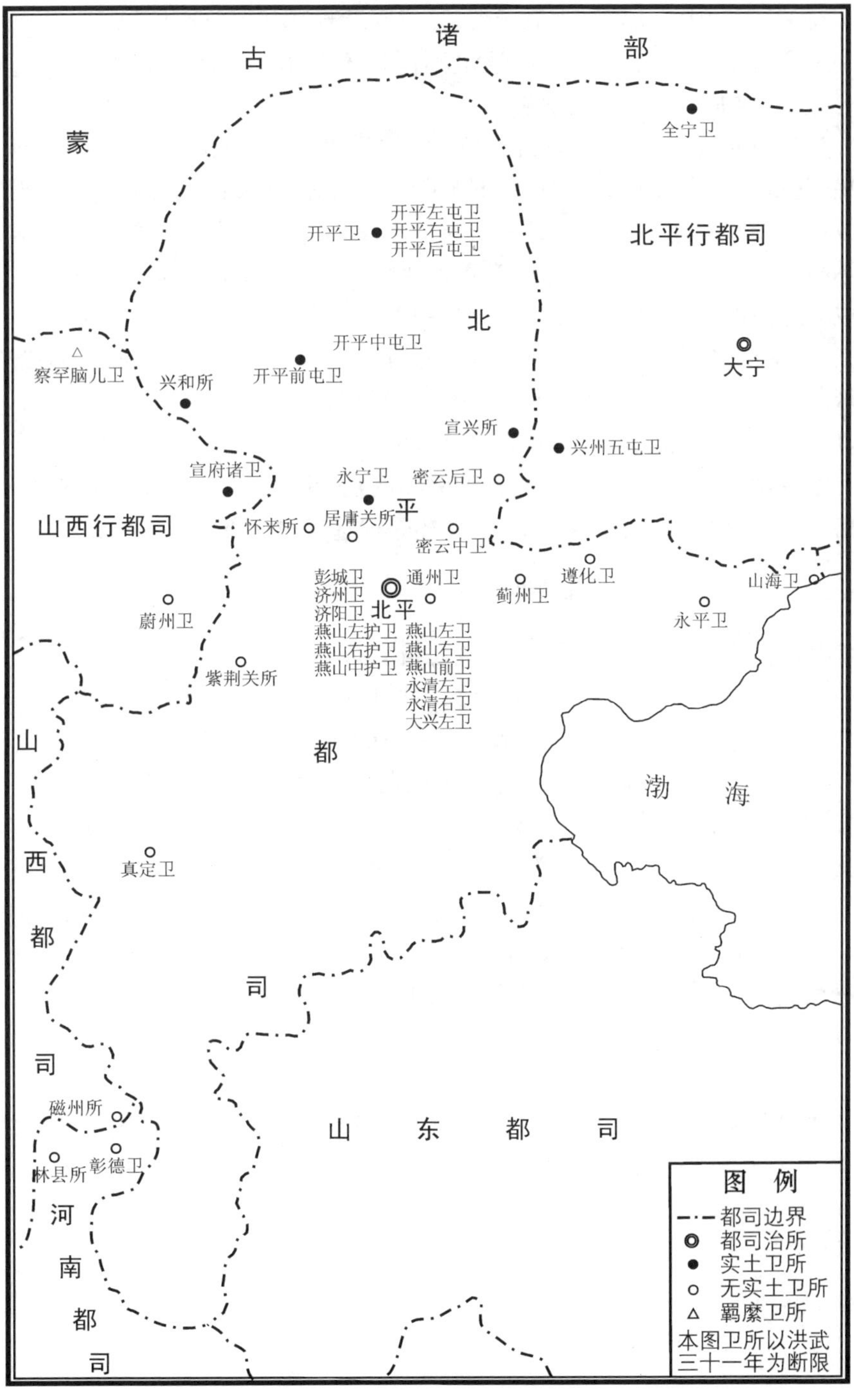

图 19 北平都司辖区及卫所图

在第三节“大宁都司(北平行都司)建置沿革”中已分析过开平卫、兴和所、宜兴卫及所是隶于北平都司的,这里不再赘述。开平卫是北平都司中最重要的一卫,在前面几节中也已尽叙。

从分布密度上讲,洪武间北平都司所辖卫所以北平在城与边墙一线最为密集,北平城以南仅有真定卫、紫荆关所,在广阔的区域内别无其他卫所设置。造成这种分布状态的主导因素是当时的军事形势。洪武间元人虽然北退,但仍不断南下侵扰,所以朱元璋非常重视北平及其以北地区的防御,在北平行都司成立之前的近二十年中,这一地域一直是军事冲突的前沿。而对于北平以南来说,很少受到武力威胁,经过元末的战争破坏之后,人口减少,“道路蔽塞,人烟断绝”①,没有必要设置众多卫所。永乐以前的北平地区虽说也属军事重地,但毕竟远离统治中心,到朱棣取得皇位之后,情况就发生了很大的改变,不仅北京在城及附近卫所骤增,北直隶南部也有所增加,但是整个分布北密南稀的格局并没有改变,从数目上讲,北部还是远远超过南部。

二、北平都司卫所沿革考述

燕山都卫为北平都司的前身。《太祖实录》载洪武三年十二月“升……燕山……卫为都卫指挥使司”②,燕山都卫最早便设立于此时,治所即北平。八年九月,全国都卫改都司,“燕山都卫(改)为北平都指挥使司”③。

燕山都卫及北平都司先属大都督府,洪武十三年正月撤大都督府,立五军都督府,北平都司改由后军都督府统属④。永乐元年二月,朱棣“革北平布政司、按察司及北平都司等衙门”⑤,在此设留守行后军都督府,北京周围的卫所改归其下。

从洪武元年到八年燕山都卫改北平都司前共设置了 18 卫、3 所,其中开平卫在前文“万全都司建置沿革”、紫荆关守御千户所在“大宁都司建置沿革”二节中已述及,不再重复加以论证。在都卫设置之前各卫皆属大都督府。

1. 燕山左卫、燕山右卫

燕山等 6 卫是北平设立最早的卫,洪武元年八月“癸未,诏大将军徐达置燕山等六卫以守御北平,于是达改飞熊卫为大兴左卫、淮安卫为大兴右

---

① 《太祖实录》卷 33。
② 《太祖实录》卷 59。
③ 《太祖实录》卷 101。
④ 《太祖实录》卷 129。
⑤ 《太宗实录》卷 17。

卫、东安卫为燕山左卫、济宁卫为燕山右卫、青州卫为永清左卫、徐州五所为永清右卫"①。根据《大明一统志》卷1武职公署条所载，各卫治都在北京城中。

洪武三年底属燕山都卫，八年隶于北平都司，永乐元年二月改隶北京留守行后军都督府②。四年二月，与燕山前卫、大兴左卫、通州卫、济阳卫、济州卫俱"为亲军指挥使司"③，不再归行后军都督府，而是隶于兵部。

2. 大兴左卫、大兴右卫

与燕山左、右2卫同置于洪武元年八月，治在北平城。

左卫隶属关系变化同燕山左、右2卫。

右卫洪武三年底属燕山都卫，八年隶于北平都司，十三年八月"以北平大兴右卫为燕山右护卫"④，卫废。

3. 永清左卫、永清右卫

置于洪武元年八月，三年十二月始隶燕山都司，八年属北平都司，治在北平城内。

《太宗实录》永乐元年三月载"调北平永清左卫官军于彰德、永清右卫官军于顺德"⑤，迁治之后隶属情况史无记载，因永乐元年二月改属行后军都督府的原北平都司卫所中并无2卫，推断2卫在此之后不再隶于北平都司，彰德卫隶于河南都司，疑永清左卫也改属河南。

2卫后与彭城卫一起"改常山三护卫。宣德初复为本卫"⑥。永乐二年赵王朱高燧封于彰德，三年二月庚午"改设赵府三护卫，以彭城卫为常山中护卫，永清左卫为常山左护卫，永清右卫为常山右护卫"⑦。永乐二十二年十一月"去常山左、右二护卫"⑧，宣德二年二月，"调常山中护卫及群牧千户所官军赴永平、山海……"⑨重设彭城、永清左、永清右3卫，设治于北京，皆为亲军卫⑩，隶兵部。

4. 燕山前卫、燕山后卫

《太祖实录》洪武二年八月载"置燕山前、后二卫"⑪，治北平。2卫皆于洪

---

① 《太祖实录》卷34。
② 《太宗实录》卷17。
③ 《太宗实录》卷51。
④ 《太祖实录》卷113。
⑤ 《太宗实录》卷1。
⑥ 正德《明会典》卷108。
⑦ 《太宗实录》卷39。
⑧ 《仁宗实录》卷4上。
⑨ 《宣宗实录》卷25。
⑩ 万历《明会典》卷124。
⑪ 《太祖实录》卷44。

武三年底属燕山都卫，八年隶于北平都司。前卫于永乐元年改隶北京留守行后军都督府，四年二月改为亲军指挥使司，隶兵部。

后卫在洪武中被废，今查《太祖实录》卷103洪武九年八月还提到该卫，疑于洪武十一年六月充燕府护卫。

5. 密云卫(密云后卫参见)

《太祖实录》载洪武二年三月“置密云卫指挥使司”①，治在今北京密云县。

正德《明会典》言该卫“后为密云后卫”②，万历《明会典》密云后卫条下亦言“以旧密云卫分”③，查《大明一统志》卷1、《明史》卷40《地理志一》皆言后卫洪武三十年置于古北口守御千户所治，当是这一年调密云卫兵于古北口，与守御所军士一起改设后卫。

密云卫洪武三年底隶燕山都卫，八年隶北平都司。

后卫先隶北平都司，永乐元年二月直隶北京留守行后军都督府。永乐十八年后直隶后军都督府。洪熙元年(1425)又改隶行后军都督府，宣德三年(1428)八月直隶后军都督府。

6. 通州卫

《太祖实录》载洪武三年正月“置通州卫指挥使司，以安吉卫军隶之”④，治通州。三年底属燕山都卫，八年属北平都司。永乐元年改隶北京留守行后军都督府在外直隶军卫。四年与燕山诸卫一起改为亲军指挥使司。

万历《明会典》卷124通州卫条下言“旧为安吉卫……旧属北平都司，永乐四年升”，所载与《明实录》基本相同。

《读史方舆纪要》卷11言卫“建文四年成祖置卫于此”，有误，在此所之前，《太祖实录》已多次提到该卫。《读史方舆纪要》出现这种错误，可能是将《寰宇通志》或《大明一统志》中关于通州卫公署的记载误为设卫的时间。

7. 宜兴卫、宜兴守御千户所

《明史》卷40《地理志一》载“洪武二年兼置卫……三年……六月改卫为守御千户所……永乐元年所废”，今查《太祖实录》洪武三年六月确载“改宜兴卫为守御千户所”⑤，且在永乐元年改属北京留守行后军都督府的卫所中没有该卫，可见《明史》记载无误。《大清一统志》卷28宜兴故城条言“在滦平县西北

① 《太祖实录》卷40。
② 正德《明会典》卷108。
③ 万历《明会典》卷124。
④ 《太祖实录》卷48。
⑤ 《太祖实录》卷53。

七十五里……今土人犹称其地为兴州，迤南三里为小地子，即宜兴故城址也”，今河北滦平县北有兴州，其南不远当为宜兴卫与千户所治地。

在第三节中已论证该守御所应属北平都司。

8. 彭城卫

《太祖实录》载洪武三年八月“改彭城、济阳、济州三卫于北平”①，可见3卫早已存在，此年始改建于北平，直到四年六月才确立下来，所以《太祖实录》该月又载“置彭城、济州、济阳三卫于北平”②。卫洪武三年底属燕山都卫，八年属北平都司。

《太宗实录》卷1永乐元年六月还提到当时北平“在城七卫”，应指燕山左、燕山右、燕山前、大兴左、彭城、济阳、济州7卫，但永乐元年改属北京留守行后军都督府的卫所中并无彭城卫，或是遗漏，或是在建文中或永乐初卫治与隶属情况都发生了改变，对此史书缺载。

卫与永清左、右卫永乐三年改常山三护卫，宣德二年后复为本卫，迁回北京，改为亲军卫，隶兵部，详见前文“永清左卫”。

彭城即徐州，洪武三年八月的彭城卫应即徐州卫。

9. 济阳卫、济州卫

2卫与彭城卫同时改设于洪武三年八月，治北平。这之前二卫治地应在山东境内。洪武三年底起隶燕山都卫，后改隶北平都司，永乐元年二月改隶北京留守行后军都督府。

济阳卫、济州卫永乐四年二月改为亲军指挥使司，隶兵部。

按《太宗实录》永乐三年二月载“改大宁前卫、济州卫、天策卫为汉府三护卫”，但十四年底汉府护卫被废迁立保安左、右2卫时，史书只言及天策卫，又四年改亲军指挥使司的卫中有该卫，所以推测永乐三年时本卫并未改为护卫。

10. 永平卫

设于洪武三年正月，《太祖实录》这一月载“置永平卫”③。明永平府即今河北卢龙县。该卫洪武三年底起始隶燕山都卫，后改隶北平都司，永乐元年改直隶北京留守行后军都督府。

弘治《永平府志》所言卫“洪武四年建”④，与《大明一统志》、《读史方舆纪要》记载相同，皆指卫署建筑时间。

---

① 《太祖实录》卷55。
② 《太祖实录》卷66。
③ 《太祖实录》卷48。
④ 弘治《永平府志》卷5《兵制》。

11. 真定卫

洪武三年设。嘉靖《真定府志》载卫“在府治东南，本元燕南河北道廉访司治，洪武三年改置真定卫，隶北平都司，永乐元年改直隶京师”[①]，《大明一统志》卷3公署条言该卫治“洪武三年建”，虽皆言治所建筑时间，但是因为北平周边军卫多设于这一阶段，故三年应也就是设卫时间。

卫治真定府，始隶燕山都卫，八年改隶北平都司，永乐元年二月改隶北京留守行后军都督府。

12. 蓟州卫

《太祖实录》载洪武四年七月“置蓟州卫指挥使司”[②]。卫治蓟州，始隶燕山都卫，八年改隶北平都司，永乐元年二月改隶北京留守行后军都督府。

13. 居庸关守御千户所(隆庆卫参见)

设于洪武五年，洪武三十二年改为隆庆卫。《西关志》载“(洪武)五年设守御千户所，三十二年废，改设隆庆卫指挥使司”[③]，《皇明敕修居庸关碑记》[④]及《四镇三关志》[⑤]所记设置年代与之相同，嘉靖《重修隆庆卫儒学记》亦言隆庆卫“洪武己卯(即洪武三十二年)开设”[⑥]。

《明史》卷40《地理志一》载“关口有居庸关守御千户所，洪武三年置。建文四年，燕王改为隆庆卫”，实误。

千户所、卫皆治于居庸关。所始隶燕山都卫，八年后隶北平都司。隆庆卫始隶北平都司，永乐元年后直隶北京留守行后军都督府。隆庆元年(1567)改名为延庆卫。

洪武八年燕山都卫改北平都司后至建文初新设11卫、3所，其中隆庆卫、密云后卫在前文已考述，永宁卫、兴和守御千户所、怀来守御千户所亦在“万全都司建置沿革”一节中述及。

1. 遵化卫

置于洪武十年。《太祖实录》洪武九年八月提到分守北边11卫时未提到该卫[⑦]，可见设于此年之后。《寰宇通志》卷1、《大明一统志》卷1公署条言“洪

---

① 嘉靖《真定府志》卷16《兵防·卫伍》。
② 《太祖实录》卷67。
③ 《西关志》居庸卷之一。
④⑥ 《西关志·居庸关》卷之十《艺文》。
⑤ 《四镇三关志·建置考·昌镇沿革》。
⑦ 《太祖实录》卷108。

武十年建”，虽所言是卫治建立时间，可推知卫也应设于此时。

卫治即今河北遵化。卫始隶北平都司，永乐元年二月改隶北京留守行后军都府。

2. 古北口守御千户所

置于洪武十二年九月，《太祖实录》载这一月“丙辰，置北平永宁卫指挥使司及古北口守御千户所”①。所治即今北京密云古北口，隶北平都司。

洪武三十年改设密云后卫(见后卫条)。

《大明一统志》将设所时间记为“十一年”②，实误。

3. 密云中卫

设于洪武十四年七月。《寰宇通志》卷1、《大明一统志》卷1皆言该卫公署“洪武四年建”，但是《太祖实录》在洪武九年八月朱元璋敕卫守北边的记载中只提到密云卫③，说明此时还无中卫。又《太祖实录》载洪武十四年七月“置密云卫指挥使司”④，按密云卫早在洪武二年已设，在这之前还多次提到，所以疑此时所置应为中卫，前二书所载“四”应为“十四”。

该卫治“在密云县治东”⑤，属北平都司。永乐元年二月改隶北京留守行后军都督府。

4. 山海卫

置于洪武十四年九月。《太祖实录》这一月载“置北平山海卫指挥使司”⑥，嘉靖《山海关志》、《明史》卷40《地理志一》均无异议。卫治即今河北山海关。

永乐元年前隶北平都司，之后改隶北京留守行后军都督府。

嘉靖《山海关志》卷5户口条载卫“领十所……宣德五年调拨左、中二千户所于辽东，见在八千户所”，根据该志统计可知其他8所为右所、前所、后所、中左所、中右所、山海所、中前所、中后所⑦。弘治《永平府志》卷5在记8所时⑧，将中所算入，未录右所，实误。

5. 开平左屯卫、开平右屯卫、开平中屯卫、开平前屯卫、开平后屯卫

5屯卫皆置于洪武二十九年。《太祖实录》这一年五月载“后军都督府言

---

① 《太祖实录》卷126。
②⑤ 《大明一统志》卷1。
③ 《太祖实录》卷108。
④ 《太祖实录》卷138。
⑥ 《太祖实录》卷139。
⑦ 嘉靖《山海关志》卷3《卫学・卫治》、卷4《卫官》。
⑧ 弘治《永平府志》卷5《兵制》。

开平亦立五屯卫，命先置中屯卫，调官军屯守”①，紧接着八月又记“置开平左、右、前、后四屯卫指挥使司。初诏立开平中屯卫，至是北平都指挥使司奏已立中屯卫于沙峪，今议立左屯卫于七合营，右屯卫于军台，前屯卫于偏岭，后屯卫于石塔，俱从之”②。前屯卫治偏岭，《广舆图》绘在独石口以北不远，乾隆《口北三厅志》言“在独石口北四十五里”③，应在今河北沽源县西南。关于中屯卫治地沙峪，《口北三厅志》言“在独石东北七十五里”，其余 3 屯卫治不明，应离开平旧城不远。

5 屯卫属北平都司。永乐元年二月，中屯卫内迁至“义丰旧县”④，在今河北唐山东北，改隶北京留守行后军都督府。其余 4 卫废。《明史》卷 40《地理志一》亦作此载。

洪武三十五年十一月北平都司境内又增大同中屯卫、沈阳中屯卫，大同中屯卫见“山西行都司建置沿革”。

沈阳中屯卫

《明史》卷 41《地理志二》载卫“洪武三十一年闰五月置，建文中废。洪武三十五年十一月复置，属北平都司，后属后军都督府，寄治北直河间县”。洪武三十一年闰五月建文帝刚刚继承皇位，设置该卫的目的应该是为了加强对朱棣的控制。

卫本治沈阳，洪武三十五年复置于今河北河间县，《大明一统志》卷 2 河间府公署条记其“在府治东南”。

除以上卫所外，北平都司区域内还设置过燕王王府护卫，其中左、右、中 3 护卫洪武十五年以后由北平都司兼管。

燕山护卫、燕山左护卫、燕山中护卫、燕山右护卫

洪武四年七月朱棣被封为燕王，五年正月“改龙虎卫为燕山护卫”⑤，后规定一王府可拥有 3 护卫，所以洪武十一年六月时，改“置中、左二护卫指挥使司”⑥，十三年八月又“以北平大兴右卫为燕山右护卫”⑦。

---

①② 《太祖实录》卷 246。
③ 此段所引皆出自《口北三厅志》卷 1《地舆》。
④ 康熙《永平卫志》卷 22《艺文上》(明)姚夔：《开平中屯卫新城记》。
⑤ 《太祖实录》卷 71。
⑥ 《太祖实录》卷 119。
⑦ 《太祖实录》卷 133。

这些护卫治于北平城，初直隶王府，洪武十五年后由北平都司兼管。

洪武三十五年六月，《太宗实录》载朱棣"升燕山中护卫为羽林前卫，燕山右护卫为金吾左卫，燕山右护卫为金吾右卫，俱亲军指挥使司"[①]，万历《明会典》卷124所载同。

三、北平都司卫所的性质

北平都司的实土卫所多分布于边墙以外地区，有开平卫及开平5屯卫、宜兴所、兴和所，居庸关以西尚有永宁卫、怀来所。虽然《太祖实录》载洪武五年七月才"革妫川、宜兴、兴、云州"[②]，但是实际上这些州早已是名存实亡，所以以上卫所从设立之始即可算作为实土。各卫所为实土的时间如表7所示。

表7　北平都司卫所实土时间表

卫　所	实土时间	备　　注
开平卫	洪武二年至永乐元年 永乐四年至明末	永乐元年后改属
兴和所	洪武三十年至明末	同上
宜兴所	洪武三年至建文末	洪武二年至三年间之宣德卫宜为实土，此时燕山都卫尚未建。建文末所废
开平中屯卫	洪武二十九年至永乐元年	永乐元年改属
开平前屯卫	同上	永乐元年废
开平后屯卫	同上	同上
开平左屯卫	同上	同上
开平右屯卫	同上	同上
永宁卫	洪武十二年至永乐十二年前	该卫在此之间废除时间不详，但隆庆州永乐十二年置，所以在此之前卫应为实土
怀来所	洪武三十年至永乐十五年	永乐元年后改属

边墙以南、居庸以东地区皆设有府州县，所设卫所俱无实土。洪武年间北平布政司辖区内由于遭受战争破坏，人口减少，所以北平都司诸卫所军士及家属在当地的日常生活中扮演着重要角色。

---

① 《太宗实录》卷9下。
② 《太祖实录》卷75。

第六节 后军都督府在外直隶卫所建置沿革

明代除了都司、行都司领有卫所外，还有一些特殊地区的卫所直隶于中央的兵部或五军都督府。五军都督府中的各都督府除直接领有一部分京军卫外，直接管辖的京师之外的一些卫所被称为“在外直隶”。前府与右府分别只领有九江卫和宣州卫，中府与后府领有的卫所较多。中军都督府的在外直隶卫所洪武十三年(1380)正月起以南直隶境内卫所为主，后军都督府从永乐元年(1403)开始才领有北京周围的卫所，由于永乐时期特殊的政治与军事情况，后军都督府的在外直隶卫所辖区的地域与数目都有很大的变化。

一、后军都督府在外直隶卫所建置过程

根据洪武十三年正月《罢中书省及都府诏》及正德《明会典》卷108、《明史》卷90《兵志二》所载洪武二十六年左右都司卫所的情况，洪武年间后军都督府治在南京，直接归其管辖的为南京的鹰阳卫等在京军卫，并无在外直隶卫所。

朱棣夺得皇位之初，改其统治最为稳固的北平为北京，为了增强对内及对外的军事控制，永乐元年二月庚戌，朱棣“设北京留守行后军都督府……革北平布政司、按察司及北平都司等衙门”①，北京及附近地区的卫所改直隶留守行后军都督府。永乐十八年“除行在字，在应天者加南京字”②，称后军都督府。洪熙元年(1425)三月“戊戌，将还都南京，诏北京诸司悉称行在，复北京行部及行后军都督”，宣德三年(1428)八月“辛卯，罢北京行部及行后军都督府”③，其后又有所变化，至正统六年(1441)“复除行在字”④。不管名称如何变化，从永乐元年二月起，北京周围的卫所一直隶于后军都督府。明代史书直接将此时北京的留守行后军都督府称为后军都督府。

关于北京后军都督府在外隶属卫所最早的记载是永乐元年二月，根据《太宗实录》的记载，当月有61卫、3守御千户所改隶于留守行后军都督府，“以燕山左，燕山右，燕山前，大兴左，济州，济阳，真定，遵化，通州，蓟州，密云中，密云后，永平，山海，万全左，万全右，宣府前，怀安，开平，开平中，兴州左屯，兴州

① 《太宗实录》卷17。
②④ 《明史》卷76《职官志五》。
③ 《宣宗实录》卷46。

右屯，兴州中屯，兴州前屯，兴州后屯，隆庆，东胜左，东胜右，镇朔，涿鹿，定边，玉林，云川，高山，义勇左、右、中、前、后，神武左、右、中、前、后，武成左、右、中、前、后，忠义左、右、中、前、后，武功中，卢龙，镇虏，武清，抚宁，天津右，宁山六十一卫，梁城、兴和、常山三守御千户所俱隶北京留守行后军都督府”①。其中，燕山左，燕山右，燕山前，大兴左，济州，济阳，义勇左、右、中、前、后，神武左、前、后，武成左、右、中、前、后，忠义左、右、前、后，武功中等卫治所在北京，为在京军卫；卢龙、抚宁、武清、天津右、宁山、涿鹿 6 卫此时还未设置，是后人在编写《太宗实录》时误记；《明实录》其他部分及明代其他史书除记载永乐三年设立的常山群牧千户所外，并无关于常山千户所的记载，应是错记；其余 31 卫所和该条记载遗漏的沈阳中屯卫、大同中屯卫、宣府左卫、宣府右卫、隆庆左卫、隆庆右卫、定州卫共 38 卫②，怀来、兴和、梁城 3 守御千户所散布在北京周边地区，环卫京师，是永乐初年后军都督府在外直隶卫所。永乐元年前后，居庸关外的高山、玉林、镇虏、云川、万全、宣府等卫都曾一度被迁到关内，朱棣把这些原本属于山西行都司、护卫北边的诸多卫所调到京畿，以加强对北京的护卫。但是一旦政权稳固之后，这些卫所又被调回宣大一带，防御蒙古各部。

根据永乐元年以后后军都督府在外卫所和大宁都司的卫所驻地来看，二者的辖地在北京周围地区是交叉在一起的。大宁都司除了驻守保定府之外，营州五屯卫、宽河守御千户所都驻扎在北京周围顺天府境内，宽河所甚至与直隶于后军都督府的遵化卫、忠义中卫、东胜右卫同治于遵化城中。除大宁都司管辖地之外，当时北直隶的大部分区域和居庸关以西直至怀安的卫所尽归后军都督府直接管辖。这种军事上的交叉管理是比较少见的现象，应与永乐初年的政治、军事形势有关。当时大宁都司刚刚从塞外撤回，诸多的军兵一时无法安排，而北京周围又需要牢固的军备，所以营州诸卫、宽河所便被安置在京师附近，大宁中卫、前卫等军卫则安置在北京城中，成为后军都督府在京卫所。

永乐至宣德五年六月间后军都督府在外直隶卫所的辖区一直是跨越居庸关东西的，最西到怀安卫，与山西行都司相邻，最北是塞外的开平卫，东到山海卫长城一线。

永乐中北直隶的防守一直处于不断加强中，增设了许多卫所，其中比较重要的是天津 3 卫，这 3 卫有拱卫河口、保障漕运的功用。对后军都督府在外直隶卫所辖区影响较大的是德州卫、德州左卫、乐安所、蔚州卫、广昌所、宁山卫、

---

① 《太宗实录》卷 17。
② 因永宁卫在洪武末至永乐初的变化不明，未计在内。

平定州所的归属。德州2卫及乐安所改为后军都督府在外直隶卫所以后，山东东北部一带在军事上不再统属于山东都司，而在行政管理上仍属山东布政司；原隶于山西行都司的蔚州卫、广昌所的归属，使得大宁都司西部在军事上被直隶于后军都督府的卫所包裹；原本隶于山西都司的平定州守御千户所的归属，使得直隶于后军都督府的卫所与山西都司犬牙交错；原隶于河南都司的宁山卫归属后府，成为一块军事飞地，嵌在山西、河南二都司之间；蔚州卫、广昌所、平定州所使得后军都督府直接辖区跨越了太行山东西，更有利于拱卫北京。诸多新设与改归的卫所使得永乐后期后军都督府直接辖区达到最大，卫所数目也达到了顶峰。永乐十八年至二十二年，有56卫、6守御千户所共62卫所为后军都督府在外直隶卫所，是明代任何都司都无法比拟的(见下图)。

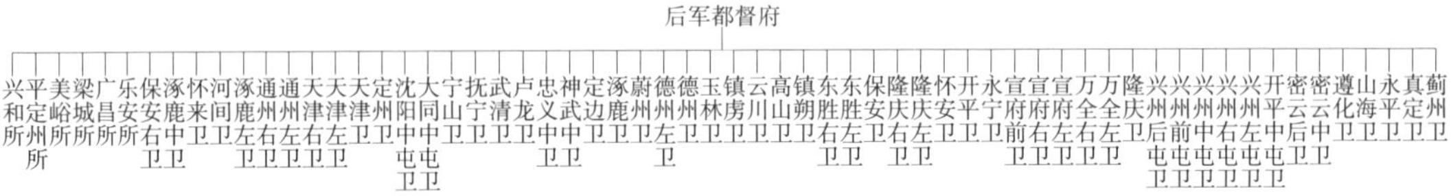

永乐十八年(1420)后军都督府在外直隶卫所统辖结构图

但大量卫所迁至北直隶只是永乐时为巩固政权的权宜之计①，如此之多的军士与家属聚集在北直隶，既增加了对土地的需求，又使宣大一带“边城空旷，守兵不足”②，永乐年间便有万全左卫、万全右卫2卫相继回到它们在居庸关以西的原驻地戍守，但是永乐间迁回的卫所数是极少的。洪熙元年至宣德五年间大批的卫所才被迁回。

洪熙元年十一月，高山、玉林、镇虏、云川4卫迁回山西，改隶山西行都司。宣德元年为了“边备严固”③，宣府左、右2卫迁回宣府。宣德二三年间，宣府一带诸卫增添兵马、筑城修桥、建造神坛，防守设施日益完备。

早在洪熙元年七月，薛禄就已提出移开平卫于独石④。至宣德五年六月开平卫南移至独石堡守备。但是同月设置万全都司，居庸关外的14卫、2所，即万全左卫、万全右卫、宣府前卫、宣府左卫、宣府右卫、怀安卫、开平卫、保安卫、保安右卫、蔚州卫、永宁卫、怀来卫、隆庆左卫、隆庆右卫、兴和守御千户所、

---

① 《宣宗实录》卷15宣德元年三月载明宣宗曾对兵部尚书张本言以居庸关外卫所调戍北京周围，实“永乐初权宜耳”。

② 《宣宗实录》卷4上永乐二十二年十一月载“大同总兵官武安侯郑亨奏：边城空旷，守兵不足……”

③ 《宣宗实录》卷15宣德元年三月载“太子太保阳武侯薛禄奏：宣府临边重镇，洪武中置六卫戍守，后皆改调，惟存宣府前一卫，而左、右二卫今屯定州，请令复还宣府，庶几边防严备”。

④ 《宣宗实录》卷4。

美峪守御千户所全部改归万全都司，宣德六年二月广昌守御千户所也改归其下。万全都司的设置使得北部边防布局更为合理，与山西行都司、大宁都司、后军都督府在外直隶卫所构成了北方完整的防御体系。后军都督府在外直隶卫所数目和辖区的最大变化即发生在宣德五年万全都司设置之时。

宣德六年之后，后军都督府在外直隶卫所除少数调整和新设外，辖区再未有过大规模的变化。当年，与迁到真定的神武右卫一起由京师调到定州的神武前卫被废除，此后直到明末新添设者均为守御千户所，倒马、白羊口、渤海、镇边城、常峪(即立即废)、潮河川 6 所均是为了内外长城的防守而设，沧州所则是为地方治安而设。隆庆初，隆庆卫为避讳改为延庆卫。

后军都督府在外直隶卫所是北京的重要屏蔽，万历时仍领卫 39、守御千户所 9[①]，占后军都督府所领全部卫所总数(包括各都司、行都司统辖的卫所)的三分之一以上。其统辖结构如下图所示。

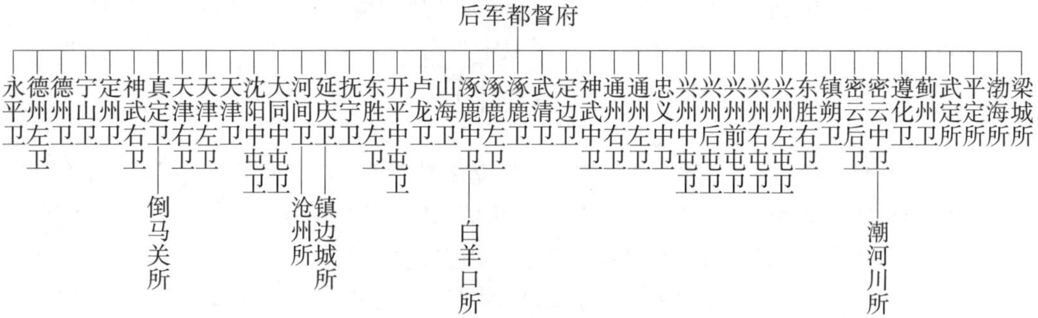

万历年间后军都督府在外直隶卫所统辖结构图

万历《明会典》卷 124 及《明史》卷 90《兵志二》都把宽河守御千户所归入后军都督府在外直隶卫所，《明史》卷 90《兵志二》对明代后期卫所的记载来自万历《明会典》卷 124，而正德《明会典》卷 108、《明史》卷 40《地理志一》、《清通典》都提到宽河所属大宁都司。因宽河所与直隶于后军都督府的遵化卫、忠义中卫、东胜右军同治遵化，使得万历《明会典》误记宽河所入后军都督府在外卫所之列。

二、后军都督府在外直隶卫所沿革考述

后军都督府在外直隶卫所数目众多，仅万历《明会典》卷 124 录万历时尚

① 万历《明会典》卷 124 中录有潼关卫、蒲州所，这一卫一所属中军都督府在外直隶卫所；宽河所应隶大宁都司；顺德千户所应为百户所。

有39卫、9守御千户所(潼关卫、蒲州所、宽河所不隶于后府,顺德千户所为百户所,不计入内)。开平卫、怀安卫、永宁卫、隆庆左卫、隆庆右卫、保安卫、保安右卫、怀来卫、怀来所、兴和所、美峪所沿革见“万全都司建置沿革”,隆庆卫、真定卫、遵化卫、通州卫、蓟州卫、密云中卫、密云后卫、永平卫、开平中屯卫、山海卫、沈阳中屯卫沿革见“北平都司建置沿革”,宁山卫、平定守御千户所见“山西都司建置沿革”,洪熙元年十一月高山、玉林、镇虏、云川迁回山西,改隶山西行都司,其沿革见“山西行都司建置沿革”,万全左卫、万全右卫、宣府左卫、宣府前卫、宣府右卫、定边卫、镇朔卫、东胜左卫、东胜右卫、大同中屯卫、蔚州卫、广昌守御千户所沿革见“山西行都司建置沿革”,兴州五屯卫见“大宁都司建置沿革”,德州卫、德州左卫、乐安守御千户所沿革见“山东都司建置沿革”。

《太宗实录》永乐元年二月的记载并没有分清留守行后军都督府在京和在外卫所,但是根据《明会典》、《明实录》等记载,燕山等20余卫在最初应为后军都督府的在京军卫。与京卫同名的军卫中只有以下4个治所或原本就不在北京城中,或后世由北京迁治他地,成为在外军卫。

1. 忠义中卫

《大明一统志》卷1载“忠义中卫,在遵化县治东南,永乐元年建”,虽所言为建筑时间,但是忠义、神武、武成诸卫都是朱棣在建文中或永乐元年建置,该卫也当于此时设置。万历之前,忠义中卫治在遵化城中。

《日下旧闻考》卷152引《边庭硕画》载“万历元年(1573)侍郎汪道昆阅视蓟镇,条奏善后事宜:以三屯营总兵所治,惟近设守备一员,原无军卫……查忠义中卫设在遵化,该卫三百户所屯地则在三屯营,营由此得名,遵化城附卫一所不为不足,请以忠义中卫移置三屯营,就于三屯营城内空地盖造衙门廨舍居之”,戚继光的《重修三屯营城记》①也记“公于元年条其便宜,制以忠义中卫移之三屯城内……遂置卫增营及缮建公署”,万历元年迁卫治于三屯营,即今河北遵化市东三屯营。

据正德《明会典》卷108,卫为后军都督府在外直隶军卫。

2. 神武中卫

《大明一统志》卷1公署条言中卫“在通州治南,洪武三十三年添设”,《读史方舆纪要》卷11记为“建文二年(1400)燕王所置”。初设时的神武左、右、中、前、后5卫,除中卫外,治所都在北京城中。

① 雍正《畿辅通志》卷98《艺文》。

万历《顺天府志》卷 2《营建志·公署》言中卫“在(通州)钟鼓楼后西北”，由此可知卫治在通州城中。据正德《明会典》卷 108，卫为后军都督府在外直隶军卫。

3. 神武右卫

根据《太宗实录》永乐早期关于神武诸卫的屡次记载，可以推断神武左、右、前、后 4 卫和中卫一样都是在建文中添设的。右卫最早可能与神武中卫一起设置于建文二年。永乐元年二月起为后军都督府在京军卫。治在北京。

后世文献中的神武右卫大多只是从宣德五年开始记载。《宣宗实录》宣德五年三月载“改新调陕西中护卫官军为神武前卫，居定州，左护卫为神武右卫，居真定，而以神武前、右二卫合为义勇左卫”①，新设的神武右卫治真定。

嘉靖《真定府志》记神武右卫“在府治东南，原系陕西华州卫，洪武二十六年改为西安右护卫，宣德五年起调赴京，改今名，移置真定”②，这里的“右护卫”应为左护卫。

4. 神武前卫

最早应与神武中卫一起设于建文二年，永乐元年二月起为行后军都督府在京军卫。根据宣德三年六月“……于是在京……神武前卫、神武后卫……经历司增置经历各一员”③的记载，早期神武前卫治应在北京。

宣德五年“调陕西中护卫官军为神武前卫，居定州”④，卫由后军都督府在京军卫改为在外直隶军卫。原在京的神武前、右卫合为义勇左卫。明代定州在今河北定州市。

万历《明会典》卷 124 记武骧左、右及腾骧左、右 4 卫“宣德八年以各卫养马军士及神武前卫官军开设”，在腾骧右卫下记“旧为神武前卫”，则神武前卫在宣德八年废除。

后军都督府在外卫所除了在其他节中与上文已考证的外，尚新设了以下数军卫。

1. 定州卫

洪武三十五年九月“改大同中护卫为定州卫”⑤，建文元年时代王朱桂废，

---

①④ 《宣宗实录》卷 64。
② 嘉靖《真定府志》卷 16《兵防·卫伍》。
③ 《宣宗实录》卷 44。
⑤ 《太宗实录》卷 12 下。

大同中护卫也随之废除，洪武三十五年当是调原大同中护卫兵立定州卫。治在今河北定州市。

嘉靖《真定府志》卷16《兵防·卫伍》记定州卫“在州治西……永乐初拨真定卫后千户所守御□□□(原文不清晰)所治，仍隶真定卫。永乐中调大同中护卫，遂改为定州卫”，大同中护卫洪武三十五年已改为定州卫，这里的“永乐初拨真定卫后千户所……”是错误的，可能应是“建文初”。

2. 天津卫

该卫置于永乐二年十一月，《太宗实录》这一月载“设天津卫。上以直沽海运商舶往来之冲，宜设军卫，且海口田土膏腴，命调缘海诸卫军士屯守”①，万历《顺天府志》卷6《武备志》记为“永乐二年十一月设天津卫”，《明史》卷40《地理志一》亦采用此说。

《大明一统志》卷2《公署》记天津三卫“俱在静海县小直沽”，即今天津，直隶后军都督府。

康熙《天津卫志》言“永乐三年调补天津卫、左卫”②，应为永乐二年。

3. 天津左卫

嘉靖《河间府志》卷4言“永乐二年调天津卫并天津左卫(于小直沽)”，该卫当是与天津卫一起设于永乐二年底。卫治天津，直隶后军都督府。

4. 天津右卫

《太宗实录》载永乐四年十一月“改青州右卫为天津右卫”③，按万历《明会典》卷124记山东都司“旧有青州左护卫，后改天津右卫”，左护卫五月已废除，这里应是改青州右护卫为天津右卫。

嘉靖《河间府志》卷4记天津三卫“俱在(静海)县北九十里小直沽。永乐二年调天津卫并天津左卫，四年复调天津右卫以守备”。

卫治天津，直隶后军都督府。

雍正《畿辅通志》卷14《建置沿革》言“永乐二年置天津、左、右三卫”是错误的，右卫并没有与左卫同时设置。

《太宗实录》永乐元年二月④在记载归属后军都督府的卫所时已提到该卫和其他几个此时尚未设置的军卫，应是后世在编写《太宗实录》时未仔细考订，以致犯错。

---

① 《太宗实录》卷36。
② 康熙《天津卫志》卷1《建置》。
③ 《太宗实录》卷61。
④ 《太宗实录》卷17。

5. 抚宁卫

《太宗实录》永乐元年二月载归隶北平留守行后军都督府的61卫中有抚宁卫,《明史》卷40《地理志一》载卫“永乐元年二月置”是依靠《太宗实录》这条记载而言的。但是根据《设抚宁卫记》“永乐三年创设抚宁卫”①,《大清一统志》卷14“抚宁故城……明洪武十三年移治县西北兔耳山东,永乐三年于故县置抚宁卫”,卫当设于永乐三年。

卫与抚宁县本不同治,按康熙《永平卫志》卷22《艺文上·抚宁县新城记》②言“洪武十一年知县娄大方以避寇故,请迁治于兔耳山之阳,永乐中复即旧治置抚宁卫,而卫与县相去十里许,皆未有城……时提督左都御史李公……乃具疏,请城卫,并复县治、学校于一城,制曰可……”城卫在成化年间,在此之前卫、县并不在一处,所以《大明一统志》卷5公署条记卫“在抚宁县北十里,永乐三年建”,而弘治《永平府志》卷5《兵制》却记卫“在抚宁县城内西北”。据前引《大清一统志》卷14“抚宁故城……明洪武十三年移治县西北兔耳山东,永乐三年于故县置抚宁卫,成化三年议者请复县于旧址,乃于卫东立县,合为一城,即今治也”,则卫县同治一城发生在成化三年(1467),此后卫治之城即县所在,即今河北抚宁县。

《中国历史地图集》第七册第44～45页明朝京师图将万历十年“抚宁卫”、“抚宁”绘在不同的地方是错误的。

6. 卢龙卫

弘治《永平府志》卷5《兵制》记卢龙卫“永乐四年建”,虽指建筑时间,但根据《太宗实录》永乐四年五月“置北京卢龙卫经历司经历一员”③的记载,卫当在此时或之前不久设置,直隶行后军都督府。

《太宗实录》永乐元年二月④在记载归属后军都督府的卫所时已提到该卫,和天津右卫的错误一样,是后人误记。

康熙《永平卫志》卷9军卫条言“卢龙卫,在永平卫南,永乐四年建”,治在永平府城内,即今河北卢龙县。

7. 武清卫

《太宗实录》载永乐三年十月“置北京武清卫经历司经历一员”⑤,卫当在

---

① 光绪《抚宁县志》卷4录(明)周良臣:《设抚宁卫记》。
② 又见于弘治《永平府志》卷10《文集》。
③ 《太宗实录》卷54。
④ 《太宗实录》卷17。
⑤ 《太宗实录》卷47。

此前不久设置。

《大明一统志》卷 1 公署条言“在武清县治东，永乐四年建”，指公署建筑时间。卫治即今天津西北武清区名叫城关的地方，又名旧武清。

8. 通州左卫

设于永乐五年十一月，“时上以淮安、河南漕运皆至通州，特命增设左卫，建仓廪以贮所漕运之粟”①。卫治通州，“在通州卫东南”②，即今北京市通州区。

通州左卫、通州右卫、通州卫、神武中卫、定边卫称为通州 5 卫③，除通州卫永乐四年改为亲军卫外，其余 4 卫设置之后俱为后军都督府在外直隶军卫④。

9. 通州右卫

《太宗实录》永乐七年九月记“改安吉右卫为通州右卫”⑤，明朝其他史料中并无安吉右卫之说，应是改河南安吉卫为通州右卫。

卫治“在通州东南二里”⑥，为后军都督府在外直隶军卫。

10. 涿鹿卫

《太宗实录》永乐七年七月载“置涿州卫经历司经历”⑦，卫应在此前设置。直隶后军都督府。

《大明一统志》卷 1 公署条言“在涿州治西北，永乐七年建”，卫治即今河北涿州市。

11. 涿鹿左卫

始设于永乐七年冬十月，《太宗实录》这一月载“改宁国卫为涿鹿左卫”⑧，直隶后军都督府。万历《明会典》卷 124 涿鹿卫条下言“旧为河南宁国卫”，应置于左卫条下。

万历《顺天府志》卷 2《营建志·公署》言“涿鹿左卫，在(涿州)州治西”。

12. 涿鹿中卫

永乐十七年三月丙寅“置涿鹿中卫”⑨。

---

① 《太宗实录》卷 73。
② 《大明一统志》卷 1。
③ 见《宣宗实录》卷 5。
④ 见正德《明会典》卷 108。
⑤ 《太宗实录》卷 96。
⑥ 《寰宇通志》卷 1。
⑦ 《太宗实录》卷 94。
⑧ 《太宗实录》卷 97。
⑨ 《太宗实录》卷 210。

万历《顺天府志》卷2《营建志·公署》言“涿鹿中卫，在(涿州)州治东南”，与涿鹿卫、涿鹿中卫同治涿州城中，直隶后军都督府。

13. 河间卫

《太宗实录》载永乐十年二月壬戌“置河间卫，命兵部凡今北京之民见在远卫为军者，遇有亡故，其户丁就于河间新卫补伍”①。

《大明一统志》卷2公署条言卫治“在府治南”，明代河间府在今河北河间市。

建文中至明末北京周围添设了9处守御千户所，按年代顺序考证如下。

1. 梁城守御千户所

洪武三十三年设。《明史》卷40《地理志一》载“宝坻……县东南有梁城守御千户所。建文二年燕王置”，《大明一统志》卷1记载的公署建筑时间与设所时间相同：“梁城守御千户所，在宝坻县东南一百四十里，洪武三十三年建，属后军都督府。”

雍正《畿辅通志》卷13《建置沿革》言宁河县“本宝坻县梁城所地，本朝雍正九年(1731)置县”，清代宁河县城在今天津宁河县北部，地名为“旧宁河”。

2. 武定守御千户所

宣德元年设。《宣宗实录》载宣德元年八月四日甲申“命置武定守御千户所，调德州卫前所官军实之”②，嘉靖《武定州志》兵防志第八也记“明洪武元年置乐安守御千户所。宣德元年平汉庶人，改为武定守御千户所，直隶后军都督府”。

卫治武定州，即今山东惠民县。

嘉靖《山东通志》卷11兵防条言“武定守御千户所，在州治南，洪武元年建乐安守御千户所，宣德五年改为武定守御千户所”，“五年”当为“元年”。

3. 倒马关守御千户所

景泰元年(1450)五月始设，这一月“设紫荆关、倒马关、白羊口三守御千户所……俱从内官武艮言也”③。《西关志·倒马关》卷1沿革载“景泰二年……改调真定卫中千户所官军守御于此”，于谦《忠肃集》卷八景泰二年二月二十二日的上奏言“……后因侍郎江渊具奏，已将保定真定右卫中所调去紫荆，真定

① 《太宗实录》卷125。
② 《宣宗实录》卷20。
③ 《英宗实录》卷192。

卫中所调去倒马关，涿州中卫后所调去白羊”，则倒马关所是调真定卫中所官军设置，《西关志·倒马关》所记“景泰二年”应作“景泰元年”。

《大明一统志》卷3公署条言“守御倒马关中所，在定州西倒马关，属真定卫”，则所仍隶属于真定卫，治即今河北唐县倒马关。

4. 白羊口守御千户所

与倒马关所同时置于景泰元年五月，调涿鹿中卫后所设。《西关志·居庸关》言“涿鹿中卫守御白羊口后千户所，景泰二年调设于此”，“二年”应作“元年”。

据《大明一统志》卷1载“白羊口后千户所，属涿州中卫(即涿鹿中卫)”，则所仍隶涿鹿中卫，治即今北京昌平区西白羊城。

5. 潮河川守御千户所

弘治十七年(1504)正月庚寅，“改密云中卫后所为潮河川千户所，以便防御，仍隶原卫，从巡抚都御史洪钟奏也”①。卫仍隶密云中卫，正德《明会典》卷108记载该所为后军都督府在外守御千户所。

《大清一统志》卷7载“潮河川营城，在密云县东北一百里，南去石匣城四十里，西有小城曰潮河川堡，旧设潮河川守御千户所，今改把总，其东为龙王峪，亦有堡”，所治在今北京密云古北口附近。

6. 沧州守御千户所

置于成化十一年。成化、弘治年间的程敏政所著《篁墩文集》卷24《赠守御沧州正千户赵良玉诗序》言：“成化乙未朝廷始用议者言，徙河间卫一军于沧州，号守御千户所，以渐复前代之旧，有牧以养，有兵以卫，民有所恃以无恐。”成化乙未即成化十一年。疑所仍隶于河间卫。

四库本《大明一统志》卷2公署条提到“沧州守御千户所”，今查天顺本《大明一统志》卷2河间府公署条并无沧州所，前者的记载乃后人添加。

乾隆《沧州志》卷6《兵防》提到“永乐二年立沧州守御千户所”，误。

嘉靖《河间府志》卷4言所治“在州城内”，沧州在今河北沧州市。

7. 渤海守御千户所

弘治年间设置。雍正《畿辅通志》卷40《关津·渤海》言所城“在昌平州东北一百里，明弘治中置千户所，万历初移驻于慕田峪，四年复还旧治”，移驻于慕田峪的时间据《明史》卷40《地理志一》，“万历元年移于慕田峪，四年复故”。

---

① 《孝宗实录》卷207。

《大明一统志》卷 1 言所“在昌平州境黄花镇”,《大清一统志》卷 7 言“黄花路城东,在昌平州东北一百里,旧名白海所”,即今北京市怀柔区西北渤海镇。

8. 镇边城守御千户所

正德十六年(1521)五月,“先是经略边关右副都御史李瓒以居庸关西路灰岭口、上常峪地方外接怀来,所辖隘口计一十二处,曾经鞑虏出没,请添设城堡以控险要。乃筑灰岭口城六百八十丈有奇,上常峪城减十之五,各立楼橹铺舍,至是功讫,议名灰岭口曰镇边城,上常峪曰常峪城,调别堡军士屯守,灰岭口千人,上常峪三百人,改设守御千户所。……兵部覆奏,从之”①。

《西关志·居庸关》记镇边城所“隶隆庆卫,正德十六年添设于此”,则所隶隆庆卫。即今河北怀来县东南的镇边城。

《明史》卷 40《地理志一》言“(昌平府)西有镇边城,又有常峪城,俱正德十年五月筑,各置守御千户所。又有白阳(羊)守御千户所,亦正德中置”。对 3 所设置时间的记载都是错误的。

9. 常峪城守御千户所

正德十六年设。由于万历《明会典》卷 108、《明史》卷 90《兵志二》俱无该所,疑所设立不久即废。所“在昌平州西北八十里横岭城南”②,即今北京市西北长峪城。

万历《明会典》卷 124 与《明史》卷 90《兵志二》均有“顺德千户所”,但《大明一统志》卷 4 顺德府公署条言“顺德守御百户所,在府治东”,雍正《畿辅通志》卷 50 也记载“旗纛庙,在府城百户所治内”,顺德府设置的应为百户所。

《太宗实录》永乐七年六月提到“设北京宣化、清平、居庸、榆林、怀来、宣城、宁远、威远、德胜等卫”③,但是《明实录》及明代史书的其他地方均未提及除怀来卫外的 8 卫,且怀来卫是永乐十七年由保安左卫改设,所以《太宗实录》这条记载应误。

三、后军都督府在外直隶卫所的性质

宣德五年之前,因怀安卫以东、居庸关以西的卫所俱归后军都督府直辖,而这一带设置的州县甚少,万全左、右,宣府左、右、前,隆庆右,保安,保安左,

---

① 《世宗实录》卷 2。
② 《大清一统志》卷 7。
③ 《太宗实录》卷 93。

怀安，怀来，开平等卫所都曾一度领有实土，具体实土时间请见“万全都司建置沿革”一节。

居庸关以东的卫所均为无实土，但其中一些卫所在地方发展中起了重要作用，远非单纯的军事机构，像天津三卫在天津的发展史上就举足轻重，到了清末，“天津卫”还是天津的别称。梁城守御千户所驻地因为人口增加、经济发展，清朝雍正九年改设为宁河县。这些地域的发展都和明代卫所的驻扎有密切的关系。

第三章　右军都督府都司卫所建置沿革

第一节　陕西都司建置沿革

西安都卫与陕西都指挥使司是明军攻破潼关后的产物，曾经一度控制潼关以西的大部分地域，“地方广阔，内连八郡，外控三边，为根本机要重地”①。今日陕西、宁夏、甘肃、青海及内蒙古的一部分，在明初都是其守御的地方。在经过汉唐的繁华之后，西北不再是政治中心，但它的军事地位却不曾逊色。明中后期所设陕西巡抚、三边总制、陕西总兵官等职，更加显现了这一地域在军事上的重要性及一体性。面对着来自北、西北、西南三个方向的敌军，明王朝在这里建立了诸多卫所，这些卫所不仅数量大，而且结构复杂。与华北诸都司显著不同的是，西安都卫及陕西都司的西南部由于面对着“生蕃”，也设置了许多卫所，其中大多数曾一度为实土。在陕西都司所统辖的大部分地区，卫所的军事职能压倒了当地的州县地方行政职能，这一点在正统之后表现尤为突出。

明代有关陕西的书籍、文章众多，对卫所的记载也不少。清朝早、中期亦有部分书籍涉及卫所，因此给人留下其沿革变迁“看似简单”的假象，其实总的来看，明清的记载多偏重于一些比较重要的卫所，可以说没有一种文献叙述整个陕西都司的前后变迁、辖境变化及所属卫所数量、结构与性质。清代《许氏方舆考证稿》、民国慕寿祺《甘宁青史略》等亦是如此。

从地域上来讲，目前对明代陕西都司所属宁夏诸卫所变迁的研究作得比较透彻，以鲁人勇、吴忠礼、徐庄三人合著的《宁夏历史地理考》卷 14《明朝》考述最为完备②。本节对该地区卫所的建置沿革考实部分采用该书的成果，但

① 《关中奏议》卷 6《为考选军政官员事》。

② 鲁人勇、吴忠礼、徐庄：《宁夏历史地理考》，宁夏人民出版社，1993 年。

对其中笔者认为不妥的地方则加以修正。

一、洪武二十六年前的西安都卫及陕西都司

洪武二十六年(1393)前是陕西都司军事管制面积最大的时期,相当于元代陕西行省与甘肃行省的大部分地域。

明军是洪武元年三月兵出潼关的,当时元将李思齐、张良弼等虽仍拥有大量部众,仅李思齐所部就有"十余万"人①,但是大多望风而逃,在没有遇到过多抵抗的情况下,凤翔、秦州、巩昌、临洮、兰州、平凉、庆阳、宁夏等相继而下,不久又下西宁、甘州,整个西北基本得以平定。但是各地仍不断遭到故元残兵的攻袭,如洪武二年八月,故元总制贺宗哲领兵攻凤翔②,当时明朝大军仍在甘州一带流动作战,东部无常备兵力守御,为了防备地方残存势力的破坏,卫所制度在这里得到了推行。

洪武二年建立的延安卫及其下安定守御百户所、凤翔卫、临洮卫都是为适应这种需要而建。洪武三年建置的绥德卫、巩昌卫、平凉卫、兰州卫则分布于各府州治地。洪武三年七月故元参政脱火赤降,置忙忽军民千户所,隶绥德卫。至当年十二月西安都卫设立之时,西北地区共有7卫,分布相当稀疏且不均匀,可以说仍是点状防御。

洪武四年置庆阳卫、环县所、金州卫、汉中所、阶州所,使得陕西卫所分布趋于均匀。由于周边诸多卫所的建立,凤翔卫地位下降,于该年降为守御千户所。

洪武二、三、四年的卫所分布说明早期西安都卫西界至兰州西,北则不包括宁夏一带。在洪武初年,宁夏一带及兰州以西的广大地区没有卫所设置,当时这些地方战争尚未停息,仍处于蒙古诸部的骚扰之下,冯胜等长期率大军在这里作战,还不可能推行适用于和平时期防守的卫所制度。由于战争损耗,人口急剧减少,宁夏最初虽置宁夏府,又是"关内之北门,边外之前户"③,但洪武五年即"诏弃其地,徙其民于陕西"④,弃地不守,也说明当地的居民不是很多,不值得派兵防守。就明王朝不断完善、推行卫所制度来看,在甘州河西走廊一带实施卫所制度只是迟早的事情,而宁夏拥有重要的军事地位,也不会丢置太久。

从洪武四年起至洪武十五年,西安都卫及后来的陕西都司西南部卫所的

① 《太祖实录》卷40。
② 《太祖实录》卷44。
③ 《明太祖文集》卷8《劳宁夏卫指挥敕》。
④ 宣德《宁夏志》卷上。

设置、变动最为频繁。在这一片西至西宁、东至阶州的广大地域内，生存着诸多少数民族部落，它们时叛时降，是这一带不稳定的根源。洪武四年设河州卫(详见下节“陕西行都司建置沿革”)，以土官何锁南普为指挥，同时“置所属千户所八，曰铁城、曰岷州、曰十八族、曰常阳、曰积石州、曰蒙古军、曰灭乞军、曰招藏军；军民千户所一，曰洮州；百户所七，曰上寨、曰李家五族、曰七族、曰番客、曰化州等处、曰常家族、曰爪黎族；汉番军民百户所二，曰阶文扶州、曰阳呱等处”①，由可考的铁城、岷州、积石州、洮州、阶州、文州、扶州诸地名来看，河州卫辖区东至阶州，西至黄河，北达临洮卫界。

最初河州卫辖区很大，随着地方上土官不断表示归顺，明军在这里又建立了几个千户所。这些千户所皆以当地土官为千户，实行以土治土的管理方式。洪武四年傅友德克阶州、文州，四月，土官王均谅来朝贡马，被封为文州汉番千户所副千户，六月文州城被元残兵丁世真攻陷，兵士死伤大半，王均谅亦死，所废。六年，土官赵达又垛集土民建立了文县守御千户所；四年十一月，以土官孙忠谅、赵伯寿建立礼店千户所；十二月，设阶州守御千户所；七年三月，在西固城又设置了以土官韩文质为正千户的千户所。以上 4 所直隶西安都卫及陕西都司，从河州卫中独立出来，并从其东部划出去大片地域，但是从控制面积上讲，河州卫仍是明初陕西西南部的主要统治者。

因为河州卫与各少数民族部落，尤其是藏族地区有着密切的联系，是其与中央交通的孔道，为控制西南重地，“彼方地广民稠，不立重镇治之，何以宣布恩威”②，洪武七年七月在此设立了西安行都卫，兼管河州卫及乌斯藏、朵甘 2 都司，相当于元代的宣政院辖地。

洪武八年西安都卫更名为陕西都指挥使司，又名西安都司；西安行都卫更名为陕西行都指挥使司。

从洪武七年至九年十一月陕西行都司第一次被废为止，河州卫一带不归陕西都司所有，陕西都司西南辖区至临洮府北部(临洮府南部为河州，军事上属河州诸卫)，偏东至西固城，这是都司西南界最小的时期。

虽然河州卫西黄河边有洪武八年设立的属于该卫的归德守御千户所，东界以外又有西固城、阶州、文州、礼店 4 所，但仍不足以平压这一带的“番寇”、“土官”叛乱，陕西行都司兵单力孤，洪武九年十二月被罢，河州卫又归陕西都司辖有。第二年该卫分立为左、右 2 卫，兵力有所增强。

---

① 《太祖实录》卷 60。
② 《太祖实录》卷 91。

为了平定陕西西南部，洪武十一年至十二年间西平侯沐英在这一带“剿寇平叛”，分别设置了岷州卫、洮州卫以管理军民，其中洮州卫是十二年由河州右卫改置。河州左卫同时改置为河州卫军民指挥使司。十五年时又将六年五月所设之秦州守御千户所改为秦州卫。西固城所、礼店所在洪武十一年岷州卫设立时改属该卫，后礼店所在十五年时同阶州所、文县所一起改隶秦州卫。这样一来，秦州卫便控制了巩昌府南部的军事防守。于是在陕西西南部从西往东，河州卫、洮州卫、岷州卫、秦州卫4卫分足鼎立，改变了河州卫独统的局面，有利于当地的稳定。自此，陕西西南不再成为朝廷的大患。直至明末，该地除卫所性质有过变化外，未添置过任何卫所。这4卫的控制地域在元代均属宣政院辖地，明朝在此建立卫所并实行有效管辖，使其与中央的联系得到加强。最初卫所多为实土，到明中后期，由于人口增多，对其地的统治管理日趋成熟，逐渐有了州县设置，地方行政制度与内地趋于一致。

本部分论述之所以以洪武二十六年为时间断限，是因为二十六年时再设陕西行都司于甘州。虽然在此之前洪武十二年时曾一度在庄浪卫治地重设过陕西行都司，以统甘州诸卫，但如昙花一现，当年就被废除。二十六年再设后一直到明末，行都司统辖着河西走廊及西宁，但在此之前，除洪武十二年外，河西走廊及西宁的诸卫皆归陕西都司所有。

洪武二年平定兰州以东后，至洪武五年正月征西大将军冯胜开始率兵进军河西，讨伐扩廓帖木儿。由于元遗兵势力仍比较强，明军在此转战多年，所以卫所的设置时间较迟，数量也较少，且多位于河西走廊的绿洲上，这不仅是生存的需求，也是保持东西交通的需要。首先便是洪武五年建立的位于走廊中枢的甘肃卫(即今甘肃张掖)，同年设庄浪卫(即今甘肃永登)。洪武二十六年前所设军卫都是在二者之间的交通线上添补，洪武七年设凉州卫(即今甘肃武威)，十五年设永昌卫，二十三年设山丹卫，皆为自古以来的河西重地。二十三年十二月改甘肃卫为甘州左卫，二十五年又设甘州右、中、前、后、中中5卫，这样仅甘州一地就有6卫，实力大长，军事地位突出，为二十六年于此设行都司奠定了基础。

河西还有一些卫所集中在湟水岸边。前元甘肃行省右丞朵儿只失结投降后，朱元璋令其招谕部曲，洪武六年正月立西宁卫。十一年又在今青海乐都设庄浪分卫，随即更名为碾北卫，十九年废，改由西宁卫右所守备于此。

另外，洪武七年二月至九年还曾以故元降部在凉州西设立过岐宁卫。

洪武二十六年再设行都司后，临洮以西尽归其辖，陕西都司西界内缩至兰州(见图20)，其统辖结构如下图所示。

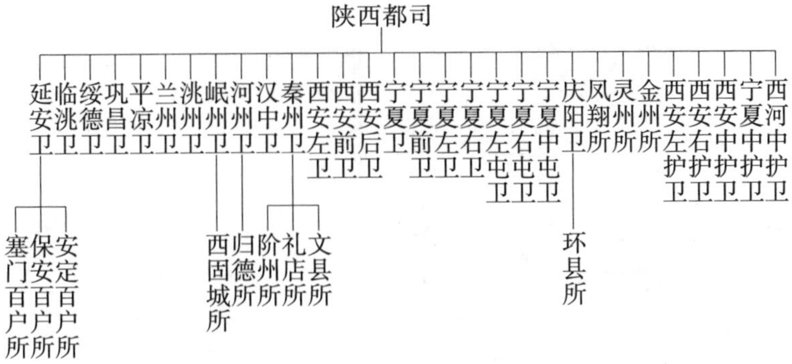

洪武二十六年(1393)重设陕西行都司之初陕西都司卫所统辖结构图

另一个变化较大的地域在宁夏一带。洪武五年明朝弃地不守,但宁夏土地肥沃、灌溉便利,是驻军屯田的理想选择,同时又可利用黄河屏障防御西北的敌人。九年始设宁夏卫于今宁夏银川老城,由耿忠率谪戍之人及延安、庆阳骑士守御。十七年在城中添设宁夏左、右、前 3 卫,二十五年又增左、右、中 3 屯卫,于是宁夏一城 7 卫。十六年筑灵州新城,以降人四百,兼调宁夏前卫六百户,置灵州河口守御千户所,即灵州守御千户所,直属陕西都司。

陕西都司北部延安、绥德一带在正统以前对外防御的职责并不重,最初黄河以北尚有东胜诸卫,永乐后诸卫虽内迁,但在正统十四年(1449)前仍有兵巡视其地,蒙古诸部尚未危及鄂尔多斯高原,洪武四年一直到成化六年(1470)之前这一带未添设过任何卫与守御千户所。府谷、榆林等地均由绥德卫派兵驻守①。此外,延安卫下有 3 个守御百户所,即洪武二年设的安定守御百户所,十二年置的塞门守御百户所、保安守御百户所,应是在相对紧要之地派百户所守备,地位较高,直隶于卫,而不是像其他百户所那样隶于千户所,这种设置在北方极少。

陕西腹地除西安府治地设有众多军卫外,其他诸府多是一卫一守御千户所。西安是西北重地,仅洪武六年就在此设置了西安前、后、左、右、中,秦川,华山 7 卫。二十五年至二十六年初,西安中卫、西安右卫、华山卫、秦州卫被废除,军兵分别补入西安中、左、右 3 护卫。西安前、后、左卫除军事防御外,还要负责西北、西南来的诸部族使节迎来送往的工作,“外夷使客络绎往来日逐,供赡取于军”②。

---

① 嘉靖《陕西通志》卷 9、《明经世文编》卷 69 中的《王威宁文集·屯御疏》皆载洪武初年“拨绥德卫千户刘宠屯治”榆林。《太祖实录》卷 145 载洪武十五年五月“(镇西卫)本卫即分兵戍保德,绥德卫复分兵戍府谷……”

② 《英宗实录》卷 47 正统三年十月。

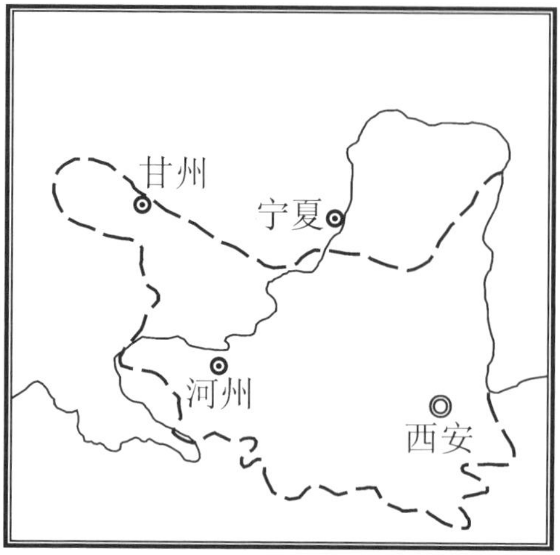

洪武六年西安都卫辖区

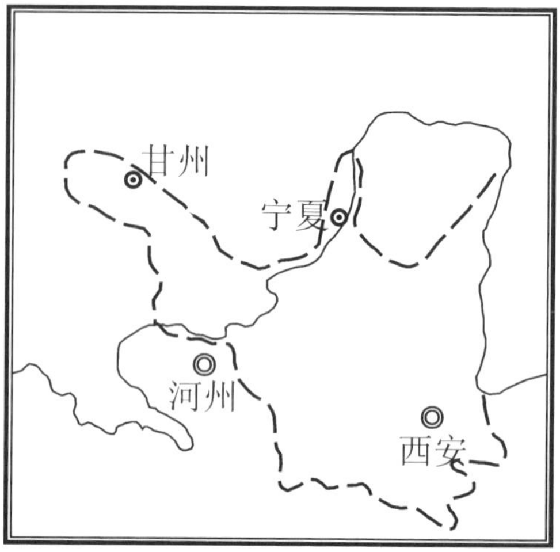

洪武七年至九年西安都卫及陕西都司辖区

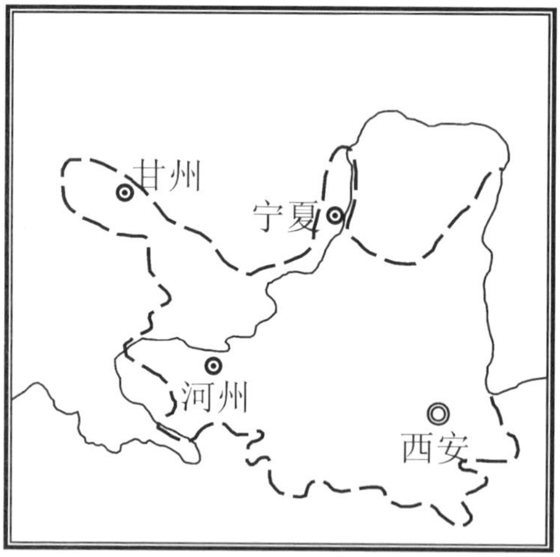

洪武十年至十一年、十三年至
二十六年陕西都司辖区

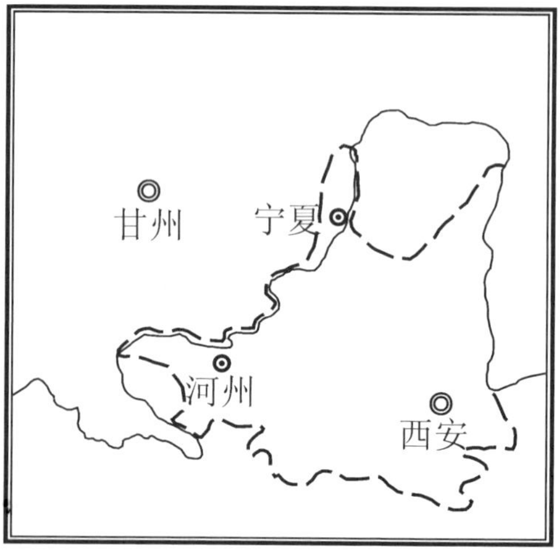

洪武十二年、洪武二十六年至
明末陕西都司辖区

图 20　西安都卫及陕西都司辖区简图

洪武十三年三月汉中守御千户所改为汉中卫，盖因该地处于陕蜀交界处，易于为流民啸聚。

潼关虽是西北门户，但是一直到洪武七年才设守御千户所，隶陕西都司，九年改为卫，改隶河南都司，永乐中改直隶中军都督府，成为陕西都司与河南都司间的一块飞地。

洪武二十六年之前陕西都司还曾拥有 5 个王府护卫，最初五年设的为秦府西安护卫，八年以后改为西安左、中、右 3 护卫，但是一直到洪武十五年闰二月，王府护卫才归由所在地都司兼管，西安 3 护卫开始隶于陕西都司。加上洪武二十四年五月置岷府西河中护卫和庆府宁夏中护卫，至二十六年初都司下有 5 护卫。

在洪武二十六年重设陕西行都司之前，陕西都司东至黄河、潼关，西至甘州以西，西南至河州卫，南至汉中与四川都司界，北至宁夏。设行都司之初陕西都司共计拥有 19 卫、3 屯卫、5 护卫、3 一级所、6 二级所、3 守御百户所。

二、洪武二十六年至成化初陕西都司卫所的建置过程

洪武二十六年再设陕西行都司于甘州，庄浪以西归其辖，陕西都司西界缩至兰州西，南北无变化。从此，都司的军事辖界基本稳定下来，卫所设置、废迁都发生在这个辖区之内(见图 21)。洪武末至成化初变化最大的地域是西北宁夏一带，其次是汉中。

汉中只是在洪武三十年九月添设了宁羌卫与沔县所。汉中处于陕、川、鄂交界之处，向来是流民啸聚之地。洪武三十年初沔县县吏高福兴及民人田九成等相谋作乱，“聚众至千余人，而陕蜀间番民因之作乱”①，攻入略阳、徽州。三月，“上以川陕之间山深道阻，故寇盗得以藏匿，出没不常，乃诏陕西……征西将军长兴侯耿炳文等于沔县、徽州之境据要害立营。遣兵入捕高福兴等”②。九月，明军杀掉高福兴之后，因“沔县大安之地连接一百八渡及虞关等处，盗贼出没，皆由此路，宜置卫镇之”③，于是在大安设宁羌卫，沔县调汉中卫右千户所守御，仍隶汉中卫，史称“沔县守御右千户所”或“沔县千户所”。汉中卫、宁羌卫、沔县所、金州所一直控御着陕南。

宁夏一带的卫所在洪武二十六年至永乐初变化比较复杂。首先是庆阳卫

---

① 《太祖实录》卷 249。
② 《太祖实录》卷 250。
③ 《太祖实录》卷 255。

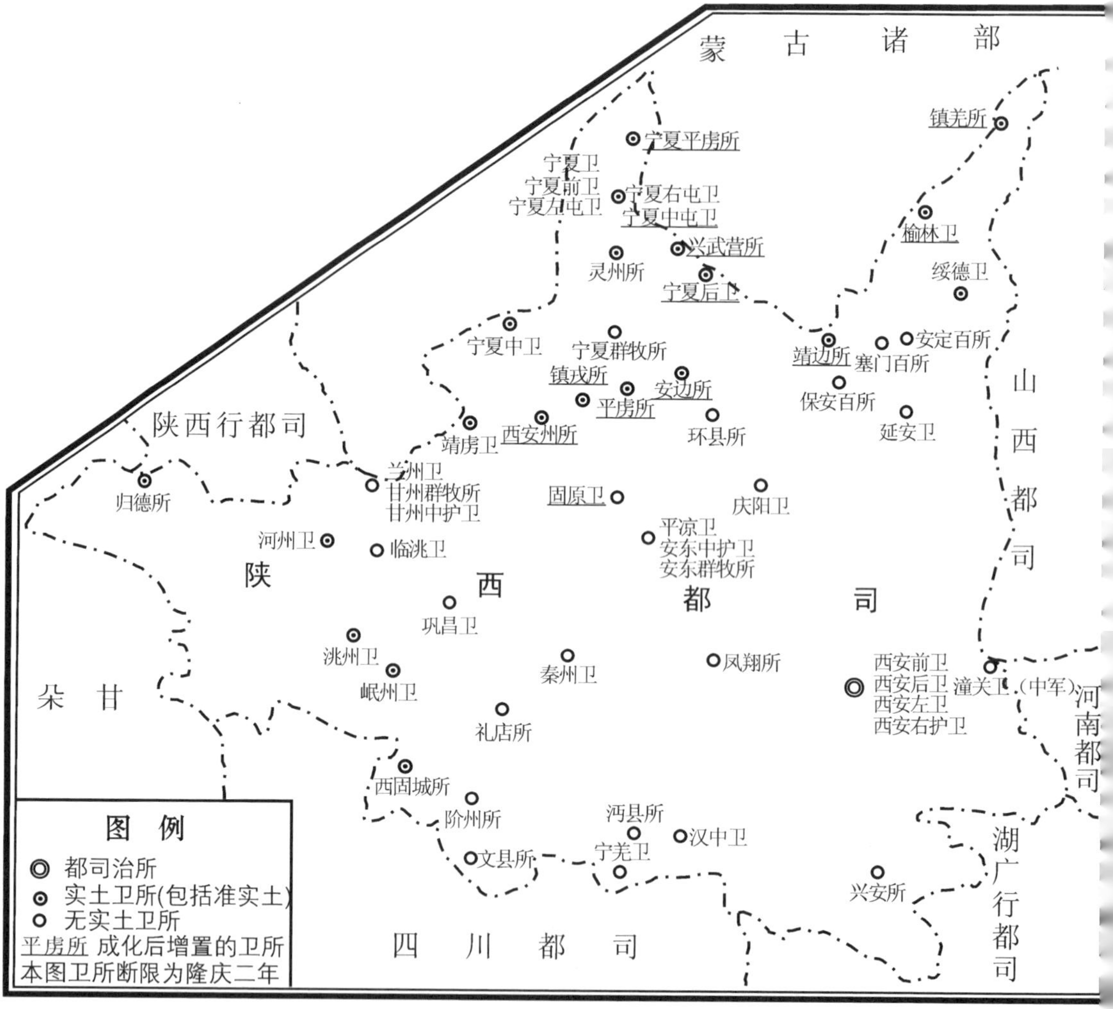

图 21　洪武二十六年(1393)后陕西都司辖区及卫所分布图

改为宁夏左护卫，宁夏卫改为右护卫，2 护卫均治韦州，三十四年底随庆府迁至宁夏。永乐元年再置宁夏卫。宁夏左屯卫、右屯卫、中屯卫、前卫、左卫、右卫都在建文初废，建文四年(1402)复置，但第二年即永乐元年，右卫改为庆阳卫，左卫废为庆府护卫，永乐四年中屯卫并入宁夏卫。宁夏在城只剩宁夏卫，宁夏左屯卫、右屯卫、前卫 4 卫，加上永乐元年于宁夏西南黄河北岸置的宁夏中卫，即后世书中所言宁夏 5 卫。宁夏银川一带沟渠纵横，灌溉便利，又极少民人，军士及家属在此开垦屯田。由于宁夏卫所较多，地理位置又非常重要，所以在正统时曾有建议设立“宁夏行都司”，但是兵部不同意，认为“宁夏非甘肃比。盖甘肃去陕西都司绝远，又其属卫十有三处，而宁夏止有五卫，稍近都司，况今朝廷专委大臣镇守其地，足以综理军政、绥靖边陲”①。不设宁夏行都司的原因还有一条，即宁夏与固原、平凉、庆阳的军事防守是一体的，为贺兰山及黄河的一道屏障，按军事分区必须有利于调动、防守的原则，宁夏亦不宜于从陕西都司中分离出去。后世三边总制、陕西总兵官的设立都说明了陕西北边防守的一体性。

正统至成化前陕西都司只增加了靖虏卫、固原守御千户所。宣德年间，故元遗兵常入犯甘宁，威胁到中卫以南黄河东岸迭烈孙一带(在今甘肃靖远县北)，当地巡检司巡检“请设兵卫，填实边隅，以便拒守”②，正统元年(1436)在迭烈孙设靖虏卫，二年时以城逼临河水、多沙碱地，迁卫至古会州城，即今靖远县城，地势平坦，适于耕种。卫“面山背河，地势险阻，所以扼虏之冲，使不敢南，临、巩诸郡实籍是以为藩蔽，诚重镇也”③，是宁夏诸卫与兰州卫、临洮卫联系的中枢。

固原本距边墙较远，相对而言为内地，正统十年居于此的楚、肃二府及黔国公家养马军校及其家人“在平凉地方凭恃威势，恣行劫夺”④，因而开设巡检司，但当地“土达”仍时起为盗，巡检司不足以防御，再加上正统末“北虏”屡次入侵此地，调集临近卫所官军守备已非常策，景泰三年(1452)以“固原州古城地通北虏，最为要冲”⑤，调平凉卫一所官军立固原守御千户所。

在陕西都司历史上还曾拥有 3 个群牧千户所，洪武十七年置宁夏群牧千户所于韦州，三十年迁甘州群牧千户所于庆阳西，宣德初迁安东群牧千户所于

---

① 《英宗实录》卷 46。
② 道光《靖远县志》卷 1《建置沿革》引康熙旧志。
③ 《明经世文编》卷 142《刘文安公文集·靖虏卫改修祖厉河记》。
④ 《英宗实录》卷 130。
⑤ 《英宗实录》卷 221。

平凉，这 3 个群牧所名义上属都司，实际上属庆府、肃府及韩府，“掌藩卫刍牧之事”①，替王府养马。这一段时间内王府护卫变动也很大，永乐、宣德年间都注重削夺诸王兵力，许多护卫被废。庆府宁夏左、右 2 护卫置于洪武二十八年，治韦州，三十五年迁宁夏，永乐元年废，只剩下洪武二十四年设的中护卫。宣德四年(1429)，宣宗以秦府阴谋造反为由，调西安中、左 2 护卫至北京，分别改为神武前卫、神武右卫，秦府也只剩下右护卫。岷府本来就仅有洪武二十四年设立的西河中护卫，二十八年也随王府迁往云南。安王平凉中护卫永乐六年随王就国平凉，永乐十五年安王死后封除，护卫亦废。添设的唯有安东中护卫，该护卫洪熙末宣德初随韩府从辽东迁至平凉后一直存在。洪武三十一年三月肃府迁至兰州，甘州右、中 2 护卫随之迁移，改属都司。宣德七年肃王以闲散无差遣请废护卫，宣宗废除其右护卫，留甘州中护卫。因此，宣德七年后，陕西都司只拥有 4 个王府护卫，至正德五年(1510)八月，因庆府安化王置鐇反，庆王台浤从叛，宁夏中护卫亦革为宁夏中屯卫。这样陕西都司仅有安东中护卫、秦府右护卫、甘州中护卫 3 护卫。

永乐初年之后，陕西一带的设卫速度明显慢了下来，但是到成化以后形势有了改变。

三、新的建置期——成化以后的陕西都司

正统末年蒙古诸部的势力日炽，不断南侵，明王朝的军事控制范围随之南缩。成化时，入侵河套一带的蒙古部族逐渐成为明朝陕西边防大患，“自成化五年以来，秋冬则举众为寇，春夏则潜退河套，近边军民多被抢”②，“虏始入套，抢掠即出，不敢住牧。弘治十三年(1500)虏酋火筛大举入套，始住牧。正德以后应绍不、阿儿秃期、满官嗔三部入套……兵约十万，俱住牧套内，时寇宁甘固宣大等”③。虽然明朝屡有复套之议，皆未实施。整个陕西的北边，从绥德至宁夏、固原形势骤紧，对西边影响更大，“成化以前虏患多在河西，自虏拒套以来，而河东三百里间更为敌冲”④，宁夏、固原成为北防的重点。

蒙古诸部入套首先威胁的便是河套以南的绥德、榆林、延安一带。这一带在成化以前仅有延安、绥德 2 卫，从府谷至庆阳以北的日常守备单弱，只有每年从内地卫所调集班军轮番驻守。成化六年(1470)，因榆林、安边、镇羌三地

---

① 嘉靖《平凉府志》卷 9。
② 《明经世文编》卷 61《余肃敏公文集·为边务事》。
③ 《明经世文编》卷 250 魏焕：《巡边总论三·榆林边夷》。
④ 《明经世文编》卷 232《许恭襄公边镇论·宁夏镇》。

"鞑贼侵害腹里,多由三边而入……东西相去道路适均,俱系紧关要处"①,而设榆林、安边、镇羌3卫。成化中期安边卫由旧安边营迁往新安边营,并与镇羌卫一起改为守御千户所,分隶于庆阳卫、榆林卫。

促使固原守御千户所改为固原卫的因素除了蒙古人入侵外,当地盗寇盛行也是一个主要原因,"内为土达巢穴之所,外为北虏出没之所,守城唯一千户所,军少势孤"②。成化三年,蒙古军攻破开城县;四年土达满四反,集聚千人,据石城为守。内外交困使得成化五年平乱之后,朝廷立即改守御千户所为卫,同时在其北西安州设守御千户所,隶固原卫,"以扼其要冲"③。西安州所"近边套虏值此冬踏冰入犯,此地尤司震邻,亦要害一都会也"④。成化十二年,"户部会议……'固原卫迤北葫芦峡口并魏王城俱有古城一座,通宁夏韦州,计周围数百余里,内为土达居住之巢穴,外为虏寇出没之喉咽。……仍修理魏王城,设平虏守御千户所。其葫芦峡口设镇戎守御千户所,俱隶固原卫。其间地则为屯田,且耕且守,五年后方令纳粮'"⑤,最终此年只设置了镇戎守御千户所。魏王城又名预望城,"去韦州嬴山仅百里,河套住牧之虏入寇固原、平凉,势必由此。其地土衍沃,可屯可守。成化间屡遭虏患,都御史余子俊设立所,既有成命,因循不举者二十年。弘治末,虏复由此深入"⑥,弘治十四年总制秦纮再请建所,但一直到弘治十八年,都御史杨一清才最终设所。

弘治以后入侵固原一带的"北虏"大多都是由花马池深入,"窥平、固,则犯花马池之东;入灵州深处,则清水营一带是其径矣"⑦,因此宁夏东部花马池亦开始增加防守。弘治七年置花马池守御千户所,直隶陕西都司。但一所的兵力不足以守备,正德元年九月杨一清上言"陕西各边惟花马池至灵州一带地理宽漫,城堡稀疏,兵力单弱……花马池东路虽有守御千户所之设,然兵力单寡,而兴武营相去已远,有警猝难救援。宜将花马池守御千户所改设宁夏后卫,兴武营添设守御所"⑧,于是宁夏又多了一卫一所。

正德五年庆王台浤从安化王置鐇反,庆府宁夏中护卫废,改设宁夏中屯卫,宁夏在城重新拥有6卫。嘉靖《陕西通志》卷7提到当时有"四护卫",但是实际上嘉靖时只剩下安东中护卫、甘州中护卫、秦府右护卫3护卫,且该书卷

① 《皇明弘治六年条例·在京并陕西、河南、山西等处问拟充军罪囚暂发延绥等卫差操例》。
②③ 《宪宗实录》卷63。
④ 万历《固原州志》上卷《建置志第二》。
⑤ 《宪宗实录》卷157。
⑥ 《武宗实录》卷2。
⑦ 《明经世文编》卷232《许恭襄公边镇论·宁夏镇》。
⑧ 《武宗实录》卷17。

5 在讲到庆府公署官属时只提到仪卫司，可见庆府护卫已废，疑嘉靖《陕西通志》沿袭了前人正德五年以前的记载。

正德中又在凤翔所西汧阳设守御千户所，隶陕西都司，寻废，史书对此所的记载绝少，故设置的具体情况不明。

到嘉靖初，陕西都司共拥有 48 个卫所（不包括守御百户所），即 23 卫、3 屯卫、3 护卫、5 一级守御千户所、11 二级守御千户所、3 群牧千户所，另有守御百户所 3。

嘉靖二十二年（1543）阶州所改直隶于都司。

嘉靖三十年，又在宁夏城北设平虏守御千户所，直隶陕西都司。其守御之地本为宁夏前卫后所守备，“东为河套，西距贺兰，北御沙漠，三面受敌”①，“诸虏出没不时，实难战守”②，以至于巡抚都御使张文魁奏改后所为平虏守御千户所。

明朝陕西都司最后设置的卫所为隆庆元年（1567）二月的榆林西延安卫靖边守御千户所。正德初灵州改直隶都司，万历后又改隶宁夏卫。自此至明末，陕西都司拥有 23 卫、3 屯卫、3 护卫、3 群牧千户所、6 直隶于都司的一级所、12 属于卫的二级所、3 个守御百户所，其统辖结构如下图所示。

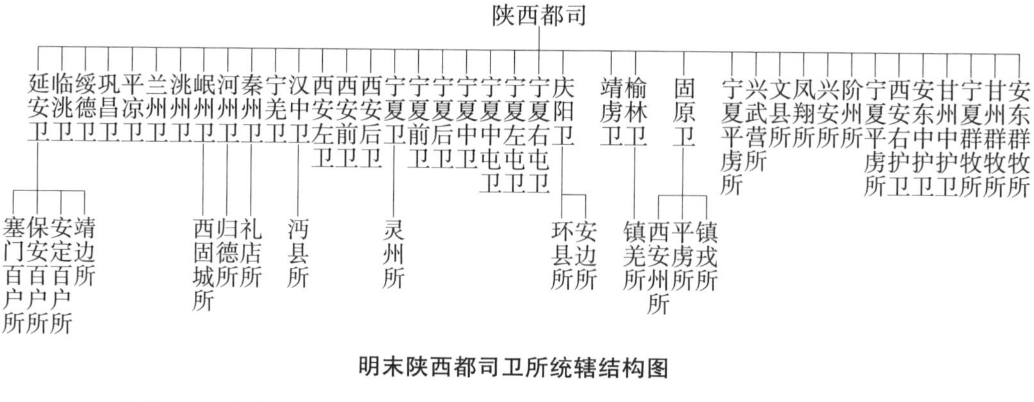

明末陕西都司卫所统辖结构图

成化以后中南部除汧阳所外再无新的设置，增加的卫所都分布于都司的北部，且多集中于宁夏、固原。

四、陕西都司卫所沿革考述

西安都卫置于洪武三年十二月，《太祖实录》这一月载“置河南、西安、太

① 《世宗实录》卷 236。
② 嘉靖《宁夏新志》卷 1。

原、武昌四都卫指挥使司”①，始隶大都督府。八年九月改“西安都卫为陕西都指挥使司”②，自此一直到明末，该都司一直存在。洪武十三年废大都督府改设五军都督府，都司隶右军都督府。

洪武八年九月前西至甘州、东至潼关的西安都卫辖境内前后设立过诸多卫所（其中甘肃卫、永昌卫、庄浪卫、凉州卫、永昌卫、山丹卫、甘州左卫、甘州右卫、甘州中卫、甘州前卫、甘州后卫、甘州中中卫 12 卫在下文“陕西行都司建置沿革”一节中加以考订）。因西安都卫是陕西都司前身，故洪武八年前建立的卫所皆记为“隶西安都卫（陕西都司）”。分述其沿革如下。

1. 延安卫

置于洪武二年十月，《太祖实录》这一月载“乙酉，置延安卫，命怀远卫指挥使许良领兵守之”③。后隶西安都卫（陕西都司）。卫治延安府。

塞门守御百户所，《明史》卷 42《地理志三》载安塞“又北有塞门守御百户所，洪武十二年置”，所隶延安卫。《大明一统志》卷 36 延安府公署条记所“在安塞县北一百五十里，洪武十二年建”，明代安塞县在今陕西安塞西南旧安塞，塞门百户所当在其北镰刀湾镇塞木城子。

安定守御百户所，《大明一统志》卷 36 延安府公署记安定守御百户所“在安定县治北，洪武二年建”，虽所言为所公署建筑时间，设所也可能在此时。明代安定县治在今陕西子长县西安定。

保安守御百户所，《大明一统志》卷 36 延安府公署条记保安守御百户所“在保安县治南，洪武十二年建。以上三所俱隶延安卫，分守于此”。明代保安县在今陕西志丹县。

2. 临洮卫

《太祖实录》载洪武二年四月“命立临洮卫”④。后属西安都卫（陕西都司），治临洮府。

《大明一统志》卷 36 临洮府公署条下言“临洮卫，在府治东，洪武三年建”，指卫治建筑时间。嘉靖《陕西通志》卷 9《建置沿革》、《雍大记》卷 26、万历《临洮府志》卷 3《沿革考》把三年作为设卫时间，实误。

3. 凤翔卫、凤翔守御千户所

《大明一统志》卷 34 凤翔府公署条载“凤翔千户所，在府治东，洪武二年建

① 《太祖实录》卷 59。
② 《太祖实录》卷 101。
③ 《太祖实录》卷 46。
④ 《太祖实录》卷 41。

卫，四年改为所”，按乾隆《凤翔府志》所引旧志亦言“洪武二年置凤翔卫，后改凤翔守御千户所”，与《大明一统志》所载基本一致。他史记载不多，今故从《大明一统志》。

凤翔卫隶西安都卫，凤翔守御千户所隶西安都卫（陕西都司）。

又，洪武间有一京卫亦以“凤翔”为名。

4. 兰州卫

《太祖实录》载洪武三年四月“置兰州卫”，其他史籍同。卫隶西安都卫（陕西都司），治兰州。

5. 巩昌卫

设于洪武三年正月，《太祖实录》这一月载“置巩昌、平凉二卫指挥使司”①。卫隶西安都卫（陕西都司），治巩昌府，即今甘肃陇西县。

6. 平凉卫

洪武三年正月置。卫隶西安都卫（陕西都司）治即今甘肃平凉市。

7. 绥德卫

《太祖实录》载洪武六年正月“置绥德卫”②，但是《太祖实录》在洪武三年时已多次提到该卫，如七月“故元参政脱火赤等自忙忽滩来归，诏赐冠服，置忙忽军民千户所，隶绥德卫”③，十二月“延安卫指挥李恪、绥德卫指挥朱明等追败故元……”④可见该卫最迟洪武三年已存在，三年至六年间变化不明。

卫属西安都卫（陕西都司）。卫治即今陕西绥德县，明朝时地属延安府。

忙忽军民千户所，置于洪武三年七月，据上引言“故元参政脱火赤等自忙忽滩来归，诏赐冠服，置忙忽军民千户所，隶绥德卫”。治地不明。

8. 庆阳卫、环县守御千户所

《雍大记》卷5载“洪武四年设庆阳卫于府城内，隶陕西都司”，按《大明一统志》卷6庆阳府公署条言“庆阳卫，在府治西北；守御环县千户所，在环县治东南，本庆阳卫前千户所守御于此。俱洪武四年建”。由此可见庆阳卫的确设于洪武四年，且这一年其前千户所调环县防守，嘉靖《庆阳府志》记为“洪武间拨前千户所守御环县，仍隶本卫”。

庆阳卫在洪武间曾一度被废，二十八年四月“陕西都司调庆阳卫为庆王宁

① 《太祖实录》卷48。
② 《太祖实录》卷78。
③ 《太祖实录》卷54。
④ 《太祖实录》卷59。

夏左护卫”①,但是永乐元年二月又重置,“改宁夏右卫为庆阳卫”②。在庆阳卫废除期间,环县所应改直隶于陕西都司。

9. 金州守御千户所、兴安守御千户所

嘉靖《陕西通志》载“洪武四年设金州守御千户所,隶陕西都司”③。《诸司职掌》、《大明一统志》卷32在列陕西都司卫所时皆有该所,可见该所的确直隶于都司,为一级所。所治即今陕西安康市。

万历《明会典》卷124陕西都司兴安千户所条下言“旧为金州千户所,万历十年改”,万历十一年(1583)八月金州改为兴安州④,所以千户所改名亦应在十一年。

和刻本《大明一统志》卷34言“兴安守御千户所”,应是后人所改。

10. 文州汉番千户所、文县守御千户所、文县军民千户所

洪武四年四月至六月为文州汉番千户所。洪武六年至洪武二十七年、成化十一年二月至明末为文县守御千户所。洪武二十八年至成化十一年为文县军民千户所。

在明代文县之地最早设立的千户所为文州汉番千户所,《太祖实录》洪武四年四月“置文州汉番千户所,以王均谅为副千户……至是来朝贡马,因授以职,使还戍其地”⑤。所隶西安都卫。

洪武四年六月“戊戌,伪夏平章丁世真率众寇陷文州,指挥佥事朱显忠死……千户王均谅被执不屈,蜀人磔之于文州东门”⑥,文州汉番千户所不复存在。

嘉靖《雍大记》卷6载,“洪武六年设守御千户所,土官千户赵达垛集土民收军,隶陕西都司,洪武十五年改隶秦州卫……洪武二十七年千户张者作乱,命平羌将军宁政率兵擒诛,本所军士俱调浙江海门等卫。洪武二十八年改设文县守御军民千户所,直隶陕西都司。成化九年都御史马文升奏复文县”,嘉靖《陕西通志》卷8所记与之基本相同。《大明一统志》亦言“本朝洪武四年改为文县,属阶州,二十三年省入阶州,二十八年建文县守御军民千户所,隶陕西都司”⑦,

---

① 《太祖实录》卷238。
② 《太宗实录》卷17。
③ 嘉靖《陕西通志》卷8《建置沿革》。
④ 《神宗实录》卷140。
⑤ 《太祖实录》卷64。
⑥ 《太祖实录》卷66。
⑦ 《大明一统志》卷37《文县守御军民千户所·建置沿革》。

按《太祖实录》洪武二十七年八月有派平羌将军讨伐张者的记载①,二十八年正月平之②,故《雍大记》所言应是可靠的。

据《宪宗实录》载成化十一年二月"丙申,设陕西文县守御千户所",当是在成化九年重设文县之后,把军民千户所也改为守御千户所。

在洪武六年至十四年、洪武二十八年至明末两个阶段中文县所为一级所,洪武十五年至二十七年为二级所。洪武二十三年至成化九年前千户所为实土,成化九年起重设文县,所名去"军民"二字,变为无实土。

《明史》卷42《地理志三》言"(洪武)二十三年改文县守御军民千户所",误。

11. 礼店守御千户所

最早置于洪武四年十一月。《太祖实录》这一月载:"置礼店千户所。以孙忠谅、赵伯寿为正千户……忠谅本文州汉军,为西番万户府正万户……傅友德征蜀,师次秦州,率所部降。与文州汉番千户王均谅俱从友德,克阶、文二州,至是蜀平,忠谅率其军民千户……等入朝贡马……遂置千户所并所属百户所。"③

《明史》卷42《地理志三》言礼店所"(洪武)十一年属岷州卫,十五年改属秦州卫",嘉靖《陕西通志》亦作此载。因此,该所在洪武十一年前应为一级所,十一年后为二级所。另《大明一统志》卷35及其他一些史籍中将其称为"礼店守御前千户所",可见曾从秦州卫中拨前所军隶于该所。所治在今甘肃礼县。

12. 阶州守御千户所

最早置于洪武四年十二月。《太祖实录》这一月载"置永宁、贵州二卫及瞿塘关、汉中、阶州三守御千户所"④。所治在今甘肃陇南市武都区城关镇。

《大明一统志》记"礼店守御前千户所……阶州守御右千户所,在州治西,洪武四年建,俱隶秦州卫",但是按《明史》卷42《地理志三》礼店所洪武十一年起属岷州卫,十五年改属秦州卫,阶州尚在礼店之南,在十一年时也有可能一起改属岷州卫,或是该所十五年之前一直是直属都司,为一级所,十五年改隶秦州卫,为二级所。至于哪一个卫的右所军拨属于阶州所,还有待于进一步的资料证明。

---

① 《太祖实录》卷234。
② 《太祖实录》卷236。
③ 《太祖实录》卷69。
④ 《太祖实录》卷70。

嘉靖二十二年八月，阶州所改直隶都司，为一级所。《世宗实录》载：庚寅“改陕西阶州千户所为阶州守御千户所，隶陕西都司。先是所隶秦州卫，相距千四百余里，文移迁滞，有言其不便者，兵部议覆改之”①。

嘉靖《陕西通志》言“（洪武）二十五年设阶州守御千户所”②，实误。

另外正德《明会典》卷 108 在列陕西都司卫所时提到“阶州卫”，但同时亦有阶州所，万历《明会典》卷 124 因袭言“旧……有阶州卫……今俱革”，按嘉靖《陕西通志》、《雍大记》等书都未提过该卫，另外在明代同治地即设卫又设守御千户所的情况极少，应是《明会典》记载有误。

13. 汉中守御千户所、汉中卫

《太祖实录》载洪武四年十二月“置永宁、贵州二卫及瞿塘关、汉中、阶州三守御千户所”③，洪武十三年三月“置长沙护卫、汉中卫二指挥使司”④，卫由所改置。所、卫皆治汉中府，所隶西安都卫（陕西都司），卫隶陕西都司。

14. 西安前卫

置于洪武六年五月。《太祖实录》这一月载“置西安前卫”⑤。卫治西安，隶西安都卫（陕西都司）。

15. 西安后卫

《太祖实录》载洪武六年十月“是月，置西安后卫”⑥。卫治西安，属西安都卫（陕西都司）。

16. 西安左卫、西安右卫

2 卫设置年代不明，但既然西安前、后 2 卫都是六年建，左、右 2 卫也应在此前后不久设置。《太祖实录》最早提到左卫是在洪武七年二月，“大都督府奏近以西安左卫兵分隶河州卫，宜以凤翔卫兵调补左卫，从之”⑦。2 卫皆治西安，属西安都卫（陕西都司）。

《太祖实录》载洪武二十六年三月“诏并西安左卫于西安中护卫”⑧，但是在明史上并无废左卫的记载，反是西安右卫被废除，《明实录》永乐以后没有提过右卫，右卫应在洪武后期罢，故推测二十六年时可能是右卫军补中

---

① 《世宗实录》卷 277。
② 嘉靖《陕西通志》卷 8《建置沿革》。
③ 《太祖实录》卷 70。
④ 《太祖实录》卷 130。
⑤ 《太祖实录》卷 82。
⑥ 《太祖实录》卷 85。
⑦ 《太祖实录》卷 87。
⑧ 《太祖实录》卷 226。

护卫。

17. 西安中卫

《太祖实录》最早提及该卫是在洪武二十四年二月“置……西安中卫中右千户所……各铸印给之”①,估计应与前、后2卫同置于洪武六年。卫治西安,属西安都卫(陕西都司)。作于洪武二十五年的《诸司职掌》未载该卫,疑当时已废。

18. 华山卫

置于洪武六年六月。《太祖实录》这一月载“置华山、秦川二卫于西安城中”②,二十六年三月“改华山卫为西安左护卫”③。卫治于西安,属西安都卫(陕西都司)。

19. 秦川卫

洪武六年六月置于西安城中,二十六年三月“改秦川卫为西安右护卫”④。卫治于西安,属西安都卫(陕西都司)。

正德《明会典》卷108录《诸司职掌》及《明史》卷90《兵志二》所载洪武时陕西都司卫所俱把此卫误作“泰山卫”。

20. 秦州守御千户所、秦州卫

洪武六年五月置守御千户所,十五年改卫。《太祖实录》载洪武六年五月“置秦州守御千户所”⑤。

《雍大记》卷6载“洪武二十五年设秦州卫于州城内,隶陕西都司”,但是该卷礼州条与嘉靖《陕西通志》卷8礼州条均言礼州所“洪武十五年分属秦州卫”,《大明一统志》卷35巩昌府公署条载秦州卫“在州治东,洪武十五年建”,可以推测十五年时千户所改为卫,《雍大记》之“二十五”当作“一十五”。关于秦州所的隶属情况史书无载,估计应直隶于西安都卫(陕西都司),秦州卫则隶陕西都司。所、卫治秦州,在今甘肃天水市秦州区。

《太祖实录》载洪武五年正月“耀州宜君县群盗作乱,自称大王,伪署官属,焚掠县治,秦州卫指挥佥事王溥等捕斩之”⑥,明代宜君县在延安府南部、耀州以北,去秦州尚要跨越西安府、凤翔府,当时其周围已有凤翔守御千户所、延安卫、庆阳卫,跨越山水舍近求远调秦州卫来平乱似乎是不可能的,且此时秦州

① 《太祖实录》卷207。
② 《太祖实录》卷83。
③④ 《太祖实录》卷226。
⑤ 《太祖实录》卷82。
⑥ 《太祖实录》卷71。

所、卫尚未建，所以估计这是《太祖实录》记载之误。

21. 潼关守御千户所、潼关卫

洪武七年设潼关守御千户所，隶西安都卫（陕西都司），九年改卫，改隶河南都司。永乐六年改直隶中军都督府。

嘉靖《陕西通志》卷 7、《雍大记》卷 3 载“（洪武）七年开设潼关守御千户所，隶陕西都司。九年改设潼关卫，隶河南都司。永乐六年改隶中军都督府”，康熙《潼关县志》也作此载，《太祖实录》洪武九年十一月载“改潼关守御千户所为潼关卫指挥使司”①，《太宗实录》永乐六年六月载“甲申，改潼关卫隶北京行后军都督府”②，可见嘉靖《陕西通志》及《雍大记》对时间的记载是基本无误的。

关于永乐六年改隶之事，仅《太宗实录》永乐六年六月、万历《明会典》卷 124、《明史》卷 90《兵志二》记载潼关卫为直隶后军都督府的军卫，且万历《明会典》卷 124、《明史》卷 90《兵志二》所记中军都督府在外直隶卫所中亦有潼关卫，今查嘉靖《陕西通志》卷 7、《雍大记》卷 3、《春明梦余录》卷 43、正德《明会典》卷 108、康熙《潼关县志》、雍正《陕西通志》卷 3、《明史》卷 42《地理志三》、《大清一统志》、毕沅《关中胜迹图》等明清诸多文献均把潼关卫归入中军都督府，因此《太宗实录》永乐六年的记载应是错误的，该卫此年改隶的当是中军都督府。

卫治潼关，在今陕西潼关县东北黄河南岸。

洪武八年前西北还有以元降部设立的岐宁卫，明史相关记载甚少，但朝廷曾派汉官任卫经历，所以该卫应与沙州卫等羁縻卫所不同，应属西安都卫（陕西都司）。

岐宁卫

《太祖实录》载洪武七年二月“置岐宁卫指挥使司。以故元平章答立麻、国公买的为指挥同知，枢密院判官古巴、平章着实加亦怜直为指挥佥事”③，九年六月“遣使召岐宁卫经历熊鼎还京师，鼎行次中途，西戎朵儿只班使人要劫之，不屈而死。……八年西戎朵儿只班率其部落内附，上以鼎老成历事，授岐宁卫经历……鼎至岐宁知西戎狙诈，有再叛意，密疏谕之……上……遣中使赵成复

① 《太祖实录》卷 110。
② 《太宗实录》卷 80。
③ 《太祖实录》卷 87。

召之还朝。鼎行至西凉打班驿，朵儿只班果叛……”[①]由这段文字推测，可能在九年六月朵儿只班叛后卫即废。

其他史籍关于此卫的记载极少，具体位置不明，既然熊鼎还朝要经过西凉打班驿，则卫应在凉州以西，属西安都卫(陕西都司)。

陕西都司西南的卫所控制着当地少数民族部落，大多被称为“军民指挥使司”或“军民千户所”，河州卫在下文“陕西行都司建置沿革”一节中论述，阶州所、文县所、礼店所的变迁在上文已考证，洪武八年以后这一片其他卫所考实如下。

1. 岷州千户所、岷州卫(又称西河卫)、岷州军民指挥使司

洪武四年正月至洪武十一年七月为岷州千户所(二级所)。洪武十一年七月至洪武十五年四月、嘉靖二十四年四月至明末为岷州卫。洪武十五年四月至嘉靖二十四年四月为岷州军民指挥使司。

洪武四年正月设岷州千户所，属河州卫，此所与洮州所史书大多不载。《太祖实录》载洪武十一年七月“辛巳，命西平侯沐英率陕西属卫军士城岷州，置岷州卫镇之”[②]，废所改卫。对于设卫年代，嘉靖《陕西通志》、《雍大记》及康熙《岷州志》等书的记载与《太祖实录》一致。

洪武十五年四月“乙巳，改岷州卫为军民指挥使司”[③]，“降其人号为属番，其在前元降者为土民，总为里十有六，又徙内地民一里以实之，不堪为州”[④]。嘉靖《陕西通志》卷9《建置沿革》、康熙《岷州志》卷2《沿革》皆直接将洪武十一年的卫称为“军民指挥使司”，实误，十一年时卫虽也是军民共管，但尚无“军民指挥使司”之名。

嘉靖二十四年四月巡抚御史朱征议置岷州，“增置岷州治，属巩昌府”[⑤]，卫去“军民指挥使司”，成为无实土卫。四十年闰五月复裁州，卫复军民共管。

《明史》卷42《地理志三》对岷州卫的变迁记载非常准确。

《明太祖文集》中有《劳西河卫指挥敕》言：“西河之地，势控戎羌，番汉同居，仪风不一，土民性劲，动以兵加，昔君命守斯地，非恩威兼著者，何能畏服者耶！尔某官自朕命往戍几年于兹，威声远振，番汉宁居，近悦远来，皆尔之功，

① 《太祖实录》卷106。
② 《太祖实录》卷119。
③ 《太祖实录》卷144。
④ 康熙《岷州志》卷17《艺文上・重建学宫记》。
⑤ 《世宗实录》卷298。

特敕劳之,故兹敕谕。又河州之域也,羌戎杂自,番汉同居,鸟鼠一穴之地亦迩焉。其土人性务为盗,杀伐无时,非智谋不御,卿当守此,必外张威武,内怀多仁,则羌戎服矣。尔其慎哉。"①该西河卫在河州附近,又岷府护卫称西河中护卫,而各史无建西河卫的记载,此卫应指岷州卫。

2. 西固城等处千户所、西固城军民千户所

明代西固城最早在洪武七年三月已置千户所,"置巩昌西固城等处千户所,以故元番汉军民世袭韩文质为正千户"②。所隶西安都卫、陕西都司。

洪武十五年四月,"改……西固城千户所为军民千户所"③。按嘉靖《陕西通志》卷 9 和《明史》卷 42《地理志三》的记载,此年所改隶岷州卫,从一级所变为二级所,故《诸司职掌》未录该所。该所亦为实土所。

嘉靖二十四年置岷州后,所似应去"军民"衔,但史书无载。

《明史》卷 42《地理志三》言洪武七年设置的所"属巩昌府",实误。当时巩昌与西固城之间还有隶于河州卫的岷州所,所以按嘉靖《陕西通志》的记载,此时的西固城千户所属"陕西都司"④,即当属早已设立的西安都卫,洪武八年后隶陕西都司。所治在今甘肃舟曲县。

3. 洮州军民千户所、洮州卫、洮州军民指挥使司

原为洮州军民千户所,设于洪武四年正月,隶河州卫。《太祖实录》洪武十二年二月载"征西将军沐英等兵至洮州故城……遂于东笼山南川度地势筑城戍守,遣使来报捷,且请城守事宜。上曰洮州西番门户,今筑城戍守,是扼其咽喉矣,遂命置洮州卫"⑤,所改为卫,隶陕西都司。根据嘉靖《河州志》卷 1《地理志》沿革条,该卫是调河州右卫而设的(见下节"陕西行都司建置沿革")。

按《太宗实录》永乐十七年五月曾提到该卫为"洮州军民指挥使司",可见该卫同岷州卫一样也曾加"军民指挥使司",具体时间不明,《明史》卷 42《地理志三》则将十二年所立之卫直接称为"洮州军民指挥使司"。洮州卫、军民司一直是军民共管,为实土卫。治在今甘肃临潭县东新城。

嘉靖《陕西通志》卷 9《建置沿革》将洪武四年置军民千户所当作是设卫时间。

① 《明太祖文集》卷 8。
② 《太祖实录》卷 88。
③ 《太祖实录》卷 144。
④ 嘉靖《陕西通志》卷 9《建置沿革》。
⑤ 《太祖实录》卷 122。

陕西都司北部延绥一带除延安卫、绥德卫、忙忽所在明初即存在外，其他诸卫所一直到成化以后才开始陆续设立。

1. 榆林卫

始置于成化六年三月，《宪宗实录》这一月载“巡抚延绥等处右副都御史王锐陈言边事：其一增兵以守地方，谓延绥榆林城、镇羌、安边二营堡俱系要地，城堡草创，军马单弱，难以御贼，宜于榆林城添设三卫，于镇羌、安边二营各设一卫，增兵防守。……上曰添筑城堡正系守边急务，其令镇守等官参酌举行，务期成功”①，这是榆林卫设置之始，《明史》卷42《地理志三》即将此作为设卫时间。卫治在今陕西榆林市。

嘉靖《陕西通志》卷9载，“洪武初平定陕西，分拨绥德卫千户刘宠屯治，正统中北虏屡入河套为患，特敕右军都督王祯镇守延绥等处，始建议筑榆林城及沿边塞堡墩台以控制之。……成化七年都御史王锐建置榆林卫，八年都御史余子俊于旧城北增筑城垣，置榆林卫指挥使司，隶陕西都司”，万历《延绥镇志》卷1《建置沿革》、王越《屯御疏》②、王晋溪《晋溪本兵敷奏》卷4及王任重《边务要略》③都作此载，因为从朝廷下令置卫到卫官员、公署等配备齐全总需一定的时间，所以它们的记载也不为误。

康熙《延绥镇志》载成化六年闰九月置卫④，这一年无闰九月，所记实误。

2. 镇羌卫、镇羌千户所

《宪宗实录》载成化六年三月“巡抚延绥等处右副都御史王锐陈言边事：……宜于榆林城添设三卫，于镇羌、安边二营各设一卫，增兵防守”⑤。《皇明弘治六年条例》十二月“在京并陕西、河南、山西等处问拟充军罪囚暂发延绥等卫差操例”亦言“成化六年十二月二十九日，兵部为陈言事……榆林城委的合当设立三卫，安边、镇羌二营堡合当设一卫，其榆林新立卫分并安边卫，缺少军数……”由此可见成化六年安边、镇羌设置的应为卫。镇羌为卫时应直隶都司。

但是其他史书几乎没有镇羌卫的记载，嘉靖时巡抚延绥都御史王轮在《因事摅愚亟图整饬疏》中言“先任巡抚答余子俊改驻榆林，真为远虑，彼时敌未入套，防冬为急，因设安边所于西路，隶庆阳卫，镇羌所于东路，隶榆林卫”⑥，万

①⑤ 《宪宗实录》卷77。
② 《黎阳王襄敏公疏议诗文辑略》卷1。
③ 《明经世文编》卷414。
④ 康熙《延绥镇志》卷5《纪事志》。
⑥ 康熙《延绥镇志》卷6《艺文》。

历《延绥镇志》亦言千户所“在神木堡，属榆林卫”[①]，皆未提到镇羌卫，这只能说明卫存在时间极短，不久即改为守御千户所，隶榆林卫，为二级所。所治神木堡在今陕西神木县。

万历年间所刻《大明一统志》[②]卷 36 延安府公署条云“镇羌守御千户所，在神木县治西，正德二年建，隶陕西都司”，指公署建筑时间。四库本《明一统志》卷 36 记为“镇羌守御百户所”，误。

3. 安边卫、安边守御千户所

卫开设于成化六年三月，隶陕西都司，不久改为守御千户所，隶庆阳卫，为二级所。具体考证参见镇羌卫条。

嘉靖二十二年正月“增置陕西延绥西路安定二堡，初西路参将虽移驻旧安边卫，然地势孤危，西至定边营、东至安(宁?)塞营各里许，总督尚书杨守礼请于中道各设一堡以便策应。从之”[③]。由旧安边卫的位置来看，成化时所设之安边卫治应在旧安边营，在今陕西定边县安边镇。

成化十一年余子俊改筑新安边营堡，“撤旧安边兵守之”，军兵迁往新堡，嘉靖《庆阳府志》载所“在(庆阳)卫治北三百里新安边营，成化间开设，千户李俊建，辖六百户所”[④]，虽然史书对卫改所的具体时间无载，估计应发生在迁往新安边营之时或稍后。嘉靖时巡抚延绥都御史王轮《因事摅愚亟图整饬疏》中言“先任巡抚答余子俊……因设安边所于西路，隶庆阳卫”[⑤]，可见卫改所后隶庆阳卫，为二级所。新安边营在今陕西吴起县西北新安边。

《明史》卷 42《地理志三》言安边所“环(县)……西北有安边守御千户所，弘治中置”，《边政考》则言“……驻新安边营，国朝正德设千户所”[⑥]，因缺乏史料，对设所年代不能作出判断。

《读史方舆纪要》卷 59 巩昌卫条言“又安边守御千户所，在成县城内，嘉靖初建”，顾氏可能是将新安边营之安边千户所误记于成县之下。

4. 靖边守御千户所

建于隆庆元年二月。《明史》卷 42《地理志三》载，陕西延安府“又西有靖边守御千户所，隆庆元年二月置”，《穆宗实录》这一月记“兵部覆总督陕西三边

① 万历《延绥镇志》卷 2《公署》。
② 这里所依据的是日本古典研究会昭和五十三年(1978)十一月发行的和刻本《大明一统志》，它的底本约为万历时所刻，明中后期所刻《大明一统志》多夹杂天顺以后直至万历年间的设置。
③ 《世宗实录》卷 270。
④ 嘉靖《庆阳府志》卷 6《卫伍》。
⑤ 康熙《延绥镇志》卷 6《艺文》。
⑥ 《边政考》卷 2《榆林卫》。

侍郎霍冀陈经略延绥五事：……一请建延安靖边守御千户所于靖边营……俱从之”①。明代靖边所治据万历《延绥镇志》载“在靖边营，属延安卫”②，在今陕西靖边县南镇靖。所属延安卫，为二级所。

明代中后期陕西中南部所建卫所甚少。

1. 宁羌卫

该卫设于洪武三十年九月，《太祖实录》这一月载“置宁羌卫于汉中沔县之大安，迁汉中卫右千户所于沔县屯守。先是长兴侯耿炳文奏沔县大安之地连接一百八渡及虞关等处，盗贼出没皆由此路，宜置卫镇守之，仍迁汉中卫所属右千户所于沔县屯守。至是诏从其言”③。卫治所在地于成化中设宁羌州，在今陕西宁强县。

2. 沔县千户所

同宁羌卫同时置于洪武三十年九月，《太祖实录》这一月载“置宁羌卫于汉中沔县之大安，迁汉中卫右千户所于沔县屯守”④。明代的沔县在今陕西勉县西北老城。

按《大明一统志》言“守御沔县右千户所，在县治东，洪武中建，隶汉中卫”⑤，则该所为二级所，故《大明一统志》卷32卷首、嘉靖《陕西通志》卷7在列陕西都司诸所时不列该所。

3. 汧阳千户所

正德《明会典》卷108载有该所，但万历《明会典》在提旧有卫所时并未言该所，他史亦无载，疑或是正德时设立，存在时间极短。正德时汧阳县治在今陕西千阳县城西。

陕西都司西北的宁夏卫、宁夏左屯卫、宁夏右屯卫、宁夏中屯卫、宁夏前卫、宁夏后卫、宁夏中卫、宁夏左卫、宁夏右卫、靖虏卫、花马池所、灵州所、兴武营所、宁夏平虏所、固原所、固原卫、西安州守御千户所、镇戎所、固原平虏所、宁夏群牧所史料记载较多，变迁脉络清晰，且鲁人勇等著《宁夏历史地理考》卷14《明朝》（以下简称《宁考》）已对以上卫所的建置沿革进行了考订，故本部分采用该书的成果，省略引用文献及具体考证部分，对《宁考》考证持不同意见的

① 《穆宗实录》卷4。
② 万历《延绥镇志》卷2《公署》。
③④ 《太祖实录》卷255。
⑤ 《大明一统志》卷34《汉中府·公署》。

将在各卫的叙述中论证；另对该书未考的靖虏卫加以考证。

1. 宁夏卫

《宁考》第217页考证："明洪武九年创设宁夏卫。二十八年四月改右护卫。永乐元年正月再置。隶陕西都司，治在今银川老城。"

《宁考》第217页言卫"二十六年七月整治之"，所据资料为《太祖实录》洪武二十六年七月"置宁夏卫，调甘州左护卫军士守之。初发府军前卫将士之有罪者隶甘州左护卫，既而以负罪者不可为亲王扈从，遂徙于宁夏置卫"①，从宁夏的实际情况来看，该地除宁夏卫外，至少已有左、右、中三屯卫及宁夏前卫，而且三屯卫是二十五年新置的，所以甘州左护卫的军士应是补充入诸卫。

另外《宁考》第220页"考辨"中为证明宁夏卫早已存在，即言灵州所、宁夏三屯卫归宁夏卫辖，"若无军卫统辖之，这些屯田卫和千户所皆无所归属"，但是实际上除了灵州所在宣德以后及万历时曾两度归属过宁夏卫，其余时间灵州所、三屯卫与宁夏卫都直隶于陕西都司，它们之间是平级的关系，并无任何统辖关系。

2. 宁夏左屯卫

《宁考》第221页考证："洪武二十五年二月置卫，后废。建文四年十二月复置。隶陕西都司，治在今银川老城。"

《太祖实录》载洪武二十八年二月"置宁夏卫及前、左、中屯四卫指挥使司儒学"②，可见此时左屯卫尚存，疑第一次被废是在建文初。

3. 宁夏右屯卫

《宁考》第224页考证："洪武二十五年二月置卫，后废。建文四年十二月复置。隶陕西都司，治在今银川老城。"

疑第一次被废是在建文初。

4. 宁夏中屯卫

《宁考》第227页考证："洪武二十五年改直隶和州卫置宁夏中屯卫，后废。建文四年复置，永乐四年十二月并入宁夏卫。正德五年八月革庆王中护卫，改置中屯卫，隶陕西都司。治在今银川老城。"

疑第一次被废是在建文初。

正德《明会典》卷108记录洪武时期卫所时未提到宁夏三屯卫，应误。

---

① 《太祖实录》卷229。
② 《太祖实录》卷236。

5. 宁夏前卫

《宁考》第229页考证:"洪武十七年置,后废,建文四年十二月复置,隶陕西都司,治在今银川老城。"

疑第一次被废是在建文初。

《宁考》第230页关于《明实录》将前卫误记为前屯卫的判断是正确的,但是它认为前卫为宁夏北部地区,军事险要,又排灌不畅,不宜耕作,因此断定"宁夏前卫不置屯卫是有原因的",却不是一种合理的解释。

6. 宁夏右卫

该卫设置年代不明,应在洪武中后期,《太宗实录》载永乐元年二月"改宁夏右卫为庆阳卫"①,卫废。治在今宁夏银川老城。

7. 宁夏左卫

《太祖实录》没有载过此卫,但按惯例有右卫,就应有过左卫,在永乐前可能已废。

8. 宁夏中卫

《宁考》第231页考证:"永乐元年正月,以庆王右护卫改置宁夏中卫,属陕西都司,治在今中卫县城关。"即今宁夏中卫市城关

9. 花马池守御千户所、宁夏后卫

《宁考》第234页考证:"弘治七年置花马池守御千户所,正德元年升为宁夏后卫。所、卫皆隶陕西都司,治在今盐池县城关。"

10. 灵州守御千户所

《宁考》第239页考证:"洪武十六年十月置灵州河口守御千户所,属陕西都司(《诸司职掌》未录)。宣德三年复在城东五里建新城,改灵州河口守御千户所为灵州千户所,属宁夏卫,即今灵武县城。弘治十三年九月曾升置灵州,十七年八月革州,仍为灵州千户所。正德元年九月改为灵州守御千户所,还属陕西都司。万历以后又归属宁夏卫,为灵州千户所。"

杨一清在正德元年的奏书中曾言,"查得灵州洪武年间原设守御所,径属陕西都司管辖,后因拜进表笺官员数多不敷差用,奏革守御名目,隶宁夏卫带管。……先该巡抚衙门奏设州治……近又革去州治,仍隶宁夏卫管辖。……必须复设守御千户所……径隶陕西都司……"②与《宁考》所考相合。

《宁考》第239页言"弘治十三年九月升置灵州……十七年八月革州",则

① 《太祖实录》卷17。

② 《明经世文编》卷116《杨石淙文集三·为经理要害边防保固疆场事》。

除此段时间外，灵州所均为实土。洪武十六年至宣德三年、正德元年至万历年间灵州所为一级所，其余时间应为二级所。

正德十一年时曾有人奏“将灵州守御千户所改为灵州军民指挥使司，惠安堡改为小盐池千户所”[①]，但《明实录》无载，应是未得到实施。

既然该所在正德元年改为一级所，那么正德《明会典》卷108陕西都司下就该录有此所，但是查四库本正德《明会典》只有“灵山千户所”，概是误写，应为“灵州千户所”。万历《明会典》卷124因袭言“旧……有……灵山千户所，今俱革”，实误。

所治当在今宁夏灵武市。

11. 兴武营守御千户所

《宁考》第247页考证：“正德元年改兴武营为守御千户所，属陕西都司之宁夏卫。治今盐池县兴武营。”

嘉靖《宁夏新志》卷3载兴武营所属陕西都司，应是可靠的。《宁考》言其属宁夏卫，实误。《宁考》第249页对于千户所是正德元年还是二年所建的考证是没有必要的，方志比《明实录》记载迟一年的情况很多，这是因为中央的命令下达到地方并执行总需要一定的时间。

12. 平虏守御千户所（宁夏）

明朝陕西都司有二平虏所，一在宁夏，一在固原。此处指宁夏的平虏所。

《宁考》第249页考证：“嘉靖三十年改设平虏守御千户所，直隶陕西都司。治即今平罗县城关。”

该页又言“洪武中分拨宁夏前卫后千户所于此”，但是它在“征引”中抄录的有关记载并无此言，嘉靖《宁夏新志》卷1载“景泰六年奏拨前卫后千户所十百户军余居之”，可见《宁考》所言年代不确。

《宁考》第251页言平虏守御千户所为“军政合一的地方基层特别建置”，与分拨于平虏的宁夏前卫后所“两者虽为同地而性质不同，不可混淆”，实际上二者皆为军政合一，只是卫所的等级不同，平虏所直隶于陕西都司，前卫后所隶于宁夏前卫。清朝时平虏所又名平罗所。

13. 固原守御千户所、固原卫

《宁考》第253页考证：“景泰三年闰九月，设固原守御千户所。成化五年十月升所为卫，隶陕西都指挥使司。治即今固原市城关。下辖西安、镇戎、平虏三守御千户所。”

---

① 《晋溪本兵敷奏》卷4。

按《宁考》第253页该千户所、卫本位于平凉府开城县境,弘治十五年升县为固原州,那么千户所、卫俱为无实土。《英宗实录》载景泰三年闰九月“镇守陕西刑部右侍郎耿九畴奏,平凉府固原州古城地通虏境,最为要冲,乞摘平凉卫一所官军于彼守御。兵部议宜令九畴再会都指挥费铭参酌处治。从之”①,嘉靖《平凉府志》载“三年改右所为固原守御千户所”②。这两条史料亦是固原所为平凉卫右所改置的佐证。

14. 西安州守御千户所

《宁考》第258页考证:“成化五年设,隶固原卫,治即海原县西安乡。”

15. 镇戎守御千户所

该所最早筹建于成化十二年,但直到成化十八年才真正筑治设所。生活在成化、弘治间的刘玥的《镇戎千户所记》中说明了该所的设置过程:“成化丙申(即成化十二年),巡抚右都御史西蜀余子俊建白欲设置千户所守御于其地,事未举,以兵部大司马召赴京。越三年,庚子(成化十六年)右副都御史阮公勤为巡抚时,整饬兵备按察司副使王继以前事闻,上以为然。未几继升山西宪使去,而继兵备者副使翟廷、惠宝相与共图之,方伯鲁能、宪使左钰相与始终之,于是因遗址循定制筑垒焉。……千户所置于街之中……其经始自壬寅(成化十八年)夏四月,而告成之期则癸卯(成化十九年)秋八月也。”③所隶固原卫。

《宁考》第259页认为成化十二年置所,误。但其对该所治地的考证是有道理的,即在今宁夏固原县七营乡北嘴古城。万历《固原州志》言所“成化……十二年巡抚余子俊题设守御千户所”④,亦是不完全正确的。

16. 平虏守御千户所(固原)

《宁考》第260页考证:“弘治十八年置,隶固原卫,治即今同心县豫旺乡。”

杨一清《为咨访群策以裨边务事》完整陈述了平虏所的设置过程:“成化年间都御史余子俊建议于豫望城、葫芦硖口二处添设镇戎、平虏二所,甚为得策。后止设镇戎所,其平虏所因循未举。弘治十四年大虏侵犯固原,总制尚书秦纮查奏举行,旋即去任。臣接管总制,始奏铨官降印,召募军人,设仓积粮,又于旧红古城修盖营房,募军积粮,委官操守,于是二城遂为扼虏要地。”⑤

① 《英宗实录》卷222。
② 嘉靖《平凉府志》卷9。
③ 《古直先生文集》卷9。
④ 万历《固原州志》上卷《地理一》。
⑤ 《明经世文编》卷117《杨石淙文集四》。

因此万历《固原州志》记“弘治十四年总制秦公纮修筑，题设守御千户所，隶固原卫”①，是不完全正确的。

明代史书中曾提到“红古城守御千户所”，但是从史料来看，在弘治、正德年间屡次有人建议设置该所，但最后并未实施。弘治十八年后杨一清在奏折中曾言“……红古城应该设立所分，俱听后来总制等官奏请定夺”②，但这并不是最早的建议，据正德十一年王晋溪的奏折来看，弘治四年已提议设所，“……查勘弘治四年有无将添设红古城守御千户所，缘由俱奏，仍公同镇巡三司官计议即今应否设立，明白其奏定夺……”③嘉靖初的《固原东路建修白马池记》中亦提到弘治中杨一清只是在“西路红古城增设一堡”④，因此虽然设千户所的提议很早，但一直未实施，故诸《明会典》、嘉靖《陕西通志》与《雍大记》均未载该所。

17. 宁夏群牧千户所

又称韦州群牧所。

《宁考》第260页考证：“洪武二十七年十二月置宁夏群牧千户所即韦州群牧所，治韦州，即今同心县韦州镇。”

嘉靖《陕西通志》载：“韦州群牧千户所……洪武二十五年庆藩分封居此……韦州地土高凉，宜畜牧，至辛巳冬始迁国于河外宁夏城中，今韦州只留群牧千户所居地。”⑤《太祖实录》洪武二十九年四月又记“置陕西宁夏、甘州二群牧千户所”⑥，设所需一定时间。

《宁考》第251页言该所属宁夏卫，第253页又言“本应归陕西都司或宁夏卫管辖”，对于该所名义上的归属史书无载，估计应属陕西都司。

《宁考》一书第252页关于韦州并未设过守御千户所的推论，是正确的。杨一清的《为经理要害边防保固疆场事》⑦作于正德元年，其中言韦州仍是群牧所在此守备，“本城群牧所官军不多，实难倚托”，乞求从宁夏其他卫分选拔官军“与群牧千户所官军相兼防御”，并未提过“韦州守御千户所”；且正德、万历《明会典》、嘉靖《陕西通志》等皆未提及该所。由此可见弘治十五年史琳在此设卫或所的建议实际并未实施。

---

① 万历《固原州志》上卷《地理一》。
② 《明经世文编》卷117《杨石淙文集四·为咨访群策以裨边务事》。
③ 《晋溪本兵敷奏》卷4。
④ 《明经世文编》卷139《何王二公集》。
⑤ 嘉靖《陕西通志》卷9。
⑥ 《太祖实录》卷245。
⑦ 《明经世文编》卷116《杨石淙文集三》。

18. 靖虏卫

置于正统元年(1436)十二月。《英宗实录》这一月先载“镇守陕西都督同知郑铭……又言:‘巩昌府迭烈孙巡检司地方密迩沙漠,止赖黄河为之限隔,每遇河水冰冻合,辄调官军往戍,岁复一岁,秖为烦劳,乞将巡检司改设一卫,拓其城垣,修其墩隘,分兵屯守,庶几兵政有备,边境永安。’上命行在兵部会议行之”①,后又载“立陕西靖虏卫,革迭烈孙巡检司”②。可见卫初治迭烈孙地。

正统二年十二月,“镇守陕西都督同知郑铭奏,靖虏卫新城西枕黄河,被水冲激,去河仅丈许,又地多沙硷,不堪耕牧,其南不百里有旧会州城,地势宽平,耕牧俱利,请俟来春修筑徒居,庶可经久。从之”③,卫迁治旧会州城。《明史》卷42《地理志三》言靖虏卫“南有乌兰山,北有大河,西南有祖厉河,东北有亥剌河……西南有会宁关”,《大明一统志》卷37载卫“南至郭城驿九十里,北至黄河五里”,郭城驿在今甘肃靖远东南,地名犹存,因此根据这两条记载来看,卫城所迁古会州地应指元代以前的会州治地,在今甘肃靖远县城。那么最初所建的靖远卫城即迭烈孙地应在今靖远北黄河岸边。正统元年之前,元遗寇屡犯甘宁,多次从迭烈孙附近入侵,明朝在此本设有巡检司,按《大明一统志》卷37载,“迭烈孙堡,在卫城北九十里”,与旧会州城正好“不百里”。

由于卫治于迭烈孙的时间极短,所以嘉靖《陕西通志》卷9、《雍大记》卷6、《明史》卷42《地理志三》及部分明代地方碑记④皆把正统二年作为设卫时间。

正统十年八月,又有移靖虏卫于凉州的提议⑤,但没有实施。

清朝时该卫又作靖边卫、靖远卫、靖卤卫。

宁夏、甘州、安东3群牧千户所是为王府养马的机构,名义上亦归陕西都司所辖。宁夏群牧所前已考证。

1. 甘州群牧千户所

《太祖实录》载洪武二十九年四月“置陕西宁夏、甘州二群牧千户所”⑥,其

①② 《英宗实录》卷25。

③ 《英宗实录》卷37。

④ 如道光《靖远县志》卷6《碑记》。成化间兵备副使杨冕《建设学宫碑记》载“正统丁巳岁复修废城,始置卫”,丁巳岁即正统二年。

⑤ 《英宗实录》卷132。

⑥ 《太祖实录》卷245。

中宁夏群牧所在洪武二十七年已设置，二十九年四月只设了甘州群牧所。最初该群牧所应治甘州，属陕西行都司，实为肃府服务。洪武三十一年肃府迁往兰州，群牧所也随之东迁，改属都司。

2. 安东群牧千户所

《太祖实录》载洪武三十年四月“置安东、潘阳二群牧千户所”①，最初韩府在辽东开远，安东群牧千户所亦应治于此，属辽东都司。洪熙末宣德初随韩府西迁凉州，隶陕西都司。嘉靖《平凉府志》卷 9 载所“掌藩卫刍牧之事，宣德初年建”②。

西安等护卫在洪武十五年闰二月改由都司兼管，这之前“俱无统属，文移未定其式”③。

1. 西安护卫、西安中护卫、西安左护卫、西安右护卫

4 护卫皆为秦王府护卫。洪武三年四月朱元璋封第二子朱樉为秦王，建国西安，五年正月“置西安、太原、广西三护卫”④，这是秦府设护卫之始，又称“陕西护卫”、“秦府护卫”。《太祖实录》所载洪武八年十二月“癸卯，置西安中护卫指挥使司”⑤，疑即将原西安护卫改名为中护卫。

但是最初秦王并未就国，其护卫也就没有设在西安。洪武九年开始在西安建造秦王府⑥，十一年二月“诏秦王樉、晋王㭎之国，其护卫军士秦府三千七百四十八人……”⑦指中护卫也随之调往西安，由兵力来看此时秦府仍只有一个护卫。此后又增左、右 2 护卫，具体时间不明。按《寰宇通志》卷 92 言西安右护卫公廨“在府治东，洪武十三年建”，则右卫应在此前不久设立。

宣德四年十二月，因受安定王谋逆事件的牵连⑧，又有人告秦府阴谋造反，“秦王志洁奏辞三护卫”，宣宗命“听留一卫以备使令，其二护卫令兵部调来北京”⑨，于是西安中、左 2 护卫被调往京畿。五年三月，“改新调陕西中护卫官军为神武前卫，居定州；左护卫为神武右卫，居真定”⑩，2 护卫不再隶于陕

① 《太祖实录》卷 252。
② 原文本句最后一字模糊，应为“建”或“设”字。
③ 《太祖实录》卷 143。
④ 《太祖实录》卷 71。
⑤ 《太祖实录》卷 102。
⑥ 《大明清类天文分野之书》卷 13。
⑦ 《太祖实录》卷 117。
⑧ 安定王谋乱时，西安 3 护卫中有官军随之。见《宣宗实录》卷 59。
⑨ 与前句皆引自《宣宗实录》卷 60。
⑩ 《宣宗实录》卷 64。

西都司，秦府只剩下右护卫。所以嘉靖《陕西通志》卷5皇明藩封条与万历《明会典》卷124只录该护卫。

2. 西河中护卫

洪武二十四年四月朱楩被封为岷王，治岷州，五月置“岷王西河中护卫”①，又称岷府中护卫。

《太祖实录》载二十八年四月“敕岷府西河中护卫并仪卫司官军校尉往云南镇守，赐钞四万锭”②，九月，“诏岷王楩之国，改西河中护卫为云南中护卫……初岷王定都岷州，上以云南土旷人悍，必亲王往镇之，故命岷王改都焉”③。正德《明会典》卷108所录《诸司职掌》陕西都司西河中护卫条下亦言“后改云南中护卫，革”。

天启《滇志》云“二十六年，徙岷王于云南”④，实误。

3. 宁夏中护卫、宁夏左护卫、宁夏右护卫

洪武二十四年四月朱㮵被封为庆王，原封国陕西庆阳，但庆王初住于庆阳，不久即迁韦州。盖治庆阳时间极短，他史多无记载。五月，置“庆王宁夏中护卫”⑤。

洪武二十八年四月，“陕西都司调庆阳卫为庆王宁夏左护卫，改宁夏卫为右护卫”⑥，这是庆府左、右护卫设立之始。3护卫皆治韦州。

庆王在韦州“居之凡九年，徙宁夏”⑦，弘治《宁夏新志》卷1记为洪武“三十四年”，嘉靖《宁夏新志》卷1作“三十五年”，按《宣宗实录》所载庆王奏书“洪武中自庆州徙居韦州，洪武三十四年十二月复令移居宁夏”⑧，可见下令移居已是三十四年底，应是三十五年彻底迁走。《明史》卷42《地理志三》言庆府“二十六年迁于宁夏卫”，实误。3护卫也随王府迁往原宁夏卫治地，在今宁夏银川老城。

左、右2护卫存在时间较短，按《太宗实录》永乐元年正月“改宁夏左护卫为宁夏卫，宁夏右护卫为宁夏中卫”⑨，此后庆府只剩下中护卫。弘治、嘉靖《宁夏新志》，《明史》皆不提二者沿革。

---

①⑤ 《太祖实录》卷208。
②⑥ 《太祖实录》卷238。
③ 《太祖实录》卷241。
④ 天启《滇志》卷1。
⑦ 嘉靖《宁夏新志》卷3《所属各地·韦州》。
⑧ 《宣宗实录》卷10洪熙元年(1425)十月。
⑨ 《太祖实录》卷16。

庆府后一直在宁夏，宣德间一度欲移回韦州，但未得到准许①。

正德五年八月，庆府一支安化王置镭反，"降敕切责庆王台浤，革其护卫并禄米三之一……上曰：'台浤当置镭反叛之时，朝廷意其必不通谋，及奏为置镭阻截，已累有敕旨慰劳，今乃委身从叛，国典难容……降敕切责。'……中护卫革为宁夏中屯卫，隶陕西都司"②。八年四月，"庆王台浤请复护卫，不许。初安化王置镭反，台浤稽首，行君臣礼，廷议革禄米三分之一，并削护卫。至是奏护卫乃先世所遣，请复之。诏责王受辱从叛，已薄示罚治，不许"③。嘉靖《宁夏新志》卷1亦载"革中护卫为中屯卫"。

万历《明会典》卷124将宁夏中屯卫与中护卫同时列出是不正确的。

4. 平凉中护卫

洪武二十四年四月朱楹被封为安王，建府平凉。二十五年五月置平凉中护卫，但是安王永乐六年才就藩平凉，中护卫应亦于此时迁往平凉，属陕西都司。所以《诸司职掌》未录该护卫。安王永乐十五年薨，无子封除，护卫亦废。

5. 安东中护卫

洪武二十四年四月朱松被封为韩王，建府辽东开元。二十五年五月"丁酉，置韩、潘、安三王府护卫，沈阳为沈府中护卫，安府为平凉中护卫，韩府为开元中护卫，兵部言开元及肃慎渤海东夷之地，遂改为安东中护卫"④。卫始治亦在开元。属辽东都司。

永乐二十二年韩府自辽东迁往陕西平凉，安东中护卫随往，改隶陕西都司，所以才有《大明一统志》"安东中护卫，在府治东，洪熙元年(1425)为韩府置"⑤之言。韩府一直只有中护卫一卫。

五、陕西都司卫所的结构与性质

为了统辖西南部许多被称为"生番"的少数民族部落，陕西都司设置了军民指挥使司、军民千户所，卫所的结构相对于华北地区的都司而言复杂了一些。见下图。

根据与地方行政区划之间的关系，陕西都司的卫所可以分为三类：实土

---

① 据《宣宗实录》载，从洪熙元年至宣德七年庆王多次奏请移回韦州。

② 《武宗实录》卷66。

③ 《武宗实录》卷99。

④ 《太祖实录》卷217。

⑤ 《大明一统志》卷35《平凉府·公署》。

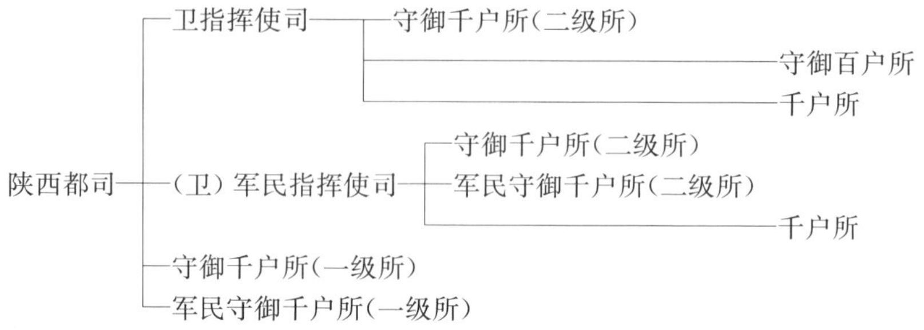

陕西都司卫所统辖结构图

卫所、准实土卫所、无实土卫所。

实土卫所主要分布在都司的北部、西北及西南,这些地方或是从未设置过府州县,或是设置过,但存在时间极短。洪武年间曾一度属于陕西都司,后改属陕西行都司的兰州以西诸卫及都司北部成化以后设置的榆林卫、镇羌卫/所、安边卫/所、靖边所,因治地在明代未有行政区划设置而皆为实土。西北宁夏前卫、左卫、右卫、中卫、左屯卫、右屯卫、中屯卫,宁夏卫,平虏所(宁夏),兴武营所,花马池所/宁夏后卫,靖虏卫治地虽然在明初置过宁夏府,但洪武五年即废,当地居民皆内迁,卫所皆为实土。灵州千户所虽屡次在一级所与二级所之间变化,但并不影响其大部分时间为实土的性质。弘治十三年至十七年间开设灵州,直隶陕西布政司,此间所为无实土。在实土期间,灵州所辖最初由原遗土民及他郡工役民夫之忘归者编成的瓦渠、枣园、苜蓿、板桥四里及军士、家属,“所管地方东至萌城,北至兴武营,方数百里,大小城堡二十余座”①。西南的实土卫所主要是河州卫、洮州卫、岷州卫、西固城所、归德所、文县所等。其卫所辖地大多曾有过府州县设置,洪武六年正月至十二年七月设河州,在这段时间之内,河州卫、归德所及一度存在的河州左、右卫皆为无实土。成化九年十二月至明末又设州,但州与卫治相距四十多里,卫仍“控制番夷”②,应为准实土。岷州卫“西临极边,番汉杂居,国初将土番十六族改为十六里(明初又从岐山县移民一里,共计十七里),设卫以统之,羁縻当差,相沿且二百年矣”③,本为实土,嘉靖二十四年至四十年设岷州,岷州卫在此期间为无实土。洪武二十八年至成化九年复设文县之间,文县是“守御军民千户所”,为实土。元代的文州洪武四年降为县,二十三年三月省,

① 《明经世文编》卷116《杨石淙文集三·为经理要害边防保固疆场事》。
② 嘉靖《河州志》卷1《地理志·沿革》。
③ 《世宗实录》卷497。

因此洪武二十三年至二十七年的文县所亦为实土。

准实土卫所主要分布在陕西东北部及平凉府北部固原一带。东北部绥德州在明初人口便不多，神木、府谷皆是“田野荒芜，人烟稀少”①，以至于不足立州，洪武十年五月起一度被废，辖地入延安府，绥德卫军士及家属就成为这一带主要人口，至弘治时，“绥德官兵，自戍边外，其在本城内外居住，文武见仕官僚、士儒卒伍之家，无虑千百，世业已久……绥德编氓多散居乡落，城中居民不数十户，比屋连巷俱是卫所丁籍，此辈尽去，遂为空城，是亦不能州也”②。可见军籍人口是绥德一地的支柱，民籍人口极少。嘉靖时的《全陕政要》卷2载该卫军卫“户一万七千五百，口二万六千五百”，虽户与口的数字不协调，但亦可大致看出军户规模。另外，绥德卫亦占有大量的屯田，据康熙《延绥镇志》记载，“延、绥二卫设自明初，故屯地极边辽阔……延安卫则西界环、庆，绥德卫则东距黄河，绵亘于六七县之间，几半延郡”③，民田在绥德州境内成为点缀。既辖有在面积上占优势的土地，又拥有大量人口，说明绥德卫实际上亦为实土。清初，卫所人口成为绥德的基础，“明时以世官世军守之，故不得不与州县异，今则屯军俱编户矣”④。延安卫虽亦拥有大片的屯田，但按《全陕政要》卷2嘉靖时其军卫户口为户2 781、口4 335，人口并不占优势，且其治地为府治所在，地方政区的控制更强，因此不能算作准实土军卫。

另一个准实土卫所比较集中的地方是固原卫所辖西安州所、镇戎所、平虏所，这三所皆位于平凉府的北部，原为开城县地，弘治十五年升为固原州，但三所距县治开城、州治固原都很远。嘉靖时固原州领在城、东山、南川、石仁、新兴、榆林、固原、底堡、彭阳、新增等十里，连同军户共有户2 799、口8 318⑤，普通人口主要集中在固原附近及其以南，北部则较少，且三所军户已达户1 837、口9 286，几与州治相抗衡，为准实土。

除河州卫及兰州以西诸卫在下节“陕西行都司建置沿革”中列出外，陕西都司其他卫所为实土、准实土时间如表8所示。

其他如西安诸卫、庆阳卫、汉中卫等位于府州县境内的卫所均为无实土。

一般而言，当中央在一地的控制得到加强，二者关系趋向平稳，人口又达到一定数量后，中央就会力图在这里实施与内地相同的地方行政制度，以便于

---

① 《太祖实录》卷145。
② 《明经世文编》卷118《杨石淙文集五·论绥德卫迁改榆林城事宜状》。
③④ 康熙《延绥镇志》卷3《武职》。
⑤ 嘉靖《固原州志》卷1。

表 8 陕西都司各卫所实土、准实土时间表

卫 所	实土、准实土时间	备 注
岷州卫	洪武十一年至十五年 嘉靖二十四年至明末	洪武十五年至嘉靖二十四年为军民司,嘉靖二十四年设岷州
岷州军民司	洪武十五年至嘉靖二十四年	同上
西固城所	洪武五年至十五年	洪武十五年改军民千户所
西固城军民所	洪武十五年至明末	废除时间不明
洮州卫	洪武十二年至?	改军民司时间不明
洮州军民司	?至明末	同上
文县军民所	洪武二十八年至成化九年	洪武二十七年前地属阶州,成化九年设县
礼店所	洪武四年至成化九年	洪武十一年后为二级所
靖虏卫	正统元年至明末	
岐宁卫	洪武七年至九年	
榆林卫	成化六年至明末	
忙忽所	洪武三年至?(永乐前)	
安边卫/所	成化六年至明末	
镇羌卫/所	成化六年至明末	
靖边所	隆庆元年至明末	
宁夏卫	洪武九年至二十八年 永乐元年至明末	
宁夏左屯卫	洪武二十五年至建文初 建文四年至明末	
宁夏右屯卫	同上	
宁夏中屯卫	洪武二十五年至建文初 建文四年至永乐四年 正德五年至明末	
宁夏前卫	洪武十七年至建文初 建文四年至明末	
宁夏左卫	洪武十七年?至永乐元年二月	
宁夏右卫	洪武十七年?至永乐元年二月	
宁夏中卫	永乐元年正月至明末	
宁夏后卫	正德元年至明末	
花马池所	弘治七年至正德元年	
灵州所	洪武十六年至弘治十三年	
兴武营所	正德元年至明末	
宁夏平虏所	嘉靖三十年至明末	

管理。对于陕西西南的实土卫所来说，其官军多世袭，卫所便是中央在这一地区控制土著及少数民族部落的工具，到明中后期，当统治趋于成熟时，中央便开始设立河州、岷州，亦可称为一种形式的"改土归流"。这种归流有的成功，有的失败。嘉靖二十四年岷州卫设州之后，"由是民夷皆称不便，地方渐蔽"[①]，嘉靖四十年，"督抚陕西都御史郭干等言岷自建州以来徭役烦累，民皆逃散诡匿，加以水旱霜雹，生计无聊，人心摇惑，今州官假别差之故而寄他邦，兵备官羁縻旦夕，势不可久，且番夷之情狎习世官，而流官之任更代不一，不若仍卫革州，相安于无事，所遗人民仍属岷州卫经历司兼管，添设巩昌府通判一员住扎其地，监牧民屯粮草，再设知事一员分理之，儒学仍改卫学，学正改选教授，庶几夷情顺而边境永宁矣"[②]，归流的条件并不成熟，于是废州。此外，在西北卫所治地设州后也存在着管理不便的问题，固原设州后"军民杂处，词讼繁多"[③]，灵州亦是"先该巡抚衙门奏设州治，建学立师，训诲士官土人子弟，用夏变夷，似亦有见。但宁夏军余改设编氓，未免损此益彼……"[④]最后不得不又废除灵州。总的来看，无论是设置州县还是设置军镇，卫所对小块地域的军事及行政统治还是有效的。

总体而言，陕西都司曾经拥有过的卫所数目、军事管辖范围在明史及明朝版图上都是少见的。在这一广大区域内曾有过众多的实土、准实土卫所，是明朝西北边境地区地方控制的基础。

第二节　陕西行都司建置沿革

陕西行都指挥使司及其前身西安行都卫，是明代一个跨越今甘肃、青海、西藏三省（自治区）辖境的军事机构。洪武二十六年（1393）后它所拥有的卫所治地多在河西走廊，"自兰州渡河所辖诸卫绵亘二千余里"[⑤]，控制了东西交流的孔道。明初的河西不仅要面对元遗民的骚扰，西北及南方诸多部族中不稳定的因素也很多，行都司"西控西域，南隔羌戎，北遮胡虏"[⑥]，诸卫所皆为边卫，为关中的门户，军事地位非凡，"本朝边境惟甘肃为最远，亦惟甘肃为最重"[⑦]。

①②　《世宗实录》卷 497。
③　《关中奏议》卷 17《为缺官委用事》。
④　《明经世文编》卷 116《杨石淙文集三·为经理要害边防保固疆场事》。
⑤　《明经世文编》卷 119《杨石淙论扉奏略·论甘肃事宜》。
⑥　《明经世文编》卷 249《巡边总论·甘肃保障》。
⑦　《孝宗实录》卷 74。

另一方面，洪武二十六年以后的行都司诸卫及守御千户所辖地明代未设置过任何府州县，而在明初战乱之后当地普通居民已经很少，其地主要人口为卫所军士、家属及各部族，日常有关事务皆由行都司及卫所官员负责。所以从实际意义上讲，除军事防守外，明初陕西行都司与诸省职能相似。待甘镇兴起以后，行都司的许多职能都被取而代之，但是与卫所的基本管理关系并未废除。

对于陕西行都司及卫所的沿革变迁，嘉靖《陕西通志》、《读史方舆纪要》及诸《肃镇志》、《甘州府志》、《甘肃通志》等史书记载很多，可以借鉴，但是它们的记载也有不少互相矛盾之处。这一带卫所在明朝时多修有志书，可惜大多已亡佚。清人的《许氏方舆考证稿》和民国时慕寿祺的《甘宁青史略》等，对卫所沿革有所涉及，但皆叙述简略，也存在错误之处。近人对关西诸羁縻卫所研究较多，而忽视了行都司下正规卫所的研究。吴镇烽著《陕西地理沿革》[①]历史政区明代部分只涉及陕西布政司辖地，没有提及行都司。唯梁志胜在《洪武二十六年以前的陕西行都司》[②]一文中对早期陕西行都司的情况进行过详细论述。

一、洪武十年之前的西安行都卫与陕西行都司

陕西行都司的历史可以根据其辖区与治地的不同划分为两个时期。最早要追溯到洪武七年七月设立于河州的西安行都卫，到洪武九年十一月该行都卫被罢为第一个时期。在这两年多时间中该行都卫（行都司）的辖区与后世的陕西行都司迥然不同，这一点长期以来被研究者忽视。

洪武七年所置之行都卫是相对于西安都卫（陕西都司前身）而言的，当时西安都卫治西安，辖嘉峪关以东今陕、宁、甘、青海、内蒙古部分地区，行都卫治河州，“总辖河州、朵甘、乌思藏三卫”[③]。虽然朵甘、乌思藏随即亦升为行都卫，但仍属西安行都卫监理。《太祖实录》关于西安行都卫第一任都指挥使韦正的一段记载也说明了这个问题：“七年改置西安行都司于河州，以正为都指挥使，进阶骠骑将军，提调朵甘、乌思藏都卫。”[④]由此可以断定西安行都卫初设之时并不辖兰州以西西宁、甘肃诸卫，而主要督理河州以南诸部，管辖地域很辽阔（见图22）。

其下河州卫早在洪武四年正月已设立，该卫在洪武十一年之前的辖区是

---

① 陕西人民出版社，1981年。
② 载《中国历史地理论丛》1999年第3期。
③ 《太祖实录》卷91。
④ 《太祖实录》卷245。

后世的河州卫所无法比拟的。初设卫时“置所属千户所八，曰铁城、曰岷州、曰十八族、曰常阳、曰积石州、曰蒙古军、曰灭乞军、曰招藏军；军民千户所一，曰洮州；百户所七，曰上寨、曰李家五族、曰七族、曰番客、曰化州等处、曰常家族、曰爪黎族；汉番军民百户所二，曰阶文扶州、曰阳呱等处”①，虽后阶州、文州改为千户所，不属河州卫，但根据可考地名分析，在行都卫成立时河州卫辖地东至岷州境，西至归德，北与临洮府界，南与朵甘行都卫界，所控之地汉番杂处，是行都卫的实际控制区。

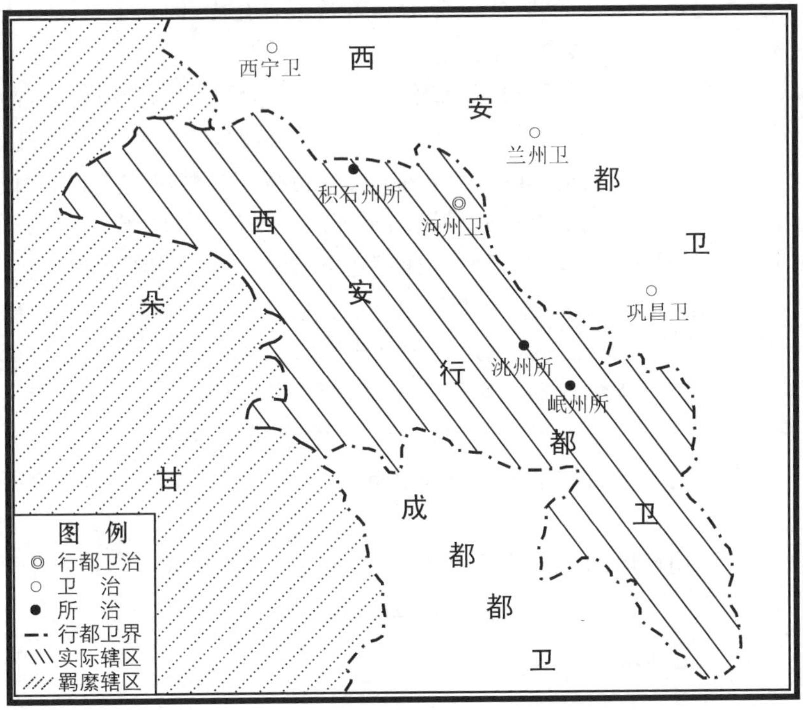

图 22　洪武七年(1374)西安行都卫图

朵甘、乌思藏行都卫控制青藏高原的大部分地区，虽然当地许多部族都接受朝廷的授印，但是地方完全处于自治状态，对于西安行都卫而言是羁縻辖区。而设卫时所辖诸所部分为正规千户所，由朝廷派军；部分属少数民族部落，洪武四年十一月至永乐元年(1403)间的必里千户所、洪武八年正月设的失宝赤千户所等是此类。对于由少数民族各部组成的千户所、百户所本文暂时

① 《太祖实录》卷 60。

不加讨论。至于洪武八年正月在河州西置的归德守御千户所，最初为安置蒙古降人而设，隶河州卫，亦有羁縻之意，永乐四年由朝廷派军士守备，才变成正规军卫。

洪武八年十月西安都卫改为陕西都指挥使司，行都卫也相应改为陕西行都指挥使司。九年十二月被废，十二年正月复设于庄浪。由于改名，明清以来人们将西安行都卫混称为“陕西行都卫”、“陕西行都司”、“西安行都司”。

从洪武五年到十二年之间河州设立了河州府，辖宁河一县（即今甘肃和政县），由于其地各所俱归卫辖，所以包括军事及家属在内，河州卫亦辖有大量人口，在属行都卫（司）时为准实土卫。

从辖境及所辖诸所名称可以看出，设西安行都卫是为了控制青藏高原上的诸部族，而洪武十二年以后的陕西行都司位于河西，主要是控御西北诸部，其次才是北部蒙古人及南部的族落，两次设立行都司虽然名称一致，但设置目的不同。造成这种状况是由洪武早期的军事形势所决定的。由于河西平定稍迟，在洪武五年平定之后设置卫所的速度也较慢。洪武七年之前河西零星分布着庄浪、甘肃、西宁诸卫，相去甚远，由于战争，这一带人口损失严重，整个地区人烟稀少，凉州等城在军队到达之时已成空城；且洪武初同嘉峪关外部族接触尚少。而洪武三年邓愈即率兵至河州，何琐南普归附，第二年初即设河州卫及众千户所、百户所，辖地汉番杂居，人口较多，各部族频繁入贡授印，有必要设立一个高级的军事机构来进行管理。此外，一些部落时有叛乱，设立行都卫也有震慑作用。

关于行都司被废的原因史无所载，《太祖实录》载洪武九年时“川藏戎为盗”①，盖当时诸部族为乱，行都司势单力孤，故废②。

二、洪武十二年之后的陕西行都司

洪武十二年起行都司又经历了两次变迁。

十二年正月复设陕西行都司于庄浪。再设的目的史书不载，估计原因有二：一是当时河西所设卫所日多，皆属陕西都司，但“甘肃去陕西都司绝远”③，陕西都司东西跨度过大，管理不便。庄浪与河州相比，前者为通往河西的要冲，地理位置更利于西部的防守及与甘肃诸卫的联系。二是河州卫地日狭。

---

① 《太祖实录》卷245。
② 梁志胜在《洪武二十六年以前的陕西行都司》一文中也持这种观点。
③ 《英宗实录》卷46。

朝廷先后派邓愈、沐英前去河州征讨反叛，为了加强控制，东部岷州、洮州大块地域被分割出来另置岷州卫、洮州卫，河州卫东界西缩，只剩下卫南一片地。

由于洪武十年前的行都司与此时所设之行都司在辖区与治地上迥然不同，所以后世对陕西行都司的记载多从十二年始。

在行都司重设之时河西已置诸多军卫，有甘肃卫、庄浪卫、西宁卫、凉州卫、碾北卫（不久即废），原皆属陕西都司，至此应改属行都司。但是当年行都司又被废，随着它的废除，这些卫又改属陕西都司。

洪武十二年至二十六年行都司再次重设于甘州这段时间内当地所设诸卫皆是在甘州至庄浪间添补。

当时凉州与甘州间的广阔地带内没有其他卫所，军事防御过于稀疏，乃于洪武十五年三月设永昌卫。该卫的设置使得守备力量在地域上趋于平衡。出于同样的目的，二十三年九月又立山丹卫。同年十二月废掉了甘肃卫，置甘州左卫。二十五年四月又分设甘州中、右、中中卫，随后又置前、后2卫。在甘州设6卫与肃王二十四年封于此有很大关系。朱元璋让肃王建府于此，坐镇一方，以加强对西北的控制。甘州正好位于河西走廊的中段，6卫军士至少有3万人，加上军人家属、当地原有居民及安置的降人，人口众多，同凉州、山丹、肃州等地相比，俨然成为河西的军事与政治中心。甘州地位的骤升，为行都司设治于此地做了铺垫。由于当时甘州以西再无其他卫所，这里就是防御的最前沿了。

洪武二十六年四月陕西行都司重置于甘州，从此稳固了下来，有明一代皆治于此。设置之初行都司共辖有11卫，其统辖结构如下图所示。

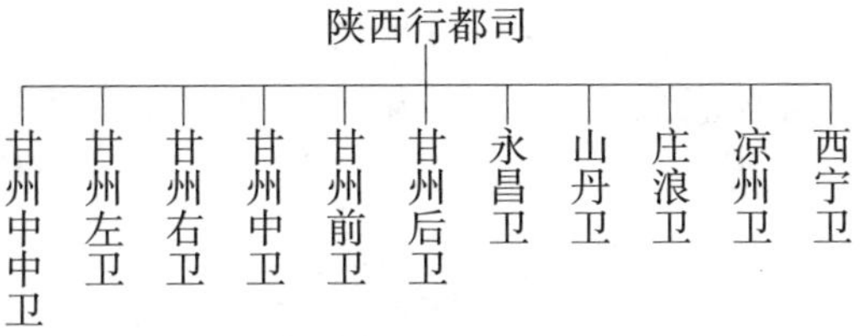

洪武二十六年(1393)陕西行都司重设之初卫所统辖结构图

设立行都司后，嘉峪关一带的军事地位凸显了出来。肃州（酒泉）是西出河西的重镇，为行都司“门庭”[①]，城西不远便为嘉峪关，洪武二十七年十一月甘州左卫调于此，改为肃州卫。自此行都司辖区的西界稳定了下来。嘉峪关

---

① （明）唐枢：《冀越通》，《丛书集成新编》94－18。

以东为明朝军事力量的实际控制区。此后关西地区陆续设有沙州、哈密、曲先、阿端、赤斤蒙古、罕东、罕东左等卫，但其与关东诸卫性质是不同的，属羁縻卫所，名义上虽归行都司兼制，但实际上二者只有在朝贡或关西发生叛乱的时候才有联系。

与西界相比，行都司的北界经历了大幅度的涨缩。洪武年间明军多次扫荡居延海周围，冯胜、沐英、宋晟曾先后率兵攻下亦集乃，但都随即撤出，没有长驻军队守备。居延海一带水草丰美，又有弱水及其支流张掖河同河西走廊相接，是蒙古人南下的主要途径，洪武二十六年之后，明朝在离亦集乃不远的地方设置了威远守御千户所，在肃州与居延海中间设立了威虏卫、白城子守御千户所。这一卫二所成为明军出征蒙古的据点。威远所成为洪武年间行都司控制区的最北界。所以嘉靖《陕西通志》载行都司疆域"东一千一百七十五里，至于临洮府之兰州界；南一千五百七十五里，至于西宁卫之黄河界；西五百七十里，至于肃州卫之嘉峪山；北一千五百里，至亦集乃地"①，应指洪武后期的辖区，这也是洪武二十六年至明末陕西行都司辖区面积最大的一段时期。

按《太祖实录》所载，洪武二十七年九月"遣中使谕陕西都指挥使司训练将士，北自延安、绥德，西自兰州，从魏国公徐辉祖等节制"②，可见陕西都司西界至兰州，即从洪武二十六年行都司设立伊始，其东界至兰州黄河与都司相临，这条边界是固定的。行都司南至雪山，西南至西宁卫之黄河，在明代也没有发生过变化。

洪武二十八年应都指挥使陈辉奏，又改甘州中中卫为甘州左卫。甘州城即有左、右、中、前、后 5 卫，在明朝没有再发生过变动。

洪武二十九年置临河卫于凉州北，第二年正月更名为镇番卫。同年于黑河北设镇夷守御千户所。这一卫一所向北突入沙漠，作用同威虏卫、白城子所，是为了防止蒙古人由白亭海沿三岔河南下。

除诸卫外，陕西行都司还曾拥有过 3 个王府护卫。明太祖第十三子朱楧于洪武二十四改封肃王，当年在临清设立了甘州中护卫，但是此时肃王并未就国，所以中护卫治地不在甘州。二十六年"甘肃以陕西诸卫调戍士马未集，命肃王且驻平凉"③，按明制一王府 3 护卫，此年又立左、右 2 护卫，3 护卫随肃王

① 嘉靖《陕西通志》卷 6《疆域》。
② 《太祖实录》卷 234。
③ 《太祖实录》卷 224。

驻西凉。左护卫军士原是调府军前卫有罪将士立卫，因明朝有例，负罪者不可为亲王扈从，于是军士尽徙于宁夏，左护卫废。洪武二十八年肃王就国甘州后，中、右2护卫才迁治于甘州城，隶于陕西行都司。三年之后，即洪武三十一年三月，肃府又迁往兰州，2护卫亦迁，自此改属陕西都司。

建文中行都司的卫所有所变化，其中比较大的变化是镇番、庄浪2卫被废，改设庄浪守御千户所，洪武三十三年镇夷千户所罢。但是由于这2卫、1所的地理位置相当重要，所以成祖朱棣在执掌政权后又恢复了设置。洪武三十五年废庄浪所重建庄浪卫，永乐元年六月以“镇番地接胡虏，守御不可废”① 复置镇番卫，同时应总兵官宋晟奏请再设镇夷所。威虏卫废于洪武三十二年，估计威远所、白城子所也是在建文中被废，只有威虏卫永乐元年重设，但三年时又废。自此行都司的北界也逐渐稳定了下来（见图23）。永乐时解缙描述行都司“控西夷数万里，跨昆仑，通天竺，西南距川，入于南海。元勋大臣先后至其处，军卫既肃，夷戎率服，通道置驿，烟火相望”②。

永乐三年以后直至正统三年（1438）之前，行都司共有13卫所，除西宁卫在宣德八年（1433）改为军民指挥使司外，其余12卫所没有大的变化。《英宗实录》载宣德十年十二月“甘肃总兵官太保宁阳侯陈懋奏：甘肃边方时有达贼入境……乞于陕西行都司所属一十三卫所屯守军士内选精壮者相兼哨备”③，正统三年又记“甘肃去陕西都司绝远，又其属卫十有三处”④，都说明这一阶段卫所数保持不变。

正统三年六月为增加防守又在庄浪卫与凉州卫之间设置了古浪守御千户所。正统十一年十二月陕西总兵官、宁远伯任礼等奏：“按察司陈嶷巡管行都司一十四卫所水利……”⑤景泰六年（1455）撰《建雷坛庙碑记》言行都司“统十四卫所”⑥，均指正统三年至景泰六年这一时期卫所数。

景泰七年设高台守御千户所于甘州西北。从此陕西行都司拥有12卫、3直隶于行都司的守御千户所，即明中叶以后各史所言甘州“一十五”卫所。加之成化中西宁卫下设的碾伯千户所，陕西行都司明代后期共有12卫，4守御千户所。这些卫所一直沿用到明亡。

---

① 《太祖实录》卷21。
② 《明经世文编》卷11《解学士文集·送习贤良赴河州序》。
③ 《英宗实录》卷12。
④ 《英宗实录》卷46。
⑤ 《英宗实录》卷148。
⑥ 乾隆《甘州府志》卷13《艺文上》。

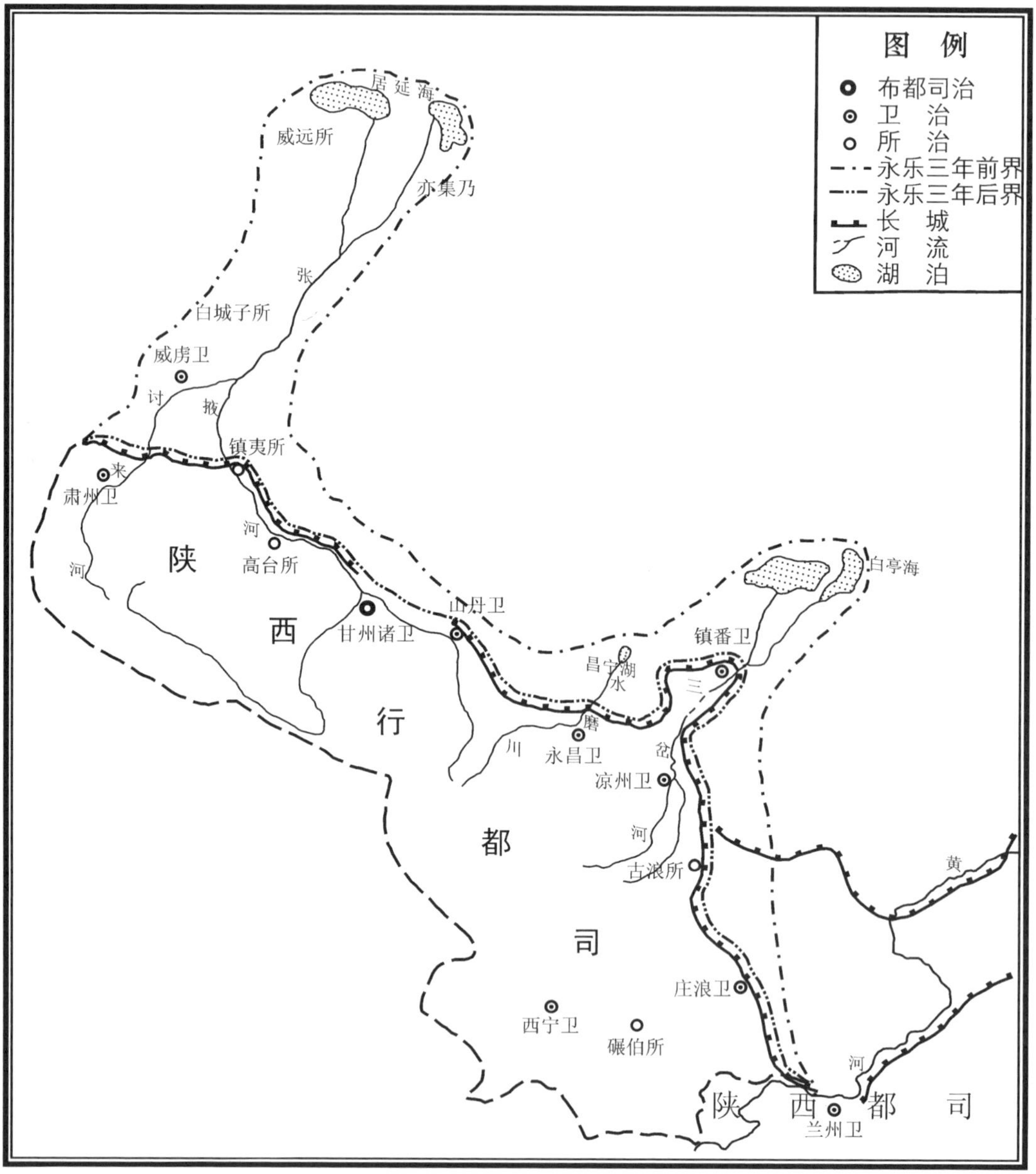

图 23 陕西行都司北部边界变迁略图

现根据嘉靖《陕西通志》总结明中期行都司统辖结构如下图所示。

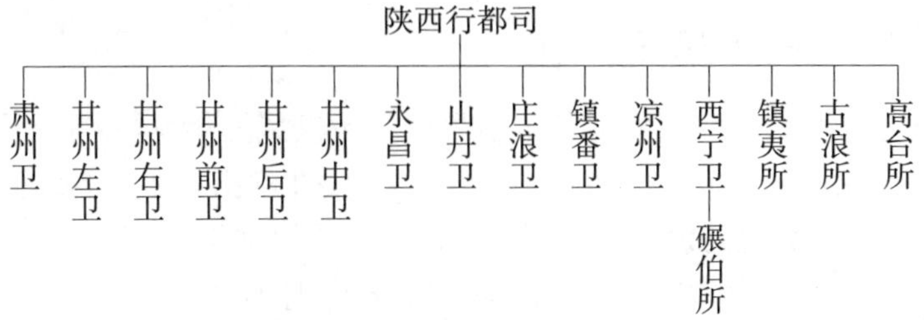

明中期陕西行都司卫所统辖结构图

成化三年(1467)三月在当时整饬边备兵部尚书王复的建言下,朝廷曾拟在凉州建凉州中卫。据《宪宗实录》这一月载:“王复言:‘……又言甘肃所属十五卫所地方虽有远近不同,然自永昌迤西与西宁、镇番颇有险隘可据,贼亦不敢久留,庄浪虽有通贼路径,山密地狭,军马颇易战守,惟凉州地方四际宽广散漫,紧阙冲要最先受敌,又兼水草便利,贼一入境,辄经年不出。往岁虏犯本城,止是一卫军马战守不敷,不免差人远调甘肃等卫军士策应,相去六七百里,为虏邀遮,未能即至,比到人马疲弊,极不济事,所以往往挫损兵威,以致失机误事。天顺元年至五年累调在京官军远为策应,劳民动众,糜废粮草不可胜计,若非无事之时豫为远图,何以善后!访得甘州在城五卫,设置年久,生齿日繁,各家户下军之外,余六七丁,或一二十丁者有之。除供给所继外,中间多有愿投军者,招集四五千名亦可编成一卫,立于凉州,殷实地方。然恐其人恋土有误调用,宜于在城五卫内每卫摘一千户所全伍旗军,五卫选拨指挥十员、卫镇抚二员,五所凑成一卫,名曰凉州中卫,于本城内开设衙门,请给印信……’上皆是之,命兵部即移文所司施行。”①所记内容与王复的《处置甘州疏》②完全相同。但是现存其他明代史料皆未提及凉州中卫,所以推测设置该卫的计划并未得到实施,因为就在下一个月——成化三年四月王复即由兵部尚书改为工部尚书,调回北京,他在甘肃时的变革大多为地方官员所反对,很多都未实施,凉州中卫的设置计划也就流产了。另《宪宗实录》成化三年六月载巡抚甘肃右佥都御史徐廷章所上的边议三事中仍言“陕西行都司所属一十五卫所”,卫所数也没有任何改变。

永乐三年之后,新设的古浪所、高台所都没有使行都司的辖区发生变化,但这并不是说北界再无变迁。威虏卫废除后的一段时间内,边墙以外的部分

---

① 《宪宗实录》卷39。
② 《明经世文编》卷94《王庄简公奏疏·处置甘州疏》。

土地仍由行都司控制。

三、陕西行都司卫所沿革考述

陕西行都司的前身西安行都卫最早设立于洪武七年,这一年七月《太祖实录》载“诏置西安行都指挥使司于河州,升河州卫指挥使司韦正为都指挥使”①,即是指行都卫的设立。《太祖实录》记为“行都指挥使司”是不妥的,在洪武八年前应称“行都卫”。对于行都卫的设置时间,《大明一统志》卷37河州条、嘉靖《陕西通志》卷9建置沿革河州条、嘉靖《河州志》卷1沿革条、《雍大记》卷6河州条所载俱与之同。解缙在《送习贤良赴河州序》中言“国朝初置陕西行都司于河州”②,即指行都卫。

《太祖实录》载洪武八年九月“以在外各处所设都卫并改为都指挥使司……西安都卫为陕西都指挥使司,西安行都卫为陕西行都指挥使司……”③此时仍治河州。

洪武九年十二月行都司罢,《太祖实录》此时载“癸酉,罢西安行都指挥使司”④,《明史》卷42《地理志三》河州卫条记载相同。

洪武十二年正月,《太祖实录》又“复置陕西行都指挥使司城庄浪,后徙于甘州”⑤,《明会典》亦言陕西行都司“洪武十二年添设”⑥,但是《太祖实录》洪武十三年正月与《皇明诏令》⑦所录右军都督府统辖陕西、四川、江西三都司并所辖卫所,未提及陕西行都司,正德《明会典》所引《诸司职掌》载洪武二十五年时的都司时也没有记录该行都司,可以推测行都司重设后不久便又被废除。嘉靖《陕西通志》卷1地理志沿革条言“十二年革行都司及河州府县”,《大明一统志》卷37河州卫建置沿革条、嘉靖《河州志》卷1沿革条、《雍大记》卷6河州条也俱言河州之行都司是洪武十二年与河州府县一起省废的,虽然这几条都误记十二年时卫治仍为河州,但也反映出当年行都司曾被废。今查《太祖实录》所载重置行都司是在正月,而革河州府县是在七月⑧,因此可以断定洪武十二年正月重设行都司于庄浪,又于当年七月废除。庄浪即今甘肃永登。

---

① 《太祖实录》卷91。
② 《明经世文编》卷11《解学士文集》。
③ 《太祖实录》卷101。
④ 《太祖实录》卷110。
⑤ 《太祖实录》卷122。
⑥ 正德《明会典》卷108,万历《明会典》卷124。
⑦ 《太祖实录》卷129;《皇明诏令》卷2《太祖高皇帝中·罢中书省及都府诏》。
⑧ 《太祖实录》卷125。

按《大明一统志》卷37言"二十六年始于此(指甘州)置陕西行都指挥使司",正统中刘硕所作《旗纛庙碑记》则更为详细地记载了甘州设行都司的时间,即"开设于洪武二十六年癸酉之四月十二日"[1],顺治《甘镇志》也作此载。从此行都司治所稳定下来,一直延续到清初,于雍正三年(1725)罢[2]。甘州即今甘肃张掖。

西安行都卫与洪武十二年时的陕西行都司隶大都督府,二十六年后的行都司隶右军都督府。

梁志胜在《洪武二十六年以前的陕西行都司》一文中认为"洪武十二年正月复置陕西行都司于庄浪卫,二十六年自庄浪徙于甘州……其间并未革罢",并作出"庄浪时期的陕西行都司的情况非常特殊:它无官员,无下属机关,亦无所属卫所,仅仅是一个虚置机构"的判断,笔者认为这两点都是错误的。另外,作者仅因为有二十六年行都司在甘州设经历司、断事司的记载,从而断定在庄浪时期行都司无经历、断事二司,又进一步推出这一时期行都司无下属卫所,如此推论都是站不住脚的。其文中所言"在《明太祖实录》中,洪武二十六年之前,几乎见不到有关庄浪时期的陕西行都司的任何记载。甘肃诸卫的事务多与陕西都司属卫之事务在一起……"及所引史料只能说明洪武十二年至二十六年之间行都司不存在。

河州时期的行都卫只辖有河州1卫,卫下有铁城等8千户所和归德千户所。

1. 河州卫(河州左、右卫,河州军民指挥使司参见)

对于该卫的变化各史所载多一致。

河州卫设于洪武四年正月。洪武三年总兵官邓愈兵至河州,元朝土官何琐南普归附,第二年春正月"以何琐南普为河州卫指挥使司……置所属千户所八……军民千户所一……百户所一……汉番军民百户所二……仍令何琐南普子孙世袭其职"[3],《明史》卷42《地理志三》河州卫条所载与之同。卫治在今甘肃临夏市。

洪武六年正月,"河州卫请设州县,专掌钱粮,诏从其请,置河州各府州县,寻罢之"[4]。

---

① 乾隆《甘州府志》卷13《艺文上》。

② 乾隆《甘州府志》卷3《国朝辑略》。

③ 《太祖实录》卷60。

④ 《太祖实录》卷78。

洪武十年分卫为左、右2卫。《大明一统志》卷37河州卫条、嘉靖《陕西通志》卷9河州条、嘉靖《河州志》卷1沿革条、《明史》卷42《地理志三》河州卫条均作此记。

洪武十二年又发生了变化。《明史》卷42《地理志三》河州卫条载“十二年七月，府废，改左卫于洮州，并右卫为军民指挥使司”，即是在这一年沐英攻下洮州后，调左卫去洮州新城立洮州卫。嘉靖《陕西通志》亦言十二年“以左卫调洮州，改右卫为河州卫军民指挥使司”[①]，《太祖实录》当年七月载“丁未，改河州右卫指挥使司为河州军民指挥使司，革河州府”，《大明一统志》与之同，嘉靖《河州志》反记“调右卫立洮州卫，改置左卫为河州卫军民指挥使司”[②]，实误。撰写于洪武十四年五月的河州卫《南门城楼碑记》言“……遂置河州府以治民，设河州卫以戍兵，洪武十二年诏拜为一，改曰河州卫军民指挥使司”[③]，则是左、右不分。

成化十年巡抚都御史马文升奏重设河州，于此时去“军民”二字，但是嘉靖《河州志》言设州后“卫仍为军民指挥使司，控制番夷”[④]，应是指卫依然辖有大量部族，有“军民指挥使司”之实。万历《明会典》卷124河州卫条下言“旧军民指挥使司”。

洪武七年七月之前河州卫属西安都卫，七月至九年十二月属西安行都卫和陕西行都司，十年起左、右2卫及后来的河州卫军民指挥使司仍隶陕西都司。

按《太祖实录》洪武四年正月“置所属千户所八，曰铁城、曰岷州、曰十八族、曰常阳、曰积石州、曰蒙古军、曰灭乞军、曰招藏军；军民千户所一，曰洮州；百户所七，曰上寨、曰李家五族、曰七族、曰番客、曰化州等处、曰常家族、曰爪黎族；汉番军民百户所二，曰阶文扶州、曰阳吼等处”[⑤]，这些所大都设在少数民族聚居区，其中一些百户所有可能以当地部族人口为主。9处千户所皆属于河州卫，是二级守御千户所，其中十八族、常阳、蒙古军、灭乞军、招藏军已无法得知具体治所所在，只有铁城、岷州、积石州、洮州4所可考。

铁城千户所，《明史》卷42《地理志三》言岷州卫“东北有铁州”。该所废除时间不明。

岷州千户所，《太祖实录》载洪武十一年七月“辛巳，命西平侯沐英率陕西

① 嘉靖《陕西通志》卷9《河州》。
②④ 嘉靖《河州志》卷1《地理志·沿革》。
③ 嘉靖《河州志》卷4《文籍志下》。
⑤ 《太祖实录》卷60。

属卫军士城岷州，置岷州卫镇之”①，废所改卫。所治岷州。对于设所年代，嘉靖《陕西通志》、《雍大记》及康熙《岷州志》等书记载与《太祖实录》一致。

积石州千户所，元代的积石州在今青海循化撒拉族自治县，明初州废，该所应位于此。

洮州军民千户所，《太祖实录》载洪武十二年二月“征西将军沐英等兵至洮州故城……遂于东笼山南川度地势，筑城戍守，遣使来报捷，且请城守事宜。上曰洮州西番门户，今筑城戍守，是扼其咽喉矣，遂命置洮州卫……”②所废改卫。千户所治地应在洮州故城，在今甘肃临潭县。

2. 归德守御千户所

该所置于洪武八年正月，《太祖实录》这一月载“置陕西归德守御千户所一”③，按《大明一统志》卷37、嘉靖《陕西通志》卷9河州条，该所属于河州卫，是明中后期卫下唯一的守御千户所。乾隆十三年(1748)千户彭香复在《贵德所复设民兵碑记》中亦言“八年始设所千户，改名归德，隶河州卫”④。为二级所。

初设时官员为蒙古人，所管之民为蒙古降人。

《大明一统志》卷37河州卫条建置沿革下言所“永乐四年建”，嘉靖《河州志》卷1城堡条言“永乐四年都指挥使刘钊奏调中左千户一所归德居住守御”，由此可见该所曾经被废除过，具体时间无考，永乐四年应为重建，并改由朝廷派正规军士守备。

清朝时改称“贵德”。所治在今青海贵德县。

民国《贵德县志》卷2地理条言“洪武三年置守御千户所”，实误。

洪武二十六年时行都司共有11卫，但是在此之前辖区内还曾拥有过其他卫所，这些卫所与二十六年时诸卫有着千丝万缕的联系，其中洪武十二年时一些卫所也曾短暂改属过行都司，所以这里把相关的卫所一起加以考证。

1. 甘肃卫、甘州左卫、甘州右卫、甘州中卫、甘州前卫、甘州后卫、甘州中中卫

甘州即今甘肃张掖，明最早置于此的只有甘肃卫，设于洪武五年十一月，

---

① 《太祖实录》卷119。
② 《太祖实录》卷122。
③ 《太祖实录》卷96。
④ 民国《贵德县志》卷4《艺文》。

《太祖实录》这一月载“壬子,置甘肃卫都指挥使司”[①]。乾隆《甘州府志》卷 2《世纪下》所载设卫年代与之相同。

洪武二十三年十二月废甘肃卫,“置甘州左卫”[②],《大明一统志》卷 37 甘州左卫条亦言“本朝为甘肃卫,寻分置甘州左卫”。

二十五年四月又“命凉国公蓝玉核实甘州各卫军士,分置甘州中、右、中中三卫”[③]。

对于甘州前、后 2 卫的初设时间史书记载不一,按嘉靖《陕西通志》卷 9《建置沿革》载“二十四年立甘肃卫,二十五年罢,寻分置甘州左、右、中、前、后、中中六卫”[④],顺治《肃镇志》所记与其相同[⑤],置左卫已是二十三年底,所以这里所说二十四年所设甘肃卫应为左卫,前、后 2 卫应与中、右、中中 3 卫同年设置。又二十五年四月《太祖实录》载“核实甘州各卫”,可见在此之前甘州已非左卫 1 卫,所以其他 5 卫应设于洪武二十五年初。

《太祖实录》二十八年六月言“初陕西甘州置左、右、中、前、后并中中六卫”[⑥],也可知 2 卫在二十八年之前已存在。《大明一统志》记甘州右、中、前、后 4 卫“洪武二十八年建”[⑦],是指公署建筑时间。《明史》卷 42《地理志三》言前、后 2 卫建于洪武二十九年,实误。

《太祖实录》载洪武二十七年十一月“改甘州左卫为肃州卫指挥使司,置甘州中中卫指挥使司”[⑧],左卫改肃州卫他史亦多记载,但是对于中中卫二十七年前已多次提到,所以从二十五年立卫之说。二十八年六月“改甘州中中卫为甘州左卫指挥使司,初陕西甘州置左、右、中、前、后并中中六卫,后改左卫为肃州卫,至是以都指挥使陈辉奏,遂改中中卫为左卫”[⑨]。除《明史》卷 42《地理志三》左卫条言及这次变动外,他史多未记载。

嘉靖《陕西通志》载“(洪武)三十二年……仍裁革前、后、中中三卫”[⑩],顺治《肃镇志》沿革条亦作此载。中中卫于二十八年已改为左卫,所以这时裁革的应只有前、后 2 卫。对此他史亦多不书,但《太宗实录》永乐元年八月记“复

① 《太祖实录》卷 79。
② 《太祖实录》卷 206。
③ 《太祖实录》卷 217。
④ 嘉靖《陕西通志》卷 9《建置沿革》。
⑤ 顺治《肃镇志》卷 1《地理志·沿革》。
⑥⑨ 《太祖实录》卷 239。
⑦ 《大明一统志》卷 37。
⑧ 《太祖实录》卷 235。
⑩ 嘉靖《陕西通志》卷 9《建置沿革》。

甘州前、后卫”[①]，可见裁革一事是存在的。

永乐元年八月前、后 2 卫重设后，甘州左、中、右、前、后 5 卫稳定了下来。

清顺治罢甘州前卫、后卫，康熙十四年(1675)罢甘州中卫，雍正三年以左、右 2 卫置张掖县[②]。

甘州诸卫皆治甘州，即今张掖。其中甘肃卫除洪武十二年曾属陕西行都司外，其他时间皆属西安都卫及陕西都司。其余诸卫洪武二十六年前属陕西都司，这一年起改属行都司。

2. 庄浪卫、庄浪守御千户所

《太祖实录》载洪武五年十一月“置……庄浪卫指挥使司”，对此，《明史》卷42《地理志三》所载同。

《明史》卷 42《地理志三》载“建文中改卫为守御千户所，洪武三十五年十月复改所为卫”，《太宗实录》洪武三十五年十月亦记“改肃府护卫为庄浪卫”[③]，可见该卫在建文中是有过变迁的。查《太宗实录》永乐元年载“复镇番卫。建文中革卫而设守御千户所于庄浪”[④]，应是调整镇番、庄浪 2 卫军丁设立了庄浪守御千户所。

所、卫治在今甘肃永登县，洪武三十五年重设庄浪卫后一直到明末再无变化。明代庄浪守御所只是在建文中存在了二三年。庄浪卫原属西安都卫及陕西都司，洪武十二年时改归行都司，当年行都司废，又隶都司，洪武二十六年后再次改属行都司。庄浪所属行都司。

清康熙二年改卫为所，雍正三年裁所，设平番县[⑤]。

《古今图书集成·职方典》卷 577 将设卫时间记为“洪武十年”，盖因十年时曾因元旧城址筑卫城，所以把此误为立卫时间。

3. 西宁卫

《太祖实录》载洪武六年正月“己未，置西宁卫，以朵儿只失结为指挥佥事”[⑥]，《明史》卷 42《地理志三》所记相同。

卫治在今青海西宁市。始隶陕西都司，洪武十二年改属行都司，当年改回。洪武二十六年再次改归行都司。

---

① 《太宗实录》卷 22。
② 乾隆《甘州府志》卷 3《国朝辑略》。
③ 《太宗实录》卷 13。
④ 《太宗实录》卷 21。
⑤ 《五凉全志》二，卷 5《地理志·沿革》。
⑥ 《太祖实录》卷 78。

《宣宗实录》载宣德七年十月“改西宁卫为军民指挥使司”①，从此一直到明末未变。但《明会典》等仍习惯称其为“西宁卫”。

4. 凉州卫(西凉卫)

最早置于洪武七年十月，《太祖实录》记“甲辰，置凉州卫指挥使司，以故元知院脱林为凉州卫指挥”②。《明史》卷42《地理志三》将其定为“凉州土卫”，即以蒙元降人为指挥，说明此时的凉州卫由蒙古降人构成。

《太祖实录》又载洪武九年十月“置凉州卫，遣指挥佥事赵祥、马异、孙麟、左德等守之”③，此时才由朝廷派军立卫，所以嘉靖《陕西通志》卷9、《秦边纪略》卷1均把此年作为立卫时间。

在洪武七年底至九年十月间，凉州土卫应因某种原因被废除。

卫治在今甘肃武威市。卫先属于陕西都司，洪武十二年改属行都司，当年改回。洪武二十六年再次改归行都司。

《太祖实录》多处称其为西凉卫。

5. 庄浪分卫、碾北卫(又作碾伯卫)

《太祖实录》载洪武十年九月，“陕西都指挥使司言庄浪卫旧军四千，后增新军四千，地狭人众，难于屯种，乞将新军一千人往碾北屯守……从之”④，十一年三月即于“庚子，置庄浪分卫于碾北”⑤，七月“又置碾北卫指挥使司”⑥，即由分卫改为碾北卫。《明史》卷42《地理志三》、《秦边纪略·世纪》所载年代与之同。卫治在今青海海东市乐都区。

碾北卫废弃时间明代史料无确切记载，洪武十二年八月明太祖曾“遣使敕庄浪、凉州、碾北三卫指挥……”⑦则此时该卫尚存。《太祖实录》卷217所载洪武二十五年三月分派冯胜等往陕西、山西、河南各卫检阅士马，未提及该卫，且正德《明会典》卷108与《明史》卷90《兵志二》所列洪武二十五年卫所也无此卫，所以在二十五年之前该卫应已废。清代《碾伯所志》沿革条载“太祖洪武五年立碾伯卫，十九年废，置碾伯右千户所”，这条史料把庄浪卫设置时间当作立碾伯卫时间，但是对废卫时间的记载应是可信的。

洪武十二年时碾北卫隶陕西行都司，其余时间与其前身庄浪分卫同属陕

① 《宣宗实录》卷96。
② 《太祖实录》卷93。
③ 《太祖实录》卷110。
④ 《太祖实录》卷115。
⑤ 《太祖实录》卷117。
⑥ 《太祖实录》卷119。
⑦ 《太祖实录》卷126。

西都司。

6. 永昌卫

《太祖实录》载洪武十五年三月丁丑“置永昌卫指挥使司，隶陕西行都司”①。治在今甘肃永昌县。该卫最初应隶陕西都司，洪武二十六年后改隶行都司，《太祖实录》的这条记载忽略了其间的变化。

嘉靖《陕西通志》及《五凉全志・永昌县志》②皆言洪武三年冯胜平定河西后即立卫，与《太祖实录》不符，洪武三年至四年间，甘州、肃州、凉州、西宁都还未设卫，不可能在此地位不甚紧要之处独自设置一卫，故今从《太祖实录》。

清雍正三年改卫为县③。

7. 山丹卫

《太祖实录》载洪武二十三年九月“置陕西山丹卫”④，《明史》卷42《地理志三》所记年代与之同。卫尚在永昌西，《明史》卷42《地理志三》则言卫“属陕西都司，后来属”，正德《明会典》亦言“旧为陕西都司属卫”⑤，可见该卫与永昌卫一样，初属西安都卫及陕西都司，洪武二十六年后改属行都司。卫治在今甘肃山丹县。

嘉靖《陕西通志》卷9、万历《甘镇志》沿革条均言“二十四年设山丹卫指挥使司”，按顺治《肃镇志》卷2古迹条言卫城“洪武二十四年指挥庄德展筑”，前二书应是把筑城时间当作设卫时间。

卫“调凉州卫左等三所并武功屯田官军各卫多余军士设立左、右、中、前、后五所，二十八年调前所全伍官军充甘州中护卫，三十二年以威虏卫官军补前所，本卫始领左、右、中、前、后五千户所”⑥。

雍正二年改为县。

洪武二十六年后陕西行都司共设过4卫、6所，其中碾伯所为二级所。

1. 肃州卫

置于洪武二十七年十一月，《太祖实录》此时记“改甘州左卫为肃州卫指挥使司”⑦，《明史》卷42《地理志三》所载时间与之同。卫治在今甘肃酒泉市，隶陕西行都司。

---

① 《太祖实录》卷143。
② 嘉靖《陕西通志》卷9《建置沿革》；《五凉全志・永昌县志》卷3《地理志・沿革》。
③ 《五凉全志・永昌县志》卷3。
④ 《太祖实录》卷204。
⑤ 《明会典》卷108。
⑥ 万历《甘镇志・沿革》。
⑦ 《太祖实录》卷235。

由于设卫已是二十七年底，所以嘉靖《陕西通志》卷9与乾隆《肃州志·河西总言》记“二十八年开设肃州卫”也不为误。

2. 威虏卫

具体设置年代无考，《太祖实录》洪武二十五年之前没有提到过该卫，《诸司职掌》亦无载，所以卫应是在二十六年之后设立。

“(洪武)三十二年以威虏卫官军补(山丹卫)前所”①，卫被废。但是永乐元年八月又“复……威虏卫”②。永乐三年三月，卫再次被废，“革陕西威虏卫，军官并入肃州卫”③，乾隆《重修肃州新志》言“闻说先年本卫军戍获功，斩虏首级，勘官御史赵春以为杀降，欲致获功官军于死地，因以致民叛乱，后招抚迁于肃州，今中右、中中所，即此卫人也”④。

对于该卫，《明史》卷42《地理志三》只是简单记为“在肃州东北，洪武中置，永乐三年三月省”。

卫属行都司，治所在“肃州城北一百二十里”⑤，在今甘肃金塔县的威虏破城遗址。

3. 白城子守御千户所

所置于洪武二十九年九月，《太祖实录》这一月载“‘又言白城子去肃州百有余里，北通和林亦集乃，路当冲要，今令肃州卫遣军沙山侦守，去城四十余里，尚遇烽警猝难策应，如置千户所，分拨精壮骑卒就彼屯守，庶得备御。’诏并从其言，仍命右军都督府遣军戍白城子”⑥。史书对该所记载甚少，无法考定具体废除时间，但估计在永乐元年前已被废。该所是直属行都司还是属肃州卫，也无法确知。

白城子在“(肃州卫)卫城东北一百二十里”⑦，应离威虏卫不远，亦在今甘肃金塔县北，疑即金塔东北二十里白疙瘩村。

4. 威远守御千户所

乾隆《重修肃州新志》载“威远城，在州东北。《新唐书》：肃州有酒泉、威远二守捉城。《肃镇志》：威远城在(肃州卫)卫东北三百八十里，城筑于唐，宋、元因之，明初立为所。后因失误秋表，该部查究，风闻诛徙，人民惧，俱逃入西域。今有旗杆山，即当时招抚叛民，立旗七杆，军民竟入回夷远地，今尚有三杆峙立焉。又《西域记》云：威远汉人，今在鲁迷地方，穿衣戴帽与夷不同，衣

① 万历《甘镇志·沿革》。

② 《太祖实录》卷22。

③ 《太祖实录》卷40。

④⑤⑦ 乾隆《重修肃州新志》第2册《古迹》。

⑥ 《太祖实录》卷247。

制中国，穿则襟治于背后，网巾同汉人，戴则悬圈于额前，养食犬、豖，与夷不同俗”①。既然该所由汉人组成，那么应不是为安排降人而设的羁縻所，而是一个隶属于行都司的守御千户所。

由于缺乏记载，具体设废年代已无从可考，但是该所尚在威虏卫与白城子千户所以北，所以设置年代应不会比二者早，估计在永乐元年前已被废。另外从距离上判断，该所应在亦集乃附近。有学者认为治在今内蒙古额济纳旗河西新湖老树窝一带②。

5. 临河卫、镇番卫

临河卫为镇番卫的前身。但是对于临河卫的始置时间史无确切记载，乾隆《五凉全志・一》卷2沿革条言“元季惟空城，明洪武二十九年设卫，改名镇番”，今查《太祖实录》载洪武三十年正月“改陕西临河卫为镇潘（番）卫”③，在洪武三十年以前《太祖实录》多次提到西北诸卫，皆未言及临河卫，可以推知临河卫当是在改名前不久设立的，所以二十九年所立应为临河卫，第二年初便更名。

嘉靖《陕西通志》则直接记为“洪武二十九年开设为镇番卫”。

二卫隶陕西行都司，治在今甘肃民勤县。

改名镇番之后，该卫在建文中曾被废掉，具体年代已无可考，于永乐元年六月重设，《太宗实录》此月载“甲戌，复镇番卫，建文中革卫而设守御千户所于庄浪，至是守臣请复，上曰镇番地接胡虏，守御不可废，命兵部亟复之，选边将一人率庄浪军士戍守”④。

《古今图书集成・舆地汇编》镇边条言“三十四年废”，但庄浪卫条记“三十一年废为庄浪守御千户”⑤，两者互为矛盾。该书又记镇边卫“永乐元年改置镇边千户所，属永昌卫，后复置镇边卫”，与《太宗实录》永乐元年重建卫的记载不符，今从《太宗实录》。

永乐元年六月重置镇番卫后一直没有变化，清朝改称镇边卫，雍正三年改为镇番县。

6. 镇夷守御千户所

嘉靖《陕西通志》卷9建置沿革条载“洪武二十九年都指挥马溥始于黑河

---

① 乾隆《重修肃州新志》第2册《古迹》。
② 参见梁姗姗、王元林：《明代威虏卫及威远、白城子“一卫二所”地望考辨》，《暨南史学》第九辑。
③ 《太祖实录》卷249。
④ 《太祖实录》卷21。
⑤ 《古今图书集成・舆地汇编》卷577。

之北筑堡为西北哨马营。三十年就马营展筑，开设镇夷守御千户所，三十三年革。永乐改元总兵官都督宋晟奏复置本所守御……后为黑河冲决，天顺八年(1464)镇守太监蒙泰建议移城今治”，《明史》卷42《地理志三》、乾隆《重修肃州新志》所载与之同，并言明是永乐元年重设，《太祖实录》这一年八月亦载“复……镇夷千户所”①。

天顺八年前所治“在(高台)县西北”②，后迁之地按《大清一统志》卷212“雍正二年裁所并入高台县，今为镇夷营也”，即今甘肃高台县正义峡。清朝时所又称“镇彝所”。

7. 古浪守御千户所

设于正统三年六月，《英宗实录》此月载“设古浪守御千户所，从镇守陕西右佥都御史罗亨信奏请也”③，嘉靖《陕西通志》卷9建置沿革条亦言“正统三年巡抚都御史罗亨信奏设古浪守御千户所……隶陕西(行)都司”。

所原治旧城，在今甘肃古浪县治南。成化年间徐延章奏请移治，“甘肃古浪守御千户所城俱在半山中，城垣低薄，不时坍塌，且山水险恶，难为保障，宜移于东北平坦之地，仍将旧城作古浪关”④，移所于今古浪县治。

雍正三年改为古浪县。

8. 高台守御千户所

该所置于景泰七年，嘉靖《陕西通志》卷9建置沿革条载“正统中张掖人刘宽建言于镇城西一百六十里设所，景泰七年始设守御千户所，辖十百户所，隶陕西行都司”⑤，顺治《甘镇志》、《明史》卷42《地理志三》所记设所时间与之相同。《边政考》亦作“国朝景泰开设守御千户所”。

天顺《大明一统志》未载此所，盖因该书沿革部分多抄袭《寰宇通志》，后者始编于景泰五年，七年书成进上，没有录此所。

按《大清一统志》卷212雍正三年以所为高台县，即今甘肃高台县。

9. 碾伯守御千户所

《明史》卷42《地理志三》载“本碾北地。洪武十一年三月置庄浪分卫。七月改置碾北卫，后废，而徙西宁右卫千户所于此，成化中更名”，首先这里所说的应是西宁卫，因为没有设过西宁右卫。嘉靖《陕西通志》卷9言“于碾伯设右

① 《太宗实录》卷22。
② 乾隆《重修肃州新志》高台县，古迹。
③ 《英宗实录》卷43。
④ 《明经世文编》卷70《徐中丞奏疏·甘肃边备疏》。
⑤ 顺治《甘镇志·沿革》。

所”,《边政考·西宁卷之四》亦载此。按上文所引《碾伯所志》,右所当是在洪武十九年碾伯卫被废之后迁于碾伯的,成化中升为守御千户所。治在今青海海东市乐都区。

嘉靖《陕西通志》卷 9、嘉靖《雍大记》卷 1、万历《明会典》卷 124、顺治《肃镇志》卷 1 言及陕西行都司下守御千户所时都是只书镇夷、古浪、高台三所,而不录碾伯所;弘治中杨一清曾奏言“陕西行都司所属甘州一十五卫所”中亦无此所[①]。所以该所应不是直隶于行都司的守御千户所,而是隶于西宁卫,为二级所。

陕西行都司下曾有肃府诸护卫。

甘州中护卫、甘州左护卫、甘州右护卫

朱元璋第十三子朱楧洪武十一年封汉王,二十四年四月,“命汉、卫、谷、庆、宁、岷六王往临清训练军士,各置护卫,汉王甘州中护卫……”[②]这是中护卫设置之始,但此时还未治甘州,而是与汉王一起在临清。

洪武二十五三月,改“汉王楧为肃王”[③]。二十六年正月,“诏肃王楧……之国……至是,甘肃以陕西各卫调戍士马未集,命肃王且驻平凉”[④],这样中护卫也就暂治平凉。当年七月“置甘州左护卫指挥使司。……调府军前卫将士之有罪者隶甘州左护卫”[⑤]。

洪武二十八年六月,“肃王楧始就国甘肃”[⑥],中护卫亦迁甘肃。

按《太祖实录》洪武二十六年七月载“置宁夏卫,调甘州左护卫将士守之。初发府军前卫将士之有罪者隶甘州左护卫,既而以负罪者不可为亲王扈从,遂徙之宁夏置卫,调集兵马为护卫”[⑦],可见左护卫二十六年设立之后立即被废,但又置一护卫,应即右护卫。从此至宣德七年,肃府一直只有中、右二护卫,所以万历《甘镇志》沿革条即言“二十八年封肃王,建府于此,设右、中二护卫”,忽略了存在时间极短的左护卫。

洪武三十一年三月,“肃王自甘肃移兰州”[⑧],中、右二护卫随之移治。

宣德七年七月,“肃王瞻焰奏甘州中、右二护卫皆闲逸无差遣,欲止留一

---

① 《关中奏议》卷 6《为地方事》。
② 《太祖实录》卷 208。
③ 《太祖实录》卷 217。
④ 《太祖实录》卷 224。
⑤⑦ 《太祖实录》卷 229。
⑥ 《太祖实录》卷 239。
⑧ 万历《临洮府志》卷 2《总记下》。

卫，请以一卫归朝廷助备边。上得奏复书曰：护卫以卫王国，王国以藩屏朝廷，今叔以国中无事而为朝廷虑边，足见至亲体国之笃。特遣都督佥事王彧、副都御史贾谅赍书以复，听简留一卫所，归朝廷者令挈家属赴甘州补前、后二卫守备之数”①，右护卫被废，所以嘉靖《陕西通志》记录的只有中护卫②。

正德《明会典》卷108言洪武二十六年陕西都司卫所时，把甘州中护卫归入其下，由此可知洪武二十八年六月中护卫迁往甘肃之前，属陕西都司。迁甘肃后，三护卫皆属行都司。洪武三十一年肃府迁兰州后，中、右二护卫又改隶陕西都司。

四、陕西行都司卫所的性质

洪武十二年之后在后来的陕西行都司境内“别无郡邑”③，陕西行都司拥有过的诸卫所皆为实土，各卫所大多分布在河西走廊的交通要道上，有自己的治地、辖区，根据史料可以绘出某个时期的卫所辖区，但却无法得知其整个历史变化过程。而行都司的地域范围是明确的，永乐以后的大多数时间内其总的辖区没有大的变化，东西以兰州、嘉峪关为界，南北在西宁卫之黄河、雪山和边墙之间。河西走廊的狭长低地上，沙碛、戈壁间绿洲断续分布，这些绿洲自古就是人口聚居区，居民除军士、家属外，还有当地部族、来降的蒙古人及内迁的西北诸族人，随着岁月流逝，卫所“设置年久，生齿日繁，各家户下正军之一，余六七丁或一二十丁者”④，人口增长很快，到嘉靖时甘镇地区已有约38 660户，179 000人口⑤。许多官员建议在这里设置府州县等地方行政组织，隆庆六年(1572)巡抚都御史廖逢节就曾奏请设立甘州府⑥，但是在明代没有得到实施。清雍正三年罢行都司，“甘州自古为郡县，惟明三百年为卫所……至是始复为郡县如内地”⑦。

陕西行都司(西安行都卫)治所屡次变动，但在洪武二十六年之后基本稳定了下来，卫所的变迁脉络清晰。诸卫所为实土的时间列表9如下。

---

① 《宣宗实录》卷93。
② 嘉靖《陕西通志》卷5《土地五·封建·皇明藩封》。
③ 顺治《重刊西宁志·艺文考·议肃州西宁添设通判疏(都御史石茂)》。
④ 《明经世文编》卷94《王庄简公奏疏·处置甘州疏》。
⑤ 资料来源于《全陕政要》卷4各卫所人口之和。
⑥ 《五凉全志·艺文·明隆庆六年巡抚都御史廖逢节题为重任寺臣减设属职兴屯田饩饩乡兵以实边政事》。
⑦ 乾隆《甘州府志》卷3《国朝辑略》。

表 9　陕西行都司诸卫所实土时间表

卫　所	实土时间	备　　注
河州卫	洪武四年至九年 洪武十二年至成化九年	洪武七年至九年属西安行都卫
甘肃卫	洪武五年至二十三年	洪武十二年属行都司
甘州左卫	洪武二十四年至二十七年 洪武二十八年至明末	洪武二十六年后属行都司
甘州中卫	洪武二十五年至明末	同上
甘州右卫	洪武二十五年至明末	同上
甘州中中卫	洪武二十五年至二十八年	同上
甘州前卫	洪武二十五年至三十二年 永乐元年至明末	同上
甘州后卫	同上	同上
庄浪卫	洪武五年至建文中 洪武三十五年至明末	洪武十二年曾属行都司,洪武二十六年后属行都司
西宁卫	洪武六年至明末	同上
凉州卫	洪武九年至明末	同上
碾北(伯)卫	洪武十一年至十九年	洪武十二年曾行都司
永昌卫	洪武十五年至明末	洪武二十六年后属行都司
山丹卫	洪武二十三年至明末	同上
肃州卫	洪武二十七年至明末	
临河卫	洪武二十九年	
镇番卫	洪武三十年至建文中 永乐元年至明末	
镇夷所	洪武三十年至三十三年 永乐元年至明末	
庄浪守御所	建文中至洪武三十五年	
古浪所	正统三年至明末	
高台所	景泰七年至明末	

第三节　四川都司建置沿革

成都都卫及四川都指挥使司是明代四川地区基本的军事管理机构。虽然西临青藏高原，但其地主要威胁来自于辖境内少数民族诸部。四川的少数民族集中分布在西部、南部及东南部，卫所亦集中在西部及南部，四川都司曾经拥有的实土卫所多位于此。因为都司卫所较少，永乐以后实土卫所剩余无几，故其变迁为今人所忽视。

成都都卫及四川都司曾经拥有广阔的军事辖区，东至施州，南至贵州卫，西南至盐井、会川，北至保宁、松潘，洪武十五年(1382)贵州都司的设立使其失去了永宁以南的大片辖区，其西南界又在洪武二十七年设置四川行都司后内缩，因此在二十七年之前四川都司还处于不稳定期，这之后都司辖区稳定，故可分两个阶段来分析都卫及都司卫所的设置过程。

一、洪武二十七年前成都都卫及四川都司卫所建置过程

元末明初四川地区由明玉珍及其子明昇盘踞。洪武四年明朝军队经由夔州瞿塘、陕南阶文诸地分两路夹攻四川，傅友德经陕西南下，由龙州、江油、漳明、绵州，六月进兵成都，当月由夔州沿长江进攻的东支亦至重庆，八月“蜀地悉平”①。平定成都之后，傅友德即选留官军守备。当时“来归者众”，为了日常防守，在这些人中籍出丁壮为军，在成都设立左、右、中、前、后5卫，同时还设置了贵州卫、永宁卫、雅州守御千户所、重庆守御千户所、叙南守御千户所、青川守御千户所、保宁守御千户所，共7卫、5所。成都是四川的政治、经济中心，又近西部少数民族地区，且在洪武初年，其西北威州、茂州及更北的地区尚未平定，成都是征讨的前沿，故最初即设5卫。明初一地设5卫的地区多为边防要地，如辽东、大同、宁夏、甘州、云南等，可见朝廷很重视成都的军事地理位置。成都平原农业发达，足以供军队屯田耕种，明朝把其作为镇守西部的基础。从整个形势来看，洪武十五年前明朝对西南的控制尚显虚弱，云南处于梁王之手，贵州大多数地区仍为羁縻之区，贵州卫、永宁卫皆置于边远、偏僻的少数民族地区，朝廷无暇派大军征服，因此亦不够重视。其余6守御千户所治地俱是进出四川的重要军事关口，青川、保宁在通往陕南的要道上，雅州则是天全六番、长河西等部东向的必经之路，叙南通向永宁、贵州。重庆在明代也是四川的重要城市，但与成都相比，重庆偏东，故最初只设1守御千户所。

为了管理这些卫所，在成都诸卫设立的同时，置成都都卫。

洪武五年至十年间成都都卫新设卫所不多，且分布分散。

---

① 《太祖实录》卷67。

洪武五年在天全六番地设碉门守御百户所，隶雅州守御千户所，这是成都都卫及四川都司历史上唯一的守御百户所，当地设有茶马司，是藏族同内地物资交流的主要地点之一。青川所迁至元末的安州（明朝后来改为安县），改称为安县守御千户所，具体改治年代史书无载，应发生在洪武四年底至七年八月之间。七年八月，成都都卫以“改置不便调遣”[①]又迁所于青川，再称青川所。

洪武六年“巴县王立保作乱，称应天大将军，烧佛图关，犯（重庆）通远、南纪二门，千户左辅击走之”[②]，因改重庆守御千户所为重庆卫。

洪武八年改成都都卫为四川都指挥使司，简称四川都司。

洪武十年，叙南所升为叙南卫，这是由叙南的周边环境决定的，它的南部是苗族等少数民族聚居区，仅有叙南所与永宁一卫显然不足守御。这也是洪武二十一年设置泸州卫的原因。

平定四川之初，明军对其西北控制的范围向西未超过绵竹、安县及青川一线。待四川大部稳定下来，明军开始平定西北。洪武十年十一月，威州、茂州等处土酋董帖里叛，朱元璋任丁玉为平羌将军率兵讨伐。当年十二月兵至威州，董帖里降，置威州守御千户所以作为西征的前哨。次年二月，茂州土酋杨者七降，立茂州卫，同时派其右千户所于叠溪守备，初仍称右千户所，至洪武二十五年改为守御千户所，直隶都司。

洪武十二年春，丁玉率师进讨松州叛乱，因地“僻在万山，接西羌之境……蛮酋屡入为寇，扰我边民”[③]，于是筑城分置松州卫、潘州卫，以资守备，但是当年六月朱元璋以“松州山多田少，耕种恐不能赡军，若以人民供亿，则是困有用之民守无用之地，非良策也”，罢松州卫[④]，但丁玉、耿忠等极言松州为要害地，十三年八月又复置卫。洪武十八年二月又有人建议废松州卫，以“松州土地硗瘠，不宜屯种，戍卒三千粮饷不给。虽尝以盐粮益之，而栈道险远，军之甚艰，请移戍茂州，俾屯田于附近之地，则不劳馈运，而自可以制羌人”，朱元璋则认为“其控制西番要地，不可动也。军士粮饷其令旁近州县运给之”[⑤]，不准废卫，只是把丁多之家“分房于成都等府州县附籍种田纳粮，既当民差，又贴军役”[⑥]。松州卫与潘州卫的设立，使得四川都司的西北界扩展了许多（见图 24）。至洪武

① 《太祖实录》卷 92。
② 《太祖实录》卷 86。
③ 《太祖实录》卷 123。
④ 《太祖实录》卷 125。
⑤ 《太祖实录》卷 171。
⑥ 《英宗实录》卷 175。

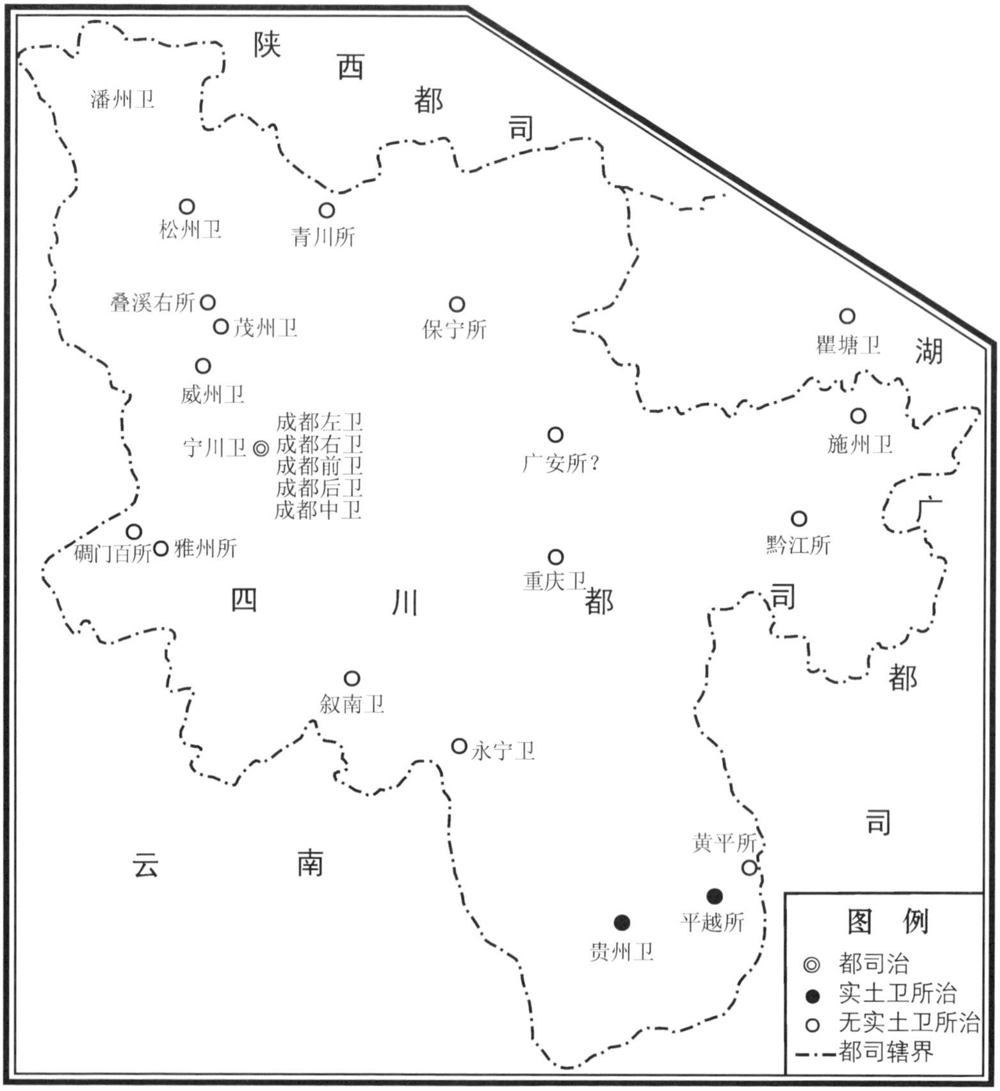

图24　洪武十四年(1381)十一月四川都司辖区及卫所图

二十年合松、潘 2 卫为松潘等处军民指挥使司，嘉靖四十二年(1563)去“军民”衔，只称“松潘卫”。

永宁卫、贵州卫、洪武十一年设立的黄平守御千户所及洪武十四年设立的平越守御千户所使得都司的东南界到达了今贵州贵阳以南。因此在洪武十五年这些卫所改属贵州都司之前是四川都司东南界控制地域最大的时期。设立贵州都司之后，辖界缩至叙州、泸州一带。

元代的四川行省西南至大渡河，因此洪武四年四川平定后其南界亦只至此，云南依然是由旧元的大臣控制，直到洪武十五年初明朝大军平定云南，其北部建昌、会州、东川、乌撒、乌蒙等地才渐归四川所有。因此洪武十五年之前都卫及都司的西南界亦只到大渡河。

洪武十五年平定云南，在元末建昌路、会昌府地立建昌卫及其下二级所会川守御千户所，十月建昌路、会昌府、柏兴府均改隶四川，建昌卫与会川所亦改隶四川都司，都司西南界向南扩张。十九年设柏兴所，二十一年又立苏州卫。洪武二十五年故元平章月鲁帖木儿及会川王春等叛，攻破会川，并围攻建昌卫城及苏州卫城，由于当地卫所稀少，各地徒有自守，无暇应援。因此蓝玉率大军平叛之后，六月改建昌卫、苏州卫为军民指挥使司，会川所为军民千户所，七月设越嶲军民指挥使司，十一月改会川军民所为会川军民指挥使司。其中苏州军民司于三月改为宁番军民司，六月置盐井军民司(由柏兴所改)，二十七年六月又设建昌前卫，另外还新设了 5 个二级守御千户所，即礼州后所、礼州中中所、打冲河中前所、德昌所、迷易所(详见下节“四川行都司建置沿革”)，前 4 所属建昌卫，后 1 所归会川卫。至洪武二十七年九月设四川行都司前，大渡河以南建昌一带共有 6 卫、5 所，这是都司西南部发展最盛的时期(见图 25)。诸卫所大致沿宁远河呈线状分布，是云南至四川的交通线之一。

洪武十三年朱椿被封为蜀王，建府成都，设立了成都护卫，十五年起该护卫改由四川都司兼管。十七年九月，成都护卫改为成都左护卫，又增置右、中 2 护卫，自此至宣德六年(1431)蜀府一直拥有 3 护卫。

加上洪武十一年设的黔江守御千户所，洪武十五年置的大渡河所、威州所(洪武二十五年前曾一度改为卫)，二十年的松潘军民司，二十一年的泸州卫，二十五年直隶都司的叠溪所，再考虑到设废年代不明的岩州卫，在洪武二十七年九月设立四川行都司之前，四川都司卫所数达到了高峰，至少有 17 卫(不计岩州卫)、6 一级所、6 二级所，1 守御百户所、3 王府护卫。其统

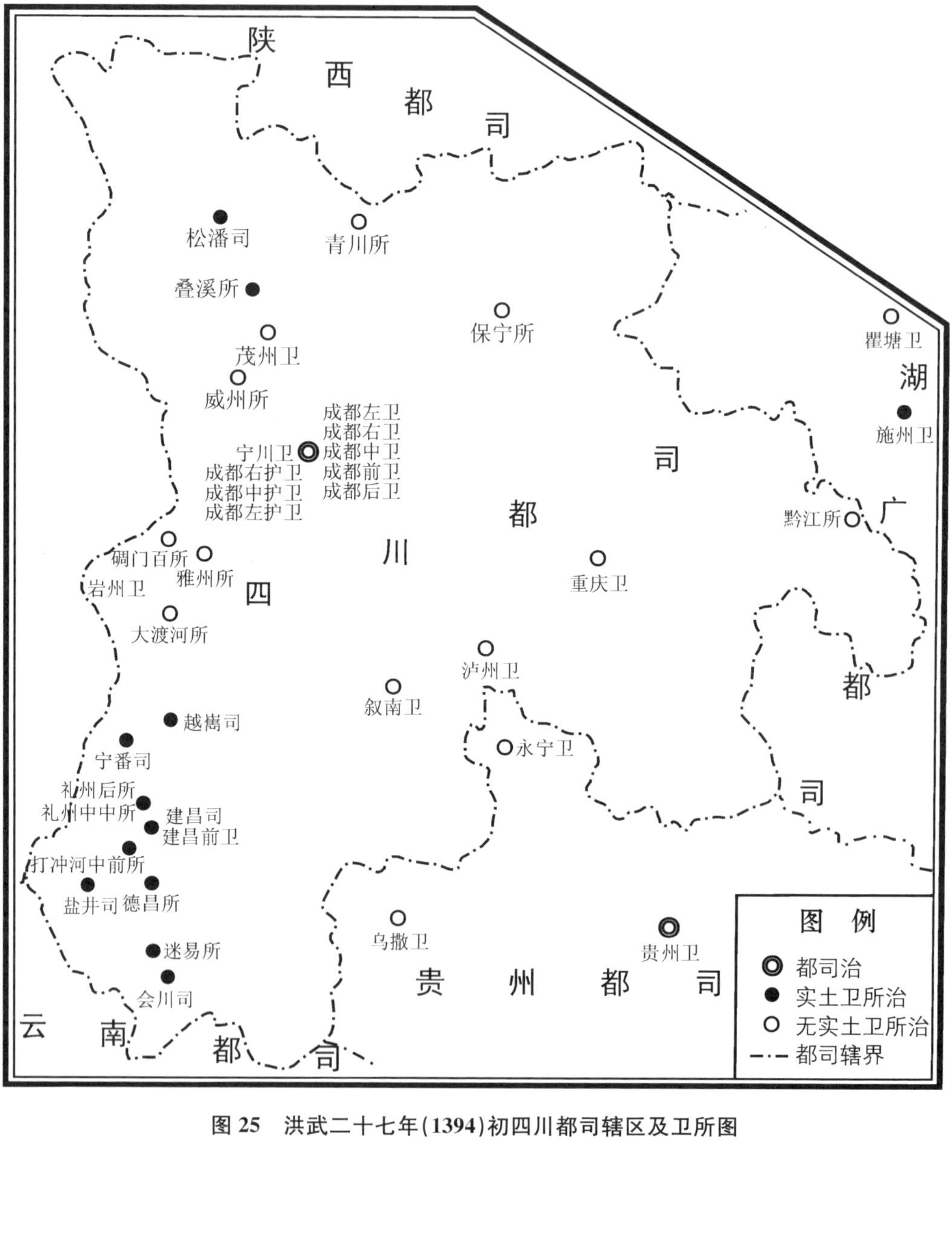

图 25 洪武二十七年(1394)初四川都司辖区及卫所图

辖结构如下图所示。

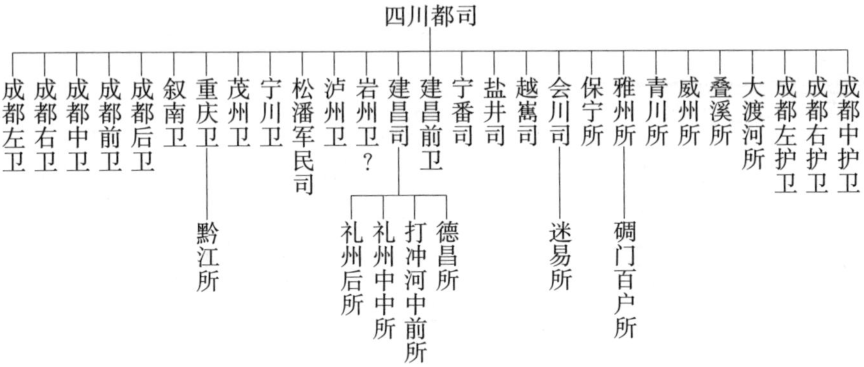

洪武二十七年(1394)初四川都司卫所统辖结构图

平月鲁帖木儿之后，总兵官蓝玉奏称："四川之境地旷山险，控扼西番。连岁蛮夷梗化，盖由军卫少而备御寡也，宜增置军卫。顺庆府镇御巴、梁、大竹诸县，其保宁千户所北通连云栈，宜改为卫。汉州灌县、邛县西连松、茂、碉、黎，当土番出入之地，眉州控制马湖、建昌、嘉定……俱为要道，皆宜增置军卫"①，当时"下群臣议，行之"②。但是《明实录》诸书并无保宁卫、眉州卫等设置的记载，可见洪武二十六年春蓝玉被诛，其建议并未付诸实施。

四川东部洪武十二年设置的瞿塘所，不久即改为卫，但该所及卫皆隶于湖广都司，其治地所在之夔州府归四川布政司，形成管理上的犬牙相错之势。此卫位于长江咽喉，这种方式亦是为了加强对交通要道的控制。洪武十四年设置的施州卫本属四川都司，年底改属湖广都司。

洪武年间还曾一度设置过龙州军民千户所和广安守御千户所，龙州所设于洪武二十二年，广安所设废年代不明，2 所在洪武二十五年前已废。

自洪武二十七年九月在四川西南部设立行都司之后，四川都司西南界又缩回至大渡河一线，其辖区稳定下来(见图 26)，一直到明末都无大的变化，卫所设置亦趋于缓慢，进入了第二个发展阶段。

二、洪武二十八年至明末——四川都司的稳定期

洪武二十八年直至明末四川都司卫所数增加无几，新置的只有 2 卫、4 直隶于都司的守御千户所、1 隶于卫的千户所。

---

①② 《太祖实录》卷 222。

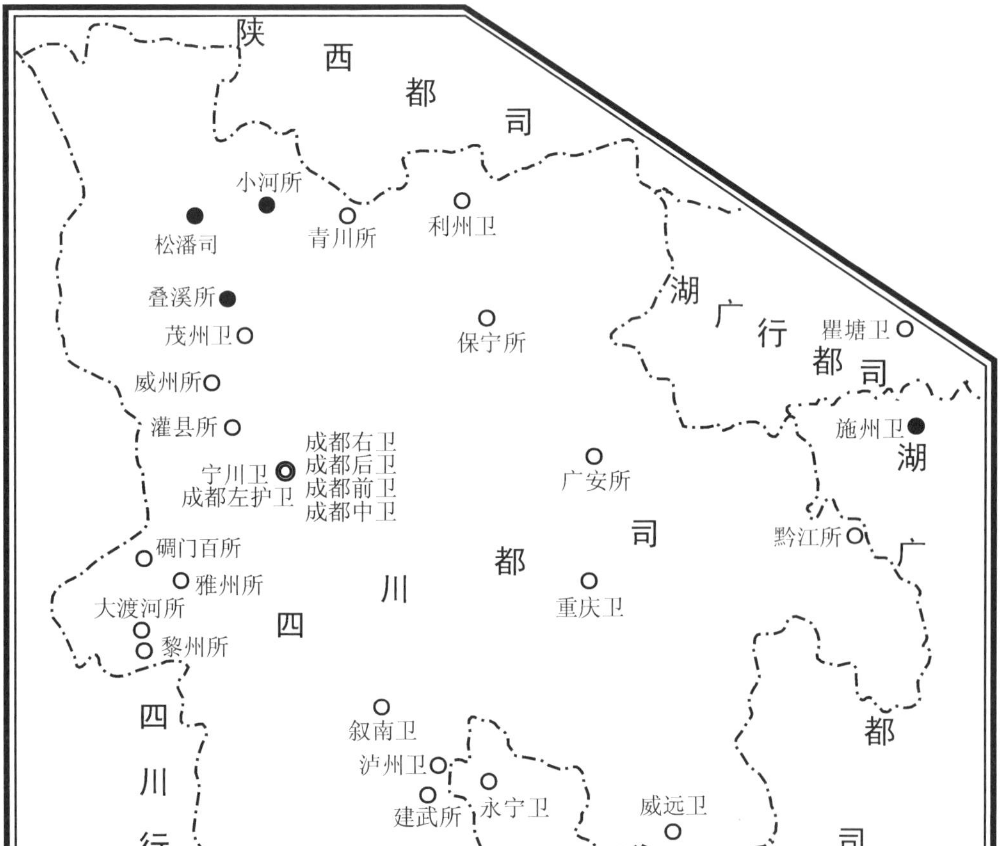

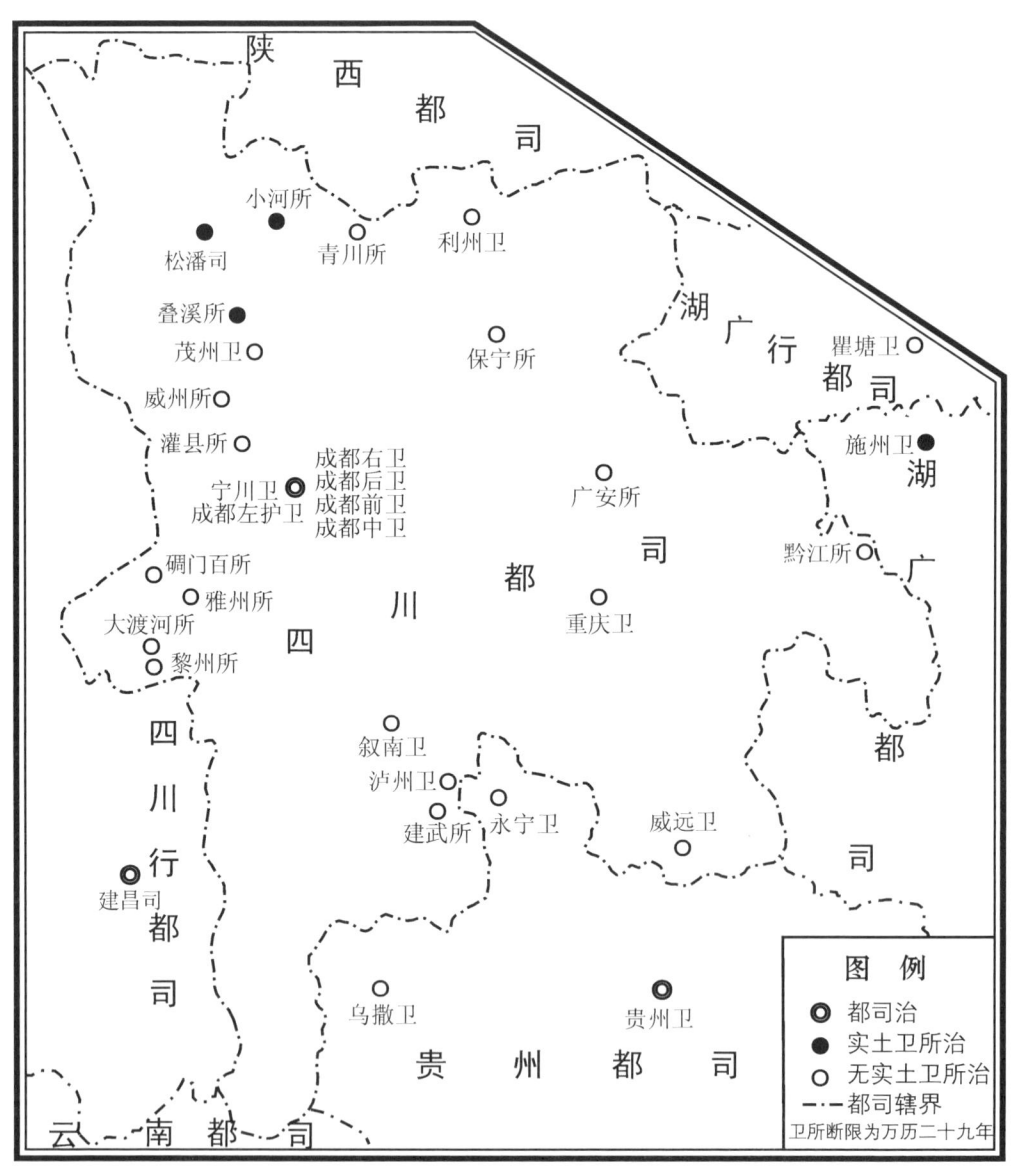

图 26　洪武二十七年(1394)之后四川都司辖区图

洪武三十一年设利州卫，治在今四川广元，位于交通要道剑门关之北。

洪武年间所设叠溪守御千户所、茂州卫只能保证松潘南下至成都的道路通畅，而在松潘至龙州之间却无卫所设置，一旦南路被堵，与松潘联络便成了问题。宣德二年，"蛮族"围攻松潘城，调去征讨的官军在威州黄土铺失利，致使道路阻断多日，至三年陕西军由洮州进兵，才解了松潘之围。四年松潘卫指挥使吴玮奏"松、茂地临生番，近尝窃发，而松潘卫旧有三千户所，茂州卫止二千户所。地方广远，兵力寡弱，控制为难。且山高谷深，道路修阻，猝有缓急，通报不易。请增兵设站为便"①，于是增设小河千户所以联络交通，隶松潘军民指挥使司，嘉靖四十二年后隶松潘卫，为二级所。

宣德六年，蜀王以节省为名，请以中、右 2 护卫归朝廷，实际是宣宗的削藩使蜀王不得不自请废护卫，从此，蜀府只剩成都左护卫。

宣德八年为遏制盗贼，"保卫居民"②，复设广安守御千户所，直隶都司。岩州卫、成都左卫废除时间皆无考，《寰宇通志》未录，故当在景泰年间著此书之前。

景泰六年(1455)设灌县守御千户所。本来早在洪武二十五年蓝玉已经建议"汉州灌县、邛县西连松、茂、碉黎，当土番出入之地……俱为要道，皆宜增置军卫"③，但至此才设立一千户所。据天顺《大明一统志》卷 67 记载，当时都司有 11 卫(成都左护卫除外)、8 直隶于都司的千户所，未录灌县所，《大明一统志》卫所沿革多抄自《寰宇通志》，而景泰年间著《寰宇通志》时尚无该所，故《大明一统志》亦不录。

景泰末至嘉靖末未设任何卫所。加上灌县所、小河所、成都左护卫，这一段时间内四川都司共有 22 卫所。嘉靖《四川总志》言"嘉靖十九年……岁计四川都司所属二十一卫所原额军士六万三千六百三十六名……"④盖未计左护卫。正德《明会典》卷 108 载 23 卫所，实把贵州都司毕节卫的七星关所误入四川都司。

嘉靖以后共添设 1 卫、2 所。成化四年(1468)"因大坝蛮叛，将该卫改调太平九姓二长官司适中之地"⑤，迁泸州卫于渡船铺，既便于控制诸少数民族，又"当云贵要地"。嘉靖末，叙州九丝诸部叛乱，四川巡抚曾省吾率兵平定，奏言设守御千户所，"该卫(指泸州卫)云新建所城不满百里，分兵两地，同御一方，声势足以相援，控扼尤为便益，合无将该卫中前二所官军割并守御千户所

① 《宣宗实录》卷 50 宣德四年春正月。
② 《宣宗实录》卷 103。
③ 《太祖实录》卷 222。
④ 嘉靖《四川总志》卷 16《经略志》。
⑤ 万历《四川总志》卷 21《经略志·钦差巡抚都御史鲁省吾经略平蛮善后疏》。

一所，及将叙南卫原守隘官军有屯田附近九丝者行兵备道查明，附改新所……乞颁印信直隶都司”①，城筑好后，万历二年(1574)赐所名建武。万历二十九年平定播州之乱后，李化龙建言在白田坝立卫，选兵屯守，以镇播州，赐名威远卫，隶四川都司。

万历二十四年平定黎州部众的叛乱后设黎州土守御千户所，与大渡河所同守一方。该所与曾一度存在的龙州军民千户所一样都由土司改建，实际上依然是一种以土制土的羁縻政策，与其他由朝廷派军守备的守御千户所不同。

这之后四川都司再未添设过卫所，卫所数稳定在12卫、10直隶于都司的守御千户所、2隶于卫的守御千户所、1守御百户所、1王府护卫，统辖结构如下图所示。

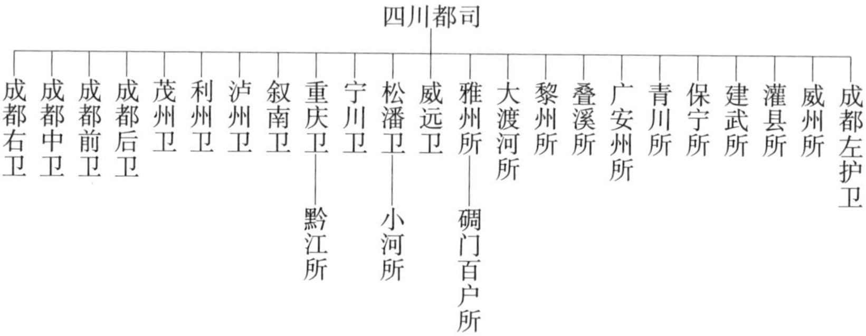

万历二十四年(1596)后四川都司卫所统辖结构图

刊于万历十六年的《皇舆考》卷1记：四川都司“领卫一十二……守御千户所十一”。当时黎州所、威远卫尚未设置，这里的12卫指11军卫加成都左护卫，11所则应包括小河所、黔江所。

四川都司的西部与南部是藏、彝等少数民族部落的居住区，山高水急，生存环境恶劣，设卫所的主要目的是防止当地部族叛乱。由于少数民族是四川都司卫所防御的主要对象，因此卫所分布在西、南两个方向上较为密集，其他地方则较零星。北部稀疏的几个卫所多在陕南通往四川盆地的要道上。盆地中央经济发达，统治稳定，卫所主要分布在成都、重庆二地。

松潘一带是藏族聚居区，沿着岷江直至成都是其进入四川盆地、进贡朝廷的主要道路，在岷江两岸分布着松潘卫、叠溪所、茂州卫、威州卫、灌县所，其卫所的设置无疑体现了交通线意识。从松潘向东由小河所经龙安沿涪江南下是

① (明)曾省吾：《重刻确庵曾先生西蜀平蛮全录》卷4《经略平蛮善后疏》。

松潘同内地联系的另一条道路，这条线上最多时不过二所，远无前条道路重要。西部雅州千户所及碉门百户所亦是长河西、鱼通、宁远宣慰司及天全六番招讨司等少数民族进入成都的关口。大渡河所、黎州所及曾一度属于都司的建昌诸卫所则位于云南入川的道路上。北部利州卫、保安所、青川所所治之地自古就是陕南同川北之间的交通要道。总之，交通意识在四川都司北、西两面的卫所设置中起了主要作用。其他地域卫所的治地都是当地政治、经济重心，军事上坐守地方的作用超过了保持交通线的意义。

三、四川都司卫所沿革考述

《太祖实录》载洪武四年九月“置成都都卫及右、中、前、后四卫。初，成都即克，颍川侯傅友德等留军官守之”①，这是成都都卫设置之始。洪武八年十一月“以在外各处所设都卫并改为指挥使司……成都都卫为四川都指挥使司”②。

洪武八年成都都卫改四川都司前曾先后设置过 8 卫、6 守御千户所、1 守御百户所，其中贵州卫、永宁卫在下文“贵州都司建置沿革”一节中论及。

1. 成都右卫、成都中卫、成都前卫、成都后卫、成都左卫

《太祖实录》载洪武四年九月“置成都都卫及右、中、前、后四卫。初，成都即克，颍川侯傅友德等留军官守之。及曹国公李文忠经理四川，以成都旧城低隘，乃增筑新城，高垒深池，规模粗备。而友德犹驻兵保宁，中山侯汤和驻兵重庆，各遣人招辑番汉人民及明氏溃亡士卒，来归者众，因籍其丁壮，置各卫以分隶之”③。这条记载只言右、中、前、后 4 卫，《太祖实录》洪武四年十一月提到“成都五卫”④，应即左、中、右、前、后 5 卫，则成都左卫也应设于这一年，皆治于成都。

洪武八年十一月“以在外各处所设都卫并改为指挥使司……成都都卫为四川都指挥使司，置成都中卫指挥使司”⑤，实际上中卫早已存在。

洪武二十五年“四川都指挥同知徐凯言成都六卫西蜀重镇，其军士宜以十之六屯田，余皆守城，惟汉州地广民稀，宜全发二卫军士往彼屯种自食。从之”⑥，“六卫”应为成都左、中、右、前、后及洪武十一年设立的宁川 6 卫。《诸

①③ 《太祖实录》卷 68。
②⑤ 《太祖实录》卷 101。
④ 《太祖实录》卷 69。
⑥ 《太祖实录》卷 216。

司职掌》亦尚载有左卫，查《明史》“(正统)四年……帝命李安充总兵官，王翱参赞军务，调成都左卫官军及松潘土兵，合二万人征之”①，可见左卫正统四年(1439)时尚存，《寰宇通志》卷61列四川都司下诸卫所时已不载该卫，则该卫于正统四年至景泰间废。其余5卫在明代一直存在。

2. 保宁守御千户所

《太祖实录》载洪武四年九月“置保宁守御千户所。初，王师克保宁，颍川侯傅友德留和阳卫指挥黄荣驻守。至是曹国公李文忠调濠梁等卫官军置千户所守之”②。《大明一统志》卷68公署记所“在府治南……直隶都司”。所初应隶成都都卫，八年后隶四川都司，明代保宁府治在阆中县，即今四川阆中市。

洪武十三年时，朱元璋以松州地方山多田少，所种不足所用，命丁玉“设法抽出(松州卫)军来四川……或于保宁立一卫，或拣何处紧要所在立一卫，镇静四川”③，但是由于耿忠的反对，没几天便又重设松州卫。洪武二十五年蓝玉又奏“其保宁千户所北通连云栈，宜改为卫”④，由于紧接着蓝玉便以谋反之罪被杀，其建议并未实施。且诸史并无立保宁卫的记载⑤，故保宁一地在明代只有守御千户所。

3. 雅州守御千户所

《太祖实录》载洪武四年冬十月“置雅州守御千户所。初，都督何文辉师次雅州，遣千户王祯招降伪宣慰余思聪等。至是调千户余真领兵镇守”⑥。治“在州治南”⑦，明雅州即今四川雅安市。初隶成都都卫，洪武八年后改隶四川都司。

碉门守御百户所 《明史》卷43《地理志四》言“又有碉门砦，亦曰和川镇，元置碉门安抚司。洪武五年设碉门百户所于此，其地与天全界”。万历《四川总志》卷18郡县志公署条载该所“属雅州千户所”。

乾隆《雅州府志》卷10筹边条载“洪武初土酋高国英来归，命为天全六番招讨司，世守其地，治碉门，又置碉门百户所”⑧，《读史方舆纪要》卷73载“碉

---

① 《明史》卷311。
② 《太祖实录》卷68。《太祖实录》卷160洪武十七年三月也提到李文忠于洪武四年“调濠梁等卫官军于保宁诸处各立千户所以镇之”。
③ 嘉靖《四川总志》卷26《全蜀艺文志·谕御史大夫丁玉敕》。
④ 《太祖实录》卷222。
⑤ 《太祖实录》卷182洪武二十年六月记“壬午，升保宁卫镇抚吕旺为千户”，“卫”当为千户所。
⑥ 《太祖实录》卷68。
⑦ 《大明一统志》卷72《公署》。
⑧ 乾隆《雅州府志》卷10《筹边》。

门砦，在司东，与雅州接界，有守御千(？百)户所。洪武中百户盛茂垒石为城，险固可守，属雅州千户……”今查咸丰《天全州志》记盛茂所筑城离天全司治不远。

4. 叙南守御千户所(叙南卫参见)

《太祖实录》载洪武四年冬十月“置叙南、青川二守御千户所。初，夏主明昇令叙南宣抚使杨琮领兵守瞿塘，以经历刘安署宣抚司事，安闻大军克重庆，与守青川土官薛文胜俱降，请输粮饷。颍川侯傅友德留巩昌卫潘指挥领之，至是俱置千户所，以千户何鼎守叙南，副千户朱铭守青川”①。叙南所直隶于成都都卫，洪武八年隶四川都司。

《太祖实录》载洪武十年七月“置四川叙南卫，以安陆卫指挥佥事王承署卫事”②，即改叙南守御千户所为叙南卫。《寰宇通志》卷62《叙州府公廨》、《大明一统志》卷68公署条亦言“在府治东。旧为守御千户所，洪武十年改为卫”。卫仍隶四川都司。卫治在叙州府，即今四川宜宾市。

5. 青川千户所、安州千户所

《太祖实录》载洪武四年冬十月“置叙南、青川二守御千户所”③。当时周围尚无他卫，且《诸司职掌》载有该所，则所应直隶于成都都卫，为一级所。

洪武七年八月“罢安州千户所，仍设青川千户所。先是改青川为安州千户所。至是，成都都卫言改置不便调遣，故命复其旧”④，即青川所在洪武七年前改为安州所，至是复旧，但最初改置时间不明。

《大明一统志》卷73公署条言青川所“在(龙州宣抚司)司东一百二十里……本朝洪武四年建为所，隶四川都司”，忽略了其改为安州所这一变化。

《大清一统志》言“青川镇，在平武县东北一百二十里，即故青川所。今平武县丞驻此，又所东五里地名瓦舍坝，旧有巡司，今裁”⑤，即今四川清川县清溪镇。

安州元末为州，明代改为成都府安县，洪武七年前治在今四川北川羌族自治县安昌镇北向阳村。

6. 重庆守御千户所、重庆卫

洪武四年十月“置重庆守御千户所，命千户左辅领兵守之”⑥。洪武六年十一月“改重庆守御千户所为重庆卫。初，巴县王立保作乱，称应天大将

①③⑥　《太祖实录》卷68。
②　《太祖实录》卷113。
④　《太祖实录》卷92。
⑤　《大清一统志》卷304。

军，烧佛图关，犯通远、南纪二门，千户左辅击走之。至是立卫治，命指挥戴鼎守之”①。所、卫治重庆，初隶成都都卫，洪武八年隶四川都司。

7. 广安州守御千户所

万历《四川总志》言广安所“洪武中设，寻裁革，宣德复置，属四川都司”②。《诸司职掌》无该所，故该所在洪武年间的设废应发生在二十五年之前或之后。

《宣宗实录》载宣德八年六月“复设广安州守御千户所。先是四川按察副使朱与言奏：‘重庆府合州、定远等县与顺庆府广安州岳池、大竹、渠县及夔州府新宁、梁山接境，深山大谷，延袤数百里。往者广安盗起，设千户所守御，后以盗终革罢。今所治尚存，乞如旧开设。’至是复设千户所，命四川都司分拨官军戍守，以遏盗贼，保卫居民”③。据《太祖实录》，大竹、梁山诸所立于洪武十二年七月，疑广安所亦置于此时，若如此，那么也应在洪武二十五年前废。

《明史》卷44《地理志五》湖广桂阳州条言“东有守御广安千户所，洪武二十九年三月置，后废。宣德八年六月复置”，据《太祖实录》，洪武二十九年三月“置广安千户所于桂阳县土桥、宁溪千户所于蓝山县张家坡，时彬、桂二州民言连岁为徭蛮却掠……”④其设确为湖广的广安千户所，而宣德八年六月复置的为四川都司广安千户所，二者非一地，《明史》卷44《地理志五》误。

明代广安州即今四川广安市。

洪武八年至二十七年设四川行都司之前四川都司卫所设置废改情况复杂，有许多卫所的设置时间在明代中期已难以弄清。建昌诸卫所在下节“四川行都司建置沿革”，施州卫在“湖广都司建置沿革”，黄平所、平越所在“贵州都司建置沿革”中考述，叙南卫在上文已考证。

1. 威州千户所、威州卫

洪武十年十二月“平羌将军御史大夫丁玉兵至威州，土酋董帖里率众来降，诏置威州千户所守之”⑤。洪武十二年九月“置四川威州卫指挥使司”⑥，改守御千户所为卫。所、卫隶四川都司。

---

① 《太祖实录》卷86。
② 万历《四川总志》卷10《顺庆府·公署》。
③ 《宣宗实录》卷103。
④ 《太祖实录》卷245。
⑤ 《太祖实录》卷116。
⑥ 《太祖实录》卷126。

洪武十四年十月《太祖实录》还提到“四川威、松、茂三卫”①，可见此时威州卫依然存在。因《诸司职掌》记载为威州所，所以在洪武二十五年之前卫又改为守御千户所，时间不明。

卫、所与州本不同治，宣德十年六月“松潘总兵都督同知蒋贵奏：威州旧治凤坪里，去威州千户所十五里，且沮大河，藉二索桥以渡。宣德二年，蛮人作耗，断其桥，使官军不能策应，大肆焚掠，臣等乃议迁新治。七八年来，居民安堵。比者总兵官方政，凭凤坪里奸民言新治狭隘，请复旧治，实为不便。臣按千户所城东门内有地闲旷，徙治为便。从之”②。《明史》卷43《地理志四》亦载威州“(宣德)十年六月又迁于保子冈河东千户所城内”。则卫、所治即宣德十年以后的威州治，即今四川汶川县政府所在威州镇。

2. 宁川卫

《太祖实录》载洪武十一年四月“置宁川卫指挥使司于成都府”③。卫治成都，隶四川都司。

3. 黔江守御千户所

洪武十一年九月“置黔江守御千户所。时彭水县知县聂原济言：黔江地接散毛、盘顺、酉阳诸洞，蛮寇出没，屡为民患，宜设兵卫屯守。诏从其言，置千户所镇之”④。所治在今重庆市黔江区。

《大明一统志》卷69公署条言所“在黔江县治东，洪武十一年建，隶重庆卫”，万历《四川总志》卷9亦言所“隶重庆卫”，则所为二级所。故《诸司职掌》未录。

4. 茂州卫

洪武十一年二月“置茂州卫指挥使司。时四川都司遣兵修灌县桥梁，至陶关，汶山县土酋孟道贵疑之，集部落阻陶关道，都司遣指挥胡渊、童胜等统兵分二道击之……土酋杨者七迎降，以者七牧其民，乃诏立茂州卫，留指挥楚华将兵三千守之”⑤。卫隶四川都司，治即今四川茂县。

5. 叠溪守御千户所

《大明一统志》卷73《建置沿革》言“本朝洪武十一年平定西羌，以古翼州置叠溪右千户所，隶茂州卫，二十五年改叠溪守御军民千户所，隶四川都

---

① 《太祖实录》卷139。
② 《英宗实录》卷6。
③ 《太祖实录》卷118。
④ 《太祖实录》卷119。
⑤ 《太祖实录》卷117。

指挥使司”。《明史》卷 43《地理志四》、嘉靖《四川总志》卷 15 记载与之基本相同。

《宪宗实录》载成化二年(1466)十一月“迁四川叠溪守御千户所城于旧城东北隅。旧城在万山中,逼临陡崖,甚狭隘,兵民多居于外,至是从守臣言移之”①,变动不是很大。

所治在今四川茂县较场乡西南叠溪海子,场东尚存古城门,“1933 年地震湮没叠溪古城,成堰塞湖”②。

6. 松州卫、松潘等处军民指挥使司

《太祖实录》载洪武十二年四月“置松州卫指挥使司。初,松州平,御史大夫丁玉遣宁州(应为川)卫指挥高显等城其池,请立军卫。至是,降印设官,领军镇守”③。卫治即今四川松潘县人民政府驻地进安镇,“明筑石城,至今犹存”④。卫隶四川都司。

洪武十三年八月“戊寅,诏罢松州卫指挥使司,时上以松州卫远在山谷,军士屯种不足以给,而劳民馈饷,故命罢之。未几,指挥耿忠经略其地,奏言松州为番蜀要害之处,军卫不可罢,命仍复置卫”⑤。洪武二十年正月“改松州卫为松潘等处军民指挥使司”⑥。

《明史》卷 43《地理志四》载“松潘卫,元松州……洪武初因之……二十年正月罢州,改卫为松潘等处军民指挥使司,属四川都司。嘉靖四十二年罢军民司,止为卫”,即洪武二十年至嘉靖四十二年间称军民指挥使司,嘉靖四十二年之后只称松潘卫。实际上许多史书并无细致区分,统称二者为“松潘卫”。

《大明一统志》卷 67、正德《明会典》卷 108 皆记卫隶四川都司,治在今四川松潘县。

《大明一统志》卷 73《建置沿革》言“(洪武)二十年改松潘等处军民指挥使司,领千户所一”,设卫时间与《明实录》所载同。千户所即指小河守御千户所,除在正德初曾短暂存在过的浦江关守御千户所外,在明代大多数时间内小河所为松潘卫下唯一的二级所。

---

① 《宪宗实录》卷 36。
② 《中华人民共和国地名词典・四川省》,商务印书馆,1993 年。
③ 《太祖实录》卷 124。
④ 《中华人民共和国地名词典・四川省》。
⑤ 《太祖实录》卷 133。
⑥ 《太祖实录》卷 180。

7. 潘州卫

嘉靖《四川总志》言“洪武十一年御史大夫平羌将军丁玉克服其地，设松州、潘州、茂州三卫，叠溪、威州二千户所。洪武二十年并松、潘二卫为松潘卫军民指挥使司”①。万历《四川总志》亦载“本朝洪武初御史大夫平羌将军丁玉克复其地，设松州卫、潘州卫，后并为松潘卫镇守其地。……通计编户二十一里……”②《明史》卷43《地理志四》言“北有潘州卫，洪武中，以故潘州置。二十年省入”。据以上记载推测，松州卫洪武十二年设，则潘州卫也应设于此时。潘州卫当在松州北，在今四川若尔盖县求吉乡甲基村西南。

8. 大渡河守御千户所

《太祖实录》载洪武十五年六月“置大渡河守御千户所”③。所隶四川都司。

《明史》卷43《地理志四》载“洪武十五年六月置大渡河守御千户所，后徙司城西北隅”。《大明一统志》卷73黎州安抚司公署条言大渡河所“在司城西北隅，洪武十五年建”，可见千户所初治在大渡河畔，设立后不久即迁至司城。按民国《汉源县志》古迹志千户所旧城“即治南富林场……今富林场犹有上城后、下城后之名称”，但其建置志言所治万历年间才由富林迁入司治，与《大明一统志》相左，应有误。民国富林今亦名富林，位于大渡河边。明代黎州安抚司治在今清溪镇，清初改大渡河所、黎州所为黎大所，“雍正八年改所置清溪县”④，洪武十五年大渡河所由富林迁于此。今四川汉源县政府所在地为富林镇，清溪镇在县北部。

9. 泸州卫

《太祖实录》洪武二十一年十月“庚午，置泸州、赤水、层台三卫指挥使司，时陕西都指挥马烨征南还，言泸州与永宁接壤，乃诸蛮出入之地，宜置守兵，遂从其言，调长安等卫官军一万五千二百二十人分置各卫”⑤。《诸司职掌》已将其归入四川都司下，治“在州治西”⑥，明代泸州在今四川泸州市。

成化四年四月“迁泸州卫于渡船铺，增置江门、水流崖、洞扫等处关堡，改大坝为太平川，设太平长官司。时提督军务尚书程信、总兵官李瑾等以都掌蛮

① 嘉靖《四川总志》卷16《经略下》。
② 万历《四川总志》卷18《郡县志·松潘等处军民指挥使司·建置沿革》。
③ 《太祖实录》卷146。
④ 乾隆《雅州府志》卷2《建置沿革》。
⑤ 《太祖实录》卷194。
⑥ 《大明一统志》卷72。

民素号难治，非瓜分其地、设官建治以控制之，殊非久安长治之策。事下兵部覆奏，以为宜。从之”①。《明史》卷43《地理志四》对卫迁治的记载与《明实录》相同。

光绪三十四年(1908)“就泸卫旧城设古宋县治”②，即今兴文县古宋镇。

10. 龙州军民千户所

《太祖实录》载洪武二十二年九月“改四川龙州为军民千户所”③。但是洪武二十四年正月又载“置四川龙州军民千户所”④。《明史》卷43《地理志四》“二十年正月仍改为龙州。二十二年九月改龙州军民千户所”，故今从二十二年之说。

《大明一统志》卷73建置沿革言“本朝洪武七年改为龙州，二十三年改龙州军民千户所，寻复龙州。宣德七年改龙州宣抚司，隶四川布政司”。《寰宇通志》卷70所载设所时间与《大明一统志》同，亦不为误。《诸司职掌》未载该所，疑设所后不久即改为州。

龙州所直隶四川都司，治在今四川平武县。

《明史》卷43《地理志四》记“(洪武)二十年正月仍改为龙州。二十二年九月改龙州军民千户所。二十八年十月升龙州军民指挥使司，后复曰龙州。宣德七年改龙州宣抚司，直隶布政司”，《明史》卷43《地理志四》误把广西龙州改军民指挥使司时间当作四川龙州军民千户所改军民指挥使司，详见第一编第八章“四川布政司”龙安府。

11. 岩州卫

万历《明会典》言“旧有岩州卫……后革”⑤，查《太祖实录》洪武二十二年六月“四川岩州卫奏每岁长河西等处番商以马于雅州茶马司易茶，其路由本卫经黎州，始达茶马司”⑥，则在二十二年六月前岩州卫已存在。《太祖实录》载洪武二十一年正月礼部主事高惟善上言“岩州、宁远等处乃古之州治，苟拨兵戍守，就筑城堡，开垦山田……碉门至岩州道路宜令缮修开拓以便往来人马，仍量地里远近均立邮传，与黎雅烽火相应，庶可以防遏乱略，边境无虞……”⑦朱元璋“从之”，疑岩州卫亦设于此时。岩州当在碉门、黎州

① 《宪宗实录》卷53。
② 民国《古宋县志初稿》卷1。
③ 《太祖实录》卷197。
④ 《太祖实录》卷207。
⑤ 万历《明会典》卷124《兵部七》。
⑥ 《太祖实录》卷196。
⑦ 《太祖实录》卷188。

以西。

《诸司职掌》尚载有该卫，《寰宇通志》已不提，故卫在洪武二十五年至景泰前废。

洪武二十七年九月建昌诸卫归四川行都司，这之后四川都司新设卫所很少，只有 3 卫、3 一级所、2 二级所，其中松潘卫由松潘军民司改，前已考述。

1. 利州卫

《大明一统志》卷 68 公署条言“利州卫，在广元县治东，洪武三十一年建”，虽然是记其公署建筑时间，但他史关于利州卫的记载甚少，故暂以设公署时间为设卫时间。卫隶四川都司。明代广元县即今四川广元市，元朝时为利州治。

2. 小河守御千户所

宣德四年正月建，《宣宗实录》这一月载“设小河千户所，调成都前卫后所官军实之”①。嘉靖《四川总志》亦言“宣德四年调成都前卫后所为小河千户所”②。

《大明一统志》卷 73 公署条言“在司城东一百九十里，隶松潘指挥使司”，为二级所。所治在今四川松潘县东小河乡治丰河，“保存有古城墙”③。

3. 灌县守御千户所

《英宗实录》载景泰六年闰六月“铸给四川都司新设灌县守御千户所铜印一颗，百户所铜印十颗”④，则该所在此之前不久成立，隶四川都司。治即今四川都江堰市。

4. 浦江关军民千户所

《武宗实录》载正德元年(1506)二月“设浦江关守备(应为御)军民千户所，仍隶松潘卫”⑤，万历《明会典》亦言“旧有……浦江关军民千户所，后革”⑥。查正德《明会典》卷 108 兵部三未载该卫，可见该所存在时间极短，在正德年重修《明会典》之前已废。

所隶松潘卫，为二级所。《大明一统志》卷 73《关梁》载浦江关“在司城南

① 《宣宗实录》卷 50。
② 嘉靖《四川总志》卷 16《经略下》。
③ 《中华人民共和国地名词典・四川省》。
④ 《英宗实录》卷 255。
⑤ 《武宗实录》卷 10。
⑥ 万历《明会典》卷 124《兵部七》。

一百五十里”，北定关“在司城南一百二十里”，今四川省地图上尚有北定关，其南不远为镇江关①，应即古浦江关。

5. 建武守御千户所

《神宗实录》载万历二年(1574)二月“兵部覆：‘四川巡按曾省吾、孙代题经略平蛮六事……一移守御。泸州卫中、前二所官军，割并守御千户一所……’奉旨：‘县名改作兴文，所名改作建武。余俱如议。’”②是乃设建武守御千户所之始。当时曾省吾“乞颁印信直隶都司”③，则所直隶四川都司，今四川兴文县有建武古城遗址，当为千户所治。

康熙《叙州府志》建武卷1建置沿革言“万历以前为都蛮盘踞，不在版图之内，万历元年克平，设建武守御所，直隶都司，于叙南、泸州二卫遴选指挥掌印……”万历《四川总志》卷12叙州府公署言该所“府南三百里，万历元年都御史曾公省吾平蛮后创建石城……”据上段所引《神宗实录》记载可以推断曾省吾上书是在万历元年，但二年初所始立。

6. 黎州军民千户所

《明史》卷43《地理志四》载该所“本黎州长官司，洪武九年七月置。十一年六月升安抚司，直隶布政司。万历二十四年降为千户所，直隶都司”。《读史方舆纪要》卷73引《土夷考》亦云“万历十九年黎州世袭安抚副使马祥卒，无后，部族作乱，参将吴文杰剿平之。二十四年改为黎州土千户所，仍择马氏后世其职”。按《明史》卷311《四川土司传》言“立所治于司南三十里大田山坝”，司治今四川汉源县清溪镇，所治“在大田古城沟”④，即今汉源县大田乡。

7. 威远卫

置于万历二十九年四月，《神宗实录》这一月载“兵部覆奏李化龙播州善后事宜：一设屯卫。议于白田坝建置一卫，设立指挥、千户等官，安插官军，立屯防御，卫名侯钦定……上命‘卫名威远，余如议行’”⑤，卫隶四川都司。

按《神宗实录》当月分播州为遵义、平越二府，遵义府属四川，“播州白田坝沃野数百里，即遵义故县，今建府治，该县附焉”，又载“吏部议：……于四川按察司添设佥事一员，分巡兼兵备，驻劄白田坝府城”，则白田坝即遵义府城，威远卫亦应治于此。

① 见四川测绘局：《四川省地图集》，1981年。
② 《神宗实录》卷22。
③ (明)曾省吾：《重刻確庵曾先生西蜀平蛮全录》卷4《经略平蛮善后疏》。
④ 民国《汉源县志》。
⑤ 《神宗实录》卷358。

洪武年间朱椿被封为蜀王，建立了一系列护卫。

成都护卫、成都左护卫、成都右护卫、成都中护卫

《太祖实录》洪武十九年七月记“改成都护卫为成都左护卫，并置中、右二护卫”①。按洪武十三年春正月“册封皇子椿为蜀王”②，则成都护卫应设于此时，洪武十五年起归四川都司兼管。十九年增为左、中、右 3 护卫。

宣德六年六月“蜀王友堉奏：成都三护卫请以中、右二护卫归朝廷，留左护卫官军供役。上嘉其能省约，从之”③，九月“改成都右、中二护卫官军之调南京者为龙虎、豹韬二卫”④。自此蜀府只余下一个左护卫。

万历《四川总志》卷 2《藩封》中蜀府只言左护卫，天启《成都府志》卷 3《公署》亦载有左护卫，因此该护卫一直维持到明末。

四、四川都司下的土官

明代四川都司及卫所之下曾拥有大量的土官，这些土官有的直隶于都司，有的隶于卫，情况较为复杂。根据《太祖实录》等关于四川土官的记载，明初在四川设置的土官，其中大部分在设置不久即被废除，只有小部分长期存在了下来。如《太祖实录》卷 97 洪武八年二月提到“辛亥，置四川镇南宣抚司，镇边忠义安抚司，忠义蛮夷安抚司，池著、田阿、世业三洞长官司，大旺宣抚司，东流安抚司，皮腊、井坝、九明、蛮夷三洞、市备全园四长官司”，卷 102 十二月丙申又记“置镇南大奴、辰原、龙潭、采色、台平、上河六安抚司，皆隶重庆卫。又置墨假、蛮王、西平、波皮、龙爪、常亚六洞长官司。墨假、蛮王、西平、波皮四洞长官司隶镇南大奴安抚司，龙爪长官司隶台平长官司，常亚洞长官司隶上河安抚司”，这些土官中除大旺、东流等少数在明朝长期存在外，其他土官多在洪武年间已废除。史书对这一类短时期存在的土官记载很少，其具体变迁及隶属多无从考证。下文仅依据《明实录》、《明史·地理志》等文献和龚荫著《中国土司制度》对四川都司下存在时间较长的土官进行考述。

1. 酉阳宣慰司（酉阳宣抚司参见）

元酉阳州，明玉珍改沿边溪洞军民宣慰司。洪武五年四月仍置酉阳州，兼置酉阳宣慰司，州为土州，寻废，此时州与宣慰司应属四川行省。八年正月丙子改宣慰司为宣抚司，属成都都卫及后来的四川都司。永乐十六年（1418）宣

---

① 《太祖实录》卷 178。
② 《太祖实录》卷 117。
③ 《宣宗实录》卷 200。
④ 《宣宗实录》卷 83。

抚司改属重庆卫。天启元年(1621)升为宣慰司。本领石耶洞、邑梅洞、平茶洞、麻兔洞4长官司,洪武十七年平茶洞长官司改直隶四川布政司。治在今重庆市酉阳县钟多镇。

石耶洞长官司,元石耶军民府,洪武八年正月改为长官司。治在今重庆市秀山县石耶。

邑梅洞长官司,元佛乡洞长官司,明玉珍改邑梅沿边溪洞军民府,洪武八年正月改置长官司,隶酉阳宣抚司。永乐十一年十一月庚子"改四川酉阳宣抚司之邑梅洞长官司隶重庆府"[1],后又改回。治在今重庆市秀山县梅江。

麻兔洞长官司,洪武八年正月置。治地不明。

平茶洞长官司,洪武八年至十七年属酉阳宣抚司,详见"四川布政司"。

2. 石砫宣慰司(石砫安抚司、石砫宣抚司参见)

元石砫军民宣抚司,明玉珍改安抚司。洪武八年正月庚午为宣抚司,属重庆卫[2]。嘉靖四十二年改属夔州卫。天启元年升为宣慰司。治在今重庆市石柱县南宾镇。

3. 天全六番招讨司

元六番招讨司,洪武六年十二月丙午改置,直隶四川布政司。二十一年二月庚午改隶四川都司。治在今四川天全县始阳镇。

4. 松潘军民指挥使司及松潘卫下土官(松潘安抚司参见)

《太祖实录》载洪武十四年正月乙未"置松潘等处安抚司。以龙州知州薛文胜为安抚使。又置阿昔洞等十三簇长官司,秩正七品,曰勒都簇、阿昔洞簇、北定簇、牟力结簇、腊匝簇、祈命簇、山洞簇、麦匝簇、者多簇、占藏先结簇、包藏先结簇、班班簇、白马路簇"[3]。13长官司隶于松潘安抚司。《明史》卷43《地理志四》记13长官司属松潘卫,当是在洪武二十年正月安抚司改为龙州之时,13司改属松潘军民指挥使司。永乐以后,松潘军民指挥使司下陆续增设了一些安抚司和长官司,至正统十一年之后共有5安抚司(宣德至正统元年,松潘卫下尚有长宁安抚司,见下文)、16长官司。

八郎安抚司,永乐十五年二月乙卯置。治在今四川九寨沟县八郎沟。

麻儿匝安抚司,宣德二年三月庚寅[4]以阿乐地置。治在今四川马儿康县。

阿角寨安抚司,正统五年七月己未置。治在今四川松潘县境。

---

① 《太宗实录》卷145。
② 《太祖实录》卷96。
③ 《太祖实录》卷135。
④ 《宣宗实录》卷26。

芒儿者安抚司二司，正统五年七月置。治在今四川松潘县毛儿盖。

思曩日安抚司，正统十一年七月庚午①置。治在今四川松潘县镇江关。

以下13司，俱洪武十四年正月乙未置。

占藏先结簇长官司，治在今甘肃迭部县东南卓藏。

腊匝簇长官司，治在今甘肃舟曲县西北立即簇。

白马路簇长官司，治在今四川平武县西北白马。

山洞簇长官司，治在今四川九寨沟县境。

阿昔洞簇长官司，治在今四川若尔盖县北阿西乡。

北定簇长官司，治在今四川松潘县东南北定。

麦匝簇长官司，治在今四川黑水县东北麦扎乡。

者多簇长官司，治在今四川黑水县境。

牟力结簇长官司，治在今四川松潘县牟尼寨。

班班簇长官司，治在今四川平武县境。

祈命簇长官司，治在今四川松潘县祈命。

勒都簇长官司，治在今四川松潘县境。

包藏先结簇长官司，治在今四川若尔盖县包座。

阿用簇长官司，宣德十年五月置。治在今四川松潘县东北大寨。

潘干寨长官司，正统五年七月己未置。治在今四川若尔盖县境。

别思寨长官司，宣德十年五月置。治在今四川松潘县巴郎寨。

5. 长宁安抚司

《明史》卷43《地理志四》记“宣德中……置，属松潘卫，正统元年二月改属叠溪所，八年六月改属茂州卫。后废为堡”，查《英宗实录》卷14长宁安抚司在正统元年二月乙巳改隶叠溪所，卷105正统八年六月乙巳记改隶茂州卫。治在今四川茂县北。

6. 静州长官司、岳希蓬长官司、陇木头长官司

洪武七年五月癸巳置3长官司，本属茂州。洪武十一年设茂州卫后，改属于卫。《明史》卷43《地理志四》言3长官司“属重庆卫”，实误。静州司治在今四川茂县东北静州村，岳希蓬司治在今茂县西南水西村，陇木头司治在今茂县光明乡。

7. 叠溪长官司、郁即长官司

《明史》卷43《地理志四》记2司俱属叠溪军民千户所，“俱永乐元年正月

---

① 《英宗实录》卷143。

置”，查《太宗实录》应为永乐四年正月戊申置[①]。叠溪司治“在所城北一里”[②]，今四川茂县西北较场北；郁即司治在叠溪西十五里，今团结村。

洪武四年至十五年贵州卫下的新添长官司一度随卫属成都都卫及四川都司。

五、四川都司卫所的性质

四川都司的辖区在许多地方都不与四川布政司重合，表现较为突出的为西北、西南、东部。这也是都司历史上实土卫所分布的区域。都司在洪武时曾拥有过众多的实土卫所，建昌诸卫所、贵州卫、黄平所、施州卫皆为实土，但不久这些卫所相继划归湖广都司、贵州都司、四川行都司。因此至永乐以后只剩下松潘军民司、松潘卫、叠溪所、小河所、浦江关所为实土，龙州所、黎州所、岩州卫、青川所也曾一度为实土（见表10）。

表10　永乐后四川都司实土卫所实土时间表

卫所	实土时间	备注
松潘军民司	洪武二十年至嘉靖四十二年	洪武二十年卫改为司。嘉靖四十二年罢司为卫。
松潘卫	嘉靖四十二年至明末	
青川所	洪武四年至七年?，洪武七年至嘉靖四十五年	《明史》卷43《地理志四》龙安府条言“又东有青川守御千户所，洪武四年十月以旧青川县置，属四川都司。嘉靖四十五年二月来属”。
岩州卫	洪武二十一年至景泰前?	
龙州军民所	洪武二十二年至二十五年前?	
叠溪所	洪武二十五年至明末	
小河所	宣德四年至明末	
浦江关所	正德元年至正德四年前?	
黎州军民所	万历二十四年至明末	

但是与其他都司实土卫所不同的是，四川都司的诸实土卫所在辖地内只有少量家属居住，庞大的家属群散处于成都等农业发达之地，编入民籍，

① 《太祖实录》卷50。
② 《大明一统志》卷73。

“丁多之家先于洪武、永乐间分房于成都等府州县附籍种田纳粮，既当民差，又贴军役”①。这主要是由于川西山僻地窄，田地稀少，无法养活诸多人口。

比较特殊的是重庆卫，四川东部的石柱宣抚司、酉阳宣抚司等皆属其羁縻，因此亦有部分实土。

第四节　四川行都司建置沿革

四川行都指挥使司位于四川都指挥使司的西南部，在今四川凉山彝族自治州及攀枝花市一带。元末大部分地方属云南行省罗罗斯宣慰司地，洪武十五年(1382)明军平云南后，为明朝所有。最初明政府曾打算在这里设置府州，但是由于地方偏远，少数民族聚居，又归叛无常，洪武二十五年前后府州俱废，遂于洪武二十七年设置四川行都司，行都司及其下卫所是当地名副其实的管理机构，全部为实土。

对行都司卫所沿革记载最多的为《大明一统志》及诸四川地方志。但明、清四川总志及诸地方志均采用《大明一统志》的说法，而《大明一统志》的记载本身便有问题。

一、四川行都司卫所建置过程

四川行都司辖区面积很小，几乎与四川布政司的一个府相当，并没有像早期的山西行都司或陕西行都司那样占据大片土地。它建立在元末云南行省北部的建昌路、德昌路、会川路、柏兴府的基础之上，洪武十五年这些路府地大部分划归四川。该地区在洪武十五年至二十七年九月间所建立的卫所俱归四川都司。由于四川其他地域早在洪武四年已平定，处于稳定发展状态，后归的建昌诸地便成为一块特殊地区。至洪武二十五年当地废府州，已有的诸卫所改为军民指挥使司或军民千户所，其军事性同四川其他地区相比更显突出。另外，在行都司设立之前，当地的卫所以交通线贯之，已形成自己的体系。

天启《滇志》卷 4 描述了昆明至元谋，再沿宁远河一线经会川卫、迷易所、德昌所、建昌卫、礼州二所、冕山所、越嶲卫、镇西后所通达四川腹地的道路，这是明朝时云南同内地相通的四条路线之一。洪武二十七年前建昌一带的卫所除盐井卫外，其他均位于此线上。四川行都司设立之后建立的卫所也遵循这一原则。当然卫所的治地也是地方行政中心。

① 《英宗实录》卷 175。

在研究四川行都司卫所的建置过程时首先需要说明的是各史记载的行都司下的军卫除建昌前卫外皆为军民指挥使司，由于军民司官员设置、组织结构均与他地军卫基本一致，故从明代起诸史书多将军民司称为卫，行都司中二者统称为“六卫”，《明实录》亦是如此。

在洪武二十七年行都司设立之前，它在明代所拥有的5军民司、1卫都已设置。但是其地在洪武二十五年之前仅有建昌卫、苏州卫、会川千户所，增置卫所发生在二十五至二十七年之前，主要是少数民族叛乱的推动。洪武二十五年时会川土官知府王春、月鲁帖木儿等相继叛乱，王春攻破会川城，月鲁帖木儿围攻苏州卫（后为宁番军民司）城达一个月之久，由于当地诸卫自顾不暇，四川都司其他卫所又距离很远，再加上道路艰险，救援不及，造成了很大的损失。在蓝玉率大军平叛之后，朝廷为稳定地方，保持交通线的畅通，同时亦为守住盐井之利，两年间在此设立了越嶲、盐井、会川3军民司，建昌前卫及礼州后、礼州中中、打冲河中前、德昌、迷易5个二级守御千户所。至二十七年九月“置四川行都指挥使司于建昌府，以建昌军民指挥使司及建昌前卫、宁番、越嶲、会川、盐井六卫隶之”①，其中5卫为军民司。行都司设立之初拥有1卫、5军民司及5个二级守御千户所。

当然设置行都司与经济利益有关，“冶场盐井之利，足以裕边”②。

沿宁远河这条交通线道艰路远，不是出云南最重要的道路。由于行人稀少，诸关口要让行人聚集，一个月放行一次，还要派军保护③。因此虽说建昌诸卫是按交通线分布的，但实际上它们防守地方、控制少数民族的作用更大。在如此小的地方拥有6卫已足够防御，因此洪武二十七年之后当地再未设卫。行都司历史上前后共拥有6卫、8个二级所，也就是说在洪武二十七年九月之后只增设了3个守御千户所，即洪武二十八年置的盐井卫打冲河中左所、正统六年（1441）设立的宁番卫冕山桥后千户所及成化十六年（1480）设置的越嶲卫镇西后千户所。后2所皆位于建昌以北，使得北部卫所分布更加均匀。

洪武三十五年十月“设四川建昌卫中前、中中二千户所，盐井卫中右、中前、中后、中中四千户所，宁番卫中左、中右、中前、中后、中中五千户所，会川卫前千户所，越嶲卫左、右二千户所”④，建昌卫中中所即礼州中中所，建昌卫中前所即打冲河中前所，说明2所曾一度被废，但具体时间不明，疑发生在建文

---

① 《太祖实录》卷234。

② 《明经世文编》卷91《程篁墩文集·送都阃萧君赴四川行都司序》。

③ 天启《滇志》卷4。

④ 《太宗实录》卷13。

中。其他千户所皆属一般的所，其废改与卫、二级所的数目没有关系。

万历初当地少数民族又发生叛乱，平定后地方安宁，万历三年(1575)朝廷废除了建昌前卫。因此万历三年以后只剩下所谓“建南五卫八所”[①]，实为5司、8守御千户所(见图27)。

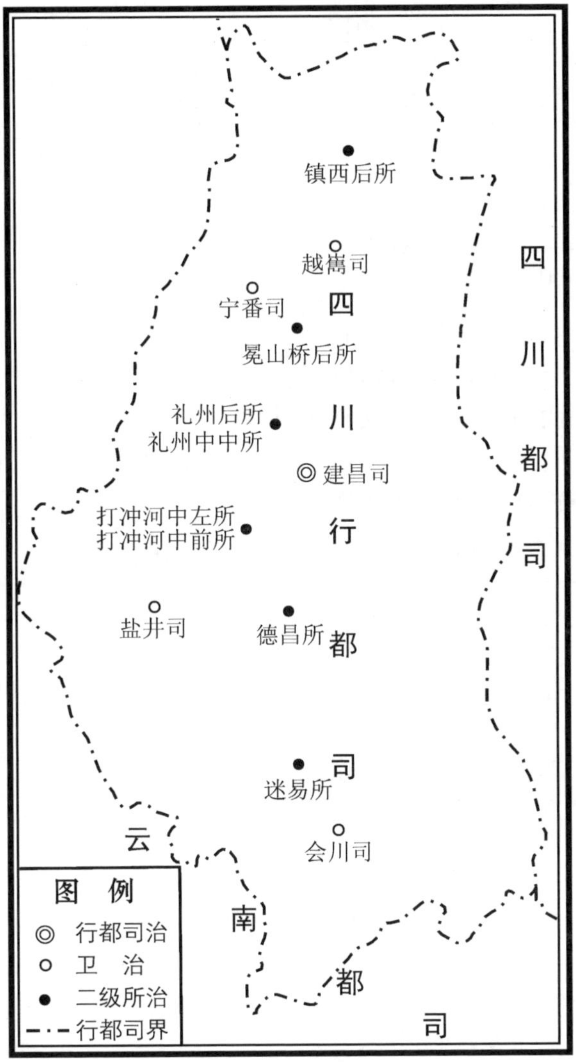

图27　万历三年(1575)后四川行都司卫所分布图

① 《熹宗实录》卷7天启元年(1621)闰二月。

洪武年初设时及万历三年后四川行都司卫所统辖结构如下两图所示。

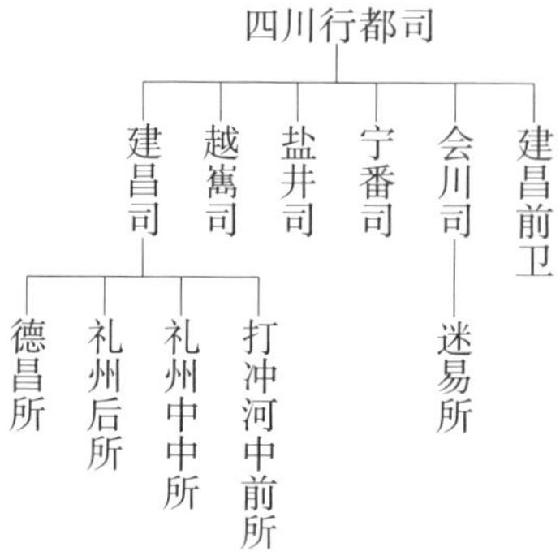

洪武二十七年(1394)九月初设四川行都司时卫所统辖结构图

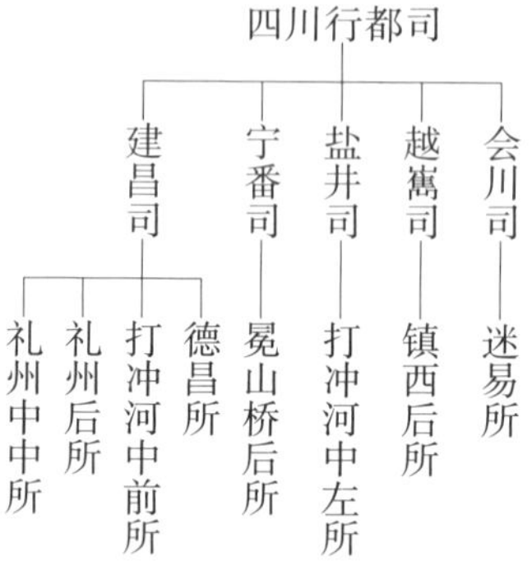

万历三年(1575)后四川行都司卫所统辖结构图

洪武十五年初平云南时，在建昌一带曾设置过府州，与卫所相兼控制地方，经过洪武二十五年间的战乱，府州名存实亡，相继被废。建昌地处极僻，各卫均设有儒学、阴阳学(医学)、河泊所、税课司、仓库、驿站、巡检司等机构，并有编户，“编户通计六十里”①，除了军事守备外，其他方面与州县职能无异，从当地府州废后各卫所到明末俱为实土(见表11)。

表11　四川行都司卫所实土时间表

卫　所	实土时间	备　　注
建昌司	洪武二十五年六月至明末	洪武二十七年属行都司，下同
建昌前卫	洪武二十七年六月至万历三年	
越嶲司	洪武二十五年七月至明末	
盐井司	洪武二十六年六月至明末	柏兴州洪武二十六年废
会川司	洪武二十五年十一月至明末	
宁番司	洪武二十六年三月至明末	
德昌所	洪武二十五年至明末	
迷易所	洪武二十五年底至明末	
冕山桥后所	正统六年至明末	

① 万历《四川总志》卷18。

续 表

卫 所	实土时间	备 注
镇西后所	成化十六年至明末	
礼州中中所	洪武二十五年至明末	
礼州后所	洪武二十五年至明末	
打冲河中前所	洪武二十七年至明末	
打冲河中左所	洪武二十八年至明末	

二、四川行都司卫所沿革考述

《太祖实录》载洪武二十七年九月“置四川行都指挥使司于建昌府，以建昌军民指挥使司及建昌前卫、宁番、越嶲、会川、盐井六卫隶之”①。建昌即今四川西昌。行都司建立之初拥有的6卫直至万历三年建昌前卫被废，才变为5卫(司)。

《明史》卷43《地理志四》载“四川行都指挥使司，元罗罗蒙庆等处宣慰司，治建昌路，属云南行省。洪武十五年罢宣慰司。二十七年九月置四川行都指挥使司治建昌卫。领卫五，所八，长官司四”，这里的“卫五”即指万历三年后的情况。

行都司历史上的6卫(军民司)沿革如下。

1. 建昌卫、建昌军民指挥使司

建昌卫置于洪武十五年正月，《太祖实录》这一月载“置云南左、右、前、后，普定，黄平，建昌，东川，乌撒，普安，水西，乌蒙，芒部，尾洒一十四卫指挥使司”②。因元末建昌路属云南行省，故初置时卫亦隶云南都司，《明史》卷43《地理志四》便作此载。卫治在今四川西昌市。

洪武十五年冬十月“割云南建昌府所属建安、永宁、泸礼、里、阔、邛部、隆、苏八州，中、北舍、泸沽三县，德昌府所属德昌、威、龙、普济四州，会昌府所属武安、黎溪、永昌三县，俱隶四川布政使司。以会川千户所隶建昌卫，卫隶四川都指挥使司”③。至此，建昌卫改隶四川都司。由于卫隶云南时，尚为云南诸制

① 《太祖实录》卷234。
② 《太祖实录》卷141。
③ 《太祖实录》卷149。

度初建期，所以《大明一统志》卷73、嘉靖《四川总志》卷15都忽略了这一变化，直接言卫初隶四川都司。

洪武二十五年六月“置建昌、苏州二军民指挥使司及会川军民千户所，调京卫及陕西兵万五千余人往戍之。时上以月鲁帖木儿叛，故置卫镇守，仍谕将士曰：‘今僰人、百夷、啰啰、摩些、西番诸番皆背弃月鲁帖木儿，散乡还里，宜阅实户数，户以一丁编伍为军，令旧军领之，与民杂居，惟有警则赴调，无事则听其耕牧。从其为乱者，悉捕送京师，匿隐者罪之……’”①建昌卫改军民指挥使司。

洪武二十七年九月在建昌设四川行都指挥使司，司亦改隶之。领“守御礼州(后、中中)、德昌、打冲河(中前)四千户所”②，再加上洪武二十六年前的柏兴千户所、二十五年之前的会川千户所，建昌卫、司曾拥有过6个二级千户所。《明史》卷43《地理志四》记载的时间与《太祖实录》同。

2. 柏兴千户所、盐井军民指挥使司

洪武十九年设柏兴千户所，隶建昌卫。二十六年六月改盐井卫。治在今四川盐源县东，今仍名“卫城”。洪武二十七年前卫隶四川都司，之后隶四川行都司。

《寰宇通志》言“(洪武)十九年改为柏兴千户所，隶建昌卫。二十五年改盐井卫军民指挥使司，领守御打冲河一千户所”③，这是关于柏兴所的最早记载之一，《大明一统志》及诸贵州方志多不言具体设所时间，因此采用《寰宇通志》的说法，所为二级所。

关于设卫年代，《太祖实录》载洪武二十六年六月“设四川盐井卫指挥使司”④，《明史》卷43《地理志四》亦采用这种说法，比《寰宇通志》迟一年，今从《太祖实录》。当时建昌诸卫已改称军民指挥使司，此时所立盐井卫亦为军民司。

3. 苏州卫、苏州军民指挥使司、宁番军民指挥使司

《太祖实录》载洪武二十一年冬十月“置四川苏州卫指挥使司。初土官怕兀它为知州，抚其夷民，至是，命羽林右卫指挥佥事陈起领军至苏州，筑城置卫以镇之”⑤。洪武二十五年六月“置建昌、苏州二军民指挥使司及会川军民千户所”⑥，卫改军民司。

---

①⑥ 《太祖实录》卷218。
② 《大明一统志》卷73。
③ 《寰宇通志》卷70《四川行都司·建置沿革》。
④ 《太祖实录》卷228。
⑤ 《太祖实录》卷194。

《太祖实录》载洪武二十六年三月“改苏州军民指挥使司为宁番卫”①。按《明史》卷43《地理志四》记宁番卫为“宁番军民指挥使司”，即是该卫继为军民指挥使司。

《大明一统志》卷73记为“洪武二十二年立苏州卫，二十七年改宁番卫”，皆比《太祖实录》迟一年，今从《太祖实录》。

元末建昌路的苏州即今四川冕宁县所在。

《明史》卷311载“洪武间，土官怕兀它从月鲁帖木儿为乱，废州置卫。环而居者，皆西番种，故曰宁番。有冕山、镇西、礼州中（中）三千户所”，治地原已有苏州卫，月鲁帖木儿乱后改为宁番卫，另外镇西、礼州中中2所不属该卫。

4. 会川守御千户所、会川军民千户所、会川军民指挥使司

《太祖实录》洪武十五年冬十月记“以会川千户所隶建昌卫，卫隶四川都指挥使司”②，明洪武十五年初才平云南，会川千户所应在十月前不久设立。因为会川地原属云南，那么该所初亦随建昌卫隶云南都司，十月改隶四川都司，为二级所。《明史》卷43《地理志四》所载“本会川守御千户所，洪武十五年置，属建昌卫”无误。治在今四川会理县。

洪武二十五年六月“置建昌、苏州二军民指挥使司及会川军民千户所”③，所加军民衔，应直属四川都司。洪武二十五年十一月“改会川军民千户所为会川卫军民指挥使司”④，司属四川都司，二十七年九月改隶行都司。

《明史》卷43《地理志四》的记载与《太祖实录》同。

《大明一统志》卷73记卫“领守御迷易千户所”。

5. 越巂军民指挥使司

设于洪武二十五年。卫治在今四川越西县。

《太祖实录》载洪武二十五年秋七月“置越嶲军民指挥使司于邛部州，命指挥佥事李质领谪戍军士守之”⑤。二十六年春正月又言“置四川越嶲卫”⑥，是由于设军民司需一定时间。

司初属四川都司，洪武二十七年九月改隶行都司。

---

① 《太祖实录》卷226。
② 《太祖实录》卷149。
③ 《太祖实录》卷218。
④ 《太祖实录》卷222。
⑤ 《太祖实录》卷219。
⑥ 《太祖实录》卷224。

6. 建昌前卫

《太祖实录》载洪武二十七年六月“置建昌前卫。先是,西平侯沐春奏:‘层台卫地多山林,少平衍,难于耕稼,军饷不给。’至是命置卫于建昌,徙层台卫官军实之”①。《大明一统志》卷73对设卫年代的记载与之相同。卫与建昌卫同治。

万历初当地少数民族反叛,后被平息,“建昌军民得安矣”②,万历三年巡抚都御史曾省吾、巡按御史郭庄奉命将建昌前卫并入建昌卫。

《明史》卷43《地理志四》记“又有建昌前卫指挥使司,洪武二十七年六月置,与建昌军民卫同城,九月属四川行都司,万历三年省”,记载与《明实录》大体同。

史料无该卫改军民指挥使司的记载。

《明史》卷43《地理志四》言“又东有建昌土卫,洪武十五年置,万历后废”,对于该土卫记载很少,疑为少数民族土司。

万历《明会典》卷124列举的四川行指挥使司下有8守御千户所,这8所并不都是在行都司设立之初就拥有的,而是陆续设立的,其沿革如下。

1. 德昌守御千户所

洪武二十五年置。所治在今四川德昌县。

《寰宇通志》卷70记“洪武十五年归附,改德昌路为德昌府,仍以土酋守其地,隶四川布政司,二十五年罢德昌府始置(所)”,《大明一统志》卷73亦言“本朝洪武中改路为府,隶四川布政司,后废府置德昌千户所,属建昌卫”。

《明史》卷43《地理志四》言“洪武十五年置”,与罢府置卫的记载不符。

2. 礼州守御后千户所、礼州守御中中千户所

《寰宇通志》载“洪武……改设守御礼州后千户所并守御礼州中中千户所,属建昌府(应为卫)”③。《大明一统志》卷73、《明史》卷43《地理志四》等对设所时间均无记载,当地其他千户所多置于洪武二十七年前后,该2所亦应于此时置。

《太祖实录》载洪武三十五年十月“复诏(设)四川建昌卫中前、中中所二千户所”④,则守御礼州中中所曾被废过,具体时间不明。

① 《太祖实录》卷233。
② 万历《四川总志》卷22。
③ 《寰宇通志》卷70《四川行都司·建置沿革》。
④ 《太宗实录》卷13。

2所隶建昌卫，为二级所，对此各史无异议。洪武二十七年九月前，随建昌卫属四川都司，之后隶四川行都司。2所“在建昌卫城北六十里”[①]，即今四川西昌市礼州镇。

3. 迷易守御千户所

洪武二十五年闰十二月“置会川卫迷易守御千户所”[②]。《明史》卷43《地理志四》记载的时间与之相同。治即今四川凉山彝族自治州米易县。所隶会川卫[③]。

《寰宇通志》言所“在会川卫城西八十里……洪武十五年设会川守御千户所，隶建昌卫军民指挥使司，二十五年改置，仍隶建昌卫，寻改属会川卫”[④]，似迷易所由会川所改，与《太祖实录》洪武二十五年十一月“改会川军民千户所为会川卫军民指挥使司”[⑤]及《寰宇通志》卷70会川卫条的记载不同，今从后者。

4. 打冲河守御中前千户所

《太祖实录》载洪武二十七年二月“置建昌卫前千户所，守御打冲河”[⑥]，但他史俱记为建昌卫打冲河中前所，故《明实录》此处漏“中”字。《明史》卷43《地理志四》记载与《明实录》同。《寰宇通志》载“国朝洪武十五年拨官军守御，二十八年始置，属建昌卫”，亦不为误。

洪武三十五年十月“设四川建昌卫中前、中中二千户所”[⑦]，中前所即打冲河中前所，可见洪武三十五年之前所曾被废过，具体时间无考，疑发生在建文中。

所隶建昌卫，为二级所。按《大明一统志》卷73打冲河二所在建昌城西一百四十里，在盐井卫城北一百六十里，按嘉靖《四川总志》卷15山川条打冲河从中前千户所治西流过，则治约在今四川盐源县与西昌间雅砻江东岸一带。

5. 打冲河守御中左千户所

诸史对该所设立时间的记载存在着矛盾，《寰宇通志》言“洪武二十八年始置，属盐井卫”，《明史》卷43《地理志四》言所在“（盐井）卫东北。洪武二十五年置”。今暂从《寰宇通志》。

《大明一统志》卷73言“在盐井卫城北一百六十里……本朝洪武中始置千户所，属盐井卫”。按雍正《四川通志》卷24，“守御中左所在河西，中前所在河

---

① 《大明一统志》卷73。
② 《太祖实录》卷223。
③ 《大明一统志》卷73。
④ 《寰宇通志》卷70《四川行都司·建置沿革》。
⑤ 《太祖实录》卷222。
⑥ 《太祖实录》卷231。
⑦ 《太宗实录》卷13。

东”,则中左所位于雅砻江西岸。

《英宗实录》载正统五年九月“四川行都司盐井卫中左千户所副千户欧遵奏本所与本卫相隔二程”①,即指打冲河中左所。

6. 冕山桥后千户所

《英宗实录》载正统六年八月“设四川宁番卫冕山桥堡,调本卫后千户所官军哨守”②。治在今四川喜德县冕山镇。

《大明一统志》卷73言“在宁番卫城东一百二十五里,元为苏州地,本朝为宁番卫之冕山堡,正统七年始置千户所,仍属宁番卫”,《寰宇通志》、《明史》卷43《地理志四》所记与之相同。这并不与《英宗实录》相悖,因为从朝廷下令到地方上真正实施总有一定的时间差。

7. 镇西千户所

《宪宗实录》载成化十六年六月“置四川海棠坪守御千户所,调越嶲卫后千户所官兵隶之,仍设镇西仓。从四川镇守巡抚等官奏请也”③。明代其他史料并无海棠坪守御千户所的记载,只有镇西后千户所,因此《宪宗实录》这条资料应指镇西后所的设立。所治应在今四川甘洛县西海棠镇一带。正德、万历《明会典》录有该所。

万历《四川总志》卷21中言行都司当时领守御千户所6,即礼州、打冲河、德昌、冕山、打冲河中左、迷易所,并无镇西所④,查其关于行都司卫所沿革的记载全部抄自天顺朝《大明一统志》,当时该所尚未立,故万历《四川总志》亦无载。《明史》卷43《地理志四》言“镇西后千户所,(越嶲)卫北,弘治中置”,所言设所时间有误。

三、四川行都司下的土官

永乐初年,四川行都司建昌等卫下陆续添设了5长官司。根据《明史》卷43《地理志四》、《明实录》等资料可知其沿革如下。

1. 建昌卫所属昌州、威龙、普济3长官司

昌州长官司,永乐二年七月⑤在原德昌府昌州地设,隶建昌卫。治在今四川德昌县德州镇。

---

① 《英宗实录》卷71。
② 《英宗实录》卷82。
③ 《宪宗实录》卷204。
④ 万历《四川总志》卷21,原文言“守御千户所五”,但下列所名为六。故“五”应是误写。
⑤ 《太宗实录》卷33。

威龙长官司，永乐二年七月[①]在原德昌府威隆州地设，隶建昌卫。治在今德昌县西北威弄。

普济长官司，永乐二年七月[②]在原德昌府普济州地设，隶建昌卫。治在今四川米易县西北普威乡。

2. 越巂卫所属邛部长官司

永乐元年五月[③]改邛部州置长官司。治在今四川越西县北大屯。

3. 盐井卫马剌长官司

永乐五年三月辛酉[④]置。治在今四川攀枝花市西北同德乡。

第五节　广西都司建置沿革

广西地接云南、交阯，内部少数民族众多，《重修广西都指挥使司碑记》描述为“西广外控南交，右连荆益，左接炎海，山谷峻危，溪峒辽阻”[⑤]。洪武六年(1373)开设广西都卫，八年改为都司，是明朝历史上西南地区又一省级军事机构。广西都司的卫所数目同其他都司相比是比较少的，在绝大多数时间内只有 9 卫，沿革清晰。

一、广西都司卫所建置过程

广西都司的卫所地理分布说明，设置在广西的卫所在明史上最大的功用在于控制当地溪峒，都司下的大多数守御千户所都是在当地少数民族发生骚乱之后添设的。与交阯交界处除了永乐至宣德初战争时期在交阯境内有过卫所设置外，其余时间并无卫所。

洪武元年五六月间明朝军队平定了广西，土官相继归服，当时军队战事繁多，广西又是偏远之地，交通不便，在近两年时间内只设了广西卫及其下庆远右所，驻守桂林。洪武二年三月设置广西行省之后，一卫根本无法顾及全面的防御，“溪洞苗蛮，性狼戾多畔。府卫兵远在靖江数百里外，卒有警，难相援”[⑥]，明朝政府开始考虑广西的布防。在平定了南宁附近的叛乱后，洪武三年三月增设南宁、柳州 2 卫；不久，分拨 2 卫下的部分千户所往太平、融县、宾

---

①② 《太宗实录》卷 33。
③ 《太宗实录》卷 20 上。
④ 《太宗实录》卷 65。
⑤ 《粤西文载》卷 24《重修广西都指挥使司碑记》。
⑥ 《明史》卷 317《广西土司传》。

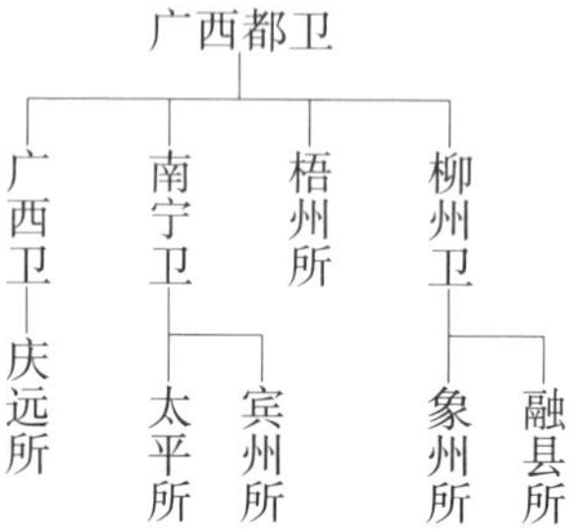

洪武六年(1373)广西都卫设置时卫所统辖结构图

州、象州守御；四年四月，又在广东至广西的要道、西江上的重镇梧州府设置守御千户所。这些卫所保护着广东、湖广同南宁一带的交通。至洪武六年四月设置广西都卫时，共有3卫、1直隶于都卫的守御千户所、5隶于卫的守御千户所，结构如左图所示。

广西都卫及都司下卫所发展缓慢，洪武六年至洪武二十八年间基本上一年增设一至两卫或守御千户所，与洪武十五年后云南都司、贵州都司的发展不可相比。这也是由广西地处偏远所决定的。

洪武八年都卫改都司时，广西卫改为桂林左卫、桂林右卫，十二年又增加了中卫，足备省府防御。

明代广西还有一个职能比较特殊的军卫——驯象卫，该卫最早设置于洪武十二年。驯象的主要目的是上贡朝廷使用，“朝廷大辂用象挽之，凡朝会亦用象陈列殿陛两墀及阙关之外”①，由军士会同俘获的“百夷战象之夫”共同驯养。驯象卫曾一度废除，到洪武二十一年重设。

除了桂林三卫及驯象卫外，洪武六年至洪武二十八年间还陆续增设了直隶于都司的平乐所、浔州所、郁林所、富川所、容县所、宜川所、迁江所、全州所、灌阳所，以及隶于南宁卫的贵县所、武缘所，这些千户所完全是为了防御地方。洪武二十六年，湖广与广西交界处的道州、全州、灌阳少数民族“为乱”②，平乱之后，为了便于控制，原本行政、军事上都归湖广的全州、灌阳改属广西，原隶于湖广永州卫的全州守御千户所改隶广西都司，又新设灌阳守御千户所。新隶的二所扩大了广西都司在东北部的辖区。除此之外，广西都司的军事辖区在明代历史上再也没有发生过改变。

明代庆远、南宁以西是政府控制极其薄弱的地区，尤其在明初这里没有设置任何卫所，大大小小的土官管理着这一带。洪武二十八年，宜山、奉议、思恩、南丹、向武等多处发生“蛮寇”，朝廷调拨大军镇压，仅为了平定奉议州“蛮寇”就调动了广西都司两万军队及土兵38 900人③。平乱之后，立即设置了向

① 《太祖实录》卷188。
② 《太祖实录》卷233。
③ 《太祖实录》卷242。

武所、南丹卫、奉议卫、庆远卫(由庆远所改)、河池所、武仙所、贺县所，使得洪武二十八年成为广西都司卫所的设置高潮。洪武二十九年，又改浔州所为浔州卫。

这次高潮过后直到明亡，广西都司新增的卫所很少。除庆远卫在建文中一度被废永乐初又复设外，其余新增为 5 守御千户所，即怀集所、来宾所(隶柳州卫)、上林屯田所、五屯屯田所、古田所，上林所设置不久即废除。五屯所与古田所分别设于成化、隆庆时，都是平定当地少数民族叛乱后设置的。

广西都司下还有一王府护卫——靖王府广西护卫，靖王可以说是明史上封地最偏远的王之一，但广西护卫却也是为数不多的能够存在到明末的王府护卫之一。

隆庆五年(1571)设置古田千户所之后，广西都司拥有 9 卫、13 直隶于都司的守御千户所、9 隶于卫的守御千户所、1 王府护卫(见下图)，此后再也没有发生过变化(见图 28)。

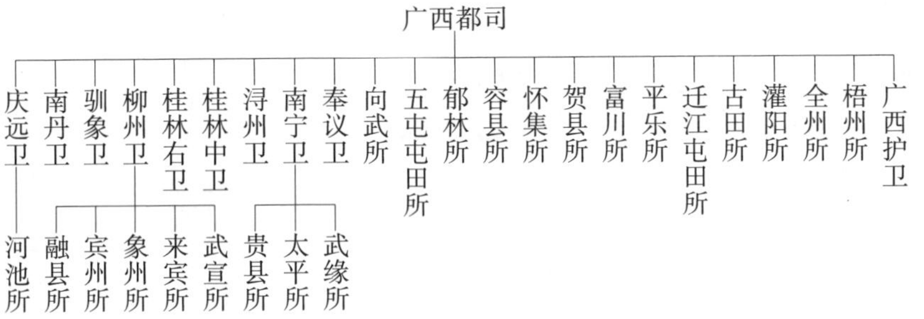

隆庆五年(1571)后广西都司卫所统辖结构图

根据广西都司的卫所隶属情况，可以推断它的军事辖区与广西布政使司的行政辖区基本一致，这是明代诸都司少有的。正是由于广西地处偏远，使得朝廷没有在这里实施交错控制。永乐六年(1408)三月，明朝曾计划于交阯与广西边界设置丘温卫、隘留所，并使“军隶广西，民隶交趾，以相制驭”①，但是并未实施。至永乐十六年置丘温卫，但隶于交阯都司。

此外，因调拨或谪戍的军士不能适应当地的气候，广西的卫所多用土著为兵。

二、广西都司卫所沿革考述

洪武六年四月“置广西卫都指挥使司”②，这时尚无“都指挥使司”之称，当是设广西都卫。八年十月“(改)广西都卫为广西都指挥使司，置桂林左、右二

① 《越峤书》卷 6 编年国朝洪武至嘉靖庚子。
② 《太祖实录》卷 81。

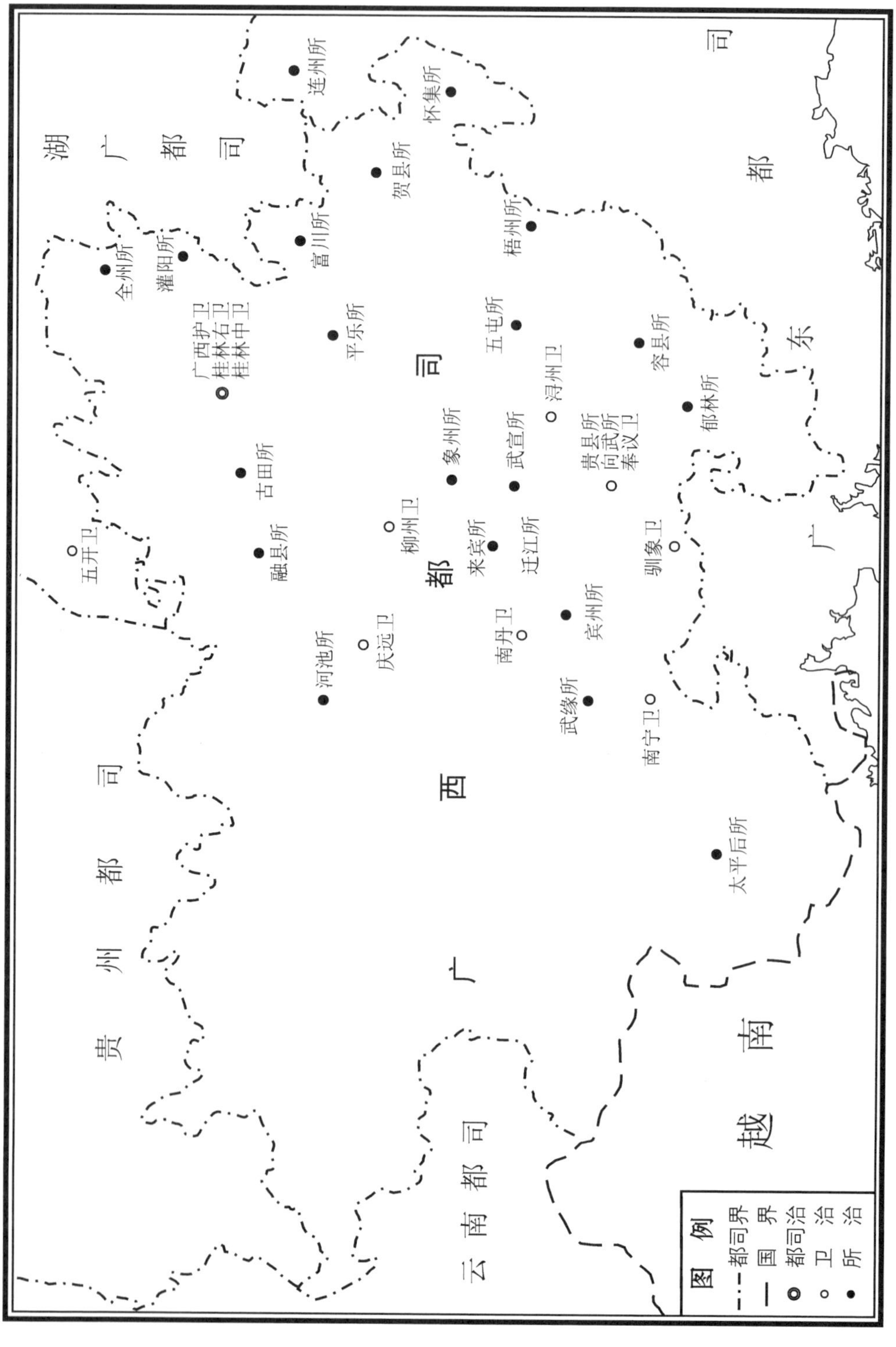

图28 隆庆五年(1571)后广西都司辖区及卫所图

卫指挥使司”[1]。广西都卫隶大都督府，洪武十三年后广西都司隶前军都督府，洪武二十六年前已改隶右军都督府。《大明一统志》卷 83 记载广西都、布、按“三司并治于桂林”。

洪武六年设置广西都卫时，当地共有 3 卫、1 直隶于都卫的守御千户所、5 隶于卫的守御千户所。庆远所见下文洪武二十八、二十九年卫所考证部分。

1. 广西卫

《太祖实录》载洪武元年九月“己未置……广西卫指挥使司”[2]。洪武六年四月起隶广西都卫。

卫的废除时间史书无载，《太祖实录》提到洪武三年二月“辛未，赏广西卫指挥佥事左君弼”[3]，六年三月“广西卫卒王昇因差遣回沂州”[4]，可见在设广西都卫前广西卫还未废。该卫可能在洪武八年十月设桂林左、右 2 卫时废。

卫治在今广西桂林。

2. 南宁卫

《太祖实录》载洪武三年三月“辛亥，置南宁、柳州二卫。时广西行省臣言便宜三事：‘其一曰广西地接交阯、云南，其所治皆溪洞苗蛮，性狠戾而叛服不常，近南宁盗谭布刑、宾州盗黄郎观等肆掠其民，已遣兵将讨之。然府卫之兵远在靖江数百里外，卒有警急难相为援，乞于南宁、柳州立卫置兵以镇之，庶几苗獠有所惮而不敢窃发于其间，其民有所恃以安其生，而无奔窜失业之患……’奏至，诏俱从之，遂设南宁、柳州二卫，益兵守御”[5]。嘉靖《南宁府志》卷 4《兵卫》亦记“在府西，洪武三年设指挥使司”[6]。

《永乐大典》记载“至洪武二年改分司帅府为南宁卫指挥”[7]，《大明一统志》卷 85 南宁府公署条言“在府治西，洪武二年建”，两处“二年”当为“三年”。

治在今广西南宁。洪武六年四月隶广西都卫，八年十月起隶广西都司。

太平守御千户所　万历《太平府志》卷 1《公署》言“在城内东，洪武五年千户程良建……”虽言公署建筑时间，卫亦当于此时左右设立。《大明一统志》卷 85 太平府公署条言“守御太平府后千户所，在府治东，洪武中建，隶南宁卫”，

---

① 《太祖实录》卷 101。
② 《太祖实录》卷 35。
③ 《太祖实录》卷 49。
④ 《太祖实录》卷 80。
⑤ 《太祖实录》卷 50。
⑥ 嘉靖《南宁府志》卷 4《兵卫》。
⑦ 《永乐大典》卷 8506《南宁府・建置沿革》。

可见该所是调南宁卫后所设,仍隶南宁卫。太平府治即今广西崇左市太平镇。

3. 柳州卫

洪武三年三月设。洪武六年四月隶广西都卫,八年十月起隶广西都司。

《大明一统志》卷83柳州府公署条言“在府治东北,洪武四年建”,明代柳州府即今广西柳州。

象州守御千户所 嘉靖《广西通志》卷27《兵防》言“守御象州中右千户所,洪武三年建,隶柳州卫”。虽言是公署建筑时间,该所亦当在此年调柳州卫中右所建。《大明一统志》卷83柳州府公署记所治“在州治东,洪武中建”,明代象州即今广西象州县。所隶柳州卫。

宾州守御千户所 万历《宾州志》对该所的沿革有清晰记载:宾州守御千户所“在州东,洪武三年设立,隶南宁卫前千户所,洪武十二年改属柳州卫后千户所……”[1]当是洪武三年调南宁卫前所守御宾州,洪武十二年改由柳州卫后所戍守。《大明一统志》[2]和嘉靖《广西通志》[3]都记为守御宾州后千户所。明代宾州在今广西宾阳县北宾州镇。所先隶南宁卫,洪武十二年后隶柳州卫。

融县守御千户所 嘉靖《广西通志》卷27《兵防》记“守御融县左千户所,洪武三年建,隶柳州卫”,柳州卫洪武三年三月设置,该所当在此年调左所设置,仍隶柳州卫。《大明一统志》卷83柳州府公署条言“守御融县左千户所,在县治东”,治即今广西融水县。

4. 梧州守御千户所

洪武四年夏四月“置梧州府守御千户所”[4]。

《大明一统志》卷84梧州府公署条言所“在府治东,洪武十二年建”,十二年指公署建筑时间,嘉靖《广西通志》和乾隆《梧州府志》[5]错把此作为设卫时间。

明代梧州府即今广西梧州市。《大明一统志》卷83广西卷首记载直隶广西都司卫所时有该所,可见该所为直隶于都司的守御千户所。洪武六年四月隶广西都卫,八年十月起隶广西都司。

洪武六年至洪武八年十月广西都卫改广西都司前,广西的卫所设置没有

---

① 万历《宾州志》卷10《兵防志・兵署》。

② 《大明一统志》卷83《柳州府・公署》。

③ 嘉靖《广西通志》卷27《兵防》。

④ 《太祖实录》卷64。

⑤ 嘉靖《广西通志》卷27《兵防》载,“洪武十二年调桂林左卫前所正千户李兴……管领本所事”。乾隆《梧州府志》卷10《军政志一・兵制》载,“明洪武十二年设梧州守御千户所,调桂林左卫正千户李兴掌所事……”

发生过变化，洪武八年至二十七年共设过5卫、9所，设置时间分散，没有集中设置的情况。

1. 桂林左卫

洪武八年十月"（改）广西都卫为广西都指挥使司，置桂林左、右二卫指挥使司"①。卫治桂林，隶广西都司。

洪武十二年六月"改广西护卫为桂林左卫、桂林左卫为桂林中卫"②，这一年靖江王奉宣回京，护卫兵改为桂林左卫。洪武二十六年靖江王泗州长子赞仪袭封，五月癸酉"复改桂林左卫为广西护卫"③，直至明末再未设过桂林左卫。

2. 桂林右卫

洪武八年十月设置④。卫治桂林，隶广西都司。

3. 桂林中卫

洪武十二年六月设卫，《太祖实录》这一月载"改广西护卫为桂林左卫、桂林左卫为桂林中卫"⑤。

《大明一统志》卷83桂林府公署条言"桂林中卫，在都司前，洪武八年建为右卫，十二年改今名"，《太祖实录》洪武十二年六月记为左卫改中卫。

卫治桂林，隶广西都司。

4. 驯象卫

洪武十二年设于上思州凤凰山，后被废除；洪武二十一年复设，改治南宁，二十二年迁横州。

嘉靖《南宁府志》言"洪武十二年移军上思州凤凰山驻扎，取交趾象，因名。二十二年迁南宁屯种，寻迁横州"⑥，则卫最早设于洪武十二年，隶广西都司。上思州即今广西上思县。

据《太祖实录》洪武二十一年正月"复置驯象卫指挥使于广西龙州之左江，时朝廷大辂用象挽之，凡朝会亦用象陈列殿陛两墀及阙关之外，于是复置卫，令谪戍之人充卫卒，专捕象……后徙卫治于横州"⑦，则卫在洪武二十一年之前曾被废过，至此复置。嘉靖《南宁府志》的"二十二年迁南宁屯种"即指这一次复置卫，时间应在二十一年。

《太祖实录》洪武二十一年正月提到"复置驯象卫指挥使于广西龙州之左

①④ 《太祖实录》卷101。
②⑤ 《太祖实录》卷125。
③ 《太祖实录》卷227。
⑥ 嘉靖《南宁府志》卷7《兵防志》。
⑦ 《太祖实录》卷188。

江”，七月丙子又言“敕广西都指挥使司凡百夷战象之夫，悉放还，其驯象卫军士令于南宁使专捕象”①，则卫这一次重设原打算迁至龙州左江一带，实际迁至南京，第二年改横州。

万历《广西通志》记卫“在（横）州治左，洪武二十二年建”，卫在迁南宁不久即迁到横州，明代横州即今广西横县。

5. 浔州守御千户所、浔州卫

按嘉靖《广西通志》卷27《兵防》“洪武八年建百□，十五年改南宁千户所，二十九年改浔州卫”，《英宗实录》正统六年六月也提到“广西浔州卫指挥同知马瑄：‘本卫衙门原系守御千户所，地势洼下……’”②可知在设浔州卫之前，洪武十五年起当地设有一守御千户所，应是调南宁卫某所设立。

洪武二十九年十月“置广西浔州卫”③，浔州所改浔州卫，隶广西都司。治“在府治东”④，明代浔州府即今广西桂平市。

6. 平乐守御千户所

洪武十三年十月丁卯“置广西平乐千户所”⑤。

《大明一统志》卷84平乐府公署条言所“在府治东，洪武十三年建”，明代平乐府治在今广西平乐县。《大明一统志》卷83广西卷首记载直隶广西都司卫所时有该所。

7. 郁林守御千户所

洪武十九年五月壬寅“置郁林守御千户所。时前军都督府都督佥事何福奏郁林州宜置千户所，令浔、梧二州分兵守御，以防寇盗窃发，诏从之”⑥。

《大明一统志》卷84梧州府公署条记所“在（郁林）州治东，洪武十九年建”，郁林州即今广西玉林市。《大明一统志》卷83广西卷首记载直隶广西都司卫所时有该所。

8. 富川守御千户所

洪武二十二年十二月设所，“富川县……贼人盘大孝等为乱，杀知县徐原善等，常往来富川、永明、江华三县劫掠，广西都指挥韩观遣千户廖春等讨之，擒杀大孝等二百余人，观因奏富川县灵亭乡乃猺蛮出没之地，虽征剿累

---

① 《太祖实录》卷192。
② 《英宗实录》卷84。
③ 《太祖实录》卷247。
④ 《大明一统志》卷85《浔州府·公署》。
⑤ 《太祖实录》卷134。
⑥ 《太祖实录》卷178。

年，未尽殄灭，恐复有构乱者，宜从桂林等卫羸余军士置千户所镇之。诏从其请”①。

《大明一统志》卷 84 平乐府公署条言所“在富川县东”，洪武二十一年十一月后富川县治在今广西富川自治县。《大明一统志》卷 83 广西卷首记载直隶广西都司卫所时有该所。

9. 容县守御千户所

洪武二十三年六月“置广西容县守御千户所”②。

《大明一统志》卷 84 梧州府公署条记所“在县治西北，洪武二十三年建”，县今仍名容县。《大明一统志》卷 83 广西卷首记载直隶广西都司卫所时有该所。

10. 武缘守御千户所

洪武二十四年二月甲子“置广西柳州卫中左、中右、中前三千户所，南宁卫所属武缘千户所……各铸印给之”③。嘉靖《南宁府志》卷 7《兵防志》也记载“原系南宁卫前所，洪武二十四年奉拨武缘守御，隶南宁卫”。

《大明一统志》卷 85 南宁府公署条记所“在武缘县治西，洪武二十四年建，隶南宁卫”，武缘县即今广西武鸣县。

11. 迁江屯田千户所

《太祖实录》载洪武二十五年九月“置广西迁江县屯田千户所”④。万历《宾州府志》亦记“迁江县……洪武二十五年开设屯田千户所以控制边徼，开种荒田”⑤。

嘉靖《广西通志》卷 52《外志》言“迁江屯田千户所乃迁江县附郭，直隶广西都司，洪武二十五年始开设土官衙门，辖土夷。……官军俱不支俸粮，惟领剿过夷贼田土耕种当差，又设流官千户一员宋真以掌所事，各百户所土官皆听命焉”，卷 50《外志》言“直隶都司土官千户所：迁江千户所，五屯千户所”，可见该所组成比较特殊，直隶于广西都司。

《大明一统志》卷 83 柳州府公署条记所“在(迁江)县治东，洪武二十五年建，隶都司”，治在今广西来宾市西南迁江镇。

《大清一统志》卷 359 言“迁江屯田所，旧在迁江县治东，明洪武二十五年建，隶都司。嘉靖七年(1528)迁置所于县东南境，接浔州府界，今废”，嘉靖七

① 《太祖实录》卷 198。
② 《太祖实录》卷 202。
③ 《太祖实录》卷 207。
④ 《太祖实录》卷 221。
⑤ 万历《宾州府志》卷 3《建置志・城池》。

年迁治于县境西南。

12. 贵县千户所

嘉靖《广西通志》卷27《兵防》言“在贵县西北，洪武二十五年建。隶南宁卫”。

《大明一统志》卷85浔州府公署条言“守御贵县中前千户所，在县治西怀泽驿旧址。旧在县治西北，正统十一年(1446)改建为奉议卫，迁所于此，隶南宁卫”，奉议卫迁贵县在正统六年，十一年改贵县所治为卫治，贵县所只有在城中另辟公署。

明代贵县即今广西贵港市。

13. 全州守御千户所

《太祖实录》载洪武二年正月“辛酉，置全州守御千户所”①。按嘉靖《广西通志》卷27《兵防》，全州守御千户所“洪武元年建。初隶湖广永州卫，至洪武二十八年改隶广西都司，今在全州”，全州是洪武二十七年八月②由湖广改隶广西的，全州所亦当于此时由永州卫改隶广西都司，洪武元年为公署建筑时间。

《大明一统志》卷83记载直隶广西都司卫所时有该所。康熙《全州志》记该所“直隶广东都指挥使司”③，实误。

明代全州即今广西全州县。

《太祖实录》洪武十六年十月己亥载“广西都指挥使耿良言：田州府知府岑坚、泗城州知州岑善忠率其土兵讨捕猺寇，多树功绩，臣欲令其选取壮丁各五千人立为二卫，以善忠之子振、坚之子永通为千户，统率其兵，俾之守御，且耕且战，此古人以蛮夷攻蛮夷之策也。如此则官军无远冒瘴疠之患，民免馈运之劳矣。诏是其言，行之”④，但是史书并无2卫其他的相关记载，可以断定这2卫实际并未设置。

广西都司的设置高潮出现在洪武二十八、二十九两年，由于整个明史上广西的卫所数目并不是很多，所以这个高潮只是相对而言的。

1. 南丹卫军民指挥使司、南丹卫

《明史》卷45《地理志六》对南丹卫的变迁有明确记载：“(上林州)西北有三里营，南丹卫在焉。卫旧在南丹州，洪武二十八年八月置，二十九年正月升

① 《太祖实录》卷38。
② 《明史》卷45《地理志六》。
③ 康熙《全州志》卷2《建置志·兵防》。
④ 《太祖实录》卷157。

军民指挥使司，寻罢军民，止为卫。永乐二年十二月徙上林县东，正统六年五月徙宾州城，与宾州千户所同治，万历八年(1580)徙于此。”

对此《明实录》亦有相应记载，洪武二十八年八月癸未“诏置南丹、奉议、庆远三卫指挥使司”①；洪武二十九年春正月“是月改南丹、庆远二卫为军民指挥使司”②；永乐二年十二月“移广西南丹卫于宾州上林县”③；正统六年五月乙卯“迁广西南丹卫于宾州千户所，奉议卫于平南县，向武千户所于守御贵县中前千户所”④。

万历《宾州府志》卷10《兵防志·兵署》言“先是南丹土官莫金乱，洪武二十八年命都督杨文讨平之，设军民指挥使司，为南丹卫。……永乐三年奉旨迁上林县东二里，屯种荒田，哨收地方。正统八年思恩府岑瑛与哨守指挥潘鑑以军士不服水土言之，安远侯柳溥等奏准迁宾州。嘉靖七年都御史新建伯王守仁因讨平八寨，议移南丹卫于其地，都御史林富覆议移于三里，不果。万历七年，总督军门刘公尧诲、巡抚张公任、郭公应聘剿平八寨，乃议迁于三里，创建城池，设立卫所衙门，驻扎军兵，屯种防守……”对前两次迁治时间的记载略有误，但对嘉靖、万历年间迁三里的记载较为清晰。迁卫三里之事在嘉靖时王守仁《处置八寨以图永安疏》⑤中上报朝廷，万历七年才得以实现。

洪武二十八年时南丹州废，所以南丹军民指挥使司为实土，罢“军民”二字当在永乐二年前。

永乐二年前卫治南丹，即今广西南丹县；后迁上林，在今广西上林县南；正统六年所迁的宾州即今广西宾阳县北宾州镇；万历七年后迁治的三里今仍名三里，在今上林县东北。

2. 庆远右千户所、庆远卫、庆远卫军民指挥使司

洪武元年设庆远右千户所守御，二十八年八月年改设卫，二十九年春正月改为军民指挥使司。

根据嘉靖《广西通志》卷27《兵防》言庆远卫“洪武元年于庆远建右千户所，以官军一千员名守御府城。……至二十九年复定议开设庆远卫军民指挥使司”，庆远一地最初设置的为千户所。当时广西只有广西卫，应是调其右所而设。洪武八年左右广西卫废后，该所可能改隶于桂林在城某卫。

---

① 《太祖实录》卷240。
② 《太祖实录》卷244。
③ 《太宗实录》卷37。
④ 《英宗实录》卷79。
⑤ 见雍正《广西通志》卷100。

《太祖实录》载洪武二十八年八月癸未"诏置南丹、奉议、庆远三卫指挥使司"①,二十九年春正月"改南丹、庆远二卫为军民指挥使司"②,明代的一些史料便把洪武二十九年作为设卫之始,明代章纶《重建庆远卫城楼关堡记》即载"庆远府,古宜州,在广西极边,为蛮贼渊薮,前代筑城,有千户所守御,在我太祖高皇帝有天下以来,洪武二十九年始设庆远卫"③。

据《太宗实录》洪武三十五年十二月"复庆远卫军民指挥使司"④,也就是说庆远卫军民司曾一度被废除,但时间不明。

所、卫、军民司治庆远府,即今广西宜州市。卫、军民司隶广西都司。

3. 向武守御千户所、向武军民千户所

洪武二十八年十月设所,"平奉议州蛮寇。初征南将军左都督杨文等驻师奉议州之东南,分兵追捕贼党……蛮寇遂平,时兵部尚书致仕唐铎参议军事,以朝廷尝命征进毕日,置卫守之,乃会诸将相度山川形势,置奉议等卫,并向武、河池、怀集、武仙、贺县等处守御千户所,设官军镇之,事闻。诏从其言"⑤。

洪武二十八年向武州废,三十年三月甲戌"改广西向武守御千户所为向武军民千户所"⑥,但是建文二年(1400)复置州,向武所应去"军民"二字,再变为向武守御千户所。对此《大明一统志》记为"罢所":"本朝洪武间改置向武军民千户所,三十三年罢所,复置州,直隶广西布政司,领县一。"⑦万历四十五年以前向武州治在今广西天等县向都东,千户所也应治此。

《英宗实录》卷79载正统六年五月乙卯"迁广西南丹卫于宾州千户所,奉议卫于平南县,向武千户所于守御贵县中前千户所。先是总兵官安远侯柳溥奏广西所属南丹、奉议二卫,向武千户所城池俱在烟瘴之地,气候不正,官军相继死亡者不计其数,而存者仅百有二三,亦多疲病,不堪备御,乞迁南亢之地……故有是命",向武所迁至贵县,即今广西贵港市。

《大明一统志》卷85浔州府公署条言"向武军民千户所,在贵县北门外,正统十一年自奉议州徙建于此,隶奉议卫",迁治时间有误。所隶奉议卫。

《明史》卷45《地理志六》贵县条言"有向武军民千户所,本向武守御千户所,洪武十八年十月置于向武州,三十年三月升军民所,正统六年五月来迁县

① 《太祖实录》卷240。
② 《太祖实录》卷244。
③ 《粤西文载》卷23。
④ 《太宗实录》卷15。
⑤ 《太祖实录》卷242。
⑥ 《太祖实录》卷251。
⑦ 《大明一统志》卷85《向武州·建置沿革》。

北门外，万历二十三年又迁县西北谢村镇”，“十八年”当为“二十八年”。万历二十三年迁治谢村镇，在今贵港市西北玉山乡。

4. 奉议卫

洪武二十八年始设奉议卫。

洪武二十八年八月癸未“诏置南丹、奉议、庆远三卫指挥使司”①，当年十月又记“平奉议州蛮寇。……时兵部尚书致仕唐铎参议军事，以朝廷尝命征进毕日，置卫守之，乃会诸将相度山川形势，置奉议等卫……事闻。诏从其言”②。

卫治奉议州，即今广西田阳西南奉议旧城。隶广西都司。

《英宗实录》卷79载正统六年五月乙卯“迁……奉议卫于平南县”，但据《大明一统志》卷85浔州府公署条，奉议卫“在贵县治西北，本朝正统十一年自奉议州徙建于此”，可见卫并未迁到平南县，而是迁至贵县城，在今广西贵港市。《大明一统志》所记迁卫时间误。

5. 河池守御千户所

洪武二十八年十月设。

《大明一统志》卷84庆远府公署条记所“在宜山县德胜镇西二里。原在河池县，永乐六年徙于此，隶庆远卫”，《明史》卷45《地理志六》言“西有河池守御千户所，洪武二十八年十月置于河池县，永乐六年徙于此”，迁治据《太宗实录》应在永乐七年，这一年四月“壬寅，徙广西庆远卫河池守御千户所于宜山县德胜山”③。所原治河池县，永乐七年前治“在州北怀德故城”④，在今广西河池市西旧河池镇外韦村，后迁地在今德胜镇西。隶庆远卫。

6. 武仙守御千户所、武宣守御千户所

洪武二十八年十月设武仙守御千户所。据《明史》卷45《地理志六》载宣德六年(1431)武仙县更名为武宣，则所亦于此时更名武宣守御千户所。

《明史》卷45《地理志六》武宣县条言“旧治阴江。宣德六年三月徙于高立”，根据《宣宗实录》宣德六年三月“迁广西武宣千户所及武宣县治。时总兵官都督佥事山云言其地低洼下，居民不利，且不据险要，难于防御。县西十余里有地曰高立，土壤丰坦，阻山据水，可以居守，请移置千户所及县治为便。上谕行在工部臣曰：有利军民当从所言，然必俟秋成筑城垣备而后可迁”⑤，守

---

① 《太祖实录》卷240。
② 《太祖实录》卷242。
③ 《太宗实录》卷90。
④ 《明史》卷45《地理志六》。
⑤ 《宣宗实录》卷77。

御千户所与县同迁新地。宣德六年前治即今广西武宣县城东南旧县,之后治在今武宣县。

《大明一统志》卷 83 柳州府公署条言"武宣守御千户所,在县治东北,宣德六年重建。以上五所俱隶柳州卫","以上五所"指象州所、宾州所、融县所、来宾所、武宣所。

7. 贺县守御千户所

洪武二十八年十月设。

《大明一统志》卷 84 平乐府公署条记所"在贺县南",明代贺县治在今广西贺州市东南贺街镇。《大明一统志》卷 83 广西卷首记载直隶广西都司卫所时有该所。

8. 灌阳守御千户所

《太祖实录》载洪武二十八年十一月"甲申,置灌阳守御千户所。初灌阳隶湖广,因广西平川等三十六源猺贼作乱,攻劫县治,诏宝庆卫指挥孙宗总兵讨平之。县丞李原庆因奏灌阳去湖广远,隶广西为近。遂以灌阳隶桂林府,设千户所,命广西都指挥同知陶瑾领兵筑城守之"①。

《大明一统志》卷 83 桂林府公署条记所治"灌阳县东北",明代灌阳县即今广西灌阳县。《大明一统志》卷 83 广西卷首记载直隶广西都司卫所时有该所。

《太祖实录》卷 242 载洪武二十八年十月"戊申,诏总兵官左都督杨文置龙州军民指挥使司,调驯象卫官军筑城守御"②,但其他资料都未提及该军民司,应是设置不久即废,或是根本未置。

洪武三十年之后,除向武所、庆远卫稍有变化外,新设卫所数目极少。

1. 怀集守御千户所

洪武三十年二月"置广西怀集守御千户所"③。

《大明一统志》卷 84 梧州府公署条记所"在县治北,洪武三十年建",明代怀集县即今广东怀集。《大明一统志》卷 83 广西卷首记载直隶广西都司卫所时有该所。

2. 来宾守御千户所

《大明一统志》卷 83 柳州府公署条言"守御来宾中前千户所,在县治东,洪

---

① 《太祖实录》卷 243。
② 《太祖实录》卷 242。
③ 《太祖实录》卷 250。

武三十一年建”，嘉靖《广西通志》卷27《兵防》记载的守御来宾中前千户所与其基本相同，虽均言公署建筑时间，卫亦可能于此时前后设立。

明代来宾县在今广西来宾市东南城厢村。所隶柳州卫。

3. 上林屯田千户所

洪武三十一年设，后废。

嘉靖《广西通志》卷32上林条言“洪武三十一年立屯田千户所”[①]，成化年间彭景忠《开广上林县城垣记》也提到“上林……国初洪武间惟土其垣，立屯田所……为贼所破，后讨平之，复为邑”[②]，《大明一统志》中已没有该所，可见这一千户所设置后又废除。

该所隶属情况不明。明代上林县城万历前在今广西上林县南。

万历《宾州志》提到“上林县哨守千户所”，“在县城南隅……正统十年行都布按三司会议，准南丹卫永拨官军一百员名来县立堡哨守地方”[③]，一百人当是百户所。且嘉靖《广东通志》卷27《兵防》，正德、万历《明会典》在列广西都司卫所时都未提到该千户所，可见《宾州志》的记载有误。

4. 五屯屯田千户所

嘉靖《广西通志》对五屯所的设立有明确记载。该书卷27兵防言“在藤县西北一百里，其址即古赠一带，成化二年(1466)赞理军务左都御史韩雍奏建。先是五屯獞人三千有奇，为断藤峡左臂，洪武八年头目覃福招集八百六十四名獞人编充桂林右卫中左所军，福授千户，寻卒，军皆溃散，留者仅五十余名。成化二年都御史韩雍……谕各獞备守狭口，时来附者一百六十五名，奏设五屯屯田千户所”[④]。乾隆《梧州府志》还录有韩雍的《议处广西地方事议疏》：“一看得梧州府藤县地名五屯……系断藤峡左臂，臣等初到广西访得五屯獞人洪武八年头目覃福招集八百六十四名编充桂林右卫左所军……开设五屯屯田千户所衙门……见在獞民尽数编作土兵……”[⑤]

嘉靖《广西通志》卷50《外志》言“直隶都司土官千户所：迁江千户所，五屯千户所”，可见该所直隶于广西都司。治所在今广西藤县西北五屯。

《明史》卷45《地理志六》藤县条言“西北有五屯守御千户所，嘉靖初置”，所言设所时间误。

---

① 嘉靖《广西通志》卷32《兵防》。
② 《粤西文载》卷23。
③ 万历《宾州志》卷10《兵防志·兵署》。
④ 嘉靖《广西通志》卷27《兵防》。
⑤ 乾隆《梧州府志》卷20《艺文志一·疏表·议处广西地方事议疏》。

5. 古田守御千户所

正德《明会典》卷108在记隶广西都司卫所时尚无该所，万历《明会典》卷124有载，可见该所在正德至万历年间设置。隆庆三年(1569)明朝军队在古田一带“剿贼”，“隆庆五年，抚臣殷正茂讨平之，因奏请改县置州……置古田守御千户所”①。

所治永宁州，即今广西永福县西北百寿城。

由于该所设置较晚，对其在明代的隶属情况记载很少，疑直属广西都司。

明代广西只有广西护卫一王府护卫。

广西护卫

最早设于洪武五年正月，《太祖实录》这月载“置西安、太原、广西三护卫”②。《大明一统志》卷83桂林府公署条亦记载“广西护卫，在王府南，洪武五年为靖江王府置”。

洪武九年靖江王就国广西，洪武十二年靖江王奉宣回京，护卫改为桂林左卫。洪武二十六年靖江王泗州长子赞仪袭封，重改左卫为护卫，直至明末。

护卫治桂林，隶广西都卫、广西都司。

三、广西都司卫所的性质

从地理上看，广西都司的卫所全部分布在广西的中、东部，西部尽为少数民族的土府、土州等控制。东部地区也有许多土官管理诸溪峒。像南宁府下的州，有的设流官，有的为土官，而太平府下许多州既有土官，又有流官相佐；即使是桂林、平乐、浔州、梧州诸府虽“未设土官，而无地无猺、獞”③。土官如有争论词讼，“就所近卫理之。左江、太平、思明、龙州、崇善等处于太平千户所，右江、田州、镇安、泗城、上林等处于奉议卫，思恩州于南宁卫，南丹、东兰、那地三州于庆远卫”④，诸卫所对辖地内的土司都有一定的管理权。南丹卫、庆远卫、向武所还一度加以“军民”二字，成为实土。虽然《明史》卷45《地理志六》记载明代后期广西时未记一个实土卫所，但是可以断定广西的大多数卫所都具有实土意义，在当地的管理中起着与府州县同等重要的作用。所以广西是布政使司、都司相结合的政区管理体制。

① 乾隆《大清一统志》卷356。
② 《太祖实录》卷71。
③ 《明史》卷317《广西土司传》。
④ 《宣宗实录》卷84宣德六年十月。

第六节 云南都司建置沿革

云南是西南边陲重地，外连交阯等地，内为少数民族聚居区域，明朝在这里针对不同地域实施不同的管理制度。在统治稳固、成熟之地设置与内地相同的府州县，归布政使司统辖，“大理、临安以下，元江、永昌以上，皆府治也”①。在边远的少数民族聚居地由其头领任职，设宣慰司、安抚司、长官司、土州等，名目淆杂，或归布政使司，或归都指挥使司，政府对其实行羁縻政策。而在距离府州县较近，又为少数民族聚居的地方，则由隶属于都指挥使司的军民指挥使司管辖，实行军民共管，除了军士、军余、家属和土司外，其下亦辖有州县，明代中后期这些军民司辖地多改设为府州。云南一地的日常军事防守由都司及其下属的卫所、军民司负责，经过世代生息，卫所军户人口足以与府州县人口相抗衡，因此云南都司的职能是双重的，既具有军事性，又有行政性。

明清以来云南所修方志众多，仅明代便有通志五部，但对卫所沿革的记载多陈陈相因，又同公署建筑年代混淆在一起，错误甚多。

云南都司下曾拥有过一些宣抚司、安抚司和长官司，明代中后期大多改隶云南布政使司。除剌和庄等 5 个始终隶于都司的长官司外，本卷将其他土司均放在第一编第十五章“云南布政司”中考述。

一、云南都司卫所建置过程

元朝灭亡之后，梁王盘踞于偏处一隅的云南，明初朱元璋将其暂搁一边，集中精力平定其他地区，至洪武十四年(1381)开始征伐云贵。明军一路势如破竹，当年十二月傅友德兵下曲靖，不几天蓝玉、沐英即下昆明，到十五年闰二月已克楚雄、临安、大理、丽江、金齿，车里等地亦降，云南主要部分都已平定。

军队一进入云南，朱元璋就开始筹划其地的日常军备。洪武十五年正月，他遣使谕傅友德等曰“比得报，知云南已克，然区划布置尚烦计虑，前已置贵州都指挥使司，然其地去云南尚远，今云南既克，必置都司于云南，以统率诸军”②，于是立云南都指挥使司。当月即下令置云南左、右、中、前、后，建昌，临安 7 卫及曲靖、会川 2 守御千户所，其中会川所隶建昌卫，曲靖所直隶都司。同时设置的东川、乌撒、乌蒙、芒部、普安 5 卫最初亦隶于云南都司，不久或废或改，不

① 《明史》卷 313《云南土司传一》。
② 《太祖实录》卷 141。

复为云南都司所有。闰二月,改曲靖所为曲靖军民指挥使司,置楚雄卫,三月置大理卫,又改曲靖军民司为卫。十月建昌卫及会川所改隶四川都司。另外,十五年初还设有霑益、盘江2守御千户所,直隶都司,其中霑益所当年改为霑益卫。

至洪武十五年底,不包括东川、乌撒、乌蒙、芒部、普安5卫在内,云南都司有10卫、1隶于都司的守御千户所,这一年是云南都司历史上第一个设置高潮。10卫中有5卫治于云南府,另有4卫皆治于元末路治所在,形成以云南府为中心,东至曲靖,西至大理,东南至临安的分布趋势,后世虽然增设过许多卫所,但这个大致趋势却未发生改变。其原因则很清楚:这一片是云南政治、经济最发达的地区,也是府州县设立最多的地区,政府的控制也就最强。

都司设立之初的管辖区域仅限于卫所分布的临安以北、大理以东地区。这以南的诸宣慰司、宣抚司等还未完全归属。洪武十五年、十六年间,建昌、会川、东川、乌蒙、乌撒、普安诸地尽归相邻的四川、贵州所有,使得都司的北界向南收缩。

洪武十六年至二十一年间设置的卫所甚少,仅2卫、4所,其中只有1所直隶都司,不久还被废除。

洪武十七年霑益卫又改为守御千户所,不久即废。

洪武十五年初永昌降,指挥使王真镇守该地,但他不恤民情,引起叛乱,当地少数民族"引麓川思可发夷兵数万来攻,生擒王真,尽夷其城而去"①。后朱元璋赐旧元云南右丞观音保名李观,任命其为金齿指挥使,调发南京各处军士充实军伍,于洪武十八年二月立金齿卫,与永昌府同治。十九年设金齿千户所,隶金齿卫。

今云南祥云县地,元末名品甸,战乱之后,"人民流亡,室庐无复置着"②,洪武十九年四月立洱海卫,又名品甸卫。

洪武十八年平缅宣慰使思伦发叛,次年又有一些土司相继叛乱,虽然不久都被平息,但说明政府的统治还不够稳固,因此,洪武二十年十一月"壬午,普定侯陈桓、靖宁侯叶升往云南总制诸军于定边、姚安等处立屯营种,以俟农隙征进"③,立定远、姚安2守御千户所,隶楚雄卫,以做征讨的准备。

另外值得一提的是属于贵州都司的乌撒卫后千户所于洪武十七年调至霑益守备④,使该地的行政与军事不属一省所有,形成管理上的犬牙交错之势。

从洪武二十一年起云南都司的卫所设置进入第二个高潮,其推动力是该

① 天启《滇志》卷22《艺文志·复永昌府治疏(何孟春)》。
② 《太祖实录》卷177。
③ 《太祖实录》卷187。
④ 景泰《云南图经志书》卷2《霑益·公廨》。

年发生的以越州土酋阿资为主的叛乱。阿资屡降屡叛，明朝派傅友德、沐英率领大军在这一带与其周旋，直至二十七年底叛乱才彻底平定。当洪武二十二年二月阿资第一次投降后，在沐英的建议下在当地设立了众多卫所。当年四月设平夷卫，“当南北冲要，四面皆蛮夷部落”①，是云贵交通要道。二十三年相继设立了陆凉卫、越州卫和马隆卫，以“扼其冲要”②。

由于阿资叛乱地距云南府治很近，所以明政府在昆明周围通向各个方向的要道上设置了一系列守御千户所，全部直隶于都司。西北部，洪武二十二年四月置木密关守御千户所于寻甸府易龙驿；东南部，二十三年五月置宜良守御千户所；西部，二十四年在碧鸡关外通向楚雄的大道上设安宁守御千户所；同年在西南置易门守御千户所；二十五年又于昆明、木密之间设杨林守御千户所。这 5 个所是昆明城的防御屏障。

在以昆明为中心的东部地区以外亦设置了一些卫所，其中最重要的便是将金齿卫改为金齿军民指挥使司。洪武二十二年底李观病故，胡渊为指挥使，二十三年十二月他以军多民少奏革永昌府，改卫为军民司，仍隶云南都司，“将永昌府之民并入永昌、金齿二千户所。尚有附府良民无编，立东西太和、六军等里，径属本卫。原本府所属施甸等县、续立镇夷等州，俱革为长官司、百夫长等衙门。惟永平一县……民不可革，遂概隶指挥司统属”③，金齿司成为大理以南主要的行政及军事管理机构。

洪武二十四年在通海、永平、鹤庆这 3 个交通重地立千户所，以守御地方，每一地有 2 千户所，通海为临安卫前前所、右右所，永平为金齿卫前前所、右右所，鹤庆为大理卫前前所、右右所，史书对它们的称呼也很复杂，或合称，或分称，由于隆庆《云南通志》卷 7、天启《滇志》卷 7 均把其列入“分隶于卫守御千户所”，其地位应不同于一般的卫下的千户所，故本编亦作为二级守御千户所处理。

云南原由西平侯沐英镇守，阿资叛乱后，朱元璋以“云南土旷人悍，必亲王征镇之”④，把自己原封于陕西岷州的儿子岷王朱楩迁至云南。洪武二十六年五月先立云南中护卫，为迁府作准备。至二十八年九月，以云南左、右 2 卫为云南左、右 2 护卫，当月又因云南左、右 2 卫官军在云南日久，习于征战，正值镇压阿资叛乱的用兵之际，改成护卫后不便于都司调遣，让 2 卫复旧，另改马隆卫为云南左护卫，由该卫余下的官军别置马隆守御千户所，直隶于都司；另

① 《太祖实录》卷 201。
② 《太祖实录》卷 195。
③ 天启《滇志》卷 22《艺文志·复永昌府治疏(何孟春)》。
④ 《太祖实录》卷 241。

抽景东、蒙化2卫军士立云南右护卫。

洪武二十八年四月调原岷府西河中护卫于姚安府境内屯种，立姚安中屯千户所，隶楚雄卫。自此楚雄卫即领有定远、姚安、姚安中屯3千户所。

越州卫于洪武二十四年底迁治于陆凉州，后因阿资累叛，洪武二十八年废越州时亦废除该卫。

洪武二十八年九月调云南中卫于北胜州立澜沧军民指挥使司，同时调云南后卫于广南府立广南卫。云南府治只剩下云南左、右、前3卫和3王府护卫。

至洪武二十八年底，云南都司共有13卫、2军民指挥使司、6直隶于都司的守御千户所、10隶于卫的守御千户所、3王府护卫，结构如下图所示。

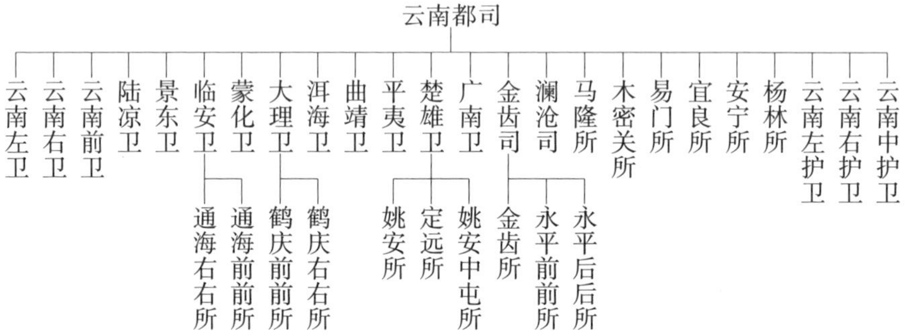

洪武二十八年(1395)云南都司卫所统辖结构图

洪武三十年至永乐初，由于政局动荡，云南都司的卫所亦进入剧烈变动期。建文初许多亲王被废为庶人，其中便包括云南的岷王，云南左、中、右3护卫被废除。云南前卫亦于此间被废。朱棣夺取政权后朱楩又复为岷王，再置3护卫。随即因其与云南守臣不合，又屡为不法之事，永乐元年(1403)九月再次废3护卫，改为云南中、前、后3卫。自此，虽王位相继，但再无护卫之设。永乐元年九月还重设了建文中被废的广南卫、平夷卫及洪武二十八年废的越州卫，因广南府地处瘴疠之地，官兵无法适应，迁广南卫治于云南府城。按《孝宗实录》弘治十六年(1503)六月巡抚云南都御史陈金奏“云南广南府设一卫五所官军保障，沿途设驿站、哨堡接送，其后官军苦于瘴疠奏调回城，遂致城郭空虚……”①即指广南卫虽治云南府，但其守备之地仍是广南府地。广南卫改治后，云南府城有云南左、中、右、前、后，广南6卫。

思伦发降后，洪武三十年底立腾冲守御千户所，以镇其地，所隶金齿军民

① 《孝宗实录》卷200。

司。三十二年云南都司在金齿招集山寨僰人之无籍者立永昌千户所，亦隶金齿军民司。

永乐元年之后云南都司卫所的变动慢了下来，直至正德年间，新设卫所极少。

永乐三年十月设洱海千户所，隶洱海卫。十五年闰五月，为了控制云南与交阯的通道，在归化州置北闲守御千户所，隶云南都司，宣德二年(1427)明军被迫放弃交阯，该所亦废。

宣德六年，因腾冲所为隶于卫的二级所，它的缓急事务都要经过金齿军民司才能到达云南都司，“往复旬余，事多违误”①，为了方便管理，改直隶都司。后因当地少数民族杂居，“叛服不常”②，一个千户所兵力有限，离金齿军民司亦远，如有危急应援不及，增设腾冲军民指挥使司。腾冲守御千户所改隶于军民司，又成为二级所。

宣德六年至正统三年(1438)间金齿军民司的永昌千户所一度改为潞江州，后仍复旧。

至景泰中云南都司“领卫一十有九，守御千户所六”③，与《大明一统志》卷86卷首所载16卫、3军民司(合为19卫)、6守御千户所正合。除了16卫、3军民司、6直隶于都司的守御千户所外，当时尚有隶于卫的二级千户所13个，其统辖结构如下图所示。

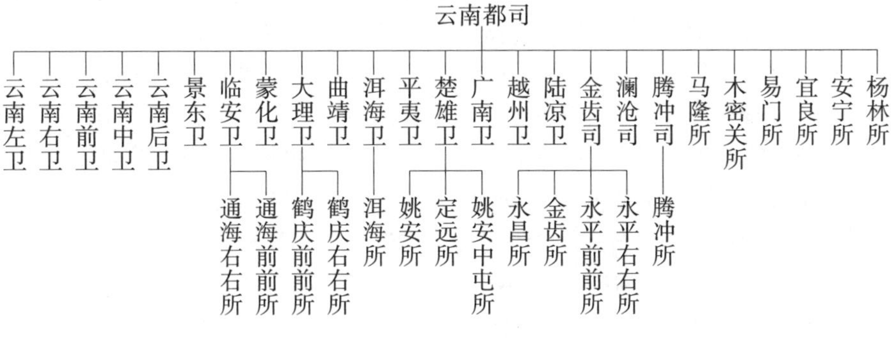

景泰年间云南都司卫所统辖结构图

宣德六年十月沐晟所奏“云南都司二十四卫所去岁收屯军子粒米四十九万……”④中的“二十四卫所”指在洪武二十八年底的13卫、2司、6所的基础

① 《宣宗实录》卷82。
② 乾隆《云南通志》卷29《艺文七・新筑腾冲司城记(侯琎)》。
③ 景泰《云南图经志书》卷1《云南布政司・云南府・公廨》。
④ 《宣宗实录》卷84。

上加上云南中卫、云南后卫、越州卫。

《宪宗实录》载成化十三年(1477)五月巡抚云南左都御史王恕奏"今临安密弥安南,虽设一卫,见在城守官军仅二百余之,通计云南二十五卫,不过万三千人……"①这里的卫包括卫、军民司、直隶于都司的守御千户所。

弘治六年,因"云南镇巡等官奏宾川大罗城诸种夷罗所聚,盗贼所穴,官军疲于戍守,民夫困于转输"②,遂设州置大罗卫。

但当政府对少数民族聚居地的统治趋于成熟后,便要改设府州县进行管理。随着辖地不断有州县析出,金齿、腾冲、澜沧 3 军民司逐渐丧失了对普通居民的管理权,遂设府州并改军民司为卫。3 军民司改府州是明代中后期云南行政区划最大的变动。

最先改卫的为澜沧司,其下本辖有永宁、北胜、蒗蕖 3 州。永乐四年永宁州升为府,改隶布政司;正统七年北胜州改隶布政司,且于弘治九年徙于军民司同治,于是改司为澜沧卫,蒗蕖州亦改隶布政司。

自此金齿、腾冲 2 司亦有了设府州改卫所之议。景泰年以后,军民司官员纵横取索,供给甚繁,军民及少数民族诸部族深受其害,"弘治中,巡按官请复永昌府,增置腾冲县,改司为卫,文武并用,稍变夷风,议久不决",正德五年(1510)十一月"守臣会议,国初已为州郡,后以军多民少,改置二司,各设儒学,科贡不乏……若复设府,建官增俸给,民甚不便,请宜仍旧,诏从之"③。至嘉靖元年(1522),云南巡抚何孟春等坚持设府改卫,朝廷下令"金齿僻处遐方,因无流官抚治,风俗颓坏……而又外彝不时侵扰为地方之害,近因云南镇抚等官奏请如洪武间事例开设府治,铨除流官,以为经久之计,今从其请,将金齿司所属永昌、金齿二千户所彝民并附郭各里百姓仍旧,设立永昌军民府……另行奏请铨官降印,并腾冲司或改为州、为县、为卫如金齿司,亦听尔奏请……"④设置隶于布政司的永昌府后,金齿司改为永昌卫,金齿、永昌、永平前前、永平右右 4 千户所亦改隶于卫。

嘉靖三年十月,在腾冲设腾冲州,隶永昌府。但是腾冲军民司一直拖到嘉靖十年十二月才改为腾冲卫,原隶于军民司的腾冲千户所亦改隶于卫。

正德至万历末除上述军民司改为军卫外,其他添设的均为守御千户所,其中直隶于都司的有 4 个,隶于卫的亦有 4 个。明代中后期,云南偏远之地的少数民族还不稳定,经常有反抗之举,迫使政府不得不增加兵力,诸千户所皆是在此

① 《宪宗实录》卷 166。
② 《孝宗实录》卷 74。
③ 与前句皆引自《武宗实录》卷 69。
④ 康熙《永昌府志》卷 25《艺文·敕改金齿指挥使司为永昌府》。

基础上设立的。正德年间，蒙自土舍禄祥争袭父职，鸩杀了他的嫡兄禄仁，安南长官司土舍那代助之以兵，“遂称乱，守臣讨平之”①，正德十四年命革土官，改长官司为新安守御千户所，调临安卫中所官军戍守，仍隶临安卫。嘉靖元年设弥勒州十八寨守御千户所，直隶都司。嘉靖六年寻甸府土酋安小铨叛乱，进攻嵩明、杨林、木密、马隆、武定等地，并逼近云南府城，火烧西门外的市舍，“云南大震”②，七年十月，朝廷下令于寻甸府设凤梧守御千户所，直隶都司，但是由于当地人认为军人及家属会和他们争夺本来就少的土地，反对设所，一直到嘉靖十年才择地建立所城。隆庆三年（1569）设武定军民千户所，直隶都司。万历十三年（1585）五月，为镇压孟密宣抚司而设镇姚、镇安 2 守御千户所，隶永昌卫，调

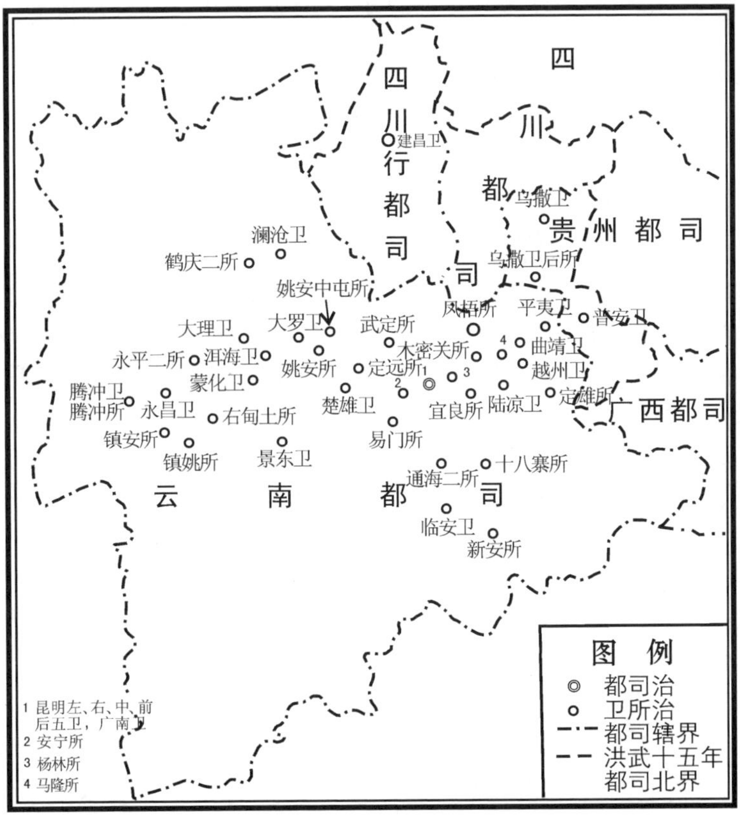

图 29　万历三十年（1602）后云南都司辖区及卫所图

---

① 《明史》卷 313《云南土司传一》。
② 天启《滇志》卷 20《艺文志·记类·新建寻甸府城记（张志淳）》。

金齿、永昌2所军士戍守。万历十四年九月平土酋者继荣叛后，移曲靖卫中左所于罗平守备，名定雄守御千户所，隶曲靖卫。万历三十年在顺宁府境设立右甸土守御千户所。除金齿、永昌2所被废外，洱海千户所亦在嘉靖前后废除。

万历末至明亡云南都司再未设置过任何卫所，都司维持在20卫、8直隶于都司的守御千户所、15隶于卫的守御千户所、1土守御千户所(见图29)，其统辖结构如下图所示。

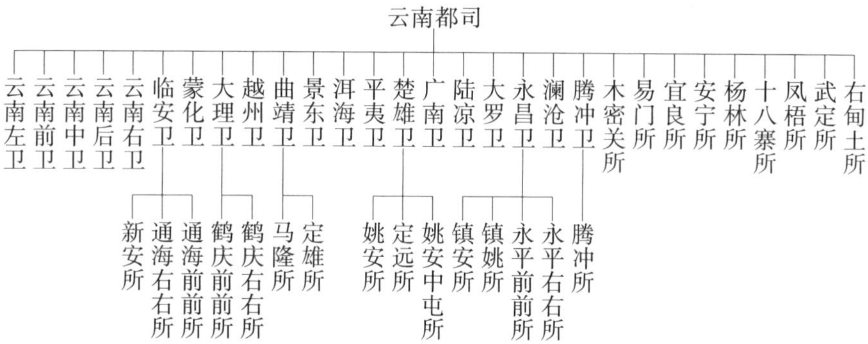

万历末后云南都司卫所统辖结构图

由于云南都司的守御千户所较多、情况复杂，造成了明代史书记载的多样性。在列隶于卫的守御千户所时，隆庆《云南通志》卷7不言金齿、永昌、腾冲3所，天启《滇志》卷7不言腾冲所，盖因金齿、永昌2所与永昌卫同治，腾冲所与腾冲司(卫)同治。正德《明会典》卷108载有通海所，却不载永平、鹤庆2所，不知何因。

云南都司卫所的地理分布趋势从一开始便定型了，即全部治于云南中部和北部，景东至临安以南无一卫所，虽然南部的土司名义上或隶于布政司，或隶于都司，实际上只能以土制土，羁縻控制。而在中、北部，被称为"坝子"的山间盆地成为卫所驻扎屯田的最佳选择，而明代早期云南人口的稀少，亦为这种亦兵亦农的驻扎方式提供了可能。广南卫发展到正统七年时已达"男妇六万余口"①，照此比例，整个云南都司卫所人口数目可观。

二、云南都司卫所沿革考述

大军攻入云南后，朱元璋就做好了安排，洪武十五年正月甲午谕傅友德等

① 《英宗实录》卷94。一卫人口在40年间发展如此之快，的确让人怀疑，但是参考《宣宗实录》卷81宣德六年七月载四川都司诸卫所"今但正军、余丁一二人在营，其余老幼有五六人至二三十人者，各置田庄散处他所……"以正军1人有老幼10人来计算，标准的一卫5 600军士，则有老幼56 000人，所以广南卫的人口数还是可信的。

曰“比得报，知云南已克，然区划布置尚烦计虑，前已置贵州都指挥使司，然其地去云南尚远，今云南既克，必置都司于云南，以统率诸军”①，二月癸丑“署云南都指挥使司”②。按《云南机务抄黄》载是年闰二月十五日“制谕征南将军颍川侯傅友德、副将军永昌侯蓝玉、西平侯沐英、都督谢熊等于云南开设都指挥使司……云南诸处守御各卫所大小官军悉听节制”，云南初定，一切设置都需要一定时间。

都司治于云南府治，即今云南昆明市。

考虑到卫所建置的连贯性及二级所与卫的隶属关系，本节在考证一卫或一所变迁时尽量把相关的卫所放在一起论述，同时又要照顾到一个时期都司下新设卫所的规律，部分二级所放在它设立的时段中论述。

永乐元年前都司设置情况复杂，其中建昌卫、会川所、乌撒卫、普安卫、乌蒙卫在前文“四川行都司建置沿革”、后文“贵州都司建置沿革”两节中加以考证。

1. *云南左卫、云南右卫*

《太祖实录》载洪武十五年正月“置云南左、右、前、后，普定，黄平，建昌，东川，乌撒，普安，水西，乌蒙，芒部，尾洒一十四卫指挥使司”③。

洪武二十八年九月“甲午，诏岷王楩之国云南，改西河中护卫为云南中护卫……云南左卫为云南左护卫……云南前(应为右)卫为云南右护卫……初岷王定都岷州，上以云南土旷人悍，必亲王往镇之，故命岷王改都焉”④。但是没几天，就在当月“壬子，谕西平侯沐春曰：前改云南左右二卫为护卫，盖此二卫官军久居云南，习于征战，若为护卫，则不可调遣，宜仍为旧”⑤，又复云南左卫、右卫。

2 卫治在今昆明市。

2. *云南前卫*

《太祖实录》载洪武十五年正月“置云南左、右、前、后……一十四卫指挥使司”⑥。

永乐元年九月“改云南左、中、前(应为右)三护卫为云南中、前、后三卫，以岷王楩有罪革之”⑦。查《太祖实录》洪武二十九年十月还提到“丙午，赐云南

① 《太祖实录》卷141。
② 《太祖实录》卷142。
③⑥ 《太祖实录》卷141。
④⑤ 《太祖实录》卷241。
⑦ 《太宗实录》卷23。

左、右、前三卫，并楚雄、大理、临安、曲靖四卫军士三万五千人钞凡七万锭”[①]，则此时卫尚存，可能在洪武末建文初被废，永乐元年复置。

《大明一统志》卷86公署条言前卫“在府治西南”，今昆明西南有前卫营，疑即云南前卫治地。

3. 云南后卫

《太祖实录》载洪武十五年正月“置云南左、右、前、后……一十四卫指挥使司”[②]。

洪武二十八年九月“壬子，谕西平侯沐春曰：……(迁)云南后卫于广南府，置广南卫”[③]，即改云南后卫为广南卫。

永乐元年九月复设后卫。

卫治在今昆明市。

4. 云南中卫

史书对其设卫年代无甚记载，云南左、右、前、后4卫皆立于洪武十五年，此卫概亦于此后不久设置。

洪武二十八年九月“壬子，谕西平侯沐春曰：……调云南中卫于北胜州，置澜沧卫”[④]，云南中卫废。

永乐元年九月复设中卫。

云南左、右、中、前、后5卫均治于云南府，在今昆明市。

5. 东川卫、芒部卫

《太祖实录》载洪武十五年正月“置云南左、右、前、后，普定，黄平，建昌，东川，乌撒，普安，水西，乌蒙，芒部，尾洒一十四卫指挥使司”[⑤]。东川府、乌蒙府、芒部府始属云南，故3卫初应属云南都司。三地洪武十六年初即归四川，当年乌蒙卫改贵州都司毕节卫，由于史料缺乏，其他2卫改隶情况及何时被废不详，据《明史》卷311载洪武十五年间“乌撒诸蛮复叛，帝谕友德曰：‘乌撒诸蛮伺官军散处，即有此变，朕前已虑之，今果然。然云南之地如曲靖、普安、乌撒、建昌势在必守，其东川、芒部、乌蒙未可遽守也。且留屯大军荡埽诸蛮，戳其渠长，方可分后人守御耳。’”则2卫设立不久即废。

东川即今云南会泽县，芒部在今云南镇雄县北芒部镇[⑥]。

---

① 《太祖实录》卷247。
②⑤ 《太祖实录》卷141。
③④ 《太祖实录》卷241。
⑥ 参见《中华人民共和国地名词典·云南省》。

6. 临安卫

《太祖实录》载洪武十五年正月"宣德侯金朝兴兵驻临安……革临安宣慰司,置临安府及临安卫指挥使司"①。卫隶云南都司,治在今云南建水县。

通海前前千户所、通海右右千户所 《太祖实录》载洪武二十四年三月"辛卯,置云南永平、通海、鹤庆三卫。时西平侯沐英言临安、大理二卫并金齿军民指挥使司所集军士宜于金齿置永平千户所、临安置通海千户所、大理置鹤庆千户所,所置百户十人,今每所军士二千,当置百户二十人。上命皆置为卫,调临安卫等卫军士益之"②。但其他史书都未提过通海卫,后世只言通海前前、右右2所,故推断当时即是一地两千人,立2所。

明代史书对通海2所称呼有多种,有统称通海千户所③,有分称通海右右千户所、前前千户所④,还有分称为临安卫前前、右右千户所⑤。万历《明会典》卷124云南都司在列出通海右右千户所、前前千户所的同时又言"旧有鹤庆、通海二千户所,俱革",这里"旧有"的通海千户所应指洪武二十四年设立的所,并未废。《明会典》此误,盖是由通海2所称呼的多样化造成的。所治在今云南通海县。

《明史》卷46《地理志七》言通海"(洪武)十五年置守御千户所于此",所言设所时间误。

7. 曲靖守御千户所、曲靖军民指挥使司、曲靖卫

明代史书对曲靖所的记载不明,仅《太祖实录》记载洪武十五年闰二月"己亥,改曲靖千户所为曲靖军民指挥使司"⑥,明军洪武十五年初才平定云南,故曲靖所最早也应设于此前不久,寻改为军民司。按《明史》卷46《地理志七》洪武十五年三月即设曲靖府,则曲靖军民指挥使司存在时间亦很短。《太祖实录》十五年三月已言"督布政司核实云南、临安、楚雄、曲靖……等卫……"当是废司后改称曲靖卫。

曲靖所、军民司、卫应皆直隶于云南都司。治"在府(曲靖军民府)治西"⑦,即今云南曲靖市。

因所、军民司存在时间极短,故史书多只记曲靖卫。

---

① 《太祖实录》卷141。
② 《太祖实录》卷208。
③ 如正德《明会典》卷108。
④ 如万历《明会典》卷124。
⑤ 如景泰《云南图经志书》卷3《临安府·公廨》。
⑥ 《太祖实录》卷143。
⑦ 《寰宇通志》卷112《公廨》。

8. 楚雄卫

《太祖实录》载洪武十五年闰二月“置楚雄卫指挥使司”①,卫隶云南都司。隆庆《楚雄府志》卷1城池条言“楚雄卫与府同城”,明楚雄府即今云南楚雄市。

景泰《云南图经志书》载卫“在府治之东……所属有定远、姚安及中屯三千户所……”②隆庆《楚雄府志》亦言“洪武十五年改为楚雄府……傅友德等平南夷,留兵镇戍,遂请立卫,领所八,曰左、右、中、前、后、姚安、中屯、定远”③,可知卫下有3个二级守御千户所。

姚安千户所 《太祖实录》载洪武二十年十一月“壬午,普定侯陈桓、靖宁侯叶升往云南总制诸军于定边、姚安等处立营屯种”④,景泰《云南图经志书》载所“在州(应为府)治之北,洪武二十一年建置……属楚雄卫”⑤,则陈桓领兵在姚安立屯后不久即改立千户所。卫治“在府城北”⑥,姚安府即今云南姚安县。

《明史》卷46《地理志七》载“(姚安)北有守御姚安千户所,洪武二十八年置”,所言时间误。

定远千户所 景泰《云南图经志书》载所“在定远县之东,洪武二十一年建置……属楚雄卫”⑦。则该所与姚安所同时设置。定远即今云南牟定县。

隆庆《楚雄府志》卷1《沿革志》言定远县“洪武二十四年设定远千户所”,所言时间误。

姚安中屯千户所 洪武二十九年四月“诏以姚安府境内屯田军士拨隶云南护卫,初云南唯姚安多荒田,调岷府护卫军士屯种,立为中屯千户所,至是仍拨隶云南护卫”⑧,按洪武二十八年四月“敕岷府西河中护卫并仪卫司官军校尉往云南镇守”⑨,故姚安中屯所应于二十八年设立。二十九年四月只是调走原岷府护卫军士,并未废所。

景泰《云南图经志书》言所“在州治之北,洪武二十八年建置……属楚雄卫”⑩,则所为二级所。正德《云南志》卷9姚安军民府公署条言“大姚县治:在姚安中屯千户所城内”,明代大姚县即今云南大姚县。

---

① 《太祖实录》卷143。
②⑦ 景泰《云南图经志书》卷4《楚雄府·公廨》。
③ 隆庆《楚雄府志》卷1《沿革志》。
④ 《太祖实录》卷187。
⑤ 景泰《云南图经志书》卷4《姚安军民府·公廨》。
⑥ 《大明一统志》卷87《公署》。
⑧ 《太祖实录》卷245。
⑨ 《太祖实录》卷238。
⑩ 景泰《云南图经志书》卷4《姚州·公廨》。

9. 大理卫

《太祖实录》载洪武十五年三月“置大理卫指挥使司”①，卫隶云南都司。《寰宇通志》卷111言治“在府治南”，明代大理府治在今云南大理古城，卫即治此。

鹤庆前前千户所、鹤庆右右千户所　2所与通海2所同置于洪武二十四年三月，隶大理卫。隆庆《云南通志》卷7载“鹤庆御……隶大理卫……领前前、右右二所”，史书或称鹤庆前前所、鹤庆右右所，或大理卫前前所、大理卫右右所，或鹤庆守御千户所。万历《明会典》卷124云南都司下未录鹤庆2所，而是言“旧有通海、鹤庆二千户所，俱革”，盖是作者不明鹤庆所即是大理卫前前、右右2所。明代鹤庆即今云南鹤庆县。

康熙《鹤庆府志》卷4沿革言“二十二年设鹤庆守御千户……”卷14兵防记“鹤庆御”“洪武二十一年设，隶大理卫，领二所……土军五百四十余户以备征调”，与《太祖实录》记载时间不合，今从《太祖实录》。

太和千户所　景泰《云南图经志书》卷5大理府公廨载“大理卫……有……太和十千户所”，正德《云南志》卷3大理府公署亦言大理卫“(领)太和(等)十二千户所”。正德《明会典》卷108载有该所，即把其当作隶于卫的守御千户所看待。但是除正德《明会典》外诸史均不作此载，万历《明会典》卷124、隆庆《云南通志》、天启《滇志》兵食志在言属于卫的守御千户所时均不列此所，从后者。

10. 雟益卫、雟益守御千户所

洪武十五年三月“丁丑……傅友德等遣人至京奏事，先是上谕友德等以云南既平，留江西、浙江、湖广、河南、四川都司兵守之，控制要害……至是友德等奏……但当以今之要害量宜设卫以守。……督布政司核实云南、临安、楚雄、曲靖、普安、普定、乌撒等卫，及雟益、盘江等千户所……”②此时云南刚刚平定，雟益所也应于此前不久设立。其隶属情况不明，疑直隶于都司。

由《太祖实录》所载洪武十五年八月“……调(庞虎)云南雟益、临安二卫守御”③，可推测雟益千户所不久即改为卫，洪武十七年七月“改云南雟益卫为千户所”④，卫又改为千户所。因《诸司职掌》未载雟益千户所，疑洪武二十五年前已被废除。

---

①② 《太祖实录》卷143。
③ 《太祖实录》卷147。
④ 《太祖实录》卷163。

明代霑益即今云南宣威县。

11. 盘江守御千户所

洪武十五年三月“丁丑……督布政司核实云南、临安、楚雄、曲靖、普安、普定、乌撒等卫，及霑益、盘江等千户所……”①这说明在洪武十五年时曾设有盘江千户所。但其治地、隶属不明，疑直隶于云南都司，不久即废。

洪武中期阿资叛乱又掀起一次云南设卫立所的高潮，在曲靖一带前后共设4卫、6所，6所中，除马隆所外，俱是为了增强云南府的防守而设。

1. 平夷卫

洪武二十一年十一月设平夷守御千户所（详见下节“贵州都司建置沿革”），隶贵州都司。《太祖实录》载洪武二十三年夏四月“戊申，改平夷千户所为平夷指挥使司。上以云南列置戍兵，平夷尤当南北要冲，四面皆蛮夷部落，必置卫屯田镇守，乃命开国公常昇往辰阳集民间丁壮凡五千人，遣右军都督佥事王成、千户卢春统赴平夷置卫”②。《太祖实录》这里的记载稍有误，按嘉靖《普安府志》言平夷所“洪武二十一年十二月蒙调征南千户刘成等创立于鲁勒旧，二十三年三月蒙将鲁勒旧改立云南平夷卫，将本所官军移守香罗山，仍立为本卫（指普安卫）千户所”③，弘治《贵州图经新志》的记载与之相同④，则是在原平夷千户所治地立平夷卫，而将千户所调于他地，并不是改所为卫。另外，《普安府志》记载的置卫时间有误。《诸司职掌》将卫归入云南都司。

《明史》卷46《地理志七》载“（霑益州）南有平夷卫，本平夷千户所，洪武二十一年十一月置，二十三年四月改为卫，后废，永乐元年复置卫”，《太宗实录》永乐元年九月亦载“复设越州、平夷、广南三卫”⑤，据康熙《平夷县志》卷2《沿革》“惠帝建文元年筑平夷卫城。二年省平夷卫归曲靖州。……成祖永乐元年复设平夷卫”，则卫在建文二年（1400）曾废。

《寰宇通志》卷112载卫“在霑益州南百二十里”，即指“鲁勒旧”，又称“厄勒”。《孝宗实录》载弘治十四年闰七月“己丑，云南守臣请移平夷卫于多罗之地以便戍守，并筑城以处之”⑥，则此年卫迁治，按乾隆《云南通志》卷6《城

① 《太祖实录》卷143。
② 《太祖实录》卷201。
③ 嘉靖《普安州志·兵卫志·城池》。
④ 弘治《贵州图经新志》卷10《普安州·建置沿革》。
⑤ 《太宗实录》卷23。
⑥ 《孝宗实录》卷177。

池》言平彝(夷)县城“旧为平彝(夷)卫,明弘治七年自厄勒村移卫于此……”这里记载的迁治时间有误,但说明迁治后的卫治即清代平夷县城,即今云南富源县。厄勒“在县东五十里”[①],今富源县南二十公里恩乐“明清名厄勒铺”[②],即平夷卫最初治地。

2. 陆凉卫(六凉卫、陆梁卫参见)

《太祖实录》载洪武二十三年二月“置陆凉卫指挥使司。初,越州阿资叛,西平侯沐英等讨平之,以陆凉西南要冲之地,请设卫屯守,至是命云南指挥佥事方用、洱海卫指挥佥事滕聚于古鲁昌筑城置卫守之”[③]。《明史》卷46《地理志七》亦载“西南有陆凉卫,洪武二十三年二月以古鲁昌地置”。卫隶云南都司。

洪武二十三年八月“(沐英)又言曲靖卫副千户哈剌不花乃故元守御六凉州千户,改授前职,今置六凉卫,宜调本官于本卫镇守,庶绝后患,诏从之”[④]。此六凉卫即陆凉卫。《寰宇通志》卷112载“陆梁卫指挥使司”亦指陆凉卫。

明代陆凉州治现名旧州,在今云南陆良县北。明代时卫不与州同治,按《寰宇通志》卷112载卫“在陆梁州西南二十五里”,即今日之陆良县城。康熙年间迁州治于卫城。

3. 越州卫

《太祖实录》载洪武二十二年二月“西平侯沐英遣都督宁正从颍国公傅友德击阿资于越州,败之。……英乃请置越州、马隆二卫,扼其冲要,又分兵追捕,至是势穷遂降”[⑤]。但是直到洪武二十三年七月才立卫,“置越州卫,指挥何鉴、焦真竹、泰仙童领长沙右护卫军士守之”[⑥]。卫隶云南都司,本治越州,即今云南曲靖市越州镇。

洪武二十四年十二月“徙越州卫于陆凉州,时西平侯沐英以云南诸蛮皆降服,惟阿资恃其险阻,累服累叛,未易遽平,请置卫守之,于是命徙越州卫于陆凉州”[⑦]。洪武二十六年正月“徙长沙护卫官军于越州训练”[⑧],二月“并长沙护卫于越州卫”[⑨],疑卫改治陆凉后不久又迁回越州。明代陆凉州在今云南陆

---

① 康熙《平夷县志》卷4《建设古迹》。
② 参见《中华人民共和国地名词典·云南省》。
③ 《太祖实录》卷200。
④⑥ 《太祖实录》卷203。
⑤ 《太祖实录》卷195。
⑦ 《太祖实录》卷214。
⑧ 《太祖实录》卷224。
⑨ 《太祖实录》卷225。

良北旧州。

按《明史》卷46《地理志七》言“（嶲益州）州东南又有越州卫，洪武二十三年七月置，二十四年十二月徙于陆凉州，二十八年与州同废，永乐元年九月复置”，洪武二十八年正月越州废，则卫亦于洪武二十八年至永乐元年间一度被废。至永乐元年九月“复设越州、平夷、广南三卫”①。

4. 马隆卫、马隆守御千户所

《太祖实录》载洪武二十二年二月“请置越州、马隆二卫”②，但是直到洪武二十三年十月才“置马隆卫，初西平侯沐英以越州阿资叛服不常，马隆地当冲要，故请置卫以镇之”③。卫隶云南都司。

洪武二十八年九月“壬子，谕西平侯沐春曰：前改云南左、右二卫为护卫，盖此二卫官军久居云南，习于征战，若为护卫，则不可调遣，宜仍为旧，可改马隆卫为左护卫，余军置马隆千户所，分调越州卫官军补之”④，废卫为守御千户所。按《大明一统志》卷86云南卷首所列6个直隶都司的守御千户所中有马隆所，正德《云南志》卷7亦将其列入直隶都司的千户所中，但隆庆《云南通志》卷7、天启《滇志》卷7将其列入属卫的守御千户所，言所隶曲靖卫，则在正德以后该所改为二级所。

马隆又作马龙，《寰宇通志》卷112言“马龙守御千户所，在马龙州治北”，明马龙州即今云南马龙县。

《明史》卷46《地理志七》言“北有马隆守御千户所，本马隆卫，洪武二十三年七月置，二十八年十月改为所”，记载月份有误。《读史方舆纪要》卷114云南二载“明初置马龙卫，后废，永乐二年复置千户所于此”，误。《大明一统志》、《明实录》均未记所曾被废，查《云南图经志书》卷2马龙州公廨条言千户所“在州治之北，永乐二年建”，盖《读史方舆纪要》不明马龙卫因何改为千户所，只好依据方志把公署建筑时间作为立所时间。

5. 木密关守御千户所

《太祖实录》载洪武二十三年夏四月“置木密关守御千户所于寻甸军民府之甸头易龙驿，又设置屯所于甸头里、果马里，联落耕种，以为边备”⑤。按隆庆《云南通志》卷7、天启《滇志》卷7《兵食志》的记载，该所为直隶于云南都司

① 《太宗实录》卷23。
② 《太祖实录》卷195。
③ 《太祖实录》卷205。
④ 《太祖实录》卷241。
⑤ 《太祖实录》卷201。

的守御千户所。

《明史》卷46《地理志七》所载设卫年代采用《太祖实录》的说法，“（寻甸府）东南有木密关，一名易龙堡，洪武二十三年四月置木密关守御千户所于此”。《寰宇通志》卷113寻甸军民府公廨条言木密关所“在府城东南七十里，洪武二十三年建”，则建筑时间与设所时间同。今云南寻甸县南有易隆，应即所治。

方国瑜依据正德以后的云南通志及诸地方志断定该所“洪武十五年”①设置，误。

6. 宜良守御千户所

《太祖实录》载洪武二十三年五月“戊申，置宜良千户所，宜良去云南布政司百里，西平侯沐英遣千户许文、吴善等领兵镇守，文等乃筑城堡控制诸蛮，屯田以给军饷，民皆悦服输赋”②。隆庆《云南通志》卷7、天启《滇志》卷7言该所为直隶于云南都司的卫所。

所治“在宜良县治西”③，即今云南宜良县。

7. 杨林守御千户所

天启《滇志》卷7《兵食志》言所“在嵩明州治南，洪武二十四年建，直隶都指挥使司”，但《明史》卷46《地理志七》载“又东有杨林守御千户所，洪武二十五年置”，景泰《云南图经志书》卷1公廨条言所“洪武二十五年建置”，盖二十四年设所，二十五年建筑公署。

隆庆《云南通志》卷7、天启《滇志》卷7言该所为直隶于云南都司的守御千户所。《寰宇通志》卷111言所治“在嵩盟州南三十五里，洪武二十五年建”，明初设有杨林县，即今云南嵩明县南杨林堡。

8. 安宁守御千户所

天启《滇志》卷7《兵食志》言所“洪武二十四年建，直隶都指挥使司”，康熙《云南府志》载“明洪武二十四年千户朱寿筑安宁所城，在州城南，久废”④，故以二十四年为设卫时间。

隆庆《云南通志》卷7、天启《滇志》卷7记该所为直隶于云南都司的守御千户所。所治“在安宁州治西南”⑤，今云南安宁县政府在连然镇，从唐代始一直为州、县治地，安宁所治亦应在此。

---

① 方国瑜：《西南历史地理考释》，第1138页。
② 《太祖实录》卷202。
③⑤ 《寰宇通志》卷111《公廨》。
④ 康熙《云南府志》卷3《建置二·城池·安宁州》。

9. 易门守御千户所

《明史》卷46《地理志七》言"易门州，西南有易门守御千户所，洪武二十四年置，旧县治在焉。万历三年复还县治于此"，故以二十四年为设所时间。隆庆《云南通志》卷7归其入直隶于都司的守御千户所，则该所为一级所。

按万历《迁建易门县治碑记》，"洪武十五年滇平……易门治乃娘当村，三十三年设易门县守御千户所，隔县治四十余里，军民多梗。……万历二年，乃建县治于所之上"①，这里的设所时间有误差，但说明洪武中至万历二年前所与县并不同治，这之后所、县同治。万历二年后所、县同治之地即今云南易门县政府驻地。

除上已考证过的曲靖军民司外，云南都司其他3个军民司及万历以前与其相关的卫、一级所、二级所情况复杂，考述如下。

1. 金齿卫、金齿军民指挥使司、永昌卫

洪武十八年二月至洪武二十三年十一月为金齿卫(永昌卫)，洪武二十三年十二月至嘉靖元年为金齿军民指挥使司，嘉靖元年至明末为永昌卫。

《太祖实录》载洪武十六年二月"征南将军颍川侯傅友德遣人送故元云南右丞观音保、参政刘车车不花……等……至京……以观音保为金齿指挥使，赐姓名李观"②，但是"十七年闰十月，朝廷降到永昌府印，又发南京各处军充实军伍，府卫相参，军民安堵"③，直到洪武十八年二月"己未，置金齿卫指挥使司"④。由于卫治永昌府，故史书亦称其为"永昌卫"。

对于最初设卫年代，亦有洪武十五年之说。景泰《云南图经志书》载"洪武十五年置永昌府，立金齿卫以镇之"⑤，《明史》载"洪武十五年定云南，立金齿卫"⑥。《西南历史地理考释》第1141页即采用这种说法。考《太祖实录》的记载，《云南图经志书》的说法是不正确的。

《太祖实录》载洪武二十三年十二月"庚申，罢永昌府，改金齿卫为军民指挥使司。时西平侯沐英言永昌居民鲜少，宜以府卫合为军民指挥使司，故有是命"⑦。对于卫改军民司的时间史书记载多一致，《大明一统志》言"至二十三

① 康熙《云南府志》卷21《艺文志·迁建易门县治碑记(昆阳州知州萧苻)》。
② 《太祖实录》卷152。
③ 天启《滇志》卷22《艺文志·复永昌府治疏(何孟春)》。
④ 《太祖实录》卷171。
⑤ 景泰《云南图经志书》卷6《金齿军民指挥使司·建置沿革》。
⑥ 《明史》卷314《云南土司传二》。
⑦ 《太祖实录》卷206。

年省府，以金齿卫为军民指挥使司”[①]，云南巡抚何孟春更具言“二十三年十二月初八日奏革永昌府，改卫为金齿军民指挥使司，兼管军民”[②]。

天启《滇志》载“（正德）十五年，巡抚何孟春疏复永昌府治，从之。……嘉靖元年，改金齿指挥使司为永昌军民府，仍置永昌卫”[③]。从此，军民司废。故隆庆《云南通志》卷 7、万历《明会典》卷 124、天启《滇志》卷 7 在列当时云南都司卫所时已俱不载该司，只录永昌卫。

军民司、卫皆隶云南都司，治于永昌府，即今云南保山市。

金齿千户所　景泰《云南图经志书》卷 6 言金齿军民指挥使司公廨有“左、右、中、前、后、中左、中右、中前、金齿、永昌一十千户所”，正德《明会典》录有金齿所和永昌所，故金齿、永昌 2 所为金齿司下的二级守御千户所。

康熙《永昌府志》言“（洪武）十九年设中、前、后、中左、金齿五千户所”[④]，则金齿所置于此年。洪武二十三年十二月前所隶金齿卫，这之后隶金齿军民司，嘉靖元年废司后隶永昌卫。按《明史》卷 46《地理志七》保山“本金齿千户所，洪武中置”，明代保山即今保山市。

《世宗实录》言嘉靖三年三月“改云南永昌、金齿二千户所为保山县”[⑤]，《明史》卷 46《地理志七》亦言“嘉靖三年三月改二所为保山县”，但隆庆《云南通志》卷 7 永昌卫下仍有 2 千户所，推测嘉靖三年只是改 2 所辖地为县，并未废所。万历《明会典》卷 124 言镇安千户所“旧为金齿千户所。万历十三年改驻守猛淋”，则金齿所废于万历十三年。

永昌守御千户所　《太宗实录》载永乐元年九月“甲午，设云南腾冲、永昌二守御千户所”[⑥]，但是康熙《永昌府志》卷 3 沿革条言“（洪武）三十二年招集山寨僰人无户籍者设永昌千户所”，说明所在建文初已立。按景泰《云南图经志书》等方志记载，所隶金齿军民指挥使司，为二级守御千户所。

宣德八年十月“改云南金齿、永昌千户所为潞江州，隶云南布政司，以千夫长刀珍罕为知州……”[⑦]所废。正统三年五月“命……潞江州百夫长，仍还永昌千户所……从云南总兵官、黔国公沐晟等奏请也”[⑧]，又再置。嘉靖元年后

---

① 《大明一统志》卷 87《金齿军民指挥使司 · 建置沿革》。
② 天启《滇志》卷 22《艺文志 · 复永昌府治疏（何孟春）》。
③ 天启《滇志》卷 1《地理志》。
④ 康熙《永昌府志》卷 3《沿革》。
⑤ 《世宗实录》卷 37。
⑥ 《太宗实录》卷 22。
⑦ 《宣宗实录》卷 106。
⑧ 《英宗实录》卷 42。

所改隶永昌卫。

万历《明会典》卷124言镇姚所"旧为永昌千户所。万历十三年改驻守老姚关"，则所废于此年。所与军民司同治，即今保山市。

永平前前千户所、永平右右千户所 与鹤庆2所、通海2所同设于洪武二十四年三月，隶金齿司。治在明永平县，即今云南永平县。

《大明一统志》卷87《关梁》载"永平御：在永平县治东北……洪武十九年建(指公署建筑时间)，内有金齿前前、右右二千户所"，万历《明会典》卷124云南都司下记为"永平前前千户所"、"永平右右千户所"，而隆庆《云南通志》卷7、天启《滇志》卷7又称为"永平御"。永平2所属金齿司，嘉靖元年废司立永昌卫，2所亦改隶永昌卫。

《英宗实录》载正统七年三月"设云南永平军民指挥使司，以广南卫官军实之，从总兵官都督同知沐昂等议也"①。当年七月"先是靖远伯王骥等奏云南永平地方蛮出没，欲将广南卫调于永平。至是云南按察司使赖巽等言永平地狭田少，原有二所守御，累年缺食，若又将广南全卫男妇六万余口调去设卫，实难全活。上命不必立卫，惟将广南卫精壮官军委官管领前去轮番操备，家口不动……务在边方有备，军不失所"②。永平仍是2所守御，并未改成军民司。

康熙《永昌府志》卷13《兵制》载"洪武十五年设永平御，隶永昌卫，领二所……"所言设所年代误。

2. 澜沧军民指挥使司、澜沧卫

《太祖实录》载洪武二十八年九月"壬子，谕西平侯沐春曰：……调云南中卫于北胜州，置澜沧卫"③，但《寰宇通志》卷113澜沧军民指挥使司建置沿革载"洪武二十九年于州南筑城，置澜沧卫军民指挥使司，领北胜、永宁、蒗蕖三州，永乐四年永宁升为府，正统六年以北胜州改隶布政司。领州一，隶云南都指挥使司"，天启《滇志》卷2《沿革》郡县名北胜州亦如此言。正德《云南志》言"洪武……二十九年于州南筑城置今卫……"④下令置卫已是在二十八年九月，真正筑城置卫也应到二十九年了，故卫始置便为军民指挥使司，治在今云南永胜县。

万历《明会典》卷124言澜沧卫"以澜沧军民指挥使司改"，即在废司后置军卫。按《明史》卷46《地理志七》"弘治九年徙(北胜)州来同治。寻罢军民

① 《英宗实录》卷90。
② 《英宗实录》卷94。
③ 《太祖实录》卷241。
④ 正德《云南志》卷12《澜沧卫军民指挥使司·建置沿革》。

司，止为卫”，则废司应在弘治九年后不久。

3. 腾冲守御千户所、腾冲军民指挥使司、腾冲卫

洪武三十一年至明末为腾冲守御千户所，正统十年三月至嘉靖十年十二月为腾冲军民指挥使司，嘉靖十年十二月至明末为腾冲卫。

《太祖实录》载洪武三十年十一月“谕思伦发曰：……朕今送尔至云南……立卫腾冲，以观其势……”①《寰宇通志》载“（洪武）三十一年改置腾冲守御千户所，隶金齿军民指挥使司”②，说明派思氏建立的为千户所，而不是卫。下谕已是三十年底，立所应如《寰宇通志》所言为三十一年。《太宗实录》永乐元年九月又载“甲午，设云南腾冲、永昌二守御千户所”③，疑应是建文时未颁印信，至永乐初才颁，故记作设所。

宣德六年八月“以云南腾冲守御千户所隶云南都指挥使司。永乐中析其地置南甸州，宣德初又析置腾冲州，俱隶云南布政司，独腾冲守御千户所隶金齿军民指挥使司，每有缓急，二州经达布政司，而千户所必由金齿始达都司，往复旬余，事多违误，至是奏乞径属都司为便。从之”④。可见宣德六年前腾冲所隶金齿军民指挥使司，为二级所；这以后改直隶云南都司。

正统《新筑腾冲司城记》载“迨壬戌七月，上以麓贼平谂，无西顾矣，但云南遐荒，去京万里，百蛮杂处，叛服不常……谓腾冲去镇二十有二程，山川限隔，险恶悬绝，夷獠环处，甲于西陲，实诸夷出入要害地。旧有千户兵防御，力不支，为贼窃袭，今复其地……乃请于上，可其奏，改立腾冲军民指挥使司，调都指挥李界控守以兵。乙丑十月……筑城故址……落成戊辰年甲寅月甲午日……”⑤正统壬戌即正统七年，乙丑为正统十年，戊辰为十三年，即正统七年七月始立腾冲军民指挥使司，十年始筑城。《英宗实录》即以筑城时间为立军民司时间，正统十年三月“设云南腾冲军民指挥使司。先是靖远伯王骥、都督沐昂以腾冲为云南要地，宜置军卫以镇之。……上悉从之，仍命筑腾冲城，昂同宁及三司官提督用工，事竣，起调官军屯守，务在酌量人情，以抚恤之，勿逼迫失所”⑥，《明史》卷46《地理志七》亦采用此年说。据《大明一统志》卷86、正德《明会典》卷108，该司隶于云南都司。

---

① 《太祖实录》卷255。
② 《寰宇通志》卷113《腾冲军民指挥使司·建置沿革》。
③ 《太宗实录》卷23。
④ 《宣宗实录》卷82。
⑤ 乾隆《云南通志》卷29《艺文七·新筑腾冲司城记(侯琎)》。
⑥ 《英宗实录》卷127。

《寰宇通志》记所“正统十四年升为腾冲军民指挥使司”[①]，实误。以后诸云南通志及地方志多沿袭这种说法。

景泰《云南图经志书》载“司治：在城之中……领左、右、中、前、后、腾冲六千户所”[②]，由此可推断设腾冲司后，原直隶于云南都司的腾冲守御千户所亦改隶腾冲司，成为二级所。

《世宗实录》载嘉靖三年十月“复云南腾冲司为腾越州，属永昌军民府，从知府严而泰之请也”[③]，万历《明会典》卷124腾冲卫下载“以腾冲军民指挥使司改”，但是设州后并未立即废司，直到嘉靖十年十二月才“改云南腾冲军民指挥使司为腾冲卫”[④]。

天启《滇志》卷7在腾冲卫下录有腾冲千户所，则在腾冲司废除后，腾冲所又隶于腾冲卫。

景泰《云南图经志书》载“今洪武三十三年立腾冲守御千户所，隶金齿军民指挥使司，正统十四年升为腾冲军民指挥使司，直隶布政司。领六千户所，仍为腾冲千户所治”[⑤]，其记载的设所与军民司的时间及隶属关系有误，但可以断定司与千户所同治，嘉靖三年后的腾冲卫也应治于同地，即今云南腾冲县。

除上述卫、军民司、守御千户所外，洪武十五年之后云南在其他地方设置的卫所沿革如下。

1. 洱海卫(品甸卫参见)

洪武十九年四月“置云南洱海卫指挥使司并左、右、中、前、后五千户所，以赖镇为指挥佥事……洱海本品甸地，经兵之余，人民流亡，室庐无复存着，(赖)镇至，修浚城隍，建谯楼，创庐舍，分市里，立屯堡……民始安辑”[⑥]。卫隶云南都司。

按《太祖实录》在洪武二十年五月提到“庚申，遣使赍敕谕……楚雄卫指挥袁义、大理卫指挥郑祥、品甸卫指挥赖镇、金齿卫指挥李观、储杰等曰……”[⑦]《诸司职掌》等史无品甸卫之名，按品甸即洱海卫治地，指挥皆为赖镇，则品甸

① 《寰宇通志》卷113《腾冲军民指挥使司·建置沿革》。
② 景泰《云南图经志书》卷6《腾冲军民指挥使司·公廨》。
③ 《世宗实录》卷44。
④ 《世宗实录》卷133。
⑤ 景泰《云南图经志书》卷6《腾冲军民指挥使司·建置沿革》。
⑥ 《太祖实录》卷177。
⑦ 《太祖实录》卷182。

卫应即洱海卫。《寰宇通志》卷111言卫治“在云南县治西”，明云南县即今云南祥云县。

洱海千户所　永乐三年十月“丙戌，设云南洱海千户所”①。景泰《云南图经志书》言洱海卫“在云南县治之西，洪武二十年创建，其左、右、中、前、中左、中右、洱海千户所七……”②则所隶洱海卫，为二级所。

正德《云南志》卷3大理府公署条卷下还提到洱海卫下有洱海所等7所，与景泰《云南图经志书》记载相同。但隆庆《云南通志》卷7、天启《滇志》卷7均言洱海卫有6所，即“左、右、中、前、中左、中右”，应是已废洱海所，具体时间不明。

2. 景东卫

《太祖实录》载洪武二十三年十一月“乙卯，置景东、蒙化二卫。先是永昌侯兰玉驭大理，命景川侯曹震驻兵楚雄，景东土官俄陶来降……后百夷土酋思伦发叛，率兵据景东，俄陶去大理白崖川，西平侯沐英讨之，大败其众，思伦发惧，请降，遂复景东之地，至是英奏景东乃百夷要冲，蒙化州所管火头宗青等亦梗化不服，俱宜置卫，以锦衣卫指挥佥事胡常守景东府，前卫指挥佥事李青守蒙化。上从之。命守洱海卫都督佥事祝哲领兵会都督马诚往置二卫，就以胡常等守之，俄陶仍其旧职”③。卫属云南都司。

《太祖实录》洪武二十八年九月载“景东、蒙化二卫以一卫为（云南）右护卫”④，但并未言具体是哪一卫改右护卫，且除《太祖实录》这句记载外，各史亦无景东、蒙化2卫改护卫的记载，疑只是抽去2卫部分军丁。

《明史》卷46《地理志七》言“（景东卫）西有景董山，洪武中筑景东卫城于其上”，治即今云南景东县。

3. 蒙化卫

《太祖实录》载洪武二十三年十一月“乙卯，置景东、蒙化二卫”⑤。对此各史无异议。卫隶云南都司，治在今云南巍山自治县。

4. 广南卫

《太祖实录》载洪武二十八年九月“调……云南后卫于广南府，置广南卫”⑥。《太宗实录》永乐元年九月又载“复设越州、平夷、广南三卫，而以广南瘴疠之地，命置于云南城中”⑦。可见卫在洪武末或建文中曾被废过。

---

① 《太宗实录》卷47。
② 景泰《云南图经志书》卷5《赵州·公廨》。
③⑤ 《太祖实录》卷206。
④⑥ 《太祖实录》卷241。
⑦ 《太宗实录》卷23。

对于卫治,隆庆《云南通志》言广南卫"旧在广南府。洪武二十九年建。永乐元年迁建于云南府治东"①,卫原治广南府,即今云南广南县,永乐复置后改治云南府,即今昆明市。按《大明一统志》卷86公署条言卫"在(云南)府治东南",今昆明东南有广卫村,"系明代广南卫驻军屯田的地方,后简称广卫村"②。

永乐五年至宣德二年明军占领交阯期间所设北闲守御千户所,亦隶云南都司。

北闲守御千户所

《太宗实录》载永乐十五年闰五月丙寅"设北闲守御千户所于交阯归化州,隶云南都司"③。为一级所,交阯归化州在今越南安沛省、老街省境。

《寰宇通志》、《大明一统志》云南部分与景泰《云南图经志书》俱不载该所,则在景泰前已废。所址在交阯境内,明朝宣德二年十一月诏弃交阯,"官军各回原卫所"④,北闲所也应在此之前或此时废除。

除永昌卫、腾冲卫、澜沧卫上已考述外,成化以后新设的卫与千户所大多因刚刚平息地方少数民族叛乱而置。

1. 大罗卫

《孝宗实录》载弘治六年四月"开设云南大理府宾川州及大罗卫,云南镇巡等官奏宾居川大罗城诸种夷罗所聚,盗贼所穴,官军疲于戍守,民夫困于转输,乞置一州。割赵州云南、太和县普茹等十二里升之,设知州吏目各一员,并增置一卫及左、右千户所。户、兵二部覆奏,从之"⑤,此即大罗卫设置之始。《明史》卷46《地理志七》作"(宾川州)又东有大罗卫,在钟英山下,弘治六年四月与州同置"。卫隶云南都司,治为明清州治所在,即今云南宾川县州城乡。

嘉靖《大理府志》载"(弘治)七年置宾川州大罗卫"⑥,隆庆《云南通志》言"弘治……七年置宾川州,城大罗卫"⑦,亦不为误。

2. 新安守御千户所

正德十四年设,隶临安卫。天启《滇志》卷7《兵食志》言所"在蒙自县西

① 隆庆《云南通志》卷7《兵食志》。
② 《中华人民共和国地名词典·云南省》。
③ 《太宗实录》卷189。
④ 《宣宗实录》卷33。
⑤ 《孝宗实录》卷74。
⑥ 嘉靖《大理府志》卷1《沿革史证》。
⑦ 隆庆《云南通志》卷1《地理·沿革》。

南，正德十四年调临安卫中所建，隶临安卫”。乾隆《云南通志》卷 16 上言“正德十四年设新安守御千户所，隶临安卫”。

方国瑜《西南历史地理考释》第 1144 页认为“应作东南十五里，今犹称新安所地名”，即今云南蒙自市东南新安所镇。

3. 十八寨守御千户所

《世宗实录》载嘉靖元年正月“调拨云南陆凉卫后所千百户镇抚等官于十八寨，新建千户所”①，拟建所，至二月“设云南弥勒州十八寨守御千户所”②。《明史》卷 46《地理志七》的记载与《世宗实录》相同。隆庆《云南通志》卷 7、天启《滇志》卷 7 记该所为直隶于云南都司的守御所。

治即今云南弥勒市虹溪镇，原名十八寨，光绪二年(1876)改今名。

4. 凤梧守御千户所

《世宗实录》载嘉靖七年十月“巡抚云南都御史欧阳重议奏：寻甸府先年草创土墙，故为叛贼所陷，近询之居民，佥谓凤梧山下地形颇便，及此兵燹之后未有屋庐，宜即迁立府治于其地，仍设守御千户所，则文武并用，可以久安……若准令设所，分拨官军，令其三分操守，七分屯种，岁入租赋以供军饷，人不告扰而乐从矣。得旨俱如议行，名其所为凤梧守御千户所”③。但是按嘉靖《新建寻甸府城记》载“嘉靖丁亥，安氏裔子小铨作乱……云南大震。戊子三月征兵四集，始歼之。时按察使徐君集议，谓筑城复县，立千户所，以兵守之。总兵……(等)皆是之。乃遣按察副使欧阳君往相度，归言旧制隘，不可城……唯筑城置所于旧治之左何见村为宜，遂以疏闻，报可。是戊子十月也。将事事，寻民胥怨，谓村地苦硗狭……而民情牢不可破。……自是寝，不复议者几三年矣。辛卯五月，巡抚都御史顾公至，闻之……合千户所于城北坎位……”④可见朝廷设所之令并未立即实施，辛卯即嘉靖十年，则所最终设于该年。

隆庆《云南通志》卷 7、天启《滇志》卷 7 记该所为直隶于云南都司的守御千户所，治在今云南寻甸县。

5. 武定守御千户所

隆庆《云南通志》卷 1 载“隆庆元年灭武定逆酋，巡抚尚书吕光洵奏设流官，改治、立御、建学、作城”⑤，“立御”即指设千户所。乾隆《云南通志》卷 16

① 《世宗实录》卷 10。
② 《世宗实录》卷 11。
③ 《世宗实录》卷 93。
④ 天启《滇志》卷 20《艺文志・纪类・新建寻甸府城记(张志淳)》。
⑤ 隆庆《云南通志》卷 1《地理・沿革》。

上载“隆庆三年设武定守御千户所，直隶都指挥使”，则所立于此时。

隆庆《云南通志》卷7已载该所，并归入直隶于都司的千户所一类。天启《滇志》卷7《兵食志》言千户所“在武定府城内西，隆庆三年建，直隶都司”，即今云南武定县。

6. 镇安千户所

《神宗实录》载万历十三年五月“（置）千户所二，一居姚关，一居猛淋砦，皆名之曰镇安，并铸印记”①，按万历《明会典》卷124镇姚所“旧为永昌千户所。万历十三年改驻守老姚关”，镇安所“旧为金齿千户所。万历十三年改驻守猛淋”，两地两所，并非《神宗实录》的“皆名之曰镇安”。

按天启《滇志》卷7《兵食志》记所“在永昌府治西南十二外三百五十里，万历十三年改金齿所建，隶永昌府”，这里的永昌府应是永昌卫，所为二级所。《明史》卷46《地理志七》载“施甸长官司……东南有猛淋寨”，治应在今云南龙陵县镇安镇。

7. 镇姚千户所

万历十三年五月置所。

天启《滇志》卷7《兵食志》载所“在永昌府治南一百五十里，万历十三年改永昌所建，隶永昌府”，这里的永昌府应是永昌卫，所为二级所。万历《明会典》卷124载所“旧为永昌千户所。万历十三年改驻守老姚关”。《明史》卷46《地理志七》言“（潞江安抚司）又西有镇姚守御千户所”，即在今云南施甸县姚关。

8. 定雄守御千户所

《神宗实录》载万历十四年九月“兵部题：看得云南抚镇官刘世曾等题称，罗雄州向为者酋窃据，虽设流官并治，惟寄居府城，今逆贼已平，要将本州相度地形，建筑砖城一座……仍移曲靖卫中左一所，汉土官军调赴防御，该所另颁印信，直隶都司……（神宗）有旨，该州准建城移所，改设流官管理，所名与做定雄”②，设定雄守御千户所。

因天启《滇志》卷7把其归入属于曲靖卫的守御千户所，则该所并未直隶都司。所治在罗雄州，即今云南罗平县。

康熙《滇考》载“（万历）十四年九月倡乱，据州治，执知州驿丞大肆猖獗，巡抚檄越州守备张先声掩诛之，始改州为罗平，调曲靖中左所为定雄所，附州守御”③，《明史》卷46《地理志七》载“（罗平州）南有定雄守御千户所，万历十四年

① 《神宗实录》卷161。
② 《神宗实录》卷178。
③ 康熙《滇考》卷下《武寻诸府改设流官始末》。

九月置”，记载皆与《神宗实录》同。

天启《滇志》卷1《总部沿革》载“（万历）十五年，罗雄酋者继荣叛。抚镇刘世曾、沐昌祚雕剿，斩继荣，罗雄平。改设流官，赐州名罗平，所名定雄”，所言时间误。卷7载定雄所“旧在曲靖府治东，为中左所，万历十三年调建于罗平州”①，亦误。

9. *右甸土守御千户所*

天启《滇志》卷7《兵食志》载“右甸土千户所：在顺宁府治西矣堵十三寨之中，万历三十年巡抚陈用宾题建”。《明史》卷46《地理志七》亦载“（顺宁府）又西南有矣堵寨，万历三十年置右甸守御土千户所于此”。称“土”，则官军多土著。治在今云南昌宁县政府所在地右甸镇。其隶属情况不明，可能直属都司。

岷王原封陕西岷州，有西河中护卫，洪武中改封云南，设立3护卫。

云南左护卫、云南中护卫、云南右护卫

《太祖实录》载洪武二十六年五月“置云南中护卫，调长沙卫将士守之”②。因洪武二十六年已准备迁岷府于云南，故先立中护卫以为迁府作准备。

《太祖实录》载洪武二十八年九月“甲午，诏岷王楩之国云南，改西河中护卫为云南中护卫……云南左卫为云南左护卫……云南前（应为右）卫为云南右护卫……初岷王定都岷州，上以云南土旷人悍，必亲王往镇之，故命岷王改都焉”③，中护卫早已设立，此年应是将西河中护卫军士补充入中护卫，左、右2护卫为新设。

但是就在当月“壬子，谕西平侯沐春曰：前改云南左、右二卫为护卫，盖此二卫官军久居云南，习于征战，若为护卫，则不可调遣，宜仍为旧，可改马隆卫为左护卫，余军置马隆千户所，分调越州卫官军补之；景东、蒙化二卫以一卫为右护卫……”④万历《明会典》卷124载“旧有马隆卫，后改云南右护卫”，与《太祖实录》所载“改马隆卫为左护卫”有出入，今从《太祖实录》。右护卫应是抽调景东、蒙化之军士立，而不是废除其中某卫立右护卫，因2卫明代时一直存在。

康熙《大理府志》卷16《封建》记载汝南王“高帝第五子楩，洪武二十六年建邸云南，二十八年之国，建文时废为庶人，靖难初复国，与守臣交恶，文皇赐书谕王，召守臣戒之，未几又不法，上恕罪其僚属，夺册宝，寻复与之。永乐元

① 天启《滇志》卷7《兵食志》。
② 《太祖实录》卷227。
③④ 《太祖实录》卷241。

年镇大理……洪熙元年(1425)徙封武冈州”。则建文初3护卫亦废,朱棣夺位后因复国再设,与守臣不合,至永乐元年九月“改云南左、中、前(应为右)三护卫为云南中、前、后三卫,以岷王楩有罪革之”①,至此云南3护卫彻底被废除。

云南都司下曾拥有过一些宣抚司、安抚司和长官司,明代中后期大多改隶云南布政使司。除剌和庄等5个始终隶于都司的长官司外,本节将其他土司均放在“云南布政司”中进行考述。

剌和庄长官司,永乐四年十月癸卯“设剌和庄长官司,隶云南都司”②。治在今云南维西县北。

促瓦长官司、散金长官司,永乐六年四月癸未置,隶云南都司③。治地不详。

里麻长官司,永乐六年七月丙辰“设里麻长官司,隶云南都司”④。治在今缅甸克钦邦恩梅开江畔。

八寨长官司,永乐十二年九月壬午“设八寨长官司,隶云南都司”⑤。治在今云南马关县西八寨。

三、土司制向府州县制的过渡——云南军民指挥使司的特点与性质

云南中部与北部是政府统治成熟区域,普遍设有府州县,因此卫、守御千户所俱为无实土,只有金齿、腾冲、澜沧及存在时间极短的曲靖4军民指挥使司及与其相关的千户所才辖有实土。

都司下辖军民指挥使司并不是云南独有的现象,陕西都司曾有河州(卫)军民指挥使司、岷州(卫)军民指挥使司,四川都司曾有松潘军民指挥使司等,四川行都司有建昌军民指挥使司、会川军民指挥使司等5司,贵州都司曾有都匀、新添、龙里等军民指挥使司等,这些军民司与云南金齿、腾冲、澜沧3军民司一样都位于少数民族聚居且容易发生骚乱并远离较发达的政治、经济中心的地区,境内军士及家属、少数民族的一应事务均由军民司官员负责,而军民司则归都司管辖,这种政区军事性较为突出。云南都司下的4个军民司中的两个领有一定数目的州县(不是土州):澜沧司曾领永平、蒗蕖、北胜3州,金齿司下有永平1县。2司共领有三类居民:由长官司等土司统辖的少数民族,

① 《太宗实录》卷23。
② 《太宗实录》卷60。
③ 《太祖实录》卷78。
④ 《太宗实录》卷81。
⑤ 《太宗实录》卷155。

由军民司直接管理的军士、军余及家属，属于州县的编户百姓。而当对地方的控制趋于稳定，或是由于军民司官员横暴，欺压百姓时，就会有开设府治、州治，派流官治理地方的建议，政府便会酌情改军民司为卫，在当地设立府州县，或是不断设立属于布政司的府州县，使军民司的辖区一层层渐少，最终废司为卫，前者如嘉靖元年被废的金齿司，后者如弘治九年被废的澜沧司。废司为卫后，卫为无实土。

军民司在地理上大多处于羁縻的土司与府州县之间，从管理上讲，它也是一个特殊地域由羁縻控制向府州县转化的一种过渡型的管理方式。

4 军民司及与某相关的守御千户所为实土的时间如表 12 所示。

表 12　云南军民司、所实土时间表

军民司、所	实土时间	备注
金齿司	洪武二十三年十二月至嘉靖元年	
永昌所	洪武三十二年至宣德八年十月 正统三年五月至嘉靖元年	
金齿所	洪武二十三年十二月至嘉靖元年	
永平前前、右右 2 所	洪武二十四年三月至嘉靖元年	
腾冲司	正统十年三月至嘉靖元年	
腾冲所	洪武三十年十一月至宣德初 正统十年三月至嘉靖元年	宣德初曾一度设腾冲州
澜沧司	洪武二十八年至弘治九年	
曲靖司	洪武十五年闰二月至三月	

除州县外，军民司下还辖有土司，这些土司变动情况复杂，忽而属军民司，忽而属布政司，不时还有土州析出，因此军民司的辖境处在不断的变化之中。

第七节　贵州都司建置沿革

中国西南部是少数民族的聚居区，在明代，虽然各土司要按期朝贡，并接受中央的封职，但实际处于自治状态，政府对其承认是建立在地方平静无事的基础上的。洪武四年(1371)平定四川后，川南及贵州的大部分地区便是如此。洪武初年贵州地区东部归湖广，中、西部归四川，还没有形成独立的、与其他布政使司相对等的行政区划。为了平息反抗势力，稳定地方，洪武十五年明政府在攻占云贵之后，立即设立了贵州都司，推行卫所制度。至永乐十一年(1413)前，贵州都司既是一军事地理单元，又是一地方行政管理机构，是贵州布政司及按察司辖区形成的基础。永乐十一年筹设贵州布政使司之后，许多地方在很长一段时期内仍无府州县设立。除非条件成熟，一般来说政府并不轻易实施改土归流，因此卫所[①]依然是实际的管理者，与地方上的各种行政事务紧密相关。因此贵州都司卫所的影响是深远的，是明清贵州地方行政区划的基础。

由于明代贵州地方偏远，少数民族众多，属文化比较落后的地区，除几部地方志外，存留下来的地方文献并不多，且方志又多沿袭《大明一统志》的说法，价值不大。现存的汉族官员的奏章、文稿多是明中后期的，很少涉及卫所沿革。本节主要资料来源即为《明实录》、《大明一统志》。在明早期贵州与周边诸省地理上及管理上的关系又非常复杂，因此考证工作难度较大。

一、贵州都司卫所的地理分布特点及建置过程

1. 分布特点

《中国历史地图集》第七册明朝贵州图中标出了贵州都司的大部分卫所，从其分布上可以看出其主要集中地呈线状分布，贯穿东西的这条线更加明显，东端与中部诸卫所几乎都在今天湖南经贵州至云南的铁路、公路两旁，在明代这便是湖广通云南的主要道路。朱元璋在设置卫所时特意如此安排，他在洪武十五年七月《敕谕颍川侯傅友德、永昌侯蓝玉、西平侯沐英》中言立各卫“军士势排在路上，有事会各卫官军剿捕。若分守各处，深入万山，蛮人生变顷刻，道路不通，好生不便……如敕奉行”[②]。明代的人们也熟知此特点，许多文献都有相关记载，如贵州巡抚郭子章曾言“贵州一省苗仲什居，国初虽设贵州、新添、平越、威清等十四卫，分布上下，以通云南之路，而一线之外，北连四川，东接湖广，南通广西，皆苗仲也”[③]。

天启《滇志》卷4陆路列出了三条云南通川贵的道路，即“普安入黔旧路”、“乌蒙入蜀旧路”、“建昌路”，其中前两条道路须经贵州都司诸卫所。普安入黔旧路的基本路线为昆明—平夷—普安州—安南卫—盘江—关索岭—安庄卫—普定—平坝—威清卫—贵州—龙里卫—新添卫—平越卫—清平卫—兴隆卫—偏桥卫—镇远府—清浪卫—平溪卫—沅州，即湖广至云南的道路，贵州都司的

---

① 本节所提卫所如不加说明则包括军民指挥使司、军民千户所。

② 天启《滇志》卷18《艺文志》。

③ 《神宗实录》卷414。陈国安、史继忠的《试论明代贵州卫所》一文第四部分也粗略涉及这个问题，该文载《贵州文史丛刊》1981年第3期，第92～96页。

大部分卫所都分布在这一条线上。西北永宁、乌撒、赤水、毕节、七星关诸卫所分布在乌蒙入蜀旧路上，基本路线为昆明—霑益州—可度—乌撒卫—瓦店—黑张—周泥—七星关—毕节—层台卫—赤水卫—摩尼卫—普市所—永宁卫—永安—江门。这两条线路要经过除黄平等所外贵州都司绝大部分的卫所。《滇志》的这一卷还列出了“粤西路”，即云南与广西之间的通道，这条路线要经过贵州都司的安笼所，而该所北又有路通安南卫，同普安入黔旧路相接。

普安入黔这条路是云南与明政权腹地交通的主要道路，云南巡抚王伉曾奏“滇省僻在一隅，去天万里，四面环绕皆夷，所以自通于上国者仅黔中一线耳”①，即指这条线路，盖因这一线上卫所、驿站众多，距离适合，补给方便，且军事力量较强，道路相对安全、通畅。如前文所述，陕西行都司诸卫所也基本上按河西走廊一线分布，亦是交通要道，但其形成的原因中地形因素起更主要的作用，与贵州都司有所不同。

但另一方面，由于主要卫所皆分布于交通线上，使得贵州都匀以南没有一个卫所，与广西接壤的地域距卫所治地都很远，当地苗民经常与广西诸苗联合作乱，宣德七年(1432)九月“贵州都匀卫陈蒙烂土长官司副长官张勉奏：本司离卫遥远，地连古州八万生苗，广西獠苗洞寨与所属化从等寨长韦翁等相诱为恶……乞如永乐故事调广西泗城州土兵一千立堡镇守……”②所以贵州卫所的分布不利于对南部地区的控制。

乌撒卫、永宁卫等卫所分布于四川布政司境内，这是贵州都司卫所分布的第二个特点，但是由于其他都司的卫所亦有这种情况，所以此特点并不很突出。

2. 建置过程

在洪武十五年贵州都司设立之前，因为云南未平，在当地设置的几个卫所地方中心意识明显，也就是说诸卫所都是元末路、州级地方行政区划所在或少数民族聚居的中心地，并没有考虑到交通线的因素。

洪武四年平定四川后，贵州的大部分地区已归明所有，这里最早出现的便是当年设立的贵州卫、永宁卫，二者都是为控制当地少数民族而设，是思州以西仅有的2卫。永宁卫所在地元末明初属四川，因此该卫亦属成都都卫及四川都司。贵州大部在元末属湖广行省，但是设卫之时，曹国公李文忠正好在四川整理军备，他认为“地在成都西南……今议以贵州卫属成都都卫，便于节制”③，得到了

① 《崇祯长编》卷36崇祯三年七月。
② 《宣宗实录》卷95。
③ 《太祖实录》卷70。

朝廷的认可，自此至洪武十五年前的贵州诸卫均隶成都都卫及其后继四川都司。

贵州北部的黄平一地本为黄平安抚司，但是由于少数民族经常反叛，洪武十一年于此设黄平守御千户所，隶四川都司。

在洪武十四年平定云贵之前，贵州地区仅有以上 2 卫、1 所，分布极为零落，可以看出朝廷对其大部分地区还无暇顾及。

明初云南由以梁王为首的残元势力及诸少数民族土酋掌控，明政府集中精力稳固已控制的北部及西北地区，把云南暂时放在一边，因此对贵州也不重视。数年之后，明政权的统治在大部分地区已趋于稳定，有能力平定西南，洪武十四年九月，朱元璋命傅友德、蓝玉、沐英等征云贵。兵分两路，一路由永宁趋乌撒，一路由辰、沅入贵州，从普安、曲靖入云南。其中第二支进军神速，诸苗“闻风而降”①，到十二月时已攻下普定、普安、乌撒，贵州西南基本平定。在这个过程中，在今贵州福泉设立了平越守御千户所，以确保湖广与贵州卫之间的交通。

洪武十五年正月贵州都司设立，当月即下令置普定、水西、尾洒 3 卫，并改黄平所、平越所为卫，其中黄平卫在二月时又改为所，三月普定卫改为军民指挥使司，水西卫当年即废。加上原有的贵州卫、永宁卫，贵州都司洪武十五年底至少拥有 4 卫、1 军民司与 1 一级所。可以说洪武十五年是贵州都司设卫的第一个高潮。

明代初平云贵地区，最先顾及的自然是控制当地不断起来反抗的少数民族，故而所设普定、水西、平越 3 卫都是元末云南行省的路治所在，是地方上的政治中心。

普安、乌撒、乌蒙 3 卫与云南左、右，建昌，东川等卫同时设置于洪武十五年一月，其辖地在元末多属云南行省，且云南都司亦置于此月，所以对于普定诸卫的隶属问题便有许多解释不清的地方。朱元璋曾言“前已置贵州都司，然其地去云南尚远，今云南即克，必置都司于云南，以统辖诸军，既有土有民，又必置布政司及府州县以治之，其乌撒、乌蒙、东川、芒部、建昌之地更益约束其酋长，留兵守御”②，似乌蒙、乌撒 2 卫应属云南都司，但是十六年初傅友德就以其地改属四川布政司，因为史料有阙，现在很难判断到底普安等卫最初隶于云南、四川，还是贵州，以及发生过什么变化。明、清诸《贵州通志》及弘治《贵州图经新志》对卫所改隶的记载都可以追溯至《寰宇通志》和《大明一统志》(二书记载一致)。如《大明一统志》卷 72 公署条言乌撒卫“永乐间隶贵州都司”，嘉靖《贵州通志》卷 1 则记“洪武十五年增置乌撒卫，隶云南都司，永乐间改属贵州都司”。

① 《太祖实录》卷 140。
② 《太祖实录》卷 114。

今疑洪武十六年乌撒府、乌蒙府、普安府改属四川布政司时3卫改隶贵州都司。

《大明一统志》对于一些卫所隶属的改变记载极为模糊，如都匀卫“(洪武)二十三年改置都匀卫军民指挥使司，领都匀等七长官司，属四川布政司。永乐十七年始以七长官司改属贵州布政司，而本卫属贵州都司，今兼领长官司七”①，永乐十七年前该卫属四川都司，还是贵州都司，由此条记载无法得知。到康熙《贵州通志》时这一系列的模糊都变成了清晰的陈述，“二十三年改安抚司置都匀卫，领长官司七，仍隶四川布政司。永乐十七年改隶贵州都司”，且不言为何古人记事不清，后人却很清楚，单是洪武二十三年都匀卫的隶属就让人怀疑，按理洪武中后期都司卫所制度已趋于完善，卫应属都司，而不应隶于布政司。但是正德《明会典》卷108所录记载洪武二十五年左右卫所情况的《诸司职掌》已将普定、普安、乌撒、乌蒙、都匀诸卫列入贵州都司条下。尽管《诸司职掌》本身存在着问题，但除了漏记外，很少将军卫的隶属搞错。因此可以推断《寰宇通志》、《大明一统志》及诸《贵州通志》的记载亦有可疑之处。之所以出现这种情况，皆因贵州在洪武时无布政司，云、川、贵交界处的军卫、府、宣慰司等设置、改属频繁。

根据《诸司职掌》来看，诸卫的情况即使有变，也应发生在洪武十五年至二十五年间，但具体变迁因资料不足现还无法判断，只有暂时将诸卫归入贵州都司之下。

由于朱元璋很快意识到只在少数民族的中心地设卫使军力分散，并不能实行有效控制，于是便有了前述洪武十五年七月的诏谕：“军士势排在路上，有事会各卫官军剿捕。若分守各处，深入万山，蛮人生变顷刻，道路不通，好生不便……如敕奉行。”②自此交通线意识在以后的设卫过程中充分体现了出来。

洪武十七年至二十二年间贵州都司设立的卫所不多，且速度较慢。朱元璋在洪武十五年已下令在毕节、赤水、层台、七星关几地设立卫所，“如此分布守定，往来云南便益”③，以保证四川与云南间的畅通。但实际上毕节卫置于十七年，迁乌蒙卫至此改设。其余赤水、层台2卫，七星关1守御千户所均置于洪武二十一年，属于赤水、层台2卫的白撒所、摩尼所则设于二十二年。加上二十三年设置的普市守御千户所，永宁至乌撒间的道路上均匀分布了3卫、4所。其中七星关所始属乌撒卫，永乐中改属毕节卫，白撒、摩尼2所在洪武

① 《大明一统志》卷88。
② 天启《滇志》卷18《艺文志》。
③ 天启《滇志》卷18《艺文志·敕谕总兵官征云南将军颍川侯、西平侯》。

二十七年层台卫废后均隶赤水卫，这 3 所均为二级所；普市所直隶于贵州都司，为一级所。由诸卫所治地位置来看，初期由永宁、乌撒入滇的这条线路更受重视。当时“蛮僚叛服不常”①，置卫所屯兵也是为了控制地方。自此以后，除洪武二十七年设阿落密所，属赤水卫，同时废层台卫，改由赤水卫前千户所守御外，这一线卫所再无变化。

洪武二十一年设平夷守御千户所，隶普安卫，二十二年置新添千户所，隶贵州卫，2 所均为二级所。

由川入滇的道路通畅后，朝廷把注意力放在了湖广至云南一线上。贵州都司卫所的设置在洪武二十三年达到了第二个高潮，这一年湖广辰沅至云南平夷的道路上增加了众多的卫所。当年延安侯唐胜宗等被派往云南、贵州训练军士，几个月间设立了 13 卫，其中兴隆、清平、龙里、新添（由新添千户所改）、平坝、安庄、安南 7 卫属贵州都司，平溪、清浪、镇远、偏桥 4 卫属湖广都司，平夷卫属云南都司，全部都在天启《滇志》卷 4 所录“普安入黔旧路”上。只有十月设立的都匀卫不位于这一线，但都匀是黔东南苗族聚居区的一个重镇，本为安抚司，“苗蛮屡叛，都督何福讨平之，请置卫屯守，遂改为卫”②。

洪武二十三年之后贵州都司设置卫所的速度又慢了下来，包括上已提到的洪武二十七年设立的阿落密千户所在内，洪武后期设置的均为隶于卫的守御千户所。二十五年设关索岭守御千户所，隶安庄卫，该地自古就是一个重要关卡。二十六年设的乐民守御千户所、安南守千户所及三十一年置的安笼守御千户所皆属普安卫。关索岭所位于湖广至云南的交通线上，阿落密所在“乌蒙入蜀”的道路上，其他 3 所均不在重要交通线上。洪武二十五年后贵州都司形势图参见图 30。

贵州的大部分地区在明朝初平当地之后没有设置府州县，因此许多卫实行军民共管，称为“军民指挥使司”，成为名实相符的实土军卫。洪武十五年三月改普定卫为军民指挥使司，管辖安顺等州及西堡等 6 长官司。十七年二月改平越卫为军民指挥使司，二十二年三月改普安卫为军民指挥使司，二十四年十一月改贵州卫为军民指挥使司，二十九年三月“改贵州都司所属龙里、新添、都匀三卫为军民指挥使司”③。永乐以后大多数军民司又改为卫，除都匀司《孝宗实录》确切记为弘治八年（1495）二月改为卫外，其他诸司改卫时间不明。明代诸史也常称军民指挥使司为卫。

---

① 《太祖实录》卷 200。
② 《太祖实录》卷 205。
③ 《太祖实录》卷 245。

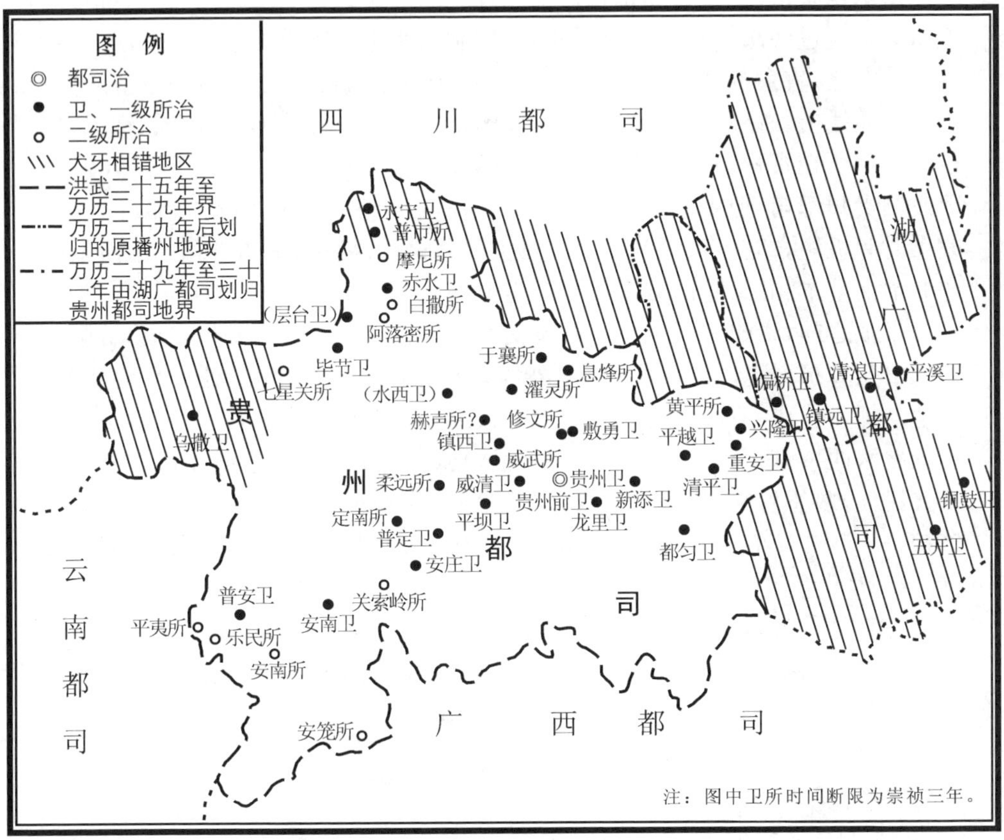

图 30　洪武二十五年(1392)后贵州都司形势图

至永乐初，贵州都司共有 11 卫、7 军民司、2 一级所、9 二级所，统辖结构如下图所示。

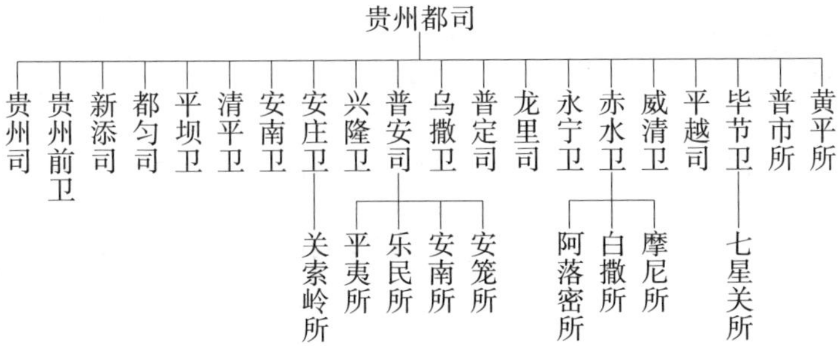

永乐初贵州都司卫所统辖结构图

永乐至崇祯初年，贵州都司极少添设新的卫所。在这二百余年间，都司的卫所只发生过两次变动。弘治元年，为控制播州土酋置重安守御千户所，调土兵千人守之，直隶都司，为一级所。该所位于黄平南的兴隆卫与平越卫之间，也在交通线上。该所万历前废，具体原因不明。湖广都司清浪、平溪、镇远、偏桥4卫治所在贵州布政司境内，犬牙相错，管理不便，万历二十九年(1601)4卫改归贵州都司，但由于湖广一直反对，所以三十一年又改属湖广都司。4卫改隶时间极短，却在贵、湖间引起一场大的争论。这以后贵州都司的卫所情况与弘治前基本相同(除部分军民司改为卫外)。

崇祯之前，贵州都司卫所在两条交通线附近守备、屯田，繁衍发展，贵阳以北的贵州宣慰司境内无卫所，宣慰司名义上属布政司，实际上处于自治状态，其地与播州连成一片。崇祯初，其地少数民族不断起事反抗，贵州总督朱燮元奏处置水西事宜，“因条便宜九事，不设郡县，置军卫，不易其俗，土汉相安……从兵民便，敢耕者给之，且耕且戍，卫所自实，无勾军之累……军耕抵饷，民耕输粮……”①“大小相权如臂使指，无事荷锸而耕，有警一呼可应，为长久计”②。因此置镇西及敷勇2卫，各领守御千户所4，镇西卫领威武、赫声、柔远、定南4所，敷勇卫领于襄、息烽、濯灵、修文4所，北部的军事实力大增。

明末贵州都司拥有20卫(其中包括至少两个军民司，由于史料有阙，无法确知)、2一级所、17二级所。其结构如下图所示。

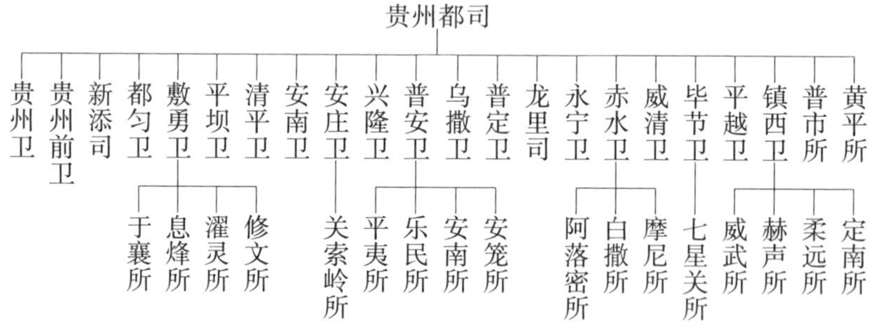

明末贵州都司卫所统辖结构图

二、犬牙相错——贵州都司与周边各省卫所及地方行政区划之间的矛盾

由于贵州少数民族众多，又散布全境，主要卫所皆集中在湖广至云南的通

① 《崇祯长编》卷38崇祯三年(1630)九月。
② 《御选明臣奏议》卷39朱燮元：《督黔善后事宜疏》。

道上，卫所治地附近汉族占优势，控制较易，而在这一线之外，卫所稀疏，是少数民族的聚居区，地方土司的力量很强。为了加强对“夷人”的控制，贵州都、布、按三司辖区与周围湖广、四川二省辖区叠加交错，情况复杂。各省之间布政司下的府、州、县、宣慰司等与都司下辖有卫所、按察司的监察区的交错与渗透大多在明初已形成，当然这一做法也颇具苦心，对于一个刚刚设立政区且少数民族众多的地区来讲，只有以四周成熟的省区叠加管理，才足以平定地方。尤其是前二者的犬牙交错更为必要。但是一旦地方长期处于相对稳定状态，这种控制方式便带来了日常管理上的不便，进而导致相互推诿误事，表现最为突出的是湖广与贵州的冲突。

位于贵州布政司思州府、思南府、镇远府境内的思州千户所，思南左千户所、右千户所（洪熙元年（1425）3 所废），镇远卫，偏桥卫，清浪卫，平溪卫隶于湖广都指挥使司，而贵州黎平府深入湖广辰、沅间，与其同治的五开卫亦隶于湖广都司。另外，思州、思南宣慰司原隶湖广，永乐十二年改设府，改隶贵州布政司。这些地区在地理上本来就是犬牙相错，府与卫所又不属一省管辖，“夫分府、卫以属两省者是名犬牙相制，互相掎角，臂指相使，互相运用”[①]，从而又构成管理上的交错[②]。由于这些地方本来就是多事之地，如此设置原是为加强控制，但因管理不便造成了很多问题。如湖广都司的五开卫与贵州布政司的黎平府同治而异属，“军民耦俱相猜，致有五哗六哗之变，则措置之未尽善也”[③]。

景泰年间这种弊病已显露，当时贵州布政司思南府蛮夷长官司长官安逸奏：“谨按贵州古为思方之边，思州六府近湖广辰、沅一隅，乞敕吏、兵二部，都察院考古再行计议，仍将思州六府官民归并拨还湖广布政司管辖，一水便利，以纾民困。其贵州宣慰司并军民卫分、土官衙门仍隶四川布政司照旧提督……”但是这个提议被于谦否决[④]。在景泰以后的百余年间，卫所军士后裔在当地繁衍生息，与普通百姓杂居在一起，按清朝田雯的奏疏，黎平府与五开卫“军民黔楚异籍，其实闾阎相接，或一户之内父军而子民，或一人之身黔徭而楚役，往往讼讦纷纭，难以调协。……卫申之楚府，牒于黔，相距二千六百余里，文移期会两地盼悬……”[⑤]其言虽指清初情况，实际上在明代早已如此。

① 乾隆《镇远州志》卷 22《艺文・地方事宜疏（周瑛）》。
② 关于管理上的犬牙相错，周振鹤在《中国地方行政制度史》一书中已提到。
③ 乾隆《贵州通志》卷 2《舆图》。
④ 《忠肃集》卷 6。
⑤ 乾隆《开泰县志・艺文・黔府楚卫同城疏（田雯）》。

地方上“十羊九牧，甚不便也”①，省里三司亦颇有“鞭长不及马腹之虑”②，因此屡有改隶之请。隆庆时贵州地方官因“沅、靖二州与平、清、偏、镇、铜鼓、五开六卫之去湖广，酉阳、播州、永宁三土司之去四川俱二千余里，遥属于二省，而兼制于贵州，服役者兴远道之嗟，莅事者无画一之轨，民情政体甚不便也”③，请革诸州、卫、土司于贵州，但未得到实施。

军士及家属与当地百姓之间的矛盾只是小问题，处理迟缓或不当一般不会引起大的冲突，但是土司之间及土司与地方政府之间的冲突，由于不同隶属的官员相互推诿会引发大的战争。万历年间播州土酋杨应龙叛，“四出劫掠，羽书沓至，贼势重大，动号数万，连营结寨，窥我卫城，塞我官路”④，贵州都司兵力不足以抗敌，而湖广诸卫兵“屡催不至”⑤，贵州巡抚郭子章、川贵总督李化龙等深感痛恨，他们屡次上奏“黎平近楚之沅州，去黔千五百里而遥，四镇近黔之镇远，去楚二千余里而远，犬牙相制，彼此推诿。播州酋犯偏桥而楚不能救，皮林苗犯黎平而黔不能援，即黔有播患而黎平、永从无一夫一粒之助，鞭长不及马腹势也。不如从黎平、永从隶楚，平、清、偏、镇四卫隶黔，统辖调遣最为两便”⑥。兵部认为所奏有道理，同意这样做，但是当时的湖广巡抚、按察使等官员却极力否定这个提议。经过贵、川、湖诸大臣来回多次的讨论，至万历二十九年(1601)十一月，总督王象乾查议复奏，以为“改隶之议在穆庙初年，通计道里赋税人情土宜大略相当，以改隶为便”⑦，得到朝廷的批准，命以黎平府、永从县并12长官司改隶湖广，平溪、清浪、偏桥、镇远4卫改隶贵州。如果这项命令能够彻底执行下去，积存了百余年的地方矛盾将得以化解。但是仅仅一年半之后，也就是万历三十一年四月，据《神宗实录》卷383记载：“播地荡平后，黔督府按议将平、清、偏、镇四卫改隶贵州，已得旨行之矣。湖广抚臣复谓其目前与情必难强从，将来分粮又费区处，于是兵部上言：‘黔府兼督湖北思仁、思石两道，节制清、平，则四卫固在统辖之中，而在楚获偏桥以卫黔，在黔援黎平以控楚，则湖贵又得辅车之势，与其纷更辖属事体归一，宜如湖广抚臣议将黎平府永从县并十二长官司仍旧属之贵州，平溪、清浪、偏桥、镇远四卫仍旧属之湖广，而贵州抚臣列衔兼督亦各照旧，仍明谕两省诸臣毋以分隶为嫌，附近卫所有警，彼此亟相策应，若有抗违推诿者，不妨遵照敕书从重查参。’上从

①⑥⑦ 《神宗实录》卷365。
② 《神宗实录》卷121。
③ 乾隆《开泰县志·艺文·议以楚卫属贵州疏(杜拯)》。
④ 《神宗实录》卷343万历二十八年正月。
⑤ 《神宗实录》卷345万历二十八年三月。

之。”湖、贵交界处又回到了万历二十九年以前的管理状态。

但是官员们的争论并未就此罢休，天启元年(1621)四月贵州巡抚沈珣奏陈地方切要事宜：“一议黔楚易地，谓平溪、清浪、镇远、偏桥黔地也，而隶于楚，黎平、永从楚地也，而隶于黔，事事阻碍，宜易地以便统辖。”①吏部认为“黔、楚易地，事关两者，应行楚、黔抚按会议具奏”②，一旦地方要员参与讨论，事情便不了了之。

实际上，明代贵州与湖广在行政、军事、监察上的犬牙相错一直没有得到解决，直到清朝这些地区才最终改属③。

从万历时期的诸多奏折中可以看出，当时力主改属的几乎全为贵州方面的大员，因为改属一事对贵州更为重要，可以为军事及行政管理带来很多好处，所以他们表现得十分积极。而对改属持反对意见的湖广方面，虽然以犬牙相错有利于控制当地苗民为借口，实际上则是因为他们所代表的地域在这场变动中会丧失许多利益，归于贵州都司的平溪等 4 卫俱位于湖、贵的交通要道上，而归于湖广的黎平府大多为苗民居住的偏僻地区，当地除苗民外，其余即为卫所军士后裔，境内原属湖广的五开卫、铜鼓卫与实土无异，本来湖广在这里的影响就很大。因此，湖广方面更看中放弃平溪 4 卫所带来的损失。

在这场风波中中央政权表现得极为软弱，说明特殊的地方行政制度在特定地域内一旦长期存在，将具有一定的顽固性，使中央不能轻易地加以变革。

如前所述，湖、贵冲突中已涉及播州地区的归属问题。播州地形上与贵州趋于一致，“相为唇齿”④，但在明代播州宣慰司属四川布政司，而其境内的黄平守御千户所及一度存在的重安守御千户所却隶贵州都司，亦是地理及管理上的犬牙相错地区。嘉靖四十一年(1562)九月，湖广总督都御史罗崇奎在《勘明播州宣慰司仍隶四川管辖疏》中言“播州土司自来虽隶四川，方坐落去四川甚远，去贵州为近，地方钱粮不输纳于贵州，乃输纳于四川。皇上登极之初，明见万里，已将播州改属思石兵备道并管，两省兼制，甚得分职经野之意”⑤，但两省兼制造成的恶果却无法改变，“贵州之兵备道若无事权，每见掣肘，守臣交口辨析，几成聚讼……”⑥朝廷下令将播州宣慰司照旧仍隶四川。

但万历年间平定杨应龙之叛又使播州问题凸显了出来。杨氏有反叛苗头

---

①② 《熹宗实录》卷 4。

③ 关于这一点，周振鹤在《中国地方行政制度史》一书中已提到。

④ 《忠肃集》卷 3《兵部为军务事抄出巡抚四川都察院左佥都御史李匡题》。

⑤⑥ 《杨襄毅公本兵疏议》卷 9。

之时，川、贵大员便争执不下，“川、贵抚按疏辨，在蜀者谓应龙无可勘之罪，在黔者谓蜀有私昵应龙之心”[①]。平叛之后，中央只好听从川贵总督李化龙的建议[②]，将播州一分为二，万历二十九年四月“命分播在为二郡，以关为界，关内属川，关外属黔，属川者曰遵义，属黔者曰平越……钦定二府与贵州贵阳府俱加军民二字以便兼摄。其地西南左接水西，右逼永宁，犬牙相错，水西相侵播州，水烟、天旺及它瓯脱颇众，川、黔争执经界，数年始定”[③]，应是将平越北黄平千户所控制之地及其北部部分地区划归贵州。至清朝雍正年间遵义府亦归贵州，才彻底完成原播州宣慰司的改隶。

贵州西北部的问题主要集中在四川布政司的乌撒府、永宁宣抚司与贵州都司的乌撒卫、永宁卫、赤水卫、毕节卫之间。这一带亦为“夷人”聚居区，最初当地诸土官辖区相连，世代通婚，地方平稳，明中后期各土司开始相互仇杀，不时攻打卫所，军民激变，而川、贵官员相互推诿，“自相构讼，复纷结不解”[④]。正统年间问题已显露，正统九年六月右副都御史丁璿奏“贵州所辖乌撒等一十二卫所屯堡俱属四川、广西地方，与诸蛮杂处，蛮人不时出没劫掳，缘非统属不服追抚，请以四川、广西土官衙门与贵州卫所相参都悉听守备贵州参将都指挥同知郭瑛禁治……”[⑤]但仅仅这样并不能解决问题。

至嘉靖、万历年间问题更加严重，“毕节等卫地属贵州，而该道守巡兵备等官俱属四川，事干两省，彼此推抚，以致误事……”[⑥]万历三十五年四川都司张神武与永宁参将周敦吉擅自率兵攻打永宁宣抚司奢世续，激起民变，当地“夷人”烧劫杀掳永、赤2卫及普、摩2所，因这些卫所皆归贵州都司，二人坐视不救，“第永宁宣抚司与永、赤二卫错处一城，隶四川所辖，事权两挚，前此川、贵各御史建议皆谓宣抚司宜改隶黔以便约束，未决。是以二弁会勘官蜀地黔二省，互相延委几四年不结，致城破军亡，田无粮逋……”[⑦]但此后的十几年间问题并未得到解决。

万历四十五年四月巡抚贵州都御史杨鹤奏言：“乌撒道里本在黔中，去川南叙州府一千一百五十里而遥，所设同知一员，既无一事管理，亦无官舍可栖，土官更无一人为之弹压。……蜀既久不定，黔亦忍不敢言。若改隶黔

① 《明史》卷312《四川土司传二·播州宣慰司》。
② 据《神宗实录》卷490万历三十九年十二月记载，李化龙曾“请于播州设二府，分隶黔蜀”。
③ 《神宗实录》卷358。
④ 《明史》卷312《四川土司传二·永永宁宣抚司》。
⑤ 《英宗实录》卷117。
⑥ 《世宗实录》卷9。
⑦ 《神宗实录》卷474万历三十八年八月。

中，则黔中之地便于控制，一便也。黔中之官有毕节道，有府厅，有迤西守备，有卫有所，弹压不患无人，二便也。……又言：乌撒者，滇蜀之咽喉也。……犬牙相临，蜀中有遥制之名而无其实，黔中有可制之势而无其权，臣以为不如改隶黔中便。”①朝廷命有关方面迅速讨论这个问题。但是兵部认为：“乌撒为滇蜀咽喉，素称夷方重地，所设土府与卫犬牙相临，彼此牵制，祖宗立法固有深意。乃疆土错交，黔域府卫关在一城，而卫则属黔，府则属蜀。其间驿站之供亿、官属之统辖、粮马之征收、盗贼之窃发，未免有便于彼，而不便于此，宜于昔而不宜于今者。今据贵州巡按欲将乌撒土府改隶于黔，区画便计最称苦心，但事关两省夷情，舆论未审会同。”②因此当地土司仍然是贵州抚按无权不得制，四川抚按有权不肯制。

由于贵州周边犬牙相错的局面已长期存在，又牵扯到多方利益，所以尽管它带来了众多弊病，对其进行变革仍非易事。可以说，在明代除播州部分划归贵州外，其他地域军事、行政的交错问题都没有得到解决。这一问题在万历时最为突出，与当时全国的政治形势有很大关系。万历时地方土司之间及土司与政府之间的冲突愈演愈烈，而中央却是宦官当政，朝官自顾不暇，根本没有精力应付这些地方事件。中央派出的巡抚、总督等职几乎控制了一地的所有大权，朝廷在许多情况下只有听从他们的建议，但他们代表不同的地域利益，互不相让，所以犬牙相错带来的弊病只好一直存在下去。

三、贵州都司卫所沿革考述

《太祖实录》载洪武十五年正月丁亥“置贵州都指挥使司，令平凉侯费信、汝南侯梅思祖署都司事”③。对于设置都司的年份诸史记载无异，但月份万历《黔记》记为“八月”④，今从《太祖实录》。

《太祖实录》洪武六年三月“乙卯，太平伐苗獠作乱，贵州都卫发兵讨平之”⑤的记载有误，洪武初没有设过贵州都卫，此时贵州卫已设，当指该卫发兵讨乱。《明史》卷 90《兵志二》言“十三年丞相胡惟庸谋反叛……明年复置中都留守司及贵州、云南都指挥使司。十五年三月颁军法定律……”把建都司时间记为十四年，亦误。

---

① 《神宗实录》卷 556。
② 《神宗实录》卷 557。
③ 《太祖实录》卷 141。
④ 《黔记》卷 2《大事记下》。
⑤ 《太祖实录》卷 80。

都司治贵阳，最初“暂寓贵州卫治署事”①，洪武三十一年冬始有自己的公署。

贵州都司卫所中洪武十五年前建立的共有2卫、2所，即贵州卫、永宁卫、黄平所、平越所，其中2所均为一级所。

1. 贵州卫(贵州卫军民指挥使司参见)

洪武四年至二十四年十一月、正统三年至明末为贵州卫，洪武二十四年十一月至正统三年为贵州(卫)军民指挥使司。

《太祖实录》载洪武四年十二月“置永宁、贵州二卫……时曹国公李文忠理军务于四川，奏贵州今隶湖广，而其地在成都西南……今议以贵州卫属成都都卫，便于节制。……诏可之”②。卫在贵州宣慰司内，隆庆三年(1569)当地设贵阳军民府，即今贵州贵阳市。卫初隶成都都卫，八年起属四川都司，洪武十五年后改隶贵州都司。《黔记》卷2载“(洪武)四年……置贵州卫，隶四川”。

《黔记》卷7言卫“洪武四年建，隶四川行都司，十四年改隶贵州都司”，四川行都司洪武二十七年才设，所以贵州卫设立后应是隶四川都司，且改隶贵州都司是在洪武十五年。

洪武二十四年十一月“改贵州为军民指挥使司”③，指改贵州卫为军民指挥使司。《太宗实录》永乐二十一年七月载吏部设贵州四道按察分司时尚言及“贵州卫军民指挥使司”④，但《大明一统志》已不言，按正统三年贵州卫军民指挥使司下的长官司改隶贵州宣慰司，疑军民司此时废为贵州卫。在此之前，卫、司应为实土。

2. 永宁卫

与贵州卫同时设置于洪武四年十二月。元末永宁属四川，因此永宁卫初设时亦隶成都都卫，洪武八年隶四川都司，洪武十五年改隶贵州都司。

康熙二十六年(1687)改为永宁县，即今四川叙永县永宁河西。

3. 黄平守御千户所(黄平卫参见)

洪武十一年正月设守御千户所，十五年正月改为卫，二月又改为千户所。

《太祖实录》载洪武十一年正月甲申，“置黄平守御千户所。初黄平立安抚

① 《太祖实录》卷256。
② 《太祖实录》卷70。
③ 《太祖实录》卷214。
④ 《太宗实录》卷261。

司，既而蛮人屡叛，宣(安)抚司不能治，至是改置千户所，调贵州千户张潮领兵守之”①。弘治《贵州图经新志》卷17载“本朝洪武八年改府为安抚司，以地皆夷獠多叛，置黄平所以守御之，隶四川都司，十五年改隶贵州都司”，在该卷名宦条中亦言“洪武八年初设所治”，嘉靖《贵州通志》卷1与万历《黔记》的记载与之相同，应是误记，洪武八年只设安抚司，并未设所。

洪武十五年正月“置云南左、右、前、后、普定、黄平、建昌、东川、乌撒、普安、水西、乌蒙、芒部、尾洒一十四卫指挥使司”②，即改所为卫，当年闰二月“改黄平卫指挥使司仍为黄平千户所”③。

《明史》卷46《地理志七》言黄平州“西北有黄平守御千户所，洪武十一年正月置，十五年正月改为卫，闰二月仍为千户所”，与《太祖实录》记载的时间相同。

由于黄平安抚司隶四川，故黄平所初亦隶四川都司，洪武十五年改隶贵州都司。当地万历二十九年四月设黄平州，清康熙年间州治东迁，此地遂名旧州④。按《大清一统志》卷393载“黄平旧城，在黄平州西北四十里……明初为黄平守御千户所”，也反映了州治东迁的情况。所治在今贵州黄平县西旧州镇。

4. 平越守御千户所(平越卫、平越军民指挥使司参见)

洪武十四年设平越守御千户所，隶四川都司。十五年一月设贵州都司，千户所亦改隶。当年闰二月改所为平越卫。卫治后改名福泉，即今贵州福泉县，今明朝城垣尚存。

《大明一统志》卷88言“洪武十四年始置平越卫军民指挥使司”，《明史》卷46《地理志七》载“洪武十四年置平越守御千户所”，按《太祖实录》洪武十五年闰二月“改……平越千户所为平越卫指挥使司”⑤，则其地十四年设的应为千户所，卫立于十五年，《明史》卷46《地理志七》的记载是正确的。千户所在贵州卫东北，初应隶四川都司，十五年正月改置贵州都司，卫亦隶贵州都司。《大明清类天文分野之书》卷14言平越卫“本朝洪武十六年置，属四川布政司”⑥，是错误的。

洪武十七年二月“改平越卫为军民指挥使司”⑦，属贵州都司。军民司再

---

① 《太祖实录》卷117。
② 《太祖实录》卷141。
③⑤ 《太祖实录》卷143。
④ 参见《中华人民共和国地名词典·贵州省》，第225页。
⑥ 《大明清类天文分野之书》卷14。
⑦ 《太祖实录》卷159。

次改为卫的时间史无明言，嘉靖《贵州通志》尚录为“平越军民指挥使司”，按万历二十九年四月置平越军民府于卫城[1]，疑此时改军民司为卫。

洪武十五年至崇祯三年间贵州都司设在自永宁宣抚司经乌撒入滇道路上的卫所沿革考证如下。

1. 乌撒卫

洪武十五年正月“置云南左、右、前、后、普定、黄平、建昌、东川、乌撒、普安、水西、乌蒙、芒部、尾洒一十四卫指挥使司”[2]。

《大明一统志》卷72公署条言卫“在府城南，本朝洪武十五年建，永乐间隶贵州都司”，嘉靖《贵州通志》卷1载“洪武十五年增置乌撒卫，隶云南都司，永乐间改属贵州都司”，但除《大明一统志》及沿袭其说法的诸贵州方志有如此记载，他史均无此言。《诸司职掌》贵州都司下已录该卫，故至迟洪武二十五年前乌撒卫已隶贵州都司，同时说明乌撒卫隶于云南都司的时间很短。乌撒地本属云南，则最初卫亦隶于云南都司，洪武十六年地归四川，卫可能于此时改隶贵州都司。

《大清一统志》卷401载“乌撒废卫，今威宁州治”，清威宁州治即今贵州威宁县。

2. 乌蒙卫

洪武十五年正月置，十七年二月改毕节卫[3]。《大明一统志》卷88毕节卫条言“洪武十五年于乌蒙军民府地置乌蒙卫，十六年徙此，改置毕节卫”，嘉靖《贵州通志》卷1言“十五年总兵官颍川侯傅友德征南，置乌蒙卫于乌蒙府境内，十六年班师至此，度地宽广，四控皆夷，路当冲要，又因毕节驿乃奏缴乌蒙卫印信改建毕节卫……隶贵州都司”[4]，乾隆《黔西州志》卷2《建置》记载与之同。

乌蒙地原属云南，卫初设时应与乌撒卫同属云南都司，洪武十六年初地归四川，而毕节卫设于洪武十七年二月，卫在此期间可能改隶贵州都司。

《中华人民共和国地名词典·四川省》第73页旧圃镇条言明初乌蒙府治于此，则卫亦治此。该镇今在云南昭通市西北。

3. 毕节卫

《太祖实录》载洪武十七年二月“置毕节卫指挥使司”[5]，由乌蒙卫改设。

---

① 《明史》卷46《地理志七》。
② 《太祖实录》卷141。
③⑤ 《太祖实录》卷159。
④ 嘉靖《贵州通志》卷1。

卫治在今贵州毕节市。

4. 赤水卫

《太祖实录》载洪武二十一年十月“置泸州、赤水、层台三卫指挥使司，时陕西都指挥马烨征南还，言泸州与永宁接壤，乃诸蛮出入之地，宜置守兵，遂从其言，调长安等卫官军一万五千二百二十人分置各卫”①。按洪武二十二年四月“贵州都指挥使司奏赤水、层台二卫军饷不给……”且《诸司职掌》贵州都司条下尚有该卫，可知该卫属贵州都司。

卫治在今四川叙永南端赤水镇。

5. 层台卫

洪武二十一年十月置，二十七年六月废。《诸司职掌》贵州都司条下尚有该卫，可知该卫属贵州都司。

洪武二十七年六月“置建昌前卫。先是西平侯沐春奏：层台卫地多山林，少平衍，难于耕稼，军饷不给。至是命置卫于建昌，徙层台卫官军实之”②，层台卫被废。《大明一统志》卷72公署条亦言赤水卫前千户所“在赤水卫城南一百里，洪武二十七年建”，前所是在废层台卫后才迁来的。

《明史》卷46《地理志七》所记年代与《太祖实录》同。弘治《贵州图经志书》言“废层台卫：在(赤水卫)卫城东南一百里，即前千户所。洪武初建，寻废”③，卫废后其治在改为赤水卫前千户所治。

今贵州毕节有层台乡，在赤水南，应即卫治所在。

6. 七星关守御千户所

置于洪武二十一年。本属乌撒卫，永乐中改属毕节卫，为二级所。

《太祖实录》载洪武十五年八月太祖谕傅友德等，“兵即难食，固不宜分，止于赤水、毕节、七星关各置一卫，黑张之南、瓦店之北中置一卫，如此分守则云南通路往来无碍矣”④，但是当年并未置卫，而是在这之后“分本卫(毕节卫)后千户所二百户守之”⑤。《明史》卷46《地理志七》言“守御七星关后千户所”在毕节卫西，“洪武二十一年置，属乌撒卫。永乐中来属”，则所实际设于洪武二十一年。

《大明一统志》卷88载“七星关，在(毕节)卫城西九十里”，即今贵州毕节市西南七星关。

---

① 《太祖实录》卷194。
② 《太祖实录》卷233。
③ 弘治《贵州图经志书》卷17《赤水卫·古迹》。
④ 《太祖实录》卷147。
⑤ 弘治《贵州图经新志》卷16《毕节卫·关梁》。

7. 普市守御千户所

《太祖实录》载洪武二十三年三月“置普市守御千户所于永宁宣抚司境内，时蛮僚叛服不常，故置所屯兵镇之”①。《明史》卷46《地理志七》记载年代与之同。《诸司职掌》已将该所列于贵州都司下。

该所治地距永宁卫及摩尼所“俱五十里”②，应在今贵州叙永南后山镇一带。《中华人民共和国地名词典·贵州省》第99页言普市所在今贵州毕节普宜镇，普宜尚在赤水南，与《大明一统志》不一致，《中国历史地图集》第七册80—81图中的定点是正确的。

《大明一统志》卷88载“(洪武)二十二年以地当滇贵之要冲，置普市守御千户所，隶贵州都司”，所言设卫年代有误。《明史》卷46《地理志七》亦言所直隶于贵州都司，这一点和《大明一统志》记载一致。乾隆《贵州通志》卷3《建置》、乾隆《黔西州志》卷2《建置》俱言所隶于赤水卫，皆误。

8. 白撒守御千户所、摩尼守御千户所

《太祖实录》载洪武二十二年九月“置白撒、摩泥等千户所，隶赤水、层台二卫”③。摩尼又作摩泥，在赤水卫北，应属赤水卫；白撒在赤水卫南、层台卫北，应属层台卫。洪武二十七年层台卫废后，2所皆隶赤水卫，因此《大明一统志》卷72把2所俱放入赤水卫下。

今四川叙永县有摩尼镇，当即摩尼所治。白撒所治在“赤水卫城东七十里”④，今四川古蔺县双沙镇驻地名白沙，该地“曾建白撒所……场西有明千户所旧城遗址”⑤。

9. 阿落密守御千户所

置于洪武二十七年。

《明史》卷46《地理志七》载其与赤水卫前千户所“俱洪武二十年置”，但此时赤水卫尚未立，前千户所亦未设，所以该记载有误。按《大明一统志》卷72永宁宣抚司公署条言该所“洪武二十七年建”，虽言为公署建筑时间，但与赤水卫前所设于层台卫旧址的时间相同，应即为置所时间。

《大明一统志》、《明会典》等均记该所隶赤水卫，则所为二级所。

嘉靖《贵州通志》卷5《公署》言阿落密所“在(赤水卫)卫城南四十里”，即今

---

① 《太祖实录》卷200。
② 《大明一统志》卷88。
③ 《太祖实录》卷197。
④ 《大明一统志》卷72。
⑤ 《中华人民共和国地名词典·四川省》。

贵州毕节市燕子口镇东北一带，“古为阿落密，系彝语音译，为彝族家支名”①。

除上已提到的平越卫外，洪武十五年至崇祯三年间贵州都司设在湖广入滇道路上的卫所沿革如下。

1. 普定卫、普定军民指挥使司

洪武十五年正月至三月、成化中至明末为普定卫，洪武十五年三月至成化中为普定军民指挥使司。

洪武十五年正月“置云南左、右、前、后、普定、黄平、建昌、东川、乌撒、普安、水西、乌蒙、芒部、尾洒一十四卫指挥使司”②，三月“置普定军民指挥使司”③，即改卫为军民司。二十五年八月“以安顺等州、西堡等六长官司隶普定军民指挥使司”④。

《大明一统志》卷 88 载“普定军民指挥使司，洪武十四年仍置普定府，属四川布政司，寻增置普定卫，十八年府废，二十五年改置普定卫军民指挥使司，仍属四川。正统三年改属贵州都司”。《明史》卷 46《地理志七》言“普定卫旧在州西北，洪武十五年正月置，属四川都司。三月升军民指挥使司。正统三年改属贵州都司”。《英宗实录》正统三年八月改属贵州的记载中并未提到该卫，且明代洪武年间所修的《诸司职掌》贵州都司条已录该卫，《太祖实录》洪武二十三年六月亦载“遣尚宝司卿杨颙阅视云南左、右、前、临安、曲靖、金齿、大理、洱海、楚雄九卫军卫，尚宝司丞杨镇阅视贵州、普定、普安、平越、兴隆五卫及旧平夷、黄平、新添三千户所军马”⑤，该卫、军民司应一直属于贵州都司。

既然《大明一统志》尚记为军民司，则司在天顺年间还未废，疑成化中安顺州迁与其同治时司废为卫。清康熙十一年(1672)卫改为普定县，为安顺府附郭县，在今贵州安顺市。

洪武二十五年八月至正统三年八月，安顺、镇宁、永宁 3 州及其下长官司隶普定军民指挥使司，详见“四川布政司”。

2. 普安卫、普安军民指挥使司

洪武十五年正月置卫，先隶云南都司，寻即改隶贵州都司。

《太祖实录》载洪武二十二年三月“改普安军民府为军民指挥使司，调毕节

① 《中华人民共和国地名词典·贵州省》。
② 《太祖实录》卷 141。
③ 《太祖实录》卷 143。
④ 《太祖实录》卷 220。
⑤ 《太祖实录》卷 202。

卫指挥郑珍领兵戍守”①,应指改卫为军民指挥使司。嘉靖《普安府志》载该卫城“洪武二十二年始创立城基于番纳弁山之阳……七千户所共守,在外四千户所”②,指卫城的建筑时间。

按弘治《贵州图经新志》与嘉靖《贵州通志》俱言洪武二十一年时土酋普且与越州阿资连兵叛,攻陷州城,朝廷派兵讨伐,二十二年“置普安军民指挥使司……隶云南都司,寻改隶贵州都司……永乐元年置普安安抚司……”③,《大明一统志》卷88载“本朝洪武初改普安军民府,隶云南布政司。后改普安军民指挥使司,隶云南都司,寻改隶贵州都司”,《明史》卷46《地理志七》记载与其相同。按记载洪武二十五年卫所情况的《诸司职掌》已录该卫,且《太祖实录》洪武二十三年六月亦载“遣尚宝司卿杨颙阅视云南左、右、前、临安、曲靖、金齿、大理、洱海、楚雄九卫军卫,尚宝司丞杨镇阅视贵州、普定、普安、平越、兴隆五卫及旧平夷、黄平、新添三千户所军马”,可见在二十三年六月之前卫已由云南都司改属贵州都司。

因方志等多将军民司亦记为卫,故无法弄清废军民司为卫的时间。万历十四年二月普安州迁来同治,至迟此时军民司已改为卫。

清代卫城相沿为州城,即今贵州盘县城关镇。

此外,乾隆《贵州通志》卷3建置安顺府条提到“(洪武)二十三年置普安、威清、平坝、安南四卫,置乐平、平夷、安南、安笼四所及新兴所,属普安卫……(康熙)二十二年省新兴所”,清代田雯的《黔书》改隶一节中则提到“(康熙)新城所入普安县”。今查明代诸方志与《明史》卷46《地理志七》言普安卫属所时皆未提到新兴、新城2所,估计不是守御千户所,可能是普安卫下的2普通千户所调于当地守备而已。

3. 尾洒卫

洪武十五年正月置卫,二十三年废。

当时正在设贵州都司,该卫属之。按《太祖实录》载洪武二十三年十二月“置安南卫……初官军征云南,指挥使张麟统宝庆土军立栅江西坡屯守,至是以其地炎瘴,乃徙于尾洒,筑城置卫守之”④,此时尾洒卫已废。清朝时此地为安南县,民国时改名晴隆,即今贵州晴隆县。

4. 兴隆卫

《太祖实录》载洪武二十二年六月“置兴隆卫,隶贵州都指挥使司,初其地

---

① 《太祖实录》卷195。
② 嘉靖《普安府志·兵卫志·城池》。
③ 弘治《贵州图经新志》卷10《普安州·建置沿革》。
④ 《太祖实录》卷206。

属狼洞黄平安抚司，至是蛮民作乱，颍国公傅友德讨平之，遂置卫，命府军左卫指挥佥事胡质领兵守之”①。《明史》卷46《地理志七》所载置卫时间与之同。

《大清一统志》卷393载“兴隆废卫即今黄平州治”，黄平州在康熙年间迁与卫同治，即今贵州黄平县人民政府驻地新州镇。

5. 新添千户所、新添卫、新添军民指挥使司

最早所设为新添千户所，“(洪武)二十二年增置新添千户所，属四川贵州卫，二十三年改所为卫”②。《太祖实录》记洪武二十三年二月“己酉，置新添卫指挥使司，属贵州都指挥使司，后改为军民指挥使司”③，二十九年三月“改贵州都司所属龙里、新添、都匀三卫为军民指挥使司”④。《明史》卷46《地理志七》记载与《太祖实录》同。

清康熙年间贵定县迁于卫治，即今贵州贵定县。

6. 龙里卫、龙里军民指挥使司

《太祖实录》载洪武二十三年四月“置龙里卫指挥使司。初龙里设长官司，以土官阿善署司事。至是命凤翔侯张龙领兵置卫，寻改为军民指挥使司”⑤。洪武二十九年三月“改贵州都司所属龙里、新添、都匀三卫为军民指挥使司”⑥。《大明一统志》卷88及嘉靖《贵州通志》卷1、《明史》卷46《地理志七》记载的置卫时间与《太祖实录》同。

卫隶贵州都司，治在今贵州龙里县。

7. 平坝卫

置于洪武二十三年闰四月，《太祖实录》这一月载“置平坝卫指挥使司于贵州威清驿，以金镇为指挥佥事领兵守之”⑦，《大明一统志》卷88所记时间与之同。

《诸司职掌》已把该卫归入贵州都司。卫治在今贵州安顺市平坝区。

8. 安庄卫

置于洪武二十三年五月，《太祖实录》这一月载“筑普定安庄卫城，置卫屯守”⑧。《大明一统志》、《明史》卷46《地理志七》所载置卫时间与之相同。《诸司职掌》已把该卫归入贵州都司，则该卫从一开始便隶于贵州都司。嘉靖十一年六月镇宁州迁与卫同治⑨，即今贵州镇宁县，城墙犹存。

---

① 《太祖实录》卷196。
② 《大明一统志》卷88。
③ 《太祖实录》卷200。
④⑥ 《太祖实录》卷245。
⑤⑦ 《太祖实录》卷201。
⑧ 《太祖实录》卷202。
⑨ 《明史》卷46《地理志七》。

9. 威清卫

《大明一统志》载“本朝洪武二十一年置威清站,属贵州卫。二十三年改置威清卫指挥使司,隶贵州都司”,其记载应是正确的。按《太祖实录》洪武二十三年六月“先是延安侯唐胜宗等往云南训练军士,置平溪、清浪、镇远、偏桥、兴龙(隆)、清平、新添、隆(龙)里、威清、平坝、安庄、安南、平夷十三卫屯守……”①兴隆诸卫皆置于二十三年,则威清卫也应置于此时。

卫隶贵州都司,按《大清一统志》卷 392 载“威清废卫,即今清镇县治……本朝置县,以威清卫为县治”,即今贵州清镇市。

10. 安南卫

洪武二十三年十二月“置安南卫……初官军征云南,指挥使张麟统宝庆土军立栅江西坡屯守,至是以其地炎瘴,乃徙于尾洒,筑城置卫守之”②,《寰宇通志》卷 114、《大明一统志》卷 88 亦载二十三年设卫于尾洒。

嘉靖《贵州通志》卷 1 言“(洪武)二十三年置安南卫指挥使司……二十五年迁卫治于尾洒堡”,与《太祖实录》等所载治尾洒的时间不同,实误。

卫隶贵州都司,治在今贵州晴隆县(见尾洒卫考)。

11. 贵州前卫

《太祖实录》载洪武二十四年八月“置贵州前卫指挥使司”。

《大明一统志》卷 88 公署条言“洪武二十六年建”,应指卫治建筑时间,乾隆《贵州通志》卷 3《建置》便以此为设卫时间,实误。《黔记》更是误记为“洪武二十八年建”③。《诸司职掌》未录该卫,不知何因。

卫隶贵州都司,与贵州卫同治,即今贵州贵阳市。

12. 关索岭守御千户所

明代《永宁州志》言“洪武二十五年置关索岭守御千户所,属安庄卫”④,《大明一统志》卷 18、《明史》卷 46《地理志七》所载与之同。

卫治在今贵州关岭县。

13. 平夷守御千户所

置于洪武二十一年,《太祖实录》载当年十一月“征南将军傅友德将兵讨阿资,道过平夷,以其山势峭险,密迩龙海,宜置堡驻兵屯守,以捍蛮夷,遂迁其山民往居卑午村,留神策卫千户刘成等领兵千人树栅置堡其地,后以为平

---

① 《太祖实录》卷 202。
② 《太祖实录》卷 206。
③ 《黔记》卷 7《舆图志四》。
④ 道光《永宁州志》卷 11《艺文志》。

夷千户所”[①]。嘉靖《普安府志》言“洪武二十一年十二月蒙调征南千户刘成等创立于鲁勒旧，二十三年三月蒙将鲁勒旧改立云南平夷卫，将本所官军移守香罗山，仍立为本卫(指普安卫)千户所”[②]。弘治《贵州图经新志》的记载与之相同[③]。

所隶普安卫。原治鲁勒旧，即今云南恩乐(见“云南都司建置沿革”中平夷卫考)，所后治即今贵州盘县平关，清朝时名平夷里[④]。

14. 清平卫

置于洪武二十三年，《太祖实录》载这一年六月，“先是延安侯唐胜宗等往云南训练军士，置平溪、清浪、镇远、偏桥、兴龙(隆)、清平、新添、隆(龙)里、威清、平坝、安庄、安南、平夷十三卫屯守……”[⑤]，平溪诸卫皆置于二十三年，那么该卫也应设于此年。嘉靖《贵州通志》卷1亦言“洪武十四年置清平堡，二十三年改置清平卫指挥使司，隶贵州都司”。

《清史稿·地理志》言“清平……明县。康熙七年省入麻哈州，十一年复置，裁清平卫入之”，清代清平县即今贵州凯里市西北清平镇。

以下4卫原属湖广都司，万历二十九年改属贵州都司，三十一年又改隶湖广，关于改隶请参见本节第二部分。

1. 清浪卫、偏桥卫

《太祖实录》载洪武二十三年四月“置清浪、偏桥二卫指挥使司于思南宣慰司之地”[⑥]。

按《大清一统志》卷395“偏桥废卫，在施秉县西北偏桥司南隔江”，清代施秉县即今贵州施秉县，临㵲阳河，则卫治应在其西北㵲阳河南岸。

清浪卫治即今贵州镇远县清浪镇。

2. 平溪卫

《太祖实录》载洪武二十三年三月“置平溪卫指挥使司于思州”[⑦]。弘治《贵州图经新志》卷4公署条亦言“洪武二十三年建，隶湖广都指挥使司”。

《清史稿·地理志》载“玉屏……顺治初因明湖广平溪卫。雍正五年

---

① 《太祖实录》卷194。
② 嘉靖《普安州志·兵卫志·城池》。
③ 弘治《贵州图经新志》卷10《普安州·建置沿革》。
④ 乾隆《普安州志》卷5载香罗山“在平夷里西五里”。
⑤ 《太祖实录》卷202。
⑥ 《太祖实录》卷201。
⑦ 《太祖实录》卷200。

(1727)改置”,因此卫治玉屏县,今贵州玉屏县县政府驻地仍名平溪。

3. 镇远卫

《太祖实录》载洪武二十二年六月“置湖广镇远卫指挥使司”①。治在今贵州镇远县。

臻剖六洞横波等处长官司,《明史》卷46《地理志七》言“本臻剖、六洞、横坡三长官司,洪武二十二年置,属镇远卫,后并为一司”,司治在今贵州施秉县西北。

洪武十五年至崇祯三年间贵州都司设置的卫所不位于主要交通线上的有2卫、1军民司、1一级所、3二级所。

1. 水西卫

洪武十五年正月设。其西乌撒及赤水诸卫属贵州都司,该卫应亦属贵州都司。《大清一统志》卷401也记“水西故城:今黔西州治”,即今贵州黔西县。

洪武十五年六月朱元璋遣使谕安陆侯吴复、平凉侯费聚“都督郭英及张、王二都督之兵如已会,慎勿轻分,且屯驻左右随机调用,其水西卫兵急宜调出,止留一千或四五百足矣。霭翠之民今必(不)敢为乱,盘江路通、西堡即克,则普定亦止可留兵千人守御,余皆令乌撒之地就粮自赡”②,水西卫于此时废,存在时间极短。

2. 都匀卫、都匀军民指挥使司

洪武二十三年十月至洪武二十九年三月、弘治八年二月至明末为都匀卫,洪武二十九年三月至弘治八年二月为都匀军民指挥使司。

《太祖实录》载洪武二十三年十月“改都匀安抚司为都匀卫,时都匀所属苗蛮屡叛,都督何福讨平之,请置卫屯守,遂改为卫”③。卫隶贵州都司,治在今贵州都匀市。洪武二十九年三月“改贵州都司所属龙里、新添、都匀三卫为军民指挥使司”④,弘治八年二月“巡抚贵州都御史邓廷瓒以都匀即开设府治……其都匀卫原是军民指挥使司,请节去军民二字,新降印信篆文止称‘都匀卫指挥使司’。从之”⑤。

《寰宇通志》卷115都匀卫建置沿革条言“(洪武)二十三年改置都匀卫指

① 《太祖实录》卷196。
② 《太祖实录》卷146。
③ 《太祖实录》卷205。
④ 《太祖实录》卷245。
⑤ 《孝宗实录》卷97。

挥使司，隶贵州都司，二十九年改军民指挥使司”，所载时间与《太祖实录》同。弘治《贵州图经新志》言“永乐十七年割所领长官司改属贵州布政司，而本卫属贵州都司”，有永乐十七年卫才改属贵州之意，《黔记》及康熙、乾隆两朝的《贵州通志》则明确记为“永乐十七年”①改属都司，与《太祖实录》、《寰宇通志》等明朝早期史料相异，且洪武二十六年前修的《诸司职掌》贵州都司条下已录该卫，洪武二十八年九月监察御史裴承祖的奏折中也提到“贵州都指挥使司平越、龙里、新添、都匀等卫”②，可见贵州诸通志的记载是错误的。

《明史》卷46《地理志七》所载设卫、军民指挥使司时间与《太祖实录》同。

3. 乐民守御千户所

置于洪武二十六年六月，嘉靖《普安州志》记载“洪武二十二年七月蒙调征南百户戴客等创立托落堡于爽牛岭上，二十六年六月改设乐民所”③。据《大明一统志》，乐民、平夷、安南、安笼4所俱属普安卫（军民司）④。

《大明一统志》卷88普安州公署条言“乐民守御千户所，在州城西南九十里；平夷守御千户所，在州城西一百里。二卫（应为所）俱洪武二十二年建”，按嘉靖《普安州志》记载，二十二年是立堡时间，而不是设所时间。《明史》卷46《地理志七》以此为设所时间，实误。

所治在今贵州盘县乐民所。

4. 安南守御千户所

置于洪武二十六年六月，“洪武二十年七月蒙调征南千户不帖杰等创立安南堡于杨那山上守御。二十六年六月改设为安南千户所”⑤。《英宗实录》载正统十年四月“徙贵州安南千户所于罗渭山，从千户范喜言也”⑥。

《明史》卷46《地理志七》载“乐民守御千户所，西有平夷守御千户所，俱洪武二十二年置，又东南有安南守御千户所，又有安笼守御千户所，俱洪武二十三年置，皆属普安卫。正统十年四月徙安南所于罗渭江”。其所言设所时间误，盖因沿袭《大明一统志》卷88普安州公署条言“所洪武二十二年建”。

《大明一统志》卷88普安州山川条言“杨那山：在州城南一百六十里”，具体地点不明。嘉靖《贵州通志》卷5公署载当时所“在（普安）州治东一百六十里”，可见新旧所治相距很近，今贵州兴义市有罗渭村，盖即迁治后的所治。

---

① 见于康熙《贵州通志》卷3《沿革》及乾隆《贵州通志》卷3《建置》。
② 《太祖实录》卷241。
③⑤ 嘉靖《普安州志·兵卫志·城池》。
④ 《大明一统志》卷88。
⑥ 《英宗实录》卷128。

5. 安笼守御千户所

置于洪武三十一年，“洪武二十二年三月蒙调征南千户李贡等留守宁远堡。三十一年二月蒙将□堡革去，改调官军于安笼箐山开设守御千户所”①。所隶普安卫，为二级所。

所治在今贵州安龙县。

6. 重安守御千户所

《孝宗实录》载弘治元年二月“增设贵州重安守御千户所，命四川播州宣慰司岁调土兵一千人以助戍守”②。正德《明会典》卷108尚录有该所，万历《明会典》卷124则无，可见重安所正德至万历年间废。

所治在今贵州黄平县重安镇。

明末崇祯三年，水西置2卫、8所，8所皆为二级所。

1. 敷勇卫、于襄守御千户所、息烽守御千户所、濯灵守御千户所、修文守御千户所

崇祯三年置。乾隆《贵州通志》载“崇祯三年安氏献地赎罪，设敷勇卫及修文四所”③。今查崇祯三年九月川贵总督朱燮元“上处置水西事宜……因条便宜九事，不设郡县，置军卫，不易其俗，土汉相安”④，诸千户所当置于此时。朱燮元的另一奏折中言“息烽各宜设一直隶守御千户所”⑤，但按《明史》卷46《地理志七》的记载4所属敷勇卫。

乾隆《贵州通志》载康熙时“改敷勇卫及修文四所为修文县”，那么这4所、1卫都应在清代修文县境内。其中修文所治在今贵州修文县，敷勇卫即县东北扎佐，濯灵所在县东六广镇，息烽所即今贵州息烽县，于襄所即今息烽九庄镇⑥。

2. 镇西卫、威武守御千户所、赫声守御千户所、柔远守御千户所、定南守御千户所

《明史》卷46《地理志七》记卫于“崇祯三年以宣慰司水西地置……领所四。西南距布政司六十里”。《大清一统志》卷392载“镇西废卫，在清镇县西北”，“康熙二十六年裁卫，改名卫里，俗称卫上”⑦，今名卫城镇，在贵州清镇市

---

① 嘉靖《普安州志·兵卫志·城池》。
② 《孝宗实录》卷11。
③ 乾隆《贵州通志》卷3《建置》。
④ 《崇祯长编》卷38崇祯三年九月。
⑤ 《御选明臣奏议》卷39朱燮元：《督黔善后事宜疏》。
⑥⑦ 《中华人民共和国地名词典·贵州省》。

西北。

对于镇西卫威远等4所,《明史》卷46《地理志七》记"以上俱水西地,崇祯三年与卫同置"。《明史》卷46《地理志七》记威武所治"卫东",即今清镇市站街镇[①];赫声所"卫北。有鸭池河",当在镇西卫北鸭池河畔。柔远所治地不明,《大清一统志》卷392载"柔远废所,在府城北一百里……本朝康熙二十六年省入安平县",清代安平即今贵州安顺市平坝区,则柔远所距此不远。《大清一统志》卷392又载"定南废所……在(安顺)府城北四十里",在今贵州安顺市北。

四、贵州都司下的土官

贵州都司及其各卫所下曾辖有大量的土官。洪武中贵州卫下的新添、小平伐、把平寨、大平伐4长官司一度随卫属贵州都司;洪武二十九年至正统三年八月贵州卫下金筑安抚司随卫隶于都司;洪武二十五年八月至正统三年八月,安顺、镇宁、永宁3州及其下长官司隶贵州都司普定军民指挥使司;永乐元年正月至十二年三月贵州卫下的福禄永从蛮夷长官司、潭溪蛮夷长官司、八舟蛮夷长官司、曹滴洞蛮夷长官司、古州蛮夷长官司、西山阳洞蛮夷长官司、新化蛮夷长官司、湖耳蛮夷长官司、亮寨蛮夷长官司、欧阳蛮夷长官司、中林验洞蛮夷长官司、赤溪湳洞蛮夷长官司、龙里蛮夷长官司随卫隶于都司;贵州卫下的程番、小程番、上马桥、卢番、韦番、方番、洪番、卧龙番、小龙番、大龙番、金石番、罗番、卢山、木瓜、麻响、大华等16长官司在正统三年八月前亦随卫隶于贵州都司;永乐元年六月戊午复置的水东长官司、乖西蛮夷长官司曾一度直属于贵州都司,后改属贵州宣慰司;都匀卫及都匀军民指挥使司下的都匀、邦水、平浪、平洲六洞、合江洲陈蒙烂土、丰宁、九名九姓独山州7长官司,平越卫的麻哈、乐平2长官司,清平卫的平定、清平长官司在弘治七年五月前随各卫隶于都司;清平卫凯里长官司、平越卫杨义长官司在万历二十九年前随卫隶于都司。各土司在明代中后期或改为州、县,或改隶于各府,均属于贵州布政司,详见"贵州布政司"。明末只有新添卫和龙里卫下尚有6长官司,现依据《明史》卷46《地理志七》及相关各卫的设置年代将6长官司沿革陈述如下。

1. 新添卫所属新添、小平伐、把平寨、丹平、丹行5长官司

新添长官司,洪武四年置,此时还未设置新添卫,司当属贵州卫。二十三年属新添卫。与新添卫同治,在今贵州贵定县北新添司。

小平伐长官司,洪武十五年六月置,属贵州卫。洪武二十三年四月属龙里

---

① 《中华人民共和国地名词典·贵州省》。

卫，二十九年改属新添卫。治在今贵定县西南。

把平寨长官司，设置及隶属变迁同小平伐司。治在今贵定县西南把坪司。

丹平长官司，洪武三十年置，属新添卫，寻省。永乐二年复置。治在今贵州平塘县通州镇东南。

丹行长官司，设置及隶属同丹平司。治在今平塘县西南。

2. 龙里卫大平伐长官司

洪武十九年置，属贵州卫。二十八年改属龙里卫。治在今贵定县西南平伐镇。

五、贵州都司卫所的性质及当地风俗的改变

永乐十一年前贵州地区亦有军民府等行政设置，分隶于四川、云南、湖广诸布政司，情况复杂，归属不一，多有土司性质，贵州都司下的卫所亦是当地实际的管理者之一。

永乐十一年后贵州置布政使司，初设 8 府，后又增加了一些府州，但是从实际情况来看，诸府下辖的土司有自己的统治方式，内部事务大多由其长官自行处理，处于自治状态。因此除去土司辖地及苗民，诸府所能管辖的范围和人口极其有限，以思南、思州 2 宣慰司改设的东部 6 府来说，“每府所管不过三四长官司，人民每司不过一二百户，官多民少”①。隆庆四年三月迁贵州思南府城于平溪卫，即是因为府“地狭民少，无以控治苗夷故也”②。许多府州形同虚设，嘉靖十一年六月“移贵州永宁州治于关索岭，镇宁州治于安庄卫。先是二州设在打罕火烘夷域，其地毒瘴，官吏皆僦居普定卫城，去治境且二百里，寄空衔而已。至是巡按御史郭弘化请移治于二城，以便统摄。诏可”③。

而卫所因为大多位于一府的中心，有军士、家属及后裔，人口繁衍，汉族居住相对集中，反而成为当地有效的管辖机构。《广志绎》里的记载便可说明这个问题：“其开设初只有卫所，后虽渐渐改流，置立郡邑，皆建于卫所之中，卫所为主，郡邑为客，缙绅拜表祝圣皆在卫所。卫所治军，郡邑治民，军即尺籍来役戍者也。故卫所所治皆中国人，民即苗也，土无他民，止苗夷，然非一种……所治之民即此而已矣。”④因此贵州都司下辖的卫所均具有实土意义。平越诸卫还设有税课司等机构，职能齐全。

---

① 《忠肃集》卷 3。
② 《穆宗实录》卷 43。
③ 《世宗实录》卷 139。
④ 《广志绎》卷 5《贵州》。

根据治地是否在府州辖境内，可以将贵州都司卫所分为两类，即实土与准实土卫所。其时间变化如下表所示。

表 13 贵州都司卫所实土、准实土时间表

卫 所	实土、准实土时间	性 质
贵州卫	洪武四年至二十四年	实土
贵州军民司	洪武二十四年至正统三年	实土
贵州前卫	洪武二十六年至成化十二年	准实土
都匀卫	洪武二十三年至二十九年	实土。洪武二十九年改军民司
都匀军民司	洪武二十九年至弘治八年	实土。弘治八年立都匀府
永宁卫	洪武四年至明末	准实土。地有永宁宣抚司，属四川布政司
普定卫	洪武十五年正月至三月	实土
普定军民司	洪武十五年三月至成化中	实土。成化中安顺州迁来与卫同治
普安军民司	洪武二十二年至万历十四年	实土。万历十四年普安州迁来与卫同治
普安卫	洪武十五年至二十二年	实土
平夷所	洪武二十一年至万历十四年	实土
乐民所	洪武二十六年至万历十四年	实土
安南所	洪武二十六年至万历十四年	实土
安笼所	洪武三十一年至万历十四年	实土
毕节卫	洪武十七年至明末	实土
七星关所	永乐中至明末	实土。永乐以前属乌撒卫，以后改实土的毕节卫
赤水卫	洪武二十一年至明末	实土
白撒所	洪武二十二年至明末	实土。属赤水卫
摩尼所	洪武二十二年至明末	实土。属赤水卫
阿落密所	洪武二十七年至明末	实土。属赤水卫
层台卫	洪武二十一年至二十七年	实土
黄平所	洪武十一年至十五年正月 洪武十五年闰二月至万历二十九年	准实土。地有黄平安抚司，万历二十九年设黄平州
黄平卫	洪武十五年正月	准实土。地有黄平安抚司

续 表

卫 所	实土、准实土时间	性 质
平越卫	洪武十五年至十七年	实土
平越军民司	洪武十七年至万历二十九年	实土。万历二十九年设平越军民府
兴隆卫	洪武二十二年至万历二十九年	实土。万历二十九年地属平越府
水西卫	洪武十五年至?	准实土。地属贵州宣慰司
威清卫	洪武二十三年至明末	实土
清平卫	洪武二十三年至弘治七年	实土。弘治七年设清平县
安庄卫	洪武二十三年至嘉靖十一年	实土。嘉靖十一年镇宁州徙来同治
关索岭所	洪武二十五年至嘉靖十一年	实土
平坝卫	洪武二十三年至明末	实土
龙里卫	洪武二十三年至二十九年	实土。洪武二十九年改为军民司
龙里军民司	洪武二十九年至明末	实土
新添所	洪武二十二年至二十三年	实土
新添卫	洪武二十三年至二十九年	实土。洪武二十九年改为军民司
新添军民司	洪武二十九年至明末	实土
安南卫	洪武二十三年至明末	实土
尾洒卫	洪武十五年至二十三年	实土
黄平所	洪武十一年至万历二十九年	实土
	万历二十九年至明末	准实土
普市所	洪武二十三年至明末	实土
重安所	弘治元年至万历?	实土。万历二十九年地属平越府

明代贵州中部及西部所设的府州,如贵阳府、安顺府、永宁州、普安州等,也明显沿湖广入云南的交通线呈线状分布。这与卫所的设立有极大的关系。卫所治地附近统治力量较强,军队长期驻扎,人口生息繁衍,地方控制趋于成熟,使得设置府州成为可能。在这条交通线之外,少数民族聚居,改土归流实属不易。

明代贵州的汉族多是卫所军士后裔,他们的先辈被征戍守于一个陌生的、四周为异族包围的地域,世世生息,由于一卫军士来源集中、居住集中,来源地的文化得以在异域中保存下来。洪武十五年前后建立的卫所的军士是当时从征云贵的士兵,原籍多在长江中下游,现确切记载其来源的文献无几,只有威清卫、平坝卫的军士确知来自湖广长沙府①，安南卫来自湖广宝庆②，兴隆卫士卒亦来自湖广③，龙里卫“多楚越吴闽之裔”④，清平卫“从江南迁谪”⑤。各军卫徙自中原，因沿故习，《大明一统志》言贵州旧志载毕节卫“戍此者皆中州人，其冠婚丧祭之礼能不混于流俗”⑥。现存的康熙《平溪卫志》亦言“其官军二籍多江南人，世守兹土焉……水陆交通，商贾鳞次，四方之物必致，咸谓之小江南云”⑦。

汉族的风俗对当地苗民的生活产生了一定的影响，“宋元以前土夷杂处，自明开设，语言服习大类中州”⑧，但这种影响是渐进且缓慢的。卫所军士及其他流落至此的汉人对少数民族的影响最初只发生在与其日常接触的人身上，“惟在官应役者为汉语”⑨。进而卫所治地周边附近地区的少数民族生活习俗开始出现变化，安庄卫“环城百里皆诸夷巢穴，风俗粗鄙，异言异服，与卫人错居近亦少变”⑩，普定卫“附廓夷民五种，习尚不同，自立军卫以控制之，渐染中原之俗，亦尚义而重文”⑪，普安卫“僰人近州应役，诗书弦诵，渐被华风，仕宦不乏，其诸冠婚丧祭、交际往来、四时节会并与中州同”⑫。

卫所的驻扎也使得地方民风发生了变化。明中后期“苗仲出劫，未有一事无汉人引脚者”⑬，卫所士卒多江右川湖贩商流徙罢役逋逃之徒，“多为奸诈，诱群酋而长其机智”，使得少数民族的淳朴民风“浸以散矣”。当然卫所军士带来的不同的文化对当地少数民族的影响仅限于卫所附近地区，对于那些偏远地区的少数民族则影响甚微，使他们能够保持自身的文化特点。

由于日常同少数民族的接触，卫所居民自身的部分习俗也在缓慢改变，明人称之为“或反见变于夷”⑭。安庄卫“卫士卒皆中国人，久戍边境，习其风土之气，性颇强悍”⑮，毕节卫“俗多斗狠健讼狙诈不情，尽渐染川南之俗也”⑯。但是对于大部分军士来说，由于居住地集中，且汉族文化又是优势文化，因此

---

① 《太祖实录》卷 203 载洪武二十三年七月“乙卯，命安陆侯吴杰往湖广长沙府训练将士，籍其土军凡一万八千二十三人，分隶平坝、威清诸卫”，又《黔记》卷 7 言“旧志卫戍军士皆湖广人”，可见《太祖实录》所载无误。

② 《太祖实录》卷 206 洪武二十三年十二月载先是指挥使张麟统宝庆土兵立栅江西坡屯守，这一月迁往尾洒改置安南卫。

③ 嘉靖《贵州通志》卷 3《风俗》载“旧志卫之士卒来自湖湘……”。

④⑤⑩⑪⑫⑭⑮⑯ 嘉靖《贵州通志》卷 3《风俗》。

⑥ 《大明一统志》卷 88。

⑦ 康熙《平溪卫志・建置》。

⑧ 康熙《平溪卫志・风俗》。

⑨ 嘉靖《思南府志》卷 1《风俗》。

⑬ 《神宗实录》卷 554。

改变不多。

由于所处的地域比较偏僻，明代的习俗被部分卫所屯军后裔一代代保存下来，至清朝道光年间贵州永宁州尚有“屯堡人”、“土人”，皆是洪武屯军之后，服饰、习俗依然保存了明风，其“土人”“岁时礼节，多有楚风”①，显然是来自湖广的军士后裔。

第八节　右军都督府在外直隶卫所建置沿革

根据文献记载，洪武十三年设置右军都督府时②右军都督府下没有在外直隶卫所。

正德《明会典》卷108、万历《明会典》卷124的记载中明朝中后期只有宣州卫为右军都督府在外直隶卫所。该卫设于洪武十八年左右，但是正德《明会典》卷108、《明史》卷90《兵志二》洪武二十六年左右③右军都督府下仍没有在外直隶卫所的记载，因这两部书的这一部分对其他都司也曾有遗漏和错记的情况，宣州卫应为漏记。

南直隶境内的大多数卫所（隶于中都留守司的卫所除外）都为中军都督府在外直隶卫所，宣州卫的东南又是浙江都司控制之地，以宣州卫嵌入其间，有潼关卫、宁山卫之意，在于控制重地。

宣州卫

万历《宁国府志》载“宣州卫，在府治西……初洪武十八年仿元万户府制，凡大郡皆置卫……”④《大明一统志》卷15载“宣州卫，在府治西，洪武十九年改元宁国路总管府旧址建”⑤，两条资料虽相差一年，又都指卫公署建筑时间，但由于宣州卫资料较少，只能推断卫可能也在洪武十八年左右设置。明代宁国府即今安徽宣城市。

《明史》卷90《兵志二》、正德《明会典》卷108记载洪武中期卫所时无宣州卫，疑为漏记。

---

① 道光《永宁州志》卷12。
② 见《皇明诏令》卷2《太祖高皇帝中》，在《太祖实录》卷129洪武十三年正月中也有记载。
③ 正德《明会典》卷108、《明史》卷90《兵志二》。
④ 万历《宁国府志》卷11《防圉志》。
⑤ 《大明一统志》卷15《宁国府·公署》。

第四章　中军都督府都司卫所建置沿革

第一节　河南都司建置沿革

明代河南省位于腹里，河南都司军事上的紧要性比不上边疆都司，所以其卫所设置比较简单。永乐八年(1410)之后到正德年间的近百年时间里，其下只有10卫、1直隶于都司的守御千户所、5隶于卫的守御千户所和几个王府护卫。明代河南都司军事控制之地与河南布政使司辖区不一致，最东一度由于徐州卫的隶属而到达徐州、颍上一线，插入南直隶；北部磁州一地由于磁州守御千户所隶于山西都司潞州卫，在明代大部分时间内军事上不属于河南都司，而位于山西布政司境内的宁山卫却一度属于河南都司；西北部在很短的一段时间内曾经拥有陕西布政司境内的潼关卫及山西境内的蒲州所。这些处于周围诸省交界地域的卫所军事地理位置重要，在永乐七年前大多改隶，如东部的归德卫、武平卫，西北的潼关卫与蒲州所，北部的宁山卫与磁州所，东南的汝宁所，都不再属于河南都司，所以河南都司的主要变化发生在永乐八年之前的军事辖区中。

正是由于军事地位不高，明代河南地方文献对其卫所变化记载很少，尤其是洪武、永乐年间的变化，大多只能依据《明实录》等有限的史料进行推测。

一、河南都司卫所建置过程

从正德《明会典》卷108关于约洪武二十五年(1392)之时卫所的记载及《太祖实录》的相关资料推测，洪武八年河南都卫改河南都司之际，拥有下图所示的几个卫所。

此时河南都司卫所分布稀疏，军事辖区和明朝中后期的河南都司不同。在明朝历史上，河南都司的卫所并不多，变化相对简单，较为引人注目的便是河南都司辖区的变化。徐州卫在洪武十二年前隶属河南都卫及河南都司，颍

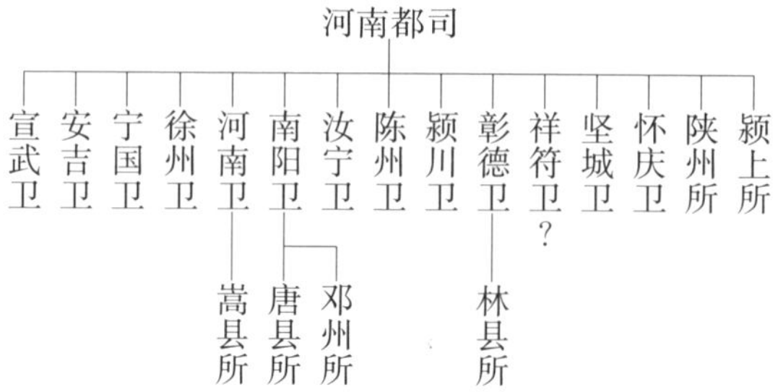

洪武八年(1375)河南都司卫所统辖结构图

川卫、颍上所则一直隶于河南都司,因为明朝最初在这里进行军事政区划分时,大多还是受元代政区的影响。元末徐州、颍州二地属河南江北行省的归德府和汝宁府在明初归河南,徐州卫与颍川卫及颍上所在洪武三年底设河南都卫时也就归于其下。随着行政区划的逐渐调整,徐州、颍州不再属于河南行省(后改河南布政使司),但是徐州卫一直到洪武十二年三月才改属凤阳行都督府,而颍川卫及颍上所却始终属于河南都司。随着犬牙交错意识的加强,这种省级军事辖区与行政辖区的相互渗透成为一种刻意安排。这种军事与政区管理上的犬牙交错与交通线路关系密切。颍州除明初外,在明朝绝大部分时间内行政上属南直隶,因“故汴道过其地”①,“又以地交南北,故置颍川卫于州城,而以兵籍属之河南焉。所谓犬牙相制是也”②。徐州则更是南北交通咽喉。

洪武四年初至八年十月河南都卫改河南都司之间,卫所变化主要发生在当时的北京——开封。明代河南位于腹里,卫所总体分布稀疏,稍为稠密之地在开封府。洪武元年八月封开封府为北京(洪武十一年罢),开封是南北交通要冲,在北方元朝遗兵不断骚扰的情况下,这里成为凤阳与南京的重要防线。所以明初重视开封的军事设置,广布卫所守御。除祥符卫外,洪武四年十二月又在开封设置了宁国、安吉、宣武 3 卫。明代黄河河道在今废黄河一线,开封府、归德府至南直隶徐州一线的卫所还有防洪的功能。坚城卫、徐州卫都在这一线上。

与开封兵力加强相反,洛阳则由 2 卫改为 1 卫,即河南左、右卫并为河南卫,多余的军兵调往陕州,立陕州守御千户所。南阳、怀庆、彰德三地陆续设置了军卫,又增设了南阳卫邓州守御千户所、唐县守御千户所,彰德卫林县守御

① 《太祖实录》卷 36 下。
② 正德《颍川府志》卷 1。

千户所，洪武八年十月都卫改都司时，卫所的地域分布已趋均匀。

河南都司的设废高潮发生在洪武八年十月至永乐七年之间。这一时期的变化仍然主要发生在开封及河南东部地区。随着开封兵力的进一步增加，洪武十六年，这里又设置了飞虎、熊韬 2 卫。至此，开封一城 6 卫，是当时除南京外卫所最多的城池。在北方统治稳定之后，尤其是洪武二十年塞外大宁都司(即北平行都司)建立后，开封的防御地位下降，所以洪武二十二年，飞虎、熊韬、祥符 3 卫与坚城卫分别改设为信阳卫、武平卫、归德卫、睢阳卫。

洪武时期，除徐州卫、颍川卫对河南都司辖区影响较大外，洪武九年潼关卫及所属蒲州所的归属、洪武十一年七月宁山卫的设置，使河南都司的军事辖区在西北和北部伸入陕西布政司、山西布政司境内。从洪武十一年七月到洪武十二年三月这一短暂时间，是河南都司辖区最广阔的时期。洪武十二年三月徐州卫的改属使它在东南丧失了一块军事重地，洪武二十三年三月潞州卫磁州守御千户所的设置，使山西都司伸入河南布政司境内，从此至永乐六年近二十年时间内，河南都司的辖区没有发生过大的变化。

建文元年(1399)至永乐三年永清左卫调至彰德，在这一段时间内应隶河南都司。

永乐六年潼关卫、蒲州所改隶中军都督府前是河南都司卫所最多的时期。林县所、卫辉所也设于此间。当时共有 17 卫、1 直隶于都司的守御千户所、6 隶于卫的守御千户所、8 王府护卫。其统辖结构如下图所示。

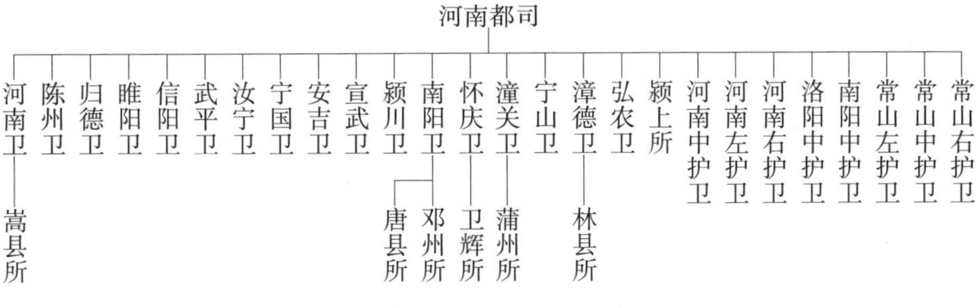

永乐六年(1408)河南都司卫所统辖结构图

河南都司最不稳定的地域是东南地区，由于靠近中都凤阳和南京，这里的卫所隶属变化较多。永乐七年睢阳卫、归德卫、武平卫、汝宁卫改直隶中军都督府，使得河南布政司与河南都司辖区的不一致达到极点，归德与汝宁二地的军事防守部分归直隶中军都督府；为了加强政府对各省交界处的控制，西北的潼关卫及蒲州所、北部的宁山卫也分别于永乐六年、七年改属中军都督府和后

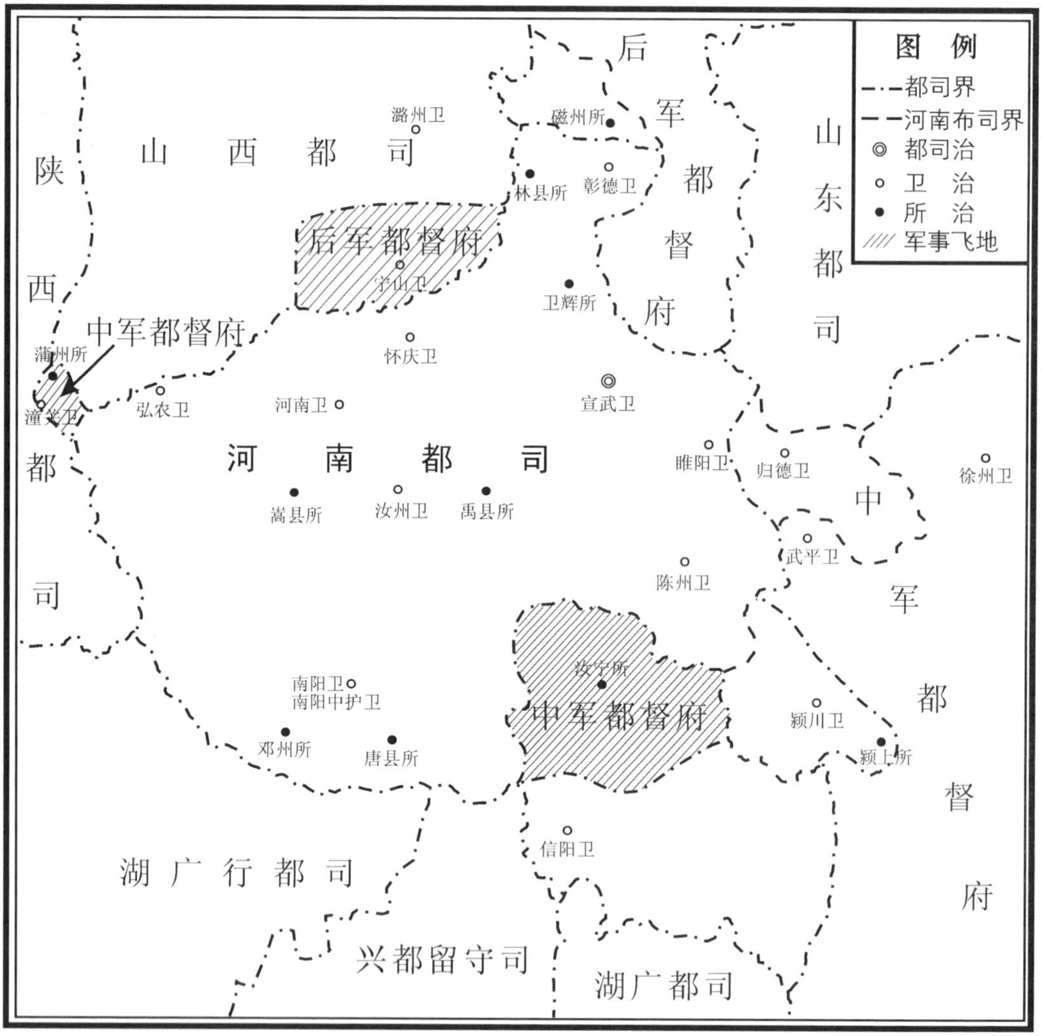

图 31 万历十年(1582)河南都司辖区及卫所图

军都督府，成为军事飞地。开封的安吉卫、宁国卫也于同年调往北方，改为涿鹿左卫、通州右卫。这是河南都司边界变化最大的时期。

景泰元年(1450)，睢阳卫重归河南都司。

河南都司变化较大的还有诸王府护卫。明代河南共有封于洪武、永乐时期的4个王府设置过王府护卫，分别是开封的周王、洛阳的伊王、南阳的唐王、彰德的赵王。周王府最早设置护卫，洪武十四年设河南左护卫，中护卫、右护卫也在洪武二十五、二十六年间相继开设，建文初废，永乐初复设，永乐末全废。伊王府与唐王府见于记载的只有洛阳中护卫、南阳中护卫，嘉靖四十三年(1564)废伊王，洛阳中护卫随之废除，改设汝州卫。赵王府常山3护卫设于永乐三年之后，洪熙至宣德初废除。洪武时期，大批封王并设王府护卫，是为了增强朱家对全国的控制，但靖难时已反映出各地王府掌握兵力对国家的稳定构成很大的威胁，所以成祖时废除了大量洪武时设置的王府护卫，但是同时成祖又把自己的儿子封于各地，设置新的护卫。宣德初，在朱高煦谋反过程中，王府护卫和一些卫所都是他的支持者，所以宣宗大力废除王府护卫，或由朝廷下令，或由诸王自请，宣德之后王府护卫所存无几，少数几个有护卫的王府也只有一护卫，军兵数目很少。

正德四年(1509)左右，河南都司又增加了钧州守御千户所，隶陈州卫，万历三年(1575)改名为禹州守御千户所。万历十年河南都司辖区及卫所见图31。

河南都卫及都司下的卫所均无实土。

二、河南都司卫所沿革考述

洪武三年十二月“置河南、西安、太原、武昌四都卫指挥使司”①，洪武八年十月“癸丑，以在外各处所设都卫并改为都指挥使司……河南都卫为河南都指挥使司”②，属大都督府，洪武十三年正月改五军都督府制后，属中军都督府。

河南都卫之时，河南一地已设卫所沿革如下。

1. 徐州卫

吴元年(1367)七月“庚寅，置徐州及济南二卫”③。洪武元年八月“改……

---

① 《太祖实录》卷59。
② 《太祖实录》卷101。
③ 《太祖实录》卷24。

徐州五所为永清右卫"①,徐州卫废。再设年代不详,徐州地理位置重要,当在不久即新置徐州卫。《太祖实录》洪武三年八月又记"改彭城、济阳、济州三卫于北平"②,彭城卫即徐州卫,徐州一地当寻又置卫。《弇山堂别集》卷86录洪武四年正月十一日中言及"徐州卫指挥佥事",可见在此之前卫已重设。

《太祖实录》洪武十二年三月记载"以河南都司所属徐州卫指挥使隶凤阳行都督府"③,在此之前徐州卫隶于河南都卫及都司。根据朱元璋洪武十三年正月《罢中书省及都府诏》④,从这一年起,徐州卫由凤阳行都督府改为中军都督府在外直隶军卫。

卫"在州城东南隅"⑤,明代徐州即今江苏徐州。

2. 河南左卫、河南右卫、河南卫

河南左、右2卫设置时间不明,明军洪武元年初攻下洛阳,设置当不早于此时,至洪武五年正月"庚戌,并河南左、右二卫为河南卫指挥使司,以余兵二千六百七十人置陕州守御千户所"⑥,废2卫而改设河南卫。

《大明一统志》卷29河南府公署条言河南卫"在府城内修文坊西,洪武五年建",河南府即今河南洛阳,原左、右2卫应亦治于此。

《明史》卷90《兵志二》等记载河南都司洪武二十五年卫所时有河南卫,该卫初隶河南都卫,洪武八年十月以后一直隶河南都司。河南左、右2卫也应隶河南都卫。

嵩县守御千户所　《大明一统志》卷29河南府公署条言嵩县守御千户所"在县治东,洪武元年建",乾隆《嵩县志》卷13公署中提到"洪武元年改营署为守御千户所",明军洪武元年攻下河南,设所当在这一年。所治嵩县,即今河南嵩县。雍正《河南通志》卷11《兵志》记载嵩县所属河南卫,河南卫洪武五年设,此前该所可能隶于河南左卫或右卫。

3. 汝宁卫、汝宁守御千户所

汝宁卫最早设置于洪武元年三月,当月"庚寅,置汝宁卫"⑦。根据顺治《汝阳县志》,"明洪武六年置守御千户所,筑五里三十步……八年置汝宁卫……

---

① 《太祖实录》卷34。
② 《太祖实录》卷55。
③ 《太祖实录》卷123。
④ 见《皇明诏令》卷2《太祖高皇帝中》。
⑤ 《大明一统志》卷18《徐州·公署》。
⑥ 《太祖实录》卷71。
⑦ 《太祖实录》卷51。

永乐七年徙卫，复千户所”①，汝宁卫曾在洪武六年改为千户所，八年复升为卫。

《明史》卷90《兵志二》等记载河南都司洪武二十六年卫所时有该卫，则该卫隶于河南都卫及河南都司。

永乐七年正月“改河南宁山卫隶北京行后军都督府，睢阳、归德、武平、汝宁四卫直隶中军都督府”②，同年五月“升宿州千户所为宿州卫，改汝宁卫为汝宁千户所，调汝宁所余官军益宿州”③。

《大明一统志》卷31汝宁府公署条记直隶汝宁守御千户所，“在府治东南，永乐三年建，隶中都留守司”④，汝宁府即今河南汝南县，永乐三年为公署建筑时间，根据以上提到《太宗实录》永乐七年正月及《明会典》、《明史》卷90《兵志二》的记载，汝宁所为中军都督府在外直隶千户所。

4. 陈州卫

洪武元年九月“置永州、陈州二卫”⑤。陈州属河南布政司，且《明史》卷90《兵志二》等记载河南都司洪武二十六年卫所时有该卫，可以推断该卫洪武三年十二月隶河南都卫，八年十月隶河南都司。

《大明一统志》卷26开封府公署条言陈州卫“在州治西”，明代陈州即今河南淮阳县。

5. 颍川卫(又称颍州卫)

洪武元年十一月“置颍州卫，命指挥佥事李胜守之……上因故汴道过其地，遂命胜筑城立卫，招辑流亡，民始复业”⑥。《明史》卷90《兵志二》记洪武卫所时称颍州卫，《明会典》、《大明一统志》河南都司下称为颍川卫。

《大明一统志》卷7凤阳府公署条言卫“在颍州城西北隅，洪武元年建”，明代颍州即今安徽阜阳。

正德《颍川府志》卷2颍川卫条言“洪武九年指挥佥事李胜开设”，成化《中都志》卷3载“洪武十九年指挥李胜创建”，皆误。

6. 颍上守御千户所

设于洪武元年，成化《中都志》卷3记该所“在县治西颍阳门外，洪武元年千户孙继达开设……隶河南都司”。《大明一统志》卷7凤阳府公署条言“在颍

① 顺治《汝阳县志》卷3《建置·城池》。
② 《太宗实录》卷87。
③ 《太宗实录》卷92。
④ 《大明一统志》卷31《汝宁府公署·直隶汝宁守御千户所》。
⑤ 《太祖实录》卷35。
⑥ 《太祖实录》卷36下。

上县城西，洪武元年建”，《明史》卷90《兵志二》记洪武二十六年河南都司下已有该所。

《大明一统志》在卷26河南卷首记河南都司下守御所时只提到该所，则该所直隶于河南都司。明代颍上即今安徽颍上。

雍正《河南通志》卷11记该所隶于颍川卫，误。

北京千户所

《太祖实录》洪武二年正月提到“元靖江总帅张荣……来归……授荣北京千户所镇抚”[①]，洪武元年八月开封立为北京，该所初设当不早于此时。其他史料未提及该所，疑不久即废。

洪武三年十二月设立河南都卫之后，卫所设置一直比较均匀，但是废迁情况复杂(潼关卫见“陕西都司建置沿革”，宁山卫、蒲州守御千户所见“山西都司建置沿革”)。

1. 南阳卫

洪武三年十二月“命溧水县知县郭云为指挥使，守御南阳，兼知南阳府事”[②]，郭云始筹设南阳卫，至洪武四年三月“丙申，置濠梁后卫、南阳卫二指挥使司”[③]。卫始隶河南都卫，洪武八年十月隶河南都司。

《大明一统志》卷30南阳府公署南阳卫条言“在府治东北”，即今河南南阳市。

邓州守御前千户所　洪武六年设。嘉靖《邓州志》卷14《兵防志》记邓州所为南阳卫前千户所，“在州治东，国朝洪武三年命镇抚孔显兼知邓州事，六年升正千户，乃分南阳卫前千户所官军守御邓州，而颁之印，显既以州治付有司，专理军务，遂与千户李德开设所治，明年告成”，由此可知邓州所始设于洪武六年。

《大明一统志》卷30南阳府公署条言所“在州治东，洪武二年建……俱属南阳卫”，洪武二年为公署建筑时间。根据嘉靖《邓州志》的记载，邓州所治前身是州治，州治始筑于洪武二年。明代邓州治在今河南邓州市。

唐县守御右千户所　根据乾隆《唐县志》，“(洪武)二年特命金吾右卫千户程飞兼知县事，越三年置千户所，增守御之兵，隶南阳卫”[④]，所设于洪武五年。

---

① 《太祖实录》卷38。
② 《太祖实录》卷47。
③ 《太祖实录》卷62。
④ 乾隆《唐县志》卷9《艺文志·所兵考》。

《大明一统志》卷30南阳府公署条言所“在县治东南，洪武三年建，俱属南阳卫”，根据乾隆《唐县志》卷2中提及唐县城池为“洪武三年右所千户程飞即元旧基建”[①]，可见程飞到唐县后，即开始筑城建公署，筹备置守御千户所。

治即今河南唐河县。

2. 宁国卫

《太祖实录》最早提到宁国卫是在吴元年正月，“乙未，置宁国卫”[②]，洪武元年正月，明军才开始攻取南阳以北郡县[③]，所以这时的宁国卫和洪武四年底设于河南的宁国卫并无关系。《太祖实录》载洪武元年十二月“傅友德将雄武、宁国、横海卫”[④]及三年五月“宁国卫指挥”[⑤]中的宁国卫也不是后来的河南宁国卫。此宁国卫怀疑设于宁国府，即今安徽宣城。

洪武四年十二月“乙巳，置宁国、安吉、宣武三卫于河南”[⑥]，宣武卫治在河南开封，疑宁国、安吉2卫治亦在开封。《明史》卷90《兵志二》等记载河南都司洪武二十六年卫所时有该卫，可以推测该卫初隶河南都卫，洪武八年十月隶河南都司。

《太宗实录》载永乐七年十月“改宁国卫为涿鹿左卫”[⑦]，不再属河南。正德《明会典》卷108洪武时期河南都司宁国卫下也有“后为涿鹿左卫，属后府”的记载。万历《明会典》卷124记“河南都司……旧有宁国卫，后改涿鹿卫，属后府”，“涿鹿卫”应为涿鹿左卫。

3. 安吉卫

《太祖实录》最早提到安吉卫是在吴元年三月，“癸丑，置昆山、吴兴、安吉三卫”[⑧]，与宁国卫相同，此时的安吉卫与洪武四年底置于河南的安吉卫并非一卫，治所可能在今浙江湖州西南的安吉。

洪武三年正月“置通州卫指挥使司，以安吉卫军隶之”[⑨]，废此安吉卫。

洪武四年十二月“乙巳，置宁国、安吉、宣武三卫于河南”[⑩]，宣武卫治在河南开封，疑宁国、安吉2卫亦在开封。《明史》卷90《兵志二》等记载河南都司洪武二十六年卫所时有该卫，可以推测该卫初隶河南都卫，洪武八年十月隶河

① 乾隆《唐县志》卷2《建置志・城池》。
②⑧ 《太祖实录》卷22。
③ 《太祖实录》卷29。
④ 《太祖实录》卷37。
⑤ 《太祖实录》卷52。
⑥⑩ 《太祖实录》卷70。
⑦ 《太宗实录》卷97。
⑨ 《太祖实录》卷48。

南都司。

万历《明会典》卷124河南都司下记“旧有安吉卫，后改通州卫亲军”，《太宗实录》永乐七年九月记“改安吉右卫为通州右卫”①，明朝其他史料中并无安吉右卫之说，这里应是安吉卫改通州右卫，不再隶于河南都司。

4. 宣武卫

《太祖实录》最早提到宣武卫是在甲辰年三月，“庚午，置……宣武……十七卫亲军指挥使司”，此时的宣武卫与洪武四年底置于河南的宣武卫并非一卫，既为亲军，则该卫治所应在南京。此卫废除时间不明，疑和安吉卫一样，在洪武三年左右。

洪武四年十二月“乙巳，置宁国、安吉、宣武三卫于河南”②。《大明一统志》卷26开封府公署宣武卫条言“在都司西”，河南都司治在开封府，宣武卫亦应如此。《明史》卷90《兵志二》等记载河南都司洪武二十六年卫所时有该卫，可以推测该卫初隶河南都卫，洪武八年十月以后一直隶河南都司。

乾隆《大清一统志》卷150载宣武卫“在祥符县西北，明洪武六年置，今裁”，按雍正《河南通志》卷11，宣武卫“在开封府治北，明洪武六年建”，六年应为公署建筑时间。

5. 陕州守御千户所、弘农卫

洪武五年正月设陕州守御千户所，十一年七月改弘农卫。

《太祖实录》载洪武五年正月“庚戌，并河南左、右二卫为河南卫指挥使司，以余兵二千六百七十人置陕州守御千户所”③，十一年七月“置弘农卫指挥使司”④。《大明一统志》卷29河南府公署条记弘农卫“在陕州城内东，洪武二年置守御千户所，十年改为卫”，设所与卫的时间与《太祖实录》不符，今从《太祖实录》。

《明史》卷90《兵志二》等记载河南都司洪武二十六年卫所时有弘农卫。陕州所的隶属情况史书无载，无法推测它是直隶于河南都卫（都司），还是隶于河南卫。

所、卫治之陕州即今河南陕县旧城。

卢氏守御百户所　雍正《河南通志》卷11《兵志》载该所属弘农卫，“在县治东，明洪武三十年建”。明代卢氏县治在今河南卢氏县。

---

① 《太宗实录》卷96。
② 《太祖实录》卷701。
③ 《太祖实录》卷71。
④ 《太祖实录》卷119。

永宁守御百户所　雍正《河南通志》卷11言所“旧在县治西，明洪武三十年建……”，永宁在卢氏北，应也属于弘农卫。

6. 怀庆卫

洪武六年四月“置怀庆卫，以广西护卫指挥佥事阎鉴权卫事”[①]。卫始隶河南都卫，洪武八年十月隶河南都司。

《大明一统志》卷28怀庆府公署条记怀庆卫“在府治东，洪治七年建”，明代怀庆府治在今河南沁阳市。

卫辉守御前千户所　洪武二十三年四月“置卫辉守御千户所”[②]。《大明一统志》卷28卫辉府公署条记守御卫辉前千户所“在府城内东，洪武二十三年建，属怀庆卫”，明代卫辉府治在今河南卫辉市。

7. 彰德千户所、彰德卫

彰德所设置时间不明，洪武八年九月“丁未，改河南彰德千户所为彰德卫指挥使司，隶河南都卫”[③]，彰德所也应隶河南都卫。

《大明一统志》卷28彰德府公署条记彰德卫“在府城内东南隅”，明代彰德府即今河南安阳市。

林县守御中千户所　嘉靖《彰德府志》记守御林县中千户所“在县治东南修文坊，洪武七年拨守蚁尖寨，二十四年移入县，二十八年千户张成等建”[④]，彰德卫洪武八年设，拨兵守蚁尖寨当在此年，寨在“林县西北蚁尖山上”[⑤]，洪武二十四年移入林县，即今河南林州市。《大明一统志》卷28彰德府公署条记守御林县中千户所“在县治东南，洪武二十八年建，隶彰德卫”，则林县所是拨彰德卫中所建。

8. 飞虎卫、熊韬卫

《太祖实录》载洪武十六年十月“丁亥，置飞熊、豹韬二卫指挥使司于河南开封府”[⑥]，但是《大明一统志》卷7凤阳府公署记飞熊卫“在定远县东北五十里，俱洪武十一年建”，飞熊卫早已设置于凤阳府定远县。《明太祖文集》“飞熊卫指挥使司佥事郭洪诰”里提到飞熊卫为“亲军指挥使司”，诸如《明会典》之类的文献中记载飞熊、豹韬2卫一直属前军都督府，与河南没有关系。根据《太

---

① 《太祖实录》卷81。
② 《太祖实录》卷201。
③ 《太祖实录》卷101。
④ 嘉靖《彰德府志》卷3《建置志・守御林县中千户所》。
⑤ 雍正《河南通志》卷8。
⑥ 《太祖实录》卷157。

祖实录》载洪武二十二年五月“丁亥，改祥符卫为武平卫，飞虎卫为信阳卫，熊韬卫为归德卫，坚城卫为睢阳卫”①，洪武十六年置于开封的应是飞虎、熊韬2卫。

2卫设于开封，应隶于河南都司，洪武二十二年改飞虎卫为信阳卫，熊韬卫则应改为武平卫(详见归德卫)。

9. 坚城卫

杨士奇《镇远侯夏国武毅顾公神道碑铭》②提到“洪武元年升坚城卫指挥佥事”，则卫洪武元年已设。洪武二十二年五月“丁亥，改……坚城卫为睢阳卫”③，坚城卫废。

明代砀山西北黄河北有坚城集，疑卫治于此。其附近的武平、归德、徐州等卫洪武时都一度隶于河南都司，此卫当不例外。

10. 祥符卫

设置时间不明。洪武二十二年五月“丁亥，改祥符卫为武平卫”④，祥符卫废，但不是改武平卫，而是改归德卫。明代祥符县治在今河南开封。卫隶河南都司。

11. 归德卫

设于洪武二十二年五月。是月“丁亥，改祥符卫为武平卫，飞虎卫为信阳卫，熊韬卫为归德卫”⑤。《明史》卷90《兵志二》等记载河南都司洪武二十六年卫所时有该卫，万历《明会典》卷124也记“河南都司，旧有归德卫，后属直隶”，可见该卫初隶河南都司。《大明一统志》卷7凤阳府公署条记武平卫“在亳州城内稍北，旧为熊韬卫，洪武二十二年改建”，亳州即今安徽亳州。这里的“旧为熊韬卫”与《太祖实录》所记之祥符卫改武平卫不一致。成化《中都志》卷3言武平卫“在亳县城内东街之北，原系河南熊韬卫，洪武二十二年调亳县守御，指挥同知方海创建，改武平卫，仍属河南都司，永乐七年改直隶”，嘉靖《归德志》卷2《建置志》载归德卫“洪武十年始徙宣武卫百户吕庸守御，二十二年己巳复徙祥符卫官军来城，改名归德卫”，所以推测《太祖实录》的记载有误，应是改祥符卫为归德卫，改熊韬卫为武平卫。

永乐七年正月“改河南宁山卫隶北京行后军都督府，睢阳、归德、武平、汝宁四卫直隶中军都督府”⑥。

---

①③④⑤ 《太祖实录》卷196。
② 《明名臣琬琰录》卷1。
⑥ 《太宗实录》卷87。

《大明一统志》卷27归德府公署条言"直隶归德卫，在府治东"，明代归德府治在今河南商丘市南。

12. 睢阳卫

洪武二十二年五月"丁亥，改……坚城卫为睢阳卫"①，《明史》卷90《兵志二》等记载河南都司洪武二十六年卫所时有该卫，可见该卫初隶河南都司。

《太祖实录》载永乐七年正月"改河南宁山卫隶北京行后军都督府，睢阳、归德、武平、汝宁四卫直隶中军都督府"②，景泰元年(1450)正月"改直隶睢州(阳)卫隶河南都司管辖，以都给事中叶盛奏请也"③。

《大明一统志》卷27归德府公署条言"睢阳卫，在睢州治东南，俱洪武二十二年建"，明代睢州即今河南睢县。

13. 武平卫

洪武二十二年五月"丁亥，改祥符卫为武平卫"④。据前文推测，应是改熊韬卫为武平卫。《明史》卷90《兵志二》等记载河南都司洪武二十六年卫所时有武平卫，可以推测该卫初隶河南都司。《大明一统志》卷7凤阳府公署条记武平卫"在亳州城内稍北，旧为熊韬卫，洪武二十二年改建"，亳州即今安徽亳州，应是。

永乐七年正月"改河南宁山卫隶北京行后军都督府，睢阳、归德、武平、汝宁四卫直隶中军都督府"⑤，卫改属。

14. 信阳守御千户所、信阳卫

信阳所设置时间不明。洪武十三年正月《罢中书省及都府诏》中记由大都督府改设五军都督府时，中军都督府在外直隶卫所中有信阳千户所⑥，信阳在洪武四年二月至七年八月间属中都临濠府⑦，信阳所可能在此之间设立，它的隶属与凤阳诸卫相同，洪武十三年改设五军都督府时，凤阳诸卫归中军都督府，信阳所随之改隶。

《太祖实录》载洪武二十二年五月"丁亥，改……飞虎卫为信阳卫"⑧，原有的信阳所应被纳入卫中，《明史》、《大明一统志》、《明会典》均记该卫隶河南都司，推测洪武十四年九月设置中都留守司之时，信阳所改归河南都司，后设的信阳卫也隶于河南。

---

①④⑧ 《太祖实录》卷196。
②⑤ 《太宗实录》卷87。
③ 《英宗实录》卷187。
⑥ 见《皇明诏令》卷2《太祖高皇帝中》，在《太祖实录》卷129洪武十三年正月中也有记载。
⑦ 《明史》卷42《地理志三》。

《大明一统志》卷31汝宁府公署条言“在县治东，洪武二十五年建”，明代信阳县即今河南信阳市。

15. 汝州卫

正德《明会典》卷108记河南都司卫所时尚无该卫而有洛阳中护卫，则正德时汝州卫还未设置。万历《明会典》卷124记“河南都司……旧有洛阳中护卫，后并汝州卫”，按《明史》卷42《地理志三》载“洛阳，倚。洪武二十四年建伊王府。嘉靖四十三年废”，汝州卫当是嘉靖四十三年废伊王府洛阳中护卫时设，所以万历《明会典》卷124河南都司有该卫而无洛阳中护卫。

四库本《大明一统志》卷31《汝州·公署》记汝州卫“在州城内”，当是嘉靖四十三年之后添加的内容。明代汝州治在今河南汝州市。

16. 钧州守御千户所(禹州守御千户所参见)

雍正《河南通志》卷11记载禹州所属陈州卫，“旧在州治西，明正德四年建，以千户领之”，正德四年建筑公署的时间离设所时间当不远。

万历《明会典》卷124载“旧名钧州，今改”，根据《明史》卷42《地理志三》“禹州，元曰钧州。……万历三年四月避讳改曰禹州”，正德年间所设之所应名为钧州千户所，至万历三年四月改名禹州千户所。

明代禹州即今河南禹州市。

建文元年至永乐三年永清左卫调至彰德，在这一段时间内应隶河南都司。详见“北平都司建置沿革”。

河南都司下的王府护卫数量较多，而且缺乏记载，有些变化只能推测。

1. 河南左护卫、河南中护卫、河南右护卫

为开封周王府护卫。洪武十四年周王就国，十月“改凤阳左卫为河南左护卫指挥使司”[1]，二十五年九月“辛卯，置河南中护卫”[2]，《明史》卷90《兵志二》等记载河南都司洪武二十五年卫所时有河南左、中、右3护卫，则右护卫在洪武二十六年前已设。

洪武三十一年七月，“未几，果有言周王不法者。……削王爵为庶人，迁之云南”，3护卫亦废。永乐元年正月周王复国，3护卫应重设。

《明史》卷116载“(永乐)十八年十月有告橚反者，帝察之有验。明年二月召至京，示以所告词，橚顿首谢死罪，帝怜之，不复问。橚归国献还三护卫”，正

① 《太祖实录》卷139。
② 《太祖实录》卷221。

德《明会典》卷108载河南3护卫“后并彭城卫”，可见永乐十九年3护卫被废后，兵丁归入彭城卫。《寰宇通志》开封府公署条中已不提3卫。

2. 洛阳中护卫

为伊王府护卫。《太祖实录》载洪武二十七年七月“置洛阳中护卫指挥使司于南阳汝州”①，据《大明一统志》卷29河南府公署条，洛阳中护卫“在府治东”，且洛阳的伊王府在洪武二十四年已开始建造②，中护卫治应在洛阳，《太祖实录》“南阳汝州”的记载有误。

洪武时一王府一般有3护卫，但是史料未提及有洛阳左护卫、洛阳右护卫，所以推测伊府只有中护卫。

万历《明会典》卷124记“河南都司……旧有洛阳中护卫，后并汝州卫”，按《明史》卷42《地理志三》“伊王府，嘉靖四十三年废”，洛阳中护卫当是此时废入汝州卫。

3. 南阳中护卫

为唐王府护卫。朱桱洪武二十四年封王，南阳中护卫当在此后不久设立。洪武时一王府一般有3护卫，但是史料未提及有南阳左护卫、南阳右护卫，所以推测唐王府只有中护卫。

《大明一统志》卷30南阳府公署条言南阳中护卫“在府治东，洪武二年建”，指公署的建造时间。卫治南阳。该护卫一直存在到明末，是明代时间最久的王府护卫之一。

4. 常山左护卫、常山中护卫、常山右护卫

为赵王府护卫。永乐二年四月朱高燧封王，在河南彰德建赵王府，据正德《明会典》卷108，永清左、右2卫与彭城卫一起“改常山三护卫。宣德初复为本卫”③，2卫改护卫发生在封王后不久，永乐三年二月庚午“改设赵府三护卫，以彭城卫为常山中护卫，永清左卫为常山左护卫，永清右卫为常山右护卫”④。永乐二十二年十一月，“从赵王高燧请，去常山左、右二护卫，只留中护卫及添设群牧千户所于贤弟府中”⑤；宣德二年二月，“调常山中护卫及群牧千户所官军赴永平、山海”⑥，废中护卫。

① 《太祖实录》卷233。
② 《明史》卷42《地理志三》。
③ 正德《明会典》卷108。
④ 《太宗实录》卷39。
⑤ 《仁宗实录》卷4上。
⑥ 《宣宗实录》卷25。

嘉靖《彰德府志》卷 3 建置志第二言“赵府，在永和门内一里……护卫曰常山”，明代彰德府即今河南安阳。同驻一地的彰德卫属河南都司，常山 3 护卫也应同属河南都司。

第二节　中军都督府在外直隶卫所建置沿革

作为明初的都城，南京的管理与军事防守一直是明朝历代所注重的，南京城中一度设有众多卫所，南京周围地区也成为南京的拱卫，早在洪武十三年(1380)正月大都督府改设五军都督府时，南直隶境内的卫所已尽归中军都督府直接管辖。

一、中军都督府在外直隶卫所建置过程

南直隶地区的许多卫所设置很早，从甲辰年(1364)至洪武初年，为了牢牢控制长江南北，朱元璋在攻取大的城池之后一般立即设立卫所进行守御，因此南京周围卫所众多。洪武十三年正月之前，大多数卫所直隶于大都督府。明朝改大都督府为五军都督府制时，这些卫所统于中军都督府之下。根据《罢中书省及都府诏》[①]和《太祖实录》洪武十三年正月[②]的记载，当时规定的中军都督府在外直隶卫所有 17 卫、9 守御千户所。17 卫下尚有一些隶于卫的守御千户所未录。由这些卫所的治地可以看出，当时中军都督府的在外直隶卫所辖区大致即除京城(指南京)以外的直隶中书省地区。洪武十三年中军都督府在外直隶卫所统辖结构如下图所示。

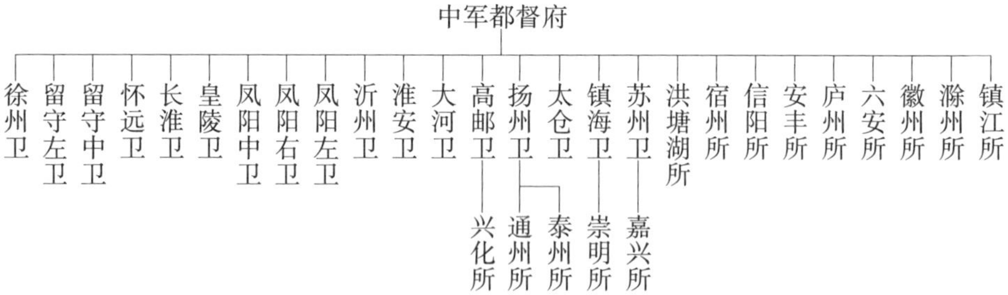

洪武十三年(1380)中军都督府在外直隶卫所统辖结构图

嘉兴所的设置，使得中军都督府的直隶军事管辖区向东南伸入浙江布政

---

① 《皇明诏令》卷 2《太祖高皇帝中》。

② 《太祖实录》卷 129。

使司境内。而沂州卫及明朝中期之后设置的莒州守御千户所又使其伸入山东东南部。

洪武十三年，南直隶地区增加了仪真卫、泗州卫、邳州卫、凤阳卫 4 卫，十四年凤阳左卫废，军卫分布更趋均匀。

洪武年间对中军都督府在外直隶辖区影响最大的是洪武十四年九月中都留守司的设置。这一月，凤阳右卫、凤阳中卫、皇陵卫、凤阳卫、留守左卫、留守中卫、长淮卫、怀远卫 8 卫，洪塘守御千户所 1 所改隶中都留守司，以守卫凤阳，这一带的军事管辖不再直隶于中军都督府。由此至明亡，南直隶的军事在都司卫所制上一直基本由两部分组成：中军都督府下中都留守司的卫所和中军都督府在外直隶卫所。

凤阳作为帝乡，为明朝的中都，中都留守司的几个卫所均设在凤阳府城内或附近，成为中军都督府在外直隶卫所包围下的一块特殊军事区域。

此后至永乐初，南直隶的卫所增长缓慢。卫大多是在一些府、州城中添设，如庐州卫、寿州卫、镇江卫、和州卫、滁州卫、六安卫、新安卫、建阳卫、安庆卫。为了防御东南沿海，洪武二十年在杭州湾北岸设置了金山卫及其下的青村所、南汇所，后又分设松江中所。金山卫和同年设置的许多浙江沿海卫所一起，构筑了东南海岸防线。洪武十八年左右南直隶宁国府新设的宣州卫直隶于右军都督府，使得宁国府成为中军都督府与浙江都司之间的一块特殊军事地域。洪武二十四年废和州卫，三十五年沈阳右卫军调守和州，但沈阳右卫直隶于左军都督府，也是一块飞地。

明朝中后期，中军都督府在外卫所在辖区上最引人注目的变化是永乐六年(1408)、七年潼关卫、蒲州所、睢阳卫、归德卫、武平卫、汝宁卫(永乐七年即改为守御千户所)的归属。睢阳卫、归德卫、武平卫、汝宁卫原属于河南都司，改隶中军之后，使得河南东部靠近南直隶徐州的归德府在管辖上成为犬牙交错区域，行政上归河南布政司，军事上直属中军都督府。作为南京及凤阳的主要守护者，中军都督府的触角伸进了周围山东、河南、浙江诸布政使司辖区之内。

汝宁卫、潼关卫及其下蒲州所的改隶使得中军都督府下多了两块军事飞地，与后军都督府下的宁山卫、前军都督府下的九江卫、右军都督府下的宣州卫一样，是明朝中央为牢控交通孔道而采取的特殊措施。

永乐七年之后，中军都督府在外卫所变化很小。除宣德五年(1430)新设徐州左卫外，明朝中后期增设的均为守御千户所，如浏河所、吴淞中所，多是为防御东南倭寇而设，吴淞中所、吴淞所防御的吴淞口，浏河所防守的浏河口，

“直冲太仓、昆山、苏州，倭舶之来多由此入”①，是苏州府与松江府的门户，明朝中后期倭寇屡屡由此进入内陆骚扰，烧杀劫掠，朝廷不得不增兵防守。

万历五年(1577)吴淞中所改宝山所之后，中军都督府再未增加过在外直隶卫所。万历《明会典》卷124、《明史》卷90《兵志二》中军都督府下所列的卫所中有宝山所，可见其资料来源晚于万历五年。万历《明会典》卷124错误地把潼关卫及其下的蒲州所归入后军都督府在外直隶卫所，而《明史》卷90《兵志二》则不加辨别，在中军都督府和后军都督府下皆列有潼关卫。

明末，中军都督府在外直隶卫所共26卫、2所、15隶于卫的守御千户所，统辖结构如下图所示。

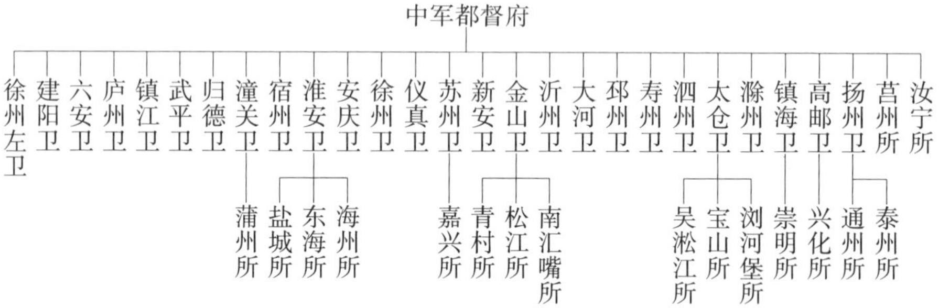

万历五年(1577)后中军都督府在外直隶卫所统辖结构图

值得注意的是，明朝中后期南京五府除南京城内及周围诸卫所外，还有部分卫所分布在南京附近的长江沿线和南京至凤阳一线，与中军都督府在外直隶卫所交织在一起。《春明梦余录》卷43记“和阳、龙虎、应天、横海、武德直当龙江下关，处东西之中；江淮卫设江浦县、沈阳右卫设和州，以防上游；英武卫设红心驿，飞熊卫设池河驿，广武卫设朱龙桥，(乃)凤阳滁州之中，以防北冲”，这种交错设置，使得明朝中央能够牢牢控制南直隶地区，防止分裂割据。

中军都督府在外直隶卫所均无实土。

二、中军都督府在外直隶卫所沿革考述

洪武十三年正月，明朝罢大都督府，改设五军都督府以辖都司卫所，根据《罢中书省及都府诏》和《太祖实录》洪武十三年正月的记载，当时规定的中军都督府在外直隶卫所有17卫、9守御千户所。17卫下尚有一些隶于卫的守御千户所未记载。

① 《江南经略》卷3下《刘河新建堡议》(嘉靖四十三年条上抚宪)。

1. 沂州卫(沂州守御千户所参见)

沂州一地的卫所在洪武初年经历了沂州卫—沂州守御千户所—沂州卫的变化过程。

《太祖实录》载洪武元年五月“庚午朔,置沂州卫”①,但是按《大明一统志》直隶沂州卫“在沂州城内东南,初为守御千户所,洪武四年建,五年升为卫”②,万历《兖州府志》卷32兵防也言卫建筑“在州治东南,直隶南京中军都督府,洪武四年建守御千户所,五年改为卫”,洪武元年所设之卫应在洪武四年之时改为守御千户所,五年六月又改为卫。对第二次设卫,《太祖实录》洪武五年六月记载“置沂州卫指挥使司”③。

洪武十三年正月《罢中书省及都府诏》中记由大都督府改设五军都督府时,沂州卫为中军都督府在外直隶卫所④。

明代沂州即今山东临沂市。

2. 苏州卫

吴元年(1367)十月“乙巳,置苏州卫指挥使司”⑤。正德《姑苏志》有更详细记载:卫“吴元年立,天兵平张氏,即以所俘士建卫,命指挥吴良掌之,隶中军都督府”⑥。洪武十三年正月起为中军都督府在外直隶卫所。

《大明一统志》卷8苏州府公署条言“苏州卫,在府治东,本朝吴元年建”,明代苏州府城在今江苏苏州市。

嘉兴中左千户所　洪武九年闰九月设,弘治《嘉兴府志》卷3《公署》有明确记载:“直隶苏州卫守御嘉兴中左千户所,在府治北二百步……洪武九年闰九月徐司马言于朝,乞设守备,奏准于京卫拨军一千立守御千户所,属直隶苏州卫”。嘉靖《嘉兴府图记》卷2亦记“嘉兴中左千户所……洪武九年奏准拨京卫千人充之,属直隶苏州卫”。

正德《姑苏志》记“(苏州卫)后千户所分立为嘉兴守御千户所”⑦,《江南经略》也记苏州卫“后千户所分立为嘉兴守御千户所”⑧,可见该所是由苏州卫后千户所分设,名为中左千户所。

明代嘉兴府即今浙江嘉兴市。

---

① 《太祖实录》卷32。
② 《大明一统志》卷23《兖州府·公署》。
③ 《太祖实录》卷73。
④ 见《皇明诏令》卷2《太祖高皇帝中》,在《太祖实录》卷129洪武十三年正月中也有记载。
⑤ 《太祖实录》卷26。
⑥⑦ 正德《姑苏志》卷25《兵防》。
⑧ 《江南经略》卷2上《苏州府守城官兵考·苏州卫指挥使司》。

3. 淮安卫

万历《淮安府志》卷7《兵防志》记卫"在府治南八十步……国朝丙午年(1366)指挥华云龙镇守淮安,始改为卫",《太祖实录》洪武七年六月也有相应记载:"华云龙(卒)……战彭蠡、平江汉,以功迁豹韬卫指挥使……比克淮安,命云龙守之,改淮安卫指挥使。"①当是在丙午年四月徐达克淮安②后不久即设淮安卫。

洪武元年八月"(徐)达改……淮安卫为大兴后卫",淮安卫一度废除,由于淮安乃军事重地,当于不久又重设淮安卫。

洪武十三年正月淮安卫已为中军都督府在外直隶卫所。

明代淮安府在今江苏淮安市。

4. 怀远卫

吴元年九月"置金吾左、金吾右、虎贲右及兴化、和阳、广陵、通州、天长、怀远、崇仁、长河、神策等卫"③,洪武二年十月"置延安卫,命怀远卫指挥使许良领兵守之"④,怀远卫废。此时的卫治史无记载,可能在怀远县,即今安徽怀远。

洪武四年三月又"置怀远卫亲军指挥使司于临濠"⑤,凤阳府明初称临濠府。据成化《中都志》卷3言"在府治北",怀远卫治在凤阳府城中。

怀远卫先隶临濠大都督府,洪武六年九月隶临濠大都督府改设的中立大都督府,七年九月隶中立大都督府改设的凤阳行都督府,洪武十三年正月设五军大都督府时,废凤阳行都督府⑥,卫改为中军都督府在外直隶卫所⑦,十四年九月改隶新设的中都留守司。

5. 大河卫

该卫设置较早。万历《淮安府志》载卫"去治北二里新城颁春坊旧太清观基。洪武二年指挥毕寅创建"⑧,《大明一统志》淮安府条也记"大河卫,在府治东北新城门,洪武二年建"⑨,虽都是言卫公署建筑时间,推测卫也当设于此年或更早。

---

① 《太祖实录》卷90。
② 《太祖实录》卷20。
③ 《太祖实录》卷25。
④ 《太祖实录》卷46。
⑤ 《太祖实录》卷62。
⑥⑦ 见《皇明诏令》卷2《太祖高皇帝中》。
⑧ 万历《淮安府志》卷7《兵防志》。
⑨ 《大明一统志》卷13《淮安府·公署》。

明代淮安府城即今江苏淮安市，卫在府城北不远。嘉靖《南畿志》卷 32 的地图也显示出大河卫并不在淮安城中，而是在城北。

洪武十三年正月起大河卫为中军都督府在外直隶卫所。

6. 扬州卫

洪武四年十二月"置扬州卫"①。

洪武十三年正月起扬州卫为中军都督府在外直隶卫所。

《大明一统志》卷 12 扬州府公署条言"扬州卫，在府城西南隅，洪武四年建"，明代扬州府即今江苏扬州市。

仪真守御千户所(仪真卫参见) 《大明一统志》卷 12 载"仪真卫，在县治东南，旧为千户所，洪武中改为卫"。对此，嘉靖《惟扬志》有明确记载："仪真卫指挥使司，在县治，洪武六年初设守御所，十三年升卫，始建官宇。"②《太祖实录》也记载洪武十三年八月"置青州、泗州、庐州、仪真四卫指挥使司"③。卫治仪真县，即今江苏仪征市。

洪武十三年正月《罢中书省及都府诏》中中军都督府在外直隶卫所中没有仪真守御千户所④，仪真所当时可能隶于附近的扬州卫。所改卫后直隶于中军都督府。

泰州守御千户所(泰州卫参见) 嘉靖《惟扬志》卷 10《军政志》言"泰州守御千户所，在州治，洪武元年置"，按《太祖实录》洪武四年闰三月"置泰州守御千户所"⑤，且《太祖实录》洪武三年二月提到"丁亥，长淮、泰州卫军士运粮……"⑥，故洪武元年设置的应为泰州卫，至洪武四年改设为泰州守御千户所。

嘉靖《惟扬志》卷 10《军政志》言"扬州卫……通州、泰州(二所)……在外"，则该所隶于扬州卫。

卫、所治泰州，即今江苏泰州市。

通州守御千户所(通州卫参见) 吴元年九月"置……通州……等卫"⑦，朱元璋的军队洪武元年才攻下北平通州，所以吴元年设置的通州卫应指南直隶扬州府的通州，即今江苏南通市。

① 《太祖实录》卷 70。
② 嘉靖《惟扬志》卷 10《军政志》。
③ 《太祖实录》卷 133。
④ 见《皇明诏令》卷 2《太祖高皇帝中》。
⑤ 《太祖实录》卷 63。
⑥ 《太祖实录》卷 49。
⑦ 《太祖实录》卷 25。

洪武五年九月“通州、吴兴二卫并龙骧卫”①，同月“置通州守御千户所”②。

万历《通州志》载“（通州所）凡应袭及诸军政悉报上扬州卫，而递之于南京中军都督府，以达于兵部”③，可知该所隶于扬州卫。

7. 凤阳中卫、凤阳右卫

洪武十一年七月“置凤阳中、右二卫指挥使司”④。

成化《中都志》卷3载凤阳中卫“在左甲第门内，洪武十二年指挥万得创建”，右卫“在洪武门内，洪武十一年指挥高贵创建”，两个时间均指公署建筑时间。2卫治凤阳府，在今安徽凤阳县西城。

卫初设时，应隶凤阳行都督府，洪武十三年正月隶中军都督府，十四年九月改隶中都留守司。

8. 凤阳左卫

《荥阳外史集》卷63录有洪武六年冬十一月《凤阳左卫亲军指挥使司正旦表笺三道》，说明在此之前卫已设置。洪武十四年十月“改凤阳左卫为河南左护卫指挥使司”⑤，卫废。卫治凤阳府。

卫初设时，应隶凤阳行都督府，洪武十三年正月隶中军都督府，十四年九月至十月间隶中都留守司。

9. 留守左卫

洪武十二年九月“置凤阳留守左卫指挥使司”⑥。

成化《中都志》卷3左卫载“在右甲第门内，洪武十二年创建”，卫治凤阳府。

核《太祖实录》洪武十三年正月有关记载和《明史》卷90《兵志二》、正德《明会典》关于洪武中期卫所的记载，只言洪武时期凤阳有留守左卫、留守中卫，则洪武十三年正月《罢中书省及都府诏》记中军都督府下的“留守中卫、留守卫”应为“留守中卫、留守左卫”。

卫初设时，凤阳行都督府废，卫应隶大都督府，洪武十三年正月隶中军都督府，洪武十四年九月起隶中都留守司。

10. 留守中卫

洪武十二年九月“改凤阳行大都督府留守司为留守中卫指挥使司”⑦。

---

①② 《太祖实录》卷76。
③ 万历《通州志》卷3《经制志·武备》。
④ 《太祖实录》卷119。
⑤ 《太祖实录》卷139。
⑥⑦ 《太祖实录》卷126。

卫治凤阳府。成化《中都志》卷3中卫条言"在左甲第门内，洪武四年创建"，这里的"洪武四年"应为卫公署所在建筑的建造时间。

卫洪武十三年正月隶中军都督府，洪武十四年九月起隶中都留守司。

11. 高邮卫（高邮守御千户所参见）

吴元年设高邮守御千户所，洪武四年十二月改所为卫。

嘉靖《惟扬志》卷10《军政志》言"高邮卫指挥使司，在州治，国初吴元年初设守御所，洪武四年升卫，始建官宇"，嘉靖《南畿志》卷28记为"在州治西，吴元年立千户所，洪武初升为卫"，《太祖实录》对所改卫的时间有明确记录：洪武四年十二月"壬午，改高邮守御千户所为高邮卫"①。

高邮卫、所治在今江苏高邮市。

洪武十三年正月起卫为中军都督府在外直隶军卫。

兴化守御千户所（兴化卫参见）　吴元年九月"置……兴化……等卫"②，明代历史上福建都司下亦有兴化卫，但根据同时所设其他军卫来看，吴元年九月的兴化卫应指南京附近扬州府的兴化，在今江苏兴化市。

洪武五年九月"以兴化卫并为钟山卫"③，卫废。后设兴化守御千户所，设所时间不明，当在废除军卫后不久。

嘉靖《惟扬志》卷10《军政志》载"高邮卫……外兴化守御千户一所"，则兴化所隶高邮卫。

12. 太仓卫

吴元年四月"壬戌，置太仓卫"④。《江南经略》卷3下《太仓卫兵防考》的记载更为详细："太仓卫指挥使司，太祖吴元年以所俘张士诚兵建卫，命指挥同知朱文掌之，隶中军都督府。初设十千户所，统军一万一千二百余名，洪武四年并为左、右、中、前、后五所，领吴淞守御千户所。"清代《太仓卫志》卷1也记"明吴元年立太仓卫"。

《明史》卷40《地理志一》载太仓州"本太仓卫，太祖吴元年四月置。弘治十年正月置州于卫城"，太仓州即今江苏太仓市。

正德《姑苏志》记卫"吴元年立……隶前军都督府"⑤，对太仓卫的隶属记载有误，从洪武十三年起太仓卫一直为中军都督府在外直隶军卫。

---

① 《太祖实录》卷70。
② 《太祖实录》卷25。
③ 《太祖实录》卷76。
④ 《太祖实录》卷23。
⑤ 正德《姑苏志》卷25《兵防》。

13. 镇海卫

洪武十二年十月置镇海卫于刘家港口，当年移卫于太仓卫城。

《太祖实录》载洪武十二年十月“甲申，置镇海卫指挥使司于太仓海口”①。《江南经略》记“国初镇海卫之设，原分太仓卫军之半屯戍刘家港口，今天妃宫其故址也，后因无城故并入州城耳”②，《明史》卷40《地理志一》也记太仓州“海口有镇海卫，洪武十二年十月置，后移于太仓卫城”，可见镇海卫最初并不与太仓卫同城，而是在刘家港，随后才移到太仓城中。

史书对镇海卫移入太仓城的时间没有明确记载。《大明一统志》卷8公署条言“镇海卫，在太仓城内，即元时市舶提举司。本朝洪武十二年分太仓卫军置此卫”，嘉靖《南畿志》卷13载“在城内武陵桥西，国朝洪武十二年分太仓卫之半以建”，根据这两条关于镇海卫公署建筑年代的记载推断，移治当发生在洪武十二年设卫当年。

洪武十三年正月起镇海卫已为中军都督府在外直隶卫所。正德《姑苏志》卫“……隶前军都督府”③的记载实误。

刘家港即今浏河，太仓卫城在今江苏太仓市。

14. 长淮卫

最早置于吴元年，当年十月“辛亥，置长淮卫指挥使司于临濠”④，《太祖实录》洪武三年二月还提到“丁亥，长淮、泰州卫军士运粮”⑤，但洪武四年四月又言“置长淮卫于临濠，统领水军”⑥，其间变化不明。成化《中都志》卷3另载“长淮卫在凤阳县粉团洲，洪武六年创建”⑦，疑长淮卫治曾多次变动，洪武六年迁治于粉团洲。《明史》卷40《地理志一》言凤阳“西北有长淮关，洪武六年置长淮卫于此”，以初治粉团洲的时间为置卫时间。治在今安徽蚌埠市东长淮卫镇。

卫初设时，相继隶临濠大都督府、中立大都督府、凤阳行都督府，洪武十三年正月隶中军都督府，十四年九月改隶中都留守司。

《太祖实录》载洪武十四年正月“己卯，大河卫请建旗纛庙，上曰大河、长淮

---

① 《太祖实录》卷126。
② 《江南经略》卷3下《刘家河险要说》。
③ 正德《姑苏志》卷25《兵防》。
④ 《太祖实录》卷26。
⑤ 《太祖实录》卷49。
⑥ 《太祖实录》卷64。
⑦ 成化《中都志》卷3。

二卫共一城，今长淮已立旗纛庙，春秋之祭二卫共之，不必重建以劳民力”①，大河卫与淮安卫同治在淮安，故这条记载里提到的长淮卫应为淮安卫。

15. 皇陵卫

洪武二年五月“更英陵曰皇陵，立皇陵卫以守之”②。

成化《中都志》卷3载卫“在府治西南十里，洪武二年开设。旧在凤阳县太平乡，洪武十年修陵垣，迁于今地重建”，可见卫治曾发生过变动，洪武十年后治地在今安徽凤阳南明皇陵所在地。

嘉靖《南畿志》卷9载“皇陵卫，在府治西南十里，洪武二年创建”，及《大明一统志》卷7公署条言“皇陵卫，在中都城西南十二里，洪武二年建，后隶中都留守司”，都忽略了卫治的变化。

卫初设时，相继隶临濠大都督府、中立大都督府、凤阳行都督府，洪武十三年正月隶中军都督府，十四年九月改隶中都留守司。

16. 徐州卫

见上节“河南都司建置沿革”。

洪武十三年9个中军都督府在外直隶守御千户所沿革如下。

1. 镇江守御千户所(镇江卫参见)

《江南经略》卷6上言“按国初自丙申岁(1356)取镇江，即元上万户府置元帅府，以统士卒。……洪武建元，耿再成为帅，乃筑今城，未几罢元帅府，设守御千户所，既而又改为卫，设指挥使司”，设所当在洪武元年之后。

洪武十三年正月《罢中书省及都府诏》所列中军都督府在外直隶卫所中有镇江千户所，可见此时千户所尚存。《太祖实录》洪武十七年闰十月提及“增置镇江卫中左千户所”③，则在此之前千户所已改卫。

《大明一统志》卷11镇江府公署条言“镇江卫，在府城内浔水桥南”，明代镇江府治在今江苏镇江市。

2. 宿州守御千户所(宿州卫参见)

洪武十年五月“置宿州守御千户所，以凤阳卫官军往实之”④。永乐七年五月“升宿州千户所为宿州卫，改汝宁卫为汝宁千户所，调汝宁所余官军益宿州”⑤。成化《中都志》卷3亦载“在州治东南，洪武初设守御千户所，永乐七年

① 《太祖实录》卷135。
② 《太祖实录》卷42。
③ 《太祖实录》卷167。
④ 《太祖实录》卷112。
⑤ 《太宗实录》卷92。

调河南汝宁卫四所合为一卫”。

洪武十三年正月起，宿州守御千户所直隶中军都督府。后设的宿州卫亦隶于中军都督府。

《大明一统志》卷7公署条言“宿州卫，在宿州城内稍西，洪武十年建守御千户所，永乐七年改为卫”，宿州所、卫治即今安徽宿州市。

嘉靖《宿州志》卷4《兵志》言“宿州卫在国初为宿州守御千户所，至永乐十年升为卫，调河南汝宁卫四千户所合为左、右、中、前、后五所……直隶南京中军都督府”，对千户所改军卫的时间记载错误，且卫隶于北京中军都督府。

3. 庐州守御千户所(合肥卫、庐州卫参见)

甲辰年(1364)九月“置合淝、六安二卫于庐州”①，洪武三年正月“壬子，改合淝卫为庐州守御千户所”②，洪武十三年八月“置青州、泗州、庐州、仪真四卫指挥使司”③，废所，置庐州卫。

《大明一统志》卷14公署条言“庐州卫，在府治东，洪武元年立合肥卫，三年改庐州守御千户所，十三年改建卫”，对合肥卫的设置时间记载有误。庐州府即今安徽合肥市。

4. 六安守御千户所(六安卫参见)

甲辰年九月“置合淝、六安二卫于庐州”④。洪武三年四月“改六安卫为守御千户所”⑤。洪武二十二年五月“改六安千户所为六安卫指挥使司”⑥。

《大明一统志》卷14公署条言“六安卫，在州治东南，吴元年建，洪武三年改六安守御千户所，二十二年仍改卫”。吴元年应指建筑时间。明代六安州即今安徽六安市。

万历《重修六安府志》卷2《营建志》言“国朝乙巳(1365)六安侯王志等创建厅宇，设六安卫守御，庚戌改设千户所……庚申岁仍改六安卫”，最初设卫按《太祖实录》应在甲辰年，庚戌即洪武三年改卫为所是正确的，庚申即洪武十三年所改为卫的时间有误。

洪武十三年正月起，六安所为中军都督府在外卫所，改卫之后，隶属未变。《明史》卷90《兵志二》、正德《明会典》卷108记载洪武中期中军都督府卫所时无六安卫，疑为遗漏。

---

①④　《太祖实录》卷15。
②　《太祖实录》卷48。
③　《太祖实录》卷133。
⑤　《太祖实录》卷51。
⑥　《太祖实录》卷196。

5. 安丰守御千户所(安丰卫、寿州卫参见)

丙午年(1366)置安丰卫,洪武三年改守御千户所,十三年改寿州卫。

嘉靖《寿州志》载"州治西,先为安丰卫,吴元年开设,洪武三年改安丰守御千户所,十三年改寿州卫,隶南京中军都督府"①,《大明一统志》卷7公署亦记"寿州卫,在寿州城内,旧为安丰卫,洪武三年改守御千户所,十三年改寿州卫"。至于安丰卫的设立时间,《太祖实录》载丙午年四月"辛未,左相国徐达克安丰……遂立安丰卫"②,设卫需要时间,嘉靖《寿州志》吴元年设卫的记载也不误。

卫治寿州,即今安徽寿县。

6. 洪塘湖屯田千户所

洪武四年设。成化《中都志》卷3言所"在府治东北四十里,洪武四年千户石梁创建",《大清一统志》卷87也记"洪塘湖屯田千户所,在府城东北三十余里,明洪武四年置"。

《荥阳外史集》卷63收录了洪武六年闰月廿四日《濠梁洪塘湖屯田千户所正旦表笺三道》,这也说明该所设置较早。《明史》卷40《地理志一》所谓"东北有洪塘湖屯田守御千户所,洪武十一年置",实误。

所治在安徽凤阳东北。

所初设时,相继隶临濠大都督府、中立大都督府、凤阳行都督府,洪武十三年正月隶中军都督府,十四年九月改隶中都留守司。

7. 滁州守御千户所(滁州卫参见)

甲辰年九月"庚午,置千户所于滁州"③。洪武十三年正月起为中军都督府在外直隶守御千户所。

洪武十八年十月"改滁州守御千户所为滁州卫指挥使司"④。万历《滁阳志》卷8《兵志》记"洪武初复改为滁州守御千户所,十八年开设滁州卫",所言设所时间误。

《太祖实录》载洪武十八年十一月"置……无为、太平、和州、滁州四卫,隶中军都督府"⑤,则该卫从设置之始就为中军都督府在外直隶军卫。

《大明一统志》卷18滁州公署条载"滁州卫,在州治东,初为守御千户所,洪武十八年改建为卫",明代滁州即今安徽滁州市。

---

① 嘉靖《寿州志》卷3《建置志·公署·卫署》。
② 《太祖实录》卷20。
③ 《太祖实录》卷15。
④⑤ 《太祖实录》卷176。

8. 徽州守御千户所(徽州卫、新安卫参见)

弘治《徽州府志》对徽州一地卫所变化有较为详细的记载:"新安卫指挥使司,在城内正南……国朝洪武三年设徽州守御千户所,在今处。至洪武二十三年五月初三日调指挥佥事陶谨将千户所改作新安卫指挥使司。"①根据《太祖实录》载甲辰年十二月"丙辰,改雄峰翼为兴安卫,寻又改为徽州卫"②,洪武三年四月"丁丑,改徽州卫为守御千户所"③,徽州一地最初先设徽州卫,后改守御千户所。

《太祖实录》又载洪武十五年十月"置徽州守御千户所"④,查洪武十三年正月《罢中书省及都府诏》中记由大都督府改设五军都督府时,中军都督府在外直隶卫所中有徽州守御千户所,推测该所在洪武十三年之后可能一度被废除,至洪武十五年十月重设,二十三年五月改为新安卫。

《明史》卷90《兵志二》、正德《明会典》卷108记载洪武中期中军都督府卫所时有新安卫。

明代徽州府治在今安徽歙县。

9. 信阳守御千户所

见"河南都司建置沿革"。

洪武十四年九月凤阳左卫等部分卫所改隶新设的中都留守司;同时,从洪武十三年至洪武末年中军都督府的在外直隶卫所也在不断添加,其中仪真卫、寿州卫、滁州卫、徽州守御千户所、新安卫等的考证见前文。

1. 邳州卫(邳州守御千户所参见)

洪武元年八月"陈虎都率众降,诏以虎都为邳州千户所镇抚,放其部卒四千人为民"⑤,邳州千户所的废除时间不明。

洪武十三年正月"置邳州卫指挥使司"⑥。

《大明一统志》卷13淮安府公署条载"邳州卫,在州治东南,洪武十三年建",邳州即今江苏邳州市西南古邳。

《明史》卷90《兵志二》、正德《明会典》卷108记载洪武中期中军都督府在

① 弘治《徽州府志》卷5《兵卫·公署》。
② 《太祖实录》卷15。
③ 《太祖实录》卷51。
④ 《太祖实录》卷149。
⑤ 《太祖实录》卷34。
⑥ 《太祖实录》卷129。

外直隶卫所时已有邳州卫。

2. 泗州卫

洪武十三年八月“置青州、泗州、庐州、仪真四卫指挥使司”①。

《大明一统志》卷7公署条载“泗州卫，在泗州城东北隅，洪武十三年建”，明代泗州在今江苏盱眙县稍北洪泽湖中。

《明史》卷90《兵志二》、正德《明会典》卷108记载洪武中期中军都督府在外直隶卫所时已有泗州卫。

3. 凤阳卫

洪武七年九月“改中立大都督府为凤阳行都督府，濠梁后卫为凤阳卫”②。

洪武十年五月“置宿州守御千户所，以凤阳卫官军往实之”③，但这只是抽调部分兵士立宿州所，并未废凤阳卫。洪武十三年正月《罢中书省及都府诏》及《太祖实录》洪武十三年正月都记载当时中军都督府下17卫中有凤阳左、右、中等卫，并无凤阳卫，但是《荥阳外史集》卷64尚录有洪武十三年正月《凤阳卫正旦进贺表笺三道》，推测卫可能在这一月设置五军都督府时被废除。该卫不久又重设，《太祖实录》载洪武十四年九月“置中都留守司，统凤阳、长淮等八卫”④，可见在十四年九月之前已重设该卫，重设之初当与凤阳其他卫所一样为中军都督府在外直隶军卫。《明史》卷90《兵志二》、正德《明会典》卷108记载洪武二十五年左右的中都留守司卫所时有凤阳卫。

卫初设时，应隶凤阳行都督府，十三年正月隶中军都督府，十四年九月后隶中都留守司。

成化《中都志》卷3载“凤阳卫，在旧城宣化坊，故中立府也”，治在凤阳府。

4. 和州卫

洪武十八年十一月“置……无为、太平、和州、滁州四卫，隶中军都督府”⑤。按正统《和州志》卷2公署条载“旧为和州卫……洪武二十四年全卫官军起调宁夏……洪武三十五年七月初四日始复以沈阳右卫守御本州”，则和州卫在洪武二十四年已废除。

天顺本《大明一统志》卷32和万历《明会典》卷124都提到“宁夏中屯卫，旧和州卫”，可见和州卫洪武二十四年改为宁夏中屯卫。

---

① 《太祖实录》卷133。
② 《太祖实录》卷93。
③ 《太祖实录》卷112。
④ 《太祖实录》卷139。
⑤ 《太祖实录》卷176。

《明史》卷90《兵志二》、正德《明会典》卷108记载洪武中期中军都督府在外卫所时有和州卫。根据《明史》卷90《兵志二》及诸《明会典》所载,沈阳右卫为南京左军都督府下卫所。

明代和州即今安徽和县。

5. 安庆卫

洪武二十二年四月“丙辰,置安庆、九江二卫指挥使司”①。

《大明一统志》卷14安庆府公署条言“安庆卫,在府城东北隅”,明代安庆府治在今安徽安庆市。

据《明史》卷90《兵志二》、正德《明会典》卷108记载,洪武中期安庆卫已为中军都督府下在外直隶军卫。

6. 建阳卫

《太宗实录》洪武三十五年八月癸亥提到“复设建阳卫”②,根据《大明一统志》卷15太平府公署条载“建阳卫,在府治西南,洪武三十五年建”,这次所设为太平府建阳卫。与福建行都司下的建阳卫设置相比较(详见“福建行都司建置沿革”),可知《太宗实录》之所以言“复设”,是因为该卫是在福建的建阳卫废除后再设的。

嘉靖福建《建宁府志》卷1《建置沿革》载“又置建宁左、右、中三卫……中卫□年徙太平府,为建阳卫”,推测应是在洪武十九年建宁中卫改设为福建行都司下的建阳卫,洪武三十五年八月改调至南直隶太平府,新设建阳卫,所以嘉靖《建宁府志》直接记为建宁中卫“徙太平府”。

卫治太平府,即今安徽当涂。根据《明会典》、《明史》卷90《兵志二》记载,卫直隶中军都督府。

7. 金山卫

《太祖实录》载洪武二十年二月“置金山卫于松江之小官场,筑青村及南汇嘴城千户所二……皆以沿海防御倭寇”③。

《明史》卷90《兵志二》、正德《明会典》卷108在记载洪武年间的卫所时,该卫已为直隶于中军都督府的卫。治即今上海南部的金山卫城。

青村守御千户所、南汇嘴守御千户所　洪武二十年二月置。《大明一统志》卷9松江府公署条载“松江守御中千户所,在府治东南,洪武三十年建;青

① 《太祖实录》卷196。
② 《太宗实录》卷11。
③ 《太祖实录》卷180。

村守御中前千户所，在府城东八十里，南汇嘴守御中后千户所，在上海县东南六十里，俱洪武二十年建；隶金山卫”，青村所、南汇嘴所乃金山卫中前所和中后所。

正德《松江府志》卷14《兵防》载“金山卫……守御青村中前千户所，在青村镇，洪武二十年建……守御南汇嘴中后千户所，在上海县十九保，洪武二十年建”，青村镇即今上海奉贤区青村镇，南汇嘴所治在今上海浦东新区南汇老城。

松江守御千户所（松江中千户所） 《江南经略》对松江守御千户所的设置有详细记载：“洪武初设民兵，万户府简民间武勇之人编成队伍，以时操练……后革万户府，而设守御松江千户所。其时尚每岁调太仓、镇海二卫羡卒更番戍守，至洪武三十年始定今制，以金山卫中千户所一署分驻之，开建公署于府治东南。”①正德《松江府志》亦记“金山卫……守御松江中千户所，在府治东南望迁桥之东，国初岁调苏州卫官军更番戍守，洪武三十年始定今制”②，则所设于洪武三十年，在此之前是调临近各卫兵丁轮流戍守。

松江中千户所隶金山卫。

《大明一统志》卷9松江府公署条载“松江守御中千户所，在府治东南，洪武三十年建”，明代松江府在即今上海松江区。

洪武中后期另外还设置了隶于太仓卫、镇海卫的吴淞江守御千户所、崇明守御千户所，淮安卫盐城、东海、海州3千户所。

1. 吴淞江守御千户所

置于洪武十九年，隶太仓卫。

万历《嘉定县志》载“吴淞所城，在县治东四十里……郑遇春、镇海卫指挥朱永奏建，事在洪武十九年”，“隶太仓卫，世守吴淞江口”③；《江南经略》卷3上《吴淞所兵防考》亦载“吴淞江守御千户所，洪武十九年荥阳侯郑遇春与镇海卫指挥朱永奏建，隶中军都督府，属太仓卫，统军一千二百五十人，后委镇海卫官并差军更番守御”。正德《姑苏志》④、嘉靖《太仓州志》卷3、《明史》卷40《地理志一》记载的设所时间也是洪武十九年。

《大明一统志》卷8公署条载“吴淞江守御千户所，在嘉定县东南四十里，洪武十九年建，属太仓卫”，即今上海宝山吴淞镇。

---

① 《江南经略》卷4上《松江府守城官兵考》。
② 正德《松江府志》卷14《兵防》。
③ 万历《嘉定县志》卷16《兵防下·城池》。
④ 正德《姑苏志》卷25《兵防》。

2. 崇明守御千户所

洪武三年设，洪武十二年之前可能隶太仓卫，这之后改隶镇海卫。

《江南经略》卷3下《崇明县兵防考》对崇明守御千户所有详细记载："崇明守御千户所，国朝洪武三年立，隶中军都督府，领于镇海卫。原设千户一员、百户十员，统军一千二百名守御城池，永乐十四年倭人入寇，发镇江、镇海二卫军一千一百二十名，以百户十员统之来御，遂隶本所。守城为一千户所，其旧戍军兵令习水战，设备倭风船十只，停泊旧县东南，名曰水寨；又为一千户所，俱领于镇海卫。宣德六年将镇江、镇海二卫军发回，调苏州卫军一千名，以百户十员领之戍守。厥后世平船坏，水寨备倭军亦掣入城守御。"嘉靖《太仓州志》卷3亦载"崇明守御千户所，洪武三年立"，"（镇海卫）领崇明守御千户所"。镇海卫设于洪武十二年，这之前崇明所应隶属于附近的太仓卫。

正德《姑苏志》载"崇明守御千户所，洪武二年立，隶中军都督府"①，所言设所时间误。

《大明一统志》卷8公署条载"崇明沙守御千户所，在崇明县东，洪武二十年建，属镇海卫"，洪武二十年指公署建筑时间。明代崇明千户所治所在的崇明县城在今上海崇明岛北端。

3. 盐城守御千户所

万历《淮安府志》卷7《兵防志》载"洪武三十年守御盐城扬州卫中左所正千户姜泰创建"；《大明一统志》卷13公署条载"守御盐城千户所，在县治西南，洪武三十年建，调扬州卫中左千户所守备于此。俱隶淮安卫"，即于洪武三十年调扬州卫中左所设盐城守御千户所，改隶淮安卫。

嘉靖《惟扬志》卷10《军政志》载"扬州卫……通州、泰州、盐城三守御千户所在外"，与《大明一统志》卷13及《大清一统志》卷64盐城所隶于淮安卫的记载不同，前者记载有误。

嘉靖《南畿志》卷28载所"在淮安府盐城县内，洪武中建"，即今江苏盐城市。

4. 海州守御千户所

嘉靖《南畿志》卷32载所"在州城清宁坊，洪武二十三年建"，万历《淮安府志》卷7兵防志载所"在州治西北清宁坊，洪武二十三年创建，正厅三间"，虽都是言公署建筑时间，估计千户所的设置亦离此年不远。

《大明一统志》卷13淮安府公署条载"守御海州中前千户所，在西城内，洪

① 正德《姑苏志》卷25《兵防》。

武中建……俱隶淮安卫”，治海州即今江苏连云港市西南海州镇，卫为淮安卫下的守御千户所。

5. 东海守御千户所

嘉靖《南畿志》卷 32 载所“在东海城，洪武十七年千户黄寿建”，万历《淮安府志》卷 7《兵防志》的记载与《南畿志》同，估计千户所的设置亦离此年不远。

《大明一统志》卷 13 淮安府公署条载“守御东海中千户所，在东城内，洪武中建……俱隶淮安卫”，根据嘉靖《南畿志》卷 32 的地图，东海所城比海州所稍靠东，位置在今海州镇附近。该所为淮安卫下的守御千户所。

《太祖实录》载洪武十八年十一月“置江浦、镇江左、扬州左、仪真左四卫，隶左军都督府，无为、太平、和州、滁州四卫隶中军都督府”[①]。但是史书对于江浦、镇江左、扬州左、仪真左、无为、太平几卫并无其他记载，疑实际并未设立。

永乐之后，新设的直隶于中军都督府的卫所并不多，除宿州所改卫外，新设仅有徐州左卫、莒州守御千户所和嘉靖中为防倭寇在长江口南岸设置的吴淞守御中千户所(后改名宝山守御千户所)、浏河堡守御中千户所，另有睢阳卫、武平卫、归德卫、汝宁卫(后改为汝宁千户所)自河南都司改直隶中军都督府，其中睢阳卫后又改回河南都司。睢阳卫、归德卫、武平卫、汝宁卫、汝宁守御千户所见“河南都司建置沿革”，潼关卫见“陕西都司建置沿革”，蒲州守御千户所见“山西都司建置沿革”。

1. 徐州左卫

宣德五年十一月始设，是月“壬子，楚王孟烷遣仪宾魏宁、长史杨振奏：府中三护卫愿留一卫，请以二卫归朝廷。……(张)本对(宣宗)曰：楚王为人虽为陛下所知，然人有烦言，王亦不得不虑，曾参杀人皆此类。今请归护卫，盖欲示简静，以杜谗邪，乃其深计远虑。陛下从之，所以保全之也。上慨然良久，曰：‘王不可缺侍卫，今三卫官军未必皆足，其令王任意选留，充足一卫……’于是改武昌中护卫为武昌护卫，调左护卫于东昌，改为东昌卫，右护卫徐州，改为徐州左卫，置经历司、卫仓皆如例”[②]。

嘉靖《南畿志》卷 61 载徐州左卫“在州城西南隅，即河南侯故宅，宣德五年调楚府护卫于此，指挥范诚创建”，明代徐州治在今江苏徐州市。该卫与徐州

---

① 《太祖实录》卷 176。
② 《宣宗实录》卷 72。

卫都为中军都督府在外直隶军卫。

万历《明会典》卷124载"旧有武昌左、右、中三护卫，后左改东昌卫，右改徐州卫，中改武昌护卫"，应是"右改徐州左卫"。

2. 莒州守御千户所

设置时间不明。嘉靖《山东通志》卷11载所"在州城内，直隶南京中军都督府"，《大明一统志》未录该所，疑正统年间尚无该所。据正德《明会典》卷108，该所直隶中军都督府。明代莒州在今山东莒县。

3. 吴淞守御中千户所、宝山守御千户所

嘉靖三十六年(1557)建协守吴淞中千户所，万历五年(1577)改名宝山守御千户所，对此，各史料的记载大体相同。

万历《嘉定县志》宝山所城池载"在县东南清浦镇，旧名清浦旱寨，洪武十九年指挥朱永建……嘉靖三十六年更名协守吴淞中千户所……万历五年……更名宝山千户所"①。《江南经略》卷3上《宝山旱寨兵防考》的记载更为详细："宝山，在嘉定县东南八十里依仁乡，洪武三十年太仓卫都指挥使刘源奏建旱寨，名江东寨，着令太仓卫分拨指挥一员、千户二员、百户四员、额军四百名屯守防御。永乐中平江伯陈瑄督海运筑宝山于其地，因名宝山寨。正统九年都指挥翁绍宗建砖城于寨左，遣太仓卫军守御崇明，遂委镇海卫军兼管。后城渐圮，兵防亦废。嘉靖三十六年复调太仓卫中千户所领军一千名屯守，改名协守吴淞中千户所。"清代《太仓卫志》卷3也记"嘉靖三十六年移中千户所于嘉定县之吴淞江，名协守吴淞千户所"。

《大清一统志》卷71载"宝山废所，在今宝山县南……嘉靖三十六年更名协守吴淞中千户所，后城渐圮，万历五年改筑新城于旱寨北，周二里有奇，更名宝山千户所。本朝顺治初设宝山城守备，十八年以海禁徙废。旧志在嘉定县东南八十里"。宝山所城在今吴淞口东岸，城池清代已崩入江中。初吴淞中所指太仓卫中所，后来的宝山所也应隶太仓卫。

4. 浏河堡守御中千户所

《江南经略》卷3下载"嘉靖四十五年移(镇海卫)中千户所领军一千名戍刘河堡"，为浏河堡中千户所，应仍隶于镇海卫。万历《明会典》卷124、《明史》卷90《兵志二》中军都督府下都隶有该所。

治在今江苏太仓浏河。

① 万历《嘉定县志》卷16《兵防下·城池》。

除以上卫所外，在洪武十三年设五军都督府之前，直隶中书省诸府境内(南直隶前身)还曾设过其他一些卫所(京卫除外)，《明史》卷40《地理志一》认为这一带"卫所直隶大都督府"。

1. 长兴卫、长兴守御千户所

《太祖实录》载甲辰年九月"甲申，改长安州为长兴州，永兴翼为长兴卫指挥使司，以耿炳文为长兴卫指挥使"①。按《大明一统志》卷40湖州府公署条载"在府治东贵泾坊，旧为长兴卫，在长兴县。本朝洪武二年改为守御千户所，八年移建于此"，则长兴卫洪武二年改为长兴守御千户所，八年移治湖州，改为湖州守御千户所。

洪武十四年十一月湖州府才由直隶改隶浙江，所以长兴所应属大都督府在外直隶卫所。

治在今浙江长兴县。

2. 宜兴卫、宜兴守御千户所

《太祖实录》吴元年九月提到"仍命大都督府副使康茂才将常州、宜兴、长兴等卫兵继之"②，根据文献记载，北平都司下洪武二年设宜兴卫，但是吴元年九月这条记载应指常州府的宜兴，因为此时明军尚未取得北平一带(取得北平是洪武元年的事)，且此处宜兴与常州、长兴并提，当是最初在今江苏宜兴设置了宜兴卫。

成化《重修毗陵志》卷16《武备》记宜兴所"在长桥北，即旧州治，洪武十三年裁革"，嘉靖《南畿志》卷20又记"宜兴县治……国朝为守御所……洪武间革千户所"，综合两条记载可以推断，宜兴卫后改为守御千户所，洪武十三年废除。

3. 常州卫

吴元年九月"仍命大都督府副使康茂才将常州、宜兴、长兴等卫兵继之"③，可见此时已立常州卫。洪武三年四月"罢常州卫"④。

成化《重修毗陵志》卷16《武备》载"常州卫指挥使司，在天禧桥西，即元万户府，洪武三年裁革"，卷10职官载"洪武元年设，三年裁革"，所言设卫时间有误。

卫治常州府，即今江苏常州市。

---

①　《太祖实录》卷15。
②③　《太祖实录》卷25。
④　《太祖实录》卷51。

4. 江阴守御千户所

成化《重修毗陵志》卷16《武备》记江阴守御千户所"在县治东……国朝洪武丁酉年为守御官治(注：洪武并无丁酉年),后改百户治所,洪武十一年升千户所,十三年改调官军于西安卫,遂废",《太祖实录》也记洪武十三年二月"丙戌,罢江阴守御千户所"①。

明代江阴即今江苏江阴市。

第三节　中都留守司建置沿革

朱元璋吴元年(1367)升元代的濠州为临濠府,洪武二年(1369)九月建中都于此,设临濠大都督府以辖卫所。洪武六年九月改临濠府为中立府,同时"改……临濠大都督府为中立大都督府"②。洪武七年八月又改中立府为凤阳府,九月"改中立大都督府为凤阳行都督府"③,又称凤阳行大都督府。洪武十二年九月"丁酉,改凤阳行大都督府留守司为留守中卫指挥使司"④,废除了凤阳的省一级军事管辖机构。此后至洪武十三年正月间原有卫所应改直隶大都督府。

洪武十三年正月《罢中书省及都府诏》中记由大都督府改设五军都督府时,凤阳附近卫所皆改为中军都督府在外直隶卫所。

洪武十四年九月"置中都留守司,统凤阳、长淮等八卫"⑤,即凤阳右卫、凤阳中卫、皇陵卫、凤阳卫、留守左卫、留守中卫、长淮卫、怀远卫。留守司"辖八卫一千户所"⑥,除8卫外,还有洪塘湖屯田千户所。直至明末以中都留守司辖8卫、1所的格局都没有发生过改变。

8卫、1所在上节"中军都督府在外直隶卫所建置沿革"中已作考述。

洪武十二年九月之前,临濠大都督府、中立大都督府、凤阳行都督府管辖的卫所史书没有明确记载,估计洪武十四年九月中都留守司拥有的8卫、1所只要在洪武十二年九月前存在的都当属于它们,这些卫所包括怀远卫、长淮卫、皇陵卫、凤阳左卫、凤阳右卫、凤阳中卫、洪塘湖千户所,还有濠梁卫、濠梁

① 《太祖实录》卷130。
② 《太祖实录》卷85。
③ 《太祖实录》卷93。
④ 《太祖实录》卷126。
⑤ 《太祖实录》卷139。
⑥ 天启《凤书·武备第六》。

后卫、徐州卫(洪武十二年三月“以河南都卫所属徐州卫指挥使隶凤阳行都督府”[①],详见“河南都司建置沿革”)等。

1. 濠梁后卫

洪武四年三月“丙申,置濠梁后卫、南阳卫二指挥使司”[②],洪武七年九月“改中立大都督府凤阳行都督府,濠梁后卫为凤阳卫”[③]。治在凤阳府。

濠梁后卫最初当属临濠大都督府,洪武六年九月属中立大都督府。

《大清一统志》卷87载“凤阳卫,在凤阳县东南十三里。明初设濠梁卫(应为后卫),洪武十年改名,卫署原驻临淮乡旧城内,本朝乾隆二十四年(1759)移驻”,对濠梁后卫改凤阳卫的时间记载有误。

2. 濠梁卫

根据《太祖实录》洪武四年六月“戊戌……指挥佥事朱显忠死之……初同兄贞事张士诚,我师下松江,显忠兄弟率部下来降,吴元年授濠梁卫指挥佥事”[④],吴元年时应设有濠梁卫,废除时间不明。“(洪武)四年七月西蜀平,诏文忠按行四川……乃调濠梁等卫官军于保宁诸处各立千户所以镇之”[⑤],疑濠梁卫废于此时。

---

① 《太祖实录》卷123。
② 《太祖实录》卷62。
③ 《太祖实录》卷93。
④ 《太祖实录》卷66。
⑤ 《太祖实录》卷160洪武十七年三月。

第五章 前军都督府都司卫所建置沿革

第一节 湖广都司建置沿革

湖广是明代军事重地，不仅因为它是九省通衢，为连接西南之云、贵、川的要冲，更重要的是西部及南部聚居着众多少数民族。湖广都司军事辖区一度相当于今天的湖南、湖北两省之和，是明代中部地区面积最大的都司，属部分实土的都司。都司卫所数目众多，卫所性质比较复杂，但目前除施州卫外多不为学者重视。一些研究在现代行政区划基础上把湖广的卫所割裂开来，使人们无法清楚了解明代整个湖广卫所的全貌。

一、武昌都卫的卫所建置

太祖甲辰年(1364)二月平武昌之后，即割元代河南江北行省南部与湖广行省中北部置湖广等处行中书省。随着战事的推进，明初湖广行省也渐具雏形。元末襄阳路、德安府、黄州路、蕲州路及其以南俱归明代的湖广行省，洪武九年(1376)由湖广行省所改的湖广布政使司的辖境在湖广行中书省时期已基本确定下来，这之后的边界变化主要是与其他布政司交界处的府州归属略有变动。按洪武初年的都司多为一行省一都司的政策来分析，当时卫所性质简单，后世各都司犬牙相入、飞地等控制手段尚未出现，因此估计洪武三年十二月设置的武昌都卫、八年改的湖广都司的辖区应与湖广行中书省及后来的湖广布政使司辖境相似。虽然没有武昌都卫辖有卫所的具体资料，我们可以推断湖广行省境内的卫所应全部归武昌都卫所有，这就确定了都卫的基本军事辖区。但是由于洪武初年有很多不确定的因素，尤其是西南少数民族土司的归属在四川布政司与都司、湖广布政司与都司及贵州都司之间变化，使得武昌都卫及湖广都司的西南边界常有变迁。

元末武昌一带为陈友谅所据，建立了“汉”政权，凭借控扼长江的地势，不时东出攻打池州、太平一带，是朱元璋统一全国的障碍之一，消灭了陈友谅，才有可能无后顾之忧全力北上，也是平定西南前的首要任务。癸卯年(1363)七月朱元璋的军队西出湖口，十月兵至武昌，分兵攻汉阳、德安等地，“湖北诸郡皆来降”①，第二年即甲辰年二月克武昌，乙巳年(1365)取安陆、襄阳，洪武元年克随州、均州等地，湖广大致都已平定。随着各地的相继平定，在后来武昌都卫辖地内相继建立了大批卫所，有蕲州卫、潭州卫、襄阳卫、沔阳卫、衡州卫、安陆卫、荆州卫、常德卫、辰州卫、武昌卫、茶陵卫、峡州卫、永州卫、沅州卫、宝庆卫 15 卫，黄州所、道州所、澧州所、益阳所 4 个直隶都司、与卫同级的守御千户所，以及隶于茶陵卫的郴州所、隶于永州卫的全州所、隶于安陆卫的随州守御百户所。其中沔阳卫丙午年(1366)改为守御千户所，蕲州卫洪武元年改为守御千户所。这些卫所以卫为主，绝大多数设在元代河南江北行省南部与湖广行省北部的路、府、州治地，都是当地的政治、经济、军事中心。此外，由于水道是湖广的主要通道，各卫所都濒临大河，交通便利。其中郴州所是在洪武二年平定土酋罗福叛乱之后留茶陵卫军士戍守而设；全州所路通广西，是经过灵渠到达桂林的必经之地，洪武二十八年改属广西都司。

为了防卫府州治地和镇压少数民族的反抗，洪武二年至三年又根据不同情况在西部与南部增置了一些卫所。洪武二年六月设常德卫麻寮、添平 2 守御千户所，2 所俱由当地归降土酋任千户，麻寮“唐勇纳土投诚，敕赐铁券，驻扎山峒，永镇诸蛮”②，添平由土官覃顺为千户，领土兵且耕且守。与广东交界的桂阳设平阳守御千户所，隶茶陵卫。二年还设置了德安守御千户所。洪武三年设靖州卫，靖州为少数民族聚居地，这一年明朝军队在这里筑城置卫，以便管理湖耳等处土司；又设羊山卫，位于永顺宣慰司附近，也是为了震慑当地的少数民族。在武昌都卫设置之前，这些卫所皆隶于大都督府。

至洪武三年十二月设武昌都卫时，湖广行省境内已有约 16 卫、7 直隶于都司的守御千户所、5 隶于卫的守御千户所、1 守御百户所，其具体统辖结构如下图所示。

从数目看，武昌都卫一开始所领的卫所似已不少，但是由于湖广面积广阔，卫所分布还相当稀疏，主要是由于洪武初年朝廷集中精力平定东南、北方、西北，尚无暇顾及西南，湖广西部的重要性还未显露出来。此时湖广的卫所主要集中在东部和中南部，多为一府一卫或所。洪武四年起至六年十二月思南

---

① 《太祖实录》卷 13。
② 康熙《九溪卫志》卷 3 附。

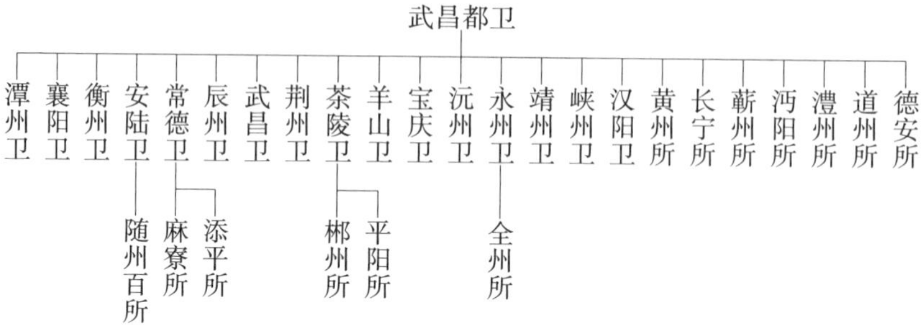

武昌都卫初设时卫所统辖结构图

宣慰使司改属四川，其地军事似应改归成都都卫统辖。六年十二月宣慰司又改属湖广，军事应再归武昌都卫，虽然永乐十一年(1413)改为思南、镇远诸府，属贵州都司，但是在军事上估计一直隶于湖广，永乐年间存在的思州、思南2守御千户所便隶湖广都司。另外洪武初年容美宣抚司一带即后来的施州卫辖区大部分地区仍归四川行省，军事上亦不隶武昌都卫。但是洪武元年设的保靖宣慰司及五年设的永顺宣慰使司从一开始就归武昌都卫统辖。

至洪武八年十月都卫改湖广都司前，没有发生卫所设置高潮。乙巳年宝庆卫曾因溪峒作乱改治益阳，益阳所废。洪武五年十一月宝庆卫迁回宝庆，重设益阳所。宝庆卫在益阳的时间不长，以至于许多史书忽略了这一变化。洪武四年四月在控扼洞庭湖长江入口处的岳州置岳州卫，这是地势所需。五年三月在武冈州设武冈守御千户所，隶靖州卫，这一卫一所的设立只是使卫所数目增加，并未引起都卫辖区的改变。四年十二月设置的瞿塘守御千户所则使得都卫的西界扩展入四川行省夔州府，以牵制新设的四川行省和成都都卫。五年六月潭州府更名长沙，潭州卫遂改名为长沙卫。至八年十月前，都卫共有20卫、7隶于都司的守御千户所、7隶于卫的守御千户所、1守御百户所。

二、成化十三年前湖广都司卫所建置过程

洪武八年十月之后至明末，除洪武十四年设置的瞿塘卫及下属4守御千户所、施州军民指挥使司使湖广都司西扩，宁州卫使都司东部伸入江西都司，成化十三年(1477)设行都司及嘉靖十八年(1539)置兴都留守司时划出部分卫所使湖广都司北界南缩，万历二十九年(1601)至三十一年镇远等4卫划归贵州都司使都司西南辖区一度缩小外，其余时间设置的卫所都未影响到都司的辖区。新增的卫所大多于永乐元年前设置，但是在洪武时并没有明显的设置高潮。永乐以后，卫所发展相对平缓，新设无几，主要大的变动都发生在三次

使都司辖区发生改变的时期。因此以成化十三年析出湖广行都指挥使司为时间断限,分两个阶段来分析湖广都司卫所的变化。

永乐元年前湖广都司新设卫所可以分为三种情况:一是为增加地方行政中心的军事力量而设;二是在西部和南部为镇压少数民族反抗而设,以这一类新设卫所居多;三是王府护卫的设立,其引起的卫所置废变化最为复杂。

为增加地方行政中心的军事力量而设的卫所有武昌左、右、中 3 卫,汉阳卫,湖南卫,蕲州卫,黄州卫,荆州左、右卫,隶于襄阳卫的房县守御千户所,隶于长沙卫的湘乡守御千户所,其治地皆是府州县治地。其中武昌 3 卫、荆州 2 卫、汉阳卫、湖南卫的设废与王府护卫有着密切的关系。武昌左、右 2 卫洪武八年十月都卫改都司时设立,中卫十五年七月由左卫改置,不久再置左卫,十九年中卫与右卫分别改为楚府武昌左、右 2 护卫,故《永乐大典》卷 11904、《大明一统志》卷 59 只录武昌卫、武昌左卫。荆州本已有荆州卫,但是在洪武二十一年九月该卫变为湘王府的荆州左护卫,至三十年时再置荆州卫,同时增设左、右 2 卫。汉阳卫的存在时间不长,洪武二十三年改为荆州左护卫。湖南卫洪武二十年正月由长沙护卫改,二十六年二月被废。湘乡所后亦废除。

最初为增加王府的势力,多改当地卫所为护卫;而当王府废除后,护卫军多被改调他地,而在地方又设军卫,以增强中央的控制。一王府初只有一护卫,以封地冠名,湖广有洪武十三年设立的长沙护卫、十四年设置的武昌护卫,但按规定一王府可以有 3 护卫,到了洪武二十年左右,武昌楚府、长沙潭府、荆州湘府都先后改设为左、中、右 3 护卫。二十五年为郢靖王设安陆中护卫。长沙护卫二十年时改为湖南卫,后设 3 护卫在二十三年国除之后改调他地。荆州 3 护卫在洪武三十二年四月湘王自杀后废除。

湖广西部与南部是少数民族居住地,洪武初年,朝廷对来归降者都以元朝所授官职授之,实行自治。卫所的设置多与这些部族的反抗有关,洪武十四年,江夏侯周德兴移师讨水尽源、通墖平、散毛诸峒,五月在诸土酋归顺后置施州军民指挥使司(史书统称为施州卫),先隶四川都司,十二月改隶湖广都司。该军民司与永顺诸土司接境,位于岳、辰、常德之西,与川东巴、夔相接壤,南通黔阳,境内溪峒甚多,是西部重地。二十三年闰四月因"散毛、镇南、大旺、施南等洞蛮人叛服不常,黔江、施州虽有卫兵,相去悬远,缓急卒难应援,今散毛地方大水田与诸蛮洞相连,宜立置千户所守御。至是命千户石山等领酉阳土兵一千五百人置所于大水田镇之"①,增设大田军民千户所,隶施州军民司。施

① 《太祖实录》卷 201。

州军民司是明朝控制湖广西部最重要的军事组织，与土司相结合控制地方，“废州入卫以统军民而辖蛮夷”①，使得都司边界西伸。

洪武十五年平定云贵之后设置了贵州都司，但是与湖广交界的东南五开等地距二都司卫所皆远，管辖不力，十八年吴面儿反，楚王朱桢同征虏将军汤和西征，置五开卫。此后至洪武二十五年前，陆续在卫周围置隶于卫的平茶屯、中潮、铜鼓、新化亮寨、平茶、黎平、隆里、新化屯 8 守御千户所。建文中五开、靖州、铜鼓 3 卫被废，永乐元年复置，原属靖州卫的潭溪蛮夷长官司、古州蛮夷长官司、新化蛮夷长官司、湖耳蛮夷长官司、亮寨蛮夷长官司、欧阳蛮夷长官司等在被废重置后改属贵州都司，直至永乐十二年诸司改隶新设的黎平府后，这一带的军事才重由湖广都司五开诸卫控制。

靖、沅、道、澧之间溪峒深阻，少数民族不断起事，洪武九年时改澧州守御千户所为大庸卫，以镇地方，同时因羊山卫地偏远险阻，废卫。二十二年安福土千户夏德忠联合九溪诸洞反叛，平定之后改设九溪、永定 2 卫，改大庸卫为千户所，隶永定卫，安福所、九溪所隶九溪卫，其中九溪所不久即废。永定卫是西部一个重要的军卫，“峒苗接交于澧慈数百里之界，时恐鞭长莫及，因而割余土建专城，设屯戍以捍卫，永定之名所由来也”②，九溪“立栅守御，其地扼要，为诸溪所汇，堪控制苗蛮”③。二十三年、二十五年又分设天柱、汶溪 2 守御千户所，隶靖州卫，以镇西南诸苗。洪武二十六年三月讨平堂厓后设古州卫，与五开卫同守西南，七月即罢。洪武三十年林小厮叛乱，设铜鼓卫位于五开和靖州之间，“以遏绝苗寇出没之路”④；置镇溪守御千户所，隶辰州卫，以统辖崇山、沿场、高岩等处一百余寨。洪武十一年还曾设崇山卫，后改为守御千户所，废除时间不明。

南部与两广交界的五岭地区的少数民族也是反抗不断，“界两广而邻诸瑶，亡命多潜巢山谷，假道猓以蠡齐民”⑤，郴桂一带“连岁为猺蛮劫掠”⑥，为彻底平定地方，洪武二十八年改道州所为宁远卫，另外在这一带设置了桃川、枇杷、锦田、宁溪、广安、常宁、江华、宁远 8 个守御千户所，均匀分布在边界线上。其中广安所“南距广东，北控江西，界乎群山之间，我大明洪武间以广贼凭陵，设广安

① 嘉庆《恩施县志》卷 10《艺文志·施州卫志原序》。
② 康熙《永定卫志》卷首《永定卫志序》。
③ 康熙《九溪卫志》卷 1《建置沿革》。
④ 嘉靖《湖广图经志书》卷 19《新建卫学记》。
⑤ 万历《宁远县志》卷 19《新建石城记》。
⑥ 《太祖实录》卷 245。

千户所以御之”[①]。洪武二十八年八月永州卫全州所改归广西。

贵州都司设立之后，沿辰、沅入贵州的交通线成为明中央政府同西南联络的主要线路，为保障畅通，洪武二十二年立镇远卫，二十三年又设清浪卫、偏桥卫、平溪卫，均匀分布在这条线路上。永乐十一年贵州布政司设立后，镇远、清浪、偏桥、平溪、铜鼓、五开 6 卫及下属的守御千户所治地所属府州隶贵州布政司，造成当地军事与行政隶属不同，引起管理不便，是万历年间隶属关系调整的起因，这在“贵州都司建置沿革”一节中已有论述。

洪武九年峡州卫改为夷陵守御千户所，二十三年设枝江守御千户所，2 所俱直隶都司。瞿塘所洪武十二年七月升为卫，另在卫下增置梁山、大竹、达县、忠州 4 守御千户所，梁山、大竹所九月即废除，达县所在洪武中期也被废除。

洪武十四年九月设置的宁州卫治地所在州县属江西布政司，这是湖广与江西管理上犬牙交错的唯一地区，由于卫不久即废，犬牙之势并未保持多久。

洪武时期湖广还曾设有西平守御千户所，但其治地、设废时间俱不明。

洪武二十四年六月“诏以襄阳、德安、安陆三府及随州隶河南。沔阳、汉阳、黄州、荆州四府，蕲、归、峡三州仍隶湖广。时礼部参酌河南、湖广所属州郡道里远近，给事中荆德言襄阳等府到湖广为远、河南为近，故命分隶之。未几复以襄阳等四府州政事归武昌为便，复隶湖广”[②]，这次短暂的改动是否引起襄阳卫、德安所、安陆卫等的隶属变化，史书不载。

至洪武三十一年，湖广都司至少有 29 卫、7 王府护卫、1 军民指挥使司、5 直隶都司守御千户所、31 隶于卫的守御千户所、2 守御百户所。如下图所示。

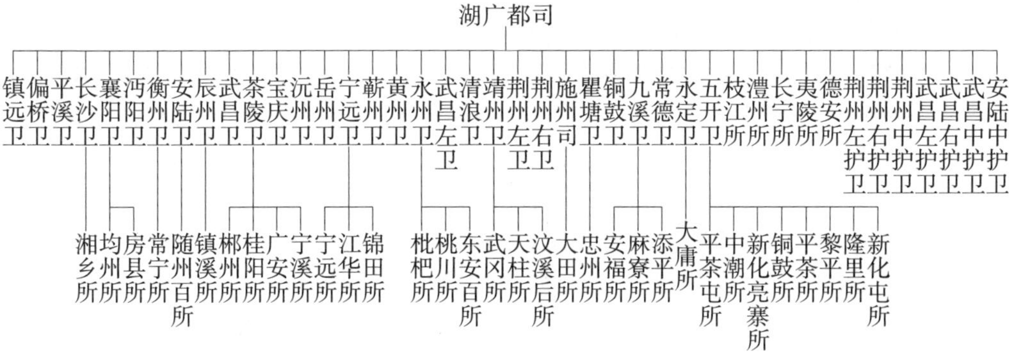

洪武三十一年(1398)湖广都司卫所统辖结构图

① 嘉靖《郴州志》卷 8《创设志上·城池》。
② 《太祖实录》卷 209。

洪武三十二年湘王自杀后，荆州3护卫废，铜鼓、五开、靖州3卫也一度被废，至洪武三十五年成祖时复置。建文年间，湖广都司有过较大的变动，按《太宗实录》卷10下，洪武三十五年秋七月“甲午，革建文中所设河北都司、湖广行都司”，可见曾分设行都司，但由于史料无辑，无法得知建文时行都司的治地、隶属卫所及辖区。

永乐到成化以前，湖广都司卫所变化最多的还是王府护卫，永乐十五年成祖以谷王谋逆削其爵位，长沙护卫废；郢靖王洪武年间以无嗣国除，至宣德四年(1429)调其安陆中护卫军士于广西；五年十一月楚王为避免宣宗猜疑，请废2护卫，武昌左、右2护卫改调他地，中护卫改为武昌护卫，嘉靖《湖广图经志书》卷1楚庄王碑载“凡事经王祖考者，必思保全，护卫军校节其力役，饥寒者恒出布粟赈之，尝念国家备边御侮，将士勤劳，而王府护卫军校多安闲，乃发二护卫归朝廷”，所言实为美化之词；正统元年(1436)襄王自长沙迁往襄阳，天顺元年(1457)设襄府护卫，此护卫至明末尚存。除襄王外，永乐以后“其后诸藩相继受封，不多置卫，设群牧所”①。

关于襄阳护卫，史书有颇多错误记载。《明史》卷90《兵志二》载“洪武二十六年定天下都司卫所”湖广都司下有襄阳护卫，但是正德本《明会典》卷108未列，且根据《英宗实录》卷278该护卫设于天顺元年，因此《明史》卷90《兵志二》的记载有误。但正德《明会典》卷108在列后期卫所时把襄阳护卫列入湖广都司亦误。成化十三年后该护卫改隶湖广行都司，万历《明会典》列入行都司是正确的。《明史》卷90《兵志二》后期卫所都司、行都司俱列有襄阳护卫，则更是错误。

成化七年十一月设宜章守御千户所，隶茶陵卫。

此外，由于“荆襄与蜀接境，远安、南漳、竹山一带西邻三峡，皆深山丛林，地多闲旷，先是各处干旱水溢，流民就食其间，又有避罪盗贼、囚犯藏匿山林，蜂屯蚁聚……成化二年石和尚盗起……而逼致刘千斤作乱……大臣议远安路当冲要……相地于县南名曰东庄开设守御千户所”②，又“襄阳府远安县在万山之中，去军卫远，编户止一里半，流民数多，易为变乱”③，成化三年设远安守御千户所，直隶都司，以做到“军威彼此相接，而盗贼不敢轻动”④。出于同样的原因，成化八年设竹山守御千户所，隶襄阳卫。永乐至成化十二年底除护卫

① 万历《湖广总志》卷9《藩封下》。
② 嘉靖《湖广图经志书·司志·诗文》卷6《远安守御千户所记》。
③ 《宪宗实录》卷40。
④ 嘉靖《湖广图经志书》卷8《处置荆襄地方奏状》。

外，新设只此 2 所，这一方面是由于卫所分布已相当均匀，另一方面也说明卫所战斗力的下降使朝廷不愿再设。

洪武后期直至成化十三年前是湖广都司卫所最多的时期，各类卫所数目加起来未低于 70，其中永乐十一年至十四年间一度达到 78 个卫所，是此时明疆土内卫所最多的都司。这些卫所三分之二分布在长江以南，又以今日湖南南部、贵州东南最为集中。

三、成化十三年后湖广都司的四次大的变动

河南、陕西、湖广、四川诸省交界的山区在明代是流民聚居之地，洪武年间已是“盗贼不时生发”，不断与政府冲突，逐渐成为朝廷的心腹大患，成化年间石和尚、刘千斤相继而起，至成化十二年十二月乙丑“开设湖广郧阳府，即其地设湖广行都司卫所及县”①。十三年正月，原隶于都司的荆州、荆州左、荆州右、瞿塘、襄阳、安陆、郧阳 7 卫，襄阳护卫及德安、房县、均州、长宁、夷陵、枝江、远安、竹山 8 守御千户所，随州守御百户所划归湖广行都司。长江以北除黄州卫、蕲州卫、沔阳卫军事上仍属都司外，其他地区均由行都司控制，成化十三年之后都司剩下 24 卫、1 军民司、1 直隶于都司的守御千户所、28 隶于卫的守御千户所、1 王府护卫、1 守御百户所，北界大大南缩。如下图所示。

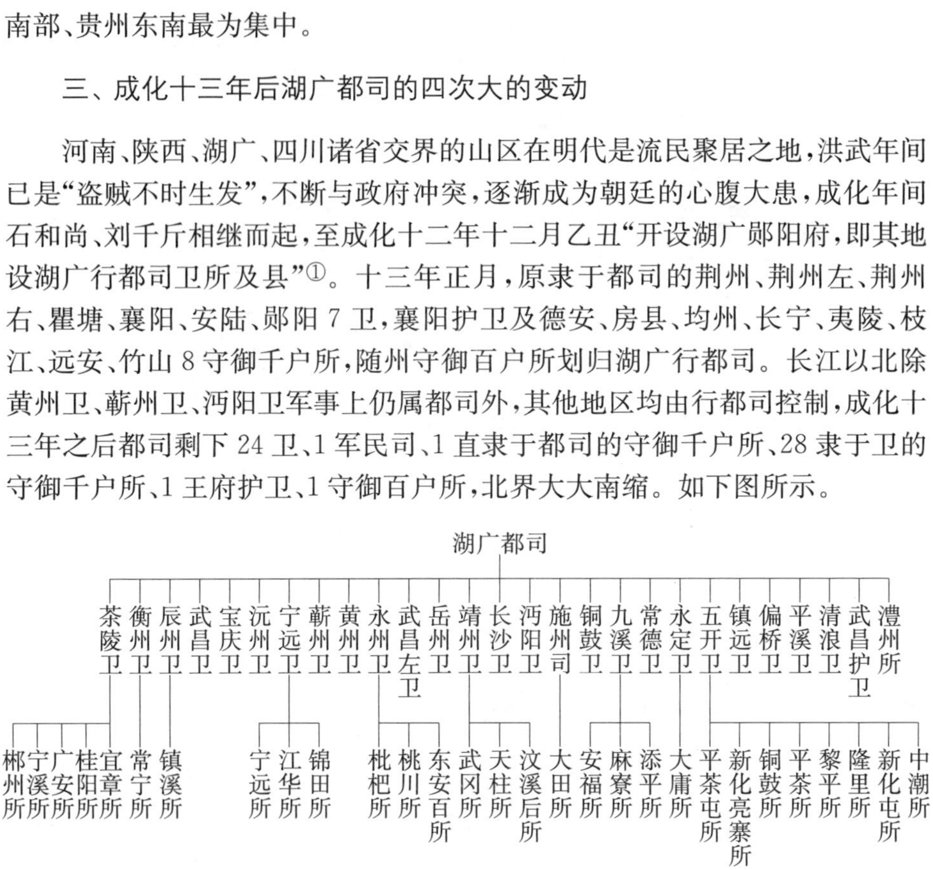

成化十三年(1477)后湖广都司卫所统辖结构图

正德《明会典》卷 108、《明史》卷 90《兵志二》记载明后期卫所时把忠州所归入湖广都司是错误的。

“弘治甲子(即弘治十七年，1504 年)蛮寇李再万窃发”②，平定之后于此

① 《宪宗实录》卷 160。
② 万历《湖广总志》卷 5。

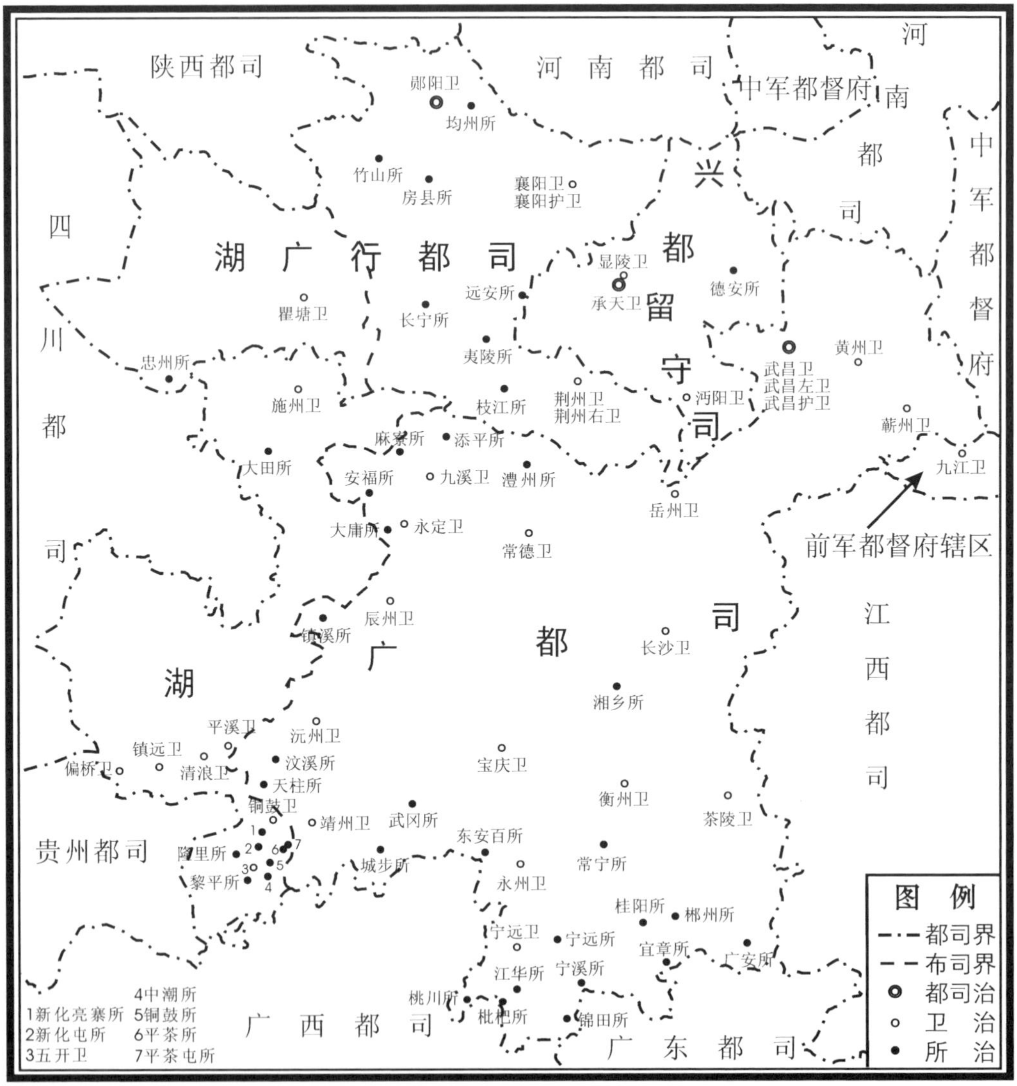

图 32 万历九年(1581)湖广都司、行都司,兴都留守司辖区及卫所图

设立城步县，并调靖州卫一所于此立城步守御千户所，“深居夷境，一城之外皆是夷人”①。这是成化十三年之后都司唯一新设的卫所。

嘉靖《湖广图经志书》卷 1 记湖广都司统领 25 卫、31 所，25 卫指成化十三年 24 卫加武昌护卫，31 所指所有的守御千户所和东安守御百户所之和。

嘉靖十八年(1539)五月丙子置兴都留守司，承天府一带军事改由其管辖。二十一年沔阳卫改属其下，都司北界再次南缩。

万历九年(1581)湖广都司和下文将述及的湖广行都司、兴都留守司辖区，参见图 32。

湖广行都司万历九年九月废，万历十六年九月复置，其下 5 卫、8 所、1 护卫在行都司废除期间改隶湖广都司。详见“湖广都司建置沿革”。

万历年间另一引起都司辖境变化的是万历二十九年(1601)至三十一年间镇远、清浪、平溪、偏桥 4 卫一度改属贵州都司，关于此次改隶的原因已在“贵州都司建置沿革”一节中论及。

万历三十一年至明末，都司共有 25 卫、30 守御千户所，即万历《明会典》卷 124 所录湖广都司卫所。

四、武昌都卫及湖广都司卫所沿革考述

洪武三年十二月“置河南、西安、太原、武昌四都卫指挥使司”②，八年冬十月“癸丑……(改)武昌都卫为湖广都指挥都司，置武昌左、右二卫指挥司”③。镇远、清浪、平溪、偏桥 4 卫在“贵州都司建置沿革”中已述及，下不赘言。

洪武八年十月前，武昌都卫辖区内已拥有众多卫所，其沿革如下。

1. 黄州卫、黄州守御千户所

弘治《黄州府志》卷 5 公署条对该卫所变迁有详细记载：“黄州卫，在府治东古迹西坡，甲辰□□□□指挥黄荣屯此，遂立卫所，洪武三年改千户所，百户宋兴戍守。洪武十二年调凤阳指挥佥事李和领军到此，备立黄州卫。”由此可见其经历了卫—守御千户所—卫三阶段。

《大明一统志》卷 61 公署条言黄州卫“在府治东北，洪武元年建，三年改为千户所，十二年复为卫”，按万历《湖广总志》卷 6 载“洪武三年编栅为城，简沔

① 《平楚录》卷 2《奏疏·钦差巡抚湖广地方兼赞理军务都察院右副都御史秦题为地方事》。
② 《太祖实录》卷 59。
③ 《太祖实录》卷 101。

阳、安陆、黄州、襄阳诸军岁戍之,曰羊山卫”,应是洪武三年被抽兵戍守他地,故改卫为所。

《太祖实录》载洪武十一年夏四月“籍凤阳屯田夫为军,先是徙浙西民户无田粮者屯田凤阳,至是籍为军,发补黄州卫”①,十二年六月辛巳“改黄州守御千户所为黄州卫指挥使司”②。

洪武三年十二月,所隶武昌都卫,八年十月,改隶湖广都司。卫隶湖广都司。治黄州府在今湖北黄冈市。

2. 长宁守御千户所

甲辰年九月“故陈友谅归州守将杨兴以城降,就以兴为千户守之”③。这是归州城设所之始。按嘉靖《归州全志》卷2《兵防》言长宁所在“州城内,南二里因楚王台旧基有长宁县,故名”,所名长宁守御千户所。洪武三年十二月起隶武昌都卫,八年十月隶湖广都司。

嘉靖《归州全志》卷2《兵防》言“洪武辛亥参政杨公调差荆门千户陈文、杨具等修建”,洪武辛亥即洪武四年,指所署建筑时间。

成化十三年春正月“戊午,分隶湖广之荆州,荆州左、右,瞿塘,襄阳,安陆,郧阳七卫及德安、房县、均州、长宁、夷陵、枝江、远安、竹山八所于湖广行都司……从抚治荆襄副都御史原杰等议也”④,所改隶行都司。

长宁所治在归州城内,所治随归州治迁移多次,嘉靖四十年后在今湖北秭归。

3. 蕲州卫、蕲州守御千户所

嘉靖《蕲州志》卷5《军卫》对其沿革有详细记载:“蕲州卫原在麒麟山之阳,始于元末癸卯,圣祖讨平伪汉陈友谅,明年甲辰圣祖即王位……洪武元年……明年己巳调陈遏一所守御武昌,以许胜军卒立为守御千户所……洪武十二年八月指挥朱德等领凤阳操军四千户所至蕲,改守御所置为卫。”所置于洪武二年。

洪武十二年八月丙子“改蕲州守御千户所为蕲州卫指挥使司,以无粮民丁屯田凤阳者为军以实之”⑤。

洪武三年十二月,所隶武昌都卫,八年十月,改隶湖广都司。卫隶湖广都司。

所、卫治蕲州。正统元年(1436)十一年秋七月“命徙近荆王府官民居室一百四十余所,王自建昌迁蕲州,改蕲州卫为府,以地狭闻,故有是命”⑥,卫署另

① 《太祖实录》卷118。
② 《太祖实录》卷125。
③ 《太祖实录》卷15。
④ 《宪宗实录》卷161。
⑤ 《太祖实录》卷126。
⑥ 《英宗实录》卷143。

移于蕲州城内他地，并不是废卫。

明蕲州治在今湖北蕲春县蕲州镇。

4. 潭州卫、长沙卫

嘉靖《长沙府志》卷5《兵防》载“长沙卫在元为帅府，国朝甲辰年三月内归附，始立潭州卫，命指挥丘广领焉。洪武五年七月改潭州卫为长沙卫”。《太祖实录》洪武十一年五月载“燕府左傅丘广卒……（广）克潭州，置潭州卫指挥使司，以广为同知”①，可见丘广在甲辰年克潭州之初即置卫。

《太祖实录》多次提到潭州卫，如丙午年（1366）二月癸酉载“湖广潭州卫指挥同知严广率兵至茶陵江口”②，吴元年四月“潭州卫遣兵攻易华余党所据山寨，克之”③，吴元年冬十月“甲子命……湖广平章杨璟……率武昌、荆州、益阳、常德、潭、岳、衡、澧等卫军取广西”④。这些都说明潭州卫的确设置时间很早。

潭州卫洪武三年十二月起隶武昌都卫。长沙卫始隶武昌都卫，洪武八年十月改隶湖广都司。潭州治在今湖南长沙市长沙老城。

5. 襄阳卫

《太祖实录》卷18载乙巳年（1365）十二月癸亥“置襄阳卫”。洪武三年十二月，卫隶武昌都卫，八年十月，改隶湖广都司。

成化十三年春正月，卫改隶湖广行都司。

明襄阳府治在今湖北襄阳市汉江南岸城区，今仍有明城墙。

6. 沔阳守御千户所、沔阳卫

乙巳年为沔阳卫。丙午年至洪武六年九月为沔阳守御千户所。洪武六年九月至明亡为沔阳卫。

嘉靖《沔阳志》兵戎条对沔阳所、卫的沿革有详细记载：“国初甲辰三月以指挥同知吴复镇沔阳，明年改镇安陆，冬十月以指挥同知沈友仁代之，始缮城置卫，又明年仁去，夏六月以千户申立、阎明守之，改沔阳守御千户所。洪武癸丑秋七月迁立指挥佥事，更所为指挥使司，以故沔阳府为之署”。甲辰为1364年，即元至正二十四年，则最早设沔阳卫为1365年，丙午年改卫为守御千户所。癸丑即洪武六年，这一年又改所为卫。《太祖实录》卷85亦载洪武六年九月丙辰“置沔阳卫”，嘉靖《湖广图经志书》卷18公署条言“在州东北二百五十步，洪武六年指挥申离创卫”。

① 《太祖实录》卷118。
② 《太祖实录》卷19。
③ 《太祖实录》卷23。
④ 《太祖实录》卷26。

所、卫皆治沔阳，洪武三年十二月起隶武昌都卫，八年十月隶湖广都司。

嘉靖二十一年三月“改沔阳卫、德安所属兴都留守司”①，沔阳卫不再隶于都司。

沔阳即今湖北仙桃市西南沔城镇。

7. 衡州卫

该卫设立较早，乙巳年四月“是月置衡州卫”②。洪武三年十二月起隶武昌都卫，洪武八年十月隶湖广都司。衡州府治即今湖南衡阳市，卫治于此。

8. 安陆卫

《太祖实录》载乙巳年五月“遇春击败亮，执之，遂克其城(安陆)，以沔阳卫指挥吴复守之”③，乙巳年十二月“甲寅朔置安陆卫”④。《太祖实录》洪武十六年冬十月也提到吴复“乙巳从常遇春攻襄阳，克安陆，改安陆指挥同知。洪武元年取均房等州”⑤。卫治即今湖北钟祥市，嘉靖十年前为安陆州治所在。洪武三年十二月隶武昌都卫，洪武八年十月改隶湖广都司。

成化十三年春正月卫改隶湖广行都司。

《世宗实录》嘉靖二十一年八月载“先是，上以安陆卫为显陵卫，拱护二圣山陵……后复改荆州左卫为显陵卫……而显陵卫复为承天卫”⑥，荆州左卫改显陵卫是在嘉靖十八年五月丙子，则安陆卫改显陵卫尚在此之前。《世宗实录》卷102嘉靖八年六月提到“显陵既设监卫”，说明此时已有显陵卫，即安陆卫改显陵卫当在此年前不久。显陵卫在兴都留守司设立之前概和其他陵卫一起属亲军卫。

随州守御百户所　《大明一统志》卷61公署条言所“在州治东，隶安陆卫，洪武元年分守于此”，万历《湖广总志》卷13亦言随州百户所在“州东，隶安陆卫，洪武元年调守随州”，则所洪武元年立，直隶安陆卫。成化十三年后与卫一起改隶湖广行都司。治在今湖北随州市。

嘉靖八年前后安陆卫改为显陵卫后该所的废、隶情况史书无载，疑被废除。

9. 常德卫

《太祖实录》载丙午年八月“置常德卫”⑦，嘉靖《常德府志》卷14《兵防志》

---

① 《世宗实录》卷259。
② 《太祖实录》卷16。
③ 《太祖实录》卷17。
④ 《太祖实录》卷18。
⑤ 《太祖实录》卷157。
⑥ 《世宗实录》卷265。
⑦ 《太祖实录》卷21。

也记“国朝甲辰年归附……丙午岁改翼为常德卫”。洪武三年十二月隶武昌都卫，洪武八年十月隶湖广都司。明代常德府治在今湖南常德市。

嘉靖《常德府志》卷14《兵防志》载常德卫“国初……并管属添平、麻寮二千户所，克复芭冈覃元帅，又调左千户所张钦军开设大庸守御千户所……二十二年夏得忠叛，以添平、麻寮二千户改设九溪卫”，说明添平、麻寮、大庸3所一度属常德卫。

10. 辰州卫

吴元年正月“置辰州卫”①。治辰州府，在今湖南沅陵县。洪武三年十二月隶武昌都卫，洪武八年十月改隶湖广都司。

11. 武昌卫

关于武昌卫最早的记载为吴元年冬十月“甲子命……湖广平章杨璟……率武昌、荆州、益阳、常德、潭、岳、衡、澧等卫军取广西”②，甲辰年下武昌，则武昌卫置于甲辰至吴元年十月之间。治“在府治南”③，即武昌府治附近。

洪武三年十二月隶武昌都卫，洪武八年十月改隶湖广都司。

乾隆《汉阳府志》卷14《兵防》载“洪武元年置武昌卫指挥使司”，所言时间有误。

《太祖实录》卷198载洪武二十二年十二月甲子“置武昌卫指挥使司，命指挥佥事鲍同守之”，按《大明一统志》卷59公署条载武昌卫“洪武二十二年建”，疑二十二年只是建筑公署，或是卫曾一度废除，至此重建，由于史料缺乏，只能存疑。

12. 荆州卫

吴元年冬十月“甲子命……湖广平章杨璟……率武昌、荆州、益阳、常德、潭、岳、衡、澧等卫军取广西”④，说明在此之前荆州卫已存在。至洪武二十一年九月“改荆州卫为荆州左护卫”⑤。荆州即今湖北荆州市。

《太祖实录》载洪武二十三年三月“置荆州卫指挥使司”⑥，但万历《湖广总志》卷13公署言“洪武二十一年改护卫，三十年复更荆州卫”，且正德《明会典》引《诸司职掌》及《永乐大典》卷11904均未录该卫，《明实录》的记载应有误。《大明一统志》卷62荆州卫公署条载“洪武二十三年建”，疑此时只是建筑了某

① 《太祖实录》卷22。
②④ 《太祖实录》卷26。
③ 《大明一统志》卷59《公署》。
⑤ 《太祖实录》卷193。
⑥ 《太祖实录》卷200。

护卫的公署，后改为荆州卫公署。湘府荆州3护卫于洪武三十二年湘王死后废，应于此时复设荆州卫。

该卫洪武三年十二月隶武昌都卫，洪武八年十月改隶湖广都司。

成化十三年正月卫改属湖广行都司。

13. 茶陵卫

吴元年十月“立茶陵卫指挥使司”①。嘉靖《长沙府志》卷5《兵防纪》亦记“国朝吴元年甲辰因元万户府置为卫”。治在今湖南茶陵县。

洪武三年十二月隶武昌都卫，洪武八年十月改隶湖广都司。

嘉靖《湖广图经志书》卷15载茶陵卫“郴州、桂阳、宁溪、广安、章宜五所隶焉”。

14. 澧州守御千户所

《太祖实录》在吴元年冬十月提到“甲子命……湖广平章杨璟……率武昌、荆州、益阳、常德、潭、岳、衡、澧等卫军取广西”②，史无澧州卫的记载，这里应指千户所，则所至少在吴元年已存在。万历《澧记》卷8《公署》所载署“在州治西南。洪武甲辰设”，甲辰年为1364年，可由此推知在平定澧州后不久即设守御千户所。澧州即今湖南澧县。

所洪武三年十二月隶武昌都卫，洪武八年十月改隶湖广都司。

洪武九年四月“庚子，罢澧州千户所，置大庸卫指挥使司，以常德卫指挥佥事张胜置卫事”③，澧州守御千户所废。

《太祖实录》卷227载洪武二十六年五月“乙巳朔，置湖广澧州守御千户所”④，复设所。弘治《岳州府志》载“（洪武）二十五年于州治西置澧州守御千户所”⑤，所言时间误。《大明一统志》卷59湖广卷始列有该所，可见重设后改为直隶都司的守御千户所。

万历《澧记》卷8《公署》载所署“在州治西南。洪武甲辰设，辛亥调拨大庸卫……壬申复设所于澧，千户施礼建”，辛亥即洪武四年，这一年大庸卫尚未设立。

15. 益阳守御千户所

洪武五年十一月“甲辰朔，复置宝庆卫于宝庆府，先是溪洞蛮寇作乱，徙宝庆卫治于益阳，至是复其旧，仍于益阳置守御千户所”⑥，由此可见益阳在乙巳

①② 《太祖实录》卷26。
③ 《太祖实录》卷105。
④ 《太祖实录》卷227。
⑤ 弘治《岳州府志》卷7《澧州·沿革志》。
⑥ 《太祖实录》卷76。

年(1365)宝庆卫迁来之时已有守御千户所。按《太祖实录》吴元年冬十月“甲子命……湖广平章杨璟……率武昌、荆州、益阳、常德、潭、岳、衡、澧等卫军取广西”①,史书无“益阳卫”记载,应为千户所。宝庆卫徙来时所废,洪武五年十一月宝庆卫迁走后,于益阳重设守御千户所。

洪武五年十一月所隶武昌都卫。治为明代长沙府益阳县,即今湖南益阳市。

正德《明会典》卷108引《诸司职掌》、《永乐大典》卷11904及《大明一统志》卷63长沙府公署条均无该所,疑再设后不久即废。

16. 沅州卫

洪武元年正月“辛丑置建昌卫、沅州卫”②。

卫治据《大明一统志》卷65公署条言“在沅州城内东北”,即今湖南芷江自治县。

洪武三年十二月卫隶武昌都卫,洪武八年十月改隶湖广都司。

17. 道州守御千户所(宁远卫参见)

置于洪武元年五月,“是月,置道州守御千户所”③。

按《太祖实录》洪武二十四年六月“乙酉,置湖广道州卫”④,但《大明一统志》卷65公署条言宁远卫“在道州治西,旧为道州守御千户所,洪武二十九年改为卫”,嘉靖《湖广图经志书》卷13公署条言宁远卫“州西,旧为道州守御千户所”,万历《明会典》载“旧有道州千户所……后俱革”⑤,均无“道州卫”之说,《太祖实录》洪武二十八年十一月的记载中言“己巳,置道州宁远卫指挥使司。先是知州徐士铭奏道州僻在万山,边宁两广,东接常驻宁大小猛洞,南抵九疑山横嶂九十六渡溪源,西临悬田平洲,北连灌阳永瑶等源。国初置兵三千守御,后调发二千,止存千人,洪武二十一年山贼何女子……乞置军卫屯守,庶几民获安业,诏从之,至是立卫焉”⑥,在洪武二十一年之后拟立卫,一直到二十八年始立,名“宁远”,并无“道州卫”之称。《明史》卷90《兵志二》、正德《明会典》卷108所记《诸司职掌》载洪武中期卫所时有所而无道州卫,可为佐证。

康熙《湖广通志》卷1《建置沿革》载“二十三年升道州守御千户所为宁远

① 《太祖实录》卷26。
② 《太祖实录》卷29。
③ 《太祖实录》卷32。
④ 《太祖实录》卷209。
⑤ 万历《明会典》卷124。
⑥ 《太祖实录》卷243。

卫”,所言时间误。

《永乐大典》卷11904湖广部分军卫条录有“道州千户所”,由此推断军卫条应来源于洪武二十八年十一月之前的资料。

明代道州治在今湖南道县。

千户所洪武三年十二月隶武昌都卫,洪武八年十月改隶湖广都司。宁远卫隶湖广都司。

18. 永州卫

该卫设立较早,洪武元年九月“置永州、陈州二卫”[①]。治永州府,在今湖南永州市零陵区。

洪武三年十二月卫隶武昌都卫,洪武八年十月改隶湖广都司。

守镇东安百户所　康熙《永州府志》卷3《城池》载东安县“洪武二十五年始因医士唐思诚之请筑土为之,明年置守镇所”,即洪武二十六年置守镇东安百户所,嘉靖《湖广图经志书》卷13公署条言“守镇东安百户所,在县西,洪武间建,隶永州卫”,则所直隶于永州卫。

《大明一统志》卷65公署条言守镇东安百户所“在东安县治西,洪武二十九年建,隶永州卫”,指所公署建筑时间。明东安县治在今湖南东安县西南紫溪市镇。

全州守御千户所　该所洪武二年正月至二十七年八月间隶永州卫,此后改直隶广西都司。详细考证见“广西都司建置沿革”一节。

19. 郴州守御千户所

嘉靖《郴州志》卷14《兵戎志》载“洪武己酉州寨长罗福倡乱,守臣以闻,朝议调茶陵卫镇抚缪亨、千户刘保领兵征剿,事平,诏留兵戍守”,“因立守御千户所”[②]。己酉为洪武二年。

《大明一统志》卷66公署条言郴州所“在州治西,本洪武元年改元之新野翼万户府建……俱隶茶陵卫”,所为二级守御千户所,这里的洪武元年指建筑物的建造时间。明代郴州在今湖南郴州市。

20. 宝庆卫

按李东阳撰《贺兴隆传》中提到“……甲辰春二月兴隆率其众归于我朝……是年冬与总制胡海洋克宝庆路……遂与众城守,寻授宝庆卫指挥同知。又明年

① 《太祖实录》卷35。
② 嘉靖《郴州志》卷8《创设志上·城池》。

乙巳夏四月，邵阳贼周文贵等作乱中乡，兴隆率兵驻中乡……力战以死”①，则宝庆卫最早应在甲辰年(1364)设置。《宝庆卫指挥屡功封东川侯公海墓志铭》中也提及胡海(即胡海洋)在甲辰年取得宝庆后，留守宝庆，“……受上旨升宝庆卫指挥使”②。第二年即乙巳1365年，宝庆为周文贵占据，胡海只有暂率宝庆卫驻益阳③。

《太祖实录》载洪武五年十一月“甲辰朔，复置宝庆卫于宝庆府，先是溪洞蛮寇作乱，徙宝庆卫治于益阳，至是复其旧，仍于益阳置守御千户所”④，“溪洞蛮寇作乱”应指乙巳年的动乱，卫于此时迁益阳，洪武五年十一月复旧。明代宝庆府在今湖南邵阳市，益阳即今湖南益阳市。

《大明一统志》卷63公署条载宝庆卫“在府治西，本朝初立宝庆卫于长沙府益阳县，洪武五年移建于此”，忽视了卫初立时治宝庆的情况，概因初治宝庆的时间极短。

洪武三年十二月卫隶武昌都卫，洪武八年改隶湖广都司。

21. *麻寮守御千户所*

所设于洪武二年六月，是月“己酉置麻寮千户所，初慈利县人唐勇集兵据麻寮寨，吴元年大军次澧州，勇率众降，至是置千户所，以勇为千户守之”⑤，康熙《九溪卫志》卷3附麻寮所亦记“洪武二年唐勇纳土投诚，敕赐铁券，驻扎山峒，永镇诸蛮”。

万历《澧记》卷8《公署》载麻寮所署“洪武乙酉建于樱桃隘……隶常德卫，后改九溪卫”。万历《慈利县志》卷6载卫所“旧志洪武二年开设，地名樱桃隘……隶常德卫，后改九溪卫”，按嘉靖《常德府志》卷14《兵防志》常德卫“国初……并管属添平、麻寮二千户所，克复芭冈覃元帅，又调左千户所张钦军开设大庸守御千户所……二十二年夏得忠叛，以添平、麻寮二千户改设(应为隶)九溪卫”，九溪卫设于洪武二十三年六月，所于此时改隶。常德卫设于丙午年八月，早于设所时间，故麻寮所一直为二级守御千户所。

《明史》卷44《地理志五》载慈利州“北有九溪卫……守御麻寮千户所，在卫北，洪武四年置”，所记设所时间误。

《大清一统志》卷287载麻寮所“在安福县西北三百五十里西北，接湖北鹤

① 《怀麓堂集》卷92《贺兴隆传》。

② 万历《湖广总志》卷5《方舆志》。

③ 《太祖实录》卷210洪武二十四年秋七月丁亥记胡海甲辰年“升宝庆卫指挥使，留镇益阳”。

④ 《太祖实录》卷76。

⑤ 《太祖实录》卷43。

峰州界”,治在湖北与湖南交界处溇水上游鹤峰江口一带。

22. 平阳守御千户所、桂阳守御千户所

嘉靖《衡州府志》卷7《兵防》载“洪武二年割茶陵卫为桂阳守御千户所”,《大明一统志》卷64公署条载所“在州治东,洪武二年建……俱隶茶陵卫”,按洪武十四年五月“甲寅改湖广平阳守御千户所为桂阳守御千户所”①,则洪武二年所设应为平阳守御千户所,至十四年五月改为桂阳守御千户所。明初湖广平阳县治即在桂阳州城,千户所只是改名而已,治在今湖南桂阳县。

嘉靖《湖广图经志书》卷12《公署》载所“隶茶陵卫”,为二级守御千户所。

23. 添平守御千户所

《太祖实录》载洪武二年六月“置天(应为添)平千户所,时隘丁寨土酋覃顺归降,遂置千户所,以顺为千户”②,万历《慈利县志》卷16亦记“甲辰年归附,洪武元年土官夏克武举土酋覃顺为寨官,二年肇设今地为所,仍以顺等土酋为千百户,领土兵守之……隶常德卫,后改隶九溪卫,其酋长隘兵任其耕艺,无赋税”③,九溪卫立于洪武二十三年六月,则所此时改隶。

《明史》卷44《地理志五》载慈利州“北有九溪卫……所属曰守御添平千户所,在卫北,洪武二年置”,万历《澧记》卷8《公署》载“添平所署”“洪武己酉肇建……隶常德卫,改隶九溪卫”,《九溪卫志》卷3附载添平所“明有覃顺受封武千将军,改设千户之职……土官百户十员,管辖土军一千一百”,俱与《慈利县志》同。

所为二级守御千户所。《大明一统志》卷62岳州府公署条载所治在“慈利县北一百五十里”,《明史》卷44《地理志五》载“石门州……西北有渫水,亦名添平河,自添平所南流入焉”,在今湖南石门县境西北渫水边的所街。

24. 靖州卫

洪武三年三月“丙辰,置靖州卫,命指挥同知刘才、佥事孙维、刘福等筑城戍守,以统湖耳等处土官”④。卫隶湖广都司。治靖州,即今湖南靖州县。洪武三年十二月隶武昌都卫,洪武八年改隶湖广都司。

《太宗实录》卷14载洪武三十五年十一月“复安东中屯卫,大同、沈阳二屯卫,俱隶北平都司;铜鼓、五开、靖州三卫仍隶湖广都司”,《湖广图经志书》卷19言铜鼓卫“洪武三十一年设卫以控制苗境,寻革,永乐初复置”,建文中靖州

---

① 《太祖实录》卷137。
② 《太祖实录》卷43。
③ 万历《慈利县志》卷16《卫所·添平隘丁千户所》。
④ 《太祖实录》卷50。

卫概与铜鼓、五开2卫一起被废，洪武三十五年即建文四年底重置。

《湖广图经志书》卷19载“在外天柱、汶溪、武冈三千户所隶焉”，卫下有3个二级守御千户所。

25. 羊山卫

万历《湖广总志》卷6载“洪武三年编栅为城，简沔阳、安陆、黄州、襄阳诸军岁戍之，曰羊山卫，后以屯饷艰阻，始还于慈利西南一百八十里临庸水之阳，始名大庸卫，革除间，更命其卫曰永定，而别建大庸千户所，隶于卫”。则卫立于洪武三年。

康熙《湖广通志》卷7《城池》载永定卫城“明洪武二年以永顺宣慰司羊峰地创羊山卫。后以羊峰险阻，迁今地，改名大庸卫，建文元年指挥黄裳甃以砖”，康熙《岳州府志》卷7《城池》永定卫条、康熙《永定卫志》卷1《建置》的记载与康熙《湖广通志》基本相同，与万历《湖广总志》不一致，考虑设卫有一定过程，诸志记载都不为误。

大庸卫置于洪武九年四月，则羊山卫废于此时。

洪武三年十二月卫隶武昌都卫，洪武八年改隶湖广都司。按康熙《永定卫志》卷1《建置》载“明洪武二年己酉于永顺宣慰司境内置羊山卫，在今治西八十里”，永定卫治即今湖南张家界市永定区，则卫在这之西，今湖南永顺县老司城西羊峰乡境内有羊峰山，羊山卫治当治此。

26. 岳州卫

洪武四年四月“置岳州卫，以指挥佥事音亮领兵镇守”①，治“在府治东”②，即在岳州府城内，即今湖南岳阳市。

洪武四年起卫隶武昌都卫，洪武八年改隶湖广都司。

27. 瞿塘守御千户所(瞿塘卫参见)

洪武四年十二月“置永宁、贵州二卫及瞿塘关、汉中、阶汶三守御千户所”③。

《太祖实录》载洪武十二年七月“改瞿塘守御千户所为瞿塘卫，隶湖广都指挥使司。置梁山、大竹、忠州、达县四守御千户所，隶瞿塘卫”④，当年九月“罢四川梁山、大竹二守御千户所”⑤。

《大明一统志》卷70公署条载卫“在府治东北，本朝洪武四年建瞿塘守御

---

① 《太祖实录》卷64。
② 《大明一统志》卷62《岳州府・公署》。
③ 《太祖实录》卷70。
④ 《太祖实录》卷125。
⑤ 《太祖实录》卷126。

千户所，十二年改为卫，属湖广都司”，与《太祖实录》记载同，府指夔州府，在今四川奉节。

瞿塘千户所洪武四年十二月隶武昌都卫，洪武八年改隶湖广都司。卫隶湖广都司，成化十三年归行都司。

梁山守御千户所、大竹守御千户所、忠州守御千户所、达县守御千户所

《太祖实录》载洪武十二年七月“改瞿塘守御千户所为瞿塘卫，隶湖广都指挥使司。置梁山、大竹、忠州、达县四守御千户所，隶瞿塘卫”①。正德《明会典》卷108引《诸司职掌》、《永乐大典》卷11904未载梁山、大竹、达县3所，应是在洪武中期已废除，今查《太祖实录》卷126洪武十二年九月“罢四川梁山、大竹二守御千户所”，则2所废于此时，达县所一直到洪武十七年八月还提到②，应在此后废除。忠州所则一直存在。万历《明会典》卷124载“旧有忠州、夷陵、枝江、长宁四千户所，后俱属行都司”，则成化十三年正月忠州所随卫改隶湖广行都司。忠州今四川忠县，梁山今重庆市梁平县，大竹今四川大竹县，达县今四川达州市。

在列明中后期卫所时，正德《明会典》卷108仍把忠州所列入湖广都司下，误；《明史》卷90《兵志二》在都司、行都司卫所中俱录忠州所，更误。

28. 武冈守御千户所

洪武五年三月“癸亥，置靖州武冈守御千户所，初平章杨璟克广西，元武冈路总管舒时伟诣军门降，璟遣百户韩裔同时伟还，招集军民驻守其地，至是置千户所，以周顺为千户”③。康熙《邵阳府志》卷7《武备沿革》亦言“洪武元年定卫所，五年调指挥黄荣宝庆立武冈守御千户所”。万历《湖广总志》卷5以洪武六年为设所时间，亦不为误。

《大明一统志》卷63公署条言武冈所“隶靖州卫”，则所为隶于卫的二级守御千户所，建文中靖州卫废，所可能改为直隶于湖广都司的一级所。治在今湖南武冈市。

29. 峡州卫、夷陵守御千户所

《大明一统志》卷62公署条言夷陵守御千户所“在夷陵城内西北，旧为峡州卫，洪武初改为所”。按《太祖实录》卷15载明军攻下夷陵后，即于甲辰年九月乙酉“寻改夷陵为峡州”，九年夏四月甲午“改峡州为夷陵州”④，峡州卫在这之间存在，估计甲辰年九月后不久即设。

---

① 《太祖实录》卷125。
② 《太祖实录》卷164。
③ 《太祖实录》卷73。
④ 《太祖实录》卷105。

按弘治《夷陵州志》卷4《兵卫》载夷陵所“在州城内西北隅，旧为峡州卫，洪武九年改为守御千户所”，则当是峡州改夷陵州后卫改为所。《大明一统志》卷59在列湖广都司卫、一级所时列出该所，则其直隶都司。

峡州卫洪武三年十二月隶武昌都卫，八年十月隶湖广都司。夷陵所初隶湖广都司，成化十三年正月改归行都司。治在今湖北宜昌市。

30. 德安守御千户所

万历《湖广总志》卷13公署条言所在“府东，洪武二年自黄陂县调守德安，隶湖广都指挥使司，成化十一年改隶湖广行都指挥使司”，则所立于洪武二年。洪武三年十二月隶武昌都卫，八年十月隶湖广都司。湖广行都司设于成化十二年十二月，诸卫所于成化十三年正月改隶，万历《湖广总志》对改隶行都司的时间记载有误。

嘉靖二十一年三月“改沔阳卫、德安所属兴都留守司”①。

德安府治在今湖北安陆市。

洪武八年十月之后，湖广都司卫所数目大增，除上述已考证的外，其中一直属于都司的卫所有如下几个。

1. 武昌左卫

最早设于洪武八年冬十月，是月“癸丑……武昌都卫为湖广都指挥都司，置武昌左、右二卫指挥司”②，十五年秋七月丙子“改武昌左卫为武昌中卫，寻复置武昌左卫”③，治“在府治西南”④，即武昌府治附近。

2. 武昌中卫

洪武十五年秋七月丙子“改武昌左卫为武昌中卫，寻复置武昌左卫”⑤，十九年九月“改武昌中卫为武昌左护卫指挥使司”⑥。中卫存在时间短，史书多不载。治应亦在武昌府。

3. 武昌右卫

与左卫同置于洪武八年冬十月。但《明史》卷90《兵志二》、正德《明会典》卷108所引《诸司职掌》、《永乐大典》卷11904引洪武时资料均无该卫，可见右卫不久即废。中卫十九年九月改为左护卫，右卫亦有可能改为护卫。按洪武

① 《世宗实录》卷259。
② 《太祖实录》卷101。
③⑤ 《太祖实录》卷146。
④ 《大明一统志》卷59《公署》。
⑥ 《太祖实录》卷179。

二十三年闰四月“乙酉，改武昌护卫为中护卫”①，那么武昌右卫只可能改为武昌右护卫。治应在武昌府。

4. 大庸卫、大庸守御千户所

万历《慈利县志》卷10《公署》对该卫、所沿革有详细记载：“大庸卫在永定城内，洪武九年开设，二十二年即平夏得忠，立旧永定卫于羊峰(指羊山卫)，分卫之征讨官军以为守御，遂以大庸卫作所，而名革矣。”《太祖实录》也记洪武九年四月“庚子，罢澧州千户所，置大庸卫指挥使司，以常德卫指挥佥事张胜置卫事”②，二十二年二月“湖广安福千户所千户夏德忠诱九溪洞蛮作乱……命置九溪、永定二卫，改大庸卫为千户所”③，则大庸卫立于洪武九年四月，洪武二十二年改为守御千户所无疑。最初大庸卫及守御千户所治地就是后来的永定卫城，即今湖南张家界市永定区。卫隶湖广都司，所隶于永定卫，为二级守御千户所。

《大明一统志》卷62《公署》载大庸所“在慈利县西二百一十五里，本大庸卫，洪武三十一年改为所，隶永定卫”。嘉靖《湖广图经志书》卷7《公署》的记载与《大明一统志》同，康熙《永定卫志》载大庸卫“三十一年更名为永定，领左、右、中、前、后及大庸守御六千户所”④，弘治《岳州府志》卷10载所“三十一年以大庸卫地设永定卫……改大庸为守御千户所，隶永定卫，移置于县西二百一十五里”，由大庸所移治，永定卫原治于羊峰地、后治于旧大庸卫治的情况推断，洪武三十一年当是永定卫由羊峰迁住大庸所治地，即原大庸卫治地，今名大庸，而大庸所治又向西移，今地仍名大庸所。

5. 崇山卫、崇山守御千户所

卫立于洪武十一年十二月，是月“置崇山卫于湖广孟洞之地”⑤。《太祖实录》洪武十三年三月还提到“命湖广崇山卫指挥佥事杨仲名督将士屯种”⑥，卷179载十九年十二月“乙巳……上览奏顾谓户部臣曰：崇山、大庸屯种岁久，何得乏食”，则此时卫尚存。

按万历《明会典》卷124载“旧有……崇山千户所，后俱革”，《明史》卷90《兵志二》、正德《明会典》卷108所录洪武二十六年、《永乐大典》卷11904引洪武时资料列湖广都司卫所时皆有崇山千户所而无崇山卫，可见卫在洪武十九

① 《太祖实录》卷201。
② 《太祖实录》卷105。
③ 《太祖实录》卷195。
④ 康熙《永定卫志》卷1《建置》。
⑤ 《太祖实录》卷121。
⑥ 《太祖实录》卷130。

年十二月至二十五年间改为守御千户所，但时间不明。

《大明一统志》卷 59 在列湖广都司卫所时未列崇山所，因此所在天顺以前被废。

卫隶湖广都司，千户所隶属情况不明。《明史》卷 44《地理志五》载慈利县"西南有天门山，有槟榔洞，与瑶分界。又西有崇山"，则地在天门山西。《大明一统志》卷 65 公署条言镇溪所"在卢溪县西二百三十里……洪武二十八年建所，经镇崇山、沿场、高岩等处……隶辰州卫"，镇溪即今湖南吉首市，崇山当在其西北。

6. 宁州卫

洪武十四年九月于元代的宁州"置湖广宁州卫指挥使司"①。洪武时该州改为县，即今江西修水县。该卫史书乏载，正德《明会典》卷 108、《明史》卷 90《兵志二》录洪武二十六年前卫所时江西、湖广二都司均无该卫，可见该卫不久即废。

7. 施州卫、施州军民指挥使司

《太祖实录》载洪武十四年五月"复置夔州府施州，以建始县隶之"②，六月"置施州卫军民指挥使司"③，此时施州尚存，所设应是施州卫。

洪武十四年十二月"以四川施州卫隶湖广都司"④。则卫初隶四川都司，十四年底改隶湖广都司。洪武二十三年废州，卫应于此时改为军民指挥使司，成为实土卫。雍正《湖广通志》卷 3《沿革》载"二十三年改卫置军民指挥使司"的记载是正确的。

卫治于清雍正六年(1728)改为恩施县，即今湖北恩施市。

8. 五开卫

《太祖实录》载洪武十八年四月"置五开卫指挥使司"⑤，《湖广图经志书》卷 19 载"国朝洪武十八年蛮酋吴面儿梗化，讨平之，始立卫经历司、镇抚司……在外黎平等所隶焉"，建卫时间与《太祖实录》同。治在今贵州黎平县德凤镇。

卫与铜鼓卫建文中被废，洪武三十五年即建文四年底重置。

五开卫下共有 8 个二级守御千户所。

平茶守御千户所　《太祖实录》载洪武十九年十一月"置平茶守御千户所，隶五开卫"⑥，为二级所，建文中五开卫被废时，其隶属情况史书无载，可能改

① 《太祖实录》卷 139。
②③ 《太祖实录》卷 137。
④ 《太祖实录》卷 140。
⑤ 《太祖实录》卷 172。
⑥ 《太祖实录》卷 179。

直隶湖广都司。平茶所在今湖南靖州平茶镇。

《大清一统志》卷400《黎平府》载"平茶废所，在府城东九十里，明洪武二十五年置守御所"，所言设所时间误。

平茶屯守御千户所　《大清一统志》卷400《黎平府》载"又有废平茶屯所，在府城东一百二十里……诸所属铜鼓卫，有城，皆明洪武二十五年置"，平茶屯所当在平茶所东不远。根据万历《湖广总志》卷12，2所都隶于五开卫，《大清一统志》对2所的隶属及设置时间记载有误。

平茶屯所设置时间不明，五开卫其他守御千户所都是在洪武十九年至二十一年间设置，该所当亦于此前后设置。

中潮守御千户所、铜鼓守御千户所、新化亮寨守御千户所、黎平守御千户所　皆是隶于五开卫的二级守御千户所，置于洪武二十一年九月。

《太祖实录》载洪武二十一年九月"是月置中湖、铜鼓、新花亮寨、黎坪四守御千户所，隶五开卫"①。《明会典》等书记湖广都司有中潮所，则《太祖实录》"中湖"应为"中潮"之误。新花亮寨，《明会典》、《明史》均作"新化亮寨"。

《明史》卷44《地理志五》载"西有铜鼓卫，本铜鼓守御千户所，洪武二十一年九月置，属五开卫，三十年改所为卫，属湖广都司，后二年废，三十五年十一月复"，将五开卫的铜鼓千户所与铜鼓卫混为一谈。铜鼓所在明代中后期一直存在，它的治所并不在铜鼓卫城。

《大明一统志》卷88公署黎平府条载黎平所"在府城西南二十里"，中潮所"在洪州泊里长官司西南"，新化亮寨所"在新化长官司东"，"俱隶五开卫"，黎平所治在今贵州黎平县南，今仍名黎平所，中潮所治在今黎平县德凤镇南中潮镇，新化亮寨所治在今贵州锦屏新化，"在三江镇南三十里"②。铜鼓所"在州南二百一十里，去本卫东三十里"③，万历《湖广总志》在卷首地图中五开卫东不远绘有铜鼓驿，当即所治，铜鼓卫在其以北。五开卫治即今黎平，所在其东。

《大明一统志》卷88公署条又言黎平等3所"俱洪武二十年建"，误，应为二十一年。

隆里守御千户所、新化屯守御千户所　弘治《贵州图经新志》卷72载所公署"俱洪武二十五年建"，《大明一统志》卷88公署黎平府条载隆里所"在龙里长官司南"，新化屯所"在新化长官司西南三十里"，"二所俱洪武二十五年建"，

---

① 《太祖实录》卷193。
② 《中华人民共和国地名词典·贵州省》，第288页。
③ 嘉靖《湖广图经志书》卷19。

“俱隶五开卫”，公署建于二十五年，2 所当在此前不久建立，亦为二级所。

隆里所治今仍名隆里所。新化屯所在长官司南，嘉靖《湖广图经志书》卷 19 记所“去本卫(五开卫)北三十里”，而新化亮寨所“去本卫北四十里”，则新化屯所比新化亮寨所稍南，在今贵州新化南不远。

根据嘉靖《湖广图经志书》卷 19 五开卫中右所与中中所亦不与卫同治，但《明会典》、《明史》卷 90《兵志二》俱不录，可见其仍为普通的千户所。

9. 湖南卫

洪武二十年正月“戊午改长沙护卫为湖南卫，隶湖广都指挥使司”①。此卫记载甚少，估计治所在长沙。

《太祖实录》洪武二十六年二月又载“并长沙护卫于越州卫”②，按长沙护卫洪武二十年已改湖南卫，且潭王二十三年已除国，此时应是调湖南卫于越州设卫。

10. 永定卫

洪武二十二年二月“湖广安福千户所千户夏德忠诱九溪洞蛮作乱……命置九溪、永定二卫，改大庸卫为千户所”③，二十三年八月“甲申徙永定卫于永顺宣慰司之羊岸坪”④。按嘉靖《湖广图经志书》卷 7《公署》载永定卫“即大庸卫旧址”，可见二十三年迁移之地距原治即大庸卫旧址并不远。卫隶湖广都司。

康熙《永定卫志》卷 1《建置》载“改卫名大庸。……三十一年更名为永定，领左、右、中、前、后及大庸守御六千户所”，所言设永定卫时间误。按嘉靖《湖广图经志书》卷 7 载“大庸守御千户所隶焉”，则卫下有 1 个二级守御千户所。

卫治即今湖南张家界市永定区。

11. 散毛千户所、大田军民千户所

《太祖实录》载洪武二十三年闰四月丙寅“置大田军民千户所，隶施州军民指挥使司”⑤。按《大明一统志》卷 66《建置沿革》载“洪武二十三年始置散毛千户所，寻改今名，隶施州卫”，《施州卫方舆书》亦载“大田所……二十三年属千户所，仍名散毛，寻改为大田军民千户所”⑥，则这一年本设为散毛千户所，闰四月改名为大田军民千户所，为二级守御千户所。

---

① 《太祖实录》卷 180。
② 《太祖实录》卷 225。
③ 《太祖实录》卷 195。
④ 《太祖实录》卷 203。
⑤ 《太祖实录》卷 201。
⑥ 同治《施南府志》卷 2《地舆志》附雷思霈：《施州卫方舆书》。

《明史》卷44《地理志五》载“大田军民千户所……东北距(施州卫)卫二百二十里”。所治即今湖北咸丰县。

12. 九溪卫

洪武二十二年二月“湖广安福千户所千户夏德忠诱九溪洞蛮作乱……命置九溪、永定二卫,改大庸卫为千户所”①,二十三年六月“置九溪卫指挥使司于慈利县”②。又按嘉靖《湖广图经志书》卷7天顺袁轼《九溪建立卫学记》载“洪武二十二年因蛮夏得中叛,始建卫镇之”,应是夏德忠叛后开始筹设,至二十三年确立,《明史》卷44《地理志五》即以二十三年六月为置卫时间。康熙《九溪卫志》记明成化都御史吴琛的《儒学记》言“洪武二十三年设卫□驭控峒人,辖千户所四”③,卫隶湖广都司。

嘉靖《常德府志》卷14亦载“二十二年夏得忠叛,以添平、麻寮二千户改设九溪卫”。

洪武二十三年九月“癸巳,置九溪、安福二守御千户所,隶湖广九溪洞”④。安福所属九溪卫,这里的“洞”应为“卫”。关于九溪守御千户所,目前只看到这一条资料,可能实际并未设置。

九溪卫治“在慈利县北九十里”⑤,即今湖南慈利县境西北九溪。

桑植安抚司,永乐四年十一月置⑥,隶九溪卫。

13. 安福守御千户所

万历《澧记》载安福所公署条“洪武辛亥设于酉水之北,正当诸夷峒口。以土官夏克武为千户,令土兵守之,隶大庸卫。庚午武子得忠叛,毁于兵燹,既平,复以酉西北……更置千户所,设官垛军……隶九溪卫”⑦,辛亥即洪武四年,庚午即洪武二十三年,这是关于安福所比较详细的一条记载。《太祖实录》洪武二十二年二月提到“湖广安福千户所千户夏德忠诱九溪洞蛮作乱……命置九溪、永定二卫,改大庸卫为千户所”⑧,也说明在洪武二十二年前安福所便已存在。不过二十二年的安福千户所是以土官及土兵为主,又称酉水千户所⑨。夏德忠叛后,所废。

---

①⑧ 《太祖实录》卷195。
② 《太祖实录》卷202。
③ 康熙《九溪卫志》卷3《艺文》。
④ 《太祖实录》卷204。
⑤ 《大明一统志》卷62《岳州府·公署》。
⑥ 《太宗实录》卷6。
⑦ 万历《澧记》卷8《公署》。
⑨ 乾隆《永顺府志》卷一。参见罗维庆:《酉水千户所考》,《中央民族大学学报》2009年第4期。

平夏德忠后，洪武二十三年九月“癸巳，置九溪、安福二守御千户所，隶湖广九溪洞(应为卫)”①，重置千户所，隶于新建的九溪卫。《明史》卷44《地理志五》即以洪武二十三年九月为始置所时间。

万历《慈利县志》卷16卫所条言所“在县西北二百九十里”，即今湖南桑植县。

14. 汶溪千户所

置于洪武二十三年。

康熙《天柱县志》下卷兵防言“明洪武二十三年调靖州卫后所移置汶溪寨，因名焉。在县东北五十里”，乾隆《镇远州志》记载与之相同，《明史》卷44《地理志五》亦记“天柱，州西北。……西北有屯镇汶溪后千户所，洪武二十三年置”。万历《湖广总志》卷13《建置志》一公署记载所在“州西北，洪武三十年建”，三十年应为建筑时间。

该所拨靖州卫后所立，根据嘉靖《湖广图经志书》卷19汶溪所与天柱、武岗2所同隶靖州卫。治“在县东北五十里”②，即今贵州天柱东北甘溪。

15. 天柱守御千户所

《太祖实录》载洪武二十五年五月“置天柱守御千户所”③，《湖广图经志书》卷19靖州卫条载“在外天柱、汶溪、武冈三千户所隶焉”，所隶靖州卫。按康熙《天柱县志》上卷沿革载“洪武二十四年苗人猖獗，楚王率领官军征进大坪、小坪等处，始撤靖州卫左千户所以守御之，此天柱所之所由来”，则所是调靖州卫左所设。治在今贵州天柱县。

《明史》卷44《地理志五》载“天柱，州西北。本天柱守御千户所，洪武二十五年五月置。万历二十五年改为县，析绥宁、会同二县地益之。崇祯十年东迁龙塘，名龙塘县。后东迁雷寨。后还旧治，复故名”，设县并未废所，天柱所是否随县治迁移，不得而知。

康熙《湖广通志》卷2《建置沿革》下载“洪武二十四年始置天柱所，万历二十五年改为天柱县”，所记设所时间有误。

16. 古州卫

洪武二十六年三月“癸亥，前军都督佥事杨春平蛮还京师，初春会茅鼎等讨堂厓诸洞蛮，平之。诏即其地立古州卫镇守，后春复率长沙、衡州、宝庆、武冈诸卫兵讨富春瑶蛮，驻军于江华县，上以蛮方连岁用兵，民劳于供输，故诏还

① 《太祖实录》卷204。
② 《大清一统志》卷395。
③ 《太祖实录》卷217。

京师，诸军各还卫屯种”①，二十六年七月“己丑，罢新置湖广古州卫，令将士屯田五开”②。《明史》卷44《地理志五》载“古州蛮夷长官司，（黎平）府西北。元古州八万洞军民长官司。……有古州卫，洪武二十六置，寻废”，长官司治在今贵州黎平罗里，明设卫应即治于此。

由于古州卫存在时间极短，史书记载不多。

17. 汉阳卫

该卫史料很少。《太祖实录》载洪武二十三年八月“庚午，改汉阳卫为荆州右护卫”③，则卫在此之前存在，此后废除。治应在汉阳，即今湖北武汉市汉阳区。卫属湖广都司。

18. 西平守御千户所

万历《明会典》卷124载“旧有道州千户所、武昌右千户所、西平千户所、崇山千户所，后俱革”，正德《明会典》卷108所引《诸司职掌》录有该所，则洪武二十六年左右该所尚存。

雍正《湖广通志》卷13记松滋县“西平寨，在县西南一百二十里，昔人屯兵之所”，疑即西平所治地。

19. 宁远守御千户所

关于此所设立年代的记载很少，雍正《湖广通志》卷16记宁远县洪武“二十九年县设守御千户所，拓城西为军营”，则所设于洪武二十九年。按万历《湖广总志》卷13“守镇宁远左千户所，县西”，所应是迁宁远卫左所而建，永乐九年四月“己亥修湖广宁远左千户所城池”④，即指宁远守御千户所。《大明一统志》湖广卷首未列该所，则其仍隶于宁远卫，为二级守御千户所。

明代宁远县即今湖南宁远县。

20. 江华守御千户所

嘉靖《湖广图经志书》卷13公署载“守镇江华右千户所：在江华县南门外，洪武二十九年拨宁远卫右所镇守本县，永乐间隔溪建立，天顺六年（1462）移建于此”，弘治《永州府志》卷1记载与之同，所仍隶宁远卫，治当有小的迁徙，天顺六年后治即今湖南江华县。

《明史》卷44《地理志五》载江华“东南有故城。今治本宁远卫右千户所，洪武二十八年置。天顺六年徙县来同治”，建所当有一定时间，此记载亦

---

① 《太祖实录》卷226。
② 《太祖实录》卷229。
③ 《太祖实录》卷203。
④ 《太宗实录》卷115。

不为误。

关于永乐元年千户所改治,《太宗实录》载永乐元年六月“壬戌改筑湖广江华千户所城,先是本所言城决于洪水,上遣人视之,至是还言城正当水势所冲,若重筑之,徒劳人力,宜改筑于城北,从之”①。

21. 常宁守御千户所

嘉靖《湖广图经志书》卷12《公署》载“在城东,洪武二十八年因僮贼出没建立,调官军镇守,仍隶衡州卫”,成化末李穆《常宁中千户所公署记》载“常宁千户所实衡州卫之中所,洪武二十八年调守常宁地方”②,则是洪武二十八年调衡州卫中所于常宁,立守御千户所,仍隶衡州卫,为二级守御千户所,亦称“常宁中千户所”③。所治在今湖南常宁市。

22. 广安守御千户所

《太祖实录》载洪武二十九年三月“乙酉,置广安千户所于桂阳县土桥,宁溪千户所于蓝山县张家坡”④。

《明史》卷44《地理志五》湖广桂阳县条下言“东有守御广安千户所,洪武二十九年三月置,后废。宣德八年六月复置”,所言设所时间是指湖广都司的广安所,但废除和宣德八年六月复置的均为四川都司广安千户所,二者非一地,《明史》卷44《地理志五》有误。

《大明一统志》卷66公署条载广安所“在桂阳县东十里,洪武中建。……俱隶茶陵卫”,《太祖实录》洪武三十一年正月亦载“湖广茶陵卫广安千户所鞑军脱火赤等”⑤,则所隶茶陵卫,为二级守御千户所,治并不在桂阳县城中。

嘉靖《郴州志》卷8《创设志上》城池条言“洪武中以广贼凭陵,设广安千户所以御之,去县东八里,军民异处……天顺甲申值广贼剽掠,巡抚都御史吴公为请以千户所就县而增之城事”,按嘉靖《湖广图经志书》卷14《公署》所“在桂阳城内东北隅,旧在城外八里,成化六年因苗贼冲破城池,移建于此,隶茶陵卫”,所移治县城当在成化六年后。

23. 宁溪守御千户所

《太祖实录》载洪武二十九年三月“乙酉,置广安千户所于桂阳县土桥,宁溪千户所于蓝山县张家坡”⑥。《明史》卷44《地理志五》所载设所年代与之相同。

---

① 《太宗实录》卷21。
② 嘉靖《湖广图经志书》卷12《公署》。
③ 《英宗实录》卷73。
④⑥ 《太祖实录》卷245。
⑤ 《太祖实录》卷256。

嘉靖《湖广图经志书》卷12《公署》载所“在县西二十里，洪武二十年因回寇出没开设。属茶陵卫”。嘉靖《衡州府志》卷7《兵防》载所“在县西二十里，洪武间因杜回子作乱开设，属茶陵卫”，杜回子乱发生在洪武二十、二十一年，故二志记载有误。所属茶陵卫，为二级守御千户所。所城在今湖南蓝山县西南，已被辟为旅游景点。

24. 锦田守御千户所

该所设于洪武二十九年。《明史》卷44《地理志五》载“江华，州南。……又东有守御锦田千户所，洪武二十九年置”，嘉靖《湖广图经志书》卷13《公署》载“洪武二十九年拨宁远卫前所镇守，遂创所于此”，弘治《永州府志》卷1《公署》记载与之同。《大明一统志》卷59湖广卷首未列该所，则其仍隶于宁远卫，为二级守御千户所。治即今湖南江华县东南所城遗址，为当地古迹之一。

25. 桃川守御千户所、枇杷守御千户所

弘治《永州府志》卷1《公署》载“枇杷守御千户所，在(永明)县东南四十里，洪武二十九年设立”，“桃川守御千户所，在县西南四十里，洪武二十四年拨永州卫后千户所千户张启领军设立”，隆庆《永州府志》卷8、万历《湖广总志》卷13记载与之同，今采用其说。

《明史》卷44《地理志五》载“永明……东南有枇杷守御千户所，西南有桃川守御千户所，俱洪武二十九年置”，所记桃川所设立时间有误。

嘉靖《湖广图经志书》卷13《公署》载“枇杷守御千户所，在永明县东南三十里，洪武二十七年设立”，所记时间误。

《大明一统志》卷59湖广卷首未列2所，则其仍隶于永州卫，为二级守御千户所。枇杷所城在今湖南江华县西南，地名仍为枇杷所，桃川治应即今湖南江永县南桃川镇东不远的所城。

26. 镇溪军民千户所

洪武三十年二月“乙未置镇溪军民千户所，时辰州卢溪县主簿孙应隆招谕蛮民复业者多，遂置千户所以镇之，以应隆为镇抚”①，《明史》卷44《地理志五》记载与之同。

《大明一统志》卷65《公署》言所“在卢溪县西二百三十里……洪武二十八年建所，经镇崇山、沿场、高岩等处分蛮长石答冲等百四十二寨，隶辰州卫”，嘉靖《湖广图经志书》卷15《公署》载所“在卢溪县西一百一十里……本朝洪武二十八年建，隶辰州卫”，二书所载建所时间皆有误。

① 《太祖实录》卷250。

所隶辰州卫，治在今湖南吉首市。

27. 湘乡守御千户所

洪武三十年三月“癸酉，置湘乡千户所，隶长沙卫”①，但废所时间不明，《大明一统志》已不载，故至迟天顺时已废。所为二级所，治在今湖南湘乡市。

28. 荆州左卫

洪武三十年七月丙子“置荆州左卫”②，属湖广都司。成化十二年底改属湖广行都司。治在今湖北荆州市。

嘉靖十八年五月丙子“改荆州左卫为显陵卫，移置其官军之护守陵寝，仍照凤阳例建留守司，命之兴都留守司”③，即废荆州左卫，立显陵卫，改属兴都留守司。

万历《明会典》卷124载“湖广都司，旧……有荆州左护卫，后改显陵卫”，左护卫应为左卫。

29. 荆州右卫

万历《湖广总志》卷13《公署》言卫“吴元年建，洪武二十一年改右护卫，三十二年复荆州右卫”，但按《太祖实录》洪武二十三年八月“庚午，改汉阳卫为荆州右护卫”④，右护卫并非由右卫改。疑右卫与左卫同时立。治在今湖北荆州市。

30. 铜鼓卫

嘉靖《湖广图经志书》卷19《新建卫学记》载“洪武三十年太祖高皇帝敕楚王统戎平定苗乱，特设此卫，界乎五开、靖州之间，以遏绝苗寇出没之路”，《太祖实录》卷255亦载洪武三十年九月“癸亥城铜鼓，敕楚王桢、湘王柏曰：宜以护卫军一万、铜鼓卫新军一万、靖州民夫三万筑铜鼓城”，则卫设于洪武三十年。《湖广图经志书》卷19又载“洪武三十一年设卫以控制苗境”，平乱设卫需要一定时间。

《太宗实录》卷14洪武三十五年十一月载“复安东中屯卫、大同、沈阳二屯卫，俱隶北平都司；铜鼓、五开、靖州三卫仍隶湖广都司”，《湖广图经志书》卷19言铜鼓卫“洪武三十一年设卫以控制苗境，寻革，永乐初复置”，按《大明一统志》卷88黎平府公署条、弘治《贵州图经新志》卷7《公署》皆言卫“洪武三十年建，后二年废，永乐三年复建”，卫洪武三十二年被废，洪武三十五年十一月

① 《太祖实录》卷51。
② 《太祖实录》卷254。
③ 《世宗实录》卷224。
④ 《太祖实录》卷203。

重置，永乐三年重建公署。

治在今贵州锦屏县东南同古。

《明史》卷44《地理志五》载"西有铜鼓卫，本铜鼓守御千户所，洪武二十一年九月置，属五开卫，三十年改所为卫，属湖广都司，后二年废，三十五年十一月复"，将铜鼓卫与五开卫的铜鼓千户所混为一谈。

31. 枝江守御千户所

《太祖实录》载洪武二十三年闰四月"庚午，置枝江千户所"①，《大明一统志》卷59湖广卷首列该所，则所为直隶于都司的守御千户所。成化十三年改归行都司。康熙《荆州府志》卷6《城池》枝江县城条载"明洪武二十二年设枝江守御千户所，防容美洞蛮"，所言时间有误。

枝江守御千户所"在枝江县治东"②，明代枝江县在今湖北枝江市枝城。

32. 宜章守御千户所

《宪宗实录》载成化七年十一月"乙卯，设湖广守御宜章县后千户所。宜章界于广东阳山县松柏、蓉家二峒，民瑶杂处，洪武末有贼出没其间，因分调茶陵卫后所官军之率黄沙、粟源二堡以守御之。到是以宜章武备渐弛而茶阮地非要害，乃并调其所官军之半于宜章，俾之统辖二堡，建治立名，择本卫威望素著指挥一员往来提督"③。

嘉靖《湖广图经志书》卷14、万历《湖广总志》卷13《公署》载宜章后千户所"在县东五十步，成化三年建，隶茶陵卫"，当是设所之前已开始建筑公署。嘉靖《茶陵州志》卷下《武备第二》载"后复调五百户以置宜章守御千户所，而卫仍统之"，所隶茶陵卫，治在今湖南宜章县。

33. 城步守御千户所

万历《湖广总志》卷5《方舆志》宝庆条载"弘治甲子蛮寇李再万窃发……析靖州所一，领守御之"。按嘉靖《贵州通志》卷10《经略·勘处夷情都御史万镗计处地方夷情事略》言"查得城步县守御千户所原系靖州卫后千户所，先年平贼之后改设于彼守御"。康熙《宝庆府志》卷21《武备志》载所"弘治中随县创设，设靖州卫中所千百户永为守御，专以瑶裔集居地方事重"。《明史》卷44《地理志五》载城步弘治十七年置县，甲子即为弘治十七年。《湖广图经志书》卷19《靖州卫》载"在外天柱、汶溪、武冈三千户所隶焉"，无城步所，可见该所

① 《太祖实录》卷201。
② 《大明一统志》卷62《荆州府·公署》。
③ 《宪宗实录》卷98。

直隶都司。治在今湖南城步县。

34. 思州千户所、思南左千户所、思南右千户所、思南千户所

洪武二十五年至永乐十一年，思州、思南左、思南右为土军千户所，隶属不明。永乐十一年至十四年，改设的思州、思南2千户所专职军务，隶湖广都司；永乐十四年至洪熙元年，2所仍为土军千户所。

《太祖实录》载洪武二十五年二月“置思州千户所及思南左、右千户所”①，废除时间不明。《太宗实录》载永乐十一年正月“己酉设思州及思南左、右千户所”②，第二年十二月“置贵州之思州、思南二守御千户所吏目各一员”③，则永乐十一年所设为2所。

永乐十四年四月“贵州左布政司蒋庭瓒奏思州、思南二府旧有土军二千户所，聚则为兵，散则为农，不妨农事。今改隶前军都督府，专守军律，不得务农，乞仍旧为便。从之”④。洪武时的思州，思南左、右3千户所为土军千户所，隶属不明。永乐十一年置的2所应是在其基础上改为正式千户所，专职军事，湖广都司属前军都督府，贵州都司为右军都督府，2所应隶湖广。十四年仍改为土军千户所。

洪熙元年(1425)八月“行在兵部奏初思州、思南土军皆本处夷人，聚则为兵，散则为民，前宣慰田琛、田宗鼎各奏设千户所，朝廷惟除千户，其百户、镇抚皆用本土头目，军皆入伍，夷人是以不安。今二宣慰司已革罢，土军悉复为民，独思州、思南二千户所官尚存，若仍存之，则当聚兵使之率领，不然亦请罢之。上曰：……若再聚兵非靖安之计，宜罢除之，千户今归旧卫”⑤，至此土千户所亦被废。

这3所存在时间不长，其他史书多无载。

明代思州在今贵州岑巩县，思南在今贵州思南县。

成化十三年之后改归湖广行都司的部分卫所沿革如下。

1. 均州守御千户所

万历《湖广总志》卷13《公署》言均州所“在州治东望狱门内，洪武初调拨千户乐彝、李春守御均州，先隶襄阳卫，弘治十四年千户韦值奏隶郧阳行都

① 《太祖实录》卷216。
② 《太宗实录》卷136。
③ 《太宗实录》卷159。
④ 《太宗实录》卷175。
⑤ 《宣宗实录》卷8。

司”。按天顺《重刊襄阳府志》卷1《城池》“均州砖城一座，洪武五年守御副千户李春修筑”，则所应于筑城前不久设，隶襄阳卫，为二级守御千户所。成化十三年随卫改属湖广行都司。

《孝宗实录》卷180载弘治十四年十月“改湖广襄阳卫均州守御千户所隶行都司”，正德《襄阳府志》卷5《武备》亦记“弘治十四年奏隶行都司”，改为直隶于行都司的守御千户所。

明代均州州治在今湖北丹江口市西北关门岸，卫治也在此。

2. 远安守御千户所

嘉靖《湖广图经志书》卷8成化二年十月初十日王恕《处置荆襄地方奏状》言“摘调一千户所发去远安县与民相兼，用工修筑城池，设立千户所衙门，守御地方”，直到成化三年三月甲申“初，置湖广远安守御千户所，襄阳府远安县在万山之中，去军卫远，编户止一里半，流民数多，易为变乱。巡抚都御史等官请以荆州卫带管护卫多余军立千户所。故有是命”①。所隶湖广都司，十三年归行都司。

治在今湖北远安县。

3. 竹山守御千户所

嘉靖《湖广图经志书》卷9《公署》载所“在竹山县治东，成化八年都御史项忠奏建，属襄阳卫”。成化十三年随卫改隶行都司。

《孝宗实录》载弘治元年十一月“改襄阳卫竹山守御千户所隶湖广行都司”，改为直隶于行都司的守御千户所。明竹山县即今湖北竹山县。

4. 房县守御千户所

嘉靖《湖广图经志书》卷9公署正德李富春《房县千户所谯楼记》言“洪武十一年创建守御千户所”，所“在房县东一百步，洪武初千户李信建，隶襄阳卫”。成化十三年随卫改隶行都司。

《孝宗实录》卷155载弘治十二年十月丙辰“以……湖广房县千户所径隶行都司”，改为直隶于行都司的守御千户所。房县即今湖北房县。

明代早期的王府拥有王府护卫，封于湖广境内的楚王、潭王、谷王、襄王、荆王、郢靖王都曾有护卫。

1. 长沙护卫

“长沙，倚。治西北。洪武三年四月建潭王府，二十三年除。永乐元年，谷

① 《宪宗实录》卷40。

王府自北直宣府迁于此，十五年除。二十二年建襄王府，正统元年迁于襄阳。天顺元年三月建吉王府”，《明史》卷44《地理志五》的这一段文字说明了明代长沙王府的建废情况，长沙护卫亦随之变迁。

洪武十三年三月是设长沙护卫之始，这一月“置长沙护卫、汉中卫二指挥使司”①，二十年正月“戊午改长沙护卫为湖南卫，隶湖广都指挥使司”②。卫第一次被废。此阶段潭王封长沙，可称为潭府长沙护卫。

《太祖实录》洪武二十六年二月又载“并长沙护卫于越州卫”③，按长沙护卫洪武二十年已改湖南卫，且潭王二十三年已除国，此时应是调湖南卫于越州卫。

谷王在洪武三十五年已改封长沙，这一年十一月“改宣府护卫为长沙护卫，仍隶谷王府”④，永乐十四年十二月“敕都督冀中骤往湖广调长沙护卫官军三千戍守辽东，二千戍宣府，二千戍保安诸卫，余调山东缘海六卫”⑤，十五年正月“谷王橞以谋逆削爵为庶人，革其护卫及长史司等衙门”⑥。长沙护卫又废，这一阶段可称为谷府长沙护卫。

襄府在长沙时无护卫。

长沙左护卫、长沙右护卫、长沙中护卫　为潭府另3护卫。按太祖时的制度，洪武时所设王府多为3护卫，《太祖实录》洪武二十三年七月提到“置越州卫，命指挥何鑑、焦真竹、泰仙童领长沙右护卫军士守之”⑦，既有右，则亦应有左护卫、中护卫，史书缺载。如有左、右、中3护卫，按《太祖实录》洪武十八年三月“壬申赐长沙、兖州二护卫军士布人三匹，以其迎谭王、鲁王之故也”⑧，此时尚只有一护卫——长沙护卫，左、右、中3护卫设于洪武二十年长沙护卫废除之后，二十三年国除卫废。

2. 安陆中护卫

该护卫是郢靖王朱栋的王府护卫，万历《湖广总志》卷8《藩封》载“郢靖王栋……洪武辛未封国安陆州，在国六年薨，无子国除”。

《太祖实录》卷221载洪武二十五年九月“乙酉，置安陆中护卫”⑨。这是置

① 《太祖实录》卷130。
② 《太祖实录》卷180。
③ 《太祖实录》卷225。
④ 《太宗实录》卷14。
⑤ 《太宗实录》卷183。
⑥ 《太宗实录》卷185。
⑦ 《太祖实录》卷203。
⑧ 《太祖实录》卷172。
⑨ 《太祖实录》卷221。

护卫之始。国除之后，宣德四年二月丁酉“行在礼部尚书胡濙奏：郢靖王无嗣国除，其护卫及官属人等皆当改拨。上从之……于是调安陆中护卫三所官军于广西桂林中、右二卫，其仪卫司、典仗校尉调行在锦衣卫”①，安陆中护卫废。

卫治在今湖北钟祥。

3. 荆府护卫、荆州左护卫、荆州右护卫、荆州中护卫

按《明史》卷44《地理志五》载“江陵，倚。洪武十一年正月建湘王府，建文元年四月除。永乐元年，辽王府自辽东广宁迁于此，隆庆二年十月除”，因此荆州王府护卫也经历了两个阶段。

第一阶段为湘王府护卫。

《太祖实录》卷137洪武十四年五月、卷164洪武十七年八月都提到荆州护卫，可见在设湘王府之后不久即设荆府护卫。洪武二十一年九月“改荆州卫为荆州左护卫”②，二十三年八月“庚午，改汉阳卫为荆州右护卫”③。按明初制度，一王府3护卫，且《太宗实录》卷14载洪武三十五年十一月“乙未，复荆州中护卫，隶辽王府”，则湘王府亦应有中护卫，或由荆州护卫改设，设立时间亦应在二十一年至二十三年左右。

洪武三十二年四月十三日湘王自杀，国除，3护卫废。

第二阶段为辽王府护卫。洪武三十五年九月改封辽王朱植于荆州，敕辽王植曰“……而贤弟以辽地荒，以涉海洋，馈运为难，固请改国荆州，且以广宁重镇，应留三护卫于彼以益边防，欲于荆州别给一卫备使令。……今勉从所请，建国荆州，而仍旧封号。军卫已令兵部改拨”④，十一月“乙未，复荆州中护卫，隶辽王府”⑤。辽府改国荆州后只有中护卫。永乐十年二月“庚辰，辽王植有罪，削其护卫及仪司，止给军校尉三百人备使令”⑥，中护卫废。

《太宗实录》卷12下记载洪武三十五年九月“丙申，修荆州前护卫为辽王府”⑦，按原湘府并无前护卫，且一般王府3护卫皆称为左、右、中，这里的记载有误。

4. 武昌左护卫、武昌中护卫、武昌右护卫、武昌护卫

武昌诸护卫为楚王而设。洪武三年四月朱元璋册封诸皇子为王，诏天下

① 《宣宗实录》卷51。
② 《太祖实录》卷193。
③ 《太祖实录》卷203。
④⑦ 《太宗实录》卷12下。
⑤ 《太宗实录》卷14。
⑥ 《太宗实录》卷125。

曰"乃以四月七日封……第六子桢为楚王……八子梓为潭王"[①]，十四年二月丙寅"诏楚王之国"[②]。按《太祖实录》洪武二十三年闰四月提到"乙酉，改武昌护卫为中护卫"[③]，则在二十三年之前已有武昌护卫，一般王府设置之初都会先设一护卫，武昌护卫至迟当在十四年已设。

洪武十九年九月"改武昌中卫为武昌左护卫指挥使司"[④]。洪武二十三年闰四月"乙酉，改武昌护卫为中护卫，调武昌左护卫指挥同知张诚为中护卫指挥同知，武昌护卫指挥佥事姜奡、雍显为右护卫指挥佥事"[⑤]，置中护卫。《明史》卷90《兵志二》所列洪武二十六年卫所无武昌右卫，右护卫亦当在此前不久由武昌右卫改设。

宣德五年十一月"壬子……于是改武昌中护卫为武昌护卫，调左护卫于东昌，改为东昌卫，右护卫徐州，改为徐州左卫，置经历司、卫仓皆如例"[⑥]。此后楚府只有武昌护卫。详见"中军都督府在外直隶卫所建置沿革"中徐州左卫考证。

5. 襄阳护卫

正统元年(1436)七月甲辰"命襄王瞻墡自长沙迁居襄阳。先是，襄王奏长沙卑湿，愿移亢爽地。上命有司于襄阳度地为建王府"[⑦]。但是直至天顺元年五月壬午才设护卫："设襄阳护卫指挥使司，改群牧所为中千户所，摘襄阳卫左所、安陆卫右所全伍隶焉。"[⑧]正德《襄阳府志》卷5《武备》亦载"天顺元年襄宪王朝觐，英宗皇帝以襄阳卫左所、安陆卫右所并群牧所官军辏成护卫赐之"。

正德《明会典》卷108把襄阳护卫归于湖广都司，万历《明会典》卷124归于湖广行都司，按成化十三年正月襄阳卫等改隶行都司，襄阳护卫疑亦应于此时改隶，正德《明会典》的记载有误。

五、湖广都司下的土官

明代湖广的土官主要分布在湖广的西部。由于元代时这一带隶于四川和湖广二行省，明初部分地区由四川划归湖广，后由于贵州都司、布政司的设置，

---

① 《太祖实录》卷51。
② 《太祖实录》卷135。
③ 《太祖实录》卷201。
④ 《太祖实录》卷179。
⑤ 《太祖实录》卷201。
⑥ 《宣宗实录》卷72。
⑦ 《英宗实录》卷20。
⑧ 《英宗实录》卷278。

再加上明初设废变化诸多,使土官的变化非常复杂。《明史· 地理志》等文献对明代中后期土官的隶属记载较为清晰,而对明初则缺乏记载。由于明初短时期内设置的土官大多或隶于四川行省,或隶于湖广行省,并不隶于湖广都司,所以不在这里考述。这里只记述有确切文献记载的隶于湖广都司且存在时间较长的施州军民指挥使司、永顺军民宣慰使司、保靖州军民宣慰使司下的土官。镇远卫臻剖六洞横波等处长官司、九溪卫桑植安抚司已在前文其所属卫下考述。

(一) 施州军民指挥使司

明代洪武二十三年废除施州后,施州军民指挥使司下除前文提到的大田军民千户所外,还领有众多的宣抚司、安抚司、长官司、蛮夷司。当地洪武初年继承了元代的一些土官设置,由于土官明初变化较多,文献对洪武年间这些土官的隶属情况记载并不明确。根据元代的归属来看,洪武年间这里的土官应归属四川。洪武二十三年之后,由于地方屡次发生反叛,绝大部分土司被废除。永乐初至宣德年间又陆续重设,隶属关系也变得清晰起来。嘉靖初年以后施州司下除大田军民千户所外,尚领有 4 宣抚司、9 安抚司、14 长官司、5 蛮夷官司,其中 4 宣抚司及木册、唐崖、镇南 3 长官司直隶于施州司。现据《明实录》、《明史》、嘉靖《湖广图经志书》、万历《湖广总志》等文献,以嘉靖初年为时间断限考订施州卫统属土官如下。

1. 施南宣抚司(施南道宣慰使司、施南长官司参见)

元施南道宣慰司。洪武四年十二月因之,十四年因叛被废。十六年十一月乙卯置施南宣抚司,属施州卫。二十七年后,复废。永乐二年五月乙巳改置施南长官司,属大田军民千户所。四年三月辛亥升宣抚司,直属施州司。嘉靖以后领 5 安抚司。旧治在东,后稍西迁,在今湖北宣恩县。

东乡五路安抚司(东乡五路长官司参见)　元东乡五路军民府,明玉珍置东乡五路宣抚司,洪武四年十二月归附,改置长官司,洪武六年升安抚司。二十三年裁,永乐五年三月乙卯复置安抚司,属施南宣抚司。宣德三年五月后领 3 长官司、2 蛮夷官司。安抚司治在今宣恩县东乡镇。

摇把峒长官司,元又把峒安抚司,后废。宣德三年五月戊寅改置,属东乡五路安抚司。治在今湖北咸丰县南摇把。

上爱茶峒长官司、下爱茶峒长官司(怀德军民宣抚司参见),元末为怀德军民宣慰司,明太祖甲辰年六月戊戌改怀德军民宣抚司,后废。宣德三年五月戊寅改置 2 长官司,属东乡五路安抚司。2 司治在今湖北来凤县东北。

镇远蛮夷官司,宣德三年五月戊寅置,属东乡五路安抚司。治在今宣恩县境。

隆奉蛮夷官司(隆奉长官司),元隆奉宣抚司。洪武四年十二月改长官司,后废。宣德三年五月戊寅改置蛮夷官司,属东乡五路安抚司。治在今宣恩县境。

忠路安抚司　明玉珍置忠路宣抚司,洪武四年改安抚司。二十三年废。永乐八年七月辛未复置,属施南宣抚司。宣德三年五月后领1长官司。治在今湖北利川市西南忠路镇。

剑南长官司,宣德三年五月戊寅置,属忠路安抚司。治在今利川市西北建南镇。

忠孝安抚司(忠孝长官司参见)　元置忠孝军民安抚司,明玉珍改宣抚司,洪武四年十二月改置长官司,六年复为安抚司。二十三年废。永乐八年七月辛未复置,属施南宣抚司。治在今利川市东南忠孝村。

金峒安抚司(金峒长官司参见)　元置。洪武四年十二月改长官司,后废。永乐八年七月辛未复设安抚司,属施南宣抚司。宣德三年五月领1长官司、1蛮夷官司。隆庆五年正月乙酉降为峒长,仍有安抚司之名。安抚司治在今湖北咸丰县西北黄金洞。

西坪蛮夷官司,宣德三年五月戊寅置,隶金峒安抚司。治在今咸丰县西北西坪。

石关峒长官司,据《宣宗实录》卷29,司宣德二年七月癸丑置,隶金峒安抚司。《大明一统志》、《明史》卷44《地理志五》、万历《湖广总志》金峒安抚司下均未载该司,该司可能在设置后不久就废除了。治应在今咸丰县境。

中峒安抚司　《明史》卷44《地理志五》记"嘉靖初置",万历《湖广总志》记司"近方增置,俱隶施南"①,今从《明史》。治在今咸丰县境。

2. 散毛宣抚司(散毛沿边宣慰司、散毛长官司参见)

元末置散毛誓崖等处军民宣慰司,明玉珍改散毛宣慰使司,洪武七年五月癸巳改散毛沿边宣慰司,属四川重庆卫。二十三年废。永乐二年五月乙巳置散毛长官司,属大田军民千户所。四年三月辛亥升宣抚司,属施州卫。治在今湖北来凤县西北老司城。永乐五年后领2安抚司。

龙潭安抚司(龙潭长官司参见)　元龙潭宣抚司。明玉珍改长官司。洪武八年二月改龙潭安抚司,属四川重庆卫。二十三年废。永乐四年三月辛亥复置,属散毛宣抚司。治在今湖北咸丰县北龙潭司。

大旺安抚司(大旺宣抚司)　明玉珍设大旺宣抚司。洪武八年二月辛亥

---

① 万历《湖广总志》卷5《方舆志五》。

因之①,属四川。二十三年废。永乐五年改置安抚司,属散毛宣抚司。治在今来凤县旧司。宣德三年五月后领2蛮夷官司。

东流蛮夷官司(东流安抚司参见),洪武八年二月辛亥置东流安抚司,属四川,后废。宣德三年五月戊寅改置,属大旺安抚司。治在今来凤县西南高洞。

腊壁峒蛮夷官司,宣德三年五月戊寅置,属大旺安抚司。治在今来凤县腊壁司。

3. 忠建宣抚司(忠建长官司、忠建安抚司参见)

元忠建军民都元帅府。明玉珍因之。洪武五年正月改长官司。六年升宣抚司。二十七年四月改安抚司,寻废。永乐四年复置宣抚司,属施州司。永乐四年后领2安抚司。弘治间朝廷收印,正德十年六月甲申复给印。治在今湖北宣恩县南老司城。

忠峒安抚司(沿边溪洞长官司参见) 元湖南镇边宣慰司。明玉珍改沿边溪洞宣抚司。洪武五年正月改沿边溪洞长官司,后废。永乐四年改置,隶忠建宣抚司。弘治间朝廷收印,正德十年六月甲申复给印。治在今宣恩县东南石垭口。

高罗安抚司 元高罗宣抚司。明玉珍改安抚司。洪武六年废。永乐四年三月戊午复置,隶忠建宣抚司。永乐四年三月至宣德九年六月木册长官司属高罗安抚司。成化中司下又设思南长官司。弘治间朝廷收印,正德十年六月甲申复给印。安抚司治在今宣恩县东南挨山。

思南长官司,成化后置,隶高罗安抚司。《大清一统志》卷274言司治"在宣恩县境",约在今宣恩县境内。

4. 容美宣抚司(黄沙靖安麻寮等处军民宣抚司、容美长官司、容美宣慰司参见)

元容美等处宣抚司,属四川行省。太祖丙午年二月丁卯因之。吴元年正月改黄沙靖安麻寮等处军民宣抚司。洪武五年二月丙子改置长官司。七年十一月升宣慰司,后废。永乐四年复置宣抚司,属施州司。治在今湖北鹤峰县。领长官司5。

盘顺长官司 元末为军民安抚司。《明史》卷44《地理志五》载"洪武五年三月改为长官司",但《大清一统志》卷273言"在鹤峰州境,明成化末置",且万历《湖广总志》在记容美宣抚司其他4长官司永乐五年中确立后,也记盘顺司"后即增设","后"当在永乐五年之后。应是洪武五年所设之长官司不久即废,

① 《太祖实录》卷97载洪武八年二月"辛亥,置四川镇南宣抚司,镇边忠义安抚司,忠义蛮夷安抚司,池著、田阿、世业三洞长官司,大旺宣抚司,东流安抚司,皮腊、井坝、九明蛮夷三洞、市备全园四长官司",《明史》卷44《地理志五》记东流、大旺、龙潭均作"洪武八年十二月",今从《太祖实录》。

成化末复置。治应在今鹤峰县附近。

椒山玛瑙长官司、五峰石宝长官司、石梁下峒长官司、水尽源通塔平长官司　俱洪武七年十一月置，十四年废。五峰石宝长官司于永乐五年二月丙午复置，其余 3 长官司永乐五年三月乙卯复置。椒山司治在今鹤峰县东北留驾司。五峰司治在今湖北五峰县五峰镇。石梁司治在今五峰县西南。水尽司治在今五峰县西北水尽司。

5. 木册长官司

元木册安抚司。明玉珍改长官司。洪武四年废。永乐四年三月戊午复置，属高罗安抚司。宣德九年六月己酉因常遭高罗安抚司侵凌，奏请直隶施州司。治在今湖北宣恩县南板栗园。

6. 唐崖长官司

元唐崖军民千户所。明玉珍改安抚司。洪武七年五月癸巳改长官司，后废。永乐四年三月戊午复置，直隶施州司。治在今湖北咸丰县西唐岩镇。

7. 镇南长官司

元末为湖南镇边毛岭峒宣慰司。明玉珍改镇南宣抚司。太祖丙午年二月因之，寻废。洪武八年二月辛亥复置，属施州卫。二十三年复废。永乐五年正月丙子改置长官司，直隶施州司。治在今湖北来凤县北镇南。《武宗实录》卷 126 正德十年六月甲申记“镇南长官司为汝凤所冒者，至是夷种尽之，其司遂绝”，但嘉靖《湖广图经志书》、万历《湖广总志》、万历《明会典》都仍记有该司，当并未废除。

(二) 永顺军民宣慰使司(永顺军民安抚司参见)

元末为永顺宣抚司，属四川行省。洪武二年为永顺州，十二月己卯置永顺军民安抚司。六年十二月乙卯升军民宣慰使司，属湖广行省，寻改属湖广都司。洪武三年后领 3 州、6 长官司。司治在今湖南永顺县东南老司城。

1. 南渭州

元属新添葛蛮安抚司，后废。洪武二年复置，改属永顺军民安抚司，设有彭姓土知州。六年十二月起属永顺军民宣慰使司。治在今永顺县西外白砂保地。

2. 施溶州

元会溪施溶等处长官司，属思州军民安抚司，后废。洪武二年改置，改属永顺军民安抚司，设有田姓土知州。六年十二月起属永顺军民宣慰使司。治在今永顺县东南施溶溪。

3. 上溪州

洪武二年置，属永顺军民安抚司，设有土知州。六年十二月起属永顺军民宣慰使司。治在今湖南龙山县南。

4. 腊惹洞长官司、麦著黄洞长官司、驴迟洞长官司、施溶溪长官司

元俱属思州军民安抚司。洪武三年改属永顺军民安抚司,六年十二月起属永顺军民宣慰使司。腊惹洞司治在今永顺县下榔保。麦著黄洞司治在今永顺县东南王家保。驴迟洞司治在今永顺县东南上榔保。施溶溪司治在今永顺县东南官寨。

5. 白崖洞长官司

元属新添葛蛮安抚司。洪武三年改属永顺军民安抚司。六年十二月起属永顺军民宣慰使司。治在今龙山县东北石牌乡。

6. 田家洞长官司

洪武三年置,属永顺军民安抚司。六年十二月起属永顺军民宣慰使司。治在今湖南古丈县西北田家洞。

(三) 保靖州军民宣慰使司(保靖州军民安抚司参见)

元保靖州,属新添葛蛮安抚司。太祖丙午年二月置保靖州军民安抚司。洪武元年九月辛酉改宣慰司。六年十二月乙卯升军民宣慰使司,直隶湖广行省,寻改属都司。司治在今湖南保靖县。领长官司2。

1. 五寨长官司

元置。洪武七年六月因之。治在今湖南凤凰县。

2. 箄子坪长官司(箄子坪洞元帅府参见)

太祖甲辰年六月戊戌置箄子坪洞元帅府,后废。永乐三年七月丁酉改置长官司。治在今凤凰县东北竿子坪。

六、湖广都司西部卫所的实土意义

由于牵扯到土司,卫所的性质便变得复杂起来。湖广都司施州卫军民指挥使司及其下的大田所在洪武二十三年施州废后成为实土卫所,镇远、清浪、平溪、偏桥4卫永乐十一年设贵州镇远府、思州府前为实土,实土时间很清楚。但是湖广西南部的众多卫所多与府州同治,但又曾一度辖有长官司等溪峒,它们的性质很难断定。按《明史》卷44《地理志五》潭溪蛮夷长官司、古州蛮夷长官司、新化蛮夷长官司、湖耳蛮夷长官司、亮寨蛮夷长官司、欧阳蛮夷长官司等在洪武三年先隶辰州卫,到三月改隶于新设的靖州卫,另据《太祖实录》卷50洪武三年三月置靖州卫就是为了"筑城戍守,以统湖耳等处土官"①,由此这2

① 《太祖实录》卷50。

卫在永乐元年这些长官司改属贵州都司前有部分实土，但因这些长官司处于自治状态，而且2卫大部分军事辖区还是在辰州府、靖州府内，我们把这一类卫所亦称为准实土。永乐前这些长官司曾被废除，至永乐元年再置后多改隶贵州卫，永乐十二年三月后隶黎平府，因此在洪武年间这些长官司废除时，靖州卫可能已不再拥有它们。另外，施溪长官司曾属湖广沅州卫，亦于永乐十二年三月改隶黎平府。桑植安抚司永乐四年十一月设置后至明末仍属九溪卫，臻剖六洞横波等处长官司洪武二十二年设立后一直隶镇远卫，与辰州、靖州2卫情况相似。

羊山、大庸、五开、铜鼓、永定，后来的靖州、辰州、沅州，永乐十一年后的清浪、平溪、偏桥11卫及其所辖守御千户所，虽然未领有过长官司或安抚司，又位于府州县境内，但是由于它们所处的特殊地位，即当地汉族人口少，卫所人口为主城池的周围皆是少数民族，虽然辰州府、岳州府、黎平府、镇远府、靖州等府州都设立较早，但是县数少，分布稀疏，一直到明万历年间慈利以西以南这几个府州仅共有约12县，境内卫及守御千户所则有25个之多(其中直隶都司的卫及守御千户所有11个)，黎平府一府境内就有2卫、8守御千户所，镇远府境内有3卫，远远超过了县数，卫所的管理作用凸显出来。《广志绎》中关于贵州卫所的记载也同样适用于湖广西南的卫所："其开设初只有卫所，后虽渐渐改流，置立郡邑，皆建于卫所之中，卫所为主，郡邑为客，缙绅拜表祝圣皆在卫所。卫所治军，郡邑治民，军即尺籍来役戍者也。故卫所所治皆中国人，民皆苗也，土无他民。"①因此诸卫所虽名义上在府县之内，但亦为准实土。明代桂萼《广舆图叙》湖广图中九溪卫、永定卫、安福所用实土标记也说明在明代人们已注意到湖广西南卫所的实土意义。由于史料缺乏，这些卫所的具体管理手段不得而知。

除了实土与准实土卫所外，湖广都司还领有西南两个面积很大的宣慰使司——永顺军民宣慰使司、保靖州军民宣慰使司，因此湖广都司是部分实土的都司，而且其在西南部的辖区比布政司辖境要大得多。

西南卫所对地方的习俗影响较大，像永定卫"初设无一土著之民，官军俱各省调集以实卫城，其声音清历，礼仪彬雅，绝不染方言、蛮俗，在屯□民、附近各州县者多从其语言……虽有小异，究不大殊"②。为防御苗人，明朝在辰州西南也筑起了"长城"，"苗地乃楚黔蜀万山之交……苗路如疏，所以明时沿边筑土墙三

---

① 《广志绎》卷5《贵州》。

② 康熙《永定卫志》卷2《风俗》。

百八十里以限之，分布官军七千八百员名以防之”①，许多卫所更是犹如孤岛。但是在多年共处之后，卫所与地方逐渐融合在一起，九溪卫“其官僚皆京师、各省调任，军士皆衡州、德安垛充……文物衣冠、习尚言话，始虽稍异，而今则一焉”②。

而湖广都司中、东、北三面的卫所治地是汉族聚居地，与卫所带来的文化相差不大，很快二者便相融了，典型的如荆州卫，“卫军风尚始以五方辐凑嗜好各殊”，到明末清初已是“安插于荆安二郡者历季兹多，荆安之风尚即卫之风尚也”③。

第二节　湖广行都司建置沿革

湖广行都司是明朝最晚设立的一个都司级军事机构，一度控制了湖广布政司的北部地区。这一地区元代属河南江北行省的西南部，明朝属湖广布政使司，多为山区，面积广阔，行政管辖鞭长莫及，元末已成为流民躲避战乱的好去处。至明朝，这里成为湖广、四川、河南、陕西四省交界之地，一遇天灾人祸，便有大量流民移入，在山中开荒，成化十二年(1476)底，“流民之数户凡一十一万三千三百一十七，口四十三万八千六百四十四，俱山东、山西、陕西、江西、四川、河南、湖广及南、北直隶府卫军民等籍”④。流民不断增多，而地方行政管理却跟不上，尤其是襄阳府筑水迤西地域广阔，州县数少，仅有均州，房县、竹山县、上津县1州、3县；军事力量亦不足，仅房县、竹山、均州、远安有4守御千户所，控制不力，襄阳卫、荆州卫、瞿塘卫又距离皆远，调动不速。加之成化年间流民的抗争也多起来，石和尚、刘千斤之乱等此起彼伏，官军疲于应付。为了加强控制，成化十二年底割襄阳府西部开设湖广郧阳府，同时置湖广行都指挥使司。至成化十三年正月，湖广都司下的荆州、荆州左、荆州右、瞿塘、襄阳、安陆和新设的郧阳7卫及德安、房县、均州、忠州、长宁、夷陵、枝江、远安、竹山9守御千户所，襄阳护卫划归湖广行都司，即原荆州、襄阳、德安及四川夔州4府境内的卫所俱归行都司统辖。长江以北除黄州卫、蕲州卫、沔阳卫仍属湖广都司外，其他地区均由行都司控制。由于瞿塘卫、忠州所归行都司，使其西界突入四川布政司境内。

初建行都司时的9守御千户所中均州、竹山、房县3所隶襄阳卫，忠州所隶瞿塘卫，德安、远安、枝江、夷陵、长宁5所原直隶湖广都司，现亦直隶行都司。隶于襄阳卫的3所由于距襄阳卫远，距行都司治近，为了便于调遣，弘治

① 乾隆《湖南通志》卷143《艺文·请调沅州镇移驻镇筸疏》。
② 嘉靖《湖广图经志书》卷7《九溪卫志序》。
③ 康熙《荆州卫志·风俗》。
④ 《宪宗实录》卷160。

中3所改为直隶于行都司的守御千户所。

嘉靖八年(1529)后安陆卫改为显陵卫,应不再属于行都司,原隶于安陆卫的随州守御百户所可能于此时废。嘉靖十八年于承天府治设立兴都留守司,五月荆州左卫改为显陵卫,原显陵卫改承天卫,加之二十一年三月德安所改属中都留守司,这2卫、1所不再隶于行都司,使得承天府、德安府大部分地区的军事归留守司控制,行都司管辖区域有所缩小。

嘉靖二十一年后行都司有5卫、7直隶于行都司的守御千户所、1隶于卫的守御千户所、1王府护卫,即万历《明会典》卷124所录卫所(参见前图32)。如下图所示。

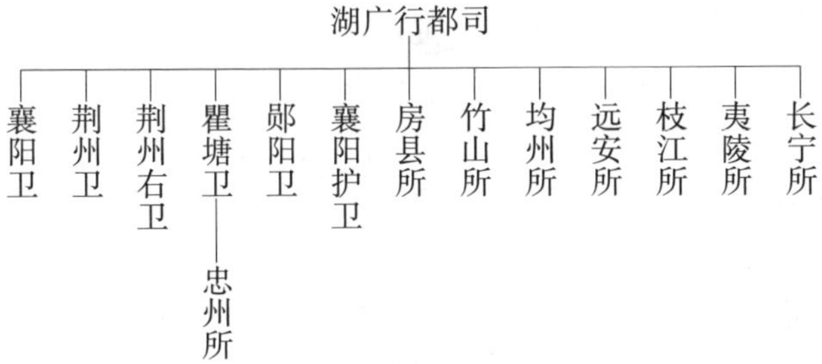

嘉靖二十一年(1542)后湖广行都司卫所统辖结构图

万历九年(1581)九月行都司被废,万历十六年九月复置。行都司被废期间,卫所改隶湖广都司①。

《明史》卷44《地理志五》载"郧阳府……置湖广行都指挥使司于此。卫所俱无实土",行都司下卫所都是无实土卫所。

《太宗实录》记"洪武三十五年秋七月甲午,革建文中所设河北都司、湖广行都司"②,由于史料缺乏,无法得知这次设行都司的具体治地及卫所情况。

行都司设立之前早已设立的荆州、荆州左、荆州右、瞿塘、襄阳、安陆6卫及德安、房县、均州、忠州、长宁、夷陵、枝江、远安、竹山9守御千户所,襄阳护卫的变迁在上节"湖广都司建置沿革"中考述,这里仅考证与行都司同时设置的郧阳卫。

郧阳卫

嘉靖《湖广图经志书》言"成化十二年建府设卫"③,《宪宗实录》载成化十二年十二月乙丑"开设湖广郧阳县,即其地设湖广行都司卫所及县"④,十三年

---

① 《神宗实录》卷116、卷203。万历《郧台志》卷2《建置·军卫》亦有记载。
② 《太宗实录》卷10下。
③ 嘉靖《湖广图经志书》卷9《公署·郧阳卫》。
④ 《宪宗实录》卷160。

正月“戊午，分隶湖广之荆州，荆州左、右，瞿塘，襄阳，安陆，郧阳七卫及德安、房县、均州、长宁、夷陵、枝江、远安、竹山八所于湖广行都司”①，已提到郧阳卫，可见十二年底立卫，即隶行都司。卫治郧阳府，即今湖北十堰市郧阳区。

第三节 兴都留守司建置沿革

正德十六年(1521)三月，明武宗死，无子，封于湖广安陆州的兴献王朱祐杬的世子朱厚熜继位，即明世宗，年号嘉靖。朱厚熜努力抬高自己父母的地位，于嘉靖八年(1529)前为正德十四年去世的朱祐杬按皇帝礼制设立守护陵寝的军卫，即改原安陆卫为显陵卫。显陵卫最初的归属史书不载，疑与其他陵卫一样为亲军卫。嘉靖十八年五月丙子，“照凤阳例建留守司，命之兴都留守司，序次中都，设正、副留守各一员，佥事指挥一员，经历、都事、断事、司狱各一员，统辖显陵、承天二卫”②，即按治于凤阳的中都留守司例在安陆建兴都留守司，以管辖这片“龙兴”之地，这是兴都留守司设置之始。因朱祐杬及朱厚熜皆被封为兴献王而名之为“兴都”。嘉靖十年时安陆州改为承天府，除南部属沔阳卫外，兴都留守司始设时的军事辖区估计应和承天府的行政辖区大体一致。

嘉靖二十一年三月沔阳卫、德安所改属留守司，使留守司军事辖区在南、北都有所扩展，约相当于承天、德安二府之地。

兴都留守司历史上共有3卫、1所(参见前图32)，俱无实土，其中沔阳卫、德安所已在“湖广都司建置沿革”中考证，其余2卫考证如下。

1. 显陵卫

《世宗实录》嘉靖二十一年八月载“先是，上以安陆卫为显陵卫，拱护二圣山陵……后复改荆州左卫为显陵卫……而显陵卫复为承天卫”③，按《世宗实录》嘉靖十八年五月丙子“改荆州左卫为显陵卫，移置其官军之护守陵寝，仍照凤阳例建留守司，命之兴都留守司”④，则安陆卫改显陵卫尚在此之前。《世宗实录》卷102嘉靖八年六月提到“显陵既设监卫”，说明此时已有显陵卫，即安陆卫已改显陵卫，安陆卫改显陵卫当在此年前不久。

《明会典》忽视了显陵卫先由安陆卫改设之事实。

卫治在今湖北钟祥市明显陵遗址附近。卫在设兴都留守司前应和其他陵

---

① 《宪宗实录》卷161。
②④ 《世宗实录》卷224。
③ 《世宗实录》卷265。

卫一样为亲军卫。

2. 承天卫

上已提到承天卫是在嘉靖十八年五月荆州左卫改显陵卫后由原显陵卫改。万历《明会典》卷 124 载承天卫“旧为安陆卫,属行都司,嘉靖十八年改”,虽然忽视了安陆卫先改显陵卫的事实,但所言设卫的时间与《世宗实录》一致。明承天府治即今钟祥市。

第四节 福建都司建置沿革

明代东南沿海的福建军事上由福建都司与福建行都司分治,西北建宁、汀州、延平、邵武诸府州地军事上归行都司,东南沿海的福州、泉州、漳州、兴化 4 府及福宁州军事上属都司。二者地域分界的标准主要依据所面临的威胁的不同。行都司境内多山地,在明代是流民聚集的地方;东南沿海则从元代起直至明末一直深受倭寇的荼毒,防御目标在海上,“福泉屏外,建宁屏内,岿然并建,若辽左、陕右矣”①。

福建都司卫所数目较少,沿革清晰。

一、福建都司卫所建置过程

元末福建宣慰司大部分为陈友定据守,朱元璋吴元年(1367)十二月平陈友定,到第二年也就是洪武元年(1368)初福建全境平,二年即设福建行省,这是明清福建设省之始。平定福建之后,明朝随即设置了一批卫所。最初只是着眼于平定地方,并未考虑到外患倭寇,所以是一府设一卫,即建宁卫、汀州卫、泉州卫、福州卫、漳州卫、邵武卫、兴化卫、延平卫,只有将乐一地设守御千户所。

洪武四年正月,福建分设建宁都卫和福州都卫,洪武八年 2 都卫分别改为福建行都司、福建都司,此后明代福建的军事一直由这两个省级军事机构控制。明代史书没有福建卫所隶属关系在 2 都司之间变化的记载,因此后世福建都司、行都司的界线基本上就是当初两个都卫之间的界线。根据《大明一统志》、《明会典》等对福建都司与行都司卫所的记载,位于沿海府州的卫所归都司,西北内陆府州的卫所俱归行都司,明初建宁都卫与福州都卫的辖区当不出此。

洪武四年福州都卫设立之初,只拥有福州卫、泉州卫、漳州卫、兴化卫 4 卫,一直到洪武八年改福建都司时才废福州卫,另设福州左、右、中 3 卫。

---

① 《闽书》卷 34《建置沿革·建宁府》。

明初东南倭寇已十分猖獗，洪武二十年四月朱元璋派江夏侯周德兴前去福建防倭，周德兴以“福、兴、泉、漳四府民户三丁取一丁为沿海卫所戍兵，以防倭寇”①，在沿海修筑城池，于第二年二月设立了5卫、12守御千户所：福宁、镇东、平海、永宁、镇海5卫，大金、定海、梅花、万安、莆禧、崇武、福全、金门、高浦、六鳌、铜山、玄钟12所。12所分隶于5卫，均匀分布在福建的海岸线上，是抗倭的第一线。洪武二十一年福建都司卫所的具体隶属关系如下图所示。

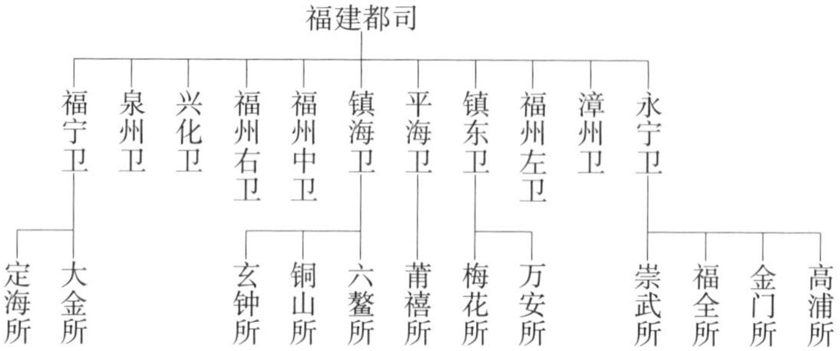

洪武二十一年(1388)福建都司卫所统辖结构图

洪武二十一年是福建都司历史上唯一的一次卫所设置高潮，而且是与浙江都司沿海卫所一起设置的，构成了明初的海防线。这之后直至正统三年(1438)，只设过一个二级守御千户所，即洪武二十七年调永宁卫中左千户所官军在嘉禾屿设置的嘉禾千户所，这是洪武二十一年在沿海修城防倭的继续。

正统三年六月设福建永福堡守御千户所。

正统末年福建爆发了邓茂七起义，平定之后，众官员认为延平一带山川崎岖，人口稠密，只设一个沙县难以控御地方，景泰二年(1451)冬十月分沙县置永安县，同时分调福州左、右，邵武，漳州卫4卫中的4千户所官军设置沙县、永安、尤溪、龙岩4千户所，其中永安所隶延平卫，一直到明末都存在，而其他3所他书都没有记载，应是不久即被废除。如果3所隶于福建都司或其下军卫，则可能在它们存在的时候都司的辖区伸入延平府境内，由于史料缺乏，这只能是一个猜测。

景泰二年至明末，都司只增设过5个守御千户所(其中龙岩所设了两次)，只有弘治十八年十二月设的漳州卫南诏所和第二次设置的龙岩所到明末仍存，其余3所设立不久便被废除了。

万历十年(1582)福建都司及下文将述及的福建行都司辖区，参见图33。

① 《太祖实录》卷181。

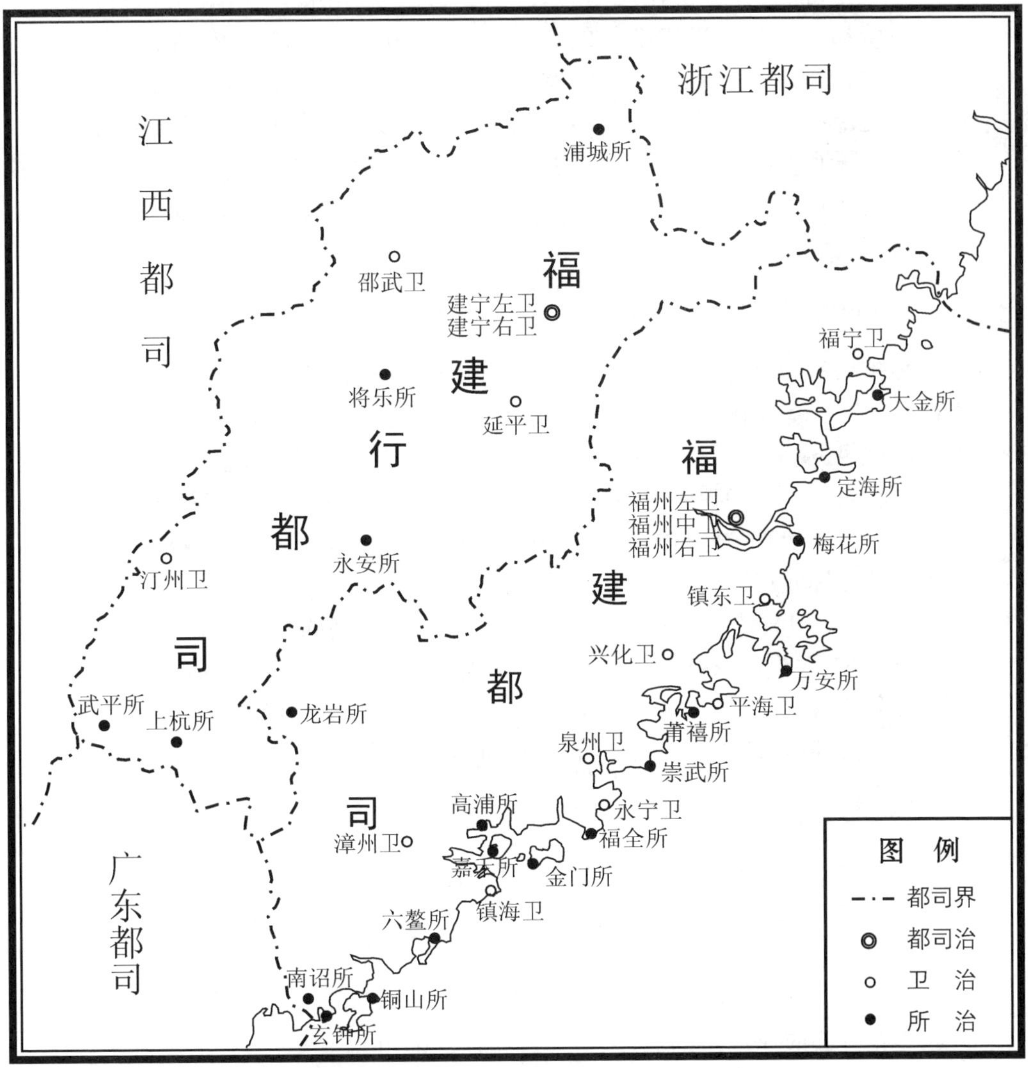

图 33　万历十年(1582)福建都司、行都司辖区及卫所图

具有独立城池的卫所指卫所具有独立于府州县城池之外、不受府州县控制的城池建筑。这种现象在明代是非常普遍的。边界地区的实土卫所附近根本没有府州县,城池单由卫所控制。在内地和边境的无实土卫所,由于防守的需要,也有许多是在府州县城池之外另筑城墙的,东南海岸线附近的许多卫所都是如此。福建都司的大金所、定海所、镇东卫、梅花所、万安所、平海卫、莆禧所、永宁卫、崇武所、福全所、金门所、高浦所、镇海卫、六鳌所、铜山所、玄钟所、嘉禾所、永福堡所、龙岩所、南诏所(嘉靖九年十二月前)皆拥有独立的城池。这些卫所有自己的城池、人口、土地,俨然成为独立于府州县之外的小世界。所以沿海拥有独立城池的卫所也具有实土意义。但是其实际情况比较复杂。

二、福建都司卫所沿革考述

福建都司的前身是福州都卫。按《太祖实录》洪武四年正月记"置福州卫指挥使司"①,福州卫早已设置,《闽书》卷40《扞圉志》载"(洪武)四年置福州都卫指挥使司、建宁都卫指挥使司",按洪武四年正月正是在全国广置都卫的时期,大同、西安、太原、建宁都卫都设于此时,此时所设应为"福州都卫"。

洪武八年十月"癸丑以在外各处所设都卫并改都指挥使司……福州都卫为福建都指挥使司"②。

《明史》卷45《地理志六》、《清通典》卷145录"(洪武)七年二月置福州都卫",概因在《太祖实录》中无法找到确切的设都卫记载,只好以洪武七年二月"升大同卫指挥佥事曹兴为福州都卫都指挥使,太原护卫指挥同知王诚为福州都卫指挥同知"③的时间为设立福州都卫时间。

都卫及都司治在福州府。

洪武二十一年前,福州都卫及福建都司卫所稀少,前后共设过7卫,未设守御千户所。

1. 泉州卫

洪武元年三月"置泉州卫"④。卫治泉州府,即今福建泉州市鲤城区。洪武四年正月起应属福州都卫,八年十月属福建都司。

---

① 《太祖实录》卷60。
② 《太祖实录》卷101。
③ 《太祖实录》卷87。
④ 《太祖实录》卷31。

2. 漳州卫

洪武元年五月“置漳州卫”①，治漳州府，即今福建漳州市。洪武四年正月起应属福州都卫，八年十月属福建都司。

《八闽通志》卷1《地理》载漳州卫“领左、右、中、前、后、龙岩中（治龙岩县）六千户所”，则成化七年（1471）设置的龙岩守御千户所隶于该卫。

万历《漳州府志》卷15《兵防志》载“洪武三年置漳州卫指挥使司”，与《太祖实录》不符。

3. 兴化卫

《闽书》卷40《扞圉志》载“皇明洪武元年置六卫于闽中，从其郡名，曰泉州卫，曰建宁卫，曰汀州卫，曰漳州卫，曰邵武卫，曰兴化卫”，据《太祖实录》泉州卫、建宁卫、汀州卫、漳州卫诸卫确实设立于洪武元年，《闽书》的记载应是可信的。同时《八闽通志》卷43《公署》载卫“在府治东北……洪武元年指挥俞良辅、卢镇奏改为卫”，万历《兴化府志》卷19兵纪载“指挥使俞良辅，洪武元年与卢镇请立卫”，兴化卫立于洪武元年。洪武四年正月起卫应属福州都卫，八年十月属福建都司。

卫治兴化府，即今福建莆田市。

4. 福州卫

关于此卫的记载比较模糊，《太祖实录》洪武三年六月提到“福州卫出军捕之”②，是《明实录》关于该卫的最早记载，今查《明史》卷130提到“张赫……洪武元年擢福州卫都指挥副使，进本卫同知”，洪武元年尚未设福州都卫，这里所讲的应是福州卫，可以推断，福州卫在洪武元年已存在。卫治在福州。

《太祖实录》洪武六年正月、五月还两次提到福州卫出兵平乱，可见此时卫仍然存在，正德《明会典》卷108录洪武中期福建都司卫所时已无该卫，疑于洪武八年十月设福州左、右2卫时废，《太祖实录》洪武十四年十月提到“古田县民廖十等作乱……福州卫指挥佥事储英率兵至”③，疑应是福州左卫或右卫。

5. 福州左卫、福州右卫

洪武八年十月“癸丑，以在外各处所设都卫并改都指挥使司……福州都卫为福建都指挥使司，置福州左、右二卫指挥使司”④。2卫治福州。

---

① 《太祖实录》卷32。
② 《太祖实录》卷53。
③ 《太祖实录》卷139。
④ 《太祖实录》卷101。

6. 福州中卫

洪武二十一年二月“丁巳，置福州中卫指挥使司”①，《闽书》卷40《扞圉志》也载“二十一年……置福州中卫”，但《太祖实录》洪武十四年十一月已提到“福州中卫指挥佥事李惠等率兵讨之”②，十五年十一月“福州左、右、中三卫奏请造战船”③，则中卫之设似应早于洪武十四年十一月。按《大明一统志》卷74公署条的记载，洪武二十一年时福州3卫的公署经历了很大的变动，原左卫的公署改为中卫公署，可能《太祖实录》错把洪武二十一年二月公署的改变记为设卫时间。

洪武二十一年二月“置福建沿海五卫指挥使司，曰福宁、镇东、平海、永宁、镇海，所属千户所十二，曰大金、定海、梅花、万安、莆禧、崇武、福全、金门、高浦、六鳌、铜山、玄钟，以防倭寇”④。《明史》卷45《地理志六》对这5卫、12所设置年月的记载同《太祖实录》。正德《明会典》卷108录洪武中期《诸司职掌》中福建都司卫所时已录5卫，可见5卫开始便隶于福建都司。这些卫所的城池公署都是洪武二十年四月江夏侯周德兴前去福建防倭时沿海修筑，因此许多史书便以洪武二十年为设卫所时间。

1. 福宁卫

洪武二十一年二月设，“领左、右、中、前、后、大金、定海七千户所”⑤，则大金、定海2所为隶于卫的守御千户所。

《大明一统志》卷74福州府公署条载福宁卫“在福宁县东”，即今福建霞浦县。

大金守御千户所　设于洪武二十一年二月。隶福宁卫。《大明一统志》卷74载治“在福宁县南”，即今霞浦县南大京城遗址。

定海守御千户所　设于洪武二十一年二月。隶福宁卫。万历《福州府志》卷5《城池》载“在连江县二十七都，去县治八十里”，《大明一统志》卷74福州府公署条载定海守御千户所“在连江县东北”，即今福建连江县东北定海湾北岸，有遗址。

2. 镇东卫

设于洪武二十一年二月。万历《福州府志》卷5《城池》载“在福清县方民、

①④ 《太祖实录》卷188。
② 《太祖实录》卷140。
③ 《太祖实录》卷150。
⑤ 万历《福宁州志》卷1《建置》。

新安二里间，去县治十一里”，卷10《戎备》载“在福清县东海滨”，卫治在今福建福清市东南镇东。

《大明一统志》卷74福州府公署条记梅花、万安2所“俱隶镇东卫”。

梅花守御千户所　设于洪武二十一年二月，隶镇东卫。万历《福州府志》卷5《城池》载“在长乐二十四都，去县治四十里”，《大明一统志》卷74福州府公署条载梅花“在长乐县东”，即今福建长乐市东梅花。

万安守御千户所　设于洪武二十一年二月，隶镇东卫。万历《福州府志》卷5《城池》载“在福清县平南里，去县一百二十余里”，即今福清市东南的万安。

3. 平海卫

设于洪武二十一年二月。《大明一统志》卷77兴化府公署条载平海卫“在府城东九十里，洪武二十年建”，“二十年建”指城池，卫实二十一年二月始立。卫治今福建莆田市东南平海。

《大明一统志》卷77言莆禧所“隶平海卫”。

莆禧守御千户所　设于洪武二十一年二月，隶平海卫。《大明一统志》卷77兴化府公署条载莆禧“在莆田县东新安里”，即今莆田市南莆禧。

4. 永宁卫

设于洪武二十一年二月。卫治在“（泉州府）府城东南”，即今福建泉州市南永宁。

按《八闽通志》卷1《地理》永宁卫“领左、右、中、前、后、福全、高浦、嘉禾、金门、崇武……十千户所”，则福全、高浦、金门、崇武及洪武二十七年设的嘉禾（即中左所）5所为永宁卫下的守御千户所。

崇武守御千户所　设于洪武二十一年二月，隶永宁卫。嘉靖《惠安县志》卷8《公宇》载崇武所“隶永宁卫……为自海入州界首。国初为巡检司，洪武二十年江夏侯周德兴经略沿海地方，设立城池，乃移巡检司于小岞，而置千户所城。因地为崇武乡，故名。城其地”，《崇武所城志》城池条记载的时间与嘉靖《惠安县志》同，可见二十年是筑城，至二十一年所始立。治在今福建崇武城。

福全守御千户所　设于洪武二十一年二月，隶永宁卫。《八闽通志》卷13《地理・城池》载“在亚江县东南十五都大澹村”，即今福建晋江市东南福泉。

金门守御千户所　设于洪武二十一年二月，隶永宁卫。《八闽通志》卷13《地理・城池》载“在同安县东南浯州屿”，即今金门旧城。

高浦守御千户所　设于洪武二十一年二月，隶永宁卫，《八闽通志》卷13

《地理·城池》载“徙永宁卫中右所官军于此守御”。《大明一统志》卷75泉州府公署条载高浦“在同安县西”，即今福建厦门市同安区西南高浦，有遗址。

5. 镇海卫

设于洪武二十一年二月。《大明一统志》卷78漳州府公署条载镇海卫“在漳浦县东海滨，俱洪武中建”，又载六鳌、铜山、玄钟3所“隶镇海卫”。卫治即今福建龙海市东南镇海。

六鳌守御千户所　设于洪武二十一年二月，隶镇海卫。《大明一统志》卷78漳州府公署条载六鳌“在漳浦县东”，《闽书》、万历《漳州府志》等又称“陆鳌”，即今福建漳浦县东南六鳌。

铜山守御千户所　设于洪武二十一年二月，隶镇海卫。《大明一统志》卷78漳州府公署条载铜山所“在漳浦县南”，即今福建东山县铜陵镇。

玄钟守御千户所　设于洪武二十一年二月，隶镇海卫。《大明一统志》卷78漳州府公署条载玄钟所“在漳浦县南海滨”，即今福建诏安县悬钟。

洪武二十一年大规模设置卫所之后，直至明末，都司只增设过6个守御千户所(其中龙岩所设了两次)，只有嘉禾、龙岩、南诏3所到明末仍存，其余3所设立不久便被废除了。

1. 嘉禾守御千户所(即永宁卫中左千户所)

《太祖实录》载洪武二十七年二月“城同安县嘉禾山，置永宁卫中左千户所”①，《大明一统志》卷75泉州府公署条载中左所“在同安县之西南”，与高浦所等一起隶于永宁卫。

据《八闽通志》卷13《地理·城池》载“中左千户所城，在同安县南嘉禾屿厦门海滨，洪武二十七年徙永宁卫中左千户所官军于此守御”，《明史》卷45《地理志六》载“又西南有永宁中左千户所，在嘉禾屿，即厦门也，洪武二十七年二月置”，关于该所设置年代无异议。《八闽通志》中又称嘉禾所。治在今福建厦门市。

2. 永福堡守御千户所

《英宗实录》载正统三年六月“设福建永福堡守御千户所，从翰林院编修谢琏奏请也”②。他史对此所记载甚少，《寰宇通志》、《大明一统志》俱未提到，可

① 《太祖实录》卷231。
② 《英宗实录》卷43。

见此所设立不久便被废除，该所的隶属关系亦无从可考。《福建省地名志》第371页提到漳平市下辖有永福镇，明代称为永福里，疑所治于此。

3. 沙县守御千户所、尤溪守御千户所

《英宗实录》载景泰二年冬十月“以福建沙县地广民稠，设永安县于沙县浮流，设沙县、永安、尤溪、龙岩四千户所，调福州左、右，邵武，漳州卫四千户所官军实之”①，其中永安所由邵武卫后千户所军立，一直到明末都存在，而其他3所概由福州左、右，漳州卫兵设，疑设置后不久即废。明代沙县、尤溪即今福建沙县、尤溪县。

4. 龙岩守御千户所

前面提到景泰二年十月曾设龙岩所，但很快就废除了。成化九年七月重设该所，“改福建镇海卫后千户所为漳州卫中千户所，守御龙岩地方”②。所仍隶漳州卫。治即今福建龙岩市。

《八闽通志》卷42《公署》载守御龙岩中千户所“在龙岩县西北，成化七年始调镇海卫后所官军守御，改隶漳州卫”，《闽书》卷40《扞圉志》亦载“成化七年以龙岩山贼肆窃，抽调漳州卫中所、镇海卫后所置守御千户所于龙岩，曰中中千户所”，万历《漳州府志》卷15卫所建置条亦作七年置，盖相沿成误。

5. 南诏守御千户所

弘治十八年(1505)二月“广东流贼二百余人攻劫福建漳浦县南诏城驿库，放遣囚徒，肆掠居民货物……镇守福建太监邓原发闻，且请移漳州卫千户所为南诏城守御千户所，以便防御，兵部覆奏。……从之”③，则南诏所设于此时。《闽书》卷40《扞圉志》载“弘治十七年南有贼百余诈称公使入诏安城，杀伤甚众，明年调后所官军守诏安，曰南诏千户所”，并将南诏所的设立附于漳州卫后，则所是调漳州卫后所军士立，且仍隶于漳州卫。所治在今福建诏安县南诏镇。

第五节　福建行都司建置沿革

福建行都司及其前身建宁都卫防守的区域主要位于明代福建省的西部，

① 《英宗实录》卷209。
② 《孝宗实录》卷118。
③ 《孝宗实录》卷221。

以控制福建与浙江、江西、广东四省交界的山区地带,“建宁居七闽之上游,襟山环水,东邻括苍,北据上饶,而西南之间,遥控交广”①,控扼交通要道。在明代,这里与荆襄地区一样都是流民聚集之地,多“盗贼”,因此洪武四年(1371)就在这里设置了都卫,后改为行都司,与福建都卫(后改为都司)共掌福建军事。

《闽书》记载“建宁……圣祖重建行都司于此,盖以防倭”②,这个说法是不正确的,虽然元代至明初东南经常遭到倭寇骚扰,但行都司卫所俱位于福建内陆,离海尚远。卫多设于洪武元年,从分布来看,这里设卫还是按一府一卫,这样做只能是为了地方治安。后来增设的几个守御千户所,也都是由于地方发生盗贼而设。

建宁都卫及福建行都司卫所数目少(参见前图33),设置过程也极为简单。

一、建宁都卫及福建行都司卫所建置过程

洪武四年正月设置建宁都卫时,共拥有建宁、汀州、邵武、延平4卫和将乐1直隶于都卫的守御千户所,基本上是一府一卫。这种局面一直维持到洪武八年十月都卫改福建行都司时才有所改变。而这种变化主要发生在行都司治地建宁,当时革建宁卫,增设建宁左卫、中卫、右卫,主要是为了增加治地的防守。此时行都司下共有6卫、1所。

建宁中卫不久即迁往他地,不再隶于行都司。而洪武十九年三月添设的建阳卫在洪武二十六年之后也被废除。所以除守御千户所外,明代中后期福建行都司一直只领有建宁左、建宁右、汀州、邵武、延平5卫。

除将乐守御千户所外,明代福建行都司还曾设有4守御千户所,设置年代都比较晚,且全部隶于卫。4所都是在地方发生盗乱或出现山贼后设置的。

洪武二十年山寇谢仕贞作乱,二十四年二月朝廷下令设置武平守御千户所以防御地方,隶汀州卫。《明史》卷90《兵志二》、正德《明会典》卷108《诸司职掌》载洪武二十六年福建行都司卫所只录将乐,未录武平,原因只能是《诸司职掌》所录福建行都司数据是洪武二十四年前的数据,或是不录隶于卫的守御千户所。

景泰初年平定沙县邓茂七后,朝廷分沙县地置永安县,并于景泰二年

① 《明经世文编》卷17。
② 《闽书》卷34《建置沿革》。

(1451)冬十月调邵武卫后千户所军置永安守御千户所于永安县城，永安县属延平府，离邵武比较远，所以所也改隶延平卫。

天顺六年(1462)上杭溪南阙永华、李宗政作乱，平定之后，乃于成化二年(1466)调汀州卫右千户所捍御其地，名为上杭守御千户所，仍隶汀州卫。

成化十三年调建宁右卫前千户所守备浦城，是为浦城守御千户所，仍隶建宁右卫。浦城位于浙江、福建、江西交界之处，成化之间流民聚集，变乱四起，设所正是为了控制流民。

设置浦城所之后，福建行都司再未添设过任何卫所，一直保持 5 卫、1 直隶于行都司的守御千户所、4 隶于卫的守御千户所，俱为无实土卫所。统辖结构如右图所示。

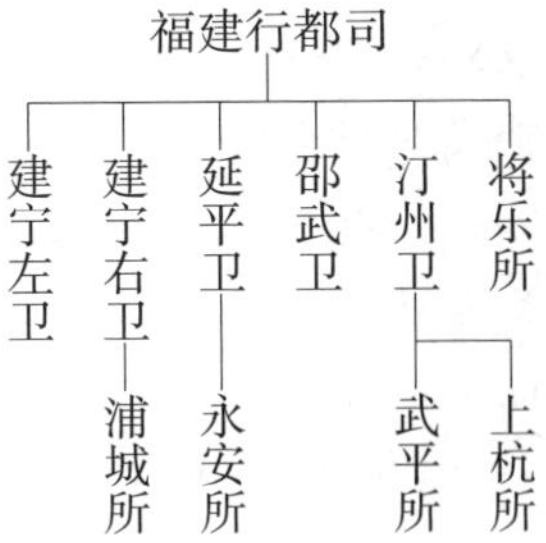

成化十三年(1477)后福建行都司卫所统辖结构图

二、福建行都司卫所沿革考述

洪武四年正月“甲午，置建宁都卫指挥使司”①，八年十月“癸丑以在外各处所设都卫并改都指挥使司……福州都卫为福建都指挥使司……建宁都卫为福建行都指挥使司，置建宁左、右二卫指挥使司”②。

1. 建宁卫

洪武元年三月“置建宁卫，以沐英为指挥使”③。该卫废除时间不明。但《太祖实录》卷 60 载洪武四年正月设置建宁都卫时还提到“以建宁卫正千户宋晟为建宁都卫指挥同知”④，则此时卫尚存。但在正德《明会典》卷 108、《明史》卷 90《兵志二》所载洪武中期福建行都司中已无该卫，疑在洪武八年十月新置建宁左、右 2 卫时革。

洪武四年正月起卫隶建宁都卫。治建宁府，今福建建瓯市。

2. 邵武卫

《闽书》卷 40《扞圉志》载“皇明洪武元年置六卫于闽中，从其郡名，曰泉州卫，曰建宁卫，曰汀州卫，曰漳州卫，曰邵武卫，曰兴化卫”⑤，据《太祖实录》泉州卫、建宁卫、汀州卫、漳州卫诸卫确实立于洪武元年，《闽书》的记载应是可信的。卫洪武四年正月起隶建宁都卫，八年十月隶福建行都司。

①④ 《太祖实录》卷 60。
② 《太祖实录》卷 101。
③ 《太祖实录》卷 31。
⑤ 《闽书》卷 40《扞圉志》。

卫治邵武府，即今福建邵武市。

3. 汀州卫

洪武元年四月“置汀州卫”①。洪武四年正月起隶建宁都卫，八年十月隶福建行都司。

嘉靖《汀州府志》卷8《重建汀州卫记》载“汀之有卫始于洪武四年”，按卷8《武职公署》又记卫“在府治东……洪武四年置汀州卫，指挥王圭建于今所”，应是把建筑公署的时间作为设卫时间。

明代汀州府治即今福建长汀县。

武平守御千户所　洪武二十四年二月“甲子置……福建都指挥使司武平千户所……各铸印给之”②，八月“甲子福建汀州卫请筑武平千户所城”③，十二月“甲子筑武平城……至是改度于县西南二十里外，诏从之”④。嘉靖《汀州府志》卷1《建置沿革》亦言洪武二十四年筑城设所。

乾隆《长汀县志》卷13《兵防》载“二十四年拨(汀州卫)中千户所军置武平守御千户所，直隶行都司”，但按《大明一统志》卷77记载，该所“隶汀州卫”。今从《大明一统志》。

所城位于“顺平里武溪原”⑤，即今福建武平县中山镇。

上杭守御千户所　嘉靖《汀州府志》卷8《武职公署》载“成化二年拨右所军一千余人守御上杭城”，《闽书》卷40也作所立于成化二年。

《八闽通志》卷1《地理》载汀州卫“领左、右、中、前、后、上杭六户所”，《读史方舆纪要》卷98载“天顺六年以溪南寇做敌国，始调汀州卫后千户所守御，成化二年遂置所于此，俱属汀州卫”，则所隶于汀州卫。但按嘉靖《汀州府志》卷3《城池》“天顺六年溪南贼阙永华、李宗政作乱……时巡按御史伍骥讨平之，乃奏调汀州卫右千户所捍御其地”，《读史方舆纪要》的“后所”当为“右所”。

康熙《上杭县志》记“明初县无兵卫……天顺六年胜运盗起，被害尤剧，既平，巡警按御史伍骥从耆老孔文昌等请，奏调汀州卫右所官军一千一百二十人于成化三年驻县防御”，“三年”当为“二年”。

卫治即今福建上杭县。

---

① 《太祖实录》卷31。
② 《太祖实录》卷207。
③ 《太祖实录》卷211。
④ 《太祖实录》卷214。
⑤ 嘉靖《汀州府志》卷1《建置沿革》。

4. 延平卫

《八闽通志》卷43《公署》载延平卫“在府治东，国朝洪武元年改为卫署”，福建全境到洪武元年才平定，卫最早也就于此年设置。按《闽书》卷40《扞圉志》载“四年置福州都卫指挥使司、建宁都卫指挥使司，复置延平卫”，可能洪武元年设卫，不久即废，至洪武四年闰三月复置，《太祖实录》这一月载“置延平卫指挥使司”①。

洪武四年闰三月起卫隶建宁都卫，八年十月隶福建行都司。

卫治延平府，即今福建南平市延平区。

永安守御千户所　景泰二年冬十月“以福建沙县地广民稠，设永安县于沙县浮流，设沙县、永安、尤溪、龙岩四千户所，调福州左、右，邵武，漳州卫四千户所官军实之”②。

万历《永安县志》卷3《建置志》载“正统十四年(1449)调邵武卫后千户所军置永安守御千户所”，嘉靖《延平府志》卷3《城池》也记“正统十四年沙寇邓茂七平，都督范雄奏请于沙、尤二县界筑城，调邵武卫后千户所军置永安守御千户所于此”。《大明一统志》卷76延平府公署条载永安所“在永安县治东北，景泰三年建，隶延平卫”，景泰三年是公署建筑时间，今以《英宗实录》所记景泰二年十月设所为准。所隶延平卫，共属福建行都司。

《明史》卷45《地理志六》载“永安，府西南。本沙县之浮流巡检司，正统十四年置永安千户所于此。景泰三年改置县”，正统十四年平乱之后并未立即置所。

《闽书》卷40《扞圉志》载“景泰五年调邵武卫后千户所置永安守御，隶延平”，所言设所时间误。

所治即今福建永安市。

5. 建宁左卫、建宁右卫

洪武八年十月“癸丑，以在外各处所设都卫并改都指挥使司……建宁都卫为福建行都指挥使司，置建宁左、右二卫指挥使司”③。卫隶福建行都司。

卫治建宁，即今福建建瓯市。

浦城守御千户所　嘉靖《建宁府志》卷1《建置沿革》载“成化十三年调建宁右卫前千户所守备于此”，但在卷8公署又记“在县西天长坊前街……成化

① 《太祖实录》卷63。
② 《英宗实录》卷209。
③ 《太祖实录》卷101。

十年巡抚副都御史滕昭奏调建宁右卫前所官军守备浦城，遂建署于此”。《八闽通志》卷1《地理》、《闽书》卷40《扞圉志》的记载都为成化十三年，故以此为设所时间。

《读史方舆纪要》卷97载该所仍“隶建宁右卫”。

卫治即今福建浦城县。

6. 建宁中卫

该卫史书记载极少，唯嘉靖《建宁府志》卷1《建置沿革》载“又置建宁左、右、中三卫……中卫□年徙太平府，为建阳卫”，建宁左、右2卫设置于洪武八年十月，中卫当也在此之后不久设置。

该卫在正德《明会典》卷108、《明史》卷90《兵志二》洪武二十六年福建行都司下已无记载，推测应是在洪武十九年改设为本行都司下的建阳卫。因洪武三十五年八月改在南直隶太平府设建阳卫，所以嘉靖《建宁府志》直接记为建宁中卫“徙太平府”，误。

卫治建宁，即今福建建瓯市。

7. 建阳卫

洪武十九年三月“置建阳卫指挥使司，隶福建行都司”①。《闽书》卷40《扞圉志》也载“十九年置建阳卫”。

该卫在正德《明会典》卷108、《明史》卷90《兵志二》洪武二十六年福建行都司中尚有，此后曾废除，至洪武三十五年八月癸亥“复设建阳卫”②，但再设的建阳卫已不在福建，而是在南直隶太平府。福建行都司建阳卫的废除当在洪武三十五年八月前不久。明代中后期的建阳卫指中军都督府下的治于太平府的建阳卫。

福建的建阳卫治即今福建南平市建阳区。

8. 将乐守御千户所

嘉靖《延平府志》卷3《城池》载“洪武元年汀寇金子隆攻陷城邑，为武臣朱平章克服，设立将乐守御千户所”。《八闽通志》卷13《地理·城池》亦作洪武元年置所。

《闽书》卷35《建置沿革》载延平卫“将乐千户所、永安千户所俱隶焉”，但《大明一统志》未言将乐属延平卫，弘治《将乐县志》公署卷之一载“直隶行都司”，再根据嘉靖《延平府志》卷3的记载，所应直隶行都司。

---

① 《太祖实录》卷177。
② 《太宗实录》卷11。

《读史方舆纪要》卷 97 载将乐所“洪武四年置”，误。

所治在今福建将乐县。

第六节　江西都司建置沿革

作为一个腹里都司，明代江西都司设置的卫所较少，除洪武初年的设置不清晰外，洪武中期之后的变化不多，比较清晰。因江西都司所辖地区之内，均有府州县设置，卫所均为无实土。

一、江西都司卫所建置过程

洪武三年（1370）十二月设江西都卫，八年十月改都卫为江西都司。洪武十三年正月初设五军都督府时，江西都司隶于右军都督府，洪武二十六年之前已改隶于前军都督府。

由于朱元璋甲辰年（1364）便已攻克江西大部，所以江西的许多卫所在洪武之前就已存在。洪武初期对江西的防守相当重视，曾设置有南昌卫、建昌卫、抚州卫、吉安卫、袁州卫、赣州卫、广信卫、宁都卫 8 个军卫，这是明代中期的 4 卫和明代后期的 3 卫无法比拟的。

江西作为腹里地区，一旦政府的统治稳定之后，不需要供养如此多的军队，洪武初年建昌卫、广信卫、抚州卫相继改为守御千户所，宁都卫被废除，吉安卫也在洪武二十六年之后改为守御千户所，只是在省会南昌增设了南昌左卫、前卫，但又废除了南昌卫。

与许多都司一样，江西都司的军事辖地与江西布政使司的辖区并不完全一致。江西北部的九江府在洪武二十二年四月设置了九江卫之后，军事上归前军都督府直接管辖。洪武十四年九月之后短期存在的宁州卫隶于湖广，使洪武中期江西都司的军事辖区在西北部比江西布政司少了一块。

永乐之后江西都司卫所数目的变化皆与宁王府有关。永乐元年（1403）宁王府由塞外大宁改封南昌，南昌左卫改为南昌护卫；至天顺元年（1457）宁靖王不法，废护卫，复置南昌左卫。在这期间江西都司只有南昌前卫、赣州卫、袁州卫 3 卫。天顺元年后为 4 卫。正德十六年（1521），由于宁王朱宸濠反叛之后南昌左、前 2 卫军士大大减少，公署也在战火中毁坏，当时镇守江西的王守仁建议，并 2 卫为南昌卫。从此至明末，江西又只有 3 个军卫。见图 34。

《大明一统志》卷 49 及《明会典》等书中提到的江西 11 个守御千户所均为洪武年间设置，散布各地，其中有 6 个位于各府城。洪武初年还曾一度设置过

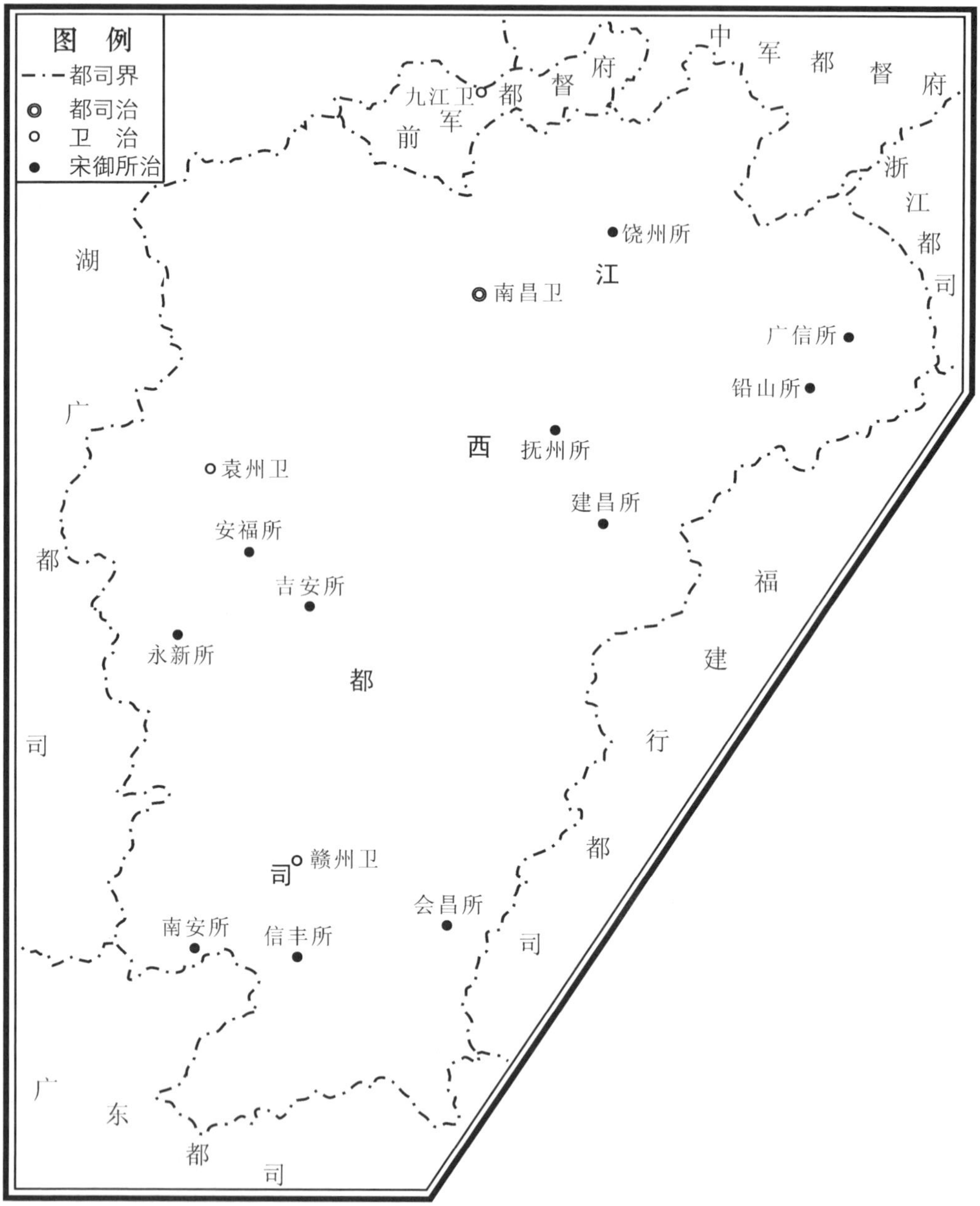

图34 正德十六年(1521)后江西都司辖区及卫所图

临江守御千户所、瑞州守御千户所。另，赣州卫下有龙泉守御百户所。

二、江西都司卫所沿革考述

洪武三年十二月“升杭州、江西、燕山、青州四卫为都卫指挥使司”①，八年十月“癸丑，在外各处设都卫，并改为都指挥使司……江西都卫为江西都指挥使司”②。

洪武初年，江西的军卫数目较多，除了南昌、袁州、赣州之外，建昌、吉安、抚州、广信等地也一度设有卫，但是建昌、抚州、广信3卫不久便改为守御千户所，吉安卫也在洪武二十六年之后被改为守御千户所，因此江西的军卫数目相对其他都司是比较少的。明代中后期拥有的11个守御千户所，根据《大明一统志》卷49卷首对于江西都司的记载，全为直隶于都司的守御千户所。

1. 南昌卫

洪武初年曾经设置过南昌卫。江西广信等卫在洪武以前都已设置，南昌卫也应是在明军取得南昌后不久设置。《太祖实录》洪武九年六月提到“上与陈友谅战鄱阳湖，(何)文辉在行间，以功升同知南昌指挥使都司事，守其地……及取河南，复拜河南卫指挥使司”③，鄱阳湖之战发生在癸卯年，即1363年，南昌卫应于此后不久设立。

洪武三年十二月“升杭州、江西、燕山、青州四卫为都卫指挥使司”④，所谓江西卫应指南昌卫。设江西都卫并不意味着废除南昌卫，根据《太祖实录》洪武十三年二月“丁巳，罢南昌卫指挥使司，以其将士置袁州卫指挥使司”⑤，南昌卫在设都卫后应一直存在，直到洪武十三年卫废，士兵编入早已设置的袁州卫。

正德十六年南昌左卫、南昌前卫合并为南昌卫。

卫治南昌府。

2. 南昌左卫

置于洪武八年十月，《太祖实录》这一月载“癸丑……置南昌左卫指挥使司”⑥。

《太宗实录》永乐元年二月载“改南昌左卫为南昌护卫，隶宁夏王府(应为宁王府)”⑦，同月“己未，以大宁兵戈之后，民物凋耗，改宁王府于南昌，是日遣

---

①④　《太祖实录》卷59。
②⑥　《太祖实录》卷101。
③　《太祖实录》卷106。
⑤　《太祖实录》卷130。
⑦　《太祖实录》卷17。

王之国”[1],南昌所立为宁王府,所以应是改南昌左卫为南昌护卫。《大明一统志》卷 49 南昌府公署条也记“南昌左卫,在府治南羊巷,洪武八年建,永乐初改为护卫,天顺初复旧”。

天顺元年废宁府护卫,复置南昌左卫。正德十六年改为南昌卫。

卫治亦在南昌府城。

3. 南昌前卫

洪武十九年十一月“置南昌前卫指挥使司”[2]。

万历《明会典》卷 124 载南昌卫“正德十六年以南昌左卫、南昌前卫并改”,根据嘉靖《江西通志》卷 4《南昌府·公署》“南昌卫,洪武置前、左二卫……正德十四年宸濠之变,都御史王守仁会同三司奏称南昌前、左二卫官军舍余从逆被戮,散亡略尽,左卫衙门悉已烧毁,若仍作两卫,事体未宜。命下兵部,佥议可,从其请,将南昌左卫见在官员并军余人等及南昌前卫改作南昌卫,立左、右、中、前、后五所,永为定制焉”[3],当是在封于南昌的宁王朱宸濠叛乱之后,合残缺的南昌前、左 2 卫为南昌卫。

《大明一统志》卷 49 南昌府公署条载“南昌前卫,在府治东,洪武十九年建”,南昌府即今江西南昌市。

4. 袁州卫

嘉靖《江西通志》卷 32《袁州府·公署》载“袁州卫,在府治东八十步。国朝丙午岁始命欧文显为佥事,开卫置司,隶十二千户所。洪武元年指挥韦富建公宇”,明朝《重建卫碑记》也载“岁丙午始命欧文显为佥事,开卫置司……洪武改元韦侯始建公宇”[4],丙午年即 1366 年。

正德《袁州府志》卷 4《兵卫》载“洪武元年设袁州卫指挥使司,左、右、中三千户所及经历镇抚司”,与《大明一统志》卷 57 公署条载“袁州卫,在府治东,本朝洪武元年建”,都是指卫公署建筑时间。

卫治在袁州府城中,即今江西宜春市袁州区。

5. 赣州卫

最早应在乙巳年即 1365 年设。

天启《赣州志》卷 12《兵防志·镇戍官》载“陆仲亨……从大将军取赣州,以骠骑卫指挥使改赣州卫镇戍”,根据《太祖实录》,乙巳年正月“常遇春、邓愈

① 《太宗实录》卷 17。
② 《太祖实录》卷 179。
③ 嘉靖《江西通志》卷 4《南昌府·公署》。
④ 正德《袁州府志》卷 14《艺文·重建卫碑记》。

克赣州”①，陆仲亨当是在这一年设赣州卫。《太祖实录》洪武八年十二月载“张秉彝……（明军克赣州后）秉彝遂以军降，授赣州卫指挥同知……后从征广州有功”②，《海桑集》卷10收录的明朝早期的《祃旗文》也载“维吴元年（1367）岁在丁未，正月戊寅朔越二日己卯，同知赣州卫指挥使司事、守御韶州张某谨以大牢清酌致祭于军牙大纛之神”，都反映了赣州卫在洪武元年之前已存在。

《太祖实录》洪武元年还多次提到赣州卫③，但是洪武五年二月又载“置赣州卫”④，则卫在洪武五年之前曾被废除过。

天启《赣州志》卷12《兵防志·军制》、正德《赣州志》卷6《兵戎》俱载“洪武辛亥立赣州卫”，辛亥即洪武四年，记载有误。

《大明一统志》卷58赣州府公署条载“赣州卫，在府治东南”，即今江西赣州市。

龙泉守御百户所　嘉靖《江西通志》卷24《吉安府·公署》载“龙泉守御百户所，在县治东，洪武七年建，三十二年革，永乐元年（1403）仍建，隶赣州卫左千户所”，万历《吉安府志》卷15《建置志》关于“龙泉守御百户所”的记载与其大体一致。

明代龙泉即今江西遂川县。

天顺本《大明一统志》卷56载“龙泉守御百户所……甲辰二年建，隶赣州卫”，甲辰二年即1364年，为公署建筑时间。

四库本《大明一统志》卷56误记为“龙泉守御千户所”。

6. 宁都卫

《太祖实录》提到洪武二十一年七月“甲戌，宁都卫镇抚彭祥擒获大茅山妖贼”⑤，宁都应指江西宁都。但该卫设废时间不明，正德《明会典》卷108及《明史》卷90《兵志二》在记述洪武二十六年江西都司卫所时无该卫，应在此之前已废。卫治宁都县，即今江西宁都县。

清代田雯《奉政大夫陶庵李公墓志铭》⑥记“李公，讳浃，字孔皆，号霖瞻，先世江西宁都卫人，远祖牛仔以总旗官戍德州卫，遂家焉”，也是明初曾存在宁都卫的一个证明。

---

① 《太祖实录》卷16。

② 《太祖实录》卷102。

③ 《太祖实录》卷30载洪武元年二月“敕赣州卫指挥使陆仲亨、副使胡通帅（率）本卫及南雄、韶州等卫军马”，“壬戌，敕赣州卫指挥使陆仲亨……等卫军马”。

④ 《太祖实录》卷72。

⑤ 《太祖实录》卷192。

⑥ 《古欢堂集》卷32。

7. 吉安卫、吉安守御千户所

万历《明会典》卷 124 载吉安千户所"旧为吉安卫"，正德《明会典》卷 108 及《明史》卷 90《兵志二》在记述洪武中江西都司卫所时有吉安卫，可见洪武中期该卫尚存，卫改守御千户所应是洪武二十六年以后的事情。《大明一统志》卷 56 载"吉安守御千户所，在府治后，即宋相周必大故居，本朝洪武二年改为所"，应是洪武二年改周必大故居为卫治，卫当于此前不久设置。

卫改守御千户所的时间不明，可能在洪武末或永乐初。

卫、所治吉安府，即今江西吉安市。

8. 广信卫、广信守御千户所

《太祖实录》提到乙巳年五月"庚申，广信卫指挥王文英率师趋铅山"①，"辛酉……命广信卫指挥朱亮祖由铅山……进兵以击之"②，可知广信最早设置的为卫。

嘉靖《江西通志》卷 10《广信府·公署》载"广信守御千户所，在府治东北，洪武元年千户陆明始创"，卫应在洪武元年或之前已改为守御千户所。

明代广信府即今江西上饶市。

9. 建昌卫、建昌守御千户所

洪武元年春正月"辛丑，置建昌卫、沅州卫"③，二年二月"改建昌卫为建昌守御千户所"④。

正德《建昌府志》卷 8《武备》载"建昌守御千户所，在府治之南，据蔡家岭之极高处……国朝洪武元年改指挥司，三年改建昌守御千户所"，对卫改所的时间记载有误。

明代建昌府即今江西南城县。

10. 抚州卫、抚州守御千户所

嘉靖《江西通志》卷 18《抚州府·公署》载"抚州守御千户所，在府城东南隅老龙坊，癸卯岁(1363)元帅金大旺领军来守，丙午春建抚州卫于今处，寻改为所"，丙午年即公元 1366 年。弘治《抚州志》卷 16《武卫》的记载与其基本相同。

卫改守御千户所的时间不明，正德《明会典》卷 108 及《明史》卷 90《兵志二》在记述洪武二十六年江西都司卫所时有抚州所，疑洪武初年改。

---

①② 《太祖实录》卷 17。
③ 《太祖实录》卷 29。
④ 《太祖实录》卷 39。

明代抚州府治即今江西抚州市。

11. 永新守御千户所

乙巳年十月“立永新守御千户所”①。

康熙《永新县志》卷1《建置》载“所署，千户所之建始吴元年丁未，明兵既平，周安始立守御千户所镇焉，其时正千户俞茂……择地于县西北隅建所”，对于设所时间记载有误。

万历《吉安府志》卷15《建置志》言“永新守御千户所……吴元年千户俞茂建”，与《大明一统志》卷56所载“永新守御千户所，在县治西北，吴元年建，以上三所俱隶江西都司”，皆指公署建筑时间。

明代永新县治即今江西永新县。

12. 信丰守御千户所

天启《赣州志》载“洪武……甲子从县丞李子昭议，立信丰守御千户所”②，正德《赣州志》卷6兵戎中记载的年代与天启志相同。甲子即洪武十七年。

《大明一统志》卷58公署条载“信丰守御千户所，在信丰县治西北”，治在今江西信丰县。

13. 会昌守御千户所

天启《赣州志》载“洪武……甲子从县丞李子昭议，立信丰守御千户所，又从知县黄六八、行军断事冯忠议立会昌守御千户所”③。

《大明一统志》卷58公署条载“会昌守御千户所，在会昌县治东”，即今江西会昌县。

14. 安福守御千户所

《大明一统志》卷56载“安福守御千户所，在县治东，洪武元年建”，嘉靖《江西通志》卷24《吉安府·公署》记所“洪武元年千户夏杭建”，所当于洪武元年或之前设置。

治在今江西安福县。

15. 饶州守御千户所

洪武初年设置。

嘉靖《江西通志》卷8《饶州府·公署》记千户所“在府城西南隅，洪武初总制宋炳即总管府署事，明年千户白荣修建”，按雍正《江西通志》卷63提到饶州

---

① 《太祖实录》卷18。

②③ 天启《赣州志》卷12《兵防志·军制》。

府“吴元年甲辰，大水城圮，总制宋炳、知府陶安即旧址城之”，宋炳任职于饶州府在吴元年左右，设所当比此稍晚。

饶州府治在今江西鄱阳县。

16. 铅山守御千户所

康熙《铅山县志》卷2《建置》载“铅山守御千户所，在县治之西，明洪武间蒋奎从沐将军定铅山有功，升授本所正千户，建所厅”，明军在甲辰年(1364)已平定江西大部，该所应在此后不久设置。

明代铅山县即今江西铅山县永平镇。

17. 南安守御千户所

嘉靖《南安府志》对南安所的设置有清晰记载：“南安守御千户所，洪武二十一年知府董恕奏请开设，二十二年副千户王福先领军署民间，二十八年副千户夏保始创建于府城西街。”①洪武二十一年设所。

《大明一统志》卷58公署条记“南安守御千户所，在府治西”，南安府治即今江西大余县。

18. 临江守御千户所

隆庆《临江府志》卷9《兵制》提到“国初设千户所守之，所废已，乃议设兵，民兵即武御也”，崇祯《清江县志》也记“临江原设有千户所，后改置吉安府，遂不设卫所衙门”②，但是该所的设废时间史书无载。吉安卫洪武二年已设，临江所可能在设吉安卫时调至吉安。正德《明会典》卷108及《明史》卷90《兵志二》在记述洪武二十五年江西都司卫所时无该所，应是在此之前已废。

明代临江府治在今江西樟树市临江镇。

19. 瑞州守御千户所

《太祖实录》洪武二十年十一月提到“兵部尚书致仕单安仁卒……乙巳调瑞州守御千户，吴元年入为将作司卿”③，可知乙巳年即1365年，瑞州有守御千户所。该所废除年代不明，正德《明会典》卷108及《明史》卷90《兵志二》在记述洪武二十六年江西都司卫所时无该所，疑所在洪武初年已废。

瑞州府治在今江西高安市。

---

① 嘉靖《南安府志》卷15《建置志》。
② 崇祯《清江县志》卷2《营建·兵营》。
③ 《太祖实录》卷187。

江西从永乐元年起一直是宁王子孙的封地，宁王府曾经拥有过南昌护卫。

南昌护卫

永乐元年，原封于塞外大宁的宁王改封南昌，二月“改南昌左卫为南昌护卫，隶宁夏王府(应为宁王府)”①。卫治南昌府。

《大明一统志》卷49南昌府公署条记“南昌左卫，在府治南羊巷，洪武八年建，永乐初改为护卫，天顺初复旧”，“天顺元年秋七月丁丑，革宁王护卫”②，南昌护卫被废。

《武宗实录》载正德九年四月“丁酉，复宁府原革护卫及屯田。初宁府护卫天顺间以宁靖王不法改为南昌左卫，隶江西都司。正德二年宁王宸濠贿结刘瑾矫诏复之。瑾诛，科道以为言，既改正矣。至是濠复奏(请设卫)”，则在正德二年至五年八月刘瑾下狱之间，曾设置过南昌护卫，正德九年四月又在宁王宸濠要求下重新设置。

《西河集》载“正德十四年五月……议削宁王护卫”，又废。

第七节　广东都司建置沿革

广东都司是明代海岸线较长的省级军事机构之一，治地广州是明代海外贸易中心。相对于他地卫所复杂的设废来言，广东都司的设置要简单一些。

一、广东都司卫所建置过程

广东都司的卫所设置有两个特点：一是从地理上而言，广东的卫所沿广东海岸线呈线状均匀分布，这是由海防的重要性所决定的。广东在明代最大的威胁来自海上的倭寇，因此海防成为广东都司的主要职责。倭寇是明代东南沿海的共患，所以这个特征是沿海都司所共有的。二是从数量上看，广东都司的守御千户所数目是其他地方无法比拟的，这是由广东的海岸线长度及地形所决定的。受海防形势影响，这些守御千户所集中在沿海一线。

洪武元年(1368)初，明朝军队在征南将军廖永忠率领下开始占领广东，广东卫是广东设置最早的军卫。作为广东的政治、经济中心，广州在洪武五年之后成为广东都卫及广东都司必然的治所驻地。洪武五年五月广东都卫正式设立时，广东一地仅有广东卫、潮州卫、雷州卫、海南卫及蓬州、潭览千户所，大都

① 《太祖实录》卷17。
② 雍正《江西通志》卷32。

在府州治地，分布稀疏，还不能形成防御网络，尤其是沿海卫所无几。广东都司卫所分布的特点此时还远未呈现。

从广东都卫设置至洪武八年十月改广东都司之间三年多，卫所发展十分缓慢，只是于六年十月增设了德庆、惠州、肇庆、南雄、韶州、阳江6个直隶于都卫的守御千户所，使整个广东的卫所分布略显均匀了些。在只有海南卫的海南岛，儋州山贼作乱，为了地方长治久安，洪武六年七月调海南卫后、前2所往万、儋2州守御，这是万州守御千户所与儋州守御千户所的前身。

广东都司明代历史上设置过17个军卫，除广东卫在洪武八年设置广东左、右2卫时被废外，其他军卫设置之后就再也没有发生过改变。洪武二十二年、二十三年及洪武二十七年是广东军卫设置的两次高潮。二十二年改十七年八月设置的清远守御千户所为清远卫，惠州守御千户所为惠州卫，肇庆守御千户所为肇庆卫，二十三年因广州“濒海控夷”[①]，增加了广州前卫、广州后卫；二十七年新设神电卫、廉州卫、碣石卫、广海卫。这两次高潮和同时期出现的守御千户所设置的高潮是在当时的都指挥使花茂领导下进行的。当时沿海有许多靠海为生的疍户，时常与海盗为乱，花茂奏请，“籍以为兵……收集海岛隐料无籍等军，仍于山海要害地立堡屯军，以备不虞”[②]。此外，广设卫所也是当时沿海防御形势所迫，洪武二十年起，浙江、福建2都司在汤和等人的督促下，设置了大量沿海卫所，形成了自己的海防网络，广东若不增置卫所，必将成为倭寇进攻的重点。

明代广东的守御千户所最多时有50余处，绝大多数是在洪武年间设立的，与军卫的设置高潮基本吻合，但数量上却是军卫无法比拟的。

洪武十四年左右广东都司添设了新兴、大鹏、香山、东莞、高州、廉州6守御千户所及南海卫，其中大鹏、香山、东莞都属于南海卫，从6所的分布分散、无规律来看，这一次设所并没有全局的计划，只是为了局部的守备需要。此后至洪武十九年间又陆续增加了程乡、崖州、清远、新会诸守御千户所。

洪武二十年至二十四年，广东经历了第一次设所高潮，增加了龙川所、长乐所、潮阳所、四会所、儋州所、万州所、海口所、昌化所，以海南岛增加的守御千户所为最多。明初海南只设一卫守御，岛内的日常防守尚差甚远，海防更是无暇顾及，所以洪武二十年之后，海南岛增设了一系列守御千户所，儋州所、万州所、崖州所、海口所、昌化所等所环绕海岛。海南人烟稀少，文化落后，卫所

① 嘉靖《广东通志初稿》卷10《公署》。
② 《明史》卷134《花茂传》。

设置后，其治地很快成为当地的中心，一些原来不与守御千户所同治的州县，后来也迁到千户所治地，如昌化州、陵水县正统年间分别迁到昌化所、南山所治地，卫所的设置给当地带来了发展。大陆上也存在这一现象，天顺七年(1463)十月，朝廷命将灵山县迁入灵山所城内；成化三年(1467)九月，电白县因“县城内居民仅三五十家，瘴疠毒甚”①，移入神电卫城。

洪武二十七年左右由于“倭寇犯海”②，是广东卫所设置最为集中的一年，设置的守御千户所有海门所、大埕所、靖海所、乐民所、海康所、海安所、锦囊所、南山所、青蓝所、钦州所、永安所、海朗所、平海所、海丰所、甲子门所、双鱼所(以上洪武二十七年设)、宁川所(洪武二十六年设)、增城所、捷胜所、河源所、连州所(以上4所洪武二十八年设)，共21所，和原有卫所一起均匀分布在广东沿海。

明代广东的西部是少数民族聚居之地，所以肇庆府、罗定州一代的卫所也比其他地方密集一些。这一带除肇庆卫、四会所外，其他守御千户所设置时间都较晚。洪武三十一年，阳春县因境内有瑶人，奏设阳春千户所；正统二年(1437)九月，为了防备瑶人，设置灵山千户所；正统五年在广东、广西交界的信宜设置信宜千户所；弘治十二年(1499)二月设立了泷水守御千户所；嘉靖三十八年(1559)为“防遏夷酋”③，四会所改为龙口屯田千户所，万历六年(1578)又迁往广宁，改立广宁千户所；万历五年五月，罗定一带改土归流，设置州县，同时增加了南乡、富霖、函口、封门4守御千户所。明代中后期增加的千户所都是为了控制少数民族地区而设。

设置最迟的是万历二十八年的水会千户所，隶海南卫。

万历二十八年之后，广东都司共有15卫、53守御千户所，其中8所直隶于广东都司，45所隶于卫，海口后千户所不是守御千户所，仍是普通千户所。广东都司隶属关系如下图所示。

《清文献通考》提到“广东都司统卫十五，所五十二”，与万历《明会典》卷124数目相同，缺少设置较迟的水会千户所。

根据广东都司和邻近的广西、湖广、福建等都司的卫所治地，广东都司没有伸入其他布政司境内的卫所，相邻都司也没有突入广东布政使司的卫所，可以断定广东都司的军事辖境与广东布政使司大体一致。明代岭南以外的地区

① 《宪宗实录》卷23成化三年九月。
② 嘉靖《惠州府志》卷8《兵防·兵制》。
③ 《世宗实录》卷477。

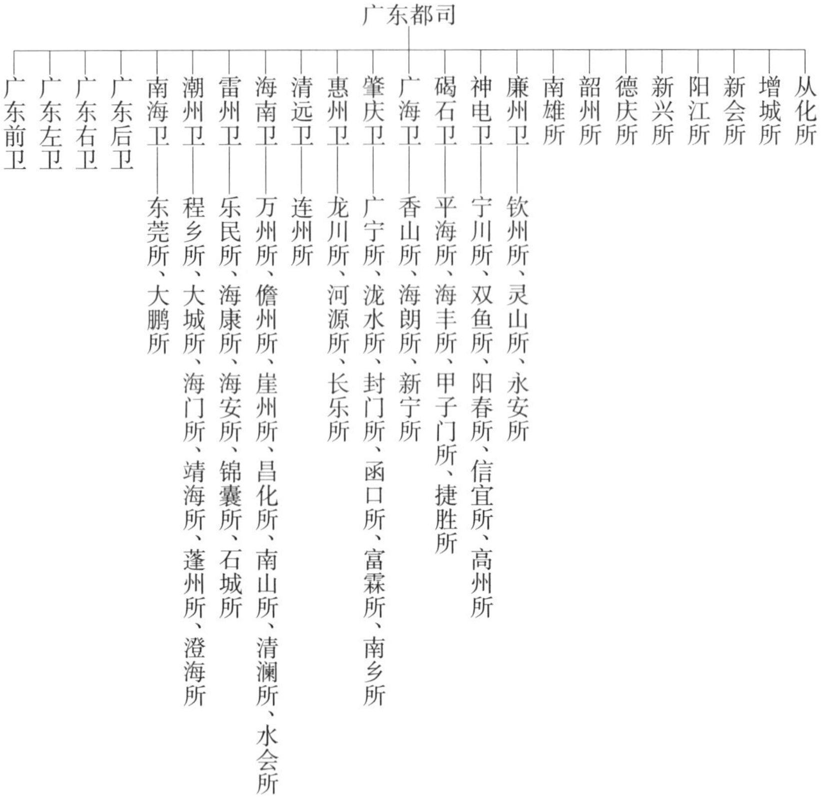

万历二十八年(1600)后广东都司卫所统辖结构图

所设的都司、行都司辖区或多或少都与布政司辖区不一致,而岭南的广东、广西因受地形和政区传统的影响,都司的辖区与布政司大体一致。见图35。

按明初制度,军士南北互调,后为适应地方守御的实际需要,一些地区改在附近垛兵,沿海都有这种情况,广东都司在明代中后期也是如此。土生土长的军兵熟悉当地情况,但是也造成了他们"恃沿海卫所例不他调,辄暴横不可制"①,成为地方祸害。

二、广东都司卫所沿革考述

广东都卫正式设置于洪武五年正月。《太祖实录》载洪武四年十一月"甲戌,以兴化卫指挥使聂纬为广东都卫都指挥使,广东卫指挥同知胡通为指挥使"②,

① 《英宗实录》卷44正统三年七月。
② 《太祖实录》卷69。

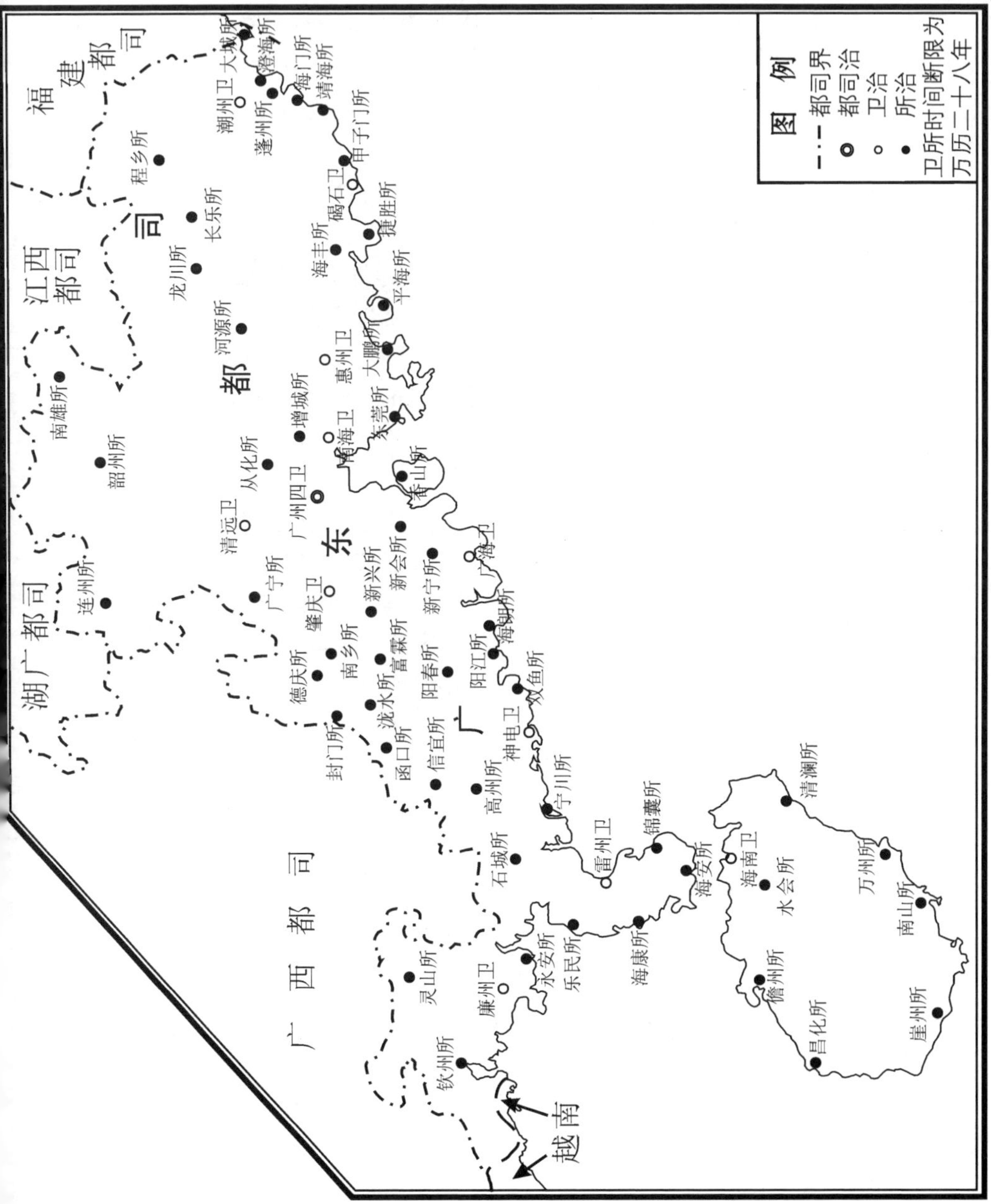

图 35　广东都司辖区及卫所图

是广东都卫设置之始,故《明史》卷45《地理志六》记“四年十一月置广东都卫,与行中书省同治”。《太祖实录》洪武五年正月甲戌又记“置广东卫都指挥使司”①,这里的广东卫都指挥使司即指广东都卫。

洪武八年冬十月改“广东都卫为广东都指挥使司,置广州左、右二卫指挥使司”②。

广州是广东行省及后来的广东布政司治地所在,广东都卫及都司也治于此。

设置广东都卫之初的卫所情况史书没有记载,只能从卫所后来的隶属情况和府、州、县的隶属情况来加以推测。

广东都司与其他都司相比有一个显著特征,即拥有数量众多的守御千户所,所以在考证广东都司卫所时为了更清晰地看出各守御千户所的隶属关系,这部分将不按时间考证,而是按隶属关系分析。除广东卫设后被废外,广东其他军卫的设置是较稳定的,因此基本依照万历《明会典》卷124的军卫顺序考证如下。

1. 广东卫

嘉靖《广东通志初稿》卷10《公署》载“洪武元年广东卫征南将军廖永忠以指挥胡通守御,乃立左、右、中、前、后五千户所,八年改广东都司”,将广东卫与广东都卫混为一谈。洪武元年所设应为广东卫。《太祖实录》记载洪武四年十一月“甲戌,以兴化卫指挥使聂纬为广东都卫都指挥使,广东卫指挥同知胡通为指挥使”③,也就是说在四年底设置广东都卫时广东卫依然存在。该卫应是在八年十月设广州左、右2卫时废。

洪武初广东都卫及广东行省治都在广州,广东卫治也应在广州。洪武五年正月起隶广东都卫。

2. 广州前卫、广州后卫

《太祖实录》洪武二十三年七月虽只记“置广州前卫”④,按嘉靖《广东通志初稿》卷10公署载“洪武……八年改广东都司。是年……开设……左、右二卫,二十三年都指挥花茂以广濒海控夷,奏增前、后二卫”,《大明一统志》卷79广州府公署也记2卫“俱洪武二十三年建”,后卫也应于此前后设置。

2卫隶广东都司,治广州。

① 《太祖实录》卷71。
② 《太祖实录》卷101。
③ 《太祖实录》卷69。
④ 《太祖实录》卷203。

3. 广州左卫、广州右卫

《太祖实录》载洪武八年冬十月“广东都卫为广东都指挥使司，置广州左、右二卫指挥使司”①。嘉靖《广东通志初稿》卷10《公署》亦载“洪武……八年改广东都司。是年……开设……左、右二卫”。

2卫皆治广州，隶广东都指挥使司。

4. 南海卫

《太祖实录》载洪武十四年八月“辛巳，置南海卫于广州东莞县及大鹏、东莞、香山三守御千户所”②。卫隶广东都司。

嘉靖《广东通志初稿》卷4《城池》东莞县城条载“洪武二十四年开设南海卫”，“二十四年”应为十四年。

《大明一统志》卷79广州府公署条记卫“在东莞县治南”，明东莞县治即今广东东莞市。

大鹏守御千户所　洪武十四年八月设。《明史》卷45《地理志六》亦言此时置所。

《大明一统志》卷79广州府公署条记所“在东莞县东南四百里滨海”，与东莞所“隶南海卫”。治即今广东深圳市大鹏城，所城仍存。

东莞守御千户所　洪武十四年八月设。《明史》卷45《地理志六》亦言此时置所。

《大明一统志》卷79广州府公署条记所“在东莞县治南……隶南海卫”。万历《广东通志》卷15《广州府·城池》载“东莞守御千户所城，在旧东莞郡基，地名石子岗，去县二百五十里”，卷14《广州府·沿革》记万历元年新设之新安县“即东莞守御千户所为县治”，所治即今深圳市宝安区。

香山守御千户所设置之后也可能隶南海卫，或直隶于广东都司，洪武二十七年九月以后隶广海卫。龙川守御千户所洪武二十一年三月至二十二年正月前隶南海卫，此后改隶惠州卫(见下文2所考证)。

5. 清远卫(广州左卫后所、清远守御千户所亦见其中)

《太祖实录》载洪武十五年冬十月戊戌“调广州左卫后所官军守御清远县”③，至洪武十七年八月“置广东清远守御千户所”④，洪武二十二年正月“戊

① 《太祖实录》卷101。
② 《太祖实录》卷138。
③ 《太祖实录》卷149。
④ 《太祖实录》卷164。

子,改广东……清远千户所为清远卫"①。十七年八月前,后所仍隶广州左卫。至于清远守御千户所的隶属情况已无从可考。清远卫隶于广东都司。

因清远最早有千户所守御是在洪武十五年,故嘉靖《广东通志初稿》卷4《城池》清远县城条记载"洪武十五年立守御千户所,二十二年置清远卫"。

《大明一统志》卷79广州府公署条载卫"在清远县治东",即今广东清远市。

连州守御千户所　嘉靖《广东通志初稿》卷4城池记载连州城"洪武二十八年开设守御千户所"。万历《广东通志》所记年代与之同。

《大明一统志》卷79广州府公署载"在连州治西,洪武二十八年建,隶清远卫",所治即今广东连州市。

6. 惠州卫(惠州守御千户所亦见其中)

《太祖实录》载洪武六年十月"置德庆、惠州、肇庆、南雄、韶州、阳江六千户所"②。二十二年正月"戊子,改广东……惠州千户所为惠州卫"③。洪武八年前所应直隶广东都卫,洪武八年后直隶广东都司。洪武二十二年惠州卫隶广东都司。

《大明一统志》卷80惠州府公署条载卫"在府治西南",治在今广东惠州市。

《太祖实录》载洪武二十七年九月"甲子,置广海卫于广州新会县,置惠州、平海、海丰三守御千户所"④中的惠州所,应是错记。嘉靖《惠州府志·兵防·兵署》载"洪武三年始立千户所,洪武二十二年改为惠州卫",与乾隆《归善县治》卷12《军政》所载"明洪武二年始立惠州千户所,二十一年改设惠州卫,隶广东都指挥使司。统所九……外河源、龙川、长乐、海丰守御千户四所",对设惠州所年代记载都有误。

龙川守御千户所　《太祖实录》载洪武二十一年三月"辛丑,置广东龙川守御千户所,先是惠州府言龙川县山林险阻,寇盗常为民患,宜置守兵,至是始立千户所,隶南海卫"⑤。

《太祖实录》记所隶南海卫,《大明一统志》卷80惠州府公署条记所"在龙川县治西……隶惠州卫",从地理位置而言,龙川尚在惠州之东,惠州卫在洪武二十二年正月始设,当是设卫后立即改属。

所治在今广东龙川县西南陀城。

---

① 《太祖实录》卷195。
② 《太祖实录》卷84。
③ 《太祖实录》卷195。
④ 《太祖实录》卷234。
⑤ 《太祖实录》卷189。

长乐守御千户所　《大明一统志》卷 80 惠州府公署条载所“在长乐县治东，洪武二十四年建，已上三所俱隶惠州卫”，当在二十四年左右设置，与河源、龙川 2 所同隶惠州卫。明代长乐县治即今广东五华县西北华城。

河源守御千户所　嘉靖《惠州府志》卷 10 上《兵防》载“洪武二十三年千户高闻始来开设，称守镇右千户所……二十八年乃改为守御所”，可见最初是调右所(应是惠州卫右所)守御，至洪武二十八年七月“丙辰，置河源守御千户所”①。

《大明一统志》卷 80 惠州府公署条记所“在河源县治东……隶惠州卫”，治即今广东河源。《明史》卷 45《地理志六》言“河源……故城在西南。洪武二年徙于寿春市。万历十年迁于今治”，明代河源县治的迁移不出今广东河源市新丰江南岸市区。

海丰守御千户所洪武二十七年九月至十一月隶惠州卫，十二月改隶碣石卫(见海丰所考证)。

7. 潮州卫

嘉靖《潮州府志》卷 2《建置》记卫“在府治正街北，旧为府署，洪武二年指挥俞良辅改为卫”，则卫至迟洪武二年已存在。明朝洪武元年平广东，可能在此年已设卫。

明代潮州府即今广东潮州市。

程乡守御千户所　《太祖实录》载洪武十五年冬十月戊戌调“潮州卫前所官军守御程乡县”②，至于潮州卫前所何时改名为程乡守御千户所，史无明书。因此嘉靖《广东通志初稿》卷 4《城池》程乡县城载“洪武十五年置守御千户所”。

《大明一统志》卷 80 潮州府公署条载“在程乡县西北隅……俱自潮州卫分守”，所应仍隶潮州卫。明代程乡即今广东梅州市。

潮阳守御千户所　《太祖实录》载洪武二十四年七月“置广东潮阳守御千户所”③。明代潮阳县即今广东汕头市潮阳区。

隆庆《潮阳县志》卷 9《卫所》载“海门守御千户所，在县南一十五里，地名海口村……盖即洪武二十四年指挥杨聚之所奏置者也。始所置县内，曰潮阳守御千户所，后以离海稍远，不便控制，故又移今地，更名海门，盖去建设时又三年矣，时洪武二十七年”，则洪武二十七年潮阳所废。

《大明一统志》卷 80 潮州府公署条载海门等所“俱自潮州卫分守”，潮阳所

---

① 《太祖实录》卷 239。
② 《太祖实录》卷 149。
③ 《太祖实录》卷 210。

亦应如此，应仍隶潮州卫。

海门守御千户所　所置于洪武二十七年，乃迁潮阳守御千户所设。嘉靖《潮州府志》卷2《建置志》的记载基本与隆庆《潮阳县志》同。

《大明一统志》卷80潮州府公署条记所“在潮阳县南五里……俱洪武二十七年建……俱自潮州卫分守”，所仍隶潮州卫，治在今汕头市潮阳区南沿海的海门。

蓬州守御千户所　万历《广东通志》记所“洪武二年置于蓬州都夏岭村，二十七年移于鮀江都原”①，该所最早设于洪武二年。乾隆《潮州府志》卷36《兵防》记载与之基本相同。

迁治应发生在洪武二十六年。《太祖实录》洪武二十六年四月记载“置潮州蓬州守御千户所，命凡创公宇”②，这里指千户所公署的重建；《大明一统志》卷80潮州府公署条也记“蓬州守御千户所，在揭阳县东南九十里，洪武二十六年建……俱自潮州卫分守”。所仍隶潮州卫，洪武二十六年后的治所在今广东汕头市鮀浦。

大城（大埕）守御千户所　万历《广东通志》记所“在饶平县宣化都，洪武二十七年都指挥花茂奏设”③，乾隆《潮州府志》卷36《兵防》引《饶平志》载“明洪武二十七年置大埕守御所于宣化都”。

《大明一统志》卷80潮州府公署条载所“在府城东北三十里……俱洪武二十七年建……俱自潮州卫分守”，所仍隶潮州卫。今广东饶平县南大埕西仍有地名“所城”，当为明代大城所治。

靖海守御千户所　洪武二十七年设，隆庆《潮阳县志》卷9《卫所》载“洪武二十七年……都指挥花茂复奏设靖海守御千户所于大坭都”。

《大明一统志》卷80潮州府公署条载所“在潮阳县南八十里……俱洪武二十七年建……俱自潮州卫分守”，仍隶潮州卫。治在今广东惠来县靖海。

澄海守御千户所　《世宗实录》载嘉靖四十四年九月“庚子……设澄海守御千户所，拨潮州卫前所官军居之”④，所应仍隶潮州卫。明代澄海县即今广东汕头市澄海区。

乾隆《潮州府志》卷36《兵防》载“至嘉靖四十三年设澄海县，将前所官军移驻澄海，曰澄海所”，除年代外，与《世宗实录》记载大体相同。

8. 肇庆卫（肇庆守御千户所参见）

洪武六年十月设肇庆守御千户所⑤，二十二年正月“戊子，改广东肇庆千

①③　万历《广东通志》卷41《潮州府·兵防·兵署》。
②　《太祖实录》卷227。
④　《世宗实录》卷550。
⑤　《太祖实录》卷84。

户所为肇庆卫”①。

《大明一统志》卷 81 肇庆府公署条载“在府治东，洪武初设守御千户所，二十二年改为卫”，记载的年代与《太祖实录》相同。洪武八年前所应直隶广东都卫，洪武八年后直隶广东都司。洪武二十二年肇庆卫隶广东都司。卫治肇庆府，即今广东肇庆市。

四会守御千户所　嘉靖《广东通志初稿》卷 4《城池》载四会县城“洪武二十四年立千户所，乃设木栅”。

嘉靖三十八年十月戊戌“防遏夷酋……仍于龙口水立屯田千户所，移四会后千户所官军并肇庆二卫中前二所屯军，驻被耕守”②，此时所迁至龙口，改设龙口屯田千户所，直至万历六年十月“迁广东四会千户所于广宁县城，改为守御广宁千户所”③，应是改龙口所为广宁所。

万历《广东通志》有清楚记载：“广宁守御千户所，在县署西，本肇庆卫后千户所调守四会，犹以后千户所称，及广宁县立议迁广宁为屯田千户所，部檄改守御如制。”④可见四会所是调肇庆卫后所设立，但是这条记载忽略了嘉靖末、万历初四会所改龙口所的事实。

《大明一统志》卷 81 肇庆府公署条载“守镇四会千户所，在县治西，洪武二十三年建，隶肇庆卫”，所仍隶肇庆卫，原治四会县，在今广东四会市。

龙口水屯田千户所　嘉靖三十八年十月戊戌“防遏夷酋……仍于龙口水立屯田千户所，移四会后千户所官军并肇庆二卫中前二所屯军，驻被耕守”⑤，《明史》卷 45《地理志六》载“龙口屯田千户所，亦嘉靖三十八年置”。万历六年十月“迁广东四会千户所于广宁县城，改为守御广宁千户所”⑥，此时应是改龙口水屯田所为广宁所。

此所应与四会所、广宁所同隶肇庆卫。治在今广宁县江屯镇。

广宁守御千户所　《神宗实录》载万历六年十月“迁广东四会千户所于广宁县城，改为守御广宁千户所”⑦。

万历《广东通志》卷 47《肇庆府・兵防・兵署》载“广宁守御千户所，在县署西，本肇庆卫后千户所调守四会，犹以后千户所称，及广宁县立议迁广宁为屯田千户所，部檄改守御如制”，所应仍隶肇庆卫。

《明史》卷 45《地理志六》载“广宁，府西北。嘉靖三十八年十月以四会县

---

①　《太祖实录》卷 195。

②⑤　《世宗实录》卷 477。

③⑥⑦　《神宗实录》卷 80。

④　万历《广东通志》卷 47《肇庆府・兵防・兵署》。

地置。初治县东南潭圃山下，后迁大圃村福星山下，即今治也”，广宁守御千户所的治所当随之迁移，今广东广宁县东南有潭布，疑即县、所原治。后迁地即今广东肇庆市广宁县。

泷水守御千户所　设于弘治十二年二月，《孝宗实录》此年载“丙辰，设广东泷水县守御千户所，隶肇庆卫”①。嘉靖《德庆州志》事纪载“(弘治)十二年春二月设泷水守御千户所”，兵戎“统隶肇庆卫”，与《孝宗实录》记载一致。

万历《广东通志》卷62《罗定州・沿革》载“罗定州，旧为泷水”，即所城后为罗定州城，即今广东罗定市。

《明史》卷45《地理志六》记“又有泷水、新宁、从化三千户所，俱万历七年置”，误。

南乡守御千户所　万历五年五月设，《神宗实录》这一月记载“兵部覆两广总督凌云翼条奏罗旁善后事宜：……(泷水州)其南乡、富霖、封门、函口设千户所四，设官军防守”②。《明史》卷45《地理志六》东安州条言“东北有南乡守御千户所，西南有富霖守御千户所，俱万历五年五月置”，《广东通志》卷62《罗定州・兵防・兵署》载“南乡守御千户所，在东安北六十里，万历五年建”，都与《神宗实录》记载的时间相同。东安即今广东云浮，其西北今广东云浮市云安区有南乡，应即明代南乡所治。

清代文献在讲到直隶于广东都司的守御千户所时没有提到这4所，罗定州的泷水所隶肇庆卫，南乡等4所应也隶于肇庆卫。

函口守御千户所　万历五年五月设，隶于肇庆卫。

《明史》卷45《地理志六》载“又有函江守御千户所，万历五年五月置于西宁县境，十六年迁于州界之两沟驿”。这里的函江即函口。根据《大清一统志》卷351载“罗镜所，在(罗定)州西南七十里，明万历中自西宁县移函口千户所于此，亦曰新函口所城”，“又旧函口所，在(西宁)县西南封门所西南一百二十里，明万历五年建守御千户所筑城……十六年移于州界两沟驿而城如故。因称为旧函口城”，函口所原治在封门所西南，在今广东罗定市西，万历十六年迁至罗镜，今仍名罗镜，在罗定市南。

封门守御千户所　万历五年五月设，隶于肇庆卫。《大清一统志》卷351载“封门所，在西宁县西南五十里……明万历五年建守御千户所，筑城……十六年迁所入县城，而城如故”，封门所原治即今广东通门，万历十六年移入的西

---

① 《孝宗实录》卷147。
② 《神宗实录》卷62。

宁县城在今广东郁南县建城。

富霖守御千户所 万历五年五月设，隶于肇庆卫。万历《广东通志》记“富霖守御千户所，在东安县西南六十里”①，富霖即今广东云安县富林。

9. 雷州卫

《太祖实录》载洪武元年九月“己未，置雷州卫指挥使司”②。《明史》卷90《兵志二》洪武时期广东都司卫所下已录有该卫，应是从洪武五年起隶广东都卫及广东都司。《大明一统志》卷82雷州府公署条载卫“在府治东”，明代雷州府治今广东雷州市。

乐民守御千户所 《太祖实录》洪武二十七年十月“城宁川千户所及置乐民、海康、海安、锦囊四千户所于雷州之地”③。《大明一统志》卷82雷州府公署条记所“在遂溪县西南一百九十里……隶雷州卫”，所隶雷州卫，治即今广东遂西县乐民，所城故址尚存。

海康守御千户所 洪武二十七年十月设。《大明一统志》卷82雷州府公署条记所“在海康县西一百七十里……隶雷州卫”，所隶雷州卫，治即今雷州市西的康港。

海安守御千户所 洪武二十七年十月设。《大明一统志》卷82雷州府公署条记所“在徐闻县南二十里……隶雷州卫”，所隶雷州卫，治即广东徐闻县南海安湾的海安。

锦囊守御千户所 洪武二十七年十月设。《大明一统志》卷82雷州府公署条记所“在徐闻县东一百里……隶雷州卫”，所隶雷州卫，治在今徐闻县东北锦和村。

石城守御千户所 《英宗实录》载正统二年九月“析广东雷州卫后千户所置石城千户所于高州府石城县，南海卫后千户所置灵山千户所于廉州府灵山县，从按察司副使贺敬奏请也”④。《大明一统志》卷81高州府公署条载“守镇石城千户所，在石城县治西，正统五年建，隶雷州卫”，正统五年指所公署建造时间。所隶雷州卫，治即今广东廉江市。

10. 海南卫

《太祖实录》载洪武二年八月“置海南卫”⑤。《明史》卷90《兵志二》洪武时期广东都司卫所下已录有该卫，应是从洪武五年起隶广东都卫及广东都司。

---

① 万历《广东通志》卷62《罗定州·兵防·兵署》。
② 《太祖实录》卷35。
③ 《太祖实录》卷235。
④ 《英宗实录》卷34。
⑤ 《太祖实录》卷44。

《大明一统志》卷82琼州府公署条载卫"在府治西"，琼州府即今海南海口市琼山区。

万州守御千户所 《太祖实录》载洪武六年七月"广东都指挥使司奏言：'近儋州山贼作乱，已调兵剿捕……其儋、万二州山深地旷，宜设兵卫镇之。'诏置儋、万二州守御千户所"①，洪武二十年九月"立万州守御千户所"②，据正德《琼台府志》卷18兵防言"(洪武)六年……其年土寇陷儋州，指挥张荣建议立所以镇之……七年……(海南卫)添置中、前、后三所，随拨前、后二所于儋、万二州，开设守镇。……二十年指挥桑昭请添立后所，改中左所为前所，儋、万为守御所"，指洪武六年广州都司奏议后只是先调海南卫后所于万州，仍称海南卫后所，洪武二十年才正式命名为守御千户所。

正德《琼台府志》也提到"(洪武)七年始移在卫后所于(万)州开设，展城镇御。二十年改守御千户所"③。

《大明一统志》卷82琼州府公署条记所"在州治西"，还提到万州所、儋州所、崖州所、清澜所、昌化所、南山所"六所俱隶海南卫"，则改为万州守御千户所后仍隶海南卫。所治万州，明代万州即今海南省万宁市。

儋州守御千户所 洪武六年七月广州都司奏议后只是先调海南卫前所于儋州，仍称海南卫前所，洪武二十年才正式命名为守御千户所。改为儋州守御千户所后仍隶海南卫。

《大明一统志》卷82琼州府公署条记所"在州治西"，儋州即今海南儋州市西北新州。

崖州守御千户所 正德《琼台府志》卷18《兵防》载"(洪武)十五年壬戌……充军起发崖州，置守御所，至甲子始设立"，甲子即洪武十七年。《太祖实录》洪武十七年二月亦载"置崖州守御千户所"④。

《大明一统志》卷82琼州府公署条载"在州治西，洪武十七年建……隶海南卫"，所隶海南卫，治今海南三亚市西北崖城区。

海口后千户所 洪武二十年十月"置海口千户所于琼州府琼山县"⑤。嘉靖《广东通志初稿》卷4《城池》记"海口后千户所城，在卫城北十里，在琼山县海口都海港之南，洪武甲戌(洪武二十七年)始筑备倭……以本卫后千户所官

① 《太祖实录》卷83。
② 《太祖实录》卷185。
③ 正德《琼台府志》卷18《兵防·东路清万南三所制》。
④ 《太祖实录》卷159。
⑤ 《太祖实录》卷186。

军于此备御”，洪武二十七年为修筑所城的时间。《大明一统志》卷 82、正德《明会典》卷 108、万历《明会典》卷 124 都未载该所，所以它应一直称为海南卫后千户所，而非守御千户所。

《明史》卷 90《兵志二》广东都司下也无该所，但《明史》卷 45《地理志六》却言“琼山……北滨海，有神应港，亦曰海口渡，有海口守御千户所，洪武二十年十月置”。

明代琼州府诸千户所均隶海南卫，该所也应隶海南卫，治在今海南海口。

南山守御千户所　《太祖实录》载洪武二十七年十一月“置南山守御千户所”①。

据《太宗实录》永乐十七年夏四月“徙广东海南卫南山守御千户所于马鞍山，以旧治在浮沙地，城垣不坚故也”②，万历《琼州府志》卷 7《兵署》也提到所治“在陵水县治南，洪武乙亥(洪武二十八年)指挥花茂奏设于南山港。永乐间百户赵显□迁今治”，则所原治南山港，至永乐十七年迁往之地即今海南陵水县。

《明史》卷 45《地理志六》载“陵水，州南。东北有旧县城，今治本南山守御千户所，洪武二十七年置。正统间，迁县于此”，至正统年间县迁来与卫同治。

《大明一统志》卷 82 琼州府公署条记所“隶海南卫”。

昌化守御千户所　正德《琼台府志》记“(洪武)二十四年指挥桑昭以昌化县乌泥港东倭寇数登岸劫掠，奏于地置昌化所”③。所隶海南卫。

昌化所与昌化县本并不同治，正统六年五月“广东昌化县去昌化守御千户所十里许，运粮者必三渡河然后至所，县有急亦不能应援，至是徙县治及儒学于所城内”④，迁县与所同治。天顺《大明一统志》卷 82 琼州府公署条记所“在昌化县治北一十里……隶海南卫”，对昌化县治仍采用正统六年前的记载。所治在今海南昌江县昌化。

清澜守御千户所　亦称青澜或青蓝守御千户所，该所最早始建于洪武二十四年，洪武二十七年八月正式设置。正德《琼台府志》卷 18《兵防·东路》清万南三所制载“(洪武)二十四年指挥桑昭奏于清澜置守御千户所，次年委官筑城开设”。《太祖实录》洪武二十七年八月提到“置广东青蓝守御千户所”⑤，是

---

① 《太祖实录》卷 235。
② 《太宗实录》卷 211。
③ 正德《琼台府志》卷 18《兵防·西路儋昌崖三所制》。
④ 《英宗实录》卷 79。
⑤ 《太祖实录》卷 234。

在筑城之后,由政府下令正式设置。

《大明一统志》卷 82 琼州府公署条载所“在文昌县东南三十里,洪武二十四年建……隶海南卫”,万历《琼州府志》卷 4 又记“清澜城,旧在文昌县青蓝都,去郡城东南一百九十里……万历甲戌陷于林凤,辛巳千户朱炫与文昌县罗鹗议迁南砣都,移城陈村”,原治在今海南文昌县东郊码头,辛巳为万历九年,这一年迁治,即今文昌县清澜。

所隶海南卫。

水会守御千户所　万历二十八年建。万历《琼州府志》卷 7《兵制》载“万历二十八年拨军三百于水会所守御”,卷 4 载“水会所城,在琼山林湾都,去城三百里,万历二十八年平黎马屎,按察使林如楚题建”。明代琼州府诸千户所均隶海南卫,该所也应隶海南卫。

《明史》卷 45《地理志六》载“琼山……又西南有水蕉村,万历二十八年置水会守御千户所于此”,万历《琼州府志》卷 7《兵署》也记“水会守御所,在琼山县林湾都水蕉、大会二营之中”,在琼山县黎母山镇大保村。

潭览屯田千户所　《明史》卷 45《地理志六》载定安“东有潭览屯田千户所,元置,洪武中因之,永乐四年废”。该所设置时间不明。因琼州府其他守御千户所都隶海南卫,该所应也不例外。明代定安县即今海南省定安县,所在今潭榄村。

11. 廉州卫(廉州守御百户所、廉州守御千户所参见)

洪武元年三月“置廉州百户所,调雷州卫百户欧阳永昌领兵守之”①,洪武十四年三月“甲午,置高、廉二州守御千户所”②,洪武二十七年五月“是月,改广东廉州千户所为廉州卫”③。

最初百户所从雷州卫调兵,应仍属雷州卫。根据《太祖实录》洪武十六年二月“以高、廉二州守御千户所隶雷州卫指挥使司”④的记载推断十四年三月设廉州守御千户所之初,并不隶于雷州卫,可能与高州所一起直隶都司,十六年二月后改隶雷州卫。二十七年五月设置之廉州卫隶广东都司。

《大明一统志》卷 82 廉州府公署条载卫“在府治东”,明代廉州府即今广西合浦县。

崇祯《廉州府志》卷 6《经武志·军卫》载“廉州卫在府治东,洪武三年立守御百户所,十四年改为千户所,二十八年升为廉州卫指挥使司”,万历《广东通

① 《太祖实录》卷 40。
② 《太祖实录》卷 136。
③ 《太祖实录》卷 233。
④ 《太祖实录》卷 152。

志》亦作此载，对最初设置百户所的情况和设卫时间记载有误。

钦州二守御百户所、钦州守御千户所　《太祖实录》载洪武五年三月“置钦州百户所，先是征南将军廖永忠次横州、钦州，土民黄谷瑞率众来降，遣还抚安其民，寻调雷州卫百户昌秀领兵守御，至是命百户陈让、杨玉即其地立百户所，昌秀还雷州”①，根据嘉靖《广东通志初稿》卷4《城池》钦州城条载“洪武四年立守御二百户所，二十八年并为守御千户所”，虽然所载设所年代与《明实录》稍有出入，但可知最初设立的为两个百户所，仍隶雷州卫。洪武二十七年五月“是月改广东……钦州百户所为千户所”②。

《大明一统志》卷82廉州府公署条载所“在钦州城内，洪武二十八年建……隶廉州卫”，则改守御千户所后改隶廉州卫。明代钦州即今广西钦州市。

灵山守御千户所　《英宗实录》载正统二年九月“析广东雷州卫后千户所置石城千户所于高州府石城县，南海卫后千户所置灵山千户所于廉州府灵山县，从按察司副使贺敬奏请也”③。所隶廉州卫。明代灵山即今广西灵山县。

雍正《灵山县志》卷6《经武志·军卫》载“本县守镇千户所在县治东，旧无，明正统五年副使甘泽以瑶贼故奏调南海后卫千户所官军守镇灵山，始属廉州卫”，崇祯《廉州府志》卷6《经武志·军卫》、嘉靖《钦州志》卷4《官署》记载与之基本同，《大明一统志》卷82廉州府公署条载所“在灵山县东，正统六年建……俱隶廉州卫”，盖正统五六年间建造公署，故地方志即以此为设所时间。

永安守御千户所　崇祯《廉州府志》记“永安守御千户所，旧在石康安仁里，洪武二十七年为海寇出没，奏迁于合浦县海岸乡”④，最早设所时间及洪武二十七年之前的隶属情况不明。

《明史》卷45《地理志六》言所“洪武二十七年置”是错误的，这一年为迁治时间。

《大明一统志》卷82廉州府公署条载所“在合浦县东六十里，洪武二十七年建……隶廉州卫”，所为廉州卫下守御千户所，原治在今广西合浦东北石康，后治在今合浦县东的永安。

12. 广海卫

《太祖实录》载洪武二十七年九月“甲子，置广海卫于广州新会县”⑤。卫

---

① 《太祖实录》卷73。
② 《太祖实录》卷233。
③ 《英宗实录》卷34。
④ 崇祯《廉州府志》卷6《经武志·军卫》。
⑤ 《太祖实录》卷234。

隶广东都司。

《大明一统志》卷79广州府公署条载卫治“在新会县南一百五十里滨海”，即今广东台山市广海湾北岸的广海。

香山守御千户所　洪武十四年八月设①。《大明一统志》卷79广州府公署条记所“在香山县治东，洪武二十七年建，隶广海卫”，嘉靖《广东通志初稿》卷4《城池》载香山县城“洪武二十六年置守御千户所”，皆指公署修筑时间。明代香山县城即今广东中山市。

明代《香山县志》卷3《兵防》载“洪武二十三年设立香山守御千户所”，误。

香山守御千户所设置之后也可能隶南海卫，或直隶于广东都司，洪武二十七年九月以后隶广海卫。

海朗守御千户所　《明史》卷45《地理志六》阳江条言“东南有海朗守御千户所，西南有双鱼守御千户所，俱洪武二十七年置”。

万历《广东通志》记所“在阳江县五十里，洪武二十七年花茂建”②，《大明一统志》卷81肇庆府公署条载“在阳江县东南五十里，洪武二十七年建，隶广海卫”，虽二者皆言公署建筑时间，所应也于此年设立。

所隶广海卫，治在今广东阳江市阳东区海莇。

新宁守御千户所　万历《广东通志》卷15新宁县城载“嘉靖十年抚按议，允将广海卫官军摘发一所，移本城守御”，设新宁守御千户所，应仍隶广海卫。

康熙《广东舆图》卷2载新宁县图新宁守御千户所“在县治左”，明代新宁县即今广东台山市。

《明史》卷45《地理志六》言“又有泷水、新宁、从化三千户所，俱万历七年置”，误。

13. 碣石卫

《太祖实录》载洪武二十七年十二月“乙亥，置广东碣石卫及甲子门千户所”③，卫隶广东都司。

《大明一统志》卷80惠州府公署条载卫“在海丰县东南一百二十里滨海”，即今广东陆丰市东南碣石镇。

平海守御千户所　洪武二十七年九月“甲子，置广海卫于广州新会县，置惠州、平海、海丰三守御千户所”④。平海与广海卫相隔甚远，无隶属关系，应

① 《太祖实录》卷138。
② 万历《广东通志》卷47《肇庆府·兵防·兵署》。
③ 《太祖实录》卷235。
④ 《太祖实录》卷234。

隶惠州卫。

《大明一统志》卷 80 惠州府公署条记所“在府城南二百里……隶碣石卫”，碣石卫设于洪武二十七年十二月，所当于此时改隶。治在今广东惠东县南平海镇。

海丰守御千户所　洪武二十七年九月置，海丰与广海卫相隔更远，无隶属关系，应隶惠州卫。

《大明一统志》卷 80 惠州府公署条记所“在海丰县治东……隶碣石卫”，碣石卫设于洪武二十七年十二月，所当于此时改隶。乾隆《归善县治》卷 12《军政》亦载“惠州卫，隶广东都指挥使司。统所九……外河源、龙川、长乐、海丰守御千户四所。二十七年立碣石卫，割海丰所隶焉。”

所治海丰县，即今广东海丰县。

甲子门守御千户所　《太祖实录》载洪武二十七年十二月“乙亥，置广东碣石卫及甲子门千户所”①。《大明一统志》卷 80 惠州府公署条载所“在海丰县东二百一十里滨海……隶碣石卫”，即今陆丰市东部甲子镇。

捷胜（捷径）守御千户所　《太祖实录》载洪武二十八年二月“置广州卫增城千户所，惠州卫右、后二千户所及所属捷径千户所”②，三月“改惠州卫捷径千户所为捷胜千户所”③。《明史》卷 45《地理志六》亦记“洪武二十八年二月置，初名捷径，三月更名”。

《大明一统志》卷 80 惠州府公署条载所“在海丰县南八十里滨海……俱洪武二十七年建，隶碣石卫”，则所应在二十七年始已开始建筑，二十八年正式设立。始设时碣石卫尚未设立，故隶惠州卫，到二十七年十二月底碣石卫立，所改属碣石卫。《太祖实录》记隶于惠州卫应是洪武二十七年筹设时的情况。

所治在今广东汕尾市捷胜镇。

14. 神电卫

《太祖实录》载洪武二十七年十月“置神电卫指挥使司于高州电白县，以宁川、双鱼二千户所隶之”④。卫隶广东都司。

《大明一统志》卷 81 高州府公署条载卫“在电百县东南一百八十里，洪武二十七年建”，即今广东茂名市电白区东部的电城镇。成化三年九月电白县移与卫同治。

---

①④　《太祖实录》卷 235。
②　《太祖实录》卷 236。
③　《太祖实录》卷 237。

宁川守御千户所 《太祖实录》载洪武二十六年四月“置宁川守御千户所于吴川县”①,所隶属情况不明。

洪武二十七年十月“置神电卫指挥使司于高州电白县,以宁川、双鱼二千户所隶之”②,所改隶神电卫。

《大明一统志》卷81高州府公署条载所“在吴川县东南,洪武二十七年建……隶神电卫”,二十七年指宁川所建城时间,这一年十月“城宁川千户所”③。明代吴川即今广东吴川市西南吴阳。

双鱼守御千户所 《明史》卷45《地理志六》阳江条言“东南有海朗守御千户所,西南有双鱼守御千户所,俱洪武二十七年置”。

《太祖实录》载洪武二十七年十月“置神电卫指挥使司于高州电白县,以宁川、双鱼二千户所隶之”④,所隶神电卫。

洪武三十年正月“壬申,迁肇庆府双鱼千户所治阳春县。初置双鱼千户所于阳江县地,至是阳春知县赵清言,县境接连蛮洞,乞移千户所屯守,故有是命”⑤,但是据康熙《阳春县志》卷11《兵防》“明洪武三十一年知县赵清奏调拨神电卫后千户所官军一千镇守,是为守镇千户所”,且正德、万历《明会典》记广东都司卫所时阳春、双鱼2所均有,可见双鱼所并未迁于阳春,阳春所是调神电卫后所设置的。《大明一统志》卷81肇庆府公署条载双鱼所“在阳江县西一百五十里”,这也是双鱼所并未迁治的佐证,阳春在阳江北。

所治阳江县地,即今广东阳西县双鱼。

高州守御千户所 《太祖实录》载洪武十四年三月“甲午,置高、廉二州守御千户所”⑥。洪武十六年二月“以高、廉二州守御千户所隶雷州卫指挥使司”⑦,则所设立之初应直隶于广东都司,十六年二月起改隶雷州卫。

万历《广东通志》载所“在茂名县治东,洪武十四年因信宜、电白、大帽、六豪等山瑶贼出没,乃开设于雷州卫,调前千户所官军守御”⑧,所记设所年代与《太祖实录》相同。

《大明一统志》卷81高州府公署条载所“在府城内北,洪武十四年建……隶神电卫”,则所后来又改属离它较近的神电卫。神电卫置于洪武二十七年十

① 《太祖实录》卷232。
②③④ 《太祖实录》卷235。
⑤ 《太祖实录》卷249。
⑥ 《太祖实录》卷136。
⑦ 《太祖实录》卷152。
⑧ 万历《广东通志》卷51《高州府·兵防·兵署》。

月，改隶应发生在此时之后。明代高州府治即今广东高州市。

阳春守御千户所 设于洪武三十一年，康熙《阳春县志》卷 11《兵防》载“明洪武三十一年知县赵清奏调拨神电卫后千户所官军一千镇守，是为守镇千户所”。

《太祖实录》载洪武十五年五月丁卯“置阳春守御千户所”①，但正德《明会典》卷 108 所引《诸司职掌》载洪武二十六年广东都司卫所并无阳春所，此所可能在洪武二十六年前已废，或是洪武十五年时虽有令但实际并未设置。

《大明一统志》卷 81 肇庆府公署条载“守镇阳春千户所，在县治东，洪武三十一年建，隶神电卫”。明代阳春即今广东阳春市。

康熙《高州府志》卷 2 武备把神电卫高州、信宜等所称为“外所”，阳春、石城称为“附所”，《大明一统志》卷 81 肇庆府公署条又称为“守镇阳春千户所”，可见该所是调神电卫后所于阳春守御，《明会典》、《明史》卷 90《兵志二》都录有该所。

信宜守御千户所 《英宗实录》载正统五年四月“乙亥，改广东惠州卫后千户所为信宜守御千户所，隶神电卫”②。乾隆《归善县治》卷 12《军政》载“正统六年调(惠州卫)后千户所守御高州府信宜县”，设所需一定时间，六年亦不为误。

《大明一统志》卷 81 高州府公署条载所“在信宜县治东北，正统六年建，以上俱隶神电卫”，所治明代信宜县，在今广东信宜市南旧信宜，即今镇隆镇。

直隶于广东都司的守御千户所沿革如下。

1. 南雄守御千户所

《太祖实录》载洪武六年十月“置德庆、惠州、肇庆、南雄、韶州、阳江六千户所”③。按嘉靖《南雄府志》军卫条载“皇明洪武戊申置守御千户所，隶广东都司”，戊申即洪武元年，《太祖实录》洪武元年二月也提到“敕赣州卫指挥使陆仲亨、副使胡通帅(率)本卫及南雄、韶州等卫军马”，可见南雄、韶州设所最早应在洪武元年，洪武六年十月再设，这之间的废置变化无考。

《大明一统志》卷 80 南雄府公署条载所“在府治西，洪武元年建”，明代南雄府治在今广东南雄市。另，《大明一统志》卷 79 广东卷首提到广东都司下直

---

① 《太祖实录》卷 145。
② 《英宗实录》卷 66。
③ 《太祖实录》卷 84。

隶都司的有南雄等7守御千户所,则该所应直隶于都司。洪武四年底至洪武八年前所直隶广东都卫,洪武八年后直隶广东都司。

2. 韶州守御千户所

万历《广东通志》卷28《韶州府·兵署》载“国朝洪武元年改为千户所”,设所最早应在洪武元年。洪武六年十月再设,这之间的废置变化无考。

另《大明一统志》卷79提到广东都司下直隶都司的有韶州等7守御千户所,则该所应直隶于都司。洪武四年底至洪武八年前所应直隶广东都卫,洪武八年后直隶广东都司。

《大明一统志》卷79韶州府公署条言所“在府治东南”,明代韶州府即今广东韶关市。

3. 德庆守御千户所

洪武六年十月置。

嘉靖《德庆州志》兵戎条载所“在州治东一百八十步,千户邵成、知府赵鼎奏准,于洪武九年创”,及《大明一统志》卷81肇庆府公署条载“在州治东,洪武九年建”,皆指德庆所公署建筑时间。

卫治德庆州,在今广东德庆县。另,《大明一统志》卷79提到广东都司下直隶都司的有德庆等7守御千户所,则该所应直隶于都司。洪武八年十月前隶于广东都卫,之后直隶广东都司。

4. 阳江守御千户所

洪武六年十月设。《大明一统志》卷79提到广东都司下直隶都司的有阳江等7守御千户所,明代姚虞《岭海舆图》中也提到阳江所“直隶都司”,则该所应直隶于都司。洪武八年前所应直隶广东都卫,洪武八年后直隶广东都司。

《大明一统志》卷81肇庆府公署条记所“在(阳江)县治东”,明代阳江县即今广东阳江市。

5. 新会守御千户所

《太祖实录》洪武十三年秋七月壬寅记“置广东新会千户所”①,洪武十七年六月又记“甲申,置广东新会守御千户所,初新会县民岑德才言其地倚山濒海,宜置兵戍守,下广东都司定议,至是从其言,置千户所”②,则是十七年才最终设所。

万历《广东通志》卷15《新会县》载“洪武十七年邑人岑得才建言请置千户

① 《太祖实录》卷132。
② 《太祖实录》卷162。

所及城池，是年开设”，与《太祖实录》记载基本相同。

道光《新会县志》卷8兵防载“明洪武三十一年知县赵清奏拨神电卫后千户所官军一千镇守，是为守镇千户所”，根据《大明一统志》卷81肇庆府公署条载“守镇阳春千户所，在县治东，洪武三十一年建，隶神电卫”，康熙《阳春县志》卷11兵防载“明洪武三十一年知县赵清奏调拨神电卫后千户所官军一千镇守，是为守镇千户所”，割神电卫后所建的应是阳春所。

嘉靖《广东通志初稿》卷4《城池》新会县城载“洪武七年置千户所，立栅镇守”，“七年”当为十七年。

《大明一统志》卷79广州府公署条载所“在新会县治东”，明代新会县即今广东江门市新会区。另，《大明一统志》卷79提到广东都司下直隶都司的有新会等7守御千户所，明代姚虞《岭海舆图》中提到新会所“直隶都司”，则该所应直隶于都司。

6. 增城守御千户所

《太祖实录》载洪武二十八年二月“置广州卫增城千户所，惠州卫右、后二千户所及所属捷径千户所”①。

嘉靖《广东通志初稿》卷4《城池》增城县城载“洪武二十七年设守御千户所”，《大明一统志》卷79广州府公署载所“在增城县治南，洪武二十七年建”，则所应在二十七年始已开始建筑，二十八年正式设立。治在今广东广州市增城区。另，《大明一统志》卷79记广东都司下直隶都司的有增城等7守御千户所，明代姚虞《岭海舆图》中提到增城所“直隶都司”，则该所应直隶于广东都司，并不隶于广州卫。

7. 新兴守御百户所、新兴守御千户所

百户所设于洪武二年，十三年改为守御千户所，万历《广东通志》载所“在县治西，国朝洪武二年始设新兴守御百户所，十三年改百户所为千户，始建”②。

《大明一统志》卷79记广东都司下直隶都司的有新兴等7守御千户所，明代姚虞《岭海舆图》中提到新兴所“直隶都司”，则该所应直隶于都司。新兴县即今广东新兴县。

8. 从化守御千户所

《孝宗实录》载弘治二年三月己巳“开设广东从化县及从化守御千户所。

① 《太祖实录》卷236。
② 万历《广东通志》卷47《肇庆府·兵防·兵署》。

总督两广等官、太监韦眷等奏：‘广州、番南二县杨武、己由、等都、大朗、郭旷等堡，山势凶恶，人性强梗，贼徒流劫不时。官司遥远，难于抚治。横潭村在诸堡之间，山川秀丽，水路并通……设从化县治、儒学、阴阳医学，以治教之。仍设从化守御千户所……即调广州左、右等卫千百户等十二员，领军屯守。’……从之”①。治本在横潭村，弘治八年随县治迁今广东广州市从化区。

明代姚虞《岭海舆图》中提到从化所“直隶都司”。

《明史》卷45《地理志六》载“又有泷水、新宁、从化三千户所，俱万历七年置”，误。

第八节 前军都督府在外直隶卫所建置沿革

正德《明会典》卷108、《明史》卷90《兵志二》记载九江卫为约洪武二十五年(1392)前军都督府在外直隶卫所，直到明末一直如此。

九江位于江西、湖广、南直隶交界之处，以九江卫嵌入其间，有犬牙交错、便于控制之意，有如潼关卫、宁山卫之例。

九江卫

洪武二十二年四月“丙辰，置安庆、九江二卫指挥使司”②。

《明史》卷90《兵志二》、正德《明会典》卷108记载洪武中期九江卫为在外直隶前军都督府唯一军卫，直到明末一直如此。

《大明一统志》卷52载“九江卫，在府治东”，明代九江府即今江西九江。

① 《孝宗实录》卷24。
② 《太祖实录》卷196。

第六章　左军都督府都司卫所建置沿革

第一节　浙江都司建置沿革

明代东南沿海都司都面临着同一个外来威胁——倭寇，杭州都卫及后来的浙江都司尤其如此。因此浙江下属的卫所分布特点显著，即绝大多数的卫所都设置在沿海一线，中部和西部基本为一府一卫或一所。

一、浙江都司卫所建置过程

浙江都司在明代虽然卫所数目不少，尤其是隶于卫的守御千户所众多，但是在设置时间上却很集中，主要集中在洪武初、洪武二十年（1387）左右两个时段。

洪武四年之前明朝政府还无力顾及倭寇，而且当时军事制度还处在不断调整之中，所以在清除了地方残余武装之后，基本按一府一卫或一所进行设置，而且设废不定，到洪武三年十二月置杭州都卫前大体只有温州卫、钱塘卫、杭州卫、严州卫、明州卫、仁和卫、金华所、衢州所、台州所、处州所、绍兴所，共6卫、5守御千户所，其中5守御千户所应全部直隶于都卫。明初洪武十四年之前浙江共有杭州、严州、绍兴、明州、温州、台州、衢州、处州、金华9府，钱塘、仁和、杭州3卫治杭州，其余8府各置1卫或1所。

洪武四年到十八年底，浙江卫所数目并没有大的变动。洪武八年十月都卫改名为浙江都司前后，除昌国所、昌国卫、杭州前卫、定海所、湖州所为新设或新改隶外，其他几个卫所基本是在原有卫所基础上变化，绍兴所增兵为绍兴卫，台州所增兵台州卫后又废，明州卫改名为宁波卫，钱塘卫与仁和卫分别改名为杭州左、右2卫，洪武七年至十七年明州卫前所（后改称宁波卫前所）在定海守备，这些改变并未引起都司卫所布局大的变化。到十八年底都司共有11卫、4守御千户所，4所仍为直隶于都司的守御千户所，大多位于府州县治地。

洪武七年至十一年杭州城中还有吴王的杭州护卫。

这一阶段最引人注目的是浙江都司辖区的变动。

在明代浙江都司的历史上，它的军事管辖区域与浙江布政使司并不完全一致，这种变动主要发生在杭州湾北岸嘉兴府和太湖南边的湖州府。洪武十四年十一月之前，这两个府直隶京师，其境内的长兴所及湖州所亦应为直隶大都督府的卫所。洪武十四年十一月之后，二府改隶浙江。洪武二十二年设置的湖州所隶浙江都司，那么湖州府在改属浙江后的军事改归浙江都司管辖；嘉兴府则要一分为二，杭州湾北岸有 1 卫、2 所属浙江都司，即洪武十七年迁到海盐县治的海宁卫，二十年设置的隶于海宁卫的乍浦、澉浦 2 千户所，治于嘉兴的嘉兴千户所属直隶于中军都督府的苏州卫，如此，对嘉兴府来讲，浙江都司在洪武十四年之后明代大部分时间里只辖有嘉兴府南部杭州湾北岸一带。

浙江都司西、南的辖区边界基本与浙江布政使司一致。

明代浙江都司设置卫所的高潮集中在洪武十九年、二十年两年中。两年内共增设 8 卫（其中定海、松门卫是由定海所、松门所改）、27 守御千户所，其中绝大部分的守御千户所为隶于卫的守御千户所。洪武十九年汤和坐镇浙江，深感东南沿海时常遭受倭寇劫掠，有必要增强海防，于是奏请在浙江、福建沿海广建城池，设立卫所，引起卫所设置高潮。洪武十九年之前浙江卫所基本是一府一卫或一所，东南沿海除宁波、温州、昌国 3 卫及定海所靠海尚近外，海岸线上基本没有其他卫所防守。这些新设卫所打破了原有的分布格局，使东部沿海卫所数目大大增加。尤其是近 30 个守御千户所远近适当、均匀地分布在海岸线上，以邻近军卫为依靠，互相应援，奠定了浙江都司以沿海为重的基本军事形势。

为了保障富饶的杭嘉湖平原的安全，明朝加强了杭州湾南北两岸的卫所密度。以杭州左、右、前 3 卫为顶点，洪武十九年、二十年增设的卫所中杭州湾北岸有海宁所、乍浦所、澉浦所，与原有的海宁卫及直隶于中军都督府的金山卫及其下青村所、南汇所一起构成一道防线，南岸有临山卫、观海卫、三山所、三江所、沥海所、龙山所、余姚所共同构成防御壁垒。

洪武二十一年起，浙江都司的卫所处于稳定状态，只有零星的几次调整，可以说从此时起浙江都司进入稳定期。洪武二十一年严州卫改严州守御千户所，直至明末浙江都司的卫再未发生过变化。这之后的变化主要发生在少数几个隶于卫的守御千户所。二十五年昌国中中、中左 2 所改隶定海卫，改名定海中中、中左所；二十七年调定海卫后千户所守御穿山，又称穿山守御千户所；二十八年海门卫前千户所治迁至椒江北岸，与海门卫隔江相望。这几个卫所都是在原有卫所基础上改设。洪武三十年设爵溪守御千户所，隶昌国卫。另外，余姚千户所在洪武末一度被废，三十一年十月复置，正统六年(1441)又废。洪武后期设置的这些卫所除严州所外，基本都位于海边，是洪武十九年、二十年设卫卫所高潮的余声。成化五年(1469)调盘石卫后所于乐清东守御，嘉靖中又一度设新城千户所，万历后增设水军千户所。万历《明会典》卷124浙江都司下有16卫、34千户所，遗漏海门卫前所、盘石卫后所，实际共16卫、36守御千户所(见图36)，其中5所直隶于都司、31所隶于卫。其统辖结构如下图所示。

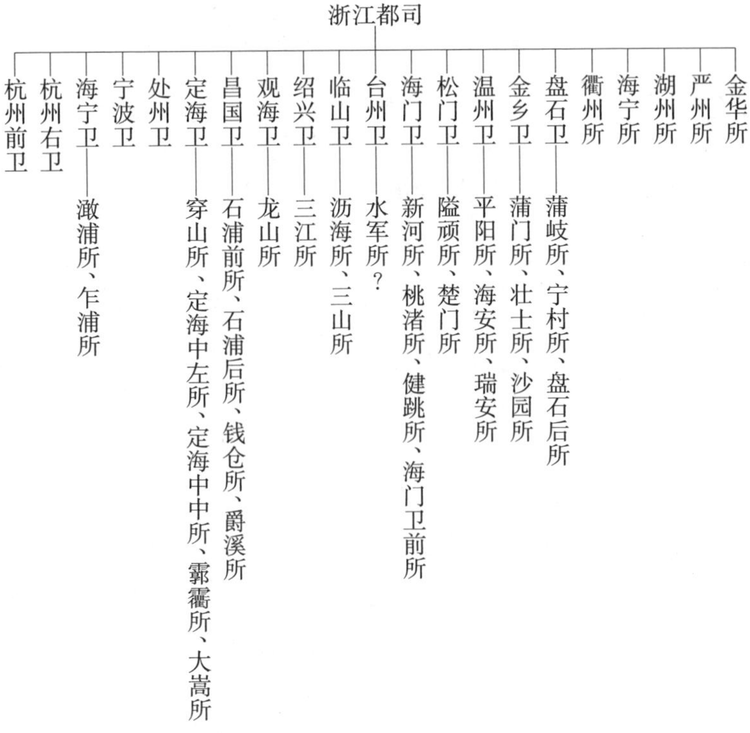

明末浙江都司卫所统辖结构图

浙江都司沿海卫所众多，这些卫所多不与府州县同治，具有准实土意义。明朝时有人指出："浙中如宁、绍、台、温诸沿海卫所，环城之内并无一民相杂，庐舍鳞集，岂非卫所之人乎！"①卫所在沿海的统辖作用超过了附近的府州县。

---

① 万历《绍兴府志》卷23《武备·兵部尚书谭公纶昔为海道副使尝建议云》。

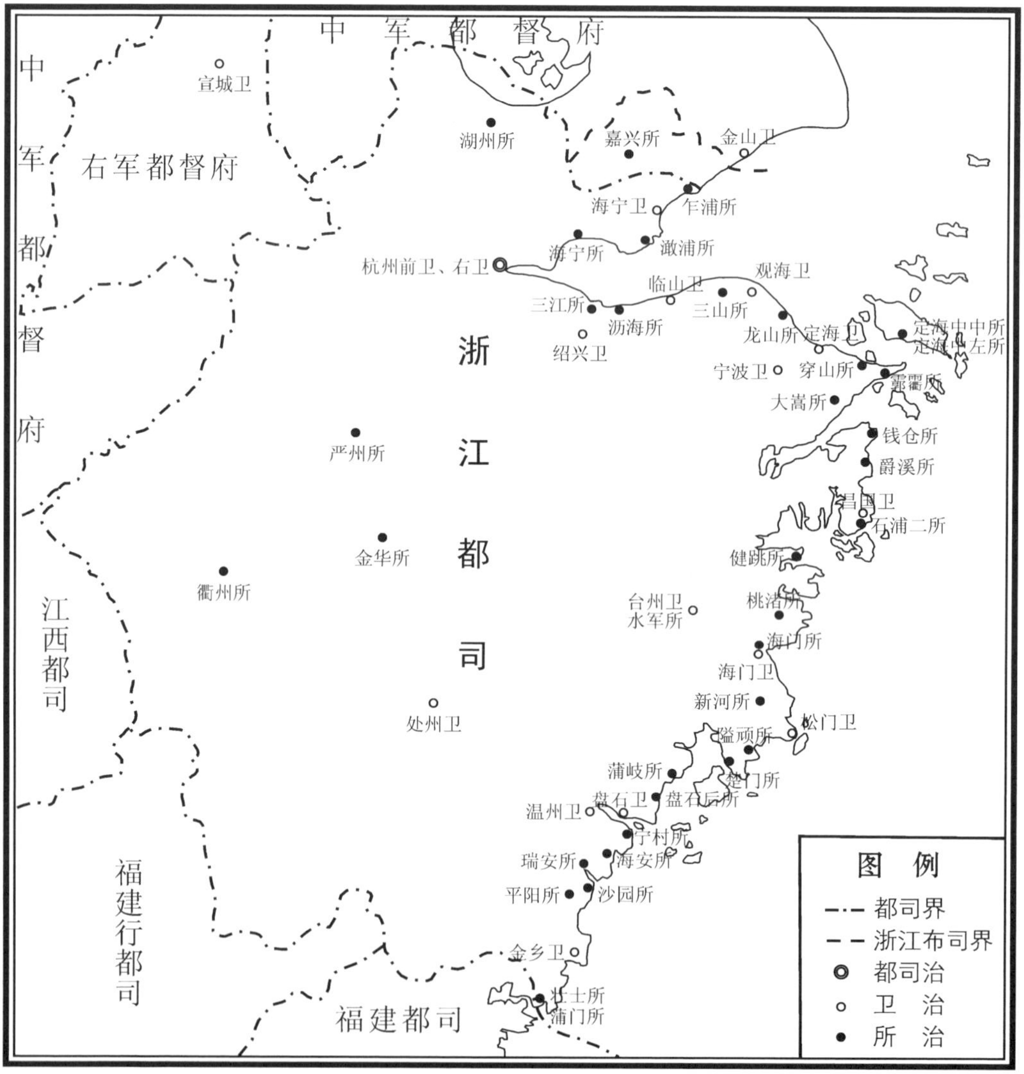

图36　万历十年(1582)浙江都司辖区及卫所图

浙江沿海不与府州县同治的卫所如下：临山卫、观海卫、定海卫、昌国卫、海门卫、松门卫、盘石卫、金乡卫、乍浦所、澉浦所、三江所、三山所、龙山所、穿山所、定海中左所、定海中中所、霩䨦所、大嵩所、石浦前所、石浦后所、钱仓所、爵溪所、沥海所、新河所、桃渚所、健跳所、隘顽所、楚门所、平阳所、瑞安所、海安所、蒲门所、壮士所、沙园所、蒲岐所、宁村所、新城所、盘石卫后所、海门卫前所。

二、浙江都司卫所沿革考述

洪武三年十二月"升杭州、江西、燕山、青州四卫为都卫指挥使司"①，这是杭州都卫设置之始。洪武八年十月"癸丑……杭州都卫为浙江都指挥使司"②。杭州都卫与浙江都司治在杭州府。

洪武三年十二月设杭州都卫时已有卫所沿革如下。

1. 金华卫、金华守御千户所

金华卫最早在吴元年(1367)设立，万历《金华志》载"明兴，置金华守御千户所……吴元年改翼为卫，遂置金华卫、归安卫……以统军，洪武三年省革二卫，置金华守御千户所，即归安卫为治，隶浙江都指挥使司"③，《太祖实录》吴元年九月也提到"命参政朱亮祖帅浙江衢州、金华等卫马步舟师讨方国珍"④，故金华卫当在吴元年九月之前设立。

按《太祖实录》洪武三年十二月"壬子，曹国公李文忠奏置浙江七卫，曰钱塘，曰海宁，曰杭州，曰严州，曰崇德，曰德清，曰金华，及衢州守御千户所，计兵总五万二千五百一十三人，从之。后改严州、金华二卫为守御千户所，罢崇德、德清二卫"⑤，由于明初制度初创，卫所也经常发生设废变化，洪武三年十二月之前金华卫的具体变迁无从可考。按万历《金华志》的记载，卫改守御千户所应发生在洪武三年底。

卫、所治金华府，即今浙江金华市。《大明一统志》卷38浙江卷首记浙江都司下有"湖州、严州、金华、衢州、海宁五所"，则所为直隶于浙江都司的守御千户所。

2. 温州卫

《太祖实录》载洪武元年四月"置温州卫"⑥，当年十二月又记载"是月置温

①⑤　《太祖实录》卷59。
②　《太祖实录》卷101。
③　万历《金华志》卷21《军政》。
④　《太祖实录》卷25。
⑥　《太祖实录》卷31。

州卫"[①]，这只是设卫要花费一定时间的表现。按弘治《温州府志》卷9《兵卫》载"国朝洪武元年指挥王铭因旧温州府治为卫"，万历《温州府志》卷3《建置》记载年代与弘治志相同。

洪武三年十二月起卫隶杭州都卫，八年十月后隶浙江都司。

卫治温州府。

3. 钱塘卫

《太祖实录》载洪武三年十二月"壬子，曹国公李文忠奏置浙江七卫，曰钱塘……"，但是《太祖实录》在吴元年四月已提到"钱塘卫指挥同知率兵"[②]，疑钱塘卫与金华卫一样也是在平浙之初设立。洪武三年十二月起卫隶杭州都卫。

《太祖实录》载洪武八年十月"癸丑……(改)杭州都卫为浙江都指挥使司，钱塘卫为杭州左卫指挥使司"[③]，万历《杭州府志》亦言"八年……(改)钱塘卫为杭州左卫"[④]。

卫治钱塘县，即今浙江杭州市。

4. 海宁卫

虽然《太祖实录》记载洪武三年十二月"壬子，曹国公李文忠奏置浙江七卫，曰钱塘，曰海宁"[⑤]，但在吴元年已多次提到海宁卫：四月"海宁卫指挥孙虎"[⑥]，九月"甲辰，转统军元帅，累功升海宁卫指挥同知，至是中矢死"[⑦]。可见卫在吴元年四月前已存在。洪武三年十二月后卫隶杭州都卫，八年十月起隶浙江都司。

万历《杭州府志》记"洪武三年始立杭州卫都指挥使司海宁、钱塘二卫指挥使司……洪武二十年改海宁卫为所"[⑧]，"所"指洪武二十年设立之海宁守御千户所，这里的改卫为所指把海宁卫署改为所治。那么海宁卫治迁到哪里了呢？《大明一统志》卷39嘉兴府公署条言"在海盐县治西"，则明中后期卫治在海盐县城内，按天启《海盐县志》"海宁卫指挥使司，在县城内，洪武十七年置"[⑨]，并引永乐时县志言"洪武十七年三月十五日开设海宁卫"，海宁卫是洪武十七年三月间从海宁迁到海盐的。

① 《太祖实录》卷37。
②⑥ 《太祖实录》卷23。
③ 《太祖实录》卷101。
④⑧ 万历《杭州府志》卷35《兵防上·杭州卫所之制》。
⑤ 《太祖实录》卷59。
⑦ 《太祖实录》卷25。
⑨ 天启《海盐县志》卷7。

5. 杭州卫

设于洪武三年十二月，是月“壬子，曹国公李文忠奏置浙江七卫，曰钱塘，曰海宁，曰杭州，曰严州，曰崇德，曰德清，曰金华”①。

成化《杭州府志》卷30《军政》载“八年因立浙江都司，改杭州卫为杭州前卫，仁和卫为杭州右卫，并在郡城内”，按《太祖实录》洪武九年十二月“置杭州前卫”②，当是此时改杭州卫为前卫。

卫治在今浙江杭州市。

6. 严州卫、严州守御千户所

《太祖实录》载洪武三年十二月“壬子，曹国公李文忠奏置浙江七卫，曰钱塘，曰海宁，曰杭州，曰严州……后改严州、金华二卫为守御千户所”③，这是关于该卫及守御千户所的较早记载。卫洪武三年十二月后隶杭州都卫，八年十月起隶浙江都司。

万历《严州府志》记载严州所“在府治东南善政坊内。国朝洪武二十一年信国公汤和开设，隶浙江都司”④，严州卫应是在洪武二十一年改为严州守御千户所。《大明一统志》卷38浙江卷首记浙江都司下有“湖州、严州、金华、衢州、海宁五所”，则严州所为直隶于浙江都司的守御千户所。

卫、所治严州府，即今浙江建德市梅城镇。

7. 崇德卫

《太祖实录》载洪武三年十二月“壬子，曹国公李文忠奏置浙江七卫……曰崇德……后……罢崇德、德清二卫”。明代崇德即今浙江桐乡市西南崇福镇。正德《明会典》卷108及《明史》卷90《兵志二》洪武二十六年卫所未提到崇德、德清2卫，2卫应在此之前已废除。

8. 德清卫

洪武三年十二月置，洪武二十六年之前已废。明代德清县即今浙江德清县东城关镇。

9. 衢州卫、衢州守御千户所

《太祖实录》载吴元年九月“命参政朱亮祖帅浙江衢州、金华等卫马步舟师讨方国珍”⑤，可能最初所设为衢州卫，但废除时间不明。

《太祖实录》载洪武三年十二月“壬子，曹国公李文忠奏置浙江七卫……曰

①③　《太祖实录》卷59。
②　《太祖实录》卷110。
④　万历《严州府志》卷5《守御》。
⑤　《太祖实录》卷25。

金华，及衢州守御千户所，计兵总五万二千五百一十三人，从之”。

弘治《衢州府志》卷5《卫所》记所“直隶都司”。卫治衢州府，在今浙江衢州市。

《大明一统志》卷43衢州府公署条载“衢州守御千户所，在府治西。洪武初置仁和卫，后罢为守御千户所”。弘治《衢州府志》卷5《卫所》抄袭了《大明一统志》，按《太祖实录》记载洪武八年十月仁和卫改为杭州右卫，与衢州所并无关系。

10. 明州卫、宁波卫

明代《宁波府简要志》记载“洪武元年改庆元路为明州府……别立明州卫以镇之。……十四年改府卫曰宁波”①，嘉靖《宁波府志》的记载大致与《宁波府简要志》相同：“皇明平国珍，改明州卫指挥使司……二年指挥陆龄收集方氏散卒并金华、衢州等处官军为十千户……十四年改为宁波卫指挥使司。”②

《太祖实录》洪武十四年二月亦载“改明州府为宁波府，卫为宁波卫”③。

洪武三年十二月至八年十月明州卫隶杭州都卫，八年十月起隶浙江都司。卫治宁波府，即今浙江宁波市。

归安卫

关于此卫的记载很少，万历《金华志》卷21《军政》提到“吴元年改翼为卫，遂置金华卫、归安卫……以统军，洪武三年省革二卫”。该卫很早便被废除，与杭州都卫、浙江都司没有隶属关系。明代金华府即今浙江金华市。

另，处州守御千户所、台州守御千户所、绍兴守御千户所在洪武三年底设都卫时已存在，考证见下文。

洪武八年十月杭州都卫改浙江都司前增设卫所的沿革如下。

1. 台州守御千户所、台州卫

关于台州所的设立时间没有确切记载，《太祖实录》洪武五年八月提到“置台州卫指挥使司，罢守御千户所”④，则所此前已存在。按洪武元年前后浙江基本一府一卫或一所，台州所可能在明初已存在。洪武三年十二月至五年八

① 《宁波府简要志》卷8《舆地志》。
② 嘉靖《宁波府志》卷8《兵卫》。
③ 《太祖实录》卷135。
④ 《太祖实录》卷75。

月间所隶杭州都卫，五年八月至八年十月卫隶杭州都卫，八年十月后卫隶浙江都司。

《太祖实录》载洪武二十年十月“复置台州卫”①，则卫在五年八月至二十年十月间曾被废除，至此复置。

所、卫治台州府，在今浙江临海市。

2. 湖州守御千户所

洪武八年三月“甲午，置湖州守御千户所”②，十三年正月“革湖州守御千户所”③，但《明史》卷44《地理志五》湖州府条言“太祖丙午年(1366)十一月为府，直隶京师。十四年十一月改隶浙江”，《太祖实录》十四年十一月亦记“复以直隶嘉兴、湖州二府隶浙江”④，这之前存在的湖州所也应属于大都督府在外直隶卫所，并不隶于浙江都司。

洪武二十二年十二月“复置湖州守御千户所”⑤。洪武二十六年《诸司职掌》记该卫属浙江都司，则是因洪武十四年十一月湖州府改隶浙江布政司，因此新设之所亦隶浙江都司。《大明一统志》卷38浙江卷首记浙江都司下有“湖州、严州、金华、衢州、海宁五所”，则湖州所复设之后为直隶于浙江都司的守御千户所。

所治在今浙江湖州市。

《大明一统志》卷40湖州府公署条言所“在府治东贵泾坊，旧为长兴卫，在长兴县。本朝洪武二年改为守御千户所，八年移建于此”，则湖州所是由长兴所改设。

四库本正德《明会典》卷108误作“湖海千户所”。

3. 杭州左卫

《太祖实录》载洪武八年十月“癸丑……(改)杭州都卫为浙江都指挥使司，钱塘卫为杭州左卫指挥使司”⑥。

洪武十二年四月“调杭州左卫四千户所及绍兴千户所之将士补杭州右卫”⑦，左卫废。

卫治今杭州市。

---

① 《太祖实录》卷186。
② 《太祖实录》卷97。
③ 《太祖实录》卷129。
④ 《太祖实录》卷140。
⑤ 《太祖实录》卷198。
⑥ 《太祖实录》卷101。
⑦ 《太祖实录》卷124。

万历《杭州府志》载“八年……钱塘卫为杭州左卫……九年改杭州左卫为杭州前卫”[①],《太祖实录》洪武九年十二月只言“是月,置杭州前卫”[②],并未说明是由左卫改前卫,根据成化《杭州府志》卷30《军政》“改杭州卫为杭州前卫”,应是改杭州卫为前卫。

4. 仁和卫

《太祖实录》载洪武四年闰三月辛酉“置仁和卫指挥使司”[③],洪武八年十月“癸丑……仁和卫为杭州右卫指挥使司”[④]。万历《杭州府志》亦记“洪武……四年置仁和卫指挥使司……仁和卫为杭州右卫”[⑤]。

卫隶杭州都卫,治在杭州府。

成化《杭州府志》载“洪武三年立杭州卫都指挥使司及仁和卫,并掌守御杭州兵……仁和卫为杭州右卫,并在郡城内”[⑥],所记设卫时间误。

《太祖实录》洪武元年八月提到“遣仁和卫指挥徐兴安”[⑦],盖是徐兴安在洪武四年设卫后曾任卫指挥,后人误记。

洪武八年十月至十八年设置卫所沿革如下。

1. 处州守御千户所、处州卫

卫设于洪武八年十二月,《太祖实录》这一月载“戊子,置处州卫指挥使司”[⑧]。按《大明一统志》卷44处州府公署条“处州卫,在府治南,洪武元年建守御千户所,八年升为卫”,卫是由洪武元年设置之守御千户所改建。

但《太祖实录》洪武二年五月已提到“授处州卫指挥副使”[⑨],因此所与卫在洪武八年前的变化不清晰。

所、卫治在明代处州府,即今浙江丽水市,隶浙江都司。

2. 杭州前卫

《太祖实录》载洪武九年十二月“是月,置杭州前卫”[⑩]。

《太宗实录》载洪武三十五年八月癸亥“复设建阳卫、杭州前卫”[⑪],按《明

---

①⑤ 万历《杭州府志》卷35《兵防上・杭州卫所之制》。
②⑩ 《太祖实录》卷110。
③ 《太祖实录》卷63。
④ 《太祖实录》卷101。
⑥ 成化《杭州府志》卷30《军政》。
⑦ 《太祖实录》卷34。
⑧ 《太祖实录》卷102。
⑨ 《太祖实录》卷42。
⑪ 《太宗实录》卷11。

史》卷90《兵志二》洪武二十六年浙江都司尚有该卫，所以估计该卫是在洪武末、建文时期被废。

《大明一统志》卷38杭州府公署条载“杭州前卫、杭州右卫，俱在都司前”，卫治杭州府，隶浙江都司。

3. 杭州右卫

洪武八年十月“癸丑……(改)仁和卫为杭州右卫指挥使司”[①]。

卫治杭州府，隶浙江都司。

4. 绍兴守御千户所、绍兴卫

绍兴所设置年代不明。洪武元年前后浙江基本一府一卫或一所，绍兴所可能在明初已存在。洪武十二年四月“调杭州左卫四千户所及绍兴千户所之将士补杭州右卫”[②]，所废，当月“置绍兴卫”[③]。

所、卫皆隶浙江都司，治在今浙江绍兴市。

5. 昌国守御千户所、昌国卫

《太祖实录》载洪武十二年九月“丁亥，置浙江昌国守御千户所”[④]，十七年九月“置昌国卫于宁波之象山县”[⑤]，废所改卫。但此时卫并不在象山县，治仍在昌国县，即今浙江舟山。

按嘉靖《宁波府志》卷8《兵卫》载“洪武十二年于昌国县置守御千户所，十七年改昌国卫，二十年罢县，徙卫于象山县天门山，二十七年以卫治悬海，徙今处”，嘉靖《象山县志》建置条也记载“昌国卫，在县治南九十里，地名后门。大明洪武……二十年起遣海岛居民，革昌国卫，以本卫移置象山县之西南天门山，名东门，今旧昌国。二十七年因天门悬海，薪水不便，徙今地”，《明史》卷44《地理志五》又记“洪武十二年十月置于舟山，十七年九月改为卫。二十年来徙县南天门山，二十七年迁县西南后门山”。可见昌国卫洪武二十年才由舟山迁至象山县天门山，二十七年治地又迁到象山县境后门山，即今浙江象山县昌国镇。

所、卫隶浙江都司。洪武二十年卫迁象山后留有中、中左2所守御昌国，洪武二十五年2所改隶定海卫。

6. 定海守御千户所、定海卫

洪武十四年四月“乙亥，置定海守御千户所”[⑥]，洪武二十年二月“置定海、

---

① 《太祖实录》卷101。
②③ 《太祖实录》卷124。
④ 《太祖实录》卷126。
⑤ 《太祖实录》卷165。
⑥ 《太祖实录》卷137。

盘石、金乡、海门四卫指挥使司于浙江并海之地，以防倭寇”①，改所为卫。所、卫隶浙江都司，治定海，即今浙江宁波市镇海区。

《明史》卷 44《地理志五》所载设所、卫年代与《太祖实录》同。

嘉靖《宁波府志》记定海卫“十二年置定海守御千户所……二十年信国公汤和展拓城池，立定海卫”②，嘉靖《定海县志》卷 7 记载与之同，所言置所时间误。

洪武十九年、二十年汤和整顿浙江海防，奏请在沿海设置了一系列卫所，其沿革如下。

1. 海宁守御千户所

《大明一统志》卷 38 杭州府公署条载“海宁守御千户所，在海宁县东，洪武二十年建”，成化《杭州府志》卷 30《军政》亦载所是洪武二十年汤和立。明代海宁县治在今浙江海宁市西南盐官。

《大明一统志》卷 38 浙江卷首记浙江都司下有“湖州、严州、金华、衢州、海宁五所”，则海宁所为直隶于浙江都司的守御千户所。

2. 海宁卫下新设 2 千户所

澉浦守御千户所、乍浦守御千户所　《太祖实录》载洪武十九年十月“癸巳，置澉浦、乍浦二守御千户所，隶浙江都司”③，根据《大明一统志》卷 39 嘉兴府公署条载 2 所“隶海宁卫”。澉浦所治在今浙江海盐县澉浦镇，乍浦所治在今浙江平湖市乍浦镇。

3. 绍兴卫下添设 1 千户所

三江守御千户所　洪武十九年十二月设，《太祖实录》当月记“宁波、温、台昌国等府县并海之地置千户所八曰：平阳、三江、龙山、霩霩、大嵩、钱仓、新河、松门，皆屯备以备海寇”④。洪武二十年二月又记“置临山卫于绍兴及三山、沥海、三江等千户所，皆以沿海防御倭寇”⑤，盖设卫有一过程。

《大明一统志》卷 45 绍兴府公署条载所“在山阴县东北，隶绍兴卫”，治在今浙江绍兴市北三江。

4. 临山卫

洪武二十年二月置，当月“置临山卫于绍兴及三山、沥海、三江等千户所，

---

①⑤　《太祖实录》卷 180。
②　嘉靖《宁波府志》卷 8《兵卫》。
③④　《太祖实录》卷 179。

皆以沿海防御倭寇”①。《临山卫志》亦载“卫坐余姚县东山三里三都……洪武二十年信国公汤和议于余姚上虞之西北建置卫所巡司，以备日本，遂徙上虞故嵩城于东山三都，为临山卫”②。万历《绍兴府志》等记载与《太祖实录》基本相同。

卫隶浙江都司，治在今浙江余姚市临山镇。

三山守御千户所　洪武二十年二月设。《明史》卷44《地理志五》载“三山守御千户所，一名浒山”，并记所在余姚东北，即今浙江慈溪市浒山镇。

《大明一统志》卷45绍兴府公署条载其与沥海所俱隶临山卫。

沥海守御千户所　洪武二十年二月设，属临山卫。《明史》卷44《地理志五》记所在会稽东北，即今浙江上虞沥海镇。

5. 观海卫

《太祖实录》载洪武十九年十一月“置观海卫指挥使司于宁波府慈溪县”③，卫隶浙江都司。

嘉靖《观海卫志》卷1《建置》载“国朝洪武二十年信国公汤和遂筑慈溪县三十都定水寺涂田，为观海卫，置指挥使司”，所言也不为误。卫治在今浙江慈溪市观城镇。

龙山守御千户所　洪武十九年十二月设。《太祖实录》洪武二十年五月又载“癸丑，置龙山千户所”④，盖设卫需一定时间。

嘉靖《宁波府志》卷8《兵卫》载“洪武二十年信国公汤和因定海县龙头场石塘团旧址创建城池，为龙山千户所”，《明史》卷44《地理志五》载所在鄞县北，即今慈溪市龙山镇。

《大明一统志》卷46宁波府公署条载所“隶观海卫”。

6. 定海卫新设6千户所

霩衢守御千户所　洪武十九年十二月设。嘉靖《定海县志》卷7载定海卫“外辖霩衢、大嵩二千户所”，所治今浙江宁波市东部沿海郭巨镇。

大嵩守御千户所　洪武十九年十二月设，隶定海卫。治今宁波市东南大嵩。

昌国中中千户所、昌国中左千户所、定海中中千户所、定海中左千户所　嘉靖《宁波府志》卷8《兵卫》载“二十年信国公汤和徙昌国卫于象山，存中中、

---

① 《太祖实录》卷180。
② 《临山卫志》卷1《建置》。
③ 《太祖实录》卷179。
④ 《太祖实录》卷182。

中左二所，二十五年隶定海卫”，嘉靖《定海县志》卷7中中、中左千户所条记载与之相同。明代《宁波府简要志》卷1《城镇志》亦记“翁山城，即海岛前昌国县……止存中中、中左二所兵二千人同守本城，二十五年改隶定海卫”。二十五年改隶定海卫后，改为定海中中千户所、定海中左千户所，“俱隶定海卫”①。

《明史》卷44《地理志五》称之为“舟山中中千户所”、“舟山中左千户所”。

所治“俱在定海县东北昌国县故城”②，即今浙江舟山市。

7. 昌国卫新设3千户所

钱仓守御千户所 洪武十九年十二月设。《大明一统志》卷46宁波府公署条载“俱隶昌国卫”。《明史》卷44《地理志五》载所在象山县西北，即今浙江象山县钱仓。

石浦守御前千户所、石浦守御后千户所 嘉靖《宁波府志》卷8《兵卫》载“洪武二十年迁巡司于青山头，调昌国卫前、后二所筑城戍守”，嘉靖《象山县志》建置条记载与其相同。

《大明一统志》卷46宁波府公署条载所“洪武二十年建”，“俱隶昌国卫”。治在今象山县石浦港。

8. 盘石卫

《太祖实录》载洪武二十年二月“置定海、盘石、金乡、海门四卫指挥使司于浙江并海之地，以防倭寇”③。卫隶浙江都司，治今浙江温州市东盘石镇。卫下最初有宁村、蒲岐、楚门、隘顽4守御千户所，洪武二十年六月楚门、隘顽2所改隶松门卫。

宁村守御千户所 《太祖实录》载洪武二十年二月“置宁村千户所于温州永嘉县，海安、沙园二千户所于瑞安县，浦门、壮士二千户所于平阳县，隶金乡卫。蒲岐、楚门、隘顽三千户所于乐清县，隶盘石卫”④。

《明史》卷44《地理志五》载所在永嘉城东，即今浙江温州市东沿海的宁村所。《大明一统志》卷48温州府公署载其与蒲岐所同隶盘石卫。

蒲岐守御千户所 洪武二十年二月设。与宁村所同隶盘石卫，治在今浙江乐清市浦岐镇。

9. 松门守御千户所、松门卫

松门所与平阳等所皆为洪武十九年十二月设。洪武二十年六月“置松门

①② 《大明一统志》卷46《宁波府·公署》。
③④ 《太祖实录》卷180。

卫指挥使司于台州黄岩县，以楚门、隘顽二千户所隶之”[1]，改松门守御千户所为松门卫。《明史》卷44《地理志五》即记“东有松门卫，本松门千户所，洪武十九年十二月置，二十年六月升为卫。”

所、卫隶浙江都司。治今浙江温岭市东沿海的松门镇。

楚门守御千户所、隘顽守御千户所　洪武二十年二月设，初“隶盘石卫”[2]。洪武二十年六月“置松门卫指挥使司于台州黄岩县，以楚门、隘顽二千户所隶之”[3]，改隶松门卫。

《大明一统志》卷47台州府公署条载2所隶松门卫。楚门所治今浙江玉环县楚门镇，隘顽所治温岭市岙环镇，岙环是隘顽的谐音。

10．海门卫

《明史》卷44《地理志五》载“海门卫亦在县东，洪武二十年二月置”。卫隶浙江都司，治在今浙江台州市椒江城。

海门卫守御前千户所　《明史》卷44《地理志五》载“海门卫……其北为前千户所，洪武二十八年置”。所仍隶海门卫。

《大明一统志》卷47台州府公署条载“前千户所，在海门卫城北七里”，《读史方舆纪要》卷92记所城“南临椒江，与卫城仅隔一水，利害相共”，即今浙江台州椒江城北一江之隔的前所镇。

新河守御千户所　洪武十九年十二月设。《大明一统志》卷47台州府公署条载所隶海门卫。《明史》卷44《地理志五》载所在太平县东北，太平即今浙江温岭，新河镇在其东北。

健跳守御千户所、桃渚守御千户所　《太祖实录》载洪武二十年九月“筑台州健跳、桃渚二城，各置千户所以防倭”[4]。

《大明一统志》卷47台州府公署条载2所与新河所、海门卫前所同隶海门卫。健跳所治今浙江台州健跳古城，桃渚所治今浙江临海市桃渚城，二城遗址尚存。

11．温州卫下添设3千户所

海安守御千户所　洪武二十年二月设。《大明一统志》卷48温州府公署条载所隶温州卫。《明史》卷44《地理志五》载所在瑞安东北，即今海安镇。

平阳守御千户所　洪武十九年十二月设。

隆庆刊、康熙增补《平阳县志》卫所记载“平阳千户所在县治西，元大德八

---

①③　《太祖实录》卷182。

②　《太祖实录》卷180。

④　《太祖实录》卷185。

年(1304)始建镇守千户……明洪武己酉置平阳守御千户所,隶温州卫,己卯改隶金乡卫,壬午复温州卫”,己酉是洪武二年,与洪武十九年浙江沿海大规模设置卫所的记载不符。己卯是建文元年(1399),壬午即建文四年,则建文中该所的隶属情况有变化。《大明一统志》卷48温州府公署条载所隶温州卫,这是永乐以后的情况。

所治明代平阳县,即今浙江平阳县。

瑞安守御千户所　《大明一统志》卷48温州府公署条载所“在瑞安县治东”,按嘉靖《温州府志》卷6《兵卫》载所“在县治东,洪武二十年信国公汤和奏立”,所与海安守御千户所同是洪武二十年建。《大明一统志》卷48载卫“隶温州卫”。

所治即今浙江瑞安市。

12. 金乡卫

洪武二十年二月置金乡卫。卫隶浙江都司。《明史》卷44《地理志五》载卫治在平阳县南,即今浙江苍南县东金乡镇。卫下除浦门、沙园、壮士3所外,平阳所在建文中也一度隶于本卫。

浦门守御千户所　洪武二十年二月设。《大明一统志》卷48温州府公署条载所与壮士、沙园2所同隶金乡卫。《明史》卷44《地理志五》载所在平阳南,即今苍南县蒲城。

沙园守御千户所　洪武二十年二月设,隶金乡卫。《明史》卷44《地理志五》载所在瑞安东南,即今浙江瑞安飞云江口南沙园。

壮士守御千户所　洪武二十年二月设,隶金乡卫。《大明一统志》卷48温州府公署条载所“在平阳县东北五十三都”,《明史》卷44《地理志五》载所在浦门所东北,今苍南县雾城①,东临海。

嘉靖《温州府志》卷6兵卫载壮士所“在平阳小洋孙,洪武二十年立,后因倭夷登岸,归并蒲门城内”,迁与蒲门所同治。弘治《温州府志》卷9《兵卫》记载与嘉靖志同。《读史方舆纪要》卷94记为“隆庆初并入蒲门”。

洪武二十年之后所设卫所沿革如下。

1. 爵溪守御千户所

《太祖实录》载洪武三十年十二月“丁未,置爵溪千户所,属昌国卫,移爵溪巡检司于姜屿渡。先是散骑舍人王瓛言临山卫及余姚千户所军士正伍之外,余军尚五百人,宜分补沿海卫所守御。诏浙江都司定议,以昌国卫所属钱仓千

① 《中国地名词典·浙江省》。

户所临海口，去卫十百余里，遇警急卒难应援，爵溪地在二百余里之半，虽设巡检司而弓兵百人尝不及数，若以临山余姚军置千户于爵溪，仍迁巡检司于画屿渡以备策应为便。诏俱从之”[①]。嘉靖《象山县志》建置条亦记洪武三十一年徙巡司建卫。

嘉靖《宁波府志》卷8《兵卫》记洪武二十年迁巡司置所，误。

《大明一统志》卷46宁波府公署条记所“俱隶昌国卫”，治在今浙江象山县爵溪镇。

2. 余姚守御千户所

《读史方舆纪要》卷92载“又县城内旧有余姚千户所，洪武二十年置，正统六年废”，实际上余姚所的变化要复杂得多。

《太祖实录》载洪武三十年十二月“丁未，置爵溪千户所……先是散骑舍人王瓛言临山卫及余姚千户所军士正伍之外，余军尚五百人，宜分补沿海卫所守御……若以临山余姚军置千户于爵溪，仍迁巡检司于画屿渡以备策应为便。诏俱从之”[②]。此为第一次废余姚所。

《太宗实录》载洪武三十一年十月丁卯“复设余姚千户所”[③]。正统六年(1441)复废。

所治余姚，余姚县境内的三山所隶临山卫，则余姚所也应隶临山卫。

3. 穿山守御千户所(定海后千户所)

《太祖实录》载洪武二十七年九月“戊午，浙江定海卫奏所属霩䨻等千户所皆濒海地方……风涛险远，遇警急卒难应援，请于穿山筑城置千户所，分调官军守御，从之”[④]。

按《明史》卷44《地理志五》载“东南有穿山后千户所，洪武二十七年九月置”，嘉靖《宁波府志》卷8《兵卫》载“二十七年调后所于定海县之海晏乡”，“洪武二十年信国公汤和徙大小榭海岛居民于此，二十七年安陆侯吴复置所，调本卫后所守御”，可见穿山所是调定海卫后所设置，仍隶定海卫。因此万历《明会典》卷124只称“定海卫后千户所”，嘉靖《定海县志》记载与之基本相同。

所治在今浙江宁波市北仑东南穿山镇。

4. 盘石守御后千户所

《明史》卷44《地理志五》载乐清“东有盘石守御后千户所，成化五年置”。

---

①② 《太祖实录》卷255。
③ 《太宗实录》卷13。
④ 《太祖实录》卷234。

《读史方舆纪要》卷 94 记所在“乐清县东三里，成化五年自盘石城移置此，仍隶盘石卫”。今地在浙江乐清市东不远，仍名后所。

正德、万历《明会典》、《明史》卷 90《兵志二》、弘治《温州府志》均未记该所，可见是把该所同盘石卫下的左、右等普通千户所同等看待。

5. 新城守御千户所

正德《明会典》卷 108 浙江都司下提到“新城千户所”，万历《明会典》卷 124 言“旧有新城千户所，今革”，《明史》卷 90《兵志二》也记“新城千户所，旧有，后革”。该所设置时间不明，弘治《温州府志》卷 9《兵卫》未提及该所，可见弘治修志时尚无该所，万历前已废。

城在今浙江温州市东南，仍名新城。所治邻近温州，应隶于温州卫。

6. 水军千户所

万历《明会典》卷 124、《明史》卷 90《兵志二》浙江都司下有“水军千户所”。根据宋濂《御史中丞章公神道碑铭》①，明初洪武元年之前曾在处州设水军千户所，但其他史书对此缺乏记载，疑该所很快就被废除，与万历《明会典》卷 124 记载的水军千户所并无关系。乾隆《浙江通志》卷 90 台州卫条言“辖左、右、中、前、后五千户所，又水军千户所”，万历《明会典》记载的应为此所。史书缺乏该所的资料，疑其与台州卫 5 所同治于台州城中，不是与卫分治他城的守御千户所，故正德《明会典》、《大明一统志》等不载该所。

明初浙江封有吴王，有王府护卫，如下。

杭州护卫

《明史》卷 44《地理志五》载“洪武三年四月建吴王府。十一年正月改封周王，迁河南开封府”。根据《太祖实录》卷 88 载洪武七年三月“置杭州护卫、青州护卫”，明初制度一王府 3 护卫，但朱棣的吴王府只有杭州护卫，改封河南后始设 3 护卫。杭州护卫不归杭州都卫及浙江都司兼管。

卫治杭州。

第二节 山东都司建置沿革

山东都司是明代东部沿海一个重要的军事防守区域，元代以来倭寇的侵扰使海防成为这里军队的首要任务，因此，山东半岛沿岸的卫所设置成为重点。

① 《明名臣琬琰录》卷 6。

一、山东都司卫所建置过程

与其他都卫、都司不同的是，山东之地省一级军事管辖机构的治所发生过迁移，洪武九年(1376)之前，青州都卫及山东都司治在青州，这之后随布政司迁往济南。

青州都卫设于洪武三年十二月，这时山东之地尚无几个卫所，仅济南卫、济宁左卫、莱州卫 3 卫及宁海、乐安 2 守御千户所。此前尚有过青州卫、济宁卫的设置，后青州卫被改为都卫，洪武元年设置的济宁右卫被迁到北平，改为燕山右卫。可以说，在青州都卫设置之初，山东的卫所分布雏形还远未显露。山东沿海莱、登之地是高丽、日本往来要道，不设兵卫不足以镇守，故首设莱州卫。

在洪武八年十月之前，青州都卫的卫所大多分布在府州县治。此时明朝仍是北征西伐，战事不断，尚无力全面考虑山东及其他沿海之地的布防，只能在府州县治所设置部分卫所，以应地方治安之需。因此卫所的分布是稀疏的。洪武九年都司由青州迁治济南之前，其卫所统辖结构如下图所示。

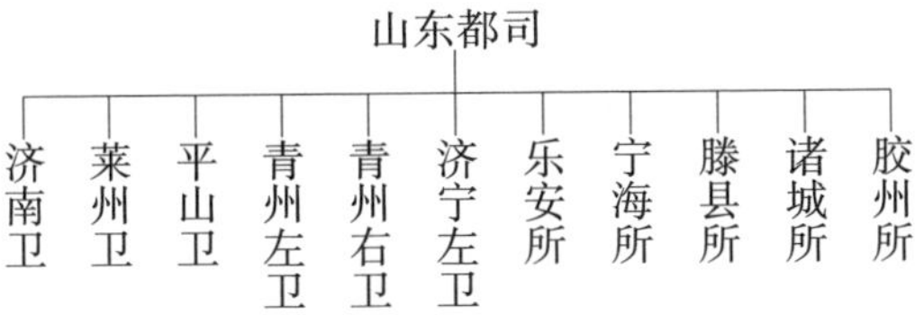

洪武九年(1376)前山东都司卫所统辖结构图

山东都司卫所的设置高潮发生在洪武中后期和永乐初。这一时期明朝针对运河与海岸线加强了卫所设置。

运河是明代南北的主要交通线之一，尤其在成祖主居北京之后，运河成为北京的经济通道，德州所及后来的德州卫、德州左卫、济宁卫、东平所列于运河两岸，以为屏障。

另一方面，倭寇从元代开始已成为东南沿海的大患，浙江、福建、广东等地沿海在洪武二十年设置了大量卫所，形成了一条防倭线，而山东半岛除莱州卫，洪武九年至十一年间设的宁海卫、登州卫及其下福山中前所外，别无其他卫所，给了倭寇可乘之机，沿海之地屡遭袭掠。尤其是洪武三十一年二月，倭寇“寇山东宁海”①，震惊朝堂，当年四月即下令在山东半岛一次增设安东、灵

① 《太祖实录》卷 256。

山、鳌山、大嵩、威海、成山、靖海 7 卫，开设浮山、雄崖、奇山、宁津 4 守御千户所，另在各卫下又抽调了许多千户所在附近守御，夏河、浮山、王徐寨、海阳、百尺崖、金山、大山、寻山、石旧寨等不与卫同治的千户所大都形成于此时。除千户所外，各卫所在防区内还布置了众多的百户所。这些卫所均匀分布在海岸线上，成为胶莱的屏障。

山东沿海不与府州县同治的卫所都具有实土意义，这些卫所对明清山东沿海的经济、文化发展产生了深远影响，部分卫所在清初变为州、县，威海卫、成山卫、安东卫、海阳所、鳌山卫等名称沿用至今。

宣德以后，山东又增置了东昌卫、临清卫、任城卫及濮州守御千户所，大多在运河岸边。宣德十年(1435)十一月辛未“山东布政司右参政王晋言三事：……一临清县客旅军囚盗贼人等，变易姓名，混淆杂处，不下数千余家。舟车辐辏，物货停积，况有百万仓粮，实为要地，无城池门禁。泰安州四面皆山，濮州草泊旷荡，乞于临清筑城，泰安州、濮州各调一千户所守御，庶地方无虞。上命行在礼部会官议行”①，遂立濮州所，并于正统十四年(1449)调济宁左卫设临清卫。

嘉靖十八年(1539)任城卫设置之后，山东都司再也没有添设卫所，其统辖结构如下图所示。

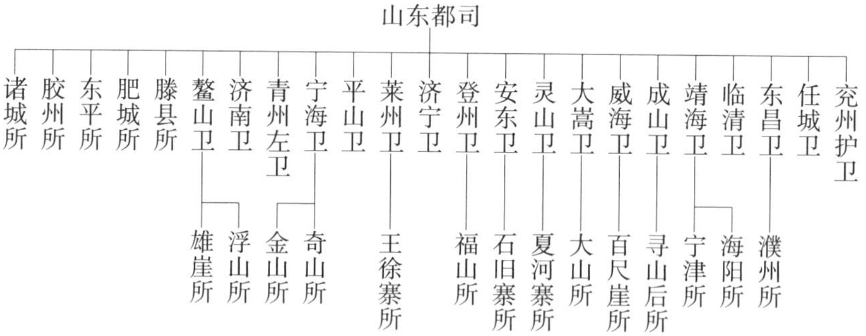

嘉靖十八年(1539)后山东都司卫所统辖结构图

受黄河与海岸线的限制，山东都司东、西部的军事辖区边界基本固定，边界变化主要发生在德州、乐安、沂州、莒州几地，除此之外，根据当地卫所隶属情况来看，山东都司的军事辖区与山东布政使司的行政辖区基本一致。见图 37。

德州一地曾设置过德州卫(德州守御千户所改)、德州左卫，原与乐安所

① 《英宗实录》卷 11。

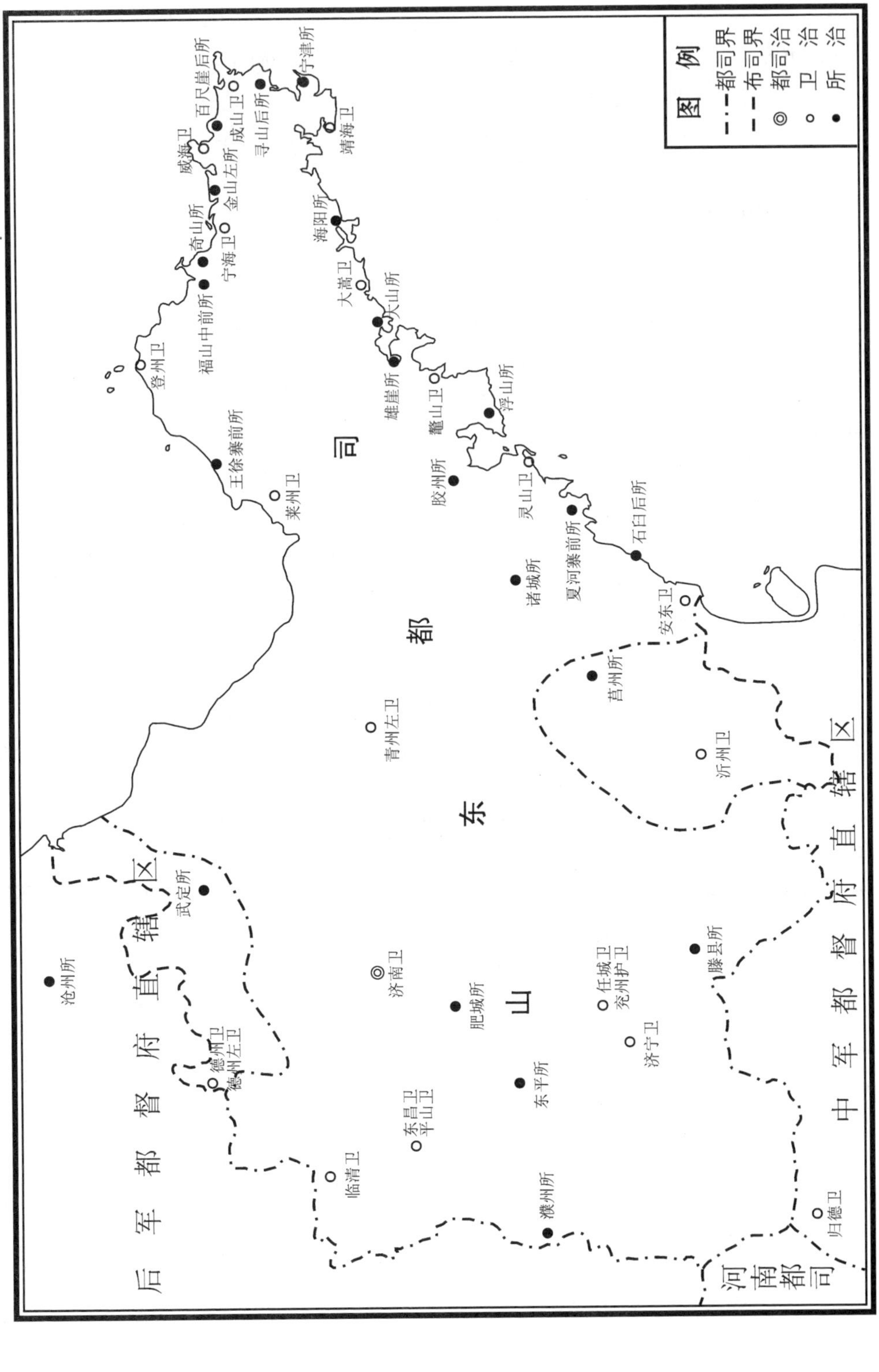

图37　万历十年(1582)山东都司辖区及卫所图

皆属山东都司，永乐居北平后，德州、乐安在军事地理上的地位更加突出，永乐六年(1408)十月，这2卫、1所改直隶北京留守行后军都督府。当地行政上仍属山东布政使司，成为行政与军事管理上的犬牙区域。洪武五年六月新设的沂州卫①和明代中期设置的莒州守御千户所直隶中军都督府，使当地在军事上与徐州卫同属一区，并使山东都司在南部的边界有所内缩。

此外，山东的王府护卫变迁复杂。

二、山东都司卫所沿革考述

《太祖实录》载洪武三年十二月"升杭州、江西、燕山、青州四卫为都卫指挥使司"②。洪武八年十月"(改)青州都卫为山东都指挥使司"③。

按《明史》卷41《地理志二》载"(洪武)三年十二月置青州都卫，治青州府"，洪武九年之前山东行中书省治在青州，青州都卫及山东都司治所应也在青州，即今山东青州市。洪武九年行省移治济南④，都司治也"初治青州，后迁治济南"⑤。

嘉靖《青州府志》卷11《兵防》载"洪武初立益都卫，三年改青州都指挥使司，十九年迁于济南，遂为山东都指挥使司"，都卫改都司在洪武八年，迁青州在九年，《青州府志》的记载有误。

吴元年(1367)，明朝军队攻下山东，把卫所制推行到了这里，洪武三年十二月设青州都卫之前，山东行省之地卫所设废如下。

1. 青州左卫、青州右卫、青州卫(又称益都卫)

《太祖实录》最早提到青州右卫是在洪武二年四月，"调青州右卫官军守之"⑥，可见洪武初年曾有青州左卫、右卫的设置，此时右卫改调安定州。又《太祖实录》载洪武元年八月"癸未，诏大将军徐达置燕山等六卫以守御北平，于是达改……青州卫为永清左卫"⑦，这里的青州卫疑为青州左卫。明军吴元年攻克山东各地，青州2卫当在此后设置。

根据《太祖实录》洪武三年十二月"升杭州、江西、燕山、青州四卫为都卫指

---

① 《太祖实录》卷74。
② 《太祖实录》卷59。
③ 《太祖实录》卷101。
④ 嘉靖《山东通志》卷2《建置沿革上》。
⑤ 嘉靖《山东通志》卷11《兵防》。
⑥ 《太祖实录》卷41。
⑦ 《太祖实录》卷34。

挥使司”[①]，嘉靖《青州府志》卷 11《兵防》也记“洪武初立益都卫，三年改青州都指挥使司”，可以推测在左、右 2 卫废除之后又新设青州卫。《明史》卷 90《兵志二》、正德《明会典》卷 108 在记载山东都司洪武年间的卫所时未提到该卫，则应在设青州都司后卫废。益都为青州府的附郭县，嘉靖《青州府志》提到的益都卫即青州卫。

洪武八年十月“(改)青州都卫为山东都指挥使司，置青州左、右二卫指挥使司”[②]，重设 2 卫。《明史》卷 90《兵志二》、正德《明会典》卷 108 在记载山东都司洪武年间的卫所时有青州左卫而无右卫，原因不明，疑为遗漏。

按嘉靖《青州府志》卷 11《兵防》载“青州左、右二卫，永乐四年移右卫戍德州”，右卫废。

《太宗实录》载永乐四年十一月“改青州右卫为天津右卫”[③]，按万历《明会典》卷 124 载山东都司“旧有青州左护卫，后改天津右卫”，左护卫当年五月已废除，这里应是改青州右护卫为天津右卫。

青州在明朝中后期只有左卫一卫，故嘉靖《山东通志》又称其为“青州卫”。《大明一统志》卷 24 青州府公署条载左卫“在府城东门内，洪武初建益都卫于府城西北，寻改青州左卫，永乐十四年移建此”，指左卫公署建筑在青州府城内的变动。青州府城即今山东青州市。

青州左、右卫先后隶青州都卫、山东都司。

2. 济南卫

吴元年七月“庚寅，置徐州及济南二卫”[④]。洪武三年十二月起卫隶青州都卫、山东都司。

《大明一统志》卷 22 济南府公署条载济南卫“在府城内西南隅”。

3. 济宁左卫

洪武元年正月“置济宁左、右二卫”[⑤]。卫治济宁。

《太祖实录》洪武四年正月丁亥记载“命中书丞相魏国公徐达往北平操练军马……济南卫……济宁左卫”[⑥]，洪武十七年十月也提到“济宁左卫”[⑦]，但《明史》卷 90《兵志二》、正德《明会典》卷 108 在记载山东都司洪武二十六年的

① 《太祖实录》卷 59。
② 《太祖实录》卷 101。
③ 《太宗实录》卷 61。
④ 《太祖实录》卷 24。
⑤ 《太祖实录》卷 29。
⑥ 《太祖实录》卷 60。
⑦ 《太祖实录》卷 166。

卫所时未提到该卫，疑该卫在此之前被废除。

《英宗实录》载正统十四年十一月“徙山东济宁左卫于临清，改为临清卫，以临清守御千户所隶之”①，根据万历《明会典》卷 124“临清卫，旧兖州左护卫，后改”，嘉靖《山东通志》卷 11《兵防》载临清卫“景泰元年(1450)建，实为兖州护卫迁此”，以及《宣宗实录》宣德元年七月“山东都指挥佥事冯凯掌济宁左卫事”的记载推断，约在宣德或正统之时调兖州左护卫兵再次设置济宁左卫，正统末年再改为临清卫。

4. 济宁右卫

洪武元年正月设。卫治济宁。

《太祖实录》载洪武元年八月“癸未，诏大将军徐达置燕山等入卫以守御北平，于是达改……济宁卫为燕山右卫”②，济宁当时有左、右 2 卫，洪武四年、十七年还提到左卫，这里改燕山右卫的应为济宁右卫。

5. 乐安守御千户所

《太祖实录》载洪武元年三月“是月，置乐安卫”③，但按嘉靖《武定州志》兵防志第八载“明洪武元年置乐安守御千户所。宣德元年平汉庶人，改为武定守御千户所，直隶后军都督府”，《大明一统志》卷 22 济南府公署直隶武定守御千户所亦载“在州治南，洪武元年建为乐安守御千户所”，洪武元年三月设置的应是乐安守御千户所。

《明史》卷 90《兵志二》、正德《明会典》卷 108 在记载山东都司洪武年间的卫所时包括了乐安守御千户所，所以该所本属于青州都卫、山东都司。《太宗实录》载永乐六年十月“戊子，改蔚州、德州二卫及乐安守御千户所俱隶北行后军都督府”④，乐安所不再属于山东都司。

宣德元年乐安所因官军随朱高煦谋反故被废，原公署改设武定守御千户所，仍直隶后军都督府。根据《宣宗实录》宣德元年九月“己酉，命武进伯朱冕等调青州中护卫军于辽东诸卫，崇信伯费瓛调乐安千户所军于甘肃备御”⑤，应是这一年调走原乐安所士兵，另外调兵立武安所，两所只是守御地点相同而已。

《大明一统志》卷 22 济南府公署条载直隶武定守御千户所“在州治南”，武定州即今山东惠民县。

---

① 《英宗实录》卷 185。
② 《太祖实录》卷 34。
③ 《太祖实录》卷 31。
④ 《太宗实录》卷 84。
⑤ 《宣宗实录》卷 21。

6. 莱州卫

洪武二年二月“置莱州卫”①。卫隶青州都卫、山东都司。

卫治“在府治东”②，莱州府即今山东莱州市。

7. 宁海守御千户所、宁海卫

《大明一统志》卷25登州府公署条载卫“在宁海州治西，本莱州卫左千户所，洪武二年调于此，十年升为卫”，嘉靖《山东通志》卷11亦记所“在州治西，洪武二年置备御所，十年改为卫”，可见洪武二年设守御千户所于宁海，由于史料缺乏，无法判断其洪武三年十二月之后是隶于某卫还是直隶于青州都卫、山东都司。

《太祖实录》载洪武十一年四月“辛未，置宁海卫指挥使司于山东之宁海州”③，但早在九年二月已提到“调……高邮卫军士千人补宁海卫”，可见宁海卫从筹备到正式设置用了很长时间。卫隶山东都司。

明代宁海州在今山东烟台市牟平区。

洪武三年底设青州都卫之后到永乐之前设置了大批卫所，是山东卫所设置的高潮期，其沿革如下。

1. 滕县守御千户所

洪武三年十二月“置滕县守御千户所”④。《大明一统志》卷22卷首山东都司所属卫所提到东平、肥城、胶州、诸城、滕县5千户所，可见该所直隶于青州都卫、山东都司。

万历《兖州府志》卷32《兵防》载所治“在县之西、学之东”，明代滕县即今山东滕州市。

2. 平山卫

洪武四年六月“置……平山卫于山东”⑤。卫隶青州都卫、山东都司。

《大明一统志》卷24东昌府公署条载平山卫“在府治东”，东昌府即今山东聊城市。

3. 诸城守御千户所

洪武四年十二月“(置)山东诸城守御千户所”⑥。《大明一统志》卷22卷

① 《太祖实录》卷38。
② 《大明一统志》卷25《莱州府·公署》。
③ 《太祖实录》卷118。
④ 《太祖实录》卷59。
⑤ 《太祖实录》卷66。
⑥ 《太祖实录》卷70。

首山东都司所属卫所提到诸城等 5 千户所，可见该所直隶于青州都卫、山东都司。

《大明一统志》卷 24 青州府公署条载所“在诸城县西南隅”，明代诸城县即今山东诸城市。

4. 胶州守御千户所

洪武五年三月“置胶州守御千户所”①。《大明一统志》卷 22 卷首山东都司所属卫所提到胶州等 5 千户所，可见该所直隶于青州都卫、山东都司。

《大明一统志》卷 25 莱州府公署条载所“在胶州城内”，明代胶州即今山东胶州市。

5. 登州卫

洪武九年十月乙卯“是月，置杭州前卫、登州卫”②，卫隶山东都司。

《大明一统志》卷 25 登州府公署条载卫“在府城中，洪武九年建”，即今山东蓬莱市。

6. 德州守御千户所、德州卫

洪武十三年二月“置德州守御千户所”③，洪武二十三年三月“改德州千户所为德州卫指挥使司”④。

《明史》卷 90《兵志二》、正德《明会典》卷 108 在记载山东都司洪武年间的卫所时包括了德州卫，所以德州所及德州卫最初应属于山东都司。永乐六年十月“戊子，改蔚州、德州二卫及乐安守御千户所俱隶北行后军都督府”⑤，嘉靖《德州府志》对此载为“德州卫……德州左卫……原属山东都司，永乐七年改属直隶后军都督府”⑥，其在军事上不再隶于山东。

《大明一统志》卷 22 济南府公署条载直隶德州卫“在州治西”，明代德州即今山东德州市。

7. 泰安卫

洪武二十九年五月设，是月“己巳，置泰安卫指挥使司。时监察御史裴承祖言：山东泰安州东接泰山，西加五道岭，绵亘深邃，逋逃者多聚其间，时出劫斥，宜于本州置卫、五岭道立巡检司以镇之。诏从其言，遂命立卫于泰安州”⑦。

---

① 《太祖实录》卷 73。
② 《太祖实录》卷 110。
③ 《太祖实录》卷 130。
④ 《太祖实录》卷 220。
⑤ 《太宗实录》卷 84。
⑥ 嘉靖《德州府志》卷 2《卫所》。
⑦ 《太祖实录》卷 246。

《宣宗实录》载宣德十年十一月庚午“山东布政司参政王暹三事：……泰安州四面皆山，濮州草泊旷荡，乞于临清筑城，泰安州、濮州各调一千户所守御，庶地方无虞。上命行在礼部会官议行”①，由此可见泰安在这之前无兵守备，泰安卫早已废除。因此《明会典》、《大明一统志》、嘉靖《山东通志》等都未提及该卫。

卫应隶山东都司，明代泰安州即今山东泰安市。

8. 东平守御千户所

洪武三十年四月设，这一月“癸卯，置东平州及肥城二千户所，以民编甲屯守，复发山东布政使司、按察使司杖罪囚人补之”②。据《太宗实录》洪武三十五年七月丁酉“复设山东东平守御千户所”③，可见该所在建文中曾被废，至此复设。

万历《兖州府志》卷32《兵防》载所“在东平州治东南”，东平州即今山东东平县。

《大明一统志》卷22山东卷首山东都司所属卫所提到东平等5千户所，可见该所直隶于都司。

9. 安东卫、灵山卫、鳌山卫、大嵩卫、威海卫、成山卫、靖海卫

《太祖实录》载洪武三十一年四月“丙寅，置山东都指挥使司属卫七，曰安东，曰灵山，曰鳌山，曰大嵩，曰威海，曰成山，曰靖海”④。

《大明一统志》卷25登州府公署条载大嵩卫“在莱阳县东南一百三十里，洪武三十一年建”，乾隆《山东通志》卷4海阳县城条载“原大嵩卫城，今改卫为县”，清代海阳县城即今山东海阳市东南凤城镇。

靖海卫“在文登县南一百二十里”⑤，即今山东荣成市靖海湾东的靖海卫。

乾隆《山东通志》卷4荣成县城条载“原成山卫城，今改卫为县……洪武二十一年置卫，筑石城”，“二十一”当为“三十一”之误，这种错误在嘉靖《山东通志》中已出现。清代荣成县城即今荣成市成山卫镇。

灵山卫“在胶州东南九十里”⑥，今地名仍为灵山卫，在山东青岛市黄岛区。

鳌山卫“在即墨县东四十里，俱洪武三十一年建”⑦，今地名仍为鳌山卫，在山东即墨市东沿海。

嘉靖《山东通志》卷11言安东卫“在日照南九十里”，今地名仍为安东卫，

① 《英宗实录》卷11。
② 《太祖实录》卷212。
③ 《太宗实录》卷10下。
④ 《太祖实录》卷257。
⑤⑥⑦ 《大明一统志》卷25《登州府·公署》。

在今山东日照市西南。

威海卫治即今山东威海市。

10. 肥城守御千户所

《太祖实录》载洪武三十年四月"癸卯，置东平州及肥城二千户所，以民编甲屯守，复发山东布政使司、按察使司杖罪囚人补之"①。

《大明一统志》卷22山东卷首载山东都司所属卫所提到肥城等5千户所，可见该所直隶于都司；同卷济南府公署言肥城守御千户所"在县治西"，明代肥城县即今山东肥城市。

11. 奇山守御千户所

《明史》卷41《地理志二》载"奇山守御千户所在东北，洪武三十一年置"。《筹海图编》卷7记所属宁海卫。

《大明一统志》卷25登州府公署条载"奇山守御千户所，在福山县东北三十里"，今山东烟台市区环山路南有奇山。

12. 宁津守御千户所

《明史》卷41《地理志二》载"宁津守御千户所在东南，亦洪武三十一年置"。《筹海图编》卷7记宁津所与海阳所同属靖海卫。

《大明一统志》卷25登州府公署条载"宁津守御千户所，在文登县东南一百二十里"，治即今山东荣成市宁津镇。

13. 海阳守御千户所

《明史》卷41《地理志二》载"又东有海阳守御千户所，在靖海卫南。金山守御千户所，在威海卫西。百尺崖守御千户所，在威海卫北。寻山守御千户所，在成山卫东南。俱成化中置"，所载设所时间有误。《英宗实录》正统三年十一月就已经提到寻山所、大山所、海阳所、王徐寨所、雄崖所、夏河所等，可见海阳所在正统三年之前已设。

按嘉靖《山东通志》卷11海阳守御千户所"在文登县南一百四十里，洪武间建"，虽指公署建筑时间，估计所亦于洪武间设置。

乾隆《山东通志》卷4言所"在新县南十里"，在今山东乳山市南，今地仍名海阳所。

《筹海图编》卷7记宁津所与海阳所同属靖海卫。

14. 雄崖守御千户所

《明史》卷41《地理志二》载"又东北有雄崖守御千户所，南有浮山守御千

① 《太祖实录》卷212。

户所，俱洪武中置”，嘉靖《山东通志》卷 11 兵防也记雄崖所“洪武间建”。

乾隆《山东通志》卷 4 载所城“旧隶鳌山卫”，则所为鳌山卫下守御千户所。鳌山卫设于洪武三十一年，这一年又为山东沿海卫所的设置高潮，疑所亦设于此时。

《大明一统志》卷 25 莱州府公署载“雄崖守御千户所，在即墨县东北九十里”，今地名仍为雄崖所。

15. 浮山守御千户所

嘉靖《山东通志》卷 11 载“浮山寨备御千户所，属鳌山卫”，则所为鳌山卫下守御千户所，疑与鳌山卫同设于洪武三十一年。

《大明一统志》卷 25 莱州府公署条载“浮山守御千户所，在即墨县南九十里”，即今山东青岛东南浮山所。

永乐以后增设的卫所沿革如下。

1. 济宁卫

《太宗实录》载永乐五年六月“丙午，设济宁卫”[①]。《大明一统志》卷 22、《明会典》、嘉靖《山东通志》均记该卫隶山东都司。

万历《兖州府志》卷 32《兵防》载济宁卫“在州治东南，自永乐五年始建”，即今山东济宁。

2. 德州左卫

《大宗实录》载永乐五年六月“庚寅，设德州左卫”[②]。按嘉靖《青州府志》卷 11《兵防》“青州左、右二卫，永乐四年移右卫戍德州……”，是调青州右卫设德州左卫，设卫需要时间，至五年六月朝廷正式设德州左卫。《大明一统志》卷 22 济南府公署条载直隶德州左卫“在州治西北”，卫治在德州城内。

德州左卫与德州卫同城守御。明代中后期文献俱记左卫直隶后军都督府，据德州卫的隶属变化可以推测，左卫在初设时与德州卫应同属山东都司，永乐六年十月改直属后军都督府。《太宗实录》载永乐六年十月“戊子改蔚州、德州二卫及乐安守御千户所俱隶北行后军都督府”[③]，这条记载中的“蔚州、德州二卫”似应理解为蔚州卫与德州城里的德州卫、德州左卫 2 卫。

3. 东昌卫

宣德五年十一月始设，是月“壬子，楚王孟烷遣仪宾魏宁、长史杨振奏：府

①② 《太宗实录》卷 68。
③ 《太祖实录》卷 84。

中三护卫愿留一卫，请以二卫归朝廷。……（张）本对（宣宗）曰：楚王为人虽为陛下所知，然人有烦言，王亦不得不虑，曾参杀人皆此类。今请归护卫，盖欲示简静，以杜谗邪，乃其深计远虑。陛下从之，所以保全之也。上慨然良久，曰：'王不可缺侍卫，今三卫官军未必皆足，其令王任意选良充足一卫……'于是改武昌中护卫为武昌护卫，调左护卫于东昌，改为东昌卫……置经历司、卫仓皆如例"①。万历《明会典》卷124亦载"旧有武昌左、右、中护卫，后左改东昌卫"。

《大明一统志》卷22山东都司下已有东昌卫，卷24东昌府公署言卫"在府城内南门西街北，宣德五年建"，东昌府即今山东聊城市，卫与平山卫同治一城。

4. 临清守御千户所、临清卫

《英宗实录》载正统十一年二月"巡抚山东大理寺右寺丞张骥言三事：……临清坐聚蕃庶，狱讼有连军民者，必会平山卫首领官鞫之，首领官有他故，即以属千百户，此辈法律不闲，倒置是非，其弊甚多，宜易临清千户所为守御千户所……以便会鞫"②，始设临清守御千户所。原治于临清的千户所当为平山卫的一个普通千户所，遇事要经平山卫处理。临清守御千户所的隶属情况史书无载，既是为了处理事务的方便而设，疑其直隶于都司。正统十四年十一月"徙山东济宁左卫于临清，改为临清卫，以临清守御千户所隶之"③。卫隶山东都司。《大明一统志》卷22山东都司下已有该卫。

《大明一统志》卷24东昌府公署条言卫"在临清县城内东北"，即今山东临清市。

5. 濮州守御千户所

《宣宗实录》载宣德十年十一月辛未"山东布政司右参政王晋言三事：……泰安州四面皆山，濮州草泊旷荡，乞于临清筑城，泰安州、濮州各调一千户所守御，庶地方无虞。上命行在礼部会官议行"④。则濮州守御千户所最早设于此时。

《大明一统志》卷24东昌府公署条载"濮州备御千户所，在州治西，原属东昌卫，正统六年建，今徙建新城内"，根据嘉靖《山东通志》卷11载"濮州备御中左千户所，在州治西，属东昌卫，正统六年建"，则所是由东昌卫中左所调至濮

---

① 《宣宗实录》卷72。
② 《英宗实录》卷138。
③ 《英宗实录》卷185。
④ 《英宗实录》卷11。

州戍守，仍属东昌卫，正统六年为公署建筑时间。

所原治在今山东鄄城县旧城镇；景泰三年濮州以河患西迁王村①，所治也同迁新城，今名新旧城。

6. 任城卫

设于嘉靖十八年，万历《兖州府志》卷32《兵防》载卫"在府治东南，洪武中为鲁府署护卫，嘉靖十八年奉例分改任城卫，守府城池"。万历《明会典》卷124山东都司下有该卫。

卫治在兖州府城内，即今山东济宁市兖州区。

除上述卫所外，山东沿海的军卫为了加强防守，还把卫下的某个千户所调往紧要之地守御，这样的千户所在万历《明会典》卷124、《明史》卷90《兵志二》上都有记载，但是这些千户所与守御千户所有所区别，嘉靖《山东通志》卷11《兵防》也只记"守御千户所九：曰肥城，曰东平，曰滕县，曰诸城，曰奇山，曰宁津，曰海阳，曰胶州，曰雄崖"，对王徐寨、浮山等所并不作守御千户所看待，有时称为"备御千户所"。山东此类千户所有福山中前所、金山左所、寻山后所、王徐寨前所、夏河寨前所、百尺崖后所、大山所、石旧寨所。浮山前所考证见前文。

《英宗实录》正统三年十一月就已经提到寻山所、大山所、海阳所、王徐所、雄崖所、夏河所等守御千户所②；百尺崖千户所在《宣宗实录》宣德九年正月时已提到，"时山东威海卫指挥佥事陶敞言：二巡检司……与百尺崖备御后千户所相近"③。但《大明一统志》山东部分对这几所只字未提，推测这几所都是由各卫抽调普通的左、右、中、前、后等千户所分调紧要之地守备，像金山所实为大嵩卫左千户所，寻山所实为成山卫后千户所，百尺崖为威海卫后所，夏河寨为灵山卫前所，仍与左、右等普通的所同级，与朝廷认可的隶于卫的守御千户所不同，故《大明一统志》不记。

由于史料关于此类千户所的记载很少，它们的设废已不清晰。其沿革大致如下。

1. 大山千户所

《明史》卷41《地理志二》载莱阳"东南有大嵩卫，洪武三十一年五月置。

① 《明史》卷41《地理志二》。
② 《英宗实录》卷48。
③ 《宣宗实录》卷108。

卫西有大山千户所,成化中置”。但《英宗实录》正统三年十一月就已经提到大山所,可见所在正统三年之前已设。

嘉靖《山东通志》卷11记为“大山寨备御千户所,属大嵩卫”。

乾隆《山东通志》卷4言所“在新县(指海阳县)西二十里”,今地名仍为大山所,在今山东海阳市西南。

2. 金山左千户所

《明史》卷41《地理志二》载“金山守御千户所,在威海卫西……俱成化中置”,但《英宗实录》正统十一年二月已提到“山东宁海卫金山守御千户所”,因此所当在此之前已有,疑洪武中置。嘉靖《山东通志》卷11载“金山备御左千户所,属宁海卫”,是迁宁海卫左所守御金山。

乾隆《山东通志》卷4载金山所城“在宁海州东北四十里”,即今山东烟台市牟平区东北金山下寨。

3. 寻山后千户所

《明史》卷41《地理志二》载“寻山守御千户所,在成山卫东南。俱成化中置”。《英宗实录》正统三年十一月就已经提到寻山所,可见所在正统三年之前已设,疑洪武中置。

嘉靖《山东通志》卷11载“寻山备御后千户所,属成山卫”,是迁成山卫后所守御寻山。

乾隆《山东通志》卷4载所“在新县(指荣成县)东南一百二十里”,在今山东荣成市东寻山镇。清代的荣成县在今天的成山卫,寻山方位上处于东南。

4. 百尺崖后千户所

《明史》卷41《地理志二》载“百尺崖守御千户所,在威海卫北……俱成化中置”,但《宣宗实录》宣德九年正月已提到“……时山东威海卫指挥佥事陶敞言:二巡检司……与百尺崖备御后千户所相近”①,疑洪武中置。《明史》卷41《地理志二》对百尺崖所的地点记载有误,清代《威海卫志》卷1记所“北至威海四十里,南至文登五十里,东至荣成八十里,西至宁海一百四十里”,应在威海卫南今山东威海市崮山镇百尺所村。

嘉靖《山东通志》卷11载“百尺崖备御后千户所,属威海卫”,是迁威海卫后所于百尺崖守备。

5. 福山中前千户所

《大明一统志》卷25登州府公署条载“福山备御中前千户所,在福山县治

① 《宣宗实录》卷108。

西,旧属登州卫,洪武十年调于此”,《筹海图编》卷7也记所属登州卫,从名称上可以推断该所是调登州卫中前所设置。明代福山县即今山东烟台福山区福山镇。

6. 王徐寨前千户所

《大清一统志》卷138载“王徐寨,在掖县北五十里,城周二里,明洪武初置百户所,嘉靖中改千户所”。《明史》卷41《地理志二》莱州府掖县下也记“东北有王徐砦守御千户所,嘉靖中置”。

万历《明会典》卷124录为“王徐寨前千户所”,嘉靖《山东通志》卷11载“王徐寨备御千户所,属莱州卫”,即调莱州卫前所设。

乾隆《山东通志》卷4言所“在掖县东北八十里”,在今山东莱州市东北金城镇一带。

7. 夏河寨前千户所

《明史》卷41《地理志二》载胶州“有夏河寨千户所,在灵山卫西南……俱弘治后置”,《英宗实录》正统三年十一月就已经提到夏河所,可见所在正统三年之前已设,疑洪武中置。

万历《明会典》卷124录为“夏河寨前千户所”,嘉靖《山东通志》卷11载“夏河寨备御千户所,属灵山卫”,即调灵山卫前所设。

乾隆《山东通志》卷4载所城“在胶州西南八十里石城,明洪武间灵山卫百户管成所筑”,即今山东胶南琅琊镇,又名夏河城。

8. 石旧寨备御后千户所

石旧亦作石臼。《明史》卷41《地理志二》胶州载“石臼岛寨千户所,在安东卫南。俱弘治后置”。

嘉靖《山东通志》卷11载“石旧寨备御后千户所,属安东卫”,嘉靖《青州府志》卷11兵防载“即安东卫后千户所,在日照县之东”,是调安东卫后所于石旧守备。

乾隆《山东通志》卷4载石臼所城“在日照县东南二十里石城”,即今山东日照市东石臼。

明初封于山东的王较多,护卫设置情况复杂,沿革如下。

1. 青州护卫、青州左护卫、青州中护卫、青州右护卫、汉府中护卫、汉府左护卫、汉府右护卫

青州诸护卫的设置分齐王府护卫与汉王府护卫两个阶段。

朱元璋第七子朱梓洪武三年封为齐王,建国青州,洪武七年三月“置……

青州护卫”①。十五年九月就国。洪武年间明政府规定一王府 3 护卫,齐王府护卫在洪武中后期也应改为青州左、中、右 3 护卫,但具体设置时间不明。至洪武二十二年四月《太祖实录》已提到“青州左护等卫”②。

洪武三十一年底,齐王“降为庶人,流漳州”③,3 护卫俱废,永乐元年正月复国重置,四年以僭越谋反,国除,又废除护卫。

《太宗实录》载永乐四年五月“命罢去其(指齐王)随侍护卫及长史等官,处之京师。敕山东都司、布政司、按察革青州中、左二护卫及齐府长史司、仪卫司”。当年十一月“改青州右卫为天津右卫”④,按万历《明会典》卷 124 载山东都司“旧有青州左护卫,后改天津右卫”,左护卫五月已废除,这里应是改青州右护卫官军为天津右卫。

永乐十三年朱高煦在青州建汉王府,设汉府左、右、中 3 护卫。按《太宗实录》永乐十四年十一月“丁未,改汉府中护卫为青州护卫”⑤,同月又记因朱高煦谋反,“革其左、右二护卫,其官军悉调居庸关北”,可见改汉府中护卫为青州护卫是因为左、右 2 护卫被废除。《宣宗实录》提到宣德元年八月“阳武侯薛禄奏青州中护卫、群牧千户所、乐安千户所俱缺官”,九月“己酉,命武进伯朱冕等调青州中护卫军于辽东诸卫,崇信伯费瓛等调乐安千户所军于甘肃备御”⑥,这里的青州中护卫即原来的汉府中护卫。

《明史》卷 41《地理志二》言“益都,倚。……十三年建汉王府,十五年迁于乐安”,诸护卫治青州,永乐十五年青州中护卫随王府迁乐安。

宣德元年朱高煦因谋反被废,护卫亦废。

2. 兖州护卫、兖州左护卫

2 卫为鲁王府护卫。朱元璋子朱檀洪武三年封为鲁王,开府兖州。《太祖实录》载洪武十二年三月“壬申,置兖州护卫指挥使司”⑦。万历《兖州府志》卷 32 兵防载兖州护卫“在府治东,洪武中为鲁府置”。《大明一统志》卷 23 兖州府公署只提到兖州护卫。

《明史》卷 90《兵志二》、正德《明会典》卷 108 在列洪武二十六年山东都司卫所时有兖州护卫、兖州左护卫。按洪武年间的规定,当时一王府基本上有

---

① 《太祖实录》卷 88。
② 《太祖实录》卷 196。
③ 《太宗实录》卷 1。
④ 《太宗实录》卷 61。
⑤ 《太宗实录》卷 182。
⑥ 《宣宗实录》卷 21。
⑦ 《太祖实录》卷 123。

左、中、右3护卫，但史书未提及兖州中、右护卫，可能没有设置过，或设置不久即废。

《英宗实录》载正统十四年十一月“徙山东济宁左卫于临清，改为临清卫，以临清守御千户所隶之”①，根据万历《明会典》卷124“临清卫，旧兖州左护卫，后改”，嘉靖《山东通志》卷11兵防也记临清卫“景泰元年建，实为兖州护卫迁此”，以及《宣宗实录》宣德元年七月“山东都指挥佥事冯凯掌济宁左卫事”的记载推断，济宁左卫应是在宣德或正统之时由兖州左护卫改设，正统末年再改为临清卫。

兖州左护卫改济宁左卫后，鲁府仅余兖州护卫。

正德《明会典》卷108载洪武时期山东都司兖州护卫下有“革”字，但所载正德时卫所仍列有该卫。

第三节 辽东都司建置沿革

明代有关辽东都司建置的资料较多，记载清晰。近代由于日本入侵东北，出于爱国热情，对明代辽东都司的研究成为中国学者关注的热点，有数篇论文发表②。近年来仍有学者不断依据新获取的资料或考古发掘对辽东都司的建置进行研究③。本节对辽东都司将不再作详细考证，只参照前人的成果列出都司、卫所的沿革情况。

洪武四年(1371)七月，明朝设定辽都卫，八年十月改为辽东都司。明初在辽东有一些府州县行政设置，至洪武二十八年尽废，所以明代历史上的绝大多数时间内辽东都司及其卫所均为实土。初都司只辖有定辽前卫、定辽后卫、定辽左卫、定辽右卫、金州卫5卫，仅控制了辽东半岛，洪武时随着明军在东北军事行动的进展，辽东都司的卫数不断增多，辖区也逐渐扩大。至万历年间有25卫、18守御千户所，另有自在、安乐2州，以对女真等少数民族进行羁縻统治。

辽东都指挥使司，洪武四年七月辛亥置定辽都卫指挥使司，八年十月癸丑改为辽东都指挥使司。正统四年(1439)以后领25卫、18所、2州。治在今辽

---

① 《英宗实录》卷185。

② 张维华：《明辽东“卫”、“都卫”、“都司”建置年代考略》、《明代辽东卫所建置考略》，《禹贡》1卷4、7期；李晋华：《明代辽东归附及卫所都司建置沿革》，《禹贡》2卷2期。

③ 如杨旸等：《明代奴儿干都司及其卫所研究》，中州书画出版社，1982年；冯季昌：《明代辽东都司及其卫所建置考辨》，《历史地理》第十四辑，上海人民出版社，1998年。

宁辽阳市老城。

1. 定辽左卫

洪武六年闰十一月癸酉置。治在今辽阳市老城。

2. 定辽右卫

洪武六年闰十一月癸酉置于今辽阳市老城，嘉靖四十五年(1566)五月甲辰迁治凤凰城堡，在今辽宁丹东市凤城市。

3. 定辽前卫

洪武八年二月置。治在今辽阳市老城。

4. 定辽后卫(辽东卫参见)

洪武四年二月壬午置辽东卫，八年十月癸丑改名定辽后卫。原治在辽宁瓦房店市西北复县复州北得利寺山城，洪武八年二月迁辽阳。

5. 定辽中卫

洪武十七年置卫。治在今辽阳市老城。

6. 东宁卫

洪武十九年七月癸亥并东宁、南京、海洋、草河、女直5千户所置卫。治在今辽阳市老城。

7. 海州卫

洪武九年置卫。治在今辽宁海城市。

8. 盖州卫

洪武九年十月辛亥置卫。治在今辽宁营口市盖州市。

9. 复州卫

洪武十四年九月丙申置卫。治在今瓦房店市西北复州。

10. 金州卫

洪武八年四月乙巳置卫。治在今辽宁大连市北金州。

金州卫中左千户所，洪武二十年置。治在今辽宁旅顺。

11. 广宁卫

洪武二十三年五月庚申置卫，二十五年改广宁中护卫，二十六年仍设广宁卫。治在今辽宁北镇市。

12. 广宁中卫

洪武二十六年正月丁巳置，二十八年四月甲申裁卫，建文四年(1402)十二月复置。治在今北镇市。

13. 广宁左卫

变迁同广宁中卫。治在今北镇市。

14. 广宁右卫

变迁同广宁中卫。本治在今辽宁凌海市，建文四年迁于北镇市。

15. 广宁中屯卫

洪武二十四年九月壬寅置卫。治在今辽宁锦州市。

广宁中屯卫中左千户所，宣德五年正月置于今锦州市南松山。

16. 广宁左屯卫

洪武二十四年九月壬寅置于辽河西，永乐五年(1407)徙广宁中屯卫城，即今锦州市。

广宁左屯卫中左千户所，宣德五年正月置。治在今辽宁凌海市。

17. 广宁后屯卫

洪武二十六年正月丁巳置。治本在今辽宁阜新市东北，永乐八年徙卫于义州卫城，即今辽宁义县。

18. 广宁前屯卫

洪武二十六年正月丁巳置。治在今辽宁绥中县西南前卫。

广宁前屯卫中前千户所，宣德五年正月置。治在今绥中县西南前所。

广宁前屯卫中后千户所，宣德五年正月置。治在今绥中县。

19. 广宁右屯卫

洪武二十六年正月丁巳置。治本在今辽宁锦县东北石山，二十七年徙于今凌海市东南右卫。

20. 义州卫

洪武二十年八月置卫于十三山，即今辽宁锦县东北石山，寻移于义州，即今义县。

21. 沈阳中卫

洪武二十年置卫。治在今辽宁沈阳市。

抚顺千户所，洪武二十一年置，属沈阳中卫。治在今辽宁抚顺县。

蒲河千户所，洪武二十一年置，属沈阳中卫。治在今辽宁沈阳东北蒲河。

22. 铁岭卫

洪武二十一年三月辛丑置卫于奉集县，即今沈阳东南奉集堡，二十六年四月迁今辽宁铁岭市。

懿路千户所(铁岭卫左左、中千户所)，洪武二十九年置，属铁岭卫。治在今铁岭市西南古懿路。

汎河千户所(铁岭卫中左千户所)，正统四年置，属铁岭卫。治在今铁岭市西南汎河。

23. 三万卫

洪武二十年十二月置卫于“斡朵里”,在今吉林珲春一带。洪武二十一年三月辛丑“以粮饷难继”①,迁卫于开元城,即今辽宁开原市东北老城镇。

三万卫后后千户所,变迁、治所不详。

三万卫中中千户所,变迁、治所不详。

三万卫前前千户所,变迁、治所不详。

24. 宁远卫

宣德五年正月己巳分广宁前屯、中屯2卫地置,治汤池,即今辽宁兴城市。

宁远卫中左千户所,宣德五年正月置。治在今辽宁葫芦岛市北塔山。

小沙河中右千户所,宣德五年正月置。治在今兴城市西南沙后所。

25. 辽海卫

洪武二十三年三月癸巳置于牛家庄,即今辽宁昌图县西昌图镇。二十六年徙三万卫城,即今开原市东北老城镇。

辽海中中千户所,变迁、治所不详。

辽海右右千户所,变迁、治所不详。

辽海前前千户所,变迁、治所不详。

辽海后后千户所,变迁、治所不详。

自在州,永乐六年五月甲寅置于三万卫城,即今开原市北老城镇,寻徙今辽阳市老城。

安乐州,永乐六年五月甲寅置,治今开原市老城镇。

除以上卫所及2州外,在洪武至永乐初,辽东都司还曾设置过以下卫、所及王府护卫。

1. 沈阳左卫、沈阳右卫

洪武十九年置。建文初废。治在今沈阳。正统《和州志》卷2公署记载“洪武三十五年七月初四日始复以沈阳右卫守御本州”,即复置沈阳右卫于和州,改归南京左军都督府直辖。

2. 沈阳中屯卫

洪武三十一年闰五月己卯置。治在今沈阳。建文中废,洪武三十五年十一月复置于今河北河间县,属北平都司,后属后军都督府。

① 《太祖实录》卷189。

3. 辽东卫

洪武四年二月壬午置辽东卫，八年二月改名定辽后卫。治在今辽宁瓦房店市西北复州北得利寺山城。

4. 广宁前卫、广宁后卫

2卫均洪武二十六年正月丁巳置，寻废。治在今辽宁北镇市。

5. 东宁、南京、海洋、草河、女直5千户所

洪武十三年置，以安置高丽、女真内附之人。洪武十九年九月改为东宁卫。

6. 广宁左护卫、右护卫

洪武二十八年四月甲申置，三十五年十二月废。治在今北镇市。

7. 广宁中护卫

洪武二十五年设，三十五年十一月废。治在今北镇市。

8. 沈阳中护卫

洪武二十五年朱模封为沈王，建沈阳中护卫。永乐六年朱模改封山西，沈阳中护卫废。治在今沈阳。

9. 安东中护卫

洪武二十四年四月朱松被封为韩王，建府辽东开元。二十五年五月置安东中护卫。卫始治亦在开元。属辽东都司。永乐二十二年韩府自辽东迁往陕西平凉，安东中护卫随往，详见“陕西都司建置沿革”。

第七章　明代羁縻都司卫所与交阯都司卫所建置沿革

明代边疆地区的都司、行都司下有部分卫所以当地部族头领为指挥佥事、千户等职，他们拥有较大的自主权，官职可世袭，西北的河州卫、西南的建昌诸卫皆属此类。这些卫所军民兼管，有的朝廷同时派有流官，有的则无，本编已放在所属都司、行都司下考述。在西北、东北边疆地区还有大量羁縻卫所，主要是奴儿干都司诸卫所、关西八卫，以及青藏高原的乌思藏、朵甘二都司，其头目世袭，除定期朝贡外，对朝廷无其他义务，处于自治状态。这些羁縻都司卫所绝大多数设置于洪武、永乐年间，至明中后期朝廷的控制已显松散。另外，明军占领交阯后，也在当地推行都司卫所制度，体制相当完善。

第一节　奴儿干都司建置沿革[①]

奴儿干都司是明代在东北羁縻统辖女真诸部的重要行政设置，又称尼鲁罕都司[②]。洪武年间，女真诸部相继归属，永乐初开始在黑龙江下游一带设置奴儿干等卫所，至永乐七年(1409)闰四月设置奴儿干都司之时，当地已有130多个卫所。都司以流官为主，土流兼用。其下各卫所官员则为当地各部头人，职位世袭，少数卫所兼用流官。永乐、宣德年间朝廷对奴儿干地区非常重视，多次派中央官员、辽东都司及奴儿干都司的官员巡视该地区。都司全盛时曾领有300余卫(见表14)。

表14　明代奴儿干都司卫所简表

卫　所	设置时间	所在位置
斡难河卫	永乐四年二月甲申	今鄂嫩河流域
乞塔河卫	永乐六年十一月戊申	今贝加尔湖东的赤塔河流域

① 本节主要参考杨旸等：《明代奴儿干都司及其卫所研究》，中州书画社，1982年。
② 正德《明会典》卷109。

续　表

卫　所	设置时间	所在位置
哈剌孩卫	正统元年(1436)六月辛亥	今哈拉哈河流域
哈剌哈千户所	永乐四年二月丁丑	今哈拉哈河流域
海剌儿千户所	永乐三年十月庚寅	今海拉尔河流域
只儿蛮卫	永乐十年八月丙寅	今海拉尔市东 70 里的威托海流域
坚河卫	永乐三年十月乙丑	今根河流域
古贲河千户所	永乐四年二月丁丑	今根河北特勒布尔河支流原喀本河流域
古卉河卫	永乐四年	今根河北特勒布尔河支流原喀本河流域
阿伦卫	永乐七年十月庚子	今齐齐哈尔城西北阿伦河流域
阿真同真卫	永乐十五年十二月丙午	今黑龙江省讷河县境内
木里吉卫	永乐七年三月丁卯	今黑龙江省嫩江县东北墨尔根河流域
纳木河卫	永乐五年正月乙卯	今嫩江支流讷谟尔河流域
阮里河卫	永乐六年正月甲戌	今嫩江支流雅鲁河流域
塔儿河卫	正统后继置	今吉林省洮儿河流域
木塔里山卫	永乐四年十月	今吉林省西部科右前旗北公主陵附近明代古城
朵颜卫	洪武二十二年(1389)五月辛卯	今绰尔河流域地区的朵颜山附近
泰宁卫	洪武二十二年五月辛卯	今吉林省洮南附近
福余卫	洪武二十二年五月辛卯	今黑龙江省齐齐哈尔附近
朵颜卫左千户所		朵颜卫地附近
密陈卫	永乐四年十月庚寅	今黑龙江省讷河县东讷谟河流域
卜剌罕卫	永乐四年十月庚寅	今绰尔河流域等地区
苏温河卫	永乐四年二月庚寅	今呼裕尔河支流双阳流域
木河卫	正统后继置	今黑龙江右侧漠河流域
卜鲁丹河卫	永乐五年三月己卯	今黑龙江左岸波罗穆丹河流域
塔河卫	嘉靖年间增设	今呼玛河支流塔哈河流域

续 表

卫 所	设 置 时 间	所 在 位 置
出万山卫	正统后继置	今阿尔巴金城东黑龙江左岸江边
额克卫	嘉靖年间增设	今黑龙江省黑尔根城东北
古里河卫	永乐七年	今精奇里江上源支流吉柳伊河
阿剌山卫	永乐五年二月癸丑	今黑龙江中游左侧与精奇里江右侧中间地区
脱木河卫	永乐四年八月戊子	今结雅河支流托姆河流域
脱木卫	嘉靖年间增设	今托姆河流域
土鲁亭山卫	永乐四年	今托姆河之东的图腊纳山
弗河卫	正统后增设	今黑龙江省嘉荫县南结列河流域
扎真卫	永乐十三年八月乙酉	疑设在今佛山附近的札伊河流域
可令河卫	永乐五年一月戊辰	今舒林河流域
哈剌察卫	正统后继置	今苏噜河以西地区
木鲁罕山卫	永乐四年十二月己亥	今黑龙江省同江县西黑龙江中游北岸穆哩罕山地区
蜀河卫	嘉靖年间增设	距今黑、松二江交汇处约二百余里的苏鲁河流域
真河千户所		今黑龙江中游瞻河流域
兀的罕千户所	永乐四年二月甲申	今黑龙江中游瞻河流域
弗提卫	永乐七年五月乙酉	今黑龙江省富锦县西古域
吉滩河卫	永乐十四年八月庚申	今黑龙江省萝北县境东流入黑龙江的集达河流域
玄城卫	永乐十一年	今黑龙江省富锦附近
脱伦卫	永乐四年闰七月甲戌	今黑龙江省桦川县都鲁河流域
五屯河卫	永乐十二年九月乙酉	今黑龙江省桦川县对岸之梧桐河流域
弗思木卫	永乐十年八月丙寅	今黑龙江省桦川县东北之宛里城
兀者托温千户所	永乐二年十月癸未	今松花江下游左岸支流汤旺河流域
屯河卫	永乐三年八月壬辰	今松花江下游左岸支流汤旺河流域
呕罕河卫	永乐六年正月甲戌	今黑龙江省依兰县东，牡丹江支流倭肯河流域
撒力卫	永乐三年二月甲午	今黑龙江省依兰县对岸巴兰河流域

续　表

卫　所	设置时间	所在位置
卜颜卫	永乐四年闰七月甲戌	今黑龙江省木兰县白杨木河口附近
斡朵伦卫	永乐十一年十月丙寅	今黑龙江省依兰县城西牡丹江与松花江汇合处西岸的马大屯
木忽剌河卫	永乐六年二月丙申	今流入牡丹江之五合林河流域
兀剌忽卫	永乐十二年九月乙酉	今黑龙江省通河县东大富拉珲河口附近
哈三千户所	永乐四年二月丁丑	今黑龙江省通河县一带
木兴河卫	永乐六年正月丁丑	今黑龙江省松花江支流蚂蚁河流域
安河卫	永乐三年八月壬辰	今牡丹江西的五道河子流域
忽儿海卫	永乐七年三月丁卯	今黑龙江省依兰县旧城
忽鲁爱卫	永乐十三年十月辛卯	今牡丹江流域
法因河卫	永乐八年二月乙巳	今牡丹江支流嘎牙河流域
甫儿河卫	永乐八年二月戊戌	今牡丹江支流五虎林河流域
阿速江卫	永乐四年二月庚寅	今黑龙江省宁安县一带
和屯卫	正统后继置	今黑龙江省依兰县西
嘉河卫	永乐四年二月甲申	今黑龙江省宾河县东枷板河流域
肥河卫	永乐四年九月辛巳	今黑龙江省宾江县西蜚克图河流域
剌鲁卫	永乐六年三月丁卯	今黑龙江省宾江县西蜚克图河以东地区
纳怜河卫	永乐四年	今拉林河流域
兀失卫	正统后继置	今拉林河流域
兀者卫	永乐元年十二月辛巳	今呼兰河流域
兀者左卫	永乐二年二月丙戌	今呼兰河流域
兀者右卫	永乐二年十月辛未	今呼兰河流域
兀者后卫	永乐二年十月辛未	今呼兰河流域
兀者前卫	永乐二年十月辛未	今呼兰河流域
兀也吾卫	永乐四年三月癸酉	今吉林省蛟河县拉发
兀也吾右卫		今吉林省蛟河县拉发附近
兀者揆野木千户所	永乐三年八月壬申	今黑龙江省抚远县境

续 表

卫 所	设置时间	所在位置
兀者稳勉赤千户所	永乐三年三月丁酉	今松花江流域
亦马剌卫	永乐四年七月甲戌	今哈尔滨北的野马山地区
木兰河卫	永乐五年正月戊辰	今白杨木河流域
哈流温千户所		今呼兰河流域
阿者迷河卫	永乐六年二月丙申	今呼兰河支流额依集密河流域
纳剌吉河卫	永乐五年二月丙午	今呼兰河支流纳尔吉河流域
成讨温卫	正统八年四月丙午	今松花江左岸支流汤旺河流域
益实卫	永乐六年三月丙午	今呼兰河流域
益实左卫	正统十二年十一月壬寅	益实卫附近
撒义河卫	永乐六年二月丙申	今嫩江与松花江交汇处附近
亦东河卫	永乐十五年二月丙戌	今吉林省伊通河流域
亦迷河卫	永乐十五年二月丙戌	今长春地区饮马河流域
秃都河卫	永乐六年正月甲戌	今吉林省蛟河县推屯河流域
亦里察河卫	永乐五年二月丙戌	今吉林省一拉溪河流域
甫门河卫	永乐五年正月己卯	今吉林省吉林市南一带
实山卫	永乐六年正月	今吉林市附近
马英山卫	永乐四年	今吉林市南马烟岭附近
弗鲁纳河卫	嘉靖年间增设	今吉林市南库呼讷河流域
亦罕河卫	永乐四年	今松花江支流伊罕河流域
弗郎罕卫	正统后增设	今吉林市北原富尔哈古城
可河卫	永乐十二年三月庚辰	今吉林市北噶哈山附近
禾屯吉卫	永乐七年九月己卯	今松花江支流禾屯吉河流域
合兰城卫	永乐五年正月戊辰	今图们江支流海兰江流域
虎儿文卫	永乐三年正月丁巳	今吉林省哈勒珲河流域
爱和卫	永乐七年八月甲寅	今图们江上源阿也苦河流域
亦马忽山卫	永乐四年六月戊寅	今吉林省伊通县西、东辽河上游东侧小孤山附近
吉河卫	永乐四年三月癸卯	今吉林省辉发河支流的角河流域

续　表

卫　所	设置时间	所在位置
塔山卫	永乐四年二月己巳	始设今呼兰河流域,后南移
塔山左卫	正统十一年十一月丁巳	始设依兰县西,后移松花江左右扶余、前郭、农安等地,最后移到开原一带
塔鲁木卫	永乐四年二月庚寅	今开原东小清河,即叶赫一带
渚东河卫	永乐十三年十月辛卯	今辉发河支流珠敦河流域
察剌秃山卫	永乐六年正月甲戌	今吉林省海龙县西察尔图山一带
扎肥河卫	永乐七年三月丁卯	今黑龙江、松花江交汇处附近的同江县境
兀剌卫	永乐十年八月丙寅	今黑龙江、松花江交汇处的北岸
兀剌河卫		兀剌卫地附近
所力卫	正统后增置	今松花江口稍下不远的一个岛屿上
可木河卫	永乐十年八月丙寅	今黑龙江省同江县科木之地
乞勒尼卫	永乐七年四月癸巳	今黑龙江省同江县勒得利附近
考郎兀卫	永乐五年三月己巳	今黑龙江与松花江交流处东额图
古鲁卫	永乐十年八月丙寅	今黑龙江左岸库尔河流域
古鲁千户所		今黑龙江左岸库尔河流域
喜申卫	永乐八年十一月壬午	今哈巴罗夫斯克附近锡占河畔
亦儿古里卫	永乐四年八月戊子	今黑龙江下游哈巴罗夫北耶拉布加地方
马失卫	嘉靖年间增置	今黑龙江下游辛达附近
哈儿分卫	永乐十二年九月乙酉	今黑龙江下游右岸阿纽依河附近原哈儿分地方
镇真河卫	正统后继置	今阿纽依河口原敦敦庄
盖干卫	嘉靖年间增置	今阿纽依河口对岸原格根屯
者帖列山卫	永乐六年三月丁卯	今阿纽依河口附近的原绰拉题屯
撒儿忽卫	永乐四年十一月乙卯	今黑龙江下游南岸巴勒尔河西萨尔布湖畔的萨尔布屯
卜鲁兀卫	永乐八年十二月丙午	疑设在黑龙江下游右岸宏格力河流域
扎童卫	永乐四年十二月乙卯	今黑龙江下游萨布尔湖地区

续 表

卫 所	设置时间	所在位置
罕答河卫	永乐四年十一月乙卯	今黑龙江下游萨布尔湖地区
葛林卫	永乐七年三月丁卯	今黑龙江下游左岸格林河流域
忽石门卫	永乐七年三月丁卯	今黑龙江下游左岸格林河口之忽林屯
友帖卫	永乐六年三月丁卯	今黑龙江下游右岸马奇托瓦亚河口附近
阿资卫	永乐五年正月戊辰	今黑龙江下游南岸原阿济屯
福山卫	永乐四年八月戊子	今黑龙江下游左岸绰洛河西原斐森屯
弗山卫	正统后继置	今黑龙江下游福山卫地附近
扎岭卫	永乐七年三月丁卯	今黑龙江下游右岸索菲斯克之地
甫里河卫	永乐五年正月丁卯	今黑龙江下游注入奇集湖的拂里河
钦真卫	永乐六年二月丙申	今黑龙江下游的马林斯克
克默而河卫	永乐六年二月丙申	今黑龙江下游奇集湖东南的克默尔河流域
弗朵河卫	宣德八年(1433)八月壬辰	今黑龙江下游左岸弗答河口附近
敷答哈千户所	永乐七年四月癸巳	今黑龙江下游左岸弗答河口附近
哈儿蛮卫	永乐十年八月丙寅	疑在今黑龙江下游波波瓦河流域
者屯卫	正统后继置	今黑龙江下游阿克齐河之东原占屯
满泾卫	永乐十年八月丙寅	今黑龙江下游阿姆贡河口北的原莽阿臣屯
奴儿干卫	永乐二年三月癸酉	今黑龙江下游蒂尔地方
依木河卫	永乐五年正月戊辰	今黑龙江下游阿姆河支流伊姆河流域
亦文山卫	永乐五年正月戊辰	今阿姆贡河北的九文山地
朵儿必河卫	永乐五年正月丁丑	今黑龙江下游左侧尼密连河支流的噶尔毕河流域
兀的河卫	永乐五年正月戊辰	今注入鄂霍次克海的乌达河流域
兀的河千户所		今注入鄂霍次克海的乌达河流域
督罕河卫	永乐九年二月甲辰	今注入鄂霍次克海的土古尔河流域
野木河卫	永乐五年二月丙戌	今黑龙江口北岸的岳米河流域
塔亭卫	永乐十年八月丙寅	今黑龙江口南岸原塔克题音屯
哥吉河卫	永乐五年二月丙戌	今黑龙江下游右岸科奇河流域

续 表

卫 所	设置时间	所在位置
兀列河卫	永乐八年十二月丙午	疑今库页岛东北部、东流入海的奴列河流域
波罗河卫	正统后增设	今库页岛中部的波罗河流域
囊哈儿卫	永乐十年八月丙寅	今库页岛西岸北部郎格里地方
忽鲁木卫	正统后增设	今乌苏里江西岸比拉雅河流域和尔迈山地带
永速里河卫	永乐五年三月己巳	今乌苏里江流域
伏里其卫	永乐七年四月癸巳	今乌苏里江支流霍尔河口附近
阿古河卫	永乐五年正月戊辰	今乌苏里江支流阿古河流域
斡兰河卫	永乐六年二月丙申	今注入日本海的额勒河流域
失儿兀赤卫	永乐十二年十二月壬申	今乌苏里江右岸,伊曼河北的原实尔固辰屯
失里绵卫	永乐三年正月丁巳	今乌苏里江与牡丹江之间,兴凯湖北一带
麦兰河卫	永乐四年	今穆棱河流域
鱼失千户所		今锡霍特山以东,纳塔河流域
亦麻河卫	永乐八年二月戊戌	今乌苏里江右岸支流伊满河口伊曼斯克
恨克卫	嘉靖、万历年间	今兴凯湖畔
莫温河卫	永乐六年正月甲戌	今兴凯湖西南们河流域
亦鲁河卫	正统后继置	今兴凯湖南伊鲁河流域
兀也卫	正统后继置	今刀毕河流域
勿儿秃卫	正统后继置	今乌拉河流域
速平江卫	永乐四年二月庚寅	今绥芬河流域
剌山卫	正统后继置	今兴凯湖原拉拉山附近
勒伏卫	正统后继置	今兴凯湖南的勒富河流域
双城卫	永乐四年七月甲戌	今乌苏里斯克
使坊河卫	永乐八年二月戊戌	今树房河流域
木阳河卫	永乐五年正月丁卯	今绥芬河支流格尔兹纳亚河
牙鲁卫	永乐六年三月丁卯	今临近滨海塔乌黑河流域

续 表

卫 所	设置时间	所在位置
失里卫	永乐六年二月丙申	今临近滨海苏祖赫河流域
喜乐温河卫	永乐五年正月丁卯	今图们江口以北，颜楚河流域的波谢特湾附近
童宽山卫	永乐六年二月丙申	今吉林省珲春县东北通肯山区
古鲁浑山卫	永乐五年二月癸丑	今珲春东南、图们江北古鲁浑山
卜忽秃河卫	永乐十二年三月庚辰	今延边朝鲜族自治州境内布尔哈通河流域
毛怜卫	永乐三年十二月甲戌	初置于今图们江口北一带
建州卫	永乐元年十一月辛丑	始设于今绥芬河流域。永乐二十一年西迁婆猪江，即佟家江一带。正统三年又移到辽宁苏子河上游
建州左卫	永乐十年	始设于图们江南的会宁，后迁绥芬河流域。永乐二十一年又迁回会宁。正统五年最后迁于苏子河建州卫地
建州右卫	正统七年二月甲辰	今辉南和柳河县境内的三统河

资料来源：《明代奴儿干都司及其卫所研究》，第 301～311 页“明代奴儿干都司属下卫所简表”。

奴儿干都司的治所在特林，今为俄罗斯蒂尔。

第二节　乌思藏都司与朵甘都司建置沿革

明朝通过乌思藏与朵甘二都司对青藏高原的大部分地区实施羁縻统治，在尊重元代旧有制度与当地宗教派别的基础上广加封赐，“因俗以制”①。二都司与明代其他都司的组成结构、管辖机制皆不同。

洪武六年(1373)二月癸酉，朱元璋下诏设置“乌思藏、朵甘卫指挥使司”，同时置“宣慰司二、元帅府一、招讨司四、万户府十三、千户所四”②。洪武七年七月己卯升二卫为行都指挥使司，史称乌思藏都司、朵甘都司。此后至永乐、宣德年间，其下又陆续有所设置(见表 15、表 16)。

① 正德《明会典》卷 109。
② 《太祖实录》卷 79。

表 15　乌思藏都司设置表

下辖名称	设置时间	所在位置
阐教王	永乐十一年(1413)	墨竹工卡县止贡替寺
辅教王	永乐十一年	吉隆县宗嘎镇
阐化王	永乐五年	乃东县乃东寺
大慈法王	宣德九年(1434)	拉萨市色拉寺
大宝法王	永乐五年	堆龙德庆县西粗卜寺
大乘法王	永乐十一年	萨迦县萨迦寺
怕木竹巴万户府	洪武八年正月庚午	乃东县
必力工瓦万户府	洪武六年二月癸酉	墨竹工卡县直孔区
俄力思军民元帅府	洪武八年正月庚午	阿里地区
俺不罗行都司	洪武十八年正月壬午	浪卡子县
牛儿宗寨行都司	永乐十一年二月己未	拉萨市西乃乌溪
领思奔寨行都司	永乐十一年二月丁巳	仁布县
仰思多万户府	洪武十五年二月丙寅	江孜县
沙鲁万户府	洪武十八年正月丁卯	日喀则市东南沙鲁寺
着由万户府	永乐七年二月甲戌	隆子县颇章羊孜寺
笼答千户所	洪武八年正月庚午	林国县北打龙寺
葛剌汤千户所	洪武十八年正月丁卯	扎囊县

资料来源：该表与下表皆参考牛平汉：《明代政区沿革综表》，第 494～500 页；房建昌：《明代西藏行政区划考》，《历史地理》第十三辑。

表 16　朵甘都司设置表

下辖名称	设置时间	所在位置
赞善王	永乐五年	四川甘孜州德格县俄支寺
护教王	永乐五年	西藏贡觉县东南贡觉
陇答卫	洪武六年	西藏江达县西北隆塔一带
朵甘思宣慰使司	洪武七年十二月壬辰	四川甘孜县以西
董卜韩胡宣慰使司	永乐十三年六月己丑	四川天全县西北小金、丹巴县一带
长河西、鱼通、宁远宣慰使司	洪武十六年四月戊寅	四川康定县一带
朵甘思招讨司	洪武七年十二月壬辰	甘孜县境
朵甘陇答招讨司	洪武七年十二月壬辰	江达县西北隆塔一带

续 表

下辖名称	设置时间	所在位置
朵甘丹招讨司	洪武七年十二月壬辰	四川石渠县一带
朵甘仓溏招讨司	洪武七年十二月壬辰	四川壤塘县一带
朵甘川招讨司	洪武七年十二月壬辰	
磨儿勘招讨司	洪武七年十二月壬辰	西藏芒康县
沙儿可万户府	洪武七年十二月壬辰	四川新龙县
乃竹万户府	洪武七年十二月壬辰	贡觉县一带
罗思端万户府	洪武七年十二月壬辰	
答思麻万户府	洪武七年十二月壬辰	甘肃湟中县一带
朵甘思千户所	洪武七年十二月壬辰	
剌宗千户所	洪武七年十二月壬辰	
孛里加千户所	洪武七年十二月壬辰	
长河西千户所	洪武七年十二月壬辰	
多八参孙千户所	洪武七年十二月壬辰	
加巴千户所	洪武七年十二月壬辰	
兆日千户所	洪武七年十二月壬辰	
纳竹千户所	洪武七年十二月壬辰	
伦答千户所	洪武七年十二月壬辰	
果由千户所	洪武七年十二月壬辰	
沙里可哈思的千户所	洪武七年十二月壬辰	
索里加思千户所	洪武七年十二月壬辰	
撒里土儿干户所	洪武七年十二月壬辰	
参卜郎千户所	洪武七年十二月壬辰	
剌错牙千户所	洪武七年十二月壬辰	
泄里坝千户所	洪武七年十二月壬辰	
阔侧鲁孙千户所	洪武七年十二月壬辰	

第三节　关西八卫建置沿革

明代在嘉峪关以西先后设置了安定、阿端、曲先、罕东、沙州、哈密、赤斤蒙古、罕东左8个羁縻卫，史称“关西八卫”。八卫既是嘉峪关的屏障，又维护着东西交通。正统十一年(1446)，沙州卫部众内徙甘州，卫废。“沙州先废而诸卫亦渐不能自立，肃州遂多事”①，由于受到吐鲁番部的不断侵扰，成化之后，诸卫或内迁或散亡，至嘉靖年间已不复存在②。见表 17。

表 17　关西八卫设置情况

卫　所	设置时间	所在位置
安定卫	洪武八年(1375)正月置，洪武十年废，洪武二十九年三月壬午复立	在今甘肃敦煌西南阿克塞苏干湖盆地③，正德中散亡
曲先卫(库森卫、察逊卫)	洪武十年置	永乐四年(1406)后治地在今青海格尔木西北油泉子附近。正德七年(1512)散亡
罕东卫(罕都卫)	洪武三十年置	治在今敦煌，正德中内徙
沙州卫	永乐三年十月癸酉置	原治在今敦煌西，宣德十年(1435)移居苦峪，正统十一年(1446)内徙、卫废
赤斤蒙古卫(齐勤蒙古卫)	永乐二年冬十月设赤斤蒙古千户所，永乐八年八月升为卫	治在今甘肃玉门市西北赤金，正德中徙肃州南山
罕东左卫	成化十五年(1479)九月	治在今敦煌西，正德中徙废
阿端卫(鄂端卫、阿敦卫)	洪武八年正月置，洪武十年废，永乐四年十一月复置	治在帖儿谷，在今青海格尔木西北茫崖镇附近。正统以后散亡
哈密卫	永乐四年二月设	治本在今新疆哈密市。成化十年移至苦峪城，在今甘肃瓜州县东南。成化十八年移回哈密

据《太祖实录》记载，洪武四年正月“置武靖、岐山、高昌三卫指挥使司，以卜纳剌为武靖卫指挥同知，桑加朵儿只为高昌卫指挥同知。上谓侍臣曰：‘推诚心以待人，路人可知如骨肉，以嫌情而御物，骨肉终变成仇雠。朕遇前元亲族如高昌岐王等皆授以显职，仍令带刀侍卫，一无所疑。朕视之如此，彼岂肯相负哉！’”④，《明史》、《历代职官表》⑤又称武靖卫为“靖南卫”，二书所记内容

① 《明史》卷 330《西域传二》。
② 王玉祥：《浅说明朝的关外卫》，《甘肃社会科学》2000 年第 4 期。
③ 李并成：《“西桐”地望考——附论明安定卫城》，《西北民族研究》1998 年第 1 期。
④ 《太祖实录》卷 60。
⑤ 《明史》卷 330《西域传二》，《历代职官表》卷 72。

大体与《太祖实录》相同，其他史书对此三卫记载甚少。卜纳剌在洪武六年曾任杭州都卫指挥同知①，疑此三卫只是授予元降人的空头衔。

第四节　交阯都司建置沿革

永乐到宣德初年，明军占据交阯，并在其地推行与中原相同的地方管辖体制，设布、都、按三司和府州县、卫所，虽然占据交阯时间不长，但管理体制上相当完善。研究明代的都司卫所，交阯都司及其卫所是不容忽视的。由于其相关的史料只保存在《明太宗实录》、《越峤书》、《平定交南录》、《安南传》等有限的书籍中，且互相传抄，重复很多，使得后人难以清晰地复原交阯都司全貌。

一、交阯都司卫所建置过程

永乐初安南国内发生兵变，黎氏夺取了原本由明朝册封的陈氏政权。永乐四年(1406)七月，成祖朱棣命成国公朱能率师征讨安南②。至五年五月，明军平定安南；六月，诏"置交阯都指挥使司、交阯等处承宣布政使司、交阯等处提刑按察司及军民衙门，设官分理"③，把交阯变成了明朝的一个省。为了平息安南境内不断的骚乱与反抗，卫所制在当地迅速推行开来。

设都司的同时，也就是永乐五年六月，明朝设置了交阯交州左卫、交州右卫、交州中卫、交州前卫、昌江卫5卫，选留随征各省军士及在当地收集的土军相参立卫。当年七月原本预立丘温卫、隘留所的官军被调到清化先设立了清化卫。

至永乐五年十一月，又增三江卫；十二月，增设交州后卫，又在云南、广西与交阯交界之地设立了镇夷卫、谅山卫。到这年底交阯都司共有10卫。全部卫所皆分布于交州至广西的道路之上，正如《越峤书》录永乐四年闰七月成祖的诏书所言："平定安南之后，自鸡翎关至其国中沿途必须设立卫所，筑城以镇守之。各要烽火相望，声势相接，遇有警急，可以应援。"

《越峤书》载永乐五年"上从其请，乃于其地立交阯等处承宣布政使司、都指挥使司、按察司，分其地为十七府、四十七州、一百五十七县，据其要害设卫十一、守御千户所三，又交广分界处如潼关例设丘温卫及坡垒、隘留二守御千户所，军隶广西、民隶交阯，以相制驭"④，这里的卫所数并不指永乐五年的情

① 《太祖实录》卷78。
② 《太宗实录》卷56。
③ 《太宗实录》卷68。
④ 《赵峤书》卷6《编年·国朝洪武至嘉靖庚子》。

况，而是对永乐五年至宣德初交阯都司卫所的总结，宣德初交阯有 5 守御千户所。丘温卫一直到永乐十六年十一月才设，坡垒、隘留 2 所据资料分析也是从未设置。

最初设想建立丘温卫，坡垒、隘留 2 所是出于犬牙控制的考虑。这三地位于今广西凭祥与越南谅山之间的交通线路上，坡垒即今友谊关，丘温、隘留则在坡垒至谅山的路上，永乐六年正月成祖“敕近得交阯布政司奏坡垒、丘温、隘留三处乃交阯咽喉，其地有瘴，官军难于服习，欲于附近思明、太平、田州等处量其土军，设立卫所。照依陕西潼关、四川瞿塘，军隶广西，民属交阯。庶几人习水土，又得互相制驭。敕至，尔等会集计议，斟酌行之，务在两便。故敕”①，但是因为在交阯的统治极不稳定，所以当时并未实施。

明军进入交阯后，各地叛乱不断，卫所防守艰难，消耗严重。明朝廷不得不陆续从国内调来大军，当时作战主力是这些新调来的军队。

永乐九年设市桥所。永乐十二年六月，立乂安、新平、顺化 3 卫和演州、南靖 2 守御千户所。张辅在永乐五年已建议设诸卫所，但事后只设了三江卫，乂安等卫所至十二年六月才增设。此后只于永乐十四年五月增设新安守御千户所一所，十六年置丘温卫于谅山。至此，交阯都司共领 14 卫、4 守御千户所(见下图)。

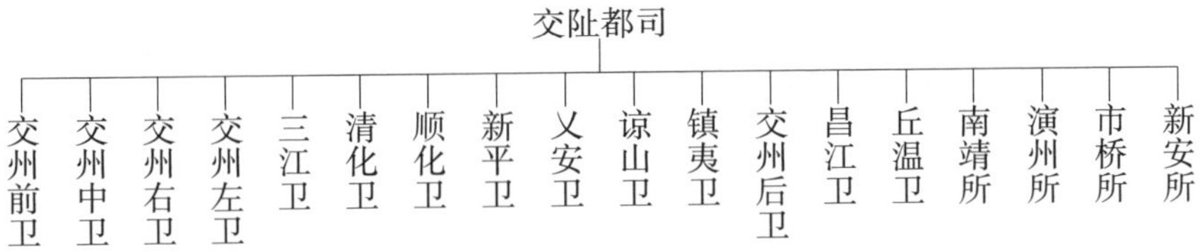

永乐十六年(1418)交阯都司卫所统辖结构图

永乐十六年至宣德二年(1427)十一月明军全部内撤时，交阯都司卫所数未变。

交阯布政司境内归化州(今越南老街)永乐十五年闰五月还曾设过北闲守御千户所，隶云南都司。这也是为了犬牙相制。

明成祖力图实现对交阯长期有效的控制，所设卫所同内地一样也要屯田、带家属，到永乐末，形势越来越不利，屯田根本无法实现。

由于明朝在交阯耗费了太多人力、物力，当地又叛乱不断，实难支撑，宣德二年底明朝势力全部退出交阯。至此轰轰烈烈经营了 21 年的交阯被放弃，交阯都司自然废除。由于明朝在交阯同时推行了府州县，交阯都司卫所俱为无实土。

---

① 《粤西文载》卷 2，永乐六年正月初四日敕。

二、交阯都司卫所沿革考述

1. 交州左卫、交州右卫、交州中卫、交州前卫

永乐五年六月“癸巳，设交阯交州左、右等卫指挥使司。勅总兵官新城侯张辅等及兵部尚书刘儁曰：‘交阯城中立交州左、右、中三卫，富良江北立交州前卫，昌江、丘温各立卫，市桥、隘留关各立守御千户所，市桥以两所守之’”①。4 卫隶交阯都司。左、右、中 3 卫治交州，即今越南河内；前卫在富良江北，约今河内省东英县。宣德二年明军内撤，卫废。

2. 昌江卫

永乐五年六月设。卫治昌江，即今越南北江省北江市昌江乡。永乐九年八月“徙交阯昌江卫于昌江桥，立谅州府治及市桥守御千户所于塔山”②。宣德二年废。

3. 清化卫

《越峤书》卷 2《书诏制敕》载“永乐五年七月二十一日敕……一尔等奏欲先于清化府先立一卫，将原定留丘温、隘留官军调去，相兼土军守御”。《太宗实录》这一月也有此记载：清化卫“兼前留守丘温、隘留二关官军守御”③。十一月“设交阯三江、清化、乂安、新平、顺化五卫及演州、南靖二守御千户所”④。卫治在明朝设置的清化府，即今越南清化省弘化县。宣德二年废。

4. 丘温卫

《太宗实录》提到永乐五年六月“癸巳……昌江、丘温各立卫，市桥、隘留关各立守御千户所”⑤，但是根据《越峤书》卷 2《书诏制敕》和《太宗实录》卷 69 永乐五年七月的记载，原本预立丘温卫、隘留所的官军被调到清化先立清化卫，所以永乐五年并未立这 1 卫 1 所。直到永乐十六年十一月“癸亥，置交阯丘温卫”⑥。宣德二年废。

至于《越峤书》卷 6 永乐五年提到的“又交广分界处如潼关例设丘温卫及坡垒、隘留二守御千户所”中的坡垒千户所，《英国公张辅平安南陈季广事迹》中所录张辅的奏章提到“丘温、坡垒、隘留三卫所原垛广西士兵，近年来官不得

①⑤ 《太宗实录》卷 68。
② 《太宗实录》卷 118。
③ 《太宗实录》卷 69。
④ 《太宗实录》卷 73。
⑥ 《太宗实录》卷 206。

人，逃亡之数十去七八”①，但原文又提到建议设置镇夷卫，镇夷卫设于永乐五年十二月，可见此奏章尚在十二月之前。根据永乐六年三月成祖的诏敕“交阯布政司奏坡垒、丘温、隘留三处乃交阯咽喉，其地瘴疠，官军难处，欲于附近思明、太平、田州等处量起土军设立卫所……尔等其议行之”②，可见到永乐六年初还未设此1卫、2所。

宣德二年正月“巡按交阯监察御史陈汭奏：丘温卫治在谅山府城内”③，谅山府城即今越南谅山。

5. 三江卫

永乐五年十一月“设交阯三江、清化、乂安、新平、顺化五卫及演州、南靖二守御千户所”④，但是这一年朝廷正式设置的仅有清化卫、三江卫。

但按《太宗实录》永乐十二年六月庚戌“是日，置交阯安平、新安、顺化三卫，演州守御千户所，乂安卫，南靖守御千户所。昔总兵官英国公张辅以四府与老挝、占城、暹蛮接境，土地广远，夷民繁多，宜有控制，同黔国公沐晟议，请于各府置卫所，籍土军，以土军指挥千户理其事，仍请给印信，皇太子从之”⑤，因这一年九月《太宗实录》又提到“丙子，置交阯乂安、新平、顺化三卫经历司经历，演州、南靖二守御千户所吏目”⑥，所以六月新设卫所应为乂安、新平、顺化3卫和演州、南靖2守御千户所。据《太宗实录》六月的记载分析，设置这些卫所的设想已有很长时间，应指五年十一月，但是一直拖到永乐十二年六月才真正设立。

《太宗实录》永乐六年二月提到“增置……三江卫之中、前、后三千户所”，可见三江卫的确在永乐五年时设立。

卫治在明朝设置的三江府，即今越南越池。宣德二年废。

6. 乂安卫、新平卫、顺化卫

永乐五年十一月已下令设置，但直到永乐十二年六月才真正设置。

乂安、顺化、新平卫分别治于今越南乂安、顺化、洞海。宣德二年废。

7. 演州守御千户所、南靖守御千户所

永乐五年十一月已下令设置，但直到永乐十二年六月才真正设置。

演州所治即今越南演州，南靖当时为乂安府下的州。宣德二年废。

---

① 《越峤书》卷10《书疏移文》。
② 《太宗实录》卷77。
③ 《宣宗实录》卷24。
④ 《太宗实录》卷73。
⑤ 《太宗实录》卷152。
⑥ 《太宗实录》卷155。

8. 交州后卫

永乐五年十二月“己丑，交阯总兵官新城侯张辅等奏请于原设七卫之外再拨官军五百四十六人设交州后卫，又请设镇夷、谅山二卫及增设十五千户所。……悉从之”[①]。宣德二年废。

9. 镇夷卫

永乐五年十二月置。宣德二年废。《太宗实录》永乐十三年八月记“镇夷卫正在南策至灵之地”，即今越南海阳省至灵县。

10. 谅山卫

永乐五年十二月置。宣德二年废。谅山即今越南谅山。

11. 市桥守御千户所

永乐五年六月已提出设所[②]，但直到永乐九年八月才设所：“徙交阯昌江卫于昌江桥，立谅州府治及市桥守御千户所于塔山。”[③]市桥在昌江府西，即今越南北宁市棣江南岸。

12. 新安守御千户所

永乐十四年五月“设交阯新安守御千户所”[④]。永乐十九年五月，《太宗实录》还提到新安所、演州所、南靖所、市桥所，可见该所的确已设置。所治在新安府靖安州，今越南广宁省芒街市。

① 《太宗实录》卷74。
② 《太宗实录》卷68。
③ 《太宗实录》卷118。
④ 《太宗实录》卷176。

第三编　明代总督巡抚辖区建置

第一章　概　　论

第一节　明朝的督抚制度

本编研究的对象是明朝总督、巡抚辖区的形成及演变过程。在讨论这一问题以前，先对明朝的总督、巡抚制度作一概括的论述。

一、督抚制度的由来及其基本特征

明朝的总督和巡抚，是明廷为强化中央集权，更好地处理中央与地方的关系，协调地方事务而由中央都察院派驻地方的高级官员。《明史》卷73《职官志二》都察院条载："其在外加都御史或副、佥都御史衔者，有总督，有提督，有巡抚，有总督兼巡抚，提督兼巡抚及经略、总理、赞理、巡视、抚治等员。"

因此，巡抚的正式官名一般为"都察院×都御史巡抚××地方"，总督的正式官名一般为"兵部侍郎兼都察院×都御史总督××地方军务"。总督的地位要比巡抚高，一个总督一般要节制一个以上的巡抚。但发展到较为完善阶段的总督和巡抚都具有基本固定的治所、较为明确的辖区、相当全面的职权。因此，明朝的总督、巡抚一方面始终是以中央都察院兵部堂官身份派遣到地方的"差职"，另一方面又具有越来越浓厚的总揽一方大权的地方正式长官的色彩。

中央的差遣官逐渐演变为正式地方官，在明代以前并不罕见。例如汉代的刺史、唐代的采访使、宋代的转运使都属此列。明朝的督抚在很大程度上与前代制度有着渊源关系。

明朝设立督抚，是有其历史必然性的。由朱元璋奠定格局的明朝政治体制，其特点之一便是皇帝权力的高度集中与地方权力的相对分散。明初，都指挥使司、承宣布政使司、提刑按察使司"分隶兵、刑、钱谷"①。至此，地方权力

---

① 《明史》卷72《职官志一》。

过于集中的矛盾虽然获得解决,但是也随之出现了新的弊端,即三司鼎立,互不统摄,极不利于应付地方上出现的重大突发事件。明中期以降,阶级矛盾、民族矛盾不断尖锐化,各种突发事件愈演愈烈,因此中央派遣官员协调地方三司、统一事权就势在必行了。谭其骧对此有精辟的论述:

> 自宣德以后,或因边防有警,或因地方不靖,又陆续在全国各地派出备有中央政府一二品大员职衔的"总督"、"巡抚",集所督所抚地区内的军务、察吏、治民大权于一身,遂成为最高级的封疆大吏。[①]

如果以督抚制度发展到较成熟阶段为例,巡抚的职权可以概括为征收赋税、考核属吏、提督军务;总督的职权可以概括为节制巡抚、调度军队。要之,巡抚以民事为主,兼理军务;总督以军务为主,兼理民事。

因所督所抚之地区不同,督抚的职权除了通例之外,有的还带有地方特色。如河南巡抚兼管河道,凤阳巡抚兼管漕运,山西巡抚兼管雁门等关隘守备,两广总督兼管粮饷、盐法等[②]。另外,皇帝还可以根据实际情况,随时赋予督抚新的职权。

明朝督抚的职权是在一定地域范围内行使的,具体实现其职权,有两点值得特别指出。

以巡抚为例,其一,从管理体制上说,巡抚居于都、布、按三司之上,统驭三司。但是由于下列情况存在——三司的辖区不尽一致,且南北两直隶又不设三司,有的一个布政司辖区内设几个巡抚,还有的两个或几个布政司各析部分地域组成巡抚辖区——因此巡抚统辖三司更多地表现在名义上,而集所抚地区民政、军事、监察之权于一身的目的,则主要依靠统辖所抚地区的"道"来实现[③]。例如,宣府巡抚下辖口北分巡道、口北分守道、怀隆兵备道,延绥巡抚下辖靖边兵备道、神木兵备道、榆林兵备道、河南分守道[④]。应当指出的是,虽然各道辖于各巡抚,但是各巡抚辖区的地域范围仍然是以布政司及以下的府、州、县或实土卫所等正式行政区域为单位划定的。

其二,巡抚实现其职权,还要真正通过在其辖区内的往来巡视。这一点与正式地方长官不同。如宣德时熊概巡抚南畿浙西,"遍历其地,凡官吏之无状,

① 谭其骧:《中国历代政区概述》,《文史知识》1987年第8期。
② 《明会典》卷209《督抚建置》。
③ 道是布政使司和按察使司的派出机构,分管一部分专门事务或一至数府州的民政、监察和军政事务。参见《明史·职官志》。
④ 《明会典》卷128《督抚兵备》。

民之尤无良为巨蠹者，籍其家，尽械以归于京”①。以后又形成定例，巡抚出巡所属府、州、县时，布政使、按察使一定要随从，以示巡抚位高权重②。至万历初年，则提倡“抚镇官当亲自巡历地方，巡抚一年一次”③。

总督行使职权的途径，又有两种情况：一般情况下通过节制巡抚来实现，但也有少数总督拥有直辖之地。在后一种情况下，总督行使职权一方面通过节制巡抚，另一方面也要通过统辖各道来实现。如嘉靖二十七年(1548)设置的云贵川湖广总督就是既节制云、贵、川、湖广四巡抚，又直辖四川、湖广、贵州三布政司相接之地。

二、督抚制度演变的阶段

划定督抚制演变阶段的指标，笔者认为有两个，即督抚地方化程度和正规化程度。

巡抚制度的演变可以分为五个阶段。

1. 洪武、永乐年间为萌芽期

洪武二十四年(1391)，皇太子巡抚陕西。永乐十九年(1421)，尚书蹇义等二十六人巡行天下，安抚军民。但洪武二十四年的所谓巡抚，主要是派遣皇太子为明朝定都选址进行实地勘察，同时调查秦王就藩以来的行为举止，顺便开阔皇太子的眼界④。可以说此举除了首创明朝“巡抚”名称之外，与后来的巡抚无多大关系。永乐十九年的派遣巡抚之举，也是旋置旋罢，且巡抚官员来源各异，职权也不明确。

2. 洪熙、宣德年间为初置期

洪熙元年(1425)南畿浙西始置巡抚，宣德五年(1430)又遣巡抚分赴两京及各地，后又在更大的地域范围内增设若干巡抚。此时与过去相比，巡抚设置的稳定性增强了，而且有了固定的治所，但同时也带有原始的特点。

首先，置巡抚的目的单一。如洪熙元年设南畿浙西巡抚是为了解决“豪右

---

① (明)雷礼：《国朝列卿纪》卷72《都察院左右都御史行实·熊概传》。

② (清)查继佐：《罪惟录》列传卷15下《顾璘传》载：“嘉靖中历右副都御史，巡抚湖广。故事：巡历必藩臬从之，示重。仅从简约，辎轩四迄，下邑故不知都御史来也。”

③ (明)申时行：《召对录》，奏陕西巡按御史董子行揭帖。

④ (清)谈迁：《国榷》卷9洪武二十四年八月乙亥载：“天久阴，驰敕皇太子曰：尔自幼至长，未尝远出，今命尔行陕。”同书卷9洪武二十四年十月庚戌载：“皇太子还自陕西。初，上薄南都，命太子图关洛形胜。至是献图，拟都长安。”(明)王世贞：《弇州史料后集》卷37《京都》载：“皇太子巡关中，以地图上，且建都矣，以太子薨而止。”按：王世贞将此事误系于洪武二十六年，当从《国榷》。另，《明史》卷116《诸王传一》秦王樉言：“(洪武)二十四年，以樉多过失，召还京师。令皇太子巡视关陕。太子还，为之解。明年令归藩。”

之民”横行乡里的弊端，宣德五年设巡抚是为了督催各地税粮的征收。

其次，巡抚官来源不一。洪熙元年时，巡抚官有的是大理寺卿，有的是布政使，有的是参政。宣德五年时则为各部侍郎。

3. 正统至正德年间为发展期

此时期巡抚制度的发展主要表现在以下几个方面。

首先，镇、巡合一。镇指镇守，巡指巡抚。镇守大致出现于正统初年，其基本职能与巡抚大体相同，也可以说两者异源同流。所以史籍在叙述巡抚沿革时称“初名巡抚，或名镇守”①。正统年间巡抚、镇守并存，这对于统一地方事权不利。所以天顺元年(1457)罢天下巡抚、镇守，二年复置时则取消镇守之名。天顺二年后“不复有镇守，但称巡抚”②。

其次，巡抚官编制统一。如前所述，洪武自不待言，永乐、洪熙、宣德时期的巡抚来源不一，以后所派遣的巡抚、镇守也或出于部，或出于院，从未统一，由此必然造成巡抚地方时与同样负有纠举地方官吏责任的巡按御史或提刑按察使等官员发生龃龉。因此，在景泰四年(1453)耿九畴为陕西镇守时，便由刑部右侍郎转为都察院右副都御史，作为巡按御史和提刑按察使的上司，从而便于理顺彼此之间的关系。此后，各地镇守和巡抚，除个别例外，一律转归都察院系统，统称“巡抚都御史”③。初时这种巡抚都御史与中央都察院尚有实质上的联系，出任巡抚“曰‘公差’，事完或得代则回理院事。其后不胜多，则往往自部佐卿寺藩臬迁转，亦不复归院，以为恒”④。实际上，都察院的堂官至迟在正德时期已经分成了两种类型：一种在院管事，另一种巡抚地方。

最后，巡抚与地方关系更为密切。巡抚原有定期返京议事的定例，这条定例突出地体现了“差职”的特点。如宣德中规定，各处巡抚每年八月至京与廷臣议事。以后又进一步确定距京城较近地区巡抚每年返京一次，边远地区则每两年一次。但是实际上因为巡抚权重事繁，此规定往往不能执行。至成化

① 《明会典》卷209《督抚建置》。

② （明）沈德符：《万历野获编》卷22《巡抚之始》。另参见张哲郎：《明代巡抚之创立与称呼之演变》，（台北）《政治大学历史学报》第7期。

③ （明）陈洪谟：《治世余闻》下篇卷1载：“初巡抚官以六部卿佐奉敕以往，按察司以非统摄，文移偃蹇，不受约。河南耿公九畴以侍郎镇关中，特奏下之，至今遵行。以后巡抚官俱改都御史，正缘是耳。”《明史》卷158《耿九畴传》载：“侍郎出镇，与巡按御史不相统，事多拘滞，请改授宪职。”（明）郑晓：《今言》卷1四十四载：“巡抚之必兼宪职也，自耿清惠始也。”又见《明史》卷73《职官志二》都察院，附总督巡抚。

④ （明）王世贞：《弇州史料前集》卷2《都察院左右都御史表序》。

二十二年(1486),基本上取消了此项规定①。巡抚与地方关系更加密切,“差职”的特色逐渐淡化。

巡抚就任原不能携眷。景泰初年,有人指出各处镇守巡抚等官任职“动经三五七年或一二十年,室家悬隔,患疾病而不能相恤;子女远违,遇婚姻而不能嫁娶。有子者尚遗此虑,无子者诚有可矜。乞敕各官议,许其妻子完住,量给本处官仓俸米以赡其家”。这一建言获准,“巡抚携家始此”②。这一规定无疑加快了巡抚向地方官转化的进程。

总之,此时期的巡抚制度基本上业已成型,“或任提督参赞军务,或专弭盗抚安民生,民寄一方之纲维,任百责之休咎”③。《明史》也概括道:“明初重监司守牧之任。尚书有出为布政使而侍郎为参政者。监司之入卿式者比比也。守牧称职,增秩或至二品。天顺而后,巡抚之寄专,而监司守牧不得自展布,重内轻外之势成矣。”④

巡抚制度在此时期基本站稳了脚跟,还可以举两例说明。

天顺元年时,石亨、张軏请罢巡抚,认为“文官提督军务,武臣不得逞,请罢之”⑤。英宗也下诏:“各处巡抚、提督等官是一时权宜添设,宜将各官取回。”⑥但事后因地方事权无法统一,遂于转年四月复设巡抚官。

正德二年(1507),“刘瑾矫诏革天下巡抚”⑦,但“后与内阁议不可,止将腹里巡抚革去,其漕运及边方都御史俱不革”⑧。实际上腹里巡抚也很快恢复了。

以上事例充分证明,巡抚官及巡抚制度确实为各地所依赖,不是谁能随心所欲加以取消的了的。

4. *嘉靖至天启年间为稳定期*

此时期持续时间较长,巡抚制度在稳定的基础上进一步向地方化、正规化

---

① 《明会典》卷209《督抚建置》载:“宣德间令巡抚官每岁八月一赴京议事”,“(宣德)五年定巡抚官赴京议事例:辽东、大同每年一次,宁夏、延绥、甘肃二年一次。俱四月初一日至京。南北直隶及北方腹里者,仍每年一次。四川及南方者,亦二年一次。俱八月初一日至京”,“成化十年,免巡抚官赴京议事”。又,《宪宗实录》卷274成化二十二年正月戊申条载,免各处巡抚赴京议事。但实际上未能全免。

② (明)余继登:《典故纪闻》卷12。

③ 《英宗实录》卷244景泰五年八月丁酉。

④ 《明史》卷161《周新等人传·赞语》。

⑤ (清)谷应泰:《明史纪事本末》卷36《曹石之变》。

⑥ 《英宗实录》卷274天顺元年正月辛卯。

⑦ 《明史纪事本末》卷43《刘瑾用事》。

⑧ (明)陈洪谟:《继世纪闻》卷3。

演变。

首先,巡抚到任离任交接进一步制度化。嘉靖三年(1524)规定"各巡抚都御史遇有迁秩,或以忧去者,必候代离任;代者亦宜亟往"①。嘉靖三十三年再次重申此规定②。

隆庆三年(1569)又对推选总督巡抚的具体手续、总督巡抚推选后起程赴任时限都作了明确规定③。这些规定的目的显然在于尽量减少地方巡抚空缺的时间。事实上,自嘉靖中期以降,大多数巡抚均连续设置,并无中辍,充分显示了地方上对于巡抚更加倚重。

其次,自嘉靖中期以后各地巡抚多加提督军务职衔,进一步明确掌握军事大权。巡抚加兵部右侍郎衔,亦始于嘉靖年间④。

再次,巡抚称呼的变化,也透露出向正式地方官转化的趋势。以《明实录》记载为例,万历以前,一般称为"巡抚××地方",万历以后,开始较为频繁地使用"××巡抚"的称呼。这表明"巡抚"已从动词逐渐转化为名词了,更明确地说,巡抚已经由一种行为转化为地方官的官名了。

最后,巡抚与巡按的关系也发生了重大变化。巡按御史是明朝中央对地方行使监察的主要力量,也是最高监察机构——都察院派驻各地的官员。如前所述,自景泰四年始,巡抚陆续加都御史之衔,为巡按的上司,所以在嘉靖以前,巡按不如巡抚权重。但是嘉靖以后,巡按之权大增。初时巡按对巡抚"犹以属礼待之,既而改称晚生,见犹侍坐"。至万历中则情形大变,以至"文移毫无轩轾,相与若寮寀,抚臣反伺巡方颦笑,逢迎其意旨矣"⑤。

巡按御史权力的增长恰好说明巡抚已从与巡按大致相同的监察官基本上转变成了实际上的地方官,以至于皇帝为了制约其权力,有意提高了巡按的地位。这是前代地方高级行政区划及其长官演变过程中的通例。

嘉靖十一年都察院规定的巡抚职掌几乎囊括了地方上的各项事务:"巡抚都御史系按安地方之官,如徭役之编审,里甲之出力,粮料之征派,官钱之出入,驿传之处给,廪禄之兴废,舆夫、大户、粮长、民壮快手之佥点,城池、堡隘、兵马军饷之督调,凡地方之事俱听巡抚处置。"至万历时期,巡抚更是"断不能一日罢矣"⑥。

---

① 《明会典》卷209《督抚建置》。
② 《天府广记》卷23《都察院·事宜》。
③ 《明会典》卷209《督抚建置》。
④ 林乾:《论明代的总督巡抚制度》,《社会科学辑刊》1988年第2期。
⑤⑥ 《万历野获编》卷22《巡抚之始》。

5. 崇祯朝为紊乱时期

此时由于外有强敌，内有民变，巡抚制度受到了很大的冲击，其结果是捉襟见肘，越置越滥。《国榷》评论崇祯十六年(1643)末督抚设置时曾尖锐指出："时各督抚四十有一，开府之滥极矣。"①

明朝的总督与巡抚相比，不但更偏重于统军之权，而且在因事特遣方面比巡抚更加突出。总督制度在某些方面与巡抚相同，故前文已提及之处此处不再赘述。这里笔者依据总督制度的实际情况，将其演变划分为三个时期。

1. 正统六年至景泰元年为初置期

此时期特点有二：其一，总督是因军事行动暂设且无固定驻地；其二，总督辖区不明确。

如正统六年(1441)六月最先设置的云南总督，即为征讨云南麓川地区少数民族起事而设。该总督断续设置不过五六年，无固定驻地，辖区尤其不明确。正统十四年设置的湖广贵州总督在驻地和辖区不稳定方面与云南总督极为相似。

2. 景泰二年至天启末年为发展期

此时期特点亦有三：其一，先后出现了宣大、两广、三边、蓟辽4个有固定治所、辖区明确的定设总督。其二，自成化十年始，逐步确立了总督节制巡抚的体制。此年春"廷议设总制府于固原……控制延绥、宁夏、甘肃三边，总兵、巡抚而下并听节制"②。以后再置总督皆援此例。其三，定设总督之外，先后出现若干暂设总督，覆盖明朝国土面较广。

3. 崇祯朝为紊乱期

此时主要特点是除总督之外，又有经略、总理、督师等名目，其实质虽同于总督，但在管理体制、职权分割上叠床架屋，互相掣肘，辖区混乱，完全失去了总督"总领一方"的本意。

第二节 明朝的督抚辖区③

由于督抚逐渐成为实际上的地方最高军政长官，所以至明后期，最高一级地方行政区划事实上已不是两京十三布政司，而是几十个总督、巡抚辖区。从

① 《国榷》卷99崇祯十六年十二月戊子。

② 《明史》卷171《王越传》。

③ 本节实际上是笔者详考有明一代所有督抚辖区形成、演变后得出的结论。将其置于概论之中，是为了使读者在阅读各篇考证之前，对督抚辖区先掌握一个大概的线索，以收提纲挈领之效。

本质上讲,督抚辖区是一种处于向正式政区过渡阶段的“准政区”,直至清朝康熙初年,总督、巡抚才成为正式的地方最高军政长官,其辖区才与省的界线完全调整一致,从而成为正式的最高一级行政区划。处于“准政区”状态下的督抚辖区与正式政区相比较,存在着许多不同之处。以下分别予以叙述。

一、巡抚辖区

巡抚辖区的划定,情况比较复杂,有的是跨布政司的,有的基本等同于布政司,有的则小于布政司(见图38)。跨布政司的情况又分几种:其一,包含两个布政司或三个布政司全境;其二,包含一个布政司全境和另一个布政司的一部分;其三,包含两个或两个以上布政司各一部分辖地。在跨布政司的巡抚辖区之中,有的甚至精细到以县为地域单位来划分辖区,即一府之内的若干县分别属于两个巡抚。小于布政司的也可分三种:其一,辖若干府州,面积并不比某些辖区较小的布政司差多少;其二,辖一两个府;其三,辖一州甚至一县及周围之地。

基于以上分析,可以得出如下结论:巡抚辖区与布政司辖区迥异。且不说第一种和第三种自然不可能与布政司辖区等量齐观,即便是第二种也由于受第一、三两种的影响,不可能与布政司辖区完全一致。即使大体一致,也仍有相当一部分巡抚驻地与布政司驻地不在同一地点。以下将巡抚辖区的演变特征和演变形式作一叙述。

1. 演变特征

第一,辖区面积由大到小。例如南畿浙西巡抚析为应天、浙江两巡抚。北直隶巡抚析为顺天、保定两巡抚,后顺天、保定两巡抚中各自析置若干巡抚。河南山西巡抚罢后,在其旧地分设河南、山西两巡抚。陕西巡抚中先后析出宁夏、甘肃、延绥三巡抚。云贵川巡抚罢后,其旧地依次设置云南、贵州、四川三巡抚。山东淮扬巡抚后析为山东、凤阳两巡抚等。

第二,辖区分布由点到面。洪熙元年(1425),仅南畿浙西设巡抚,辖南直隶江南部分与浙江布政司浙西部分,此即可视为“点”。后巡抚辖区逐渐遍及全国,即可视为“面”。至宣德五年(1430)为止,北直隶、山西河南、陕西、山东淮扬、南畿浙西、湖广、江西7个巡抚设置,涉及“面”已较为广泛了。至正统元年(1436)为止,辽东、宣大、宁夏、甘肃(宁、甘两巡抚之地原已含于陕西巡抚中)、云贵川、福建、广东、广西设巡抚或曾设巡抚。至此巡抚辖区已覆盖了明朝绝大部分国土。

第三,辖区稳定程度由动到定。正德五年(1510)始,除东南沿海之浙江、

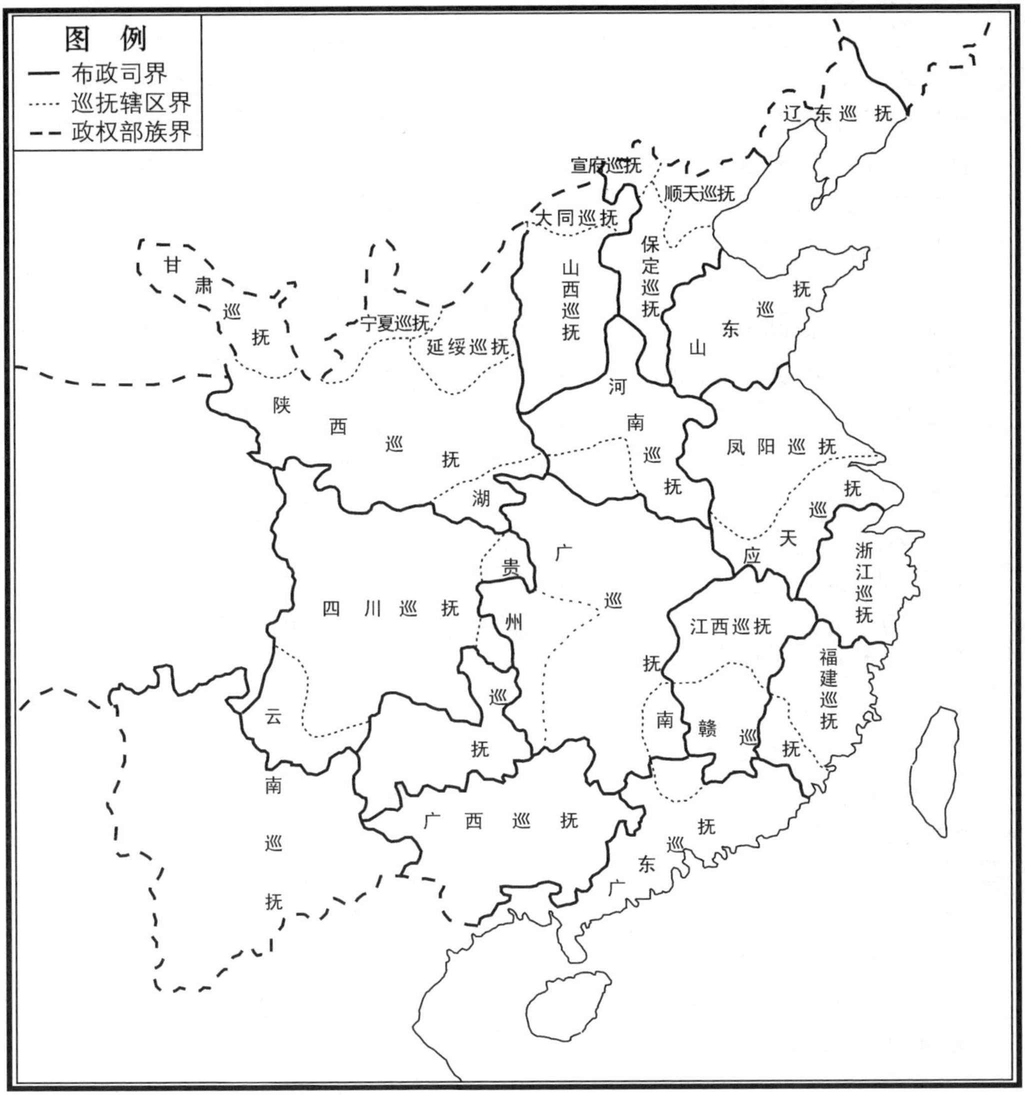

图 38 万历十年(1582)全国巡抚辖区简图

福建巡抚外，绝大多数巡抚由置罢无常转为稳定设置。嘉靖四十五年(1566)始，全部巡抚基本进入稳定状态。

2. 演变形式

第一，置罢，本指巡抚官员的置与罢，但与正式政区不同，明朝巡抚的置与罢本身就涉及辖区变动。也就是说，官在辖区存，官罢辖区亡。

附带说明一点，明朝巡抚有一种特殊的任职形式——兼抚，即指某一地巡抚同时代行相邻另一巡抚的职权。这种形式表面上与两个巡抚合而为一相同，但实际上却有区别：两抚合一是撤销一个巡抚建制，从而组成新的更大的巡抚辖区；兼抚则是保留巡抚建制，仅仅是官员暂时没有(或没有必要)到任而由别的巡抚代理其职而已。

第二，单方进退，指某巡抚辖区拓展至尚未设巡抚的另一地区(进)，一旦后者设置巡抚，则前者辖区退还原状(退)。如正统六年应天巡抚辖区一度包含浙江布政司的嘉兴、湖州2府；十三年浙江巡抚复置，2府复属浙江巡抚，应天巡抚恢复原辖地。又如嘉靖三十五年前浙江巡抚几次拓展辖区，将福建布政司沿海4府包括在内；三十五年福建巡抚复置，4府改属福建巡抚，浙江巡抚恢复原辖地。

第三，一地两属，指一地同时辖于两个相邻之巡抚。如福建布政司之汀州、漳州2府，本属南赣巡抚管辖，嘉靖三十五年，福建巡抚复置，两府即同时辖于南赣、福建两巡抚。四十五年，漳州府专辖于福建巡抚，汀州府仍然两属。

第四，遥领飞地，如应天巡抚自嘉靖十四年起，遥领原辖于郧阳巡抚的承天府，至嘉靖末年不变。

第五，辖区叠套，指短时间内大巡抚辖区之下套小巡抚辖区。如宣德五年置河南山西巡抚，但同时河南又专设巡抚，两个辖区在河南布政司地域内是重叠的。

第六，辖界未明，如偏沅巡抚及密云、通州、易州等小巡抚，主要为解决与少数民族的矛盾和对抗外敌侵扰而设，辖区界线究竟如何，决策者也无十分明确的规定。

第七，先无后有，此类仅有天津巡抚一例。天津巡抚初置时仅管理海防事务，有事权，无辖区；罢后复置，始有辖区。

二、总督辖区

总督实际上有两种：一种是长期设置，到明崇祯年间仍存在的，可以称为定设总督；另一种是短暂设置的，可称为暂设总督。两种总督的辖区特征不相同。

1. 定设总督辖区特征

第一，设置稳定。如蓟辽总督自嘉靖二十九年始置，至崇祯十七年(1644)一直设置不辍。两广总督始置后虽有罢置之反复，但自天顺八年(1464)至明亡设置不辍。其他如三边总督自嘉靖元年始，宣大总督自嘉靖二十年始均进入设置稳定期。

第二，辖区明确。如宣大总督始辖宣府、大同2巡抚之地，后增辖山西巡抚之地。蓟辽总督长期辖顺天、保定、辽东3巡抚之地(后顺天、保定巡抚中析置小巡抚，总督辖区范围不变)。两广总督辖广东、广西2巡抚(或省并为两广巡抚)之地。三边总督长期辖陕西、宁夏、甘肃、延绥4巡抚之地。

2. 暂设总督辖区特征

第一，旋置旋罢。除少数总督(如浙直总督、云贵川湖广总督)设置时间稍长以外，绝大多数设置时间短暂，有的甚至不到一年。

第二，辖区模糊。辖区均为约略划定，无明确界线。

第三节 几点说明

一、首先提出将督抚研究纳入政区研究领域的是谭其骧。他指出："明朝督抚的辖区往往不同于布政使司，并且经常变动。所以明朝后期的一级地方行政区划，事实上已不是两京十三布政司，而是三十个左右的总督、巡抚辖区。"①在他主编的《中国历史地图集》明朝图组编例中又进一步讲到明中叶以后督抚辖区已代替布政司成为一级行政区划。但是由于明朝督抚辖区不是正式的行政区划，所以对其变迁的研究存在着特殊的困难。其一，《明史·地理志》和明代的地理总志及各种地方志，对其辖区一律不予记载。其二，现存的几篇记述督抚概况的资料(《明会典》卷209《督抚建置》;《明史》卷73《职官志二·都察院·附总督巡抚》;《国朝典汇》卷55《督抚建置》;王圻的《续文献通考》卷90《明朝督抚》)在记载辖区方面也非常粗略。而且近代以来论督抚者都是将其归入政治制度的研究领域，注重的是督抚制度的变化和作用。吴廷燮著《明督抚年表》资料收集丰富，但该表注重的是何人何时任何督、抚，且于督抚名目、置罢年代方面亦多有舛误。赵永复依据《明会典》排出了万历十年

① 谭其骧:《中国历代政区概述》,《文史知识》1987年第8期。

(1582)时4总督、24巡抚的名目，以及大致辖区和驻地[1]，但并不能全面展示明代督抚的变迁。其三，散见于浩如烟海般的明代史籍中的有关辖区变迁的资料，且不言将其爬梳整理出来已大不易，即使是已收集到的，使用起来也存在着若干问题。以下就巡抚辖区试举几例说明之。

1. 辖区记载不确切。多数史料对巡抚辖区均是大略言之，并不确切。如南赣巡抚、应天巡抚、凤阳巡抚、安庆巡抚均存在类似情况。

2. 无直接的辖区记载。如偏沅巡抚，地位相当重要，但对其辖区史籍无直接记载，故只能从只言片语的间接记载中排比、推测其辖区。天津巡抚也属此类情况。

3. 巡抚名称混淆。如江西巡抚和南赣巡抚就是其中典型者。江西巡抚于弘治二年(1489)已罢，十二年，南赣巡抚在原辖区基础上"通巡"江西布政司全境，故《明实录》中也称之为江西巡抚。正德六年(1511)，名实相符的南赣巡抚重置，但《明实录》以及其他史籍中此时也称为重置江西巡抚。两个巡抚名称混淆必然给考证工作带来极大的麻烦。

要之，由于督抚辖区的特殊性而造成的史料缺乏和史料零散、模糊，是弄清督抚辖区的最大障碍。尽管笔者做了很大的努力，还有个别督抚在某段时间的辖区仍然不可能研究得十分清楚，彻底解决遗留问题，有待于发掘和利用新的史科。

二、明朝督抚官名不规范(尤其在早期和末期)。如巡抚类有"抚治"、"巡视"、"镇守"、"参赞军务"、"都御史"、"督治"等，总督类有"总制"、"总理"、"提督"、"经略"、"督师"等。名目虽多，但性质基本相同，故本编一律以总督、巡抚视之。

三、凡甲地巡抚兼任乙地巡抚(兼抚)时，一律视作乙地巡抚存在。

四、本编叙述督抚辖区的变迁，均以明朝正式政区(如布政司，实土都司、行都司，府、州、县，实土卫、所等)为参照物，但是明朝的正式政区也有变化。另外，《明史》卷91《兵志三》称："元人北归，屡谋兴复。永乐迁都北平，三面近塞。正统以后，敌患日多。故终明之世，边防甚重。东起鸭绿，西抵嘉峪，绵亘万里，分地守御。初设辽东、宣府、大同、延绥四镇，继设宁夏、甘肃、蓟州三镇，而太原总兵治偏头，三边总制府驻固原，亦称二镇，是为九边。"但各镇究竟置于何时，其后辖地是否有变化，遍查各种专书仍不得其详。以理度之，初设四镇不会晚于宣德初年，继设数镇不会晚于正统初年。各镇辖地亦因史料缺乏，

---

[1] 赵永复：《明代地方行政制度考述》，《历史地理研究》第二辑，复旦大学出版社，1990年。

多据明中、后期史籍而定。

五、明朝督抚辖区的特点之一就是官在辖区在，官去辖区亡。所以证明某督、抚辖区在某段时期是否存在，除了明确记载置罢的史料以外，绝大部分要依靠史籍(主要是《明实录》、《国榷》等书)中对某督某抚有无记载而定。而将这些史料的出处一一注明，将使本编冗赘不堪，只得一律略去。

六、明朝巡抚辖区在幅员方面差异很大，有的巡抚辖区地兼两个布政使司，有的却只有一州的范围。按照幅员的大小，本编将明朝所有的巡抚辖区大致分为四个等级：居布政司以上者为第一级；与布政司大体相当者为第二级；辖布政司部分地者为第三级；仅辖一州甚至一县之地者，皆为第四级。书中各章之内，凡最先考述的仅写巡抚名称而不标序号者为第一级；凡巡抚名前冠以一、二等序号者为第二级；凡巡抚名前冠以 1、2 等序号者为第三级；第三级以下为第四级。其中，各章之内第二、第三级巡抚若仅为一处，也不标序号，如陕西巡抚属第二级，松藩巡抚、登莱巡抚则均属第三级。读者可从字体上辨别。

七、本编将明朝所有的总督(不含如河道总督等司专项事务者)分为两类，即定设总督与暂设总督。其中暂设总督为行文方便，又大致以河南、湖广为界，分为东、西两部分。另外，由初设总督中析置之总督，节内以 1、2 等序号标示(若仅为一处，则不标序号，如河南山东总督)。

第二章　辽东、北直隶、宣大巡抚

辽东巡抚始置于宣德十年(1435),后罢,天顺初复置。天启中罢置不常,六年(1626)复置,至崇祯十七年(1644)不辍。

北直隶巡抚始置于宣德五年,后析并置罢极为繁复。成化八年(1472)析为顺天、保定2巡抚。其中顺天巡抚于嘉靖二十九年(1550)又析置昌平、通州2都御使,于崇祯四年析置山永巡抚,于十一年析置密云巡抚。上述各都御史、巡抚亦各有置罢。保定巡抚则于嘉靖二十九年析置易州都御史,于万历二十五年(1597)又析置天津巡抚。上述2都御史、巡抚亦各有置罢。

宣大巡抚始置于宣德十年,景泰初析为宣府、大同2巡抚。天顺中2巡抚又省并为宣大巡抚。天顺末再析为宣府、大同2巡抚,遂成定制,至明末不变。

本章即考证上述诸巡抚辖区之沿革。

一、辽东巡抚

始置于宣德十年十二月,目的在于加强对辽东都司的统一管理,辖辽东都司全境。《英宗实录》宣德十年十二月丁未记"命行在都察院右佥都御史李璿巡抚辽东。先是,行在户部、兵部奏:辽东等处地方广远,宜得大臣巡抚。上命廷臣推举。至是举璿以闻,遂有是命"①。《国朝列卿纪》卷119《巡抚辽东》载"正统元年(1436),疆场有警,始遣都御史李璿出抚,遂为定制",《明史》卷73《职官志二》附总督巡抚亦作"自正统元年设",均误。此时英宗虽即位,但尚未更改年号。故始设年代从《英宗实录》。

天顺元年(1457)正月罢。《英宗实录》天顺元年正月辛卯载"上谓户部、兵部臣曰:朕新复位,凡百行事当遵祖宗旧制,各处巡抚、提督等官是一时权宜添设,宜即将各官取回"②,《明史》卷12《英宗后纪》也记天顺元年正月"辛卯,罢巡抚、提督官"。《明通鉴》记英宗天顺元年春正月辛卯的原因为"以石亨言,

---

① 《英宗实录》卷12。
② 《英宗实录》卷274。

罢巡抚、提督军务。亨在景帝时屡以文臣不宜节制武臣为言，至是卒罢”①。

二年四月复置。王鸿绪《明史稿·英宗后纪》载天顺二年四月辛未“复设辽东、宣府、大同、延绥、宁夏、甘肃巡抚官”。《明通鉴》关于此事的记载更为详细：天顺二年夏四月辛未“复设巡抚官。先是，上语李贤曰：朕初复位，奉迎诸人皆以巡抚官不便。一旦革去，军官纵肆，士卒疲弛，文武官不相制之过也。宜为朕举才能者复任之。贤因请曰：辽东、宣府、大同、延绥、宁夏、甘肃，需人最急。上命贤与王翱、马昂等议，乃以太仆卿程信之辽东，山东布政王宇之宣府，佥都御史李秉之大同，监察御史徐瑄之延绥，山西布政陈翼之宁夏，陕西布政芮钊之甘肃，仍以京官巡抚地方如旧制”②。

因该巡抚辖区与后金相邻，在后金进攻之下，自万历末年始，步步内缩。

万历四十七年内缩至铁岭以南。这一年三月初一至初五，明与后金战于萨尔浒，明军大败。当年六月后金克明之开原，“秋，七月，丙午，大清兵克铁岭”③。

天启元年辖区内缩到辽河以西。《明通鉴》载天启三月壬戌，“是日，大清兵入辽阳城，安抚军民，辽东之三河等五十寨及河东大小七十余城，皆望风降”④，至此辽河以东基本为后金所据。

二年初罢，同年八月复置。《明史》卷306《阎鸣泰传》记“其年（天启二年）八月，廷推鸣泰辽东经略，会承宗自请督师，乃擢右佥都御史巡抚辽东。自王化贞弃地后，巡抚罢不设”，天启初辽东巡抚为王化贞⑤，当年正月丁巳“大清兵入广宁，凡四十余城皆下，遂进克义州而还”⑥，广宁失守，王化贞弃辽东及罢辽东巡抚当在正月，八月即复置。

复置后，该巡抚仅辖辽西走廊一带。辽东及朝鲜西部沿海诸岛别属登莱巡抚⑦。

五年罢。《国榷》天启五年十月壬寅载“兵部尚书高第经略辽东。裁巡抚”⑧，同卷十一月癸丑条记罢辽东巡抚喻安性。《明史》卷250《孙承宗传》作天启五年九月罢辽东巡抚。

六年复置，即常置不罢。《明史》卷22《熹宗纪》记天启六年三月壬子“袁

---

① 《明通鉴》卷27英宗后纪。
② 《明通鉴》卷28天顺二年夏四月辛未。
③ 《明通鉴》卷76。
④ 《明通鉴》卷77。
⑤ 《明史》卷259《王化贞传》。
⑥ 《明通鉴》卷78天启二年正月丁巳。
⑦ 参见下文“登莱巡抚”。
⑧ 《国榷》卷87。

崇焕巡抚辽东、山海”,《明史》卷259《袁崇焕传》也载当年“三月复设辽东巡抚,以袁崇焕为之”。

崇祯四年因置山永巡抚,山海关附近地区别属山永巡抚①。

崇祯十三年时仅辖山海关外至锦州以西地区。《罪惟录·丘民仰传》载丘民仰“崇祯中历左都御史,出抚辽东。时辽阳不守,锦州当边”,《明史》卷261《丘民仰传》记为“(崇祯)十三年三月擢右佥都御史,代方一藻巡抚辽东,按行关外八城,驻宁远”。

巡抚初驻辽阳,后移驻广宁,再移驻山海关。后复驻广宁,以辽阳为行台。《明史》卷73《职官志二》对此记为“旧驻辽阳,后地日蹙,移驻广宁,驻山海关,后又驻广宁”②。《辽东志》载驻地“巡抚都察院二:广宁,在拱镇门东,嘉靖己丑改建;辽阳,在都司西,为行台”③。《全辽志》记为“旧在镇东堂后,嘉靖乙酉巡抚潘珍改建于拱镇门北。……乙卯,巡抚苏志皋增修”④。

另,崇祯十三年丘民仰巡抚辽东,曾一度移驻宁远⑤。

二、北直隶巡抚

始置于宣德五年,辖北直隶地区,寻罢。后在原辖区内小巡抚析置、归并不常见。《国朝典汇》记“宣德五年九月升吏部郎中赵新为吏部,兵部郎中赵伦为户部,礼部员外吴政为礼部,御史于谦为兵部,刑部员外曹弘为刑部,越府长史周忱为工部。各右侍郎巡抚各省两畿,总督税粮。新江西,伦浙江,政湖广,谦河南、山西,弘北直隶及山东,忱南直隶”⑥,忱指周忱,当时为南直隶之江南部分地区巡抚⑦。曹弘此时究竟任何地巡抚,有“北直隶山东”和“山东淮扬”两种记载⑧。简言之,曹弘受命巡抚北直隶及山东之后,或根本未到任,或仅就任极短时间,旋改巡抚山东淮扬。

正统四年十二月置两巡抚,一辖顺天、保定、河间、永平4府,一辖真定、顺德、广平、大名4府。《英宗实录》正统四年十二月戊寅记为“敕谕巡抚南(南为衍文)北直隶行在都察院右佥都御史张纯、大理寺右少卿李畛曰:‘今命尔纯

① 参见下文“山永巡抚”。
② 《明史》卷73《职官志二·都察院·附总督巡抚·辽东巡抚》。
③ (明)毕恭等修:《辽东志》卷2《建置》。
④ (明)李辅等修:《全辽志》卷1《图考》。
⑤ 参见本节“十三年时仅辖山海关外至锦州以西地区”段所引《明史》卷261《丘民仰传》。
⑥ 《国朝典汇》卷55《总督巡抚》。
⑦ 参见下文“应天巡抚”。
⑧ 详见下文“山东淮扬巡抚”。

于顺天、保定、河间、永平四府，尔轸于真定、顺德、广平、大名四府所属州县往来巡视民瘼。’”①

六年当罢。《国朝献征录》卷42《大司马张纯传》载此事称："特拜（纯）行在都察院右佥都御史，奉敕巡抚畿内诸郡，考察群吏，凡两至。……越二年，敕调南京都察院如旧官。"据此推测两巡抚当于正统六年罢。

七年正月为防蝗灾再发而复置4巡抚。《英宗实录》当月癸未记"命吏部左侍郎魏骥往顺天、永平二府……大理寺右少卿贺祖嗣往真定、保定二府，光禄寺寺丞张如宗往河间、顺德二府，大理寺左寺丞仰瞻往广平、大名二府。赐敕谕之曰：'朕念南北直隶府州县去岁蝗虫遗下种子今春恐复为患，特简命尔等分巡其处，遇有种子，提督军卫有司及早掘取，毋令生发。'"②此4抚府设置时间当不长。

十年五月复置，辖真定、保定、河间、大名、顺德、广平6府。《英宗实录》当月己亥条载薛希琏受命分别巡抚南北直隶："特命尔希琏巡抚直隶真定、保定、河间、大名、顺德、广平及南直隶凤阳、淮安、扬州、庐州、滁州、徐州地方。"③这种任职形式并不是将南北直隶划归一区，而是分别轮流巡抚南北两直隶，实际相当于一人兼任两地巡抚，参见下文"山东淮扬巡抚"一节。

十三年四月罢。《英宗实录》当年四月庚辰记"命刑部右侍郎薛希琏、都察院右佥都御史张楷分诣南北直隶凤阳、保定等府捕蝗"④，可见自正统十年薛希琏轮流巡抚南北直隶，至此始二人分别巡抚。此后北直隶保定等府巡抚不见记载，当罢。

十四年因蒙古进攻京师，复置，辖顺天、永平2府。《通议大夫都察院左副都御史邹公来学墓志铭》载为："正统己巳（即十四年），虏酋犯顺，京师戒严，特升都察院右佥都御史，提督永平山海总兵、镇守等官军务，及顺天、永平二郡兵民悉兼抚之。"⑤

景泰元年(1450)五月又置巡抚，辖真定、广平、大名、顺德4府，寻罢。《英宗实录》景泰元年五月丁卯载"命大理寺右少卿陈询往北直隶巡抚。时巡抚右少卿李奎以疾在告，故命询代之"⑥，天顺四年二月辛未又在叙陈询所任之官

① 《英宗实录》卷62正统四年十二月戊寅。
② 《英宗实录》卷88。
③ 《英宗实录》卷129。
④ 《英宗实录》卷165。
⑤ 《国朝献征录》卷60。
⑥ 《英宗实录》卷192。

职时称“正统己巳，召为大理寺少卿，巡抚大名诸府”①，两条史料在时间上有出入，以景泰元年五月为是，正统十四年实为召陈询为大理寺少卿，尔后才出任巡抚。李奎时任河南巡抚，但当时河南巡抚辖北直隶真定等4府之地，详见“河南巡抚”。陈所辖之地当即为李奎任河南巡抚时辖区内的真定、大名、广平、顺德4府。后不见记载，当罢。

三年十月真定等地巡抚复置，辖保定、真定、河间、广平、顺德、大名6府。弘治《保定郡志》卷8载陈泰于景泰间“以都察院左佥都御史巡抚真、保定等四府”②，而《英宗实录》景泰三年十月丁未记为“命参赞易州等处军务右佥都御史陈泰兼巡抚保定等六府地方及提督各卫所屯种，俱赐敕谕之”③。《明史》卷159《陈泰传》亦作巡抚6府，4府说当误。6府为真定、保定、河间、广平、顺德、大名无疑。

五年，辖保定等处巡抚罢。《副都御史陈公墓碑铭》载有陈泰自真定、保定等处巡抚任去职时间：“甲戌(指景泰五年)升右佥都御史，疏理徐州、吕梁二洪及临清、济宁诸处河道。”④

六年，辖顺天、永平之巡抚罢。正统十四年，邹来学为顺天、永平巡抚，但景泰六年初邹已改为巡抚南直隶之苏州、松江、常州、镇江4府之地，顺天、永平等地并未另派巡抚官，该巡抚当罢⑤。

七年十二月复置2巡抚，一辖永平府，一辖顺天、河间2府。《英宗实录》景泰七年十二月戊午记为“敕谕巡抚顺天、河间二府刑部右侍郎周瑄……巡抚永平等处右副都御史李宾……俾速行焉”⑥，《少保谥庄懿周公行状》亦载周瑄“丙子(指景泰七年)顺天、河间二府民饥，敕公往赈之……事竣乃还，时天顺丁丑(指天顺元年)也”⑦。

天顺元年四月2巡抚俱罢⑧。

五年七月，复置巡抚。《英宗实录》天顺五年七月丙寅载“命工部右侍郎吴

---

① 《英宗实录》卷312。

② 弘治《保定郡志》卷8《职官》。

③ 《英宗实录》卷222。

④ 《明名臣琬琰续录》卷8。引文中“右佥都御史”应为“左佥都御史”，见《宪宗实录》卷80成化六年六月己未条。

⑤ 参见本节前文所引《国朝献征录》卷60《通议大夫都察院左副都御史邹公来学墓志铭》和“应天巡抚”中《英宗实录》卷249景泰六年春正月己酉条引文。

⑥ 《英宗实录》卷273。

⑦ (明)程敏政：《篁墩文集》卷47。

⑧ 参见上文“辽东巡抚”中“(天顺)二年四月复置”后有关的引文。

复往直隶保定等府抚民"①，弘治《保定郡志》卷 8 也记吴复"天顺间受敕巡抚保定等处"②。疑所辖为保定、真定、河间、大名、顺德、广平 6 府。后不见记载，该巡抚当寻罢。

成化二年八月复置，辖顺天、永平 2 府。《宪宗实录》成化二年八月戊申记"户部郎中阎本为右佥都御史巡抚地方"③，《整饬蓟州边备兼巡抚顺天等府左右副佥都御史年表》(下简称《年表》)则记阎本"成化二年，以右佥都御史赞理军务巡抚顺、永"④。

五年四月复增辖保定、真定、河间、顺德、广平、大名 6 府。寻罢。《宪宗实录》成化五年四月甲寅载"敕巡抚永平等处赞理军务右佥都御史阎本兼巡真定、保定等府"⑤，《年表》又记阎本"复右副都御史兼抚河、顺、真、保、广、大六府"。后不见该巡抚记载，当罢。

六年复置 2 巡抚。其一辖广平、大名、顺德 3 府。《宪宗实录》成化六年二月辛未条载刑部左侍郎曾翚巡行天下考察官吏后的回京奏报中提及"直隶大名等府无巡抚官"⑥，明廷遂遣宋旻"往大名"任巡抚。《宪宗实录》成化六年八月壬戌记"巡视北直隶大理寺左少卿宋旻奏罢广平、顺德二府老疾、罢软、贪酷官通判柴让等四十三员"⑦，据此，宋旻时辖地似应含大名、广平、顺德 3 府，后该巡抚不见记载，当寻罢。其二辖真定、河间、保定 3 府。《明史》卷 177《叶盛传》载其"成化三年秋，入为礼部右侍郎，偕给事毛弘按事南京。还改吏部。出振真定、保定饥，议清庄田，分养民间种马，置仓涿州、天津，积粟备荒，皆切时计"。《宪宗实录》成化六年八月己未⑧又载工部移文巡视侍郎叶盛修理定州等地卫所城垣。由此可知，叶盛任巡视应始于成化六年八月，从记载中涉及的地名推测，当辖真定、河间、保定 3 府。后该巡视不见记载，当寻罢。

七年复置。《宪宗实录》成化七年闰九月癸亥载"巡视北直隶右副都御史杨璿奏：顺天等八府连年凶荒，仓廪空虚"⑨，此 8 府当指顺天、永平、河间、真定、保定、大名、广平、顺德府⑩。

---

① 《英宗实录》卷 330。
② 《弘治保定郡志》卷 8《职官》。
③ 《宪宗实录》卷 33。
④ 《国朝列卿纪》卷 117。
⑤ 《宪宗实录》卷 66。
⑥ 《宪宗实录》卷 76。
⑦⑧ 《宪宗实录》卷 82。
⑨ 《宪宗实录》卷 96。
⑩ 参见下段引文。

八年九月，因辖地太广，又因兼理边备不便，遂析为顺天、保定2巡抚，此后定设(见图39)。《明会典》记顺天巡抚“(成化)八年，以畿辅地广，从居庸关中分为二巡抚，其东为整饬蓟州边备巡抚顺、永二府都御史，以居庸等关隶之，驻遵化，遂定设”①，又记保定巡抚“成化八年，始从居庸关中分为二巡抚，遂专设都御史巡抚保定、真定、河间、顺德、大名、广平六府，提督倒马、紫荆、龙泉等关，驻真定”。《明史》卷185《梁璟传》亦载：“畿辅八府旧止设巡抚一人驻蓟州以御边，不能兼顾。璟请顺天、永平二府分设一巡抚，以蓟州边务属之。令巡抚陈濂专抚保定六府兼督紫荆诸关。朝议从之，遂为定制。”②

成化七年时巡抚驻蓟州③。

1. 顺天巡抚

又称蓟州巡抚，《武宗实录》所载正德五年八月壬子“复设……郧阳、蓟州、保定、苏松、凤阳巡抚都御史各一员”④中的蓟州巡抚即指顺天巡抚。

成化八年九月由北直隶巡抚析出，辖顺天、永平2府⑤。

正德二年罢。《明史纪事本末》载正德二年“十一月，刘瑾矫诏革天下巡抚”⑥。《明史》卷16《武宗纪》则记正德二年“冬十月甲申，逮各边巡抚都御史及管粮郎中下狱”。

五年八月复置，即常置不罢。《武宗实录》当年八月壬子载“复设云南、贵州、山东、河南、山西、江西、郧阳、蓟州、保定、苏松、凤阳巡抚都御史各一员。先是，巡抚为刘瑾所革，吏部以请得旨：此累朝定制，其复之。时右佥都御史王哲巡视江西，遂改为巡抚”⑦。

嘉靖二十九年，因防备蒙古族侵扰而析置昌平、通州2都御史。昌平州别属昌平都御史，通州别属通州都御史。《明会典》记顺天巡抚“嘉靖二十九年，增设通州、昌平、易州三都御史，旋议革，惟蓟州仍旧”⑧。其析置之原因，《今言》中记为“嘉靖庚戌(指嘉靖二十九年)，俺答犯京城，畿内设官多矣。……提督通州有都御史王忬”⑨。

三十年十月通州都御史罢。《世宗实录》此月乙亥载“兵部复科、道等官何云雁等条上边事：一、酌裁冗臣。谓易州、通州各都御史宜裁革，而以通州事

①⑧ 《明会典》卷209《督抚建置》。
② 《典故纪闻》卷15、《宪宗实录》卷108成化八年九月申辰条也有相关记载。
③ 见前段《明史》卷185《梁璟传》引文。
④⑦ 《武宗实录》卷66。
⑤ 参见上文“北直隶巡抚”。
⑥ 《明史纪事本末》卷43《刘瑾用事》。
⑨ (明)郑晓：《今言》188条。

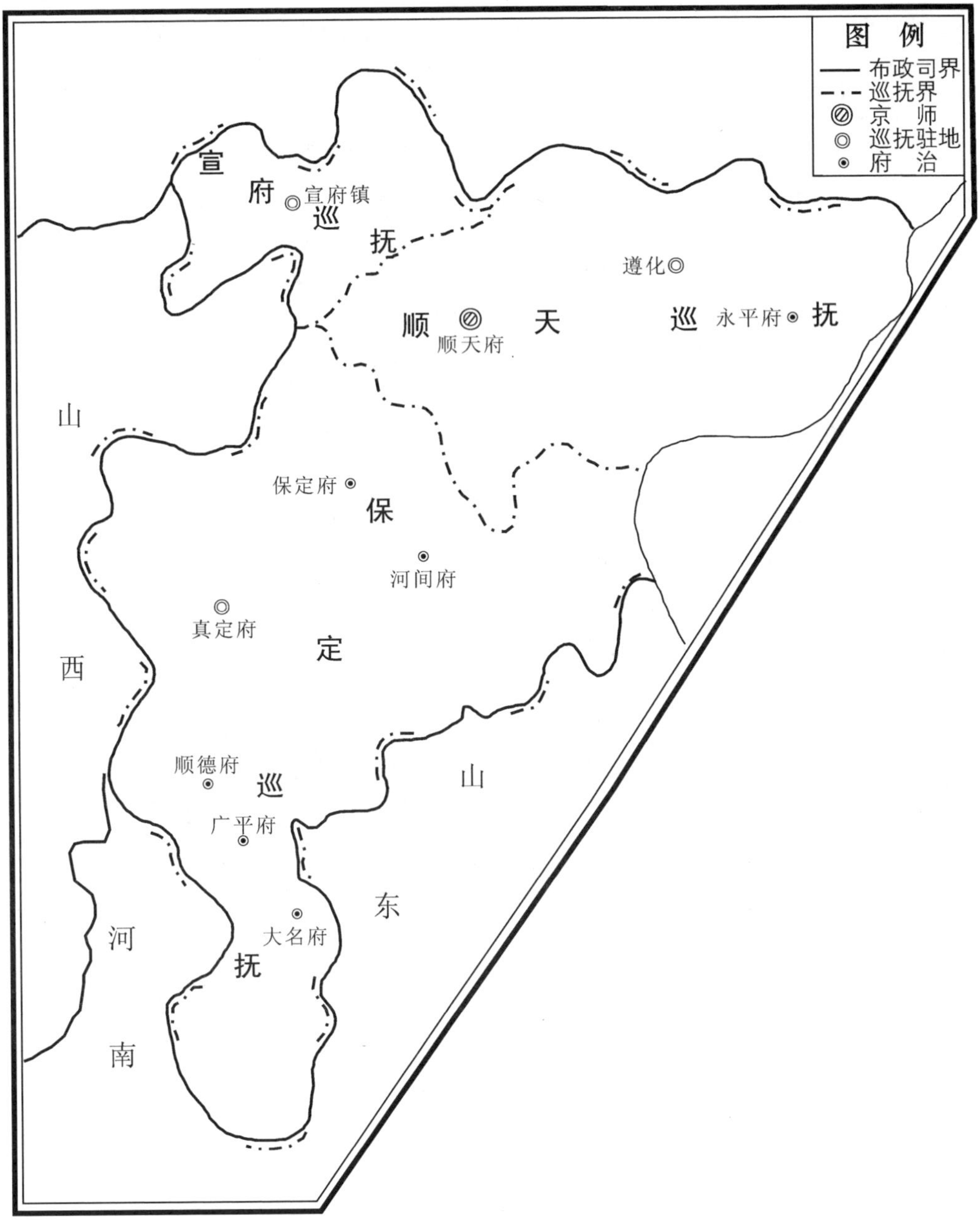

图39　成化八年(1472)北直隶地区巡抚辖区图

隶之蓟州巡抚，易州事隶之保定巡抚”[①]，此议获准，通州还属。光绪《顺天府志》记为巡抚通州都御史“嘉靖二十九年置，旋罢”[②]。《明史》卷204《王忬传》则记俺答退兵后“寻罢通州、易州守御大臣”。巡抚通州都御史辖区约为通州一州之地。

三十二年四月昌平都御史罢，昌平州还属。《世宗实录》对此于当年四月戊寅条载兵部尚书聂豹等言：“昌平都御史本逆鸾奏设，令欲割顺天巡抚所属隶之，则事权体统未免分裂。……臣以为昌平都御史可革，但责之顺天巡抚，令秋防移驻其地。……诏：依部拟。”[③]关于昌平都御史辖区，当为昌平一州，其要事当在防边。《天下郡国利病书》记昌镇疆域：“东自慕田峪，连石塘路蓟镇界；西抵居庸关镇边城，接紫荆关真保镇界，延袤四百六十里。”[④]

天启元年因复置通州巡抚，通州别属之。光绪《顺天府志》记巡抚通州都御史“天启元年复，后裁”[⑤]。

同年因天津巡抚复置，且始有陆上辖区，故顺天府之武清、宝坻2县，永平府之滦州、乐亭县及沿海岛屿别属天津巡抚[⑥]。

二年通州巡抚罢，通州还属。通州巡抚此次罢于何时，史无确载，《明实录》熹宗天启二年七月庚子后不见该巡抚王国祯活动之记载，故推测罢于此时。

崇祯二年因复置通州巡抚，通州别属之。光绪《顺天府志》记巡抚通州都御史“崇祯二年复”[⑦]。

四年因析置山永巡抚，永平府别属之[⑧]。

九年因复置昌平督治侍郎，昌平州别属之。关于复置时间有二说。《玉堂荟记》言“丙子(指崇祯九年)变将出，以张元佐为侍郎，抚治昌平，三日尚未行”[⑨]，《国榷》则在崇祯十年三月壬戌条记“太常寺卿李日宣兵部右侍郎，出镇昌平”[⑩]，今取前说。

十一年为防备清军，析置密云巡抚，密云别属之。《国榷》崇祯十一年十月庚戌载“赵光祚(当作光抃)为右佥都御史，巡抚密云”[⑪]。《明史》卷259《赵光抃传》也记“明年(指崇祯十一年)冬，大清兵入密云，总督吴阿衡败，廷议增设

---

① 《世宗实录》卷378。

②⑤⑦ 光绪《顺天府志·官师志九·明督抚部院分司表六》。

③ 《世宗实录》卷397。

④ 《天下郡国利病书》原编第1册《北直隶上·昌镇疆域》。

⑥ 参见下文“天津巡抚”。

⑧ 参见下文“山永巡抚”。

⑨ 《玉堂荟记》卷上。

⑩⑪ 《国榷》卷96。

巡抚一人，驻密云。遂擢光抃右佥都御史任之”。《三垣笔记》记为“赵职方光抃时推边材，其出抚密云”。

十二年通州、昌平督治罢，二地还属。《明史》卷252《杨嗣昌传》记崇祯十二年二月“汰通州、昌平督治侍郎”。《国榷》崇祯十二年四月戊子朔所载“镇守通州兵部右侍郎仇维桢回部”①和崇祯十二年七月辛酉条所载昌平督治“李日宣为兵部左侍郎，协理京营戎政”②，可为佐证。

十四年因复置昌平督治，昌平州别属之。《明史》卷264《朱崇德传》记朱崇德子朱国栋“累迁巡抚山东（当为山永之讹）右佥都御史，督治昌平”，据吴廷燮《明督抚年表》排列，朱国栋任昌平督治之时间当在崇祯十四至十五年。

十五年因复置通州巡抚，通州别属之。《国榷》崇祯十五年十一月丁丑记为“王鳌永为右佥都御史，出镇通州”③。

十六年通州巡抚罢，通州还属。《国榷》崇祯十六年五月己酉记“通州止巡道，不设巡抚”④，该巡抚当罢于此时。

巡抚于成化八年始常驻遵化，至明末不迁，嘉靖三十二年后，每年防秋暂移驻昌平。《明史》卷73《职官志二》载顺天巡抚“驻遵化”⑤。《明史》卷291《李献明传》记“明年（指崇祯二年），大清兵临遵化，巡抚王元雅与推官何天球，遵化知县徐泽及先任知县武起潜等凭城拒守”，以此可推知明末该抚仍驻遵化。根据《世宗实录》嘉靖三十二年四月戊寅条载兵部尚书聂豹等言，“昌平都御史本逆鸾奏设，令欲割顺天巡抚所属隶之，则事权体统未免分裂。……臣以为昌平都御史可革，但责之顺天巡抚，令秋防移驻其地。……诏：依部拟”⑥，此后防秋时移驻昌平。

昌平都御史

曾改称昌平督治、昌平巡抚、昌平抚治、居庸巡抚。《明史》卷252《杨嗣昌传》记崇祯十二年二月“汰通州、昌平督治侍郎”。《玉堂荟记》记“丙子（指崇祯九年）变将出，以张元佐为侍郎，抚治昌平，三日尚未行”。《罪惟录》列传卷123《何谦传》记“（何谦）崇祯十六年，巡抚居庸。李闯东下，诸边不守，总兵唐通与太监杜之秩迎降。居庸陷，谦死之。遂陷昌平。或云谦伪死私遁”，《国

---

①② 《国榷》卷97。
③ 《国榷》卷98。
④ 《国榷》卷99。
⑤ 《明史》卷73《职官志二·都察院·附总督巡抚》。
⑥ 《世宗实录》卷397。

榷》崇祯十六年十一月丙辰则记“何谦为右佥都御史，巡抚昌平”[①]，居庸巡抚即昌平巡抚无疑。

嘉靖二十九年自顺天巡抚析置，辖昌平一州，主要职责在于边防。

嘉靖三十二年四月，兵部右侍郎杨博曾上疏建议拓展昌平都御史辖区，并易名为昌平巡抚。《世宗实录》嘉靖三十二年四月戊寅条载其奏章要旨：“宜割涿、霸、宛平与大兴、良乡、房山、同安、永清、乐安、武清、漷、文安、保定、大成及昌平、顺义、怀柔共十七州县并境内卫所属之昌平都御史，易以提督兼巡抚名目。”[②]但皇帝未准此议，昌平都御史遂罢。此条史料附记于此，聊备查考。其置罢详见“顺天巡抚”。

崇祯十四年复置后[③]，至十七年不辍，驻地为昌平州城。《国榷》崇祯十六年七月乙卯载“金之俊改巡抚昌平”[④]，崇祯十七年兵部一份题稿中称此稿当“咨昌平巡抚”[⑤]，可见该巡抚当时仍存。《昌平山水记》记“州城之内，旧有总督兵部侍郎一人”[⑥]。按《明史》卷259《赵光抃传》又称，崇祯十二年“又于昌平、保定设二督，于是千里之内有四督臣”。虽有上述说法，但无论从职责还是辖区考察，督治只能列入巡抚之列。上述说法可能是出于明末督抚设置混乱之时，不足为凭。

通州都御史

曾改称通州督治、通州巡抚。《明史》卷252《杨嗣昌传》记崇祯十二年二月“汰通州、昌平督治侍郎”。光绪《顺天府志》记为“巡抚通州都御史”[⑦]。

嘉靖二十九年自顺天巡抚析置，辖通州一州之地。其置罢详见“顺天巡抚”。崇祯十六年罢而不复设。

密云巡抚

崇祯十一年自顺天巡抚析置，当辖密云地区。至十七年不辍[⑧]。

山永巡抚

崇祯四年主要自顺天巡抚及天津巡抚中析置，辖永平府及山海关附近地区。

---

①④ 《国榷》卷99。

② 《世宗实录》卷397。

③ 参见上文“顺天巡抚”“(崇祯)十四年因复置昌平督治”段的考证。

⑤ 《明清内阁大库史料》第一辑上册明代194号《兵部为居庸防守已定等事》，东北图书馆印行，1949年。

⑥ (清)顾炎武：《昌平山水记》卷上。

⑦ 光绪《顺天府志》官师志九，明督抚部院分司表六。

⑧ 详见上文“顺天巡抚”。

山永巡抚析置时间有三种记载：其一，崇祯二年。《明史》卷73《职官志二》记顺天巡抚“崇祯二年又于永平分设巡抚兼提督山海军务，其旧者只辖顺天”①。其二，崇祯三年。《烈皇小识》载“滦、永既复，廷议添设山永巡抚……乃升……丘禾嘉巡抚山永”。后金陷永平府之后，退兵乃崇祯三年五月事。既言滦、永收复后方添设山永巡抚，则时间当在崇祯三年五月。其三，崇祯四年。《国榷》崇祯四年十一月丁酉条言“丘禾嘉仍以右佥都御史巡抚山海关、永平”②。

按二年之说显误。因此时后金仍占据永平府，设抚无从谈起。三年说亦误。《明史》卷261《丘禾嘉传》载“宁远自毕自严遇害，遂废巡抚官，以经略兼之。至是(指崇祯三年)议复设，廷栋力推禾嘉才，超拜右佥都御史，巡抚其地，兼辖山海关诸处”。此时禾嘉虽管辖山海关，但任的是宁远(即辽东)巡抚，而非山海、永平巡抚。崇祯四年宁远新任巡抚到任，“禾嘉犹在锦州。会廷议山海别设巡抚，诏罢琏，令方一藻抚宁远，禾嘉仍以佥都御史巡抚山海、永平”③。由此可知，山永巡抚析置于崇祯四年十一月无疑。附言之，致误的原因，恐怕在于山海关在崇祯三年属宁远巡抚，崇祯四年改属山永巡抚，而丘禾嘉恰好于崇祯三年在宁远巡抚任上。滦州、乐亭原属天津巡抚所辖，但此时因后金步步进逼，形势已非昔日可比。《烈皇小识》又云山永巡抚添设之原因在于“滦、永既复”，可见滦州必在山永巡抚辖区之内。滦州既改属山永，乐亭似无仍属天津巡抚之必要。故推断此时永平府全境当在山永巡抚管辖之下。见图40。

至崇祯十七年不辍。《绥寇纪略》中的《虞渊沉》记载：“(崇祯十六年)李希沆抚山永。”④《国榷》崇祯十七年正月乙未条仍记载山永巡抚事迹⑤。

巡抚驻永平府。《皇明职方地图表》中作于明崇祯初年的《北京畿职官表》中言“新设巡抚山永都御史驻永平”⑥。

2. 保定巡抚

成化八年九月由北直隶巡抚析置，辖真定、保定、河间、广平、顺德、大名6府⑦。

成化十一年罢。《宪宗实录》成化十一年至十八年七月中无该巡抚之记载，当罢。《宪宗实录》成化十八年八月辛丑记“户部尚书翁世资会吏部尚书尹

---

① 《明史》卷73《职官志二·都察院·附总督巡抚》。
② 《国榷》卷91。
③ 《明史》卷261《丘禾嘉传》。
④ (清)吴伟业：《绥寇纪略》补遗上。
⑤ 《国榷》卷100。
⑥ (明)陈组绶：《皇明职方地图表》卷上。
⑦ 参见上文“北直隶巡抚”。

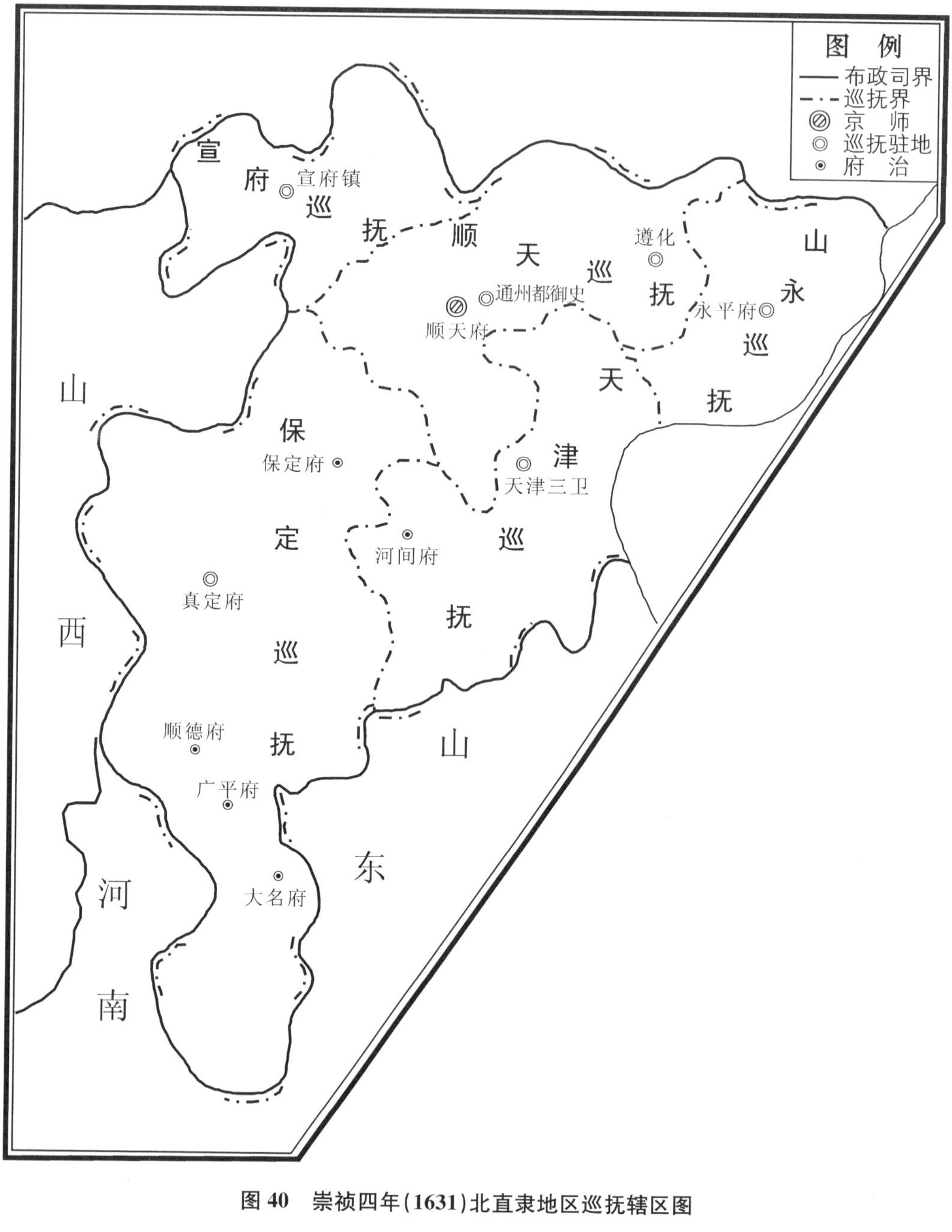

图 40 崇祯四年(1631)北直隶地区巡抚辖区图

旻等上宽恤事宜：一、山西、河南并顺天、永平二府现有都御史巡抚，而山东及真定等六府无之”①，也可见至成化十八年八月此地尚无巡抚。

十九年为防御蒙古军侵扰而复置。《明史》卷161《况钟传》载“（成化十九年）寇入大同，廷议遣大臣巡视保定诸府，乃以命钟”。此事又见于《宪宗实录》成化十九年十一月癸丑②条。成化二十年改称巡抚，《明史》卷161《况钟传》载“（成化二十年）即擢右副都御史，巡抚其地”。

二十一年十一月罢。《宪宗实录》当月申戌条记“命巡抚保定等府左副都御史李敏总督漕运兼巡抚凤阳等处。其保定巡抚官遂已之”③。

弘治元年闰正月复置。《孝宗实录》当月辛未载“升河南按察司按察使张鼎为都察院右佥都御史巡抚直隶保定等六府。六府旧设巡抚都御史一员，其后取回别用。事无统纪，盗贼滋炽，都察院以为言，故有是命”④。

正德二年罢。

五年复置⑤，后常置不罢。

嘉靖二十九年析置易州都御史，易州别属之。

三十年因易州都御史罢，易州还属⑥。

万历二十五年析置天津巡抚，专理海防军务，无陆上辖区⑦。

二十七年，天津巡抚罢。

天启元年天津巡抚复置，并始有陆上辖区，河间府别属之⑧。后辖区不变。

巡抚驻真定府⑨，万历时，防秋时移驻易州，春汛时暂移驻天津。明末当移驻保定府。《明史》卷220《辛自修传》载辛自修万历六年后任保定巡抚，“每岁防秋，巡抚移驻易州”。汪应蛟《酌议海防未尽事宜疏》中提及天津距离真定六百里，“遇春月汛期，量带标兵数百名前来天津驻扎。……俟汛毕回镇”⑩。《皇明职方地图表》中《北京畿职官表》载“保定巡抚驻保定”⑪。《明史》卷266《徐标传》亦载崇祯十七年时，保定总督兼保定巡抚“移驻真定，以遏贼”，可见在此之前仍驻保定。

---

① 《宪宗实录》卷230。
② 《宪宗实录》卷246。
③ 《宪宗实录》卷272。
④ 《孝宗实录》卷10。
⑤ 参见“顺天巡抚”“（正德）五年八月复置”段考证。
⑥ 参见“顺天巡抚”“嘉靖二十九年”、“三十年十月通州都御史罢”两段考证。
⑦⑧ 参见下文“天津巡抚”。
⑨ 参见“北直隶巡抚”“（成化）八年九月”段考证。
⑩ 《汪清简公奏疏》。
⑪ 《皇明职方地图表》卷上。

易州都御史

嘉靖二十九年自保定巡抚析置，当辖易州一地，三十年罢①。

天津巡抚

万历二十五年九月自保定巡抚析置，专理海防事务，无陆上辖区。《明史》卷91《兵志三》载万历二十五年事："倭寇朝鲜，朝廷大发兵往援，先后六年。于是设巡抚官于天津，防畿甸。"②《神宗实录》万历二十五年九月壬辰则清晰记载"天津特设巡抚、总兵，专治海上事务。……部复奏，允行"③。天津巡抚当时无辖区，又有两条史料可证。《明史纪事本末》中《矿税之弊》载万历二十六年七月"夺保定巡抚李盛春等俸。以天津店税银解进迟延，故罚"④。按《国榷》万历二十六年六月丙子条⑤载，其间天津巡抚先为万世德，后为汪应蛟。但天津当地税银之事反由保定巡抚管理，是可为一证。又，汪应蛟在《海滨屯田试有成效疏》中称："臣于是年八月内荷蒙圣恩叨任天津、登莱等处海防巡抚，九月内即躬巡海上……"⑥由此可知当时天津巡抚确无陆地辖区，是可为二证。

二十七年罢。《神宗实录》万历二十年正月庚子条载，兵科右给事中桂有根所陈东征善后七议，称天津巡抚已裁革，但又"经吏部议复"⑦。按《神宗实录》卷323，万历二十六年六月丙子"诏更万世德经略朝鲜，汪应蛟巡抚天津"⑧，可见桂有根所言"经吏部议复"天津巡抚事并未实行。又，《明史》卷241《汪应蛟传》记"及天津巡抚万世德经略朝鲜，即擢应蛟右佥都御史代之……朝鲜事宁，移抚保定"，此事当在万历二十七年，天津巡抚遂罢。

天启元年四月复置，后常置不罢。复置时，割保定巡抚所辖之河间府，顺天巡抚所辖顺天府之武清、宝坻2县，永平府之滦州、乐亭县以及沿海岛屿为其辖区。王鸿绪《明史稿·毕自严传》记"天启元年四月，辽阳覆，廷议设天津巡抚专饬海防，改自严右佥都御史以往"。《熹宗实录》天启元年四月丁丑条也记⑨，皇上从兵部尚书崔景荣言复天津巡抚，"随升太仆寺少卿毕自严为都察

---

① 详见"顺天巡抚""嘉靖二十九年"、"三十年十月通州都御史罢"两段考证。
② 《明史》卷91《兵志三·海防》。
③ 《神宗实录》卷314。
④ 《明史纪事本末》卷65。
⑤ 《国榷》卷78。
⑥ 《汪清简公奏疏》。
⑦ 《神宗实录》卷330。
⑧ 《神宗实录》卷323。
⑨ 《熹宗实录》卷9。

右佥都御史驻扎天津，备兵海防”。毕自严《抚津疏草》中记载[①]天启元年他任天津巡抚，其职责为“外防海口，内护神京”。《明史稿·毕自严传》所记“专饬海防”语不确。其职责及辖区见《抚津疏草》前附皇帝敕谕：“特命尔巡抚天津等处，备兵防海，兼理粮饷事务，统辖天津道府属州、县、营、卫并沿海武清、宝坻、滦州、乐亭及附隶卫所。凡一切海防军务并地方平兵马盗贼、保甲城守事宜俱听便宜行事。顺、保巡抚一体预闻。至于钱粮词讼，额例事规，或拖欠未完或卷案未结不便分割，仍听顺、保巡抚管理，以免掣肘。海上岛屿有人潜住者，著实稽察，以塞衅窦。”敕谕中称未结事务语，恰好证明此时天津巡抚始有辖区，以前为专饬海防事务。另，敕谕中所言天津道指天津兵备道，府指河间府。据此可推定天津巡抚辖区包括河间府全境，顺天府之武清、宝坻县，永平府所辖之滦州、乐亭县及附近海岛。天津兵备道区域内（主要是河间府以及南到德州一带）的军事机构也在天津巡抚节制之下。

崇祯四年因置山永巡抚，滦州、乐亭别属之[②]。

巡抚当驻天津[③]。

三、宣大巡抚

始置于宣德十年，目的在于管理宣府、大同2镇之兵粮边备事务，辖宣府、大同2镇之地。《明会典》卷209宣大总督下记“正统元年，始遣都御史巡抚宣大”[④]，同书大同巡抚条也记“正统元年，始与宣府共设巡抚”。按宣大置巡抚当始置于英宗即位，但尚未改年号之时，《英宗实录》宣德十年十一月丁酉载“调巡抚陕西侍郎李新巡抚大同、宣府”[⑤]，据此定为宣德十年。《明会典》之误事出有因。又，《明会典》卷209记宣府巡抚：“正统元年，命都御史出巡塞北，凡兵粮边备，并听厘正。”[⑥]

景泰二年析为宣府、大同2巡抚。《明会典》卷209宣大总督下记“景泰二年，宣、大各设巡抚”[⑦]。

天顺四年省并宣府、大同2巡抚，复置该巡抚，辖区不变。《明史》卷178《韩雍传》载“（天顺）四年，巡抚大同、宣府”，两巡抚当合而为一。

六年十二月，因辖区过大，巡历不周，复析为宣府、大同2巡抚。《英宗实

① 《抚津疏草》卷1。
② 参见上文“山永巡抚”。
③ 参见本节“天启元年四月复置”段所引《熹宗实录》卷9。
④⑥⑦ 《明会典》卷209《督抚建置》。
⑤ 《英宗实录》卷11。

录》当月戊寅载“复以李匡为都察院左佥都御史巡抚宣府。……至是锦衣卫指挥佥事吕贵言：宣府、大同地方广远，右佥都御史韩雍巡历不周。乞另选大臣分巡宣府。上可之，命吏部议举。贵复嘱尚书王翱等举匡，故召用之。而命雍专巡抚大同”①。

巡抚当驻大同镇城。《英宗实录》天顺三年冬十月甲戌载“镇守大同御马监太监陈瑄奏：大同城中旧设巡抚、巡按、布政司、冀北道衙门四处，后以巡抚衙门改为博野王府，今巡抚官无所居止。臣见定远侯石彪遗下原住官宅空闲，可改为巡抚公署。从之”②。

1. 宣府巡抚

景泰二年由宣大巡抚析置③，辖宣府一镇之地。《明史》卷160《石璞传》载：“(景泰二年)敌犯马营，命提督军务。至则寇已退，还理部事。”《国榷》卷30景泰二年六月辛巳条载：“召提督宣府军务工部尚书石璞还京，令巡抚左侍郎刘琏参赞军务。”

天顺元年罢。

二年复置④。

四年与大同巡抚合并为宣大巡抚⑤。

六年复由宣大巡抚析置⑥，辖宣府一镇。至崇祯十七年设置不辍。成化三年九月至四年四月、七年十月至八年五月，由大同巡抚兼宣府巡抚，见“大同巡抚”条。应当说明的是，宣大巡抚与大同巡抚兼宣府巡抚不同：前者是两地构成一个巡抚区；后者是两地各自为单独的巡抚区，只不过一地之巡抚官暂时兼理另一巡抚官的职责而已，另一地的巡抚辖区并未取消。

巡抚初驻宣府镇城，嘉靖四十三年移驻隆庆。《读史方舆纪要》记宣府巡抚都御史驻宣府⑦。《明会典》载“(嘉靖)四十三年……宣府镇巡官移驻延庆”⑧。延庆本称隆庆，于隆庆年间更名。此处所引《明会典》为万历本，故用新名。

2. 大同巡抚

景泰二年由宣大巡抚析置⑨，辖大同一镇之地。《明史》卷177《年富传》

① 《英宗实录》卷347。
② 《英宗实录》卷308。
③⑨ 参见上文“宣大巡抚”“景泰二年析为宣府、大同二巡抚”段考证。
④ 参见“辽东巡抚”“(天顺)二年四月复置”段考证。
⑤ 参见“宣大巡抚”“天顺四年省并宣府、大同二巡抚”段考证。
⑥ 参见“宣大巡抚”“(天顺)六年十二月”段考证。
⑦ 《读史方舆纪要》舆图要览，京师。
⑧ 《明会典》卷209《督抚建置·宣大总督》。

载："景泰二年春，以右副都御史巡抚大同，提督军务。……天顺元年革巡抚官，富亦罢归。"

天顺元年罢。

二年复置①。《英宗实录》天顺二年五月丙午记为"命都察院右佥都御史李秉巡抚大同"②。

四年与宣府巡抚合并为宣大巡抚③。

六年复由宣大巡抚析置，辖大同一镇④。

成化六年罢。《明史》卷171《王越传》记"明年（指成化六年）正月以捷闻，越引还。抵偏头关，延绥告警。兵部劾越擅还。诏弗罪，而令越屯延绥近地为援。……又明年，越以方西征，辞大同巡抚。诏听之，加总督军务，专办西事"。《宪宗实录》成化七年三月乙酉又载"兵科给事中秦崇等奏……大同、延绥俱西北要害重镇，今巡抚大同都御使王越转往延绥已及一年，大同有警谁任其责？乞命大臣巡抚大同，庶边方事宜各有责任。……上谓……大同巡抚不必设"⑤。以此推知，大同应自成化六年三月即已实际罢巡抚。另，成化三年秋至四年四月该巡抚兼宣府巡抚。《明史》卷171《王越传》载，王越于天顺七年始任大同巡抚，成化三年秋"兼巡抚宣府"，至成化四年四月去兼职。参见《宪宗实录》成化四年四月癸丑条⑥。

七年复置，辖大同一镇。至崇祯十七年设置不辍。《宪宗实录》成化七年九月丁酉载"命都察院右都御史林聪巡抚大同。时参赞军务右都御史王越奏：臣奉命同抚宁侯朱永往延绥杀贼，大同一应军务不能兼理，乞推简有才识大臣一员代臣巡抚，故有是命"⑦。按成化七年十月，因宣府巡抚郑宁丁忧，林聪代其职，亦抚宣府。至次年五月，郑宁复职，兼抚结束。参见《宪宗实录》成化七年十月戊寅条⑧和成化八年五月壬子条⑨。

巡抚驻大同府。参见"宣大巡抚""巡抚当驻大同镇城"段考证。又，《读史方舆纪要》记大同"巡抚地方赞理军务都御史驻镇城"⑩。

---

① 参见"辽东巡抚""（天顺）二年四月复置"段考证。
② 《英宗实录》卷291。
③ 参见"宣大巡抚""天顺四年省并宣府、大同二巡抚"段考证。
④ 参见"宣大巡抚""（天顺）六年十二月"段考证。
⑤ 《宪宗实录》卷89。
⑥ 《宪宗实录》卷53。
⑦ 《宪宗实录》卷95。
⑧ 《宪宗实录》卷97。
⑨ 《宪宗实录》卷104。
⑩ 《读史方舆纪要·舆图要览》卷3《九边总图·大同外三关边第四》。

第三章　山西河南巡抚

河南巡抚始置于宣德五年（1430）二月，同年九月又置山西河南大巡抚。六年十月河南巡抚罢。十年正月又置河南镇守，七月罢。正统十二年（1447）山西河南大巡抚罢。正统十四年在其旧地分置山西、河南2巡抚；后2巡抚各有置罢，正德五年（1510）复置后，到崇祯十七年（1644）两巡抚均设置不辍。本章即考证上述3巡抚辖区之沿革。

山西河南巡抚

始置于宣德五年九月，辖山西、河南2布政司①。

正统十二年九月因事简罢。《英宗实录》当月乙卯载“上曰：邹来学、刘敬惟奏升用巡抚官如旧。惟山西河南事简不必去”②。《明史》卷170《于谦传》作“（正统）十三年以兵部左侍郎召”。时于谦任山西河南巡抚，罢抚时间当从《英宗实录》。

一、山西巡抚

始置于正统十四年，辖除大同府以外山西全境。《英宗实录》正统十四年八月癸酉载“……升山西左布政使朱鉴为右副都御史，仍于本处巡抚”③，《国榷》与之同。《国朝列卿纪》卷122《巡抚山西侍郎都御史年表》、《巡抚山西行实》朱鉴条俱载其任职为正统十三年。今从《实录》、《国榷》。大同一府，或属宣大巡抚，或属大同巡抚，当不在该巡抚辖区之内。《宪宗实录》成化十三年七月癸酉条载兵部议防边事宜提及“山西代州雁门、宁武、偏头三关画地分守，遇有警急互相推调，请敕镇守代州都督刘宠兼守三关，仍敕风宪重臣一员整饬兵备兼巡抚山西内郡，专居代州，与宠同事，则事体归一，可责成效”④。此谓“山西内郡”即指除大同以外山西布政司各府州，为山西巡

---

① 参见上文“北直隶巡抚”“始置于宣德五年”段考证。
② 《英宗实录》卷158。
③ 《英宗实录》卷181。
④ 《宪宗实录》卷168。

抚历来之辖区。

天顺元年(1457)罢。《国朝列卿纪》中《巡抚山西提督雁门等关叙》记“天顺元年至成化元年……(巡抚)虽暂议裁革,寻即复置”①。天顺元年天下巡抚皆罢,山西当在此列。但《罪惟录》列传卷13《林聪传》称“英庙复辟,(聪)历右佥都御史,巡抚山西,兼提督雁门等关”,此段记载似天顺元年后仍设该巡抚,实误。《明史》卷177《林聪传》载“英庙复辟,超拜左佥都御史,出振山东饥,活饥民百四十五万”,汤斌《拟明史稿·林聪传》、袁袠《皇明献实》卷24《林聪传》、项笃寿《今献备遗》均同《明史》。《罪惟录》误记。

成化二年(1466)复置。《宪宗实录》成化二年正月辛亥记“升太仆寺少卿李侃为都察院右佥都御史巡抚山西地方”②。《明史》卷159《李侃传》作天顺二年“复设山西巡抚,迁侃右佥都御史任之”,其“天顺”应作“成化”。

六年罢。成化六年十月李侃以母丧离任,该巡抚即罢。见《宪宗实录》成化六年十月己酉条③。

八年复置。《宪宗实录》成化八年二月壬午载“改礼部右侍郎雷复为都察院右副都御史巡抚山西”④。

十年罢。《宪宗实录》成化十年五月戊子载“都察院右副都御史雷复卒”⑤,巡抚此时当罢。参见《国朝列卿纪》卷122《巡抚山西提督雁门等关叙》。

十三年复置。《宪宗实录》成化十三年七月癸巳载“升陕西右参政秦纮为都察院右佥都御史,提督雁门等三关兼巡抚山西”⑥。

正德二年罢。《国朝列卿纪》卷122《巡抚山西雁门等关年表》、《巡抚山西提督雁门等关行实》刘节条均作正德元年任巡抚,当年忤宦官刘瑾回籍为民。按应为正德二年罢该巡抚,参见上文“顺天巡抚”“五年八月复置”段考证。

五年复置⑦,至崇祯十七年不辍。

巡抚初驻雁门关。弘治中移驻太原府,正德中移代州。正德十六年始,平时驻太原府,有警移驻代州。嘉靖末一度移驻广昌。魏焕《巡边总论》三关镇记“先年以山西巡抚驻扎雁门关”⑧。《世宗实录》正德十六年九月辛酉载“巡

① 《国朝列卿纪》卷122。
② 《宪宗实录》卷25。
③ 《宪宗实录》卷84。
④ 《宪宗实录》卷101。
⑤ 《宪宗实录》卷128。
⑥ 《宪宗实录》卷168。
⑦ 参见上文“顺天巡抚”“(正德)五年八月复置”段考证。
⑧ 《明经世文编》卷249。

抚山西都御史张桧以驻扎代州往来文移不便，请如弘治间例仍驻省城。兵部议：山西巡抚维有提督三关之衔，内地州县尚多，一切钱谷甲兵讼狱之类皆其总理。宜令平居驻省城，有警移代州。从之”①。《宣大山西三镇图说》山西省城图说记“晋藩及巡抚，布、按、都三司及府、卫、县同城，各署分列”，可见巡抚常驻太原府。又，《明史》卷220《王之诰传》载：隆庆元年，山西“巡抚王继洛驻代州不出，维岳不敢前，石州遂陷”。可见该巡抚有时驻代州。《明史》卷309《李自成传》载崇祯十七年二月，李自成“攻太原，执晋王求桂，巡抚蔡懋德死之”，可证明亡时该巡抚仍驻太原府。《明会典》山西巡抚条载“（嘉靖）四十三年，命……山西镇、巡官移驻广昌”②。

二、河南巡抚

始置于宣德五年二月，辖河南布政司全境。《宣宗实录》宣德五年二月己丑载“遣行在工部左侍郎许廓巡抚河南”③。《皇明大训记》载有宣德五年二月皇帝为赈灾之事赐河南巡抚许廓之诗，诗曰：“河南佰州县，七郡所分治，前岁农事钦，始旱涝复继……”④《宣宗实录》宣德五年六月庚午记“敕巡抚河南侍郎许廓及河南三司，凡河南所属郡县，宣德三年以前逃民所负租悉蠲免之，其逃逸军夫人匠皆免罪”⑤，可见许廓应统辖河南布政司全境。

宣德六年十月罢。《明史》卷111《七卿年表一》载宣德六年正月许廓任兵部尚书，据此推断许廓当卸河南巡抚之任。《宣宗实录》中许廓任巡抚事最后记载见于宣德六年十月，此后应罢。从《宣宗实录》。

十年正月复置，七月罢。《英宗实录》宣德十年正月辛丑条载，户部侍郎王佐等人分别镇守河南等地：“镇守地方，抚绥人民，操练军马，遇有贼寇生发随即调军剿捕，城池坍塌随即拨军修理。”⑥又，宣德十年七月甲申条载，召王佐等还⑦，该抚当罢。

正统十四年四月复置，辖河南布政司全境及北直隶之真定、保定、河间、大名4府诸地。湖广巡抚之襄阳、黄州2府与河南相接之地来属。《英宗实录》

① 《世宗实录》卷6。
② 《明会典》卷209《督抚建置》。
③ 《宣宗实录》卷63。
④ 《皇明大训记》卷15。
⑤ 《宣宗实录》卷67。
⑥ 《英宗实录》卷1。
⑦ 《英宗实录》卷7。

正统十四年四月丁卯载“命大理寺左丞李奎巡抚河南及直隶真定等四府”①，此真定4府当为真定、保定、河间、大名；正统十四年十二月癸酉又载“敕谕右副都御史王来曰：今特命尔巡抚河南并湖广襄阳、黄州等府接连河南地方”②。

景泰元年(1450)，因北直隶南部置巡抚，真定等4府诸地别属之③。同年，黄州府别属湖广巡抚④。

天顺元年罢⑤。

六年因水旱灾复置，辖区当复景泰元年之旧。《英宗实录》天顺六年十二月戊辰条载，因河南水旱灾，且山东巡抚“事情已宁”，故令山东巡抚贾铨“兼抚河南”⑥。

成化元年因析置荆襄抚治，襄阳、南阳2府别属之⑦。

二年罢。《宪宗实录》成化二年六月癸卯条记朝廷召贾铨还京理都察院事⑧。

八年复置，因荆襄抚治罢，其所辖南阳、襄阳、荆州、德安4府悉当来属⑨。《宪宗实录》成化八年二月壬午条载：因山西、河南连年灾伤，又有虏寇深入，故依旧例，在两地各设巡抚，“改礼部右侍郎雷复为都察院右副都御史巡抚山西”⑩。

十二年因复置郧阳抚治(原荆襄抚治)，荆州、襄阳、郧阳(析自襄阳府)3府及南阳府之南阳、汝州、唐县、邓州、桐柏、南召、伊阳等州县别属之⑪。德安府当别属湖广巡抚⑫。

正德二年罢。

五年复置⑬。辖区当复成化十二年之旧。后常置不罢。

崇祯十年因析置安庆巡抚，汝宁府之光州、光山、固始、罗山等州县别属之⑭。

---

① 《英宗实录》卷177。
② 《英宗实录》卷186。
③ 参见“北直隶巡抚”。
④ 参见下文“湖广巡抚”。
⑤ 参见“辽东巡抚”“(天顺)二年四月复置”段考证。
⑥ 《英宗实录》卷347。
⑦⑪ 参见下文“郧阳抚治”。
⑧ 《宪宗实录》卷31。
⑨ 参见“郧阳抚治”“(成化)八年罢”段考证。
⑩ 《宪宗实录》卷101。
⑫ 参见“湖广巡抚”和“郧阳抚治”“时湖广巡抚所辖之安陆”段考证。
⑬ 参见“顺天巡抚”“(正德)五年八月复置”段考证。
⑭ 参见下文“安庆巡抚”。

十五年，上述汝宁府之部分州县当还属①。

巡抚驻地为开封府。《读史方舆纪要》记河南巡抚都御史驻开封②。又，《明史》卷309《李自成传》载崇祯十四年，李自成“遂乘胜陷南阳、邓州十四城，再围开封。巡抚高名衡、总兵陈永福力拒之”。可见明末河南巡抚仍驻开封府。

---

① 参见“安庆巡抚”“崇祯十五年”段考证。
② 《读史方舆纪要·舆图要览》卷1。

第四章　陕西巡抚

陕西巡抚始置于宣德二年(1427),旋罢。六年复置。正统元年(1436)宁夏、甘肃 2 巡抚析置。景泰元年(1450)延绥巡抚析置。以上 4 巡抚设置均较稳定。本章即考证以上各巡抚辖区之沿革。

陕西巡抚

始置于宣德二年,辖陕西全境。《户部尚书郭公墓志铭》载"宣德二年,升户部尚书,命镇压陕西。岁余召还"①,"郭公"指郭敦。《明史稿·郭敦传》记为"宣德二年,进尚书。陕西旱,命与隆平侯张信抚之,岁余召还"。《宣宗实录》宣德二年十一月癸巳记载"巡抚陕西隆平侯张信等言:陕西西安、凤翔诸府岁输粮草于宁夏、甘肃、洮河、岷州诸卫,道路险阻,运致为艰"②,可为佐证。雍正《陕西通志》卷 51 中引康熙六年《陕西通志》郭敦条的记载言及其"进户部尚书,镇守陕西,边陲晏然"③,此时宁夏、甘肃、延绥尚未设巡抚,陕西巡抚辖区应至边陲,含上述三地。

宣德三年五月罢。《宣宗实录》当月己未载"敕召少师隆平侯张信、户部尚书郭敦还京"④。该巡抚遂罢。

六年复置,辖区不变。《巡抚陕西尚书左右都侍郎御史行实》中罗汝敬传记载"宣德六年命提督陕西、甘肃、宁夏屯田"⑤。参见《宣宗实录》宣德六年二月丁酉条⑥和六年九月丙寅条⑦。《明分省人物考》罗汝敬传也记其"巡抚陕西,一方仰赖"⑧。

---

① 《明名臣琬琰录》卷 18。
② 《宣宗实录》卷 33。
③ 雍正《陕西通志》卷 51《名宦二·节镇下》。
④ 《宣宗实录》卷 43。
⑤ 《国朝列卿纪》卷 127。
⑥ 《宣宗实录》卷 76。
⑦ 《宣宗实录》卷 83。
⑧ (明)过庭训:《明分省人物考》卷 64。

正统元年因析置宁夏、甘肃2巡抚，宁夏镇别属宁夏巡抚[①]，甘肃镇别属甘肃巡抚[②]。

景泰元年因析置延绥巡抚，延安、庆阳2府别属之[③]。

天顺元年(1457)罢[④]。

六年复置，辖区当复景泰元年之旧。后常置不罢。《英宗实录》天顺六年十二月癸亥记载"起复河南按察司按察使王槩驰驿赴京，命为都察院右副都御史巡抚陕西"[⑤]。《明史·王槩传》作七年，今从《英宗实录》。

成化十二年(1476)，因复置郧阳抚治，该巡抚所辖汉中府及西安府之商县别属之[⑥]。

十三年商县升州，商州及所属之县别属郧阳抚治[⑦]，此后该巡抚辖西安、凤阳、平凉、巩昌、临洮5府及洮州、岷州2卫。按宁夏、甘肃、延绥、郧阳4巡抚析置后，陕西巡抚当辖陕西剩余之地。《明史》卷178《阮勤传》记载"(阮勤)以右副都御史巡抚陕西……岁饥，奏免七府租四十余万石"。《宪宗实录》亦载成化十六年三月至成化十九年八月阮勤任陕西巡抚。此时延绥、宁夏、甘肃、郧阳4巡抚俱存，除去4抚所辖之地，"七府"当指西安、凤翔、平凉、巩昌、临洮5府及洮州、岷州2卫，正合陕西所剩余之地。

正德二年(1507)郧阳抚治罢，汉中府、西安府之商州及所属各县当还属。《武宗实录》正德五年四月甲寅记"升陕西按察司佥事兰章为都察院右佥都御史巡抚陕西"[⑧]。《巡抚陕西尚书左右都侍郎御史行实》兰章传载"(正德)五年起都察院右佥都御史巡抚陕西，时蜀鸨贼寇汉中，章选将练兵歼其首恶，余党悉平"[⑨]。按郧抚复置于同年八月，可见郧抚复置前，汉中府当属陕西巡抚辖，西安府之商州及所属各县亦当属陕西巡抚。

五年郧阳抚治复置，上述诸地当复别属之[⑩]。

万历九年(1581)郧阳抚治罢，汉中府、西安府之商州及所属各县当还属[⑪]。

---

① 参见下文"宁夏巡抚"。
② 参见下文"甘肃巡抚"。
③ 参见下文"延绥巡抚"。
④ 参见"辽东巡抚""(天顺)二年四月复置"段考证。
⑤ 《英宗实录》卷347。
⑥⑦⑩ 参见下文"郧阳抚治"。
⑧ 《武宗实录》卷62。
⑨ 《国朝列卿纪》卷127。
⑪ 参见本节"正德二年郧阳抚治罢"段考证及"郧阳抚治""万历九年罢"段考证。

十一年，郧阳抚治复置，上述之地再别属之①。

后辖区当大体不变。

巡抚常驻西安府，防秋移驻固原。雍正《陕西通志》卷 15 记“巡抚部院署在布政司西北。明宣德七年建，嘉靖二十一年巡抚赵廷瑞新后堂，辟后轩为北，向前作思济亭于五柏之间”②。《明史》卷 24《庄烈帝纪二》则载崇祯十六年十月“壬申，李自成陷西安，秦王存枢降，巡抚都御史冯师孔、按察使黄䌹等死之”。《罪惟录》列传卷 12 中《孙传庭传》记载与之略同，可见明末巡抚仍驻西安府。

1. 宁夏巡抚

正统元年自陕西巡抚析置，辖宁夏一镇。嘉靖《宁夏新志》卷 2 巡抚条下载录之人，首位为罗汝敬，其次为郭智③。汝敬实为陕西巡抚，当时宁夏镇隶于陕西巡抚，故作此排列，详见“陕西巡抚”“始置于宣德二年”段考证。郭智条下载“正统间以右佥都御史参赞、巡抚”。证之《英宗实录》正统元年二月庚子条：“命右佥都御史郭智参赞宁夏军务。”④故定该巡抚始析置于正统元年。

天顺元年罢。

二年复置，至崇祯十七年不辍。《国朝列卿纪》卷 129《巡抚宁夏等处地方序》记“天顺元年裁革抚臣，二年复设宁夏巡抚”。参见“辽东巡抚”“（天顺）二年四月复置”段考证。

巡抚驻地为宁夏镇城。据嘉靖《宁夏新志》卷 1 载，巡抚衙门位于儒学之西，天顺三年始创建⑤。

2. 甘肃巡抚

正统元年自陕西巡抚析置，辖甘肃一镇。《明会典》记甘肃巡抚“正统元年，甘凉多事，命侍郎参赞军务出镇。于是甘肃以文臣参赞，遂为定制”⑥。

天顺元年罢。

二年复置，至崇祯十七年不辍。辖区亦不变。复置事参见“辽东巡抚”“（天顺）二年四月复置”段考证。又，《国朝列卿纪》卷 130《甘肃巡抚尚书侍郎都御史年表》记芮钊“天顺二年以右副都御史任”。同卷《甘肃抚臣行实》芮钊

---

① 参见下文“郧阳抚治”。
② 雍正《陕西通志》卷 15《公署・西安府》。
③ 《嘉靖宁夏新志》卷 2《宁夏总镇・巡抚》。
④ 《英宗实录》卷 14。
⑤ 《嘉靖宁夏新志》卷 1《宁夏总镇・公署・都察院》。
⑥ 《明会典》卷 209《督抚建置》。

传略同。嘉靖三年(1524)时该巡抚仍辖甘肃镇。《世宗实录》嘉靖三年五月壬午记“甘肃巡抚都御史陈九畴言：本边东隔黄河，西近诸夷，南邻番族，北近虏壤”①，所述地域范围与甘肃镇无异。

巡抚驻地为甘州。《读史方舆纪要·舆图要览》记甘肃巡抚都御史驻甘州②。又，乾隆《甘肃通志》卷8公署载“巡抚甘肃等处都察院在兰州城中，康熙元年(1662)巡抚都御史刘斗自甘州移驻凉州，五年自凉州移驻兰州创建”。可见巡抚长期驻甘州，至清康熙元年始迁。

3. 延绥巡抚

景泰元年自陕西巡抚析置，辖延安、庆阳2府。《明会典》记延绥巡抚“景泰元年，以都御史参赞军务，遂为定制”③。《明史》卷73《职官志二》亦载延绥巡抚“景泰元年专设巡抚加参赞军务”④。辖区此时无确证，以理度之，当辖延安、庆阳2府。参见本节“二年复置”段考证。

天顺元年罢。

二年复置⑤，辖区不变。《徐公瑄墓志铭》记“天顺戊寅(指天顺二年)，北虏犯我西鄙，上特升公右佥都御史抚延、绥、庆阳诸处”⑥。《国朝列卿纪》卷128《延绥左右副佥都御史行实》卢祥传则载成化元年至二年任巡抚，曾选延安、庆阳民之丁壮为士兵。可见当时辖此2府，景泰元年析置时辖区当与此时无异。另，成化六年三月，榆林卫自延安府析置，亦属该抚所辖，故延绥巡抚辖境范围不变。参见《明史》卷42《地理志三》陕西榆林卫条。

崇祯十六年被农民起义军攻克后未曾复置。《明史》卷269《尤世威传》载“明年(指崇祯十六年)十月，贼十万陷延安，下绥德”，后不见该巡抚记载，当罢。

巡抚驻地为榆林镇城。《明史》卷186《熊绣传》载“(弘治)七年以右副都御史巡抚延绥。榆林初仅小堡，屯兵备冬。景泰中始移巡抚、总兵居之，遂为重镇”。按此时巡抚可能暂时驻扎此地，至成化九年始正式移驻。《明会典》记延绥巡抚“成化九年徙镇榆林”⑦，《续文献通考》卷90御史分台明督抚条及《明史》卷73《职官志二》都察院附总督巡抚记载与之同。

---

① 《世宗实录》卷39。
② 《读史方舆纪要·舆图要览》卷1《陕西》。
③⑦ 《明会典》卷209《督抚建置》。
④ 《明史》卷73《职官志二·都察院·附总督巡抚》。
⑤ 参见“辽东巡抚”“(天顺)二年四月复置”段考证。
⑥ 《国朝献征录》卷63。

第五章　云贵川、偏沅巡抚

云贵川巡抚始置于宣德十年(1435)。正统元年(1436)罢。后在其旧地于正统四年、五年和景泰元年(1450)次第设置贵州、松藩、云南、四川4巡抚。其中松藩巡抚于正德六年(1511)省入四川巡抚,贵州巡抚于万历二十七年(1599)析出偏沅巡抚。本章即考证上述各巡抚辖区之沿革。

云贵川巡抚

始置于宣德十年,目的在于考察当地官员,辖云南、贵州、四川全境。《明史》卷157《郑辰传》载"英宗即位,分遣大臣考察天下方面官,辰往四川、贵州、云南,悉奏罢其不职者"。按宣宗死于宣德十年正月,英宗即位亦于此时,次年改年号,该巡抚当置于宣德十年。

正统元年罢。《英宗实录》正统元年七月乙卯条以后不见该巡抚之记载①,当罢。

一、云南巡抚

始置于正统五年,辖云南全境。

正统六年罢。《明史》卷159《丁璿传》记云南麓川思任发反,"正统五年将征麓川,命(璿)乘传往备储饷。寻言用兵便宜,遂命抚云南。麓川平,召为左副都御史"。麓川事平于正统六年十二月,此时该巡抚当罢。

七年复置。《英宗实录》正统七年七月甲子载"命礼部右侍郎侯琎往云南参赞军务"②。

天顺元年(1457)罢。《英宗实录》中天顺元年后不见该巡抚之记载,当罢。参见"辽东巡抚""(天顺)二年四月复置"段考证。

成化十二年(1476)八月恐云南失于控制,遂复置巡抚。成化十年七月庚申时云南总兵官黔国公沐琮曾奏请"参看云南旧有巡抚都御史,今宜复之",皇

---

① 《英宗实录》卷20。
② 《英宗实录》卷94。

帝批曰:“……巡抚亦不必设。”[1]复置当在成化十二年。《明史》卷182《王恕传》记“(成化)十二年,大学士商辂等以云南远在万里,西控诸夷,南接交阯,而镇守中官钱能贪恣甚,议遣大臣有威望者为巡抚镇压之。乃改恕左副都御史以行,就进右副都御史”。《宪宗实录》成化十二年八月辛未亦记“改南户部左侍郎王恕为都察院左副都御史巡抚云南。从大学士商辂等奏请增设也”[2]。

十三年罢。焦竑《玉堂丛语》卷5记“成化丁酉(指十三年)王端毅公恕来巡抚云南,不挈僮仆”。《宪宗实录》成化十三年八月癸亥亦载“改巡抚云南右都御史王恕于南京参赞机务,仍掌院事”[3]。此后《宪宗实录》中不见该巡抚之记载,当罢。

十六年因恐交阯侵扰,复置。《宪宗实录》成化十五年十月戊子条载,户科给事中上疏言及云南应设巡抚,“上批答:……福建巡视、云南巡抚官俱不必用”[4]。成化十六年五月癸卯又载“敕巡抚湖广右副都御史吴诚巡抚云南。……云南近罢巡抚官,至是虑交人入寇,故有是命”[5],此当为复置之时。

正德二年罢。

五年复置[6]。后常置不罢。

嘉靖三十八年(1559),四川巡抚所辖之东川府来属。《明史》卷311《四川土司传一》载:“(嘉靖)三十八年,诏东川土司并听云南节制。时巡按邓渼疏称:蜀之东川逼处武定、寻甸诸郡,只隔一岭,出没无时,朝发夕至。其酋长禄寿、禄哲兄弟,安忍无亲,日寻干戈。其部落以劫杀为生。不事耕作。蜀辖辽远,法纪易疏。滇以非我属内,号令不行。以是骄蹇成习,目无汉法。今惟改敕滇抚兼制东川。因条三利以进,诏从之。”

隆庆三年(1569),四川巡抚所辖之建昌军民府、贵州巡抚所辖之毕节卫来属。后辖区当不变。《明会典》卷209记云南巡抚“隆庆三年加兼建昌、毕节等处地方”[7],《国朝典汇》卷55记云南巡抚“隆庆二年,兼建昌等处地方”[8],今从《会典》。

巡抚驻地为云南府。《皇明职方地图表》卷上《云南职官表》记“云南巡抚

---

① 与前句俱出自《宪宗实录》卷131。
② 《宪宗实录》卷156。
③ 《宪宗实录》卷169。
④ 《宪宗实录》卷195。
⑤ 《宪宗实录》卷203。
⑥ 参见“顺天巡抚”“(正德)五年八月复置”段考证。
⑦ 《明会典》卷209《督抚建置》。
⑧ 《国朝典汇》卷55《总督巡抚》。

驻云南府”。《读史方舆纪要·舆地总图》卷2记载与之同①。

二、四川巡抚

始置于景泰元年，辖松藩军民指挥使司以外之四川全境。《英宗实录》景泰元年二月壬辰记“升四川按察司副使李匡为都察院右佥都御史巡抚四川”②。此时松藩巡抚见在，辖四川之松藩军民指挥使司，此地不在四川巡抚辖区之内。参见“松藩巡抚”。

景泰三年罢。《明实录》景泰三年及以后不见该巡抚记载，当罢。

天顺六年因地方不宁复置，后常置不罢。复置时因松藩巡抚已罢，该巡抚当辖四川全境。《英宗实录》天顺六年八月戊寅载“升广东按察司副使陈泰为都察院左佥都御史巡抚四川，泰先自佥都御史改除副使，至是四川盗起，有言泰旧任四川有名，故升用之”③。松藩巡抚罢于天顺元年，松藩一地当属四川巡抚。参见“松藩巡抚”。

成化十二年因复置郧阳抚治，夔州府治以东地区别属之④。

十五年夔州府治以东地区还属。成化十五年《谕郧阳巡抚官敕》中言“郧阳府并荆州、襄阳，河南南阳，陕西汉中、西安七（应为“六”字之讹）府所属州与郧阳接境四十余处”⑤，可见此时郧阳抚治不辖夔州府部分地区，其地当还属该巡抚。

弘治元年(1488)因松藩巡抚复置，松藩军民指挥使司别属之⑥。

四年因松藩巡抚罢，其所辖之松藩军民指挥使司还属⑦。

正德六年因松藩巡抚复置。松藩之地复别属之，旋罢巡抚，其地再还属⑧。

七年，酉阳宣抚司别属贵州巡抚⑨。

嘉靖三十八年，东川府别属云南巡抚⑩。

---

① 《读史方舆纪要·舆地总图》卷2《云南》。
② 《英宗实录》卷189。
③ 《英宗实录》卷343。
④ 参见“郧阳抚治”。
⑤ 《皇明诏令》卷16《宪宗下》。
⑥ 参见下文“松藩巡抚”。
⑦ 参见“松藩巡抚”“（弘治）四年罢”段考证。
⑧ 参见“松藩巡抚”“正德六年再复置”段考证。
⑨ 参见下文“贵州巡抚”。
⑩ 参见上文“云南巡抚”。

四十二年，夔州府治以东地区别属贵州巡抚[1]。

隆庆三年，建昌军民府别属云南巡抚[2]。

正德十五年时巡抚驻松藩，后常驻成都府，崇祯十三年时一度驻重庆。《武宗实录》正德十五年十一月己巳载“巡按四川御史黎龙奏：松藩西革寨番蛮屡肆抢掠，副总兵等官秩任偏小，乞令巡抚都御史盛应期以春夏驻松藩，秋冬巡腹里，庶事有责成。兵部议复……应期俟征僰蛮事毕，常驻松藩，有事出巡腹里”[3]。《读史方舆纪要》记四川“巡抚都御史驻成都”[4]。又，《明史》卷295《马乾传》载，明末“成都陷，巡抚龙文光死，蜀人其推乾摄巡抚事”。可证明末巡抚仍驻成都。《明史》卷269《张令传》记“时（指崇祯十三年）巡抚邵捷春驻重庆，遣守黄泥洼，倚令及秦良玉为左右手”。

松藩巡抚

该巡抚之设，专为防制松藩等地之羌族。始置于正统四年，当辖四川之松藩军民指挥使司。《明史》卷73《职官志二》记“赞理松藩地方军务一员。正统四年以王翱为之”[5]。

正统六年罢。《明史》卷177《王翱传》记“是年冬（指正统四年），松藩都指挥赵谅诱执国师商巴，掠其财，与同官赵得诬以叛。其弟小商巴怒，聚众剽掠。命翱及都督李安军二万征之……翱至，出商巴于狱，遣人招其弟，抚定余党，而劾诛谅，戍得，复商巴国师。松藩遂平。六年代陈镒镇陕西”。正统六年该巡抚当罢。

十一年复置。《明名臣琬琰录》卷12《左都御史寇庄愍公神道碑铭》记“丙寅（指正统十一年），四川松藩夷不靖，守臣请出师剿之。朝廷念抚治者非人，乃命廷臣推有风力者。佥谓公可。即日召至京师，拜都察院右佥都御史以往”。《英宗实录》正统十一年六月丙辰条略同[6]。

天顺元年罢。接替寇深为巡抚者是罗绮，《明史》卷160《罗绮传》记“上皇还，以劳擢刑部左侍郎。明年二月，出督云南、四川军储。已，代寇深镇守松藩。……在镇七年，威名甚震。……天顺初，召为左副都御史，以功赐二品禄”。又，《天下郡国利病书》记松藩“绮还京，提督大臣不复更置，但以备兵使

①　参见“贵州巡抚”。
②　参见“云南巡抚”。
③　《武宗实录》卷193。
④　《读史方舆纪要·舆地总图》卷2《四川》。
⑤　《明史》卷73《职官志二·都察院·附总督巡抚》。
⑥　《英宗实录》卷142。

者整饬之而已”[①]。参见“辽东巡抚”“(天顺)二年四月复置”段考证。

弘治元年因救灾复置。

四年罢。《明故资政大夫南京礼部尚书致仕赠太子少保童公墓志铭》载“弘治改元……是年冬,(童轩)复以佥举进都察院右副都御史,奉敕提督松藩军务兼理巡抚。……辛亥(指弘治四年)春召还”[②]。《孝宗实录》弘治元年十月乙卯记为“兵部奏,四川松藩番夷杂处,窃掠不常,旧有专设巡抚官。迩年革去,止令腹里都御史兼之。今地方多灾,恐生他变,请增置巡抚官一人,专理军务抚治地方。从之”[③]。弘治四年罢后久未重遣巡抚,《孝宗实录》弘治十四年七月乙丑曾言“巡按四川监察御史姚祥请于松藩等处增设巡抚都御史、参将各一员以监制番夷,使有警易于应授。……兵部覆奏谓:所言可采,命分守参将仍旧,都御史不必增设,余从所议”[④]。

正德六年再复置,寻省入四川巡抚。《武宗实录》正德六年五月乙亥载“改巡视都御史高崇熙提督松藩军务兼理巡抚”[⑤]。高崇熙由四川巡视改此任,数月后又改任四川巡抚,故《武宗实录》正德六年十二月庚辰又记“改提督松藩军务都御史高崇熙巡抚四川”[⑥]。自此松藩巡抚遂罢不设。

巡抚当驻松藩卫。

三、贵州巡抚

始置于正统四年,辖贵州全境。《明会典》卷209贵州巡抚下记“正统四年,命都御史出镇”[⑦]。

正统六年当罢。该巡抚罢于何时未见记载。但该巡抚之设置恐与平息云南麓川土官起事有关,云南巡抚于正德六年事平罢,该抚或亦罢于此时,待考。

八年复置。《英宗实录》正统八年二月丙午条载,云南总督王骥等奏贵州地方需派大臣统辖,“于是尚书王直等举都察院右副都御史丁璿。上赐敕遣之”[⑧]。又,《国朝献征录》卷60《都察院右副都御史丁公璿传》作“仍敕巡抚云南兼督馈饷,寻以征陆川功升副都御史,兼巡贵州”。暂从《实录》。

---

① 《天下郡国利病书》第20册《四川・蜀中边防记・川西》。
② (明)倪岳:《青溪漫稿》卷23。
③ 《孝宗实录》卷10。
④ 《孝宗实录》卷77。
⑤ 《武宗实录》卷75。
⑥ 《武宗实录》卷82。
⑦ 《明会典》卷209《督抚建置・贵州巡抚》。
⑧ 《英宗实录》卷101。

天顺元年罢。《英宗实录》不见该抚记载，当罢。参见“辽东巡抚”“（天顺）二年四月复置”段考证。

成化元年复置。《宪宗实录》成化元年十二月庚子载“以贵州左布政使李浩为都察院右副都御史巡抚贵州”①。

正德二年罢。

五年复置，此后常置不罢。《武宗实录》正德五年九月己卯载以“致仕右副都御史邵宝巡抚贵州”②。参见“顺天巡抚”“（正德）五年八月复置”段考证。

七年四川巡抚所辖之酉阳宣抚司，湖广巡抚所辖之常德、辰州2府及靖州直隶州来属。《罪惟录》列传卷13上《杨茂元传》中记“谨诛，起历贵州巡抚佥都御史，兼制四川酉阳、湖广湖北诸道”。按诛刘瑾在正德五年八月；杨茂元任巡抚当在七年三月，见《武宗实录》正德七年三月癸酉条③。另，湖广布政司之湖北分守道据《明会要》载，当辖常德、辰州2府及靖州直隶州④。来属之地范围即据此推定。

嘉靖二十七年，上述来属诸地别属湖广贵州四川总督直辖⑤。

四十二年因罢总督，上述诸地当还属，四川巡抚所辖夔州府之东部地区当来属。《明会典》卷209载嘉靖四十二年湖广贵州四川总督罢后，“令贵州巡抚兼督湖北、川东，提督军务”⑥。参见“湖广贵州四川总督”“为镇压贵州”段考证。因四川夔州府东部地区地位较特殊，“川东”所指范围似应包含此地。又，《明会典》此语之前原文为：“嘉靖七年，设云、贵、四川、湖广等处总制，抚剿苗蛮土夷，事平革。二十七年复设，沅州驻扎，四十二年复革。”嘉靖七年所设总制与二十七年所设总督在辖区方面判然有别。《明会典》将本无承继关系的两件事拼接在一起，极易造成误会。参见下文“云贵川湖广总制”和“湖广贵州四川总督”。

隆庆三年，毕节卫别属云南巡抚⑦。

万历二十七年，因析置偏沅巡抚，酉阳宣抚司，常德、辰州2府，靖州直隶州，夔州府东部地区及镇远、思州、黎平3府别属之⑧。

---

① 《宪宗实录》卷24。
② 《武宗实录》卷67。
③ 《武宗实录》卷85。
④ 见《明会要》卷73《方域三·十三布政司分辖道·湖广》。
⑤ 参见下文“湖广贵州四川总督”。
⑥ 《明会典》卷209《督抚建置·贵州巡抚》。
⑦ 参见“云南巡抚”。
⑧ 参见下文“偏沅巡抚”。

三十一年偏沅巡抚罢，上述诸地当还属。偏沅巡抚罢后，原辖地当还属贵州巡抚，如万历三十六年胡桂芳任贵州巡抚，称“巡抚贵州兼督理湖北、湖南、川东等处地方军务”①。万历四十二年张偲任巡抚②，万历四十七年李枟任巡抚皆同③。

天启二年十月复置偏沅巡抚，上述诸地别属之④，十一月偏沅巡抚罢，上述诸地来属⑤。

四年复置偏沅巡抚，上述诸地当别属之⑥。

五年石阡府亦别属偏沅巡抚⑦。

崇祯七年偏沅巡抚罢，酉阳宣抚司，常德、辰州2府，靖州直隶州，夔州府东部地区及镇远、思州、黎平、石阡4府复来属⑧。

十年复置偏沅巡抚，上述诸地复别属之⑨。

巡抚驻贵阳府。嘉靖《贵州通志》卷5记巡抚公署“在治城东北隅”⑩，成化十年始置，后历朝增修。又，《读史方舆纪要·舆图要览》卷2贵州条同。乾隆《贵州通志》卷8记巡抚贵州都察院公署“在府城内东北。明成化十年巡抚朱钦建，弘治间巡抚邓廷瓒改建。明末圮”⑪。隆庆三年三月始称贵阳府。

四、偏沅巡抚

为平定播州土官叛乱，万历二十七年自贵州巡抚析置(见图41)。《明史》卷73《职官志二》记偏沅巡抚“万历二十七年以征播暂设”⑫。《罪惟录》帝纪卷14《神宗纪》载万历二十七年“冬十一月，诏以江铎开府偏桥镇扼贼”。又，《神宗实录》万历二十八年二月乙亥记“以川、黔用兵，偏沅添设巡抚，上用江铎为都察院右佥都御史，巡抚偏沅等处地方，提督军务兼理粮饷”⑬。按似应为万历二十七年下诏设抚，二十八年巡抚官实到任。兹以二十七年为准。

贵州巡抚所辖之镇远、思州、黎平、常德、辰州府，夔州府东部，施州卫，永顺宣慰司，保靖州宣慰司，靖州直隶州，酉阳宣抚司当来属。偏沅巡抚辖区，史

① 《神宗实录》卷450万历三十六年九月丙申。
② 《神宗实录》卷523万历四十二年八月戊戌条。
③ 《神宗实录》卷584万历四十七年七月丁未。
④⑥⑦⑨ 参见“偏沅巡抚”。
⑤ 参见“偏沅巡抚”“天启二年十月复置”段考证。
⑧ 参见“偏沅巡抚”“崇祯七年罢”段考证。
⑩ 嘉靖《贵州通志》卷5《公署·都察院》。
⑪ 乾隆《贵州通志》卷8《公署·巡抚贵州都察院署》。
⑫ 《明史》卷73《职官志二·都察院·附总督巡抚》。
⑬ 《神宗实录》卷344。

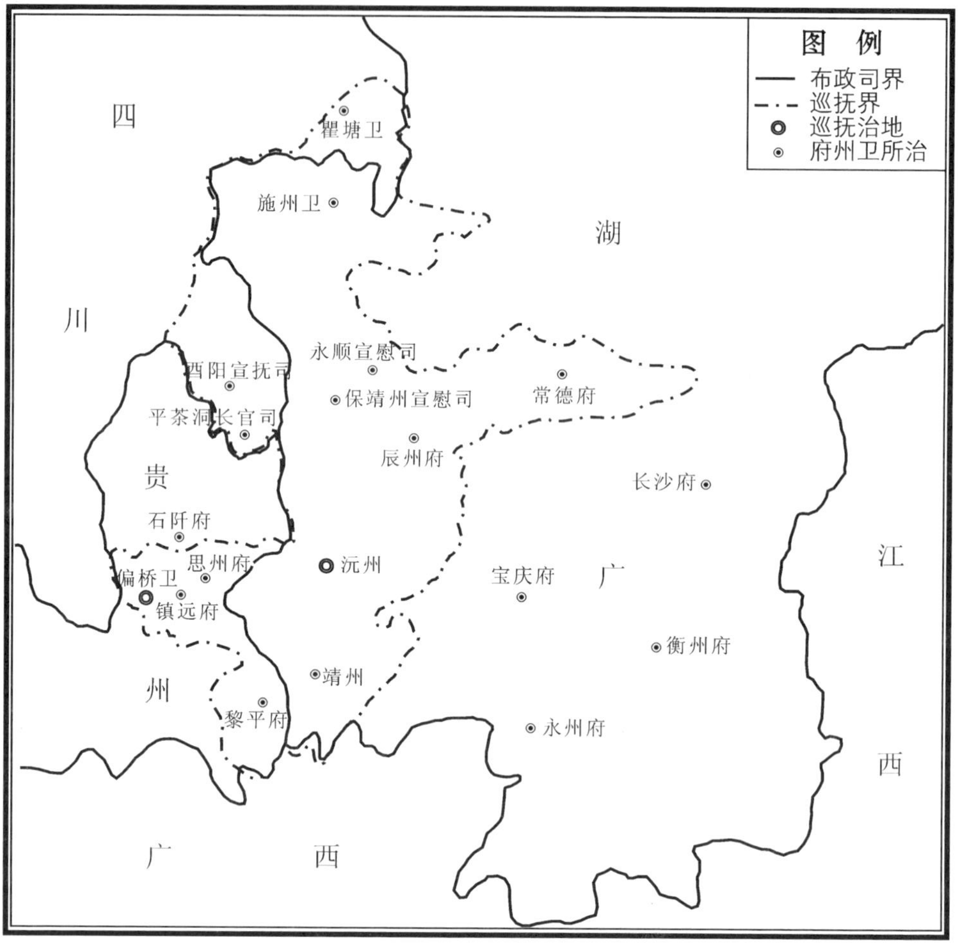

图 41 万历二十七年(1599)偏沅巡抚辖区图

籍语焉不详,需加以考辨。《黔南识略》卷 12 记:"贵东道所辖六郡惟镇远为适中之区,明曾设偏沅巡抚于其地,以制诸苗,非因其形势便于指挥欤!"① 又,《明事断略》述及嘉靖时曾在辰州开府设官镇压诸苗之事后称:"治苗之法,剿抚互用可也。呜呼!开府辰州,虽一时权宜,然三省苗徒不时蠢动,提督军务,必不可少。后来偏沅巡抚之设,仿此事而行之者欤。"按偏沅巡抚此时辖区,基本上应为嘉靖二十七年"湖广贵州四川总督"直辖之地,此地于嘉靖四十二年还属贵州巡抚,此时再析出,与原辖区相比略有拓展,统归偏沅巡抚管辖。原

① (清)爱必达:《黔南识略》卷 12《镇远府》。

“湖广贵州四川总督”辖区，史籍无明确描述，只约略称其辖“湖广自辰、沅一带通贵州，川东”①，估计应含湖广常德、辰州2府，四川夔州府东部地区，四川酉阳宣抚司，平茶洞长官司，湖广施州卫，永顺宣慰司，保靖州宣慰司，靖州直隶州及贵州东部地区。《神宗实录》万历二十八年二月丙子条载，偏沅巡抚“远驻偏桥，鞭长不及马腹，况偏桥地僻城小，既驻总兵衙署，供亿力不支，宜令抚臣移镇沅州而守，巡历清、平、偏、镇，以便就近策应”②。按此4卫分别在贵州思州府、镇远府及附近地区，参照本段所引《黔南识略》文意推测2府当属该巡抚管辖。又，《明史》卷247《陈璘传》载，万历二十八年，偏沅巡抚江铎征讨皮林蛮，皮林蛮地处“湖、贵交，与九股苗相接”，大体应分布在贵州黎平府境内，故此推测该府亦属偏沅巡抚管辖。

万历三十一年罢。自此年《明实录》不见该巡抚记载，当罢。

天启二年十月复置，辖区当复万历二十七年之旧。十一月罢。《熹宗实录》天启二年八月辛未载“湖广巡抚薛贞请敕四川、云南、广西三省协济黔饷，偏沅添设军门。下部议”③。又，天启二年九月丙辰条载，巡抚都御史傅宗龙议：因贵州巡抚、湖广巡抚皆无法顾及偏沅地区，故“偏沅宜更设一巡抚”④，天启二年十月甲戌亦载升“郧阳巡抚杨述中为兵部右郎兼都察院右佥都御史，巡抚偏沅等处地方，提督军务兼督贵州兵饷”⑤。天启二年十一月辛酉，“以偏沅巡抚杨述中为兵部右侍郎兼都察院右佥都御史总督贵州，兼制湖广辰、常、衡、永十一府并云南军务，兼理粮饷”⑥，偏沅巡抚当罢。

四年复置，辖区仍旧。《熹宗实录》天启四年二月丙午载“四川右布政李仙品为佥都御史巡抚偏沅”⑦。

五年贵州巡抚所辖之石阡府来属。《明史》卷316《贵州土司传》记“天启五年，巡抚傅宗龙奏：苗寇披猖，地方受害，乞敕偏沅巡抚移镇偏桥，勿复回沅、凡思、石、偏、镇等处俾练兵万余人”，“石”当指贵州石阡府，此时当属该巡抚辖。

崇祯七年罢。《明实录》自崇祯七年不见该巡抚记载，当罢。

十年复置，辖区实际已扩展至湖广布政司洞庭湖以南地区（见图42）。

---

① 参见“湖广贵州四川总督”“为镇压贵州”段考证。
② 《神宗实录》卷344。
③ 《熹宗实录》卷25。
④ 《熹宗实录》卷26。
⑤ 《熹宗实录》卷27。
⑥ 《熹宗实录》卷28。
⑦ 《熹宗实录》卷39。

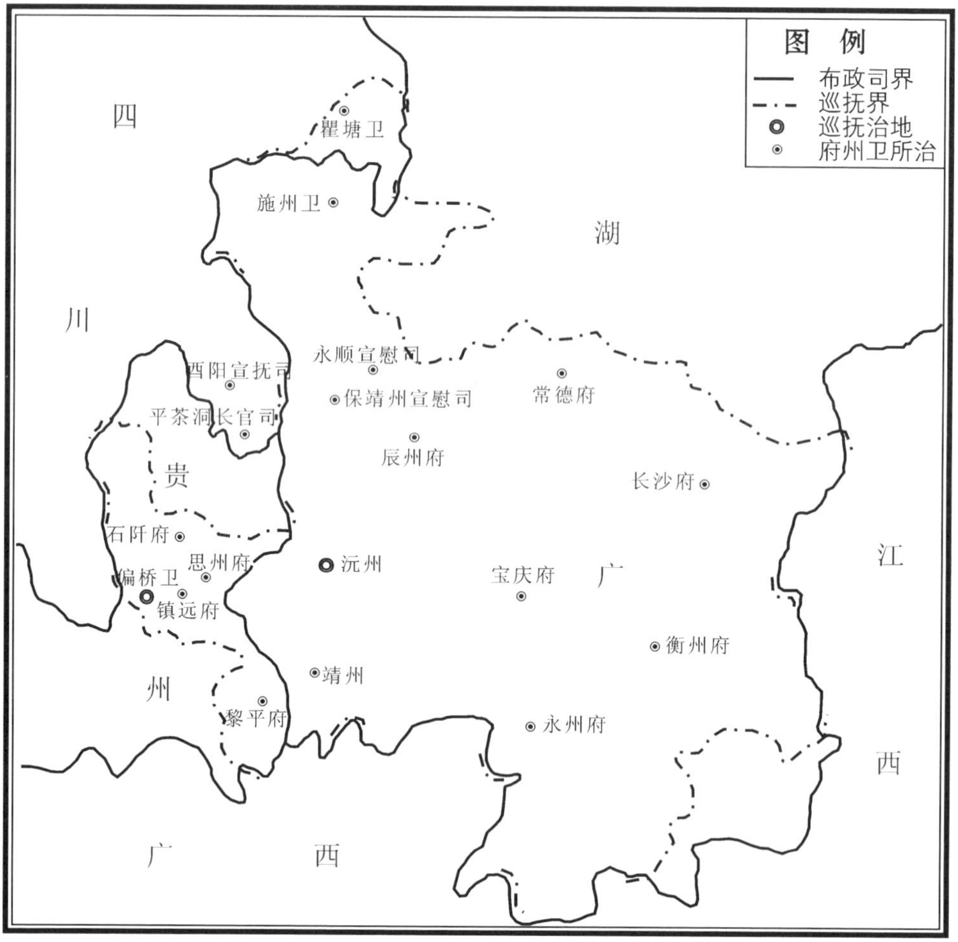

图 42 崇祯十年(1637)偏沅巡抚辖区图

《国榷》崇祯十年七月己巳载“陈睿谟为右副都御史，提督偏沅军务，巡抚湖南、湖北”①。此湖南指上湖南、下湖南分守道，湖北指湖北分守道。上湖南道辖湖广衡州、永州 2 府及郴州直隶州，下湖南道辖长沙、宝庆 2 府，湖北道辖常德、辰州 2 府及靖州直隶州②。由此可见，湖广洞庭湖以南之地基本为该巡抚所辖。《明史》卷 260《高斗枢传》载，崇祯十年时，“楚郡之在湖北者，尽罹贼祸，势且及湖南，临、蓝、湖、湘间土寇蜂起。……巡抚陈睿谟大征临、蓝寇，斗

① 《国榷》卷 96。
② 见谭其骧主编：《中国历史地图集》第七册，明朝湖广分幅图背，湖广分守道表。

枢当南面，大小十余战，贼尽平”。又，《国榷》崇祯十一年六月己酉记“巡抚偏沅陈睿谟至桂阳……会师剿寇”[①]。可见此时该巡抚辖区已囊括洞庭湖以南广大地区。《明史》卷294《李乾德传》载，乾德于崇祯“十六年历右佥都御史抚治郧阳，未赴，改湖南”。此处“湖南”实指偏沅巡抚辖区。从此处亦可看出该巡抚辖区确已包括洞庭湖之南广大地区。《清通典》卷33所言更明：“湖南初设偏沅巡抚，后改为湖南巡抚。”[②]《清通志》卷69所载同[③]。

该巡抚于沅州、偏桥镇轮流驻扎[④]，崇祯末年移至长沙府。雍正《湖广通志》卷28《职官志》记载“陈睿谟，武进士，巡抚偏沅都御史，怀宗末年开府长沙，沅抚自此始”。

① 《国榷》卷96。
② 《清通典》卷33《职官・总督巡抚》。
③ 《清通志》卷69《职官略六・巡抚》。
④ 据本节所引史料推测而定。

第六章　山东淮扬巡抚

山东淮扬巡抚始置于宣德五年(1430)，正德初年罢，后复置。十四年(1519)析为山东、凤阳2巡抚。其中山东巡抚置罢不常，正德五年复置，即常置不罢，天启元年(1621)时，又析置登莱巡抚。凤阳巡抚析置后亦置罢不常。正德五年复置后，至崇祯十七年(1644)不辍。本章即考证以上各巡抚辖区之沿革。

山东淮扬巡抚

宣德五年因赈济灾荒而设置，辖山东布政司及南直隶之江北部分。关于宣德五年时该巡抚辖区有两种记载，需加以辨析：其一为巡抚北直隶、山东，姑且简称为"北辖区"；其二为巡抚淮扬、山东，姑且简称为"南辖区"。"北辖区"之记载如下：《国榷》宣德五年九月丙午条载，曹弘为刑部右侍郎，巡抚北畿、山东①。《国朝典汇》卷55《总督巡抚》、《大政记》卷12宣德五年九月丙午条、《明通鉴》卷20宣德五年九月丙午条均略同。"南辖区"之记载如下：《英宗实录》正统三年十二月己卯条述曹弘小传："宣德庚戌(指五年)，朝廷以东南诸处粮赋不充而民疲于趋事，特命廷臣荐可当重任者往抚治之，得弘等五人，俱拜为侍郎。弘受敕巡抚山东、淮扬等处，事集而民不扰，一方赖之以安。"②《国朝献征录》卷46和卷51收录的曹弘两篇小传均略同。综上所述，曹弘于宣德五年或者根本未就任北直隶山东巡抚，或者仅短期就任，旋改巡抚南直隶山东，理由如次：首先，《明史》卷81《食货志五》载，约宣德五年时，针对东南地区钞关监收情况，"侍郎曹弘言：塌房月钞五百贯，良苦，有鬻子女输课者。帝令核除之"。按曹弘巡抚山东、淮扬时，官职正是侍郎。此条材料与"南辖区"之记载暗合。其次，宣德五年至正统十四年，山东淮扬巡抚基本上一直设置，详见下文；而宣德五年后不见"北辖区"之记载。参见"北直隶巡抚""始置于宣德五年"段考证。

---

① 《国榷》卷21。

② 《英宗实录》卷49。

该巡抚具体辖区，当为山东布政司及南直隶之江北部分。如《宣宗实录》宣德九年十月庚戌条载有对辖区的间接描述：“巡抚侍郎曹弘奏：直隶凤阳、淮安、扬州、庐州四府，徐、滁、和三州并山东济南、东昌、兖州三府……”①与前引史料相对照，辖区自明。

正统四年罢，寻复置，辖区不变。《国朝典汇》卷55《总督巡抚》载：“（正统）四年二月，户部奏：山东、湖广并直隶淮安等府俱差侍郎巡抚总督税粮近以事去。乞命侍郎巡抚。上曰：巡抚为民而设，苟其非人，适以扰之。今朝廷既无科差采办之事，税粮自有增置官员，不必侍郎巡抚。”王世贞《弇山堂别集》卷47《六部尚书表·出巡抚者》言赵新“正统四年以右侍郎抚淮南、山东”。此当为复置。

八年去山东。《弇山堂别集》卷59《工部右侍郎》记王永和“八年（指正统八年）巡抚淮右”。山东此时不在辖区之内。

十年辖南直隶江北部分之凤阳、淮安、扬州、庐州4府及滁州直隶州。薛希琏一人兼任南直隶巡抚和北直隶巡抚②。

十二年，辖山东济宁以南及南直隶江北部分。《英宗实录》正统十二年五月己亥载“敕大理寺左少卿张骥曰：山东济宁以南至直隶淮安、扬州府系两京往来通路，频岁不登，人民缺食，特命尔往，同府州县官发官仓粮，赈济缺粮者……”③《明史》卷172《张骥传》亦载此事：“还朝，进右少卿。已，命巡视济宁至淮、扬饥民。”

十四年四月辖山东布政司及南直隶之凤阳、庐州、淮安、扬州4府。《英宗实录》当月丁卯载“吏部右侍郎赵新巡抚山东及直隶凤阳等四府”④。《大政记》卷14正统十四年四月庚戌条同。按凤阳4府一般指凤阳、庐州、淮安、扬州4府。

十四年十二月析为山东、凤阳2巡抚。《英宗实录》当月庚戌载“命吏部尚书赵新巡抚南直隶江北，左副都御史洪英巡抚山东”⑤。

一、山东巡抚

正统十四年由山东淮扬巡抚析置，辖山东布政司全境⑥。

① 《宣宗实录》卷113。
② 参见上文“北直隶巡抚”“（正统）十年五月复置”段考证。
③ 《英宗实录》卷154。
④ 《英宗实录》卷177。
⑤ 《英宗实录》卷186。
⑥ 参见上文“山东淮扬巡抚”。

成化十三年(1477)罢。《宪宗实录》成化十三年及以后不见该巡抚之记载,当罢。

二十年复置。《宪宗实录》成化十八年八月辛丑条载,户部尚书翁世资、吏部尚书尹旻上疏称"山西、河南并顺天、永平二府见有都御史巡抚,而山东及真定等六府无之。乞简敕在京大臣二员,一巡视山东,一巡视北直隶"①,至成化二十年二月甲戌"改南京刑部右侍郎盛颙为都察院左副都御史巡抚山东。时户部奏:畿内顺天、保定等八府与山东、山西、河南俱近宣府、大同二边,常年军需多仰给于此,顺天、永平二府并山西、河东(当为"河南")俱有巡抚大臣,而山东与保定等六府独无……今东作方兴,畿内及山东诸州县与夫近边之地,皆宜预为之处。乞复设巡抚官各一员,许以便宜从事,用责成效。故有是命"②。

正德二年罢。

五年复置③。后常置不罢。

天启元年因析置登莱巡抚,登州、莱州 2 府别属之④。

七年青州府亦别属登莱巡抚⑤。

崇祯二年因登莱巡抚罢,登州、青州、莱州 3 府当还属。

三年因复置登莱巡抚,登州、青州、莱州 3 府别属之。《明史》卷 73《职官志二》载"(登莱巡抚)崇祯二年罢,三年复设"⑥。

巡抚驻济南府,明末一度移驻德州。光绪《山东通志》卷 19 记巡抚驻济南府⑦。又,《明史》卷 248《颜继祖传》载崇祯八年时颜任山东巡抚"十一年,命继祖移驻德州……济南由此空虚"。

登莱巡抚

为防备后金从海路南下而设。天启元年自山东巡抚析置,登州、莱州 2 府来属。《明史》卷 73《职官志二》记"巡抚登莱地方赞理军务一员。天启元年设"⑧。《明史》卷 270《沈有容传》亦载"天启改元,辽、沈相继复。熊廷弼建三方布置之议,以陶郎先巡抚登、莱……登、莱遂为重镇"。《明史》卷 259《熊廷弼传》略同。

天启二年,辽东巡抚所辖辽东沿海诸岛来属。时辽东沿海诸岛均在毛文

---

① 《宪宗实录》卷 230。
② 《宪宗实录》卷 249。
③ 参见"顺天巡抚""(正德)五年八月复置"段考证。
④⑤ 参见"登莱巡抚"。
⑥⑧ 《明史》卷 73《职官志二·都察院·附总督巡抚》。
⑦ 光绪《山东通志》卷 19《疆域志第三·城池》。

龙控制下。毛原为辽东巡抚王化贞属下军官，天启二年，宁远失地，王化贞败绩，毛则继续在沿海诸岛招集逃亡汉人以袭扰牵制后金，时称一镇，驻地在东江（即皮岛，今朝鲜椴岛）①。天启二年时东江等地即已属登莱巡抚，后有人提议罢登莱巡抚，大学士孙承宗于天启三年上疏驳斥②。又有稍后史料可为佐证：《明史》卷320《外国传一》朝鲜条载，天启五年兵部奏“牵制敌国者，朝鲜也；联属朝鲜者，毛镇（指毛文龙的东江一镇）也；驾驭毛镇者，登抚也”。所谓辽东沿海诸岛大体应包括皮岛、石城岛、獐子岛、鹿岛、广鹿岛、长山岛等③。

七年，山东巡抚所辖青州府来属。《明史纪事本末》补遗卷4载“（天启）七年三月，建州兵攻朝鲜，朝鲜不支，折而入于建州，遂导建骑东袭。文龙力御之。……上命文龙相机战守，并命登抚暂移登、青、莱三府仓储接济”④。后仍有登抚辖青州之记载。《明史》卷276《曾樱传》载，崇祯十七年时，樱为登莱巡抚，“山东初被兵，巡抚所部济、兖、东三府州县尽失……而樱所部青、登、莱三府失州县无几”。又，《清世宗实录》顺治元年十一月丁亥载“登莱巡抚陈锦清开临朐、招远矿洞”⑤。临朐属青州府，可见清初登莱巡抚仍辖青州府。清初该巡抚辖区当准明末，此亦为旁证。

崇祯二年罢。

三年复置⑥，至十七年不辍。

巡抚常驻登州府，间或移驻莱州府。《明史》卷248《孙元化传》记载“（崇祯）三年，皮岛副将刘兴治为乱，廷议复设登莱巡抚，遂擢元化右佥都御史任之，驻登州”。《明史》卷86《河渠志四》海运记崇祯十二年时，沈廷扬奏海运之便，“帝大喜，加廷扬户部郎中，命往登州与巡抚徐人龙计度”。《皇明职方地图表》卷上《山东职官表》载“登莱巡抚驻登州”。又，《明史》卷248《徐从治传》载，崇祯五年时，谢琏任登莱巡抚，“诏琏驻莱州”。

二、凤阳巡抚

又称淮扬巡抚⑦。

---

① 参见李光涛：《毛文龙酿乱东江本末》，《历史语言研究所集刊》第19册，第384～385页；又参见《明史纪事本末》补遗卷4《毛帅东江》、《明史》卷259《袁崇焕传》。

② 见《熹宗实录》卷42天启三年十二月辛卯。

③ 详见《明清内阁大库史料》第1辑下册明代《登莱巡抚杨文岳为会报失岛战没官兵数目事》第66号（崇祯十年闰四月二十日）。

④ 《明史纪事本末》补遗卷4《毛帅东江》。

⑤ 《清世宗实录》卷11。

⑥ 参见上文“山东巡抚”。

⑦ 见本节“（正德）五年复置”引（明）陆粲：《庚巳编》。

正统十四年底由山东淮扬巡抚析置[①]，辖凤阳、淮安、扬州、庐州4府及滁、徐、和3州（见图43）。《英宗实录》景泰元年十月庚辰条载“敕刑部右侍郎耿九畴曰：往者命尔巡治盐法，今持命尔不妨前事，仍兼巡抚凤阳、淮安、扬州、庐州四府，滁、徐、和三州”[②]。《国榷》景泰元年十月庚辰条同[③]。

景泰二年去凤阳府、滁州。《英宗实录》景泰二年十月壬辰载“敕谕右佥都御史王竑曰：先命刑部右侍郎耿九畴往淮安等府州巡抚，今已召回京。特命尔仍依前敕，总督漕运兼巡抚淮安、扬州、庐州三府并徐、和二州”[④]。《国榷》景泰二年十月辛卯条同[⑤]。《明史》卷177《王竑传》则言“（景泰二年冬）耿九畴召还，敕竑兼巡抚淮、扬、庐三府，徐、和二州”。以上材料可证辖区内缩确在景泰二年十月。

三年凤阳府、滁州还属。《英宗实录》景泰三年九月庚戌载“敕总督漕运巡抚淮安等处右佥都御史王竑曰：已尝命尔总督漕运兼巡抚直隶扬州、庐州、淮安三府并徐、和二州，今复命尔兼巡抚直隶凤阳府并滁州”[⑥]。《国朝典汇》卷55总督巡抚略同。

天顺元年罢。

七年复置，辖区同景泰三年。天顺元年至六年《明实录》无该巡抚之记载，当罢。《英宗实录》天顺七年三月甲辰载“敕谕都察院左副都御史王竑命：特命尔总督漕运……仍兼巡抚凤阳、淮安、扬州、庐州并徐、滁、和府州地方”[⑦]，复置。

成化元年，应天巡抚所辖之安庆府来属，故该巡抚此时应辖凤阳、淮安、扬州、庐州、安庆5府及滁、和、徐3州。《宪宗实录》成化元年八月己亥载“巡抚淮扬右副都御史陈泰奏：凤阳、淮、扬、安庆、徐、滁、和等府州县俱被水灾”[⑧]。此前安庆府属应天巡抚管辖。

四年，安庆府别属应天巡抚[⑨]。

正德二年罢。

---

① 参见“山东淮扬巡抚”“（正统）十四年十二月析为山东、凤阳二巡抚”段考证。
② 《英宗实录》卷197。
③ 《国榷》卷29。
④ 《英宗实录》卷209。
⑤ 《国榷》卷30。
⑥ 《英宗实录》卷220。
⑦ 《英宗实录》卷350。
⑧ 《宪宗实录》卷20。
⑨ 参见下文“应天巡抚”。

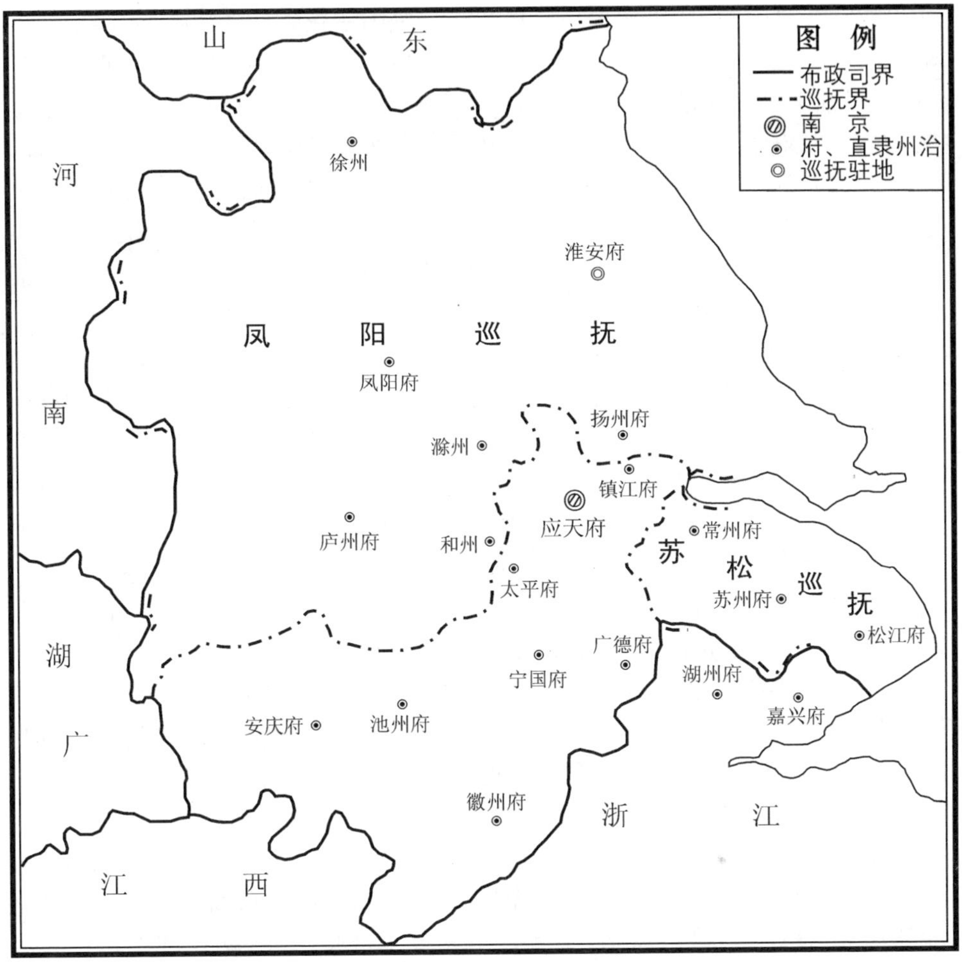

图 43　正统十四年(1449)南直隶地区巡抚辖区图

五年复置[①]，即常置不罢，复置后辖区同成化四年。成化四年至崇祯十年前，有关该巡抚辖区的史料多为简省之词，只记 4 府，省略 3 州，实际 3 州亦在辖区之内。现简要考证如下：《明史》卷 160《张鹏传》载“成化四年，以右佥都御史巡抚广西，剿蛮有功。其冬罢巡抚官，命还理南京都察院事，改督漕运，兼抚淮、扬四府。寻解漕务，专理巡抚事”。《明史》卷 205《李遂传》载“(嘉靖)三十六年，倭扰江北。廷议以督漕都御史兼理巡抚，不暇办寇，请特设巡抚，乃命

① 参见前文“顺天巡抚”“(正德)五年八月复置”段考证。

遂以故官抚凤阳四府”。《明会典》卷209记凤阳巡抚辖区为“淮、扬、庐、凤四府,徐、和、滁三州”①,此为万历十年左右时辖区。《明史》卷260《杨一鹏传》载“(杨)崇祯六年以兵部左侍郎拜户部尚书兼总督漕运,巡抚江北四府”。《明史》卷276《朱大典传》载“(崇祯)八年二月,流贼陷凤阳,毁皇陵,总督杨一鹏被逮。诏大典总督漕运兼巡抚庐、凤、淮、扬四郡”。综观以上五条史料,除《明会典》外,当均为简省之记载,其略去之滁、和、徐3州,亦当在该抚辖区之内。《庚巳编》卷第8内有记载可为证:“巡抚淮扬等处都御史丛兰奏,所管滁州鲍千户家母牛生一犊,两头八足两尾,共一背,出胎即亡。”丛兰任巡抚在正德十年至十五年,此条材料可证明此时滁州仍属该抚所辖,其余2州(和州、徐州)亦不应别属。此外,无任何明确记载可证明3州在此时期内曾别属其他巡抚。参见“应天巡抚”。

崇祯十年因析置安庆巡抚,庐州府别属之②。

巡抚常驻淮安府,间或驻扬州府泰州,后复驻淮安。崇祯八年移驻凤阳府。《弇山堂别集》中的《总督漕运兼巡抚凤阳等处都御史年表》载王竑任淮扬巡抚时,“以淮为治所”③。《明史》卷159《陈泰传》记“(天顺)八年进右副都御史。总督漕运兼巡抚淮、扬诸府。莅淮三年,谢政归”。又,《武宗实录》正德十五年九月辛酉载“上驻跸淮安,都御史丛兰,总兵官顾仁隆等进贺功金牌、花红彩帐”④。另据嘉靖《惟扬志》卷7公署志载:“国朝府城巡抚都察院,在府西南。嘉靖壬辰都御史刘节、知府侯秩建。”可知嘉靖时期巡抚移驻扬州府。据万历《扬州府志》卷8《秩官志》载,可知万历时期巡抚曾移驻泰州⑤。另据《明史》卷276《朱大典传》载,大典任巡抚时“移镇凤阳”,原因是当时“江北州县多陷”。《明史》卷260《杨一鹏传》言“先是(指崇祯八年前),贼渐逼江北,兵部尚书张凤翼请敕一鹏移镇凤阳,温体仁格其议。贼骤至,一鹏在淮安,远不及救”。《皇明职方地图表》卷上《南直隶职官表》载:“漕运总督巡抚凤阳驻淮安。”此图为明崇祯九年刻本,此说反映崇祯九年前之实况,与前引史料相合。

---

① 《明会典》卷209《督抚建置》。
② 参见下文“安庆巡抚”。
③ 《弇山堂别集》卷61《卿贰表》。
④ 《武宗实录》卷191。
⑤ 参见殷勇:《明代凤阳巡抚移驻泰州考辨》,《江苏地方志》2010年第5期。

第七章　南畿浙西、福建巡抚

南畿浙西巡抚始置于洪熙元年(1425),宣德五年(1430)析为应天、浙江2巡抚。其中应天巡抚于正德二年(1507)罢,五年复置,后常置不罢。崇祯十年(1637)时析置安庆巡抚。浙江巡抚析置后置罢不常,嘉靖三十一年(1552)复置,至崇祯十七年不辍。

福建巡抚始置于正统元年(1436)。后置罢不常。嘉靖三十五年复置,至崇祯十七年不辍。

因为浙江巡抚与福建在辖区方面有密切关联,故将两地列于一章之中。本章即考证以上各巡抚辖区之沿革。

一、南畿浙西巡抚

始置于洪熙元年,辖南直隶之应天、苏州、松江、常州、镇江,浙江布政司之嘉兴、湖州、杭州8府。《明史》卷159《熊概传》载"洪熙元年正月,命以原官与布政使周干、参政叶春巡视南畿、浙江",同年八月"擢大理寺卿,与春同往巡抚。南畿、浙江设巡抚自此始"。《明史》卷159《叶春传》记"(叶春)先后凡三莅浙西,治事于乡,人无议其私者"。参见《明史》卷8《仁宗纪》和《大政记》卷11洪熙元年八月丁卯条。雍正《浙江通志》卷147《名宦二》引汤斌《熊概传》载此时辖区最详:"(熊概)洪熙初以布政使巡视应天、苏、松、常、镇、嘉、湖、杭八府,宣德初擢大理寺卿巡视如故。"

宣德五年为便于督催税粮,析为应天、浙江2巡抚。宣德五年九月,周忱巡抚南直隶,赵伦巡抚浙江,2巡抚自此析置[①]。此处"南直隶"当专指南直隶之江南,不含江北地区。因为此时南直隶之江北地区属山东淮扬巡抚管辖[②]。《明史》卷153《周忱传》又载"(宣德)五年九月,帝以天下财赋多不理,而江南为甚,苏州一郡,积逋至八百万石。思得才力重臣往厘之。乃用大学士杨荣荐,迁忱工部右侍郎,巡抚江南诸府,总督税粮"。

---

① 参见上文"北直隶巡抚""始置于宣德五年"段考证。

② 参见上文"山东淮扬巡抚"。

此时巡抚当无固定驻地。王锜《寓圃杂记》卷下记"嘉兴叶某尝掾为府，后仕至通政参议。宣德中与大理少卿熊概巡抚东南。一日同至嘉兴公馆……"又，《国朝列卿纪》卷72《都察院左右都御史行实》熊概传载，熊任巡抚时曾"遍历其地"，此时该巡抚似无固定驻地。

1. 应天巡抚

又称苏松巡抚①。

宣德五年由南畿浙西巡抚析置②，辖南直隶之苏州、松江、常州3府。《罪惟录》列传卷11上《周忱传》记载周忱"宣德五年，历工部右侍郎，巡抚江南，是时苏州逋税七百九十万，常、松亦然"。又，《英宗实录》正统三年十一月戊戌载"巡按浙江监察御史俞本奏：江南、浙西一带地广民稠，税粮浩繁，国用所资。而地低滨海，水之蓄泄利害甚众，必得人综理其事。是以永乐中特命大臣于苏、松、嘉、湖、杭、常六府治水劝农，催督粮税。近年亦命侍郎巡抚：苏、松、常则周忱，嘉、湖、杭则王瀹。二人各守一方，民情不能相通，水利不能兼济"③。将《罪惟录》与《实录》相对照可见该巡抚确实只辖苏州、常州、松江3府。

景泰六年(1455)，增辖南直隶之镇江及浙江布政司之嘉兴、湖州共3府。《英宗实录》对此于景泰六年春正月己酉载"敕提督蓟州、永平军务左副都御史邹来学巡抚苏、松、常、镇四府……兼理四府并浙江嘉、湖二府水利，事益于民者听其便宜处置"④。按浙江巡按俞本于正统三年已上疏建议应天巡抚辖浙西之地，"臣询舆论，忱比之瀹政事稍优，往来经过，浙西人民咸相仰戴。请以浙西粮多府县令忱兼之，其浙东事简之处仍令瀹巡抚，则民情以慰，国计可充。上命行在户部议行之"⑤。不过此议延至景泰六年才正式实行。

天顺五年(1461)，去浙江布政司之嘉兴、湖州2府，增辖南直隶之应天、太平、宁国、池州、徽州、安庆、镇江7府及广德直隶州。《明史》卷159《刘孜传》载"明年(指天顺五年)春，以右副都御史巡抚江南十府"。10府无疑当含应天、苏州、松江、常州、镇江、太平、池州、安庆、庐州、徽州等府。另有广德直隶州不应别属，亦当属该巡抚所辖，此处为简省之语。嘉兴、湖州2府不在该巡抚辖区之内。

---

① 参见上文"顺天巡抚""(正德)五年八月复置"段考证。
② 参见上文"南畿浙西巡抚"。
③ 《英宗实录》卷48。
④ 《英宗实录》卷249。
⑤ 《英宗实录》卷48正统三年十一月戊戌。

成化元年(1465),安庆府别属凤阳巡抚①。

四年,安庆府还属②。

二十年,增辖浙江布政司之嘉兴、湖州2府。《国朝典汇》卷55《总督巡抚》载成化二十年七月"以贵州左布政彭韶为右副都御史巡抚苏松嘉湖等处"。此处对整个巡抚辖区来说是简省之语,但辖区再次扩展至浙西之地则为实事。

弘治六年(1493),增辖浙江布政司杭州府。《明史》卷187《何鉴传》记为"弘治六年以右副都御史巡抚江南,兼理杭、嘉、湖三府税粮"。

正德二年罢。

五年复置③,辖区当复天顺五年之旧。后常置不罢。

十四年,徽州府别属浙江巡抚④。

嘉靖元年浙江巡抚罢,徽州府当还属⑤。

十四年,郧阳抚治所辖之承天府来属,此为巡抚辖"飞地"之特例(见图44)。《世宗实录》对此于嘉靖十四年十月丙午载"抚治郧阳等处都御史王学夔以安陆州旧属所辖,具载敕中,今升为承天府,应否如旧管?于咨兵部请之得旨:承天,直隶巡抚管辖"⑥。又,《国朝典汇》卷55《总督巡抚》记嘉靖三十三年二月吏部尚书李默言"苏松巡抚所辖十二府州,地远不便兼辖",《世宗实录》嘉靖三十三年三月甲辰条同⑦。按应天巡抚所辖最多10府、1州,多出一府即是承天府,舍此无其他解释。又,世宗之父为宪宗之子兴献王朱祐杬,封地即在安陆。正德十六年世宗即皇位,安陆即为"龙潜之地",世宗于嘉靖十年升其为承天府,此时又命改辖于南直隶,都是为了提高此地政治地位以示异数。至嘉靖末承天府仍属应天巡抚辖⑧。

隆庆元年(1567)至三年间,承天府别属郧阳抚治⑨。

崇祯十年,因析置安庆巡抚,安庆、庐州、池州、太平4府别属之⑩。

该巡抚于嘉靖三十三年前当驻南京⑪。自三十三年始,风汛时移驻苏州,平时仍驻南京。万历二年(1574)移驻应天府句容县。万历三十一年(1603)暂

---

① 参见上文"凤阳巡抚"。
② 参见上文"凤阳巡抚""(正德)五年复置"段考证。
③ 参见上文"顺天巡抚""(正德)五年八月复置"段考证。
④⑤ 参见"浙江巡抚"。
⑥ 《世宗实录》卷180。
⑦ 《世宗实录》卷408。
⑧ 参见下文"郧阳抚治""隆庆元年至三年之间"段考证。
⑨ 参见"郧阳抚治"。
⑩ 参见下文"安庆巡抚"。
⑪ 参见范金民:《明代应天巡抚驻地考》,《江海学刊》2012年第4期。

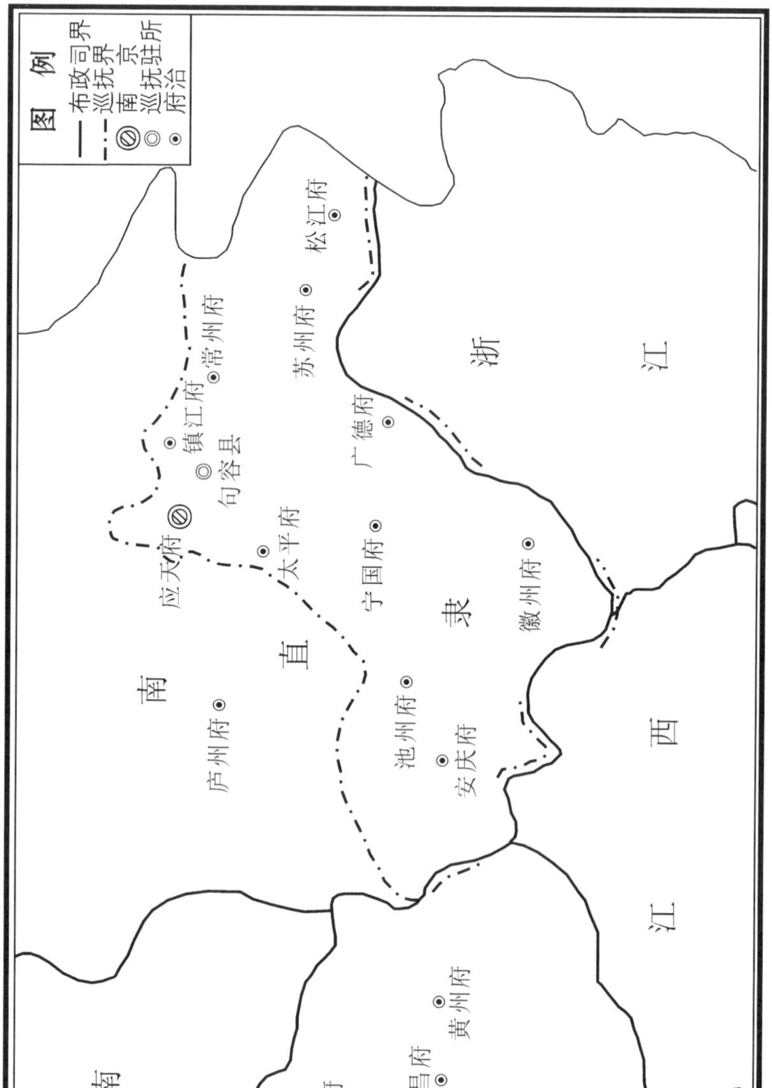

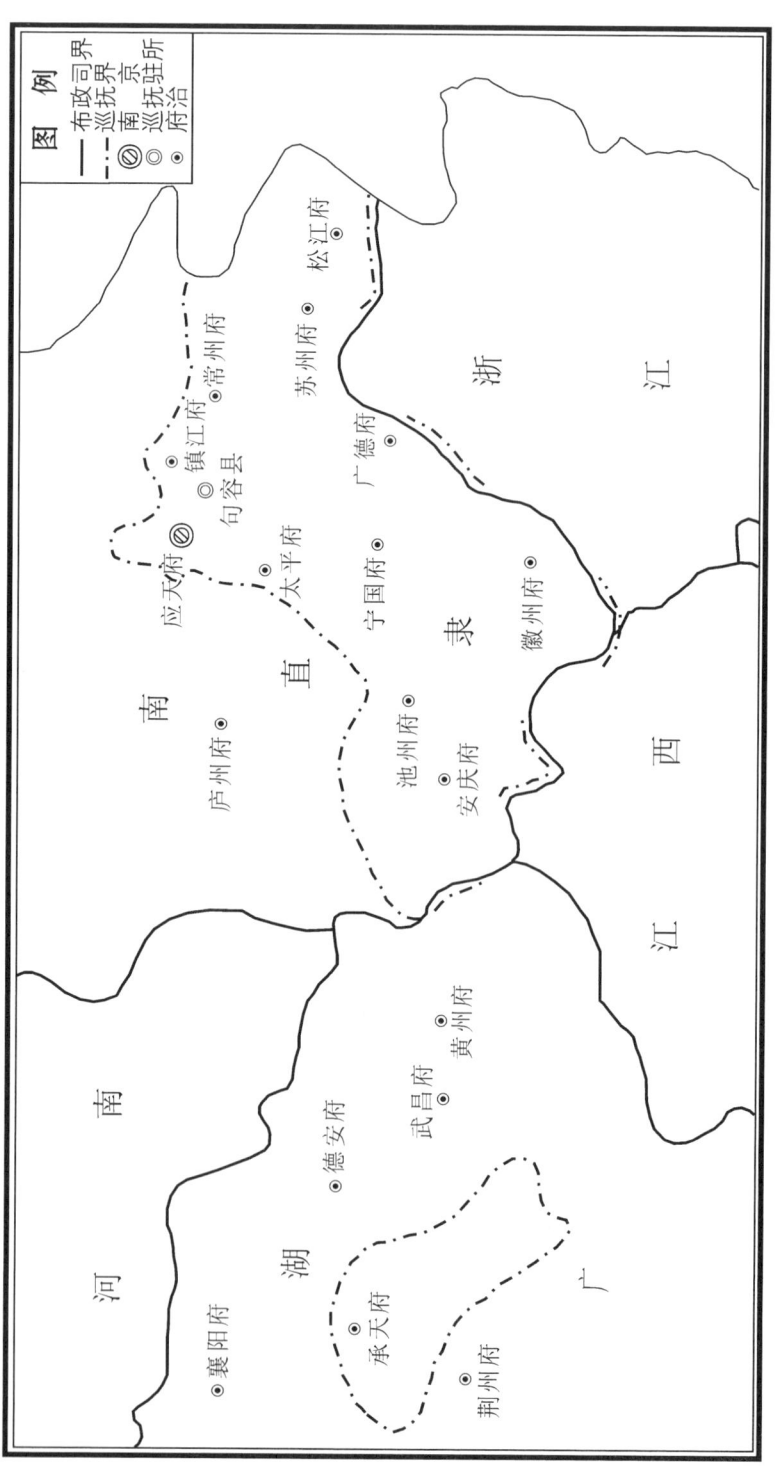

图44 嘉靖十四年(1535)应天巡抚辖区图

移苏州府。《神宗实录》万历二年六月壬戌记“兵部复巡抚应天都御史宋仪望题，修理句容县旧设巡抚衙门，为巡抚驻扎。春夏巡历苏松等府以防海汛，秋冬巡历徽宁等府以肃地方。从之”①。万历《应天府志》卷16《建置志》也记句容县“巡抚都察院在县治东，万历二年奏准移镇。以旧察院为之”。《明会典》卷209《督抚建置》载“嘉靖三十三年，以倭警，令应天巡抚都御史提督军务，当风汛时，驻扎苏州，严督防守”。《续文献通考》卷90《职官考》记应天巡抚，“万历间以道里不均，题准驻扎句容”。朱国祯《涌幢小品》卷4《衙守房屋》条又有“苏州巡抚行台乃魏了翁赐第”。行台即非常驻之地。可证该巡抚常驻之地仍为句容县。《神宗实录》万历三十一年三月壬午条载，因常熟生员某人“煽众鼓噪，窘辱守令”，为安定地方，“仍命巡抚驻苏州以资弹压”②。此为暂时移驻，后仍当驻句容。

2. 安庆巡抚

又称安庐巡抚。为阻遏农民起义军攻势而设，析置于崇祯十年，后常置不罢。置时辖应天巡抚之安庆、庐州、太平、池州4府，河南巡抚之光州、光山、固始、罗山4州县，湖广巡抚之蕲州、广济、黄梅3州县，江西巡抚之德化、湖口2县。《明史》卷73《职官志二》记安庐巡抚“崇祯十年设，以史可法为之”③。《明史》卷276《朱大典传》载“（崇祯）十年三月，国维率龙赴安庆，御贼邦家店……国维见贼势日炽，请于朝，割安庆、池州、太平别设巡抚，以史可法为之。安庆不隶江南巡抚，自此始也”。《朱大典传》所载为动议，真正批准设巡抚之时，辖区有所变动。《明史》卷274《史可法传》称“（崇祯十年）七月，擢可法右佥都御史，巡抚安庆、庐州、太平、池州四府及河南光州、光山、固始、罗田（当作“罗山”。罗田属湖广布政司黄州府，罗山属河南布政司汝宁府），湖广之蕲州、广济、黄梅，江西之德化、湖口诸县，提督军务”。《国榷》崇祯十年七月己巳条④和《明史纪事本末》卷75《中原群盗》略同。

崇祯十五年，仅辖安庆、庐州、太平、池州4府，其余各州县分别归属各巡抚。《国榷》崇祯十五年九月癸酉载“黄配宏为右佥都御史，协理剿寇军务，巡抚安庆、池、庐、太平”⑤。此条材料为直言实况，抑或为约略记载？笔者认为是实况。前段所引史料可证，初议设安庆巡抚时，仅拟辖安、池、太3府，但实际设置时，辖区要大得多。这是因为该抚专为军事行动而置，军事形势变化，

---

① 《神宗实录》卷26。
② 《神宗实录》卷382。
③ 《明史》卷73《职官志二·都察院·附总督巡抚》。
④ 《国榷》卷96。
⑤ 《国榷》卷98。

辖区也要随之变化。细研《明史》卷274《史可法传》可知，安、池、庐、太为基本辖区，河南、湖广、江西诸州县为兼管之地。这些地方作为辖区相对不稳定。又，《明史》卷73《职官志二》记安庐巡抚"(崇祯)十六年又增设安、太、池、庐四府巡抚"①。笔者遍查史籍，舍此记述，无任何迹象表明崇祯十六年于安庐巡抚之外另设4府巡抚，颇疑《明史》卷73《职官志二》之说实际上是对安庆巡抚辖区内缩后的重新确认，而绝不是另置巡抚。

巡抚初驻六安州，后当移驻安庆府。张斯善《功德记》载"丁丑(指崇祯十年)，兵燹益烈，兵单莫支，复议增设抚臣，以为豫楚声援。开府于六。廷臣推公(指史可法)，爰晋阶焉"②。又，史元庆《史可法年谱》③略同。以后安庆巡抚当移驻安庆府，《明史》卷277《张亮传》记"明年(指顺治二年)四月，左梦庚陷安庆，亮被执"，张亮于崇祯十七年由安庐兵备道擢升安庆巡抚，他既然被俘于安庆，可见巡抚驻地即在此处。

二、浙江巡抚

宣德五年由南畿浙西巡抚析置④，辖浙江全境。参见上文"应天巡抚""景泰六年"段所引《英宗实录》正统三年十一月戊戌条记载。当时浙江巡按俞本建议将浙西之地划归应天巡抚辖，"其浙东事简之处仍令瀹巡抚"。此议虽未实行，但可证自该抚析置至正统三年十一月，辖浙江布政司全境。

正统四年八月罢。《英宗实录》当月戊戌载"户部右侍郎王瀹初巡抚浙江，擅移应输盘石卫粮输松门，巡行郡县携孙男以从，奏章内尝遗字不谨。巡按御史李奎案举其罪，诏令自陈。又延缓不即输伏。及议事至京，六科十三道劾之，下狱，当赎徒还职。上以瀹大臣，姑宥之，令复视事南京。遂罢浙江巡抚官"⑤。

十三年复置。《明史》卷172《张骥传》载"(正统)十三年冬，(张骥)巡抚浙江"。

天顺元年罢。见《明史》卷172《孙原贞传》。另，《明史》卷11《景帝纪》载，景泰五年"冬十月庚辰，副都御史刘广衡巡抚浙江、福建，专司讨贼"。《明名臣琬琰续录》卷3《刑部尚书刘公墓志铭》载："时(指天顺二年)浙江、福建民郑怀

① 《明史》卷73《职官志二·都察院·附总督巡抚》。
② 转见杨德恩：《史可法年谱》所引《史可法文集·附录》，商务印书馆，1940年。
③ 中国友谊出版社，1991年。
④ 参见上文"南畿浙西巡抚"。
⑤ 《英宗实录》卷58。

冒、王孝心等作乱，特敕公与驰往督兵捕之。至则贼已就擒，公察其啸聚之故，以山有银场，连亘深僻，贼得潜伏其中，即命伐山通道，且奏设县治以便巡视。”又，《英宗实录》天顺二年十二月己巳条言，刘广衡“尝奉命讨闽、浙寇，平之。请立寿宁县，治于杨梅村，以控制要害”①。可见刘广衡赴闽、浙交界之处仅为平定民变，且时间短暂，于次年五月还京，见《国榷》景泰六年五月丁巳条②。按该条史料中，未称广衡为巡抚，只称其为“福建等处捕盗都御史”。以上史料附记于此，聊备查考。

成化六年复置，寻罢。《宪宗实录》成化六年二月辛未条载，因兵部尚书白圭言各地不靖，遂命曾翚往浙江巡抚，命其“待秋成无事之后具奏回京”③。《明史》卷159《曾翚传》也记成化中“召拜刑部左侍郎，仍食从二品俸。录巡视浙江，考察官吏，奏罢不职者百余人。他弊政多所厘革。还朝，允之，谢病去”。《明史》卷131《宪宗纪》同。

七年因潮灾，复置。《明史》卷131《宪宗纪》记成化七年闰九月己未，“浙江潮溢，漂民居盐场，遣工部侍郎李颙往祭海神，修筑堤岸”。《宪宗实录》成化八年正月庚申条载④，巡抚浙江工部侍郎李颙奏钱塘江岸为潮水冲塌，也可知自七年颙即为巡视官。

十年罢。《宪宗实录》成化十年三月己亥载“敕巡抚浙江右副都御史刘敷巡抚湖广”⑤。此后未见浙江巡抚之记载，当罢。

弘治元年复置。二年罢。《国榷》弘治元年五月丙寅记“敕刑部侍郎彭韶巡视浙江”⑥。《明史》卷183《彭韶传》也记“孝宗即位，召为刑部右侍郎，嘉兴百户陈辅缘盗贩为乱，陷府城，大掠，遁入太湖。遣韶巡视，韶至，贼已灭，乃命兼佥都御史，整理盐法。寻进左侍郎。……弘治二年秋，还朝”。

五年复置。六年罢。《明故正义大夫资治尹户部左侍郎吴公神道碑铭》记“（弘治）五年，浙东西大水，敕公（吴原）兼都察院左佥都御史往视其地。……六年召还部”⑦。又，《孝宗实录》弘治六年四月乙酉条载⑧，巡视浙江户部侍郎吴原上疏言事。弘治六年四月后未见该巡抚记载，当罢。

---

① 《英宗实录》卷298。
② 《国榷》卷31。
③ 《宪宗实录》卷76。
④ 《宪宗实录》卷100。
⑤ 《宪宗实录》卷126。
⑥ 《国榷》卷41。
⑦ （明）李东阳：《怀麓堂集》卷78。
⑧ 《孝宗实录》卷74。

十六年因赈旱灾复置。《孝宗实录》弘治十六年九月丁丑载“吏部尚书马文升言：近闻直隶淮、扬、庐、凤四府及浙江宁波等府旱灾，人民艰食，请敕臣一人往浙江，才干部属二人往直隶赈之。户部议谓：都御史王璿尝奉命清理两淮盐法，今已事竣，请令王璿就巡视浙江。……从之”①。

十七年罢。《孝宗实录》弘治十七年十二月丙寅载“命都察院右佥都御史王璿巡抚保定等府兼提督荆等关”②。王璿调任后不见新任浙江巡视、巡抚记载，当罢。

正德七年因地方不宁而复置，九年罢。《武宗实录》正德七年七月甲戌载“升南京刑部右侍郎陶琰为都察院右都御史巡视浙江”③。正德九年八月丁酉又载“召巡视浙江右都御史陶琰还京，以盗平故也”④。

十四年复置，应天巡抚所辖之徽州府来属。嘉靖元年罢。《武宗实录》正德十四年七月丙辰载“升应天府丞许廷光为都察院右佥都御史巡视浙江兼南直隶徽州等处地方”⑤。嘉靖元年及以后不见该巡抚之记载，当罢。

八年八月复置，辖浙江布政使司和福建布政使司之沿海各府。十二月辖浙江全境及福建布政司沿海各府。《国朝典汇》卷55《总督巡抚》记“（嘉靖）八年七月，给事中夏言以温州逃卒变，请设都御史巡视浙江福建海道。上从其言，命副都御史王尧封往”。《世宗实录》记为嘉靖八年八月丙戌“改巡抚山东右副都御史王尧封巡视浙江、福建沿海地方”⑥。嘉靖八年十二月丁亥又载“巡视浙江兼制福建沿海地方都御史王尧封以病请告……升浙江左布政使胡琏为都察院右副都御史代之”⑦。

十年罢。《世宗实录》嘉靖十年二月丙子条⑧后不见该巡抚之记载，当罢。

二十六年因海防有警而复置，辖浙江全境及福建布政使司之建宁、兴化、泉州、漳州4府及福宁直隶州。《明会典》卷209记“至嘉靖二十六年，以海警始命都御史巡抚浙江，兼管福建福、兴、建宁、漳、泉海道地方，提督军务”⑨。此时各史料关于该抚辖区记载不一。除《明会典》外，《国朝典汇》卷55⑩、《明

① 《孝宗实录》卷203。
② 《孝宗实录》卷219。
③ 《武宗实录》卷90。
④ 《武宗实录》卷115。
⑤ 《武宗实录》卷176。
⑥ 《世宗实录》卷104。
⑦ 《世宗实录》卷108。
⑧ 《世宗实录》卷122。
⑨ 《明会典》卷209《督抚建置·浙江巡抚》。
⑩ 《国朝典汇》卷55《总督巡抚·浙江巡抚》。

史》卷322《外国传三》日本条、《世宗实录》嘉靖二十六年七月丁巳条[1]均作辖浙江布政司全境及福建布政司之福、兴、建宁、漳、泉。《明史纪事本末》卷55《沿海倭乱》则记“(嘉靖二十六年)乃以朱纨为右副都御史,巡抚浙江兼摄福、兴、泉、漳”。《明史》卷205《朱纨传》载,辖浙江布政司全境及福建布政司之漳州、泉州2府及福宁直隶州。辖区范围当从《明会典》等史籍。但《明会典》等所记福、兴、建宁、漳、泉5地中福指福州府还是福宁州,语焉不详,据《明史》卷205《朱纨传》,当为福宁州。

二十八年罢[2]。

三十一年复置,后常置不罢。复置时,辖浙江布政司宁波、绍兴、台州、温州4府及福建布政司福宁州和兴化、泉州、漳州3府,后辖浙江全境及福建布政司上述3府、1州。张时彻《赠峰阮公晋副都御史抚镇福建并序》中载“浙与闽界大海,自壬子(指嘉靖三十一年)之秋,边防弗戒,夷用大掠,陷城寨者踵接,朝廷博求攘却之策,有议设提督宪臣兼制两省为宜者,乃割宁、绍、台、温、福、兴、泉、漳八郡,设提督隶之”[3]。此当为嘉靖三十一年初置时辖区。《明会典》卷209载“(嘉靖三十一年)复遣提督军务,巡视浙江兼管福、兴、泉、漳地方”[4]。《国朝典汇》卷55《总督巡抚》、《罪惟录》帝纪卷12《世宗纪》、《明史》卷204《王忬传》均同。此当为嘉靖三十一年七月以后之辖区。见《世宗实录》嘉靖三十一年七月壬寅条[5]。

三十五年因复置福建巡抚,福宁州及兴化、泉州、漳州别属之[6]。

后辖区不变。此后《明实录》凡提及该巡抚时均不见加衔兼制其他地方。另,《弇州山人续稿》卷141《张司马定浙二乱志》载张佳胤于万历十年四月任浙江巡抚,平定兵变后“全浙之士俄闻,俱加额曰:浙自是无警矣”,似无兼辖他地之迹象。

嘉靖二十四年前巡抚无固定驻地,二十四年始驻杭州府。乾隆元年(1736)所修《浙江通志》卷30《公署一·巡抚都察院》引《嘉靖浙江通志》言:“浙江巡抚不常设,有事则遣大臣巡视。……官无定员,治无定所。至嘉靖二十四年,巡视都御史朱纨始建治所于杭州府。三十五年毁,三十九年重建。”又,《明史》卷20《神宗纪一》载,万历十年三月庚申“杭州兵变,执巡抚吴善

---

① 《世宗实录》卷325。

②④ 见《明会典》卷209《督抚建置·浙江巡抚》。

③ 《明经世文编》卷243《芝园全集》。

⑤ 《世宗实录》卷387。

⑥ 参见下文“福建巡抚”。

言”,亦可证嘉靖二十四年后巡抚驻地为杭州府。

三、福建巡抚

正统元年始置,辖福建全境,寻罢。《英宗实录》正统元年十一月乙卯载“罢福建右参议樊翰官。翰挟势求索所部财物,巡抚侍郎吾绅劾奏下狱,坐赎徒为民”①。此条材料在《明实录》有关福建巡抚事迹之记载中首见;此后又长期不见该巡抚记载,故暂定始置于正统元年,寻罢。

六年复置。《国朝列卿纪》卷106《敕使福建并巡抚尚书侍郎都御史少卿年表》记焦宏“正统六年以户部右侍郎镇守福建”。

景泰六年罢。《英宗实录》景泰六年闰六月丁卯条载:“太子太保兼刑部尚书俞士悦奏:近见福建各府草寇窃发,臣惟福建僻在一隅,边临大海,隔远京师,人多梗化。往至勤王师,虽渠魁授首,而遗类尚存,人被惊扰。乞敕在廷重臣一人往彼巡抚,庶几民心有所倚仗,盗贼不致滋蔓。事下廷臣集议。少傅兼太子太师吏部尚书王直等议曰:廷臣巡抚本非定制。迩者朝廷以福建年谷稍登,民颇宁息,已征回京,今虽小寇,宜督责三司禁捕。帝曰:卿等议是。朝廷设三司、府、县、卫所,欲安军民,殄除寇盗,非有大事不许轻遣廷臣。”②

成化六年复置。《国朝列卿纪》卷105《敕使福建并巡抚尚书侍郎都御史少卿年表》记腾昭“成化六年以右副都御史巡视福建”。

十一年罢。此后《明实录》中不见该巡抚记载,当罢。

十四年因地方不宁而复置,十二月罢。《明史》卷285《高明传》载“(成化)十四年,上杭盗发,诏起巡抚福建”。《宪宗实录》成化十四年十二月甲午记“巡抚福建右佥都御史高明乞仍归养病,诏许致仕”③,此后该巡抚当罢。《宪宗实录》成化十五年十月戊子条载④,户科都给事中张海等上言添设福建巡视,被皇帝否定。

二十三年复置。《孝宗实录》当年九月己未载“升山西布政司右布政使王继为都察院右副都御史巡抚福建”⑤。

弘治二年罢。《孝宗实录》弘治二年三月己卯载“罢江西、福建巡抚官,以

① 《英宗实录》卷24。
② 《英宗实录》卷255。
③ 《宪宗实录》卷185。
④ 《宪宗实录》卷195。
⑤ 《孝宗实录》卷3。

盗贼颇息也”[①]。该巡抚虽罢，但其部分职责由南赣巡抚代管。《武宗实录》正德十四年二月丁亥载“巡按福建御史程昌奏：比者延平、建宁、邵武、福州等处士卒强狼，相继煽乱，乞简命大臣一人巡抚其地。事下兵部集议，以福建旧无巡抚，不必特设，近已敕南赣都御史王守仁往勘，凡一应事宜令会镇巡等官从长议处，奏请定夺。事毕仍还原职”[②]。

嘉靖三十五年复置，此后常置不罢。复置时，辖福建布政使司沿海之福宁直隶州，福州、兴化、泉州、漳州 4 府（除福州府外，均自浙江巡抚来属）。寻统辖福建全境（其中，汀州府、漳州府同时又属南赣巡抚，是谓“两属”）。《明会典》卷 209 记“（嘉靖）三十五年，以闽、浙道远，专设提督军务兼巡视福、兴、泉、漳、福宁海道都御史……后改巡抚福建地方，统辖全省”[③]。《国朝典汇》卷 55《总督巡抚》同。《世宗实录》嘉靖三十五年十二月癸卯也记“浙江一省，顷以倭寇，增设总督，又加巡抚，势如持衡，未免偏重。请改浙江都御史于福建，驻扎漳州，巡历福、兴诸郡，将沿海通番之民责之抚处”[④]。福建巡抚统辖全省后，汀州、漳州 2 府同时在南赣巡抚管辖之下，是谓之“两属”。又，嘉靖末年任南赣巡抚的陆稳，在其奏疏中称：“福建未有巡抚之先，汀、漳与南赣一也。自有巡抚以来，有司但知有彼省之军门，而不知有臣。兵马钱粮，一听彼省军门之调遣支用，而不及于臣。……及其盗贼一至，则又曰：此非我事也，南赣军门事也。权则已去，祸则独诿。”[⑤]陆稳于嘉靖四十年至四十二年任南赣巡抚[⑥]，他的奏疏即透露了“两属”之实况[⑦]。又，嘉靖八年八月至十年、二十六年至二十八年、三十一年至三十五年三段时间内，浙江巡抚亦曾管辖福建之漳州府，三段时间里漳州府是否亦“两属”于南赣巡抚和浙江巡抚，抑或浙江巡抚仅辖漳州府之沿海地区，详情待考[⑧]。

四十五年，漳州府专属于福建巡抚。《明会典》卷 209 南赣巡抚条载“（嘉靖）四十五年，福建、广东并设巡抚，以惠、潮、漳州三府还隶本处”[⑨]。《国朝典汇》卷 55《总督巡抚》略同。福建巡抚自嘉靖三十五年复置后已辖漳州府，后

---

① 《孝宗实录》卷 24。
② 《武宗实录》卷 171。
③ 《明会典》卷 209《督抚建置・福建巡抚》。
④ 《世宗实录》卷 442。
⑤ 《明经世文编》卷 314《陆北川奏疏》、《剿除山寇事宜疏》。
⑥ 《明督抚年表・南赣巡抚》。
⑦ 参见下文“南赣巡抚”。
⑧ 参见上文“浙江巡抚”。
⑨ 《明会典》卷 209《督抚建置・南赣巡抚》。

福建巡抚并未罢废，故此处漳州府“还隶本处”实指结束漳州府“两属”之状况，由福建巡抚专辖。

万历初，漳州府复“两属”于南赣巡抚①。

后辖区不变。

巡抚常驻福州府，间或驻漳州府。《读史方舆纪要·舆图要览》卷2记福建提督军务兼巡抚都御史驻福州府。该巡抚间或驻漳州府，参见本节“嘉靖三十五年复置”段所引《世宗实录》嘉靖三十五年十二月癸卯条。

① 参见下文“南赣巡抚”。

第八章　湖广、江西、南赣巡抚

湖广巡抚始置于宣德五年(1430)，后置罢不常。天顺七年(1463)复置，后即常置不罢。成化元年(1465)时，荆襄抚治析置(后改称郧阳抚治)，该抚治后置罢不常，万历十一年(1583)复置，崇祯十五年(1642)罢。崇祯十六年，又有承天巡抚自湖广巡抚析置，至十七年正月罢。

江西巡抚与湖广巡抚同年设置，后置罢不常。弘治二年(1489)再罢。后亦有置罢之反复。嘉靖十年(1531)复置，至崇祯十七年不辍。

南赣巡抚始置于弘治八年，后置罢不常。弘治十六年罢。正德六年(1511)名实相符的南赣巡抚重置，至崇祯十七年不辍。

本章即考证以上各巡抚辖区之沿革。

一、湖广巡抚

始置于宣德五年①，辖湖广全境。正统三年(1438)罢。《英宗实录》正统三年十二月丙辰提及"先是巡抚湖广礼部右侍郎吴政筹奏辽王诸罪……"②此后《明实录》不见该巡抚之记载，当罢。《英宗实录》正统四年二年丁卯记"行在户部奏：山东布政司已设催粮参政，湖广、山东粮多府分，亦添除官员，乞仍命侍郎巡抚。上以巡抚为民而设，苟非其人，适以扰之。今朝廷既无科差采买之事，税粮又有添设官员，不必侍郎巡抚"③，亦可证明此时湖广巡抚已罢。《国朝列卿纪》卷111《湖广巡抚侍郎都御史年表》中记吴政"正统四年以工部右侍郎出镇，五年回部"，此说不确。按《英宗实录》天顺七年四月戊子条述吴政简历："宣德中升本部右侍郎，巡抚湖广。"④吴政任巡抚最迟不应晚于正统三年十二月。

七年因赈灾而复置，寻罢。《国朝列卿纪》卷111《巡抚湖广行实》记

---

① 参见上文"北直隶巡抚""始置于宣德五年"段考证。

② 《英宗实录》卷49。

③ 《英宗实录》卷51。

④ 《英宗实录》卷351。

蔡询"正统七年以大理寺卿镇守湖广"。《明通鉴》则记其英宗正统六年七月丁未"赈浙江、湖广饥"①。今从《国朝列卿纪》。七年后不见该巡抚记载，当罢。

十一年复置，辖区当不变。《国朝列卿纪》卷111《巡抚湖广行实》记王永寿"正统十一年以工部右侍郎镇守湖广地方"。

十四年，襄阳、黄州2府别属河南巡抚②。

景泰元年(1450)黄州府还属。《国榷》景泰元年十月乙亥载"右副都御史王暹巡抚河南及襄阳"③。此处明言王暹不辖黄州府，黄州府当还属湖广巡抚。

天顺元年罢。三年复置，辖区当同宣德五年。《英宗实录》天顺元年不见该巡抚记载，当罢。又，《明史》卷162《白圭传》记"天顺二年，黄州东苗干把猪等僭号，攻劫都匀诸处。诏(白圭)进右副都御史，赞南和侯方瑛军往讨。……干把猪就擒，诸苗震慑。湖广灾，就命圭巡抚"。白圭就任湖广巡抚当在天顺三年十月，《英宗实录》当月甲寅载"敕谕都察院右副都御史白圭：先因贵州苗贼反叛，已敕总兵等官方瑛等统兵剿捕，特命尔赞理军务"④。

四年罢。《英宗实录》天顺四年九月丙申载"都察院右副都御史白圭自巡抚湖广召还"⑤。

七年复置，辖区当同景泰元年，此后常置不罢。《国朝列卿纪》卷111《湖广巡抚侍郎都御史年表》记王俭"天顺七年以左佥都御史任"。

成化元年，因置荆襄抚治(后改称郧阳抚治)，荆州府别属之⑥。

四年后至七年七月前，德安府亦别属荆襄抚治⑦。

后荆襄抚治罢，其原辖地悉属河南巡抚⑧。

十二年，原荆襄抚治复置并改称郧阳抚治，安陆、沔阳2直隶州别属之，德安府当自河南巡抚还属⑨。弘治八年，因置南赣巡抚，郴州直隶州与桂阳州别属之⑩。

十六年，郴州、桂阳州当还属⑪。

正德二年，因罢郧阳抚治，郧阳(自襄阳府析置)、襄阳、荆州3府及汝州直

---

① 《明通鉴》卷23。
②⑧ 参见上文"河南巡抚"。
③ 《国榷》卷29。
④ 《英宗实录》卷308。
⑤ 《英宗实录》卷319。
⑥⑦⑨ 参见下文"郧阳抚治"。
⑩⑪ 参见下文"南赣巡抚"。

隶州[①]，南阳府之南阳、唐县、邓州、桐柏、南召等州县来属，安陆、沔阳2直隶州亦当还属。郧阳抚治(原荆襄抚治)所辖地区析自河南、湖广、陕西、四川，其地流民聚集，颇不易管理。为保持稳定，明廷在罢黜该抚治时，也不将其辖地分别归还原巡抚。如成化八年荆襄抚治罢，其地即统归河南巡抚所辖。正德二年郧阳抚治罢，其地除陕西汉中府、西安府之商州外，当属湖广巡抚管辖，因此时河南巡抚亦罢。陕西汉中府以及西安府之商州应属陕西巡抚，详见“陕西巡抚”“正德二年郧阳抚治罢”段考证。

五年因复置郧阳抚治，上述诸地别属之[②]。

六年，郴州、桂阳州复别属南赣巡抚[③]。

七年，常德、辰州2府及靖州直隶州别属贵州巡抚[④]。

万历九年因郧阳抚治罢，郧阳、襄阳、荆州、承天(嘉靖十年以安陆、沔阳2直隶州改省而置)、汉中5府和商州、汝州直隶州及南阳府之南阳、唐县、桐柏、邓州、南召等州县来属。万历九年罢郧阳抚治后，该巡抚辖其原地[⑤]。

十一年郧阳抚治复置，上述诸地复别属之[⑥]。

崇祯十年，因设安庆巡抚，蕲州、广济、黄梅3州县别属之[⑦]。

十年后，洞庭湖以南地区实已别属偏沅巡抚[⑧]。

十五年，因郧阳抚治废而不设，郧阳、襄阳、承天、荆州4府当还属[⑨]；蕲州、广济、黄梅3州县亦当自安庆巡抚还属[⑩]。

十六年三月析置承天巡抚，承天、德安2府别属之[⑪]。

十七年正月，承天巡抚罢，其地还属[⑫]。

巡抚驻武昌府。《读史方舆纪要·舆图要览》卷3记湖广巡抚都御史驻武昌。《明史》卷21《神宗纪二》载万历二十九年三月“武昌民变，杀税监陈奉参随六人，焚巡抚公署”，万历三十二年闰九月“武昌宗人蕴钤等作乱，杀巡抚都御史赵可怀”，亦为佐证。

---

① 参见下文“郧阳抚治”“十二年复置”段考证。
② 参见下文“郧阳抚治”。
③ 参见下文“南赣巡抚”。
④ 参见上文“贵州巡抚”。
⑤ 《明会典》卷209《督抚建置·郧阳抚治》。
⑥⑨ 参见下文“郧阳抚治”。
⑦⑩ 参见上文“安庆巡抚”。
⑧ 参见上文“偏沅巡抚”。
⑪⑫ 参见下文“承天巡抚”。

1. 郧阳抚治

为管辖湖广、河南、陕西等布政司交界处流民而设，析置于成化元年，称荆襄抚治(见图45)，后改郧阳抚治。始置时河南巡抚所辖之南阳、襄阳2府，湖广巡抚所辖之荆州府来属。《明会典》卷131记湖广“成化间以环郧山谷多流民，大盗屡发，始专设郧阳抚臣，兼制三省”①。又，《宪宗实录》成化元年三月癸丑载“以河南布政使王恕为都察院右副都御史，抚治南阳、荆、襄三府流民”②。《国榷》成化元年三月癸丑条③、《国朝典汇》卷55《总督巡抚》均同。

成化四年后至七年七月前，湖广巡抚所辖之德安府来属。项忠《善后十事疏》④在述及荆襄抚治与湖广巡抚辖地之关系时曾指出，湖广布政司境内的“荆、襄、德安三郡，旧属巡抚杨璿、参将王信统辖”，此疏上于成化十年。《明史纪事本末》卷38《平郧阳盗》载成化“四年，改户部右侍郎杨璿为右副都御史，抚治荆、襄、南阳流民”。又，《宪宗实录》成化十年四月辛巳条叙杨璿生平：“抚治荆、襄流民，巡北直隶，节制永平、山海、居庸等边关。”⑤据《国朝列卿纪》卷117《整饬蓟州边备兼巡抚顺天等府左右副佥都御史年表》及《宪宗实录》成化七年七月乙未条⑥，杨璿于成化七年七月改巡北直隶，故德安府当于成化四年后至杨璿离抚治任前即成化七年七月来属。

八年罢，其辖地当悉属河南巡抚。《明史纪事本末》卷38《平郧阳盗》载“(成化七年)十一月荆襄南阳流贼平，进总督军务项忠右都御史，敕留抚治”，八年“五月，都御史项忠乞致仕，慰留之，召还院”。郧阳抚治遂罢。依惯例，抚治所辖之地当改属河南巡抚⑦。

十二年复置，改称郧阳抚治。《明史》卷159《原杰传》记“荆、襄流民数十万，朝廷以为忧。……(成化)十二年，遂命杰出抚”。《明会典》卷209督抚建置中郧阳抚治条同。

时湖广巡抚所辖之安陆、沔阳2直隶州，河南巡抚所辖之郧阳(析自襄阳府)、襄阳、荆州3府及南阳府之南阳、唐县、汝州、邓州、桐柏、南召、伊阳等州县，陕西巡抚所辖之汉中府及西安府之商县，四川巡抚所辖夔州府之东部地区来属。

---

① 《明会典》卷131《各镇分例》。
② 《宪宗实录》卷15。
③ 《国榷》卷34。
④ 《明经世文编》卷46。
⑤ 《宪宗实录》卷127。
⑥ 《宪宗实录》卷93。
⑦ 参见上文“河南巡抚”。

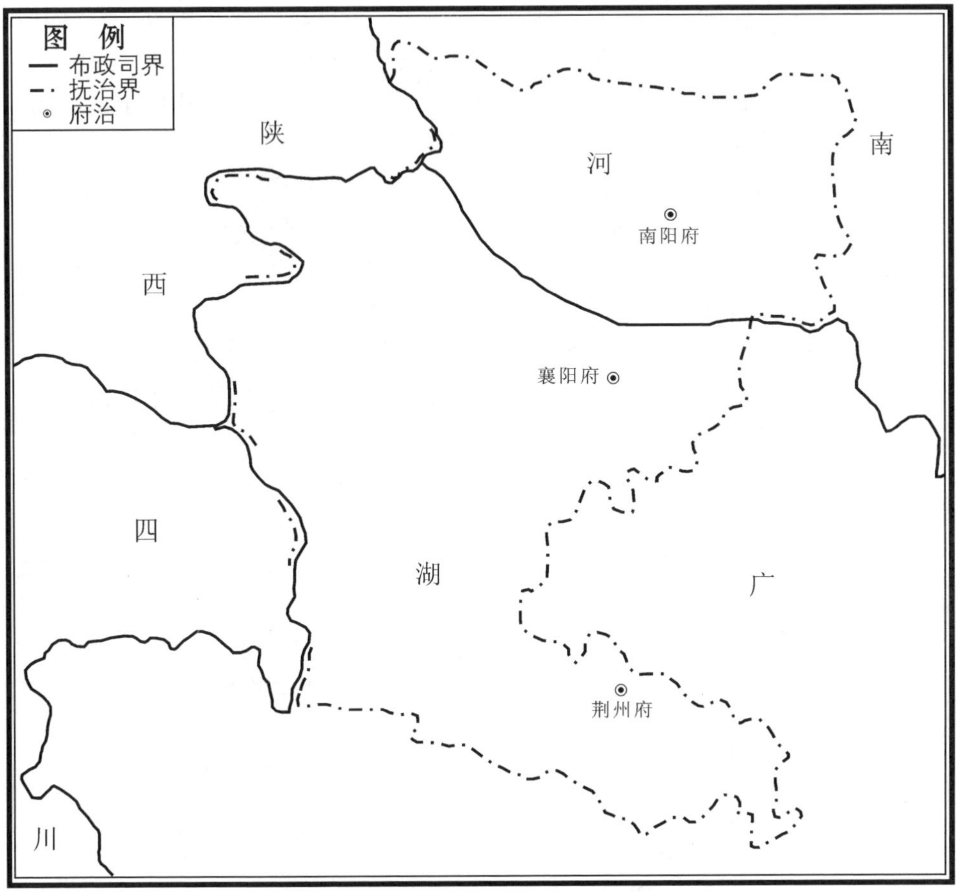

图 45　成化元年(1465)荆襄抚治辖区图

成化十二年该抚治之辖区共有三种记载,需加以考辨:其一,辖 6 府。《明史》卷 159《原杰传》记"诏即擢道宏(指吴道宏成化十二年准备接替原杰之职)大理少卿,抚治郧阳、襄阳、荆州、南阳、西安、汉中六府"。其二,辖 7 府。赵贞吉《郧阳追祀抚治大理少卿吴公记》中载"割三省之地,得七府而合为都会,开抚治以联属之"①。其三,辖 8 府。《明史纪事本末》卷 38《平郧阳盗》载"又以地界三省,无统纪,荐御史吴道宏才望,请代己任,得兼制三省,抚治八郡"。《罪惟录》列传卷 31《刘通传》、《鸿猷录》卷 10《开设郧阳》均同。按 8 府为是。《明会典》卷 209 载成化十二年辖区最详:"以郧、襄、流民,遣都御史安

① 《明经世文编》卷 255。

抚，因奏立郧阳行都司并府、卫，割陕西之汉中、商州，河南之南阳、唐、邓，四川之夔、瞿，湖广之荆、襄、安、沔，设都御史提督抚治之。”[①]《明会典》所列举各府、州、县之中，荆州、襄阳、汉中、郧阳4府及安陆、沔阳2直录州应全境来属。商州此时实为县，属西安府，成化十三年升州[②]，即此时西安府仅以商县来属。南阳指南阳府附郭县，唐指唐县，邓指邓州，均属河南南阳府。另，《明史纪事本末》卷38《平郧阳盗》载成化十二年事：“于是……河南割南阳、汝州、唐县地，分置桐柏、南召、伊阳三县。”据此可推测，析置3县之举与郧阳抚治辖区的划定同在成化十二年，可能析县稍晚。以理度之，3县析出后不应别属，亦当归郧抚所辖。另外，成化十二年九月原属南阳府的汝州升为直隶州，辖伊阳、宝丰、郏县。汝州升直隶州后，其辖地当悉属郧阳抚治。夔、瞿指四川布政司夔州府府治以东地区。

综上所述，8府应指郧阳、襄阳、荆州、汉中4府，安陆、沔阳2直隶州之全境及西安、南阳2府各一部分（见图46）。至于夔州府府治以东地区，地域狭小，故略之。德安府此时不属郧阳抚治，当还属湖广巡抚。至于6府之说，当略去以后改省的安陆、沔阳2州。7府之说为赵贞吉所创。赵为嘉靖十四年进士，后官至户部侍郎、礼部尚书。追祀吴道宏之文理当作于嘉靖十四年之后，而安陆州已于嘉靖十年升承天府，沔阳州则降散州，属承天府。承天府辖地约为原2州之地，故以一府当之，是为7府说之来源。

十三年，西安府之商县升州，本州及所隶商南、雒南、山阳、镇安4县来属[③]。

十五年夔州府东部别属四川[④]。

正德二年罢，其原辖地除陕西汉中府及西安府之商州外，悉属湖广巡抚[⑤]。

五年复置[⑥]，辖区当仍成化十五年之旧。

嘉靖十四年，承天府别属应天巡抚[⑦]。

隆庆元年至三年之间，承天府还属。《国朝典汇》卷55《总督巡抚》记嘉靖三十三年二月吏部尚书李默言“苏松巡抚所辖十二府州，地远不便兼辖”，嘉靖三十三年时应天巡抚辖12府州，多出一府即承天府。又，《明史》卷226《海瑞传》载“（隆庆）三年夏，以右佥都御史巡抚应天十府”。《明史》卷222《张佳

① 《明会典》卷209《督抚建置·郧阳抚治》。
② 《明史》卷42《地理志三》。
③ 见《明史》卷42《地理志三》陕西西安府商州条下注文。
④ 参见上文“四川巡抚”。
⑤ 参见上文“湖广巡抚”。
⑥ 参见上文“顺天巡抚”“（正德）五年八月复置”段考证。
⑦ 参见上文“应天巡抚”。

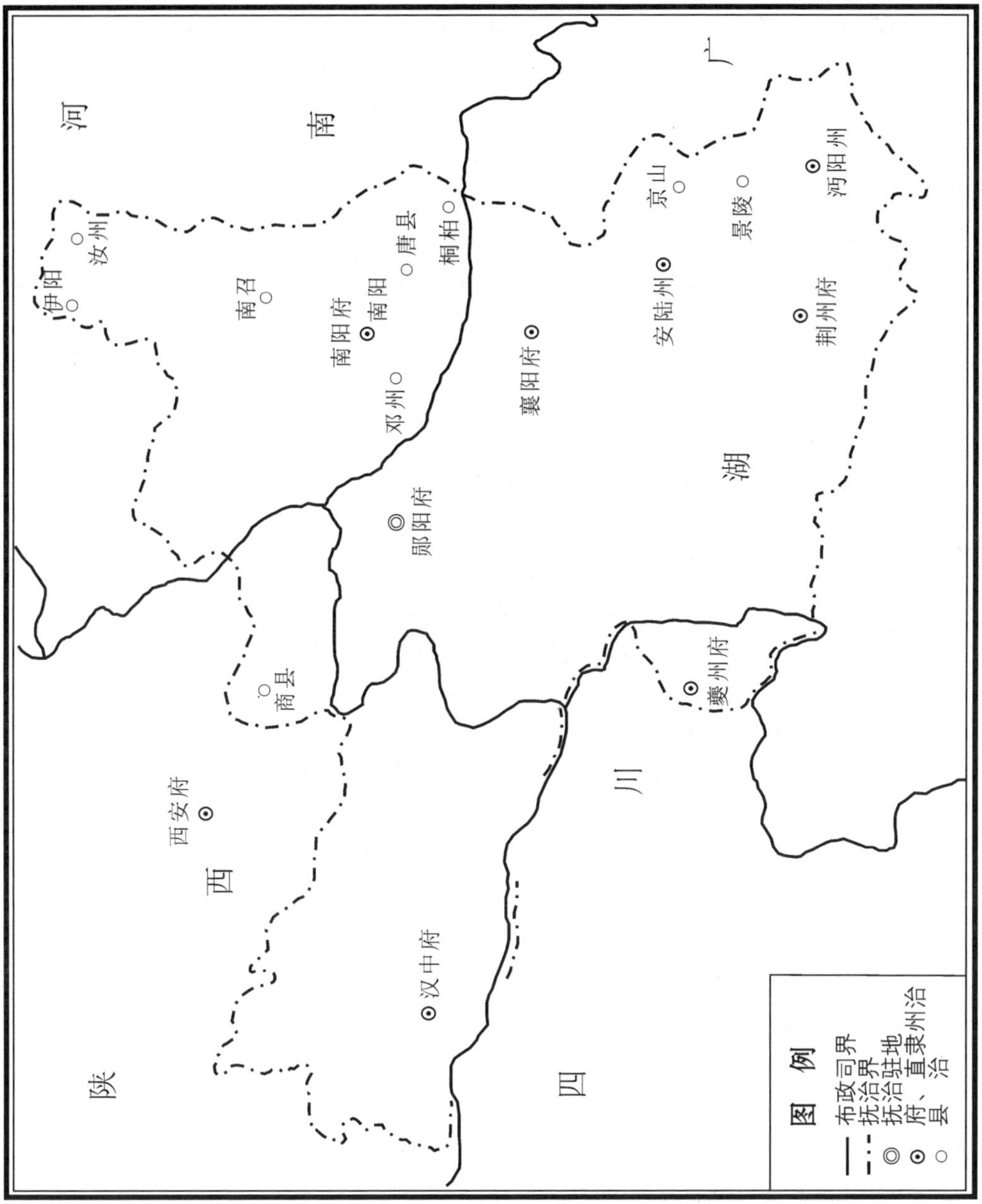

图 46 成化十二年(1476)郧阳抚治辖区图

胤传》言:“隆庆五年冬,擢右佥都御史,巡抚应天十府。”上述两条材料可证至迟在隆庆三年,应天巡抚辖区当去承天府,恢复所辖10府、1州(广德直隶州)之旧貌。此处只言10府,为简省之语,广德一州历来无别属之先例。承天府别属郧阳抚治的确切年代,于史无征。但是既然嘉靖十四年承天府改属应天巡抚管辖是为了提高皇帝自身的地位,那么世宗在位时改归原属的可能性不大。如吴桂芳《条陈民瘼疏》称:“臣奉命抚治郧阳等处地方,所辖湖广之郧阳、襄阳、荆州,河南之南阳,陕西之汉中五府及西安之商州五州县。”[①]吴桂芳此疏上于嘉靖四十年左右,可见当时承天府仍未还属郧阳巡抚。承天还属当在世宗去世之后,即隆庆元年至隆庆三年之间。

万历九年罢,十一年复置[②],辖区当同万历九年罢抚治前。

二十三年,兴安州(万历十一年改金州置)升直隶州,地位比府,当仍属该巡抚所辖。雍正《陕西通志》卷51言“郧抚兼辖兴、商,事关兴、商者入陕宦”[③]。可见清前期,人人皆知兴安州归属。又,朱国祯《涌幢小品》记“各府地方……山谷幽邃而又辽阔者,莫如汉中府。自凤县至白河,南北凡一千七百余里,东西一千二百余里……其地分属郧台”。

后辖区当大体不变。《绥寇纪略》卷2《车箱困》载崇祯六年事可为一证:“而郧、襄所辖,则治院也,为四省分地。”

崇祯十五年十二月,农民起义军克襄阳,该抚治罢而不复置。《国榷》崇祯十五年十二月戊辰载“李自成至樊城,郧抚王永祚弃城走”[④]。高斗枢《存汉录》亦载“自壬午冬(指崇祯十五年)襄阳陷后,朝廷用李公乾为郧抚,复用郭公景昌,俱以路绝不能入郧,有讹传郧城陷者,遂置郧抚不复推矣”。

抚治郧阳,崇祯十四年移驻襄阳。《明书》卷126《王恕传》载“成化元年升右副都御史,抚治荆、襄、南阳。时以襄南多山,秦楚之流民萃焉,而豪多争矿杀人,特开府郧阳,恕首隶之”。《罪惟录》帝纪卷9《宪宗纪》同。《皇明职方地图表》卷上《湖广职官表》记抚治郧阳驻郧阳。又,《存汉录》载崇祯十四年事:“郧城旧为治院所驻。是时澄川王公移镇于襄。”

2. 承天巡抚

崇祯十六年三月析置,湖广巡抚所辖之承天、德安2府来属。《明史》卷

---

① 《明经世文编》卷342《吴司马奏议》。
② 《明会典》卷209《督抚建置·郧阳抚治》。
③ 雍正《陕西通志》卷51《名宦三·节镇下》。
④ 《国榷》卷98。

73《职官志二》记“巡抚承天赞理军务一员，崇祯十六年设”①。《国榷》崇祯十六年三月乙巳则记“……王扬基为右佥都御史巡抚承天、德安”②。《明史》卷294《崔文荣传》略同。

十七年正月罢。《国榷》崇祯十七年正月庚子载“吕大器言：湖广官无一人，旧巡抚承天王扬基戴罪于江，请改抚湖广，仍兼承天”③。

二、江西巡抚

始置于宣德五年④，辖江西全境。正统四年罢。《英宗实录》正统四年九月甲寅记“命巡抚江西右侍郎赵新于吏部管事”，因江西等地有官员督催税粮，“故罢其巡抚”⑤。

十三年复置。《尚书杨公墓碑铭》载，正统十三年“遂命杨宁为江西巡抚”⑥。《明史》卷172《杨宁传》略同。

天顺元年罢。参见“辽东巡抚”“二年四月复置”段考证。又，《英宗实录》卷275天顺元年二月庚子条载“调江西巡抚右佥都御史韩雍为山西副使”⑦，该巡抚遂罢。

成化六年因救灾而复置，寻罢。《明史》卷157《夏时正传》载“成化五年迁本寺卿。明年春，命巡视江西灾伤。除无名税十万余石，汰诸司冗役数万，奏罢不职吏二百余人。增筑南昌滨江堤及丰城诸县陂岸，民赖其利。尝上奏，不具齐奏人姓名，吏科论其简恣。帝宥其罪，录弹章示之。遂乞休归”。《国朝献征录》卷69《夏时正小传》略同，《宪宗实录》成化六年八月己酉条亦载此事⑧，估计时正去职当在成化六年八月稍后。

九年复置。《宪宗实录》成化九年十月癸酉载“起丁忧户部左侍郎原杰巡视江西”⑨。

十年罢。《宪宗实录》成化十年三月甲午条有江西巡视之记载⑩。后无，当罢。

---

① 《明史》卷73《职官志二·都察院·附总督巡抚》。
② 《国榷》卷99。
③ 《国榷》卷100。
④ 参见上文“北直隶巡抚”“始置于宣德五年”段考证。
⑤ 《英宗实录》卷59。
⑥ 《明名臣琬琰续录》卷4。
⑦ 《英宗实录》卷275。
⑧ 《宪宗实录》卷82。
⑨ 《宪宗实录》卷121。
⑩ 《宪宗实录》卷126。

十四年因江西大旱而复置。

十六年罢。《国朝献征录》卷49《南京刑部右侍郎金公绅传》记“戊戌(指成化十四年),江西大旱,诏往巡视……历二年还任”。后不见该巡视记载,当罢。

二十一年复置。《宪宗实录》成化二十一年八月癸卯载“巡抚江西右佥都御史闵珪奏罢素行不谨、罢软老疾官员吉安府通判张通等二十六员”①。

弘治二年罢②。

十二年至十四年,江西全省由南赣巡抚兼管③。

十五年复置。

正德二年罢,五年复置,辖区不变。参见“顺天巡抚”“(正德)五年八月复置”段考证。《武宗实录》正德五年三月乙酉载“御史沙鹏奏请设江西巡抚,吏部议复:江西旧有巡抚都御史,近年裁革,宜如鹏言添设巡视。乃命哲往”④。正德五年八月壬子又载“右佥都御史王哲巡视江西,遂改为巡抚”⑤。史籍又有与此不同之记载。《明史》卷16《武宗纪》载,正德五年三月“右都御史王哲巡视南赣”。《罪惟录》帝纪卷11《武宗纪》载,正德五年三月“添南赣巡视都御史王哲”。《武宗实录》是。因弘治十二年至十四年江西全省归南赣巡抚统辖,南赣、江西2巡抚极易混淆,《明史》、《罪惟录》不辨,致误。

六年六月,名实相符的南赣巡抚重置,南安、赣州2府别属之⑥。原由南赣巡抚演变而成的江西巡抚至此业已成为完全的江西巡抚。

嘉靖七年因地方无事罢。《世宗实录》当年九月庚辰载“裁革巡抚江西都御史,以地方无事。从吏部请也”⑦。

十年复置,此后即常置不罢。复置时,辖除南安、赣州2府及吉安府之万安、龙泉、泰和、永丰、永宁5县,抚州府乐安县以外之江西布政司全境⑧。

崇祯十年因置安庆巡抚,九江府之德化、湖口2县别属之⑨。

十五年二县还属⑩。

巡抚驻南昌府。《读史方舆纪要·舆图要览》卷2记江西巡抚都御史驻南

---

① 《宪宗实录》卷269。
② 参见上文“福建巡抚”“弘治二年罢”段考证。
③⑥ 参见下文“南赣巡抚”。
④ 《武宗实录》卷61。
⑤ 《武宗实录》卷66。
⑦ 《世宗实录》卷92。
⑧ 参见下文“南赣巡抚”。
⑨⑩ 参见上文“安庆巡抚”。

昌。潘季驯《奉敕疏》载："题为钦奉敕谕事，臣于万历四年八月初六日钦奉皇帝敕谕：今特命尔巡抚江西地方兼理军务，驻扎会省……"①王鸿绪《明史稿》列传154《王养正传》载"顺治二年(1645)五月，南都破。七月大兵下江西，巡抚旷昭弃南昌走瑞州"。

三、南赣巡抚

为管理江西、福建、广东、湖广数省接界处流民而设。正式设置于弘治八年。该巡抚始置时间史书记载各异，归纳起来有四种记载，即弘治七年、弘治八年、弘治十年、正德六年之说。

弘治七年说，乾隆《赣州府志》卷2载"弘治七年，设巡抚都察院于赣，称虔院，寻罢"。《读史方舆纪要》卷88言"弘治七年，始巡臣于赣州"。

弘治八年说，《孝宗实录》弘治八年四月辛巳载"升广东左布政使金泽为都察院右副都御史巡抚江西南赣等处"②。《国榷》弘治八年四月辛巳条③、《明书》卷11《孝宗纪》均同。

弘治十年说，见《明会典》卷209督抚建置中的南赣巡抚条。《明史》卷73《职官志二》附总督巡抚中的南赣巡抚条同。

正德六年说，《明史》卷187《周南传》记"明年(指正德六年)起督南赣军务，南赣巡抚之设自南始"。《世宗实录》嘉靖八年正月戊辰条同④。

按弘治八年说言之凿凿，应是。该巡抚设置有一个过程：肇始自弘治七年，正式设置于弘治八年⑤。弘治十年说误。正德六年说误，该年南赣巡抚裁而复置，绝非始置，《武宗实录》正德六年六月庚子载"命都察院右副都御史周南巡抚南赣汀、漳等处地方。先是，守臣奏其地四省接境，盗贼出没，宜仍设巡抚官以统治之。兵部复如所请。故有是命"⑥。

辖江西布政使司之南安、赣州、建昌3府，福建布政使司之汀州府，两广巡抚所辖之南雄府、潮州府、惠州府，湖广巡抚所辖之郴州直隶州、桂阳州来属(见图47)。何乔新在《新建巡抚院记》中叙弘治八年该抚始置事："得广东左布政使金泽，遂迁都察院右副都御史，俾巡抚江西，兼督闽、广、湖湘之

---

① 《潘司空奏疏》卷4《巡抚江西奏疏》。
② 《孝宗实录》卷99。
③ 《国榷》卷43。
④ 《世宗实录》卷102。
⑤ 参见唐立宗：《明代南赣巡抚辖区新探》，《历史地理》第十九辑，上海人民出版社，2003年，第112～125页。
⑥ 《武宗实录》卷76。参见《明通鉴》卷44武宗正德六年六月南赣设抚条后之考异。

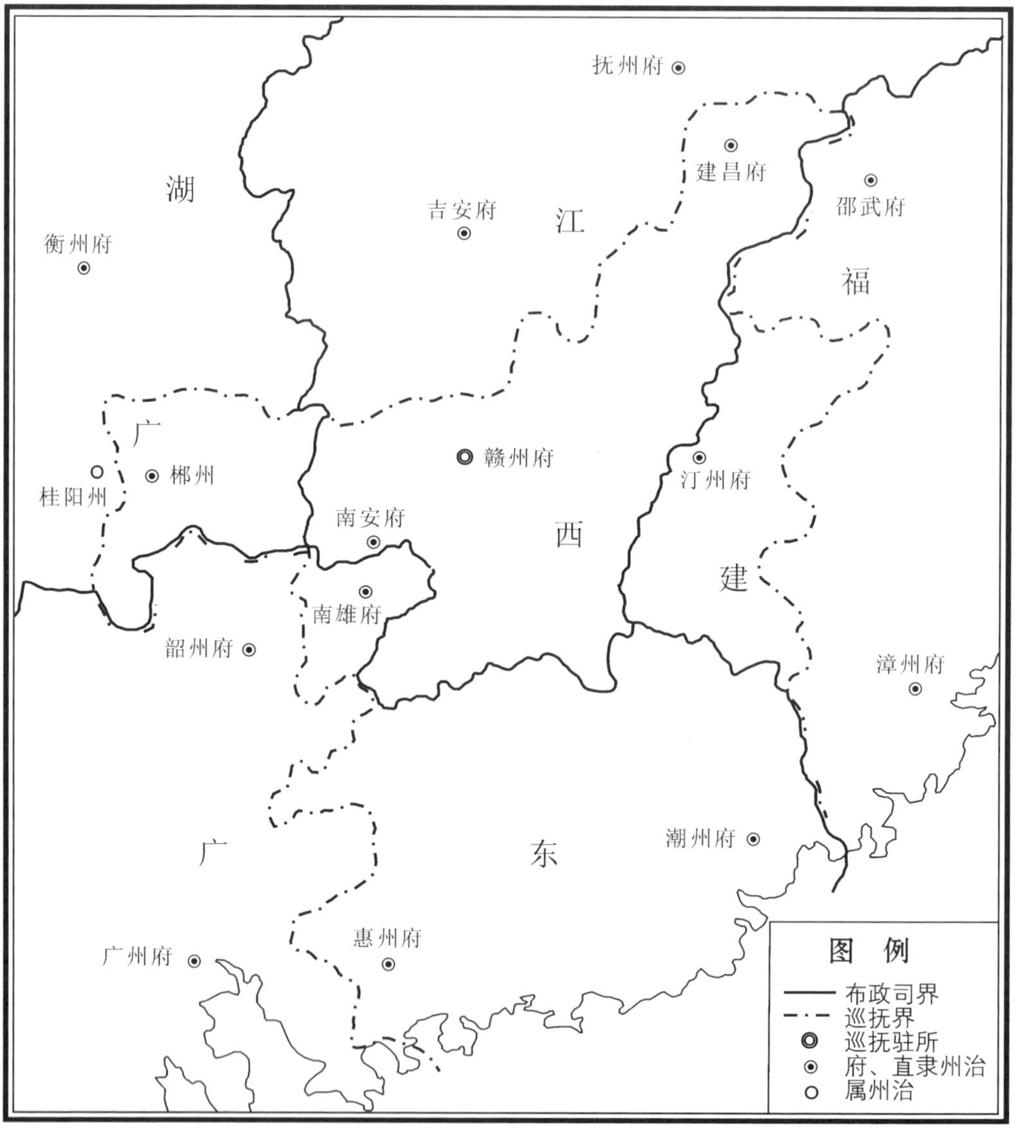

图 47 弘治八年(1495)南赣巡抚辖区图

(本图参考唐立宗:《明代南赣巡抚辖区新探》文中地图,见《历史地理》第十九辑)

地。置司于赣，而割江西之南安、赣州、建昌，福建之汀州，广东之潮州、惠州、南雄，湖广之郴州隶焉。”①《明会典》卷209《督抚建置》中的南赣巡抚条记载略同，但缺惠州府。《明会典》将此事误系于弘治十年，考之《孝宗实录》弘治八年四月辛巳条②、《国榷》弘治八年四月辛巳条③均与《新建巡抚院记》同，故此时惠州府当在辖区内，《明会典》误。桂阳州来属时间不明④。

巡抚驻赣州府。参见前段所引何乔新记文。又，《读史方舆纪要》舆图要览记江西“提督南赣军务都御史，驻赣州”。《明史》卷73《职官志二》附总督巡抚南赣巡抚条、《皇明职方地图表》卷上《江西职官表》均同。

弘治十年去建昌府，增辖福建布政司之漳州府。两广巡抚所辖之韶州府来属。《明会典》卷209记南赣巡抚弘治十年“寻增隶韶州、漳州，除建昌”⑤。

十二年，江西布政司全部府州来属。《孝宗实录》弘治十二年三月己巳载“敕巡抚南赣等处都察院右副都御史金泽通巡抚江西各府”⑥。《明书》卷126《邓廷瓒传》载：“邓廷瓒言：都御史金泽巡抚偏方非宜，宜以江西一省付泽，使三司听节制，庶军马钱粮可以调度。”此时该巡抚因通巡抚江西各府，故也称为江西巡抚，此点极易与已罢之江西巡抚相混淆。例如，《国朝献征录》卷44所录韩邦问墓志铭记“己未(指弘治十二年)升都察院副都御史巡抚江西”。参见“江西巡抚”“正德二年罢”段考证。

十四年，恢复弘治十年时辖区⑦。

十六年，南赣巡抚罢。《孝宗实录》弘治十六年三月戊辰记：“初以江西南、赣二府多盗，增设巡抚都御史常驻赣州，兼控湖广、广东、福建接界之地。至是，兵部以贼在瑞州、南昌，请令都御史林俊止巡抚江西，而移居南昌，以便调度防御。又以福建汀州山险多盗，仍令俊带管汀州一府。得旨：从之。但汀州不必属江西巡抚管辖，止令福建镇守、巡按官严督兵备等官加意防守，不得怠缓误事。”⑧此时江西巡抚只辖江西布政使司，且驻南昌府。

正德六年六月，南赣巡抚重置，后常置不罢。重置时，辖区略同弘治十年，然无韶州府地。七月韶州府复来属。《武宗实录》正德六月庚子条载，因赣、

---

① 《明经世文编》卷57。
② 《孝宗实录》卷99。
③ 《国榷》卷43。
④ 此段参见唐立宗：《明代南赣巡抚辖区新探》。
⑤ 《明会典》卷209《督抚建置·南赣巡抚》。
⑥ 《孝宗实录》卷148。
⑦ 参见唐立宗：《明代南赣巡抚辖区新探》。
⑧ 《孝宗实录》卷197。

粤、闽、湖广 4 布政司奏报 4 省接境处盗贼出没，“命都察院右副都御史周南巡抚南赣汀、漳等处地方”，其辖区为“福建汀、漳，江西南、赣，广东南雄、惠、潮七府及湖广郴州”①。正德六年七月癸亥条又载有南赣巡抚拓展辖区事：“至是，以广东韶州府与郴接境亦隶焉。”②

十四年六月，南赣巡抚兼抚江西。

十六年辖区复旧③。

嘉靖八年，增辖江西布政司吉安府之万安、龙泉、泰和、永丰、永宁 5 县，抚州府之乐安县。《明会典》卷 209 记南赣巡抚“嘉靖八年，以吉安之万安、龙泉、泰和、永丰、永宁，抚州之乐安增辖”④。

三十五年，因福建巡抚复置，汀州、漳州 2 府既属该巡抚，又属福建巡抚，是谓“两属”⑤。

四十五年，漳州府专属于福建巡抚⑦。惠州、潮州 2 府别属广东巡抚⑧。

万历初，漳州府复“两属”于福建巡抚。王士性《广志绎》卷 4《江南诸省》中记“南赣称虔镇，在四省万山之中。辖府九，汀、漳、惠、潮、南、韶、南、赣、吉。州一，郴”。此当为万历初年王士性所见南赣巡抚之辖区实况，漳州府复两属之旧态。

十六年，惠州府和平、龙川、兴宁 3 县，潮州府程乡、平远 2 县来属。《神宗实录》万历十六年四月辛未载“惠、潮五邑听赣抚节制”⑨。

崇祯六年，连平州与河源、长宁 2 县来属⑩。后辖区不变。

---

① 《武宗实录》卷 76。

② 《武宗实录》卷 77。

③ 正德十四年六月及十六年的辖区变化，参见唐立宗：《明代南赣巡抚辖区新探》。

④ 《明会典》卷 209《督抚建置·南赣巡抚》。

⑤⑦ 参见上文“福建巡抚”。

⑧ 参见上文“福建巡抚”“(嘉靖)四十五年”段考证。

⑨ 《神宗实录》卷 197。参见唐立宗：《明代南赣巡抚辖区新探》。

⑩ 雍正《连平州志》卷 1《建置》。参见唐立宗：《明代南赣巡抚辖区新探》。

第九章　两广巡抚

本章所叙述巡抚之关系与前几章不同，前几章均为先置大巡抚，然后次第析置（或罢而复置）若干小巡抚。本章则是先设置小巡抚，然后省并为大巡抚，后再析置为小巡抚。为叙述方便计，本章仍将后来省并而置的两广巡抚置于前，先置的广东、广西巡抚反置于后，特此说明。

广东、广西2巡抚均始置于正统元年（1436），寻罢，正统十四年均复置。后广东巡抚于景泰六年（1455）罢，广西巡抚于天顺元年（1457）罢。二年，两巡抚合并为两广巡抚。后析置、省并不常，嘉靖四十五年（1566）再析置为广东、广西2巡抚，均至崇祯十七年（1644）不辍。

本章即考证以上3巡抚辖区之沿革。

两广巡抚

天顺二年以广东、广西2巡抚省并而置，辖广东、广西2布政使司全境。《英宗实录》天顺二年四月己卯载“命都察院右佥都御史叶盛巡抚两广”①。

六年十二月析置为广东、广西2巡抚。《英宗实录》天顺六年十二月癸亥载“升两广协赞军务监察御史吴祯为右佥都御巡抚广西，命右佥都御史叶盛专巡抚广东”②。《明史》卷177《叶盛传》略同。

成化元年（1465）因广西少数民族起事，复由广东、广西2巡抚省并而置，辖区同天顺六年十二月前。《明史》卷178《韩雍传》记“宪宗立……（韩雍）贬浙江左参政。广西瑶、僮流剽广东，残破郡邑殆遍。成化元年正月大发兵，拜都督赵辅为总兵官……改雍左佥都御史，赞理军务”，同年十二月“升左副都御史，提督两广军务”。又，《明会典》卷209载“两广总督于成化元年，命兼巡抚，定于梧州驻扎，处置瑶、僮流贼一应事物，听便宜行事，各该将官并三司官悉听节制”③。

四年因两广地大，事务繁多，不便管理，再析为广东、广西2巡抚。《明史》

---

① 《英宗实录》卷290。
② 《英宗实录》卷347。
③ 《明会典》卷209《督抚建置·两广总督》。

卷 178《韩雍传》载“(成化)四年春,雍以两广地大事殷,请东西各设巡抚……命陈濂抚广东,张鹏抚广西”。《大政记》卷 17 成化四年三月戊寅条同。

六年二月复因广东、广西 2 巡抚省并而置。《明史》卷 178《韩雍传》记“明年(指成化五年)两广盗复起……乃罢两巡抚,而起复雍右都御史,总督如故”。《国榷》成化五年十一月己亥则载“起服韩雍,进右都御史总督两广军务,兼理巡抚”①。《宪宗实录》成化五年十一月己亥条同②。《大政记》卷 17 成化五年十一月辛巳朔载“设两广总府于梧州,起服韩雍加右都总军务兼巡抚广东”。按《宪宗实录》成化十三年八月己未条述及吴琛任官简历时称:“服阕,巡抚广东,六阅月,代还南京。未至,有旨巡抚湖广。”③查《宪宗实录》成化五年九月壬辰条④,吴琛任广东巡抚当始于此时。又,《宪宗实录》成化六年二月戊辰载“巡抚广东右佥都御史吴琛等奏:儋州黎人互相仇杀,兵部请行总镇、总督官处置,并抚其胁从余党。从之”⑤。此后不见吴琛任广东巡抚的记载。由此可见,《国榷》、《宪宗实录》言韩雍于成化五年十一月任总督“兼理巡抚”,应指兼理广西巡抚,同时广东巡抚由吴琛任。《大政记》误作韩雍巡抚广东。成化六年二月后当由韩雍以总督兼任两广巡抚。《副都御史吴公神道碑铭》⑥中所载吴琛于成化五年“巡抚两广”亦误,当为专巡广东。《明史》卷 178《韩雍传》言成化五年即罢广东、广西两巡抚,是将成化六年二月后事误移于前。

弘治八年,因南赣巡抚析置,广东南雄府及潮州府、惠州府别属之⑦。

十年,广东韶州别属南赣巡抚⑧。

十六年,上述别属之地均还属⑨。

正德六年六月,因南赣巡抚复置,南雄府以及惠州、潮州 2 府复别属之。七月,韶州府亦别属南赣巡抚⑩。

嘉靖四十五年,因两广地方多事,管理不便,遂析为广东、广西 2 巡抚。《明会典》卷 209 记“嘉靖四十五年,以广东有警,命总督止兼巡抚广西,驻肇庆,而于广东另设巡抚”⑪。《世宗实录》嘉靖四十五年九月丁巳的记载更为详

---

① 《国榷》卷 35。
② 《宪宗实录》卷 73。
③ 《宪宗实录》卷 169。
④ 《宪宗实录》卷 71。
⑤ 《宪宗实录》卷 76。
⑥ 《明名臣琬琰续录》卷 16。
⑦⑧⑨⑩ 参见上文“南赣巡抚”。
⑪ 《明会典》卷 209《督抚建置·两广总督》。

细:“兵科都给事中欧阳一敬奏:两广旧各设巡抚一员,后因提督开府苍梧而巡抚遂废。今地方多事,请复设巡抚于广东……吏部复如其言。诏:暂设广东巡抚。改提督军门为总督两广军务,兼理粮饷,巡抚广西地方。”①

巡抚驻梧州府②。

一、广东巡抚

约始置于正统元年,当辖广东全境。寻罢。《英宗实录》正统元年五月丁卯记“逮广东按察使陈礼下刑部狱,以巡抚等官劾其贪婪怠政故也”③。正统元年八月己巳又记“罢广东按察司佥事杨萎、湖广按察司佥事周泰亨为民,以巡抚等官考劾其不称职故也”④。这两条记载广东巡抚活动的史料,在《明实录》中首见,故推测该巡抚始置于此时。后不见广东巡抚之记载,当罢。

正统十四年复置。《英宗实录》正统十四年九月癸卯载“命户部右侍郎孟鉴巡抚广东”⑤。

景泰六年罢。《英宗实录》景泰六年十一月癸未载“巡抚广东兵部左侍郎揭稽下都察院狱,以故勘死平人”⑥。后不见该巡抚记载,当罢。

天顺二年与广西巡抚省并为两广巡抚⑦。

六年自两广巡抚析置,辖广东布政司全境⑧。

成化元年与广西巡抚省并,置两广巡抚⑨。

四年自两广巡抚析置⑩。

六年二月后复与广西巡抚省并,置两广巡抚⑪。

嘉靖四十五年,自两广巡抚析置,后常置不罢。析置时,辖南雄、韶州府及惠州府之和平、龙川、兴宁,潮州府之平远、程乡 5 县以外之广东布政司各府州县⑫。寻惠州、潮州 2 府自南赣巡抚还属⑬。

万历十六年,惠、潮 2 府之 5 县复别属南赣巡抚⑭。后辖区当不变。

---

① 《世宗实录》卷 562。

② 参见本节“成化元年因少数民族起事”段所引《明会典》卷 209 及本节“嘉靖四十五年”段所引《世宗实录》嘉靖四十五年九月丁巳条。

③ 《英宗实录》卷 17。

④ 《英宗实录》卷 20。

⑤ 《英宗实录》卷 183。

⑥ 《英宗实录》卷 260。

⑦⑧⑨⑩⑪⑫ 参见上文“两广巡抚”。

⑬ 参见上文“福建巡抚”“(嘉靖)四十五年”段考证。

⑭ 参见上文“南赣巡抚”。

巡抚于成化五年时驻梧州府[①]。嘉靖四十五年驻惠州府，有警移驻长乐县。万历二年暂移驻潮州府，寻移驻肇庆府。明末当移驻广州府。《世宗实录》嘉靖四十五年闰十月己亥载“命广东新设巡抚驻惠州城，有警移驻长乐县”[②]。《明会典》卷209载隆庆四年两广提督兼广东巡抚，“万历二年，以惠、潮有寇，暂移提督驻潮州。事平复归肇庆”[③]。明末两广总督仍兼广东巡抚，《皇明职方地图表》卷上《广东职官表》记“总督两广都御史驻广州”，故广东巡抚驻地为广州府。

二、广西巡抚

当始置于正统元年，辖广西全境，寻罢。《英宗实录》正统元年五月乙酉载“罢广西布政司右参议胡永成为民，以巡抚等官劾其贪虐故也”[④]。此条史料为《明实录》中关于广西巡抚最早、最可靠的记载，此后不见该巡抚记载，故推定该巡抚为正统元年始置，寻罢。

正统十四年复置。《国朝列卿纪》卷109《巡抚广西行实·李棠传》记“……上亲征北虏，留守大臣荐其才德老成，升本部右侍郎，阶嘉议大夫。十月奉敕巡抚广西”。《明史》卷159《李棠传》亦记“景帝嗣位，超擢本部侍郎，未几，巡抚广西，提督军务”。又雍正《浙江通志》卷146引《括苍汇纪》所载李棠：“(王)振死，超迁本部右侍郎巡抚广西。”[⑤]土木之变发生于正统十四年八月，李棠任巡抚当在景帝即位但未改年号之时。

天顺元年罢[⑥]。

二年与广东巡抚省并为两广巡抚[⑦]；

六年自两广巡抚析置，辖广西布政司全境[⑧]。

成化元年与广东巡抚省并为两广巡抚[⑨]。

四年自两广巡抚析置[⑩]。

六年二月后复与广东巡抚省并为两广巡抚[⑪]。

嘉靖四十五年，自两广巡抚析置[⑫]，后常置不罢。析置时辖广西布政使司全境。

---

①⑦⑧⑨⑩⑪⑫ 参见“两广巡抚”。

② 《世宗实录》卷564。

③ 《明会典》卷209《督抚建置·两广总督》。

④ 《英宗实录》卷17。

⑤ 雍正《浙江通志》卷146《人物一》。

⑥ 参见上文“辽东巡抚”中“(天顺)二年四月复置”段考证。

后辖区不变。

巡抚初驻桂林府，雍正《广西通志》卷35《廨署》记“巡按署旧在府学左，明洪武八年建，后改为巡抚署”[①]。

嘉靖末年移驻肇庆府[②]，万历四十六年移驻梧州府。《神宗实录》万历四十六年庚申载“广西巡抚林欲厦移梧州，以病乞归”[③]。

---

① 雍正时金鉷等监修：《广西通志》卷35《廨署》。
② 参见上文“两广巡抚”“嘉靖四十五年”段考证。
③ 《神宗实录》卷575。

第十章　定设总督

本章共考证 6 个定设总督辖区(见图 48)之沿革。

宣大总督始置于景泰二年(1451),后置罢不常。嘉靖二十一年(1542)七月复置,后常置不罢。嘉靖二十三年析出河南山东总督,二十四年河南山东总督罢。

两广总督始置于景泰三年,天顺元年(1457)罢,八年复置。成化十四年(1478)十一月罢,十二月复置。至崇祯十七年(1644)不辍。

三边总督始置于成化四年,寻罢。后置罢不常,嘉靖元年复置后,至崇祯十七年不辍。

蓟辽总督始置于嘉靖二十九年,置后未曾罢废。崇祯十二年时,析出保定总督。十四年时,析出辽东宁远总督。其中保定总督曾省入蓟辽总督,后又析出,至崇祯十七年不变;辽东宁远总督于崇祯十七年五月前省入蓟辽总督。

一、宣大总督

景泰二年,因防备蒙古侵扰而置,辖宣府、大同 2 巡抚之地。寻罢。《国朝列卿纪》卷 123《总督宣大尚书侍郎行实・石璞传》记“景泰二年虏寇独石,以工部尚书兼大理寺卿,总督宣大军务”。《明史》卷 73《职官志二》亦记“景泰二年,宣府、大同各设巡抚,遣尚书石璞总理军务”①。《名山藏》臣林记中的石璞传、《续文献通考》卷 90② 同。按该总督设置时间当不长,因《明史》卷 160《石璞传》记“……出理大同军饷。敌犯马营,命提督军务。至则寇已退,还理部事”。

成化二十年复置,增辖山西雁门、偏头、宁武关等地。《明史》卷 178《余子俊传》载“(成化)二十年命兼左副都御史,总督大同、宣府军务”。《国榷》将此事系于成化二十年二月丙子③。《罪惟录》帝纪卷 9《宪宗纪》亦载“(成化二十

---

① 《明史》卷 73《职官志二・都察院・附总督巡抚・宣大总督》。
② 《续文献通考》卷 90《御史分台・明督抚》。
③ 《国榷》卷 40。

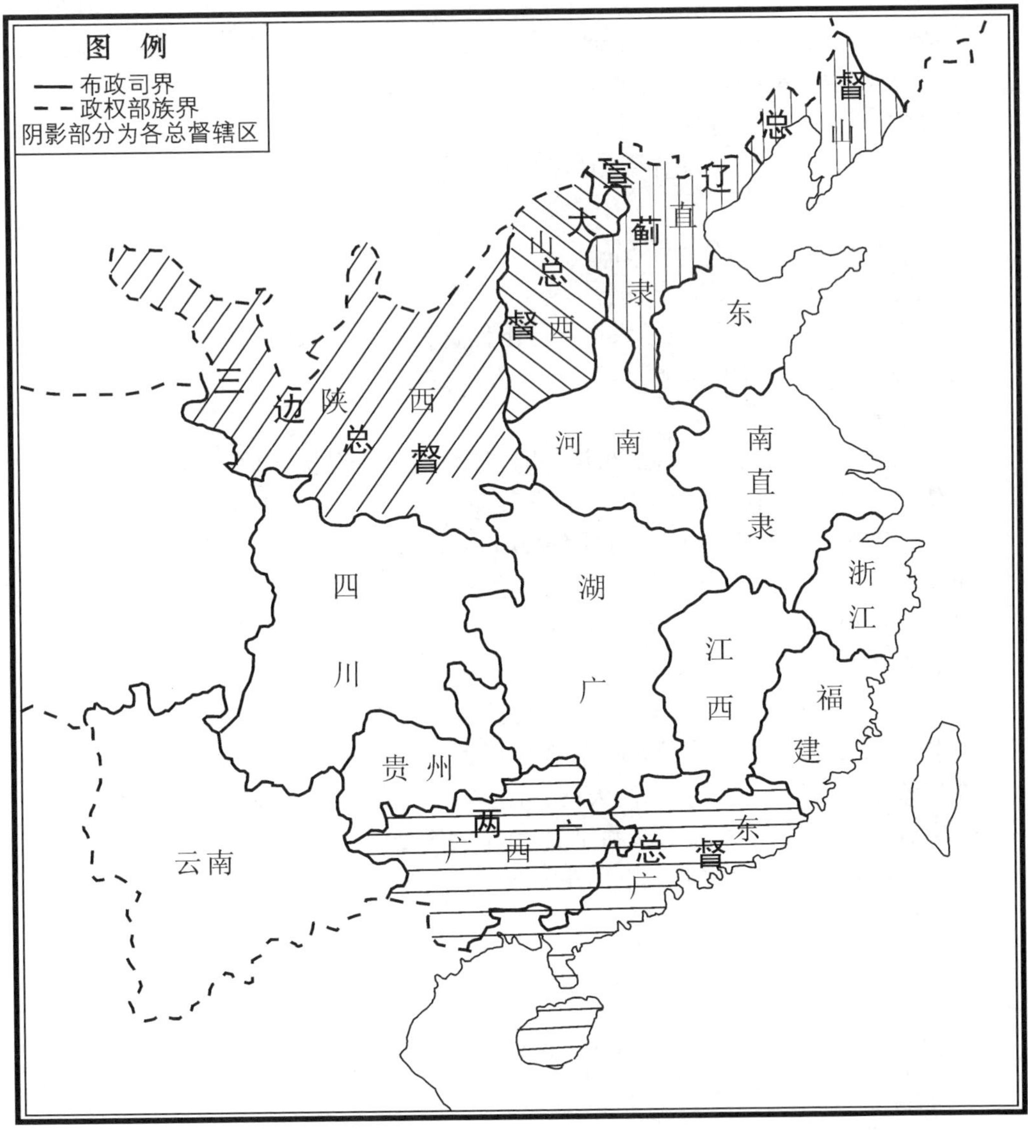

图 48　嘉靖二十九年(1550)定设总督辖区图

年)二月,余子俊以兵部尚书总督宣大,督边墩,寻节制山西镇抚”。自正统十四年(1449)始,山西巡抚始置并驻雁门关①,故此时宣大总督曾虽节制山西巡抚,但并不辖山西布政司全境,当仅辖雁门、宁武、偏头3关②。

二十一年罢。《宪宗实录》成化二十一年五月己卯载“改总督大同、宣府军务兼理粮储太子太保户部尚书兼都察院左副都御史余子俊为兵部尚书,仍总督军务兼理粮储。令防秋毕始还京”③。《总督宣大尚书侍郎行实·余子俊传》作成化十八年任总督,二十二年还京④。今从《实录》。

弘治十一年(1498)复置⑤,辖区当同成化二十年。

十五年罢。

十八年复置,辖区当同弘治十一年。《总督宣大尚书侍郎行实·史琳传》作“弘治十四年以右都御史提督军务,十五年还院。十八年再总督”⑥。弘治十五年,史琳还都察院,至十八年再行出任宣大总督,此四年间并无他人任宣大总督之记载,故推断该督罢于弘治十五年。

正德二年(1507)罢。

三年复置,辖区复弘治十八年之旧,且增辖延绥巡抚之地。《总督宣大尚书侍郎行实·文贵传》载“正德二年升兵部侍郎,致仕。三年起兵部左侍郎兼左佥都御史提督宣大军务。[本](原缺,据《国朝列卿纪》卷123《总督宣大尚书侍郎年表》文贵条补)年闲住”⑦。正德三年增辖延绥巡抚,《武宗实录》当年三月丙辰记有“命兵部左侍郎文贵兼都察院左副都御史提督宣府、大同、延绥等处军务”⑧。

四年因三边总督亦复置,延绥之地别属之。《武宗实录》正德四年四月乙丑载“命工部尚书才宽兼都察院左都御史总制延绥、宁夏、甘肃等处军务;兵部左侍郎兼左副都御史文贵总制大同、宣府军务。先是陕西、甘肃镇巡等官奏:各镇有警不相应援,致北虏获利而归,宜早为区处。兵部议:三镇守臣势均体敌,事无统纪,请添设文职大臣仍兼宪职,总制之。于是宽以谙练边务被命,凡镇巡以下官悉听节制……贵初兼督延绥军务,以既属宽,乃致总制宣大,如陕西三边体统”⑨。

① 参见上文“山西巡抚”“始置于正统十四年”段考证和“巡抚初驻雁门关”段所引《巡边总论》。
② 参见本节“约(嘉靖)六年复置”段考证。
③ 《宪宗实录》卷266。
④⑥⑦ 《国朝列卿纪》卷123。
⑤ 见《国朝列卿纪》卷123《总督宣大尚书侍郎行实·李介传》。
⑧ 《武宗实录》卷36。
⑨ 《武宗实录》卷49。

嘉靖三年罢。《总督宣大尚书侍郎行实·孟凤传》载其正德十六年任宣大三关总督①。又,《国朝献征录》卷63所录孟凤墓志铭载“甲申,升南京刑部尚书”。甲申为嘉靖三年,此时孟凤当离总督之任。

约六年复置,辖区复正德四年之旧,且增辖山西保德州周围地区。寻罢。《世宗实录》嘉靖六年六月丙寅记“提督宣大三关侍郎冯清请申明律例……”②其后《神宗实录》不见记载,当罢。《明史》卷73《职官志二》记宣大总督“嘉靖初,兼辖偏、保”③。《明会典》卷209宣大总督下记“嘉靖间,命总督官兼督偏、保及理粮饷等”④。《续文献通考》卷90御史分台明督抚条同。按偏指偏头关,保指保德州。桂萼在《山西图序》中言“雁门、偏头、宁武并置关戍,虽烽火之警不殊,而套贼为急。且保德、河曲之间,与虏仅隔一河,稍或撤备则门庭皆敌矣”⑤。此后该总督辖宣大三关及保德州一带,习称“宣大三关”。

十年复置,辖区当同嘉靖六年。《总督宣大尚书侍郎行实·刘源清传》记“(嘉靖)十年升兵部左侍郎兼右佥都,总督宣大军务”⑥。

十二年增辖紫荆关。《明史》卷200《刘源清传》载“(嘉靖)十二年,以边警迁兵部左侍郎,总制宣大、山西、保定诸镇军务”。此处山西仍专指三关及保德州一带,保定则专指紫荆一带,并非指2巡抚之全境。

十三年罢。《世宗实录》这一年九月庚午记:“礼部左侍郎黄绾言:宣大总制、提督,原议暂设,今虏稍宁,宜裁革。至于保定兵马之设,以守紫荆关为重,专统于提督都御史。宣大偏关兵马之设,以守边为重,兼统于总制都御史。今使保定亦听宣大总制节制,是以门外人摄门内事也,不惟调度纷扰,且职掌以混淆不便,宜亟行改正。……兵部请行总制侍郎张瓒等议奏:果虏警,以宁,保无后虞,方可议革。昨以地方多故,今宣大总制兼制保定,系一时权宜,当从绾议更正。上然之。已,张瓒议上,以为总制、提督两皆宜罢。乃召瓒与提督张倪俱还京。”⑦《国榷》嘉靖十三年九月庚午亦记“裁宣大总制、保定提督,召张瓒、张倪还京”⑧。

十五年因边防有警而复置,去紫荆关,辖区仍复嘉靖十年之旧。《世宗实

①⑥ 《国朝列卿纪》卷123。
② 《世宗实录》卷77。
③ 《明史》卷73《职官志二·都察院·附总督巡抚·宣大总督》。
④ 《明会典》卷209《督抚建置·宣大总督》。
⑤ 《明经世文编》卷182《桂文襄公奏议》。
⑦ 《世宗实录》卷167。
⑧ 《国榷》卷56。

录》嘉靖十五年十一月甲寅载“时宣大、延、宁皆有虏警，上用御史徐九皋、胡鳌言，复设宣大总制官，更名为总督”①。《明史》卷198《毛伯温传》载嘉靖十八年“诏伯温总督宣大、山西军务”。《国榷》嘉靖十八年二月壬寅亦载“兵部尚书毛伯温总督宣大、山西三关军务”②。此时当不辖紫荆关。

十七年罢。《国朝列卿纪》卷62《工部尚书行实·周叙传》记“(嘉靖)十五年升兵部左侍郎，本年升都察院右都御史总督宣大军务，十七年升工部尚书提督工程”。此后《世宗实录》中不见该总督记载，当罢。

二十年复置，辖区当同嘉靖十五年。《世宗实录》嘉靖二十年七月丁酉条载樊继祖为宣大总督③。

二十一年六月罢，七月复置，后常置不罢。复置时增辖山东、河南2巡抚之地。《明史》卷204《翟鹏传》记“明年(指嘉靖二十一年)三月，宣大总督樊继祖罢，除鹏兵部右侍郎代之。……会有降人言寇且大入，鹏连乞兵饷。帝怒，令革职闲住，因罢总督官不设。鹏受事仅百日而去。其年七月，俺答大入山西，纵掠太原、潞安。兵部请复设总督，乃起鹏故官，令兼督山东、河南军务，巡抚以下亦听节制”。又，《潜庵先生拟明史稿》卷20《翟鹏传》载“鹏既去而俺答复大入山西，廷议非鹏无可任事者，仍前总督，且益以山东、河南并听节制，比前加重焉”。翟鹏三月任总督，“受事仅百日而去”，由此推断该总督罢于嘉靖二十一年六月，复置于当年七月。

二十三年因析置河南山东总督，山东、河南巡抚之地别属之④。

二十九年定辖宣府、大同、山西3巡抚之地，后当不变。《明会典》卷209记宣大总督“(嘉靖)二十九年始定设，去偏、保改山西”⑤。《明史》卷73《职官志二》⑥、《续文献通考》卷90⑦、《国朝典汇》卷55《总督巡抚》均同。自嘉靖二十九年后该总督当增辖山西巡抚地，辖区为宣、大、山西3抚之地。以《神宗实录》万历四十二年九月癸亥条⑧、《熹宗实录》天启四年正月辛巳条⑨、《国榷》崇祯八年八月甲辰条⑩代表三个不同时期之三条史料为证，可知该总督之辖

---

① 《世宗实录》卷193。
② 《国榷》卷57。
③ 《世宗实录》卷25。
④ 参见下文“河南山东总督”。
⑤ 《明会典》卷209《督抚建置》。
⑥ 《明史》卷73《职官志二·都察院·附总督巡抚》。
⑦ 《续文献通考》卷90《御史分台·明督抚》。
⑧ 《神宗实录》卷524。
⑨ 《熹宗实录》卷38。
⑩ 《国榷》卷94。

区嘉靖二十九年后不变。

嘉靖初总督驻宣府，后当驻朔州、代州之间，确地不详。黄正宾《国朝当机录·兵机》记周金“已而改巡抚宣府。总督冯侍郎以苛刻失众。金数争之不得。侍郎又以引盐数万与其私人为市商，人无能得者，众因甚怨。会诸军诣侍郎请粮，不从，且欲鞭之，众遂愤，轰然面骂，因围帅府。金时以病告，诸属奔窜泣告。金曰：吾在也，毋恐。即便服出坐院门，召诸把总官，阳骂曰：是若辈剥削之过，不然诸军岂不自爱而至此？欲痛鞭之”。后众军士气平散去。可见此时总督当与宣府巡抚同驻宣府镇城。《明史》卷201《周金传》亦载此事，系于嘉靖元年，作“宣府总督侍郎冯清苛刻”，可与《国朝当机录》互证。魏焕《巡边总论二》载三关镇“嘉靖十九年，胡虏充斥，三关不能御。近议于朔代之间设重臣一员，总督宣大三关，亦如陕西固原之制”①，此议当发于嘉靖十九年后二十九年前，可见此时及此时以前，该总督并无确定驻地。

三十八年始，防秋驻宣府。四十三年移驻怀来。隆庆四年(1570)移驻阳和。《明会典》卷209记宣大总督“(嘉靖)三十八年，令防秋之日，总督领标兵驻宣府……四十三年，命宣大山西总督移驻怀来……隆庆四年，令总督移驻阳和”②。《明史》卷73《职官志二》③、《续文献通考》卷90④均同。

明末当移驻大同府，后又移驻宣府。《皇明职方地图表》卷上《山西职官表》中载总督宣大驻大同。崇祯十六年六月十六日行稿《兵部为钦奉敕谕事》提及“咨宣督，山永巡抚”⑤。明朝通例，总督驻某地时又称某督，如两广总督驻广东时又称广东总督。故此时宣大总督当移驻宣府镇城。

河南山东总督

嘉靖二十三年自宣大总督析置，辖北直隶、河南、山东诸地。参见“宣大总督”“(嘉靖)二十一年六月罢”段考证，当时任宣大总督者为张鹏，代之者为张汉，时间当在嘉靖二十三年⑥。《明史》卷204《张汉传》称“(张汉)代鹏时，寇已出境，乃命翁万达总督宣大，而以汉专督畿辅、河南、山东诸军”。

二十四年罢。《西园闻见录》卷60记张汉“嘉靖二十四年，河南山东总督张汉条陈选将、练兵、信赏、必罚四事”⑦。后不见该督记载，边警亦已解除，

---

① 《明经世文编》卷249。
② 《明会典》卷209《督抚建置》。
③ 《明史》卷73《职官志二·都察院·附总督巡抚·宣大总督》。
④ 《续文献通考》卷90《御史分台·明督抚》。
⑤ 《明清内阁大库史料》第一辑下册，明代卷14《兵部行稿六》第156号。
⑥ 见《世宗实录》卷292嘉靖二十三年十一月乙卯。
⑦ 《西园闻见录》卷60《住行》。

当罢。

二、两广总督

景泰三年因两广地方苗民起事而置，辖广东、广西2巡抚之地。《明史》卷73《职官志二》记两广“景泰三年，苗寇起，以两广宜协济应援，乃设总督”[①]。《国朝列卿纪》卷107《总督两广军务兼理巡抚序》略同。《明史》卷177《王翱传》详细记为“景泰三年召还掌院事。易储，加太子太保。浔、梧瑶乱，总兵董兴、武毅推委不任事，于谦请以翁信、陈旺易之，而特遣一大臣督军务，乃以命翱。两广有总督自翱始”。《明会典》作正统、景泰间设，《续文献通考》卷90[②]同《明会典》。今从《明史》卷73《职官志二》。

天顺元年罢。《英宗实录》自此无该总督之记载，当罢。参见“辽东巡抚”“(天顺)二年四月复置”段考证。

八年复置，仍辖广东、广西2巡抚[③]。《宪宗实录》天顺八年八月庚子载“命巡抚广西右佥都御史吴祯提督两广军务”[④]。《国榷》天顺八年八月庚子条[⑤]同。

成化十四年十一月罢，寻复置，后常置不罢。复置时辖两广巡抚之地。《宪宗实录》成化十四年十一月癸未条载，因总镇两广太监与两广总督朱英争座次，“上谕曰：朱英止令巡抚两广，改敕与之”[⑥]。总督之职遂罢。成化十四年十二月癸巳又载“升巡抚两广右副都御史朱英为右都御史，仍总督军务兼巡抚”[⑦]，可知当时总督辖两广巡抚。

嘉靖六年五月，因镇压广西土司起事，增辖江西及湖广邻近两广之地。《明史纪事本末》卷39《平藤峡盗》记“世宗嘉靖六年夏五月，起新建伯王守仁以兵部尚书总制两广、江西、湖广军务”。《国榷》嘉靖六年五月丁亥条[⑧]同。《明史》卷195《王守仁传》则记为“嘉靖三年，思、田州土酋庐苏、王受反。总督姚镆不能定，乃诏王守仁以原官兼左都御史，总督两广兼巡抚”。二说年代不同。查《世宗实录》嘉靖六年五月丁亥亦记“王守仁兼左都御史，总制两广及江

① 《明史》卷73《职官志二·都察院·附总督巡抚》。
② 《续文献通考》卷90《御史分台·明督抚》。
③ 指此时该总督辖区内。后广东、广西2巡抚省并析置过程详见“两广巡抚”、“广东巡抚”、“广西巡抚”。
④ 《宪宗实录》卷8。
⑤ 《国榷》卷34。
⑥ 《宪宗实录》卷184。
⑦ 《宪宗实录》卷185。
⑧ 《国榷》卷53。

西、湖广邻近地方军务"①。此说甚当,从《世宗实录》。

八年正月去江西、湖广之地。《国榷》嘉靖八年正月乙巳记"抚治郧阳右副都御史林富为兵部左侍郎兼右佥都御史,巡抚两广、提督军务。初,王守仁疾甚,荐富自代"②。此时当不辖江西、湖广之邻近两广地。

四十二年二月因防倭寇,增辖福建,九月因闽、广隔远不便兼辖而去福建。《世宗实录》嘉靖四十二年二月丁丑记"以倭寇攻陷兴化府城,命提督两广都御史张臬总督广、闽军务"③。兴化府属福建。嘉靖四十二年九月乙巳又载"令总督闽广都御史张臬致仕,升总理河南督察院右副都御史吴桂芳为兵部右侍郎兼右佥都御史提督,两广军务兼理巡抚。时和平贼李文彪作乱,臬以其地险,难用兵,倡议抚之。给事中陈懋观劾其纵寇殃民,部议亦以臬非军旅才,乃荐桂芳代之。且言闽、广道里隔远,不便兼辖,请罢总督,止以提督兼巡抚。上从之,因有是命"④。《国榷》嘉靖四十二年九月乙巳条⑤略同。

隆庆二年十二月,为平定广东曾一本之乱,复置,并增辖福建。《虔台倭纂》下卷《倭绩》载"曾一本者,潮人。因倭之乱,招纳亡命数万,横行闽广间,攻城掠地,杀参将缪邛,直抵五羊,焚舟。官兵不能讨。至是以兵部左侍郎刘公焘总督闽广军务"。《皇明应谥名臣备考录》卷7《刘焘传》记述尤为详确:"海寇曾一本倡乱广、闽,廷推总督军务焘调集三省将吏,生擒曾酋,致之麾下。"《明史》卷212《李锡传》略同。《明通鉴》卷64将此事系于隆庆二年十一月乙巳,《国榷》卷65将此事系于隆庆二年十二月癸未,从《国榷》。

三年十月,曾一本之乱平,去福建。《穆宗实录》隆庆三年十月辛丑载"总督两广都御史刘焘以海寇既平,辞免兼理福建军务……以上皆从之"⑥。《弇山堂别集》卷64《总督两广军务年表》记"至隆庆四年,又改总督闽广,兼理粮饷,巡抚广东",此说不知何本,当误。

后辖区当不变。

该总督成化六年驻梧州府。参见《明代两广总督府址变迁考》⑦考证。又,杨循吉《苏谈》韩公有度量条载"韩公永熙镇两广。时峒蛮方炽,公深追之,斩大藤峡,岭表悉安。梧州,两广中界也,公于此开都府听治焉"。此即记述韩

① 《世宗实录》卷76。
② 《国榷》卷54。
③ 《世宗实录》卷518。
④ 《世宗实录》卷525。
⑤ 《国榷》卷64。
⑥ 《穆宗实录》卷38。
⑦ 吴宏岐、韩虎泰:《明代两广总督府址变迁考》,《中国历史地理论丛》2013年第3期。

雍于成化年间任两广总督时事,时总督当驻梧州府。

万历八年移驻肇庆府[①]。

隆庆四年曾驻惠州府。《明会典》卷209记两广总督"(隆庆)四年……改为提督两广军务兼理粮饷,巡抚广东"[②]。按嘉靖四十五年始广东巡抚驻惠州府,该总督既兼广东巡抚,亦当驻惠州府[③]。

万历二年曾暂驻潮州府,寻复驻肇庆府[④],当于崇祯五年移驻广州府。《皇明职方地图表》卷上《广东职官表》记"总督两广都御史驻广州"。另参见《明代两广总督府址变迁考》考证。

三、三边总督

成化四年七月始置,辖陕西、甘肃、宁夏、延绥4巡抚之地。寻罢。《明史》卷178《项忠传》记成化四年开城土官满俊起事,"乃命忠总督军务,与监督军务太监刘祥、总兵官都督刘玉帅京营及陕西四镇兵讨之"。《明史》卷13《宪宗纪一》载成化四年七月项忠总督军务,当年十一月擒获满俊。《国榷》成化四年七月癸酉条[⑤]、成化四年十一月庚申条[⑥]同《明史》卷13《宪宗纪一》。总督当于平定满俊之乱后罢,《国朝列卿纪》卷126《总督陕西三边军务都御史序》记为"成化四年,固原满四搆变,始命右都御史项忠总督固原等处军务,然事毕则止,未有专职"。

七年复置。《明史》卷171《王越传》载成化七年时"越以方西征,辞大同巡抚。诏听之,加总督军务,专办西事"。又,《明史》卷173《朱永传》载成化七年"岁将尽,乃召永还,留越总制三边"。据此以定成化七年复置该总督[⑦]。

十一年罢。《明史》卷171《王越传》载成化十年王越自总督任上"称疾还朝"。《明史》卷182《马文升传》又记"(成化)十一年春,代越总制三边军务,寻入为兵部右侍郎"。该总督当罢于此时。

弘治十年复置。《明史》卷73《职官志二》三边总督记"弘治十年,火筛入寇,议遣重臣总督陕西、甘肃、延绥、宁夏军务,乃起左都御史王越任之"[⑧]。《明史》卷171《王越传》所记甚明:"(弘治)十年冬,寇犯甘肃,廷议复设总制

---

① 参见《明代两广总督府址变迁考》考证。
② 《明会典》卷209《督抚建置》。
③ 参见上文"广东巡抚""巡抚于成化五年时驻梧州府"段所引《世宗实录》卷564嘉靖四十五年闰十月己亥条。
④ 参见上文"广东巡抚""嘉靖四十五年"段考证。
⑤ 《国榷》卷35。
⑥ 《国榷》卷60。
⑦ 参见上文"大同巡抚""四年与宣府巡抚合并为宣大巡抚"、"六年复由宣大巡抚析置"两段考证。
⑧ 《明史》卷73《职官志二·都察院·附总督巡抚》。

官……吏部尚书屠滽以越名上，乃诏起原官，加太子太保，总制甘、凉边务兼巡抚。越言甘镇兵弱，非籍延、宁两镇兵难以克敌，请兼制两镇，解巡抚事，从之。"《明会典》卷209将三边总督始置时间定在弘治十年，"弘治十年，议遣重臣总制陕西、甘肃、延绥、宁夏军务"①，当误，见上文所述。

十一年冬罢。《明史》卷171《王越传》载王越于弘治十一年冬"卒于甘州"。后不见该总督之记载，当罢。

十四年复置。《国榷》孝宗弘治十四年三月乙亥载"延绥告警，命提督右都御史史琳率参将神英以京营兵三千往，节制诸路"②。清代汤斌的《拟明史稿·史琳传》记弘治十四年"小王子自宁夏犯固原，又犯榆林，假琳便宜行事，益兵七千率偏师先往"③。《孝宗实录》弘治十四年九月甲辰记"起致仕南京户部尚书秦纮为户部尚书兼都察院右副都御史，代琳总制陕西固原等各处军务"④，由此可知史琳即为总制。据此定该总督复置于弘治十四年。

正德二年罢。参见"顺天巡抚""(正德)五年八月复置"段考证。又，《武宗实录》正德二年三月庚申载"总制陕西、延绥、宁夏、甘肃等处边务兼督理马政都察院右都御史杨一清以疾乞退，许之"⑤。

四年复置。参见"宣大总督""四年因三边总督亦复置"段考证。又，正德九年至十年，同时存在总制、总督：一为邓璋，另一为彭泽。《总督陕西三边军务都御史行实·邓璋传》载"正德八年升都察院右都御史，总制陕西三边军务"，正德九年因甘肃有警，"廷擢彭泽总督军务。御史张麒上言：既有邓璋总制，不宜复令彭泽总督。又，给事中王江上言：治病者药无二君，弈棋者局无二帅，不宜并用二人总制军务。俱忤旨"⑥。《武宗实录》正德九年五月己丑亦载"土鲁番据哈密，敕都御史彭泽总督军务，量调延绥、宁夏、固原官军驻甘肃御之"⑦。《国榷》正德九年五月己丑条记述此事后称"时有总制邓璋，泽辞两帅莫适往也。不听"⑧。两总督中，彭泽偏重甘肃，邓璋主持全面。正德十年召彭泽理都察院事，其总督之职当罢⑨，事权统归邓璋。

---

① 《明会典》卷209《督抚建置·三边总督》。
② 《国榷》卷44。
③ 《拟明史稿》卷19。
④ 《孝宗实录》卷179。
⑤ 《武宗实录》卷24。
⑥ 《国朝列卿纪》卷126。
⑦ 《武宗实录》卷112。
⑧ 《国榷》卷49。
⑨ 参见《国朝列卿纪》卷126《总督陕西三边军务都御史行实·彭泽传》。

十二年罢。《武宗实录》正德十二年五月乙未载“太子太保、都察院左都御史彭泽以衰病乞休，许之”①。按邓璋亦于正德十年九月病归，陈天祥继任总督之职。彭泽又于正德十二年二月接替陈天祥任该总督②，至此离任，就职仅三月。

嘉靖元年复置，后常置不罢。《总督陕西三边军务都御史行实·李钺传》载“(正德)十六年以兵部左侍郎兼都察院左佥都御史总制陕西三边军务”③。《世宗实录》将此事系于嘉靖元年④，今从《实录》。

崇祯七年后，因农民起义军遍及各地，该总督辖区变化较大。崇祯七年后设“河南山陕川湖总督”，该督与三边总督时兼时分，辖区混乱，参见“河南山陕川湖总督”。

总督驻固原，嘉靖十八年始，防秋移驻花马池。《明史》卷73《职官志二》记三边总督“开府固原，防秋驻花马池”⑤。《明会典》卷209则记“(嘉靖)十八年奏准，三边总督于五六月间亲临花马池……并力防御。其陕西巡抚亦于五六月间往固原调度兵食候探。无大势虏情，及秋尽冬初，边腹收成俱毕，方许照常居中调度，巡抚官仍还本镇”⑥。《续文献通考》卷90⑦同。

四、蓟辽总督

嘉靖二十九年始置，辖顺天、辽东、保定3巡抚，通州、昌平、易州3都御史。《明会典》卷209记“嘉靖二十九年，以虏患始改为总督蓟州、保定、辽东军务，镇、巡以下，悉听节制”⑧。《续文献通考》卷90⑨同。《明史》卷73《职官志二》对蓟辽总督的辖区记为“辖顺天、保定、辽东三巡抚”⑩。《明史纪事本末》卷159《庚戌之变》则记嘉靖二十九年九月“置蓟辽总督大臣，以蓟州、保定、辽东三镇隶焉”。此为大略言之，此时通州、昌平、易州3都御史存，亦当辖之。

崇祯十二年析置保定总督，此时已为明末，督抚辖区呈紊乱状态，保定巡

---

① 《武宗实录》卷149。此事参见《明史》卷73《彭泽传》。
② 参见《武宗实录》卷146正德十二年二月庚戌。
③ 《国朝列卿纪》卷126。
④ 《世宗实录》卷10嘉靖元年正月壬戌。
⑤ 《明史》卷73《职官志二·都察院·附总督巡抚·三边总督》。
⑥ 《明会典》卷209《督抚建置·三边总督》。
⑦⑨ 《续文献通考》卷90《御史分台·明督抚》。
⑧ 《明会典》卷209《督抚建置·蓟辽总督》。
⑩ 《明史》卷73《职官志二·都察院·附总督巡抚·蓟辽总督》。

抚之地及顺天巡抚所辖昌平之地当别属之①。

十四年析置辽东宁远总督，山海关外辽东巡抚所辖之地别属之②。

十五年罢保定总督，所辖之地还属③。

十六年三月复析置保定总督，保定巡抚之地当复别属之。同年五月保定总督罢，其辖地还属④。

十七年二月再析置保定总督，保定巡抚之地又当别属之⑤。五月前辽东宁远总督罢，其地还属⑥。

总督于嘉靖三十三年前驻蓟州，此年始移驻密云，防秋驻昌平。《读史方舆纪要》九边总图卷 3 蓟州边记总督蓟辽都御史驻蓟州。《明会典》记蓟辽总督"（嘉靖）三十三年，以密云咫陵京……移总督驻密云……防秋之日改驻昌平"⑦。《熹宗实录》天启三年十二月已酉条⑧同。《明史》卷 73《职官志二》记蓟辽总督时称"开府密云"⑨，亦应指嘉靖三十三年后之实况。

1. 保定总督

崇祯十二年析自蓟辽总督。张岱《石匮书后集》卷 14《孙传庭传》载"戊寅（指崇祯十一年）十一月，北骑进口，京师戒严……改承畴为蓟辽总督，孙传庭为保定总督。传庭以失聪辞，上不许，寻逮传庭下狱"。清代赵吉士的《续表忠记》卷 6《总督孙公传》、邵念鲁的《思复堂文集》卷 2《督师白谷孙公传》均同。孙传庭下狱后由杨文岳接替其职⑩。

辖保定、山东、天津、登莱 4 巡抚之地。关于此时辖区有两种记载：其一为保定、山东、河北。《国榷》崇祯十二年五月辛巳载"杨文岳总督保定、山东、河北军务兼理粮饷"⑪。《明史》卷 262《杨文岳传》、汪有典《史外》卷 3《孙尚书传》同。其二为保定、山东、河南。《明史》卷 262《孙传庭》载崇祯十二年时"帝移传庭总督保定、山东、河南军务"。王鸿绪《明史稿·孙传庭传》、陈田《明诗纪事》辛签卷 2《孙传庭传》同。该总督此时实辖黄河以北之地，即北直隶之南部、山东布政司全境。《国榷》崇祯十二年正月丁丑条所载甚明：命孙传庭"总

---

①④⑤　参见下文"保定总督"。

②⑥　参见下文"辽东宁远总督"。

③　参见"保定总督""十五年增辖湖广部分地区"段所引《国榷》。

⑦　《明会典》卷 209《督抚建置·蓟辽总督》。

⑧　《熹宗实录》卷 42。

⑨　《明史》卷 73《职官志二·都察院·附总督巡抚·蓟辽总督》。

⑩　见《国榷》卷 97 崇祯十二年五月丁丑。

⑪　《国榷》卷 97。

督漕运，山东、河北军务”①。保定总督之名系因该总督驻保定府而得，“保定”在此与“河北”为同一地域概念。换言之，该总督当时应辖保定、天津、山东、登莱4巡抚之地②。

十五年增辖湖广部分地区，当年闰十一月罢。《明史》卷267《高名衡传》载“（崇祯十五年）六月，帝诏释故尚书侯恂于狱，命督保定、山东、河北、湖北诸军务”③。《国榷》崇祯十五年闰十一月辛丑载“总督保定侯恂、巡抚保定杨进免。罢总督不设”④。

十六年三月复置，去湖广之地，当年五月罢。《明史》卷279《吕大器传》载“明年（指崇祯十六年）三月始至，命（吕大器）以本官兼右佥都御史，总督保定、山东、河北军务……五月，以保定息警，罢总督官”。此时湖广之地当不在该总督辖区之内。

十七年二月复置，辖区当同崇祯十六年三月。《崇祯长编》卷2崇祯十七年二月壬午载“督师李建泰请以保定巡抚徐标加升畿南总督，仍管巡抚事务。河北、山东镇抚，兵马钱粮悉听节制调度。从之”。畿南总督即指保定总督。

总督初驻保定，后移驻真定。保定总督孙传庭在《奏请查结疏》中称：“臣驻保定月余，真定监臣陈镇彝密迩保定，谅亦知之。”⑤《罪惟录》列传卷12《徐标传》又记“……（徐标）历官巡抚都御史，为总督，驻真定。”徐标任总督时间见本节前段。

2. 辽东宁远总督

崇祯十四年冬自蓟辽总督析置，因清军步步进逼，仅辖山海关以外辽东地区剩余之地⑥。《明史》卷259《范志完传》载崇祯十四年冬，杨绳武任蓟辽总督，“寻以志完代之，而令绳武总督辽东宁远诸军”。

十七年五月前省入蓟辽总督。《牧斋有学集碑传》卷30所录《王永吉墓志铭》载“……未几有总督蓟辽之命……抗疏条奏请分设蓟、辽二督，勿兼顾东西，以误封疆”。此议并未实行，但可知在此之前辽东宁远总督已并入蓟辽总督，时间当在崇祯十七年五月以前。《国榷》崇祯十七年五月辛亥条载此月山

① 《国榷》卷97。
② 参见《明清内阁大库史料》第一辑下册，明代卷18《兵科抄出题本四》第80号，崇祯十二年九月十六日到《保定总督杨文岳为清源始终保固等事》。
③ 参见李棪：《东林党籍考·侯恂传》。
④ 《国榷》卷98。
⑤ 《孙传庭疏牍》，浙江人民出版社，1983年，第129页。
⑥ 参见上文“辽东巡抚”。

东巡抚王永吉任蓟辽总督[①]。

又，该总督往往加督师衔，地位尤高，可节制山海关内各地，又称总理。如范志完于崇祯十五年六月任该总督时即"易衔钦命督师"，"时关内外建二督，而关外加督师衔，地望尤重"[②]。

① 《国榷》卷97。
② 《明史》卷259《赵光抃传》。

第十一章　暂设总督

第一节　西部地区

一、云南总督

为镇压云南麓川土官起事而设，始置于正统六年(1441)，约辖云南之地。《国榷》正统六年正月甲寅载“王骥总督军务，率兵讨麓川思任发”①。《明史》卷171《王骥传》、《明史纪事本末》卷30《麓川之役》略同。

正统七年五月罢，八月复置②。

九年罢③。

十三年复置。

十四年罢。《弇州山人续稿》卷87《王骥传》载“会思机发窜之孟养，孟养与相比匿，不肯捕送，于是骥复总督军务，偕平蛮将军宫聚讨之”。《国榷》将此事系于正统十三年三月壬寅条④。王骥于正统十四年还京⑤。

二、贵州总督(正统至景泰)

为镇压贵州苗民起义而设，始置于正统十四年，辖贵州布政司及湖广布政司辰州府与贵州接界之地。《英宗实录》正统十四年十一月辛卯载“命参赞云南军务兵部左侍郎侯琎往贵州总督军务”⑥。《国榷》正统十四年十一月辛卯条⑦同。又，《明史》卷172《侯琎传》记“景泰初，贵州苗韦同烈叛，围新添、平越、清平、兴隆诸卫。命琎总督贵州军务讨之”。按正统十四年十一月景帝即位，但尚未更改年号，《明史》误。《贵州巡抚行实·王来传》言“景泰元年

---

① 《国榷》卷25。

②③⑤　见《明史》卷171《王骥传》。

④ 《国榷》卷27。

⑥ 《英宗实录》卷185。

⑦ 《国榷》卷28。

(1450)升右都御史兼大理寺卿总督湖广、贵州军务征剿苗贼。受命驰至湖广沅州,考图定策,分官军为五哨前进辰州等处”[①],湖广辰州府与贵州交界之地当属该总督辖。

景泰四年罢。《明史》卷172《王来传》载王来于景泰元年代侯琎为贵州总督,“三年十月召还,加兼大理寺卿……来还在道,以贵州苗复反,敕回师进讨。明年事平”,该总督当罢。

三、四川贵州总督

为镇压四川南部与贵州交界之地山都蛮起事而设。始置于成化三年(1467),当辖四川南部、贵州北部相接之处。《明史》卷172《程信传》载“成化元年起兵部,寻转左。四川戎县山都蛮数叛,陷合江等九县。廷议发大军讨之……进信尚书,提督军务”。此为成化三年事,亦涉及贵州部分地区,参见《西园闻见录》卷721《住行》程信条。

成化四年罢[②]。

四、云贵川湖广总制

为镇压云南土官起事而设,始置于嘉靖七年(1528)三月,约辖云南、贵州、四川、湖广等地。寻罢。《续文献通考》卷90载“嘉靖七年设云、贵、四川、湖广等处总制,剿苗蛮土夷。事平革”[③]。《国榷》嘉靖七年三月癸巳亦载“云南武定府土酋凤朝文作乱,杀同知官,夺印,与安铨合围云南。命伍文定为兵部尚书兼右都御史,提督云、贵、川、广军务,征兵讨之”[④]。《明史》卷200《伍文定传》略同。此次云南土官起事当年即平,总督当罢。

五、湖广贵州四川总督

为镇压贵州、湖广接界处苗民起事而设,始置于嘉靖二十七年。《明史》卷200《张岳传》载“湖、贵间有山曰蜡尔,诸苗居之。东属镇溪千户所筸子坪长官司,隶湖广;西属铜仁、平头二长官司,隶贵州;北接四川酉阳,广袤数百里。诸苗数反,官兵不能制,侍郎万镗征之,四年不克。乃授其魁龙许保冠带。湖苗暂息,而贵苗反如故。镗班师,龙许保及其党吴黑苗复乱。贵州巡抚李义壮告

① 《国朝列卿纪》卷114。
② 见《明名臣琬琰续录》卷11《兵部尚书程襄毅公墓志铭》。
③ 《续文献通考》卷90《御史分台·明督抚·云贵川湖广总制》。
④ 《国榷》卷54。

警，乃命岳总督湖广、贵州、四川军务讨之，进右都御史”。查《世宗实录》嘉靖二十七年六月丁未载“巡抚贵州都御史李义壮奏：苗贼龙许保等猖獗日甚”①，设总督当在此时。

辖四川、贵州、湖广之地。湖广之辰州府及贵州、四川东部地区属该总督直辖。《续文献通考》卷90②、《明史》卷73《职官志二》③均载该督亦辖云南，误。任该总督者先后共8人，其任总督事分见《世宗实录》嘉靖二十七年六月丁未条（张岳）、嘉靖三十二年二月戊午条（屠大山）、嘉靖三十三年二月戊午条（冯岳）、嘉靖三十六年三月丙寅条（王崇）、嘉靖三十八年正月壬寅条（石永）、嘉靖三十九年四月辛酉条（黄光升）、嘉靖四十年闰五月丙申条（董威）、嘉靖四十年九月甲辰条（王崇奎）④。以上史料可证，各任总督均辖湖广、贵州、四川之地，云南不在其内。《国朝列卿纪》卷110《总督川湖贵州序》记“湖广自辰、沅一带通贵州、川东，自嘉靖二十七年湖之麻阳、镇筸，贵之铜仁诸苗伺隙叛乱，廷议始设总督军务大臣节制三省。至四十二年因言官建白裁革总督，将川东、湖广军务俱听贵州巡抚兼督焉”。朱国祯《大事记》卷31《平湖贵苗》论及此事时指出：“至川、广、湖接壤，无之非苗，与郧、虔（指郧阳抚治和南赣巡抚）又别。川则酉阳为蔽，势不相及，虽属湖广，道里甚遥，难于节制。去贵甚近，兼摄颇便。然贵土瘠民贫，仰给外省，其势甚弱，自保不暇，安能制苗？乃废十五年已设之总督而归并于贵。”按川东、黔东、湖广西部地区因情况特殊，设总督时亦不应分治于总督节制下的各巡抚，似应自成体系，直接隶属于总督，唯此方可于罢总督之后将该地区一体转属贵州巡抚统辖。另参见下段考证。

嘉靖三十三年，湖广西部容美十四司亦直辖于该总督。《明史》卷310《湖广土司传》载嘉靖三十三年，诏湖广、川、贵总督并节制容美十四司，因当地土官骄横，“有司不能摄治……宜假督臣以节制容美之权”。此地原属湖广巡抚，自此始直辖于总督，与前面提及的湖广西部，贵州、四川东部之地情形相类似。

四十二年罢。见《明会典》卷209、《续文献通考》卷90⑤、《明史》卷73《职官志二》⑥，参见本节“辖四川、贵州、湖广之地”段所引《国朝列卿纪》。

总督驻沅州。《国朝献征录》卷48《南京刑部尚书冯公岳家状》载“公以沅州为总督开府之处，土城易坏，奏易以石而增廓之，巍然巨镇矣”。《西园闻见

① 《世宗实录》卷337。

②⑤ 《续文献通考》卷90《御史分台·明督抚》。

③⑥ 《明史》卷73《职官志二·都察院·附总督巡抚》。

④ 《世宗实录》卷337、卷394、卷406、卷445、卷468、卷483、卷497、卷501。

录》卷16招抚条亦载“铜仁苗叛，三省震恐，当事者乃议设总制。于是张公岳开府沅州”。又，《明事断略》平湖贵苗条则记“未几，许保及吴黑苗复乱，劫思州府，陷印江县。得张岳主之，亦开府辰州”。此处辰州当指沅州，因沅州属辰州府管辖。《大事记》卷31《平湖贵苗》也记为“移南广总督张岳加右都，开府辰州抚剿”。

六、川贵总督（万历）

为镇压播州土官叛乱而设，始置于万历二十二年（1594），约辖贵州北部、四川南部相接之地。《神宗实录》万历二十二年十月己未载“以南京兵部右侍郎邢玠为左侍郎兼右佥都御史总督川、贵军务”①。清代徐乾学《明史·邢玠传》载“播州宣慰使杨应龙叛，败官军于白石。（万历）二十二年十月，转左侍郎兼右佥都御史总督川、贵军务讨之”。

万历二十七年当增辖湖广之地。《明史》卷228《李化龙传》记“（万历）二十七年三月，化龙起故官，总督湖广、川、贵军务兼巡抚四川，讨播州叛臣杨应龙”。《神宗实录》万历二十七年戊戌条②同。

当于万历三十四年二月后，三十五年八月前罢该总督。《神宗实录》万历三十四年二月辛酉条最后一次记载该总督之活动③。又，《神宗实录》万历三十五年八月乙酉条亦载，于“四川巡抚标下复设游击，以裁总督故，宜裁副总兵也”④，此可为旁证。

总督初驻成都，后移驻重庆。《明史》卷228《李化龙传》载约万历二十七年五月“化龙至成都”。又，《明史纪事本末》卷64《平杨应龙》载，万历二十七年十月“命总督李化龙驻重庆，调度川、贵、湖广兵”。

七、川贵总督（天启）

为镇压四川永宁土官奢崇明起事而设，始置于天启元年（1621），辖四川、湖广、云南、贵州等地。《明史》卷73《职官志二》载“天启元年，又土官奢崇明反，又设四川、湖广、云南、贵州、广西五省总督”⑤。《熹宗实录》天启元年十二月丁丑详细记为“升巡抚河南右副都御史张我续兵部右侍郎兼都察院右佥都

---

① 《神宗实录》卷278。
② 《神宗实录》卷332。
③ 《神宗实录》卷418。
④ 《神宗实录》卷437。
⑤ 《明史》卷73《职官志二·都察院·附总督巡抚》。

御史，提督四川、贵州军务，兼制云南、湖广等处地方，驻扎顺庆调度，铸给关防，仍赐尚方剑，便宜行事”①。《国榷》天启元年十二月壬申条②、王鸿绪《明史稿·朱燮元传》略同。此时当不辖广西，《明史》卷73《职官志二》误。

天启二年析为贵州、四川两总督。《熹宗实录》天启二年十一月丙辰载“吏部遵旨会议，请分设黔、蜀总督，上从之”③。

五年初，贵州总督省入四川总督，川贵总督遂复置，后常置不罢。复置时，约辖四川、贵州、云南、广西、湖广及陕西之地。《国榷》天启五年三月甲戌载“贵州总督蔡复一免。以总督川、湖、陕西兵部尚书朱燮元兼贵州”④。《明史》卷249《朱燮元传》又载“明年(指天启五年)总理鲁钦败织金，贵州总督蔡复一又败。廷臣以三善等失事由川师不协助，议合两督抚。乃命燮元以兵部尚书兼督贵州、云南、广西诸军，移镇遵义；而以尹同皋代抚四川”。

六年去陕西之地。《明史》卷257《张鹤鸣传》载“(天启)六年春，魏忠贤势大炽，起鹤鸣南京工部尚书。寻以安邦彦未灭，鹤鸣先有平苗功，改兵部尚书，总督贵州、四川、云南、湖广、广西军务，赐尚方剑”。《罪惟录》列传卷25《张鹤鸣传》亦载“……复起南工部尚书。时黔贼未平，逆魏大言非鹤鸣不办，以兵部尚书总督五省，兼抚贵州”。

总督于天启元年驻顺庆，五年复置时移驻遵义⑤。

1. 四川总督

天启二年十一月由川贵总督析置⑥，辖四川及湖广之荆州、岳州、郧阳、襄阳4府，陕西汉中府。《明史》卷249《朱燮元传》载“朝议录燮元守城功，加兵部侍郎。总督四川及湖广荆、岳、郧、襄，陕西汉中五府军务，兼巡抚四川”。《明通鉴》将此事系于天启二年十一月癸丑⑦。

五年因贵州总督省入，遂复置川贵总督⑧。

2. 贵州总督

天启二年十一月由川贵总督析置⑨，辖贵州，云南及湖广辰州、常州、衡州、永州、武昌、汉阳、黄州、承天、德安、长沙、宝庆等11府。《明史》卷249《朱

① 《熹宗实录》卷17。
② 《国榷》卷84。
③ 《熹宗实录》卷28。
④ 《国榷》卷87。
⑤ 参见本节“为镇压四川永宁土官奢崇明起事而设”段所引《熹宗实录》卷17天启元年十二月丁丑条，又见本节“五年初”段所引《明史》卷249《朱燮元传》。
⑥⑧⑨ 参见上文“川贵总督(天启)”。
⑦ 《明通鉴》卷78。

夔元传》载“以杨述中总督贵州军务，兼制云南及湖广辰、常、衡、永十一府”。此 11 府中另外 7 府当为武昌、汉阳、黄州、承天、德安、长沙、宝庆。因湖广布政使司下辖二级政区中称府者共 15 个，四川总督已辖其中岳州、荆州、郧阳、襄阳 4 府[①]，余者不言自明。

五年省入四川总督[②]。

第二节 东部地区

一、荆襄总督

为镇压荆襄流民起义而设，始置于成化六年(1470)十一月，约辖河南布政司及湖广之荆州、襄阳府。《宪宗实录》成化六年十一月癸未载“命都察院右都御史项忠总督河南，湖广荆、襄军务”[③]。《明史》卷 178《项忠传》、《明史纪事本末》卷 38《平郧阳盗》略同。

成化七年十一月改抚治。《明史纪事本末》卷 38《平郧阳盗》记“(成化七年)十一月，荆、襄、南阳流民平，进总督军务项忠右都御史，敕留抚治”。

总督驻襄阳府。《明史纪事本末》卷 38《平郧阳盗》载“(成化)七年春正月，右都御史项忠至襄阳，以见卒寡弱，请调永顺等土兵。从之”。

二、湖广总制

为镇压湖广农民起义而设，始置于正德五年(1510)三月，约辖湖广、郧阳、陕西、河南、四川巡抚之地。《明史》卷 187《洪钟传》载“(正德)五年春，湖广岁饥盗起。命钟以本官总制军务，陕西、河南、四川亦隶焉”。《国朝献征录》卷 44《洪钟墓志铭》、焦竑《皇明人物考》卷 5《洪钟传》、毛奇龄《西河文集》卷 10《洪钟传》均同。高岱《鸿猷录》卷 13《剿平蜀盗》作正德五年正月，过庭训《明分省人物考》卷 43《洪钟传》同。而《武宗实录》正德五年三月乙酉记“命太子少保刑部尚书兼左都御史洪钟总制湖广、郧阳及陕西、河南、四川等处军务并总理武昌等府赈济事宜”[④]。《国榷》卷 48 同。今从《武宗实录》、《国榷》。始置时辖区《武宗实录》正德五年三月乙酉条比《明史》卷 187《洪钟传》多载郧

---

① 参见上文“四川总督”。
② 参见上文“川贵总督(天启)”。
③ 《宪宗实录》卷 85。
④ 《武宗实录》卷 61。

阳。《西园闻见录》卷80彭泽条载，洪钟曾“总制湖广、郧阳及陕西、河南、四川等处军务”，与《武宗实录》等同，今从之。

正德八年八月去河南。《明史》卷198《彭泽传》载“寻代洪钟总督川、陕诸军，讨四川贼”。《敕使四川行实·彭泽传》记“正德八年以太子少保、右都御史总制四川军务”①。《国朝献征录》卷39《大司马彭公别传》则载“时蜀盗兰廷瑞、鄢本恕为尚书洪钟击抚平，余党寥麻子复起，势愈炽。钟耄不复能将，诏泽总督讨之”，时彭泽“总制湖广、四川、陕西等处军务”。此时辖区当去河南。

九年八月罢。《明史纪事本末》卷40《兴复哈密》载“（正德）九年八月，命右都御史彭泽总督甘肃，统延、宁、固原诸镇兵，经略土鲁番”，彭泽湖广总制之职当解②。

三、江西总制

为镇压江西农民起义而设，始置于正德六年，辖江西、南直隶、浙江、福建、广东、湖广之地。《明史》卷187《陈金传》载“（正德）六年二月，江西盗起，诏起金故官，总制军务，南畿、浙江、福建、广东、湖广文武将吏俱隶焉”。

正德八年去南直隶、广东、湖广。

十一年罢。《明史》卷187《俞谏传》载“（正德）八年春，姚源降贼王浩八叛，诏以谏代陈金督江西、浙江、福建诸军讨之。……十一年召还，遂乞致仕”。

四、两畿山东河南提督

为镇压山东青州矿工起事而设，嘉靖元年（1522）始置，约辖南、北两直隶及山东、河南之地。

嘉靖元年秋罢。《明史》卷187《俞谏传》载：“嘉靖改元……青州矿盗王堂等起颜神镇，流劫东昌、兖州、济南。都指挥杨纪及指挥杨浩等击之，浩死，纪仅免。诏责山东将吏，于是诸臣分道逐贼，贼不复屯聚，流劫金乡、鱼台间，突曹州，欲渡河，不得，复掠考城并河西岸，至东明、长垣。河南及保定守臣咸告急。贼党王友贤等转掠祥符、封丘，南抵徐州。廷议以诸道巡抚权位相埒，乃命谏与都督鲁纲并提督两畿、山东、河南军务，以便宜节制诸道兵讨之。贼复流至考城。官军方欲击，而河南降贼张进引三百骑驰至。中都留守颜恺与俱前，方战，进忽三麾其旗，先却，贼乘之，官军大溃，将士死者八百余人。谏等连

① 《国朝列卿纪》卷113。
② 参见《国朝列卿纪》卷113《敕使四川行实·彭泽传》。

营，进贼始灭。其秋，召掌都察院事。”

五、浙直总督

因备倭而设，始置于嘉靖三十三年。《续文献通考》卷90记“（嘉靖）三十三年，倭夷入犯杭州，命尚书提督浙江、福建、南直军务”①。

辖南直隶、浙江、山东、福建、广东、广西诸地。嘉靖三十三年时辖区有四种不同记载：《国朝列卿纪》卷100《敕使江南尚书侍郎都御史行实·张经传》载“（嘉靖）三十三年，改兵部尚书，总督浙、直军务”。此为2省说。《明史纪事本末》卷55《沿海倭乱》载“（嘉靖三十三年）以南京兵部尚书张经总督浙、福、南畿军务”。《明诗纪事》卷13《张经传》、上段所引《续文献通考》卷90均同。此为3省说。《明史》卷205《张经传》记“明年（指嘉靖三十三年）五月，朝议以倭寇猖獗，设总督大臣。命经不解部务，总督江南、江北、浙江、山东、福建、湖广诸军，便宜行事”。王鸿绪《明史稿·张经传》同。此为5省说。《世宗实录》嘉靖三十三年五月丁巳载命南京兵部尚书张经“不妨原务，兼都察院右副都御史总督南直隶、浙江、山东、两广、福建等处”②。《罪惟录》列传卷36《日本国》亦记“诏以尚书张经总督浙、直、山东、两广、福建六省”。《国榷》嘉靖三十三年五月丁巳条③、《明名臣言行录》卷59《尚书张襄愍公》均同。此为6省说。

按3省说与6省说为是。南直隶、浙江、福建为倭寇重点攻扰之地，亦为该总督重点统辖之地；其余山东、广东、广西3省为该总督调集兵马的兼辖之地，管辖不一定严密。如《世宗实录》嘉靖三十三年五月丁巳条载为援助张经备倭，“遣御史及本部司官各一员，赍太仓银六万两往山东调发，奏留民兵一枝及青州等处水陆枪手六千人”④。又如《世宗实录》嘉靖三十四年四月戊辰载“广西田州土官妇瓦氏引土狼兵应调至苏州。总督张经以分配总兵俞大猷等杀贼”⑤。二省说为三省说之简省。五省说之湖广当为两广之讹。

嘉靖三十四年五月，去山东、广东、广西诸地。《世宗实录》嘉靖三十四年五月己酉载“诏锦衣卫遣官校逮总督南直隶、浙、福军务右都御史张经……”⑥《世宗实录》嘉靖三十四年六月壬午又记“敕总督直隶、浙、福军务都御史李天

① 《续文献通考》卷90《御史分台·明督抚》。
②④ 《世宗实录》卷410。
③ 《国榷》卷61。
⑤ 《世宗实录》卷421。
⑥ 《世宗实录》卷422。

宠为民”①，因局势变化，该总督此时当不辖山东、广东、广西3省之地。按张经任总督时，又有赵文华奉命“祭告海神，因察贼情”。后张经“自位文华上，心轻之”，与其不睦。赵文华劾张经等人，“帝益以文华为贤，命铸督察军务关防，即军中赐之。文华自此出总督上，益恣行无忌”②。《世宗实录》嘉靖三十五年五月甲子条又载：“命太子太保、工部尚书赵文华兼都察院右副都御史，提督浙、直军务。”③《国榷》嘉靖三十五年十一月庚午则载“录平海功，进提督尚书赵文华少保”④。《明史》卷308《赵文华传》作“加文华少保，荫子锦衣千户。召还朝”。张经被劾罢官后，接替者为王诰。《国榷》嘉靖三十五年二月戊午记“罢王诰，进胡宗宪兵部左侍郎兼左佥都御史总督浙、直、福建军务”⑤。胡宗宪任职一直到嘉靖四十四年。可见，自嘉靖三十五年五月至同年十一月，在一个总督辖区内同时共存两总督，一为赵文华，另一为胡宗宪。但二督亦有分工。《明史纪事本末》卷55《沿海倭乱》记“（嘉靖三十五年）五月，御史邵惟忠上言：倭薄通州，围未解。余众自狼山转掠濒江诸郡县，而瓜、仪为留都门户，镇、常乃漕运咽喉，不可视为缓图。宜大集兵，敕诸臣戮力靖乱。下兵部议，请调河南睢、陈及山东八卫、陕西延绥兵及徐、沛募兵，敕才望大臣一人总督，以为犄角，保障留都。帝然之……命文华以工部尚书兼右副都御史，总督浙、福、直军务”。可见赵文华职责在于拱卫留都，其余地区主要归胡宗宪管辖。故两督一主管南直隶，一主管浙、闽。以后该督之辖区无大变化，《明史》卷205《胡宗宪传》载“当是时（指嘉靖三十七年），江北、福建、广东皆中倭。宗宪虽尽督东南数十府，道远，但遥领而已，不能遍经画”。可见当时该督真正统辖的只有南直隶、浙江、福建。广东虽名义上归属该督，但此时既有两广总督，又有广东巡抚，主管者还应是当地督抚。《明史》卷205《胡宗宪传》记嘉靖四十一年时，“两广平巨盗张琏，亦论宗宪功”。大学士徐阶则愤愤不平地质问：“两广平贼，浙何与焉？”此即可为证。

四十年因江西地方不靖增辖江西。《明史》卷205《胡宗宪传》载“明年（指嘉靖四十年），江西盗起，（胡宗宪）又兼制江西”。《世宗实录》嘉靖四十年七月亦记“命浙直总督尚书胡宗宪兼节制江西，发兵应援”⑥。

---

① 《世宗实录》卷423。
② 《明史》卷308《赵文华传》。
③ 《世宗实录》卷435。
④ 《国榷》卷61。
⑤ 《国榷》卷51。
⑥ 《世宗实录》卷499。

四十一去江西，寻罢。《世宗实录》嘉靖四十一年十一月甲申载“以江西寇平，诏总督尚书胡宗宪专督浙、直、福军务，不兼江西”①。《明史》卷73《职官志二》则记该总督“四十一年革”②。罢此督当在四十一年十一月以后。

四十五年为镇压浙江、江西矿工起事而复置，辖浙江、南直隶、江西之地。《世宗实录》嘉靖四十五年三月庚申载“是时浙江开化，江西德兴矿贼作乱，劫掠直隶徽、宁等处，其势日炽……上乃命升刘畿为兵部右侍郎兼都察院右佥都御史，不妨巡抚，总督浙、直、江西军务”③。

隆庆元年(1567)罢④。

总督曾驻嘉兴府。《明史纪事本末》卷55《沿海倭乱》记嘉靖三十四年“张经驻嘉兴，援兵亦不时至”。

六、河南山陕川湖总督

为镇压明末农民起义而设，始置于崇祯七年(1634)一月，辖陕西、山西、河南、湖广、四川诸地。《明史》卷23《庄烈帝纪》载“(崇祯)七年春正月己丑……设河南、山、陕、川、湖五省总督，以延绥巡抚陈奇瑜兼兵部侍郎为之”。《明史》卷260《陈奇瑜传》又记“明年(指崇祯七年)廷议诸镇抚事权不一，宜设大臣统之。多推荐洪承畴，以承畴方督三边，不可易，乃擢奇瑜兵部右侍郎兼右佥都御史，总督陕西、山西、河南、湖广、四川军务，专办流贼”。此总督之辖区与三边总督时兼时分，呈紊乱之态⑤。

崇祯七年十一月去四川，增辖保定、真定诸地。《明史》卷23《庄烈帝纪》载崇祯七年十一月“乙酉，洪承畴兼摄五省军务”。又《国榷》崇祯七年十二月甲申条⑥载，该总督辖河南、山西、陕西、湖广、保定、真定等处地方。四川此时不在辖区内。

八年八月去陕西、山西、保定、真定，增辖四川、南直隶之江北、山东诸地，寻增辖山西、陕西。《明史》卷261《卢象升传》载崇祯八年“(象升)总理江北、河南、山东、湖广、四川军务，兼湖广巡抚”。《明史》卷73《职官志二》作“崇祯八年设”⑦，似与七年之五省总督无涉，误甚，卢象升所任之职实与崇祯七年所

---

① 《世宗实录》卷515。
②⑦ 《明史》卷73《职官志二·都察院·附总督巡抚》。
③ 《世宗实录》卷556。
④ 见《穆宗实录》卷9隆庆元年六月戊戌。
⑤ 参见上文“三边总督”。
⑥ 《国榷》卷93。

设之总督一脉相承。《明史》卷261《卢象升传》载卢任总理后，“寻解巡抚任，进兵部侍郎，加督山西、陕西军务”。

九年七月去山东。《明史》卷264《王家祯传》载“（崇祯）九年七月，京师被兵，起兵部左侍郎，寻以本官兼右佥都御史，总理河南、湖广、山西、陕西、四川、江北军务，代卢象升讨贼。会河南巡抚陈必谦罢，即命兼之”。山东此时不在辖区内。

十三年十一月去河南、山西。《国榷》崇祯十三年十一月壬寅载“丁启睿为兵部右侍郎兼右佥都御史，总督陕西、河南、山西军务”①。丁启睿实为三边总督，此时既增辖河南、山西，则该总督当去河南、山西。参见本节下段考证。

十四年增辖应天、安庆、河南。《国榷》崇祯十四年四月甲子载“进丁启睿督师，兵部尚书，赐尚方剑，节制陕西、河南、四川、湖广、凤阳、应天、安庆，仍兼陕西三边军务”②。寻去三边总督之职，以傅宗龙代③。

十五年六月罢。《明史》卷260《丁启睿传》载崇祯十五年六月丁在河南兵败，“敕书、印、剑俱失。事闻，诏褫职候代”。此时该总督当罢。

十六年六月复置，辖应天、凤阳、江西、安庆、河南、湖广、四川、贵州，十月罢。《明史》卷262《孙传庭传》载“明年（指崇祯十六年）五月，命（孙传庭）兼督河南、四川军务。寻进兵部尚书，改称督师，加督山西、湖广、贵州及江南、北军务，赐剑”。孙传庭于崇祯十六年十月死④，后不见该总督复置。《明史》卷73《职官志二》载“总督陕西、山西、河南、湖广、四川五省军务一员。崇祯七年置，或兼七省。十二年后俱以内阁督师”⑤，其所言指三边总督与该总督或兼或分之实况，这是明末为镇压农民起义军而采取的非常措施。

总督于崇祯十年四月时驻郧阳府。《明史》卷23《庄烈帝纪》记崇祯十四年四月，总督熊文灿“驻郧阳讨贼”。

七、凤阳总督

为镇压明末农民起义而设，始置于崇祯十四年六月，明亡时仍见在。初置时辖南直隶之江北地及河南、湖广诸地。《明史》卷73《职官志二》载“总督凤阳地方兼制河南、湖广军务一员。崇祯十四年设”⑥。《明史》卷276《朱大典传》又载，崇祯十四年六月“命大典总督江北及河南、湖广军务，仍镇凤阳，专办

---

①② 《国榷》卷97。

③ 见《国榷》卷97崇祯十四年五月甲午。

④ 见《明通鉴》卷89崇祯十六年十月丙寅。

⑤⑥ 《明史》卷73《职官志二·都察院·附总督巡抚》。

流贼”。继朱大典任总督者为高斗光，《清史列传》卷 79《高斗光传》记“崇祯末以给事中沈迅保荐擢凤阳总督”。《明史》卷 278《詹兆恒传》又记“明年（指崇祯十五年），贼陷含山，犯无为，劾总督高斗光。又明年秋，贼陷庐州，临江欲渡，陈内外合防策。再劾斗光，请以史可法代，斗光遂获谴”。高斗光于崇祯十六年罢官后，继任者为马士英，而非史可法①。《明史》卷 267《刘超传》载，京师陷落时，大臣议立潞王为新君，“时士英督师庐、凤，独以为不可”，可见马士英任此督直至明亡。

崇祯十五年辖凤阳、安庆、湖广诸地。《国榷》崇祯十五年五月戊寅条载，以马士英为“兵部侍郎兼右佥都御史，提督凤阳军务兼督湖广、安庆合剿”②。

八、河南湖广总督

为镇压明末农民起义而设，始置于崇祯十六年十月，辖河南、湖广之地。《明史》卷 73《职官志二》载“总督河南、湖广军务兼巡抚河南一员。崇祯十六年设”③。《国榷》崇祯十六年十月壬申亦载“起任濬兵部右侍郎兼右佥都御史，总督河南、湖广军务兼巡抚河南”④。按该总督之设缘起于崇祯十六年三月，《明史》卷 252《吴甡传》记“（崇祯）十六年三月，帝以襄阳、荆州、承天连陷，召对廷臣，陨涕谓甡曰：卿向历严疆，可往督湖广师”。后因吴甡几经拖延，终未成行。

崇祯十七年二月罢。《国榷》崇祯十七年二月戊子载“总督豫、楚兵部右侍郎兼右佥都御史任濬……充为事官。是月癸未，濬至长垣县南关，被寇执”⑤。后该督不设。

九、九江总督

为防制明末农民起义而设，始置于崇祯十六年五月，至十七年仍存，辖江西、湖广、应天、安庆 4 巡抚之地。

总督驻九江府。《明史》卷 73《职官志二》记“总督九江地方兼制江西、湖广军务一员。崇祯十六年设”⑥。《明史》卷 279《吕大器传》载为崇祯十六年“五月，以保定息警，罢总督官，特设江西、湖广、应天、安庆总督，驻九江，大器

① 见《明史》卷 274《史可法传》、卷 308《马士英传》。
② 《国榷》卷 98。
③⑥ 《明史》卷 73《职官志二・都察院・附总督巡抚》。
④ 《国榷》卷 97。
⑤ 《国榷》卷 100。

任之”。《东林列传》卷 23《吕大器传》略同。按袁继咸继吕大器任此职,《明史》卷 277《袁继咸传》载袁继咸“甫抵镇而京师陷”,《国榷》崇祯十七年正月乙未记作“吕大器奉命入朝,袁继咸仍总督九江”①。

① 《国榷》卷 100。

附　　录

一、明代两京及布政使司政区建置沿革表

说明：

(1) 各属州和其辖县下标有相同数字,以示隶属关系,并与府直辖县相区别。

(2) 表格中"丨"表示该年没有设置此政区。

(3) 部分设置、变迁不清晰的政区只标出大约的时间,如"明末"、"万历"等。

(4) 洪武元年之前的相关年份用公元纪年标出,洪武元年之后则标出年号。

(5) 部分布政司下的府州县变化简单,为了能够完整显示其整体变化,一个布政司为一幅沿革表。部分府与直隶州因不领县而未做沿革表。

1. 北直隶沿革表

表1 京师府及直隶州沿革表

1369	洪武二年	北平行省	北平府	保定府	河间府	真定府	顺德府	广平府	大名府	平滦府	顺宁府	中山府改定州	开平府				
1370	三												废	兴和府			
1371	四									永平府	废			废			
1376	九	北平布政司															
1380	十三														大宁府		
1387	二十														废？		
1403	永乐元年	北京行在	顺天府														
1414	十二															隆庆直隶州	
1415	十三																保安直隶州
1421	十九	京师															
1425	洪熙元年	北京行在															
1441	正统六年	京师															
1567	隆庆元年															延庆直隶州	

表 1-1　顺天府沿革表

1368	洪武元年	北平府	大兴县	宛平县	良乡县	固安州改县	永清县	东安州改县	宝坻县	顺州改顺义县	密云县	怀柔县	昌平县	新城县	通州1	潞县1废	三河县1	漷州2	香河县2	武清县2	霸州3	益津县3废	文安县3	大城县3	保定县3	涿州4	范阳县4废	房山县4	蓟州5	渔阳县5废	玉田县5	丰润县5	遵化县5	平谷县5								
1370	三																																		隆庆州6	怀来县6	云州7	望云县7	兴州8	兴安县8	宜兴州9	
1372	五																																		废	废	废	废	废	废	废	
1373	六													改属保定府																												
1374	七																								废																	
1375	八																																									静海县
1377	十								改隶通州1			废?							废	改隶通州1														废								改隶河间府
1380	十三											复置							复置，改隶府						复置3									复置5								
1381	十四																	改漷县，隶通州1																								
1403	永乐元年	顺天府																																								
1506	正德元年									改隶昌平州10	改隶昌平州10	改隶昌平州10	改昌平州10																													
1508	三									改隶府	改隶府	改隶府	改县																													
1514	九									复改隶昌平州10	复改隶昌平州10	复改隶昌平州10	复改州10																													

表 1–2　保定府沿革表

1368	洪武元年	清苑县	满城县	遂县	唐县	庆都县	新安县	曲阳县	行唐县	易州1	涞水县1	易县1废	定兴县1	雄州2	归信县2	容城县2	祁州3	博野县3	蒲阴县3	深泽县3	束鹿县3	安州4	葛城县4	高阳县4	安肃州5	完州6		
1369	二							改隶真定府	改隶真定府						废				废				废		安肃县	完县	蠡州7	
1373	六												改直隶府					改直隶府						改直隶府，寻属蠡州7				新城县
1374	七						废							雄县		废						安县						
1375	八			废																				废			蠡县	
1377	十		废																									
1380	十三		复置				复置，隶安州4									复置，直隶府						安州4		复置，隶安州4				

表 1–3　河间府沿革表

		河间县	献州3	乐寿县3	阜城县1	肃宁县	任丘县2	交河县3	清州4	会川县4	兴济县4	静海县4	宁津县	景州1	蓨县1	吴桥县1	东光县1	故城县1	沧州5	清池县5	无棣县5	南皮县5	盐山县5	莫州2	莫亭县2	青城县	齐东县	临邑县	陵州	乐陵县5
1368	洪武元年										废										废						改隶济南府	改隶济南府	改隶济南府	改隶济南府
1369	二			废						废					废					废					废	废				
1373	六																				复设									
1374	七				改直隶府		改直隶府										废							废						
1375	八		献县					改直隶府	青县			改隶北平府																		
1377	十							废				复隶府																		
1380	十三							复置隶府			复置隶府						复置1													
1403	永乐元年																				庆云县5									

表 1–4 真定府沿革表

1368	洪武元年	真定县	获鹿县	元氏县	灵寿县	栾城县	平山县	阜平县	藁城县	冀州2	信都县2	南宫县2	新河县2	枣强县2	武邑县2	晋州3	鼓城县3	安平县3	饶阳县3	武强县3	赵州4	平棘县4废	柏乡县4	隆平县4	高邑县4	临城县4	赞皇县4	宁晋县4	深州5	静安县5	衡水县5	涉县	蠡州6							
1369	二										废						废													废		改隶彰德府磁州	改隶保定府	井陉县	定州1	安喜县1	新乐县1	行唐县1	曲阳县1	
1370	三																																			废				
1371	四																																							无极县1
1373	六																							废																
1374	七																																							改直隶府
1380	十三																							复置4																
1448	正统十三年																																					改隶直府		

表 1-5　顺德府沿革表

1368	洪武元年	邢台县	沙河县	南和县	任县	内丘县	唐山县	平乡县	巨鹿县	广宗县
1377	十									废
1380	十三									复置

表 1-6　广平府沿革表

1368	洪武元年	永年县	曲周县	鸡泽县	肥乡县	广平县	成安县2废	威州1	邯郸县	井陉县1	磁州2	滏阳县2	武安县2	
1369	二							威县		改隶真定府	改隶彰德府	废入磁州	改隶彰德府磁州	
1371	四						复置，隶府							
1373	六													清河县

表 1-7　大名府沿革表

1368	洪武元年	元城县	大名县	魏县	清河县	南乐县	开州1	濮阳县1	清丰县1	东明县1	长垣县1	滑州2	白马县2	内黄县2	浚州3
1369	二							废					废		浚县
1373	六				改隶广平府										
1374	七								改直隶府			滑县		改直隶府	
1377	十		废							废					
1382	十五		复置												
1490	弘治三年									复置，隶府					
1573	万历									改隶开州1					

表 1-8　永平府沿革表

1369	洪武二年	平滦府	卢龙县	迁安县	抚宁县	昌黎县	滦州1	义丰县1废	乐亭县1	瑞州2
1371	四	永平府								
1374	七									废

表 1-9　延庆州沿革表

1414	永乐十二年	隆庆州	永宁县
1567	隆庆元年	延庆州	

2. 南直隶政区沿革表

表 2 南京府及直隶州沿革表

1368	洪武元年	应天府	临濠府	淮安府	扬州府	高邮府改属州	苏州府	松江府	常州府	镇江府	庐州府	安庆府	太平府	池州府	宁国府	徽州府	湖州府	嘉兴府	广兴府					
1369	二																			寿州直隶州	泗州直隶州			
1371	四																		广德直隶州	改隶临濠府				
1372	五																				改隶临濠府			
1373	六		中立府																					
1374	七		凤阳府																					
1381	十四																改隶浙江	改隶浙江				徐州直隶州	和州直隶州?	
1389	二二																							滁州直隶州

表 2-1 应天府沿革表

1356	1356	上元县	江宁县	句容县	溧水州	溧阳州			
1369	洪武二年				溧水县	溧阳县			
1376	九						江浦县		
1389	二二							六合县	
1491	弘治四年								高淳县

表 2–2　凤阳府沿革表

1367	1367	临濠府	怀远县	定远县	钟离县	泗州1	临淮县1	虹县1	五河县1	盱眙县1	天长县1	寿州2	寿春县2	安丰县2	下蔡县2	霍丘县2	蒙城县2																												
1369	洪武二年				中立县	改直隶州	改隶泗州直隶州	改隶泗州直隶州	改隶泗州直隶州	改隶泗州直隶州	改隶泗州直隶州	改直隶州	改隶寿州直隶州	改隶寿州直隶州	改隶寿州直隶州	改隶寿州直隶州	改隶寿州直隶州																												
1370	三				临淮县																																								
1371	四											改隶临濠府2	废	废?	废?	改隶临濠府寿州2	改隶临濠府寿州2	宿州3	灵璧县3	颍州4	颍上县4	太和县4	邳州5	宿迁县5	睢宁县5	六安州6	英山县6	徐州7	萧县7	沛县7	丰县7	砀山县7	信阳州8	罗山县8	光州9	光山县9	固始县9	息州10							
1372	五					改隶临濠府1	废	改隶临濠府泗州1	改直隶临濠府	改隶临濠府泗州1	改隶临濠府泗州1																																		
1373	六	中立府																																					亳县4						
1374	七	凤阳府						改直隶凤阳府																									改隶汝宁府	改隶汝宁府信阳州				息县隶光州9		凤阳县	滁州11	和州12			
1380	十三																																		改隶汝宁府	改隶汝宁府光州	改隶汝宁府光州	改隶汝宁府光州					全椒县11	来安县11	含山县12
1381	十四																											改直隶州	改隶徐州直隶州	改隶徐州直隶州	改隶徐州直隶州	改隶徐州直隶州						改隶徐州直隶州				寻改直隶州			改隶和州直隶州
1382	十五																						改隶淮安府	改隶淮安府邳州	改隶淮安府邳州	改隶庐州府	改隶庐州府六安州																		
1389	二二																																								改直隶州		改隶滁州直隶州	改隶滁州直隶州	
1496	弘治九年																																						亳州13						

表 2–3 淮安府沿革表

1366	1366	山阳县	清河县	盐城县	安东州3	桃园县	沭阳县1	海宁州1	朐山县1废	赣榆县1	泗州2	临淮县2	虹县2	五河县2	天长县2	盱眙县2			
1367	1367										改隶临濠府	改隶临濠府泗州	改隶临濠府泗州	改隶临濠府泗州	改隶临濠府泗州	改隶临濠府泗州			
1368	洪武元年					桃源县?	改直隶于府	海州1	朐山县1废	赣榆县1									
1369	二				安东县														
1382	十五																邳州4	宿迁县4	睢宁县4

表 2–4 扬州府沿革表

1357	1357	淮海府	泰兴县	真州1	扬子县1	六合县1	泰州2	海陵县2	如皋县2	通州3	静海县3	海门县3	崇明州4	滁州5	清流县5	来安县5	全椒县5					
1361	1361	维扬府																江都县				
1366	1366	扬州府																				
1368	洪武元年							废			废				废	废	废		高邮州6	高邮县6废	宝应县6	兴化县6
1369	二			废	仪真县	改直隶府							崇明县									
1374	七													改隶凤阳府								
1375	八												改隶苏州府									
1389	二二					改隶应天府																

表 2–5 苏州府沿革表

1367	1367	吴县	长洲县	吴江州1	昆山州2	常熟州3	嘉定州4		
1369	洪武二年			吴江县	昆山县	常熟县	嘉定县		
1375	八							崇明县	
1497	弘治十年							改隶太仓州5	太仓州5
1621	天启元年					尝熟县			

表 2–6 松江府沿革表

1367	1367	华亭县	上海县	
1542	嘉靖二一年			青浦县
1553	三二			废
1573	万历元年			复置

表 2–7　常州府沿革表

1357	1357	永定县	京临县废	无锡州1	宜兴州2		
1358	1358				建宁州，寻改宜兴州		
1362	1362	武进县					
1367	1367					江阴县	
1369	洪武二年			无锡县	宜兴县		
1471	成化七年						靖江县

表 2–8　镇江府沿革表

1356	丹徒县	丹阳县	金坛县

表 2–9　庐州府沿革表

1364	1364	合肥县	舒城县	梁县	无为州1	无为县1	庐江县1	巢县1	六安州2	六安县2	英山县2	和州3	历阳县3	含山县3	乌江县3	
1368	洪武元年			废？		废？	改直隶于府					废	改直隶府	废	废	
1369	二												和州3			
1371	四								改隶临濠府	废	改隶临濠府六安州					
1374	七												改隶凤阳府			
1382	十五								改隶庐州府2		改隶庐州府六安州2					
1489	弘治二年															霍山县2

表 2-10 安庆府沿革表

1361	宁江府	怀宁县	宿松县	望江县	太湖县	桐城县	潜山县
1362	安庆府						

表 2-11 太平府沿革表

1355	当涂县	芜湖县	繁昌县

表 2-12 池州府沿革表

1361	贵池县	青阳县	铜陵县	石埭县	建德县	东流县

表 2-13 宁国府沿革表

1357	宁国府	宣城县	南陵县	泾县	宁国县	旌德县	太平县
1361	宣城府						
1364	宣州府						
1367	宁国府						

表 2-14 徽州府沿革表

1357	1357	兴安府	歙县	休宁县	祁门县	黟县	绩溪县	婺源州
1367	1367	徽州府						
1369	洪武二年							婺源县

表 2-15 徐州沿革表

1381	洪武十四年	萧县	沛县	丰县	砀山县

表 2-16 滁州沿革表

1389	洪武二十二年	全椒县	来安县

表 2-17 和州沿革表

1380	洪武十三年	含山县

表 2-18 广德州沿革表

1371	洪武四年	广德县	建平县
1380	十三	废	

3. 山东布政司沿革表

表 3　山东布政司府及直隶州沿革表

1368	洪武元年	德州直隶州改隶济南府	济南府	泰安直隶州改隶济南府	济宁府	青州府	东平府	濮州直隶州	东昌府	高唐直隶州改隶东昌府	莱州直隶州升莱州府	宁海直隶州改隶莱州府	登州直隶州改隶莱州府	淄川直隶州	曹州直隶州	冠州直隶州	恩州直隶州
1369	二							改隶东昌府						废			恩县
1370	三															冠县	
1371	四														曹县		
1373	六										莱州直隶州	改直隶州	改直隶州				
1374	七						废										
1376	九										莱州府	改隶登州府	登州府				
1385	十八				兖州府												

表 3-1 济南府沿革表

1368	洪武元年	历城县	章丘县	邹平县	济阳县	齐东县？	禹城县？	临邑县？	莱芜县	青城县	陵县	德州1	安德县1废	清平县1改隶恩州	德平县1	平原县1	齐河县1	泰安州2	奉符县2废	新泰县2	长清县2	棣州3	无棣县3废	厌次县3废	乐陵县	阳信县3	商河县3	滨州4	渤海县4废	利津县4	沾化县4									
1369	二								改隶泰安州2	废	改隶德州1						改直隶府				改直隶府				改隶棣州3							淄川县	长山县	新城县	蒲台县4	肥城县				
1372	五																																				沂州5	郯城县5	费县5	
1373	六																					乐安州3																		海丰县4
1374	七										废																							废			改隶青州府	改隶青州府沂州	改隶青州府沂州	改隶乐安州3？
1379	十二																																	复置						
1380	十三									复置	复置改直隶府																													
1426	宣德元年																					武定州3																		

表 3–2　济宁府、兖州府沿革表

1368	洪武元年	**济宁府**1	任城县1	郓城县1	肥城县1	巨野县1	虞城县1	金乡县1	定陶县1	鱼台县1改属徐州	兖州①	嵫阳县①废	曲阜县①	宁阳县①	泗水县①	单州②	单父县②废	嘉祥县②	沂州⑥	临沂县⑥废	郯城县⑥	费县⑥													
1369	二				改隶济南府		改隶开封府归德州			改直隶济宁府1						单县1		改直隶济宁府1					邹县①	滕县1	峄县1										
1371	四																									城武县1	曹县1								
1372	五																		改隶济南府		改隶济南府沂州	改隶济南府沂州													
1374	七																											东平州④	须城县④废	汶上县④	东阿县④	平阴县④	阳谷县④		
1377	十								废																										
1380	十三								复置1																									寿张县④	
1385	十八	济宁州③	废	③		③		2	2	2	**兖州府**2	复置2	2	2	2	2		③	改隶兖州府⑥		改隶兖州府沂州⑥	改隶兖州府沂州⑥	2	2	2	2	2	④		④	④	④	④	④	
1445	正统十年								⑤																		⑤								曹州⑤
1465	成化											滋阳县2																							

表 3–3　东昌府沿革表

1368	洪武元年	聊城县	堂邑县	莘县	茌平县	博平县	丘县	高唐州 1	夏津县 1	武城县 1									
1369	二										恩县 1	清平县 1	临清县	馆陶县	濮州 3	朝城县 3	观城县 3	范县 3	
1370	三					废，寻复置，改直隶府			废，寻复置 1			废，寻复置，改直隶府		废，寻复置，改直隶府		废，寻复置 3	废，寻复置 3	废，寻复置 3	冠县
1489	弘治二年						改隶临清州 2						临清州 2	改隶临清州 2					

表 3–4　青州府沿革表

1368	洪武元年	益都县	临淄县	高苑县	乐安县	寿光县	临朐县	潍州1	北海县1废	昌邑县1	昌乐县1改直隶府	胶州2	胶西县2废	即墨县2	高密县2	密州3	安丘县3	诸城县3	莒州4	莒县4废	沂水县4	日照县4	蒙阴县4	沂州5改隶济宁府	临沂县5废	郯城县5改隶济宁府	费县5改隶济宁府	滕州6	邹县6	峄州7	博兴州8
1369	二															废	改直隶府	改直隶府					改直隶府					改滕县隶济宁府	改隶济宁府兖州	改峄县隶济宁府	博兴县
1374	七																							改隶青州府5		改隶青州府沂州5	改隶青州府沂州5				
1376	九							改隶莱州府		改隶莱州府潍州		改隶莱州府		改隶莱州府胶州	改隶莱州府胶州																
1385	十八																							改隶兖州府		改隶兖州府沂州	改隶兖州府沂州				

表 3–5 莱州府沿革表

1368	洪武元年	**莱州府**	掖县	胶水县	招远县	莱阳县	登州4	黄县4	福山县4	栖霞县4	宁海州5	文登县					
1373	六	**莱州直隶州**					改直隶州	改隶登州直隶州	改隶登州直隶州	改隶登州直隶州	改直隶州						
1376	九	**莱州府**			改隶登州府	改隶登州府						改隶登州府宁海州	潍州1	昌邑县1	胶州2	高密县	即墨县
1377	十												潍县	废		改隶胶州2	改隶胶州2
1389	二二			平度州3									改隶平度州3	复置，隶平度州3			

表 3–6 登州府沿革表

1373	洪武六年	**登州直隶州**	黄县	福山县	栖霞县					
1376	九	**登州府**				蓬莱县	招远县	莱阳县	宁海州1	文登县1

4. 山西布政司沿革表

表 4　山西布政司府及直隶州沿革表

1368	洪武元年	太原府	平阳府						
1369	二			潞州直隶州	大同府	泽州直隶州	沁州直隶州	辽州直隶州	
1376	九								汾州直隶州
1529	嘉靖八年			潞安府					
1595	万历二三年						隶汾州府		汾州府
1604	三二						改直隶州		

表 4-1　太原府沿革表

1369	洪武二年	阳曲县	平晋县	榆次县	太谷县	祁县	徐沟县	清源县	交城县	文水县	寿阳县	临州改临县	盂州改盂县	管州改静乐县	平定州1	乐平县1	忻州2	定襄县2	代州改代县	崞州改崞县	台州改五台县	坚州改繁峙县	岚州改岚县	兴州改兴县	保德州5	汾州6	西河县6废	孝义县6	平遥县6	介休县6	石州7	离石县7废	宁乡县7		
1374	七																								保德县									岢岚县	
1375	八		太原县																代州3	改隶代州3	改隶代州3	改隶代州3	改隶岢岚州4	改隶岢岚州4	改隶岢岚州4									岢岚州4	
1376	九																								保德州	改直隶州		改隶汾州直隶州	改隶汾州直隶州	改隶汾州直隶州					
1380	十三																																		河曲县
1567	隆庆元年																														永宁州7				
1595	万历二三年											改隶汾阳府															汾阳县，隶汾阳府	改隶汾阳府	改隶汾阳府	改隶汾阳府	改隶汾阳府		改隶汾阳府永宁州		

表 4–2　平阳府沿革表

公元	年号	临汾县	襄陵县	洪洞县	浮山县	岳阳县	汾西县	曲沃县	翼城县	蒲县	隰州1	隰川县1废	大宁县1	石楼县1	永和县1	蒲州2	河东县2废	临晋县2	荣河县2	猗氏县2	万泉县2	河津县2	解州3	解县3废	安邑县3	夏县3	闻喜县3	平陆县3	芮城县3	绛州4	正平县4废	太平县4	稷山县4	绛县4	垣曲县4	霍州5	霍邑县5废	灵石县5	赵城县5	吉州6	乡宁县6
1368	洪武元年	临汾县	襄陵县	洪洞县	浮山县	岳阳县	汾西县																																		
1369	二							曲沃县	翼城县	蒲县	隰州1	隰川县1废	大宁县1	石楼县1	永和县1	蒲州2	河东县2废	临晋县2	荣河县2	猗氏县2	万泉县2	河津县2	解州3	解县3废	安邑县3	夏县3	闻喜县3	平陆县3	芮城县3	绛州4	正平县4废	太平县4	稷山县4	绛县4	垣曲县4	霍州5	霍邑县5废	灵石县5	赵城县5	吉州6	乡宁县6
1370	三																															改直隶府							改直隶府		
1595	万历二三年																																					改隶汾州府			
1612	四十													改隶汾州府																											
1615	四三																																					改直隶平阳府			

表 4–3　汾州府沿革表

公元	年号	汾阳县	孝义县	平遥县	介休县	临县	灵石县	永宁州1	宁乡县1	沁州2	沁源县2	武乡县2	石楼县
1595	万历二三年	汾阳县	孝义县	平遥县	介休县	临县	灵石县	永宁州1	宁乡县1	沁州2	沁源县2	武乡县2	
1604	三二									沁州直隶州	改隶沁州直隶州	改隶沁州直隶州	
1612	四十												石楼县
1615	四三						改隶平阳府						

表 4–4 潞安府沿革表

1369	洪武二年	**潞州直隶州**	上党县废	长子县	屯留县	襄垣县	潞城县	壶关县	黎城县	
1529	嘉靖八年	**潞安府**	长治县							平顺县

表 4–5 大同府沿革表

1369	洪武二年	大同县	怀仁县	白登县废?	弘州废?	武州废?	浑源州1	应州2	金城县2废	山阴县2	朔州3	鄯阳县3废	马邑县3	云内州改县	平地县	宣宁县	东胜州4	丰州5					
1371	四																废	废?	蔚州6	广灵县6	广昌县6	灵丘县6	天城县	怀安县
1372	五													废	废	废							废?	废?
1426	宣德元年													云内县5				复置5						
1449	正统十四年													废				废						

表 4–6 泽州沿革表

1369	洪武二年	高平县	阳城县	陵川县	沁水县

表 4–7 沁州沿革表

1369	洪武二年	沁州直隶州	沁源县	武乡乡
1595	万历二三年	改隶汾州府	改隶汾州府	改隶汾州府
1604	三二	改直隶州	改隶沁州	改隶沁州

表 4–8 辽州沿革表

1369	洪武二年	榆社县	和顺县

5. 河南布政司沿革表

表 5　河南布政司府及直隶州沿革表

1368	洪武元年	开封府	河南府	汝宁府	信阳直隶州	南阳府	怀庆府	卫辉府	彰德府	保定府	河间府	真定府	广平府	顺德府	大名府					
1369	二									改隶北平行省	改隶北平行省	改隶北平行省	改隶北平行省	改隶北平行省	改隶北平行省					
1371	四				改隶临濠府															
1391	二四															湖广襄阳府改隶河南，寻改回	湖广德安府改隶河南，寻改回	湖广安陆府改隶河南，寻改回		
1476	成化十二年																		汝州直隶州	
1545	嘉靖二四年																			归德府

表 5-1 开封府沿革表

1368 洪武元年	1369 二	1371 四	1373 六	1377 十	1380 十三	1436 正统	1497 弘治十年	1545 嘉靖二四年	1571 隆庆五年	1575 万历三年
开封县废										
祥府县										
陈留县										
杞县										
通许县										
太康县										
尉氏县										
洧川县										
鄢陵县										
扶沟县										
中牟县										
阳武县										
原武县										
封丘县										
延津县										
安城县						废				
兰阳县										
陈州1										
宛丘县1废										
商水县1废		复置1								
南顿县1废										
西华县1										
项城县1										
许州2										
长社县2废										
长葛县2										
郾城县2										
临颍县2										
襄城县2										
钧州3										改名禹州3
阳翟县3废										
新郑县3									改直隶府	
密县3										
郑州4										
管城县4废										
荥阳县4										
荥泽县4										
河阴县4										
汜水县4										
归德州5								归德府		
睢阳县5废								复置，隶归德府		
宁陵县5								隶归德府		
鹿邑县5								隶归德府		
夏邑县5								隶归德府		
永城县5								隶归德府		
亳县5			改隶临濠府颍州							
睢州6				睢县	睢州6			隶归德府		
襄邑县6废										
仪封县6				改直隶府						
考城县6废		复置，直隶于府		废	复置6			隶归德府睢州		
柘城县6废		复置，直隶于府		废	复置6			隶归德府睢州		
徐州7		改隶临濠府								
萧县7		改隶临濠府徐州								
丰县7		改隶临濠府徐州								
鱼台县7	改属济宁府									
砀山县7		改隶临濠府徐州								
沛县7		改隶临濠府徐州								
宿州8		改隶临濠府								
灵璧县8		改隶临濠府宿州								
邳州9		改隶临濠府								
下邳县9废										
宿迁县9		改隶临濠府邳州								
睢宁县9		改隶临濠府邳州								
	虞城县5							隶归德府		
							沈丘县1			

表 5-2　河南府沿革表

1368	洪武元年	洛阳县	偃师县	巩县	孟津县	宜阳县	永宁县	新安县	登封县	陕州1	陕县1废	灵宝县1	阌乡县1	渑池县1改直隶府		
1369	二														嵩县	
1370	三															卢氏县1
1573	万历															改直隶府

表 5-3　归德府沿革表

1545	嘉靖二四年	商丘县	宁陵县	鹿邑县	夏邑县	永城县	虞城县	睢州1	考城县1	柘城县1

表 5-4　汝宁府沿革表

1368	洪武元年	汝阳县废	上蔡县废	新蔡县3废	西平县	确山县	遂平县	真阳县3	光州2	定城县2废	光山县2	固始县2	息州3	颍州4	太和县4	颍上县4	沈丘县4废			
1371	四	复置	复置	复置				废	改隶临濠府		改隶临濠府光州	改隶临濠府光州	改隶临濠府，降为县	改隶临濠府	改隶临濠府颍州	改隶临濠府颍州				
1374	七																	信阳州1	罗山县1	
1377	十					废												信阳县	直隶府	
1380	十三					复置			隶汝宁府2		隶汝宁府光州2	隶汝宁府光州2	隶汝宁府光州2							
1475	成化十一年					隶信阳州1												信阳州1	隶信阳州1	商城县2
1489	弘治二年					改直隶府														
1505	十八							复置，直隶府												

表 5–5　南阳府沿革表

1368	洪武元年	南阳县	镇平县	卢氏县	唐州1	泌阳县1	邓州2	穰县2	内乡县2	新野县2	裕州3	方城县3废	舞阳县3	叶县3	嵩州4	汝州5	梁县5废	鲁山县5	郏县5					
1369	二					废		废							改隶河南府									
1370	三			改属河南府陕州																唐县1				
1377	十		废																					
1380	十三		复置		废	复置，隶府		复置2												改直隶府				
1381	十四							废																
1470	成化六年																				淅川县2			
1475	十一																					宝丰县5		
1476	十二															改直隶州		隶汝州直隶州	隶汝州直隶州			隶汝州直隶州	桐柏县	南召县

表 5–6　怀庆府沿革表

1368	洪武元年	河内县	孟州1	河阳县1废	济源县1	温县1	修武县	武陟县
1377	十		孟县		改直隶府	改直隶府		

表 5–7　卫辉府沿革表

1368	洪武元年	汲县	胙城县	新乡县	获嘉县	淇州改县	辉州改县
1377	十		废		废		
1380	十三		复置		复置		

表 5–8　彰德府沿革表

1368	洪武元年	安阳县	临漳县	汤阴县	林州1			
1369	二				林县	磁州2	武安县2	涉县2

表 5–9　汝州沿革表

1476	成化十二年	伊阳县	鲁山县	郏县	宝丰县

6. 陕西布政司沿革表

表 6　陕西布政司府及直隶州沿革表

1369	洪武二年	西安府	凤翔府	延安府	庆阳府	巩昌府	临洮府					
1370	三							平凉府	兴元府改汉中府	宁夏府		
1372	五									废		
1373	六										河州府	
1379	十二										废	
1595	万历二三年											兴安直隶州

表 6-1 西安府沿革表

1368	洪武二年	长安县	咸宁县	咸阳县	泾阳县	兴平县	临潼县	蓝田县	鄠县	盩厔县	高陵县	渭南县1	富平县2	三原县2	醴泉县3	华州1	华阴县1	蒲城县1	耀州2	同官县2	乾州3	武功县3	永寿县3	同州4	朝邑县4	郃阳县4	韩城县4	澄城县4	白水县4	商州5	洛南县5	邠州6	新平县6废	淳化县6					
1374	七																													商县	改隶华州1								
1452	景泰三年																																		镇安县				
1476	成化十二年																																			山阳县			
1477	十三																													商州5	改隶商州5				改隶商州5	改隶商州5	商南县5		
1478	十四																																					三水县6	
1490	弘治三年													改直隶府																									
1559	嘉靖三八年											改直隶府			改直隶府																								
1583	万历十一年																																						长武县6
1611	三九												改直隶府																										

表 6-2 凤翔府沿革表

		凤翔县	岐山县	宝鸡县	扶风县	郿县	麟游县	汧阳县1	陇州1	庄浪州2
1369	洪武二年									
1370	三									庄浪州2
1375	八									庄浪县隶平凉府
1559	嘉靖三八年							改直隶府		

表 6-3 汉中府沿革表

		南郑县	褒城县	城固县	洋县	西乡县	凤州1	沔州2	铎水县2废	略阳县2	金州4	平利县4	石泉县4	洵阳县4	汉阴县4	白河县4	宁羌州3	紫阳县4
1370	洪武三年																	
1372	五											平利县4	石泉县4	洵阳县4	汉阴县4			
1374	七						凤县	沔县		改直隶府								
1377	十		废，复置？		废，复置？			废，复置？				废，复置？			废，复置？			
1380	十三															白河县4		
1486	成化二二年							改隶宁羌州3		改隶宁羌州3							宁羌州3	
1512	正德七年																	紫阳县4
1559	嘉靖三八年							改直隶府					改直隶府		改直隶府			
1583	万历十一年										兴安州4	隶兴安州4	改隶兴安州4	隶兴安州4	改隶兴安州4	隶兴安州4		隶兴安州4
1595	二三										改为直隶州	隶兴安直隶州	隶兴安直隶州	隶兴安直隶州	隶兴安直隶州	隶兴安直隶州		隶兴安直隶州

表 6-4　延安府沿革表

1369	洪武二年	肤施县	安塞县	甘泉县	安定县	保安县	宜川县	延长县	延川县	青涧县2	鄜州1	洛川县1	中部县1	宜君县1	绥德州2	米脂县2	葭州3	吴堡县3	神木县3	府谷县3
1373	六																		废	废
1374	七																葭县，隶绥德州2	改隶绥德州2		
1377	十									直隶府，寻隶绥德州2					废，复置？2	直隶府，寻隶绥德州2	直隶府，寻隶绥德州2	废		
1380	十三																葭州3	复置3	复置3	复置3
1562	嘉靖四一年									直隶府										

表 6-5　庆阳府沿革表

1369	洪武二年	安化县	合水县	环县	宁州1	真宁县1
1601	万历二九年					改直隶府

表 6–6　平凉府沿革表

1370	洪武三年	平凉县	崇信县	华亭县	镇原县	开成县	隆德县2	泾州1	泾川县1废	灵台县1	静宁州2	
1375	八											庄浪县2
1502	弘治十五年					固原州3						
1559	嘉靖三八年						改直隶府					

表 6–7　巩昌府沿革表

1369	洪武二年	陇西县	通渭县	伏羌县	宁远县	漳县	安定州1	会宁州2	西和州3	成州4	秦州5	成纪县5废	秦安县5	清水县5	徽州6	两当县6				
1371	四																阶县	文县		
1377	十						安定县	会宁县	西和县	成县					改徽县，寻升为州6	废，寻复置6	阶州7	改隶阶州7		
1390	二三																	废		
1473	成化九年																	复置7	礼县5	
1545	嘉靖二四年																			岷州8
1561	四十																			废

表 6–8　临洮府沿革表

1369	洪武二年	狄道县	渭源县	金县	兰县	
1473	成化九年					河州
1478	十四			改隶兰州1	兰州1	

表 6–9　兴安州沿革表

1595	万历二三年	平利县	石泉县	洵阳县	汉阴县	白河县	紫阳县

7. 四川布政司沿革表

表 7 四川布政司府及直隶州沿革表

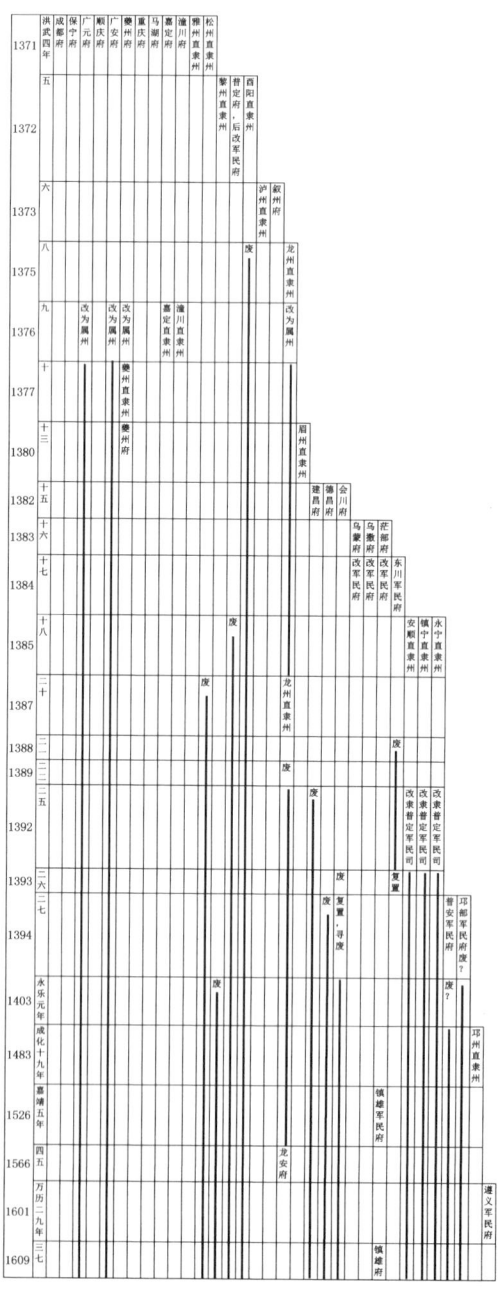

1371	洪武四年	成都府	保宁府	广元府	顺庆府	广安府	夔州府	重庆府	马湖府	嘉定府	潼川府	雅州直隶州	松州直隶州																					
1372	五													黎州直隶州	普定府，后改军民府	酉阳直隶州																		
1373	六																泸州直隶州	叙州府																
1375	八															废			龙州直隶州															
1376	九			改为属州		改为属州	改为属州			嘉定直隶州	潼川直隶州								改为属州															
1377	十						夔州直隶州																											
1380	十三						夔州府													眉州直隶州														
1382	十五																				建昌府	德昌府	会川府											
1383	十六																							乌蒙府	乌撒府	芒部府								
1384	十七																							改军民府	改军民府	改军民府	东川军民府							
1385	十八														废													安顺直隶州	镇宁直隶州	永宁直隶州				
1387	二十												废						龙州直隶州															
1388	二一																										废							
1389	二二																		废															
1392	二五																				废							改隶普定军民司	改隶普定军民司	改隶普定军民司				
1393	二六																						废				复置							
1394	二七																					废	复置，寻废								普安军民府	邛部军民府废？		
1403	永乐元年													废																	废？			
1483	成化十九年																																邛州直隶州	
1526	嘉靖五年																									镇雄军民府								
1566	四五																		龙安府															
1601	万历二九年																																	遵义军民府
1609	三七																									镇雄府								

表 7–1　成都府沿革表

1371	洪武四年	成都县	华阳县	双流县	郫县	温江县	新繁县	金堂县	新都县	仁寿县	灌县？	资县	安县	内江县	崇宁县	彭州1	濛阳县1	简州2	崇庆州3	新津县3	汉州4	什邡县4	绵竹县4	德阳县4	绵州5	罗江县5	彰明县5	茂州6	汶川县6	威州7	保宁县7	石泉县					
1373	六																	简县								废							汶山县6，寻废	保县7	井研县	资阳县	
1377	十			废			废	废							废	彭县	废					废		废	绵县		废								废	废	
1380	十三			复置			复置	复置							复置							复置4		复置4	绵州5	复置5	复置5								复置		
1387	二十																														废						
1465	成化元年																																			复置	
1513	正德八年																	简州2																		改隶简州2	
1514	九																																				乐至县2
1522	嘉靖元年																																				改隶潼川直隶州
1566	四五																															改隶龙安府					

表 7–2　保宁府沿革表

1371	洪武四年	阆中县	苍溪县	南部县	通江县									
1376	九					广元州1	昭化县1	巴县	龙州4	江油县4	梓潼县			
1377	十		废	废			废			废				
1380	十三		复置	复置			复置，直隶府			复置，改属剑州2	改隶剑州2	绵谷县1	剑州2	
1381	十四								废					
1389	二二					广元县						废		
1514	正德九年				隶巴州3			巴州3						
1516	十一													南江县3
1566	嘉靖四五年									改隶龙安府				

表 7–3　顺庆府沿革表

1371	洪武四年	南充县	西充县	蓬州1	营山县1	仪陇县1						
1376	九						广安州2	渠县2	大竹县2	渠江县2	岳池县2	
1377	十		废		废	废				废		
1380	十三		复置		复置1	复置1						
1465	成化元年											邻水县2

表 7–4　夔州府沿革表

1371	洪武四年	**夔州府**	奉节县	巫山县	建始县	大宁州1	平利县1	石泉县1	洵阳县1	汉阴县1	云阳州2	万州3	梁山州4	梁山县4	达州5	通川县5						
1372	五						改隶汉中府金州	改隶汉中府金州	改隶汉中府金州	改隶汉中府金州												
1373	六										云阳县	万县	废	改直隶府			开州6改开县					
1376	九	**重庆府夔州**	废			大宁县									达县	废						
1377	十	**夔州直隶州**												改隶重庆府忠州								
1380	十三	**夔州府**	复置											改隶夔州府				大昌县	新宁县			
1381	十四				改隶施州7															施州7		
1390	二三				改隶夔州府															废		
1465	成化元年																				东乡县	
1514	正德九年														达州5						改隶达州5	
1515	十																					太平县5

表 7–5　重庆府沿革表

1371	洪武四年	巴县	江津县	大足县	綦江县	南川县	新宁县	黔江县	彭水县	合州1	铜梁县1	定远县1	忠州2	丰都县2	垫江县2	涪州3	武龙县3	泸州4	江安县4	纳溪县4	合江县4														
1372	五							废																											
1373	六																	改直隶州	隶泸州直隶州	隶泸州直隶州	隶泸州直隶州	永川县	荣昌县	长寿县3，寻直隶府											
1376	九																								夔州5	巫山县5	建始县5	大宁县5	云阳县5	万县5	达县5	开县5	梁山县5		
1377	十					废	废		改隶涪州3					废			废								改直隶州	隶夔州直隶州	隶夔州直隶州	隶夔州直隶州	隶夔州直隶州	隶夔州直隶州	隶夔州直隶州	隶夔州直隶州	改隶忠州2		
1380	十三					复置								酆都县2			武隆县3																改直隶夔州府		
1381	十四							复置																											
1481	成化十七年																																	安居县	
1483	十九																																		璧山县

表 7–6 遵义军民府沿革表

1601	万历二九年	遵义县	桐梓县	真安州1	绥阳县1	仁怀县1

表 7–7 叙州府沿革表

1373	洪武六年	宜宾县	南溪县	庆符县	富顺县	长宁县	戎县	高县	筠连县	珙县	
1377	十			废					废	废	
1380	十三			复置					复置	复置	
1518	正德十三年							高州1	改隶高州1	改隶高州1	
1566	嘉靖四五年										隆昌县
1574	万历二年						兴文县				

表 7–10 镇雄府沿革表

1382	洪武十五年	芒部府	益良州	强州					
1384	十七	芒部军民府	废	废					
1521	正德十六年				白水江籛酬长官司				
1526	嘉靖五年	镇雄军民府				怀德长官司	威信长官司	归化长官司	安静长官司
1609	万历三七年	镇雄府							

表 7–8 龙安府沿革表

1566	嘉靖四五年	江油县	石泉县	
1590	万历十八年			龙安县
1591	十九			平武县

表 7–9 马湖府沿革表

1371	洪武四年	泥溪长官司	平夷长官司	蛮夷长官司	雷坡长官司	沐川州改长官司
1393	二六				废	
1589	万历十七年	屏山县				

表 7–11 乌蒙军民府沿革表

1382	洪武十五年	乌蒙府	归化州废
1384	十七	乌蒙军民府	

表 7-12 东川军民府沿革表

1382	洪武十五年	东川府	姜州	会理州	通安州	麻龙州1	
1384	十七	东川军民府					麻龙县1
1388	二一	废	废	废	废	废	废
1393	二六	复置					

表 7-13 潼川州沿革表

1371	洪武四年	潼川府	郪县	中江县	射洪县	盐亭县	遂宁州1	蓬溪县1	普州2	安岳县2	
1376	九	潼川直隶州	废				遂宁县	改直隶于州	废	改直隶于州	
1377	十			废	废			废			
1380	十三			复置	复置			复置			
1465	成化元年										乐至县
1514	正德九年										改隶成都府简州
1522	嘉靖元年										改隶潼川直隶州

表 7-14 眉州沿革表

1380	洪武十三年	彭山县	青神县	丹棱县

表 7-15 邛州沿革表

1483	成化十九年	大邑县	蒲江县

表 7–16　嘉定州沿革表

		嘉定府	龙游县	夹江县	峨眉县	犍为县	眉州1	彭山县1	青神县1	邛州2	大邑县2	荣州3	丹棱县	蒲江县	威远县	洪雅县
1371	洪武四年															
1373	六															
	九	**嘉定直隶州**	废				眉县	改隶嘉定直隶州	改隶嘉定直隶州	邛县	改隶嘉定直隶州	荣县				
1377	十							废	废		废		废		废	
1380	十三						眉州直隶州	复置，改隶眉州直隶州	复置，改隶眉州直隶州		复置		复置，改隶眉州直隶州		复置	
1482	成化十八年															
1483	十九									邛州直隶州	改隶邛州直隶州			改隶邛州直隶州		

表 7–17　泸州沿革表

		江安县	纳溪县	合江县
1373	洪武六年			

表 7–18　雅州沿革表

		荣经县	名山县	芦山县
1371	洪武四年			
1373	六			
1377	十		废	
1380	十三		复置	

8. 江西布政司沿革表

表 8-1 江西布政司府及直隶州沿革表

1360	1360	广信府	袁州府	铅山直隶州												
1361	1361				九江府	西宁府	鄱阳府									
1362	1362					南康府	饶州府	洪都府	肇昌府	南丰直隶州	临川府	吉安府	瑞州府			
1363	1363							南昌府	建昌府		抚州府			临江府		
1365	1365														赣州府	南安府
1369	洪武二年			废						废						

表 8-2　江西布政司沿革表

1360	1361	1362	1363	1365	1368 洪武元年	1369 二	1371 四	1376 九	1503 弘治十六年	1512 正德七年	1518 十三	1519 十四	1526 嘉靖五年	1560 三九	1561 四一	1562 四二	1569 隆庆三年	1576 万历四年	1578 六
		洪都府	南昌府																
		南昌县																	
		新建县																	
		进贤县																	
		奉新县																	
		靖安县																	
		武宁县																	
		宁州1				宁县			宁州										
		分宁县1				废													
		富州2						丰城县											
		瑞州府																	
		高安县																	
		上高县																	
		新昌州1				新昌县													
	西宁府	南康府																	
	星子县																		
	都昌县																		
	建昌州1					建昌县													
											安义县								
	九江府																		
	德化县																		
	德安县																		
	瑞昌县																		
	湖口县																		
	彭泽县																		
	鄱阳府	饶州府																	
	鄱阳县																		
	余干州1						余干县												
	乐平州2						乐平县												
	浮梁州3						浮梁县												
	德兴县																		
	安仁县																		
										万年县									
广信府																			
上饶县																			
玉山县																			
弋阳县																			
贵溪县																			
永丰县																			
						铅山县													
														兴安县					
		肇昌府	建昌府																
		南城县																	
		新城县																	
		广昌县																	
						南丰县													
																			泸溪县
		临川府	抚州府																
		临川县																	
		崇仁县																	
		金溪县																	
		乐安县																	
		宜黄县																	
										东乡县									
		吉安府																	
		庐陵县																	
		永丰县																	
		万安县																	
		龙泉县																	
		永宁县																	
		吉水州1				吉水县													
		安福州2				安福县													
		太和州3				泰和县													
		永新州4				永新县													
			临江府																
			清江县																
			新淦州1			新淦县													
			新喻州2			新喻县													
													峡江县						
袁州府																			
宜春县																			
分宜县																			
万载县																			
萍乡州1						萍乡县													
				赣州府															
				赣县															
				兴国县															
				信丰县															
				雩都县															
				会昌州1		会昌县													
				瑞金县1		改直隶于府													
				宁都州2		宁都县													
				安远县2		改直隶于府													
				龙南县2		改直隶于府													
				石城县2		改直隶于府													
															平远县	改隶潮州府			
																	定南县		
																		长宁县	
				南安府															
				大庾县															
				南康县															
				永清县	上犹县?														
												崇义县							
		南丰直隶州				改县													
		铅山直隶州				改县													

9. 湖广布政司沿革表

表 9 湖广布政司府及直隶州沿革表

1364	1364	**湖广行省**	武昌府	汉阳府	兴国府	黄州府	蕲州府	荆门直隶州	沔阳府	岳州府	澧州府	荆州府	峡州府改直隶州	归州直隶州	常德府	衡州府	潭州府	沅州府	辰州府	茶陵直隶州改县	耒阳直隶州	常宁直隶州														
1365	1365																						襄阳府	安陆府	靖州军民安抚司											
1368	洪武元年																								靖州直隶州	德安府	桂阳府	永州府	道州府	全州府	武冈府	宝庆府	郴州府			
1370	三																				耒阳县	常宁县			靖州府											
1372	五																长沙府																	镇远直隶州		
1376	九	**湖广布政司**		武昌府汉阳州	武昌府兴国州		黄州府蕲州	废	沔阳直隶州	岳州直隶州	常德府澧州		改隶荆州府	废				辰州府沅州						安陆直隶州	靖州直隶州	黄州府德安州	废		永州府道州	永州府全州	宝庆府武冈州		郴州直隶州			
1380	十三			汉阳府																						德安府										
1381	十四									岳州府																										
1391	二四																						改隶河南，寻改回	改隶河南，寻改回		改隶河南，寻改回										
1414	永乐十二年																																	改隶贵州		
1476	成化十二年																																		郧阳府	
1531	嘉靖十年								改隶承天府															承天府												
1601	万历二九年																																			黎平府
1603	三一																																			改隶贵州

表 9–1 武昌府沿革表

1364	1364	江夏县	武昌县	嘉鱼县	蒲圻县	咸宁县	崇阳县	通城县						
1376	洪武九年								兴国州1	大冶县1	通山县1	汉阳州2	汉阳县2	汉川县2
1380	十三											改汉阳府	改隶汉阳府	改隶汉阳府

表 9–2 汉阳府沿革表

1364	1364	**汉阳府**	汉阳县	汉川县
1376	洪武九年	**武昌府汉阳州**	隶汉阳州	隶汉阳州
1380	十三	**汉阳府**	隶府	隶府

表 9–3 黄州府沿革表

1364	1364	黄冈县	麻城县	黄陂县												
1376	洪武九年				随县	应山县	蕲水县1	罗田县1	蕲州1	广济县1	黄梅县1	德安州2	云梦县2	应城县2	孝感县2	
1377	十				废									废	废	
1378	十一						改直隶于府	改直隶于府								
1380	十三				复置随州，改隶德安府	改隶德安府随州						改德安府	改隶德安府	复置，改隶德安府	复置，改隶德安府	
1563	嘉靖四二年															黄安县

表 9–4 承天府沿革表

1365	1365	**安陆府**	京山县							
1370	洪武三年			长寿县						
1376	九	**安陆直隶州**		废						
1391	二四	**改隶河南，寻改回**								
1531	嘉靖十年	**承天府**		复置，改名钟祥县	潜江县	显陵县	荆门州1	当阳县1	沔阳州2	景陵县2
1644	明末					废				

表 9–5 德安府沿革表

1368	洪武元年	**德安府**	安陆县	云梦县	应城县	孝感县	随州1	随县1	应山县1
1369	二							废	
1376	九	**黄州府德安州**	废				随县，直隶黄州府		直隶黄州府
1377	十				废	废	废		
1380	十三	**德安府**	复置		复置	复置	随州1		隶随州1
1391	二四	**改隶河南，寻改回**							

表 9–6 岳州府沿革表

1364	1364	**岳州府**	巴陵县	临湘县	华容县	平江州1				
1370	洪武三年					平江县				
1376	九	**岳州直隶州**	废							
1381	十四	**岳州府**	复置							
1397	三十						澧州2	安乡县2	石门县2	慈利县2

表 9–7 荆州府沿革表

1364	1364	江陵县	公安县	石首县	监利县	松滋县	潜江县	枝江县								
1376	洪武九年								夷陵州1	长阳县1	宜都县1	远安县1	秭归县1	兴山县1	巴东县1	荆门县	当阳县
1377	十							废					长宁县				
1380	十三							复置					归州2	改隶归州2		荆门州3	当阳县3
1444	正统九年													废			
1490	弘治三年													复置2			
1531	嘉靖十年						改隶承天府									改隶承天府	改隶承天府
1570	隆庆四年														改隶归州2		

表 9–8 襄阳府沿革表

1365	1365	**襄阳府**	襄阳县	宜城县	南漳县	枣阳县	谷城县	光化县	均州1	武当县1	郧县1	房州2	房陵县2	竹山县2	
1369	洪武二年									废					
1375	八														上津县
1377	十					废，复置？		废				房县	废	废	废
1380	十三							复置						复置	复置
1391	二四	**改隶河南，寻改回**													
1476	成化十二年										改隶郧阳府	改隶郧阳府		改隶郧阳府	改隶郧阳府

表 9–9　郧阳府沿革表

1476	成化十二年	郧县	房县	竹山县	竹溪县	上津县	白河县	郧西县	
1477	十三						改隶汉中府		
1497	弘治十年								保康县

表 9–10　长沙府沿革表

1364	1364	潭州府	长沙县	善化县	宁乡县	安化县	衡山县	茶陵县	湘乡县	湘阴州1	湘潭州2	攸州3	浏阳州4	醴陵州5	益阳州6
1368	洪武元年						改隶衡州府？			湘阴县					益阳县
1369	二												浏阳县	醴陵县	
1370	三										湘潭县	攸县			
1372	五	**长沙府**													
1377	十			废											
1380	十三			复置											
1482	成化十八年							茶陵州6							

表 9–11　常德府沿革表

1364	1364	武陵县	桃源州1	龙阳州2	沅江县2				
1369	洪武二年		桃源县						
1370	三			龙阳县	改直隶府				
1376	九					澧州3	安乡县3	石门县3	慈利县3
1377	十				废				
1380	十三				复置				
1397	三十					改隶岳州府	改隶岳州府澧州	改隶岳州府澧州	改隶岳州府澧州

表 9–12　衡州府沿革表

1364	1364	衡阳县	安仁县	酃县	新城县							
1368	洪武元年					衡山县？						
1370	三						耒阳县	常宁县				
1377	十				废							
1380	十三								桂阳州1	临武县1	蓝山县1	
1639	崇祯十二年											嘉禾县1

表 9-13 永州府沿革表

1368	洪武元年	零陵县	祁阳县	东安县							
1376	九				道州1	宁远县1	江华县1	永明县1	全州2	灌阳县2	
1394	二七								改隶桂林府	改隶桂林府全州	
1639	崇祯十二年										新田县1

表 9-14 宝庆府沿革表

1368	洪武元年	邵阳县	新化县			
1376	九			武冈州1	新宁县1	
1503	弘治十六年					城步县

表 9-15 辰州府沿革表

1364	1364	沅陵县	卢溪县	辰溪县	溆浦县			
1376	洪武九年					沅州1	黔阳县1	麻阳县1

表 9-16 郴州沿革表

1368	洪武元年	**郴州府**	郴阳县	永兴县	宜章县	兴宁县	桂阳县	桂东县		
1376	九	**郴州直隶州**	废						临武县	蓝山县
1380	十三								改隶衡州府桂阳州	改隶衡州府桂阳州

表 9-17 靖州沿革表

1365	1365	**靖州军民安抚司**					
1368	洪武元年	**靖州直隶州**	永平县	通道县	会同县		
1370	三	**靖州府**				绥宁县	
1374	九	**靖州直隶州**	废	废			
1380	十三			复置			
1597	万历二五年						天柱县
1637	崇祯十年						改名龙塘，寻改回

10. 浙江布政司沿革表

表 10–1　浙江布政司属府沿革表

1358	1358	**浙东分省**	宁越府	建安府									
1359	1359			建德府？	龙游府	安南府							
1360	1360		金华府			处州府？							
1362	1362			严州府									
1366	1366	**浙江行省**			衢州府		杭州府	绍兴府					
1367	1367								明州府				
1368	洪武元年									台州府	温州府		
1376	九	**浙江布司**											
1381	十四								宁波府			嘉兴府	湖州府

表 10-2 浙江布政司各府下辖州、县沿革表

1368	洪武元年	杭州府	钱塘县	仁和县	海宁州1	富阳县	余杭县	临安县	於潜县	新城县	昌化县	严州府	建德县	桐庐县	淳安县	遂安县	寿昌县	分水县
1369	二				海宁县													
1370	三																	
1380	十三																	
1381	十四																	
1387	二十																	
1418	永乐十六年																	
1430	宣德五年																	
1452	景泰三年																	
1469	成化五年																	
1471	七																	
1487	二三																	
1506	正德元年																	

1368	洪武元年	绍兴府	山阴县	会稽县	萧山县	诸暨县	余姚州1	上虞县	嵊县	新昌县	宁波府	鄞县	慈溪县	奉化州1	定海县	象山县	昌国州2
1369	二						余姚县							奉化县			昌国县
1370	三																
1380	十三																
1381	十四																
1387	二十																废
1418	永乐十六年												慈谿县				
1430	宣德五年																
1452	景泰三年																
1469	成化五年																
1471	七																
1487	二三																
1506	正德元年																

1368	洪武元年	台州府	临海县	黄岩州1	天台县	仙居县	宁海县		金华府	金华县	兰溪州1	东阳县	义乌县	永康县	武义县	浦江县	
1369	二																
1370	三			黄岩县							兰溪县						
1380	十三																
1381	十四																
1387	二十																
1418	永乐十六年																
1430	宣德五年																
1452	景泰三年																
1469	成化五年							太平县									
1471	七																汤溪县
1487	二三																
1506	正德元年																

1368	洪武元年	衢州府	西安县	龙游县	常山县	江山县	开化县	处州府	丽水县	青田县	缙云县	松阳县	遂昌县	龙泉县	庆元县			
1369	二																	
1370	三														省			
1380	十三														复置			
1381	十四																	
1387	二十																	
1418	永乐十六年																	
1430	宣德五年																	
1452	景泰三年															云和县	宣平县	景宁县
1469	成化五年																	
1471	七																	
1487	二三																	
1506	正德元年																	

1368	洪武元年	温州府	永嘉县	瑞安州1	乐清县	平阳州1	
1369	二			瑞安县			
1370	三					平阳县	
1380	十三						
1381	十四						
1387	二十						
1418	永乐十六年						
1430	宣德五年						
1452	景泰三年						泰顺县
1469	成化五年						
1471	七						
1487	二三						
1506	正德元年						

1381	十四	嘉兴府	嘉兴县	崇德县	海盐县					湖州府	乌程县	归安县	长兴县	德清县	武康县	安吉县	
1387	二十																
1418	永乐十六年																
1430	宣德五年					秀水县	嘉善县	桐乡县	平湖县								
1452	景泰三年																
1469	成化五年																
1471	七																
1487	二三																孝丰县
1506	正德元年															安吉州1	改隶安吉州1

11. 福建布政司沿革

表 11　福建布政司各府下州、县沿革

		福州府													泉州府							建宁府								延平府							汀州府								邵武府				兴化府			漳州府									
1368	洪武元年	闽县	侯官县	长乐县	福清州2	连江县	罗源县	古田县	闽清县	永福县	怀安县	福宁州1	宁德县1	福安县1	晋江县	南安县	同安县	惠安县	安溪县	永春县	德化县	建安县	瓯宁县	建阳县	崇安县	浦城县	松溪县	政和县		南平县	将乐县	沙县	尤溪县	顺昌县			长汀县	宁化县	上杭县	武平县	清流县	莲城县			邵武县	光泽县	泰宁县	建宁县	莆田县	仙游县	兴化县	龙溪县	漳浦县	龙岩县	长泰县	南靖县					
1369	二				福清县							福宁县	改直隶府	改直隶府																																															
1384	十七																																								连城县																			
1448	正统十三年																																																		废									
1451	景泰二年																																		永安县																									
1455	六																											寿宁县																																
1470	成化六年																																																							漳平县				
1471	七																																									归化县																	
1473	九										**改福宁直隶州**	改隶福宁州	改隶福宁州																																														
1478	十四																																										永定县																
1519	正德十四年																																																								平和县			
1530	嘉靖九年																																																									诏安县		
1536	十五																																			大田县																								
1566	四五																																																										海澄县	宁洋县
1580	万历八年									废																																																		

12. 广东布政司沿革表

表 12 广东布政司府、直隶州沿革表

1368	洪武元年	**广东行省**	广州府	连州直隶州废	肇庆府	新州直隶州废	德庆府	封州直隶州废	韶州府	英德直隶州废	南雄府	惠州府	潮州府	梅州直隶州废	高州府	化州府	雷州府	廉州府	钦州府	琼州府改直隶州	儋州改直隶州	万州改直隶州	崖州改直隶州	
1369	二																			琼州府	隶琼州府	隶琼州府	隶琼州府	
1370	三														高州直隶州	化州直隶州		廉州直隶州	钦州直隶州					
1376	九	**广东布政司**					废								高州府	废		隶雷州府	废					
1381	十四																	廉州府						
1577	万历五年																							罗定直隶州

表 12–1　广州府沿革表

1368	洪武元年	南海县	番禺县	东莞县	增城县	香山县	清远县	新会县									
1380	十三								连山县								
1381	十四								改属连州 1	连州 1	阳山县 1						
1452	景泰三年											顺德县					
1489	弘治二年												从化县				
1495	八													龙门县			
1498	十一														新宁县		
1526	嘉靖五年															三水县	
1573	万历元年																新安县

表 12–2　肇庆府沿革表

1368	洪武元年	高要县	四会县											
1369	二			新兴县	阳江县	阳春县								
1376	九						德庆州 1	泷水县 1	封川县 1	开建县 1				
1475	成化十一年										高明县			
1478	十四											恩平县		
1559	嘉靖三八年												广宁县	
1577	万历五年							改罗定直隶州						
1638	崇祯十一年													开平县

表 12-3 韶州府沿革表

1368	洪武元年	曲江县	乐昌县	仁化县	乳源县				
1369	二					英德县	翁源县	阳山县	连山县
1370	三								废
1380	十三								复置，改隶广州府
1381	十四							改隶广州府连州	改隶广州府连州

表 12-4 南雄府沿革表

1368	洪武元年	保昌县	始兴县

表 12-5 惠州府沿革表

1368	洪武元年	归善县	博罗县	海丰县	河源县							
1369	二					龙川县	长乐县	兴宁县				
1518	正德十三年								和平县			
1569	隆庆三年									永安县	长宁县	
1633	崇祯六年				改隶连平州1				改隶连平州1			连平县改州1

表 12-6 潮州府沿革表

1369	洪武元年	海阳县	潮阳县	揭阳县	程乡县							
1476	成化十二年					饶平县						
1524	嘉靖三年						惠来县					
1526	五							大埔县				
1563	四二								平远县	普宁县	澄海县	
1633	崇祯六年											镇平县

表 12-7 高州府沿革表

1368	洪武元年	**高州府**	茂名县	信宜县	电白县			
1374	七	**高州直隶州**	废					
1376	九	**高州府**				化县	吴川县	石城县
1381	十四		复置			化州1	改隶化州1	改隶化州1

表 12-8　雷州府沿革表

1368	洪武元年	海康县	遂溪县	徐闻县				
1376	九				廉州1	钦县1	灵山县1	石康县1
1381	十四				廉州府	改隶廉州府	改隶廉州府	改隶廉州府

表 12-9　廉州府沿革表

1368	洪武元年	**廉州府**	合浦县	石康县		
1374	七	**廉州直隶州**	废			
1376	九	**雷州府廉州**			钦县	灵山县
1381	十四	**廉州府**	复置		钦州1	改隶钦州1
1471	成化七年			废		

表 12-10　琼州府沿革表

1368	洪武元年	**琼州府**	琼山县	澄迈县	临高县	定安县	文昌县	会同县	乐会县	儋州1	昌化县1	宜伦县1	感恩县1	万州2	陵水县2	万安县2	崖州3	宁远县3
1369	二	**琼州直隶州**								儋州直隶州	隶儋州直隶州	隶儋州直隶州	隶儋州直隶州	万州直隶州	隶万州直隶州	隶万州直隶州	崖州直隶州	隶崖州直隶州
1370	三	**琼州府**								儋州1	昌化县1	宜伦县1	感恩县1	万州2	陵水县2	万安县2	崖州3	宁远县3
1439	正统四年											废				废		废
1440	五												改隶崖州3					

表 12-11　罗定州沿革表

1577	万历五年	东安县	西宁县

13. 广西布政司沿革表

表13 广西布政司府、直隶州沿革表

公元	年份	静江府	平乐府	梧州府	贺州直隶州改隶浔州府	藤州直隶州改隶梧州府	容州直隶州改隶梧州府	郁林直隶州改隶梧州府	浔州府	贵州直隶州改贵县	横州直隶州改隶浔州府	柳州府	宾州直隶州改隶柳州府	象州直隶州改隶柳州府	融州直隶州改隶柳州府	庆远府庆远南丹安抚司	南宁府	奉议直隶州	太平府	思明府	镇安府	田州府	来安府	高州府改隶广东	雷州府改隶广东	钦州府改隶广东	廉州府改隶广东	琼州府改隶广东								
1369	洪武二年																																			
1370	三															庆远府																				
1372	五	桂林府																废																		
1374	七																	复置					废						泗城直隶州	利州直隶州						
1376	九																														龙州直隶州					
1387	二十																															江州直隶州				
1388	二一																																思陵直隶州			
1395	二八																	废，寻复置																		
1399	建文元年																																	都康直隶州		
1400	二																																		向武直隶州	
1402	四																																			安隆长官司?

续 表

1404	永乐二年																																		思恩直隶州		
1439	正统四年																																		思恩府		
1446	十一																																		思恩军民府		
1482	成化十八年																																			凭祥直隶州	
1522	嘉靖元年																																				归顺直隶州
1523	二																												废								
1527	六																	改隶思恩军民府																				
1528	七																					田宁府																
1529	八																					田州直隶州																
1573	万历																																					

表13-1 桂林府沿革表

1368	洪武元年	**静江府**	临桂县	兴安县	灵川县	阳朔县	古县	永福县	义宁县	理定县	荔浦县	修仁县			
1372	五	**桂林府**													
1381	十四						古田县								
1394	二七												全州1	灌阳县1	
1440	正统五年									废					
1477	成化十三年														永安州
1490	弘治三年														永安长官司
1491	四										改隶平乐府	改隶平乐府			
1492	五														永安州改隶平乐府
1571	隆庆五年						永宁州2	改隶永宁州2	改隶永宁州2						

表13-2 平乐府沿革表

1368	洪武元年	平乐县	恭城县	龙平县	立山县					
1369	二					怀集县				
1377	十					改隶梧州府	贺县？	富川县？		
1385	十八			废	废					
1491	弘治四年								修仁县	荔浦县
1492	五				永安州1					
1576	万历四年			昭平县						

表13-3 梧州府沿革表

1368	洪武元年	苍梧县									
1369	二		藤州1	岑溪县2	容州2	北流县2	陆川县2	郁林州3	兴业县3	博白县3	
1377	十		藤县	改直隶于府	容县	改隶郁林州3	改隶郁林州3				怀集县

表 13-4　浔州府沿革表

1368	洪武元年	桂平县	平南县						
1369	二			贺州1	富川县1	横州2	永淳县2	贵县	
1377	十			贺县改隶平乐府?	改隶平乐府?	横县改隶南宁府	废		
1467	成化三年								武靖州
1620	万历末								废

表 13-5　柳州府沿革表

1368	洪武元年	马平县	洛容县	柳城县									
1369	二				融州1	怀远县1	罗城县1	象州2	来宾县2	武仙县2	宾州3	上林县3	迁江县3
1377	十				融县	废	改直隶于府		改直隶于府				
1380	十三					复置，直隶于府							
1431	宣德六年									武宣县2			
1506	正德		废										
1524	嘉靖三年		复置										

表 13-6　庆远府沿革表

1368	洪武元年	宜山县	天河县	忻城县	河池县	思恩县	西兰州	安习州	忠州	文州	那地州	永州	銮州	福州	延州								
1374	七											废	废	废	废	南丹州2							
1379	十二						废	废	废	废							东兰州3						
1384	十七																	荔波县					
1388	二一																		程县				
1395	二八															废，复置?							
1426	宣德元年																		改隶泗城州				
1447	正统十二年																	改隶南丹州2					
1475	成化十一年																	改直隶于府					
1493	弘治六年																			永顺长官司	永定长官司		
1496	九																					永安长官司	
1504	十七				河池州1																		
1506	正德元年					改隶河池州1												改隶河池州1					
1569	隆庆三年																						八寨长官司
1578	万历六年																						废

表 13-7 南宁府沿革表

1368	洪武元年	宣化县	武缘县										
1377	十			横县									
1380	十三			横州1	永淳县1	宁浦县1废							
1504	弘治十七年						上思州						
1505	十八							归德州					
1530	嘉靖九年								果化州				
1533	十二									隆安县			
1572	隆庆六年										新宁州		
1575	万历三年											忠州	
1577	五		改隶思恩军民府										
1590	十八												下雷州

表 13-8 思恩军民府沿革表

1404	永乐二年	**思恩直隶州**					
1439	正统四年	**思恩府**					
1446	十一	**思恩军民府**					
1511	正德六年		凤化县				
1527	嘉靖六年			奉议州			
1528	七				上林县		
1529	八		废				
1577	万历五年					武缘县	
1604	三二						上映州

表 13–9　太平府沿革表

1369	洪武二年	崇善县	陀陵县	罗阳县	左州	养利州	永康县	太平州	思城州	安平州	万承州	全茗州	镇远州	茗盈州	龙英州	结安州	结伦州	都结州	上下冻州	思同州	龙州		
1376	九																				改直隶州		
1472	成化八年						同正县																
1588	万历十六年																					思明州	
1600	二八						永康州													废			
1610	三八																						上石西州

表 13–10 思明府沿革表

1369	洪武二年	上石西州	下石西州	西平州	禄州	思明州	江州	思陵州	上思州废	忠州废		
1370	三			废	废			废			罗白县	
1387	二十						改直隶州				改隶江州直隶州	
1388	二一	废?			复置，寻废?			复置为直隶州	上思州	忠州		
1404	永乐二年	复置		复置								凭祥县
1405	三				复置							
1426	宣德元年			废	废							
1482	成化十八年											改为直隶州
1504	弘治十七年								改隶南宁府			
1575	万历三年									改隶南宁府		
1588	十六					改隶太平府						
1600	三八	改属太平府										

表 13–11 镇安府沿革表

1369	洪武二年	上映州	
1372	五	废	
1496	弘治九年		归顺州
1522	嘉靖初		改直隶州

表 13–12　田州府、田宁府、田州直隶州沿革表

1369	洪武二年	**田州府**	上隆州	恩城州	向武州1	富劳县1废？	武林县1	都康州废？	归德州	果化州	思恩州	上林县	
1395	二八				废		改直隶于府						
1399	建文元年							复置为直隶州					
1402	四					复置							
1403	永乐元年					废？	废？						
1404	二										改直隶州		
1467	成化三年		废										
1492	弘治五年			废									
1505	十八								改隶南宁府				
1528	嘉靖七年	**田宁府**										改隶思恩军民府	田州
1529	八	**田州直隶州**								改隶南宁府			改直隶州

表 13–13　泗城州沿革表

1374	洪武七年	**泗城州**	
1388	二一		程县改隶庆远府
1426	宣德初		改隶泗城州
1522	嘉靖元年		废

表 13–14　向武州沿革表

1400	建文二年	向武州	
1402	四		富劳县复置，废

表 13–15　江州沿革表

1387	洪武二十年	罗白县

14. 云南布政司沿革表

表 14-1 云南布政司下府、直隶州、御夷府、御夷州沿革表

1382	洪武十五年	云南府	曲靖府	仁德府	临安府	和泥府	澂江府	广西府	广南府	元江府	楚雄府	姚安府	武定府改军民府	顺宁府改州	景东府改州	镇沅直隶州	大理府	腾冲府	栢兴府	普安府	乌撒府	茫部府	乌蒙府	东川府	建昌府改隶四川	会川府改隶四川	德昌府改隶四川	鹤庆府	丽江府	北胜府	永昌府	柔远府	车里军民府	太公府	木邦府	蒙怜府	蒙莱府	蒙庆府	孟绢府	木梭府	孟杰府	云远府	南甸府	镇西府	平缅府	麓川府	通西府	孟定府	谋粘府	木连府	木朵府	孟隆府	孟爱府	镇康府	芒施府	木来府	蒙光府	木兰府				
1383	十六			寻甸军民府														废？		普安军民府？	改隶四川	改隶四川	改隶四川									废？		废？	废？	废？	废？	废？	废？	废？	废？		废？	废？	废？	废？	废？	废？	废？	废？	废？	废？	废？		废？	废？	废？	废？				
1384	十七					废								顺宁府	景东府									改隶四川						废												孟养府废？												镇康御夷州					威远府废？			
1386	十九																																废																													
1390	二三																														废																															
1391	二四																		栢兴直隶州																																											
1393	二六																		废																																											
1394	二七		曲靖军民府									姚安军民府								改属四川																																										
1397	三十																											鹤庆军民府	丽江军民府																																	
1402	建文四年																																		复置							复置						复置御夷府											威远御夷州			
1404	永乐二年																																		废							废																				
1405	三									元江军民府																																												废						孟艮御夷府？	湾甸御夷州	
1406	四															镇沅府																																														永宁府
1409	七																																																					复置								
1414	十二																																										南甸直隶州																			

续 表

1428	宣德三年						大侯御夷州					
1430	五							腾冲直隶州?				
1433	八								潞江直隶州	广邑直隶州		
1436	正统元年									废?		
1437	二								废			
1438	三					改隶金齿司		改隶金齿司				
1442	七			北胜直隶州								
1448	十三										蒙化府	
1476	成化十二年	寻甸府										
1501	弘治十四年											新化直隶州
1522	嘉靖元年				永昌军民府							
1591	万历十九年		武定府?									改隶临安府
1597	二五						改顺宁府云州					

表 14–2 云南布政司万历中期后存在的 20 府下州县沿革表

1382	洪武十五年	**云南府**	昆明县	富民县	宜良县	晋宁州1	归化县1	呈贡县1	安宁州2	禄丰县2	罗次县2	昆阳州3	三泊县3	易门县3	嵩盟州4	杨林县4	邵甸县4废?	**曲靖府**	南宁县	霑益州1	交水县1废	石梁县1废	罗山县1废	陆凉州2	芳华县2	河纳县2	马龙州3	通泉县3	罗雄州4	亦佐县4	越州5	**仁德府**	为美县废?	归厚县废?	**临安府**	通海县	河西县	嶍峨县	蒙自县	建水州1	石屏州2	阿迷州3	宁州4	西沙县4废?	宁远州5				**澂江府**	河阳县	江川县	阳宗县	新兴州1	普舍县1废?	研和县1废?	路南州2	邑市县2
1383	十六																															**寻甸军民府**																									
1384	十七																																																								
1390	二三																																																								
1391	二四																																																								
1394	二七																	**曲靖军民府**																																							
1395	二八																														废																										
1397	三十																																																								
1402	建文四年																																																								
1403	永乐元年																							废?	废?		废?		改直隶于府																											
1405	三																																																								
1406	四																																																								
1426	宣德元年																																												废												
1437	正统二年																																																								
1448	十三																																																								

续　表

政区	1	2	3	4	5	6	7	8	9	10	11	12	13	14
广西府														
师宗州1														
弥勒州2														
维摩州3														
广南府														
富州1														
安宁州2废?														
罗佐州3废?														
楚雄府														
楚雄县														
定远县														
碍嘉县														
南安州1														
广通县1，寻改属府														
镇南州2														
定边县2，寻改属府														
威远州3		威远府												
开南州4废?														
景东府改州5		景东府												
远干州6废?														
武定府改军民府														
和曲州1														
南甸县1														
元谋县1														
禄劝州2														
易笼县2		废												
石旧县2														
大理府														
太和县														
云南县		改隶赵州3												
邓川州1														
浪穹县1														
凤羽县1废?														
蒙化州2														蒙化府
赵州3														
顺宁州4		顺宁府												
		云龙州5												改隶蒙化府寻改回
顺宁府改属州		**顺宁府**												
元江府										元江军民府				
姚安府					姚安军民府									
姚州1														
大姚县1，改属府?														
鹤庆府							鹤庆军民府							
剑川县		剑川州1												
		北胜州2			改隶澜沧卫									
		顺州3												
		蒗蕖州4			改隶澜沧卫									
		永宁州5			改隶澜沧卫									
兰州6改属丽江府?														
丽江府							丽江军民府							
通安州1														
宝山州2														
兰州3?														
巨津州4														
临西县4													废	
永昌府			废											
永平县			改隶金齿司											
景东府改属州		**景东府**												
								镇沅直隶州			**镇沅府**			
											永宁府			
														蒙化府

续 表

年份	纪年	记事
1476	成化十二年	寻甸府
1481	十七	废
1482	十八	嵩明州4
1484	二十	
1490	弘治三年	废
1493	六	
1500	十三	改直隶于府
1506	正德元年	
1522	嘉靖元年	
1524	三	
1586	万历十四年	宁远州6
1587	十五	罗平州4
1591	十九	新化州7；新平县
1597	二五	
1620	四八	废

续　表

改直隶于府

宾川州6

废

废

奉化州1？

恭顺州2？

永昌军民府

永平县

保山县

腾越州1

武定府？

云州1

15. 贵州布政司沿革表

表 15 贵州布政司下府及直隶州沿革表

公元	年号																	
1414	永乐十二年	贵州宣慰使司	黎平府	新化府	思南府	思州府	镇远府	铜仁府	乌罗府	石阡府								
1415	十三										普安直隶州							
1434	宣德九年			废														
1438	正统三年								废			永宁直隶州	镇宁直隶州	安顺直隶州	金筑安抚司			
1476	成化十二年														改隶程番府	程番府		
1494	弘治七年																都匀府	
1569	隆庆三年															贵阳府		
1601	万历二九年		改隶湖广													贵阳军民府		平越军民府
1602	三十										改隶安顺军民府	改隶安顺军民府	改隶安顺军民府	安顺军民府				
1603	三一		改隶贵州布政司															

表 15-1　贵阳军民府沿革表

1476	成化十二年	**程番府**	金筑安抚司	上马桥长官司	大龙番长官司	小龙番长官司	程番长官司	方番长官司	韦番长官司	卧龙番长官司	小程番长官司	卢番长官司	罗番长官司	金石番长官司	卢山长官司	木瓜长官司	大华长官司	麻响长官司	洪番长官司				
1569	隆庆三年	**贵阳府**																					
1586	万历十四年			改隶定番州1	改隶定番州1	改隶定番州1	改隶定番州1	改隶定番州1	改隶定番州1	改隶定番州1	改隶定番州1	改隶定番州1	改隶定番州1	改隶定番州1	改隶定番州1	改隶定番州1	改隶定番州1	改隶定番州1	改隶定番州1	定番州1	新贵县		
1601	二九	**贵阳军民府**																					
1608	三六																					贵定县	
1611	三九		广顺州2																				
1631	崇祯四年																						开州3

表 15–2　贵州宣慰司沿革表

1414	永乐十二年	水东长官司	中曹蛮夷长官司	龙里长官司	白纳长官司	底寨长官司	乖西蛮夷长官司	养龙坑长官司	贵竹长官司	札佐长官司	青山长官司													
1438	正统三年											上马桥长官司	大龙番长官司	小龙番长官司	程番长官司	方番长官司	韦番长官司	卧龙番长官司	小程番长官司	卢番长官司	罗番长官司	金石番长官司	卢山长官司	洪番长官司
1476	成化十二年											改隶程番府	改隶程番府	改隶程番府	改隶程番府	改隶程番府	改隶程番府	改隶程番府	改隶程番府	改隶程番府	改隶程番府	改隶程番府	改隶程番府	改隶程番府
1586	万历十四年								改贵阳府新贵县															
1630	崇祯三年									改置敷勇卫	改置于襄所													

表 15–3　安顺直隶州及安顺军民府沿革表

1438	正统三年	**安顺直隶州**	宁谷寨长官司	西堡长官司								
1602	万历三十年	**安顺军民府**			镇宁州1	十二营长官司1	康佐长官司1	永宁州2	慕役长官司2	顶营长官司2	普安州3

表 15–4　都匀府沿革表

1494	弘治七年	都匀长官司	邦水长官司	平浪长官司	平洲六洞长官司	麻哈州1	乐平长官司1	平定长官司1	清平县1后改属独山州2	独山州2	合江洲陈蒙烂土长官司2	丰宁长官司2

表 15–5　平越军民府沿革表

1601	万历二九年	黄平州1	余庆县1	瓮安县1	湄潭县1	凯里安抚司1	杨义长官司1
1607	三五					凯里长官司1	

表 15–6　黎平府沿革表

1414	永乐十二年	福禄永从蛮夷长官司	潭溪蛮夷长官司	八舟蛮夷长官司	洪州泊里蛮夷长官司	曹滴洞蛮夷长官司	古州蛮夷长官司	西山阳洞蛮夷长官司							
1434	宣德九年								新化蛮夷长官司	湖耳蛮夷长官司	亮寨蛮夷长官司	欧阳蛮夷长官司	中林验洞蛮夷长官司	赤溪湳洞蛮夷长官司	龙里蛮夷长官司
1441	正统六年	永从县													

表 15-7 思南宣慰司及思南府沿革表

1371	洪武四年	思南宣慰司	镇远州	水特姜长官司?	思印江长官司?	洪安长官司?	化济长官司?	镇远溪洞金容金达蛮夷长官司	铜仁长官司?	省溪长官司?	提溪长官司?	大万山长官司?	乌罗长官司?												
1372	五		改为直隶州											施秉蛮夷长官司	偏桥长官司										
1373	六	思南宣慰使司																							
1374	七															平头著可长官司	厥溪蛮夷长官司，寻废	朗溪蛮夷长官司	沿河祐溪长官司	蛮夷长官司					
1375	八																				溶溪芝麻子坪长官司				
1384	十七																				改隶四川				
1389	二二			水德江长官司																					
1393	二六					废	废																		
1396	二九																					邛水十五洞蛮夷长官司			
1405	永乐三年																						答意长官司	治古寨长官司	
1414	十二	思南府						改隶镇远府	改隶铜仁府	改隶铜仁府	改隶铜仁府	改隶铜仁府	改隶乌罗府	改隶镇远府	改隶镇远府	改隶乌罗府		改隶乌罗府				改隶镇远府	改隶乌罗府	改隶乌罗府	婺川县
1438	正统三年																	改属思南府							
1494	弘治七年				印江县																				
1605	万历三三年			安化县																					

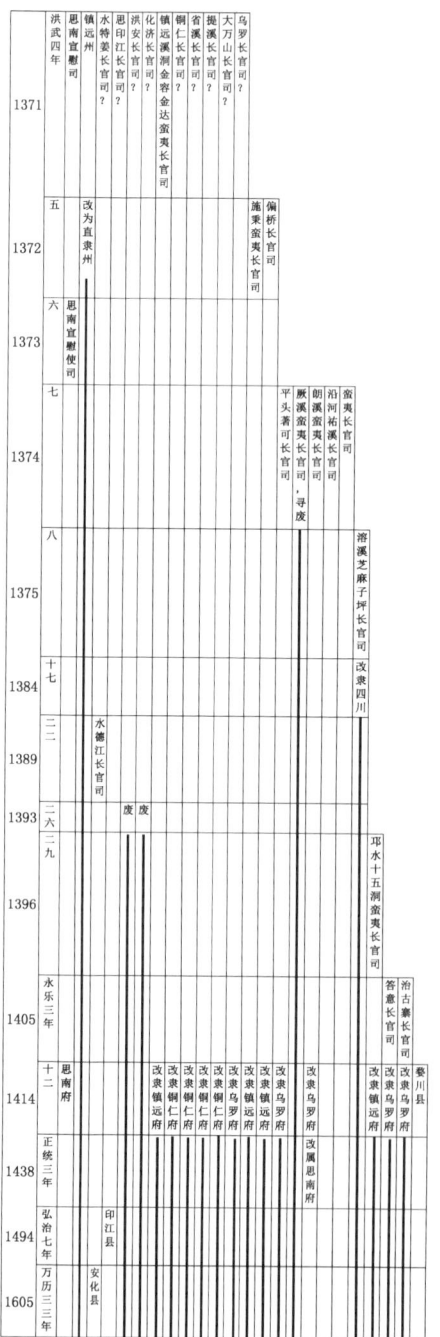

表 15-8 思州宣慰司及思州府沿革表

1369	洪武二年	思州宣慰司														
1372	五		黄道溪长官司	团罗长官司	得民长官司	晓隘长官司	陂带长官司	邛水长官司								
1373	六								都坪峨异溪蛮夷长官司	施溪长官司						
1374	七										石阡长官司?	龙泉坪长官司	苗民长官司	葛彰葛商长官司?		
1384	十七														婺川县	
1392	二五								省							
1396	二九			废	废	废	废	改隶思南宣慰使司								
1414	永乐十二年	**思州府**							复置		改隶石阡府	改隶石阡府	改隶石阡府	改隶石阡府	改隶思南府	都素蛮夷长官司

表 15–9　镇远直隶州及镇远府沿革表

1371	洪武四年		镇远州						
1372	五		镇远直隶州	銮川县					
1384	十七			改隶思州宣慰司					
1414	永乐十二年	镇远府	镇远州1		镇远溪洞金容金达蛮夷长官司1	施秉蛮夷长官司1	偏桥长官司	邛水十五洞蛮夷长官司	臻剖六洞横坡等处长官司
1438	正统三年		废		改直属府	改直属府			
1444	九					施秉县			
1494	弘治七年				镇远县				
1621	天启元年					废			
1631	崇祯四年					复置			

表 15–10　铜仁府沿革表

1414	永乐十二年	铜仁长官司	省溪长官司	提溪长官司	大万山长官司		
1438	正统三年					乌罗长官司	平头著可长官司
1598	万历二十六年	铜仁县					

表 15–11　石阡府沿革府

1414	永乐十二年	石阡长官司	龙泉坪长官司	苗民长官司	葛彰葛商长官司
1601	万历二九年		龙泉县		

16. 交阯布政司沿革表

表 16　交阯布政司府州县沿革表

永乐五年 1407	六 1408	七 1409	九 1411	十三 1415	十五 1417	十七 1419	宣德二年 1427
交州府							废
东关县							废
慈廉县							废
威蛮州 1							废
山定县 1	废						
清威县 1						废	
应平县 1							废
大堂县 1				废			
福安州 2							废
保福县 2	废						
芙蕾县 2						废	
清潭县 2						废	
三带州 3							废
扶隆县 3	废						
安朗县 3						废	
扶宁县 3						废	
安乐县 3							废
立石县 3							废
元郎县 3				废			
慈廉州 4							废
丹山县 4				废			
石室县 4							废
利仁州 5							废
清廉县 5	废						
平陆县 5							废
古榜县 5				废			
古者县 5				废			
古礼县 5				废			
利仁县 5						废	
北江府							废
嘉林县							废
超类县							废
嘉林州 1							废
安定县 1	废						
细江县 1							废
善才县 1							废
武宁州 2							废
仙游县 2	废						
武宁县 2	废						
东岸县 2							废
慈山县 2							废
安丰县 2	废						
北江州 3							废
新福县 3	废						
善誓县 3							废
安越县 3	废						
谅江府							废
清远县						废	
古勇县				废			
凤山县						废	
那岸县						废	
陆那县							废
谅江州 1							废
清安县 1	废						
安宁县 1						废	
古陇县 1						废	

续 表

1407 永乐五年	保禄县 1	南策州 2	青林县 2	至灵县 2	平河县 2	上洪州 3	唐濠县 3	唐安县 3	多锦县 3
1408 六			废				废		
1409 七									
1411 九									
1415 十三		改隶新安府		改隶新安府南策州	改隶新安府南策州				
1417 十五									
1419 十七	废							废	废
1427 宣德二年						废			

1407 永乐五年	**三江府**	洮江州 1	山围县 1	麻溪县 1	清波县 1	夏华县 1	宣江州 2	东栏县 2	西栏县 2	虎岩县 2	沱江州 3	陇拔县 3	古农县 3
1408 六			废					废				废	
1409 七													
1411 九													
1415 十三										废			
1417 十五													
1419 十七				废	废				废				废
1427 宣德二年	废	废				废	废				废		

1407 永乐五年	**建平府**	懿安县	安本县	平立县	大湾县	望瀛县	长安州 1	威远县 1	安谟县 1	安宁县 1	黎平县 1
1408 六								废			
1409 七											
1411 九											
1415 十三				废					废		
1417 十五											
1419 十七					废	废					废
1427 宣德二年	废	废	废				废			废	

1407 永乐五年	**新安府**	峡山县	太平县	多翼县	河瑰县	西关县	东潮州 1	东潮县 1	古费县 1	安老县 1	水棠县 1	靖安州 2	同安县 2	支封县 2	安立县 2	安和县 2	新安县 2	大渎县 2	万宁县 2	云屯县 2	下洪州 3	长津县 3	四岐县 3	同利县 3	清沔县 3
1408 六								废					废									废			
1409 七																									
1411 九																		废							
1415 十三			改隶镇蛮府	改隶镇蛮府	废	废									废										
1417 十五																									
1419 十七											废			废						废			废		废
1427 宣德二年	废	废					废		废	废		废				废	废		废		废			废	

续 表

	1407 永乐五年	1408 六	1409 七	1411 九	1415 十三	1417 十五	1419 十七	1427 宣德二年
					南策州 4			废
					至灵县 4		废	
					平和县 4			废
建昌府								废
俸田县					废			
建昌县								废
布县							废	
真利县								废
快州 1								废
仙吕县 1					废			
施化县 1					废			
东结县 1							废	
芙蓉县 1							废	
永涸县 1								废
奉化府								废
美禄县								废
胶水县								废
西真县								废
顺为县								废
清化府								废
古滕县								废
古弘县					废			
东山县							废	
古雷县								废
永宁县								废
安定县							废	
梁江县							废	
清化州 1								废
俄乐县 1							废	
细江县 1								废
安乐县 1							废	
磊江县 1							废	
爱州 2								废
河中县 2					废			
统宁县 2					废			
宋江县 2							废	
支俄县 2								废
九真州 3								废
古平县 3								废
结悦县 3					废			
缘觉县 3					废			
农贡县 3							废	
						葵州 4		废
镇蛮府								废
新化县					废			
廷河县								废
古兰县								废
神溪县					废			
					太平县			废
					多翼县			废
谅山府								废
新安县					废			
如敖县					废			
丹巴县								废
丘温县								废
镇夷县								废
渊县								废
董县					废			
七源州 1								废
水浪县 1					废			

续 表

1407 永乐五年	琴县1	脱县1	容县1	披县1	平县1	上文州2	杯兰县2	庆远县2	库县2	下文州3	万崖州4	广源州5	上思朗州6	下思朗州7	**新平府**	福康县	衙仪县	知见县
1408 六																		
1409 七			废	废	废			废	废									
1411 九																		
1415 十三	废						废											废
1417 十五																		
1419 十七		废								废				废		废		
1427 宣德二年						废					废	废	废		废		废	

1407 永乐五年	政平州1	政和县1	古邓县1	从质县1	南灵州2	丹裔县2	左平县2	度夜县2	**演州府**	演州1	千冬县1	茶清县?	芙蒥县1	芙蓉县1	琼林县1	
1408 六																
1409 七																
1411 九																
1415 十三		废	废	废		废		废	**演州直隶州**	废	废			废		葵州?
1417 十五																改属清化府
1419 十七							废					废				
1427 宣德二年	废				废				废				废		废	

1407 永乐五年	**乂安府**	衙仪县	丕禄县	古杜县	支罗县	真福县	土油县	偈江县	土黄县	南靖州1	河黄县1	磐石县1	河华县1	奇罗县1	驩州2	石塘县2	东岸县2	路平县2	沙南县2		
1408 六																					
1409 七																					
1411 九																					
1415 十三											废							废	废	茶笼州3	玉麻县3
1417 十五																					
1419 十七					废	废	废	废	废			废		废			废				
1427 宣德二年	废	废	废	废						废			废		废	废				废	废

续 表

1407	永乐五年	**顺化府**	顺州1	巴阆县1	利调县1	安仁县1	化州2	利蓬县2	士荣县2	乍今县2	茶偈县2	思蓉县2	蒲苔县2	蒲浪县2	
1408	六														石兰县1
1409	七														
1411	九														
1415	十三														
1417	十五														
1419	十七			废	废	废		废				废	废	废	废
1427	宣德二年	废	废				废		废	废	废				

1407	永乐五年	**太原州**	富良县	司农县	武礼县	洞喜县	永通县	宣化县	弄石县	大慈县	安定县	感化县	太原县	**宣化州**	旷县	当道县	文安县	平原县	底江县	收物县	大蛮县	杨县	乙县
1408	六	**太原府**												**宣化府**									
1409	七																						
1411	九																						
1415	十三																						
1417	十五																						
1419	十七			废		废				废							废						废
1427	宣德二年	废	废		废		废	废	废		废	废	废	废	废	废		废	废	废	废	废	

1407	永乐五年	**嘉兴州**	笼县	蒙县	四忙县	**归化州**	安立县	文盘县	文振县	水尾县	**广威州**	麻笼县	美良县				
1408	六																
1409	七																
1411	九													**宁化州**	东来县	赤土县	
1415	十三																**升华府**
1417	十五																
1419	十七		废	废			废						废			废	
1427	宣德二年	废			废	废		废	废	废	废	废		废	废		废

1415	十三	升州1	黎江县1	都和县1	安备县1	华州2	万安县2	具熙县2	礼悌县2	思州3	持平县3	白乌县3	义州4	义纯县4	鹅怀县4	溪锦县4
1417	十五															
1419	十七															
1427	宣德二年	废	废	废	废	废	废	废	废	废	废	废	废	废	废	废

二、明代都司卫所沿革表

（1）表格中“｜”表示该年没有此卫所；隶书字体和“┆”表示此千户所为隶于卫的守御千户所。

（2）部分设置、变迁不清晰的卫所在史书有相关记载的年代标出，并标以“?”以示存疑。

（3）《明实录》中将建文纪年改为洪武三十二年、三十三年、三十四年、三十五年，因本编多引《明实录》资料，为方便读者查找，沿革表中仍以此纪年。

（4）沿革表公元纪年供参考。

表1 明代都司、行都司、留守司沿革表

1370	洪武三年	燕山都卫	西安都卫	河南都卫	武昌都卫	太原都卫	江西都卫	杭州都卫	青州都卫																		
1371	四									大同都卫	成都都卫	福建都卫	建宁都卫	定辽都卫													
1372	五														广东都卫												
1373	六															广西都卫											
1374	七																西安行都卫										
1375	八	北平都司	陕西都司	河南都司	湖广都司	山西都司	江西都司	浙江都司	山东都司	山西行都司	四川都司	福建都司	福建行都司	辽东都司	广东都司	广西都司	陕西行都司										
1376	九																罢										
1379	十二																复置，废										
1381	十四																	中都留守司									
1382	十五																		云南都司	贵州都司							
1387	二十																				大宁都司						
1388	二一																				北平行都司						
1393	二六																复置										
1394	二七																					四川行都司					
1402	三五																						河北都司，废？	湖广行都司，废？			
1403	永乐元年	废																			大宁都司						
1407	五																								交阯都司		
1427	宣德二年																								废		
1430	五																									万全都司	
1476	成化十二年																							复置			
1539	嘉靖十八年																										兴都留守司

表 2　山西行都司沿革表

公元	年号	事项（自左至右）
1370	洪武三年	蔚州卫　朔州卫　大同左卫　大同右卫　官山所
1371	四	失宝赤五所　东胜卫
1374	七	察罕脑儿卫　大同前卫
1375	八	官山卫
1376	九	废
1379	十二	广昌所
1392	二五	大同中护卫　大同右护卫
1393	二六	东胜左卫　大同后卫　宣德卫　阳和卫　天城卫　高山卫　玉林卫　云川卫　镇虏卫　镇朔卫　定边卫　万全左卫　万全右卫　宣府左卫　宣府右卫　宣府前卫　大同左护卫　东胜右卫　怀安卫
1395	二八	宣府左护卫　宣府右护卫　大同中屯卫　大同左屯卫　大同右屯卫　大同前屯卫　大同后屯卫　宣府中护卫
1397	三十	安东中屯卫
1399	三二	废　废　废　废　废　废　废　废
1402	三五	废　废?　改隶　废?　废?　改隶　改隶　改隶　改隶　改隶　改隶　废　废　改隶　复置改隶　废
1403	永乐元年	复置　复置废　复置　改隶　改隶　改隶　复置　改隶　大同左卫，废
1408	六	改隶　改隶
1409	七	废　复置　废　废　复置
1418	十六	复置　复置　复置
1425	洪熙元年	高山卫　玉林卫　云川卫　镇虏卫
1432	宣德七年	马邑所　山阴所
1438	正统三年	威远卫
1474	成化十年	废?　废?　废?
1481	十七	平虏卫
1484	二十	井坪所

说明：大同三护卫最后废除年代不明，成化《山西通志》已未提到三护卫，该志修于成化十年，所以先将其记为此年废除，待有资料再做修改。

表 3　山西都司沿革表

1370	洪武三年	潞州卫 1	平阳卫	蒲州所	太原左卫	太原右卫																				
1371	四						太原前卫	平阳左卫	泽州所 1																	
1373	六									振武卫 2																
1374	七										镇西卫															
1376	九			改隶																						
1378	十一								废			沁州所	宁化所													
1379	十二													雁门所 2												
1382	十五														太原左护卫	太原右护卫	太原中护卫									
1389	二二																	磁州所 1								
1391	二四																		汾州所	平定所						
1392	二五																				沈府中护卫					
1403	永乐元年							废？																		
1419	十七																			改隶						
1427	宣德二年														废	废	废									
1432	七																					保德所				
1475	成化十一年																						偏关所			
1494	弘治七年																		汾州卫							
1498	十一																							宁武所		
1524	嘉靖三年																								八角所	
1538	十七																									老营堡所

表 4　大宁都司沿革表

1387	洪武二十年	大宁左卫	大宁右卫	大宁中卫	会州卫	木榆卫	新城卫																							
1388	二一							大宁前卫	大宁后卫																					
1389	二二									全宁卫	富峪所	宽河所																		
1391	二四										富峪卫		兴州中护卫																	
1392	二													营州后屯卫																
1393	二六								营州中护卫						营州左屯卫	营州右屯卫	营州前屯卫	营州中屯卫	兴州左屯卫	兴州右屯卫	兴州前屯卫	兴州后屯卫	兴州中屯卫							
1395	二八	营州左护卫	营州右护卫										废																	
1403	永乐元年	废	废	改隶	改隶	废	废	改隶	废	废	改隶								改隶	改隶	改隶	改隶	改隶	保定左卫	保定中卫	保定右卫	保定前卫	保定后卫	紫荆关所	
1449	正统十四年																												废	
1451	景泰二年																												复立	
1452	三																													茂山卫

表5 万全都司沿革表

1430	宣德五年	万全左卫	万全右卫	宣府前卫	宣府左卫	宣府右卫	怀安卫	怀来卫	开平卫	保安卫	保安右卫	隆庆左卫	隆庆右卫	永宁卫	蔚州卫	兴和所	美峪所						
1431	六																	广昌所	龙门卫	龙门所			
1453	景泰四年																				云州所		
1490	弘治三年																					长安所	
1494	七																						四海冶所
1567	隆庆元年											延庆左卫	延庆右卫										

表 6　北平都司沿革表

1370	洪武三年	燕山左卫	燕山右卫	永清左卫	永清右卫	大兴左卫	大兴右卫	燕山后卫	燕山前卫	开平卫	宜兴卫改所	通州卫	密云卫		彭城卫	济阳卫	济州卫	真定卫	永平卫																			
1371	四																			蓟州卫																		
1372	五																				居庸所																	
1373	六																					紫荆关所																
1377	十																						遵化卫															
1378	十一							废																														
1379	十二													古北所										永宁卫														
1380	十三						废																	废？														
1381	十四																								山海卫	密云中卫												
1382	十五																										燕山右护卫	燕山左护卫	燕山中护卫									
1386	二九																													开平左屯卫	开平中屯卫	开平前屯卫	开平后屯卫	开平右屯卫				
1397	三十												密云后卫																						兴和所	怀来所		
1399	三二			改隶？	改隶？										改隶						隆庆卫																	
1402	三五																										废	废	废								沈阳中屯卫	大同中屯卫
1403	永乐元年	改隶	改隶			改隶			改隶	改隶	废	改隶	改隶			改隶	改隶	改隶	改隶	改隶	改隶	改隶	改隶		改隶	改隶				废	改隶	废	废	废	改隶	改隶	改隶	改隶

表 7 后军都督府在外直隶卫所沿革表

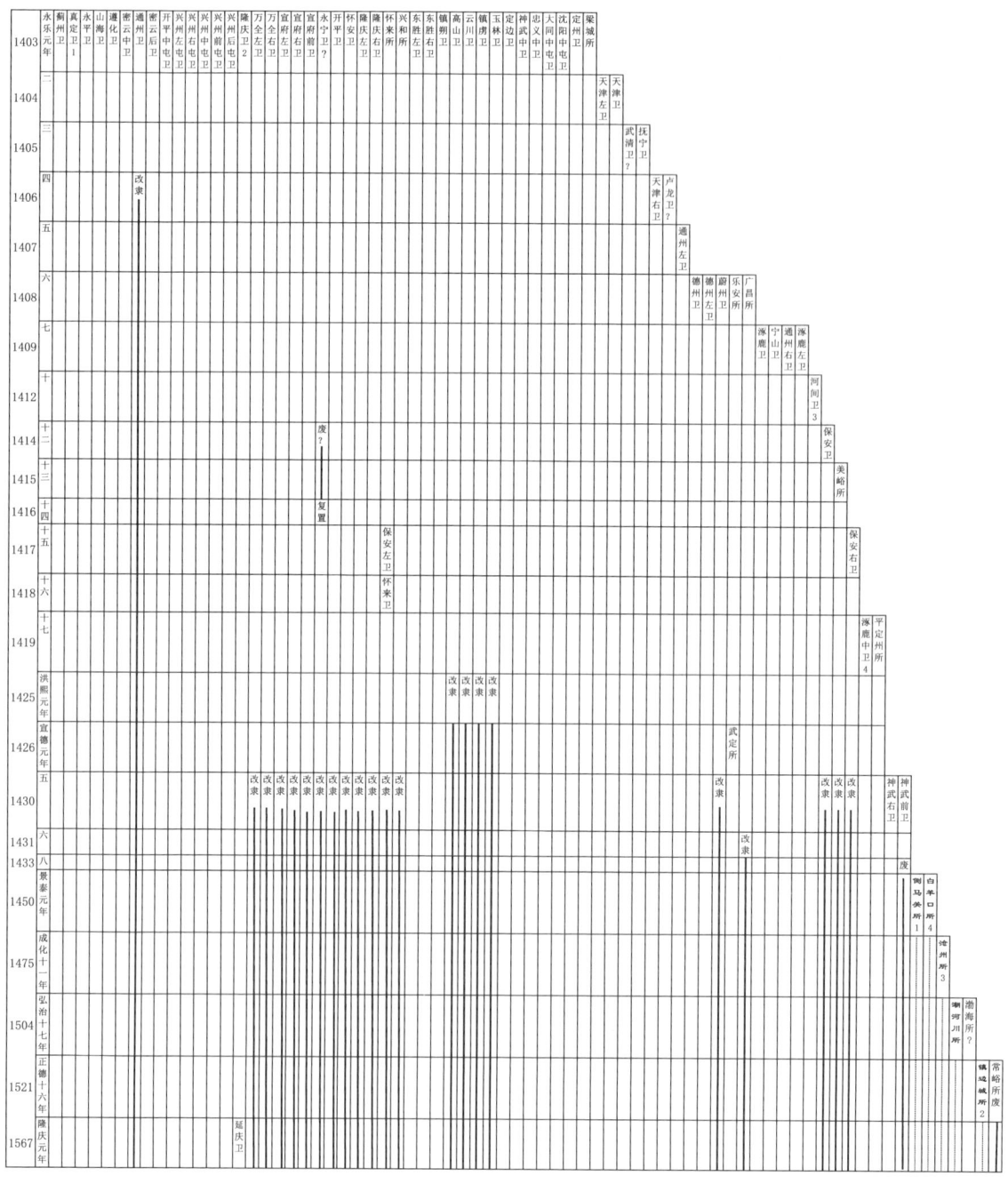

公元	纪年	卫所	变动
1403	永乐元年	蓟州卫、真定卫 1、永平卫、山海卫、遵化卫、密云中卫、通州卫、密云后卫、开平中屯卫、兴州左屯卫、兴州右屯卫、兴州中屯卫、兴州前屯卫、兴州后屯卫、隆庆卫 2、万全左卫、万全右卫、宣府左卫、宣府右卫、宣府前卫、永宁卫?、开平卫、怀安卫、隆庆左卫、隆庆右卫、怀来所、兴和所、东胜左卫、东胜右卫、镇朔卫、高山卫、云川卫、镇虏卫、玉林卫、定边卫、神武中卫、忠义中卫、大同中屯卫、沈阳中屯卫、定州卫、梁城所	
1404	二	天津左卫、天津卫	
1405	三	武清卫?、抚宁卫	
1406	四	天津右卫、卢龙卫?	通州卫：改隶
1407	五	通州左卫	
1408	六	德州卫、德州左卫、蔚州卫、乐安所、广昌所	
1409	七	涿鹿卫、宁山卫、通州右卫、涿鹿左卫	
1412	十	河间卫 3	
1414	十二	保安卫	永宁卫：废?
1415	十三	美峪所	
1416	十四		永宁卫：复置
1417	十五	保安右卫	怀来所：保安左卫
1418	十六		怀来所：怀来卫
1419	十七	涿鹿中卫 4、平定州所	
1425	洪熙元年		高山卫、云川卫、镇虏卫、玉林卫：改隶
1426	宣德元年		乐安所：武定所
1430	五	神武右卫、神武前卫	万全左卫、万全右卫、宣府左卫、宣府右卫、宣府前卫、永宁卫、开平卫、怀安卫、隆庆左卫、隆庆右卫、怀来卫、兴和所：改隶；蔚州卫：改隶；保安卫、美峪所、保安右卫：改隶
1431	六		广昌所：改隶
1433	八		神武前卫：废
1450	景泰元年	倒马关所 1、白羊口所 4	
1475	成化十一年	沧州所 3	
1504	弘治十七年	潮河川所、渤海所?	
1521	正德十六年	镇边城所 2	常峪所废
1567	隆庆元年		隆庆卫：延庆卫

表 8 陕西都司沿革表

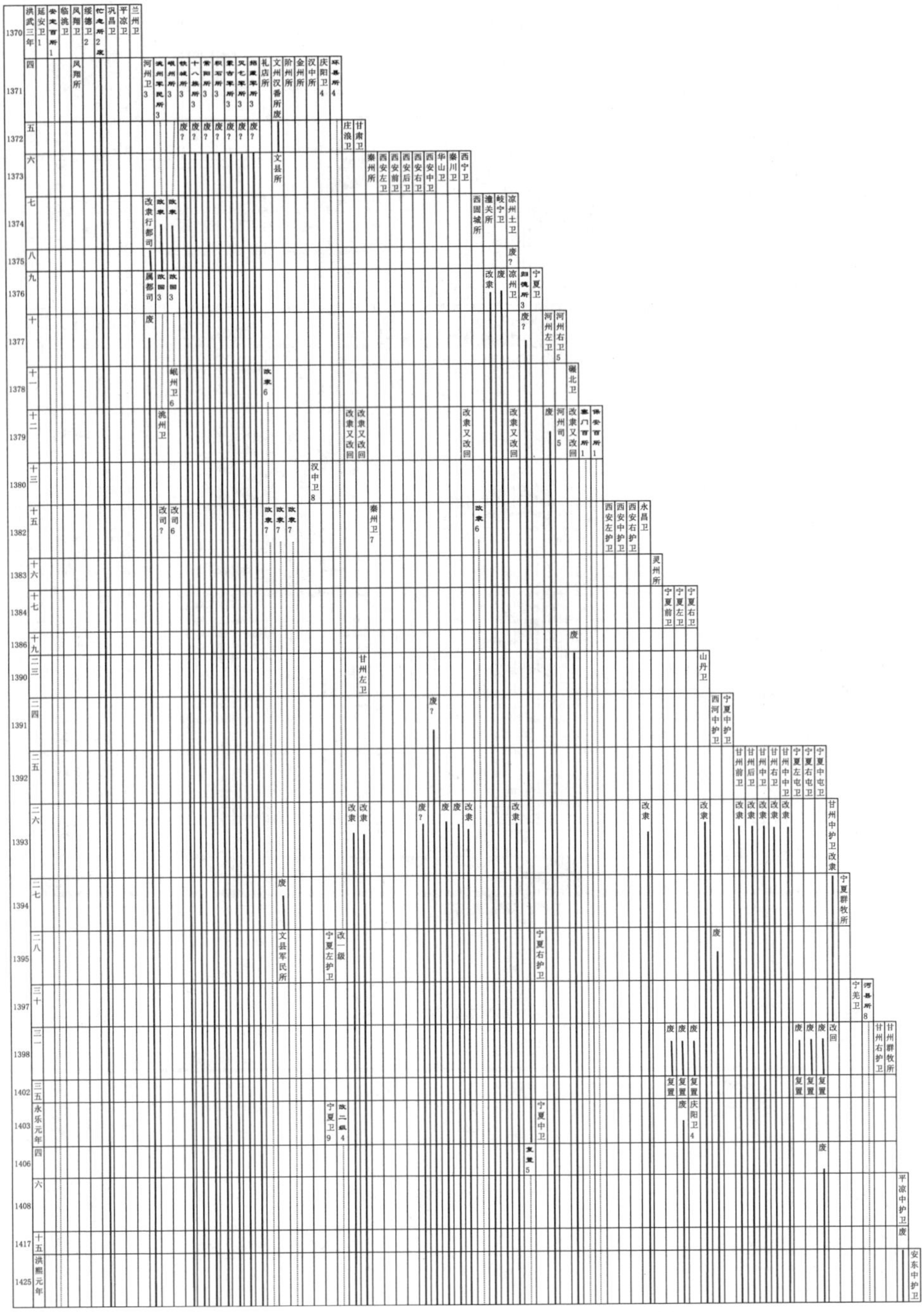
1370 洪武三年
延安卫1
安定百户所1
临洮卫
凤翔卫
绥德卫2
忙忽所2废
巩昌卫
平凉卫
兰州卫
1371 四
凤翔所
河州卫3
洮州军民所3
岷州所3
铁城所3
十八族所3
常阳所3
积石所3
蒙古军所3
叹七军所3
招藏军所3
礼店所
文州汉番所废
阶州所
金州所
汉中所
庆阳卫4
环县所4
1372 五
庄浪卫
甘肃卫
1373 六
文县所
秦州所
西安左卫
西安前卫
西安后卫
西安右卫
西安中卫
华山卫
秦川卫
西宁卫
1374 七
改隶行都司
西固城所
潼关所
岐宁卫
凉州土卫
1375 八
1376 九
属都司
宁夏卫
凉州卫
1377 十
河州左卫
河州右卫5
1378 十一
岷州卫6
碾北卫
1379 十二
洮州卫
改隶又改回
河州司5
1380 十三
汉中卫8
1382 十五
改司?
改司6
秦州卫7
西安左护卫
西安中护卫
西安右护卫
永昌卫
1383 十六
灵州所
1384 十七
宁夏前卫
宁夏左卫
宁夏右卫
1386 十九
1390 二三
甘州左卫
山丹卫
1391 二四
西河中护卫
宁夏中护卫
1392 二五
甘州前卫
甘州后卫
甘州中卫
甘州右卫
甘州中中卫
宁夏左屯卫
宁夏右屯卫
宁夏中屯卫
1393 二六
改隶
甘州中护卫改隶
1394 二七
宁夏群牧所
1395 二八
文县军民所
宁夏左护卫
改一级
宁夏右护卫
1397 三十
宁羌卫
洮县所8
1398 三一
改回
甘州右护卫
甘州群牧所
1402 三五
复置
1403 永乐元年
宁夏卫9
改二级4
宁夏中卫
庆阳卫4
1406 四
复置5
1408 六
平凉中护卫
1417 十五
废
1425 洪熙元年
安东中护卫

续 表

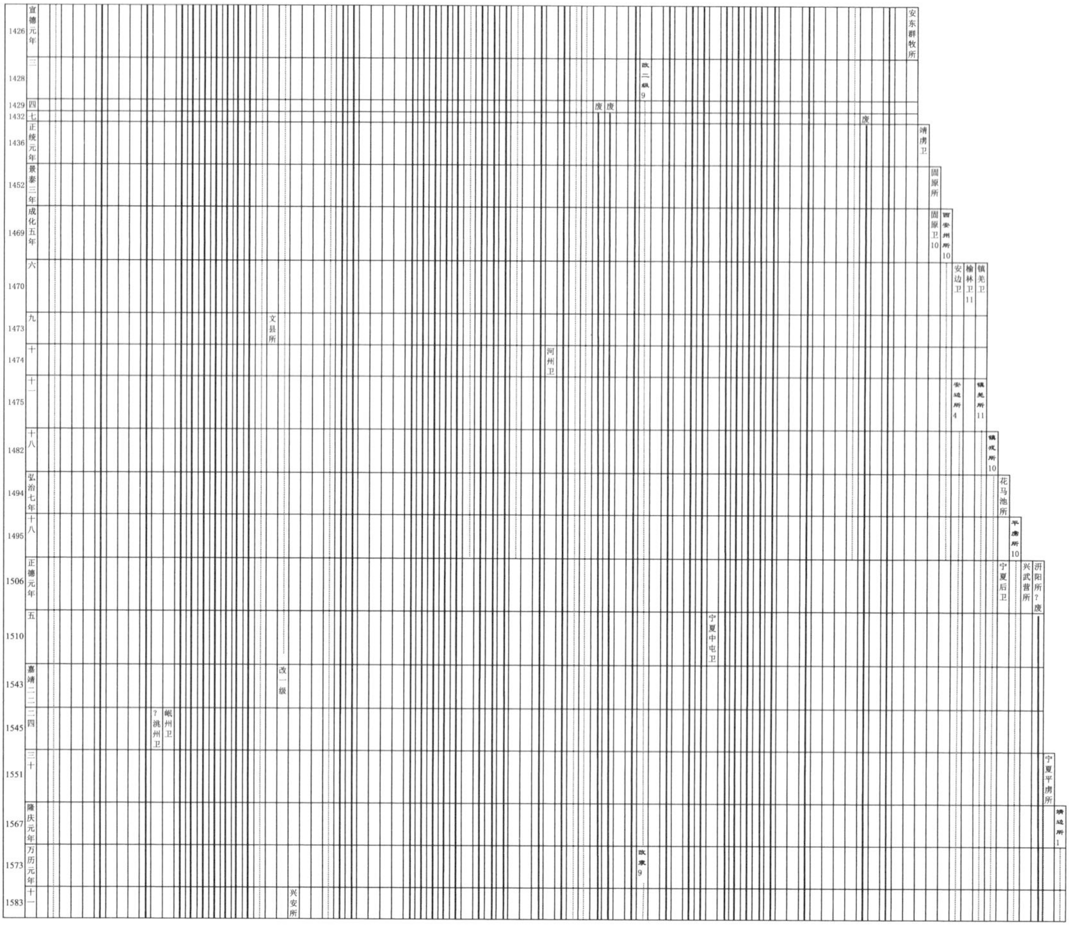
1426 宣德元年
1428 三
1429 四
1432 七
1436 正统元年
1452 景泰三年
1469 成化五年
1470 六
1473 九
1474 十
1475 十一
1482 十八
1494 弘治七年
1495 十八
1506 正德元年
1510 五
1543 嘉靖二二
1545 二四
1551 三十
1567 隆庆元年
1573 万历元年
1583 十一
安东群牧所
改二级 9
废
废
废
靖虏卫
固原所
固原卫 10
西安州所 10
安边卫
榆林卫 11
镇羌卫
文县所
河州卫
安边所 4
镇羌所 11
镇戎所 10
花马池所
平虏所 10
宁夏后卫
兴武营所
汧阳所?废
宁夏中屯卫
改一级
?洮州卫
岷州卫
宁夏平虏所
靖边所 1
改隶 9
兴安所

表 9　陕西行都司沿革表

1393	洪武二六年	甘州中中卫	甘州左卫		甘州右卫	甘州中卫	甘州前卫	甘州后卫	永昌卫	山丹卫	庄浪卫			凉州卫	西宁卫1	威虏卫？								
1394	二七		废	肃州卫																				
1395	二八	废	复置														甘州中护卫	甘州右护卫						
1396	二九												临河卫						白城子所	威远所？				
1397	三十												镇番卫								镇夷所			
1398	三一																改隶	改隶						
1399	三二						废	废			废	庄浪所	废？			废								
1400	三三																				废			
1402	三五										复置	废												
1403	永乐元年						复置	复置					复置			复置			废？	废？	复置			
1405	三															废								
1432	宣德七年														改军民司									
1438	正统三年																					古浪所		
1456	景泰七年																						高台所	
1465	成化																							碾伯所1

表 10 四川都司沿革表

1371	洪武四年	成都左卫	成都右卫	成都中卫	成都后卫	成都前卫	保宁所	雅州所1	叙南所	青川所	永宁卫	贵州卫	重庆所																												
1372	五									安州所?				碉门百户所1																											
1373	六												重庆卫2																												
1374	七									青川所																															
1377	十								叙南卫						威州所																										
1378	十一															黄平所	茂州卫6	叠溪所6	宁川卫	黔江所2																					
1379	十二														威州卫						广安所	松州卫	潘州卫																		
1380	十三																					罢复置																			
1381	十四																							施州卫	平越所																
1382	十五										改隶	改隶				改隶								改隶	改隶	大渡河所	成都护卫	建昌卫3	会川所3												
1386	十九																										成都左护卫			柏兴所3	成都中护卫	成都右护卫									
1387	二十																					松潘司5	废																		
1388	二一																																苏州卫	岩州卫	泸州卫						
1389	二二																																			龙州军民所					
1392	二五														威宁所			改直隶都司			废							建昌司3	会川司4				苏州司				礼州后所3	礼州中中所3	德昌所3	迷易所4	越巂卫改司
1393	二六																														盐井卫			宁番司			废					

续表

1394	二七				改隶	改隶	改隶			改隶		改隶	改隶	改隶	改隶	改隶	打冲河中前所3改隶	建昌前卫改隶							
1398	三一																		利州卫						
1429	宣德四年																			小河所5					
1431	六							废	废																
1433	八		复置																						
1455	景泰六年	废?									废?										灌县所?				
1506	正德元年																					浦江关所5废?			
1563	嘉靖四二年			松潘卫5																					
1574	万历二年																						建武所		
1596	二四																							黎州所	
1601	二九																								威远卫

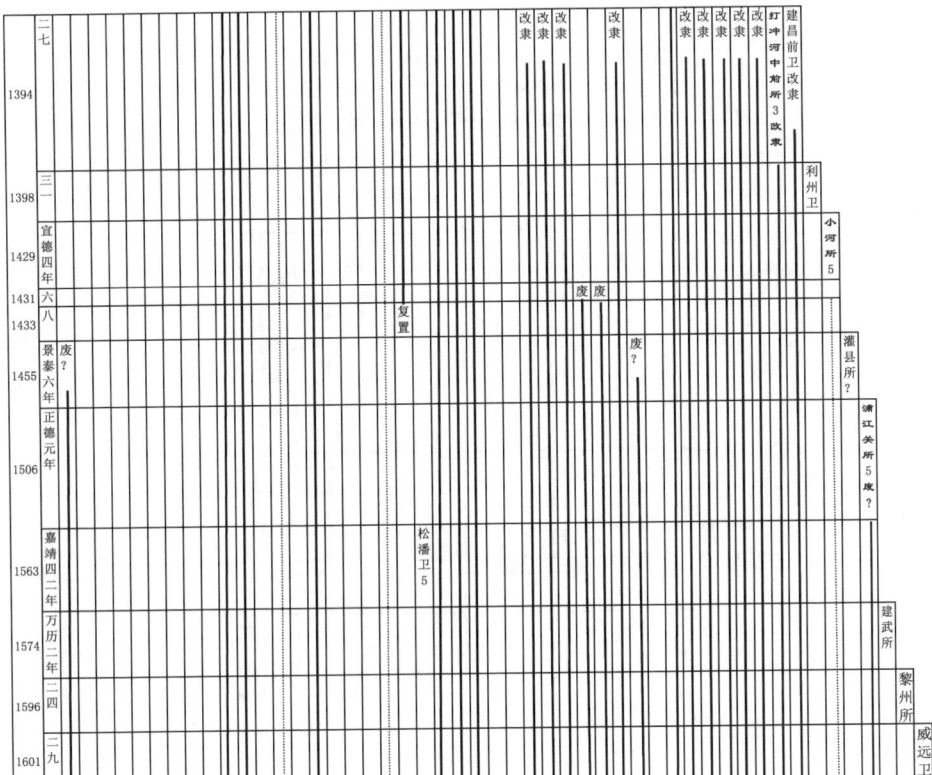

表 11　四川行都司沿革表

1394	洪武二七年	建昌司1	打冲河中前所1	德昌所1	礼州后所1	礼州中中所1	建昌前卫	会川司2	迷易所2	盐井司3	宁番司4	越嶲司5			
1395	二八												打冲河中左所3		
1402	三五		废?,复置			废?,复置									
1441	正统六年													冕山桥后所4	
1480	成化十六年														镇西后所5
1575	万历三年						废								

表 12　广西都司沿革表

1373	洪武六年	梧州所	南宁卫1	太平所1	宾州所1	柳州卫2	融县所2	象州所2	广西卫3	庆远所3																											
1375	八								废	改直隶都司?	桂林左卫	桂林右卫																									
1379	十二				改隶2								驯象卫	桂林中卫																							
1380	十三												废?		平乐所																						
1382	十五															浔州所																					
1386	十九																郁林所																				
1388	二一												复设																								
1389	二二																	富川所																			
1390	二三																		容县所																		
1391	二四																			武缘所1																	
1392	二五																				贵县所1	迁江所															
1393	二六										废												广西护卫														
1394	二七																							全州所													
1395	二八									庆远卫4															向武所	南丹卫	奉议卫	河池所4	武仙所2	贺县所	灌阳所	龙州所?					
1396	二九									庆远军民司4						浔州卫										南丹军民司						废?					
1397	三十																								向武军民所	南丹卫?							怀集所				
1398	三一									废?																								来宾所2	上林所		
1400	三三																								向武所										废?		
1402	三五									复设																											
1431	宣德六年																												武宣所								
1466	成化二年																																			五屯所	
1571	隆庆五年																																				古田所

表13 云南都司沿革表

公元	纪年	设置与变动
1382	洪武十五年	云南左卫；云南右卫；云南中卫?；云南后卫；云南前卫；临安卫1；曲靖卫2；大理卫3；霑益所改卫；盘江所；楚雄卫4；建昌卫；会川所；东川卫；乌撒卫；乌蒙卫；芒部卫；普安卫
1383	十六	盘江所：废?；建昌卫：改隶；会川所：改隶；东川卫：废?；乌撒卫：改隶；乌蒙卫：改隶；芒部卫：废?；普安卫：改隶
1384	十七	霑益所废?
1385	十八	金齿卫5
1386	十九	金齿所5；洱海卫6
1388	二一	姚安所4；定远所4
1390	二三	金齿卫：金齿司5；越州卫；马隆卫；陆凉卫；景东卫；蒙化卫；平夷卫；宜良所；木密关所
1391	二四	通海右所1；通海前所1；鹤庆右所3；鹤庆前所3；永平右所5；永平前所5；易门所；安宁所；杨林所
1393	二六	云南中护卫
1395	二八	云南左卫：废，复置；云南右卫：废，复置；云南中卫：废；云南后卫：废；越州卫：废；马隆卫：马隆所；澜沧司；广南卫；云南左护卫；云南右护卫；姚安中屯所4
1398	三一	云南前卫：废；云南中护卫：废；广南卫：废?；云南左护卫：废；云南右护卫：废；腾冲所5
1399	三二	平夷卫：废；永昌所5
1403	永乐元年	云南中卫：复置；云南后卫：复置；云南前卫：复置；越州卫：复置；平夷卫：复置；云南中护卫：复置，废；广南卫：复置；云南左护卫：复置，废；云南右护卫：复置，废
1405	三	洱海所6
1417	十五	北闲所
1427	宣德二年	北闲所：废

续表

公元	年号																		
1431	六						改一级												
1433	八							废											
1438	正统三年							复置											
1445	十						改二级7			腾冲司7									
1493	弘治六年										大罗卫								
1496	九					澜沧卫													
1519	正德十四年			2					废			新安所1							
1522	嘉靖元年	永昌卫8	8		8			8					十八寨所						
1531	十									腾冲卫				凤梧所					
1569	隆庆三年														武定所				
1585	万历十三年		废					废								镇安所8	镇姚所8		
1586	十四																	定雄所2	
1602	三十																		右甸所

表 14　贵州都司沿革表

公元	纪年	沿革（自左至右）
1382	洪武十五年	贵州卫 1；尾洒卫；平越卫；永宁卫；普定卫改司；水西卫废；黄平卫改所
1383	十六	普安卫 2 ?；乌撒卫 3 ?；乌蒙卫
1384	十七	平越司；毕节卫 4
1388	二十一	赤水卫 5；层台卫 6；平夷所 2；七星关所 3
1389	二二	普安司 2；兴隆卫；新添所 1；摩尼所 5；白撒所 6
1390	二三	安南卫；新添卫；都匀卫；清平卫；平坝卫；龙里卫；威清卫；安庄卫 7；普市所
1391	二四	贵州司；贵州前卫
1392	二五	关索岭所 7
1393	二六	安南所 2；乐民所 2
1394	二七	（层台卫）废；（白撒所）改隶 5；阿落密所 5
1396	二九	新添司；都匀司；龙里司
1398	三一	（七星关所）改隶 4；安笼所 2
1438	正统三年	贵州卫
1465	成化中	普定卫 ?
1488	弘治元年	重安所
1495	八	都匀卫
1586	万历十四年	普安卫；（重安所）废 ?
1601	二九	平越卫 ?；镇远卫属；平溪卫属；清浪卫属；偏桥卫属
1603	三一	（镇远卫、平溪卫、清浪卫、偏桥卫）改隶
1630	崇祯三年	敷勇卫 8；于襄所 8；息烽所 8；濯灵所 8；修文所 8；镇西卫 9；威武所 9；赫声所 9；柔远所 9；定南所 9

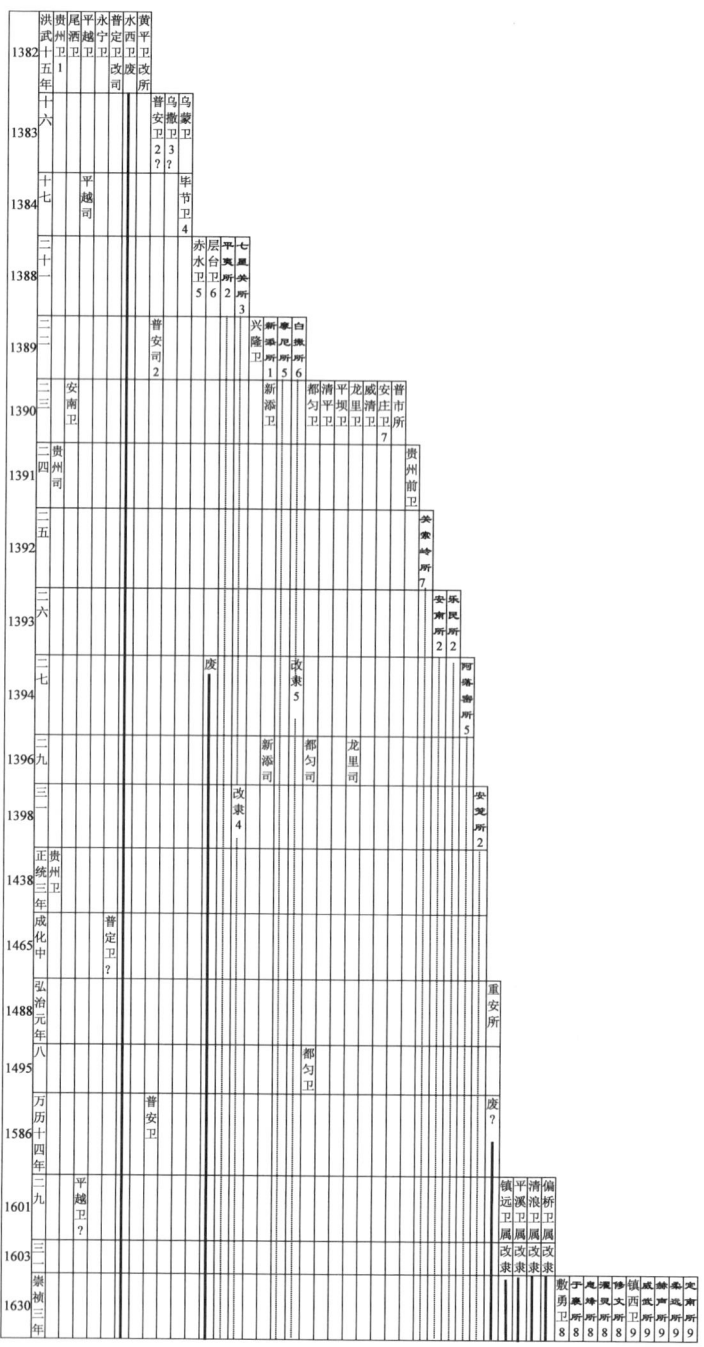

表 15　河南都司沿革表

1371	洪武四年	徐州卫	河南左卫	河南右卫1	嵩县所1	陈州卫	汝宁卫	南阳卫2	颍川卫	颍上所	宁国卫	安吉卫	宣武卫	彰德所?	坚城卫	祥符卫?																			
1372	五		废	河南卫1													陕州所	唐县所2																	
1373	六						汝宁所												怀庆卫4	邓州所2															
1375	八						汝宁卫							彰德卫3							林县所3														
1376	九																					潼关卫6	蒲州所6												
1378	十一																弘农卫5							宁山卫											
1379	十二	改隶																																	
1381	十四																								河南左护卫	信阳所?									
1383	十六																										飞虎卫	熊韬卫							
1389	二二														睢阳卫	归德卫										废	信阳卫	武平卫							
1390	二三																												卫辉前所4						
1392	二五																													河南中护卫	河南右护卫?	南阳中护卫?			
1394	二七																																洛阳中护卫		
1397	三十																																	卢氏百所5	永宁百所5
1398	三一																								废					废	废				

续 表

1403	永乐元年									复设		复设	复设		永清左卫?			
1404	二														常山左护卫	常山右护卫	常山中护卫	
1408	六						改隶	改隶										
1409	七	改隶	废隶	废隶	改隶	改隶			改隶		改隶							
1421	十九									废		废	废					
1424	二二														废	废		
1427	宣德二年																废	
1450	景泰元年				改回													
1509	正德四年																	钧州所
1564	嘉靖四三年													汝州卫				
1575	万历三年																	禹州所

表 16　中军都督府在外直隶卫所沿革表

公元	年号	卫所
1380	洪武十三年	苏州卫1；嘉兴所1；太仓卫2；镇海卫3；崇明所3；杨州卫4；泰州所4；通州所4；高邮卫5；兴化所5；大河卫；淮安卫6；沂州卫；仪真所改卫；邳州卫；泗州卫；凤阳卫?；凤阳左卫；凤阳右卫；凤阳中卫；皇陵卫；长淮卫；怀远卫；留守中卫；留守左卫；徐州卫；滁州所；徽州所；六安所；庐州所改卫；安丰所改寿州卫；信阳所；宿州所；洪塘湖所；镇江所
1381	十四	改隶（凤阳卫?）；废（凤阳左卫）；改隶（凤阳右卫）；改隶（凤阳中卫）；改隶（皇陵卫）；改隶（长淮卫）；改隶（怀远卫）；改隶（留守中卫）；改隶（留守左卫）；废（徽州所）；改隶（信阳所）；改隶（洪塘湖所）
1382	十五	复置（徽州所）
1384	十七	镇江卫?（镇江所）；东海所6
1385	十八	滁州卫（滁州所）；和州卫
1386	十九	吴淞江所2
1387	二十	金山卫7；青村所7；南汇所7
1389	二二	六安卫（六安所）；安庆卫
1390	二三	新安卫（徽州所）；海州所6
1391	二四	废（和州卫）
1397	三十	松江所7；盐城所6
1402	三五	建阳卫
1408	永乐六年	潼关卫8；蒲州所8
1409	七	宿州卫（宿州所）；睢阳卫；归德卫；武平卫；汝宁卫改所
1430	宣德五年	徐州左卫
1450	景泰元年	改隶（睢阳卫）
1557	嘉靖三六年	莒州所?；吴淞中所2
1566	四五	浏河所3
1577	万历五年	宝山所2

表17 湖广都司沿革表

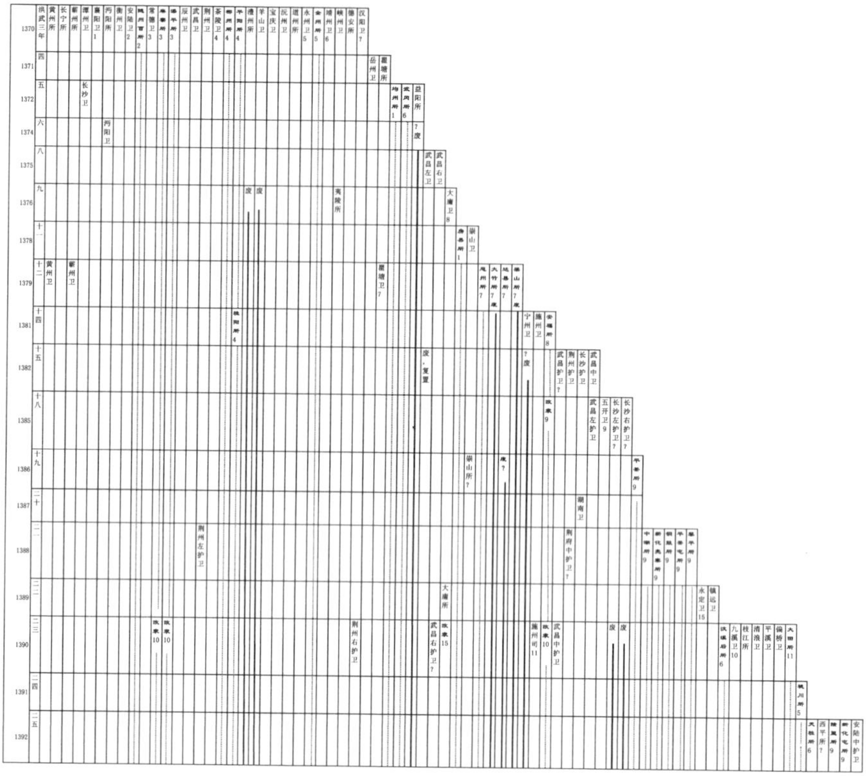
1370 洪武三年 黄州所 长宁所 蕲州所 潭州卫 襄阳卫1 沔阳所 衡州卫 安陆卫2 施州百户所2 常德卫3 辰溪所3 添平所3 辰州卫 武昌卫 荆州卫 茶陵卫4 郴州所4 平阳所4 澧州所 羊山卫 宝庆卫 沅州卫 道州所 永州卫5 全州所5 靖州卫6 峡州卫 德安所 汉阳卫?
1371 四 岳州卫 瞿塘所
1372 五 长沙卫 均州所1 武冈所6 益阳所
1374 六 沔阳卫 ?废
1375 八 武昌左卫 武昌右卫
1376 九 废 废 夷陵所 大庸卫8
1378 十一 房县所1 崇山卫
1379 十二 黄州卫 蕲州卫 瞿塘卫7 龙州所7 大竹所7废 达县所7 梁山所7废
1381 十四 桂阳所4 宁州卫 施州卫 安福所8
1382 十五 废，复置 ?废 武昌护卫? 荆州护卫 长沙护卫 武昌中卫
1385 十八 改隶9 武昌左护卫 五开卫9 长沙左护卫? 长沙右护卫?
1386 十九 崇山所? 废? 平茶所9
1387 二十 湖南卫
1388 二一 荆州左护卫 荆府中护卫? 中潮所9 新化亮寨所9 铜鼓所9 平茶屯所9 黎平所9
1389 二二 大庸所 永定卫15 镇远卫
1390 二三 改隶10 改隶10 荆州右护卫 武昌右护卫? 改隶15 施州司11 改隶10 武昌中护卫 废 废 沅镇远所6 九溪卫10 枝江所 清浪卫 平溪卫 偏桥卫 大田所11
1391 二四 镇川所5
1392 二五 天柱所6 西平所? 隆里所9 新化屯所9 安陆中护卫

续　表

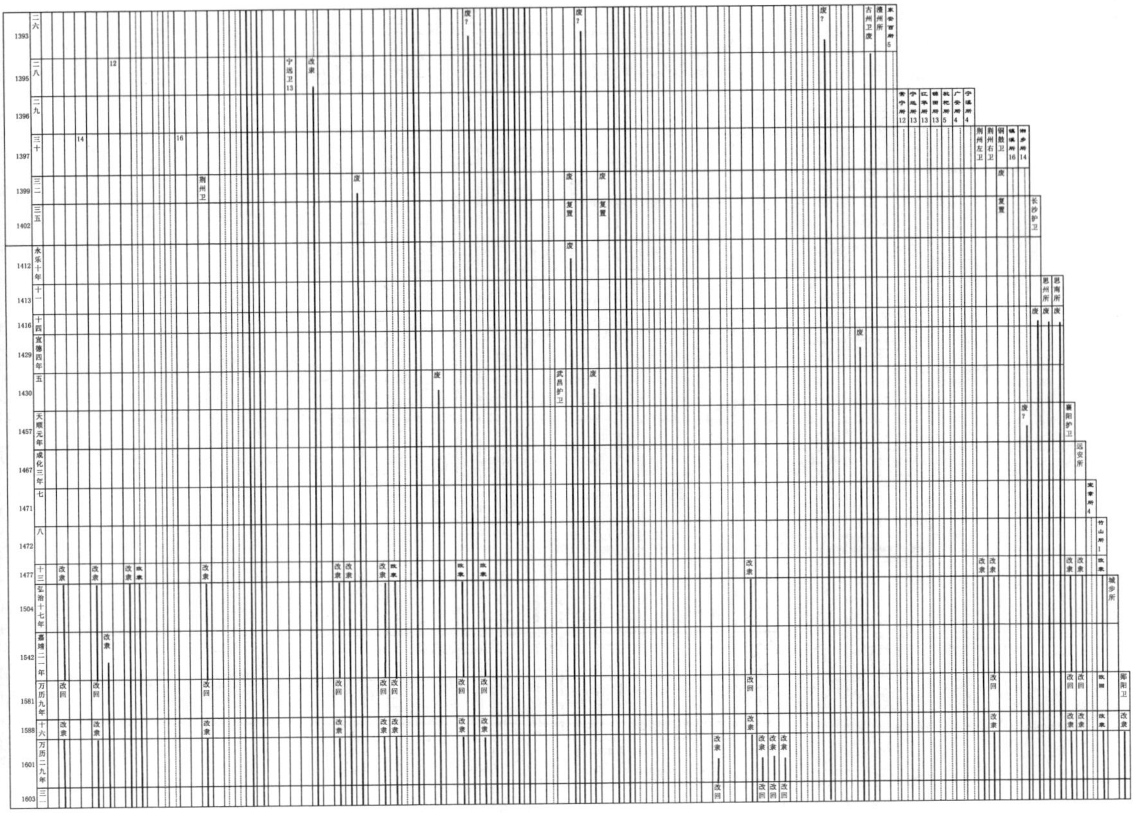
1393 二六
1395 二八
1396 二九
1397 三十
1399 三二
1402 三五
1412 永乐十年
1413 十一
1416 十四
1429 宣德四年
1430 五
1457 天顺元年
1467 成化三年
1471 七
1472 八
1477 十三
1504 弘治十七年
1542 嘉靖二一年
1581 万历九年
1588 十六
1601 万历二九年
1603 三一
古州卫废
播州所
宁远卫 13
荆州卫
武昌护卫
长沙护卫
荆州左卫
荆州右卫
铜鼓卫
恩州所
恩南所
襄阳护卫
远安所
城步所
郧阳卫
废
复置
改隶
改回

表 18 湖广行都司沿革表

1477	成化十三年	湖广行都司	襄阳卫1	房县所1	均州所1	竹山所1	郧阳卫	瞿塘卫2	忠州所2	安陆卫3	随州百所3	荆州卫	荆州左卫	荆州右卫	远安所	夷陵所	德安所	枝江所	长宁所	襄阳护卫
1488	弘治元年					改直隶行都司														
1499	十二			改直隶行都司																
1501	十四				改直隶行都司															
1529	嘉靖八年									废	废?									
1539	十八												废							
1542	二一																改隶			
1581	万历九年	废	改隶湖广	改隶湖广	改隶湖广	改隶湖广	改隶湖广	改隶湖广	改隶湖广			改隶湖广		改隶湖广	改隶湖广	改隶湖广		改隶湖广	改隶湖广	改隶湖广
1588	十六	复置	改回	改回	改回	改回	改回	改回	改回			改回		改回	改回	改回		改回	改回	改回

表 19　兴都留守司沿革表

1539	嘉靖十八年	显陵卫	承天卫		
1542	二一			沔阳卫	德安所

表 20　福建都司卫所沿革表

1371	洪武四年	泉州卫	漳州卫1	兴化卫	福州卫																										
1375	八				废	福州左卫2	福州右卫3	福州中卫?																							
1388	二一								福宁卫4	大金所4	定海所4	镇东卫5	梅花所5	万安所5	镇海卫6	六鳌所6	铜山所6	玄钟所6	平海卫7	莆禧所7	永宁卫8	金门所8	福全所8	高浦所8	崇武所8						
1394	二七																									嘉禾所8					
1438	正统三年																										永福堡所废?				
1451	景泰二年																											龙岩所1废?	尤溪所2废?	沙县所3废?	
1473	成化九年																											龙岩所1			
1505	弘治十八年																														南诏所1

表 21 福建行都司沿革表

1371	洪武四年	汀州卫1	邵武卫	延平卫2	将乐所	建宁卫							
1375	八					废	建宁中卫	建宁左卫	建宁右卫3				
1386	十九						建阳卫						
1391	二四									武平所1			
1393	二六						废?						
1451	景泰二年										永安所2		
1466	成化二年											上杭所1	
1477	十三												浦城所3

表 22 江西都司沿革表

1370	洪武三年	南昌卫	吉安卫?	袁州卫	赣州卫?废	建昌所	抚州所?	广信所	永新所	安福所	饶州所	瑞州所，废?	铅山所								
1372	五				复置1																
1374	七													龙泉百所1							
1375	八														南昌左卫						
1380	十三	废																			
1384	十七															会昌所	信丰所				
1386	十九																	南昌前卫			
1388	二一																		南安所	宁都卫，废?	
1399	三二													废							
1403	永乐元年		吉安所?											复设	废						南昌护卫
1457	天顺元年														复置						废
1507	正德二年																				复置
1510	五																				废
1514	九																				复置
1519	十四																				废
1521	十六	复置													废			废			

表 23 广东都司沿革表

1372	洪武五年	广东卫	潮州卫1	蓬州所1	雷州卫2	廉州百所2	钦州百所2	新兴百所	海南卫3	潭览所?3																													
1373	六										海南卫前所3	海南卫后所3	德庆所	惠州所	肇庆所	南雄所	韶州所	阳江所																					
1375	八	废																	广州左卫4	广州右卫																			
1380	十三							新兴所																															
1381	十四					廉州所															高州所	南海卫5	大鹏所5	东莞所5	香山所?5														
1382	十五																									程乡所1	广州左卫后所4	阳春所?废											
1383	十六					隶雷州卫2															隶雷州卫2																		
1384	十七																										清远所		新会所	崖州所3									
1387	二十										儋州所3	万州所3																											
1388	二一																														龙川所5								
1389	二二													惠州卫6	肇庆卫7												清远卫12				隶惠州卫6								
1390	二三																															惠州卫右所6	广州前卫	广州后卫					
1391	二四																																		潮阳所1	昌化所3	长乐所6	四会所7	
1393	二六																																						宁川所?

续 表

公元	年份	本年栏内所载
1394	二七	廉州卫9；钦州所9；改隶8；改隶10；海门所1；8；靖海所1；大城所1；乐民所2；海康所2；海安所2；锦囊所2；永安所9?；南山所3；清澜所3；神电卫8；双鱼所8；广海卫10；海朗所10；海丰所11；平海所11；碣石卫11；甲子门所11
1395	二八	河源所6；连州所12；捷胜所11；增城所
1398	三一	复设8
1406	永乐四年	废
1437	正统二年	灵山所9；石城所2
1440	五	信宜所8
1489	弘治二年	从化所
1499	十二	泷水所7
1531	嘉靖十年	新宁所10
1559	三八	龙口所7
1565	四四	澄海所1
1577	万历五年	南乡所7；封门所7；富霖所7；函口所7
1578	六	广宁所7
1600	二八	水会所3

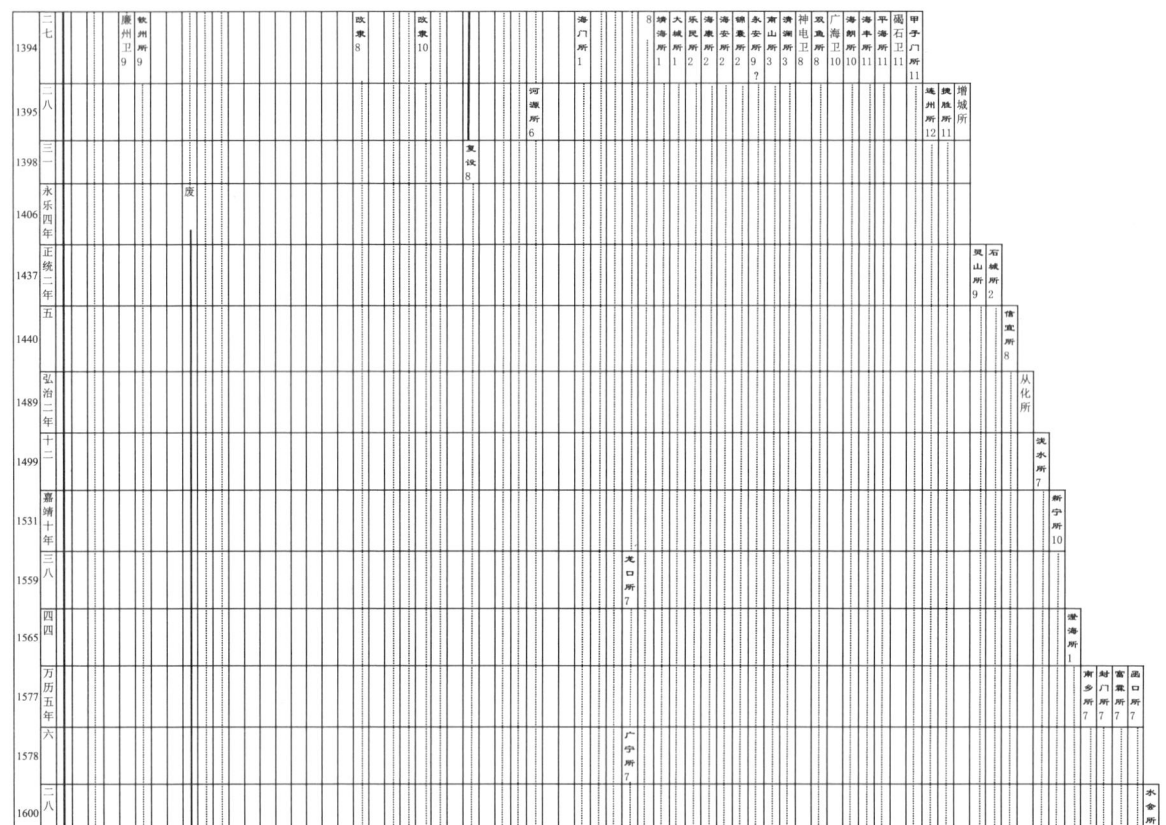

表 24　浙江都司沿革表

1371	洪武四年	金华所	温州卫1	钱塘卫	海宁卫2	严州卫	衢州所	崇德卫	德清卫	台州所?	仁和卫	处州所	绍兴所?	明州卫	杭州卫																																											
1372	五							废?	废?	台州卫3																																																
1374	七									废?																																																
1375	八			杭州左卫							杭州右卫	处州卫																																														
1376	九														杭州前卫																																											
1379	十二			废									绍兴卫4			昌国所																																										
1381	十四													宁波卫			定海所																																									
1384	十七															昌国卫5																																										
1386	十九																	平阳所1	澉浦所2	乍浦所2	三江所4	钱仓所5	霩衢所	大嵩所	观海卫7	龙山所7	松门所	新河所																														
1387	二十									复置							定海卫6						6	6			松门卫8	9	海安所1	瑞安所1	石浦前所5	石浦后所5	昌国中中所5	昌国中左所5	楚门所8	隘顽所8	海门卫9	健跳所9	桃渚所9	盘石卫10	宁村所10	蒲岐所10	沙园所11	金乡卫11	蒲门所11	壮士所11	三山所12	临山卫12	余姚所12	沥海所12	海宁所							
1388	二一					严州所																																																				
1389	二二																																																			湖州所						
1392	二五																															定海中中所6	定海中左所6																								
1394	二七																																																				穿山所6					
1395	二八																																																					海门前所9				
1397	三十																																																废						爵溪所5			
1398	三一														废?			改隶金乡卫11																																										
1402	三五														复置			改回1																																										
1441	正统六年																																																废									
1469	成化五年																																																							盘石后所10		
1506	正德																																																								新城所1	
1573	万历初																																																								废	水军所3?

表 25 山东都司沿革表

1370	洪武三年	青州卫	济南卫	济宁左卫	济宁右卫废	乐安所	莱州卫	宁海所	滕县所																														
1371	四	废								平山卫	诸城所																												
1372	五											胶州所																											
1375	八												青州左卫	青州右卫																									
1376	九														登州卫1																								
1377	十							宁海卫2								福山所1																							
1380	十三																德州所																						
1382	十五																	兖州护卫	青州护卫																				
1389	二二																		废?	青州左护卫?	青州中护卫?	青州右护卫?																	
1390	二三																德州卫																						
1392	二五			废?																																			
1393	二六																						兖州左护卫?																
1396	二九																							泰安卫															
1397	三十																							废?	东平所	肥城所													
1398	三一																			废	废	废			废?		奇山所2	安东卫5	灵山卫6	鳌山卫7	浮山所7?	雄崖所7	大嵩卫8	威海卫9	百尺崖所9?	成山卫10	靖海卫11	海阳所11?	宁津所11
1402	三五																								复置														

续表

公元	年号	变动（自左至右）
1403	永乐元年	复置　复置　复置　复置
1406	四	废　废　废　废　废
1405	五	德州左卫　济宁卫
1406	六	改隶　改隶　改隶
1415	十三	汉府中护卫　汉府左护卫　汉府右护卫
1416	十四	青州护卫　废　废
1426	宣德元年	复置?　废?　废
1430	五	东昌卫12
1435	十	濮州所12
1438	正统三年	夏河寨所6?　大山所8?　寻山所10?
1446	十一	金山所2?　临清所
1449	十四	废　临清卫
1488	弘治	石旧寨所5?
1539	嘉靖十八年	王徐寨所2?　任城卫

表 26 辽东都司沿革表

1371	洪武四年	辽东卫																																												
1373	六		定辽左卫	定辽右卫																																										
1375	八	定辽后卫			定辽前卫	金州卫1																																								
1376	九						海州卫	盖州卫																																						
1380	十三								东宁所	南京所	海洋所	草河所	女直所																																	
1381	十四									废	废	废	废	复州卫																																
1384	十七														定辽中卫																															
1386	十九								东宁卫							沈阳左卫	沈阳右卫																													
1387	二十																	金州卫中左所1	义州卫	沈阳中卫2	三万卫3	三万卫后后所3?	三万卫中中所3?	三万卫前前所3?																						
1388	二一																								铁岭卫4	抚顺所2	蒲河所2																			
1390	二三																											辽海卫5	辽海中中所5?	辽海右右所5?	辽海前前所5?	辽海后后所5?	广宁卫													
1391	二四																																	广宁中屯卫6	广宁左屯卫7											
1392	二五																																废			广宁中护卫	沈阳中护卫	安东中护卫								
1393	二六																																复置						广宁前卫废?	广宁后卫废?	广宁中卫	广宁左卫	广宁右卫	广宁后屯卫	广宁前屯卫8	广宁右屯卫

续 表

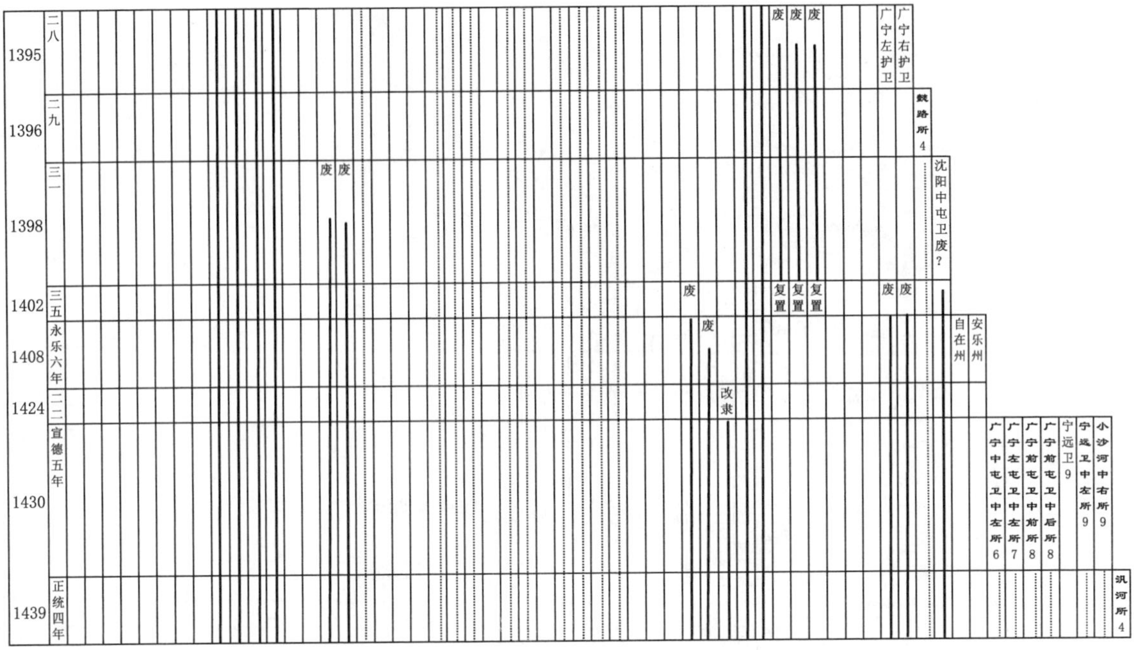

二八 1395
二九 1396
三一 1398
三五 1402
永乐六年 1408
二二 1424
宣德五年 1430
正统四年 1439
废
废
废
广宁左护卫
广宁右护卫
懿路所 4
废
废
沈阳中屯卫废?
废
复置
复置
复置
废
废
废
自在州
安乐州
改隶
广宁中屯卫中左所 6
广宁左屯卫中左所 7
广宁前屯卫中前所 8
广宁前屯卫中后所 8
宁远卫 9
宁远卫中左所 9
小沙河中右所 9
汛河所 4

表 27　交阯都司卫所沿革表

1407	永乐五年	交州左卫	交州右卫	交州中卫	交州前卫	昌江卫	清化卫	三江卫	谅山卫	交州后卫	镇夷卫								
1411	九											市桥所							
1414	十二												义安卫	新平卫	顺化卫	演州所	南靖所		
1416	十四																	新安所	
1418	十六																		丘温卫
1427	宣德二年	废	废	废	废	废	废	废	废	废	废	废	废	废	废	废	废	废	废

三、明代总督巡抚辖区沿革表

表 1　明朝巡抚沿革表

		北直隶	辽东	宣大	山西河南	宁夏	陕西	甘肃	云贵川	云南	贵州	松藩	山东淮扬	南畿浙西（洪熙元年置）		湖广	江西	福建	广东	广西
1430	宣德五年	置，寻罢。					宣德二年置，三年罢。							应天	浙江					
1431	六						陕西													
1435	十		辽东	宣大					云贵川寻罢											
1436	正统元年					宁夏		甘肃										福建寻罢	广东寻罢	广西寻罢
1438	三																			
1439	四	顺保；真大									贵州	松藩	山东淮扬							
1440	五									云南										
1441	六																	福建		
1442	七	真保寻罢。；广平大名寻罢。；河顺寻罢。；顺永寻罢。								云南						湖广寻罢				

续 表

		北直隶	辽东	宣大	山西河南	宁夏	陕西	甘肃	云贵川	云南	贵州	松藩	山东淮扬	（洪熙元年置）	南畿浙西	湖广	江西	福建	广东	广西
1443	八										贵州									
1444	九																			
1445	十	北直隶																		
1446	十一											松藩				湖广				
1447	十二																			

		北直隶		辽东	宣大		河南	山西	宁夏	陕西	甘肃	延绥	云南	贵州	松藩	四川	淮扬	山东	应天	浙江	湖广	江西	福建	广东	广西
1448	正统十三年																			浙江		江西			
1449	十四		永顺				山西	河南									山东	凤阳						广东	广西
1450	景泰元年	真广寻罢										延绥				四川									
1451	二				宣府	大同																			
1452	三	真广																							
1453	四																								
1454	五																								

续　表

		北直隶			辽东	宣大		河南	山西	宁夏	陕西	甘肃	延绥	云南	贵州	松藩	四川	淮扬	山东	应天	浙江	湖广	江西	福建	广东	广西
1455	六																									
1456	七		永平	顺天																						
1457	天顺元年																									
1458	二				辽东	宣府	大同			宁夏		甘肃	延绥												两广	
1459	三																					湖广				
1460	四					宣大																				
1461	五	保定寻罢																								

		保定	永平	顺天	辽东	宣大		山西	河南	宁夏	陕西	甘肃	延绥	云南	贵州	松藩	四川	山东	凤阳	应天	浙江	郧阳	湖广	江西	福建	两广	
1462	天顺六年					宣府	大同		河南		陕西						四川									广东	广西
1463	七																		凤阳				湖广				
1465	成化元年														贵州							荆襄				两广	
1466	二		顺永					山西																			
1468	四																									广东	广西
1469	五	北直隶寻罢																								两广 广东	 广西

续表

		保定	永平	顺天	辽东	宣大	山西	河南	宁夏	陕西	甘肃	延绥	云南	贵州	松藩	四川	山东	凤阳	应天	浙江	郧阳	湖广	江西	福建	两广
1470	六	直保寻罢	寻罢	大广顺																浙江寻罢			江西寻罢	福建	两广
1471	七	北直隶				大同														浙江					
1472	八	保定		顺天			山西	河南																	
1473	九																						江西		
1474	十																								
1475	十一																								
1476	十二												云南								郧阳				
1477	十三						山西																		

		保定	顺天	辽东	宣府	大同	山西	河南	宁夏	陕西	甘肃	延绥	云南	贵州	松藩	四川	山东	凤阳	应天	浙江	郧阳	湖广	江西	南赣	福建	两广
1478	成化十四年																						江西		福建寻罢	
1480	十六												云南													
1483	十九	保定																								
1484	二十																山东									
1485	二十一																						江西			
1487	二十三																								福建	
1488	弘治元年	保定													松藩					浙江						
1489	二																									
1491	四																									

续 表

		保定	顺天	辽东	宣府	大同	山西	河南	宁夏	陕西	甘肃	延绥	云南	贵州	松潘	四川	山东	凤阳	应天	浙江	郧阳	湖广	江西	南赣	福建	两广
1492	五																			浙江						
1493	六																									
1494	七																									
1495	八																							南赣		
1499	十二																									
1503	十六																			浙江			江西由南赣巡抚改置	改为实际上的江西巡抚		
1504	十七																									
1507	正德二年																									
1509	四																									
1510	五	保定	顺天				山西	河南					云南	贵州			山东	凤阳	应天		郧阳		江西			
1511	六														松潘寻罢									南赣重置		
1512	七																			浙江						
1514	九																									
1519	十四																			浙江						
1522	嘉靖元年																									
1528	七																									
1529	八																			浙江						
1531	十																						江西			
1532	十一																									

续 表

		天津	易州	保定	顺天	昌平	通州	辽东	宣府	大同	山西	河南	宁夏	陕西	甘肃	延绥	云南	贵州	偏沅	松藩	四川	登莱	山东	凤阳	应天	浙江	郧阳	湖广	江西	南赣	福建	两广
1547	嘉靖二十六年																									浙江						
1549	二十八																															
1550	二十九		易州			昌平	通州																									
1551	三十																															
1552	三十一																									浙江						
1553	三十二																															
1556	三十五																														福建	
1566	四十五																															广东 广西
1581	万历九年																															
1583	十一																										郧阳					
1597	二十五	天津																														
1599	二十七																		偏沅													
1603	三十一																															
1621	天启元年	天津					通州															登莱										
1622	二							—辽东											偏沅寻罢													
1623	三																		偏沅													

续 表

		天津	易州	保定	顺天		密云	昌平	通州	辽东	宣府	大同	山西	河南	宁夏	陕西	甘肃	延绥	云南	贵州	偏沅	松潘	四川	登莱	山东	凤阳	安庆	应天	浙江	郧阳	湖广	承天	江西	南赣	福建	广东	广西
1625	天启五年																																				
1626	六									辽东																											
1629	崇祯二年								通州																												
1630	三																							登莱													
1631	四				山永	顺天																															
1632	五																																				
1634	七																																				
1636	九							昌平																													
1637	十																				偏沅						安庆										
1638	十一						密云																														
1639	十二																																				
1640	十四							昌平																													
1641	十五								通州																												
1642	十六																															承天					
1643	十七																																				

表 2　明朝总督沿革表

		云　南	贵　州	四川贵州	两　广	宣　大	荆　襄	三　边
1441	正统六年	云南						
1442	七	云南						
1444	九							
1448	十三	云南						
1449	十四		贵州					
1451	景泰二年					宣大寻罢		
1452	三				两广			
1453	四							
1454	五							
1457	天顺元年							
1464	八				两广			
1465	成化元年							
1467	三			四川贵州				
1468	四							三边寻罢
1469	五							
1470	六						荆襄	
1471	七							三边
1475	十一							
1478	十四				罢寻复置			
1484	二十					宣大		
1485	二十一							

		两　广	宣　大	三　边	湖　广	江　西	两畿山东河南提督	云贵川湖广
1497	弘治十年			三边				
1498	十一		宣大					
1501	十四			三边				
1502	十五							
1505	十八		宣大					

续表

		两　广	宣　大	三　边	湖　广	江　西	两畿山东河南提督	云贵川湖广
1507	正德二年							
1508	三		宣大寻罢					
1509	四			三边				
1510	五				湖广			
1511	六					江西		
1514	九		宣大					
1516	十一							
1517	十二							
1522	嘉靖元年			三边			两畿寻罢	
1524	三							
1528	七							云贵川湖广寻罢
1531	十		宣大					
1534	十三							
1536	十五		宣大					
1538	十七							
1541	二十		宣大					
1544	二十三		山东河南					
1545	二十四		宣大					

		两　广	宣　大	三　边	蓟　辽	浙　直	川贵①	湖广贵川	川贵②
1548	嘉靖二十七年							湖广贵川	
1550	二十九				蓟辽				
1553	三十二								
1554	三十三					浙直			
1557	三十六								
1562	四十一								
1563	四十二								

续 表

		两 广	宣 大	三 边	蓟 辽	浙 直	川贵①	湖广贵川	川贵②
1566	四十五					浙直寻罢			
1570	隆庆四年								
1594	万历二十二年						川贵①		
1596	二十四								
1599	二十七						川贵①		
1606	三十四								
1621	天启元年								川贵②
1622	二								四川 贵州
1623	三								
1624	四								
1625	五								川贵②
1626	六								
1627	七								

		两广	宣大	三边	保定	蓟辽	辽东宁远	川贵②	河南山陕川湖	河南湖广	凤阳	九江
1628	崇祯元年											
1634	七								河南山陕川湖			
1635	八											
1636	九											
1637	十											
1639	十二				保定							
1641	十四						辽东宁远				凤阳	
1642	十五											
1643	十六				保定寻罢				河南山陕川湖寻罢	河南湖广		九江
1644	十七				保定							

主要参考文献

一、历史资料

（明）宋濂等：《元史》，中华书局。

（明）刘基：《大明清类天文分野之书》，《续修四库全书》本。

《永乐大典》，中华书局，1986 年。

（明）陈循：《寰宇通志》，《玄览堂丛书续编》影印明景泰刻本。

（明）李贤等：《大明一统志》，三秦出版社 1990 年影印天顺本和刻本、昭和五十三年（1978）发行本、《四库全书》本。

（明）李东阳：正德《明会典》，《四库全书》本。

（明）李东阳等撰、申时行重修：万历《明会典》，新文丰出版公司发行。

《明实录》，台北“中研院”历史语言研究所校印本，1962 年。

《崇祯长编》，台北“中研院”历史语言研究所校印本明实录附录之四，1962 年。

《皇明弘治六年条例》，《中国珍稀法律典籍集成》，科学出版社，1994 年。

《皇明诏制》，《四库全书存目丛书》。

《皇明诏令》，《四库全书存目丛书》。

《天启四年二月兵部行稿》，第一历史档案馆藏。

《明经世文编》，中华书局，1962 年。

（明）王圻：《续文献通考》，文海出版社。

（明）张紞：《云南机务抄黄》，《四库全书存目丛书》。

（明）张天复：《皇舆考》，《四库全书存目丛书》。

（明）郭子章：《郡县释名》，《四库全书存目丛书》。

（明）徐纮：《明名臣琬琰录》，《四库全书》本。

（明）张雨：《边政考》，《国立北平图书馆善本丛书》。

（明）方孔照：《全边略纪》，《续修四库全书》本。

（明）魏焕：《皇明九边考》，《国立北平图书馆善本丛书》。

（明）焦竑：《国朝献征录》，上海书店，1986 年。
（明）张学颜：《万历会计录》，《北京图书馆古籍珍本丛刊》。
《土官底簿》，《四库全书》本。
（明）桂萼：《广舆图叙》，《四库全书存目丛书》。
（明）郭子章：《郡县释名》，《四库全书存目丛书》。
（明）杨时宁：《宣大山西三镇图说》，《续修四库全书》本。
（明）王士琦：《三云筹俎考》，《续修四库全书》本。
（明）李文凤：《越峤书》，《四库全书存目丛书》。
（明）王士性：《广志绎》，《王士性地理书三种》，上海古籍出版社，1993 年。
（明）唐枢：《冀越通》，《丛书集成新编》。
（明）杨名臣：《大宁考》，《中国野史集成》，巴蜀书社，1993 年。
（明）陈际泰：《已吾集》，《清代禁毁书丛刊》第 1 辑，伟文图书出版社，1977 年。
（明）曾省吾：《重刻确庵曾先生西蜀平蛮全录》，《北京图书馆古籍珍本丛刊》。
（明）姚虞：《岭海舆图》，《四库全书》本。
（明）孙承泽：《春明梦余录》，《四库全书》本。
（明）郑若曾：《江南经略》，《四库全书》本。
（明）郑真：《荥阳外史集》，《四库全书》本。
（明）何乔新：《椒邱文集》，《四库全书》本。
（明）陈谟：《海桑集》，《四库全书》本。
（明）程敏政：《篁墩文集》，《四库全书》本。
（明）于谦：《忠肃集》，《四库全书》本。
（明）王琼：《晋溪本兵敷奏》，《四库全书存目丛书》。
（明）杨溥：《杨襄毅公本兵疏议》，《四库全书存目丛书》。
（明）杨一清：《关中奏议》，《四库全书》本。
（明）朱元璋：《明太祖文集》，《四库全书》本。
（明）潘季驯：《潘司空奏议》，《四库全书》本。
（明）谢杰：《虔台倭纂》，《玄览堂丛书续集》。
（明）汪应蛟：《汪清简公奏疏》，国家图书馆藏明天启刻本胶片。
（明）王越撰、王绍思辑：《黎阳王襄敏公疏议诗文辑略》，《四库全书存目丛书》。

（明）刘玡：《古直先生文集》，《四库全书存目丛书》。

（明）雷礼：《国朝列卿纪》，台湾明文书局，1991 年。

（明）张岱：《石匮书后集》，台湾明文书局，1991 年。

（明）王世贞：《弇州山人续稿》，台湾明文书局，1991 年。

（明）赵吉士：《国朝当机录》，台湾明文书局，1991 年。

（明）项笃寿：《今献备遗》，台湾明文书局，1991 年。

（明）袁袠：《皇明献实》，台湾明文书局，1991 年。

（明）李棪：《东林党籍考》，台湾明文书局，1991 年。

（明）陈田：《明诗纪事》，台湾明文书局，1991 年。

（明）陈鼎：《东林列传》，台湾明文书局，1991 年。

（明）张萱：《西园闻见录》，台湾明文书局，1991 年。

（明）邵念鲁：《思复堂文集》，台湾明文书局，1991 年。

（明）傅维麟：《明书》，台湾明文书局，1991 年。

（明）徐学聚：《国朝典汇》，台湾学生书局。

（明）沈德符：《万历野获编》，中华书局。

（明）申时行：《召对录》，《从书集成新编》。

（明）秦金：《平楚录》，《四库全书存目丛书》。

（明）林俊：《见素集》，《四库全书》本。

（清）张廷玉等：《明史》，中华书局。

（清）顾祖禹：《读史方舆纪要》，中华书局，1955 年。

（清）谈迁：《国榷》，古籍出版社，1958 年。

（清）和珅等：《大清一统志》，《四库全书》本。

《御选明臣奏议》，《四库全书》本。

（清）王鸿绪：《明史稿》，文海出版社。

（清）查继佐：《罪惟录》，浙江古籍出版社，1986 年。

（清）蒋廷锡：《古今图书集成·舆地汇编》，光绪十年上海图书集成局铅印本。

（清）谷应泰：《明史记事本末》，中华书局，1977 年。

《续文献通考》，《四库全书》本。

《续通典》，《四库全书》本。

（清）顾炎武：《天下郡国利病书》，《续修四库全书》本。

（清）顾炎武：《昌平山水记》，《四库全书存目丛书》。

（清）顾炎武：《肇域志》，《续修四库全书》。

（清）于敏中：《钦定日下旧闻考》，《四库全书》本。
（清）钱谦益：《牧斋有学集》，台湾明文书局，1991年。
（清）毛奇龄：《西河集》，《四库全书》本。
《御批历代通鉴辑览》，《四库全书》本。
（清）田雯：《古欢堂集》，《四库全书》本。
（清）汪森修：《粤西文载》，《四库全书》本。
《明清内阁大库史料》，东北图书馆，1949年。
（清）许氏：《许氏方舆考证稿》，《西北文献丛书》。
（民国）赵尔巽等：《清史稿》，中华书局。
（民国）于振宗：《直隶疆域屯防详考》，《中国方志丛书》。

二、地方志

（明）易鸾纂修：正统《和州志》，《中国稀见地方志汇刊》。
（明）张恒纂修：天顺《重刊襄阳府志》，复旦大学图书馆藏本。
（明）陈文等纂修：景泰《云南图经志书》，《续修四库全书》本。
（明）李侃、胡谧纂修：成化《山西通志》，《四库全书存目丛书》。
（明）柳瑛纂修：成化《中都志》，《四库全书存目丛书》。
（明）孙仁纂修：成化《重修毗陵志》，《四库全书存目丛书》。
（明）陈让纂修：成化《杭州府志》，《四库全书存目丛书》。
（明）戴敏修，戴铣纂：弘治《易州志》，《天一阁藏明代方志选刊》。
（明）吴杰修，张廷纲、吴祺纂：弘治《永平府志》，《天一阁藏明代方志选刊续编》。
（明）沈庠、赵瓒等纂修：弘治《贵州图经新志》，《四库全书存目丛书》。
（明）吴杰修，张廷纲、吴祺纂：弘治《永平府志》，《天一阁藏明代方志选刊续编》。
（明）柳琰纂修：弘治《嘉兴府志》，《四库全书存目丛书》。
（明）汪舜民纂修：弘治《徽州府志》，《天一阁藏明代方志选刊》。
（明）罗希哲撰：弘治《黄州府志》，《天一阁藏明代方志选刊》。
（明）李元芳修：弘治《岳州府志》，《天一阁藏明代方志选刊续编》。
（明）刘允修，沈宽纂：弘治《夷陵州志》，《天一阁藏明代方志选刊续编》。
（明）杨渊纂修：弘治《抚州志》，《天一阁藏明代方志选刊续编》。
（明）邓淮修，王瓒、蔡芳纂：弘治《温州府志》，《天一阁藏明代方志选刊续编》。

(明) 沈杰修，吾冔、吴夔纂：弘治《衢州府志》，《天一阁藏明代方志选刊续编》。
(明) 黄仲昭纂修：弘治《八闽通志》，福建人民出版社，1989年。
(明) 张钦纂修：正德《大同府志》，《四库全书存目丛书》。
(明) 周季凤纂修：正德《云南志》，《天一阁藏明代方志选刊续编》。
(明) 熊相纂修：正德《瑞州府志》，《天一阁藏明代方志选刊续编》。
(明) 王鏊等纂：正德《姑苏志》，《天一阁藏明代方志选刊续编》。
(明) 顾清纂修：正德《松江府志》，《天一阁藏明代方志选刊续编》。
(明) 聂贤、曹璘纂修：正德《襄阳府志》，上海图书馆藏本。
(明) 夏有文等纂：正德《金山卫志》，复旦大学藏傅真社影印明刻本。
(明) 陈德文纂修：正德《袁州府志》，《天一阁藏明代方志选刊》。
(明) 熊相纂修：正德《瑞州府志》，《天一阁藏明代方志选刊续编》。
(明) 夏良胜纂：正德《建昌府志》，《天一阁藏明代方志选刊》。
(明) 唐胄编集：正德《琼台府志》，《天一阁藏明代方志选刊》。
(明) 唐臣修，雷礼纂：嘉靖《真定府志》，上海图书馆藏明嘉靖二十八年刻本。
(明) 詹荣纂修：嘉靖《山海关志》，《续四库全书》。
(明) 孙世芳修，乐尚约纂：嘉靖《宣府镇志》，《中国方志丛书》。
(明) 谢庭桂纂，苏干续纂：嘉靖《隆庆志》，《天一阁藏明代方志选刊》。
(明) 王士翘：嘉靖《西关志》，北京古籍出版社，1990年。
(明) 崔铣纂修：嘉靖《彰德府志》，《天一阁藏明代方志选刊》。
(明) 赵延瑞修，马理纂：嘉靖《陕西通志》，华东师范大学图书馆藏明嘉靖二十一年刻本。
(明) 何景明撰：嘉靖《雍大记》，《四库全书存目丛书》。
(明) 龚辉撰：嘉靖《全陕政要》，《四库全书存目丛书》。
(明) 杨守礼修，管律纂：嘉靖《宁夏新志》，《天一阁藏明代方志选刊》。
(明) 杨经纂修：嘉靖《固原州志》，上海图书馆藏本。
(明) 赵时春纂修：嘉靖《平凉府志》，《四库全书存目丛书》。
(明) 吴祯纂修，刘卓增订：嘉靖《河州志》，上海图书馆藏抄本。
(明) 梁明翰、傅学礼纂修：嘉靖《庆阳府志》，《中国稀见地方志汇刊》。
(明) 高廷愉纂修：嘉靖《普安州志》，《天一阁藏明代方志选刊》。
(明) 李元阳纂：嘉靖《大理府志》，上海图书馆藏1960年据抄本传抄。
(明) 刘大谟、杨慎等纂修：嘉靖《四川通志》，《北京图书馆古籍珍本丛刊》。

（明）谢东山、张道纂修：嘉靖《贵州通志》，《天一阁藏明代方志选刊续编》。
（明）陆釴纂修：嘉靖《山东通志》，《四库全书存目丛书》。
（明）江汝璧纂修：嘉靖《广信府志》，《天一阁藏明代方志选刊续编》。
（明）樊深纂修：嘉靖《河间府志》，《天一阁藏明代方志选刊》。
（明）雷礼纂修：嘉靖《真定府志》，《四库全书存目丛书》。
（明）刘佃校修：嘉靖《武定州志》，《天一阁藏明代方志选刊》。
（明）方瑜纂：嘉靖《南宁府志》，《中国稀见地方志汇刊》。
（明）黄佐纂修：嘉靖《广西通志》，《四库全书存目丛书》。
（明）潘庭楠纂修：嘉靖《邓州志》，《天一阁藏明代方志选刊》。
（明）崔铣纂修：嘉靖《彰德府志》，《天一阁藏明代方志选刊》。
（明）李嵩纂修：嘉靖《归德志》，《天一阁藏明代方志选刊续编》。
（明）赵文华纂修：嘉靖《嘉兴府图记》，《四库全书存目丛书》。
（明）陈沂纂修：嘉靖《南畿志》，《四库全书存目丛书》。
（明）盛仪纂修：嘉靖《惟扬志》，《天一阁藏明代方志选刊》。
（明）余锜纂：嘉靖《宿州志》，《天一阁藏明代方志选刊》。
（明）栗永禄编：嘉靖《寿州志》，《天一阁藏明代方志选刊》。
（明）汪佃撰：嘉靖《建宁府志》，《天一阁藏明代方志选刊》。
（明）薛刚纂修：嘉靖《湖广图经志书》，《日本藏中国罕见地方志丛刊》。
（明）张治纂修：嘉靖《茶陵州志》，《天一阁藏明代方志选刊续编》。
（明）张时纂修：嘉靖《归州全志》，《天一阁藏明代方志选刊续编》。
（明）甘泽纂修：嘉靖《蕲州志》，《天一阁藏明代方志选刊》。
（明）孙存、潘镒修：嘉靖《长沙府志》，《中国稀见地方志汇刊》。
（明）陈霖纂：嘉靖《沔阳志》，《天一阁藏明代方志选刊》。
（明）陈洪谟纂：嘉靖《常德府志》，《天一阁藏明代方志选刊》。
（明）张岳纂：嘉靖《惠安县志》，《天一阁藏明代方志选刊》。
（明）杨佩纂修：嘉靖《衡州府志》，《天一阁藏明代方志选刊》。
（明）邵有道纂修：嘉靖《汀州府志》，《天一阁藏明代方志选刊续编》。
（明）陈能修：嘉靖《延平府志》，《天一阁藏明代方志选刊》。
（明）周广纂修：嘉靖《江西通志》，《四库全书存目丛书》。
（明）刘节纂修：嘉靖《南安府志》，《天一阁藏明代方志选刊续编》。
（明）戴璟纂修：嘉靖《广东通志初稿》，《北京图书馆古籍珍本丛刊》。
（明）郭春震纂修：嘉靖《潮州府志》，《日本藏中国罕见地方志丛刊》。
（明）刘梧等纂修：嘉靖《惠州府志》，《日本藏中国罕见地方志丛刊》。

（明）林希元辑：嘉靖《钦州志》，《天一阁藏明代方志选刊》。

（明）潭大初纂修：嘉靖《南雄府志》，《天一阁藏明代方志选刊续编》。

（明）陆舜臣纂修：嘉靖《德庆州志》，《天一阁藏明代方志选刊续编》。

（明）胡宗宪修，薛应旗等纂：嘉靖《浙江通志》，《天一阁藏明代方志选刊续编》。

（明）张时彻等纂修：嘉靖《宁波府志》，《中国方志丛书》。

（明）毛德京修，杨民彝、周茂伯纂：嘉靖《象山县志》，《天一阁藏明代方志选刊续编》。

（明）何愈修，张时撤等纂：嘉靖《定海县志》，《天一阁藏明代方志选刊续编》。

（明）冯惟讷等纂修：嘉靖《青州府志》，《天一阁藏明代方志选刊》。

（明）郑希侨修，刘继先、崔士伟纂：嘉靖《武定州志》，《天一阁藏明代方志选刊》。

（明）郑瀛修，何洪纂：嘉靖《德州府志》，《天一阁藏明代方志选刊续编》。

（明）张训纂：嘉靖《临山卫志》，上海图书馆藏明嘉靖四十三年修民国三年刊本。

（明）周粟纂修：嘉靖《观海卫志》，国家图书馆藏本。

（明）邹应龙修，李元阳纂：隆庆《云南通志》，复旦大学图书馆藏民国二十三年本。

（明）刘松撰：隆庆《临江府志》，《天一阁藏明代方志选刊》。

（明）徐栻修，张泽等纂：隆庆《楚雄府志》，《日本藏中国罕见地方志丛刊》。

（明）刘松撰：隆庆《临江府志》，《天一阁藏明代方志选刊》。

（明）林火春撰：隆庆《潮阳县志》，《天一阁藏明代方志选刊》。

（明）史朝富纂：隆庆《永州府志》，《四库全书存目丛书》。

（明）宋子质修，王继文纂：万历《马邑县志》，山西大学藏民国二十五年铅印本。

（明）王有容修，田惠纂，王有容校刊：万历《应州志》，山西省应县县志办公室 1984 年点校重印。

（明）冯惟敏等纂修，王国桢续修，王政熙续纂：万历《保定府志》，《日本藏中国罕见地方志丛刊》。

（明）刘就节等纂：万历《四镇三关志》，上海图书馆藏抄本。

（明）李维祯纂修：万历《山西通志》，《中国稀见地方志汇刊》。

（明）关廷访修，张慎言纂：万历《太原府志》，山西省图书馆藏万历四十年刻本。

(明) 刘敏宽、董国光纂修：万历《固原州志》，上海图书馆藏本。
(明) 郑汝璧修，刘余泽纂：万历《延绥镇志》，上海图书馆藏影抄本。
(明) 唐懋德纂修：万历《临洮府志》，《中国稀见地方志汇刊》。
万历《甘镇志》，《西北文献丛书》。
(明) 虞怀忠、郭棐等纂修：万历《四川总志》，《四库全书存目丛书》。
(明) 郭子章纂：万历《黔记》，《北京图书馆古籍珍本丛刊》。
(明) 张元芳纂修：万历《顺天府志》，《四库全书存目丛书》。
(明) 甘东阳纂：万历《太平府志》，《中国稀见地方志汇刊》。
(明) 苏浚纂：万历《广西通志》，上海图书馆藏万历二十七年刻本。
(明) 郭大纶修，陈文烛纂：万历《淮安府志》，《天一阁藏明代方志选刊续编》。
(明) 沉明臣纂修：万历《通州志》，《天一阁藏明代方志选刊》。
(明) 李懋栓修：万历《重修六安府志》，《中国稀见地方志汇刊》。
(明) 张应武纂修：万历《嘉定县志》，《四库全书存目丛书》。
(明) 徐学谟纂修：万历《湖广总志》，《四库全书存目丛书》。
(明) 唐之儒纂：万历《宁远县志》，上海图书馆藏本。
(明) 高尚志纂：万历《澧记》，上海图书馆藏本。
(明) 陈光前纂修：万历《慈利县志》，《天一阁藏明代方志选刊》。
(明) 袁业泗纂：万历《漳州府志》，上海图书馆藏本。
(明) 吕一静纂：万历《兴化府志》，上海图书馆藏本。
(明) 史起钦修：万历《福宁州志》，《中国稀见地方志汇刊》。
(明) 刘文征撰：天启《滇志》，云南教育出版社 1991 年。
(明) 郭棐纂：万历《宾州志》，《日本藏中国罕见地方志丛刊》。
(明) 余之祯修：万历《吉安府志》，《中国稀见地方志汇刊》。
(明) 郭棐纂修：万历《广东通志》，《四库全书存目丛书》。
(明) 苏民望纂修：万历《永安县志》，《日本藏中国罕见地方志丛刊》。
(明) 欧阳璨等修：万历《琼州府志》，《日本藏中国罕见地方志丛刊》。
(明) 陆凤仪纂修：万历《金华志》，《四库全书存目丛书》。
(明) 王光蕴纂修：万历《温州府志》，《四库全书存目丛书》。
(明) 陈善等纂修：万历《杭州府志》，《中国方志丛书》。
(明) 吕昌期修：万历《严州府志》，《中国方志丛书》。
(明) 张元忭纂修：万历《绍兴府志》，《中国方志丛书》。
(明) 朱泰、游季勋修，包大爟纂：万历《兖州府志》，《天一阁藏明代方志选刊续编》。
(明) 冯任修,张世雍等撰:天启《成都府志》,《中国方志集成》。
(明) 谢诏纂修:天启《赣州志》,《四库全书存目丛书》。
(明) 胡震亨纂修:天启《海盐县图经》,《中国方志丛书》。
(明) 秦镛纂修:崇祯《清江县志》,《四库全书存目丛书》。
(明) 张国经纂修:崇祯《廉州府志》,《中国稀见地方志汇刊》。
(明) 何乔远纂:《闽书》,《四库全书存目丛书》。
(明) 叶春及撰:《崇武所城志》,《惠安政书》,福建人民出版社,1987 年。
(明) 黄润玉纂修:《宁波府简要志》,《四库全书存目丛书》。
(明) 袁文新纂:《凤书》,《中国方志丛书》。
(明) 廖希颜修,孙继鲁纂:《三关志》,上海图书馆藏抄本。
(清) 高弥高、李德魁等纂修:顺治《肃镇志》,《中国方志丛书》。
(清) 苏铣纂:顺治《重刊西宁志》,《西北文献丛书》。
(清) 纪国珍修:顺治《汝阳县志》,《中国稀见地方志汇刊》。
顺治《洮州卫志》,国家图书馆地方志藏胶片。
(清) 章火享纂修:康熙《龙门县志》,《中国方志丛书》。
(清) 王克昌修,殷梦高纂:康熙《保德州志》,《中国方志丛书》。
(清) 汪元絅修,田而穟纂:康熙《岷州志》,上海图书馆藏康熙四十一年刻本。
(清) 谭吉总:康熙《延绥镇志》,《中国方志丛书》。
(清) 李天祥纂:康熙《碾伯所志》,《西北文献丛书》。
(清) 冯苏纂修:康熙《滇考》,《中国方志丛书》。
(清) 罗纶、李文渊纂修:康熙《永昌府志》,《北京图书馆古籍珍本丛刊》。
(清) 任中宜纂修:康熙《平夷县志》,《中国方志丛书》。
(清) 张毓碧修,谢俨等纂:康熙《云南府志》,《中国方志丛书》。
(清) 魏荩臣修:康熙《通海县志》,《玉溪地区旧志丛刊》,云南人民出版社,1993 年。
(清) 佟镇、邹启孟纂修:康熙《鹤庆府志》,《北京图书馆古籍珍本丛刊》。
(清) 黄志璋纂修:康熙《全州志》,《中国稀见地方志汇刊》。
(清) 何源浚纂修:康熙《叙州府志》,《中国稀见地方志汇刊》。
(清) 曹申吉修,潘驯等纂:康熙《贵州通志》,上海图书馆藏清康熙十二年刻本。
(清) 刘道著修:康熙《永州府志》,《中国稀见地方志汇刊》。

（清）郭茂泰纂：康熙《荆州府志》，上海图书馆藏康熙二十四年刻本。

（清）张起鹍修：康熙《邵阳府志》，《中国稀见地方志汇刊》。

（清）蒋廷铨纂修：康熙《上杭县志》，《清代孤本方志选》。

（清）王运祯等修：康熙《永新县志》，《中国方志丛书》。

（清）潘志瑞等修：康熙《铅山县志》，《中国方志丛书》。

（清）蒋伊等撰：康熙《广东舆图》，《北京图书馆古籍珍本丛刊》。

（清）康善述纂修：康熙《阳春县志》，《日本藏中国罕见地方志丛刊》。

（清）蒋应泰纂修：康熙《高州府志》，《中国稀见地方志汇刊》。

康熙《靖海卫志》，国家图书馆藏本。

（清）石文焯等撰：康熙《重修靖远卫志》，《新修方志丛刊》。

（清）郑逢元纂：康熙《平溪卫志书》，1964年贵州省图书馆油印本。

（清）潘义修纂修：康熙《永定卫志》，《中国稀见地方志汇刊》。

（清）吴垒纂修：康熙《洮州卫志》，国家图书馆地方志藏本。

（清）唐咨伯修，杨端本纂：康熙《潼关卫志》，上海图书馆藏民国二十年铅印本。

（清）薛柱斗纂修：康熙《新校天津卫志》，《中国方志丛书》。

（清）王镐纂修：康熙《宁武守御千户所志》，国家图书馆藏本。

（清）余谠纂修：康熙《岷州卫志》，《岷州志校注》，岷县志编纂委员会办公室，1991年。

（清）王斌纂修：康熙《荆州卫志》，国家图书馆藏清康熙刻本。

（清）王大基纂修：康熙《荆州右卫志》，国家图书馆藏康熙刻本。

（清）朱黼纂修：康熙《清浪卫志略》，上海图书馆藏抄本。

（清）董儒修纂：康熙《九溪卫志》，国家图书馆藏康熙刻本。

（清）李天祥纂修：康熙《碾伯所志》，北京师范大学图书馆藏抄本。

（清）房高兰总裁，苏之芳纂修：雍正《阳高县志》，《中国方志丛书》。

（清）陶成纂修：雍正《江西通志》，《四库全书》本。

（清）李卫监修：雍正《畿辅通志》，《四库全书》本。

（清）查郎阿修，沈青崖纂：雍正《陕西通志》，《西北文献丛书》。

（清）金𫓶主修：雍正《广西通志》，《四库全书》本。

（清）田文镜监修：雍正《河南通志》，《四库全书》本。

（清）谢旻等修：雍正《江西通志》，《四库全书》本。

（清）盛熙祚纂修：雍正《灵山县志》，《中国稀见地方志汇刊》。

（清）夏力恕编纂：雍正《湖广通志》，《四库全书》本。

（清）左承业纂修：乾隆《万全县志》，华东师范大学藏乾隆十年刻本。

（清）王育榞修，李舜臣纂：乾隆《蔚县志》，《中国方志丛书》。

（清）和珅、梁国治纂修：乾隆《热河志》，《四库全书》本。

（清）孟思谊修，张曾炳纂：乾隆《赤城县志》，《中国方志丛书》。

（清）魏元枢、周景柱纂修：乾隆《宁武府志》，上海图书馆藏清乾隆十五年刻本。

（清）黄文炜、沈青崖纂修：乾隆《重修肃州新志》，甘肃省酒泉县博物馆翻印，1984 年。

（清）钟赓起纂修：乾隆《甘州府志》，《中国方志丛书》。

（清）达灵阿等修，周方炯纂：乾隆《凤翔府志》，《中国方志丛书》。

（清）鄂尔泰、尹继善修，靖道谟纂：乾隆《云南通志》，《四库全书》本。

（清）曹抡彬等修，曹抡翰等撰：乾隆《雅州府志》，《中国地方志集成》。

（清）鄂尔泰、张广泗修，靖道谟、杜诠纂：乾隆《贵州通志》，《四库全书》本。

（清）蔡宗建纂修，龚傅绅纂：乾隆《镇远府志》，1965 年贵州省图书馆油印本。

（清）郝大成纂修，王师泰纂：乾隆《开泰县志》，1964 年贵州省图书馆油印本。

（清）冯光宿纂修：乾隆《黔西州志》，1966 年贵州省图书馆油印本。

（清）谢道承纂修：乾隆《福建通志》，《四库全书》本。

（清）壮日荣等修：乾隆《沧州志》，《中国方志丛书》。

（清）吴九龄纂：乾隆《梧州府志》，上海图书馆藏同治十二年重印本。

（清）康基渊纂修：乾隆《嵩县志》，《中国方志丛书》。

（清）丘浚监修：乾隆《山东通志》，《四库全书》本。

（清）郭文大纂修：乾隆《威海卫志》，上海图书馆藏民国十八年铅印本。

乾隆《洮州卫志》，国家图书馆地方志藏本。

（清）尹焕辑：乾隆《庐州卫志》，北京师范大学图书馆藏本。

（清）陈振藻纂修：乾隆《铜山所志》，上海图书馆藏本。

（清）陆潜鸿撰：乾隆《镇海卫志》，《中国方志丛书》（福建镇海卫，《中国方志丛书》误将其置于浙江省）。

（清）李士宣修，周硕勋纂：乾隆《延庆卫志略》，《中国方志丛书》。

（清）章寿彭等纂修：乾隆《归善县治》，《中国方志丛书》。

（清）周硕勋纂修：乾隆《潮州府志》，《中国方志丛书》。

（清）刘嗣孔修：乾隆《汉阳府志》，《中国稀见地方志汇刊》。
（清）陈朝羲纂修：乾隆《长汀县志》，《故宫珍本丛刊》。
（清）左承业原本，施彦士续纂修：道光《万全县志》，复旦大学图书馆藏道光十四年增刻乾隆本。
（清）李一鹏等纂：道光《靖远县志》，《西北文献丛书》。
（清）黄培杰纂修：道光《永宁州志》，上海图书馆藏清光绪二十年刻本。
（清）陈松龄纂修：咸丰《天全州志》，《中国地方志集成》。
（清）庆之金修，杨笃纂：光绪《蔚州志》，《中国方志丛书》。
（清）施泽久、华国清撰，田秀栗等修：光绪《泸州直隶州志》，《中国地方志集成》。
（清）任五采、车登衢等纂：光绪《泸州九姓乡志》，《中国地方志集成》。
（清）张上龢纂修：光绪《抚宁县志》，《中国方志丛书》。
（清）刘振铎纂修：光绪《太仓卫志》，国家图书馆藏本。
（清）黄可润纂修：《口北三厅志》，《中国方志丛书》。
（清）李鸿章修，黄彭年纂：《畿辅通志》，商务印书馆影印光绪十年刻本。
《保安州乡土志》，《中国方志丛书》。
（清）张招美修，曾钧纂：《五凉全志》，《中国方志丛书》。
（清）陈宗洛纂修：《三江所志》，《中国地方志集成》。
（民国）景佐纲修，张镜渊纂：民国《怀安县志》，《中国方志丛书》。
（民国）赵万卿纂：民国《贵德县志》，《西北文献丛书》。
（民国）刘裕常修，王琢等纂：民国《汉源县志》，《中国地方志集成》。
（民国）《古宋县志初稿》，《中国地方志集成》。
（民国）杨肇春纂修：《沥海所志稿》，《中国地方志集成》。

三、近现代学者著作及论文

谭其骧主编：《中国历史地图集》，地图出版社，1982 年。
周振鹤：《中国地方行政制度史》，上海人民出版社，2005 年。
靳润成：《明朝总督巡抚辖区研究》，天津古籍出版社，1996 年。
牛平汉编著：《明代政区沿革综表》，中国地图出版社，1997 年。
龚荫：《中国土司制度》，云南民族出版社，1992 年。
谭其骧：《长水集》，人民出版社，1987 年。
杨旸等编著：《明代奴儿干都司及其卫所研究》，中州书画社，1982 年。
方国瑜：《中国西南历史地理考释》，中华书局，1987 年。

鲁人勇等:《宁夏历史地理考》,宁夏人民出版社,1993 年。
吴镇烽:《陕西地理沿革》,陕西人民出版社,1981 年。
张纪仲:《山西历史政区地理》,山西人民出版社,1992 年。
周清澍主编:《内蒙古历史地理》,内蒙古大学出版社,1994 年。
龙兆佛等编:《广西地理沿革简编》,广西人民出版社,1983 年。
潘新藻:《湖北省建置沿革》,湖北人民出版社,1987 年。
陶维英:《越南历代疆域》,商务印书馆,1973 年。
《中华人民共和国地名词典》,商务印书馆。
王毓铨:《明代的军屯》,中华书局,1965 年。
(民国) 龚熙春:《四川郡县志》。
(民国) 慕寿祺:《甘宁青史略》,《西北文献丛书》。
(民国) 吴廷燮:《明督抚年表》,中华书局。
周春元等编著:《贵州古代史》,贵州人民出版社,1982 年。
王玉燕:《贵州史专题考》,贵州人民出版社,1980 年。
方国瑜编:《云南郡县两千年》,云南广播电视大学出版社,1984 年。
刘伟毅编:《山西历史地名录》,山西地名领导组和《地名知识》编辑部,1979 年。
陈庆江:《明代云南政区治所研究》,民族出版社,2002 年。
曹婉如等编:《中国古代地图集·明代》,文物出版社,1995 年。
冷小平、冷遇春:《郧阳抚治两百年》,湖北人民出版社,2004 年。
中华人民共和国民政部编:《中华人民共和国行政区划简册》,中国地图出版社,2001 年。
顾诚:《明帝国的疆土管理体制》,《历史研究》1989 年第 3 期。
陈国安、史继忠:《试论明代贵州卫所》,《贵州文史丛刊》1981 年第 3 期。
刘如仲:《明代贵州卫所的建置》,《中国历史博物馆馆刊》1985 年第 6 期。
梁志胜:《洪武二十六年以前的陕西行都司》,《中国历史地理论丛》1999 年第 3 期。
李并成:《"西桐"地望考——附论明安定卫城》,《西北民族研究》1998 年第 1 期。
王玉祥:《浅说明朝的关外卫》,《甘肃社会科学》2000 年第 4 期。
房建昌:《明代西藏行政区划考》,《历史地理》第十三辑,上海人民出版社,1996 年。
唐立宗:《明代南赣巡抚辖区新探》,《历史地理》第十九辑,上海人民出版社,2003年。

孟凡松:《明洪武年间湖南卫所设置的时空特征》,《中国历史地理论丛》2007年第4期。

罗维庆:《酉水千户所考》,《中央民族大学学报》2009年第4期。

马顺平:《明代陕西行都司及其卫所建置考实》,《中国历史地理论丛》2008年第2期。

李新峰:《明初辽东战争进程与卫所设置拾遗》,《明史研究论丛》第九辑,紫禁城出版社,2011年。

郭声波、魏超:《安南属明时期政区地名变动初探》,《东南亚研究》2012年第4期。

魏超:《明初交趾都司卫所建置研究》,《中国历史地理论丛》2015年第1期。

李大海:《明代九边延绥巡抚始设与辖区新探》,《中国边疆史地研究》2012年第4期。

李大海:《明代榆林筑城设卫时间新考》,《北方民族大学学报》2013年第2期。

李大海:《〈中国行政区划通史·明代卷〉陕西布政司献疑——兼及〈明史·地理志〉陕西部分疑误补正》,《历史地理》第二十七辑,上海人民出版社,2013年。

翟禹:《明开平卫置迁考述》,《内蒙古社会科学》2013年第5期。

吴春宏:《五开卫设置时间辨析》,《贵州文史丛刊》2013年第2期。

梁姗姗、王元林:《明代威虏卫及威远、白城子"一卫二所"地望考辨》,《暨南史学》第九辑,广西师范大学出版社,2014年。

林乾:《论明代的总督巡抚制度》,《社会科学辑刊》1988年第2期。

冷遇春:《郧阳抚治二百年志略》,《武当学刊》1996年第2期。

蒋祖缘:《明代广东巡抚与两广总督的设置及其历史地位》,《广东社会科学》1999年第2期。

傅林祥:《晚明清初督抚辖区的"两属"与"兼辖"》,《安徽大学学报》2010年第5期。

殷勇:《明代凤阳巡抚移驻泰州考辨》,《江苏地方志》2010年第5期。

范金民:《明代应天巡抚驻地考》,《江海学刊》2012年第4期。

吴宏岐、韩虎泰:《明代两广总督府址变迁考》,《中国历史地理论丛》2013年第3期。

韩健夫:《明代延绥巡抚建置问题再探》,《历史地理》第三十二辑,上海人民出版社,2015 年。

李美荣、李海林:《明代大同镇巡抚之设置及其权力演变》,《山西大同大学学报》2015 年第 3 期。

徐永安:《郧阳抚治辖区的历史演变》,《陕西理工学院学报》2015 年第 3 期。

宋建莹:《明代陕西行都司历史地理研究》,陕西师范大学硕士学位论文,2010 年 5 月。

谢健:《明代万全都司研究》,西北师范大学硕士学位论文,2013 年 5 月。

后　　记

《中国行政区划通史·明代卷》考述明代政区体系中布政使司、都指挥使司、总督巡抚辖区三个主要行政区划的沿革,并对其制度、影响等进行分析与评述。这是对中国政区史上具有承上启下意义的明朝政区演变的最基本研究。

本书第一、二编由郭红撰写,第三编由靳润成撰写。由于明代不同行政区划制度的特点与史料的原因,第一编未分节,特此说明。

本书的完成与出版耗费了周振鹤老师的大量心血,作为著者的恩师与本套书的主编,他从书的体例、主要研究内容到写作方法、具体考证、学术观点等诸多方面对著者进行了耐心、细致的指导。真诚地感谢周老师的教诲和对后学的爱护。

感谢复旦大学出版社及本书的责任编辑史立丽和编审吴仁杰。如果没有复旦大学出版社的全力支持,这部考据性极强的学术著作难以面世。史立丽在吴仁杰的帮助下,以深厚的史学修养,在本书的写作与编辑过程中提出了许多中肯的意见,使明代部分的研究能够顺利成书。

在写作过程中,本书得到了王卫东先生的一贯支持与热心帮助,他为本书绘制了全部地图,也在此表示感谢。

郭红、靳润成

2007 年 3 月

再版后记

《中国行政区划通史·明代卷》在2007年出版之后，承蒙读者的厚爱，既有学者和我们进行学术研讨，也有史学爱好者与我们联系、讨论。此次借修订之机，我们借鉴了部分新的研究成果，在此一并致以诚挚的感谢。

为方便读者使用，此版增加了沿革表，且第一版中今地名以2000年《中华人民共和国行政区划简册》为准，此次修订则改为以2015年《中华人民共和国行政区划简册》为准。

本书的修订得到了史立丽编辑、于双远、王卫东的热心帮助，也在此表示感谢。

郭红、靳润成

2016年10月

图书在版编目(CIP)数据

中国行政区划通史·明代卷/周振鹤主编;郭红,靳润成著. —2版. —上海:
复旦大学出版社,2017.9(2020.4重印)
ISBN 978-7-309-12702-7

Ⅰ. 中… Ⅱ. ①周…②郭…③靳… Ⅲ. ①政区沿革-历史-中国②政区沿革-历史-中国-明代
Ⅳ. K928.2

中国版本图书馆CIP数据核字(2016)第283033号

中国行政区划通史·明代卷(第二版)
周振鹤 主编 郭 红 靳润成 著
责任编辑/史立丽

复旦大学出版社有限公司出版发行
上海市国权路579号 邮编:200433
网址:fupnet@fudanpress.com http://www.fudanpress.com
门市零售:86-21-65642857 团体订购:86-21-65118853
外埠邮购:86-21-65109143 出版部电话:86-21-65642845
浙江新华数码印务有限公司

开本 787×1092 1/16 印张 61.25 字数 1014千
2020年4月第2版第2次印刷

ISBN 978-7-309-12702-7/K·602
定价:165.00元